Ld 176 (Réserve)
1344

JOANNES AYMON CRAVETA DELPHINAS,
EX DOMINIS GENOLIAE
THEOLOGUS, JURISCONSULTUS ET MATHEMATICUS.
AETATIS SUAE ANNO XLIX.

ACTES ECCLESIASTIQUES
ET
CIVILS
DE TOUS LES
SYNODES
NATIONAUX
DES
EGLISES REFORMÉES
DE
FRANCE.
EN II. VOLUMES.

ACTES
ECCLESIASTIQUES
ET
CIVILS
DES
SYNODES NATIONAUX
DES ÉGLISES RÉFORMÉES
DE FRANCE

TOUS LES SYNODES NATIONAUX DES EGLISES REFORMÉES DE FRANCE:

AUXQUELS ON A JOINT DES

MANDEMENS ROIAUX,

ET PLUSIEURS

LETTRES POLITIQUES,

Sur ces Matieres Synodales, Intitulées
DOCTRINE, CULTE, MORALE, DISCIPLINE, CAS DE
CONSCIENCE, ERREURS, IMPIETE'S, VICES, DESORDRES,
APOSTASIES, CENSURES, SUSPENSIONS, ANATHEMES,
GRIEFS, APELS, DEBATS, PROCEDURES, DECRETS,
ET JUGEMENS DEFINITIFS, *CONCERNANT*

Les Edits de Pacification & leurs Infractions, *les Places de Sûreté & leurs* Gouverneurs, *les Chambres Miparties & leurs* Conseillers, *les Assemblées Politiques & leurs* Privileges, *les Universités & leurs* Professeurs, *les Coleges & leurs* Regens, *les Eglises & leurs* Pasteurs, *les Consistoires & leurs* Membres, *les Colcques & leurs* Departemens, *les Synodes & leurs* Moderateurs, *Ajoints*, Commissaires, Deputés, *& Secretaires, qui ont aprouvé ces Actes, mis au jour en deux Volumes,*

Par Monsieur AYMON, Theologien & Jurisconsulte Reformé.

TOME PREMIER.

A LA HAYE,
Chez CHARLES DELO, sur le Cingel, à l'Esperance.

M. DCC. X.

Avec Privilege de Nos Seigneurs les Etats de Hollande & de Westfrise.

TOUS LES

NATIONAUX

DE FRANCE

DOCTRINE, CULTE, MORALE, DISCIPLINE, &c. &c.

PREFACE
PARABOLIQUE ET APOLOGETIQUE.

TOUTE bonne Production dans les Ouvrages des Sçavans est un Trefor pour les Perfonnes de Cabinet. On peut regarder le Sçavoir en general comme un Monde dont on ne connoit encore que la moindre Partie : ce Monde a un grand Nombre de divers Païs, tous bien peuplés, fouvent trop ; mais chaque Province y eft tellement bornée que depuis un bout à l'autre, on n'y trouve que très-peu d'Efpace à parcourir. Patience encore fi on joüiffoit de fon Chemin, fi on avoit aumoins le Plaifir de voir clair autour de foi. Tant s'en faut. Les Nuits font fort longues & fort obfcures en tous ces Païs-là : le Jour qui fuccede à ces Nuits, n'eft ordinairement qu'un Faux-jour. C'eft le plus rare, c'eft le dernier Bonheur d'y recevoir une vive & pure Clarté. Le Philofophe, par Exemple, s'il eft né Judicieux & Sincere, eft obligé de s'arrêter à chaque Pas, pour examiner chaque Objet, & combien de fois, après avoir donné toute fon Attention, avoüe-t-il qu'il ne fçait ce qu'il voit ? L'Hiftorien marche avec un peu plus de Lumiere, & confequemment un peu plus vîte ; mais l'Hyperbole, la Contrarieté, la Supofition lui font faire de frequentes Paufes, & très-fouvent, de fon propre Aveu, il ne fçait où il eft. Il ne faut donc pas s'étonner fi tous les Habitans de ce Païs du vrai Sçavoir, ont tant d'empreffement pour les Découvertes ; à leur Faveur les Ténébres dont ils font environnés fe diffipent, & ils avancent Chemin avec Plaifir.

De tous les Nouveaux Ouvrages que les Sçavans publient on n'en trouve point de plus utiles que ceux qui fervent à enrichir l'Hiftoire Ecclefiaftique. Ceux qu'on fait pour perfectionner les Sciences Abftraites, & fimplement Speculatives, ne donnent qu'une Satisfaction fterile, & ne font après tout qu'augmenter l'Ardeur de la Curiofité. Le Phyficien, à force de reflechir fur les Ouvrages de la Nature, a-t-il deterré quelque Caufe inconnuë ? L'Aftronome à force de promener fes Yeux par le Firmament,

PREFACE.

mament, y a-t-il aperçû quelque nouveau Brillant ? Que leur en revient-il ? Se sçavoir gré de leur docte Aventure, goûter la Loüange qu'ils en reçoivent ; s'animer à d'autres Recherches. Ceux qui ont le Genie tourné heureusement pour inventer & pour rencherir dans la Culture des Beaux Arts, ou dans l'Exercice de la Mechanique, rendent, il est vrai, un bon Office à la Société ; mais tout le Fruit qu'elle en tire ne concerne directement que cette Vie passagere ; l'Intérêt du Salut Eternel ne peut y entrer que par Occasion.

L'Histoire de l'Eglise n'est pas cela. Comme son principal But est le Maintien & l'Avancement de la Religion, elle tend de sa Nature au Bien de l'Ame, & à moins qu'on ne s'en serve pour la Vie à venir, on se detourne de sa Destination. Car c'est dans cette Histoire qu'on découvre la Perpetuité ou la Variation des Dogmes, du Culte & de la Discipline. On y voit la Conduite Edifiante ou Scandaleuse des Pasteurs, les Vertus & les Vices de leurs Troupeaux : on y trouve les Efets du Bon Zéle, ou les Mauvaises Productions de la Superstition & de l'Impieté. Si la Vûe de toutes ces Choses ne porte pas les Hommes à bien croire & à bien faire, ils tournent en Amusement, & peut-être en Poison, ce qui ne leur est donné que pour les afermir dans la Foi, & dans les bonnes Mœurs.

Mais quel est l'Endroit le plus important de cette Histoire Sacrée ? Tous ceux qui s'y connoissent avoüent que c'est celui des Conciles & des Synodes Generaux : Parce que ces Assemblées, si respectables par l'Elite du Pastorat & de la Theologie qui s'y rencontrent, & encore plus venerables par la Presidence du *Saint Esprit*, étant convoquées pour representer toutes les Eglises de leur Ressort, quand il s'agit de foudroier les Erreurs & les Vices, elles doivent être consultées comme les Interpretes Competens de l'Orthodoxie & de la saine Morale.

Les Jurisconsultes & les Plaideurs preferent les Ouvrages de Droit à tous les autres Livres. Les Medecins & leurs Malades ne font point de Lecture plus interessante, que celle qui traite de la Guerison des Infirmités du Corps humain.

Dès la Naissance du Christianisme, & principalement depuis celle de la Reformation, les Theologiens sont en Procès. Ils plaident les uns contre les autres à qui sera censé professer la vraie Doctrine, & chaque Parti a ses Avocats, ses Procureurs, ses Solliciteurs, ses Supôts. La Santé des Ames, que les Remedes Spirituels du Saint Evangile doivent procurer, aiant été alterée, les Conducteurs de plusieurs Eglises, de diferentes Communions, travaillent à la rétablir & à la conserver, par des Moiens contraires. L'Histoire des Conciles & des Synodes fait voir toutes

PREFACE.

es leurs diferentes Opinions sur cela, & raporte à Fond ce grand Procès de Religion qui dure depuis si long Tems, & qui, suivant toutes les Aparences, n'est pas encore prêt à finir. On y voit la Forme des Procedures, es Pieces Justificatives, les Interrogatoires, les Réponses, les Plaidoiers, les Ordonnances & les Arrêts sur tous les Points contestés. On y découvre aussi tant de sortes de Remedes qui ont été emploiés pour dissiper la Corruption de la Morale Evangelique, & pour extirper les Vices oposés aux Vertus Chrêtiennes, qu'il n'y a Personne qui ne puisse tirer de grands Avantages de la Lecture des Procedures qui contiennent toutes ces Choses.

On les trouvera dans les *Actes Ecclesiastiques & Civils des Synodes Nationaux des Eglises Reformées de France*, qu'on produit ici en deux Volumes. Ils ont été tirés des Manuscrits signés en Forme Autentique par les Moderateurs, les Ajoints & les Secretaires de ces Assemblées Synodales. Les Originaux en furent mis en Depot, il y a dix-huit Ans, dans la Bibliotheque de Milord *Earl*, Baron de *Thornhaugh*, Lieutenant des Comtés de *Middlesex*, de *Cambrige* & de *Bedfort* en *Angleterre*. Mr. *Quick*, Ministre à *Londres*, en a fait une Traduction Angloise, qui peut servir à connoitre le veritable Sens de toutes les Expressions Surannées & Ambigues de ces vieilles Copies; mais on les a trouvées en meilleur François dans un Exemplaire Manuscrit, contenant la Compilation des XXVI. premiers Synodes, qui furent revûs & corrigés l'An M.DC.XXXVII. par le Synode National d'*Alençon*.

Trois Années après, Mr. *David Le-Leu* de *Wilhem*, Conseiller au Conseil des Princes d'*Orange* & à celui de *Brabant*, aiant été fait Surintendant de ce Païs-là, par les Etats Generaux des Provinces Unies, les Ministres de *Charenton* lui envoierent cet Exemplaire, dont il fit tirer une Copie très-exacte par un de ses Secretaires. Elle a été conservée par son Fils Mr. *Maurice Le-Leu* de *Wilhem*, qui est aujourd'hui President du Conseil Souverain & de la Cour Feodale de *Brabant* à la *Haye*. Cet Illustre Jurisconsulte, qui est très-zelé pour tout ce qui concerne la Religion Reformée, a eu la Bonté de donner cette Copie au Sr. *Aymon*, afin qu'il eût le Moien de faire une Edition bien correcte des XXVI. Premiers Synodes Nationaux qu'elle contient, auxquels on a ajouté les trois derniers qui y manquoient, de sorte que cet Ouvrage est entierement complet.

Il n'y a que l'Orthographe de quelques Noms propres des Ministres & des Eglises Reformées de *France*, qui peut avoir quelques Defauts, dans les Endroits où les autres Exemplaires Manuscrits ne se trouvent pas bien uniformes avec cette Copie; mais tout ce qu'il y a d'essentiel

PREFACE.

& d'important dans les Decrets & dans tous les Actes de ces Synodes, ne varie point dans les Originaux ni dans la Copie dont on vient de parler. C'est pourquoi chacun peut se tenir assûré qu'il trouvera la Verité toute Pure dans cette Edition Françoise, dont le Contenu n'avoit point encore été mis au jour en cette Langue.

Le Public n'auroit jamais eu le Plaisir ni l'Avantage d'être informé des Choses très-importantes qu'on y découvre, si on avoit adheré aux Sentimens de quelques Ministres trop scrupuleux, qui auroient voulu suprimer ces Actes, s'il avoit été en leur Pouvoir, s'étant figurés qu'on y trouveroit de certaines Matieres, dont il pourroit naitre des Inconveniens qui donneroient Lieu à plusieurs Controverses & Recriminations de très-grande Consequence; mais on a passé outre, en leur faisant voir que tout cela ne devoit pas empêcher la Publication de ces Decrets & Reglemens Ecclesiastiques, puis qu'il n'y a jamais eu de Concile, ni de Synode, parmi les Chrétiens, où il ne se soit rencontré quelque Chose de mauvais, avec ce qui pouvoit être de bonne Edification.

On n'a qu'à voir l'Histoire de tous ceux qui ont été publiés dans la Communion de *Rome*, ou dans celle des *Grecs*, pour être convaincu qu'on se tromperoit fort, de s'imaginer qu'ils n'étoient composés que de Fidéles également éclairés & Pieux, sur lesquels le *Saint Esprit* ne manquoit jamais d'influer, lors qu'ils formoient leurs Statuts & leurs Canons, lors qu'ils prononçoient leurs Sentences & leurs Anathemes. Si cela étoit ainsi, il y auroit du Blaspheme à s'inscrire en Faux contre aucun, & ceux de la Communion de *Rome* auroient Raison de soutenir, qu'on ne leur doit pas moins de Respect & d'Acquiescement de Foi qu'à l'Ecriture Sainte; mais il s'en faut beaucoup que cette Pretension soit bien fondée, puis qu'il est très-évident, par mille Faits incontestables, que depuis la mort des Apôtres la Passion s'est toûjours fourrée dans ces Assemblées Ecclesiastiques, & y a même dominé quelquefois de telle sorte qu'elle en a exclus l'Esprit de Verité, de Sagesse & de Charité.

Il n'a jamais plû au Seigneur Tout-Puissant de metamorphoser en Anges les Conducteurs de son Eglise dans les Conciles, ni de rendre parfaitement Saints tous les Membres des Synodes: ils étoient Hommes, ils ne pouvoient agir que selon leur Nature, & par consequent l'Ignorance, la Foiblesse, la Jalousie, l'Ambition, & la Malice, ces cinq Attributs regnans de l'Esprit Humain, avoient toûjours quelque Part à ces Assemblées.

Lors qu'on disoit à un Homme d'Esprit, un tel fut condamné dans un tel Concile; c'est une Preuve, s'écrioit-il, qu'il n'avoit pas sçû cabaler aussi bien que ses Aversaires, ou qu'il n'avoit pas eû comme eux l'Apui
du

PREFACE.

du Bras Seculier. Dieu triomphoit néanmoins quand il daignoit s'en mêler : c'est ce qui a fait dire à un des plus Sçavans de nos jours " Il est bien
„ necessaire que le *Saint Esprit* preside dans ces Assemblées, car sans ce-
„ la tout seroit perdu. Cette Assistance extraordinaire & beaucoup plus
„ forte que la Generale, doit nous rassûrer, & nous persuader entiere-
„ ment que le *Saint Esprit* a fait son Oeuvre, au milieu du Dereglement
„ des Créatures, & qu'il a tiré la Lumiere de sa Verité du Cahos téné-
„ breux des Passions, non pas dans toutes les Assemblées Synodales,
„ mais dans quelques-unes.

Ne vit-on pas sortir cette Lumiere du milieu des Contestations qui partageoient les Sentimens des Fideles du Christianisme Naissant, lors que les Apôtres furent obligés de regler eux-mêmes, dans leur premier Synode Oecumenique, ce qu'il falloit observer ou abolir de la Loi de *Moïse* ? Les Troubles & les Debats que ces diferentes Opinions causerent, n'ont point été cachés dans les Actes des Apôtres; & les Evangelistes n'ont pas fait Dificulté de publier que ces premiers Herauts de l'Evangile, destinés surnaturellement pour annoncer les Oracles Sacrés des Revelations Divines, eurent neanmoins des Incredules, des Parjures, & des Perfides, parmi les douze Membres de leur College Apostolique.

Doit-on s'étonner, après cela, que depuis le Commencement de la Reformation jusqu'au milieu du Siécle passé, il se soit trouvé parmi deux ou trois Mille Ministres, quelque Centaine de Prevaricateurs qui aient deshonoré leur Caractére par des Apostasies, ou par des Malversations qui les ont fait deposer. Ne doit-on pas plûtôt admirer le Zéle Apostolique, & les Vertus Chrétiennes de ce grand Nombre de Fideles Predicateurs du Saint Evangile, qui ont consacré tous leurs Travaux, & fort souvent exposé leur Vie, pour établir & pour conserver la Pureté de la Doctrine & des Mœurs, dans les Eglises qui étoient confiées à leur Conduite ?

S'il falloit priver le Public de la Connoissance des Actes qui contiennent ce que ceux-ci ont fait de Loüable & d'Utile, pour ne découvrir pas ce qu'il y a eu de mauvais & de censurable dans les Actions de ceux-là qui ont été condamnés, suivant les Regles d'une Sainte Discipline; par les plus Sages & les plus Eclairés d'entre les Pasteurs Reformés, il faudroit aussi suprimer une grande Partie des Livres Sacrés, des Conciles Generaux, & des Auteurs Ecclesiastiques qui découvrent tant de Choses mauvaises, dont les Ennemis de la Religion peuvent abuser, & les Fideles en être scandalisés.

Il faudroit au moins, par ces mêmes Considerations, retrancher

PREFACE.

de l'Ancien Testament ce qu'il y a de plus mal édifiant, & de criminel dans la conduite des Patriarches, des Prophetes, des Levites, des Anciens, des Juges, des Souverains Sacrificateurs, & des Rois d'*Israël*, puisque leurs Dereglemens, leurs Idolatries, leurs Paillardises, leurs Fraudes, leurs Meurtres, leurs Prevarications & tant de Vices abominables qu'on y découvre, de même que dans les Histoires Prophanes, semblent plus propres à corrompre ceux qui font cette Lecture, qu'à leur donner de bons Exemples ; mais les Auteurs Sacrés en ont fait un autre Jugement, qui les a portés à ne rien cacher de ce qui pourroit contribuer à découvrir les pernicieux Efets des Vices, pour en inspirer de l'Horreur, & à manifester les belles Productions des Vertus, pour les faire aimer, & pour obliger tous les Hommes à s'y attacher fortement.

C'est pour cela que les plus sinceres Compilateurs de l'Histoire Ecclesiastique ont mis au jour, sans aucun Deguisement, les Ecrits & les Actions de tous ceux qui ont fait du Bien, ou du Mal, à l'*Eglise Judaïque* & à la *Religion Chrêtienne*: c'est le But qu'ils se sont proposés, quand ils ont fait connoitre tout ce qui s'est passé dans les Conciles Generaux, & dans les Synodes Particuliers de chaque Nation; & c'est aussi dans cette même Vûë qu'on publie maintenant ici *Tous les Actes Ecclesiastiques & Civils des Synodes Nationaux des Eglises Reformées de France*.

On y trouvera non seulement tout ce qui a été indiqué en Termes Generaux dans le Titre de cet Ouvrage, mais aussi un très-grand Nombre d'autres Pieces fort importantes, qui servent à justifier la Conduite des Pasteurs, & des autres Personnes, qui ont fait ou aprouvé les Decrets, les Statuts & les Reglemens de ces Assemblées Synodales.

Ceux qui examineront bien les Dogmes de la Confession de Foi qu'on y a retouchée sur quelques Articles, connoitront facilement qu'il n'y a aucune de ces Variations importantes, dont ceux de la Communion de *Rome* ont accusé les Reformés sur cette Matiere. Tout le Bruit que Monsieur l'Evêque de *Meaux*, & quelques autres Prelats de l'*Eglise Gallicane* ont fait sur cela, dans leurs Ouvrages de Controverse, n'est venu que de ce qu'ils ont trouvé deux ou trois Expressions Ambigues, ou Impropres, dans quelques-uns des premiers Synodes Nationaux, auxquelles les Synodes suivans ont substitué des Termes plus Clairs & plus convenables qu'ils ne l'étoient dans les Decrets precedens. C'est ce qu'on a fait voir dans les Refutations particulieres, que de très-habiles Theologiens Reformés ont

mises

PREFACE.

mises au jour, contre ces Variations Prétenduës, c'est pourquoi le Sieur *Aymon*, ne se croit pas obligé de faire ici une plus longue Apologie de cette Confession de Foi.

Pour ce qui est des Cas de Conscience qui semblent n'avoir pas été resolus, par quelques-uns de ces Synodes, d'une Maniere conforme à ce qui en avoit été decidé par quelques autres; cette Diversité ne se rencontre que sur des Matieres indiferentes qui ne sont pas de grande Consequence, ou bien sur celles qui concernent les diferens Besoins des Églises Particulieres, auxquelles ces Synodes ont conseillé ou permis de suivre quelquefois des Maximes contraires à la Discipline Ecclesiastique, lors qu'elles y étoient contraintes, pour se conformer aux Changemens des Loix Politiques. Cela paroit en ce que ces Eglises, & leurs Pasteurs se sont soumis, autant que la bonne Conscience pouvoit le leur permettre, aux Changemens de ces Loix Politiques, aux Ordres des Magistrats de la Communion de *Rome*, & aux Mandemens des Rois de *France*, qui ont bien souvent exigé des Reformés plusieurs Choses toutes contraires, en diferentes Occasions, sur les Sermens, sur les Contracts, sur les Mariages, sur les Batêmes, sur les Sepultures, sur les Charges & sur les Emplois de beaucoup de Personnes qui ont donné Lieu à divers Cas de Conscience très-dificiles.

On verra dans ces mêmes Synodes plusieurs autres Choses, qui leur ont fourni des Motifs très-équitables, pour changer beaucoup de Reglemens dans la Discipline Ecclesiastique, sur les Demandes qui leur en étoient faites par les Commissaires des Rois de *France*, ou par les Deputés des Synodes Provinciaux; & ils ont obtenu tout ce qui pouvoit leur être accordé en bonne Conscience; mais il paroit aussi que lors qu'il s'agissoit de faire, ou d'octroier des Choses prejudiciables ou contraires à la Veritable Religion, ces Synodes Nationaux s'y sont oposés avec autant de Zéle que d'Intrepidité, sans se laisser corrompre par de belles Promesses, ni intimider par aucunes Menaces.

Voilà pourquoi ils se sont attirés quelquefois l'Indignation des Intendans, & des Ministres d'Etat de la Communion de *Rome*, qui ont fait passer ces Refus pour des Actions aussi criminelles que le sont les Revoltes des Sujets contre leurs Souverains; mais on verra dans les Réponses qui ont été faites aux Commissaires des Rois de *France*, par les Moderateurs de ces Synodes, que tous les Griefs Pretendus que ces Commissaires mettoient au Rang des Infractions des Edits de Pacification, n'étoient autre Chose que de Fausses Accusations, intentées

PREFACE.

tentées par les Ennemis que les Reformés avoient en Cour. On doit mettre dans ce Rang quelques Grands Seigneurs, qui n'adheroient pas encore ouvertement à la Communion de *Rome*, mais qui s'y rangerent dans la suite, pour éviter les Censures Ecclesiastiques qu'ils meritoient.

C'est par consequent la Regularité & la Severité d'une bonne Discipline Ecclesiastique, maintenuë fort équitablement par la Sagesse & la Pieté des Conducteurs des Eglises Reformées, qui a donné Lieu aux Mécontentemens, aux Animosités, aux Calomnies & à tous les Traits piquans qui ont été lancés contre ces Synodes, tant par ceux qui se disoient Catholiques, que par les Apostats & les autres Perfides, qui ont mieux aimé se revolter contre cette Discipline, que de corriger les Desordres de leur Vie scandaleuse, que les Pasteurs Reformés ne vouloient pas soufrir.

Si tout cela ne suffit pas pour justifier entierement la Conduite de tous ceux qui ont dressé, ou aprouvé ces Actes Synodaux, on produira, sur la Fin de cette Preface, d'autres Preuves beaucoup plus fortes, pour demontrer d'une Maniere incontestable que leurs plus grands Ennemis, & ceux-là même qui condamnoient ouvertement la Religion Reformée, bien loin d'avoir eu quelque Chose de mauvais à reprocher aux Ministres, & aux autres Deputés qui se trouvoient dans ces Assemblées Synodales, ils ont, au contraire, fait des Eloges de leur Zéle, de leur Prudence, de leur Sagesse & de leur Fidelité.

Ces beaux Témoignages sont contenus dans plusieurs Lettres & Mandemens de VI. Rois de *France*, qui permirent de tenir ces Synodes sous leurs Auspices, depuis le Regne de *François* II. jusqu'à celui de *Loüis* XIV. On en trouve aussi plusieurs autres qui ne sont pas moins avantageux aux Reformés, dans les Lettres des Reines qui ont gouverné cette Monarchie sous la Minorité de *Charles* IX. & de *Loüis* XIV., à sçavoir *Catherine* de *Medicis*, & *Anne* d'*Autriche*. Celles de deux Fameux Cardinaux, qui furent Nonces de la Cour de *Rome* à celle de ces-deux grandes Princesses, sont encore plus considerables sur cette Matiere. L'un étoit le Célebre Cardinal *Mazarin*, qui devint premier Ministre d'Etat de *Loüis le Grand*: & l'autre étoit l'intime Favori du Pape *Pie* IV., qui le fit Cardinal sous le Titre de *Sainte Croix*, en recompense des bons Services qu'il lui avoit rendus en *France*, quand on y fit ces Ligues si importantes, dont les unes avoient pour Pretexte la Ruïne de la Reformation Naissante, & les autres le Maintien de quelques Princes du Sang Roial, & de plusieurs Grands Seigneurs

PREFACE.

gneurs, qui favorifoient fon Etabliffement, par la Profeffion qu'ils en faifoient, & par la Liberté de Confcience qu'ils donnoient aux Reformés.

Ceux qui ont quelque Connoiffance de ce qui fe paffoit en ce Tems-là, n'ignorent pas les Ravages que les Tumultes firent de toutes Parts. L'horrible & meurtriere Agitation dans laquelle on étoit alors, parmi le Bruit des Armes, & le Feu des Divifions, ne pouvoit pas manquer de donner Lieu à une Infinité d'Incidens. Les Lettres du Cardinal de *Sainte Croix* en font toutes pleines, c'eft pourquoi on les a mifes à la Tête de ces Actes Synodaux, pour fervir d'Hiftoire Preliminaire fur les Matieres de la Reformation, dont on y trouve la Naiffance, les Progrès & les Revolutions, avec des Particularités qui n'avoient jamais été mifes au jour. Elles ont été tirées des Manufcrits Originaux de la Bibliotheque du *Vatican*, comme on peut le voir dans la Remarque mife fur la Fin de ces Lettres, à la page 184. du premier Volume.

On trouvera parmi ces *Anecdotes* plufieurs Eclairciffemens de certains Faits Hiftoriques très-importans, qui rallumeront toujours le Feu des Difputes, pendant qu'on s'opiniâtrera à ne point ceder à la Force de la Verité. Ces Lettres découvrent les Sources de ce qui fe paffoit de plus éclatant dans toute la *France*. On y voit dans leur Origine, dans leurs Caufes, dans leurs Motifs les Guerres Civiles, les Ligues faites ou rompuës par le Manege de la Cour de *Rome*, l'Edit de la Reine Regente *Catherine* de *Medicis*, pour la Liberté de Confcience, les Harangues du Grand Chancellier, & les Avis des Principaux Miniftres d'Etat, avec tout ce que les Parlemens firent, & tout ce qu'on attendoit du Concile de *Trente*, & de plufieurs Endroits de l'*Europe*, touchant cet Edit de Pacification.

On y verra des Portraits bien curieux des plus fameux Generaux d'Armée, & des plus celebres Prelats qu'il y avoit alors en *France*, & particulierement ceux du Prince de *Condé* & du Cardinal de *Chaftillon*, qui foutenoient le Parti des Reformés, & ceux du Duc de *Guife* & du Cardinal de *Lorraine* qui fe mirent à la Tête de toutes les Factions de ceux de la Communion de *Rome*, l'un dans les Armées, & l'autre parmi les Champions Mitrés, où il eut l'Adreffe de faire bien valoir fes beaux Talens dans les Controverfes, & de profiter des Conjonctures favorables pour contenter fon Ambition. Le Coloque de *Poiffy* n'y eft pas omis: cet Eminent Prelat y parut beaucoup par fon Eloquence, & par fon Erudition, qui ne lui donnoient pas moins de Relief que la Pourpre dont il étoit revêtu; & il eft

Tome I. *∗* fort

PREFACE.

fort vrai-semblable qu'il ne consentit à la Tenuë de cette Assemblée qu'afin d'avoir Lieu de faire paroitre qu'il parloit bien , & qu'il n'avoit pas moins d'Esprit que cet Illustre *Arcboutant* de la Reformation surnommé *Beze*, dont les beaux Talens , & les grandes Lumieres, accompagnées d'un Saint Zéle, donnerent aussi beaucoup d'Admiration aux Théologiens de l'un & de l'autre Parti, qui étoient dans cette fameuse Assemblée.

Au reste, ceux qui pourront se desenchanter de la Prévention, connoitront que ces Lettres sont très-favorables aux Reformés de *France*. Qu'ils aient été les Auteurs des Fleuves de Sang qui ont coulé dans ce Roiaume, à l'Occasion des Controverses ; qu'il faille leur imputer la Rupture & l'Inutilité des Conferences ; qu'ils aient été toujours les premiers à sonner la Trompette , & à relever l'Etendart, par leurs Infractions aux Edits de Pacification, c'est une Tradition en *France*, aussi peu contestée, parmi ceux de la Communion de *Rome*, que celles qu'ils mettent en Parallele avec les Livres de l'Ecriture Sainte, & qui font chés eux une Certitude de Foi. Il est certain néanmoins que c'est à la *Cour de Rome* & au Clergé de l'*Eglise Gallicane* qu'on doit imputer tous ces Maux.

C'est de quoi on pourra se convaincre facilement par la Lecture des Lettres de ce Nonce du *Pape Pie* IV. qui avoit vû de ses propres Yeux ce qui se passoit en *France*, au Sujet de la Reformation, & qui, conformément au Dû de sa Charge, rendoit Compte de tout au Cardinal *Borromée*, Neveu de ce *Pontife Romain*, qui l'avoit chargé de l'informer par des Lettres en Schiffre, de tout ce qu'il pourroit découvrir de plus important sur cette Matiere. On y verra donc tout ce que les Reformés & leurs Ennemis ont fait alors, tant pour les Afaires Civiles qu'au Sujet de celles de la Religion.

Mais pour finir cette Preface par les Preuves incontestables qu'on a promis de raporter ici, pour demontrer la bonne Conduite des Reformés en *France*, dans leurs Synodes Nationaux , & dans toutes leurs autres Assemblées; on prie ceux qui en ont douté jusqu'à present, de bien examiner le Contenu de la Lettre Politique, très-importante, de la Fameuse Reine *Catherine* de *Medicis*, qui est dans les pages 185, 186. & 187. des *Anecdotes* du Premier Tome , & celles du Cardinal *Mazarin*, & du Roi de *France Loüis* XIV., qui sont dans les pages 738. & 739. du Second Tome de ces Actes Synodaux.

Ils trouveront dans la Premiere que cette Reine témoignoit à l'Empereur *Ferdinand I.*, " Que c'étoit aux Prelats de *France* qu'il fal-
„ loit

PREFACE.

,, loit imputer le mauvais Succès des Conferences qu'ils avoient eûés
,, avec les Miniſtres Reformés; au Sujet de leur Confeſſion de Foi
,, qu'ils preſenterent au Coloque de *Poiſſy*, & que ces Prelats n'a-
,, voient rien fait de ce qu'ils lui avoient promis, pour une bonne
,, Reformation qu'elle connoiſſoit être fort neceſſaire dans l'Egliſe
,, Romaine; mais que les Reformés avoient ponctuellement obéï à
,, ſes Ordres & à ſes Mandemens, d'abord qu'ils les avoient reçûs.

La Seconde contient une Declaration très-expreſſe du Cardinal *Mazarin*, au Synode National de *Loudun*, ,, Que le *Roi* étoit bien
,, perſuadé, par Efet, de la Fidelité Inviolable des Reformés, &
,, de leur Zéle pour le Service de *Sa Majeſté*, & que pour lui, il
,, avoit une grande Eſtime pour eux, comme ils le meritoient, étant
,, ſi bons Serviteurs & Sujets de leur Monarque.

La Troiſième, qui eſt celle du *Roi Loüis* XIV. confirme aux Deputés de cette Aſſemblée Nationale de *Loudun*, tout ce qui leur avoit été écrit par cet Illuſtre Cardinal, & Premier Miniſtre d'Etat de ce Monarque, qui témoigne lui-même par Ecrit, ,, Qu'étant très-ſatis-
,, fait de leur Obéïſſance & de leur Fidelité Inviolable, il a bien vou-
,, lu les en avertir par cette Lettre.

Les Reformés de *France* n'ont point tenu d'autre Synode National, depuis ce Tems-là, & par conſequent, voilà tout ce qu'on peut deſirer de plus Favorable, & de plus Authentique pour l'entiere Juſtification de la bonne Conduite de tous ceux, qui, depuis le Commencement juſqu'à la Fin de ces Synodes, ont travaillé de Concert, avec les Commiſſaires Politiques de ces Grands Monarques dont on a parlé ci-devant, & avec les Deputés Generaux & Particuliers des Egliſes Reformées de *France*, pour mettre ces *Actes Eccleſiaſtiques & Civils* dans la Forme qu'on les trouvera maintenant ici.

PRIVI.

PRIVILEGIE.

DE Staten van Holland ende West-Vriesland, Doen te weten Alsoo ons vertoont is by Jean Aymon J. U. D. Franse Predicant, hoe dat hy Supplian besig was, met te doen drucken, ende componeren verscheyde curieuse, rare, nodige en noyt voor desen gedruckte Boecken, namentlijck, ... ARTICLE II *Tous les Synodes Nationaux & tous les Synodes Provinciaux des Eglises Reformées de France & des Païs Bas, avec plusieurs Lettres Anecdotes & autres Ecrits concernant diverses Matieres qui ont du Rapor à ces Synodes, & à ce qui s'est passé au Sujet de la Reformation, depuis son premier Etablissement jus qu'à present.* . . . . . Ende bevreest zynde, dat baetsuchtige menschen de voorschrev Boecken mochten naedrucken tot des Suppliants groote nadeel, soo keerde den Suppliant sich i aller ootmoedigheyt tot Ons, versoekende dat het Onse geliefte mochte zyn, hem Supplian te vergunnen een Octroy ofte Privilegie voor den tijt van twintig eerst achter een volgende Jae ren, om de voorschreve Boecken alleen te mogen drucken, doen drucken, uytgeven, ende ver kopen in soodanigen formaet en Tael, als den Suppliant bevinden soude best met syn intrest over een te komen, met expres verbot, dat niemand de voorsz Boecken soude vermogen naerdrucken, doen naerdrucken, 'tzy in 't geheel, ofte ten deele uytgeven, verhandelen, ofte verkopen, oft buyten dese Landen gedruckt hier mogen inbrengen, verhandelen, ofte verkopen, alles op d verbeurte van alle de naergedruckte, ingebrachte, verhandelde, ofte verkochte Exemplaren, e daerenboven op seeckere Poene door Ons tegens de Contraventeurs te stellen: SOO IS'T, da Wy de saecke, ende 't versoeck voorschreven, overgemerckt hebbende, ende genegen wesende ter bede van den Suppliant uyt Onse rechte wetenschap, souveraine macht, ende authoriteyt den selven Suppliant geconsenteert, geaccordeert, ende geoctroyeert hebben, consenteeren, acc deeren, ende octroyeeren hem mits desen, dat hy geduerende den tijt van twintig eerst achter een volgende Jaren de voorschreven gespecificeerde Boecken binnen den voorschreven Onsen Lan den alleen sal mogen drucken, doen drucken, uytgeven, ende verkoopen; in soodanigen for maet en Tael, als den Suppliant bevinden soude best met syn interest over een te komen; ver biedende daerom allen ende een yegelijk deselve Boecken in 't geheel, ofte ten deele naer te drucken, ofte elders naergedruckt, binnen den selven Onsen Landen te brengen, uyt te geven, ofte verkopen, op verbeurte van alle de naergedruckte, ingebrachte, ofte verkochte Exempla ren, ende een Boete van drie hondert guldens daerenboven te verbeuren, te appliceren een der de part voor den Officier, die de Calange doen sal, een derde part voor den armen der plaetse daer het casus voorvallen sal, ende het resteerende derde part voor den Suppliant; alles in dien verstande, dat Wy den Suppliant met desen Onsen Octroye alleen willende gratificeren tot ver hoedinge van syne schade door het nadrucken van de voorschreve Boecken, daer door in geeni gen deele verstaen den inhouden van dien te authoriseeren, ofte te advoüeren, ende veel min deselve onder Onse protectie, ende bescherminge, eenig meerder credit, aensien, ofte repura rie te geven, nemaer den Suppliant, in cas daer inne iets onbehoorlijcks soude influeren, alle het selve tot synen laste sal gehouden wesen te verantwoorden: Tot dien eynde wel expresselijk begerende, dat by aldien hy desen Onsen Octroye voor deselve Boecken sal wilen stellen, daer van geen geabbrevieerde, ofte gecontraheerde mentie, sal mogen maecken, nemaer gehouden sal wesen het selve Octroy, in 't geheel, ende sonder eenige omissie daer voor te drucken, ofte doen drucken: Ende dat hy gehouden sal zyn een Exemplaer van de voorschreve Boecken ge bonden, ende wel geconditioneert, te brengen in de Bibliotheecq van Onse Universiteyt tot Ley den, ende daer van behoorlijk te doen blijken, alles op poene van het effect van dien te verlie sen: Ende ten eynde den Suppliant desen Onsen Consente, ende Octroy moge genieten als naer behooren, lasten Wy allen, ende een yegelijken, die 't aengaen mag, dat sy den Suppliant van den inhoude van desen doen, laten ende gedoogen, rustelijk, vredelijk, ende volkomentlijk ge nieten ende gebruyken, cesseerende alle belet ter contrarie. Gedaen in den Hage, onder Onsen grooten Zegele hier aen doen hangen, den vier en twintighsten July in 't Jaer onses Heeren ende Saligmakers seventien hondert negen.

vt.

A. HEINSIUS.

Ter Ordonnantie van de Staten.

SIMON VAN BEAUMONT.

A V I S.

Le Sr. J. Aymon a cedé le present Privilege au Sr. Charles Delo; Libraire à la Haye, pour ce qui concerne Les Synodes Nacionaux des Eglises Retormées de France, *tant seulement, suivant la Con- vention particuliere faite entr'eux pour cela.*

LET-

Pag: 1.

LES VÉRITABLES CAUSES DES PROGRÈS ET DES CATASTROPHES DE LA RELIGION REFORMÉE

Decouvertes par la Production qu'on fait ici de

CINQUANTE LETTRES ANECDOTES

Qui furent écrites au

CARDINAL BORROMÉE, PAR LE CARDINAL DE Ste. CROIX. NONCE DU PAPE PIE IV. AUPRÈS DE LA REINE CATHERINE DE MEDICIS,

Dans le tems des Fameuses Ligues *qui ont troublé*

LA FRANCE

Depuis l'An 1561. jusqu'à 1565.

※―※―※―※―※―※―※―※―※―※―※―※―※―※―※

PREMIERE LETTRE

Du Cardinal de Ste. *Croix, au Cardinal* Borromée, *Neveu du susdit Pape.*

Giunsi in questa Citta di Parigi *piu tardi di quello che io disegnavo, per haver trovato il Camino molto piu longo & piu difficile che non mi era stato detto*; *& anco-*

JE suis arrivé dans cette Ville de *Paris*, plus tard que je ne le projettois, par ce que j'ai trouvé le chemin non seulement plus long & plus scabreux qu'on

A

ancora mi è convenuto sopraſtrare molti giorni in Burgos, *per havere un Paſſaporto, ſenza il quale non ſi può uſcir di* Spagna.

Per ſtrada ho trovato il Veſcovo di Aſtorga *& quello di* Leon *di Spagna che vengono al Concilio di* Trento, *& con me ſono entrati in* Francia, *& gia devono eſſere à* Lione.

Dicono che ſua Majeſta Catholica *habbia comandato a tutti i Prelati che vengano ſenza eccettione alcuna.*

Per Guaſcogna *& queſti altri Paëſi donde io ſono paſſato, ſe bene ho trovato che ſi predicava in qualche Luogo da* Heretici, *non ho però trovato, come ſi diceva, ne* Croci, *ne* Imagini *rotte, ne* Chieſe *abbandonate, altro che in un Luogo chiamato* Ligur, *dove eſſendo ſtate rotte due o tre* Croci, *ne volle far reſſentimento, per veder come il Popolo ſi monſtrava, & tutti mi diſſero ch'era una coſa molto mal fatta, & che non la poteva haver fatta altri che qualche* Ribaldo, *& ſe ben può eſſere che chi diceva coſi ſentiſſe altrimenti, in quello mi piacquero che non avevano perduta la Vergogna.*

Delle Coſe di qui non ſo parlar eſſen-

qu'on ne me l'avoit dit ; mais auſſi par ce qu'il m'a fallu reſter pluſieurs jours à *Burgos*, pour avoir un Paſſeport, ſans lequel on ne peut pas ſortir *d'Eſpagne*.

J'ai trouvé ſur ma Route l'Evêque *d'Aſtorgue* & celui de *Leon*, qui s'en vont au Concile de *Trente*, & qui doivent être déja arrivés à *Lion*.

Ils diſent que le *Roi d'Eſpagne* a commandé à tous ſes Prelats de s'en aller à *Trente*, ſans aucune exception.

J'ai trouvé dans la *Gaſcogne* & dans les autres *Lieux* où j'ai paſſé, quelques *Heretiques* qui prechoient, mais je n'y ai pas vû des *Images dechirées*, des *Croix rompûes*, ni des *Egliſes abandonnées* comme on me l'avoit dit, ſi ce n'eſt dans une Bourgade nommée *Ligur*, où je voulus faire paroitre mon indignation au ſujet de deux ou trois *Croix briſées*, pour voir quelle ſeroit la contenance du Peuple, & chacun me dit alors que c'étoit un très-grand mal de les avoir rompûes, & que cela ne pouvoit avoir été fait que par quelque *Scelerat*, & quoique ceux qui parloient ainſi euſſent peut-être d'autres ſentimens, je vis néanmoins avec plaiſir qu'ils avoient encore quelque retenüe dans leurs diſcours.

Je ne ſaurois vous parler maintenant

DE LA RELIGION REFORMEE EN FRANCE

essendo gionto salamente due hore fa.

Ho inviato un mio à Monsignore l'Illustrissimo Cardinale di Ferrara, Legato in questa Corte di Francia, per intendere quel che mi comandara di fare per il serviggio della Santa sede Apostolica.

La presente servira solo per avviso dell' arivata mia, & per supplicare voi Signoria Illustrissima che si degni di scusarmi appresso sua Sanctita, del mio rittardo.

Per adesso non mi occorre altro che di ricomandarmi humilissimamente alle buone gratie di Voi Signoria Illustrissima.

In Parigi alli 16. d'Ottobre 1561.

tenant des affaires de ce Païs, n'y étant arrivé que depuis deux heures.

J'ai envoyé un homme de ma suitte chez Monsieur l'Eminentissime Cardinal de Ferrare, Legat en cette Cour de France, pour recevoir ses ordres touchant ce que j'y dois faire pour le service du S. Siege Apostolique.

Cette Lettre n'aboutit qu'à vous donner avis de mon arrivée, & à suplier Vôtre Eminence de se donner la peine de faire mes excuses à sa Sainteté, touchant le retardement de mon voyage.

Il ne me reste plus maintenant autre chose à vous dire, si ce n'est que je me recommande très-humblement aux bonnes graces de Vôtre Eminence.

A Paris le 16. Octobre 1561.

SECONDE LETTRE

Du Cardinal de Ste. Croix, au Cardinal Borromée.

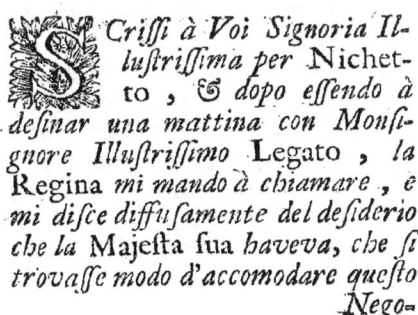

Crissi à Voi Signoria Illustrissima per Nichetto, & dopo essendo à desinar una mattina con Monsignore Illustrissimo Legato, la Regina mi mando à chiamare, e mi disce diffusamente del desiderio che la Majesta sua haveva, che si trovasse modo d'accomodare questo Nego-

'Ecrivis dernierement à Vôtre Eminence par Niquet, & depuis ce tems-là m'étant trouvé un jour à disner chez Monsr. le Legat, la Reine me fit apeller, & me temoigna par un long discours, qu'elle desire qu'on puisse trouver quelque moyen d'accommoder

Negotio della Religione, *esortandomi che insieme con Monsignore Illustrissimo* Legato *volesse pensarvi: & proponer qualche modo, che considerati i tempi e humori di questo Regno, fosse riuscibile.*

Alche essendo stato risposto d'a me con quanta volonta io serviro la Majesta Sua *in tutto, ma principalmente in questo, fu dato ancora conto del stato nel quale à me pareva haver lassata la Citta di* Parigi, *cioè che i Cattolici erano molto piu numerosi che questi altri sedutti quasi per forza da alcuni Predicatori; pregando la* Majesta Sua *a voler proveder almeno in questo che in quella Citta che e Capo del Regno, & che per Dio gratia si conserva si bene, non ci fosse chi seducesse, & seminasse cattiva Dottrina.*

La Majesta Sua *mi disse che di gia haveva provisto che non potessero predicar piu nella Citta ma fuori: alche havendo io replicato che questo si poteva chiamar Provisione per una parte & non per tutta, & che la medesima Auttorita che gli haveva prohibiti che non predicassero nella Citta poteva ancor prohibirli di fuora; mostro che l'intensione sua fosse di giunger etiam à questo segno, ma che*

moder les affaires de la *Religion*, m'aiant exhorté d'y penser avec son Eminence Monsr. le *Legat* : afin qu'après avoir bien examiné les circonstances des tems, l'Humeur & le Genie des gens de ce Roiaume, nous proposassions quelque expedient qui pût réussir.

Je repondis à *Sa Majesté* que je lui rendrois très-volontiers service en tout, mais principalement en cela; & lui fis connoître en quel état il me sembloit d'avoir laissé la Ville de *Paris* à mon départ, à savoir qu'il me paroissoit y avoir beaucoup plus de Catholiques que de ces autres gens, seduits en quelque maniere contre leur volonté, par quelques Predicateurs; & je supliai *Sa Majesté* de vouloir au moins faire en sorte qu'il n'y eut plus, dans la Ville de *Paris*, capitale de son Roiaume, aucun de ceux qui sement une mauvaise Doctrine pour corrompre les autres.

Sa Majesté me dit qu'elle avoit déja fait de si bons Réglemens pour cela, qu'ils ne precheroient plus dans la Ville, mais seulement dehors : à quoi aiant repondu qu'on ne pouvoit pas dire que cela fut un Preservatif general mais un Remede particulier, & que la même autorité dont on s'étoit servi pour leur defendre de prêcher dans la Ville pouvoit aussi les empêcher de

*he andava pian piano, come e per-
uafa che bifogna fare in quefto
Negotio.*

*Ma perche havevo intefo di non
ò che Mafcherata fatta del Rè
uo Figliolo, che l'havevano vefti-
o con certo Habito, & non fò che
n Tefta, che alcuni interpreta-
vano per Mittra & per irrifione
ello Stato Ecclefiaftico, con quefta
ccafione ne feci qualche recenti-
mento, pregando la* Majeftà Sua
*à non voller laffar pigliar quefta
Inftitutione al Figliolo, & dar
quefta occafione d'interpretar le
Cofe altramente di quelche io fa-
pevo ben che la* Majeftà fua *fen-
tiva.*

*In quefto Sua Majeftà rifpofe che
erano ftate Cofe da Putti, & che
quelli che l'havevano interpretato
per Mitra l'havevano fatto con
quel animo che havevano fatto
molte altre cofe, che ne à lei, ne
à Perfonna che foffe in quella Sala
era mai paffato nel penfiero tal
cofa, ma poi che io ne facevo cozì
gran cafo che non fi farianno piu:
monftrando in tutto il fuo parlare
un' ottima Mente, & un defide-
rio infinito che fi trovi qualche rimedio*

le faire dehors; *Sa Majefté* me
temoigna que fon deffein tendoit
à cela, mais qu'elle ne l'execu-
toit que peu à peu, étant per-
fuadée qu'il faut agir ainfi dans
une affaire de cette nature.

Mais parce que j'avois entendu parler d'une certaine *Mafca-
rade* faite par le *Roi* fon Fils,
qu'on avoit deguifé par un habit extraordinaire, & en lui mettant je ne fai quoi fur la Tête,
que quelques uns difoient être
une *Mitre* dont on fe joüoit,
pour tourner le Clergé en ridicule; je pris de là occafion d'en
former quelques plaintes, & de
fuplier *Sa Majefté* de ne point
fouffrir que fon Fils reçut une
telle Education, & de ne donner pas auffi lieu par cette tolerance, d'interpreter les chofes
d'une maniere contraire à ce que
je favois fort bien que *Sa Majefté*
en penfoit.

Sur cela *Sa Majefté* me repondit que toutes ces chofes n'a-
voient été que des Badinages de
petits enfans, & que ceux qui
avoient donné à entendre qu'on
y avoit employé une *Mitre*, l'a-
voient fait avec ce mauvais deffein qui les porte fouvent à interpreter mal plufieurs autres
chofes; d'autant qu'il n'étoit jamais rien venu de femblable dans
l'efprit du jeune *Roi*, ni dans la
penfée de ceux qui badinoient
avec

medio all' inconvenienti che corrono.

Andai poi da Monsignore Illustrissimo Schiattiglione, per intender il restante di quel che mi promisi di dir la prima volta che io l'o convenuto, & sua Signoria Illustrissima mi tenne un Ragionamento che duro piu di due grosse hore: la somma del quale fu prima in declarar la sua buona volonta & le Sententie che haveva dette in diversi Atti toccanti l'Autorita di Sua Santita.

Poi in dolersi che per officii fatti da qualch' uno lui fosse il reprobo, & Monsignore Illustrissimo di Lorena il buono, & con questa occasione entro à dire del detto Signore molte cose & di molta importantia intorno alle cose della Religione, & come ultimamente nell' Assemblea di Poissi haveva publicamente detto, in presentia di piu di vingti & piu Prelati, come sua Signoria Illustrissima era gia stata sedeci

avec lui dans cette Sale : mais qu'attendu les grandes consequences que j'en tirois, on ne le feroit plus : & Sa Majesté me fit connoître, par tous ses discours, qu'elle a de fort bonnes intentions, & qu'elle desire de tout son cœur qu'on trouve quelque moien de remedier aux inconveniens qui se presentent de tous cotés.

Je fûs ensuite chés Monsr. le Cardinal de *Chastillon*, pour apprendre le reste de ce qu'il promit de me dire la premiere fois que je lui rendis visite, & son Eminence m'entretint plus de deux heures, par un discours dont la substance aboutit à me temoigner en premier lieu sa bonne volonté, & à m'expliquer les Propos sententieux qu'il avoit tenu en diverses occasions, touchant l'autorité du *Saint Siége.*

Après cela son Eminence fit des plaintes de ce qu'il y a des gens qui travaillent à le disgracier par de mauvais raports, & à donner une bonne Idée de Monsieur de *Lorraine*, & il prit de la occasion de me dire plusieurs choses touchant ce Cardinal, qui sont de grande importance pour ce qui concerne les affaires de la *Religion*, & comme il avoit déclaré ouvertement, en dernier lieu, dans l'Assemblée de *Poissi*,
en

deci anni in maneggio di ſtato, & ſempre haveva trovato che i Pontefici non volevano il Concilio ſe non a Parole, che in effetto non lo volevano, & che queſto interverria adeſſo piu che mai.

Entro poi a dire chera neceſſario trovar un Obice per che queſto male, in queſto Regno, non paſſaſſe piu oltra, magnificando che ogni di pigliava campo & forze maraviglioſamente, & che gli ſaria parſo che al Popolo ſaria ſtato di gran contentamento il poſſer cantar alcune coſe in Lingua Franceſe, lequali però foſſero parole buone & Sante, & prima approvate da Sua Beatitudine: Che li pareva che ſi doveſſe far una Riformatione ſopra il Clero, & fra tutte le altre coſe diminuir il numero di tante Meſſe in una medema Chieſa, come che queſto cauſi nelli animi degl'huomini che non ne' tenghano tanto conto.

Pareva ancor à ſua Signoria Illuſtriſſima, che ſi doveſſe levar via la facculta di poſſer udire Meſſa

en preſence de plus de vingt Prelats, qu'ayant déja manié les affaires d'Etat pendant ſeize années, il avoit toûjours reconnu par experience que les Papes ne vouloient point effectivement le Concile, quoiqu'ils temoignaſſent le contraire par leurs diſcours, & qu'il s'apercevoit maintenant de cela plus que jamais.

Il ſe mit enſuite à dire qu'il faloit neceſſairement trouver un moien pour empêcher que ce mal de la Religion ne paſſât plus avant dans ce Roiaume: & il me repreſenta avec beaucoup d'emphaſe, qu'il s'étendoit au long & au large, & prenoit tous les jours de nouvelles forces, d'une maniere ſurprenante, & qu'il lui ſembloit que le Peuple auroit une grande ſatisfaction de pouvoir *chanter*, en *Langue Françoiſe*, quelque choſe de bon & de Saint, qui fut aprouvé par le *Pape*: Que la *Reformation* du *Clergé* lui paroiſſoit neceſſaire, & qu'on devoit ſurtout *diminuer* ce grand nombre de *Meſſes* qui ſe diſent chaque jour dans une même Egliſe; par ce que l'uſage trop frequent en fait concevoir du mepris aux hommes, & leur donne lieu de n'en faire pas tant de cas.

Son Eminence fit auſſi connoître, qu'outre cela, il faloit abolir les Privileges qui ſont accordés

Messa in Casa, & non lassar far quel Santissimo Sacrificio se non in Chiesa: & qualche altra casa che mi disse, che semi piacesse la metteria in scripti, accusando molto questi Signori tanto rigorosi che non vogliono pur intender le Persone.

Et dicende che se l'Assemblea di Poissi *havesse havuto piu patientia & voluto ascoltar costoro, & in quelle cose che facevano male farli capaci dell'errore, in quelle che dicevano bene consentirle, & quelle che fossero dubie rimetterle insieme con tutto il resto alla censura di sua Beatitudine, che le cose haveriano preso miglior verso: Ma che l'Austerità di qualch'uno haveva causato che coloro non fatti capaci dell'errore se ne stavano in quel tanto piu ostinati quanto gli pareva che non si fosse saputo rispondere alle Ragioni loro, & quanto ancora il vedersi esser trattati superbamente gli haveva sdegnati assai: concludendo questo humore bisognava medicarlo con Lenitivi, perche il rimedio della Forza non si potria hoggidi usare, essendo persuasa sua Signoria Illustrissima che in tal caso si metteriano insieme in questo Regno trecento mille Persone.*

dés pour entendre la Messe dans des Maisons particulieres, & ne permettre plus que ce S. Sacrifice se fasse hors de l'Eglise. Il ajoûta quelques autres choses à ce discours, & m'offrit de les mettre par écrit si je voulois, & continua de blamer, en beaucoup de choses, la conduite de ces Messieurs trop rigides qui ne veulent entendre les raisons de Personne.

Et sur cela il me dit que si l'Assemblée de *Poissi* avoit eu plus de Patience, & voulu écouter ceux qui demandoient la *Reformation*, en acquiescant à ce qu'ils disoient de bon, & en leur faisant comprendre les choses sur lesquelles ils erroient, & que les uns & les autres eussent remis à la Correction du *Pape* toutes celles qui étoient douteuses, le succès en auroit été plus heureux, & toutes ces choses auroient pris un meilleur train : Mais que la severité de quelques uns avoit porté ces gens là à s'obstiner d'autant plus fortement dans leurs Erreurs, que ne les leur aiant pas fait connoître, ils s'imaginoient qu'on n'avoit sçû trouver aucune Reponse propre à detruire leurs Raisons, & qu'outre cela ils furent beaucoup irrités en voiant qu'on les traitoit avec fierté & d'une maniere imperieuse : concluant de là qu'il étoit necessaire de se servir des plus doux Re-

Jo doppo haver laudata sua Signoria Illustrissima della buona volonta che a conforme al debito & habito che porta, dissi che trovavo molto buono comminciar à metter obice perche il male non passasse piu oltra, che poiche sua Signoria Illustrissima m'haveva detto che cresceva cosi gagliardamente, bisognava provederfi senza tardar più, & questa Provesione per una non potteva esser migliore che levare i Predicatori, *quali con la loro persuasione erano causa della moltiplicatione.*

Che quanto al cantar qualche cosa in Lingua Francese, *che fosse buona & pia, & far una* Riformatione, *che come io non havevo Auttorita alcuna di potter trattar di queste cose, che cosi pottevo ben dir che io crederia che il* Concilio *accorderia tutto quello che trovassi buono & spediente per la salute & consolatione dell'anime di questo Regno.*

Dimonstrando che bisognava passar questa strada, che cosi e stato

remedes pour apaiser cette mauvaise Humeur, par ce qu'on ne sauroit employer aujourdhui la Force, d'autant que son Eminence est persuadée qu'en ce cas il se feroit une Ligue de plus de trois cens mille personnes, dans ce Roiaume, pour s'y opposer.

Après que j'eûs loué son Eminence de la bonne volonté qu'elle a de s'aquitter de tous les devoirs de sa Charge, je lui dis qu'il me sembloit fort bon qu'on empêchât d'abord le mal de passer plus outre, & que puisque son Eminence m'avoit dit qu'il augmentoit beaucoup, il faloit y remedier sans aucun delai, & que pour cet effet on ne pouvoit rien faire de meilleur que de *bannir les Predicateurs,* attendu que leurs discours persuasifs étoient la cause qu'ils avoient tous les jours un plus grand nombre d'adherens.

Que pour ce qui étoit de *chanter en Langue Françoise quelque chose de bon pour les Exercisses de Pieté, & de faire une Reformation,* je n'avois aucun pouvoir de traiter ces matiéres là: mais que je pouvois néanmoins bien dire que je tenois pour certain que le *Concile (de Trente)* accorderoit tout ce qu'il trouveroit bon & expedient, pour le Salut & la Consolation des Peuples de ce Roiaume.

Je lui remontrai qu'on étoit obligé de suivre cette Route,

stato costuma della Chiesa continuamente, & e conveniente che le cose della Religione siano intese per dispute, & accordate da tutta la Christianita insieme, laquale si rapresenta in un Concilio Universale, come che non facendo in questo modo ne segueria che haveriano una Chiesa divisa in mille Parti, & non saria uniforme.

Volle poi saper se accordato questo che sua Signoria Illustrissima diceva, si ella confidava che fosse per sanarsi questa Piaga del tuto?

Sua Signoria Illustrissima rispose che teneva la medesima opinione quanto al Concilio, ma che parendoli che il Concilio fosse cosa lunga, & che il male habbia bisogna di rimedio presente, giudicava che si havessero a fare le dette provisioni, almeno finche Concilium aliter determinaret.

Et che quanto à levar le Prediche, di presente lo trovo impossibile, per l'obstinatione del Popolo, & parimente; (per abraciar quel che sudetto con molte parole,) non confidava che quando Sua Santita facesse tutto quel

& que la coutume de l'Eglise a toûjours été d'observer les Reglemens des Conciles, & qu'il est convenable que les matiéres de la Religion soient éclaircies par voie de Dispute, & qu'on en tombe d'accord parmi tous ceux de la Chrétienté, laquelle est représentée par un Concile Universel, & que si on faisoit autrement il arriveroit que l'unité de l'Eglise seroit dechirée par mille divisions, & qu'il n'y auroit plus d'uniformité.

Je voulus puis savoir de son Eminence si elle croioit qu'on pût entierement fermer cette Plaie, en accordant ce qu'elle me disoit?

Son Eminence me repondit qu'elle étoit dans le même sentiment que moi touchant le Concile : mais que voiant de quelle maniere cette Assemblée trainoit les affaires en longueur, & connoissant d'autre part que le mal dont il s'agissoit avoit besoin d'un promt remede, elle jugeoit qu'on devoit au moins faire cette *Reformation Provisionelle*, jusqu'à ce que le Concile en determinât autrement.

Et que pour ce qui étoit d'imposer silence aux Predicateurs, elle le trouvoit impossible maintenant, à cause de l'obstination du Peuple, & aussi (pour dire en peu de mots tout ce qui fut allegué dans un long dis-

DE LA RELIGION REFORMEE EN FRANCE.

quel che si e detto, dovessero per cio restar di predicare.

Ma dice che il Popolo vedendo la Riformatione & buon viver del Clero, & addolcito ancora in qualche parte dall' intender cantar le Laudi al Signore Dio, si ritrarria à poco à poco.

Et venne à dire di un temperamento che fu usato nella Sette Arriana, che fu permesso che fuor delle Citta potessero haver Oratorii, che si potria fare della medesima maniera, che costoro non potessero predicare nelle Citta, ma fuori.

Il che io ribattai con molte raggioni, & fra l'altre che quella medesima Autorita che potria comandarli che non predicassero nella Citta potria ancora prohibire che non predicassero fuori, & che questo era un rimostrar che in Francia non ci fosse Ré, o almeno che'l Ré non e bastante ad estirpar del tutto questa mala Pianta, ma che bisognava andar facendo di sorte che venghi a seccarsi da sè, & qui fini il Raggionamento.

discours) par ce qu'elle ne voioit aucun lieu d'esperer qu'ils cessassent de Prêcher, quand même *Sa Sainteté* leur accorderoit tout ce qui a été proposé ci-devant.

Mais son Eminence me fit entendre que si le Peuple voioit la *Reformation du Clergé*, & qu'il veçût d'une maniere bien reglée, trouvant aussi d'ailleurs quelque plaisir d'entendre chanter *en François* les Loüanges de Dieu, il changeroit peu à peu de conduite.

Et sur cela son Eminence se mit à me parler d'une *Moderation & Tolerance* dont on se servit pour la Secte des *Ariens*, en leur permettant d'avoir des Oratoires hors des Villes, & me dit qu'en suivant cet exemple on pourroit *defendre à ceux-ci de prêcher dans les Villes*, en leur accordant de le faire dehors.

Je fis des repliques pour refuter tout cela par beaucoup de raisons, & entre autres en remontrant que la méme Autorité qui pouvoit leur *interdire la Predication dans les Villes*, pourroit aussi *les empêcher de le faire dehors*, qu'autrement on donneroit à connoître qu'il n'y a point de *Roi en France*, ou que du moins *Sa Majesté* n'a pas assés de forces pour extirper entierement cette mauvaise Plante, & qu'elle ne peut pas mieux faire

Il Re *di* Navarra *hà tenuto un' altra volta un longo Propofito con me, fopra l'obligo che ha à* Sua Santita*, & la volonta di fervir la, egli lo fara conofcere per effetti tuto il tempo di fua vita.*

Poi mi ricerco che infieme con Monfignore Illuftriffimo Legato *fcriveffe & fupplicaffe fua* Beatitudine *à voler continuar in quella buona difpofitione di agiuftar le Cofe, & far officii gagliardi con la* Majefta Cattolica*, per la reftitutione del fuo Regno, o almeno per una ricompenfa honefta.*

Difcorrendo che la Majefta. Cattolica *haveva delli Luogi feparati in certo modo delli fuoi Regni, che potria dare fenza molto incommodo, & confeffando liberamente che quefta cofa per l'honore, & per l'utile, & per l'indegnità della cofa lo tormentava di tal forte che non lo laffava ripofare, maffive havendo* Sua Majefta Cattolica *piu volte datoli fperanza di volerlo confolare, & udendo che il* Duca di Savoia*, & tutti gli altri fono ftati reintegrati ne i fuoi Stati, & che tuochi a lei folamente di reftarne privato.*

Eft-

que de la laiffer jufqu'à ce qu'elle fe deffeche d'elle même, & je finis mon difcours parlà.

Le *Roi* de *Navarre* m'a parlé fort au long, une feconde fois, de l'obligation qu'il a à *Sa Sainteté*, en me témoignant qu'il lui fera connoître par des effets, durant tout le cours fa Vie, la bonné volonté qu'il a de lui rendre fervice.

Il me demanda enfuite que j'écriviffe, avec Monfieur le Legat, & fupliaffe le *Pape* de vouloir perfifter dans cette bonne difpofition où il eft, d'accommoder fes affaires, & de s'employer fortement auprès de *Sa Majefté Catholique* pour l'obliger à lui rendre fon Roiaume, ou du moins pour lui faire donner un équivalent convenable.

Sa Majefté me reprefenta là-deffus, que le *Roi d'Efpagne* avoit des Etats feparés en quelque maniere de fes Roiaumes, qu'il pourroit lui donner fans s'incommoder beaucoup : & il me declara franchement que cette affaire le tourmentoit de telle forte, qu'il n'avoit point de repos tant par ce que fon Honneur y eft intereffé, qu'à caufe du Prejudice & du Deshonneur qu'il en reçoit : attendu principalement que *Sa Majefté Catholique* lui a donné plufieurs fois efperance de vouloir le contenter, & qu'il aprend que le *Duc* de *Savoie* & tous

DE LA RELIGION REFORMÉE EN FRANCE.

Entro poi à parlare della Religione, *dicendo ch'era nato & che voleva vivere & morire nella* Religione Chriſtiana, *ma che confeſſava bene che non rehavendo il ſuo tener, & conſervatione, & conto con alcuni, che ſenza queſto biſogno ſi appartaria da loro, o vero gli perſuaderia à pigliar la* Religione Cattolica, *che hora non lo puo fare coſi, per non voler correre periculo di perderli, come perche loro ſempre li rinfacciano l'injuſtitia che li fa il* Ré Filippo.

Et ſempre in queſto Raggionamento interſeriva dell'obligo grande che ha à Sua Santita, *la qual ſpera & prega humilmente (per dir le* Parole *iſteſſe) che voglia operar in queſto* Accidente *tutte le ſue forze, che li promette che ſervira* Sua Beatitudine *molto utilmente*.

Aviſando mi que queſti Miniſtri,

tous les autres Princes ont été retablis dans leurs Etats, & qu'il n'y a que lui ſeul qui reſte depoüillé des ſiens.

Il ſe mit enſuite à parler de la Religion, diſant qu'il étoit né dans la *Religion Chrétienne*, & qu'il vouloit la profeſſer durant toute ſa Vie; mais qu'il avouoit néanmoins que s'il n'étoit pas remis & maintenu en poſſeſſion de ce qui lui apartient, & de ce que certaines perſonnes lui uſurpent, il ne peut pas abandonner ceux qui ſoutiennent un Parti contraire à celui de la *Religion Catholique*, ni leur perſuader de l'embraſſer, comme il le feroit ſi on lui rendoit compte de ſon bien, mais qu'il ne veut pas s'expoſer au danger d'être abandonné de ces gens là, qui lui mettent continuellement devant les yeux l'injuſtice que le *Roi Philippe* lui fait.

Et Sa Majeſté gliſſoit toûjours quelques paroles, dans ce diſcours, touchant les grandes obligations qu'elle a au *Pape*, diſant auſſi qu'elle eſpere qu'il ne refuſera pas d'employer toutes ſes forces pour la ſecourir dans ce Malheur, comme elle l'en ſuplie très-humblement (pour me ſervir de ſes propres termes) & qu'elle promet de rendre des ſervices très-utiles à *Sa Sainteté*.

Le *Roi* de *Navarre* m'a auſſi donné

tri, quanti che siano, non usano adesso parlar dell' Auttorita di Sua Santita, ne altra parola che sia per potter prejudicar à Sua Beatitudine, come che se sapesse altrimente gli faria molto ben castigare.

Con questa occasione io preggai la Majestà Sua che volesse operar che non si predicasse piu; discorrendo delli inconvenienti, & rimonstrando quanto questo faria caro à Sua Santita.

Mi disse che non si potteva fare, ma che ancora non tornava à conto à Sua Beatitudine di desiderarlo, perche una gran parte del *Popolo* crede à costoro talmente che col mezzo loro si potranno ridure alla via buona, come che altrimente siano per diventare Anabatisti, o peggio, & che questi tali Ministri si potranno con qualche mezzo guadagnare, come saprebbe dire, & sapra far la Majestà Sua al suo tempo.

Continuando nel medesimo Proposito che haveva tenuto Monsignore Illustrissimo Schattiglione, che quello Humore bisogna medicarlo con Lenitivi.

Et

donné avis que ces *Ministres*, quoi qu'ils soient en grand nombre, ne parlent plus maintenant de *l'Autorité* de *Sa Sainteté*, & ne disent aucune chose qui puisse lui prejudicier, & que s'il le savoit-il les feroit chatier très-severement.

Je profitai de cette occasion pour prier *Sa Majesté* de faire en sorte *qu'on ne prêchât plus*, lui aiant fait la Deduction des inconveniens qui en naissent, & remontré combien cela seroit agréable & feroit du plaisir à *Sa Sainteté*.

Il me dit que cela n'étoit pas faisable, & qu'il ne seroit pas même avantageux à *Sa Sainteté*, que cela se fit selon son desir, par ce qu'une grande partie du Peuple ajoûte tant de Foi à ce que ces *Predicateurs* disent, qu'on pourra se servir d'eux pour ramener dans le bon chemin ceux qui en sont écartés, attendu que si on les veut forcer ils deviendront *Anabatistes* ou quelque chose de pire, au lieu qu'on pourra gagner ces *Ministres* tels qu'ils sont, par des moiens que *Sa Majesté* m'a dit qu'elle saura bien decouvrir & emploier, quand il en sera tems.

Elle continua ce discours en me temoignant, comme l'avoit fait Monsieur le Cardinal de *Chastillon*, qu'il faloit guerir cette mauvaise Humeur par des remedes *Lenitifs*.

Et

Et con questa occasione venendo à lodar maravigliosamente Monsignore l'Illustrissimo Legato, che sia andato à visitare & alla Predica della Regina sua Madre, dicendomi che questa humanita haveva fatto sì gran frutto, ch'era entrato in quella speranza che per aventura non haveva havuto fin à quel giorno di poserla ridure, anzi che li pareva che piu havessi giovato con quella visita Monsignore Illustrissimo Legato, che non haveva fatto con infiniti mezzi che sua Majesta haveva adoperati.

Questa attione da principio non piacque à Monsignore Illustrissimo Tornone, ma havendo poi inteso della speranza che si ha che possa far frutto, & del gran contentamento che ne ha havuto la Regina di Francia, par che sua Signoria Illustrissima si sia acquietata.

Monsignor Conestabile *e venuto alla Corte, & rende infinite gratie a* Sua Beatitudine *della Beneditione che gli ha mandata, & mi ha detto che io scriva à* Sua Santita *che se havesse cento Vite le metteria per Servitio della Religione, & della* Santita Sua.

Et sur ce même Propos le *Roi* de *Navarre* se mit à louer extraordinairement son Eminence Monsr. le *Legat*, de ce qu'il étoit allé rendre une Visite à la *Reine* sa Mere, & assister à un *Sermon* qui se fit devant Elle, & il me dit que cette demarche de civilité & de complaisance avoit produit un si bon effet, qu'il avoit conçû une plus grande esperance que toute celle qu'il en avoit eûe jusqu'à lors, de la persuader à se joindre au Parti de l'Eglise Romaine; & qu'il lui sembloit que son Eminence avoit fait plus de Fruit par cette visite, que n'en avoient produit une infinité de moiens dont Sa Majesté s'étoit servie pour cela.

Cette demarche fut d'abord improuvée par Monsieur le Cardinal de *Tournon*, mais aiant apris ensuite qu'on a lieu d'esperer qu'elle ne sera pas sans Fruit, & que la *Reine* de *France* en a eu beaucoup de plaisir, il semble que son Eminence n'en est plus emûe comme elle le fut au commencement.

Monsieur le *Conestable* est venu à la Cour, & remercie infiniment Sa *Sainteté* de la *Benediction* qu'elle lui a envoiée, & m'a chargé de lui écrire que s'il pouvoit perdre cent fois la Vie pour le service du Saint Siége, & le maintien de la Religion Catolique, il s'y exposeroit de très-bon cœur.

Che dal canto suo si faria tutto quello che si potesse, persuadendomi à fare instanza che si mandino Prelati al Concilio perche questo poi regola il restante, & essendo della medesima opinione che questo Humore bisogna medicarlo con Destrezza, cercando di guadagnar & Rem & Tempus.

Il m'a aussi temoigné qu'il fera tout ce qui lui sera possible pour donner de son coté un bon Branle aux affaires du *Concile*, en me portant à solliciter qu'on y envoie des Prelats qui soient capables d'achever de regler tous les differens, surquoi il m'a fait connoitre qu'il est aussi persuadé qu'il faut employer beaucoup d'*Adresse* pour apaiser ces Troubles, *en cherchant à gagner du tems, & à prolonger les affaires.*

Jo ho creduto che possa piacer' à Voi Signoria Illustrissima di intendere tutti questi Raggionamenti. Se saro stato troppo lungo si degni perdonarmi, & conservarmi nella sua Gratia, alla quale mi ricomando humilissimamente.

Je me suis figuré que Vôtre Eminence auroit du plaisir d'être informée de tous ces Raisonnemens; & je la suplie de me pardonner si j'ai été trop difus, & de me faire la Grace de me conserver toûjours dans son Amitié, à laquelle je me recommande très-humblement.

Di Poissi, alli 15. di Novembre. 1561.
PROSPERO DI Sta. CROCE.

De Poissi, le 15. de Novembre. 1561.
PROSPER DE S^{te}. CROIX

On trouvera une plus ample Deduction de ceci dans une Lettre de la Reine Catherine, qui est mise à la fin de ces Dépêches.

TROI-

TROISIEME LETTRE

Du Cardinal de S^{te}. Croix, au Cardinal Borromée.

A Lli. 15. di questo scrissi à voi Signoria Illustrissima & mandai le Lettere dopplicate: duoi Di doppo giunse in questa Citta il Gran Priore di Francia, & Monsignore Danvilla *Figliolo del Signore Conestabile*, che venivano di Scotia, donde portano Nuova che la Regina si conservava nella Religione Cattolica constantemente, & va rimediando al piu che ella puo per il Regno.

In particolare raccontano che andando un giorno alla Messa, furono due o tre volte smorzate le Candele, da certi Heretici, & che la Regina comparse nella sua Capella, & havendo havuto notitia di questo Fatto, chiamo un di quei Baroni, il piu Luterano, & piu grande che vi fosse, & gli comando che lui medesimo andasse ad illuminar quelle Candele, & portarle all' Altare, & fu subbito obbedita.

Di piu in una Terra tre Borgomaestri

LE 15. de ce Mois j'écrivis à Vôtre Eminence & lui fis tenir une seconde Copie des mes Lettres: Deux jours après Monsieur le *Grand Prieur de France*, & Monsieur *Danville*, Fils du Conestable, arriverent en cette Ville. Ils venoient d'*Ecosse*, d'où ils nous aprennent que la *Reine* y faisoit encore une Profession constante de la *Religion Catholique*, & qu'elle remedie du mieux qu'elle peut à tout ce qui lui est contraire dans son Royaume.

L'un des Faits particuliers qu'ils en raportent est, que la *Reine* allant un jour à la *Messe*, fut avertie que certains Heretiques avoient éteint deux ou trois fois les Cierges qui étoient sur l'Autel, & que Sa *Majesté* parut incontinent dans sa Chapelle, & voiant cette Action apella un de ces *Belitres*, le plus grand & le plus *Luterien* de toute l'Assemblée, & lui commanda d'allumer lui-même ces Cierges, & de les porter sur l'Autel, & qu'il lui obeit aussitôt.

Ils disent aussi que trois *Bourguemestres*

gomaestri *novamente eletti*, fecero un Bando *che tutti i* Pretti *fossero banditi di quel Luogo: che la* Majesta Sua *fece chiamare detti* Borgomaestri, *& doppo haverli minaciatto di volerli far' impiccare, questi sbandi dal suo* Regno, *con che acquista tuttavia maggior* Auttorita *&* Forze, *per posser restituir in quel Regno l'Antica* Religione.

Monsignore di Nemours *mando l'altro giorno un* Huomo *à questa* Corte, *per giustificarsi delle Querele che gli sono imputate, & subito questo tale fu messo in Prigione, ne si sà fin hora altro.*

Qui si disegna di mandar Monsr. di Usans *alla Corte della* Majesta Cattolica, *per tornare a riparlare delle Cose del* Rè *di* Navarra, *& farne di nuovo instantia, & per quel che intendo partirà molto presto.*

Questo e tutto quello che io posso dire delle Cose di quà: & con questo facio fine.

Di Poissi, alli 24. di Novembre. 1561.

PROSPERO DI Sta. CROCE.

guemestres nouvellement elûs dans une Seigneurie, publierent un *Decret*, par lequel ils *banissoient tous les Prêtres* de ce Lieu là: mais que Sa *Majesté* fit appeller ces *Bourguemestres*, & qu'après leur avoir fait des Menaces, qu'elle vouloit les faire pendre; ils ont été chassés de son Roiaume, en execution de ses Ordres, & que par ce moien son Autorité s'augmente tous les jours, & qu'elle aquiert de nouvelles forces pour pouvoir rétablir *l'Ancienne Religion* dans ses Etats.

Monsieur de *Nemours* envoia dernierement ici à la Cour une Personne, qui devoit le justifier des Accusations qu'on intente contre lui; mais cet Homme la fut mis en Prison, & on n'en sçait aucune autre chose jusqu'à present.

On projette ici d'envoier Monsieur d'*Usans* à la Cour du *Roi d'Espagne*, pour y faire de nouvelles Ouvertures, & insister derechef sur les Pretentions du *Roi de Navarre*, & il partira bientôt, suivant ce que j'en ai entendu.

Voila tout ce que je puis vous écrire touchant les affaires de ce Païs ici. Je ne vous en dirai pas maintenant davantage.

De Poissi, le 24. de Novembre. 1561.

PROSPER DE Ste. CROIX.

QUA-

QUATRIEME LETTRE

Du Cardinal de S.te Croix, au Cardinal Borromée.

Ragionando questi di passati con l'Ambasciadore della Majestà Cattolica, sopra questi Interessi del Re di Navarra, doppo un lungo Discorso mi disse che se il Ré di Navarra facesse qualche cosa in Servitio di Dio, & Beneficio della Religione, che gli prometteva che il suo Ré gli daria, non per via di Ricompensa; ma per Gratia, tal Sodisfattione nelli Paesi Bassi, o in quelli d'Italia, che ne restaria contento.

Dechiarandosi che non gli dispiaceria che io gli ne portassi Parola & Promessa: & ben che io cercassi di saper qualche piu particolare, volle che per questa volta io mi contentassi di questo.

Havendo communicato tutto con Monsignore Illustrissimo Legato, hieri fui dal Re di Navarra, & gli lo dissi, con quelle piu accommodate Parole che io potei.

Sua Majestà mi disse che l'andavano trattenendo con Parole, & che in tanto correvano i suoi gior-

EN discourant ces jours passés avec l'Ambassadeur du *Roi d'Espagne*, sur les Pretensions du *Roi* de Navarre, Sa *Majesté* me dit, après un long Raisonnement, que si ce Monarque faisoit quelque chose pour la *Gloire* de *Dieu*, & pour le *Maintien* de la *Religion*, il lui promettoit que Sa *Majesté Catholique* lui donneroit, par Grace, & non pas pour Recompense, une si bonne Satisfaction dans les Païs-Bas, ou en Italie, qu'il en seroit content.

Il me declara qu'il ne seroit pas fâché que je lui en parlasse, & lui fisse cette Promesse: mais aiant voulu savoir quelque chose de plus particulier là-dessus, son Excellence me fit entendre que je devois me contenter de cela, pour cette fois.

Hier après en avoir communiqué avec Monsieur le Legat, j'en allai faire l'ouverture au *Roi de Navarre*, par des expressions les plus convenables qu'il me fut possible d'employer sur cette matiere.

Sa Majesté me dit qu'on l'amusoit par des Paroles, & que cependant sa Vie s'écouloit.

giorni, & che quanto al domandarla più *Gratia* che *Ricompensa*, che sariano in questo presto d'accordo, & parimente in tutto quello che potesse uscir da lui in Beneficio della *Religione*, ma che il *Punto* era di venire alla specificatione di quel che gli volevano dare.

Dechiarando che lui non vedeva, ne in *Paesi Bassi*, ne in *Italia*, cose che gli potessero dare sodisfattione: essendo risoluto di non pigliar cosa con la quale non restasse *Patrone assoluto*, & vedendo bene che il *Re Filippo* non gli daria ne *Napoli*, ne *Milano*: monstrandosi in tutto il Raggionamento molto divoto a Sua Santita, & che tutta la *Speranza* sua era in lei.

Ho poi inteso per via buona, che il *Signore Ambasciadore di Spagna* ha havuto più stretta *Pratica* con *Sua Majesta*, della quale io non ho pottuto intender i *Particoli*; ma sò che ha promesso darli Risposta risoluta fra quaranta giorni. Con che facio fine.

Di *Poissi* alli 5, di Gennaro. 1562.

Que pour ce qui est d'apeller Grace, ou Recompense, ce qui lui seroit accordé, on seroit bientôt d'accord là-dessus, de même que sur tout ce qui pourroit dependre de lui pour le *Bien* de la *Religion*, mais qu'il s'agissoit principalement d'expliquer en detail ce qu'on vouloit lui donner.

Sur quoi Sa *Majesté* me declara qu'elle ne voioit rien dans les Païs-Bas, ni en Italie, qui pût lui donner Satisfaction: aiant resolu de n'accepter aucune chose dont il ne pourroit pas être le Maître absolu, & voiant bien que le *Roi Philippe* ne lui donneroit pas Naples, ni Milan. Quant au reste Sa *Majesté* temoigna dans tout ce discours, qu'elle avoit beaucoup d'affection pour le Pape, & que toute son Esperance ne rouloit que sur lui.

J'ai depuis été informé de bonne part, que Monsieur l'Ambassadeur d'Espagne a eu quelque Conférence plus particuliere avec le *Roi de Navarre*, dont il ne m'a pas été possible de savoir autre chose, si ce n'est que Monsieur l'Ambassadeur a promis à Sa Majesté, de lui donner une Reponse positive dans quarante jours. Voila tout ce que je puis vous dire en finissant.

A Poissi le 5. de Janvier. 1562.

CIN-

CINQUIEME LETTRE

Du Cardinal de S^{te}. Croix, au Cardinal Borromée, & à Monsieur Tolomée, qui fut ensuite Cardinal de Come.

Sono hormai tre Mesi che io mi trovo in questo Regno, senza haver pur havuto un verso di Lettera, da voi Signoria Illustrissima, ne del Signore Tolomeo, al quale mando un Doppio della presente, in tempo che bisognaria ogni momento ricever Aviso dell' Animo di Sua Santita, & del Modo con il quale volle che si proceda.

Jo in quanto a me ho ben piu Lettere che non vorria della mala Sodisfattione che si ha in Roma, del mio proceder preterito, presente & credo ancora futuro.

Et lassando di dire il passato, quanto al presente io ho fatto tutto quel che ho pottuto, ne spero di saper far davantaggio, senon, commutata ratione scribendi, dir che questo Regno e nell' estrema Ruina; che non vi e speranza alcuna; che si vede cascar a occhiate, che tutto e infetto, in Capite & in Membris, che

Il y a déja trois mois que je suis dans ce Roiaume, sans avoir reçû une Ligne de Reponse de vôtre Eminence, ni de Monsieur *Tolomée*, à qui j'envoie une Copie de la presente, dans ce tems que j'aurois besoin de recevoir tous les momens des Avis touchant les Intentions de Sa *Sainteté*, & la Maniere dont elle veut que je me comporte, pour maintenir ses Intérêts parmi tant de difficultés.

Il est bien vrai que je reçois beaucoup plus de Lettres que je ne voudrois au sujet du peu de Contentement qu'on a à *Rome* de ce que j'ai fait ci-devant, de ce que je fais aujourd'hui, & je crois qu'on y desaprouve déja ce que je dois faire à l'avenir.

Mais en laissant ce qui est passé, je vous dirai que j'ai fait tout ce qui m'a été possible, dans la mauvaise Conjoncture des affaires presentes, & que je n'espere pas de réussir mieux à l'avenir, si ce n'est *en changeant le stile de mes Lettres*, pour vous declarer que ce Roiaume est sur le Point de sa derniere Ruine; qu'il

che supplico Sua Santita farmi gratia che me ne possa ritornare; che non mi vorria trovare all' Essequie di questo misero Regno.

Se questo modo di scrivere satisfarra piu, io losservaro tanto piu volontieri, quanto che oltre la sodisfattione, sara con manco fattiga mia, poi che essendo in questi termini tutte le diligenze sono superflue, non accade pensarci piu, ne potra mai succeder cosa che non sia stata & preveduta, & scritta doppo molti giorni.

Parimente con questo Pronostico, & con questa risolutione tutti questi signori della Corte si partiranno forsi, & il Campo restara aperto in mano delli Ugonotti.

Bisogna donque corteggiar molto, andar à Palazzi, & per consequenza non manca fattiga, ne Spesa, la quale io nel particolare mio ho tale che non posso supportarla,

qu'il ne lui reste aucun Moien de l'éviter; que sa fatale Chute paroît à vûe d'œil; qu'il est entierement infecté dans son Chef & dans ses Membres; que je suplie sa Sainteté de me faire la Grace que je puisse m'en retourner bientôt, parce que je ne voudrois pas me trouver aux Funerailles de ce malheureux Roiaume.

Si cette maniere d'écrire produit un meilleur effet, je m'en servirai d'autant plus volontiers, qu'outre la satisfaction qu'on en recevra, je me fatiguerai beaucoup moins, puisque ce Roiaume étant dans le pitoiable état que je viens de le representer, tous les plus grands soins qu'on en pourroit prendre sont inutiles; & on ne doit plus y penser, attendu qu'il ne sauroit y arriver aucune chose qui n'aît été prevûe, & marquée dans les Lettres qui vous ont été adressées depuis long-tems.

Tous les Seigneurs de la Cour étant imbus de cela, par mon Départ, formeront peut être le Dessein de s'en aller, & le Champ restant ouvert & abandonné, les *Huguenots* en seront les Maîtres.

Il me faut donc aller très souvent chez ces Personnes de Qualité, pour leur persuader le contraire, & par consequent je me fatigue beaucoup, & suis contraint

arla ; con tutto il Theſoro di Por-
tugallo.

Et nel haver a penſar di tirar queſti negotii fatigo tanto che quando io poteſſi fugir l'uno & l'altro, giudicaria di haver fatto un gran guadagno.

Oltre che in quel modo non correi periculo alcuno di eſſer taſſato, ne giudicato che non ſi ſia ſaputo negotiare, poiche in ogni modo l'Infirmita era mortale, e che queſta e la Cautela di Medici Savii.

Se io non haveſſi havuto riſpetto à non conteſtar ſua Santita *, & ancora à non far pregiudicio alla Cauſa di quà, l'haveria ben voluta uſare : ma io ho giudicato che il peggio che ſi poteſſe fare foſſe di moſtrar di quà che il male foſſe tanto inazi, come che queſto ſia il maggiore & piu valido Argomento che uſano gli* Ugonotti.

Et con queſto guadagnano principalmente l'Animo delle Regina, *dicendoli che tuttavia che il male e coſi inanti, biſogna comportarlo al meglio che ſi puo, & che gia tutto il Regno e infetto, di ſorte che ſe ſua* Majeſta *tocca queſta Corda porta*

traint de faire une ſi groſſe Depenſe, que je ne ſaurois y ſubvenir avec tous les Treſors du Portugal.

C'eſt pourquoi, ſi je pouvois me delivrer des peines extraordinaires & des Fraix exceſſifs que ces affaires là me cauſent, il me ſemble que je ferois un grand gain.

Et outre cela je ne ſerois plus en danger d'être blamé, ni tenu pour incapable de manier les affaires de cette nature, puiſque la meilleure precaution que peuvent prendre les plus ſages Medecins, eſt de ſe retirer, quand ils voient que le mal eſt incurable.

Si je n'avois pas eu la retenüe de ne contredire point à ſa *Sainteté*, & de ne cauſer pas auſſi du prejudice aux interêts de ce Païs, j'en ſerois ſorti ; mais j'ai crû qu'on ne ſauroit y cauſer un plus grand Prejudice, qu'en faiſant connoître que les Maux y ſont ſans remede, puiſque c'eſt le plus fort Argument dont les *Huguenots* ſe ſervent, pour perſuader qu'on ne doit point y toucher.

C'eſt par ce moin-là qu'ils font entrer la Reine dans leurs Sentimens, en lui diſant que le mal eſt ſi enraciné & ſi general, qu'il faut le ſuporter du mieux qu'on peut, attendu auſſi que ſon Roiaume en eſt tellement infecté par

porta periculo di fare perder l'obedienza al Re *suo Figlio.*

Et certe volte che hanno voluto alcuni far fare una Descrittione *di tutta la* Nobilita Cattolica, *per mostrarla à sua* Maiestà, *questi che favorisano la* Parte Ugonotta, *hanno dissuasa sua* Maiestà *à non lassarla fare, con dire che appareria tanto poco il* Numero *de* Cattolici, *che gli* Ugonotti *pigliarianno troppo ardire, & con questo modo la dissuasero.*

Et io sò delli piu prattichi & savii di questo Regno, & non solo da loro, ma da altri assai, che e tutto il contrario, & che delle Sette ottavi, anzi delle dieci le nove Parti sono Cattolici.

*Jo ho parimente giudicato à proposito di mostrare, come ancora io credevo per la Verità, che l'*Animo *della* Regina, *& del* Rè di Navarra *fosse sincerissimo, perche oltre che io lo credo, ne veggo molti segnali, & parmi che si faccia gran torto à questi Prencipi di creder altrimente.*

Giu-

par tout, que si Sa Majesté vient à toucher cette Corde, elle met en danger de faire revolter les Esprits contre les Ordres du Roi son Fils.

De certaines Personnes aiant voulu quelque fois dresser un Etat de toute la *Noblesse Catholique*, pour le faire voir à Sa Majesté, ceux qui favorisent le Parti des *Hugenots* lui ont persuadé qu'elle ne devoit point laisser faire cette Liste, en lui remontrant qu'on y verroit le *Nombre* des *Catholiques si Petit*, que les *Hugenots* en deviendroient trop hardis, & par cette Consideration la *Reine* n'y a point consenti.

Mais nonobstant tout cela beaucoup de Personnes, & même ceux qui sont les plus éclairés & les plus circonspects dans ce Roiaume, m'ont assûré qu'ils savent le contraire de ce qu'on a dit à Sa *Majesté*, & qu'il n'y a que la Huitiéme Partie de ses Sujets, & peut être même que la Dixiéme, dont les Sentimens ne se trouvent pas conformes à ceux des Catholiques.

J'ai pareillement trouvé à propos de faire voir que je tenois pour une chose certaine, que la *Reine* & le *Roi de Navarre* ont beaucoup de Sincerité, & je l'ai écrit non seulement par ce que j'en suis persuadé; mais aussi par ce que j'en vois beaucoup de Marques, & qu'il me semble qu'on

Giudico che il peggio che si possa fare con ogni Prencipe nel negotiare, sia farli perder la Vergogna, come si dice, & per quel poco che io sò, mi par che à questo debba haver piu l'occhio chi negotia che a cos' altra.

Et che sia il vero, Monsignor il Conestabile ha molto lodato che si camini per questa strada, & mi ha detto che lui tiene sempre il medemo Tenore con il Re di Navarra, & trova che giova assai à conservare quel Prencipe nella buona dispositione che ha naturalmente.

Et à me pare che doppo che è qui Monsignore l'Illustrissimo Legato, se sia piu guadagnato che perduto, se bene son securo che non ci è satisfatto al desiderio di là, come non si è satisfatto ancora al mio di quà in tutto.

Questa via & modo di negotiar, se non ha fatto molto Frutto, almeno non ha fatto Danno, ne

qu'on leur feroit un grand tort d'en juger autrement.

Je tiens qu'on ne peut rien faire de pire, lorsqu'on est en Négociation avec les Princes, que de les obliger à lever le Masque, & à n'avoir plus de Honte: car suivant ce que j'en connois, il me semble qu'un habile Négociateur doit sur tout prendre garde à éviter cette extremité plus que toute autre chose.

Et cela est tellement vrai que Monsieur le *Conetable* trouve fort bon qu'on suive cette Maxime, & m'a dit que lui-même garde toûjours de pareilles mesures avec le *Roi de Navarre*, & qu'il voit par experience, que cela contribuë beaucoup à maintenir ce Prince dans les bonnes inclinations qu'il a naturellement.

Il me semble aussi que son Eminence Monsieur le *Legat* a beaucoup mieux disposé les affaires par sa grande Moderation, qu'il n'auroit fait en suivant une autre Methode depuis qu'il est en ce Païs, & néanmoins je suis assûré qu'on n'en est pas content à la Cour de Rome, non plus que de ce que j'ai fait moi-même ici, où tous mes desirs ne sont pas accomplis.

Mais si cette maniere de traiter les affaires n'a pas eu tout le succès qu'on auroit souhaité,

D il

ne causato che si venga a maggior risolutione.

Come che quando vi è del Male assai, sia gran Laude del Medico in trattener l'Infermo.

Et per ultimo, io ho imparato che con i Prencipi all'hora bisogna venire a Parole Acerbe, & all'hora bisogna bravare quando si ha la Forza in mano per posser poi subbito far altro che Parole, quando non si da sodisfattione.

Ma altrimente non credo che sia approvato usar Termini Alti, & che questo ancora non si deve fare senza Comissione expressa, la quale io non ho havuta.

Et però se ho caminato con una Via placida & quieta, non mi pare di meritar almeno quelle Riprehensione, che mi si scrive, che mi danno di là.

Et

il est au moins évident qu'elle n'a causé aucun prejudice, ni donné lieu à des resolutions qui puissent avoir de mauvaises suites.

C'est pourquoi on doit juger de cette Retenuë comme de la conduite d'un Medecin, qui merite d'être beaucoup loué quand il sait prolonger la Vie d'un Moribond, quoi qu'il ne le guerisse pas.

Je vous dirai enfin que l'Experience m'a apris qu'on ne doit jamais parler avec aigreur aux Princes, ni braver les Grands, que lorsqu'on a la Force en main pour leur faire d'abord éprouver l'effet des menaces, quand ils ne veulent donner aucune satisfaction raisonnable.

Car je ne crois pas que sans cela les Politiques trouvent bon qu'on parle aux Souverains d'une maniere fiere & hautaine, puisqu'il est de la Prudence qu'on ne leur dise rien de choquant sans en avoir une Commission expresse, laquelle ne m'a jamais été donnée.

C'est pourquoi je ne vois pas qu'on ait lieu de me blamer, de la maniere, que je suis informé par des Lettres, qu'on le fait à la Cour de Rome; par ce que j'ai suivi les voies de la douceur, & fait mes Négotiations d'une maniere paisible.

Ce

DE LA RELIGION REFORMEE EN FRANCE 27

Et io ne vedo affai, poi che vedo tanta Taciturnita, che in tre Mefi che io fono qui non ho ancora una minima Rifpofta, per finire il mio Sermone col medefimo Tema con il quale cominciai.

Et con quefto finiro la prefente.

Di Poiffi alli 7. di Gennaro.
1562.

PROSPERO DI S.ta CROCE.

Ce qu'on m'en a écrit fe trouve confirmé par ce que j'en vois moi-même : puifque, depuis trois mois que je fuis ici, l'on n'a pas voulu me faire un Mot de Reponfe, comme je l'ai dit au commencement de ce difcours.

Voila pourquoi je finis cette Lettre par le même endroit par lequel j'ai debuté.

De Poiffi le 7. de Janvier.
1562.

PROSPER DE S.te CROIX

SIXIEME LETTRE

Du Cardinal de S.te Croix, au Cardinal Borromée.

AL fettimo di quefto fcriffi a Voi Signoria Illuftriffima, & prima ho mandato molte altre Lettere, che penfo faranno capitate bene.

Quel medefimo giorno fi Comincio la Congregatione di Confeglieri, & furono undeci che votorono, de quali cinque parlarano molto piè, & Cattolicamente : trè dal tuto contrarii, & trè altri parlarano coffi fredamente, che ne fi tenne conto della lor Opinione, ne fi fa bene quel che voleffero inferire.

La

LE feptiéme de ce Mois j'écrivis à vôtre Eminence, & j'avois envoié quelques jours auparavant beaucoup d'autres Lettres, qui feront heureufement arrivées, comme je le prefume.

Le même jour on fit *l'Ouverture* de *l'Affemblée des Confeillers* du *Parlement*, & il y en eût onze qui opinerent, entre lefquels il s'en trouva cinq dont les Sentimens étoient Pieux & conformes à la *Religion Catholique* : trois des autres leur furent entierement opofés ; & les trois derniers parlerent avec tant de

D 2   Froi-

La fera venne poi il Prevosto *di* Mercanti *di Parigi, con ducento altri* Cittadini *di primi, & parlo di tal maniera che diedde a cognoscere che no vi era nissuna conformita nelle loro Opinioni.*

Il di sequente vennero quelli della Sorbonna *di Parigi, & parlarano molto piè & arditamente: significando alla* Majestà Sua *che il Signore Iddio gli domandara conto della poca Justitia che si usa.*

Et come di un crudel Malfattore che prese il santissimo Sacramento per strapazzarlo, se ne faceva nissun Castigo, ne si poneva obice per impedire che non arrivasse mai una tale Profanatione nelli suoi Stati.

Descrivendo poi la Citta & il Contorno di Parigi, dissero che il loro stato era in termini che, con la Gratia di Dio, pensavano poter monstrare alla Majestà Sua, *sempre che volesse, in una Processione, un Millione di Anime Cattolice, le quali pereva che si attendesse a voler far Heretici per Forza.*

Ma.

Froideur qu'on ne fit aucun cas de leurs opinions, & on ne comprit pas même bien quel étoit leur But, ni ce qu'ils vouloient conclurre.

Le soir il y vint le *Prévôt des Marchands* avec *deux cens des Principaux Bourgeois de Paris*, & il parla d'une maniere propre à faire connoître qu'il n'y avoit point d'uniformité de sentimens parmi eux.

Le jour suivant les *Docteurs de Sorbonne* y étant venus, parlerent fort pieusement & avec beaucoup de Hardiesse : faisant entendre à *Sa Majesté* que Dieu lui fera rendre Compte du peu de Justice qu'on rend.

Ils se plaignirent, entre autres choses, de ce qu'on ne punissoit point un insigne Malfaiteur, qui avoit pris le Pain sacré de l'Eucharistie, pour le fouler aux pieds, sans que l'on eût fait aucune chose pour empêcher qu'il n'arrivât jamais plus une semblable Profanation dans ses Etats.

Faisant ensuite la Description de la Ville de Paris, & de ses Environs, ils dirent que les choses y étoient sur un Pié qu'ils croioient de pouvoir, moienant la Grace de Dieu, faire voir à *Sa Majesté*, quand il lui plairoit, dans une Procession, *un Milion de Catholiques*, lesquels il sembloit qu'on voulut faire devenir *Heretiques* par Force.

Mais

Ma che gli predicevano che con la Mutatione della Religione *portava Periculo di perder quella Citta, & che persa quella, perdeva il piu bel Fiore che havesse nella sua Corona.*

Gli fu risposto che non si attendeva ad altro che alla Provisione, & che per questa erano chiamati tanti Conseglieri.

Quel di votarono sette, & non ho pottuto saper altro se non ch'il nostro Monsr. della Casada *, che in Parigi mi si monstro tanto devoto & obligato à* Sua Santita *, nel suo Voto è stato il peggior di tutti insieme, con un Fratello di Madama di* Voger *, che parlarano tanto sfrenatamente che fecero Nausea etiam alli* Ugonotti.

Il medesimo di mori Madama l'Amiraglia di Biron *, Signora Preclarissima, & della quale si haveva qualche mala Opinione, nelle cose della Religione, pure il Signore Dio gli fece tal gratia che non solo volse la Confessione, & Communione; ma doi hore avanti che morisse si lamento delli suoi Assistenti che non l'havesse-ro*

Mais qu'ils lui predisoient qu'elle étoit en danger de perdre la Ville de Paris par le *changement de Religion* qu'on vouloit y faire, & que par cette Perte, Sa Majesté seroit privée du plus beau Fleuron de sa Couronne.

On leur repondit qu'on ne pensoit à autre chose qu'à remedier à tout ce qui pouvoit causer ce Changement, & qu'on n'avoit Assemblé ce grand nombre de Conseillers que pour deliberer sur cette Matiére.

Le même jour il y en eût sept qui opinerent, & je n'ai pû savoir autre chose de ce qu'ils ont dit, si ce n'est que nôtre Monsieur de la *Casade*, qui, dans le tems que j'étois à Paris, me temoignoit avoir tant d'obligation à *Sa Sainteté*, & tant d'inclination pour son service, a été le pire de tous, avec un Frere de Madame *Voger*, car ils parlerent avec tant de licence & d'efronterie, que les *Huguenots*, eux-mêmes, eurent peine de souffrir leur procedé.

Ce fut aussi le même jour que Madame de *Biron*, Femme de Monsieur *l'Amiral*, mourut. C'étoit une Personne très-illustre, qu'on soupçonnoit avoir quelques mauvaises Opinions sur les matiéres de la *Religion*; mais Dieu lui a néanmoins fait la grace, non seulement de vouloir se Confesser & de Communier,

ro fatta ricordare della Eſtrema Untione, & la volle havere.

Heri votarano ſette altri, delli quali intendo che tra cinque ci fu qualche buona Opinione, gia che uno di queſti diſſe che la Majeſta Sua *penſaſſe che il conceder a coſtoro Loco da Predicare, portava in Conſequentia che poteſſero Battizare à modo loro, & fare i Matrimonii, & delle altre coſe al loro Guſto.*

Et che da queſto verriano poi delle Liti dell' Heredita, & per Forza biſognaria fare Nuove Leggi, & fare Nuovi Parlamenti, & mutare tutta la Forma del Regno & viver Politico.

Et quaſi venne a dire che biſognaria fare doi R.é : *& fu reputato il piu ſavio & buon Voto che ſia ſtato ancora detto.*

In queſti Accidenti penſai che foſſe bene viſitare Monſignore Illuſtriſſimo Schattiglione, *& ricordare a ſua Signoria Illuſtriſſima*

nier, mais auſſi de former des Plaintes, deux heures avant ſa Mort, contre ceux qui étoient auprès d'elle, de ce qu'ils ne l'avoient pas fait ſouvenir de demander l'Extrême Onction, laquelle elle voulut recevoir.

Hier ſept autres Conſeillers opinerent, entre cinq deſquels j'ai apris qu'il y eût quelques bons Sentimens, puiſqu'un de ceux là dit, que *Sa Majeſté devoit conſiderer que ſi elle permettoit aux Miniſtres de Prêcher* dans un certain Lieu, il s'enſuivroit, par une conſequence neceſſaire, qu'ils pourroient auſſi y donner le Batême à leur maniere, benir les Mariages & faire beaucoup d'autres choſes comme il leur plairoit.

Et que de là il naitroit des Procès touchant les Succeſſions, & que pour y remedier on ſe trouveroit obligé de faire de Nouvelles Loix, & contraint d'établir de Nouveaux Parlemens, & de changer toute la Forme de l'Etat & de la Police.

Il inſinua même indirectement qu'il faudroit qu'il y eut deux *Rois* : on a trouvé que cet Avis étoit le meilleur, & le plus ſage de tous ceux qui avoient opiné juſqu'àlors.

Je m'imaginai que dans ces fâcheuſes occurrences, je ferois bien d'aller rendre Viſite à Monſieur le *Cardinal de Chaſtillon*, pour

ma quel che si aspetta da lei, per l'*Habito* che porta, & quel che m'haveva fatto scriver a Voi Signoria Illustrissima dell' *Animo suo*.

Rimostrandoli che tutte queste Questioni si potriano, & dovriano rimetter al Concilio *di* Trento, *il quale le terminasse per sempre, & uniformamente per tutta la Christianita.*

Et che domandandoli liberamente se sua Signoria Illustrissima fosse Papa, *concederia cossi alcuna di queste Cose senza il mezo del Concilio.*

Sua Signoria Illustrissima hebbe molto cara questa Visita, & mi disse che ghi huomini quando fanno bene, hanno ancora caro che sia conosciuto; che quanto a lei faria ogni buon officio, & che quanto a quel che io gli dicevo, mi confessava liberamente che se fosse Papa, *non concederia cosa alcuna senza il mezo del Concilio.*

Et senza che io li havesse detta soggiunse la Ragione per che tutto il resto della Christianita *si solevaria; ma venne bene a dire che fin che il* Concilio *determini,*

pour lui representer ce qu'on attend d'une Personne de son Caractere, dans un tems comme celui-ci, & pour le faire souvenir de ce qu'il m'avoit obligé d'écrire à Vôtre Eminence, touchant ses bonnes intentions.

Je lui remontrai que toutes ces Disputes de *Religion*, se pourroient, & devroient remettre au *Concile de Trente*, afin qu'il rendit là-dessus un Jugement definitif, pour les terminer d'une maniere qui fut uniforme par toute la Chrétienté.

Je le priai de me dire franchement, si en cas qu'il fut élevé à la Papauté, il permettroit quelcune de ces choses, sans l'entremise du *Concile*?

Son Eminence faisant paroître que ma Visite lui étoit fort agréable, repondit, que quand les hommes font quelque chose de bon ils desirent qu'on le connoisse; que pour lui il rendroit volontiers toutes sortes de bons services; mais que pour ce qui concernoit la Demande que je venois de lui faire, il me declaroit, sans aucun deguisement, que s'il étoit *Pape* il n'accorderoit aucune chose sans la determination du *Concile*.

Et il en aporta une Raison que je ne lui avois point alleguée, c'est que tout le reste de la *Chrétienté* se souleveroit; mais il ajouta néanmoins, qu'en attendant

bisogna di quà dare qualche parte a costoro.

Et benche io dicessi che come erano stati 1561. Anni, pottevano star sei Mesi ancora, o un Anno, mostro sempre che non riuscira.

Poi venne à dire che bisogna ben pensare che Costoro siano uditi nel Concilio : il che io promisi arditamente. Dico quanto all'esser uditi; & essendo l'hora di andare alla Congregatione si parti.

Monsignore di Momoranzi e fatto Governatore di Parigi, & perche si e temuto qualche volta dell'Animo di questo Signore, Madama Conestabile sua Madre dubitando che non sia guasto e andata ad habitare con lei, per governarlo.

Questa Signora lo fa di tal sorte che vanno insieme ben spesso alla Predica di un Frate Minimo, il quale fu in Prigione per haver insegnate molte Heresie, & hora pre-

dant les Decisions du *Concile*, il falloit accorder aux *Ministres* quelques unes de leurs Demandes.

Je ne manquai pas de lui dire qu'ils pouvoient bien laisser encore, pendant une année, toutes ces choses là dans le même état où elles avoient été depuis mille cinq cens soixante un An; mais il persista toûjours à me témoigner que cela ne réussiroit point.

Il dit ensuite qu'il faloit necessairement avoir soin que ces Gens là fussent entendus dans le *Concile*. Je lui promis hardiment qu'ils y seroient introduits, & que pour ce qui étoit de l'Audience ils ne manqueroient pas de l'avoir. Son Eminence partit d'abord que j'eûs dit cela, par ce que c'étoit l'heure d'aller à la Congregation.

Monsieur de *Montmorenci*, vient d'être fait *Gouverneur* de *Paris*, & par ce qu'on a eu quelque fois sujet de craindre qu'il ne fut pas bon *Catholique*, Madame *la Conetable* sa Mere, qui entre dans ce soupçon, est allée demeurer avec lui, pour veiller sur sa conduite, & en prendre le soin.

Cette Dame le fait d'une telle maniere qu'elle va fort souvent avec lui aux *Sermons* d'un Religieux de l'Ordre des *Minimes*, qui a été en Prison pour avoir enseigné

predica con grandissimo concorso, il che edifica molto in quella Citta.

Et si devono render molte Gratie al Signore Dio che tenghi in Vita Monsignore Conestabile, *& questa sua Moglia, per che non cessano l'uno nè l'altro di fare Officii efficacissimi in* Servitio *di Sua* Divina Majesta, *& Beneficio della Religione.*

Nel qual Proposito non voglio lasciar di dir che Sua Excellentia disse l'altro giorno una Sententia Martiale : & fu che essendosi presentito che in Guascogna *certi* Ugonotti *si radunavano insieme Armati, & dubitandosi di qualche Male, si pensava alle Provisioni.*

Et dicono che l'Ammiraglio *asseverasse la Regina, sopro la sua Testa, che non seguiria Inconveniente : unde essendo poi venuta Nuova che Costoro havevano presa per Forza, & saccheggiata una Terra, chiamata* Mont di Martian, *di piu di mille Fuochi, molto Mercantile, & Ricca, la quale è del* Ré di Navarra.

Il Conestabile *disse alla Regina, presente* l'Ammiraglio *& il*

seigné plusieurs *Heresies*, & qu prêche maintenant avec beaucoup d'Edification dans cette Ville, où il a un très-grand nombre d'Auditeurs.

On doit bien rendre graces à *Dieu* de ce qu'il conserve la Vie à Monsieur le *Conetable*, & à Madame son Epouse, puisque l'un & l'autre ne cessent de travailler d'une Maniere très-efficace pour la *Gloire* de *Dieu*, & le *bien* de la *Religion*.

Je ne veux pas manquer de vous dire, sur cette Matiere là, que son Excellence parla fort hardiment, il y a quelques jours, pour soutenir qu'il faloit prendre de bonnes Precautions, afin d'éviter les mauvaises Suites de quelques Entreprises dont on soupçonnoit certains *Huguenots* Armés, qui s'assembloient dans la *Gascogne*.

Au sujet de quoi on dit que *l'Amiral* declara à la *Reine* qu'il vouloit perdre la Tête si ces Gens là faisoient quelque Desordre; mais que peu de tems après la Nouvelle étant venüe qu'ils avoient pris, à force d'Armes, & sacagé un Bourg de plus de mille Maisons, apellé *Mont* de *Martian*, qui étoit fort Riche, & de grand Commerce, apartenant au *Roi* de *Navarre*.

Monsieur le *Conetable* dit à la *Reine*, en presence de *l'Amiral*, il suo Nipote carnale, che il Parer suo era che Sua Majesta facesse levar la Testa a chi l'haveva assicurata cossi temerariamente: & l'Ammiraglio non rispose.

Questo Fatto e dispiacuto al Rè di Navarra, quanto si puo pensare, sè bene Coloro hanno mandati Excusatarii, con rimostrar che quella Terra ghi haveva provocati.

Et è stato accompagnato di un altro Aviso, che penso habbia dato altre tanto Fastidio à qualche d'uno altro, & e che in Orleans gli Ugonotti hanno disputato tra loro, qual fosse meglio, che il Regno fosse Elettivo, o successivo: & se non ci si provede da dovero le Cose passaranno molto inanti.

Tuto questo non si e mancato di dir a Tempo & Loco tale, che non ci sara mai scusa di non haver inteso tutto.

L'Ambasciadore di Spagna mi conferma tuttavia piu, che il Rè Cattolico dara Ricompensa al

& de son Neveu, qu'il étoit d'avis que Sa Majesté fît couper la Tête à celui qui avoit eu la temerité de lui assûrer le contraire de ce qu'elle venoit d'aprendre, & l'Amiral ne repondit aucune chose.

Cette Expedition Militaire a deplû au Roi de Navarre, suivant ce qu'on en peut connoître, quoi que ces Gens là n'ayent pas manqué d'envoyer expressément, en faire leurs Excuses à Sa Majesté, en lui representant que ceux de cette Bourgade leur avoient donné sujet de faire cette Irruption.

Il lui vint en même tems un autre Avis, qui n'aura pas moins causé de chagrin à quelqu'autre Courtisan, suivant que je me le figure: c'est que les *Huguenots* ont agité une Dispute, dans la Ville d'*Orleans*, pour savoir s'il est plus avantageux que le Roiaume soit *Electif*, ou *Hereditaire*? On voit bien par là que ces Entreprises iront beaucoup plus avant, si on n'y remedie pas comme il faut.

Tout cela a été representé dans les Occasions & les Lieux convenables, avec tant d'Evidence, qu'on ne pourra jamais s'excuser, sous pretexte de n'en avoir pas été bien informé.

L'Ambassadeur d'Espagne m'assûre toûjours de plus en plus, que *Sa Majesté Catholique* gratifiera

DE LA RELIGION REFORME'E EN FRANCE.

al Ré *di* Navarra, *& non mi par molto lontano à laſſarſi intendere che dara la* Sardigna, *con Conditione di ritener le Forze.*

Dicemi che non e conveniente che Sua Majeſta Cattolica *porti tuto queſto Peſo : che* Sua Santita *doverria concorrere, & non volendo con altro, almeno con augmentar il numero delle Galere.*

I Voti della Congregatione *ſono andati molto piû peggiorando : pero non hanno ancora votato queſti del Conſiglio di Sua Majeſta.*

Con tutto ciò, non mi parendo tempo di aſpettare, pregai l'Ambaſciadore di Sua Majeſta Cattolica *che voleſſe inſieme con me far Officio, & domandare l'Audienza congiuntamente, per parlare alla* Regina, *& al* Ré *di* Navarra.

Vi fummo heri doppo Pranzo, dove havemo detto quel che ſi odorava delli Voti di queſta Congregatione.

Ma doppo haverli detto come biſognava riſervarſi a fare la Reſolutione da ſe, come che non convenga che Sua Majeſta *voglia introdure queſta Uſanza d'haver a fare quel che Coſtoro dicono ; queſto fu ſubbito accordato delle loro Majeſta.   Poi*

fiera le *Roi de Navarre*, & il ne me paroit pas fort éloigné, ſuivant ce qu'il m'en a inſinué, de lui donner la *Sardaigne*, à condition qu'il ne lui en cedera point les Places Fortifiées.

Il me dit qu'il n'étoit pas convenable que le *Roi d'Eſpagne* ſuportât toute cette Charge : que *Sa Sainteté* devroit au moins y contribuer, en augmentant le nombre de ſes Galeres, ſi elle ne vouloit pas fournir quelqu'autre choſe de plus.

Les Suffrages de *l'Aſſemblée Generale des Etats de ce Roiaume*, ſont allés beaucoup en empirant, mais les Conſeillers de la *Reine* n'ont pas encore opiné.

Cependant je n'ai pas crû, nonobſtant cela, devoir attendre plus long-tems de prier *l'Ambaſſadeur d'Eſpagne* qu'il voulût bien s'emploier avec moi, pour obtenir, tous deux enſemble, une Audience de la *Reine* & du *Roi de Navarre*.

Nous y avons été reçûs hier après diné, & avons dit à *Sa Majeſté* tout ce qu'on auguroit des Deliberations de cette *Aſſemblée*.

Mais après lui avoir repreſenté combien il étoit neceſſaire qu'elle ſe reſervât le Droit de former elle-même, toute ſeule, les dernieres Reſolutions : attendu qu'il n'étoit pas convenable que *Sa Majeſté* laiſſât introduire

Poi fu detto che bifognava fare il Servitio *di* Dio, *& fperar il* Lei, *che non abandonnaria mai gli fuoi, & faria riufcir bene tutte le* Vie *diretteà quel Fine.*

Il Ré Chriftianiffimo, *che era prefente, & che non fuole mai rifpondere, come ancora perche non intende molto bene la Lingua Italiana, a quefta Parola rifpofe che era coffi, & che bifognava fperar da* Dio *folo ogni Bene.*

Paffando poi al Viver Politico, *fu rimoftrato che gli* Inconvenienti *che fono hoggidi nel Regno, di fpogliar* Chiefe, *faccheggiar* Terre, *cacciar* Vefcovi, *far* Leggi, *imponer* Tributi *&* Gabelle, *non devono effer comportati a* Particolari, *in modo alcuno.*

Finalmente le loro Majeftà *furono da noi fupplicate a farci* Provifione, *almeno* Temporale, *fin che il* Concilio *di* Trento *determini tutte le* Cofe *della* Religione *affolutamente.* Et

duire cette coûtume d'être obligée de faire tout ce que ces Gens là auront projetté, & conclu; leurs *Majeftés* demeurerent auffi-tôt d'accord de cela.

On dit enfuite qu'il faloit travailler pour ce qui concerne le *Service* de *Dieu*, & fe fonder fur l'Efperance qu'il n'abandonnera jamais les Siens, & qu'il fera réüffir tous les Moiens legitimes qu'ils emploieront pour une bonne Fin.

Le *Roi Très-Chrétien* qui étoit prefent, & dont la Coutume eft de ne dire jamais rien en ces occafions, par ce qu'il n'entend pas bien la Langue Italienne, repondit alors que cela étoit ainfi, & qu'on ne devoit attendre que de *Dieu feul* toute forte de bons Succès.

Venant enfuite à parler de l'Etat des *Affaires Politiques*, on remontra qu'on ne devoit point fouffrir que les Particuliers fiffent aucun de ces Defordres qu'on voit aujourdhui dans ce Roiaume: où il y a des Efrenés qui facagent les *Villes*, qui pillent les *Eglifes*, qui chaffent les *Evêques*, qui font de nouvelles *Loix*, & qui impofent des *Tributs* à leur fantaifie.

Nous fupliames enfin *Leurs Majeftés* d'y remedier, au moins Provifionellement, jufqu'à ce que le *Concile* de *Trente* prenne des Refolutions Finales, fur tout

DE LA RELIGION REFORME'E EN FRANCE. 37

Et per tanto venendo al Particolare che le Majeſtà loro ſuſpendeſſero i Predicatori, fin a quel tempo: & concludendo che ſi penſava che Sua Majeſtà Chriſtianiſſima non haveria difficoltà in eſſere obbedita pienamente in tutto quel che gli foſſe piaciuto; ma che in Caſo di biſogno, io per parte di Sua Santità, & il Signore Ambaſciadòre per parte di Sua Majeſtà Cattolica, offerivano tutte le Forze di noſtri Padroni, per Servitio di Dio, & per la Conſervatione della Religione.

La Regina diſſe che pottevano ben eſſer certi tutti del buon Animo della Majeſtà Sua, & voltandoſi al Ré di Navarra diſſe, io voglio che noi ajutiamo queſta Santa Opera.

Il Ré di Navarra diſſe che lei, doppo Dio, conoſceva il Ré Chriſtianiſſimo & la Regina Padroni, dal Voler de quali dependeria continuamente.

Poi diſſe la Regina, quanto all' Offerte che facevano, che da Sua Santità deſiderava di eſſer ajutata nel

tout ce qui concerne la *Religion*.

Et pour cet effet aiant repreſenté à Leurs *Majeſtés* qu'elles fiſſent ceſſer les *Predications* des *Miniſtres*, juſqu'à ce tems là, nous dimes, pour derniere Concluſion, qu'il n'y avoit aucun lieu de douter qu'on n'obeit entierement, & ſans aucune Difficulté, en tout ce qu'il plairoit à Sa *Majeſté Très-Chrêtienne* d'ordonner; mais qu'en Cas de Beſoin, nous lui offrions, Moi de la Part du *Pape*, & Monſieur l'*Ambaſſadeur* de la Part du *Roi d'Eſpagne*, toutes les Forces de nos Maîtres, pour le *Service de Dieu*, & pour la *Conſervation* de la *Religion*.

La *Reine* nous dit ſur cela, que nous pouvions tous être fortement aſſûrés de ſa bonne Volonté, & s'étant tournée du côté du *Roi de Navarre*, elle lui parla en ces Termes: je veux que Nous travaillions de Concert pour aider tous ceux qui s'emploieront à faire réüſſir ce *Pieux Deſſein*.

Le *Roi* de *Navarre* dit que pour lui il ſe conformera toûjours à la Volonté de Leurs *Majeſtés* très-Chrêtiennes, qu'il reconnoit pour ſes Maîtres, après Dieu.

La *Reine* parlant enſuite des Offres que nous venions de lui faire, dit, qu'elle deſiroit que

E 3   le

nel fare un Concilio *commodo & libero : che questo era il maggior Ajuto che* Sua Santita *gli potesse dare.*

Fu risposto che gia erano sette, o otto Mesi, che stavano molti Prelati in Trento, *in Numero gia presso di Cento, & pur non vi capitava un* Francese.

Che quanto allo Liberta, io risponderia con la mia Testa propria, & restaria qui per Ottaggio per questo, & si piu Sicurita volesse Sua Majesta, *piu se glie ne dariano.*

Quanto alla Commodita *che Francesi vi andassero, poi se non lo trovassero commodo, che si parlasse di questo, che io offerivo, per parte di* Sua Santita, *che quando il* Concilio *trovera il Loco incommodo, la Sua Beatitudine non mettera Obice, anzi ajutera & favorira la* Tranflatione *in qualche Loco piu commodo.*

In questo il Ré *di* Navarra *rispose che* Sua Santita *doveria farci venire gli* Alemani *che sono tutti Scontenti della* Continuatione.

Io pregai Sua Majesta *che non volesse congiunger la Causa d'Alemagna con quella di* Francia : *che*

le *Pape* lui aidât à faire tenir un *Concile commode & libre* : que cela étoit le plus grand Secours que *Sa Sainteté* lui pût donner.

On lui repondit qu'il y avoit déja une Centaine de Prelats à *Trente*, qui attendoient les *François* depuis sept ou huit Mois, sans y en voir arriver aucun.

Que pour ce qui étoit de la *Liberté* du *Concile*, je lui en serois Garant, au peril de ma Vie, & resterois ici en Otage pour cela, & que si *Sa Majesté* en vouloit une plus grande sûreté, on là lui donneroit.

Je lui dis aussi, sur l'Article de la *Commodité* du même *Concile*, que quand les *François* y feroient allés, on en parleroit, & que si ceux qui formeroient cette *Assemblée* ne trouvoient pas que la Ville de *Trente* fut *Commode*, *Sa Sainteté* ne mettroit aucun Obstacle à la *Tranflation* qu'on en voudroit faire ; mais au contraire aidera tous ceux qui le voudront tenir dans un Lieu plus *commode*.

Le *Roi* de *Navarre* repondit sur cela, que le *Pape* devroit y faire venir les Allemans, qui sont tous Mecontens de ce qu'on le continuë à *Trente*.

Je priai *Sa Majesté* de ne joindre point les Intérêts de *l'Allemagne* avec ceux de la *France*, parce

DE LA RELIGION REFORME'E EN FRANCE

che baſtava che penſaſſimo à Caſa noſtra, come ſi dice : & pur che io intendevo che l'Imperatore *vi mandava Ambaſciadore, il che non ſi faceva di quà.*

Mi riſpoſe la Regina *che era ſtato deſtinato Monſr. di* Candale, *& ſi ſcuſò, poi Monſr. di* Momoranſi *parimente ricuſa quella Cariga; che non ſapeva dove ſi voltare; tuttavia che ſi penſaria ad un altro.*

L'Ambaſciadore di Spagna *replicò che alla Majeſtà Sua non mancariano Huomini, che non tardi più a mandarvi gli ſuoi Prelati.*

Diſſe la Majeſtà Sua *in queſto Propoſito, che il* Veſcovo *di* Parigi *& un altro erano già partiti, & che ſi ſollecitava il reſtante.*

Et eſſendoſi replicato di levar i Predicatori, *come che queſto ſia il meglior Rimedio che ſi poſſa dare, nella preſente Congiuntura; ſi e moſtrata del Canto delle* Majeſtà *loro buoniſſima Volontà di volerlo fare.*

Fini.

parce qu'il nous ſuffiſoit de prendre ſoin de nos Affaires propres ſans nous mêler de celles d'autrui, & que l'on m'avoit donné Avis que *l'Empereur* envoioit un Ambaſſadeur au *Concile,* ſans que pourtant on fit diligence pour en envoier un d'ici.

La *Reine* me dit qu'on avoit deſtiné Monſieur du *Candal* pour cela, mais qu'il s'en étoit excuſé : que Monſieur de *Mommoranſi* aiant été choiſi en ſuite pour y aller, avoit pareillement refuſé cet Emploi, & qu'elle ne ſavoit plus de quel côté ſe tourner ; mais qu'elle penſeroit néanmoins à y envoier quelcun autre.

L'Ambaſſadeur *d'Eſpagne* repartit que *Sa Majeſté* ne manqueroit pas de trouver des Gens capables pour cela, & qu'elle devoit cependant y faire acheminer ſes *Prelats,* ſans aucun delai.

Sa Majeſté repondit là deſſus, que *l'Evêque* de *Paris,* & un autre étoient déjà partis, & qu'on ſolicitoit ceux qui ſont encore ici pour les obliger à les ſuivre.

Nous ne manquâmes pas de repreſenter, que le meilleur Remede qu'on pût trouver, dans la Conjonĉture preſente, étoit de bannir les *Predicateurs* : ſur quoi *Leurs Majeſtés* ont fait connoître qu'elles ne manquoient pas de bonne Volonté pour le faire.

Cet

Fini l'Audienza la quale voglio sperare che se non vi portera intieramente tutto l'Utile che voriano, al meno intepedira tanto la Risolutione di questa Congregatione, *che mi pare di potermi assicurar che* Costoro *non haveranno i* Templi, *& che non guadagnaranno Cosa alcuna in questa* Congregatione.

Et poi che in quella cossi grande che fu tenuta in Parigi *fu fatta Risolutione contro di loro, & parimente in quella di* Vescovi *fatta a* Poissi : *se di questa, dove era tutta la Speranza loro, non ne cavano Frutto, mi pare che si doveranno risolvere : pure l'aspettare a farne il Giuditio qualche giorno ancora, credo che sara piu sicuro.*

In tanto bacciando le Mani di Voi Signoria Illustrissima, mi ricomando alle sue Amicitie.

Di Poissi alli 15. di Gennaro.
1562.

PROSPERO DI Sta. CROCE.

Cet Article fut celui par lequel se termina nôtre Audience, de laquelle j'espere que si nous n'en retirons pas toute l'Utilité que nous souhaitons, elle servira au moins à donner un si bon Pli aux Deliberations de cette *Assemblée des Etats*, qu'il me semble de pouvoir tenir pour assûré, que ces *Predicateurs* n'auront point de *Temples*, & qu'ils ne gagneront rien dans cette *Conférence*.

Et puis que celle de *Paris*, qui étoit si nombreuse, prit des Resolutions contr'eux, de même que celle des *Evêques* qu'on fit assembler à *Poissi* : il me semble que s'ils ne reçoivent aucun Avantage de celle-ci, qui étoit le Fondement de toutes leurs Esperances, ils ne doivent plus s'attendre à aucun bon Succès : mais je croi que le plus seur est d'attendre encore quelques jours, avant que d'en juger.

Cependant je me recommande aux bonnes Amitiés de Vôtre Eminence, en lui presentant mes très-humbles Respects.

De Poissi le 15. de Janvier.
1562.

PROSPER DE S^{te}. CROIX

SEPTIEME LETTRE

Du Cardinal de S^{te}. Croix, *au Cardinal* Borromée.

LA *Congregatione fu finita doi giorni sono*, & *si intende che il* Cancelliere *fece la Proposta nella quale si mitigo molto*, & *parve un altro Huomo*.

Monsignore Illustrissimo di Schiastiglione *parimente parlo molto bene*, & *meglio di tutti*.

Il Ré *di* Navarra, & *la Regina in ultimo*, *facendo la Conclusione*, *parlo di sorte che dicono che non fu Mai sentito, nessuno* Oratore *parlar ne piu eloquentamente, ne piu efficacemente.*

La Majesta Sua ha detto che pareva che il Signore Dio in quel Punto gli metesse le Parole in Bocca. La Conclusione fu.

Che la Majesta Sua declarava à tutta quella Congregatione, *per mezzo della quale voleva che fosse dechiarato à tutto il Regno, che Lei,* & *suoi* Figlioli & *tutto il suo* Consiglio *intendeva che vivessero nella* Religione Cattolica, & *sotto l'Obedienza della Santa* Chiesa Romana.

Che

IL y a deux jours que l'*Assemblée* des *Etats* finit, & le bruit commun est quele *Chancelier* a proposé son Sentiment, avec tant de Retenuë & de Moderation, qu'on l'auroit facilement pris pour un aurre Homme.

Monsieur l'Eminentissime Cardinal de *Chastillon* opina aussi fort bien, & mieux que tous les autres.

Le *Roi* & la *Reine* de *Navarre* parlerent les derniers, & cette Princesse donna ses Conclusions de telle Maniere qu'on dit n'avoir jamais entendu aucun *Orateur* qui se soit exprimé avec plus d'Eloquence, ni avec plus d'Energie & de Succès.

Sa Majesté a dit elle-même, que dans cet Instant là, il lui sembloit que Dieu lui dictasse les Paroles qu'elle proferoit: & la *Conclusion* fut.

Que *Sa Majesté* declaroit à toute cette *Assemblée*, qu'Elle vouloit que les Deputés fissent publier dans tout son Roiaume, qu'*Elle* & *ses Enfans*, avec *toutes les Personnes de leur Conseil*, pretendoient qu'on vecut dans la *Religion Catholique*, & sous l'Obeïssance de la Sainte Eglise Romaine.

F Qu'elle

Che à questi che havevano introdotta certa Nova Religione, *& domandavano* Templi, *dechiarava espressamente che non li potessero havere; anzi fossero constretti à restituir li tolti, insieme con tutte le Robbe.*

Che parimente non ne potessero fabricare, ne radunarsi in Loco alcuno delle Citta.

Che tutte quelle Terre & Luoghi di Francia *che si fossero conservati, fin qui, immuni di questa Infirmita, dovessero restar, nè potessero alterar in modo alcuno lo Stato presente, & parmi che tutto questo si mettera per Scutto.*

Si lascio poi intendere che fuori delle Citta si tolleraria con certa Convenientia, che si radunassero in qualche Casa, secretamente: prohibendo a tutti li Magistrati & Officiali del Rè che non vi intervenissero, sotto Pena d'esser subito privati delli suoi Officii.

Dechiarando che questo si faceva per aspettar di poterli ridure quietamente, & senza Sangue al buono & quieto vivere, & che infra tanto si prosequiria il Concilio, *con ogni diligenza.*

Il.

Qu'Elle declaroit fort expressement à ceux qui avoient introduit une certaine *Nouvelle Religion*, & qui demandoient des *Temples*, qu'ils n'en pourroient avoir aucun, mais au contraire qu'Elle vouloit qu'ils fussent contraints de rendre ceu[x] dont ils s'étoient emparés, & tout ce qui en dependoit.

Qu'il leur fut pareillement defendu d'en construire, & d[e] s'assembler en aucun Lieu dan[s] les Villes.

Qu'on ne devoit pas non plu[s] faire aucun Changement qui pû[t] alterer l'Etat present de la *France* dans les Endroits & les Contrée[s] où cette *Nouvelle Religion* n'[a] point été introduite jusqu'à present. Il me semble que tout cela servira de Bouclier.

Sa *Maj*: fit connoître après cela que moienant certaines conditions, elle souffriroit qu'ils fissen[t] leurs Assemblées secretement dans quelque Maison: en defendant à tous les Magistrats & Offices du *Roi* de n'y point assister, sous Peine d'être d'abord privé[s] de leurs Charges.

Declarant qu'on ne leur accordoit cela que pour avoir Occasio[n] de les pouvoir obliger avec Douceur, & sans effusion de Sang, à vivre en bonne Paix, & que cependant on feroit toute la diligence possible pour achever le *Concile de Trente*.

Le

DE LA RELIGION REFORME'E EN FRANCE. 43

Il qual finito ex nunc *la* Majesta Sua *sottometteva ogni Cosa à quella Determinatione, & voleva che tutti sapessero che bisognava che vivessero di quella maniera che il* Concilio *ordinaria.*

Questa Risolutione ha impavito tutti gli Ugonotti *di tal sorte, che par di quà che siano tutti disfatti, & non se ne trovino piu.*

Et intendo che il Principe di Condé *& l'*Ammiraglio *hanno havute Parole con il* Conestabile *in* Conseglio *molto alte; ma che quel buon Vecchio rispose con Lacrime, dicendo all'* Ammiraglio *che il maggior Peccato che à lei pareva d'havere, era d'haver favorita, & eressa inanzi la Casa sua.*

Io non so come sodisfara Voi Signoria Illustrissima, & parmi vedere che si dira che questo è un Interim Tacito, *ma se Ella sapesse quanta Fatiga si e pigliata da tutti i* Cattolici, *& principalmente da Monsignore Illustrissimo* Legato, *à tener che non si passasse à qualche Cosa di troppa Importanza, gli pareria che si fosse fatto assai.*

Lequel étant fini, *Sa Majesté* promettoit, dés à present, de suivre, en toutes choses, ce qu'il auroit determiné : & vouloit que chacun fut averti qu'on seroit obligé de vivre d'une Maniere conforme aux Reglemens qu'on y feroit.

Cette Resolution a tellement épouvanté les *Huguenots* qu'ils semblent être tous dissipés, & n'oser plus se montrer en aucune part.

Et j'ai apris que le *Prince* de *Condé* & *l'Amiral* ont eu de grosses Paroles avec le *Conétable* dans *l'Assemblée des Etats* ; mais que ce bon Vieillard leur repondit avec les Larmes aux yeux, en disant à *l'Amiral*, que le plus grand Peché dont il se sentoit coupable étoit celui de lui avoir fait du bien jusqu'alors, pour établir sa Famille.

Je ne sai pas ce qu'il aleguera à Vôtre *Eminence* pour lui donner quelque satisfaction, à moins qu'il ne lui dise, comme je me le figure, que la *Tolerance* qu'on vient d'accorder ne durera pas long-tems ; mais si vôtre Eminence savoit combien de Peines & de Soins ont pris tous les *Catoliques*, & sur-tout Monsieur l'Eminentissime *Legat*, pour empêcher qu'on n'en vint à quelque Chose de trop grande Importance, vous trouveriés qu'on a fait tout ce qui étoit possible.

Et quanto à me, io non dubito d'altro se non che questa Risolutione non sia esseguita; ma altrimente son securo che fra sei Mesi, ò al piu un Anno, in questo Regno non vi sara pur un Solo Ugonotto, *per che molti cercano piu l'Interesse loro proprio che la* Religione, *& gli Beneficii che i* Templi.

Pour moi j'en suis tellement persuadé, qu'il ne me reste aucun doute, si ce n'est que peut être cette Resolution ne sera pas executée, car si on la peut faire valoir, je suis assûré que dans six Mois, ou tout au plus dans une Année, il n'y aura plus aucun *Huguenot*, parce que plusieurs d'entr'eux ne cherchent pas tant la *Religion*, ni les *Temples*, que les Benefices Ecclesiastiques & leur Interêt propre.

Et si sa che publicamente fanno il loro Conti che la Chiesa Gallicana *ha dieci & otto Millioni di Franchi d'Entrata, & che essendo solito questo Regno, doppo quaranta Anni, di haver Guerra, & con questo Mezzo nutrir molti, & hora essendo cessato questo Modo di vivere, oltre che le Provisioni sono ritirate assai, & i Pagamenti diminuti, molti per voler vivere con poca Fattiga, si davano à questa* Religione *piu commoda che tutte le altre.*

On sait qu'ils font publiquement leur Calcul sur les Revenus de *l'Eglise Gallicane*, qu'ils trouvent être de dixhuit Millions de Livres, & parce que les Guerres de ce Roiaume ont entretenu, depuis quarante Ans, beaucoup de Personnes, & que la Paix a fait cesser tous ces Moiens de vivre, n'y aiant plus de contributions ni d'Apointemens, & la Solde étant retranchée, plusieurs qui desiroient de vivre sans beaucoup de Fatigue, se sont jettés dans le Parti de cette *Religion*, plus commode que toutes les autres.

Unde se la Justicia pigliara la Spada in mano, per castigar i piu Licentiosi, & se si vederanno toller la speranza d'haver le Chiese *con le loro Entrate, penso che pigliarauno per Partito di proveder alla Vita loro, con altri Mezzi.*

C'est pourquoi si la Justice prend le Glaive à la Main, pour chatier les plus Licentieux, & s'ils se voient privés de l'Esperance d'avoir les *Eglises* avec leurs Revenus, je crois qu'ils abandonneront ce Parti, & chercheront d'autres Moiens pour se conserver la Vie.

Et bisogna ancor lassar che la Regina faccia prova d'ell' Autorità & Forza sua, poco à poco, & io mi assicuro che con questo la Regina fara ogni giorno veder piu apertamente la buona Mente sua.

Sua Majesta mandara un Huomo à Sua Santita per darli Conto di tutto, & penso che sara Monsr. di Lansach. Un altro mandara à Sua Majesta Cattolica, & credo un altro à Venetia.

Monsignore Illustrissimo Legato è appresso Monsr. di Candale per farlo venire al Concilio, ma non voglio lassar di dire à Voi Signoria Illustrissima che Nichetto, ch'arrivo hieri mattina, gli ha detto che Sua Santita rimette in sua Signoria Illustrissima il restare & il partire, la qual Parola Sua Signoria Illustrissima ha presa per Licenza, & parmi risoluta al partire, come che qui stia con grandissima Fattigha, & Spesa, & ancora non piu secura che inanzi dell' Esito che havera questa Negotiatione.

Ma io dico bene che se sua Signoria Illustrissima parte, si fara tanto Danno à questa Causa, che per mio credere, quando sua Signoria Illustrissima fosse in Constantinopoli

Il est necessaire que la *Reine* fasse valoir, peu à peu, son Autorité & son Pouvoir, & je m'assûre que l'on connoîtra, par de bons effets, qu'elle veut faire paroitre tous les jours plus ouvertement sa bonne Volonté.

Sa Majesté envoiera un Exprés d'ici pour aller informer *Sa Sainteté* de toutes ces choses, & je crois que ce sera Monsieur de *Lansac*. Elle en envoiera un autre au *Roi d'Espagne*, & je crois qu'Elle deputera aussi quelcun pour *Venise*.

Son Eminence Monsieur le *Legat* est chés Monsieur du *Candal* pour le solliciter d'aller au *Concile*, & je me crois obligé de vous donner Avis, que *Niquet* étant arrivé ici hier au matin, dit à Mr. le *Legat* que *Sa Sainteté* lui donne le chois de rester en ce Païs, ou de s'en aller, & que son Eminence a pris cette offre pour un Congé, & me paroit resoluë de partir, attendu que son Sejour lui a causé beaucoup de la Depense & donne bien de la Peine, sans qu'il lui ait néanmoins été possible d'avoir, jusqu'a present, aucune Assûrance du Succès de cette Négociation.

Mais je me trouve obligé de vous dire que son Depart causera un si grand Prejudice aux Intérêts de la *Religion*, que pour moi je crois que si son Eminence étoit

F 3

nopoli bisognaria mandarla a chiamar, per che vi venisse.

Ne so conoscer hoggidi Persõna che stesse in questa Corte con quella Auttorita che sta sua Signoria Illustrissima, ne che havesse piu Modo di negociare, ne lo sapesse meglio fare, in quanto va conducendo il Negocio pian piano.

Bisogna considerar il Stato presente di questo Regno, & li Humori che vi sono, i quali forsa che di là non si intendano pienamente.

Se Voi Signoria Illustrissima comandara che venga io à Roma, per stare à ritornare come li piacera meglio, credo far capace, Nostro Signore, *& voi Signoria Illustrissima, della buona Mente non sólo di quelli donde* Nichetto *a fatta una piena Relatione, della parte del Signore* Legato, *ma ancora di tutti gl'altri che son di parere che sua Signoria Illustrissima proceda troppo fredamente.*

Questo Voi Signoria Illustrissima creda che io scrivo meramente, & puramente per Servitio di Sua Santita, *ne mi move Affettione, ne Particolarita alcuna, ne credo far in cio molto piacere à Monsignore Illustrissimo* Legato.

à *Constantinople* on devroit lui envoier expressement ordre de venir ici.

Je ne connois personne qui ait aujourdhui tant de Pouvoir dans cette Cour que Monsieur le *Legat* y en a, ni aucun autre dont les Moiens & la Capacité, pûssent faire reüssir les Négociations, avec un si bon succès, que celui des Affaires qu'il conduit, peu à peu, au But qu'il se propose.

Il est necessaire de faire beaucoup d'Attention à l'Etat present de ce Roiaume, & à l'Humeur de ses Habitans, dont les Inclinations ne sont peut-être pas assés bien connûes en *Italie*.

Si vôtre Eminence m'ordonnoit d'aller à *Rome*, soit pour y demeurer, ou pour revenir ici, quand il lui plairoit, je pourrois l'informer avec le *Pape* des bonnes Intentions, non seulement de ceux dont *Niquet* a fait une Relation entiere, de la part de Monsieur le *Legat*, mais aussi de tous les autres qui sont dans le sentiment qu'il n'agit pas avec assés de Promptitude & de Chaleur.

Vôtre Eminence doit être persuadée que je ne lui écris ceci, d'une maniere si naive & si ingenûe, qu'a Dessein de rendre Service à *Sa Sainteté*, n'aiant point d'autre Vûe, ni d'autre Motif particulier, attendu même

Et

DE LA RELIGION REFORME'E EN FRANCE. 47

Et dicoli di fermo che il Cancelliere *diſſe l'altro giorno, con un che me l'ha referito, che gli* Romani *non havevano inteſo il Caſo loro, à laſſar uſcir di quà il* Legato*, & che gli havevano, come ſi dice, meſſa la Serpe in Seno, diſcorrendo della Commodita che ha di negotiare con la* Regina *& il Ré di* Navarra*, dall' Intelligenza che ha di queſta Corte, di ſorte che non lo poſſono ingannare come fariano un altro.*

Oltra i Modi che ho per Mezzo della ſua Grandeſſa & Richeszza, & di molti Luoghi in queſto Regno che ſono ſuoi, d'intender tutto, & ſaper meglio di loro quel che penſano, non ſolo quel che fanno. Si che la miglior Nova che ſi poſſa dare alli Ugonotti *ſara che il* Legato *ſi parta.*

me que je ne penſe pas de faire beaucoup de plaiſir à Monſieur l'Eminentiſſime *Legat*.

C'eſt pourquoi je vous dirai franchement, que Monſieur le *Chancelier* temoigna dernierement à une Perſonne, qui m'a fait ce Raport, que la Cour de Rome n'avoit pas bien connû ſes Intérêts, lors qu'elle avoit permis à Monſieur le *Legat* de ſortir d'ici, & que ce Conſeil étoit un Coup mortel qu'on lui portoit dans le Sein, attendu que cet Eminent Prelat a des Moiens pour faire toutes ſes Négociations avec la *Reine*, & le *Roi* de *Navarre*, & qu'il connoit ſi bien le Genie, & les Intrigues de tous leurs Courtiſans, qu'ils ne peuvent pas le tromper ſi facilement qu'un autre.

Je vois d'ailleurs que le Rang très-Eminent qu'il a parmi les Grands, que ſes Richeſſes, & les Etats dont il eſt le Poſſeſſeur & le Maître, dans ce Roiaume, ſont auſſi des Moiens très-efficaces dont je me ſers pour decouvrir, non ſeulement ce qui ſe trame en Secret, mais auſſi ce qui roule dans la Penſée des Eſprits les plus rafinés, qui ne ſavent pas toutes les Affaires dont je prens connoiſſance. Voila pourquoi la meilleure Nouvelle qu'on puiſſe donner aux *Huguenots*, c'eſt de leur faire ſavoir que le *Legat* s'en va.

Sua Signoria Illustrissima intende di spedir un Corriere fra duoi giorni, & forsi un Gentilhuomo: in tanto partendo questo per visitare il Signore Duca di Savoia & rallegrarsi della Natività del suo Figliolo, ho voluto darli questi Avisi, riservandomi a rispondere alle Lettere che mi ha portate Nichetto, *con piu Commodita, in tanto gli mando un Doppio della* Proposta *che il Signore* Cancelliere *fece il settimo del presente nell'* Assemblea Generale, *che si termino nel Modo che ho toccato nel principio di questa mia Lettera, nella quale mi ha parso non dover spieghare le Disputte di quelli che hanno littigato fin adesso, gia che Voi Signoria Illustrissima potra vederle nella* Proposta *del Signore* Cancelliere *cui giunta, laquale domanda una Attentione molto particolare, tanto per l'Importanza, quanto per la Vaggezza delle Cose che vi trateriranno assai nel legere, & atteso questo finiro, bacciando humilmente le mani de Voi Signoria Illustrissima.*

Di Poissi alli 17. di Genaro.
1562.

PROSPERO DI S.ta CROCE.

Son Eminence a Dessein de vous envoier un Courrier après demain; & peut-être aussi un Gentilhomme : cependant celui-ci étant sur son Depart pour aller faire un compliment de Felicitation au *Duc* de Savoie, touchant un Enfant de Son Altesse nouveau Né, j'ai voulu donner ces Avis à Vôtre Eminence, en me reservant de repondre plus à Loisir aux Lettres que *Niquet* vient de me rendre, cependant je vous envoie la Copie de la *Remontrance* que Monsieur le Chancelier fit le 7. de ce Mois, devant *l'Assemblée Generale des Etats*, qui se termina, comme je vous l'ai insinué au commencement de cette Lettre, dans laquelle je n'ai point étalé les Questions qui y ont été agitées, parce que vôtre Eminence les trouvera dans cette *Harangue* de Monsieur le *Chancelier*, qui est une Piece très-digne de Remarque, dont la Lecture & la Matiere vous occuperont assés long-tems : c'est pourquoi je finis en priant Vôtre Eminence d'agréer mes très-humbles Respects.

De Poissi le 17. de *Janvier*
1562.

PROSPER DE S.te CROIX.

DE LA RELIGION REFORMEE EN FRANCE

REMONTRANCE
DU GRAND CHANCELIER DE FRANCE,

Faite dans l'Assemblée Generale des Conseillers de tous les Parlemens de France, & de tous les Ministres d'Etat, que la Reine Catherine de Medicis fit convoquer, au Nom du Roi son Fils, avec Plusieurs Prelats de son Roiaume, dans son Palais de Saint Germain en Laye;

Depuis le 7. jusqu'au 15. de Janvier, de l'An 1562.

AU SUJET DES DIFERENS ET DES TROUBLES

Dont la Religion & la Liberté de Conscience sembloient être le Principal Motif, ou Pretexte.

SIgnori Illustrissimi, il Ré Nostro supremo Signore, Vi ha chiamati per prender Conseglio da Voi, sopra le Divisioni che vi sono troppo ben note, in questo Reame.

Dio Vi faccia la Gratia di darli Conseglio, non secondo la Prudenza humana, ma secondo la sapienza di Dio: per che si trova scritto dissipat Deus Consilia Gentium, che vuol dire che Dio rinversa i Consegli di quelli che non sono guidati del Timore suo, & della Verita; ma sono menati per Discorsi delle Raggioni humane.

Dio

TRès-Illustres Seigneurs, le Roi Nôtre Souverain Maitre, vous a apellés ici pour prendre Conseil de vous, sur les *Divisions* de ce Roiaume, qui ne vous sont que trop connûes.

Dieu vous fasse la Grace de donner à *Sa Majesté* des Conseils qui ne soient pas selon la Prudence humaine, mais selon la Sapience Divine: car c'est Dieu qui dissipe le Conseil des Nations, comme nous le trouvons dans l'Ecriture; c'est à dire qu'il renverse les Projets de ceux qui ne prenent pas sa Crainte & la Verité pour Guides, mais qui se laissent conduire par les Raisonnemens des hommes.

G *Dieu*

Dio facia Gratia medesimamente al Ré di sapere elleggere il migliore, come che Deus Judicium Regi dat.

Il Re *vi ha cavati de tutte sue* Corti *di* Parlamenti, *& potete dire che Voi sete Eletti degli Eletti.*

Guardate di rispondere all'Opinone che il Ré ha di voi, al Loco che voi tenete, & alla Dignita di questa Congregatione, *guidando vostra Opinione per la* Parola *di Dio, & rimettendola al Paragone della Reverenza del Nostro Signore* Jesu Christo : *altrimente voi non offenderete solamente il Ré, ma ancora voi medemi, come che* malum Consilium Consultori pessimum.

Hora per venir alla Materia, Io vi farò Discorso del Passato.

Voi conoscete le Turbolentie *che travagliano ogni Età,* Huomini *&* Done, *Giovani & Vecchi,* Nobili *&* Ignobili, *Richi & Poveri, in tutti i Luoghi, non solamente dentro del Reame di Francia, ma ancora dentro una medema Citta, Casa & Letto.*

Dieu vüeille pareillement faire la Grace au *Roi* de savoir choisir ce qui sera le meilleur, puisque *c'est sa Divine Majesté qui donne le Discernement necessaire aux Monarques.*

Quant à vous, Illustres Seigneurs, on peut dire que vous êtes l'Elite de tout ce que le *Roi* pouvoit choisir de meilleur en vous tirant de toutes ses Cours des Parlemens.

Aiés donc un grand Soin de correspondre à la bonne Opinion que le *Roi* a de vous, selon le Rang que vous tenez, & la Dignité de cette *Auguste Assemblée*, reglant tous vos Sentimens *sur la Parole de Dieu*, & vous conformant avec Respect aux *Preceptes de Nôtre Seigneur Jesus-Christ* : autrement vôtre Conduite ne sera pas seulement prejudiciable au *Roi*, mais aussi à vous mêmes : car *les mauvais Conseils sont très-pernicieux à ceux qui les donnent.*

Pour entrer presentement en Matiere, je vous ferai quelque Recapitulation des Affaires passées.

Vous savés qu'il y a des *Troubles* qui font souffrir des Gens de tout Sexe & de tout Age, Hommes & Femmes, Jeunes & Vieux, Nobles & Roturiers, Riches & Pauvres, dans tous les Lieux de ce Roiaume de France, non seulement en general

DE LA RELIGION REFORME'E EN FRANCE.

Voi conoscete il Presente; & per posser meglio deliberare per l'Avenire, saperete l'Ordinanza che fu fatta ad Amboisa, continente l'Assolutione di tutti quelli che si erano trovati in quelle Congregationi di costoro Predicanti.

La quale Assolutione fu data con grandissima Raggione, perche vedendo il Ré che il numero di quelli era molto grande, non gli volsi dare Occasione di prepararsi a prendere l'Armi.

Tuttavia non per questo cessarono le Turbolentie, *percio che per nove Lettere despacciate à* Mommoranzi, *il Ré remise la Cognitione dell'*Heresie *ai* Prelati, *&* Gente di Chiesa, *& fu diseso che non si congregassero Popoli, con alcuna sorte d'Armi, sotto grandissime Pene, rimettendo di cio la Cognitione alli Giudici Secolari.*

*Non dimeno intendendo che l'*Assemblée *continuavano tuttavia piu, con un* Edito à Fontanableau, *prohibi tutte quelle* Assemblée *illecite, sotto Pena della Vita.*

Questa

neral, mais aussi dans chaque Ville, dans chaque Maison, & dans chaque Lit en particulier.

L'Etat présent de toutes ces choses vous est assés connû, mais pour deliberer sur ce qui est necessaire pour y remedier à l'avenir, vous devés avoir devant les yeux *l'Edit* que le *Roi* fit à *Amboise*, contenant une Amnistie generale pour tous ceux qui s'étoient trouvés dans les Assemblées de ces *Nouveaux Predicateurs.*

Cette Amnistie ne fut pas accordée sans de très-grandes Raisons, car *Sa Majesté* voiant que le Nombre de ces Gens-là étoit fort grand, elle ne voulut pas leur donner Occasion de prendre les Armes.

Cependant on ne vit point cesser les *Troubles*, par ce que le *Roi* fit expedier, à *Mommoransi*, de Nouveaux Ordres, par lesquels il remettoit aux *Prelats* & aux *Ecclesiastiques*, l'Examen & la Condamnation des *Heresies*, & deffendoit aux Peuples de *s'assembler* avec aucune sorte d'Armes, sous de très-grandes Peines, remettant aux Juges Seculiers la Decision de tout cela.

Mais voiant que les *Assemblées* continuoient néanmoins de plus en plus, *Sa Majesté* les Defendit derechef sous Peine de la Vie, & fit publier, par un *Edit*, signé

Questo ancora non fece cessare quelle Assemblée, & cascammo in Disputa sopra l'Interpretatione di quella Parola Illicite, di sorta che i Giudici, tanto Subalterni, che Supremi, mandarono dal Ré per saperne l'Interpretatione.

Poco appresso fu fatta un' Assemblea à Fontanableau, di molti Prencipi del Sangue, Signori del Consilio Privato, & Cavalieri dell' Ordine : dove fu concluso di chiamare i Stati & Prelati della Chiesa Gallicana.

Di poi si comincio à metter Forze insieme, & menar Genti da Guerra in Orleans.

Voi sapete qual Successo Dio gli habbia dato, essendo il Ré vostro supremo Signore venuto alla Corona.

Sono state fatte molto grandi & belle Ordinanze, concernenti cossi la Giustitia come la Religione, per quanto la Politica lo ricerca.

Et essendo il Ré tornato da Reims, dove fu per essere Sacrato, all' Usanza ordinaria, in Pa-

signé à *Fontainebleau*, qu'elle defendoit toutes ces *Assemblées illicites*.

Cette nouvelle Defense ne les fit point non plus cesser, parce qu'elle donna Lieu à une Dispute sur l'Interpretation de ce Mot, *Illicites*, laquelle obligea tous les Juges, tant Subalternes que Souverains, d'envoier demander au *Roi* ce qu'il faloit entendre par cette Expression.

Peu de tems après beaucoup de Princes du Sang de la Famille Roiale, & plusieurs Ministres d'Etat du Conseil Secret, avec les Chevaliers des Ordres du *Roi*, s'assemblerent à *Fontainebleau*, où il fut resolu de convoquer tous les Etats du Roiaume, avec les *Prelats de l'Eglise Gallicanne*.

On commença dès lors à former une Armée, & à conduire des Gens de Guerre à *Orleans*.

Vous savés quel Succès Dieu a donné à ces Entreprises, quand *le Roi*, vôtre Souverain Monarque, est parvenu à la Couronne.

Il a fait plusieurs beaux Reglemens, de très-grande Importance, non seulement pour l'administration de la Justice, mais pour soutenir les Intérêts de la *Religion*, autant que la Politique le demande.

Sa Majesté ne fut pas plûtôt Sacrée dans la Ville de *Reims* selon la Coutume ordinaire qu'el

DE LA RELIGION REFORME'E EN FRANCE.

Pariggi, in Presentia del Ré *di Navarra, Principe del Sangue, Signore del Privato Conseglio, con la sua Corte di Parlamento, mise in Deliberatione molte Cose toccante questo Proposito.*

*Et all'hora gli fu detto, & fu poi publicato, di dar Perdono Generale di tutto il passato, prohibire l'*Assemblée *publiche & cossi le private, dove si amministrassero i Sacramenti di altra Maniera che habbia costumato la* Chiesa Romana.

Per il che ogn'uno vede che fin qui sono state tentate tutte le Vie possibili, tanto dolci come aspre.

L'Assemblea di Vescovi *non vi ha portato quel Frutto che desideravamo, & ben si puo vedere che i Ministri del* Ré*, i quali sono troppo facilmente calumniati, sono esenti di tutta la Colpa, havendo fatto quanto era in loro, per contenere il Popolo in Pace & Tranquilita.*

Io so bene che mi si dira, che questi Editti *sono belli & santi, ma che il*

qu'elle vint à *Paris*, où elle mit d'abord plusieurs choses en Deliberation, touchant cette Matiere, qu'elle fit examiner en presence du *Roi* de *Navarre* Prince du Sang, & Ministre du Conseil Secret, en demandant l'Avis de tous les Conseillers du Parlement.

On dit alors au *Roi* qu'il feroit bien d'accorder une Amnistie Generale de tout ce qui s'étoit passé, & d'empêcher à l'avenir toutes les Assemblées Publiques & Secretes, où l'on administroit les Sacremens d'une Maniere differente de l'Usage de *l'Eglise Romaine*, surquoi Sa Majesté fit publier un *Edit*.

Tout cela sont des Preuves, par lesquelles chacun peut voir qu'on a mis en Usage tous les Moiens possibles, jusqu'à present, & emploié la Douceur & la Force.

Les *Assemblées* des *Evêques* n'ont pas aussi eu le Succès, ni produit les Effets que nous souhaitions; c'est pourquoi il est très-évident que les Ministres du *Roi*, qu'on blâme trop facilement, sont exems de toute Faute, puis qu'ils ont fait tout ce qui leur étoit possible pour empêcher les Tumultes Populaires, & pour conserver la Paix.

Je sai bien qu'on me dira, que ces *Edits* sont beaux & conformes

il Mancamento stà in non esser osservati.

Io mi dubito Signori che questa Objettione non caschi sopra la vostra Testa, per esser voi Giudici, che tenete il primo Loco per farli guardare & osservare.

Puo esser che voi mi dirette il Vero, ma quanto a me, io connosco che queste Cose sono condotte per Volonta & Giuditio di Dio, il quale è maravigliosamente geloso del suo Honore & Servitio, & è solito all'hora che noi lassiamo la sua Obedienza, usar di simili Castighi, per farci ritornare al suo Servitio.

Noi sapemo che all'hora che cominciorno questi Travagli, che fu nel 1517. & 18. gli Huomini si trovavano in un Secolo il piu corotto, & depravato che fosse possibile.

Roma *piena di Vitii*, questo Reame sotto il Ré Giovane, che depoi e stato un grandissimo Preucipe, in tutte Delitie & Volupta, & il Ré Henrico d'Inghliterra, essendo ancor lui in molta Giovenezza, non caminava troppo bene.

mes à l'Equité, mais que le mal qu'on a fait, c'est de n'avoir pas tenu la Main à leur Execution.

Il me semble Messieurs que ce Reproche peut retomber sur vous mêmes, puisque le premier Rang que vous tenés parmi les Juges, vous engage plus que tous les autres à en poursuivre l'Execution, & à les faire observer.

Vous me dirés peut-être que cela est vrai; mais pour moi je reconnois que toutes ces Choses fâcheuses ne sont arrivées que par un Effet des Jugemens de Dieu, qui est grandement jaloux de sa Gloire & de son Culte, & qui nous chatie ordinairement, par quelques uns de ces Moiens, pour nous ramener à nôtre Devoir, lors que nous manquons de le servir.

Nous savons que dans le Tems que ces Maux commencérent d'arriver, les Hommes vivoient dans un Siécle qui ne pouvoit pas être plus corrompu, ni plus depravé: ce fut l'An 1517. & en 1518

Rome étoit pleine de Vices. Ce Roiaume n'étoit conduit que par un jeune Monarque, dont la Volupté fut si grande, qu'il ne songea qu'à se plonger dans toutes sortes de Plaisirs, & le *Roi Henri* d'Angleterre, qui étoit aussi fort jeune, ne vivoit pas non plus d'une Maniere bien reglée.

Di-

De-

DE LA RELIGION REFORME'E EN FRANCE.

Dipoi in loco di emendarci, siamo peggiorati, & cossi havemo veduto che le Differentie *della* Religione *sono tuttavia cresciute, che essendo comminciate dal tempo del* Ré Francesco, *in ben poche Persone, si sono augmentate nel tempo del* Ré Henrico, *& cresciute piu à tempo del* Ré Francesco *ultimo, & à quest' hora son cresciute tanto che non è possibile piu.*

So bene che mi si dira che la Conniventia *che e stata usata, ne è stata la Causa. Veramente che per la Giovenezza del nostro* Ré, *alcuni si sono manifestati piu, che altrimente potria essere che fussino stati coperti ; ma Dio che hà permesso questa Divisione, ha parimente ordinato che sia il nostro* Ré *un Fanciullo, per nostro Castigo.*

Ci sono di quelli che dicono che il Ré *si dovria mostrare, da una Banda o dall'altra, & con questo cercar di quietar la Divisione, che a mio Giuditio e altretanto che dire, che il* Ré *essendo declarato per una Banda, doveria fare una Armata per ruinar l'altra. Cosa*

Depuis ce tems là, au lieu de nous corriger, nous sommes allés de mal en pis, & nous avons aussi vû que les *Disputes* de la *Religion* sont devenues plus grandes, & qu'aiant commencé par un fort petit nombre de Personne, sous le Regne de *François I.* elles ont augmenté sous celui d'*Henri II.* & se sont encore multipliées davantage pendant la Vie de son Successeur *François II.* tellement qu'aujourdhui elles ont été poussées aussi Loin qu'elles puissent jamais l'être.

Je sai bien qu'on me repondra que tout cela n'est arrivé que par une trop grande Connivence. Surquoi j'avoüe qu'il peut être vrai que quelques uns de ceux qui n'auroient jamais levé le Masque, se sont decouverts plus hardiment, à cause que nôtre *Roi* est encore trop jeune pour se faire craindre ; mais Dieu qui a permis ces Dissentions, a disposé en même tems les autres Affaires de ce Roiaume, d'une maniere propre à nous chatier, en ne nous donnant qu'un Efant pour *Roi*.

Il y en a qui disent que *Sa Majesté* devroit soutenir ouvertement le Parti des uns ou des autres, & travailler par ce Moien à terminer ces Differens, ce qui, à mon Avis est la même chose que si l'on disoit, qu'après que le *Roi* se sera declaré pour l'un des

56 LES PROGRES ET LES CATASTROPHES

Cosa che non solamente è contraria al Nome di Christiano, che noi portamo, ma a tutta l'Humanita, oltre che non possemo prometterci l'esito della Vittoria, il quale è in mano di Dio.

Et poi di qual Gente di Guerra faremo la nostra Armata: tali che noi crederemo essere della Banda nostra, tanto Capitani come Soldati, potra essere che saranno della Parte contraria.

Et ancora che siano della medema Religione che noi, io non sò come gli potremo fare Combattere, quando vedranno dell'altra Banda un lor Padre, un lor Figlio, un lor Fratello, una lor Moglia, o qualche lor Parente.

Et in oltre, la Vittoria da qual Canto che sia, non potra essere se non calamitosa, essendo dannosa tanto al Vincitore come al Vinto. Si come le Parti del nostro Corpo sentono Mancamento l'una dall'altra.

Et

des deux Partis, il doit mettre une Armée en Campagne pour detruire l'autre.

Mais ces Expeditions Militaires, & ces Actes d'Hostilité, sont non seulement contraires à la Profession des Chrétiens, dont nous portons le Nom, mais aussi à la Nature des Hommes debonnaires, outre que nous ne pouvons pas nous flatter de remporter la Victoire, qui depend du secours de Dieu.

Mais de quelles Gens de Guerre est-ce que nous ferons nôtre Armée, puisque ceux là mêmes que nous croirons attachés à nos Intérêts, soit Officiers ou Soldats, se jetteront peut-être dans le Parti de nos Aversaires.

Et quoi qu'ils soient de la même *Religion* que nous, je ne sai pas comment nous pourrons les obliger à se battre, quand ils verront parmi ceux qu'ils doivent attaquer, les uns leur Pere, les autres leur Frere, ceux-ci leurs propres Enfans, ceux là leur Femme, ou quelques uns de leurs Parens.

Outre cela de quel côté que la Victoire soit remportée, les Suites en seront toûjours funestes, parce qu'elle causera le même Prejudice au Vainqueur qu'à ceux qui seront Vaincus, d'autant qu'elle affoiblira les Membres d'un même Corps, dont le Mal d'une Partie se communique à toutes les autres. Cet-

DE LA RELIGION REFORMEE EN FRANCE.

Et per aventura questo potria haver loco nelle Republiche, ma non in un Reame che consiste nell' Obedienza di un solo, noi non possiamo indurci Partialita: & non saria ancora donare il Rimedio che noi cerchiamo, ma bisogna emendar i nostri Vitii, & cercar di satisfar à Dio.

Guardiamo come Dio a difesa, & per qual Persone, la sua Chiesa *contro* l'Heresie *vecchie d'Arrio & altri, noi trovaremo che questo e stato per un Santo* Ambrosio, Chrisostomo *&* Hilario, *da quali facendo comparatione con i* Vescovi *del nostro tempo, noi conosceremo come la nostra* Chiesa *e mal difesa.*

Io so bene che mi opporranno che voglio da Capo metter in Deliberatione quel che è stato gia proposto & deciso, tanto della Congregatione *de i* Vescovi, *fatta a* Poissi, *quanto per l'Opinione della Corte di* Parlamento, *dove si trovo il* Ré *di* Navarra, *i* Preucipi *& altri.*

Alli quali io rispondo che io non voglio metter in Disputa le Con-

Cette Guerre Civile auroit peut-être quelque bon Succès dans une Republique, mais elle n'en peut avoir aucun dans un Roiaume qui ne se maintient que par l'Obeïssance qu'on y rend à un seul Monarque, laquelle ne doit point avoir des Reserves particulieres, car elles ne serviroient de rien pour le Remede que nous cherchons, il nous faut plûtôt corriger de nos Vices, & chercher à contenter Dieu.

Si nous considerons de quelle maniere *la Divine Providence* a preservé *l'Eglise* des anciennes Heresies *d'Arius*, & de plusieurs autres, & de quelles Personnes elle s'est servie pour cela, nous trouverons que c'est par le Ministere d'un Saint *Ambroise*, d'un *Chrisostôme* & d'un *Hilaire*, dont nous ne saurions faire la Comparaison avec nos Evêques de ce Siecle, sans reconnoître que nôtre *Eglise* en est très-mal defenduë.

Je sai bien qu'on m'objectera que mon premier But est de mettre derechef en Deliberation ce qui a déja été proposé & decidé dans le *Coloque* des *Evêques* à *Poissi*, & dans cette *Assemblée* du *Parlement*, où *le Roi* de *Navarre* se trouva, avec les Princes & plusieurs autres Ministres d'Etat.

Sur quoi je repons que mon Dessein n'est point de renouveller

H

Controversie della Religione, apartenendo il Judicio di esse alle Genti della Chiesa: il che e stato trattato à Poissi, ma solamente quel che appartiene alla Politica, per contenere il Popolo in Riposo, & Tranquillita.

Et quanto all'Editto fatto secondo l'Opinione della Corte, & Parlamento di Parigi, bisogna considerare che ci sono due sorte di Leggi.

A una non si puo derogare senza contrariar all'Ordinanza di Dio: & questa deve essere inviolabile, altrimente questo saria mandar Dio in Guardarobba, per un tempo, & non so poi se vorra ritornare quando l'Huomo lo chiamara.

Tutti li Stati & Republiche si sono conservate & intretenute per l'osservatione delle Leggi: & il Contempto & Violatione di quelle gl'hanno apportato Ruina, che viene ò tutta in un Colpo, o con Lunghezza di tempo, a poco, a poco.

Tutto in un Colpo si e perduto, di nostra Memoria, il Regno di Ungheria, per l'Invasione di Turchi.

ler ces *Controverses*, ni les *Disputes* de la *Religion* qui ont été agitées à *Poissi*, & dont le Jugement apartient aux *Ecclesiastiques*; mais seulement ce qui concerne la Politique, & ce qui peut servir à faire vivre les Peuples en Repos & en Paix.

Et pour ce qui est de *l'Edit* qui fut dressé selon les Sentimens de la Cour du Parlement de *Paris*, on doit considerer qu'il y a deux sortes de Loix.

Il y en a qui sont d'une telle Nature qu'on ne sauroit y deroger sans contrevenir aux Ordres de Dieu, & celles là doivent être inviolables, car autrement les hommes exclurroient quelque fois Dieu de leurs Affaires, pour un certain tems; & je ne sai pas s'il voudroit leur être favorable quand ils s'aviseroient de le rapeller dans leur Besoin.

Tous les Etats se sont maintenus par l'Observation des Loix, & toutes les Republiques se sont aussi conservées par leur Moien, & ce n'est que le Mepris, ou la Violation de ces mêmes Loix, qui a causé la Ruine des Societés, laquelle vient ou soudainement & d'un seul coup, ou peu à peu & dans la suite de plusieurs années.

Nous avons vû, de nos jours, le Roiaume *d'Hongrie* perdu tout d'un coup, par l'Invasion des *Turcs*.

DE LA RELIGION REFORMEE EN FRANCE.

A poco a poco si rouinano li Stati, quando han sprezzato hoggi una Lege, & domani l'altra: di sorte che alla fine il Stato si trova senza Leggi, che sono i Fundamenti delle Republiche, come che quando l'Huomo leva hoggi una Tevola, domani l'altra, alla fine poi la Casa cascha.

Il medemo auviene continuando il Contempto delle Leggi, che sono i Muri dello Stato.

Ci sono altre Leggi che sono indifferente, & aependente della Gratia & buon Piacere di un Prencipe, & queste possono essere racconcie senza Periculo.

All'hora le Leggi si approvano molte volte per un buon Consentiment o, come questo qui.

Et non bisogna solamente considerare se la Legge è giusta in sè, ma se è conveniente al Tempo, & all' Huomini per li quali e fatta.

Mi ricordo che Cicerone *accusa* Catone*, che essendo in un Se-*

Les autres Etats qui ont meprisé les Loix, en contrevenant quelque fois à l'une & ensuite à l'autre, se sont enfin ruinés, pour avoir aboli, peu à peu, ces Statuts Fondamentaux des Monarchies & des Republiques, comme ceux qui arrachent un jour quelques Materiaux d'un Batiment, & le lendemain quelques autres, en continuant ainsi, jusqu'à ce que tout l'Edifice tombe.

La même chose arrive quand on meprise, de plus en plus, les Loix, qui sont les Remparts des Etats, qu'on sappe peu à peu.

Il y a des autres Loix qui sont indifferentes, & qui dependent de la Faveur & du bon Plaisir des Souverains, & celles-ci peuvent être reformées en diverses Manieres, sans aucun danger.

Principalement quand cela se fait par de bons Motifs, & d'un Consentement unanime, tel que celui dont il s'agit maintenant ici.

Voila pourquoi il ne faut pas seulement avoir égard à l'Equité des Loix, considerées en elles-mêmes, dans leur propre Substance, mais aussi prendre garde si elles sont convenables au Tems, & aux Personnes pour qui elles ont été faites.

Je me souviens que *Ciceron* blâmoit autrefois *Caton* de ce

H 2 que

Secolo molto corrotto, non dimeno, nelle sue Opinioni & Sententie, fosse cossi dritto & rude come se fosse vissuto nella Republica di Platone.

Bisogna tuttavia considerare che la Legge sia proportionata alle Persone, come il Vestito al Corpo: si come questo Editto in se è bello, ma l'Esperentia ha mostrato che e impossibile.

Si come il Navilio che fece Demetrio *di Corame*, era molto bello a vedere, & molti correvano per guardarlo, ma era inutile & incommodo alla Navigatione.

Molti diranno forsi che havemo messo in Deliberatione piu volte una medema Cosa, per ottenere alla fine quel che noi desideriamo; ma non è gia cossi; ma come gli Infermi cerchiamo tuttavia Modi per rimediare al nostro Male.

Io ho detto questo perche molti mi potriano calumniare come fan-

que ses Sentimens & ses Preceptes étoient aussi rigides & aussi severes, que s'il avoit fait des Loix pour ceux qui vivoient d'une maniere bien morigenée dans la Republique de *Platon*.

Il faut necessairement prendre garde que les Loix soient aussi bien proportionnées aux Besoins de ceux pour qui elles sont faites, que les Habits le sont ordinairement à la Taille particuliere de ceux qui les doivent porter, c'est ce Defaut de Proportion qui a rendu ce bel *Edit*, dont nous venons de parler, inutile, comme l'Experience l'a fait voir.

Il nous est arrivé la même chose en cela qu'à *Demetrius*, lorsqu'il voulut se servir d'un Vaisseu de Cuir qu'il avoit construit avec tant d'Artifice. que beaucoup de monde couroit pour l'aller voir, mais qui ne fût point trouvé commode pour la Navigation à laquelle il étoit destiné.

On dira peut-être que nous avons déja mis plusieurs fois la même chose en Deliberation, pour obtenir enfin tout ce que nous desirons; mais cela n'est pas maintenant nôtre But, car nous cherchons seulement, comme des Infirmes, quelques Remedes pour nous delivrer de nos plus grands Maux.

Je ne me suis arrêté là-dessus que pour fermer la bouche à plu-

DE LA RELIGION REFORME'E EN FRANCE.

fanno; ma io diro loro come disse un buon Vescovo, del Nome del quale non mi ricordo, che haveva la Barba bianca come io ho, a certi che dicevano male di lui, toccandosi la Barba disse, cum hæc Nix liquefacta fuerit, habebitis Lutum.

Cossi come haveranno cambiato me in un altro, potra essere che habbiano un peggiore per il loro Fatti. Non pensate punto che sia difficile il Rimedio, anzi io ho usato de dire che noi non fummo mai in meglior Stato.

Noi havemo, per Gratia di Dio, Pace con li Vicini, & havemo sua Divina Majesta presso di noi, perche all'hora si approssima à colui quando li afflige, & travagliandoci, mostra che ha desiderio di nostra Salute.

Quanta Gente credete voi che do-

plusieurs Medisans qui pourroient me calomnier à l'avenir, comme ils font aujourdhui; mais je leur dirai la même chose que l'on raporte d'un certain Evêque, lequel aiant la Barbe toute blanche, comme moi, porta la main dessus pour la relever, en disant à ceux qui parloient mal de lui, *quand cette Neige que vous voiés sera fondüe, vous aurés de la Boüe.*

Il en arrivera de même à ceux qui souhaitent d'avoir un autre *Chancelier* que moi: ils me changeront peut-être pour quelque Personnage qui ne conduira pas leurs Affaires avec tant de Succès qu'elles en ont eu jusqu'à present. Car on ne doit pas s'imaginer que les Expediens que je propose soient trop difficiles, puis qu'il est certain, comme je le soutiens ouvertement, que nous n'avons jamais été dans une meilleure Situation, depuis nos troubles, que celle où nous sommes presentement.

Nous avons, par la Grace de Dieu, la Paix avec nos Voisins, & *sa Divine Majesté* qui n'est pas loin de nous, par ce qu'il s'aproche ordinairement de ceux qu'il afflige, c'est pourquoi les Peines qu'il nous fait sentir aujourdhui, sont des Marques très-évidentes du Desir qu'il a de nous sauver.

Combien croiez-vous qu'il y ait

doppo questi Travagli, si siano emendati della lor mala Vita?

Jo ne conosco molti: & ci sono di Gente di Chiesa che havendo sentiti questi Lamenti, della Vita loro, hanno lasciate le Concubine: si come e scritto, dedit eos Deus in Derisionem Gentium, ut convertantur & salvi fiant.

Per il che il Ré vuole che gli diciate la vostra Opinione, si Lui permettera l'Assemblée, o no.

Sua Majesta *non vuole punto che voi intriate in Disputa, qual* Religione è la migliore, gia che qui non tratiamo de constituenda Religione, sed de constituenda Republica.

Puo ben essere che ci siano Cives qui non sint Christiani, ma puo ben l'Huomo viver in Riposo con quelli che sono di diversa Opinione, come noi vedemo

ait de Monde qui s'est corrigé, & de Personnes qui ont abandonné leur mauvaise Vie, depuis que ces funestes Divisions nous tourmentent?

J'en connois plusieurs, entre lesquels il y a des *Ecclesiastiques* qui ont congedié leurs *Concubines*, depuis qu'ils ont entendu qu'on se plaignoit ouvertement de leur Vie dereglée, & lors qu'ils ont vû que cette mauvaise Conduite leur attiroit le Mepris de tous les Peuples, en quoi nous trouvons l'accomplissement de ce Passage de l'Ecriture Sainte qui dit que *Dieu les a fait devenir le Jouet des Nations, pour leur donner Occasion de se convertir, afin qu'ils soient sauvés.*

C'est par la Consideration de toutes ces choses ensemble, que *le Roi* veut que vous lui declariés si vous étes dans le Sentiment qu'il doive permettre les *Assemblées* de ces *Nouveaux Predicateurs.*

Sa Majesté ne pretend point que vous entriez en Dispute, pour examiner quelle est la meilleure *Religion*, car il ne s'agit pas maintenant ici de son Etablissement, mais de celui des Affaires Civiles de ce Roiaume.

Il peut bien y avoir quelques Citoiens qui ne sont pas Chrétiens, mais cela n'empêche pas les hommes de vivre en Paix avec ceux qui ont des Opinions dif-

DE LA RELIGION REFORME'E EN FRANCE. 63

mo in una *Famiglia*, dove quelli che sono Cattolici non lasciano di viver in Pace, & d'amare coloro che sono della Religione Novella, come si dice che Vitia Uxoris aut sunt tollenda, aut toleranda.

Se ci è qualche Cosa di particolare che concerni le Provincie, dove voi state, voi la pottete far intendere al Ré, & dire tutti l'altri Modi che voi credete esser commodi per quietar le Seditioni.

Ma io vi prego di considerare che il Ré ha molto che fare, & per tanto di non parlare fuor di Proposito, ma cercare di dir piu tosto bene, che longamente & con Ornamenti.

differentes, comme nous le voions dans plusieurs Familles où il y a des *Catholiques* qui demeurent en Repos avec ceux de la *Nouvelle Religion*, & qui les aiment; car on dit ordinairement avec beaucoup de Raison, que celui qui est Marié doit suporter les Defauts de sa Femme, quand il ne peut pas les corriger.

S'il y a quelques Difficultés particulieres qui concernent les Provinces dans lesquelles vous faites vôtre Residence ordinaire, il vous est permis de les exposer au *Roi*, & de lui declarer tous les Moiens qui vous paroitront les plus convenables pour appaiser les *Seditions*.

Mais je vous prie de considerer qu'il y a maintenant beaucoup d'Affaires qui occupent *Sa Majesté*, & que par consequent vous ne devés rien dire qui ne soit bien à Propos, ni vous étudier à faire de longs Discours, mais plûtôt à les faire bons, sans y mêler les Ornemens d'une vaine Eloquence.

HUI-

HUITIEME LETTRE

Du Cardinal de S^{te}. Croix, au Cardinal Borromée.

Doppo la Partita di Nichetto, qui ogni giorno si e parlato delle Imagini.
Il Beza fu il primo che disse longamente : poi parlo il Pelletier, uno Della Sorbona, molto dotto & pio : & doppo l'Aines & il Frate d'Araceli, il quale ha satisfatto assai.

Monsignore di Paris ha parlato ancora lui, e mostro che l'Opinione sua saria che si levassero l'Imagini ; ma che giudica che sia bene passar per mezo del Concilio.

Il Vescovo di Valenza parlo hieri : dicono che seguitasse molto l'Opinione di Beza, & che parlasse molto ineptamente.

V'intervenne continuamente la Regina, & Monsignore Illustrissimo Legato, & molti Vescovi, & tutto il Consilio di Sua Majesta. Io come non vi son mai capitato, cossi non posso saperne piu Particolari.

In-

Depuis le Depart du Courrier *Niquet*, les Conferences journalieres ont toûjours roulé sur la Matiere des *Images*. *Beze* fut le premier qui en parla fort au long, après lui un Docteur de *Sorbonne* très Docte & Pieux, nommé le *Pelletier*, en suite duquel *l'Aines* & le Religieux *d'Araceli* opinerent aussi de telle sorte qu'on ne fut pas mal satisfait de ce dernier.

Monsieur l'Archevêque de *Paris* dit pareillement ce qu'il pensoit, & fit connoître qu'il étoit d'Avis qu'on ôtât les *Images* ; mais qu'il ne trouvoit pas mauvais qu'on eut Recours au *Concile* pour cela.

L'Evêque de *Valence* fit hier un Discours sur la même Matiere, & on dit que son Sentiment avoit beaucoup de Conformité avec celui de *Beze*, & qu'il parla d'une Maniere fort eteroclite.

La *Reine* s'y trouve continuellement avec tous ses Conseillers d'Etat, & Monsieur l'Eminentissime *Legat* avec plusieurs Evêques ; mais je ne puis pas savoir toutes les Particularités de ces Conferences, parce que je ne m'y suis jamais trouvé.

On

DE LA RELIGION REFORME'E EN FRANCE.

Intendo che il Ré *di* Navarra *dice publicamente che non bisognava piu tanti* Colloqui, *che si vada al* Concilio : *& che in quel Loco si determini tutto.*

On m'a néanmoins fait savoir que le *Roi de Navarre* a dit publiquement qu'il ne faloit plus assembler tant de *Coloques*, pour deliberer sur les Matieres de *Controverse*, & qu'on devoit aller au *Concile de Trente*, où elles seront toutes determinées.

Sua Majesta *si mostra hora molto voltato a favorir le Cose della* Religione, *& ha fatto intendere a tutti i suoi che vivano Cattolicamente.*

Sa Majesté paroit maintenant fort bien disposée pour favoriser les Intérêts de la *Religion*, & elle a fait declarer à tous ses Sujets qu'ils doivent vivre comme les *Catholiques*.

Ha mutati i Gouvernatori *al Figliolo che erano* Ugonotti, *& datogli* Cattolici, *tra gli quali vi e il Signore Vincentio* Lauro. (*questo aspetta il* Cardinalato.) *La* Regina *andara stare a Casa sua, & per hora fin che sta di quà, non si* predica *in* Palazzo, *ne nella Camera sua, ne altrove.*

Elle a changé les *Gouverneurs* de son Fils, qui étoient *Huguenots*, & lui en a donné qui professent la *Religion Romaine*, entre lesquels est le Seigneur *Vincent Laure*, qui aspire au *Cardinalat.* La *Reine* ira demeurer dans son Hôtel, & maintenant qu'elle est ici on ne *prêche* point dans son Palais, ni dans sa Chambre, ni dans aucun autre Lieu.

La Majesta *della* Regina Christianissima *ha fatto intendere a tutte le* Damigelle *di Corte, che vivano come fa lei, altramente che le mandara via, con Infamia & con Pena, & heri si comunico & fu alla Processione solita, accompagnata da tutta la Corte.*

Sa Majesté la *Reine* très-*Chrétienne*, a fait ordonner aux Demoiselles de sa Cour qu'elles vivent toutes dans la même *Religion* qu'elle professe, à defaut dequoi elles seront chassées & punies d'une Maniere honteuse. *Sa Majesté* reçût hier la Communion, & assista à la Procession ordinaire, où elle fut accompagnée de toute la Cour.

Il Parlamento *di* Parigi *non ha voluto accetar* l'Edito, *ne pu-*

Le *Parlement* de *Paris* n'a pas voulu recevoir *l'Edit*, ni en faire

publicarlo fin hora, & si crede che non lo fara in modo alcuno, & molti di loro si lasciano intendere chiaramente che Sua Majesta *gli potra levar la Vita, ma non gia farli consentire a simile Cosa.*

Con questo Aviso son stato hoggi da Sua Majesta, *& pregatola che vogiia comandar che questo* Edito *si racconci dove bisogna, toccando questa Parte nel modo che ho scritto altre volte.*

La Majesta Sua mostro che non fosse possibile di ritoccarlo, per esser passato con il Consenso di quella Compagnia, *che hora non si trovava piu qui, tuttavia che ne parlaria con il* Cancelliere, *& poi mi faria sapere quel che si potesse fare.*

Che al mio Giudicio vuol dire che non se ne fara altro, si come dissi alla Majesta Sua, *la quale si duole grandamente di non posser piu inanzi, & che la Piaga sia di sorte che non si possa curar d'altra maniera.*

faire la Publication jusqu'à present, & on ne croit pas qu'il y consente en aucune Maniere, d'autant que plusieurs de cet illustre Senat, font ouvertement connoître que *Sa Majesté* pourra bien les priver de la Vie, mais non pas les faire consentir à une pareille Chose.

Sur cet Avis je suis allé voir aujourdhui *Sa Majesté*, pour la suplier de vouloir ordonner que cet *Edit* soit corrigé, dans tous les Articles où il est necessaire de le Reformer, & je les ai insinués de la Maniere que je m'en suis expliqué autrefois par mes Lettres.

Sa Majesté me fit voir qu'il étoit impossible de les retoucher, d'autant qu'ils avoient été reglés par le Consentement unanime de cette *Assemblée Generale* des Parlemens & des Etats, qui ne se trouvent plus maintenant ici; mais qu'elle en parleroit néanmoins au *Chancelier*, & me feroit savoir, après cela, tout ce qui lui paroitroit facile à executer.

C'est-à-dire qu'on n'y touchera point, selon ce que j'en puis prevoir, comme je l'ai dit à *Sa Majesté*, laquelle a bien du Regret de se voir obligée d'en demeurer là, parce que la Plaic dont il s'agit ne peut être guerie par aucun autre Remede plus efficace.

DE LA RELIGION REFORME'E EN FRANCE. 67.

Come che il levar Costoro *del tutto, & cossi in un tratto lo trovi impossibile, ma va sperando di potter fare di bene in meglio ogni giorno.*

Et mi ha detto che vuol mandare a starsi à Casa sua l'Ammiraglio, *cercando pero di mandarvelo contento, per levarlo di Corte, & per dar questo Segno di piu che alla* Majesta Sua *non piace che si viva come fa lui.*

Alli Prelati *per che vadino al* Concilio *mi dice haver tornato à scrivere, & pensa che molti sianno in Viaggio. Parimente sollecita grandemente il Signore di* Candale *Ambasciadore, destinato per andarvi al Nome suo.*

Dice ben Sua Majesta *che il* Concilio *fosse Securo per questi della* Nuova Religione, *se vi voranno andare per dir le Raggioni loro.*

Et con questo, & tutto il resto del Raggionamento, monstra una buonissima Volonta, & Desiderio grande, che si ponga fine a tute diversita di Opinioni. Stamo à vedere quel che seguira.

Car elle trouve qu'il est impossible de chasser entierement, & tout d'un Coup, les *Predicateurs*, mais elle vit dans l'Esperance de pouvoir faire tous les jours quelques meilleurs Progrès.

Et *Sa Majesté* m'a declaré qu'elle veut envoier Monsieur *l'Amiral* chés lui, pour l'éloigner de la Cour, en faisant connoître qu'il ne lui a point donné d'autre Mecontentement, que celui de favoriser une *Religion* qu'elle ne sauroit avoir pour agreable.

Elle m'a pareillement dit qu'elle a écrit derechef aux Prelats de son Roiaume, pour les faire aller au *Concile de Trente*, qu'elle croit que plusieurs sont déja en Chemin, & qu'elle sollicite aussi fortement le Sieur du *Candal*, qu'elle a nomé pour y aller de sa Part, en Qualité d'Ambassadeur.

Sa Majesté m'a fait entendre que ceux de la *Nouvelle Religion* doivent avoir la Liberté d'aller au *Concile* en toute Sûreté, pour y deduire leurs Raisons, si bon leur semble.

Tout le reste du Discours de *Sa Majesté*, & ce que je viens d'en raporter, donne assés à connoître qu'elle est fort bien intentionnée, & qu'elle a un grand Desir qu'on mette Fin à toute cette Diversité d'Opinions.

Il I 2 Nous

Il Principe *di* Condé *che doveva andare in* Guiena *non e poi andato, essendosi racquietato il Tumulto. Hora questo Prencipe sta mal di Febre, & i Medici ne fanno cattivo giudicio.*

Il Vescovo *di* Troia *è diventato* Ministro*, & ha havuto molta Difficolta per esser accettato da Loro, cossi bene audit. Se ne sta in* Parigi *per quanto intendo assai miseramente, & ben pentito della Pazzia che ha fatto.*

Non mi occorre scrivere altro per adesso delle Cose di quà, & per tanto finiro la presente, doppo essermi humilissimamente ricommandato alle buone Gratie di Voi Signoria Illustrissima.

Di Poissi alli 5. di Febraro.
1562.

PROSPERO DI Sta. CROCE.

Nous attendons de voir ce qu'on fera, & qu'elles en seront les Suites.

Le Prince de *Condé* n'est point allé dans la *Guienne*, comme il en avoit formé le Dessein, par ce que le Tumulte qu'il devoit y aller apaiser a cessé, & ce Prince est maintenant attaqué d'une Fievre que les Medecins jugent être très-dangereuse.

L'Evêque de *Troyes* est enfin devenu *Ministre*, après avoir rencontré beaucoup de Difficultés quand il a voulu se faire aggreger parmi ces *Nouveaux Predicateurs*, qui le meprisent, & l'abandonnent de telle sorte, que se trouvant reduit à vivre fort miserablement, dans la Ville de *Paris*, selon le Raport qu'on m'en a fait, il a un très-cuisant Repentir de ses foles Demarches.

Je n'ai pas maintenant d'autres Particularités à vous écrire touchant les Affaires de ce Païs : c'est pourquoi je finirai la presente en supliant très-humblement Vôtre Eminence, de souffrir que je me recommande toûjours à ses bonnes Amitiés.

De Poissi le 5. de Fevrier
1562.

PROSPER DE Ste. CROIX.

DE LA RELIGION REFORMÉE EN FRANCE

NEUVIÈME LETTRE

Du Cardinal de S.te Croix, au Cardinal Borromée.

Con tutto che l'Editto fosse emendato, o declarato, nel Modo che Voi Signoria Illustrissima havera veduto per le Lettere del Signore Legato, del 15. il Parlamento di Parigi non l'ha voluto, ne accettare, ne publicare, di sorte che hoggi vi è andata la Maiestà della Regina, & il Ré di Navarra.

Et si bene si è detto che sia per occasione di Spasso, si crede al fermo che sia per far accettar questo Editto nel Modo che sta: cioè con quella Declaratione che non saranno interdette le Prediche in certi Luogi.

Non sò quel che seguira, ma fin qui si è veduta una gran Virtu in quel Parlamento, & in quella Citta tutta, nonobstante che sia stata combattuta tanto tempo, da tanti Predicatori, & domestici, & esterni.

Quoi que l'*Edit* de *Pacification* ait été corrigé & éclairci, de la Maniere que Vôtre Eminence en a pû être informée par les Lettres de Monsieur le *Legat* du 15. de ce Mois, le *Parlement* de *Paris* ne l'a point voulu accepter, ni publier, c'est pourquoi la *Reine* & le *Roi* de *Navarre* sont allés aujourd'hui dans cette Ville là.

Et nonobstant que le Bruit commun soit, que *Leurs Majestés* ne font ce Voiage que pour avoir Occasion de se promener, les plus éclairés tiennent pour une Chose très-assûrée, que ces Demarches se font dans le Dessein de faire recevoir cet *Edit* de la Maniere qu'il est maintenant *Reformé*, à savoir avec cette *Declaration* que les *Predications* ne seront point interdites en de certains Lieux.

Je ne sai pas quelle sera l'Issue de ce *Projet* de *Tolerance*; mais il est certain que la Ville de *Paris* & son *Parlement*, ont fait paroître jusqu'ici beaucoup de Vigueur pour le Maintien de leur *Religion*, parmi toutes les Disputes d'un *Grand Nombre de Predicateurs* Regnicoles & E-

Et ben che hoggidi vi siano delli Ugonotti, *credo però che non ve ne sono doi o tre per Cento, & nel Corpo della Citta si vede ancor maggior Devotione che prima.*

Nel principio di questa Quadragesima *hanno prohibito il vendere della Carne, sotto Pena della Vitta.*

L'altro giorno che fu preso un che si chiamava il Naso d'Argento, *ch'è Officiale del* Ré, *& fu quello che in San* Medard *prese il Santissimo Sacramento & lo butto per Terra, non pottevano contener il Popolo, che non lo lapidasse, quando era condotto alla Prigione.*

Hanno di-gia fatta un Canzone che tutto Parigi *canta, che vuol dire, il* Naso d'Argento *sia brusato, che ha fatta la crudel Villania.*

Et penso che cossi sara, se bene di quelli quattro che la Majesta della Regina *mi mando à dire che si giustitiariano, ancora non*

trangers qui l'ont combatuë depuis long-tems.

Et bien qu'il y aît aujourdhui plusieurs *Huguenots*, je ne crois pas néanmoins qu'il s'en trouve plus de trois ou quatre parmi chaque Centaine de *Catoliques*, lesquels paroissent avoir beaucoup plus de Devotion qu'il y en avoit autrefois dans le Corps de cette Ville.

On y a defendu de vendre de la Chair, pendant ce Carême, sous Peine de la Vie.

Ces jours passés un certain Officier du *Roi*, qui s'apelle *le Nez d'Argent*, fût arrêté, & dans le Tems qu'on le conduisoit en Prison, on eût bien de la Peine d'empêcher qu'il ne fût lapidé par le Peuple, qui se souvenoit que ce Personnage étoit celui là même, qui l'année derniere jetta par Terre le Pain sacré de l'Eucharistie, dans l'Eglise de Saint *Medard*.

On a déja fait une Chanson, que l'on entend chanter dans tous les Carrefours de *Paris*, au sujet de cet Homme là, dans laquelle on a mis que *le Nez d'Argent* doit être brulé, par ce qu'il est coupable d'une cruelle Infamie.

C'est à mon Avis le Suplice par lequel il doit être puni, quoique l'on n'ait point encore fait subir de Peine à ces quatre Per-

DE LA RELIGION REFORME'E EN FRANCE.

nou è stato fatto altro: ma stanno tuttavia in *Prigione*, & il *Processo* loro si rivede.

L'Ammiraglio & Andelot *suo Fratello partirono di Corte*, & il Cardinale Schiastiglione *partira fra duoi giorni, o tre, che è stata una delle miglior Provisioni che si potesse fare hora*, perche tutti tre stavano di continuo all'Orecchie della Regina: & *quod peius est, à quelle del* Ré.

Al Vescovato di Troia *si è detto che si nominava prima il* Vescovo *di* Maçon, *poi Monsr. di* Paus, *adesso dicono di un Cognato di Monsr. di* Cars, *che fu in* Roma: *il quale per Rispetto di detto Monsr. di* Cars, *merita molto*.

Ma io intendo che da l'Equivalenza al Vescovo olim *di* Troia, *dico olim, presupponendo che si passera con i debiti Mezzi alla Privatione, ò alla Resignatione*.

L'Am-

Personnes que la *Reine* m'avoit envoié dire qu'on devoit punir; mais on les detient néanmoins encore en Prison, & la Revision de leur Procès se fait actuellement.

L'*Amiral* & *Andelot* son Frere se sont retirés de la Cour, & le *Cardinal* de *Chastillon* s'en ira aussi dans deux ou trois jours, & cette Retraite produira les meilleurs Effets qu'on puisse esperer maintenant; parce que ces trois Courtisans qui parloient sans cesse à la *Reine*, & qui donnoient même continuellement de mauvaises Impressions au Roi, ne seront plus à Portée de le faire.

On a fait courir le Bruit que l'*Evêque* de *Maçon* alloit remplir la Place de celui de *Troyes*, & quelques uns ont dit ensuite que ce seroit Monsieur de *Pau*; mais on publie maintenant que le Cousin de Monsieur de *Cars*, qui a été à Rome, doit être pourvû de cette Dignité, parce que son Merite reçoit un grand Relief de l'Estime qu'on fait de Monsieur *Cars*.

Je viens néanmoins d'aprendre que celui qui étoit *Evêque* de *Troyes*, n'est pas exclus de son Benefice. Je dis celui qui étoit *Evêque*, parce que je suppose qu'il ne le sera plus lors qu'on l'aura degradé par les Voies legitimes, ou bien quand il aura fait une Resignation de son Evêché. L'*Am*-

Et coſſi mi dice che ſta concertato, tra il Ré Cattolico, *il Signore Duca d'*Alva, *& il Signore di* San Rus, *che ſono quelli ſoli che ſanno il Riſtretto di queſto Negotio.*

Io ho molto pregatolo che voglia rimoſtrar à Sua Majeſta Cattolica*, che ſaria di gran Servitio del Signore* Dio, *per l'Eſſempio che ſi daria, che inter alia, ſi concertaſſe che* Sua Santita *chiamaſſe à* Roma *il* Cardinale *di* Schiaſtiglione, Valenza*, & qualche altro.*

Et che Sua Maieſta Cattolica *obligaſſe il* Ré di Navarra *à far che* Coſtoro *obediſſero, altramente foſſero privati, & foſſe poi data Eſſecutione alla Sententia.*

Dicendo che quando poi foſſero andati à Roma, *& domandato humiliter Perdono, ſempre* Sua Maieſta Cattolica, *& il* Ré di Navarra *ſi potriano promettere che intercedendo per loro, troveriano in* Sua Santita *ogni Miſericordia, & Clementia.*

Et

avant que la Choſe ſoit entierement faite.

D'autant que c'eſt ainſi quelle a été concertée entre le *Roi d'Eſpagne*, le *Duc d'Albe*, & Monſr. de *Saint Rus*, qui ſont les ſeuls à qui on a confié tout le *Secret* de cette Negociation.

Je l'ai prié très-inſtamment de vouloir remontrer à *Sa Majeſté Catolique*, qu'il ſeroit très-utile pour la Gloire de *Dieu*, de faire une Demarche qui ſerviroit d'Exemple à beaucoup de Gens, ſi, entre pluſieurs autres Choſes, on travailloit de Concert pour diſpoſer tout ce qui ſeroit neceſſaire, afin que le *Pape* donnât Ordre au *Cardinal* de *Chaſtillon*, à *Valence* & à quelques autres, d'aller à *Rome*.

Et que *Sa Majeſté Catolique* obligeât le *Roi* de *Navarre* de faire en ſorte qu'ils obeïſſent à ce Commendement, ſous Peine d'être Degradés, & que la Sentence qu'on prononceroit contr'eux fut executée.

Il me dit que lorsque ces Perſonnes ſeroient à *Rome*, & quand ils y auroient demandé très-humblement Pardon, le *Roi d'Eſpagne*, & celui de *Navarre*, pourroient toûjours être aſſûrés de trouver *Sa Sainteté* diſpoſée à traiter favorablement ces Prelats, ſi *Leurs Majeſtés* demandoient qu'on leur fit Grace.

Et

DE LA RELIGION REFORME'E EN FRANCE. 75

Et seguiria con la Conversione di Costoro una grandissima Paura à tutti gli altri, & un Essempio per il tempo di avenire, & obligo verso il Ré Cattolico, *& quiel di* Navarra; *tale che* Saltem hoc Nomine continentur in Officio : *ma che bisognava che questo Negotio fosse trattato secretissimamente, per che havesse il suo Effetto pienamente.*

Lei intese molto bene tutto, & l'ha giudicato un ottimo & necessario Officio, & promette di farlo; & darmene Risposta, alla Tornata che sarà molto presto.

Et quanto alla Secretezza *gli par che sia tanto necessaria, per che il Negotio habbia l'Authorita sua, che non ha voluto che io scriva al* Nuncio *che ci faccia Officio; havendomi replicato che tutta questa* Pratica *tra il* Ré Cattolico, *& il* Ré di Navarra *va cossi* Secretamente, *che non sa se la* Regina Christianissima *sa tutto l'intiero.*

Il Signore Pero *e cappitato in* Pa-

Et que tout cela serviroit non seulement à leur Conversion, mais aussi à donner de la Terreur à beaucoup d'autres, & un bon Exemple à toute la Postérité, de telle sorte que par cela même le *Roi d'Espagne* & celui de *Navarre* seroient retenus dans leur Devoir : mais qu'il étoit absolument necessaire de menager cette Affaire très-secretement, pour la faire réüssir avec tous les bons Succès qu'elle peut avoir.

Il a fort bien compris tout cela, & jugeant que cette Entreprise est non seulement bonne, mais aussi très necessaire, il ma promis d'y travailler, & de me donner Avis de tout ce qu'il aura fait pour cela, quand il sera de Retour ici, où il doit se trouver bien-tôt.

Et pour ce qui est du *Secret* que je lui ai recommandé, il a trouvé qu'il est si necessaire de le bien garder, pour venir à bout de ce *Projet,* qu'il n'a pas voulu que j'écrivisse au *Nonce* d'y employer ses Sollicitations ; m'aiant assûré que tout ce qui concerne cette Négociation, entre *Sa Majesté Catolique* & le *Roi* de *Navarre,* se fait d'une Maniere si *Secrete* que la *Reine Très-Chrétienne,* suivant les Apparences, ne sait pas elle-même toutes les Intrigues de ceux qui travaillent pour cela.

Monsieur *Pero* est arrivé à *Paris*

Parigi, *con Animo di venir se ne alla* Corte, *poi ha mutata Opinione, & è ritornato à* Montargis, *dove sta la Signora Duchessa di* Ferrara, *che si crede che li dia Ricetto.*

La venuta alla Corte *di Monsr. di* Guisa *si ha per certa, & vogliono anco che ci vengha Monsignore Illustrissimo di* Lorena, *& Monsignore il* Cardinale *di* Guisa.

Con questi, in Consequentia necessaria, vi sara Monsr. il Conestabile, *per che tra loro è una stretissima Intelligenza.*

Non credo che Monsr. di Guisa *si fidaria di starci senza Sua Eccelentia.*

Vi sara per l'ordinario Monsr. Illustrissimo di Tornone, *& il* Mareschiallo *di* S. Andrea, *di sorte che il Consilio sara pieno di Persone cossi honorate, & buone, che se ne ha da sperar ogni* Santa *&* Cattolica Risolutione.

Cossi piaccia al Signore Dio che sia, & à Voi Signoria Illustrissima doni ogni Contento.

Di Poissi alli 22. di Febraro. 1562.

ris, dans le Dessein de venir à la Cour, mais aiant depuis changé de Sentiment, il est retourné à *Montargis*, où se trouve maintenant la *Duchesse de Ferrare*, chés laquelle il pourra se refugier, à ce que l'on croit.

On tient pour assûré que Monsr. le *Duc* de *Guise* viendra à la *Cour*, & on croit aussi que Son *Eminence* Monsr. de *Lorraine* & Monsr. le *Cardinal* de *Guise* s'y trouveront en même Tems.

Et que par consequent Monsieur le *Conétable* les y viendra joindre, par ce qu'il y a une fort étroite Liaison entr'eux.

Je ne crois pas aussi que Monsieur de *Guise* voulut hazarder d'y venir faire quelque Sejour, sans être accompagné de Son Excellence.

Monsieur le *Cardinal* de *Tournon* y residera continuellement, avec le *Maréchal* de *Saint André*, desorte que le Conseil étant rempli de ces venerables Ministres d'Etat, qui sont fort bien intentionnés, on a Lieu d'esperer que toutes leurs Resolutions seront favorables à la *Pieté* & à la *Religion Catolique*.

Dieu vüeille que cela soit ainsi. Je le prie qu'il donne toute sorte de Contentement à Vôtre Eminence.

De Poissi le 22. de Fevrier. 1562.

La Regina *torno hieri sera da* Parigi, *& la Fama è che il* Parlamento *non habbia voluto accetar* l'Edito, *& ci habbia risposto che essendo in Pregiudicio della Religione loro, non pottevano, ne volevano metterci la Mano: che la* Maiestà Sua *come Patrona potteva fare quel che gli piaceva.*

La Reine fût hier ici, revenant de Paris, & le Bruit commun est que le Parlement n'a point voulu recevoir l'Edit de Pacification, & que les Conseillers ont repondu, qu'étant préjudiciable à leur Religion, à Cause de la Tolerance des Nouveaux Predicateurs, ils ne vouloient pas donner leurs Signatures pour cela: mais que Sa Majesté pouvoit faire ce qui lui plaisoit, en Vertu de son Autorité Souveraine.

Di Poissi alli 23. di Febraro. 1562.

De Poissi le 23. de Fevrier. 1562.

PROSPERO DI Sta. CROCE.   PROSPER DE Ste. CROIX.

DIXIEME LETTRE

Du Cardinal de Ste. Croix, *au Cardinal* Borromée.

LE ultime mie furono del 22. & 23. del presente, & perche penso saranno capitate bene, non replicaro altro, se non che il Parlamento di Parigi *non vuol accetar* l'Edito, *ne publicarlo.*

LEs dernieres Lettres que j'ai adressées à Vôtre Eminence étoient du 22. & 23. de ce Mois, & par ce que je présume qu'elles lui ont été rendues, je ne repeterai pas ce que j'ai déja écrit, si ce n'est que le Parlement de Paris ne veut point recevoir l'Edit concernant la Religion, ni le publier.

Quella Citta va conservandosi il piu che puo; ma gli Ugonotti *non cessano di predicare in duoi*

Cette Ville là se conserve du mieux qu'elle peut; mais les Huguenots ne cessent point d'y pré-

Luoghi, & per il più due Volte il Giorno.

L'Essecutione che si doveva fare di quelli Malfattori, delli quali io ho scritto molte volte, si differisce ancora.

Intendo che in Provenza sono seguiti alcuni Inconvenienti, che Voi Signoria Illustrissima havera intesi più presto & più particolarmente, per la Via di Avignone. Io di qua non ho pottuto saperne l'Intiero.

Monsignore Illustrissimo di Borbone, ancora che da Principio restasse un poco mal contento, pur ha poi presa in bene la Risolutione fatta da Sua Santita, intorno alla Legatione d'Avignone.

Il Ré di Navarra ha detto che spera che l'Attioni sue saranno di forte, che Sua Santita non solo non diffidara più di loro, ma ne restara molto contenta.

Quel Portughese che doveva partir per Spagna, per Servitio del Ré di Navarra, non è partito ancora, ma sta di hora in hora per montar a Cavallo sur le Poste, & spera al Ritorno portar la Conclusione del Negotio.

Mi

prêcher en deux Lieux differens, où ils s'assemblent la plûpart du Tems deux Fois chaque Jour.

L'Execution qu'on devoit faire de ces Criminels, dont j'ai déja fait Mention plusieurs fois, ci-devant, est encore differée.

Je viens d'aprendre qu'il est arrivé quelques Troubles en *Provence*; dont je crois que vous aurés d'abord reçû Avis, & apris toutes les Particularités par les Lettres *d'Avignon*. Pour moi je n'ai pas eu le Moien de pouvoir en être bien informé dans ce Païs.

Monsieur le *Cardinal* de *Tournon* aiant apris la Resolution du *Pape*, touchant la Legation *d'Avignon*, en fût d'abord mecontent, mais aiant ensuite reflechi là-dessus, il n'en a plus temoigné du Deplaisir.

Le *Roi* de *Navarre* dit qu'il se comportera d'une telle Maniere, que bien loin que *Sa Sainteté* puisse trouver ses Actions suspectes, elles lui donneront au contraire beaucoup de satisfaction.

Ce *Portugais* qui devoit aller en *Espagne*, pour les Affaires du *Roi* de *Navarre*, n'est pas encore parti, mais il attend d'heure en heure de prendre la Poste, & il espere d'aporter, à son Retour, la Conclusion de tout ce qui concerne les Pretentions de ce Monarque.

Il

Mi ha poi tornato a raffermare che di tutto la Majestà Cattolica darà parte a Sua Santita, & a Tempo, che non si farà la total Conclusione senza sua Beatitudine.

Qual si habbia da essere questa Ricompensa, non si sà: ma qualche d'uno discorre che possa esser la Franca Contea, che contermina con la Borgogna, con qualche Ampliatione.

Altri pensano che sarà la Sardegna, non cavando la Maiestà Cattolica da quell'Isola molto Frutto, & essendo desiderata dal Ré di Navarra grandemente.

In Palazzo non predicano piu Ugonotti, ma alla Regina Christianissima predica il Bottiglier, il quale è riputato poco Sincero.

L'Ambasciadore di Spagna ha fatto Officio per Parte del Ré di Spagna, perche Sua Maiestà lo mandi via, ma non la possuto ottener, & parmi che la Majestà Sua stia sù il Pontiglio di non voler parer di esser governata.

Heri vennero da Parigi à lamentarsi à Sua Majestà, cossì gli Ugonotti, come gli Cattolici di quella Città.

Il m'a protesté derechef que le *Pape* sera informé de tout par le *Roi d'Espagne*, quand il en sera Tems, & que *Sa Majesté Catolique* ne terminera point entierement cette Affaire, sans la Participation de *Sa Sainteté*.

On ne sait point quelle doit être cette Recompense dont il s'agit. Quelques uns disent que ce sera la *Franche Conté* qui confine la *Bourgogne*, & qu'on y ajoutera quelque Chose de plus.

Il y en a d'autres qui s'imaginent que ce sera la *Sardaigne*, par ce qu'elle ne rend pas beaucoup au *Roi d'Espagne*, & que celui de *Navarre* en a un fort grand Desir.

Les *Hueguenots* ne prêchent plus dans le Palais, mais le *Bottilier*, qui n'a pas la Reputation d'être sincere, prêche devant la *Reine très-Chrétienne*.

L'Ambassadeur *d'Espagne* lui a demandé, de la Part de *Sa Majesté* Catolique, la Permission de se retirer; mais il n'a pas pû l'obtenir, & il me semble que la *Reine* s'attache à des Vetilles, pour faire voir qu'elle se conduit elle-même, sans les Conseils d'autrui.

Les *Huguenots* & les *Catoliques*, de la Ville de *Paris*, sont venus hier porter des Plaintes à *Sa Majesté*, les uns contre les autres.

Gli Ugonotti *con rimontrar che loro sono ingiuriati di continuo di Parole, & tenuti quasi per Giudei, & per tanto pregavano* Sua Majestà *che gli concedesse l'Armi.*

I Cattolici *dicevano che come* Costoro *non hanno Zelo di Religione, ma solamente per Fine l'Utile proprio, cossì & hora non si possono contenere senza far Danno à molti, & che domandano l'Armi per risolversi à dare un Sacco à quella Terra, che lor presuppongono che sia il Scuopo dove mirano, da molti Mesi in quà.*

Et per questo erano venuti à dir alla Majestà Sua, *che etiam senza concederli Arme, il vedersi congregar insieme, in quella Citta, dieci ò duodeci, & chi vuol dir vinti mille Persone di questa Speranza, fa correr molti, non satisfaceva punto, ne volevano star piu cossì à beneficio di Fortuna, & per tanto suplicavano* Sua Majestà *che ci procedesse con quel miglior Modo che li fosse parso.*

La Regina *rispose alli* Ugonotti, *che havevano havuto assai, &*

Les *Huguenots* lui remontrerent qu'ils sont continuellement chargés d'Injures!, & traités comme s'ils étoient des *Juifs*, & que par consequent ils la suplioient de leur permettre d'avoir des Armes.

Les *Catoliques* disoient que ces Gens là n'ont pas le Zele de la Religion, mais seulement des Vûes pour leur Intérêt propre, & que ne pouvant plus se contenir maintenant, sans faire du Tort à beaucoup de Personnes, ils demandoient des Armes pour entreprendre de saccager cette Ville Capitale du Roiaume, selon le Projet que les mêmes Catoliques suposent qu'ils en ont formé, depuis quelques Mois.

C'est pourquoi ils declarerent à *Sa Majesté*, qu'ils étoient venus pour lui temoigner leur Mecontentement de ce que ces Gens là, quoi que desarmés, faisoient pourtant des Assemblées de dix, ou douze mille Personnes, & quelquefois même de vint mille, qui couroient tous vers le même But, animés d'une même Esperance, & que par consequent les *Catoliques* ne voulant plus demeurer exposés au Sort de la Fortune, ils suplioient *Sa Majesté* de faire pour eux ce qui lui paroitroit de meilleur.

La *Reine* dit aux *Huguenots* que ce qu'on leur avoit accordé suf-

DE LA RELIGION REFORME'E EN FRANCE.

& che gli doveva parer d'esser stati molto avventurati che il Ré li tollerassi nel Modo che fa, senza voler ancor l'Armi.

Et à Cattolici che ci pensaria sopra la loro Propositione, & se gli daria Risposta Lunedi che viene.

In tanto non ho voluto lassar di inviar questa al Solito, aggiungendo che questa Settimana, in Parigi, hanno publicato il Giubileo, che Sua Santita mi mando, & si intende che lo pigliano con grandissima Devotione.

Scrissi con le passate che questa Corte andaria à Molins, cossi si rafferma, & dicono ancora che si stendera fino à Lione, & di là voltera per Linguadocha, per abboccarci con il Ré Cattolico, che si pensa non sara prima di Settembre, ò Ottobre.

Parimente avisai Voi Signoria Illustrissima, della venuta alla Corte, di Monsr. di Guisa, la quale si stima che sara quest' altra Settimana, & di gia è venuto qualche huomo di Sua Excellentia ; ma del Illustrissimo Cardinale di Lorena, & di Guisa, non se ne sa altro, ansi cre-

suffisoit, & qu'ils devoient s'estimer fort heureux que le Roi les tolerât de la Maniere qu'il fait, sans vouloir encore porter les Armes.

Sa Majesté dit ensuite aux Catoliques qu'elle feroit des Reflexions sur ce qu'ils venoient de proposer, & qu'elle leur donneroit Reponce Lundi prochain.

Cependant j'ai crû vous devoir écrire ceci selon ma Coûtûme, en vous donnant aussi Avis que cette semaine on a publié dans Paris le Jubilé que Sa Sainteté m'a envoié, & on dit qu'il est reçû avec une très-grande Devotion.

On continuë d'assûrer que cette Cour ira à Moulins, comme je l'ai écrit, dans mes Lettres precedentes, & on ajoute maintenant qu'elle ira jusqu'à Lion, pour passer ensuite dans le Languedoc, au mois de Septembre ou d'Octobre, & non pas devant ce tems-là, afin d'y pouvoir conferer avec le Roi d'Espagne.

J'ai pareillement donné Avis à Vôtre Eminence que Monsieur de Guise doit venir à la Cour, où l'on croit qu'il arrivera la semaine prochaine, d'autant qu'on y voit déja quelques uns des Domestiques de son Excellence ; mais on ne fait pas si Monsr. l'Eminentissime *Cardinal*

crede che non veniranno coſſi preſto.

Il Cardinale *di* Schiaſtiglione *è ancora in* Corte.

Non mi occorre altro per ſcriver adeſſo, & per tanto finiro la preſente.

Di Poiſſi alli 28. di Febraro. 1562.

PROSPERO DI S.ta **CROCE**

de *Lorraine*, & celui de *Guiſe*, s'y trouveront, car on croit même qu'ils ne viendront pas ſi-tôt.

Le *Cardinal* de *Chaſtillon* n'eſt pas encore ſorti de cette *Cour*.

Je n'ai pas maintenant d'autres Choſes à vous écrire, c'eſt pourquoi je finis la preſente.

De Poiſſi le 28. *de Fevrier.* 1562.

PROSPER DE S.te. CROIX.

UNZIEME LETTRE

Du Cardinal de S.te. Croix, *au Cardinal* Borromée.

VOi Signoria Illuſtriſſima havendo gia Aviſo, doppo il nono del preſente, della Fattione fatta da Monſr. di Guiſa, gli diro che è ſtata maggior ancora di quel che fu detto all'hora.

Queſti Ugonotti *ne fanno un gran Schiamazzo, & ſono andati dalla* Regina *à domandar Giuſtitia : laquale ha mandato un Commiſſario per pigliar Informatione.*

Quelli di Monſr. di Guiſa *ſi giuſtificano con dir che loro furono i primi, & che ferirono Monſr. della* Broccia, *Gentilhuomo di Sua Exellentia, coſſi ma-*

VÔtre *Eminence* aiant déja reçû Avis, le 9. de ce Mois, de la *Faction* ſuſcitée par Monſieur de *Guiſe*, je vous dirai qu'elle a été beaucoup plus grande qu'on ne l'avoit dit alors.

Les *Huguenots* de ce Païs en font de groſſes Plaintes, & ils ſont allés demander Juſtice à la *Reine*, qui a envoié un Commiſſaire pour faire des Enquêtes ſur cela.

Ceux de la Faction de Monſr. de *Guiſe* ſe juſtifient en diſant que les autres ont eté les Agreſſeurs, & qu'ils ont tellement bleſſé Monſr. de la *Broccie*, Gen-

malamente che bisogna trapanarlo.

Et à Monsr. medesimo di Guisa tirorno un' Archibugiata.

Certo è che se questo Regno restara nelli Termini che sta hoggi, con due Religioni, sentiremo ben spesso di simili Novelle.

Ma io voglio sperare che Nostro Signore Dio ci agiutara.

Si conosce ogni di piu quanto sia pregiudicabile all' Anima, al Governo, & al viver Politico questo Modo, per il quale havevano pensato di quietar il Regno, con far l'Editto che hanno fatto ultimamente.

Il quale è stato publicato qui, pero nella Camera solo del Parlamento, & non per la Terra come si suole, ne è stampato fin hora, di sorte che non si ha qui incerto Modo per publicato.

Monsr. di Guisa è a Nantoglio, qui vicino poche Leghe, dove ando hieri sera Monsr. il Conestabile.

Il Ré di Navarra si parti per la Corte, & mando à dire à Monsr. di Guisa che dubita solo che

Gentil-homme de son Excellence, qu'il faut le trapaner.

Et qu'ils ont même tiré un Coup de Fusil à Monsr. le *Duc* de *Guise*.

Il est certain que si ce Roiaume reste dans l'État où il est maintenant, avec *deux Religions*, nous entendrons bien souvent de pareilles Nouvelles.

Mais j'espere que *Dieu* nôtre Seigneur nous aidera par son Secours.

On connoit de plus en plus tous les jours combien les Clauses de cet *Edit*, qu'on a fait dernierement, par le Moien desquelles nous croions d'apaiser les Troubles de ce Roiaume, ont été prejudiciables aux Choses Spirituelles, & au Gouvernement Politique de l'Etat.

Cet *Edit* a été publié ici dans la *Chambre* du *Parlement* toute *Seule*, & non pas dans la Ville ni aux Lieux accoutumés, & on ne l'a point encore fait imprimer, c'est pourquoi cette Publication est en quelque Maniere nulle, suivant l'Opinion qu'on en a ici.

Monsieur de *Guise* est dans la Ville de *Nantüeil*, à trois ou quatre Lieux d'ici, où Monsieur le *Conetable* s'est rendu hier au Soir.

Le *Roi* de *Navarre* étant sur son Depart pour la Cour, envoia dire à Monsr. de *Guise* qu'il

che lei non ſia per creder, ne conſidar tanto dell'Animo ſuo, & della buona Amicitia che vuole haver con lei, quanto intende di portargli-ne.

Queſti di che il Rè di Navarra *è ſtato qui, ſon andato alla Meſſa, alla Chieſa di* San Paolo, *accompagnato da tutti queſti Signori per la Terra, & ho veduto che il* Prencipe *di* Condé *cavalcava ancor lei per la medema Terra, molto bene accompagnato.*

Dicono che il Cardinale *di* Schiattiglione *ſia ſtato in queſta Terra, alla* Predica *del* Beſa *traveſtito, & quando è voluto andar a viſitar Monſr. il* Coneſtabile, *ſua Signoria gli ha fatto intendere che non lo vuol vedere fin che non muta Opinione.*

Il Giubileo è ſtato celebrato in queſta Citta da una infinita di Perſone, & pareva quella Domenica il giorno medemo di Paſqua.

Fu un Regente di un Collegio che volle che tutti i Scolari pigliaſſero il Santiſſimo Sacramento, & per che fu uno che non volle farlo, lo caſtigo, il che ſaputoſi dagli Ugonotti *ſi dice che habbino poi ben battuto il Regente.*

qu'il a reſolu de vivre dans une ſi étroite Amitié avec lui, qu'il aura peut-être de la Peine à ſe perſuader, & à tenir pour aſſûré, que la bonne Affection que *Sa Majeſté* a pour lui ſurpaſſe tout ce qu'il en ſauroit imaginer & concevoir.

Ces Jours derniers, pendant que le *Roi* de *Navarre* étoit ici, j'ai été à la Meſſe dans l'Egliſe de *Saint Paul*, accompagné de toutes les Perſonnes de Diſtinction qui ſont dans ce Quartier; & j'ai vû le *Prince* de *Condé* qui alloit en même tems à Cheval, & fort bien accompagné, dans cette Contrée où je paſſois.

On dit que le *Cardinal* de *Chaſtillon* s'eſt deguiſé pour aller entendre un Sermon de *Beze*, aux Environs d'ici, & qu'après cela quand il a voulu rendre Viſite à Monſieur le *Conetable*, ce Seigneur lui a fait entendre qu'il ne le verra point juſqu'à ce qu'il ait changé de Sentimens.

Le *Jubilé* a été celebré dans cette Ville par une ſi grande quantité du monde, qu'il ſembloit que ce Dimanche là fut le Jour de *Paques*.

Il y eût un Certain Regent de Colege qui voulut obliger tous ſes Ecoliers à recevoir le Pain Sacré de l'Euchariſtie, mais en aiant fait châtier un qui refuſa de communier, on dit que cela étant venu à la Connoiſſance des

DE LA RELIGION REFORME'E EN FRANCE.

Qui communamente si conclude che non vi sia Giustitia ne di quelli Incarcerati, delli quali ho scritto piu volte, nè di quel che si chiama il Naso d'Argento, *gia che fin adesso non si è veduta altra Essecutione.*

Nel Borgo di San-Marcello *ci Predicavano gli* Ugonotti, *questi di passati, ma da otto di in quà quelli del Borgo si radunarono, & fecero intender à colui che gli dava la Casa, per* predicare, *che andavano brusar la Casa & lei se gli recevera piu: & per tanto adesso non vi* predicano, *& cercano altra Casa.*

Delli Portamenti di Monsr. di Coursol *in* Provenza, *voi Signoria Illustrissima ne deve haver Avisi piu certi di là.*

Quelli che si intendano di quà sono che vorrebbe far per Forza Lutherani *quei Popoli.*

Un Fratello di Monsr. di Cars *si è sollevato, con una gran Quantita di Gente, & porta una Bandiera dove da un Canto è dipinto un* Crucifisso, *& dell'altro l'Imagine del* Ré.

des *Huguenots*, ils ont batu ce Regent.

Le Sentiment Commun des Gens de ce Païs est qu'il n'y a pas de Justice, puisque jusqu'à present on n'a vû faire aucune Execution de ces Prisoniers, au Sujet desquels je vous ai écrit plusieurs fois, ni de celui qu'on nomme le *Nez d'Argent*, dont je vous ai aussi parlé.

Il n'y a pas long-tems que les *Huguenots* prêchoient dans le Bourg de Saint *Marceau*, mais depuis huit jours les Habitans de ce Quartier là s'étant Assemblés, firent entendre à celui qui leur donnoit sa Maison pour *prêcher*, qu'il alloient y mettre le Feu, & le bruler lui même dans son propre Logis, s'il continuoit d'y recevoir ces Personnes; voila pourquoi n'osant plus y *prêcher* ils cherchent une autre Maison.

Vôtre Eminence doit avoir reçû des Avis plus certains que je n'en ai de la Conduite de Monsr. de *Crussol* en Provence.

Tout ce qu'on en publie ici fait connoître qu'il voudroit forcer les Peuples de son Quartier à devenir *Luteriens*.

Un des Freres de Monsr. de *Cars* s'étant mis à la Tête de quantité de Revoltés, porte un Étendart sur lequel on voit d'un côté la Representation d'un *Crucifix*, & de l'autre le Portrait du Roi.

Parmi che sia andato à trovar questa Gente di Courſol, *& gli habbia molto mal trattati, & ritiratoſi alla* Montagna.

Quando queſto Monſr. di Courſol *fu mandato in* Provenza, *io non mancai di dir quel che io intendevo, & Sua Majeſta all'hora mi riſpoſe che era ſuo particolariſſimo Servitore, & prometteva ogni buon Servitio.*

Hora la Majeſta Sua *ſi trova à* Monſed, *che è un Giardino particolare di* Sua Majeſta, *dove è un piccolo Allogiamento, & vi ſi ſta con molta Strettezza.*

Il Ré di Navarra, *& Monſignore Illuſtriſſimo* Legato, *ſono con la* Maieſta Sua, *& diceſi che vi ſtara dieci, ò dodeci giorni, ancora che di qua par impoſſibile, riſpetto all'Incomodita con la quale vi ſtanno.*

Quel Portugheſe *parti, doi dì ſono, per* Spagna, *& del Rapporto di queſti parmi che dipenda tuto.*

Di Parigi alli 13. di Marzo.
1562.

J'aï été informé qu'il eſt allé faire des Actes d'Hoſtilité chés ceux de *Cruſſol*, & qu'après les avoir fort maltraités il s'eſt retiré dans les Montagnes de ce Païs-là.

Dans le tems que Monſieur de *Cruſſol* fut envoié en *Provence*, je ne manquai pas de dire ce que j'en penſois, & *Sa Majeſté* me repondit, alors, qu'il étoit un de ſes fideles Sujets, dont elle eſperoit toute ſorte de bons Services.

Sa Majeſté eſt preſentement à *Monſed*, où elle a un Jardin particulier, avec un petit Apartement, dans lequel elle eſt logée fort à l'etroit.

Le Roi de Navarre & Monſr. l'Eminentiſſime *Legat* y ſont avec *Sa Majeſté*, & on dit qu'elle n'en reviendra pas de dix ou douze jours, quoi que ceux qui connoiſſent les Incommodités de ce Logement trouvent impoſſible qu'elle puiſſe y reſter ſi longtems.

L'Envoié de Portugal eſt enfin parti, depuis deux jours, pour aller en *Eſpagne*, & il me ſemble que l'Affaire du *Roi de Navarre* depend entierement de la Reponce qu'il aportera.

De *Paris* le 13. de Mars
1562.

M E-

MEMOIRE SECRET.

Ecrit en Chifre, *& joint à la Lettre precedente.*

IL Ré *di* Navarra, *il* Coneftabile, *con gli Signori* Brifach, St. Andrea *&* Bormes, *sono stati insieme qui in* Parigi *lungamente, & hanno risoluto di mandar via di questa Terra, tutti i* Predicatori Ugonotti.

Confidano che questo sia per dar Lege, & Norma, al restante del Regno; ma perche ne vogliono dar l'Honore alla Regina, *hanno risoluto che questa Citta mandi un huomo à supplicar* Sua Majesta, *il quale parte hoggidi.*

Io confido al fermo che Sua Majesta *l'ordinara, atteso quel che* Sua Majesta *mi dice ultimamente, come io ne ho scritto à Voi* Signoria Illustrissima.

Questo sara gran Principio per il restante, & poi che il Consilio *si empie di questi huomini da bene, voglio sperar che il Signore* Dio *ci fara Gratia che tutto si riduca presto.*

L'Abbocamento con il Ré Filippo, *non l'approva* il Coneftabile,

LE Roi de *Navarre*, le *Conétable*, & Monsr. de *Brisac*, avec *St. André*, & *Bormes*, ont demeuré fort long-tems ici à Paris, tous ensemble, & ont resolu de faire sortir de cette Ville tous les Predicateurs *Huguenots*.

Ils esperent que ce Banissement servira de Regle & de Loi pour les autres Païs de ce Roiaume, mais voulant que *la Reine* ait l'Honneur d'avoir fait cela elle-même, ils ont resolu de lui envoier un Deputé de la Part de cette Ville, lequel part aujourdhui, pour lui aller faire cette Demande.

Je crois fermement que *Sa Majesté* y consentira, selon les Ouvertures qu'elle me fit dernierement, comme je l'ai écrit à *Vôtre Eminence*.

Ceci sera un bon Commencement pour venir à bout de tout le reste : & puisque le *Conseil d'Etat* se remplit de Gens de Bien, il me semble qu'il y a Lieu d'esperer que *Dieu* nous fera la Grace de voir bientôt la Reunion de tous ceux qui sont maintenant en Discorde.

L'Entrevûe qui se devoit faire avec *le Roi Filippe* n'est pas approuvée

bile, *per quel che me ne ha in certo Modo detto, si ben di queste Cose parla molto riservato, & m'ha pregato che io vadi parimente riservatissimo nel scrivere.*

La Ragione si è perche gli pare, che si fara grossa Spesa per questo Viaggio, & che ci sia troppo che fare per provedere al proprio Regno, dubitando che allontanandosi la Corte, *non segua qualche Inconveniente nel Regno.*

Rambogliet *ando in* Germania *per intender da quei* Prencipi *che Agiuto di Genti, & di Denari, dariano ogni volta che il* Ré Christianissimo *mutasse* Religione, *& loro risposero che di* Gente *gli ne dariano quanta volesse, pagandola.*

L'Ambasciadore *del* Ré Cattolico *ne ha fatto Querela con* Navarra, *lui ha detto quel che è fatto non puo non esser fatto, ma che all'avenire si caminara per altra Via.*

Di Parigi alli 13. di Marzo.
1562.

PROSPERO DI Sta. CROCE.

prouvée du *Conétable*, suivant ce qu'il m'en a dit, en Termes couverts, parce qu'il est beaucoup reservé sur cette Matiere, touchant laquelle il m'a prié de n'écrire qu'avec une très-grande Retenuë.

La Raison qui le porte à cela, vient de ce qu'il lui semble que le Roi & toute sa *Cour* ne peuvent pas s'éloigner d'ici qu'il n'en arrive des Inconveniens, attendu que les Affaires de ce Roiaume ont besoin de la Presence de *Sa Majesté*, & que son Voiage causeroit une Depence excessive.

R*ambouillet* étant allé en *Allemagne* pour savoir quel Secours de Troupes & d'Argent, les *Princes* de ce Païs là donneroient au R*oi Très-Chrétien*, dans le tems qu'il *changeroit* de Religion, ils lui ont repondu qu'ils lui fourniroient autant de Gens de Guerre que *Sa Majesté* en voudroit paier.

L'*Ambassadeur* du R*oi d'Espagne* en a fait des Plaintes au R*oi* de Navarre, qui lui a dit qu'il est impossible que ce qui est fait n'ait pas été fait ; mais qu'on marcheroit à l'avenir par une autre Route.

De *Paris* le 13. de Mars.
1562.

PROSPER DE Ste. CROIX.

D O U-

DOUZIÉME LETTRE

Du Cardinal de S^{te}. Croix, *au Cardinal* Borromée.

Voi giorni sono scrissi a Voi Signoria Illustrissima, doppo all' Improviso è venuto Nova che Sua Majesta *parte di* Monsed *hoggi*, & se ne va a Fontanableau, dove stara duoi giorni soli, & di là parte per Blois.

La quale Nuova fa fare di quà molti Discorsi, non si penetrando che Cosa possa haver causata cossi repentina Mutatione.

Pur la maggior Parte conclude che sia per l'Abboccamento con il Ré Cattolico à Perpignano, o in qualche altro Luogo della banda di quà : o pur volendo andare à quella Volta habbiano eletto questa, per miglior Via.

Discorrendosi che da Blois puo passare à Limoges, & di là venirsene à Narbona.

Io me ne andaro domani à Fontanableau, per saperne qualche piu certe Particolarita.

Il Beza Capo di questi Ugonotti, è stato a fare una gran Que-

Il y a deux jours que j'écrivis à *Vôtre Eminence*, & l'on a reçû Nouvelle depuis, que *Sa Majesté* part aujourdhui de *Monsed*, pour aller à *Fontainebleau*, où elle ne restera que deux jours, aiant resolu de se rendre de là à *Blois*.

Cette Nouvelle donne Lieu à faire ici beaucoup de Raisonnemens, attendu qu'on ne sauroit decouvrir ce qui a pû causer un Changement si subit & inopiné.

Cependant la plupart des Nouvellistes croient que ces Demarches tendent à l'Entrevûe du *Roi d'Espagne* avec cette *Cour*, à *Perpignan*, ou dans quelqu'autre Lieu proche de cette Ville là, sur les Terres de *France*, ou bien que la Cour a pris une Route detournée pour avoir un plus beau Chemin.

Attendu que quelques uns disent aussi qu'elle pourra passer de *Blois* à *Limoges*, & de là s'acheminer à *Narbonne*.

J'irai demain à *Fontainebleau* pour tâcher d'en decouvrir quelque chose de plus certain & de plus particulier.

Beze qui est le Chef des *Huguenots* de ce Païs, est allé faire

Querela della Fattione che fece Monsr. di Guisa, alla Regina, & al Ré di Navarra.

Vi è andato accompagnato da una gran Truppa di suoi Seguaci, ne mai ha nominato il Duca di Guisa per altro Nome che quel d'Ammassatore di huomini.

La Regina *gli rispose che haveva Informatione che Monsr. di Guisa era stato provocato da quell'Insolenza loro, che ella haveva sinqui pur troppo patientamente comportata: che da hora inanzi intendeva governarsi con altri Termini.*

Il Ré di Navarra *confirmando queste parole, & scusando il Duca di Guisa, passo inanzi in dirli, che lui in particolare meritarebbe di essere Impicato, di Sorte che se ne parti molto Sconsolato.*

In Meaux gli Ugonotti *hanno restituita una Chiesa che havevano presa.*

Il Cancelliere *sta qui in Parigi, & havendo mandato à dir à Sua Majesta quando voleva che andasse à trovarla, ha havuto Risposta che non si parta di quà senza nuovo Aviso.*

Molti interpretano quella Risposta per una Licenza, & in Casa

de grandes Plaintes au *Roi de Navarre*, & à la *Reine*, contre la *Faction* de Monsieur de *Guise.*

Ce Ministre y fût accompagné d'un grand Nombre de ceux qui adherent à ses Sentimens, & il ne donna jamais un autre Nom au *Duc de Guise* que celui de *Meurtrier du Genre Humain.*

La Reine lui repondit qu'elle étoit informée que Monsr. de *Guise* avoit été provoqué par l'Insolence de ceux de leur Parti, qu'elle avoit suporté jusqu'à lors avec trop de Patience; mais qu'à l'avenir elle pretendoit de suivre d'autres Maximes.

Le Roi de *Navarre* témoignant la même chose, & excusant le *Duc de Guise*, s'exprima d'une Maniere beaucoup plus forte, & dit à *Beze*, qu'il meritoit d'être pendu. Ce discours fit qu'il se retira privé de la Consolation qu'il esperoit de recevoir.

Les *Huguenots* de la Ville de *Meaux* ont rendu une Eglise qu'ils avoient prise.

Le *Chancelier* qui demeure presentement ici à *Paris*, aiant envoié demander à *Sa Majesté* quand il lui plairoit qu'il se rendit auprès d'elle, n'en a point eu d'autre Reponce que celle de rester ici jusqu'à nouvel Ordre.

Il y a beaucoup de personnes qui se figurent que par ces Paroles

Casa sua ne stano molto malcontenti.

Potria ben essere che fosse per altra Occasione, ma quel che fa, molto creder che sia in Disgratia, è che questi di passati fece una Congregatione in Casa sua, con il Principe di Condé, *il* Cardinale *di* Schiastiglione, *l'Evescovo di* Valentia, *& qualcheduni altri, della medema* Farina.

Dicono che questo sia molto dispiaciuto à Sua Majesta, *che subito mando chiamar il* Principe di Condé, *che incontinente andasse alla Corte, si come fece.*

Questa Opinione che il Cancelliere *sia in questi Termini, è tanto inanzi, che gia si raggiona di far un Guarda Sigillo.*

Dicono che sara il Presidente di questo Parlamento, che si chiama Monsù du Thou, *ch'è molto Cattolico, & saria Risolutione tanto buona & santa, cossi in levar via quello, come in metterli l'altro, quanta si potesse fare in questi Tempi.*

Se succedera si tiene che sia orditura del Conestabile, *ch'è grand' Amico del Presidente.*

Al-

les il est relegué de la Cour, & on en est aussi fort outré chés lui.

Cette Reponse pouroit lui avoir été faite pour quelqu'autre Sujet, mais ce qui donne beaucoup de Lieu à croire qu'il est Disgratié, c'est qu'il fit, ces jours passés, une Assemblée chés lui, dans laquelle on vit le *Prince de Condé*, le *Cardinal* de *Chastillon*, *l'Evêque* de *Valence* & quelques autres Gens de la même *Farine*.

On dit que cela a fait un grand Deplaisir à *Sa Majesté*, qui envoia d'abord apeller le *Prince de Condé* pour le faire venir aussitôt à la Cour, où il ne manqua pas de se rendre.

On tient pour une Chose très-assurée que les Affaires du *Chancelier* vont si mal, qu'on parle déja d'établir un autre Garde du Seau.

Le bruit commun est que cette Charge sera donnée à Monsieur du *Thou*, President du Parlement de cette Ville, qui est un fort bon Catholique. Il est certain qu'on ne sauroit rien faire de meilleur, en ce Tems ici, que de prendre la Resolution de degrader celui là pour mettre celui-ci à sa Place.

Le Sentiment de plusieurs est que si cela arrive, le *Conétable* la tramé en faveur de ce President dont il est fort bon Ami.

Quel-

Alcuni dicono che si dara il Sigillo à Monsr. Illustrissimo d'Armagnach, pur sin qui tutti sono Discorsi senza certezza dell' Eventa.

Monsr. di Guisa è ancora à Nantoglio, *& dicono che sia un poco ferito d'una Sassata ch'hebbe in Testa, Credo ancora ch'aspetti di intender qualche Cosa piu, dell' Animo della* Regina.

Monsr. il Conestabile *è andato alla Volta di* Fontanableau, *per trovarsi quando ci sara la Corte.*

In Guascogna Monsr. di Monluch, *che hebbe Ordine di remediar all' Inconvenienti di quella Provincia, come scrissi à Voi Signoria Illustrissima, ne ha fatto giustitiare vinti duoi di quelli che havevano presse le* Chiese.

Gli Ugonotti *vedendo questo si sono radunati da sei mille insiemi, & ritiratisi in una Terra assai forte, che lei non pensa espugnar senza Arteglieria, & per tanto ha mandato à domandar otto Pezzi di Bombarde, non sò quel che seguira.*

Qui publicamente tutti dicono che le Cose si incaminano bene, & che il Ré di Navarra *vi viene di cossi buone Gambe, che se la*

Quelques uns disent que le Seau sera donné au très-Illustre Monsr. *d'Armagnac*, mais tout cela ne sont que des Discours fondés sur des Conjectures incertaines.

Monsieur de Guise est encore à *Nantueil*, & on dit qu'il est legerement blessé d'un Coup de Caillou à la Tête. Je crois qu'il y reste pour s'informer plus amplement des Intentions de *la Reine*.

Monsieur le Conêtable est allé du côté de *Fontainebleau*, pour être à Portée de s'y trouver quand la Cour y sera.

Monsieur de *Monlue*, qui eut Ordre d'aller en *Gascogne*, pour remedier aux Desordres de cette Province, comme je l'ai écrit à Vôtre Eminence, y a fait suplicier vint deux de ces Gens-là qui s'étoient emparés des Eglises.

Les *Huguenots* voiant cela se sont reunis au Nombre d'environ six mille, & sont entrés dans une Place Fortifiée, de laquelle il ne croit pas qu'on puisse les chasser sans quelque Artillerie, c'est pourquoi il a envoié demander huit Pieces de Canon pour l'assieger. Je ne sai pas ce qui en arrivera.

Tout le Monde dit publiquement ici, que les Afaires de ce Roiaume prennent un si bon Train, & que *le Roi de Navarre* marche d'un

la Majeſta *della* Regina *ſapra valerſi di queſta Occaſione, preſto ſi potria vedere poſto fine alle Turbolenze preſenti.*

*Nel Conſeglio che ſi è tenuto queſti di in Caſa di Monſr. il Co-*neſtabile, *dove intervennero il Ré di* Navarra, *& Monſr. di* Briſach *con* Thermes *&* S. Andrea, *fù trattato di fare un altro Edito, derogatorio à queſto fatto ultimamente.*

Perche oltra à quel che non convienne in eſſo per la Religione, *è perniciosiſſimo per il viver Politico havere* due Religioni, *o* Fattioni nel Regno.

Piaccia al Signore Dio che queſto habbia un ottimo Succeſſo, & à Voi Signoria Illuſtriſſima doni ogni Contento.

Di Parigi *alli* 15. *di Marzo.* 1562.

PROSPERO DI Sta. CROCE.

d'un ſi bon Pied, pour les venir redreſſer, que ſi *Sa Majeſté* fait profiter de cette Occaſion, elle pourra voir bien-tôt la Fin de tout ce qui trouble maintenant ce Païs.

Dans la Conference qui ſe tint dernierement chés Monſr. le *Conétable*; où le *Roi* de *Navarre* & Monſr. de *Briſac* ſe trouverent, avec *Termes*, & St. *André*, on y parla de faire un *Edit* contraire à celui qu'on vient de publier.

Attendu qu'il contient des Choſes peu convenables à la Religion, & qu'il eſt très-pernicieux au Gouvernement Politique d'en tolerer une autre contraire, par ce que cela donneroit Lieu à deux Factions.

Dieu vüeille que ce dernier Projet aît un heureux Succès; & donne toute ſorte de Contentement à Vôtre Eminence.

De *Paris* le 15. de Mars 1562.

PROSPER DE Ste. CROIX.

MEMOIRE SECRET.

Ecrit en Chifre, *& joint à la Lettre precedente.*

Q*Vesto Regno sta tutto sotto-sopra. Credeci che la* Regina *faccia questo Viaggio per separare questa* Assemblea *del* Ré *di* Navarra, *del* Conestabile, *di* Guisa *& di tutti i* Marescialli *di Francia.*

Perche andando in Viaggio & in Luoghi di mal Allogiamenti, pensa che non vi si raduneranno; cosi perche sono Vecchi & Podragosi parte di loro, come perche fra gli altri Monsu di Guisa *non si fidara di starvi senza grossa Guardia.*

L'opinione commune è che Sua Majesta stia con grand Timore di esser levata dal Governo, *& ritirandosi verso* Blois *si accosta piu alle Forze dell'* Ugonotti, *che pensa Sua Majesta che possano contrapesare à questa* Lega.

Qui ogni di si fa Congregatione, *in Casa del* Cancelliere, *dove intervienne la* Regina *di* Navarra, *Madama di* Coursol *&*

C*E Roiaume est entierement bouleversé.* On croit que ce Voiage de *la Reine* ne se fait que pour interrompre & dissiper cette *Assemblée* du *Roi* de *Navarre*, du *Cônetable*, de *Guise* & de tous les *Maréchaux* de France.

Par ce que *la Reine* s'imagine qu'ils ne pourront pas se joindre tous ensemble dans la Route qu'elle va suivre, attendu qu'il n'y a pas des Logemens commodes pour ces Vieillards, entre lesquels il y en a qui sont Gouteux, & par ce que Monsieur le *Duc* de *Guise* se tenant sur ses Gardes plus que tous les autres, n'osera pas rester en Chemin sans une bonne escorte.

La plûpart des Gens croient que *la Reine* aprehende beaucoup qu'on ne lui ôte la Regence de cette Monarchie, c'est pourquoi Sa Majesté va du côté de *Blois*, afin d'être plus prés des Forces des *Huguenots*, par ce qu'elle se figure qu'elles pourront contrebalancer celles de la *Ligue*.

On fait ici tous les jours des *Conferences* dans l'Hôtel du *Chancelier*, auxquelles *la Reine* de *Navarre* vient assister, avec Ma-

DE LA RELIGION REFORME'E EN FRANCE

& quella di Roye, il Cardinale di Schiaftiglione, Valenza & alcuni altri, i quali fanno intender alla Regina Chriſtianiſſima che i Cattolici la vogliono levare del Governo.

Sua Majeſtà par voltata à crederlo, ò temerne al manco, con Monſr. di Guiſa, & il Cardinale di Guiſa ſuo Fratello, & Monſr. di Umala, il quale dicono che habbia duoi mille Cavalli.

Le Coſe ſono ridotte à Termini che biſogna che la Bilancia trabocchi, ò in una Parte, ò in l'altra: coſſi non par che poſſa ſtare.

Fin qui la Parte Cattolica par molto ſuperiore, coſſi per il Numero come per la Qualità delle Perſone.

Scrivendo ho havuto Aviſo che la Regina non va piu à Fontanableau, ma per il Camino dritto à Blois, che fara la Paſqua per Viaggio, & che ſara Domenica ſera in queſta Terra.

Monſr. di Guiſa & Monſr. il Coneſtabile con i Mareſcialli vi ſono tutti, & parmi che penſino di armare, per ſtar ſecuri di eſſer obbediti in quel che riſolveranno di fare. Tut-

Madame de Cruſſol, Madame de Roye, le Cardinal de Chaſtillon, Valence, & quelques autres, qui font entendre à la Reine très-Chrétienne que les Catholiques la veulent priver du Gouvernement.

Sa Majeſté fait voir qu'elle a du Penchant à le croire, ou que du moins elle en a quelque Crainte, de même que Monſr. le Duc de Guiſe & le Cardinal ſon Frere, avec Monſieur d'Aumale, qui a fait armer deux mille Cavaliers.

Les Affaires de ce Païs ſont maintenant dans une telle Situation qu'il faut que la Balance panche d'un côté ou de l'autre, & par conſequent elles changeront de Face.

Le Parti des Catholiques ſemble être le plus fort juſqu'à preſent, tant par le Nombre que par la Qualité des Perſonnes qui le ſoutiennent.

Dans ce moment je viens de recevoir Avis que la Reine ne va pas à Fontainebleau, mais qu'elle prend la Route de Blois à droiture, & qu'elle fera ſes Devotions de la Paque en Chemin. Dimanche prochain au ſoir elle ſera dans cette Ville là.

Monſr. le Duc de Guiſe & Monſieur le Conétable ſont ici avec tous les Maréchaux de France : & il me ſemble qu'ils penſent à lever des gens de Guer-

Tuttavia le Cose sono hora in cossi gran Moto, che non si puo sapere bene la Certezza di quel che seguira.

Io ho voluto scriver tutto à Voi Signoria Illustrissima per darli Conto de i Raggionamenti di Parigi.

Monsr. Illustrissimo Legato che sta con Sua Majesta havera dato Aviso certo di ogni Cosa della Corte.

Di Parigi alli 25. di Marzo.
1562.

PROSPERO DI Sta. CROCE.

re, pour se faire rendre Obeissance dans toutes leurs Resolutions.

Cependant toutes Choses sont à present dans un si grand Mouvement, qu'il est impossible de savoir au juste quelles en seront les Suites.

J'ai voulu écrire tout cela à Vôtre Eminence, pour l'informer de tous les Raisonnemens qu'on fait ici.

Monsieur l'Eminentissime *Legat*, qui se tient auprès de *la Reine*, n'aura pas manqué de Vous donner Avis de toutes les Affaires de la Cour.

De *Paris* le 25. de Mars.
1562.

PROSPER DE Ste. CROIX.

TREZIÉME LETTRE

Du Cardinal de Ste. Croix, au Cardinal Borromée.

HEri entro in questa Terra Monsu di Guisa, accompagnato veramente da piu di mille Cavalli, molto ben armati.

Gli ando all' Incontro Monsu il Conestabile, con il Mareschial di S. Andrea.

Tutto questo Popolo mostro grandissima

MOnsieur le *Duc* de *Guise* entra hier dans cette Ville, accompagné de plus de Mille Cavaliers, qui étoient fort bien armés.

Monsieur le *Conétable* lui alla au devant, avec le Maréchal de *St. André*.

Tout le Peuple de *Paris* fit voir

DE LA RELIGION REFORME'E EN FRANCE.

diſſima Allegrezza della ſua Venuta, coſſi con eſſer tutto ſu le Strade à Vederla venire, come in haverli mandato à offerire che volevano armare vinti mille Perſone, per la ſua Guardia, ſe biſognava.

voir qu'il avoit une très-grande Joie de ſon Arrivée, non ſeulement en ce que chacun ſe tenoit dans les Rues pour le voir paſſer, mais auſſi en lui envoiant dire que s'il avoit beſoin de vint Mille hommes pour ſa Garde, tous les Bourgeois lui offroient de les faire armer.

Subbito che fu ſmontato dicono che il Prevoſto di Mercanti, inſieme con triginta ò quaranta delli piu ricchi, gli offeriſce ſempre che biſognaſſe, per la Religione, groſſa Summa di Denari.

D'abord qu'il eût mis pied à terre, le *Prevôt* des *Marchands*, accompagné de trente ou quarante Perſonnes des plus Riches, vint lui declarer qu'il étoit toûjours prêt à lui donner une groſſe Somme d'Argent quand il en auroit beſoin pour le Maintien de *la Religion*.

Nel medemo Tempo il Beza ando à predicare alla Porta di San Jacomo, che è dell'altra parte della Citta, & il Principe di Condé che era tornato della Corte, forſi à Poſta, l'accompagnava con quattro ò cinque Cento Cavalli, tutti con Archibuſi.

Dans le même tems *Beze* s'en alla *Prêcher* vers la Porte de *Saint Jaques*, qui eſt de l'autre côté de la Ville, & le *Prince de Condé*, qui étoit venu de la Cour, peut être à Deſſein de s'y trouver, l'accompagnoit avec quatre ou cinq cens Cavaliers, qui avoient tous des Carrabines.

Queſta mattina io ſon ſtato à viſitare Sua Signoria, & l'ho trovato che ſtava in Conſulta in Caſa di Monſu il Coneſtabile, dove erano ancora tutti i Mareſchiali di Francia, con il Cardinale di Guiſa, & alcuni altri Nobili.

Ce matin je ſuis allé rendre Viſite à Monſieur de *Guiſe*, & je l'ai trouvé dans une Conference chés Monſr. le *Conétable*, où tous les *Marechaux* de *France* étoient Aſſemblés avec le *Cardinal* de *Guiſe*, & quelques autres Perſonnes de Qualité.

Et havendomi abbracciato diſſe, che era tanto Servitore di Sua Santita, che loro ſeguitaſſero quel

Monſieur le *Duc* m'aiant embraſſé, dit, qu'il avoit tant d'Ardeur pour le Service de *Sa Sain-*

Raggionamento, che mi pregava di tempo reggiare.

Coſsi havendo fatto per un grandiſsimo Peſſo, mi diſſe poi che io ſcriveſsi à Sua Santita, *ſupplicandola che ſi vada deſtramente nel* Concilio *di* Trento, *in quel che tocca gli* Proteſtanti *di* Germania, *come che habbia Speranza di poſſerveli far venire.*

Havendo Monſignore Illuſtriſſimo di Lorena *uſata gran Diligenza, della quale dara Conto particolare à* Sua Beatitudine *per Monſu di* Manna, *che ha mandato à chiamare per inviarlo aſsicularla che quanto alle* Coſe *di quà ſtia di buon* Animo, *che ſpera che il* Signore Dio *ci fara Gratia, che, prima che ſia un Anno, la* Francia *fara coſsi buona* Cattolica *comme era vinti anni à dietro.*

Et per che era l'hora del Deſinare ſi riſervo à dirmi il reſtante domatina, alli 17. di Marzo.

Sainteté, que pour m'en donner des Preuves on continueroit le Diſcours qui rouloit ſur cette Matiere, & qu'il me prioit de reſter là juſqu'à ce qu'il fût achevé.

Je demeurai fort long-tems à les écouter, & à la fin il me dit qu'il ſouhaitoit que j'écriviſſe au *Pape*, pour le ſuplier de faire en ſorte que le *Concile de Trente* fut fort circonſpect, & retenu, ſur tout ce qui concerne les *Proteſtans d'Allemagne*, par ce qu'il eſpere de les y faire aller.

Monſieur l'Eminentiſſime *Cardinal* de *Lorraine* qui a beaucoup travaillé pour cela, doit envoier Monſr. de *Manne* vers *Sa Sainteté* pour l'en informer, & pour lui dire que les Affaires de ce Roiaume ne doivent plus l'inquieter, par ce que ſon Eminence eſpere de la Grace de *Dieu* que les *François* ſeront auſſi bons Catoliques, devant qu'il ſoit une Année, qu'ils l'étoient il y a vint Ans. C'eſt pour aller donner cette Aſſùrance au *Pape* que Monſr. de *Manne* part d'ici, où Monſr. de Lorraine l'a fait venir pour le charger de cette Commiſſion.

Voila tout ce que j'en ai appris de Monſr. le *Duc de Guiſe*, qui s'étant retiré, par ce que c'étoit l'heure d'aller Diner, m'a promis de me parler plus

Il Principe *di* Condé *seguita ogni di di accompagnare il* Predicatore Ugonotto *, con quattro ò cinque cento Cavalli, & tuttavia ingrossa piu , & ha mandato per la sua Compagnia di huomini di Armi.*

Dall'altro canto di questa Citta si arma à piu potere, & ne si vede altro che vendere & comprare Archibusi, & altre Armi.

Se non si piglia Provisione, un di, & ben presto, si farà qualche gran Scandalo ; & cossi giudicano & temeno grandemente tutti quelli che si trovano qui.

Il Duca di Guisa *mi ha detto che Monsignore Illustrissimo di* Lorena *hà fatto tanto in Germania , che hà condotto il Duca di* Vittemberg *à venire alla sua Predica due volte, & che ne restò cossi satisfatto che attaccarono Raggionamento del mandar al Concilio.*

Et ben che non potesse conseguire che vi mandasse , Io tirò à questo , che gli piaceria che il Con-

plus amplement demain 17. de Mars.

Le Prince de Condé ne manque point d'accompagner tous les jours le *Predicateur Huguenot* , en l'escortant avec quatre ou cinq cens Cavaliers dont le Nombre augmente de plus en plus , & il a mis auprès de ce Ministre des Gens armés pour le garder.

On leve de l'autre côté de cette Ville , autant de Troupes qu'on y en peut trouver , & on n'y voit autre Chose que des Fusils & des autres Armes que l'on vend & achette de toutes Parts.

Si cela continue sans aucun Remede , on verra un jour , & même bien-tôt , quelque grand Scandale dont les mauvaises Suites paroissent inévitables, & donnent déja beaucoup de Crainte à tous ceux qui sont ici.

Le *Duc* de *Guise* m'a dit que Monsr. le *Cardinal* de *Lorraine* a si bien contenté les *Protestans d'Allemagne* , qu'il a porté le Duc de *Vittemberg* à venir entendre deux de ses Sermons , & qu'il en a été si content qu'après cela ils sont entrés en Conference sur tout ce qui est necessaire pour ceux qui doivent aller au *Concile*.

Et quoique son Eminence n'ait pas pû obtenir que ce *Duc* y envoiât quelcun de sa Part, il le

Concilio *medesimo deputasse una Dozzena d'huomini.*

Et che all'incontro il Duca *di* Vittembergh *ve ne mandaria altre tanti, i quali si radunassero in un Luogo terzo, & vicino al* Concilio.

Et che a tutta qu'ella Compagnia *si contentava che presidesse Monsignore Illustrissimo di* Lorrena*, & quando fra loro concordassero ò sopra l'Articoli, ò che fosse bene d'andare al* Concilio*, che il* Duca *prometteva di star per quello che fosse determinato.*

Monsù di Guisa *dice che si trovo presente à tutto il Raggionamento, & che gli par che si accorgano che caminano per la mala Via, & c'haveranno caro di esser ridotti nella buona: pero non vorrianno venirci senza simili Mezzi, che à loro parano honorevoli.*

Dicemi che Monsignore *Illustrissimo di* Lorrena *offerisce di venir dove* Sua Santita *comandara, & confida di fare Acquisto per la strada di qualche altro* Principe *di* Germania.

le fit pourtant refoudre à declarer qu'il trouveroit bon que le *Concile* deputât lui même une douzaine de Personnes.

Et que Son Altesse de *Vittemberg* en deputeroit un pareil Nombre de ceux de sa Communion, qui s'en iroient avec les autres, dans un Lieu Neutre, qui fut proche du *Concile*.

Et qu'il consentoit que Monsieur le *Cardinal* de *Lorraine* fût le President de toute cette Assemblée, & que si ces Deputés convenoient ensemble sur les *Points* de *Controverse*, ou jugeoient qu'il fût necessaire d'aller au *Concile*, Monsr. le *Duc* promettoit de s'en tenir à ce qu'ils determineroient.

Monsieur de *Guise* m'a dit qu'il a été present à tout ce Discours, & qu'il lui semble que les *Protestans* s'aperçoivent qu'ils suivent une mauvaise Route, & qu'ils auroient plaisir d'être ramenés dans le bon Chemin: mais qu'ils ne veulent pas néanmoins y venir sans de pareils Moiens, qui leur paroissent honorables.

Il m'a dit aussi que Monsieur le *Cardinal* de *Lorraine* offre d'aller à cette Conference dans le Lieu où *Sa Sainteté* lui commandera de la tenir, & qu'il espere de gagner quelqu'autre *Prince d'Allemagne* pendant le cours de son Voiage dans ces Quartiers-là.

Ne monstra molta Speranza, *havendo in buona parte guadagnato uno delli principali Dottori, che si chiama Brantius.*

Per questo effetto il Cardinale di Lorrena *ha mandato à chiamare Monsu di* Manna, *per mandarlo à dar Conto à Sua Santita.*

In tanto Monsu di Guisa *supplica Sua Beatitudine à comandare che nel* Concilio *si vada ritenuto circa* Dogmata, *& si aspetti il Ritorno di detto Monsu di* Manna, *à fine che Costoro non si ritirano, & gli pare di venire à Cose fatte.*

Dicemi ancora ch'è necessario che tutto questo Sua Beatitudine lo tenga secretissimo, accenando à non communicarlo etiam col Sacro Collegio.

Di questo mi ha fatto grandissima Instanzia, per le Raggioni che Sua Santita intendera di Manna, *ch'è andato à* Rheims, *trovare Monsignore Illustrissimo di* Lorrena, *& di là penso che se ne verrà in Poste.*

Ce *Cardinal* fait paroître que la grande Esperance qu'il a d'un bon Succès est d'autant mieux fondée, qu'il a déja presqu'entierement fait entrer dans ses Sentimens un des Principaux Docteurs Protestans, nommé *Brantius*.

Son Eminence de *Lorraine* voulant faire reussir ce Projet, a envoié querir Monsieur de *Manne*, pour lui donner la Commission d'en aller informer le *Pape*.

Cependant Monsieur de *Guise* prie *Sa Sainteté* d'ordonner qu'on ait tant de Retenüe dans le *Concile* pour ce qui concerne les *Dogmes*, qu'ils ne soient point decidés avant le Retour de Monsieur de *Manne*, afin que les *Protestans* ne se rebuttent pas d'y aller, en voiant qu'il n'y a plus rien à faire pour eux.

Il me fit aussi connoître qu'on doit tenir cela si secret, que le *Pape* même ne doit pas le communiquer au *Sacré Colége* des *Cardinaux*.

Les grandes Instances qu'il m'a faites là-dessus sont fondées sur les Raisons qui seront deduites au *Pape*, par Monsieur de *Manne* qui est allé à *Rheims*, pour y trouver Monsieur de *Lorraine*; & je crois qu'il reviendra de là en Poste.

Monsu Illustrissimo di Borbone è fatto Luogotenente del Ré in questa Citta, con l'Assistenza del Marefchial di Brifach & di Mommoranzi.

Sua Signoria Illustrissima venne heri, & non gli hò ancora fatto Riverenza.

Si raggiona molto che si levara il Sigillo al Cancelliere presente, & si dice che si dara à Monsu Illustrissimo di Armagnach.

Che si fara un Editto derogativo al passato, & totalmente buono & Cattolico : & con questo si mandaranno fuori del Regno i Predicatori Ugonotti.

Che la Majesta della Regina vuol chiamarli nel suo Consiglio, & declarar la sua buona & pia Mente, non solo perche la conoscono, per Parole, ma per che si ponga in Effetto.

Monsignore Illustrissimo di Tornone sta ancora in San Germano.

Dicono che habbia havuto duoi Termini di Quartana, poi che duoi di sono che doveva venire, pero non venne con tutto ciò, & non se ne fa buon Giudicio.

Monsieur le Duc de Bourbon a été fait Lieutenant de Roi dans cette Ville, où il sera secondé par le Marechal de Brisac & par Monsieur de Mommoranzi.

Cet illustre Duc n'étant arrivé ici que depuis hier, je ne lui ai pas encore rendu Visite.

On parle toûjours beaucoup d'ôter le Seau au Chancellier qui l'a presentement, & j'entens dire qu'on le donnera à Monsieur d'Armagnac.

Plusieurs croient aussi qu'on fera un Edit de Pacification contraire au precedent, & qu'il sera si bon & si avantageux pour les Catoliques, que l'on s'en servira pour faire sortir de ce Roiaume tous les Predicateurs Huguenots.

Que Sa Majesté très-Chrétienne les veut faire venir dans son Conseil, pour leur declarer ses pieux Desseins, non seulement par des Paroles, mais aussi afin que ses Resolutions soient executées.

Monsieur le Cardinal de Tournon est encore toûjours à Saint Germain.

On dit qu'il a eu deux Accés de Fievre Quarte, & qu'il avoit resolu de venir ici avant hier, mais il n'a point fait ce Voiage, quoi qu'il fut resolu, voila pourquoi on craint que sa Malade n'ait de mauvaises Suites.

Il

Dieu

DE LA RELIGION REFORME'E EN FRANCE. 103

Il Signore Dio *gli aiuti, che in questi Tempi massime saria troppo gran Perdita.*

Non mi occorrendo altro di nuovo, ne di maggior Importanza circa le Cose del Governo & della Religione di quà, faccio Fine.

Di Parigi *alli* 19. *di Marzo.*
1562.

P. ROSPERO DI Sta. CROCE.

Dieu vueille lui donner son Secours, & nous garentir d'une Perte qui seroit fort grande pour les *Cattoliques*, s'il venoit à mourir en ce Tems ici.

N'aiant pas d'autres Nouvelles à vous écrire maintenant, qui soient de plus grande Importance touchant les Affaires d'Etat & celles de la *Religion* de ce Païs, je finis cette Lettre.

De *Paris* le 19. de *Mars*.
1562.

PROSPER DE Ste. CROIX.

QUATORZIEME LETTRE

Du Cardinal de Ste. Croix, *au Cardinal* Borromée.

Come scrissi à Voi Signoria Illustrissime hieri, il Ré di Navarra intro in questa Citta, alle 22. hore, & alle due della Notte fece sapere à tutti l'Ambassadori che si dovessino trovare questa Mattina nella Chiesa Cathedrale, all'Officio Divino.

Cossi essendo stato fatto, Sua Maiesta, il Duca di Guisa & Borbone con il Cardinale di Guisa & vinti Cavalieri dell'Ordine, oltra molti Signori, fu alla Processione solita, verso la Chiesa di Santa

LE *Roi de Navarre* vint hier à six heures du soir dans cette Ville, comme je l'ai écrit à Vôtre Eminence, & à deux heures de Nuit il fit avertir tous les Ambassadeurs de se trouver le Matin suivant dans l'Eglise Cathedrale, pour y assister à l'Office Divin.

Cela aiant été fait de cette Maniere, *Sa Majesté* suivit la Procession ordinaire, en allant à l'Eglise de *Sainte Genevieve*, accompagné du *Duc de Guise*, & du *Cardinal* son Frere, suivis

par

Santa Genoveva, & era per la strada una Infinita di Popolo.

Monsù il Coneſtabile *per haver la Gotta andava un poco inanzi à Cavallo, & pertuto diceva, Amici miei, rendete Gratie à Dio che ha voluto liberarvi da molti Travagli, con mandar quà il Ré di* Navarra.

Et della Congiuntione che voi vedete ch'è tra Sua Majeſta *& Monſù di* Guiſa, *& voi altri tutti, per il Servitio di* Sua Divina Majeſta, *per il Beneficio della Religione, & parimente per il Servitio, l'Honore & Eſaltatione del noſtro* Ré. *Alle quali Parole il Popolo gridava di Allegrezza.*

Nel medemo Tempo gli Ugonotti *fecero la lor* Predica *fuori della Citta, & io vi mandai un mio, che mi referi che non vi erano trecento Perſone, di quelli che prima ſi trovavano à Migliara.*

Udita la Meſſa il Ré di Navarra *chiamò tutti gl' Ambaſciadori, & doppo haverli ringratiati della Pena che havevano preſa, diſſe che noi vedevamo l'Opere che faceva, nelle qua-*

par Monſieur de *Bourbon*, & une vintaine de Chevaliers de l'Ordre, qui marchoient avec pluſieurs autres Seigneurs, au travers d'une Infinité de Peuple qui étoit par les Rues.

Monſieur le *Conétable* ſe trouvant incommodé de la Goutte paſſa devant les autres, monté à Cheval & diſant à tous ceux qu'il rencontroit, mes Amis, rendé Graces à *Dieu*, de ce qu'il vous a delivrés de pluſieurs Maux en vous envoiant *le Roi de Navarre.*

Vous voiés la bonne Union qu'il y a entre *Sa Majeſté*, & Monſieur de *Guiſe*, pour vous maintenir en Paix, en ſervant *Dieu* & procurant le Bien de la Religion, avec tout ce qui peut contribuer à l'Honneur & à l'Elevation de nôtre *Roi*. Toutes ces Paroles excitoient le Peuple à faire des Cris de Joie.

Dans le même Tems les *Predicateurs Huguenots* firent un *Sermon* hors de la Ville, & j'y envoiai un de mes Confidens, qui me raporta qu'il n'y avoit pas trois cens de ces Auditeurs qui ſe trouvoient par Milliers dans les autres Aſſemblées.

Le *Roi* de *Navarre* fit appeller tous les Ambaſſadeurs auſſi-tôt que la Meſſe fût achevée, & après les avoir remerciés de la Peine qu'ils avoient priſe, il nous dit que nous voions les Actions

quali continuaria, di bene in meglio.

Che sperava che il Signore Dio gli faria Gratia che si trovara qualche buon Modo per rimediar all'Inconvenienti, che sono in questo Regno: che cossi ci pregava di farne Testimonio à nostri Padroni.

Hoggi son stato a far Riverenza à Sua Majesta, & doppo haver laudata quella sua Santa Intentione, ho discorso con la Majesta Sua che questa Infirmita ha bisogno di Remedio presto, & che essendosi usati i Lenitivi, & veduto che giovano poco, bisognava caminar à dar Essecutione.

Ritocando che se non si levano i Predicatori tutte l'altre Provisioni servono poco.

Et finalmente pregando Sua Maiesta che mi facesse Gratia di dirmi qualche particolare, con il quale potessi rallegrar Sua Santita, che per gli Avisi passati non si trovava molto contenta.

Venendo sopra il Particolare dell'Edito fatto ultimamente, Sua Majesta non volle uscir ad altre Particolarita, ma mi disse che le Cose pigliavano molto meglior

Actions qu'ils faisoit & qu'il les continueroit de bien en mieux.

Il ajoûta qu'il esperoit que *Dieu* lui feroit la Grace de trouver quelque bon Expedient pour remedier aux Inconveniens qui se trouvent dans ce Roiaume, & que par consequent il nous prioit d'en rendre Temoignage à nos Maîtres.

Je suis allé faire la Reverence à *Sa Majesté* aujourdhui, & après avoir loué ses Pieux Desseins, je lui ai representé que le Mal dont il s'agit, a besoin d'un promt Remede, & que voiant le peu d'Effet qu'ont produit les Lenitifs dont on s'est servi, il faloit en venir à quelque Chose de plus efficace.

Je lui reiterai que si les *Predicateurs* ne sont pas chassés de son Roiaume, toutes les autres Precautions ne serviront de rien.

Mon Discours se termina par la Priere que je fis à *Sa Majesté*, de me faire la Grace de me dire quelque Chose de particulier, dont je pusse me servir pour dissiper les Chagrins de *Sa Sainteté*, qui venoient du peu de Contentement qu'elle avoit reçû des Avis de mes Lettres precedentes.

Etant venu à raisonner en particulier sur *l'Edit* qu'on a fait dernierement, *Sa Majesté* ne voulut entrer dans aucun Detail là-dessus, mais dit seulement que

glior Camino, & che assicurassi Sua Beatitudine che passariano bene.

Trovai Sua Majesta in Conseglio con tutti questi Signori sopra nominati, i quali essendosi radunati un poco insieme, me pregarono che io volessi andar domattina à trovare la Regina, *per fare Officio per quello Negotio, come da me.*

Prima in descriver à Sua Majesta lo Stato di questa Citta, & in quanto Pericolo era di esser sacceggiata, se Monsu di Guisa *& poi il* Ré *non ci fossero venuti.*

Poi in assicurar la Majesta Sua che tutto si fa per servitio del Ré, *suo Figliolo, doppo quello del* Signore Dio, *& che non solo non si pensa à levarli l'Autorita, ma che segli ne dara ogni di davantaggio.*

Ultimamente di pregarla à non discortarsi da questa Terra, come che questo saria Causa di ruinar tutto, & impedire il Santo Proposito che questi Signori hanno, nel Negotio della Religione.

Mi hanno ricercato à fare questo Offitio, come ho detto, da me, ma

que les Choses prendroient un meilleur Train, & que j'assûrasse le *Pape* qu'elles iroient bien à l'avenir.

Dans le tems que je fus voir *Sa Majesté*, elle étoit en Conference avec tous les Seigneurs dont j'ai parlé ci devant, lesquels s'étant un peu aprochés les uns des autres, me prierent de vouloir aller Demain matin trouver *la Reine*, pour lui parler de ces Affaires là, comme si cela venoit de mon propre mouvement.

Et que je lui fisse, en premier Lieu, une Description de l'Etat de cette Ville, & du Danger auquel elle étoit exposée d'un Sacagement, si Monsieur de *Guise* n'y étoit pas venu, & le *Roi* ensuite.

Que j'assurasse, après cela, *Sa Majesté* qu'on ne fait rien qui n'aboutisse au service du *Roi* son Fils, après celui de Dieu, & que bien loin de penser à diminuer l'Autorité qu'elle a maintenant, on lui en donnera tous les jours davantage.

Finalement que je la priasse de ne s'éloigner pas de cette Ville, parce que son Absence ruineroit tout, & empêcheroit l'Execution des bons Desseins que ces Seigneurs ont pour ce qui concerne la *Religion*.

Ils ont souhaité que je fisse cette Remontrance en mon Nom pro-

DE LA RELIGION REFORMEE EN FRANCE.

ma con ogni *Caldezza*, & mandarli subito la *Risposta*.

Parmi al parlare loro, che io sento che ancora non siano sicuri che Sua Majesta sia per fermarsi à Fontanableau.

Io ho risoluto di farlo & intanto ho voluto dar questo poco di Aviso à Voi Signoria Illustrissima, cossi in Fretta, riservandomi à scriverne piu longamente dopo la Tornata.

Monsu. il Conestabile *mi disse poi à Parte*, che io usassi Diligenza, in questo Offitio, che importava infinitamente, & che le Cose passariano bene al sicuro.

Io risposi che horamai havevo empito Sua Santita di Speranze, tanto che gia havevo perduto il Credito; che non volevo scriver piu fin che non vedevo altro : che se Sua Excellentia voleva scriverlo lei, che io mandaria la sua Lettera.

Mi disse che voleva scriverlo molto volontieri, perche Sua Beatitudine *non fosse defraudata di questa buona* Nova, & che mi man-

propre, comme je l'ai dit ci-devant, & que je parlasse avec beaucoup d'Ardeur, & leur envoiasse incessament la Reponse.

Il me semble d'entrevoir par leurs Discours, qu'ils ne sont pas encore bien assûrés si *Sa Majesté* demeurera à Fontainebleau.

J'ai resolu de faire ce qu'ils m'ont dit, cependant j'en ai voulu donner un mot d'Avis à Vôtre Eminence, en lui écrivant à la Hâte, dans l'Esperance de lui en envoier une plus ample Relation quand je serai de retour.

Monsieur le *Conétable* me dit en particulier, après cela, que je fisse ce Voiage sans aucun Delai, par ce qu'il étoit de la derniere Importance de voir l'Issue de ce Projet, & qu'il espéroit que ma Négotiation reussiroit.

Je lui repondis que jusqu'à present j'avois reçu *Sa Sainteté* de belles Esperances, qui n'aiant jamais été accomplies m'avoient tellement decredité que je ne voulois plus lui écrire, jusqu'à ce que je visse quelque chose de plus réel : mais que si son Excellence vouloit lui écrire elle-même sur cela, je me chargerois d'envoier sa Lettre.

Il me dit qu'il le feroit très-volontiers, afin que *Sa Sainteté* ne fut pas privée de cette bonne Nouvelle, & qu'il m'envoieroit

mandaria la Lettera alla mia Tornata.

Monsignore Illustrissimo di Tornone è peggiorato, di sorte che ci e pochissima Esperanza di Vita, & per tanto ci contrista tutti.

E giunto qui il Secretario dell' Illustrissimo Signore di Borbone, & parmi che Sua Signoria Illustrissima sia tutta contenta con esso.

Ho ricevuta la Lettera di Voi Signoria Illustrissima, del quarto del presente, & poi che non gli piace di commandarmi che io vengha, con le prime gli scrivero quel che havevo in Animo di dirli.

In tanto basando la mano di Voi Signoria Illustrissima, mi racomando.

Di Parigi alli 22. di Marzo. 1562.

PROSPERO DI Sta. CROCE.

sa Lettre quand je serois revenu de la Cour.

Monsieur l'Eminentissime *Cardinal* de *Tournon* est beaucoup plus malade qu'il ne l'étoit ces jours passés, c'est pourquoi n'y aiant presque plus d'Esperance qu'il puisse vivre, nous en sommes tous affligés.

Le Secretaire de Monsieur le *Duc* de *Bourbon* est arrivé ici, & il me semble que son Altesse est fort contente de ce qu'il a negocié.

J'ai reçû la Lettre de Vôtre Eminence du quatriéme de ce Mois, par laquelle voiant qu'il ne lui plait pas de me commander que j'aille à *Rome*, je lui écrirai, dans mes premieres Lettres, ce que j'avois formé le Dessein de lui aller communiquer de Bouche.

Cependant je salue très-respectueusement Vôtre Eminence, aux Faveurs de laquelle je me recommande.

De *Paris* le 22. de Mars. 1562.

PROSPER DE Ste. CROIX.

QUINZIÉME LETTRE

Du Cardinal de S^{te}. Croix, au Cardinal Borromée.

Come scrissi à Voi Signoria Illustrissima, parve à questi Signori che io andassi à trovare la Majesta della Regina, che fu veramenta à Proposito, essendo Sua Majesta cossi piena di Paura, & di Sdegno, per veder far queste Congregationi, & ogni Casa piena d'Armi, quasi senza sua Participatione, che non mi parve di trovarla molto lontana à partirsi per andare a Orleans, & ritirarsi in quelli Citta che è delle piu forte della Francia.

Pur havendomi ascoltato benignamente, in tutto quello che io volli dire, resto assai consolata, perche il primo & principal Capo fu di assicurar Sua Majesta che qui non si pensava ad altro che à servirla.

Et che se questi Signori non havessero pensato far gran Servitio alla

Aiant déja écrit à Vôtre Eminence, comme ces Illustres Personnes qui conferoient ici avec le *Roi* de *Navarre* m'avoient persuadé d'aller faire quelques Remontrances à la *Reine*, je vous dirai maintenant que j'y fûs dans une très-bonne Conjoncture, par ce que *Sa Majesté* étoit non seulement remplie de Crainte, mais aussi d'Indignation de ce qu'elle voit qu'on fait des *Assemblées* de toutes Parts, & de ce qu'il n'y a point de Maison qui ne soit remplie d'Armes, sans qu'elle ait entierement consenti à cela : voila pourquoi elle m'a paru n'être pas beaucoup éloignée de se vouloir retirer à *Orleans*, par ce que c'est une des plus fortes Villes de toute la *France*.

Mais aiant écouté fort tranquilement tout ce que je voulus lui representer, elle me parût en être assés contente, par ce que le premier & le principal Sujet de mon Discours, fut d'assûrer *Sa Majesté* qu'on ne pensoit ici à autre Chose qu'à lui rendre Service.

Et que si ces Illustres Personnes n'avoient pas eu cela pour But,

alla Majestà Sua, & quel che principalmente desideravà, non si sariano occupati in questa Negociatione, della quale ne resultaria, oltre il Servitio di Dio, la Quiete & Riposo di questo Regno.

Et qui venne à discorrere quel che potesse importare il lassare il Regno in questi Termini, con Duoe Religioni, dolendosi che non fossero stati prima da Sua Majestà, & della longa Dimora che si faceva in questa Città, senza andar da lei.

Me ne venni hieri per rimostrare al Rè di Navarra, & à questi Signori, che era necessario che andassero dalla Majestà Sua, per che non si Sdegnasse davantaggio, & per non dar loco à Valentia, che gli era di continuo all'Orecchie, di persuader Sua Majestà à fare qualche Salto.

Massime che si intendeva che l'Ammiraglio si approssimava di Fontanableau, con cinque Cento Cavalli: nel qual Parere concorsi Monsu il Conestabile cossi volontieri, che intimarono la Partita per hoggi doppo desinare.

But, & crû de lui faire le plus grand Plaisir qu'elle pouvoit desirer, ils n'auroient point entrepris cette Negociation, de laquelle ils esperoient un bon Succès, non seulement pour le Service de *Dieu*, mais aussi pour le Repos & la Tranquilité de ce Roiaume.

Et sur cela elle me fit un Discours propre à me persuader combien il étoit important de ne laisser pas ce Roiaume dans l'Etat où il est avec *deux Religions*, se plaignant de ce qu'on n'avoit pas été d'abord consulter *Sa Majesté*, & de ce qu'on demeuroit si long-tems dans cette Ville sans recourir à elle.

Je suis revenu hier pour representer au *Roi de Navarre*, & à tous ces Seigneurs, combien il est necessaire qu'ils aillent voir *Sa Majesté*, pour empêcher qu'elle ne s'irrite pas davantage, & pour éviter que *Valence* qui est continuellement à ses oreilles, ne lui persuade pas de faire quelques Demarches extraordinaires.

Attendu Principalement qu'on faisoit courir le Bruit que *l'Amiral* s'aprochoit de *Fontainebleau*, avec cinq cens Cavaliers. Monsieur le *Conenable* entra si volontiers dans mon Sentiment, que la Resolution fut prise de partir aujourdhui après Dîné, pour aller trouver *Sa Majesté*.

Peu-

Je

Penso che con questo l'Animo della Regina si quietara, & si rimovera dell'Opinone d'andare à Orleans doppo Pasqua, nella quale persisteva fortamente, quando io gli parlai, con tutto che io facesse Offitio in contrario.

Se questi Signori placaranno la Majesta Sua, come io voglio sperare, & che unitamente si attenda al Bene, si puo creder che presto succedera à quel che desidera.

Qui in Parigi è stato dato Ordine, & in buona parte esseguito, di far mille cinque Cento Fanti, & metterli alla Custodia delle Porte, & per la Terra, perche non segua Inconveniente.

Alli Ugonotti lassano predicare fuori della Citta, ma non gli lassano portar piu Armi, massime Archibusetti.

Con questo il Beza & il Parrochel, che sono duoi primi tra loro, sono partiti, dubitando che non si andasse a Camino di darli un Castigo.

Il Principe di Condé e partito per andare à Casa sua.
Monsu di Borbone resta Luogo te-

Je crois que cette Visite mettra l'Esprit de *la Reine* en Repos, & lui fera abandonner le Dessein qu'elle avoit d'aller à *Orleans*, après *Paques*, car elle persistoit si fort dans cette Resolution lorsque je lui parlois, que toutes mes Remontrances ne furent pas suffisantes pour l'en detourner.

Si ces Seigneurs apaisent *Sa Majesté* comme je l'espere, & s'ils travaillent de Concert pour une bonne Fin, il y a beaucoup d'aparence qu'elle verra bientôt ses Desirs acomplis.

On a donné Ordre, ici à *Paris*, de lever quinze cens hommes de Guerre, pour les mettre aux Portes & aux Carrefours de cette Ville, où ils feront la Garde, pour empêcher qu'il n'arrive des Desordres, & cet Armement est déja presque tout fait.

Les Huguenots ont la Liberté de *prêcher* hors de la Ville, mais on ne leur laisse plus porter des Armes, & sur tout des Pistolets.

Beze & *Parrochel* qui sont les deux principaux Chefs d'entr'eux, s'en sont allés, quand ils ont vû cela, par ce qu'ils se sont imaginés que c'étoient peut-être des Preparatifs pour les chatier.

Le *Prince* de *Condé* est parti pour aller chés lui.
Monsieur de *Bourbon* reste Lieu-

tenente di Sua Majefta Chriftianiſſima, & Sua Signoria Illuſtriſſima mi ha detto haver da duoi giorni in qua, fatta pigliar una Barca, dove in Botte di Vino, era un gran numero di Libri, mandati da quelli di Geneva, li piu trifti del mondo, gli quali ha fatti pigliar, per farli bruſſare, ſe coſſi ſara il buon Piacere della Regina.

Sua Signoria Illuſtriſſima reſta contentiſſima della Riſolutione portata del ſuo Secretario da Roma, & ſpera che le Attioni del Rè ſuo Fratello, & le ſue, ſaranno tali, che Sua Santita havera Cauſa di voltarſi ogni di con miglior Animo verſo di loro.

Monſignore Illuſtriſſimo di Tornone è ſtato duoi Dì in extremis, tanto che ogni hora credevano che moriſſe.

Ha havuto l'Oglio Santo, i ſuoi Beneficii ſono ſtati dati, & i Nepoti & tutti gli ſuoi l'havevano abbandonato : hieri che era il vigeſimo primo giorno che haveva havuta Febre continua migliorò un poco, & queſta matina ci ſono Aviſi che il miglioramento ſeguita, di ſorte che par Miracolo che il Signore Iddio voglia fare nella Perſona

Lieutenant de *Sa Majeſté très-Chrétienne*, & ſon Excellence me dit hier qu'il fit prendre une Barque, il y a deux jours, dans laquelle on a trouvé une grande quantité de *Livres*, les plus chagrinans du Monde, qui étoient dans des Tonneaux à Vin, que ceux de Geneve ont adreſſé ici, & qu'il a fait prendre ces Livres pour les bruler, ſi c'eſt le bon Plaiſir de *la Reine* de lui en donner la Permiſſion.

Son Excellence eſt très-contente de la Reſolution que ſon Secretaire lui a aportée de *Rome*, & il eſpere que les Actions du *Roi* ſon Frere, & les ſiennes, donneront tant de ſatisfaction au *Pape*, qu'il aura Lieu de ſe tourner de leur côté pour les regarder tous les jours de meilleur Oeil.

Monſieur le *Cardinal* de *Tournon* a été reduit, pendant deux jours, dans une ſi grande extremité qu'il n'y avoit point d'heure qu'on ne crût de le voir mourir.

Il a reçû l'Extreme Onction; ſes Benefices ont déja été donnés; ſes Neveux & tous ſes autres Parens l'avoient abandonné; mais hier, qui étoit le 21. jour de ſa Fievre continue, il ſe trouva un peu mieux, & ce matin on a reçû Avis qu'il continue de ſe remettre, de ſorte qu'il ſemble que Dieu vueille faire

DE LA RELIGION REFORME'E EN FRANCE.

fona fua di preservarla ancora, per Beneficio di questo Regno.

Tuttavia il Caso suo non è securo, massime per trovarsi in Eta di settanta duoi Anni, & per haver havuta Febre continua 21. giorno, laqual questi suoi sempre hanno celata à noi altri, hora con dire che non l'haveva, hora con dire ch'era Quartana.

Monsu di Termes *non è ancora partito della Corte, dove hora si trova per Occasione della Publicatione & Interinatione delle sue Faculta: ma deve partire un di questi di.*

In questa Audienza Sua Majesta si rallegro molto con me che Sua Santita *non havesse trovato molto male l'Editto, dummodo fosse per Principio, & se seguitasse poi di far continuamente, & mostro che Monsu di Lansach havesse fatta buona Relatione.*

Poi parlai di quanta Voi Signoria Illustrissima mi commanda, in Testificatione delle Attioni di Monsu di Viterbo.

Sua

faire un Miracle pour conserver encore ce Prelat, en Faveur de ce Roiaume.

Sa Guerison n'est pas neanmoins encore bien certaine, par ce que c'est un Vieillard de soixante douze Années, fort abatu par une Fievre continuë, qui l'a tourmenté pendant 21. jours, laquelle Nous a été cachée par ses Proches, tantôt en disant qu'il ne l'avoit point, & quelque fois en faisant entendre que ce n'étoit qu'une Fievre Quarte.

Monsieur de *Termes* ne s'est pas encore éloigné de la Cour, où il se tient maintenant pour faire interiner & publier ses Commissions & ses Privileges ; mais il doit partir dans quelques jours.

Dans cette Audience que j'ai euë de *la Reine*, *Sa Majesté* me temoigna beaucoup de Joie de ce que le *Pape* n'avoit pas entierement improuvé *l'Edit* de *Pacification*, par ce que Monsieur de *Lansac* avoit fait une bonne Relation à *Sa Sainteté*, pour lui donner à connoître qu'il n'avoit été dressé que pour commencer d'ebaucher ce qu'on devoit faire ensuite.

Je ne manquai pas de lui dire tout ce que Vôtre Eminence m'avoit ordonné de lui temoigner, au Sujet des Deportemens de Monsieur de *Viterbe*.

P   Sa

Sua Majesta *mi disse che soleva dar Fide al Testimonio di* Sua Santita, *& creder tutto quel che gli faceva dire, ma che pregava* Sua Beatitude *a non creder quel che Monsù di* Viterbo *gli ha detto, o dira.*

Al che ben che io replicassi che la Majesta Sua *poteva assicurarsi che non haveva detta Cosa alcuna che potesse dispiacere alla* Majesta Sua, *poi che* Sua Santita *non l'assicurava cossi risolutamente, & che per aventura saranno state Relationi di Persone poco amorevole.*

Sua Majesta *mi comando che io non lassassi di scriver quanto mi haveva detto.*

Io non mancaro di reparlarne, con l'Occasione di una Lettera del detto Monsù di Viterbo.

Monsù il Conestabile *in questo Punto mi ha mandata l'alligata Lettera per* Sua Santita, *& à dir che montava in Letticha per andar' à trovar* la Regina, *insieme con tutti quelli Signori, & che speravano di operar che la* Majesta Sua *mutasse Opinione circa l'andare à* Orleans.

Che in questa Terra restava Monsù di Borbone, *con Monsù di*

Sa Majesté me dit qu'elle avoit Coutume d'ajoûter Foi aux Temoignages du *Pape*, & de tenir pour certain tout ce qui venoit de sa Part, mais qu'elle prioit *Sa Sainteté* de ne croire pas tout ce que *Viterbe* lui avoit dit, ou lui diroit à l'avenir.

Sur quoi lui aiant reparti que *Sa Majesté* pouvoit être assûrée qu'il n'avoit dit aucune Chose qui pût lui deplaire, & que tout bien consideré le *Pape* n'affirmoit rien de positif là-dessus, attendu que ce sont peut-être des Personnes mal intentionées qui ont fait ces Raports.

Sa Majesté persista à me temoigner que je devois écrire tout ce qu'elle m'avoit dit.

Je ne manquerai pas de lui representer encore une autre fois les mêmes Choses, à l'Occasion des premieres Lettres que je recevrai de Monsieur de *Viterbe*.

Monsieur *le Conétable* m'a fait aporter dans ce moment, la Lettre ci-jointe, pour *Sa Sainteté*, en me donnant Avis qu'il monte en Litiere pour aller trouver *la Reine*, avec tous ces autres Seigneurs dont j'ai parlé, & qu'ils esperent de la faire changer de Sentimens touchant la Resolution qu'elle a prise de se retirer à *Orleans*.

Il m'a aussi fait dire que Monsieur de *Bourbon* restera dans cette

di Alanzon & Silva, *per attendere alle Cose della Justitia.*

Circa à quelle della Guerra, ò dell' Arme, ne haveva Carigha Monsù di Termes, con l'Assistenza di duoi Cavalieri dell'Ordine, che sono Monsù di Candale & di Crevacœur.

Con che si partano allegramente, parendoli haver dato buon Ordine à questa Citta, della quale dipende finalmente tutto il Regno.

La Regina *ha cercato di saper del* Duca *di* Savoia *di che si potra promettere, & prevalere di* Sua Altezza, *in Caso che la* Majestà Sua *n'havesse bisogno, per estinguer questi* Rumori *di* Francia, *& dubitasse di esser oppressa.*

Il Duca *gli ha risposto che si puo promettere di tutto quanto hà, & della* Vita propria, *laquale impiegarebbe volontieri al Servitio di* Sua Majestà : *pressupponendo ch'ella voglia valersi delle sue* Forze, *per estinguere gli* Rumori di Francia, *cioè* Castigar questi della Nuova Religione.

te Ville, avec Monsieur d'Alençon & Silva, pour avoir soin des Affaires qui concernent l'Administration de la Justice.

Que Monsieur de *Termes* & deux Chevaliers de l'Ordre, à savoir Monsieur du *Candal* & Monsieur *Crevecœur*, sont chargés de celles de la Guerre & des Armes.

Tout cela leur paroissant bien reglé par les Ordres qu'ils ont donnéz, & suffisant pour la Conservation de cette Ville, de laquelle depend la Destinée finale de tout ce Roiaume, ils s'en vont fort contens.

La Reine a fait sonder la Disposition du *Duc* de *Savoie*, pour savoir ce qu'elle pouvoit esperer de son *Altesse*, en Cas qu'elle eût Besoin de son Secours, pour mettre Fin à ces *Troubles* de la *France*, si elle se trouvoit dans un Etat qui lui donnât Lieu de craindre qu'on voulut l'oprimer.

Ce *Duc* lui a repondu qu'elle peut se tenir assûrée qu'il emploiera volontiers pour son Service tout ce qui depend de lui, & même sa propre Vie : supposé qu'elle vueille se prevaloir de ses Forces pour éteindre *le Feu* des *Divisions* qui font tant du Bruit en France, c'est à dire pour châtier ceux de la *Nouvelle Religion*.

Ma quando la Majestà Sua pensasse altrimente, & di voler favorir Costoro, che in questo Caso, non solo non l'aiutaria ma gli pareria di esser grandissimamente offesa.

Et che credeva che il medemo pareria al Ré Cattolico, onde consigliava Sua Majestà à levarsi d'intorno il Cancelliere, Valentia, & le Signore di Crussol & di Roye, che gli davano Consiglii perniciosi, & dishonorevoli.

Cosi credo che Sua Majestà fara, massime se havera intesi questi Signori, circa gli quali giungo qui un Bolletino in Cifra.

Mais, que si *Sa Majesté* avoit d'autres Desseins, & vouloit favoriser ces Gens-là, bien loin de l'assister en ce Cas, il lui sembleroit au contraire qu'elle l'offenseroit très-grievement.

Qu'il croioit que cela desobligeroit aussi beaucoup *le Roi d'Espagne*, & qu'il conseilloit à *Sa Majesté* de ne souffrir plus autour d'elle *le Chancelier*, ni *Valence*, non plus que Madame de *Crussol*, & celle de *Roye*, qui lui donnoient de mauvais Conseils, prejudiciables à son Honneur.

Je crois que *Sa Majesté* suivra ce Conseil, & qu'elle sera d'autant mieux disposée à le mettre en Effet, lors qu'elle aura entendu ces Seigneurs touchant lesquels je vous envoie un Billet en Chiffre.

MEMOIRE SECRET

Ecrit en Chifre, & joint à la Lettre precedente.

Questi Signori sono andati à trovar la Regina, con Animo di persuader à Sua Majestà à non partirsi di quà d'intorno, & sperano di ottenerlo.

Vogliono poi stabilir le Cose della

Ces Seigneurs sont allés trouver *la Reine*, dans le Dessein de persuader à *Sa Majesté* qu'elle ne s'éloigne point des environs de d'ici, & ils esperent de l'obtenir.

Ils veulent ensuite regler, d'u-

della Religione *in questa Citta del tutto , & di mano in mano pensar al restante.*

A mio giudicio si caminaria con maggior Furia, se non che il Ré di Navarra *, se ben ha piacer di incaminar tutto bene , non gli dispiace pero à riservar la Conclusione fin che vengha Risolutione di* Spagna *, donde* pendent Leges & Prophetæ.

Adesso che sono nel Conseglio questi Signori Cattolici *crede che non fosse da perder tempo per proceder contro* Schastiglione *,* Valentia *,* Bottiglieri *, & altri sottoposti alla Giurisdittione Ecclesiastica , & Macchiati , & in Caso che si vengha alla Privatione , potria essere che ci sia che pigli volontieri i loro Beneficii.*

d'une maniere solide , tout ce qui concerne *la Religion* dans cette Ville, & penser à rétablir peu à peu , tout le reste des Affaires.

On y travailleroit avec beaucoup plus de Vigueur, selon ce que j'en prevois , si *le Roi* de *Navarre* ne suspendoit pas toutes les Resolutions , car s'il a plaisir d'un côté que toutes Choses prennent un bon Train, il n'est pas faché de l'autre que la derniere Conclusion soit differée, jusqu'a ce que la Reponse positive qu'il attend du *Roi d'Espagne*, soit venuë, par ce que c'est de là que toutes les Loix & les Prophetes dependent.

Sa Majesté croit qu'on devroit profiter de l'Occasion favorable qu'on a maintenant, de poursuivre le *Cardinal de Chastillon*, *Valence*, le *Bottelier*, & tous les autres Fauteurs des Opinions contraires à la Religion Romaine, pendant que ces Seigneurs *Catoliques* sont dans le Conseil de *la Reine*, où ils peuvent former la Resolution de les faire degrader par devant les Tribunaux de la Jurisdiction Ecclesiastique dont ces Prelats dependent , & en ce Cas il y aura peut-être bien des Gens qui voudront avoir leurs Benefices.

Di Parigi alli 26. *di Marzo.*
1562.
PROSPERO DI Sᵗᵃ. CROCE.

De *Paris* le 26. de Mars.
1562.
PROSPER DE Sᵗᵉ. CROIX.

SEIZIEME LETTRE

Du Cardinal de S.ᵗᵉ. Croix, au Cardinal Borromée.

IL giorno di Pasqua che fu non hier l'altro, è stato celebrato in questa Terra con maggior Frequenza nelle Chiese, & con maggior Devotione che sia stato fatto molti Anni à dietro, à Giuditio commune di tutti, se ben gl'Ugonotti facevano la lor Predica, con qualche numero di Gente, fuor della Terra.

Hieri poi tutta la Citta fu in Arme, con serrar le Porte, & tirar le Catene, per tutta la Terra, per l'Occasione che il Principe di Condé, con l'Ammiraglio & Andelot, vennero qui vicino à duoi Miglia, con duoi mille Cavalli & cinque Cento Fanti, secondo il Rumore commune, ma in Verità non furono piu della meta.

Tuttavolta il sentirsi approssimar tanto fece stare questa Citta in gran sospetto, come quella ancora che non è del tutto secura che non ci sia dentro del Male.

LA Fête de Paques fut celebrée avant hier dans cette Ville par un grand Concours de Peuple, qui frequenta beaucoup plus les Eglises, & y fit paroître plus de Devotion, qu'on n'en a vû depuis plusieurs Années, selon la Remarque de tous ceux qui se souviennent du Tems passé : quoi que les *Huguenots* aient aussi fait leurs *Sermons* auxquels plusieurs Personnes sont allées assister ce même jour là, hors de la Ville.

Mais hier on en ferma toutes les Portes, & les Habitans aiant pris les Armes tendirent les Chaines pour se barricader, à Cause du *Prince* de *Condé* qui étoit venu à une Lieüe d'ici, avec *l'Amiral* & *Andelot*, à la Tête de cinq cens Fantassins, & de deux mille Cavaliers, suivant le Bruit commun qui s'en repandit, quoique la Verité soit qu'il n'y en avoit pas plus de la moitié de ce Nombre.

Cependant les Aproches de ces Gens là ne laisserent pas de donner à tous les Bourgeois, de grands sujets de Soupçon, attendu qu'on n'est pas encore bien assûré qu'il n'y ait des

DE LA RELIGION REFORME'E EN FRANCE.

Il detto Principe *che veniva da* Meaux *è andato allogiar à San Cloud, & questa mattina è partito, & andato lontano di qua quattro Leghe, per il Camino di* Orleans*, dove si dubita che non vada per impatronizarsi di quella Terra, che è delle piu forte della* Francia*, & che ha alle Spale tutto il* Paese Ugonotto.

Che se bene da Timore & Spavento à molti, à me par che sia il meglio che possa succedere in Malis che Costoro si dechiarino cossi Inimici del Ré*, & della Quiete del Regno, & della* Religione.

Non mi par verisimile che possano far gran Cose, ne sostenersi longamente, non havendo piu Denari contanti.

Et ben che dichino che per far questa Fattione la Compagnia d'Ugonotti di Parigi gl'habbia mandati tre mille Scudi, & che pensino di haverne de gli altri, da tutte le Bande, si puo ancora credere fermamente che si stracaranso ben presto.

Trames qui peuvent causer du Mal dans cette Ville.

Ce Prince qui venoit de *Meaux* alla passer la Nuit à Saint Cloud, & ce Matin il est parti, & a fait quatre Lieües de Chemin pour s'aprocher *d'Orleans*, où l'on croit qu'il veut mener ses Troupes, pour se rendre le Maitre de cette Ville qui est une des plus fortes de la *France*, & qui a de part & d'autre tout le Pais où sont les *Huguenots*.

Cela donne tellement de la Crainte à plusieurs qu'ils en sont épouvantés, mais il me semble que tout ce qui peut arriver de meilleur, dans une Conjoncture aussi mauvaise que celle de ces Troubles, c'est que ces Gens là se declarent ouvertement les Ennemis du *Roi* & de la *Religion*, & les Perturbateurs du Repos Public.

Je ne vois pas que selon toutes les Aparences ils puissent faire de grands Progrès, ni demeurer long-tems armés, parce qu'ils n'ont plus d'Argent comptant.

On doit même tenir pour certain qu'ils se lasseront bien-tôt, quoiqu'ils disent que la Faction de la Compagnie des *Huguenots* de *Paris* leur a envoié trois mille Ecus, & nonobstant l'Esperance dont ils se repaissent d'en recevoir aussi de ceux de toutes les autres Sociétés de leurs adherens.

La Majestà della Regina che ha inteso queste Nove, doveva partir da Fontanableau, che è un Luogo aperto, per venir à Melun che è Terra murata, & assai forte per simil Occasione, atteso che di qua si fa ogni Sforzo perche se ne vengha a star dentro di questa Citta, ò al Bosco di Vicenna, che è lontano di quà un Miglio.

Sperasi che la Majestà Sua verra consolare questo Popolo. Domani si n'aspetta la Risposta, ch' ha causato che io non sono ancora partito.

Qui molti di questi Cittadini che mi sono venuti à vedere, non si sono possuti contener di non dirmi apertamente, che Sua Santita non doveria tardar piu à proceder contro il Cardinale di Schastiglione, Valenza & simili: mostrando che tutto quello che Sua Beatitudine deliberasse delle Persone loro, al manco de i Beni Ecclesiastici, saria incontinente esseguito.

Io come vengano questi Signori intendo di parlarne con loro, per posser scrivere à Voi Signoria Illustrissima con piu di Fondamento.

Gli

La Reine prit la Resolution de sortir de Fontainebleau d'abord qu'elle reçut ces Nouvelles, par ce que c'est un Lieu tout ouvert, & elle devoit se retirer à Melun qui est une Ville entourée de Murailles assés fortes pour sa Sûreté dans cette Occasion, attendu qu'on fait ici tous les Efforts imaginables pour l'obliger de venir resider dans cette Ville, ou d'aller au Bois de Vincennes qui n'est qu'a demi Lieu d'ici.

On espere que Sa Majesté viendra consoler ce Peuple, & par ce qu'on en doit recevoir demain la Reponse, c'est la Cause que je ne suis pas encore parti.

Plusieurs Bourgeois de cette Ville, m'étant venus voir, n'ont pû s'empêcher de me dire ouvertement que le Pape ne devroit pas differer plus long-tems de faire des Poursuites contre le Cardinal de Chastillon, Valence, & autres semblables: & ils me temoignerent que tous les Decrets que Sa Sainteté feroit contre ces Personnes, ou du moins concernant leurs Biens Ecclesiastiques, seroit d'abord executé.

J'en parlerai à ces Seigneurs qui sont allés à la Cour d'abord qu'ils seront revenus ici, afin d'en pouvoir écrire à Vôtre Eminence sur un meilleur Fondement.

Les

DE LA RELIGION REFORME'E EN FRANCE.

Gli Ugonotti di questa Citta volevano fare la lor Cena il giorno di Pasqua, però fuor della Terra, nella quale volevano far pagare ad ogni uno che v'intervenisse, se era Ricco, vinti soldi, & se era Povero sette, dicevano per i Bisogni della loro Religione.

Monsu Illustrissimo di Borbone gli ha probibito di farla, cossi per Rispetto di non comportar Cosa tanto scandalosa, come perche non raccogliessero questa Somma di Denari, che ben s'intendeva che era per nutrir Gente di Guerra.

Ben che loro replicassero con l'Audacia solita, Sua Signoria Illustrissima chiamo da Banda i Ministri, & gli disse che se la facevano che perdonaria al Popolo, come sedutto, ma che faria il di seguente impicar loro: con che sin hora non si è veduto altro, & spera che obediranno sempre cossi.

Scrivendo è venuto Aviso che il Principe di Condé s'è fermato, & non passa inanzi, come si credeva, verso Orleans.

Les *Huguenots* de cette Ville vouloient faire leur *Cene* le jour de Paques, dans un des Fauxbourgs de ce Lieu, où ils avoient resolu de faire paier vint sols par Tête aux Personnes Riches qui y viendroient à la Communion, & sept sols à chacun de ceux qui seroient Pauvres, & ils disoient que cette Somme devoit être emploiée pour les Besoins de leur *Religion*.

Monsieur le *Duc* de *Bourbon* leur a defendu de la faire, tant par ce qu'il se croioit obligé de ne devoir pas souffrir une Chose si Scandaleuse, que pour les empêcher de recueillir cette Somme d'Argent, que l'on savoit fort bien être destinée pour l'Entretien des Gens de Guerre.

Ils lui repondirent avec leur Audace ordinaire, mais son Excellence fit venir les Ministres à Part, & leur dit que s'ils faisoient la *Cene* il pardonneroit au Peuple qu'ils auroient seduit, mais qu'il les feroit pendre eux-mêmes le Lendemain. Cette Menace les a fait contenir jusqu'à present, & il espere que desormais ils ne contreviendront point à ses Ordres.

Dans le même Instant que je vous écris ceci, on vient de recevoir Avis que le *Prince* de *Condé* a fait arrêter ses Troupes, & qu'il ne s'avance plus du côté d'*Orleans* comme on l'avoit crû.

Dicesi ancora c'habbia mandato un Suo à dar Conto alla Regina, della quale qui si a gran Speranza che sia per venir in questa Città, & che tutto si accomodera cosi di quà, come ancora di Germania donde par che si intenda che molti si riconoscono, & vogliono venire al Concilio.

Piaccia al Signore Dio che segua cosi, alla Gloria di Sua Divina Majesta, & al Contentamento di Sua Beatitudine, & di Voi Signoria Illustrissima.

Di Parigi l'ultimo Marzo. 1562.

On dit aussi qu'il a envoié un Exprés vers la Reine pour l'informer de cela, & on espere que Sa Majesté viendra bientôt dans cette Ville, & que toutes les Affaires de ce Païs s'accommoderont avec celles d'Allemagne, d'où l'on aprend que plusieurs se relâchent de leurs premiers Sentimens, & veulent aller au Concile de Trente.

Dieu vueille que cela soit ainsi, pour la Gloire de Sa Divine Majesté, pour le Contentement du Pape, & celui de Vôtre Eminence très-Illustre.

De Paris le dernier de Mars. 1562.

PROSPERO DI Sta. CROCE.   PROSPER DE Ste. CROIX.

MEMOIRE SECRET

Ecrit en Chifre, & joint à la Lettre precedente.

Sperasi che il Ré di Navarra ritirara il Principe di Condé, & che i Schastiglioni, che, oltre all'Interesse della Religione, hanno offeso grandamente il Ré di Navarra, come io ho saputo di certo, se bene non ho possuto intender il Particolare, saranno quelli che haveranno il Castigo.

Che

On espere que le Roi de Navarre ramenera le Prince de Condé, & que Chastillon & ses Adherans auront la Punition qu'ils meritent, non seulement pour leurs Actions contraires aux Intérêts de la Religion, mais aussi par ce qu'ils ont beaucoup offensé le Roi de Navarre, comme j'en suis informé par une voic très-

Che l'Ammiraglio *fara privato*, & *il Luogo suo si dara à Monsu di* Nemours, *il quale pigliara per Moglia Madama di* Rhoan, *Nipota del* Ré *di* Navarra.

Andelot *fara privato del Generalato delle Fanterie Francese*, & *si dara al* Marchese *del* Beuf, *Fratello di Monsu di* Guisa, & *con questi Principii si caminara piu oltra à privarli delli Beni*, *che faranno contenti qualch'altri*.

Si dara la Parte sua del Castigo al Cancelliere, *al* Cardinale *di* Schastiglione, Valentia, Bottigliere & *altri*, *quanto* Sua Santita *vorra*.

Tutte queste Cose sono state trattate & *risolute tra questi Signori*, *pero vogliono caminar di sorte che ci sia il buon volere della* Regina, *laquale sperano che ci sara alla Fine*, & *che la* Majesta Sua *conoscera quanto sia stata ingannata da Costoro*, *in Pregiuditio dell'Honore del* Regno, & *forsi dell'Anima*.

très-certaine, quoique je n'aie pas encore pû en savoir toutes les Particularités.

L'on m'a pareillement assûré que *l'Amiral* doit être privé de sa Charge, & qu'elle sera donnée à Monsieur de *Nemours*, qui épousera Madame de *Rhoan*, Niece du *Roi* de *Navarre*.

Andelot ne sera plus aussi General de *l'Infanterie Françoise*, de laquelle Monsieur le *Marquis Delbœuf*, Frere de Monsieur de *Guise*, aura le Commendement; & après que ces Gens là seront privés de leurs Charges, on fera d'autres Demarches pour les depouiller de leurs Biens, qui serviront à contenter quelques autres Personnes.

Le *Chancelier*, le *Cardinal* de *Chastillon*, *Valence*, le *Bottelier* & les autres de leur Cabale, recevront aussi leur Part du même Chatiment, à Proportion de la Volonté du *Pape*.

Tout cela a été mis en Deliberation & resolu par ces Seigneurs, qui veulent néanmoins avoir le Consentement de *la Reine* pour cet Effet, laquelle ils esperent de voir ici avant que leur Conference soit finie: & ils se persuadent aussi que *Sa Majesté* connoîtra combien elle a été trompée par ces Gens-là, au Prejudice de l'Honneur de son Roiaume, & peut être même au Desavantage de sa *Religion*.

Se questo riesce, voglio sperare che le Cose d'Inghilterra passeranno bene, gia che quella Regina non par molto lontana di mandar al Concilio di Trento.

L'Ambasciadore suo qui mi ha fatto dire che parlaria volontieri con me, in Loco terzo, & hora stamo cercando L'occasione.

Di Parigi l'ultimo di Marzo. 1562.

PROSPERO DI Sta. CROCE.

Si ces Projets reussissent, il y aura Lieu d'attendre un bon Succès des Affaires d'Angleterre, puisque la *Reine* de ce Païs là, ne paroit pas beaucoup éloignée d'envoier des Deputés au *Concile de Trente*.

Son Ambassadeur qui est ici, m'a fait dire qu'il confereroit volontiers avec moi dans un Lieu Neutre, & maintenant nous cherchons l'Occasion favorable pour cela.

De *Paris* le dernier de Mars. 1562.

PROSPER DE Ste. CROIX.

DIX-SEPTIEME LETTRE
Du Cardinal de Ste. Croix, au Cardinal Borromée.

Scrissi a Voi Signoria Illustrissima hieri, & questa Sara per dirli di piu che il medemo giorno, alle tre hore di notte, giunse in questa Citta Monsù il Conestabile, senza che persona lo sapesse.

Questa mattina ha fatto armare tutta la Fanteria, & buona Truppa di Cavalli, & caminando Sua Exellenza in mezzo di loro per la Citta, che non si sapeva che vi fosse, incontro uno che

J'Ecrivis hier à Vôtre Eminence, & je le fais derechef aujourdhui, pour l'informer que, le même jour, sur les trois heures de Nuit, Monsieur *le Conétable* entra dans cette Ville, sans que Personne le sçût.

Ce Matin aiant fait armer toute l'Infanterie & beaucoup de Cavalerie, il a fait le tour de la Ville, en marchant à l'improviste au milieu de ces Troupes, & un certain nommé *Rose*, qui est

DE LA RELIGION REFORME'E EN FRANCE.

fi chiama Rofe *Avuocato del* Ré, *nel Parlamento*, & *chiamatolo à fè con villania comando che foffe menato alla Prigione.*

Dicono ch'abbia fatto fare il medemo ad un Predicatore Ugonotto, che fi chiama Riviere. Con tutta la Gente armata è ufcito della Terra, & andato dove predicava un altro, che fi chiama Malho, & fubito fatto pigliar lui, fece metter fuoco al Pulpito, & alli Libri trovati in Cafa, & à tutti i Banchi poftovi per la Predica, & fece menar in Prigione molti di quella Compagnia.

Tutta quefta Citta fta con Allegrezza infinita, & quefti Ugonotti cofi fmarriti che non è poffibile piu.

Sua Majefta Chriftianiffima fi afpetta in quefta Terra domani, & ben che fia folita farli Intrata in Parigi folennemente, par che per quefta Occafione la Majefta Sua verra armata, & non fi curera d'altre Cerimonie, ch'è Rifolutione molto à propofito.

Et poi che fi comincia à darli Effe-

eft Avocat du *Roi* dans le Parlement, s'étant rencontré dans un Lieu où Monfieur le *Conétable* paffoit, il le fit venir auprès de lui par des Paroles accompagnées de Reproches diffamatoires, & commanda qu'il fut conduit en Prifon.

On dit qu'il a fait traiter de la même Sorte un *Predicateur Huguenot*, qu'on appelle Riviere.

Il eft forti de la Ville, avec ces Gens de Guerre, pour aller dans un Lieu où il y avoit un autre *Predicateur* nommé *Malho*, lequel aiant été faifi pour être conduit en Prifon, avec plufieurs de ceux qui étoient affemblés pour l'entendre, il fit d'abord mettre le Feu à la Chaire, aux Livres, & aux Bancs qu'on trouva dans la Maifon où ce Miniftre *prêchoit*.

Tous les *Catoliques* de cette Ville en ont une très-grande Joie, & les *Huguenots* en font dans une Confternation qui eft extrême.

Sa Majefté très-Chrétienne doit arriver demain dans cette Ville, & quoi que l'on ait accoutumé de la recevoir d'une Maniere Solennelle, il femble néanmoins que *Sa Majefté* ne fe mettra pas en Peine d'aucune Ceremonie, mais qu'elle viendra bien armée dans cette Occafion, comme il a été refolu fort à Propos.

Et puifque l'on commence de faire

Essecutione, si può sperar che presto tutto succederà bene, & io son sicuro che Sua Excellentia *non haveria scritto à Sua Signoria, come fece con le passate, se non havesse pensato di poserne haver Honore.*

Madame *di* Guisa *è andata à* Montargis *per visitare* Madame *di* Ferrara *sua Madre, & hò inteso da buon Luogo, che ha Ordine di dirli da Parte di Sua Majestà* Christianissima *che mandi via tutti i* Predicatori*, & viva* Cattolicamente*, altrimente che la farà metter in un Monasterio rinchiusa per sempre.*

Credo che siano state fatte delle altre Provisioni per il Regno, delle quali io non hò ancora inteso i Particolari.

Di mano in mano Voi Signoria Illustrissima sarà avisata di tutto: intanto hò voluto mandar la presente per via di Lione*, con Ordine che facino quel Viaggio che parerà meglio perche le Lettere venghino presto.*

Dicono che il Principe *di* Condé *habbia risposto à Monsù* il Mareschiallo

faire ces Executions, il y a Lieu d'esperer que tout le reste aura bien-tôt un heureux Succès, car je tiens pour certain que Monsieur *le Conêtable* n'auroit pas écrit à Vôtre Eminence de la Maniere qu'il le fit dernierement, s'il n'avoit pas crû de pouvoir se tirer avec Honneur de ce qu'il a promis par ces Lettres.

Madame de *Guise* est allée à *Montargis,* pour y rendre Visite à Madame de *Ferrare* sa Mere, & j'ai été informé de bonne Part que *Sa Majesté très-Chrétienne* l'a chargée de lui dire, que si elle ne congedie pas tous les *Predicateurs,* pour vivre en bonne *Catolique, Sa Majesté* la fera renfermer dans un Monastere d'où elle ne sortira jamais.

Je crois qu'on a formé plusieurs autres Resolutions, touchant les Affaires de ce Roiaume, dont je n'ai pas encore pû savoir les Particularités.

Vôtre Eminence sera informée de tout, à Mesure que j'en decouvrirai quelque Chose: cependant j'ai voulu envoier cette Lettre par la Route de *Lion,* avec Ordre de vous l'envoier par celui qui leur paroîtra le plus Diligent à faire son Voiage, afin que vous la receviés bien-tôt.

On dit que le *Prince* de *Condé* a Repondu au *Maréchal* de *Gon-*

DE LA RELIGION REFORMÉE EN FRANCE.

reschiallo di Gondi, che non vuol desarmare, & che è Servitio di Sua Majestà che lui stia armato.

Che quando conoscessi che fosse altrimente, non solo disarmaria, ma andaria col Corpo per Terra, ma che la Majestà Sua era ingannata.

Et per tanto à lui pareva che alla fine sia per piacerli che sia armato ancora piu che non è, con che dicono che si auviara alla volta di Orleans.

Monsù Illustrissimo di Tornone è migliorato, quando una altra volta si credeua che fosse morto.

Piaccia à Dio di conservarlo, conforme al Bisogno che ha il Tempo presente di un simil Personaggio.

Adesso è venuto un Corriere, che dice che il Principe di Condé è intrato in Orleans: ho mandato per sapernè presto la Certezza.

Havendo fatto visitare al mio Nome Monsù il Conestabile; mi ha mandato à dire che scriva à Sua Santità, che il Ré & la Regina, & tutto il Conseglio hanno risoluto di volersi cavar la Maschera, &
net-

Gondi qu'il ne veut point faire desarmer les Troupes qu'il commande, par ce qu'il est utile pour le Service de Sa Majesté qu'il les tienne sur Pied.

Que s'il connoissoit que cela ne fût pas ainsi, non seulement il leur feroit mettre bas les Armes, mais qu'il ramperoit lui même contre Terre, & que s'il ne le fait point, c'est par ce qu'il voit que Sa Majesté est trompée.

Et que par consequent il lui semble que venant enfin à s'en apercevoir, elle sera bien aise qu'il ait encore de plus grandes Forces que celles qu'il a maintenant, lesquelles on croit qu'il va faire passer du côté d'Orleans.

Monsieur le Cardinal de Tournon s'est derechef trouvé un peu mieux, après avoir été une seconde fois à l'Agonie de la Mort.

Dieu vueille le conserver, selon le Besoin qu'on a presentement d'un tel Personage.

Il vient d'arriver un Courrier qui dit que le Prince de Condé est entré dans Orleans: j'en ai envoié demander des Nouvelles plus certaines.

Aiant fait rendre une Visite de ma Part à Monsieur le Conêtable, il me fit dire que j'écrivisse à Sa Sainteté que le Roi & la Reine, avec tout leur Conseil, ont resolu de lever entierement le Masque

128 LES PROGRES ET LES CATASTROPHES

nettar il Regno di questa Spuritia, & che mi diria poi i particolari come io andassi da Sua Excellentia.

Et perche il mio Secretario fu questa Parola domando l'hora per andarvi, rispose ch'hoggi voleva andare à far qualche altra Fattione, che domani o venirebbe à disnar meco, o mandarebbe che io andassi a disnar con Sua Excellentia : ma che stessi di buon Animo : con il quale essendomi posto à scrivere, non ho voluto tardar piu à mandar la presente.

Della Venuta della Regina, & di quel che mi mando à dir per Monsù di Macone, ne scrissi con le passate.

In Casa del Predicator Ugonotto hanno trovato quattro huomini morti in un Pozzo, & in quella dell'Avocato del Ré ch'è vicina ad una Porta della Citta, settanta Soldati ben armati, gli quali hanno presi.

Di Parigi alli 5. Aprile.
1562.

PROSPERO DI Sta. CROCE.

que, & de ne souffrir plus aucun Huguenots dans ce Roiaume, su quoi son Excellence m'a aussi fa donner Avis qu'elle m'en dir toutes les Particularités quand l'irai voir.

Et parce que mon Secretaire lu demanda à quelle heure je pour rois le trouver, il lui dit qu'au jourdhui il alloit vaquer a quel ques autres Affaires, mais qu Demain il viendroit diner ave moi, ou m'inviteroit à aller che lui, & que cependant je vecuss content & en Repos. Cela m'a iant été dit dans le tems que j'é crivois cette Lettre, je n'ai pa voulu renvoier à une autre Occa sion de vous en parler.

Je vous ai aussi donné Avis pa mes precedentes de l'arrivée de l Reine, & de ce que Monsieur d Macon m'envoia dire.

On a trouvé quatre Hommes morts au fond d'un Pui dans la Maison du Predicateur Huguenot, dont je vous ai parlé, & soixante dix Soldats bien Armés qu'on a pris dans celle de l'Avocat du Roi, qui est proche de l'une des Portes de la Ville.

De Paris le 5. d'Avril.
1562.

PROSPER DE Ste. CROIX.

DIX.

DIX-HUITIÉME LETTRE

Du Cardinal de S.te Croix, au Cardinal Borromée.

Doppo la *Partita di quel mio, che penso sara capitato bone*, Monsù di Valenza & *Monsù di* Gondi *furono à trovare il* Principe di Condé *à* Orleans, *accompagnati da duoi Secretarii che chiamano qui di Commandamenti, i quali andavano per fare tutte le Seguite che fossero giudicate conveniente per che il* Principe *venisse di qua*.

Par che tutto il Disegno *del* Conestabile *sia di separarlo dagl'altri, per segregare in certo Modo l'Interesse del* Sangue del Ré di Navarra, *con che pensaria haver l'Impresa vinta, con tutto che la tenghi per secura, in ogni Modo da due hore in quà sono tornati, & per la Corte si dice che non portano Sodisfattione, tutta via io ho mandato per saperne Certezza*.

Qui si attende a far Soldati, i quali, per quanto si dice, s'invia-ranno à Longimet *ch'è un Villag-*

Depuis le Depart de celui que je vous ai envoié de chez moi, lequel je presume devoir être arrivé heureusement, Monsieur de *Valence*, & Monsieur de *Gondi* furent trouver *le Prince de Condé*, accompagnés de deux Secretaires qu'on apelle ici de Commandement, lesquels devoient faire toutes les Instances convenables pour obliger ce Prince à venir ici.

Il semble que tout le Dessein du *Conetable* n'aboutit qu'a le détacher des autres, pour separer en quelque Maniere les Intérêts du *Sang Roial* de *Navarre*, d'avec ceux du Parti contraire, attendu que ce Prince s'imagine que ce beau pretexte fera réussir ses Projets, quoi qu'il se tienne dé-ja tout assuré de la Victoire : cependant ces Messieurs qui étoient allés pour conferer avec lui, sont de retour depuis deux heures, & on dit à la Cour qu'ils n'en ont point eu de Satisfaction : cependant j'y ai envoié une Personne qui m'en informera plus certainement.

On s'aplique ici à lever des Gens de Guerre pour les envoier, à ce qu'on dit, dans le Bourg de

laggio quattro Leghe di quà, molto guasto, & dove il Principe di Condé fu a fare la prima Soldatesca.

La Regina si mostra tuttavia men paurosa, & piu ardita, & par che conosca d'esser stata ingannata fin qui, da quelli che l'hanno persuasa che procede con Dissimulatione.

Io ho mandato à domandarli Audienza per Domani, & non havevo voluto farlo fin qui per aspettar il Ritorno di Costoro.

Se questo Gentilhuomo che hanno risoluto di far partire per Lione Domattina, aspettara fin al tardi, con la presente sara il Ritratto.

Il Principe di Condé la prima volta che vi fu Monsù di Gondi, rispose che voleva per Ottagi il Figliolo del Ré di Navarra, quello di Monsù di Guisa, & uno del Conestabile, & che in quel Modo verria alla Corte.

Essendo stato rimandato Monsù di Gondi, comme ho detto di sopra, pero con l'Esclusione di voler dar Ottagi, la Risposta che si è havuta hoggi, per quanto ho inteso da buon Luogo, è stata che non

de *Longimet*, qui est à quatre Lieuës d'ici, où il y a beaucoup d'*Huguenots*, parmi lesquels le *Prince* de *Condé* fût lever les premiers Soldats de son Armée.

La Reine paroit tous les jours moins timide & plus hardie, de sorte qu'il semble qu'elle connoit maintenant, qu'elle a été trompée jusqu'ici, par ceux qui lui avoient persuadé d'employer la Dissimulation dans toutes ses Demarches.

Je lui ai envoié demander Audience pour Demain, n'aiant pas voulu y aller jusqu'à present, afin d'attendre le Retour de ceux qui étoient allé vers le Prince de *Condé*.

Si ce Gentilhomme qu'on a resolu d'envoier à *Lion* demain au matin, ne part que l'aprèsmidi, je lui donnerai avec cette Lettre le Portrait dont il s'agit.

La premiere fois que Monsieur de *Gondi* alla parler à Monsieur de *Condé*, ce *Prince* lui répondit qu'il viendroit à la Cour, si on lui donnoit pour Ottages le Fils du *Roi de Navarre*, celui de Monsieur de *Guise* & un de ceux du *Conétable*.

Monsieur de *Gondi* aiant été envoié une seconde fois à ce Prince, comme je l'ai dit ci-devant, & lui aiant fait connoitre qu'on ne lui donneroit aucuns Ottages, Monsieur de *Condé* lui a re-

DE LA RELIGION REFORME'E EN FRANCE.

non solo non vuole desarmare, ma che vedendo l'Opressione che si fa al Ré suo Supremo Signore, lo vuol defendere, & che fra sei giorni sara in Campagna, con sei mille Cavalli.

repondu, comme je le sai de bonne Part, par les nouvelles qui en sont venuës aujourdhui, que non seulement il ne veut point desarmer, mais que voiant l'Opression qu'on fait au *Roi* son Souverain Seigneur, il le veut defendre, & que pour cet Effet il se mettra en Campagne, dans six jours, avec six mille Cavaliers.

Doppo questa Risposta subito Monsù il Conestabile *& Monsù di* Guisa *sono andati a rivedere l'Artigleria & le Munitioni di questa Citta.*

Depuis qu'on a reçû cette Reponse, Monsieur le *Conétable*, & Monsieur de *Guise*, sont d'abord allés voir si l'Artillerie & les Munitions de Guerre sont en bon Etat dans cette Ville.

Valentia *che vi fu mandato è restato in* Orleans *ammalato, che molti interpretano per Fintione, per restar fra loro, come ancora si afferma morto dal* Cardinale di Schiastiglione, *che sta ordinariamente in* Schiastiglione, *lontano da* Orleans *poche Leghe, che va ben spesso à trovarli.*

Valence, qui fût envoié à Orleans, vers le *Prince* de *Condé*, y est encore sous prétexte d'une Maladie qu'il feint d'avoir pour rester avec ces Gens là, selon que plusieurs se le figurent, nonobstant que le *Cardinal* de *Chastillon* assûre qu'il est mort. Ce Prelat qui va voir très-souvent ceux de son Parti dans *Orleans*, fait son Sejour ordinaire dans la Ville de *Chastillon*, qui n'en est éloignée que de quelques heures de Chemin.

Si è presa Risolutione, & in buona parte comminciata ad esseguir, di chiamar tutta la Gente d'Arme, della quale si assicurano d'haverne 1800. *& in circa* 8000. Cavalli, *che sono intimati di trovarsi qui all'* 24. *del presente Mese.*

On a déja commencé d'executer une bonne Partie de la Resolution qu'on a prise, de faire assembler toute la Gendarmerie, qui est de 1800. Soldats, & d'environ 8000. Cavaliers, qui sont ajournés pour se troûver ici le 24. de ce Mois.

Solderanno di piu 1200. Cavàlli Alemani, & hanno gia 40. Insegne d'Infanteria Francese di 300. Fanti per Insegna, con le quali vogliono havere 15. Insegne di Suizzeri.

Hanno chiamate tutte le Riere-Bande, che sono Gentilhuomini obligati al Servitio del Ré, sempre che bisogna per la Persona di Sua Majesta, & non si suol fare se non in Caso urgente.

L'Ambasciadore della Majesta Cattolica, che è partito heri sera di quà, mi dice haver scritto alla Majesta Sua che armi ancor lei, per ogni buon Rispetto, & principalmente per dar Ajuto bisognando, à Sua Majesta Christianissima.

Mi ha detto haver dato il medemo Aviso in Fiandra, & per tanto mi par di dover informare di questo Successo il Signore Fabritio in Avignone, pero doppo ch'havero parlato con la Regina domani.

Mi riservo à scriver, in quel Tempo, à Voi Signoria Illustrissima, con piu Certezza, cossi di tutto il soprastante, come di una Nuova che è venuta questa sera, che il Nepote del Mareschial di San Andrea veniva di quà, & passando per Orleans, con sette Ca-

On a déja 40. Compagnies d'Infanterie Françoise, qui sont de 300. Hommes chacune, & on veut aussi prendre à la Solde de cet Etat 15. Compagnies de Suisses, & 1200. Cavaliers Allemans.

L'Arriere-Ban a été publié pour convoquer les Gentilhommes qui sont obligés de servir le Roi, dans toutes les Ocasions où il s'agit de secourir Sa Majesté, & cela ne se fait que dans les plus pressans Besoins.

L'Ambassadeur du Roi d'Espagne, qui partit hier au soir d'ici, m'a dit qu'il avoit écrit à Sa Majesté d'armer aussi quelques Troupes, afin de se precautioner contre tous les Dangers, & surtout pour être en Etat d'assister Sa Majesté Très-Chrétienne, quand il sera necessaire.

Il m'a aussi dit qu'il a donné le même Avis en Flandre, c'est pourquoi il me semble que je dois envoier les Nouvelles de ce bon Succès à Monsieur Fabrice, qui est dans Avignon, mais je differerai néanmoins jusqu'à ce que j'aie parlé demain à la Reine.

Je me reserve d'informer en ce tems là Vôtre Eminence de tout le reste, avec plus de Certitude, & de lui écrire ce qu'il y aura de Vrai dans le Bruit qu'on a fait courir ce soir, que le Neveu du Marechal de Saint André, qui devoit venir ici, aiant passé par Or-

DE LA RELIGION REFORME'E EN FRANCE. 133

Cavalli, sia stato ammazzato, con tutta la Sua Compagnia.

Il Ré di Navarra ha Opinione che il Principe di Condé faria venuto al meno à parlare, ma che l'Amiraglio l'habbia ritenuto, con certe Persuasioni, che si possono chiamar Bugie.

Qui si è creduto che costoro havessero Ajuto d'Inghilterra, ma l'Ambasciadore di quella Regina e stato ad assicurar Sua Majesta Christianissima molto liberamente, & ce ne sono ancora altri Avisi tali che di qua se n'esta di buona Voglia.

Con tutto questo mandano Monsù di Longavilla in Calais, & Monsù di Anvilla, Figliolo del Conestabile è fatto Generale della Cavalleria.

In Orleans lavorano alla Fortificatione a più potere, impiegandoci Frati & Preti quanti vi sono, & questa sera e venuta Nova che hanno preso i Denari del Ré, che venivano da Gascogna.

Ha-

Orleans avec sept Cavaliers, y a été tué, avec tous ceux qui l'acompagnoient.

Le Roi de Navarre croit que le *Prince* de *Condé* n'auroit pas refusé de venir ici, pour y parler au moins de quelqu'Accomodement, si *l'Amiral* ne l'en avoit pas detourné, en lui persuadant de certaines Choses qu'on peut dire n'être que des Menteries.

On s'étoit figuré ici que ceux qui sont du Parti de ce *Prince* recevroient du Secours d'*Angleterre*, mais l'Ambassadeur de *la Reine de la Grande Bretagne* est venu de son propre mouvement declarer le contraire à *Sa Majesté Très-Chrétienne*, pour la rassûrer, & il y a même d'autres Avis qui confirment ce bon Temoignagne, de telle sorte qu'on en est fort content en ce Païs.

Mais nonobstant tout cela, Monsieur de *Longueville* sera envoié à *Calais*, & Monsieur *d'Anville*, Fils du *Conétable*, a été fait General de la Cavalerie.

On travaille presentement à fortifier autant qu'on peut la Ville d'*Orleans*, & l'on oblige tous les *Prêtres* & les *Moines* qui y sont, de faire eux-mêmes leur Part de ces Ouvrages. Il est venu ce soir des Nouvelles que l'on a pris dans cette même Vil-

le

Havendo Monsu il Coneſtabile mandati duoi Capitani Normandi in Rhoano, à far Gente per l'occorrentie preſenti, una Parte di quel Popolo, ſentendo il Tamburro, per far Gente contro gl'Ugonotti, ſi levò in Arme & amazzò li duoi Capitani.

Intendo che Monſu il Coneſtabile, con chi gli ne parla, dice che non è vero che gli haveſſe ordinato, che faceſſero Gente, & parlando coſſi vuole diſſimulare fin che gli poſſa dar quel Caſtigo che meritano.

In Troia è andato pur un altro à far Gente, ma non hanno voluto laſſarla fare.

Monſu di Lanſach partirà per il Concilio di Trento Lunedì, & fa conto di eſſervi tra un Meſe.

Delli Prelati ſi dovria ſaper meglio di là che di quà quel che faccino, poi che è hormai tanto Tempo che ſi dice che ſono in Viaggio, che doveriano eſſer giunti.

Di Parigi alli 11. Aprile.
1562.
PROSPERO DI Sta. CROCE.

le l'Argent des Finances du Roi qui lui étoit envoié de Gaſcogne.

Monſieur le Conêtable aiant envoié à Rhoan deux Capitaines Normans, pour y enrôler des Soldats, à Cauſe du Beſoin qu'on en a preſentement, une Partie des Bourgeois entendant battre le Tambour, pour lever des Gens de Guerre contre les Huguenots, ſe mirent ſur les Armes, & tuerent les deux Capitaines.

On m'a raporté que Monſieur le Conêtable dit à ceux qui lui en parlent, qu'il n'eſt pas vrai qu'il leur eût donné Ordre de faire des Soldats, & il ne parle ainſi que pour diſſimuler, juſqu'à ce qu'il puiſſe les châtier comme ils le meritent.

Un autre Capitaine eſt allé à Troies pour y enrôler du Monde, mais on ne le lui a pas laiſſé faire.

Monſieur de Lanſac partira Lundi pour ſe rendre au Concile de Trente, où il fait état d'arriver dans un Mois.

On doit être mieux informé au delà des Monts qu'on ne l'eſt ici des Demarches que les Prelats font, puiſqu'ils ſont en Voiage depuis ſi long-tems, à ce qu'on dit, qu'ils devroient être maintenant à Trente.

De Paris le 11. d'Avril.
1562.
PROSPER DE Ste. CROIX.

DE LA RELIGION REFORME'E EN FRANCE. 135

MEMOIRE SECRET

Ecrit en Chifre, *& joint à la Lettre precedente.*

Giacomo Chio *havendo inteso da me tutto quel che Voi Signoria Illustrissima mi scrive, intorno al suo Particolare, & poi quanto si possa promettere della Clementia di* Sua Santita, *mi ha risposto con vinti Fogli scritti, & poi con duoi ò tre altri, & molto grida & esclama che non sia stato fatto il suo giudicio contra di lui sinceramente, & che sia stata rivelata la sua Confessione Sacramentale.*

Di sorte che à me e parso bene in questi Tempi, & in questo Regno di quietarlo, il meglio che io ho possuto, con darli Speranza che Sua Santita *commettera la Causa all' Illustrissimo* Legato.

Per che gli par che, essendo Signore Grande, procedera senza Rispetto alcuno nel Giudicio di questo Apuntamento.

Ha commessi molti Gentil-huomini.

Jacques Chio aiant été informé de tout ce que Vôtre Eminence m'a écrit, au Sujet de son Affaire particuliere, & quelle seroit l'Indulgence du *Pape* dont il pouvoit se tenir assûré, m'envoia d'abord une Réponse de vint Pages d'Ecriture, qui furent suivies de deux ou trois autres, dans lesquelles il se récrie fortement de ce que le Jugement rendu contre lui n'a pas été fait avec Sincerité, se plaignant aussi par de grandes Exclamations qu'on a revelé sa Confession auriculaire du Sacrement de la Penitence.

C'est pourquoi j'ai trouvé bon de l'apaiser du mieux qu'il m'a été possible, dans la Situation dangereuse où se trouve maintenant ce Roiaume, en lui faisant esperer que *Sa Sainteté* renvoiera cette Decision à Monsr. l'Eminentissime *Legat*.

Ce Personage en est d'autant plus content, qu'il se figure que ce *Cardinal*, étant un Grand Seigneur, procedera au Jugement de cette Cause sans aucun Egard particulier.

Il a chargé plusieurs Gentil-hommes,

mini Italiani & Francesi, *per venirmi à parlare in sua Ricommandatione, à cio che fatto il suo Processo, sua Signoria Illustrissima, con l'Assistenza di quelli Dottori che gli parera, lo giudichi.*

Ne per molte Cose che io gli habbia proposte, si è mai mosso da questa sua Domanda.

Di Parigi *alli* 11. Aprile. 1562.

PROSPERO DI Sta. CROCE.

hommes *Italiens & François* de de me venir parler en sa Faveur, afin que son Procès étant mis dans les Formes necessaires, soit terminé par son Eminence, accompagnée des Docteurs qu'il lui plaira de choisir pour Ajoints.

Tout ce que je lui ai pû representer, n'a pas été suffisant pour le faire desister de sa premiere Demande.

De *Paris* le 11. d'Avril. 1562.

PROSPER DE Ste. CROIX.

DIX-NEUVIEME LETTRE

Du Cardinal de Ste. Croix, *au Cardinal* Borromée.

HEri *sono andato far la Riverenza alla* Regina, & *significai alla* Majestà Sua *la Dilatione che si era fatta in* Trento, *principalmente per dar Tempo alli* Prelati, & Ambasciadori *di quà, che vi potessero andar commodamente.*

Ma che se à quel Tempo non vi saranno, pareria à Sua Santita, *che gl'altri* Prelati *che vi sono già doppo tanti Mesi, con la Spesa &*
In-

HIer je suis allé faire la Reverence à *la Reine*, pour lui declarer que le *Concile* de *Trente* avoit resolu de differer ses Sessions, principalement afin que les *Prelats*, & les Ambassadeurs de ce Roiaume, eussent le tems d'y pouvoir arriver commodément.

Mais que *Sa Majesté* pouvoit bien juger elle-même que s'ils manquoient de s'y trouver à la fin de ce Delai, le *Pape* ne
sau-

Incommodità, che la Majestà Sua *potteva pensare si doleriano giustamente, se si ritardasse piu.*

Sua Majestà *mi rispose che la* Regina d'Inghilterra *haveva fatto Instanza, che la* Majestà Sua *soprasedesse qualche giorno in mandarvi il suo* Ambasciadore, *per che lei inclinava à mandarvi ancora il suo.*

Mi dice di piu che haveva mandato in Germania, *per intendere se loro risolveriano di far il medemo, & per pregarli cossi che mi disse che ben era stato in Consideratione di doverla compiacere, per Rispetto di tirarla tanto piu facilmente à far questa buona Deliberatione.*

Non di meno la Risposta che gli diede fu che gia si trovava obligata di Parola di mandar il suo Ambasciadore, *& che non voleva mancarci: ma che faria sempre ogni Opera per che* Sua Santità *aspetasse circa il Progresso del* Concilio, *ogni volta che vi volesse mandare, come molto ne la pregava.*

Con

sauroit improuver les justes Plaintes que feroient ceux qui y sont déja depuis si long-tems, avec beaucoup d'Incommodité & de Depense, quand ils verroient le Retardement des François.

Sa Majesté me repondit que *la Reine d'Angleterre* lui avoit fait demander très-instamment, qu'elle differât encore quelques jours le Depart de son *Ambassadeur*, parce qu'elle avoit Intention d'y envoier aussi le sien.

Elle me dit outre cela qu'elle avoit écrit en *Allemagne*, pour savoir si on n'y prendroit pas la même Resolution, comme elle en avoit prié tous les Imperiaux, *Sa Majesté* me temoigna qu'elle ne pouvoit pas refuser d'avoir Egard à cette Requisition, par une Complaisance qui aboutissoit à l'engager plus facilement à prendre cette bonne Resolution.

Elle lui a néanmoins repondu qu'elle avoit déja promis d'envoier son *Ambassadeur*, & qu'aiant donné sa Parole pour cela elle ne vouloit pas y manquer: mais qu'elle feroit toûjours son possible afin que *Sa Sainteté* retardât les Deliberations du *Concile*, quand *Sa Majesté Britannique* voudroit y envoier quelcun de sa Part, com-

me

Con questo mi risolse che Monsù di Lanzach *partiria Martedì, che saria alli* 14. *del presente, & che alli* Prelati *haveva tornato à commandare che partissero, sotte Pena che gli sariano tolti i* Beni.

Con che pensa che non dovessero tardare piu quelli che non sono partiti, di quali quando io volli sapere il Numero, trovai che si pensa che il Vescovo *di* Parigi *vi possa essere, d'altri non si intende la Partita.*

Sua Majesta era al mio parere molto pensiera, & conturbata, in quanto credo che questa Risolutione ch'è venuta del Principe *di* Condé *non voglia disarmare, essendo gelosa che venendosi alla* Guerra, *oltre il Pericolo che corre dell'Incertitudine della Vittoria, il Maneggio per forza caschi tutto nelle Mani di questi Signori, portando cossi la Necessita del Tempo.*

Questo oltre che gli ne puo premer per l'ardentissimo Desiderio che

me elle lui en faisoit de très-instantes Prieres.

La Reine m'assûra là-dessus que Monsieur de *Lanzac* partiroit Mardi, qui sera le 14. de ce Mois, & qu'elle avoit commandé derechef aux *Prelats* d'y aller incessament, sous Peine d'être privés de leurs Benefices.

Sa Majesté croit que ce nouvel Ordre doit obliger ceux qui ne sont pas encore partis à ne diferer pas davantage, mais quand j'ai voulu savoir quel en étoit le Nombre, j'ai trouvé que l'Evêque de *Paris* est le seul qu'on s'imagine pouvoir y être arrivé, & qu'on ne sait aucunes Nouvelles du Depart des autres.

La *Reine* me parut toute Pensive & Troublée, à Cause des Avis qu'elle a reçûs, comme je me le figure, que le *Prince* de *Condé* a resolu de ne point desarmer ses Troupes, étant jalouse de ce que si on en vient à une Guerre declarée, outre le Danger auquel elle sera exposée par l'Incertitude de la Victoire, tout le Maniment des Affaires d'Etat pourroit necessairement tomber entre les Mains de ces Gens là, par la Fatale Necessité de la Situation où elles se trouvent maintenant.

Cela lui étant de grande Importance pour le vehement Desir qu'el-

che ſi ha da governare, & commandare, fa ancora penſare à Sua Majeſtà piu inanzi à Coſe di maggior importanza.

Tanto che ſe bene à me diſſe che ſperava che tutto paſſaria bene, & che confidava che il Signore Iddio che l'haveva ajutata ſempre, la foſterria ancora, & liberaria da Travagli preſenti.

Mi parve pero che foſſe poco contenta della Riſolutione che haveva portata Gonor, & che deſideraſſe che il Principe di Condé, & quelli altri Complici mutaſſero Opinione, ſperando pur che Monſù di Valentia gli doveſſe portar meglior Nova, il quale nell'hora della mia Audienza non era giunto, ma arrivo poi hieri ſera & ſin hora no ho ſaputo altro.

Non mancai con queſta Occaſione di far Animo alla Majeſtà Sua, & ſupplicai à non tardar à far tutte le Proviſioni per eſſer certa della Vittoria, coſſi per ſoſtener la Cauſa dell'Signore Dio & del Ré, come perche Coſtoro non havevano Forze, ne modo di poſſer tirar inanzi, una Impreſa come queſta, & nella quale havevano contro tutto

qu'elle a de gouverner & de commander, *Sa Majeſté* y voit des Conſequences qui lui font porter ſes Penſées plus Loin, ſur des Choſes de plus grande Importance.

De ſorte que nonobſtant qu'elle m'ait dit qu'elle eſperoit que tout iroit bien &, que le Seigneur *Dieu* qui l'a toûjours aidée, la ſoutiendroit encore, & la delivreroit de ce qui lui fait maintenant de la Peine.

Il m'a parû qu'elle étoit néanmoins peu contente de la Reſolution que *Gonor* lui a aportée, & qu'elle deſiroit que le *Prince* de *Condé* & tous ſes Adherens changeaſſent de Sentiment, aiant encore Eſperance que Monſieur de *Valence*, qui n'etoit pas arrivé dans le tems qu'elle me donnoit Audience, lui aporteroit une meilleure Nouvelle, mais étant venu hier au ſoir, je n'en ai pas ſçû autre Choſe juſqu'à preſent.

Je ne manquai pas d'encourager *Sa Majeſté* dans cette Occaſion, & de la ſuplier de pourvoir, ſans aucun Delai; à tout ce qui étoit neceſſaire, tant pour ſe rendre la Victoire aſſûrée & pour ſoutenir la Cauſe de *Dieu* & celle du *Roi*, que pour empêcher que ces Gens là n'euſſent ni la Force, ni les Moiens, de

pou-

tutto il Regno, & tutti i Principi *della* Chriſtianita.

Non laſſando di dir che intendevo ancora che l'Ingliterra *non ſi moveria, il che* Sua Majeſta *non ſolo confirmò, ma mi diſſe che haveva mandato ad offerirſi in Ajuto : & quanto al reſto che non ſi mancaria di far Proviſioni à baſtanza, che ſi erano chiamati gli Huomini di Arme, & ſi faceva della Fantaria, come poſſevo haver inteſo.*

Parlai poi al Ré *di* Navarra, *facendoli intendere con buon Propoſito gli Officii che* Sua Santita *haveva fatti, non ſolo per ſuoi Miniſtri, ma operato che faceſſero molti Principi con* l'Imperatore, *il* Ré *di* Portugallo *& i* Venetiani.

Sua Majeſta *ſe ne rallegro molto, e mi diſſe che haveva ben caro non l'haver ſaputo fin adeſſo, accio che appariſca tanto piu che quel che* Sua Majeſta *ha operato, per Servitio della* Religione, *è ſtato per mera ſua Volonta, & Diſpoſitione continua, & non per Intereſſo.*

pouvoir continuer une Entrepriſe comme celle-ci, dans l'Execution de laquelle ils ont tout ce Roiaume, & tous les *Princes* de la *Chrétienté* pour Averſaires.

Je n'oubliai pas de lui dire que j'étois auſſi informé que *l'Angleterre* ne feroit aucun Mouvement, & *Sa Majeſté* me dit que cela étoit vrai, & que *la Reine* de la Grande Bretagne lui avoit même envoié offrir du Secours : & qu'elle ne manqueroit pas de pourvoir à tout le Reſte d'une Maniere ſuffiſante, aiant déja fait donner Ordre d'aſſembler les Gens d'Armes, & lever des Troupes d'Infanterie, comme je pouvois l'avoir entendu dire.

Je parlai enſuite au *Roi* de *Navarre*, & lui fis entendre bien à Propos les Services que *Sa Sainteté* lui avoit rendus, non ſeulement par l'Entremiſe de ſes Miniſtres d'Etat, mais en aiant engagé elle-même pluſieurs Princes à embraſſer ſes Interêts, avec *l'Empereur*, le *Roi* de *Portugal* & les *Venitiens*.

Sa Majeſté s'en rejouït beaucoup, & me dit qu'elle étoit bien aiſe de ne l'avoir pas ſçû juſqu'à preſent, afin qu'il paroiſſe d'autant mieux que c'eſt par un Mouvement de ſa propre Volonté, & de ſes bonnes Inclinations, qu'elle a travaillé pour le Maintien de la Religion, &

Et

non

Et qui venne à discorermi longamente del Male che saria seguito in questo Regno, se non vi havesse tenuto la Mano, etiam nel Tempo che si haveva altra Opinione dell' Animo della Majesta Sua, & si mostro tanto risoluta di continuar à far da dovero, che io non haveria saputo desiderar davantaggio.

Il Marescial di San Andrea *mi communico fin da Principio il Desiderio che haveva per un suo Nipote, & l'Officio che ci faceva la* Regina *& Monsu Illustrissimo di* Tornone.

Heri poi mi domando se io havevo havuto Risposta, massime che in una Lettera scritta all' Illustrissimo di Tornone *par che si dichi che* Sua Santita *rispondeva.*

S'è inteso che in Tours *hanno fatto molto Male gli* Ugonotti *alle Chiese & alli loro Ornamenti, etiam doppo l'Edito fatto.*

In questo Punto ho ricevuto una Lettera del Signore Duca d'Alva, *in Risposta di una che io scrissi à Sua Excellentia, quando parti di quà quel* Portughese *che negotia per il* Ré di Navarra, *nel-*

non pas dans la Vuë d'en recevoir quelques Avantages temporels.

Et sur cela *le Roi* se mit à me parler fort au long du Mal qui seroit arrivé dans ce Roiaume, s'il n'avoit pas fait ses Effors pour l'empêcher, dans le tems même qu'on jugeoit tout le contraire de ses Intentions, & il me fit voir qu'il étoit si bien resolu de continuer ses bons Offices, que je n'aurois pas sçû en desirer davantage.

Le *Marechal* de *Saint André* me decouvrit entierement l'Origine de ce qu'il souhaitoit pour un de ses Neveux, & ce que *la Reine* & Monsieur le *Cardinal* de *Tornon* avoient fait pour le lui procurer.

Ensuite dequoi il me demanda hier si je n'en avois pas eu quelque Reponse, d'autant qu'il paroissoit, dans une Lettre écrite à Monsieur de *Tornon*, que *Sa Sainteté* devoit s'expliquer là-dessus.

On a entendu dire que les *Huguenots* ont fait beaucoup de mal aux Eglises de *Tours*, & à leurs Ornemens, depuis les Conclusions du dernier Edit.

Je viens de recevoir, dans ce Moment, une Lettre de Monsieur le *Duc d'Albe*, en Reponce de celle que j'écrivis à son Excellence, dans le tems du Depart de ce *Portugais* qui tra- vaille

nella quale mi dice, che hieri sera arrivo il Portughese, il quale non havendo ancora negociato, non posso scriver altro, se non che spero che tutto passera conforme al Servitio di Dio, & alla sodisfattione di Sua Majesta Cattolica.

Par che per certo Rumore doppo la Venuta di Valentia, al quale la Regina vuol dare Audienza secretamente, & lungamente, che si fara Accordo, & che Costoro disarmaranno.

L'intiero dell' Accordo non si fa, quel che si dice si è che lasfaranno l'Armi, con tanto che l'Editto passato, cioè che possino predicar fuori delle Citta habbia Loco, eccetuando la Citta di Parigi, laqual non vuol Prediche, ne dentro della Citta ne fuori, per una Lega all'intorno.

Questa mattina è ritornato da loro una altra volta Monsù di Gonor, & potria esser che fosse Stratagema per haver piu tempo ad armarsi, atteso l'Animo della Regina, alienissimo dell' Armi, &

vaille pour les Affaires du Roi de Navarre, & il me dit que cet Envoié arriva hier au Soir, mais n'aiant point encore fait ses Negociations, je ne puis pas vous en écrire autre chose, si ce n'est que j'espere que le tout réüssira d'une Maniere conforme au Service de Dieu, & à la Satisfaction de Sa Majesté Cattolique.

Depuis que Valence est arrivé, la Reine voulant lui donner une Audience fort longue & Secrete, il s'est repandu un certain Bruit, par lequel il semble qu'il se fera quelque Accommodement, & que le Prince de Condé & ceux de son Parti desarmeront leurs Troupes.

On ne sait pas quelles seront toutes les Conventions de cet Accord, ce qu'on en dit est qu'ils mettront bas les Armes, à Condition qu'ils pourront prêcher hors des Villes, conformement au dernier Edit qui aura Lieu partout, excepté dans la Ville de Paris, où l'on ne veut pas qu'il se fasse aucuns de leurs Sermons, non plus qu'au dehors de son Enceinte, jusqu'à une Lieüe de Distance.

Monsieur de Gonor est retourné ce Matin une seconde fois vers ces Gens là, & ce pourroit bien être un Stratageme pour gagner plus de Tems, afin de s'armer d'autant mieux, attendu

& veduto ancora che se bene fin hora si sono sonati molti Tamburri & ordinate molte Provisioni, non si è messo Mano à Denari.

Di quel che seguirà Vri Signoria Illustrissima sarà avisata di giorno in giorno.
Ci è Aviso che Monsù di Nemours doveva giunger à Lione con qualche Fantaria.

Di Parigi alli 13. d'Aprile 1562.

PROSPERO DI Sta. CROCE.

tendu que *la Reine* a beaucoup d'Aversion pour la Guerre, & voiant aussi que nonobstant qu'on ait battu la Caisse, & donné Ordre de faire beaucoup de Provisions, on n'a point encore mis la Main à la Bourse.

Vôtre Eminence recevra tous les jours des Avis de ce qu'on fera dans la Suite.

Il y a des Nouvelles qui portent que Monsieur de *Nemours* devoit arriver à *Lion* avec quelque Infanterie.

De Paris le 13. d'Avril 1562.

PROSPER DE Ste. CROIX.

VINTIEME LETTRE

Du Cardinal de Ste. Croix, au Cardinal Borromée.

Questa mattina Monsù il Conestabile mi ha mandato à chiamare, & dopo havermi dato Conto della Provisione che si è fatta qui per il Concilio di Trento, che è d'haverci mandato Monsù di Lansach per Ambasciadore, il quale partì heri, & haver scritto rigorosamente à quaranta Prelati del Regno che vi vadino, sotto pena di Confiscatione di Beni.

Monsieur le *Conétable* m'a envoié apeller ce matin, pour me declarer ce qu'on a fait touchant le *Concile* de *Trente*, c'est que Monsieur de *Lansac*, qui partit hier d'ici, y a été envoié en Qualité d'Ambassadeur, & que l'on a donné des Ordres très-rigoureux à quarante *Prelats* de ce Roiaume d'y aller, sous Peine de Confiscation de tous leurs Biens.

Mi venne à dir che havevano fatto l'Editto, nel Modo che io scrissi nelle passate, cioè senza innovar Cosa alcuna, declarando che l'Editto passato s'intendesse esser in suo Robore, eccetto la Citta & Contorno di Parigi, dove non volevano che potessero predicare in Modo alcuno.

Il qual Particolare di Parigi la Regina l'ordinò senza che gli fosse ricordato.

Et in questo Proposito mi disse che la Majesta Sua viene in questo Negotio, non solo con ottima, & sincerissima Volonta, ma, quel che non haveva fatto fin hora, con Ardire & Animo grandissimo: essendo stata per il passato come Dona, & come Madre gelosa de Figlioli, un poco ritirata & timida.

Questa Risolutione l'havevano mandato à far sapere al Principe di Condé, & speravano con essa mutariano Opinione.

Tuttavia che volendosi proveder per ogni Caso, mi significava da Parte di Sua Majesta Christianissima, che il Regno si trovava hora

Son Excellence me dit ensuite que l'Edit a été fait de la Maniere que je l'ai écrit dans mes dernieres Lettres, à savoir, en declarant que le dernier Edit precedent resteroit dans toute sa Force, sans y faire aucun nouveau Changement, excepté pour ce qui concerne la Ville de *Paris*, & ses Environs, où l'on ne veut pas que les *Predicateurs*, dont il est Question, puissent faire leurs Sermons, en aucune Maniere.

Cette Reserve particuliere, touchant la Ville de *Paris*, fût dressée par *la Reine*, sans que Personne lui en donnât Avis.

Et à l'Ocasion de cela il me dit que *Sa Majesté* avoit entrepris cette Affaire, non seulement de bon Cœur, & très-sincerement, mais aussi avec beaucoup de Courage, & plus de Hardiesse qu'elle n'en avoit fait paroître jusqu'àlors, aiant été ci-devant comme une Femme, & comme une Mere Jalouse de ses Enfans, & se tenant à demi cachée par timidité.

On avoit fait avertir le *Prince de Condé* de cette Resolution, & on esperoit que tous ceux de son Parti changeroient de Sentimens.

Cependant afin de se pourvoir contre tous les fâcheux Evenemens, *Son Excellence* me declara de la Part de *Sa Majesté Très-*

DE LA RELIGION REFORME'E EN FRANCE.

hora molto Esausto, & con poca Commodita di potersene valere, per le Discordie interne, & quasi Guerra Civile.

Per tanto che desiderava sapere da me, se potessero prometterci Ajuto di Sua Santita di Ducento Mille Scudi, per questo Bisogno, in Prestito, offerendo di cautelar bene Sua Beatitudine.

Et qui venendo à discorrere longamente, che in questa Guerra si tratta principalmente dell'Honor del Signore Dio, & Salute delle Anime.

Che se bene si fara in Francia, sara altretanto per Beneficio di Sua Santita, in quanto si trata di conservare, o perder l'Autorita Sua, non solo in questo Regno, ma per tutta la Christianita.

Oltre à mettere in Consideratione la Gratitudine che quella Santa Sede deve à questa Corona.

Io gli rispose che sapevo molto bene la buona Volonta che Sua Santita haveva in agiutar ogni uno, & massime in questa Causa della Religione, & in specie questa Majesta & Corona, ma che

Très-Chrétien, que ce Roiaume se trouvoit maintenant fort épuisé, & si peu en Etat de se prevaloir de ses Forces, à Cause des Divisions qui lui suscitent une espece de Guerre Civile.

Que par consequent il desiroit de savoir de moi, si on pourroit se tenir assûré de l'Assistance du Pape dans ce Besoin, par un Prêt de deux cens mille Ecus, pour lesquels on donneroit une bonne Caution à Sa Sainteté.

Monsieur le Conétable se mit à representer par un long Discours sur cela, qu'il s'agissoit principalement de l'Honneur de Dieu & du Salut des Ames, dans cette Guerre.

Quelle seroit d'autant plus avantageuse au Pape, quoique la France en soit le Theatre, qu'elle doit aboutir à conserver l'Autorité de Sa Sainteté ou à la detruire, non seulement dans ce Roiaume, mais aussi par toute la Chrétienté.

Etant d'ailleurs fort raisonnable que le Saint Siege Apostolique donne ce Secours, en Reconnoissance des Obligations qu'il a à cette Couronne.

Je lui repondis que j'étois assuré de la bonne Volonté de Sa Sainteté pour l'Assistance d'un Chacun, principalement quand il s'agit des Intérêts de la Religion, & en particulier de ce qui

che del Modo che habbia di poſſerla mettere in Effetto, io non ne ſapevo altro, ſe non che Sua Beatitudine haveva trovata quella Sede piena di Debiti, & da poi non ſò che habbia hauta Commodita di far Denari.

Sua Excellentia mi riſpoſe, che conviene in queſto Caſo à Sua Santita di far Forza à ſè ſteſſa, per agiutar queſta Santa Impreſa, & Cauſa: & che io ſcriveſſi di quel Inchioſtro che confidavano: ma che andaſſi dalla Regina, per che mi parlaria del medemo Tenore.

Sua Majeſta havendomi uſato le medemi Prefationi, mi diſſe di piu, che Monſu di Lanſach gli haveva detto che Sua Santita ſi era laſſata intendere con lui, che haveva un Millione d'Oro, & piu, per ſpenderlo in queſta Cauſa.

Io non mi ſon poſſuto tener che non diceſſe, ridendo, à Sua Majeſta, che havevo molto obligo à Monſu di Lanſach, che faceſſe mio Padrone piu Riccho di quel che io credevo che foſſe.

Tut-

qui concerne Sa Majeſté Très-Chrétienne & ſa Couronne ; mais que je ne ſavois pas de quelle Maniere ces bons Deſirs du Pape ſe pourroient effectuer, attendu qu'il avoit trouvé le Siége Pontifical rempli de Dettes : ne ſachant point s'il avoit eu la Commodité de faire quelques Epargnes depuis ce tems-là.

Son Excellence me repondit, qu'il étoit convenable que Sa Sainteté fit des Eforts extraordinaires en cette Occaſion, pour contribuer à ce qui peut donner un bon Succès à cette Sainte Entrepriſe ; & que j'en écriviſſe d'une Maniere conforme aux bons Offices qu'on eſperoit de mes Sollicitations, en ajoutant que je devois aller trouver la Reine qui me parleroit ſur le même Ton.

Sa Majeſté m'aiant fait le même Preambule, m'aſſûra de plus que Monſieur de Lanſac lui avoit écrit que Sa Sainteté lui avoit inſinué, dans une Conference particuliere, qu'elle avoit un Milion d'Or, & même davantage, pour emploier dans une Affaire de cette Nature.

Je n'ai pas pû m'empêcher de dire à Sa Majeſté, en riant, que j'étois fort obligé à Monſieur de Lanſac de ce qu'il faiſoit mon Maître beaucoup plus Riche que je ne le crois.

Mais

Tuttavia che io ero certo che tutto l'Ajuto che Sua Beatitudine *li potesse dare, per questa Causa, & per Rispetto particolare della Persona di* Sua Majesta*, che lo faria.*

Qui Sua Majesta *mi discorse, che credeva bene che Costoro non sariano cossi Pazzi, che volessero tirar Inanzi questa Pratica, & constringer la* Majesta Sua *à lassar la Strada, che tanto gli piace, della Benignita & Clementia, & con questo mi licentio.*

Si aspetta Monsignore Illustrissimo di Loreno, *che è stato mandato à chiamar, & al Signore* Duca di Lorena *ho scritto ancora per che mandi in quà la sua Compagnia di Huomini di Arme, & qualche altro Ajuto.*

Questa Sera è tornato Monsù di Losso *che fu mandato insiemi con Monsù di* Gonor, *al* Principe di Condé.

Et per quanto si intende, il Principe *non vuol disarmare, se non parte di Corte Monsù di* Guisa, *& Monsù il* Conestabile, *& che si pagino i Danni che fece Monsù il* Conestabile *quando venne à* Parigi *ultimamente, dove fece brusar alcune Robbe, in quella Casa dove si predicava, & la Casa medema che era alla Porta di* San Antonio.

Mais que nonobstant cela, j'étois assûré que *Sa Sainteté* donneroit tout le Secours qu'il lui seroit possible, tant pour cette Affaire, que pour les Egards particuliers qu'elle a pour *Sa Majesté*.

La Reine me repondit alors, qu'elle ne croioit pas que ces Gens là fussent si Foux que de vouloir poursuivre cette Entreprise, & contraindre *Sa Majesté* d'abandonner la Voie de la Douceur, & de la Clemence qu'elle aime beaucoup. Elle finit son Discours par ces Paroles, & me donna Congé.

On attend ici l'Eminentissime *Cardinal* de *Lorraine* qu'on a envoié apeller, & j'ai écrit à Monsieur le *Duc* son Frere, d'envoier sa Compagnie de Gens d'Armes dans ce Quartier, avec quelqu'autre Secours.

Monsieur de *Losse* qui fut envoié vers le *Prince* de *Condé*, avec Monsieur de *Gonor*, est revenu cette Nuit.

Et suivant ce qu'on publie de la Reponse qu'il aporte, ce Prince ne veut point desarmer ses Troupes, si Monsieur de *Guise*, & Monsieur le *Conétable*, ne sortent pas de la Cour, & si on ne paie pas le Domage qui fut causé par ce même *Conétable*, quand il vint dernierement à *Paris*, où il fit bruler les Meubles de cette Maison dans laquelle on *prêchoit*, & la Maison même qui étoit à la Porte de *Saint Antoine*.

Pur si aspetta Gonor *fra un di, ò duoi, che portara piu ampla Risolutione : ma qui si ha per havuta, & si attende alle Provisioni con piu Caldezza che non ci faceva.*

Questa mattina hanno comincia- to à dar qualche Denaro.

Sua Majesta Christianissima ancor che sia, & per l'Eta, & per Natura molto aliena da veder far Male à nessuno, tuttavia sentendo questi Tumulti ha dette Parole molto acerbe, contra Costoro.

Monsu di Orleans, *suo Fratello, che pareva che fosse in qualche Parte persuaso à sentir bene di Costoro, adesso va mutando Openione, vedendo che torna in tanto Prejudicio dell'* Autorita Reale.

Et Monsu d'Anguien *Puttino di sette Anni, non fa altro che dire se non che non bisogna metter tempo in mezzo, ma brusarli quanti sono, senza Misericordia alcuna.*

Cossi scrivono d'Amboisa, *dove sta insieme con Madama sua Sorella : & me l'ha referito, con suo gran piacere, Monsu il* Conestabile.

Si è inteso che gia sono qui vicino quattro Leghe Mille Huomi d'Ar-

On attend Monsieur *Gonor* qui doit aporter une plus ample Reponse, dans deux ou trois jours, mais on compte si peu là dessus qu'on ne pense qu'à faire des Preparatifs de Guerre, avec plus de Chaleur qu'auparavant.

Ce matin on a commencé à distribuer quelques Sommes d'Argent.

Quoi que *Sa Majesté Très Chretienne* soit fort éloignée, tant par son Age, que par son Inclination naturelle, de voir faire du Mal, à qui que ce soit, elle a neanmoins parlé d'une Maniere fort dure contre ces Gens là, quand elle a appris qu'on faisoit ces Tumultes.

Monsieur le *Duc d'Orleans* son Frere, qui sembloit approuver une partie de leur Conduite, change maintenant de sentimens, voiant qu'elle cause tant de Prejudice à *l'Autorité Roiale*.

Et Monsieur *d'Anguien*, qui n'est qu'un petit Enfant de sept Ans, ne cesse point de dire qu'il ne faut pas tarder plus long-tems de les bruler tous sans aucune Misericorde.

On écrit cela *d'Amboise*, où il est avec Madame sa Sœur, & c'est Monsieur le *Conetable* qui me l'a raporté, en me temoignant qu'il en a un grand Plaisir.

On a apris qu'il y a déja à 4. Lieües d'ici Mille Gens-d'Armes,

DE LA RELIGION REFORME'E EN FRANCE.

d'*Armi*, *in Servitio di* Sua Majeſta Chriſtianiſſima : *& ſi ſono mandati à levar quindeci Bandiere di* Suizzeri , *con molta Preſtezza.*

Di Fanti Franceſi *ſe ne fanno tuttavia , ſi che fervet Opus.*

In Orleans *poſſono eſſere tre Mille Cavalli , non vi è Fantaria ; & per quanto s'intende facevano Proviſioni da Viveri.*

Queſta mattina in Parlamento è ſtato preſentato un Piegho di Lettere , del Parlamento di Tolofa *à quel di* Parigi.

Aperto il Plico, fu trovato ch'era una Lettera del Principe *di* Condé, *di otto ò dieci Fogli , dove ſcriveva loro , che non ſi laſſaſſino ingannare ; che tutto quello che lui faceva , lo faceva di Ordine della* Regina : *& che il* Coneſtabile *& Monſu di* Guiſa *volevano perdere queſto Regno , & mille altre Villanie.*

L'Huomo che lo preſentò è ſtato meſſo in Prigione , ſe bene nega di haver ſaputo di chi fuſſero le Lettere.

La Regina *è intrata in tanta Colera, per l'Infamia che gli danno , calumniandola di queſta Maniera,*

mes, au ſervice de *Sa Majeſté Très Chrétienne* : & qu'on a donné les Ordres pour aller faire incontinent une Levée de quinze Compagnies de *Suiſſes*.

On travaille auſſi pour avoir de *l'Infanterie Françoiſe* , de telle ſorte que tout eſt dans un Etat violent.

Il y a trois Mille Hommes de Cavalerie à *Orleans* qui font des Proviſions de Bouche , ſuivant le Bruit qu'on en fait courir: mais il n'y a point d'Infanterie.

Ce matin on preſenta au Parlement un Paquet de Lettres, du Parlement de *Toulouſe*, addreſſées à celui de *Paris*.

Quand ce Paquet fut ouvert, on trouva que c'étoit une Lettre du *Prince* de *Condé* , contenant dix ou douze Fueilles , dans leſquelles il avertiſſoit ces Senateurs de prendre garde à ne ſe laiſſer pas tromper : d'autant que tout ce qu'il faiſoit n'étoit entrepris que par Ordre de *la Reine,* que Monſieur le *Conetable* & Monſieur de *Guiſe* vouloient perdre ce Roiaume, & mille autres choſes de cette Nature.

On a fait empriſoner celui qui en a été le Porteur, quoi qu'il ſoutienne qu'il ne ſavoit point de qui ces Lettres étoient.

La Reine s'eſt miſe tellement en Colcre, de l'Afront qu'on lui fait, en la calomniant de cette Maniera, *che ha detto in Publico che Costoro sono* pazzi *& Tristi, & che da tali li tratara.*

Il Ré *di* Navarre *hebbe heri una gran Febre, & questa matina se bene era in miglior Stato, pero stava molto male.*

In questa hora è venuta Nova che questi di Orleans *si sono impadroniti di* Rhoano, *& della* Charité, *ch'è un Luogo per la Strada di quà à* Lione, *dicono di qualche Consequenza, & che fa pensar circa il mandar delle Lettere.*

Io non lo sò di certo, ma per la Terra ce n'à un gran Rumore.

Questa Nuova sopradetta si è verificata in Rohano, *dove sono venuti alle Mani i* Cattolici *&* Ugonotti, *& si dive che si sia stata Occisione di piu di cinque Cento Persone.*

Si dice parimente che si sono impadroniti di Bourges, *ch'è una Terra grossa, nel Ducato di* Berri.

Monsignore Illustrissimo di Lorreno *si aspetta domani.*

Monsignore Illustrissimo di Tornone *si porta meglio, tanto che si spera che sia per venir in questa Citta fra qualche giorno, dove*
po-

Maniere, qu'elle a dit publiquement que ces Gens là sont des Foux, & des Attrabilaires, & qu'elle les traitera comme tels.

Le Roi de Navarre eût hier une grosse Fievre, & ce matin quoi qu'elle soit diminuée, il est néanmoins encore fort mal.

Il vient d'arriver maintenant des Nouvelles que ceux *d'Orleans* se sont rendus Maîtres de *Rhoan*, & de la *Charité*, qui est une Place de Consequence, sur la Route de *Lion*, à ce qu'on dit, & qui donne à penser sur l'Envoi des Lettres au Parlement.

Je ne suis pas entierement assûré de cela, mais le Bruit s'en est repandu par toute cette Ville.

Cette Nouvelle se trouve confirmée à *Rhoan*, où les *Catoliques* en sont venus aux Mains avec les *Huguenots*, en telle sorte qu'il s'en est tué cinq cens, à ce qu'on dit.

On publie aussi qu'ils ont pris *Bourges*, qui est une grande Ville, dans le *Duché* de *Berri*.

Monsieur *le Cardinal* de *Lorraine* est attendu demain ici.

Monsieur *le Cardinal* de *Tournon* se porte mieux, c'est pourquoi on espere qu'il viendra dans quelques jours en cette Ville,

potra fare molto Servitio in questa Causa.

Ville, où il pourra rendre plusieurs grands Services, dans cette Conjonçture.

Di Parigi alli 17. d'Aprile 1562.

De *Paris* le 17. d'Avril. 1562.

PROSPERO DI S.ta CROCE.

PROSPER DE S.te CROIX.

VINT-UNIÉME LETTRE

Du Cardinal de S.te. Croix, au Cardinal Borromée.

LE ultime mie à Voi Signoria Illustrissima, furono del dieci sette, intorno alla Richiesta che mi fu fatta del Conestabile, *& poi della* Regina, *della quale non replicaro altro : havendone scritto à bastanza.*

LES dernieres Lettres que j'écrivis à Vôtre *Eminence*, touchant la Demande qui me fut faite par Monsieur le *Conêtable*, & ensuite par *la Reine*, étoient du dix-septiéme de ce Mois, par lesquelles m'étant suffisamment expliqué sur cette Matiere là, je ne repeterai pas ici ce que j'en ai dit alors.

Il Principe *di* Condé *sta in* Orleans, *tuttavia se bene si attende ad armarsi di quà quagliardamente, pur non si lassa di mandar Huomini Inanzi & in dietro, per vedere di pigliarci qualche Appuntamento : desiderandolo la* Regina *ardentissimamente, per fugire tutti i Pericoli che puo portar la Guerra, & il star armato tutto il suo Popolo.*

Le *Prince* de *Condé* est encore à *Orleans*, & quoi que l'on s'aplique fortement ici à lever des Troupes, on ne laisse pas néanmoins d'envoier & de recevoir plusieurs Personnes qui cherchent le Moien de faire quelque Accommodement, *la Reine* le souhaitant avec beaucoup d'Ardeur, pour éviter les Dangers auxquels elle se voit exposée par la Guerre, & par l'Armement de tous ses Peuples.

Quoi

Questi

Questi Signori se ben conoscono che saria meglio finirla una Volta, per sempre, pur deferiscono molto alla Volontà di Sua Majestà Christianissima, *& cercano di persuaderla.*

Se la Guerra andarà inanzi, si pensa di usar un Tratto per sminuir le Forze, & Autorità delli Aversarii: cioè di dar Nome che la Guerra si fa, per che certi Disobedienti à Sua Majestà Christianissima *tengono in Prigione Monsù di* Condé Principe del Sangue, *& non lo lassano venire da* Sua Majestà *ben che l'habbia chiamato più volte.*

Il che è in buona parte vero, atteso che quel Principe *saria forsi venuto à parlare alla* Regina, *che ne ha fatta molta Instanza, ma quelli della sua Compagnia non hanno mai voluto.*

Con che pensano di quietar buona parte del Popolo, che non sentendo parlar di Religione, *& parendo li ancora che la Guerra si faccia per la Liberatione del* Principe di Condé, *starà à vedere.*

Sua

Quoi que les Seigneurs du Conseil Privé, & les Ministres d'Etat, connoissent qu'il seroit meilleur de terminer ces Differens à la Rigueur, une fois pour toutes, plûtôt que de les pacifier, ils deferent néanmoins beaucoup à la Volonté de *Sa Majesté Très-Chrétienne*, & tâchent de la persuader insensiblement.

Si on en vient à une Guerre declarée, on a projetté de se servir d'un Expedient qui pourra diminuer la Force & le Credit des Ennemis : c'est de publier un Manifeste, par lequel on avertira le Public que la Guerre se fait, par ce que certains Rebeles tiennent Prisonnier Monsieur de *Condé*, *Prince du Sang*, & refusent d'obeir à *Sa Majesté Très-Chrétienne*, ne voulant point souffrir qu'il vienne la voir, quoi qu'elle l'ait apellé plusieurs fois.

Ce qui est en Partie veritable, d'autant que ce *Prince* seroit peut-être venu parler à *la Reine*, qui a fait beaucoup d'Instances pour cela, sans que ceux de sa Compagnie aient jamais voulu y consentir.

On se figure que cette Declaration apaisera une bonne Partie des Peuples, qui n'entendant parler en aucune Maniere de *Religion*, & voiant d'ailleurs que selon toutes les Apparences on ne

Sua Majesta *manda Monsu di Rambouillet in Spagna, cossi per dar Conto delle Cose di quà, come per che dia Conto di quelle di Germania.*

*Cioè delle Attioni sue medeme, essendo penetrate alle Orecchie della Sua Majesta, che la calumniavano molto delle Pratiche che haveva fatte in quel Paëse dell'*Imperio.

La Majesta della Regina in quell' Audienza, che io hebbi l'altro giorno, se ne dolsi con me grandemente, dicendomi che ritrovavano le piu strane Ciancie del mondo, & che oltre che si possono vedere l'Instruttioni sue date à Rambouillet, *voleva mandare lui medemo dal* Re Cattolico *per che desse minutissimo Raguaglio di tutto quel che haveva trattato: & mostro la* Majesta Sua *di sentir questa Calumnia sopra Modo.*

Manda ancora Monsu della Chapella *in* Inghilterra, *per fare il medemo Officio, & mantenere quella* Regina *nella buona Opinione che ha di non si mescolar in questi Guarbuggi.*

Duoi di sono gridarono à Suon di Trombe, *Generale della Fantaria*

ne fait la Guerre que pour la Delivrance du *Prince* de *Condé*, resteront Neutres.

Sa Majesté envoie Monsieur de *Rambouillet* en *Espagne*, tant pour y faire savoir l'Etat des Affaires de ce Païs, que pour y rendre Compte de celles *d'Allemagne*.

C'est-à-dire de sa propre Conduite, par ce qu'on a fait de faux Raports à *Sa Majesté Catolique*, touchant les Negociations Secretes qu'il a faites dans les *Etats* de *l'Empire*.

La Reine s'en plaignit beaucoup dans cette Audience qu'elle me donna, il y a quelques jours, en me disant qu'on inventoit les plus grandes Faussetés du Monde, & que nonobstant qu'on puisse voir les Instructions qu'elle a données à *Rambouillet*, elle vouloit l'envoier lui même à *Sa Majesté Catolique*, pour l'informer très-particulierement de tout ce qu'il avoit negocié : & elle me fit paroître que cette Calomnie la piquoit extraordinairement.

Elle envoie aussi Monsieur de la *Chapele* en *Angleterre* pour y donner les mêmes Avis, & pour entretenir cette *Reine*, dans la bonne Resolution qu'elle a prise de ne se mêler point de ces Querelles tumultueuses.

Il y a deux jours qu'on publia au son des Trompettes que Monsieur

ria Francese *Monsu della* Rochefoucaut, *il quale Luogo era di* Andelot *del quale non fecero Mentione alcuna.*

Venne finalmente *Nova certa come questi del* Principe *di* Condé *si sono impadroniti di* Rhoano *& della* Rocca : *& si sta in gran Sospetto che non vadino ad* Alba di Gratia, *& alla* Rochella *per impadronirsi della Marina.*

Sopra il quale Aviso si è spedito subbito per havere otto Mille Suizzeri, & si è mandato à Compiegna, & in alcuni altri Luoghi per cavarne l'Artigleria.

Si dissegna con queste Forze di andar à l'Espugnatione di Orleans, dove dicono sia da vivere per duoi Anni.

Et se benè il Principe non vi ha piu da tre Mille Cavalli, si stima che non habbia voluto lassarvine maggior Numero per non consomare i Viveri.

Ma che habbia fatto le sue Provisioni di Gente all'Intorno, & per Luoghi confidenti : & perche ricusa tutti gli Accordi, si stima che habbia piu Forze di quel che appare.

sieur de la *Rochefoucaut* devoit être reconnû pour General de l'Infanterie Françoise. Cette Charge apartenoit à Monsieur *Andelot*, dont on ne fit aucune Mention.

On a finalement reçû des Nouvelles certaines que ceux du Parti du *Prince* de *Condé* se sont rendus Maîtres de *Rhoan* & de la *Roche*, ce qui donne Lieu de craindre beaucoup qu'ils ne s'emparent aussi du Havre de *Grace* & de la *Rochele* pour avoir les Forces de la Marine.

Sur cet Avis on a d'abord fait expedier les Ordres pour avoir huit Mille *Suisses*, & envoié prendre l'Artillerie de *Compiegne*, & de quelques autres Places.

Le Dessein qu'on projette est d'employer toutes ces Forces pour aller faire le Siége d'*Orleans*, où l'on dit qu'il y a des Vivres pour deux Ans.

Et quoi que le Prince de *Condé* n'y ait que trois Mille Hommes de Cavalerie, on croit qu'il n'y en a pas voulu laisser davantage pour épargner les Munitions de Bouche.

Mais qu'il a fait une plus grande Provision de Monde aux Environs de cette Ville, dans des Lieux où les Peuples sont d'Intelligence avec lui, & ce n'est pas sans Raison qu'on s'imagine qu'il a plus de Forces qu'il

DE LA RELIGION REFORME'E EN FRANCE.

In Sens *doppo la Morte di quelli che scrissi con le passate, sono andati più oltra contra gli* Ugonotti, *& ne hanno amassati da Ottanta, & bruzatte delle Case loro da Trenta, per la Terra.*

Circa l'Abbocamento con Sua Majesta Cattolica, *io ho veduto una Lettera che lei scrive all'* Ambasciadore *suo, della sua* Mano, *ordinandoli che dichi alla* Regina *que per questa State attende alla sua Sanita principalmente, come voleva fare ancora lei, che poi potriano dar ordine di vedersi al Settembre prossimo.*

In questa Terra non si sente adesso pur un Solo Ugonotto *apertamente, anzi di quelli che prima non intravano mai in* Chiesa, *hora vi stanno con buona Mostra di Devotione.*

Quando Monsignore Illustrissimo Legato *ha inteso l'ultimo Capitolo della Lettera di Voi Signoria Illustrissima, dove mi commanda che io pigli Cura circa i Nominandi alle* Chiese, *si è ressentito con*

qu'il n'en fait paroître, puisqu'il refuse toute Sorte d'Accomodement.

Depuis qu'on a Massacré dans la Ville de *Sens* ceux dont j'ai parlé dans ma derniere Lettre, on y a fait un autre Carnage plus grand de quatre Vints *Huguenots* qui ont été tués, & on a brulé une Trentaine de leurs Maisons dans cette Ville là.

Pour ce qui est de l'Entrevûe qui se devoit faire avec *Sa Majesté Cattolique*, j'ai vû une Lettre qu'elle a écrite, de sa propre Main, à son *Ambassadeur*, pour lui ordonner de dire à *la Reine* qu'elle ait principalement Soin de conserver sa Santé, pendant cet Eté, comme elle veut aussi penser à la sienne, & qu'en suite leurs *Majestés* pourront regler ce qui sera necessaire pour se voir au Mois de Septembre prochain.

On n'entend plus maintenant aucun *Huguenot* qui parle ouvertement dans cette Ville, mais au contraire ceux qui autrefois n'entroient jamais dans les Eglises s'y tiennent à present avec de belles Apparences de Devotion.

Quand Monseigneur l'Eminentissime *Legat* a entendu la Lecture du dernier Article de la Lettre de Vôtre Eminence, dans lequel elle me commande d'avoir Soin de ceux qui doivent

con dir che non tocca à me di far il *Protettore* in Francia, ma che io facessi pur quel che mi piacessi.

Hora à me non è parso di parlarne alla Regina, *fin che Voi Signoria Illustrissima habbia considerato se fosse convenevole che il Signore* Legato *facesse questa Informatione, come Protettore de i Clerici.*

Staro aspettando Risposta, & in tanto se occorrera qualche Cosa, cercaro destramente di intenderne il piu che io potro, & darne Aviso.

Di Parigi *alli* 29. Aprile. 1562.

PROSPERO DI Sᵗᵃ. CROCE.

vent être Nommés pour remplir les Charges Ecclesiastiques, il en temoigna du Ressentiment, & me dit qu'il ne m'apartenoit pas de donner cette Protection en *France*, mais que je fisse néanmoins ce qui me plairoit.

Voilà pourquoi je n'ai pas trouvé bon d'en parler à *la Reine*, jusqu'à ce que Vôtre Eminence ait examiné s'il ne seroit pas convenable que Monsieur le *Legat* fit lui même ces Ouvertures, en Qualité de Protecteur du Clergé.

J'attends quelque Reponse là dessus, & cependant s'il arrive quelque Chose de Nouveau, je m'apliquerai à en decouvrir adroitement autant de Particularités qu'il me sera possible, & à Vous en donner Avis.

De *Paris* le 29. d'Avril. 1562.

PROSPER DE Sᵗᵉ. CROIX.

M E-

DE LA RELIGION REFORME'E EN FRANCE.

MEMOIRE SECRET

Ecrit en Chifre, *& joint à la Lettre precedente.*

IL *Cancelliere sta ancora nel suo Offitio, & in Gratia di* Sua Majesta, *tanto che questi Signori non ardiscono d'intrar ancora à parlar di levarlo : ma credo bene che facino le Mine à piu Potere, & secondo il Successo delle Cose serviranno.*

Con la Majesta *della* Regina *vanno molto destri, & da certi giorni in qua parla piu altamente che non faceva.*

Il Rè suo Figliolo disse l'altro giorno in Publico che chi non portara quel Rispetto à sua Madre che conviene, che non si scordaria mai, & come fosse in maggior Eta ne faria Demostratione.

Il Mareschial *di* San Andrea *per che disse non so che nel Conseglio di* Sua Majesta *che gli dispiacque,* la Regina *gli fece un Rebuffo cossi grande, che*

LE *Chancelier* possede toûjours son Office, & n'est point Disgratié auprès de *Sa Majesté*, c'est pourquoi ces Messieurs n'osent pas encore parler de l'en faire demettre : mais je croi néanmoins qu'ils travaillent secretement de tout leur Pouvoir à disposer tout ce qui est necessaire pour cela, afin de s'en servir quand l'Occasion s'en presentera.

Ils ne font aucunes Propositions à *la Reine* qu'avec beaucoup de Circonspection, & on s'aperçoit que depuis quelques jours elle parle avec plus de Hauteur & de Fierté qu'auparavant.

Le Roi son Fils dit, il y a quelques jours, en Public, que si quelcun n'a pas autant de Respect pour sa Mere qu'il lui en est dû, il ne l'oubliera jamais, & qu'il en fera paroitre son Ressentiment quand il sera dans un Age plus avancé.

Le *Marechal* de *Saint André* aiant dit quelque Chose dans le Conseil de *Sa Majesté* qui lui déplût, la Reine lui fit une si grande Rebuffade qu'il fut

che lo conſtrinſe quaſi à lacrimare.

Il Re Cattolico *per quanto accenna l'Ambaſciadore ſuo, dara Gente di Guerra per Ajuto, & non Denari.*

Queſto non ſò come ſodisfara di quà, per che havendo la parte loro del Soſpetto, non vorranno Gente del Rè Cattolico, *in mezzo del Regno.*

Intendo che Rambouillet *va principalmente per intenderſi benè circa queſta Partita, & aſſicurarſi che mentre il Regno ſtara in queſti Termini, non ſi parlara della Reſtitutione delle Piazze di* Piemonte.

Io non ho animata Sua Majeſta *piu guagliardamente alla Guerra, non ſapendo come Voi Signoria Illuſtriſſima l'intenda circa il ſoccorerla.*

Intorno al che mi occorre di dire che io crederia che di tutto quel che Sua Santita *vuol fare, quando non ſia il Complimento di quel che ſi deſidera di quà, foſſe bene di non laſſar intender coſa alcuna, ma riſervarſi.*

Di

fut preſque ſur le point d'en verſer des Larmes.

Le Roi d'*Eſpagne* donnera un Secours de Gens de Guerre, mais non pas d'Argent, à ce que dit ſon *Ambaſſadeur.*

Je ne ſai pas comment on en pourra être ſatisfait ici, par ce que les *Eſpagnols* étant un peu Suſpects aux *François*, ceux-ci ne voudront pas ſouffrir que les Troupes de *Sa Majeſté Cattolique* viennent au milieu de ce Roiaume.

J'ai appris que le principal Sujet pour lequel Monſieur de *Rambouillet* va à *Madrid* eſt pour avoir des Eclairciſſemens là-deſſus, & des Sûretés qu'on ne parlera point de la Reſtitution des Places du *Piemont*, pendant que ce Roiaume ſera troublé comme il l'eſt.

Je n'ai pas ſollicité plus fortement *la Reine* de declarer la Guerre, ne ſachant pas quel Secours Vôtre Eminence veut que je lui promettre de la Part du *Pape.*

Surquoi je me crois obligé de vous dire, que ſi tout ce que *Sa Sainteté* a reſolu de faire en cette Occaſion, n'eſt pas ſuffiſant pour remplir entierement l'Attente de ce qu'on deſire ici, il ſeroit bon de le tenir caché, & de n'en parler qu'avec une ſi grande Reſerve qu'on ne pût en decouvrir aucune Choſe.

Les

DE LA RELIGION REFORME'E EN FRANCE.

Di quà ogni dì le Cose pigliano Alteratione, & per tanto voglio dire che in Caso che si accordassero, si potria far maggior Mostra del buon Animo di Sua Beatitudine.

Les Affaires de ce Païs changent tous les jours de Face, c'est pourquoi Vôtre *Eminence* ne doit pas trouver mauvais que je lui dise, qu'en Cas qu'il se fasse un Accommodement, on pourroit donner une plus grande Idée de la bonne Volonté du *Pape* que celle qu'il a effectivement.

Come scriffi alcuni giorni sono, si disegna di scusar il Principe di Condé, & castigar solo Schiastiglione, per che la Regina non vuol in Modo alcuno la Rouina di Costoro, & qui par à me che stia adesso tutta la Difficolta.

On a Dessein d'excuser *le Prince de Condé*, comme je l'ai écrit depuis quelques jours, & de ne punir que *le Cardinal* de *Chastillon* tout Seul, par ce que *la Reine* ne veut pas qu'on ruine, en aucune Maniere, ceux de la Faction de ce *Prince*, & il me semble que toutes les Difficultés ne roulent plus maintenant que sur cela.

Monsignore Illustrissimo di Tornone *finalmente heri passo à miglior Vita, talmente surpreso di un Catarro, che non ci fu Rimedio ad ajutarlo.*

Monsieur *le Cardinal* de *Tournon* deceda finalement hier, par une Fluxion qui le sufoça de telle Sorte qu'on ne pût le secourir par aucun Remede.

Monsignore l'Illustrissimo Legato per certi Regressi guadagna quaranta Mille Franchi d'Intrata.

Monsieur *le Legat* profite maintenant, d'une Rente de quarante Mille Livres, pour quelques Regrès sur les Benefices du Defunt.

L'Abbatia di San Germano, la risegno certi giorni sono à Monsu Illustrissimo di Borbone.

Il a resigné, peu de jours avant sa Mort, l'Abaie de *Saint Germain* à Monsieur le *Cardinal* de *Bourbon*.

Un'altra è stata data ad un Bastardo *del* Ré Henrico *di clarissima Memoria : & un altra, ad un Nipote di detto* Tornone,

Une autre a été donnée à un Fils Illegitime du *Roi Henri*, d'Illustre Memoire : & une autre à l'un des Neveux de son

il quale ha contriſtata tutta queſta Citta, che haveva poſta molta Speranza nella Bontà & Prudenza ſua.

Monſignore Illuſtriſſimo di Loreno è giunto queſta mattina, in tempo che era arrivato poco prima un Secretario del Principe di Condé, che cauſò che ſubbito ſi ſpargeſſe Voce per la Terra, che l'Accordo era fatto.

Io mi trovavo una Lettera di queſti Signori Deputati alla Fabrica di San Pietro, dove mi ſcrivono che dovendo paſſar per Lione vinti Mille Reale, mandate delli Signori di Spagna, per Beneficio di detta Fabrica, deſideravano un Paſſaporto.

Con queſta Occaſione havendo domandata l'Audienza, ſòn ſtato hoggi d'a Sua Majeſta, & havendo havuto gratioſamente il Paſſaporto, ho inteſo della Majeſta Sua che il Principe di Condé deſidera la Gratia della Majeſta Sua, & vuol fare tutto quello che gli commanda: pero con queſte Conditioni, che quanto al Fatto della Religione, reſti l'Editto fatto ultimamente in ſuo eſſere: cioè che ſi poſſa predicare fuori delle Citta, eccetto Parigi,

Eminence de *Tornon*, dont le Decès a beaucoup affligé tous ceux de cette Ville, qui avoient fondé leurs plus grandes Eſperances ſur ſa Bonté & ſa Prudence.

Monſieur *le Cardinal* de *Lorraine* eſt arrivé ici ce Matin, d'abord après la Venüe d'un Secretaire du *Prince de Condé*, ſur quoi le Bruit s'eſt d'abord repandu, par toute cette Ville, que l'Accord étoit fait.

J'avois reçû une Lettre de ces Meſſieurs qui ſont établis pour faire travailler à la Conſtruction de l'Egliſe de *Saint Pierre*, (de Rome) leſquels m'écrivoient qu'ils ſouhaitoient d'avoir un Paſſeport pour faire venir, par la Route de *Lion*, Vint Mille *Reaux* que ceux d'Eſpagne leur envoient, afin qu'ils ſoient emploiés au Profit de cette Fabrique.

Aiant profité de cette Occaſion pour demander une Audience, je ſuis allé parler aujourdhui à *Sa Majeſté*, laquelle m'aiant accordé ce Paſſeport, d'une Maniere fort obligeante, m'a donné à entendre que *le Prince* de *Condé* ſouhaite d'avoir ſes bonnes Graces, & veut bien faire tout ce qu'elle lui ordonnera, à Condition que, pour ce qui concerne *la Religion*, on laiſſera l'Edit qui a été fait dernierement tel qu'il eſt, à ſavoir qu'on

rigi, *fin che il* Concilio *determini altrimente.*

Nel qual Caso, ex nunc, si vogliono obligare di accettare, & osservare, tutto quel che sara stabilito in esso per la Religione.

Et quanto all' Honor di Monsu di Guisa *& di Monsu il* Conestabile, *che partano di Corte per tre giorni soli, intanto lui disarmara, & andara à Casa sua, & poi si compiacera à* Sua Majesta *ritornino in Corte, l'uno & l'altro.*

Sopra di cio mi dice che non par che questi Signori sentano volontieri à partir di Corte, etiam per un Momento, parendoli di rimettere dell' Honor in grossa.

Et che come Sua Majesta *non ha mai voluto disperar quelli altri, cossi cercava di non contristar questi, & andava trattando piu che poteva di condurne il Negotio à buon Fine.*

Discorrendomi longamente che agli altri non duole la Testa, etiam

qu'on pourra *Prêcher* hors des Villes, excepté aux Environs de celle de *Paris*, jusqu'à ce que le *Concile* de *Trente* en ait decidé autrement.

Auquel Cas il veut s'obliger dès à present, avec tous ceux de son Parti, de recevoir & d'observer tout ce qu'on y établira sur les Matieres de *la Religion*.

Et que pour ce qui est de l'Honneur de Monsieur de *Guise*, & de Monsieur *le Conétable*, il se contente qu'ils se retirent de la Cour pour trois jours seulement, pendant lesquels il desarmera ses Troupes, & s'en ira chés lui, & qu'ensuite l'un & l'autre pourront retourner à la Cour, si c'est le bon Plaisir de *Sa Majesté*.

Surquoi Elle m'a dit qu'il ne paroit pas que ces Seigneurs entendent volontiers parler de sortir de la Cour, quand même ce ne seroit que pour un Moment, par ce qu'ils s'imaginent que cela derrogeroit beaucoup à leur Honneur.

Et que comme *Sa Majesté* n'a jamais voulu reduire au Desespoir ceux du Parti contraire, elle ne veut pas non plus affliger ceux-ci, mais qu'elle travaille, du mieux qu'elle peut, à conduire tout ce qui les concerne à une bonne Fin.

Elle me dit ensuite, par un long Discours, que les autres ne

etiam quando si perdesse la Meta di questo Regno, & andasse à Fiamma & à Fuoco: ma che à lei conviene pensare à piu Cose, & conservarlo il piu che si puo, & che tutti non sanno come le Cose si stiano: volendo accennar del modo del Denaro.

A che risposi che il conservar il Regno, in Stato felice, bisognava che Sua Majestà *lo speraffe da* Dio *principalmente, & pero che stabiliendo le Cose della* Religione *seguitaria ogni Bene.*

Come all'Incontro io non confidavo che dovesse esser Pace*, ne che costoro fossero per osservar quello che promettevano, massimè intorno à quel che dicevano di stare alle* Determinationi *del* Concilio*: & che l'armarsi bene, & presto, facilitaria sempre ogni Disegno che* Sua Majestà *havesse.*

Ella rispose che quanto all'armarsi, si facevano le Provisioni *gia dette, con ogni Caldezza, come che ella consideri che potriano ancora essere* Parole*, per far la restare di provedersi.*

ne se mettent pas en Peine des Malheurs de ce Roiaume, non pas même quand il en devroit perir la Moitié, par le Feu & les Flames: mais qu'elle est obligée de porter sa Vûe plus Loin, pour le conserver, autant qu'il est possible, & que chacun ne sait pas en quel Etat sont maintenant les Affaires qui concernent les Finances.

A quoi je repondis que *Sa Majesté* devoit principalement attendre de *Dieu* la Conservation de ce Roiaume, avec tout ce qui peut contribuer à le rendre Heureux, & que par consequent, si elle établissoit les Affaires de *la Religion*, il en naitroit toute sorte de Biens.

Mais qu'en faisant au Contraire je n'avois aucune Esperance de voir succeder la Paix, ni que ces Gens-là fussent disposés à observer ce qu'ils promettoient, & specialement en ce qu'ils declaroient de vouloir s'en tenir aux Decisions du *Concile*: sur quoi je dis à *Sa Majesté*, qu'un bon Armement fait sans Delai, faciliteroit toûjours les bons Desseins qu'elle auroit.

Elle me repondit que pour ce qui est de l'Armement, on y travailloit avec toute sorte de Diligence, par ce qu'elle considere que tout ce qu'on lui propose n'aboutit peut-être qu'à l'amuser par de belles Paroles,

Ma afin

Ma che loro offeriscono di dar i Figlioli per Ottagio, & per stare alle Determinationi del Concilio, & qui lasso il Raggionamento.

Doppo il quale attacai del mandare al Concilio : *rimontrando che* Sua Santita *si era doluta di me, che gia doppo tanti Mesi gli havevo scritto che i* Prelati *andavano, & non ne compariva pur un Solo.*

Sua Majesta *rispose che haveva tornato à scrivere, come m'haveva detto, & che haveva Risposta che andariano.*

Et facendo io Instanza circa il Tempo della prossima Sessione, mi disse che in ogni Modo vi sariano per il quatuordecimo di Maggio.

Me ne assicuro molto, dicendo che gia Monsu *di* Lansach *deve esser là, di sorte che* Sua Santita *ha tal Caparra che non puo dubitare.*

Che se i Prelati *non sono andati, non sono stati piu astretti, per*

afin qu'elle ne se mette pas en Etat de Defense.

Mais que ces Gens là offrent de donner leurs Enfans pour Otage, & pour Assûrance qu'ils s'en tiendront aux Determinations du *Concile* de *Trente*, & elle finit son Discours par cet Article.

Après lequel je me mis à lui parler de l'Envoi de ses *Prelats* au *Concile*, en lui remontrant que le *Pape* s'étoit plaint de moi, par ce que je lui avois écrit, depuis long-tems, que *les Prelats* de *France* y alloient, sans qu'il y en parut néanmoins aucun.

Sa Majesté repondit qu'elle leur avoit écrit derechef, comme elle me l'avoit dit, & qu'ils lui avoient repondu qu'ils y iroient.

Et lui aiant fait des Instances sur le Tems de la Session prochaine, elle me dit que tout ce qui pourroit survenir, ne les empêcheroit point d'y être le quatorziéme du mois de Mai.

Elle me l'assûra d'une Maniere très-positive, en disant que Monsieur de *Lansac* y doit être arrivé maintenant, de sorte que cet *Ambassadeur* est un Otage qui doit lever tous les Doutes que *Sa Sainteté* pourroit avoir touchant les *Prelats François*.

Que s'ils n'y sont pas allés plûtôt, c'est par ce qu'on ne les

per che bisognava perdonar qualche Cosa allo Stato presente di questo Regno, nel quale i Travagli erano stati di continuo tali, che la Majestà Sua non ha possuto proveder à tutto, come haveria voluto.

Et qui finì l'Audienza, nella quale Sua Majestà mostrò di star molto contenta di Monsù il Conestabile, del quale per prima mi haveva parlato altramente.

Questi del Duca di Savoia batteno à piu potere la Restitutione delle loro Piazze in Piemonte, & per mio Giuditio molto fuor di Tempo, & del Bisogno nostro, per che la Regina dice che se questi Signori le vogliono restituire, non vuole haverci Parte, & loro non vogliono fare una tal Cosa senza lei.

Nacce da questo, che non possono intraprendere la Guerra, contro gli Ugonotti arditamente, per che dubitano che come fossero attacati, il Duca di Savoia non movesse di là: & ancora temeno che con il Duca, s'intenda il Rè Filippo.

y a pas contraint, attendu qu'il faut avoir quelques Egards pour eux, à Cause de l'Etat où se trouve presentement ce Roiaume, qui a été continuellement tourmenté d'une Maniere si forte, qu'il a été impossible qu'elle aît pourvû à tout, comme elle l'auroit souhaité.

L'Audience que j'eus se termina par cette Reponse de *Sa Majesté*, qui me fit connoitre qu'elle étoit fort contente de Monsieur *le Conétable*, dont elle m'avoit temoigné ci-devant tout le contraire.

Les Agens du *Duc* de *Savoie* sollicitent très-fortement, pour se faire rendre leurs Places du *Piemont*, & cette Demande se fait à Contre-tems, & au Prejudice de ce qui nous est necessaire, selon que j'en puis juger, d'autant que *la Reine* dit que si les Ministres d'Etat les veulent rendre, ils ne doivent point y faire intervenir son Consentement, mais ces Ministres ne veulent pas le faire sans elle.

C'est pourquoi il nait de là un Obstacle qui les empêche d'entreprendre hardiment la Guerre contre *les Huguenots*, par ce qu'ils craignent que *le Duc* de *Savoie* ne se mette en Mouvement de son Coté, d'abord qu'ils auront pris les Armes, & ils apprehendent aussi que *le Roi*

Il Bisogno nostro saria che si attendesse alle Cose della Religione, & si lassassino tutte le altre Pratiche, per che se questa volta non si stabiliscono, non so quando trovaremo una simil Conjuntura.

Nous aurions Besoin qu'on s'apliquât aux Affaires de *la Religion*, & qu'on laissât toutes les autres Entreprises, par ce que si on ne l'établit pas maintenant, je ne sai pas en quel Tems on en pourra avoir une si bonne Occasion.

Di Parigi alli 29. d'Aprile 1562.

De *Paris* le 29. d'Avril. 1562.

PROSPERO DI Sta. CROCE.   PROSPER DE Ste. CROIX.

VINT-DEUXIEME LETTRE

Du Cardinal de Ste. Croix, au Cardinal Borromée.

L'Ultima che io scrissi à Voi Signoria Illustrissima, fu dal 29. Aprile, doppo laquale l'Abbate di San Gioan è stato ad Orleans, due volte, per trattar l'Accordo.

LA derniere Lettre que j'ai écrit à Vôtre Eminence, étoit du 29. d'Avril, & depuis ce tems là, Monsieur l'Abbé de *Saint Jean* a été deux fois à *Orléans*, pour y travailler à l'Accommodement.

La prima che vi ando diede cossi gran Speranza che si faria, che lo tenevano per fatto: ma hier sera che torno, porto quasi l'Esclusione, con dire che loro non volevano farlo, per che sapevano che il Ré, & la Regina erano Prigioni, & che con-

La premiere fois qu'il y alla il donna de si grandes Esperances d'y reussir, qu'on le tenoit pour fait: mais en étant revenu hier au Soir, il fit connoître qu'il n'y a presque plus d'Aparence de Succès, en disant que ces Gens là le refusent, par

conveniva al Debito loro di liberarli.

Per questo, cioè, per mostrar che non sono Prigioni, & per levare à Costoro questa Apparentia, Sua Majesta è andata questa mattina, à l'Improvisto, à Monsco, *ch'è un suo Luogo lontano di quà dieci Leghe, vicino à* Mcaux, *havendo seco i Figlioli soli, & Monsignore Illustrissimo Legato.*

Tutti questi Signori del Conseglio sono restati in questa Terra, volendo far conoscer chiaramente, che il Ré, *& la* Regina, *sono in Potesta loro Di andar, & restar, dove voranno: & che l'Accommodamento che propongono, per farli disarmare, procede della mera Volonta delle* Majesta loro.

Io credo che per questa Partita, habbiano piu Desiderio di mostrare al Regno tutto, che à quelli di Orleans, *gia che pensano che con loro hormai siano vane tutte queste Demostrationi.*

Per proceder con piu Giustificatione, di Monsco *Sua Majesta mandara un altro Gentil-huomo per commandarli di nuovo che disarmino, & non lo facendo se ne tor-*

ce qu'ils savent que *le Roi & la Reine* sont Prisonniers, & qu'ils se croient obligés d'emploier leurs Forces pour leur procurer la Liberté.

Mais *la Reine* voulant ôter ce Pretexte, & faire voir qu'elle est entierement Libre, s'en est allée ce Matin à l'improviste dans son Chateau de *Monsco*, qui est à dix Lieües d'ici, proche de *Meaux*, aiant pris ses Enfans pour les y conduire, sans aucune autre Compagnie que celle de Monsieur *le Legat*.

Tous les Seigneurs du Conseil sont restés dans cette Ville, afin que chacun puisse connoître fort clairement que *leurs Majestés* ont une entiere Liberté d'aller faire leur Sejour où il leur plait: & que l'Accord qu'elles proposent, à ceux qu'on veut obliger de quitter les Armes, ne procede que de la seule Volonté du *Roi*, & de celle de *la Reine*.

Je crois que leur Voiage se fait principalement à Dessein que tous les Peuples de ce Roiaume en soient informés, & non pas seulement ceux *d'Orleans*, puisqu'on ne croit pas que ces Demarches les fassent desister de leurs Entreprises.

C'est pourquoi *la Reine* veut leur envoier un autre Gentilhomme, quand elle sera à *Monsco*, pour justifier sa Conduite, en leur ordonnant derechef

DE LA RELIGION REFORME'E EN FRANCE.

tornara, & nel Parlamento gli fara dichiarar Rebelli.

S'intende che loro hanno piu gran Seguita che non si credeva, pur si spera che come Sua Majesta habbia fatto Declaratione di Rebellione, contra tutti quelli che gli seguitaranno, che molti se ne ritornaranno alle Case loro.

Di quà si fanno tuttavia delle Provisioni, cossi in far venir della Fantaria, della quale ve ne sono gia Vinti Mille qui all'intorno, come in radunar le Genti di Arme.

Hanno ancora dato Ordine di haver di Soldati Tedeschi*, & quanto alli* Suizzeri*, non si ha ancor Nuova che siano mossi.*

In Rhoano*, quelli che si sono impadroniti di quella Terra, hanno discoperta la Chiesa Maggiore, cossi per l'ordinario Desiderio di far Male, come per valersi del Piombo, il quale dicono che era di Valuta di Vinti Mille Franchi.*

In quel Porto vi erano due Galere,

chef de mettre bas les Armes, & s'ils ne lui obeïssent pas, elle retournera ici, pour les faire declarer Rebelles, par une Decision du Parlement.

On est informé qu'ils ont beaucoup plus de Troupes qu'on n'avoit crû, cependant on espere que lors que *Sa Majesté* aura fait publier que tous ceux qui adherent à cette Faction sont des Rebelles, plusieurs se retireront dans leur propre Domicile.

On fait néanmoins des Preparatifs de Guerre, tant par les Levées de l'Infanterie qui est déja composée de vint mille Hommes, aux environs de cette Place, que par les Gens d'Armes qu'on fait assembler.

Les Ordres sont aussi donnés pour avoir des Soldats d'*Allemagne*; & pour ce qui est des *Suisses*, on n'a pas encore reçû les Avis de leur Depart.

Ceux qui se sont rendus Maitres de la Ville de *Rhoan*, y ont enlevé le Couvert de l'*Eglise Cathedrale*, tant pour faire du Ravage, selon leur Inclination ordinaire, que pour se prevaloir du Plomb qu'il y avoit, lequel est à ce qu'on dit de la Valeur de vint mille Livres.

Il y avoit deux Galeres dans ce

lere, che Sua Majesta designava farle navigare, ma ha trovato che di gia se n'erano impadroniti gli Ugonotti.

ce Port que *Sa Majesté* destinoit pour la Navigation, mais elle a trouvé que *les Huguenots* s'en étoient déja saisis.

Di Parigi *alli* 14. *di Maggio.*
1562.

De *Paris* le 14. de Mai.
1562.

PROSPERO DI S.ta CROCE.   PROSPER DE S.te CROIX.

VINT-TROISIÉME LETTRE

Du Cardinal de S.te *Croix, au Cardinal* Borromée.

Questi Signori sono partiti di Parigi *hoggi*, per andar à trovare nel Campo il Ré di Navarra, & il Signore Duca di Guisa, i quali comandaranno l'*Antiguardia*: *Monsù* il Conestabile *la Battaglia*, & il Mareschial di San Andrea *la Retroguardia.*

Se ne vanno à dritura verso Orleans, havendo con loro vinti duoi Stendardi di Gente di Arme, & da sei Cento Archibusieri à Cavallo, & trenta cinque Insegne di Fantaria.

Per quanto dicono, sperasi che con la Gratia del Signore Dio, è *Prudenza di questi Signori*, tutto passera benè.

Monsù il Conestabile *ha havuto da me*, questa mattina, il Breve di Nostro Signore, *in torno*

CEs Messieurs sont partis aujourd'hui de *Paris* pour aller au Camp, où *le Roi* de *Navarre* & Monsieur *le Duc* de *Guise* doivent commander l'Avantgarde, Monsieur *le Conetable* le Corps de Bataille, & le *Marechal* de *Saint André* l'Arrieregarde.

Ils s'en vont à droiture vers *Orleans*, aiant avec eux vint-deux Compagnies de Gens d'Armes, & environ six Cens Carrabiniers à Cheval, avec trente-cinq Compagnies d'Infanterie.

On espere que suivant ce qu'ils disent tout reussira comme nous le souhaitons, moienant la Grace de *Dieu* & la sage Conduite de ces Generaux d'Armée.

J'ai donné ce matin le *Bref* du *Pape* à Monsieur *le Conétable*, touchant lequel il ne m'a re-

torno al quale mi ha rispoſto poche Parole, come occupatiſſimo in queſta Partita.

Queſte ſono ſtate in ringratiar Sua Beatitudine del Favore che gli fa, & aſſicurarla che va in queſta Guerra con miglior Animo, che andaſſe mai in altra: vedendo che va à ſervir il Signore Dio, *& Sua Santita.*

Per Servitio de quali ſara ſempre ben impiegata la Vita propria, & che quanto piaceſſe à Sua Divina Majeſta *che finiſſe con queſto Atto la* Sua Comedia, *li pareria di morir molto Fortunato, & Glorioſo, & che ſpera però, prima che morire, di far qualche notabile Servitio.*

Era Sua Excellentia *piena di Audienze & Occupationi, per le quali ſi eſcuſo con me, di non potter eſſer piu longo che in domandarmi che Coſa era queſta di alcuni* Legati *novi, che* Sua Santita *faceva per* il Concilio di Trento.

Moſtrando che queſto foſſe ſtato trovato di quà molto Stranio, quaſi che Sua Santita *voleſſe far un*

repondu que par quelques Paroles, à Cauſe des grandes Occupations qu'il avoit, pour le Sujet de ſon Depart.

Tout ce qu'il m'a dit conſiſtoit à remercier *Sa Sainteté* de la Faveur qu'elle lui fait, & à l'aſſûrer qu'il n'eſt jamais allé à la Guerre de ſi bon Cœur qu'il y va maintenant, parce qu'il voit que cette Entrepriſe aboutit au Service de *Dieu*, & à celui du *Saint Siege.*

Eſtimant que ſa propre Vie ſera toûjours utilement emploiée pour cela, & que s'il plait même à *Dieu* qu'il acheve de jouer ſon *Rôle* par cette Action, il lui ſemblera de mourir fort heureuſement couronné de Gloire, & qu'il eſpere néanmoins de rendre quelques Services très-conſiderables, avant que de finir ſes jours.

Son Excellence étoit fort occupée à donner des Audiences, & à pluſieurs autres Choſes, qui lui donnerent Lieu de me faire des Excuſes de ce qu'il ne pouvoit pas m'entretenir plus long-tems, ſi ce n'eſt pour me demander quels étoient les Motifs du *Pape*, dans la Creation qu'il faiſoit de certains *Nouveaux Legats*, pour les envoier au *Concile* de *Trente*.

Me faiſant connoître qu'on avoit trouvé fort Etrange dans ce Païs, que *le Pape* fit cela, comme

un *Muro forte*, *per haver ogni Cosa à suo Volere*: *discorrendo che in questi Tempi bisogna andar Destro*, *& non mostrar di voler tirar tanto l'Acqua al suo Molino*.

Io gli risposi che di questo non sapevo Cosa alcuna, ma sapevo bene che Sua Santita *levava l'Acqua del suo Molino, con far* Reformationi *cossi rigorose, che oltre al far molto Danno alla Corte, & à molti* Sudditi *suoi, levava molte Intrate al* Pontificato*, in Tempo che bisognaria dargliene, per le Spese che sostiene piu grande di quel che puo*.

Et appresso havendomi domandato se ci era Risposta sopra la sua Richiesta, & inteso da me che verria presto Nichetto*, mi licentio*.

Volendo ancor andar alla Camera del Ré di Navarra*, dove erano tutti questi Signori, per far quindeci* Cavalieri dell'Ordine*, come hanno poi fatto, per consolar molti Signori in questa Partita, heri ne hebbero le Pattente da* Sua Majesta Christianissima*, che fu Causa che io non potei haver Audienza ne del* Ré di Navarra*, ne*

me s'il vouloit dresser un Rempart pour avoir toutes Choses à Souhait, par une espece de Contrainte : surquoi il me representa, que, dans le Tems où nous sommes, il faut aller Droitement, & ne pas temoigner de vouloir chercher ses Intérêts particuliers.

Je lui repondis que je ne savois rien de cette Nouvelle Promotion, mais que je voiois fort bien que *Sa Sainteté* derogeoit à ses propres Avantages, en faisant une *Reformation* si rigoureuse, qu'elle prejudicioit non seulement à *sa Cour*, & à plusieurs de *ses Sujets*, mais aussi à ses Finances, en diminuant les Revenus du *Pontificat*, dans le Tems qu'il seroit necessaire de les augmenter, à Cause qu'il est obligé de faire des Depenses qui surpassent ses Moiens.

Il me demanda ensuite si j'avois quelque Reponse touchant sa Demande, & lui aiant dit que *Niquet* l'aporteroit bien-tôt, il me congedia.

Je voulus encore aller dans la Chambre du *Roi* de *Navarre*, où tous ces Ministres d'Etat étoient assemblés, pour l'Election de quinze *Chevaliers de l'Ordre*, qui ont été nommés ensuite, pour encourager plusieurs Personnes de Consideration dans cette Entreprise de Guerre, & *Sa Majesté Très-Chré-*

DE LA RELIGION REFORMÉE EN FRANCE.

ne di Mousù di Guisa, per molta che io ne facesse far Diligentia.

Questa Creatione de Cavalieri, oltre che ha dato molta Autorita à questa Compagnia, obligara molti di questi Signori à servir fidelmente, & penso che impaurira molto quelli di Orleans, & fara Rumore per tutto il Regno.

Gli Ugonotti hoggi di in questo Regno tengono, oltre Orleans, Tours, Blois, & tutto quel Paëse all'Intorno di Normandia, Rohano, Cham, Alba di Gratia, & la Rochella; che sono Porti di Mare, d'Importanza, con le loro consequentie.

Hanno ultimamente preso Bourges & Baieux, pigliando tutta la Gente di Chiesa, & imprigionando il Vescovo, il quale se n'è fugito per Mare, & è venuto in questa Citta.

Del Canto verso Italia, tengono Lione, Chalons, & quasi tutto il Delfinato: oltre molti altri

Chrétienne leur donna hier leurs Patentes, c'est pourquoi je ne pûs avoir aucune Audience du Roi de Navarre, ni de Monsieur de Guise, nonobstant toutes les Instances que j'en fis.

Cette nouvelle Creation de Chevaliers augmentera non seulement le Pouvoir de leur Illustre Corps, mais aussi l'Affection de plusieurs de ces Seigneurs, qui se sentiront obligés, par ce Bienfait special, de servir fidelement Sa Majesté, & je crois que cette Promotion donnera une grande Terreur à ceux d'Orleans, & fera du Bruit dans tout ce Roiaume.

Les Huguenots sont maintenant en Possession dans cet Etat des Villes d'Orleans, de Tours, de Blois, & de tout le Païs qui est aux Environs de la Normandie, s'étant aussi rendus Maîtres de Rohan, de Cham, du Havre de Grace, & de la Rochelle, qui sont des Ports de Mer, dont ils tiennent toutes les Dependances.

Ils ont pris dernierement Bourges & Baieux, où ils ont fait arrêter tous les Ecclesiastiques, & mis l'Evêque dans une Prison, de laquelle étant échappé il s'en est enfui par Mer, & est venu dans cette Ville.

Du Cotté de l'Italie, ils occupent Lion, Châlons, & presque tout le Dauphiné, avec plu-

altri Luoghi, di forte che di dieci fette Ricette di Denari, che chiamano di quà, cioè, dove fi riceve il Denaro Regio, non ne fono libere piu di trè, gia che le altre fono prefe delli Ugonotti, ò perche il Camino è impedito talmente che non è poffibile di fervirfene.

Gran Gratia del Signore Dio è ftata che non fi fiano impadroniti di quefta Citta, come loro difegnavano, & come riufciva loro fe fi foffe tardato un pocco piu à provederci.

Io fcriffi à Voi Signoria Illuftriffima, che tornando della Predica, in quefta Citta, venivano Armati à cinque per Fila, preparandofi à far un Di qualche fegnalata Fattionne; ma al Signore Dio è piacuto di prefervar quefto Popolo, veramente buono & devoto, il quale è adeffo in far Moftra, & pare piu Armato, & piu Atto à combatter di quel che fi credeva.

Dicono che fiano defcritti, & in Ordine per combattere, fempre che veniffe il Bifogno, vinti quat-

plufieurs autres Lieux, de forte que de Dix-fept Departemens, où l'on recevoit les Deniers des Finances du *Roi*, il n'y en a plus que trois de libres, attendu que tous les autres font au Pouvoir des *Huguenots*, ou inutiles, à Caufe des Obftacles qu'il y a fur les Chemins, dont les Paffages font tellement bouchés que l'Accès en eft devenu impoffible.

C'eft par une Grace très-fignalée de *Dieu* envers nous, qu'ils ne fe font pas rendus Maîtres de cette Ville, comme ils en avoient formé le Projet, qui leur auroit réuffi, fi on avoit tardé quelque peu davantage de prendre les Mefures neceffaires pour le faire échouer.

J'ai écrit à Vôtre *Eminence* qu'ils entroient tous Armés dans cette Ville, marchant rangés par des Files de cinq hommes chacune, lorfqu'ils venoient d'entendre leurs *Predicateurs*, en fe preparant à faire un jour quelque Entreprife de grande Confequence; mais *Dieu* à eu la Bonté de pourvoir à la Confervation de ce Peuple, veritablement Devot & fans Fraude, qui paffe maintenant en Revûë, & qui paroit beaucoup mieux Armé, & plus propre à combattre qu'on ne fe l'étoit figuré.

On dit qu'il y a vint quatre Mille hommes d'Infanterie qui ont fait enregiftrer leurs Noms,
&

quattro Mille Fanti, de i quali una Parte voleva andare in ogni modo con il Campo, ma à questi Signori non è parso benè di minuir questo Presidio à questa Citta, riservandolo per un altro Bisogno.

& qui sont tous disposés à prendre les Armes quand il sera necessaire, y en aiant même plusieurs qui vouloient à toute force s'en aller au Camp, mais les Generaux qui commandent l'Armée n'ont pas trouvé bon que la Garde de cette Ville fut diminuée par la Sortie de ces Gens là, qu'ils reservent pour un autre Besoin.

Il Duca di Fiorenza ha mandato ad offerire sei Mille Fanti, pagati per sei Mesi, oltre l'Offerta Generale di quanto ha, & della Persona sua propria, il che di quà è molto piaciuto, massimè per che ha mandato à dire che non gli n'habino Obligo, perche lo fa per proprio Interesse : volendo inferire che perdute le Cose di Francia, non stariano bene quelle d'Italia.

Le Duc de Florence a envoié offrir six mille Fantassins, entretenus pour six Mois, & a declaré qu'il emploieroit même tout ce qui depend de lui, jusqu'à sa propre Personne, sans pretendre qu'on lui en ait de l'Obligation, attendu qu'il le fait pour ses Intérêts particuliers, en Vûe de ce que la Ruine de la France mettroit dans un grand Danger ce qui concerne les Affaires de l'Italie, voila pourquoi on a eu beaucoup de Plaisir ici de ces Offres & de cet Aveu.

Del Duca di Savoia non par che habbia quella Caldezza che si havevano promessa per l'Offerta fatta: & di Spagna non ci è ancora Risposta.

La Majestà della Regina se ne venne l'altro giorno, con i Figlioli, al Bosco di Vincenna, lontano di quà un Miglio, & si sta in quel Luogo con poca Sodisfattione di questo Popolo, che vor-

Il ne paroit pas que le Duc de Savoie s'empresse d'executer ce qu'il avoit promis, & il n'est point encore venu de Reponse d'Espagne.

La Reine est venûe depuis quelques jours, avec ses Enfans, au Bois de Vincennes, qui est à une demi Lieüe d'ici, où elle demeure, quoi que le Peuple n'en soit point content, par ce qu'on

vorria haver qui Sua Majesta: tuttavia gli piace piu quella Stantia che la Citta di Parigi.

Monsù di Umala *che era in* Normandia, *con una Banda di Cavalleria & di Fantaria, si è approssimato à* Roano, *& era di gia nelli Borghi. Aspettamo d'hora in hora d'intender che sia dentro della Citta. Dicono che in* Normandia *habbia trovato ancor piu di* Cattolici *che non si credeva.*

Qui in Parigi *sono andati questi della Citta, à Casa per Casa, cercando l'*Ugonotti*, & molti ne hanno messi in Prigione, descrivendo la Robba, & à molti hanno fatto sapere che partano fra quaranta hore, di sorte che da duoi giorni in quà è stato un gran Rumore per tutta la Terra.*

Di Lione *scrivono che hanno del tutto levata* la Messa, *& rouinate molte* Chiese: *& il* Barone *di* San Andrea *che si trova là usa Titulo, senza che mai li sia stato dato, non di Luogotenente, ma l'Autorita di Rè proprio.*

qu'on voudroit l'avoir ici, néanmoins le Séjour de cet Endroit là lui plait mieux que celui de cette Ville de *Paris*.

Monsieur *d'Aumale* qui étoit en *Normandie*, avec un Corps de Cavalerie & d'Infanterie, s'est aproché de *Rhoan*, où il est déja entré dans les Fauxbourgs : c'est pourquoi nous attendons à chaque moment d'aprendre qu'il soit dans la Ville. On dit qu'il a trouvé parmi les *Normans* beaucoup plus de *Catoliques* qu'on ne croioit.

Les Bourgeois de *Paris* sont allés de Maison en Maison pour chercher tous les *Huguenots*, & en ont mis beaucoup en Prison, dont ils ont fait l'Inventaire des Biens, aiant déclaré à plusieurs autres qu'ils sortent d'ici sans tarder plus de quarante heures : de Sorte que depuis deux jours, il y a eu un grand Fracas par toute cette Ville.

Ont écrit de *Lion* qu'ils y ont entierement aboli *la Messe*, & ruiné plusieurs *Eglises*, & que le *Baron* de *Saint André*, qui s'y trouve maintenant, agit comme s'il avoit l'Autorité, non pas de Lieutenant, qui ne lui a jamais été donnée, mais celle du *Roi* même.

Le Cose di Avignone *si tengono di quà per secure, cosi per quel che è seguito in Provenza, come per che s'intende che il Signore* Fabritio *è ben armato, & che gli Suizzeri sè potranno congiungere con la sua Armata.*

Il Corriere di Voi Signoria Illustrissima *ha trovata molta Dificolta nel passar in quà, per che bisogna lassar adesso il Camino di* Lione*, & per tutto venir molto avertito.*

Circa Bottiglier *non si sa dove si trovi adesso.* Madama di Crussol *è in* Orleans*, dove sta continuamente il* Cardinale di Schiastiglione.

Di Parigi *il* 1. *di* Guigno. 1562.

On tient pour certain ici qu'il n'y a rien à craindre pour les Affaires *d'Avignon*, tant à Cause de ce qui est arrivé en *Provence*, que par ce que Monsieur *Fabritius* est bien Armé, & que les *Suisses* se pourront joindre avec ses Troupes.

Le Courrier de Vôtre Eminence a trouvé de grosses Dificultés pour venir ici, d'autant qu'on est contraint d'abandonner maintenant la Route de *Lion*, & de ne marcher tout le long du Chemin qu'avec beaucoup de Precautions.

Pour ce qui est de *Botteglier* le Predicateur, on ne sait point où il est presentement. Madame de *Crussol* est à *Orleans*, où *le Cardinal* de *Chastillon* se tient continuellement.

De *Paris* le 1. de *Juin*. 1562.

PROSPERO DI Sᵗᵃ. CROCE.   PROSPER DE Sᵗᵉ. CROIX.

VINT-

LES PROGRES ET LES CATASTROPHES

VINT-QUATRIÉME LETTRE

Du Cardinal de S.te Croix, au Cardinal Borromée.

IL *Portator della presente sara il Segretario del Signore Duca di Savoia, che venne heri dar Aviso come i Suizzeri del Cantone di* Berna *si sono dechiarati di voler aiutar questi di* Orleans.

Hanno mandate sedeci Insegne di Fantaria à Lione, *lequali sono digia à* Nantua, *& di piu siamo auvisati come ne preparano altre tanti, per mandarli in quà.*

Tutto questo come non è stato previso, cossi hora fa apparir che questa Guerra sara piu longa, & piu difficile che non si credeva.

Questi Signori Cappi dell'Armata di Sua Majestà *sono ancora in* Blois, *& pensano à venire all'Espugnatione di* Orleans: *per il che hanno mandato vinti Cannoni, & altre tanti ne hanno in Campo.*

Con questo pensano di posser haver quella Citta, il che però è estimato da tutti per molto difficile, atteso che vi è dentro buon Numero di Fanti, che figurano esser dieci Mille.
Man-

LE Porteur de cette Lettre sera le Secretaire du *Duc* de *Savoie*, qui est venu hier, pour donner Avis que les *Suisses* du Canton de *Berne* ont declaré qu'ils veulent secourir ceux *d'Orleans*.

Ils ont envoié à *Lion* seize Compagnies d'Infanterie, qui sont déja arrivées à *Nantua*, & nous sommes aussi avertis d'ailleurs qu'ils en preparent encore autant, pour les envoier dans ces Quartiers.

Tout cela n'aiant point été prevû, nous fait maintenant voir que cette Guerre sera de plus longue Durée, & beaucoup plus difficile qu'on ne la croioit.

Les Generaux de l'Armée de *Sa Majesté* sont encore à *Blois*, où ils se disposent à venir faire le Siege *d'Orleans*, & pour cet Effet ils ont déja envoié vint Pieces de Canon, & ils en ont encore autant dans leur Camp.

Ils estiment que cela suffit pour reduire cette Ville, quoi que tout le Monde se figure qu'il sera très-difficile de la prendre, attendu qu'elle est gardée par un
grand

DE LA RELIGION REFORME'E EN FRANCE. 177

Mandano Monsignore Illustrissimo di Borbon *in* Picardia, *Monsignore Illustrissimo d'*Armagnac *à* Tolosa, *il Mareschial di* San Andrea *verso* Lione, *con Monsù di* Nemours.

Monsù di Monpensier *va verso* Guiena, & *attenderà alla Recuperatione di* Bourges, *che è una delle quatro Piazze che gli* Ugonotti *disseguano di tenere, sopra tutte le altre, che sono* Orleans, Rhoano, & Lione.

La Signoria di Venetia, *per quanto mi ha detto la Maestà della* Regina, *gli ha fatto intender come è sollecitata ogni giorno di far Legha, ma che non la farà mai se non à Beneficio di questa* Corona.

Il Cancelliere *mi ha detto haver saputi gli Offitii fatti da* Sua Santita *contro di lei,* & *se n'è maravigliato, dicendomi che mai non ha sentito con Costoro della* Nova Religione : *che ha solo desiderato che si vivesse bene,* & *si facesse una buona* Riforma : *che per questo non li pareva che* Sua Santita *havesse Causa di haver mala* Opinione *di lei.*

Io mi riservo à scriver piu longamente, con le prime, delle al-

grand Nombre d'Infanterie, qu'on dit être d'environ dix Mille Hommes.

On envoiera Monsieur le *Duc* de *Bourbon* en *Picardie* : Monsieur *d'Armagnac* à *Toulouse* ; & le *Marechal* de *Saint André*, avec Monsieur de *Nemours* du Côté de *Lion*.

Monsieur de *Monpensier* va du Côté de la *Guienne* pour travailler à reprendre *Bourges*, qui est une des quatre Places que les *Huguenots* ont dessein de garder, preferablement à toutes les autres, qui sont *Orleans*, *Rhoan* & *Lion*.

La Reine m'a dit que la *Seigneurie* de *Venise* lui a donné à entendre qu'elle est tous les jours sollicitée de faire une Ligue, mais qu'elle ne la fera jamais, si ce n'est pour les Avantages de cette Couronne.

Le *Chancelier* m'a dit qu'il a sçû les mauvais Offices que le *Pape* lui a rendus, & il m'a temoigné en être fort surpris, d'autant qu'il n'est jamais entré dans les Sentimens de ceux de la *Nouvelle Religion* : aiant seulement desiré qu'on vecût chrétiennement, & qu'il se fît une bonne *Reforme*, tout cela ne lui paroissant pas être un Sujet pour lequel *Sa Sainteté* dût avoir mauvaise Opinion de lui.

Je me reserve à vous écrire plus amplement sur d'autres Affaires,

altre Cose, per che il Corriere non mi da piu longo tempo per adesso.

faires, par les premieres Lettres que j'adresserai à Vôtre *Eminence*, parce que le Courrier ne me donne pas le Loisir de le faire maintenant.

Di Parigi alli 20. d'Aprile 1562.

De *Paris* le 20. d'Avril. 1562.

PROSPERO DI Sta. CROCE.

PROSPER DE S^{te}. CROIX.

MEMOIRE SECRET

Ecrit en Chifre, *& joint à la Lettre precedente.*

Ndelot è andato in Germania, & di quà si intende che gli Allemani veniranno in Aiuto di questi di Orleans.

Di Fiandra *scrivono che molti* Prencipi *di* Germania *gli hanno fatto intendere, che se loro si moveranno, per aiutar i* Cattolici *in questo Regno, essi assaltaranno* la Fiandra.

Il che, o che sia vero, o finto, serve à far vedere che di là non ci possiamo promettere Aiuto alcuno.

Gli Spagnoli *promessi del* Ré Cattolico *non compariscono, & per tanto di quà cridano grandemente che non sono aiutati.*

Beza è *andato ancor lei dal* Principe Palatino.

Ndelot est allé en *Allemagne*, d'où l'on aprend qu'il viendra des Troupes au Secours de ceux d'*Orleans*.

On écrit de *Flandres* que *les Princes d'Allemagne* ont declaré aux Etats des *Païs-Bas*, que s'ils font quelques Mouvemens pour secourir *les Catoliques*, dans ce Royaume, ils attaqueront *le Brabant*.

Cela fait voir que nous ne devons attendre aucun Secours de ce Païs-là, soit qu'on écrive cela tout de bon, ou par Feinte.

Les Espagnols que *le Roi d'Espagne* avoit promis d'envoier ici, ne paroissent point, c'est pourquoi on s'y plaint fortement de ce qu'on n'y reçoit aucune Assistance.

Beze est aussi allé lui même vers le *Prince Palatin*.

DE LA RELIGION REFORME'E EN FRANCE. 179

I Ferraioli *sono venuti in Campo*, *ma si vedono cossi mal Armati*, *che siamo molto pentiti di haverli chiamati*, *& pur che non passino*, *ò tutti*, *ò Parte*, *della Banda contraria*, *n'haveremo buon Mercato.*

Qui non ci sono Denari, *& nel Consiglio sono cossi diversi*, *& irresoluti*, *che io credo che sara Cosa degna della Bontà di* Sua Santita *di agiutarli con l'uno*, *& con l'altro*, *quanto piu prontamente potra*, *alle Conditioni richieste.*

Questa Majestà *haveva risoluto di mandar* Baccius *à* Roma, *per sollecitar l'Aiuto*, *ma io ho fatto Offitio per che mandi un altro*, *essendo costui un finissimo* Ugonotto.

Potra esser che Sua Majestà *vedendo che quello gli portaria poca Riputatione verso* Sua Santita, *mutti Opinione*, *& mandi il* Vescovo d'Osserra *per questo Fine.*

Di Parigi *alli* 20. *Juglio.*
1562.
PROSPERO DI Sta. CROCE.

Ceux du *Ferriol* sont arrivés dans nôtre Camp., mais leurs Armes sont en si pauvre Etat, que nous nous repentons beaucoup de les avoir fait venir, & s'ils ne se jettent pas tous, où la plupart, du Côté de nos Ennemis, nous en serons quittes á bon Marché.

Les Finances de ce Roiaume sont épuisées, & les Conseillers de *Sa Majesté* ont des Sentimens tellement differens, & sont si éloignés de prendre quelque Resolution, que je crois que *le Pape* feroit une Chose digne de sa Bonté s'il les aidoit, le plûtôt qu'il lui sera possible, tant par son Conseil, que par quelque Prêt d'Argent, fait aux Conditions requises.

La Reine avoit resolu d'envoier *Baccius* à Rome, pour y faire des Solicitations touchant le Secours qu'elle demande, mais je me suis emploié pour l'obliger d'y envoier quelqu'autre, par ce que celui là est un *Huguenot* très-rafiné.

Sa Majesté changera peut-être de Resolution, voiant que ce Personnage ne la mettroit pas en bonne Odeur auprès du *Pape*, & donnera cette Commission à *l'Evêque d'Auxerre.*

De *Paris* le 20. de Juillet.
1562.
PROSPER DE Ste. CROIX.

VINT-CINQUIÉME LETTRE

Du Cardinal de S^{te}. Croix, au Cardinal Borromée.

Venendo il Signore Abbate Ruggiero, & havendo dato duoi Plichi di Lettere per Voi Signoria Illustrissima al Vescovo d'Osserra, sarò breve, avisando solo della Partita di Sua Majestà Christianissima per il Campo, che fu hier mattina.

La Citta di Poictiers è finalmente stata presa per Assalto, con Morte di gran Numero di nostri, & molta Strage di quelli di dentro.

Il Mareschial di San Andrea ha fatta questa Impressa, & di là dicono che andarà à Bourges, dove speramo il medemo Successo.

Vogliono parimente attendere all'Espugnatione di Orleans, come ho piu volte scritto: ma aspettano ancora vinti Canoni, che devono venir d'Amiens.

Sua Majesta Christianissima ha fatto intendere à noi altri Ambacciadori che debbiamo seguitarla, & andar molto Advertiti, per che si sono messi alla Strada molti Gentil-huomini, & le quel-

Monsieur l'*Abbé* Ruggier m'étant venu, & aiant donné à *l'Evêque d'Auxerre* deux Paquets de Lettres pour *Vôtre Eminence*, je ferai celle-ci d'autant plus courte, que je n'ai qu'a vous donner Avis du Depart de *Sa Majesté Très-Chrétienne*, qui s'en alla hier matin au Camp.

La Ville de *Poictiers* a finalement été prise, par un Assaut où nous avons perdu beaucoup de nos Soldats, & fait un grand Carnage de ceux qui defendoient cette Place.

C'est le *Marechal* de *Saint André* qui a fait cette Entreprise, & on dit qu'il ira de là à *Bourges*, où nous esperons d'avoir le même Succès.

On veut pareillement travailler à faire le Siege *d'Orleans*, comme je l'ai écrit plusieurs fois: mais on attend encore vint Pieces de Canon, qui doivent venir *d'Amiens*.

Sa Majesté Très-Chrétienne nous a fait dire, & à tous les Ambassadeurs qui sont ici, que nous devons la suivre, & nous tenir bien sur nos Gardes, par ce qu'il y a beaucoup de *Gentil-hommes*

DE LA RELIGION REFORMEE EN FRANCE.

quelli che paßano ſono Cattolici, loro dicono che ſono Ugonotti, & gli amazzano & rubbano, & ſe i Paſſagieri ſono Ugonotti, loro come Cattolici, non laſſano di fare i medeſimi Effetti.

hommes dans les Chemins, qui aſſaſſinent & volent les Paſſans, en ſe declarant *Huguenots* quand ils rencontrent des *Catoliques*, & en diſant qu'ils ſont *Catoliques* lors qu'ils trouvent des *Huguenots*, pour avoir Pretexte de tuer & piller les uns & les autres, de quelque *Religion* qu'ils ſoient.

Di Parigi *alli* 5. *d'Agoſto.* 1562.

De Paris le 5. d'Août. 1562.

PROSPERO DI Sta. CROCE.

PROSPER DE Ste. CROIX.

MEMOIRE SECRET

Ecrit en Chifre, *& joint à la Lettre precedente.*

AL Ré *di* Navarra *promette il* Ré Cattolico *di darli il Regno di* Tunis, & *di poterlo fare facilmente, pigliandolo con la Commodita della Goletta, mediante che Sua Santita, & la Chieſa Gallicana contribuiſcano, & pero tengono queſta Coſa ſecretiſſima, & in tanto raggionano della Sardegna.*

LE *Roi d'Eſpagne* promet de donner au *Roi de Navarre* le Roiaume de *Tunis,* ſe figurant de le pouvoir faire très-facilement, par ce que le Detroit de la Mer lui en rendra la Conquête fort aiſée, ſi le *Pape* & *l'Egliſe Gallicane* veulent contribuer aux Fraix neceſſaires pour cette Entrepriſe. C'eſt pourquoi ils la menagent avec un grand Secret; & ne parlent que de la *Sardaigne.*

Il Cardinale *di* Lorrena *ſe ben ha detto all'* Abate *di* San Saluto *che non andara al* Concilio *di* Trento, *intendo che tuttavia ſta nella Pratica, & diſcor-*

Quoi que le *Cardinal* de *Lorraine* ait dit à *l'Abé* de *Saint Sauveur* qu'il n'ira point au *Concile* de *Trente,* je ſuis informé qu'il s'intrigue pour cela, &

correndo con un suo Amico, ha detto che pensara d'haver della sua Parte, non solo i Francesi & l'Allemanni, ma gli Spagnoli ancora. Questo sia per Aviso importante.

Qui fanno ogni di Giustitia d'Ugonotti, & heri brusarono quattro di quelli che fecero tante Profanationi nella Chiesa di San Medard : & hoggi apparechiano un altro simile Spettaculo.

Di Parigi alli 5. d'Agosto.
1562.

PROSPERO DI Sta. CROCE.

& qu'il a dit, en parlant à un de ses Amis, qu'il travaillera pour faire entrer dans son Parti, non seulement les François & les Allemans, mais aussi les Espagnols. Cela vous doit tenir Lieu d'un Avis très-important.

On fait suplicier ici des Huguenots, tous les jours. On en brula hier quatre de ceux qui firent tant de Profanations dans l'Eglise de Saint Medard, & on prepare aujourdhui un autre Spectacle de cette Nature.

De Paris, le 5. d'Août.
1562.

PROSPER DE Ste. CROIX.

VINT-SIXIÉME LETTRE

Du Cardinal de Ste. Croix, *au Cardinal* Borromée.

HO scritto à Voi Signoria Illustrissima *per Monsù di* Manna, *in Declaratione della buona Volonta que mostra la* Majesta *della* Regina, & *l'Illustrissimo di* Lorrena *per la Sodisfattione di Sua Santita, & per dar Successo alla Guerra.*

Doppo se ben si seguita il medemo Ordine, pur si dice che sia

J'Ai écrit à Vôtre *Eminence* par Monsieur de Manne, quelle étoit la bonne Volonté de *la Reine*, & celle de Monsieur le *Cardinal* de *Lorraine*, pour la satisfaction qu'ils veulent donner au *Pape*, & touchant ce qu'ils doivent faire pour avoir un heureux Succès dans cette Guerre.

Depuis ce tems là, quoi que l'on suive les mêmes Projets, on

DE LA RELIGION REFORME'E EN FRANCE. 183

sia venuto Aviso che Andelot *vienne con un Soccorso di otto, o dieci mille* Allemanni*, il che senza Dubio fara alterar le Resolutioni passate.*

Monsignore Illustrissimo di Lorrena *è risoluto di andare al Concilio di* Trento*, & partira con l'Evescovo di* Valentia *& alcuni altri* Prelati.

Quel gran Numero ch'è stato chiamato, non s'intende ancora che si muova, & si puo credere che molti si scusaranno, atteso le Calamita di questo Regno, che sono molto maggiore di quel che si puol imaginare da chi non le vede.

Monsù della Rochefoucaut *sta in* Xaintongia *verso Guascogna, con buon Numero di Fantaria, che dicono esser di sei mille, con mille & quattro cento Cavalli, radunati di nuovo dalli* Ugonotti.

Monsù di Monpensier *& Monsù di* Monluc *andaranno contra loro, & per questo Effetto si congiungono, havendo con loro i tre mille* Spagnoli*, mandati dal* Ré Cattolico.

Se pensa che disaranno Costoro, essendo questi nostri & in piu

on dit néanmoins qu'on a reçû des Avis qu'*Andelot* vient, avec un Secours de huit ou dix mille *Allemans*, ce qui fera sans doute changer les Resolutions precedentes.

Monsieur le *Cardinal* de *Lorraine* a resolu d'aller au *Concile* de *Trente*, & il partira avec l'Evêque de Valence, & quelques autres Prelats.

On n'entend point encore dire qu'il en parte aucun de ce grand Nombre qu'on a fait apeller, & il y a beaucoup d'aparence que plusieurs s'excuseront, attendu les Calamités de ce Roiaume, qui sont beaucoup plus grandes que ne sauroient se l'imaginer ceux qui ne les voient pas.

Monsieur de *la Rochefoncaut* se tient à *Xaintonge*, proche de la *Gascogne*, avec un bon Nombre de gens de Guerre, qu'on dit être d'environ six Mille Hommes d'Infanterie, & quatorze Cens Cavaliers, assemblés de nouveau par les *Huguenots*.

Monsieur de *Monpensier* & Monsieur de *Monluc* iront les attaquer, & pour cet Effet ils joindront leurs Troupes, aiant avec eux, les trois mille *Espagnols* qui ont été envoiés par *Sa Majesté Catolique.*

On se figure qu'ils battront ces Gens là, par ce qu'ils ont une

piu gran Numero, & di miglior Qualita.

Qui è capitato un Gentil-huomo del Duca di Savoia, che viene far Querela di Monsù di Bordillon, per che non ha voluto restituir le Piazze del Piemonte, con Scusa che non vuole poi che quando il Rè sarà in Età gli ne potria domandar Conto.

Questi del Signor Duca sono in qualche Sospetto che sia di Consenso con la Regina, & massimè per che Monsù di Tolon, il suo Ambasciadore à Torino, havendoli domandato la Coppia Autentica dell'Ordine mandato al Signore Bordillon, Sua Majestà gli rispose che voleva prima aspettar la sua Risposta.

Di Parigi, alli 28. di Settembre. 1562.

PROSPERO DI Sta. CROCE.

une Armée plus Nombreuse, & composée de meilleurs Soldats.

Il est arrivé ici un Gentilhomme du *Duc* de *Savoie*, qui vient faire des Plaintes contre Monsieur de *Bordillon*, par ce qu'il n'a pas voulu rendre les Places du *Piemont*, sous Pretexte que s'il s'en dessaisissoit *le Roi* lui en pouroit faire rendre Compte, quand il ne sera plus sous la Tutelle de Personne.

Ceux du Parti du *Duc* de *Savoie* ont quelque Soubçon que ce Gouverneur ne fasse ce Refus de Concert avec *la Reine*, & ce qui les confirme principalement dans cette Pensée, c'est que Monsieur de *Toulon* son Ambassadeur à *Turin*, lui aiant demandé une Copie Autentique de l'Ordre envoié à Monsieur de *Bordillon*, *Sa Majesté* lui a repondu qu'elle vouloit attendre sa Reponse, avant que de lui donner cette Copie.

De *Paris*, le 28. de Septembre. 1562.

PROSPER DE Ste. CROIX.

M E-

MEMOIRE SECRET

Ecrit en Chifre, *& joint à la Lettre precedente.*

IL *Signore Cancelliere mi ha detto che* Lorrena *andava al* Concilio *di* Trento, *accompagnato di un gran Numero di* Prelati, *con Risolutione di far determinare circa il* Santissimo *Sacramento quid tenendum sit?*

Non per questo crede che quel che si tiene hoggi non sia il Vero, *ma per dilucidar questo Articolo, & per levarne via tutte le Nuvole.*

Poi quanto alle Imagini, *che haveva pensato sua Signoria Illustrissima, se si potesse fare che chi le volesse haver l'havesse, & chi non le volesse potesse medesimamente starne senza: & parimente circa* Invocationem Sanctorum.

Che circa gli Abusi *Sua Signoria Illustrissima haveva una longa Lista, per mostrare à* Sua Santita, *della quale pensava, il* Signor *Canceliere, che* Sua Beatitudine *non solo non saria per pigliarne* Dispiacere, *ma per haverla molto* Cara.

Monsieur *le Chancelier* m'a dit que *le Cardinal* de *Lorraine* alloit au *Concile* de *Trente*, accompagné d'un grand Nombre de *Prelats*, dans la Resolution de faire decider ce qu'on doit croire touchant le *Sacrement* de *l'Eucharistie*.

On ne doit pas inferer de là qu'il doute que ce qu'on en croit aujourdui ne soit pas veritable, mais seulement qu'il veut faire éclaircir cet Article, & en dissiper toutes les Tenebres.

Que pour ce qui est des *Images*, son *Eminence* avoit projetté de mettre en Deliberation, si on ne pourroit pas accorder à ceux qui voudroient s'en servir de les garder, & à ceux qui en improuveroient l'Usage, de n'en retenir aucunes: & de donner la même Liberté touchant *l'Invocation* des *Saints*.

Que pour ce qui concernoit les *Abus*, ce *Cardinal* en avoit fait une grande Liste, pour la montrer au *Pape*; surquoi Monsieur *le Chancelier* se figuroit que *Sa Sainteté* ne seroit pas fâchée de voir ce Catalogue, mais au contraire qu'il lui feroit beaucoup de Plaisir.

Qui venne à dire, ridendo, che il primo Capo, bisognaria che fosse di ritrinciar tante Abbatie à Sua Signoria Illustrissima *, & al Signore* Legato : *& fini il Ragionamento.*

Questo che io scrivo à Voi Signoria Illustrissima *, credo che fosse bene di tenerlo molto Secreto, per che cossi potria far gran Servitio, & subito che sara scoperto non ce ne potremo piu valere : oltre che io ho saputo tutto per Via molto secreta, & confidente.*

Hanno mandato Monsu di Grand *à* Metz *, donde sono fugiti gli* Ugonotti. *Lei doppo haver constituito il Governo di Persone* Cattolici *, attende à ruinar le Muraglie, tutto all'Intorno, per levar quel Nido alli* Ugonotti *, & dar in parte Castigo à quella Citta.*

Di quà ogni Di partono Fanti & Cavalli, per andar à pigliar qualche Ugonotto *, di quelli che dimorano per questi Contorni : & ogni Di se ne fà qualche Esecutione.*

Questa mattina si è detto che il Vescovo di Valenza *, che veniva*

Et à l'Occasion de cela il se mit à dire, par Derision, que le premier Chapitre de cette *Reforme* devroit être celui de retrancher tant d'Abaies que Son *Eminence* de *Lorraine*, & Monsieur le *Legat* possedent, & son Discours finit par cet Article.

Je crois qu'il seroit bon de tenir fort Secret ce que je viens d'écrire à *Vôtre Eminence*, par ce qu'on s'en pourroit beaucoup mieux prevaloir quand l'Occasion s'en presentera, au lieu que si nous le découvrons il ne sera plus en nôtre Pouvoir d'en tirer des Avantages, outre que tout cela est venu à ma Connoissance par un Moien très-Secret de mes Confidens.

Les *Huguenots* aiant abandonné la Ville de *Metz*, on y a envoié Monsieur de *Grand*, qui après y avoir établi des Magistrats *Catoliques*, s'occupe maintenant à faire raser tous les Murs dont elle étoit enceinte, pour detruire ce Nid des *Huguenots*, & chatier par ce Moien les Habitans de cette Ville.

Il part tous les jours d'ici plusieurs Soldats & Cavaliers, qui vont prendre quelques *Huguenots*, de ceux qui demeurent aux Environs de cette Contrée : & on en fait aussi mourir quelcun tous les jours.

On a dit ce matin que *l'Evêque* de *Valence*, qui venoit pour aller

DE LA RELIGION REFORME'E EN FRANCE.

va per andar al Concilio di Trento, si è fatto pigliar Prigionero d'alli Ugonotti.

L'Aviso delli Alemanni, che si diceva che venivano, non continua, anzi si puo credere il contrario, per che s'intende che il nostro Campo che si credeva che volesse restar à l'Espugnatione di Rhoano, s'incamina à dritura ad Alba di Gratia, per non dar piu Tempo à quelli di dentro di provederst.

Il Governatore di Dieppa ha scritto al Ré, che Sua Majesta non dubiti che lei sia mai per accetar Inglesi, ne conservar quella Terra per altri che per la Majesta Sua.

Di Lione si ha ogni Di piu Speranza che sia per rendersi, & ultimamente si è detto, come io ne ho vedute Lettere, di Lione medemo, che molti di quelli Capi Ugonotti erano partiti di quella Terra.

Si puo creder che Rhoano perdera l'Animo, & si risolvera di rimettersi alla Clementia di Sua Majesta.

Piacce al Signore Dio che cossi sia, & doni à Voi Signoria Illustrissima ogni Contento.
Di Parigi alli 28. Settembre.
1562.
PROSPERO DI Sta. CROCE.

aller au Concile de Trente, s'est fait arrêter Prisonier volontairement par les Huguenots.

L'Avis qu'on avoit donné de la Venûe des Allemans, ne se confirme pas, mais au contraire on a lieu de croire qu'ils ne viendront point, attendu qu'on publie que nôtre Armée qu'on croioit devoir rester devant Roüan, pour en faire le Siege, s'en va à Droiture au Havre de Grace, pour ne donner plus le Tems à ceux qui sont dedans de faire des Provisions.

Le Gouverneur de Dieppe a écrit au Roi, qu'il n'aprehende point qu'il reçoive des Anglois dans cette Place, ni qu'il la conserve pour qui que ce soit autre que pour Sa Majesté.

Les Esperances qu'on a de la Reduction de Lion augmentent tous les jours, & on a publié dernierement, comme j'en ai vû la Confirmation par une Lettre venûe de cette même Ville, que plusieurs Chefs de ces Huguenots en étoient sortis.

On a Lieu de croire que ceux de Roüan perdront Courage, & se resoudront d'implorer la Clemence de Sa Majesté, par une entiere Soumission.

Dieu vueille qu'ils le fassent ainsi, & donne toute sorte de Contentement à Vôtre Eminence.
De Paris le 28. de Septembre.
1562.
PROSPER DE Ste. CROIX.

VINT-SEPTIEME LETTRE

Du Cardinal de S^{te}. Croix, au Cardinal Borromée.

Siamo al 22. del Mese, & pur l'*Accordo* non è concluso, se ben ogni momento si spera che debbia esser finito, il che ha tenuta sospesa la Partita di Nichetto.

Quel che intratiene tanto procede del Canto di quelli di dentro la Citta di Orleans, che resistano con molta Ostinatione, & di quelli di fuora, che hanno molta Consideratione, per non ruinar una Citta cossi principal di Francia, come è questa.

Monsu di Guisa ultimamente oferi che gli mandassero quatro de i piu Esperti che havessero delle Cose della Guerra, à i quali sua Excellentia *voleva rimostrar il Modo che poteva tener per pigliar la Terra*, & se quelli dicevano che gli *Assediati* potessero resistere in *Modo* alcuno, offeriva loro ogni buon Partito.

Ma che se dicevano non esser possibile in *Modo* alcuno di deffendersi,

Nous voici arrivés au 22. du Mois, sans avoir la Conclusion de l'Accord, quoi qu'on ait Esperance de le finir à chaque Moment, & c'est ce qui a suspendu le Depart du Courrier *Niquet*.

Ce qui empêche si long-tems la Reussite de cet Accommodement vient de ce que, ceux qui sont dans la Ville *d'Orleans* se defendent avec beaucoup d'Opiniatreté, & de ce que ceux qui les assiegent au dehors ne font leurs Attaques qu'avec une grande Retenüe, pour ne pas ruiner une Ville de *France* aussi considerable que l'est celle-là.

Monsieur le *Duc* de *Guise* leur offrit dernierement, que s'ils vouloient lui envoier quatre Ingenieurs, des plus Experts qu'ils avoient pour leurs Affaires de la Guerre, son *Excellence* leur feroit voir de quelle Maniere il pouvoit forcer cette Ville à se rendre, & que s'ils jugeoient que les Assiegés pûssent lui resister en quelque Façon, il leur offriroit toute Sorte de bon Parti.

Mais que s'ils disoient qu'il leur étoit impossible de se defendre

derſi, gli ricordava che non voleſſero metterlo in Neceſſità di farli ruinar quella Città, con la Perdita della Robba, & della Vita di tutti i Cittadini, per che non ſaria piu in Poteſtà ſua di contener i Soldati.

Si ſtà in queſti Ragionamenti, & ſi và & viene per conferire, & ben che io ſappia che Nichetto, non partirà ſenza qualche Concluſione, hò voluto nondimeno dar Aviſo di queſti Particolari à Voi Signoria Illuſtriſſima.

Monſù d'Oſſel Cavaliere dell'Ordine, ch'è ſtato Luogotenente per il Rè in Corcica, è ſtato deputato per eſſer Ambaſciadore à Roma, in loco di Monſù di Liſle, & credo che partirà preſto.

Quel Inviato che partì ultimamente del Concilio, non è mai capitato nella Corte, & intendo ch'è andato à Toloſa, per certi ſuoi Affari particolari, & che di là ſe ne tornarà à Trento.

In queſto Momento ſon Auviſato che l'Accordo è finalmente Scancluſo, & intendo che la Cauſa ſia ſtata il non haver voluto dar Ottaggi alli Aſſediati, ma nel reſto mi

fendre en aucune Maniere, il les avertiſſoit de prendre Garde qu'il ne fut pas contraint de battre cette Ville en Ruine, & de faire perir tous ſes Habitans, avec leurs Biens, par ce qu'il ne ſeroit plus en ſon Pouvoir de retenir les Soldats qui la prendroient d'Aſſaut.

On ſe contente de raiſonner ainſi, ſans en venir à la Rigueur, & on envoie de Part & d'autre des Gens pour conferer là-deſſus: c'eſt pourquoi j'ai voulu donner Avis de toutes ces Particularités à Vôtre *Eminence*, nonobſtant que je ſache que *Niquet* ne partira pas ſans avoir quelque Concluſion.

Monſieur *d'Oſſel*, Chevalier de l'Ordre, qui étoit Lieutenant pour *le Roi* dans l'Iſle de *Corſe*, a été deſtiné pour aller à *Rome*, en Qualité d'*Ambaſſadeur*, à la Place de Monſieur de *Liſle*: & je crois qu'il partira bien-tôt.

Ce Deputé qui vint dernierement du *Concile*, n'a jamais parû à la Cour, & on me dit qu'il eſt allé à *Touloufe*, pour certaines Affaires qui le concernent en Particulier, & que de là il s'en retournera à *Trente*.

On m'a donné Avis, dans ce Moment, que l'Accord eſt finalement rompu, & je ſuis informé que cela vient de ce qu'on n'a pas voulu donner des Ottages

mi par che di quà gli nostri sono disposti à concederli assai.

Hoggi si è inteso il tirar dell' Artegliaria, con gran Furia, in tanto si è saputo che vengono Mille & cinque Cento Inglesi per entrar in Rhoano, & Monsù di Lipier se gli è mandato ad incontrarli, con tutta la Cavallaria, & cinque Insegne di Fanti Allemanni.

Il Ré di Navarra sta molto mal contento per un Aviso ch'è venuto di Spagna doppo qualchi Giorni, circa la poca Sodisfattione che ha da sperare di Sua Majesta Catolica, il che causara un gran Prejudicio alle Cose di quà, le quali si trovano in peggiori Termini di prima.

Hoggi io ho visitata Sua Majesta, laquale si porta meglio della Ferita, se bene la Palla non e fuori, per che non l'hanno ancora trovata.

Di Roviglio alli 22. Ottobre.
1562.

PROSPERO DI Sta. CROCE.

ges aux Assiegés, mais il me semble que, pour tout le Reste, nos Generaux sont disposés à leur faire une assés bonne Composition.

On entend aujourdhui les Decharges de l'Artillerie, qu'on fait tirer avec beaucoup de Violence : cependant on est informé qu'il vient quinze Cens Anglois, pour renforcer la Garnison de Roüan, & qu'on a envoié Monsieur de Lipier à leur Rencontre, avec toute la Cavalerie, & cinq Compagnies d'Infanterie d'Allemagne.

Le Roi de Navarre est fort mecontent d'un Avis qu'il a reçû d'Espagne, depuis quelques jours, touchant le peu de Satisfaction qu'il doit esperer de Sa Majesté Catolique; ce qui causera un grand Prejudice aux Affaires de ce Pais, qui sont en plus mauvais Etat qu'elles n'étoient auparavant.

Aujourdhui j'ai rendu Visite à Sa Majesté, qui se porte mieux, quoique la Bale dont elle a été blessée ne soit pas dehors, par ce qu'on ne l'a pas encore trouvée.

De Rouville le 22. d'Octobre.
1562.

PROSPER DE Ste. CROIX.

VINT-

VINT-HUITIÈME LETTRE

Du Cardinal de S^{te}. Croix, au Cardinal Borromée.

Quel medemo giorno che io scrissi à Voi Signoria Illustrissima, che fù il 22. il Principe di Condé, con tutto l'Esercito, si campo intorno à Corbel, lontano di quà sette Leghe & sù la Riviera.

Talmente che impedira le Vittuaglie per questa Citta, mentre che ne restara impadronito : ma dentro vi è il Marescial di San Andrea, con tre mille Fanti & mille Cavalli.

Di sorte che se bene la Terra non ha Muraglie forte, & ancor poco Modo di far di Repari di dentro, non havendo Commodita di Terra, non-di-meno essendovi cossi grosso Numero di Gente, & possendovene mandare ogni hora, del Canto di quà del Fiume, quanta vogliano, se ne sta con buon Animo.

Tanto piu che gli Inimici non hanno se non sei Pessi d'Artegliaria, & non s'intende ancora che si siano risoluti di far Batteria, & il nostro Campo si mettera in Campagna presto.

Mon-

Le même jour que j'écrivis à Vôtre *Eminence*, qui fût le 22. de ce Mois, le *Prince* de *Condé* vint camper, avec toute son Armée, aux environs de *Corbel*, qui est à sept Liëues d'ici, sur la Riviere.

De sorte qu'il pourra couper les Vivres à cette Ville, pendant qu'il sera Maître de ce Poste : mais le Marechal de *Saint André* est dedans, avec trois Mille hommes d'Infanterie, & Mille Cavaliers.

C'est pourquoi y aiant un si grand Nombre de Troupes, & pouvant en faire venir, autant qu'on veut, de l'autre côté du Fleuve, l'on ne perd point Courage, quoi que la Ville n'ait pas de Murailles fortes, ni beaucoup de quoi les reparer au dedans, par ce qu'il n'y a pas de la Terre pour faire des Rempars.

On espere néanmoins de s'y pouvoir defendre, attendu que les Ennemis n'ont que six Pieces de Canon, & qu'on n'entend point encore dire qu'ils aient resolu de faire des Batteries, & que d'autre Part nôtre Armée doit entrer bien-tôt en Campagne.

Ce-

Monsù di Monpenfier si accostà tuttavia, con gli sette mille Fanti fra Spagnoli & Guasconi, in tanto Monsù di Gonor, va inanzi & in dietro, trattando la Pace, della quale per la Terra ui è ne un gran Rumore, & si tiene per fatta: ma io non ne ho Aviso certo di Luoghi importanti.

Si dice tra certi Corteggiani de i piu notabili, che uno di questi giorni la Regina si abbocara con il Principe di Condé, il quale vorria haver il Governo in Loco del Ré di Navarra suo Fratello, excludendo il Cardinale come Prete.

Confequendo questo, si crede che tutte le altre Conditioni gli pareràno Legitime, & la Regina per haver Pace, & Quiete, non par aliena da concentirci.

Per questi altri Signori ce si oppongono guagliardamente, & sono cossi prossimi gli Essertici, che par che bisogna parla piu con le Mani, che con la Lingua & gli Scritti, & per tanto non sò quel che seguira.

Cependant Monsieur de Monpensier s'aproche d'ici, avec sept Mille hommes d'Infanterie, tant d'Espagnols que de Gascons, pendant que Monsieur de Gonor ne cesse d'aller & de venir, pour procurer la Paix dont la Conclusion doit être bien-tôt faite, suivant le Bruit qui s'en est repandu dans toute cette Ville, mais je n'en ai point d'Avis certain, d'aucun Endroit digne de Consideration.

Quelques uns des principaux Courtisans disent que *la Reine* doit avoir au premier jour une Conference avec le *Prince* de *Condé*, qui voudroit qu'on lui donnât le Gouvernement à la Place du Roi de *Navarre* son Frere, & que *le Cardinal* en fut exclus à Cause de sa *Pretrise*.

On croit que s'il obtient cela, toutes les autres Conditions lui paroitront Equitables, & *la Reine* ne semble pas être beaucoup éloignée d'y consentir, pour avoir la Paix & le Repos.

Pour ce qui est des autres Ministres d'Etat, ils s'y opposent vigoureusement, & les Armées sont si près l'une de l'autre, qu'il semble beaucoup plus necessaire d'en venir aux Mains, que de parler ou d'écrire pour un Accommodement, c'est pourquoi je ne sai point quelles en seront les Suites.

E tornato *da* Spagna *il* Portughese, *& per quel che io ho veduto delle Resolutioni che porta, credo che sia stata gran Ventura che habbia trovato* il Ré *di* Navarra Morto, *perche non ci essendo Conclusione, anzi scrivendo l'Ambasciadore di* Francia, *che si tiene là che non la potteva haver, pensò che haveria causata qualche gran Mutatione, massimè che di gia la Materia era preparata à riceverla, come scrissi à Voi Signoria Illustrissima di* Roviglio.

Scrivendo è venuto Aviso che il Campo delli Inimici si è levato d'attorno Corbil, *& viene alla Volta nostra, & di-gia dicono che non sia molto lontano.*

Monsù di Guisa *è qui Intorno, facendo i Preparativi per le Trinciere, & tutta la Terra si mette in Arme, onde riservandomi à risponder alle Lettere di Voi Signoria Illustrissima, dal decimo, portate da* Nichetto, *con piu Commodita, per adesso facio Fine.*

Di Parigi *alli* 23. *di Novembre.*
1562.
PROSPERO DI Sta. CROCE.

Le *Portugais* est revenu d'*Espagne*, & je crois, suivant ce que j'ai vû des Resolutions qu'il en aporte, que c'a été un grand Bonheur qu'il aît trouvé *le Roi de* Navarre Mort, parce que n'y aiant point de Conclusion, mais au contraire, l'Ambassadeur de France qui reside en ce Païs-là, aiant écrit qu'il ne pouvoit pas l'obtenir, je me figure que ce Refus auroit causé quelque grand Changement, puis qu'il y avoit déja beaucoup de Disposition pour cela, dans la Matiere qui en devoit faire le Sujet, comme je l'écrivis de *Rouville* à Vôtre *Eminence.*

Pendant que j'avois encore la Plume à la main, on a reçu Avis que l'Armée des Ennemis a decampé des Environs de *Corbil*, pour venir au Tour de cette Ville, & l'on dit même qu'elle n'en est pas beaucoup éloignée.

Monsieur de *Guise* s'en est déja aproché, & travaille à faire les Preparatifs necessaires pour les Tranchées, mais tous les Habitans de la Ville se mettent sur les Armes, c'est pourquoi renvoiant à une autre Occasion plus commode la Reponse que je dois faire à Vos Lettres du 10. de ce Mois, qui m'ont été aportées par *Niquet*, je finis la presente.

De *Paris* le 23. de Novembre.
1562.
PROSPER DE Ste. CROIX.

VINT-NEUVIEME LETTRE

Du Cardinal de S^{te}. Croix, au Cardinal Borromée.

Ancora che non vi sia molto che aggiungere à quel che scrissi ultimamente à Voi Signoria Illustrissima, ho voluto avisarla di questo di piu, come gli Inimici possono pigliar il Camino verso Normandia, & cossi si crede che faranno, per congiungersi con gl'Inglesi.

Qui giunsero gli sette Mille Spagnioli & Guasconi, condotti da Monsu di Lansac, & Monsu di Monpensier viene appresso, con otto Mille Cavalli.

Talche l'Essercito nostro sarà poco Inferiore di Cavallaria al loro, & molto Superiore di Fantaria, cossi nel Numero, come nella Qualita.

Per quanto si puo intendere andara seguitando, per impedirli che non passino in Normandia, essendovi la Riviera di Sena in mezzo, & con questo di giunger gli Inglesi: & parimente con la Vicinanza impedirà che non possino far Impresa di pigliar Terra di Consideratione.

Quoique je n'aie pas beaucoup de Choses à ajoûter à ce que j'écrivis dernierement à Vôtre Eminence, j'ai voulu lui donner encore cet autre Avis, comme les Ennemis peuvent s'acheminer du côté de la Normandie, & on croit qu'ils ne manqueront pas d'y aller, pour être à Portée de se joindre avec les Anglois.

Les sept Mille Espagnols & Gascons, commandés par Monsieur de Lansac, sont arrivés ici, & Monsieur de Monpensier vient aussi avec huit Mille Cavaliers.

C'est pourquoi nôtre Armée aura presqu'autant de Cavalerie que la leur, & sera beaucoup plus forte, tant par le Nombre, que par la Qualité de l'Infanterie.

Selon tout ce qu'on en peut connoître, elle doit suivre celle des Ennemis, pour les empêcher d'entrer dans la Normandie, & de se joindre avec les Anglois, y aiant la Riviere de la Seine qui les sepere: & nôtre Armée se tenant auprès d'eux les empêchera aussi de faire des Entreprises sur quelque Ville d'Importance.

DE LA RELIGION REFORME'E EN FRANCE.

Il Campo nostro hier Sera allogio verso un Borgo qui vicino una Legha, & quello delli Inimici si trova à Limur*, lontano di quà otto Leghe, ne per questo non si Intermette di trattar qualche Compositione.*

Monsù di Gonor *va inanzi & in dietro, tuttavia con piu Desiderio che Speranza che siano per venire alle Cose Ragionevoli, se non quanto un giorno saranno piu constretti dalla Necessita.*

*Non si puo penetrar di quà come siano per posser intratener, & pagar un Essercito, come quello che loro hanno longamente, etiam che gl'*Inglesi *gli agiutassero, poi che si sà che* la Regina di Inghilterra *non ha Denari, per potter far gran Cose.*

Oltre che è credibile che ne vorra servar per se una Parte, & di quà il Regno è gia quasi tutto alla Divotione di Sua Majesta Christianissima*, in tal Modo che non si possono valere delli Denari Regii, come hanno*

fatto

Nôtre Camp fut hier au soir aux Environs d'une Bourgade qui n'est qu'à une Lieu d'ici, & celui des Ennemis se trouva à *Limur*, qui en est éloigné de huit Lieües, mais cela n'empêche pas qu'on ne travaille incessament à quelque Traité de Pacification.

Monsieur de *Gonor* fait plusieurs Voiages pour cela, quoi qu'il ait beaucoup plus de Desir que d'Esperance de les faire consentir à ce qui est Raisonnable, si la Necessité ne les y contraint pas un jour par quelque Chose de plus fort.

On ne peut pas comprendre ici comment il leur sera Possible de paier, & d'entretenir long-tems une Armée aussi nombreuse, que celle qu'ils ont, quand même les *Anglois* leur aideroient, puisqu'on sait que *la Reine de la Grande Bretagne* n'a pas assés d'Argent pour faire de grandes Entreprises.

Outre qu'il y a Lieu de croire qu'elle en voudra conserver une Partie pour ses Besoins, & qu'on voit maintenant presque tout ce Roiaume si bien disposé pour le Maintien des Interêts de *Sa Majesté Très-Chrétienne*, qu'ils ne peuvent plus se prevaloir de ses Finances, comme ils ont fait

ci-

fatto in qualche Parte, per il passato.

ci-devant lorsqu'ils en recevoient dans quelque Province.

Di Parigi alli 12. Décembre. 1562.

De Paris le 12. de Decembre. 1562.

PROSPERO DI Sta. CROCE.

PROSPER DE S^te. CROIX.

TRENTIEME LETTRE

Du Cardinal de S^te. Croix, au Cardinal Borromée.

Scrissi à Voi Signoria Illustrissima il 12. di questo Mese, per un Secretario di Madama di Savoia, avisandola della Partita del suo Essercito, con il nostro, di quà, & come pareva che l'Essercito Inimico s'incaminasse verso Normandia, il che si conferma, tuttavia il nostro lo va seguitando.

Il Principe di Condé ultimamente rispose, intorno alla Pratica della Pace, che se vi capitava più Persona per parlargliene, qual non portasse Conclusione, nel Modo che lui haveva detto ultimamente, che gli faria tagliar la Testa.

Cossi senza Speranza di Pace, si attende, con ogni Diligentia, alla Guerra, & massimè havendosi Aviso che gl'Inglesi la fanno

Le 12. de ce Mois j'écrivis à Vôtre *Eminence*, par un Courrier de la *Duchesse* de *Savoie*, lui donnant Avis que son Armée est partie d'ici, avec la nôtre, & que celle des Ennemis sembloit aller du côté de la *Normandie*: ce qui se confirme de plus en plus, cependant la nôtre la suit dans la même Route.

Le *Prince* de *Condé* repondit dernierement, au Sujet des Negociations de la Paix, que si quelcun venoit encore lui en parler davantage, sans en aporter la Conclusion, de la Maniere qu'il s'en étoit expliqué en dernier Lieu, il lui feroit trancher la Tête.

C'est pourquoi n'y aiant plus aucune Esperance d'Accommodement, on prepare ce qui est necessaire pour la Guerre, avec toute

no da Dovero, & di gia fono fbarcati da fei Mille Fanti, & alcuni Cavalli.

Il Ré Cattolico ha rifpofto di quà, che agiutara di quanto ha promeffo, & davantaggio, ma che non vuole romper Pace con l'Inglefi, ne alterar le Capitulationi che fono tra loro & Sua Majefta.

La qual Rifpofta è molto difpiaciuta di quà, maffimè perche l'hanno fatta fapere à Inglefi: & quefti Signori haveriano voluto che almeno non fi foffe dechiarato quefto, ma che fi foffero tenuti in Timore.

E Opinione che fomminiftrino Denari per la Guerra, & adeffo in particolare mandino Cento cinquanta Mille Scudi, al Principe di Condé, & dicono che hanno gia prefa una Terra chiamata Codebecco, vicina di Roano. Non ci fono altre Nuove per adeffo.

Di Parigi, alli 15. Decembre. 1562.

PROSPERO DI Sta. CROCE.

toute forte de Diligence, & fur tout par ce qu'on a reçû Avis que les *Anglois* la veulent faire tout de bon, aiant déja debarqué fix mille Hommes, & quelque Cavalerie.

Le *Roi d'Espagne* a repondu à *Sa Majefté Très-Chrétienne*, qu'il lui donnera tout le Secours qu'il lui a promis, & quelque Chofe de plus, mais qu'il ne veut point interrompre la Paix, ni violer les Capitulations qui font entre lui & les *Anglois*.

Cette Reponfe a caufé beaucoup de Deplaifir ici, & fur tout par ce que les *Anglois* en ont été informés, dans cette Conjoncture où les Miniftres d'Etat auroient voulu qu'on eût gardé le Silence là-deffus, pour tenir ces Etrangers en Crainte.

On croit qu'ils fourniffent de l'Argent pour la Guerre, & qu'ils envoient maintenant cinquante mille Ecus au *Prince* de *Condé*, & on dit qu'ils ont déja pris une Ville nommée *Caudebec*, qui eft proche de *Roüen*. Il n'y a pas d'autres Nouvelles prefentement.

De *Paris*, le 15. de Decembre. 1562.

PROSPER DE Ste. CROIX.

TRENTE-UNIÉME LETTRE.

Du Cardinal de S.te Croix, au Cardinal Borromée.

AL Signore Iddio è piaciuto di darci la Vittoria, con Rouina di quasi tutta l'Armata delli Ugonotti, & Presa della Persona del Principe di Condé.

Sabbato passato ch'era il 19. al mezzo giorno, tutti duoi l'Esserciti si mesero in Bataglia : il Principe *per andare à pigliare un Allogiamento commodo*, & Monsu di Guisa *per impedirlo*.

Dicono che come furono à Vista la Cavaleria Alemana, che conduceva il Principe, disse di non voler combattere, perche gli pareva che quel giorno non si dovesse far Battaglia.

Al che il Principe rispose che non era piu Tempo di consulere, perche ogni volta che gl'Inimici vedessero che loro titubassero, gli dariano dentro, & sariano perduti.

Per tanto animati tutti alla Battagglia, ordino che questi Alemanni *pigliassero su la Mano dritta*, & che *levassero la Fronte*

LE bon Plaisir de Dieu a été de nous donner une Victoire, par la Defaite de presque toute l'Armée des *Huguenots*, avec l'Emprisonement du Prince de Condé.

Samedi dernier, qui étoit le 19. de ce Mois, les deux Armées se mirent en Ordre de Bataille quand il fut Midi, celle du Prince voulant ocuper un Poste commode, & celle de Monsieur de Guise s'étant mise en Etat de l'en empêcher.

On dit que lorsqu'elles commencerent de se voir, la Cavalerie *Allemande* qui étoit conduite par le Prince declara qu'elle ne vouloit point en venir aux Mains, par ce qu'il lui sembloit qu'on ne devoit point entreprendre un Combat ce jour là.

A quoi le Prince repondit qu'il n'étoit plus Tems de consulter, par ce que d'abord que les Ennemis verroient qu'ils étoient chancellans, ils se jetteroient sur eux, & les feroient perir.

C'est pourquoi ce Prince les aiant tous encouragés pour la Bataille, commanda aux *Allemans* de marcher sur la Droite, &

e alla *Cavalaria*, & *Fantaria* Francese, *delli Inimici*.

Monsù di Guisa *ordinò il suo Essercito, pigliando à condur l'Avanguardia, con Parte della Cavalaria* Francese, & *con la Fantaria* Spagnola & Guascona.

Monsù il Conestabile *haveva la Battaglia, con Parte della Cavalaria* Francese, & *tutti i* Suizzeri.

Il Marescial *di* San Andrea *la Retroguardia, con qualche Cavalli,* & *la Fantaria* Francese, & *tutti stavano in un Piano quasi al medemo Avantaggio.*

In contro al Principe *di* Condé *stava Monsù di* Guisa, *ma l'uno* & *l'altro cossi Forti, che niuno cominciava la Battaglia.*

Ma gli Alemani *che erano dal Lato dove era la nostra Battaglia, havendo cominciato di andare à quella Volta,* & *Monsù il* Conestabile *vedendo venire cossi gran Numero di Cavalli, alla sua Volta, spinse Inanzi la Cavalaria, dove era un suo Figliolo, chiamato Monsù di* Monbrun.

Eravi un Cavaliere dell'Ordine,

& d'aller faire Tête à la Cavalerie, & à l'Infanterie *Françoise* des Ennemis.

Monsieur de *Guise* rangea son Armée, & conduisit l'Avant-Garde, avec une Partie de la Cavalerie *Françoise*, jointe à l'Infanterie des *Espagnols* & des *Gascons*.

Monsieur le *Conétable* commandoit le Corps de Bataille, avec tous les *Suisses*, & une Partie de la Cavalerie *Françoise*.

Le *Marechal* de *Saint André* prit soin de l'Arriere-Garde, qui étoit composée de l'Infanterie *Françoise*, soutenuë par quelque Cavalerie : & toutes ces Troupes étoient dans une Plaine dont la situation étoit presqu'autant avantageuse pour les unes que pour les autres.

Monsieur de *Guise* se tenoit vis à vis du *Prince* de *Condé*, mais leurs Forces étant égales, Personne n'osoit entamer le Combat.

Cependant les *Allemans*, qui étoient du même côté où nôtre Corps de Bataille s'étoit mis, aiant fait quelque Mouvement pour changer de Place, & Monsieur le *Conétable* voiant un si grand Nombre de Cavalerie qui marchoit vers son Poste, fit avancer la sienne, dans laquelle étoit son Fils, nommé Monsieur de *Montbrun*.

Il y avoit un Chevalier de l'Or-

ne, con duoi altri Commandanti, i quali combaterono valorosamente, ma non poterono resistere à quella Furia, & furono quasi tutti ammazzati, & principalmente i Capi.

Fu tale quel Impeto, che passarono per Mezzo a tutta la Bataglia due volte, & in quel Tempo fecero Prigionero Monsù il Conestabile, ferito nel Viso, & parimente si impadronirono di otto Pezzi di Artegliaria che vi erano.

Monsù di Guisa vedendo questa Perdita, diede dentro in quella Parte dove stava il Principe di Condé, con tal Impeto che mise quella Parte in Rotta.

Monsù di Anvilla Figliolo del Conestabile, ch'era con Monsù di Guisa, & haveva saputo che suo Padre era Prigionero, & il suo Figliolo morto, se n'ando dritto alla Persona del Principe, & lo combatte per un Pezzo, & in tal Modo che lo fece Prigionero.

In tanto i Suizzeri ch'erano stati disfatti, & havevano buttate le Piche per Terra, vendendo questo felice Successo, le repigliarono, & riguadagnarono l'Artiglieria, combattendo in quella Occasione cossi valorosamente

l'Ordre, avec deux autres Commandans, qui soutinrent le Combat fort vigoureusement, mais n'aiant pas pû resister à cette Fougue, ils fûrent presque tous tués, & principalement les Officiers.

Cette Impetuosité fût si grande, qu'ils penetrerent deux fois au travers de toute l'Armée, & aiant en même Tems fait prisonnier Monsieur le Conétable, qui avoit les yeux blessés, ils se rendirent Maitres de huit Pieces de Canon qui étoient dans ce Poste.

Monsieur de Guise voiant cette Perte, s'avança du Côté où étoit le Prince de Condé, & penetra si vigoureusement au milieu de ses Troupes qu'il les mit en Deroute.

Monsieur d'Anville, Fils du Conétable, qui étoit avec Monsieur de Guise, & avoit sçû que son Pere étoit fait Prisonnier, & que son Fils étoit Mort, s'en alla directement à la Personne du Prince, & combattit assés long-tems ses Troupes d'une telle Maniere qu'il le fit Prisonnier.

Cependant les Suisses dont la Defaite étoit si grande qu'ils avoient jetté leurs Piques à Terre, voiant cet heureux Succés, les prirent derechef, & s'emparerent de l'Artillerie, en combattant avec tant de Valeur,

dans

DE LA RELIGION REFORME'E EN FRANCE.

te che non si poteva fare davantaggio.

Era tutto in tal Confusione, come si può pensare, che non si sapeva da qual Canto fosse la Vittoria, & di gia veniva la Notte quando i nostri comminciarono a prevaler, di sorte che della Fantaria loro dicono che non ne sia rimasto piu di Mille: & della Cavaleria se ben non si sa il Numero, si augura che ne siano morti piu di quattro Mille, gia che per tre Leghe continue, ogni Cosa è coperta di Corpi morti.

Il Marescial di San Andrea fu fatto in quel Conflitto Prigionero, & poi è stato trovato morto in un Bosco, si stima che sia stato ammazzato à Sangue freddo.

De i nostri Soldati sono Morti da 1500. la maggior parte Suizzeri. Gli Spagnoli ancora si sono portati molto bene.

Del Canto delli Ugonotti non si sa chi sia Morto de i loro Capi, se non che si dice di Monsù di Grammon.

Il Principe di Condé è stato condotto al Bosco di Vincenna, da Monsù d'Anvilla, dove sta Prigionero. Mon-

dans cette Occasion, qu'ils ne pouvoient rien faire de plus genereux.

Tout étoit dans une si grande Confusion, comme on peut se le figurer, qu'on ne savoit point de quel Côté étoit la Victoire, & la Nuit s'aprochoit déja lorsque nos Troupes commencerent d'avoir l'Avantage, de telle sorte qu'il ne resta pas, à ce qu'on dit, Mille Soldats de l'Infanterie des Ennemis, & quoi qu'on ne sache pas combien ils ont encore de Cavalerie, on se figure qu'ils en ont perdu plus de quatre Mille Hommes, puisque tout est couvert de Corps Morts, dans l'Espace de trois Lieües aux environs du Champ de Bataille.

Le *Marechal* de *Saint André* fut fait Prisonier dans ce Choc, & ensuite on l'a trouvé Mort dans un Bois, ce qui donne Lieu de croire qu'il a été assassiné de Sang froid.

On nous a tué environ quinze Cens Soldats, dont la plupart étoient *Suisses*. Les *Espagnols* ont aussi fort bien combattu.

Nous ne savons point quels Commandans & Officiers les *Huguenots* ont perdu de leur Côté, si ce n'est Monsieur de *Grammon* qu'on dit être Mort.

Le *Prince* de *Condé* a été conduit au Bois de *Vincennes*, par Monsieur *d'Anville*, où il restera Prisonier. Mon-

Monsù di Guisa seguita la Vittoria, & gli Inimici si ritirano, per quel che si puo sapere, verso Orleans.

La Domenica doppo Pranso comminciarono à comparire qui delli Soldati fuggendo, che affirmavano che il nostro Campo era rotto, Monsù il Conestabile Prigionero, & che Monsù di Guisa s'era salvato con quattro Cento Cavalli.

Poi di mano in mano, tutto quel giorno, seguivano Avisi conformi, fino alla Notté, nel qual tempo venne Monsù di Villeviglia à dar Nova alla Regina come tutto era perduto, & che haveva veduto lei medema la Perdita della Bataglia, & il Conestabile preso.

Il Ré Christianissimo non si puo dir come sentesse quella Nuova, & piansé largamente, come fece tutta la Corte & tutta questa Terra.

Tutta la Domenica & la Notte medema, pensando certo di haver perduto tutto, furono spediti Corrieri al Duca di Savoia, perche venisse à soccorrerci, & si stava qui in quel Termine che Voi Signoria Illustrissima puo pensare.

Non

Monsieur de *Guise* poursuit encore les Ennemis, qui se retirent du Côté *d'Orleans*, à ce qu'on dit.

Le Dimanche après Diné il commença de paroître ici quelques Soldats fugitifs, qui assûroient que nôtre Armée étoit en Deroute, qu'on avoit fait Prisonnier Monsieur le *Conétable*, & que Monsieur de *Guise* s'étoit retiré, avec quatre Cens Cavaliers.

Le même Bruit se repandit de tous Côtés, sur de pareils Avis qu'on reçut pendant tout ce jour là, & au commencement de la Nuit Monsieur de *Villeveille* vint aporter des Nouvelles à *la Reine* que tout étoit perdu, qu'il avoit vû lui même le mauvais Succès de la Bataille, & le *Conétable* Prisonier.

On ne sauroit dire combien le *Roi Très-Chrétien* fut affligé quand il entendit cela, puisqu'il en pleura fort long-tems, de même que ses Courtisans, & tous ceux de cette Ville.

Le Dimanche, & la Nuit suivante, on envoia des Courriers au *Duc de Savoie*, pour lui demander du Secours, croiant que nôtre Armée étoit entierement defaite, & Vôtre *Eminence* peut se figurer sur cela combien la Consternation generale, & les Detresses d'un chacun étoient grandes.

Je

Non voglio laſſar di dire che, quella Notte tutte le Chieſe di Parigi furono coſſi piene di Gente, che ſi raccommandavano al Signore Dio, che non vi ſi poſſeva intrare.

La Corte era al Boſco di Vicenna, & ſi ſtava in conſultar quid agendum?

Il Lunedì mattina venne la Nuova della Verità.

Era il Ré *&* la Regina *al Boſco di* Vicenna *alla Meſſa, laquale per Meſtitia fu detta ſenza Muſica, con tutto che foſſe il giorno di San* Thomaſo.

Incontinente udita la Nuova vennero qui alla Chieſa Maggiore, dove fecero cantare la Gran Meſſa, & il Te Deum, *con Allegrezza infinita di queſto Popolo, che gridava per tutto,* Viva il Ré.

Martedì mattina fu fatta una Solenne Proceſſione, della Santa Capella alla Chieſa Maggiore, portando alcune Reliquie, accompagnate di Sua Majeſtà Chriſtianiſſima, *della* Regina *ſua Madre, & di tutti quanti erano in* Corte.

Eccovi quanto ſi è fatto fin hora; ſto adeſſo aſpettande che Nichetto monti à Cavallo, per Ordine

Je ne dois pas oublier de vous dire que pendant cette Nuit là, toutes les Egliſes de *Paris* fûrent tellement remplies de Monde, qui ſe recommandoit à *Dieu*, qu'on ne pouvoit pas y entrer.

La Cour étoit au Bois de *Vincennes*, conſultant ce qu'on devoit faire.

Le Lundi au Matin on reçut les Nouvelles de la Verité.

Le *Roi* & la *Reine* entendirent la Meſſe ce jour là au Chateau de ce même Bois, laquelle fut celebrée ſans aucune Muſique, à Cauſe de la Triſteſſe dont on étoit accablé, quoi que ce fut le jour de *Saint Thomas*.

Mais auſſi-tôt que *Leurs Majeſtés* eurent reçû les Nouvelles de la Victoire remportée par leurs Troupes, ils vinrent faire chanter le *Te Deum*, dans l'Egliſe Cathedrale de cette Ville, où tout le Peuple donna des Marques d'une joie ſans bornes, en criant *Vive le Roi*.

Mardi au matin on fit une Proceſſion Solemnelle, depuis la Sainte Chapelle juſques dans la même Egliſe, en portant quelques Reliques, accompagnées par *le Roi Très-Chrétien*, par *la Reine* ſa Mere, & par tous ceux de leur Cour.

Voila tout ce qui a été fait juſqu'à preſent. J'attends maintenant que *Niquet* prenne la Poſte,

dine di Monsù il Legato, *che mi ha detto doverlo mandar presto.*

Monsù il Conestabile *è Priggionero di Monsù della* Rocca Focaud, *il quale essendo suo Parente, si crede che lo trattara bene.*

E seguita questa Battaglia duodeci Leghe lontano di quà, vicino al Castello chiamato Dreux, *in una Pianura tra il Fiume* Sena *& una piccola Riviera che si chiama* Dura.

Di Parigi *alli* 22. Decembre. 1562.

PROSPERO DI Sta. CROCE.

Poste, suivant les Ordres que Monsieur le *Legat* m'a dit qu'il lui en donnera bien-tôt, pour vous l'envoier.

Monsieur le *Conêtable* est Prisonnier de Guerre de Monsieur de *la Roche Foucaud*, qui étant son Parent lui doit faire un bon Traitement, à ce qu'on croit.

Ce Combat s'est donné à douze Lieües d'ici, proche du Chateau de *Dreux*, dans une Plaine, qui est entre le Fleuve de la *Seine* & une petite Riviere qu'on nomme *la Dure*.

De *Paris* le 22. Decembre. 1562.

PROSPER DE S^{te}. CROIX.

TRENTE-DEUXIEME LETTRE

Du Cardinal de S^{te}. Croix, au Cardinal Borromée.

PEr *le ultime mie duplicate mandate il* 22. *del passato, per un Gentil-huomo del* Duca *di* Savoia, *voi Signoria Illustrissima havera inteso in qual Termine si trovano le Cose di quà.*

Hora non ho che aggiungere altro se non che per facilitar il Trattato della Pace, *si trama che Monsù il* Conestabile *possa venire à* Ca-

VOtre *Eminence* aura appris en quel Etat se trouvent les Affaires de ce Roiaume, par mes dernieres Lettres, reiterées le 22. du mois de Decembre, & envoiées par un Gentil-homme du *Duc de Savoie*.

Je n'ai pas maintenant autre Chose à y ajoûter, si ce n'est que pour faciliter le Traité de la Paix, on travaille secretement

Caſtres, laſſando per Ottaggio il Principe di Granvilla, Figliolo Primogenito di Monſu di Guiſa.

La Citatione contro il Cardinale di Chaſtiglione, Monſu Illuſtriſſimo Legato l'ha fatta eſpedir in buona Forma : & credo che Sua Signoria la mandara con il preſente Spaccio.
Si attende parimente con ogni Diligentia alle altre Cittationi delli ſuoi adherenti.

L'olim Veſcovo di Troies, che ſi fa chiamar Principe di Milfi, è proſſimo a partirſi dalli Ugonotti, perche è poco d'Acordo con loro, & in particolare con il Beza, & dice di non voler abandonar la Dottrina loro; ma volerſi ritirare in qualche ſuo Luogo ſegregato da Coſtoro, perche la lor Vitta & Coſtumi non gli piaceno.

Il Mareſcial di Briſac ſe ne va in Normandia alla Eſpugnatione d'Alba di Gratia, con buon Numero di Fantaria, & 1500. Cavalli, con che il noſtro Eſercito reſtara diminuto; pero queſti Signori hanno giudicato che ſia bene di far coſſi, conſiderando che di quello, per queſto Inverno, non

ment.à faire en ſorte que Monſieur le Conêtable puiſſe venir à Caſtres, en laiſſant pour Ottages le Prince de Granville; Fils Ainé de Monſieur le Duc de Guiſe.

Monſieur l'Eminentiſſime Legat a fait expedier, en bonne Forme, la Cittation contre le Cardinal de Chaſtillon, & je crois que ſon Eminence l'envoiera avec les preſentes Depêches.

On travaille auſſi, avec toute ſorte de Diligence, à obtenir les autres Ajournemens Perſonnels des Complices de ce Cardinal.

Le Prelat qui étoit ci-devant Evêque de Troies, & qui ſe fait nommer Prince de Milfi, eſt ſur le Point de s'éloigner des Huguenots, par ce qu'il ne s'accorde pas bien avec eux, ni avec Beze en Particulier; c'eſt pourquoi il dit qu'il veut ſe retirer dans quelque Lieu de ſes Domaines, où il vivra ſeparé de ces Gens-là, ſans abandonner leur Doctrine, attendu que ce n'eſt que leur Vie & leurs maximes qui lui deplaiſent.

Le Marechal de Briſac s'en va dans la Normandie, pour y faire le Siege du Hvvre de Grace, avec un bon Nombre d'Infanterie, & quinze Cents Cavaliers, qu'on doit tirer de nôtre Armée, par ce que nonobſtant qu'elle en ſoit afoiblie, ces Commandans ont jugé qu'il ſeroit bon de reduire

non si potranno far gran Cose, & volendo proveder a quella Provincia, donde temono piu d'altrove.

Sua Majesta ha fatto una Ordinanza che si perdonasse à tutti quelli che fra un Mese volessero riconoscer l'Error loro, & ritornare all'Obedienza di Sua Majesta; ma questo Ordine la Corte qui del Parlamento non l'ha voluto mai interinare, ne approvare in Modo alcuno, & per tanto fin hora non ha Effetto.

Di Parigi, alli 15. di Genaro. 1563.

PROSPERO DI S.ta CROCE.

duire cette Ville pendant cet Hiver, ne pouvant faire aucune autre Entreprise considerable, & voulant pourvoir aux Besoins de cette Province, qui leur donne de plus grands Sujets de Crainte que toutes les autres.

Sa Majesté a fait un Edit d'Amnistie, en Faveur de tous ceux qui voudront reconnoître leur Faute, & lui obeir en se soumettant à ses Ordres, dans un Mois de tems; mais la Cour du Parlement n'a point voulu consentir à cette Deliberation, ni l'aprouver en aucune Maniere; c'est pourquoi la Volonté de *Sa Majesté* n'a produit aucun Effet jusqu'à present.

De Paris, le 15. de Janvier. 1563.

PROSPER DE S.te CROIX.

TRENTE-TROISIEME LETTRE

Du Cardinal de S.te *Croix, au Cardinal* Borromée.

LA medema Notte che fu ferito Monsu di Guisa, il Principe di Condé tentò di fugirsene, con l'Aiuto di alcuni Soldati, che haveva corrotti con Denari; ma al Signore Dio piacque di inspirar un di loro, doppo haver presi i Denari, di

LA même Nuit que Monsieur le Duc de Guise fut blessé, le Prince de Condé entreprit de s'enfuir, par l'Entremise de quelques Soldats, qu'il avoit corrompus en leur donnant une somme d'Argent; mais ce fut le bon Plaisir de

di rivelar il Trattato à Monsù di Anvilla, Figliolo del Conestabile, che l'ha in Guardia.

Con che fu fatta Essecutione delli altri, & il Disegno del Principe impedito, il quale dicono per certo, che il giorno innanzi questo Fatto, domandasse à Monsignore Illustrissimo di Borbone, ch'era andato à visitarlo, se Monsù il Duca di Guisa era ferito, & che dicendoli Sua Signoria Illustrissima di no, gli disse che saria ben presto.

Lequale Parole il detto Signore non manco di far intendere a Monsù di Guisa subito, & prima che succedesse il Caso: & in quel tempo medesimo da cinque Cento Ugonotti si erano radunati, & volevano pigliar Meaux, come haveriauno fatto se i Parigini non vi havessero mandato da duoi Mille di loro al Soccorso, con che è riuscita vana questa loro Impresa.

Cossi piacesse à Dio che riuscisse vana quella Ferita nella Persona del Duca di Guisa, il quale per quello che si intende hoggi, se ben sta senza Febre, ha grandissimo Dolore, & i Medici

de Dieu d'inspirer à l'un d'entr'eux, qui avoit reçû son Paiement, de découvrir les Conventions de ce Projet à Monsieur d'Anville, Fils du Conétable, qui a ce Prince sous sa Garde.

C'est pourquoi on a fait mourir tous les autres Soldats, Complices de ce Delateur, & le Dessein du Prince a echoué, surquoi on dit qu'il est certain que le jour avant cette Entreprise il demanda à Monsieur de Bourbon si le Duc de Guise n'étoit pas blessé, & que ce Cardinal lui aiant repondu que non, il lui declara que cela arriveroit bientôt.

Cet Eminent Prelat ne manqua pas d'en donner incontinent Avis à Monsieur de Guise, lorsque cet Accident n'étoit pas encor Arrivé, & dans le même tems il y eût environ cinq Cens Huguenots qui s'assemblerent pour entrer dans la Ville de Meaux, dont ils se seroient rendus les Maitres, si les Parisiens n'y avoient pas envoié deux Mille hommes de leurs Troupes, dont le Secours a rendu l'Entreprise de ces Gens là inutile.

Plût à Dieu que la Blessure du Duc de Guise fut aussi sans aucune mauvaise Suite ; mais quoi qu'il soit aujourdhui sans Fievre, comme on le publie, il soufre néanmoins une très-violente

dici ne ſtanno con qualche Timore.

E tornato Monſù di Limoges & Monſù di Oiſeil, che andarono ad Orleans, per trattar la Pace, ne fin hora ho poſſuto ſapere qual Reſolutione portano; ma vedendo queſti Andamenti, ſi puo ben far Giuditio dell'Animo di Coſtoro.

La Majeſtà della Regina, & Monſù Illuſtriſſimo Legato, ſi trovano ancora al Campo, & per queſto ſi dice che vi ſtaranno qualche giorno piu che non ſi penſava.

A Monſù di Guiſa è ſopragiunta Febre & Vomito, con una gran Somnolentia, di che i Medici fanno cattivo Giuditio.

La Regina & il Legato ſtaranno di là, fin che ſe ne vegga l'Eſito.

Quel che l'ha ferito è ſtato preſo lontano del Campo cinque Leghe, à Caſo, andando quattro Soldati per altri Affari, & vedendo che coſtui ſi metteva in Fuga.

Confeſſa haverlo fatto di Commiſſione dell'Ammiraglio & di Soubiſa, & che ſono da trenta Congiurati che volevano ammazzare Guiſa, Syner & Martiga, nel Campo, & poi la Regina, il Ré, il ſuo Fratello & il Legato:

lente Douleur, & les Medecins ne ſont pas ſans quelque Crainte de ce qui en peut arriver.

Monſieur de *Limoges* & Monſieur d'*Oiſeil* ſont de Retour d'*Orleans*, où ils étoient allés pour negotier la Paix, ſans que j'aie pû ſavoir juſqu'à preſent quelle Reſolution ils en ont aportée, mais leurs Demarches peuvent bien faire juger de l'Intention de ceux qui occupent cette Ville là.

La *Reine* & Monſieur le *Legat* ſont encore au Camp, c'eſt pourquoi on dit qu'ils y reſteront quelque jour de plus qu'on ne ſe l'étoit figuré.

Monſieur de *Guiſe* a eu la Fievre, & un Vomiſſement, avec un grand Aſſoupiſſement, dont les medecins font de mauvais Augures.

La *Reine* & le *Legat* ne viendront pas de là, juſqu'à ce qu'ils en voient la Fin.

Celui qui l'a bleſſé a été pris fortuitement à cinq Lieües du Camp, par quatre Soldats qui s'en allant pour d'autres Afaires virent que cet Homme là prenoit la Fuite.

Il avoüe d'avoir fait ce Coup par Ordre de *l'Amiral* & de *Soubiſe*, declarant auſſi qu'il y a une trentaine de Conjurés, qui vouloient tuer, dans le Camp, *Guiſe*, *Syner*, *Martigue*, & enſuite la *Reine*, le *Roi*
le

DE LA RELIGION REFORME'E EN FRANCE.

gato: credendo che in questo facevano ſegnalato Servitio al Signore Dio, per che con queſto Mezzo procuravano la Redingradatione dell' Evangelio.

Con queſto Aviſo Sua Majeſta ſta di là con molta Guardia, & ſe Guiſa ſcappa la Morte, ſara ſtato queſto Accidente molto utile per far riſolvere ogni uno contro queſti Scelerati.

La Regina ha mandato chiamar Briſac & Aumala, il quale pero ſta male di Febre, a Mantes.

Il Cardinale di Guiſa ſi trova à Parigi per haver Denari; ma par che quella Citta recuſi di dargliene, ſe il Ré non va ſtar di là.

Di Blois, alli 23. di Febraro.
1562.

PROSPERO DI S.ᵗᵃ CROCE.

le Frere de *Sa Majeſté* & le *Legat*, croiant de rendre par ce Moien un grand Service à *Dieu*, par ce que la Mort de ces Perſonnes donneroit Lieu au Retabliſſement de l'Evangile.

La *Reine* ſe tient dans ce Quartier là avec une forte Garde, depuis qu'elle a reçû cet Avis, & ſi Monſieur de *Guiſe* ne perd pas la Vie, cet Accident qui lui eſt arrivé ſera fort utile, pour faire prendre une bonne Reſolution contre ces Scelerats.

La *Reine* a fait apeller Monſieur de *Briſac* & *d'Aumale*, qui a pris la Fievre à *Mantes*.

Le *Cardinal* de *Guiſe* eſt maintenant à *Paris*, pour y recevoir de l'Argent; mais il ſemble que cette Ville refuſe de lui en donner, ſi le *Roi* ne va pas y fairè ſon Sejour.

De *Blois*, le 23. de Fevrier.
1562.

PROSPER DE Sᵗᵉ. CROIX.

TRENTE-QUATRIEME LETTRE.

Du Cardinal de S^te. Croix, au Cardinal Borromée.

Ancora che nel Principio la Ferita di Monsù di Guisa non si monstrasse pericolosa, la poi condotto alla Morte, il sexto giorno, con Dolore Infinito di tutta questa Corte, & di tutto l'Esercito, che ha perduto un cosi valoroso & buon Signore.

La Regina ha mandato chiamar il Marescial di Brisac per quanto ho inteso io, per darli il medemo Carico che haveva il Duca di Guisa, di buona Memoria.

Qui gli Ugonotti fanno cosi gran Festa di questo Accidente, come se havessero vinto tutto; pero non vi mancano ancora molti Grandi Huomini, in questo Regno, & molti buoni Cattolici.

Doppo il Marescial di Brisac, si ha in Consideratione Monsù di Tavanes & Monsù di Monluc, & appresso questi è in gran Credito Monsù d'Anvilla, Figliolo del Conestabile, adesso Amiraglio.

Vi sono ancora Monsù di Sipier, Monsù di Martiga, & Monsù di Aumala, Fratello di Monsù di Guisa di buona Memoria, che sono

Quoique la Blessure de Monsieur de Guise ne parût pas être dangereuse au commencement, elle lui a néanmoins causé la Mort au sixiéme jour, avec un Regret inexprimable de toute cette Cour, & de toute l'Armée, qui a perdu un Seigneur très-genereux & bien-faisant.

La Reine a envoié querir le Marechal de Brisac, pour lui donner, à ce qu'on m'a dit, la même Charge qu'avoit le Duc de Guise d'heureuse Memoire.

Les Huguenots font ici d'aussi grandes Rejouissances de cet Accident, comme s'ils avoient tout gagné : cependant nous avons encore beaucoup d'Illustres Personnes dans ce Roiaume, & quantité de bons Catoliques.

Après le Marechal de Brisac on fait un grand Cas de Messieurs de Tavanes, & de Monluc, après lesquels on estime beaucoup Monsieur d'Anville, Fils du Conêtable, qui est presentement Amiral.

Il y a de plus Monsieur de Sipier, Monsieur de Martigue, & Monsieur d'Aumale, Frere de Monsieur de Guise d'heureuse Me-

sono tutti Signori di molto Valore & Bonta.

Di quà s'intende che gli Inglesi non hanno voluto dar Denari, per pagare la Cavallaria Alemana, con Scusa che non sia stato osservato di darli alcuni Porti di Mare, che pretendono gli siano stati promessi: il che è di molta Consequenza.

Si fanno Guardie straordinarie alla Persona di Sua Majesta Christianissima, non lassando intrare nel Castello alcuno che non sia piu che Confidente, & conosciuto.

Hier sera fu messo in Prigione il Guardarobba della Majesta Sua, non si sa ancora qual fosse la sua Impresa; ma tutti pronosticano che se la Majesta della Regina non ha piu che buona Cura della Persona Sua, & de i suoi Figlioli, che poi che Costoro hanno cominciato, non lassaranno di seguitar i loro Disegni.

Piaccia al Signore Dio che sianno tutti vani.

Di Blois alli 25. Febraro. 1562.

PROSPERO DI S.ta CROCE.

Memoire, qui sont tous des Seigneurs remplis de Valeur & de Bonté.

On dit ici que les Anglois n'ont pas voulu donner de l'Argent pour paier la Cavalerie Alemande, sous Pretexte qu'on leur a manqué de Parole, en ne leur donnant pas certains Ports de Mer, qu'ils pretendent leur avoir été promis: ce qui est d'une très-grande Consequence.

On a mis une Garde extraordinaire auprès de Sa Majesté Très-Chrétienne, qui ne laisse entrer dans le Chateau que des Personnes entierement Confidentes, & bien connuës.

Hier au soir on mit en Prison le Maitre de la Garderobe de Sa Majesté, & on ne sait point encore quel étoit son Dessein; mais chacun augure que si la Reine ne prend pas un Soin extraordinaire de sa Personne, & de la Conservation de ses Enfans, ces Gens qui ont commencé d'executer leurs pernicieux Attentats, ne manqueront pas de pousser encore plus loin leurs Desseins.

Dieu vueille qu'ils soient tous inutiles.

De Blois le 25. de Fevrier. 1562.

PROSPER DE S.te CROIX.

TRENTE-CINQUIEME LETTRE

Du Cardinal de S^{te}. Croix, au Cardinal Borromée.

Questa Morte di Monsù di Guisa di buona Memoria, ha stordita tutta la Corte, & tutto l'Esercito : tanto piu che fin hora il Marescial di Brisac non è giunto al Campo.

Sono alcuni che consegliano la Regina di chiamar il Ré Christianissimo che si trova là, & che vada ella restar nel Campo, & con un Conseglio governar tutto, per non dar mala Sodisfattione à molti che pretendono il Commandamento.

Questo pero ad altri pare non solo Difficile, ma quasi Impossibile, bisognando in ogni Modo che habbia il Carigo Generale, per dover lui medemo riveder & operar dove bisogna, & vien mal a Proposito che il Marescial di Brisac sia molto impedito della Gotta.

Adesso si sta in questa Risolutione, & per mio creder si fara nella Persona di Brisac, se ben ancora non si puo metter per stabilito.

LA Mort de Monsieur de *Guise* a d'autant plus étonné tous ceux de la Cour, & toute l'Armée, que jusqu'à present le *Marechal de Brisac* n'est pas encore venu au Camp.

Il y a quelques Personnes qui conseillent à *la Reine* de faire venir *le Roi Très-Chrétien* qui est là, & d'aller elle-même gouverner toute l'Armée par le Moien d'un bon Conseil, afin d'éviter le Mecontentement de plusieurs qui pretendent avoir le Droit de la commander.

Il y en a d'autres à qui cela paroit non seulement difficile, mais presqu'impossible, attendu qu'en ce Cas il faudra que *le Roi* soit chargé lui-même de tout le reste des Affaires d'Etat, & qu'il examine & fasse tout ce qui sera necessaire dans le Roiaume : voila pourquoi il nait de grands Inconveniens de ce que le *Marechal* de *Brisac* a la Goute qui l'empêche d'agir.

On persiste maintenant dans cette Resolution ; mais pour moi je crois que Monsieur de *Brisac* sera chargé du Commandement des Troupes, quoi que cela ne soit

DE LA RELIGION REFORME'E EN FRANCE.

S'intende che la Majestà della Regina si risolve di dar tutti gli Offitii, & Governi, & Huomini d'Arme che haveva Monsù di Guisa, à suo Figliolo, che puo esser di tredeci Anni, il che se seguirà sarà Gran Maestro, Gran Cancelliere, Governatore di Campagna, & Capo di Cento Huomini d'Arme.

Orleans si batte continuamente, ma quelli di dentro si defendano gagliardamente.

Si raferma tuttavia piu che gli Inglesi hanno ricusato di dar all'Amiraglio Aiuto alcuno, dicendo che loro non hanno Guerra con Francesi; che solamente hanno comprata Alba di Gratia, come comprariano delle altre Terre, se trovassero l'Occasione, per facilitare la Ricuperatione di Calais.

Dicono che l'Amiraglio sia restato molto confuso, di non haver quel Soccorso.

Eccovi quanto mi occorre aggiungere à quel che scrissi non heri l'altro, à Voi Signoria Illustrissima, per una Lettera che sarà alligata con la presente.

Di Blois alli 27. di Febraro.
1562.
PROSPERO DI S.ta CROCE.

soit pas encore entierement conclu.

Il y a beaucoup d'Aparence que *la Reine* veut donner au Fils de Monsieur de *Guisé*, toutes les Charges, les Gouvernemens, & les Gens-d'Armes que ce *Duc* avoit, quoi que cet Enfant n'ait qu'environ treize Ans, de sorte que si cela s'execute il sera *Grand Maître*, *Grand Chancelier*, *Gouverneur* de *la Champagne* & *Capitaine* de *Cent Hommes d'Armes*.

Le Siege de la Ville *d'Orleans* continue toûjours ; mais ceux qui sont dedans se defendent vigoureusement.

On confirme de plus en plus que les *Anglois* n'ont voulu donner aucun Secours à *l'Amiral*, & que lui aiant dit qu'ils n'ont point de Guerre avec les *François*, ils ont seulement acheté *le Havre de Grace*, comme ils feroient Acquisition de quelques autres Villes, s'ils en avoient l'Ocasion, pour faciliter la Prise de *Calais*, dont ils voudroient derechef se rendre les Maitres.

On dit que *l'Amiral* a été fort consterné de n'avoir pas reçu ce Secours.

Voila tout ce que je puis ajouter à ce que j'écrivis, il y a deux jours, à Vôtre *Eminence*, par une Lettre qui sera jointe à celle-ci.

De *Blois* le 27. de Fevrier.
1562.
PROSPER DE S.te CROIX.

TRENTE-SIXIÉME LETTRE

Du Cardinal de Ste Croix, au Cardinal Borromée.

Viene il Signore Cavaliere Scura, *mandato da* Sua Majesta Christianissima, *per supplicar* Sua Beatitudine *di dar Licenza di poßer vendere per Cento Mille Scudi di Entrata di Beni Stabili delle* Chiese, *per agiutarsi in questa Guerra, offerendo* Sua Majesta *di conservar* le Chiese *senza Danno, quanto all' Intereße del Frutto.*

Ben che la Majesta *della Regina m'habbia molto ricercato, che io scriva per rimostrar à Voi* Signoria Illustrissima *la Necessita di questo Regno, mi par che sia tanto evidente che non bisogni darsi molta Fatiga per dimostrarla.*

Si puo dubitar che Sua Santita *non concedendo alla* Majesta Sua *che poßa valersi di questi Beni, se ne valeranno gli* Ugonotti, *per quanto* il Ré Christianissimo *potra malamente resistere à tante Forze che gli vengono contro, perche oltre l'Interne vi sono* Inglesi & Alemani, *che fanno tutto l'Sforzo loro.*

Monsieur *le Chevalier Scure* s'en va à *Rome*, de la Part de *Sa Majesté Très-Chrétienne*, pour suplier *le Pape* de donner la Permission de vendre des Biens Fonds *Ecclesiastiques*, pour Cent Mille Ecus de Rente, qui seront emploiés aux Frais de cette Guerre, sans Prejudice des Emolumens que les Eglises en reçoivent, par les Recoltes, dont *Sa Majesté* offre de les domager.

Quoi que *la Reine* m'ait beaucoup sollicité d'écrire cette Lettre, pour representer à Vôtre Eminence les Besoins de ce Roiaume, il me semble qu'ils sont si évidents, qu'il n'est pas necessaire de se donner beaucoup de Peine pour les demontrer.

Il y a Lieu de craindre que, si *le Pape* ne permet pas à *Sa Majesté* de se prevaloir de ces Biens Ecclesiastiques, les *Huguenots* en profiteront, attendu que *le Roi Très-Chrétien* ne sera pas en Etat de resister à la Force de tant d'Ennemis qui s'élevent contre lui, parce qu'outre ceux de ce Païs, il y a les *Anglois*, & les *Allemans* qui font tous leurs Eforts pour les soutenir.

Se   C'est

DE LA RELIGION REFORMEE EN FRANCE. 215

Se mai fu Occasione di conceder à Sua Majesta *di poterfi prevalere de i Beni delle* Chiese, *credo che questa sia la piu importante che sia venuta da molti Anni in quà, per quanto hoggi si tratta della Destrutione totale della* Chiesa.

Questi Vicini sono cossi agitati da diverse Bande, che bisogna venir ad Extrema Remedia, & *far ogni Sforzo per* esterminarli.

Ben che si tratti di far Accordo, Voi Signoria Illustrissima *intendera del predetto Cavaliere come passa tutto: il quale e Signore di molte buone Qualita, essendo molto* Cattolico *che fa Professione d'esser sempre Veridico.*

E stato Ambasciadore *in* Portugallo, & *poi in* Inghilterra *dove a palezatto il suo buon Intendimento, & è cossi grandamente amato della* Regina, *& da tutti questi Signori del Conseglio, che essendo vacato il* Gran Priorato *di* Francia, *per la Morte del Fratello di Monsu Illustrissimo di* Lorena, *hanno disegnato la Persona di questo Cavaliere; & per tanto supplicano* Sua Santita *che voglia provederlo.*

C'est pourquoi s'il y a jamais eu quelque legitime Sujet d'accorder à *Sa Majesté* l'Alienation de ces Biens des Eglises, je crois que celui-ci est le plus important qui soit arrivé depuis longtems, puisqu'il s'agit aujourdhui de la Destruction totale de *l'Eglise.*

Ces Ennemis qui sont sur les Frontieres de ce Païs, reçoivent tant des Secours de differens Endroits, qu'il faut employer les *derniers Remedes,* & faire toutes Sortes d'Eforts pour les *exterminer.*

Quoique l'on parle de faire un Accommodement, Vôtre Eminence sera informée plus à Fond de tout ce qui se passe sur cela, par le *Chevalier Scure,* qui est un Seigneur doué de plusieurs bonnes Qualités, & un très-bon *Catolique,* faisant Profession de dire toûjours la Verité.

Il a été Ambassadeur en *Portugal,* & en *Angleterre,* où il a fait paroitre son bon Jugement, & il est si cheri de *la Reine,* & de tous ceux de son Conseil, que la Charge du *Grand Prieur* de *France,* étant vacante, par la Mort du Frere de Monsieur de *Lorraine,* on a resolu de la donner à ce *Chevalier ;* c'est pourquoi ils suplient *le Pape* de lui en vouloir accorder les Provisions.

Sua Majeſta *gli dato Commiſſione di parlare à* Sua Beatitudine, *& mi ha richieſto di ſcriverli*, *che vedendoſi le Coſe di queſto Regno in tanta Turbolentia, è ſtato giudicato bene da queſti Signori del Conſilio della* Regina, *di ſupplicare* Sua Beatitudine, *che voglia diſpenſare Monſù* Illuſtriſſimo *di* Borbone *che poſſa pigliar Moglia, atteſo che con queſto ſi levaria la Speranza al* Principe *di* Condé *di aſpirare alla Corona*.

Parimente il Principe *di* Navarra, *che riceve molto mala Educatione, circa le Coſe della* Religione Cattolica, *verria ſotto la Tutela di* Sua Signoria Illuſtriſſima, *laquale eſſendo di quella Bontà che ogni uno ſà, faria in cio quel che conviene*.

Sua Signoria Illuſtriſſima *lo deſidera molto, & credo ne ſcriva à* Sua Beatitudine; *& come ho detto* la Regina *ha voluto che ne ſcriva ancor io, & declari in cio il Deſiderio della* Majeſta Sua.

Ben che io habbia replicato eſſer Coſa molto difficile, per la Qualità della Materia, & per quella de i Tempi: mi è ſtato detto eſſerſi fatta altre volte in Fran-

Sa Majeſté lui a donné Commiſſion de parler à *Sa Sainteté*, & m'a auſſi prié de lui écrire, que voiant les Affaires de ce Roiaume dans un ſi grand Trouble, les Miniſtres d'Etat du Conſeil de *la Reine* ont trouvé bon de ſuplier *le Pape* qu'il vueille donner à Monſieur *le Cardinal de Bourbon* la Diſpenſe de pouvoir ſe marier, attendu que par ce Moien on ôteroit au *Prince* de *Condé* l'Eſperance qu'il a de parvenir à la Couronne.

Le *Prince* de *Navarre* qui reçoit une très-mauvaiſe Education, touchant ce qui concerne la *Religion Catolique*, ſe trouveroit auſſi reduit, en même tems, ſous la Tutele de ſon *Eminence*, qui étant d'un très-bon Naturel, comme chacun en eſt perſuadé, feroit tout ce qui ſeroit convenable dans cette Occaſion.

Cet *Eminent Prelat* ſouhaite beaucoup cette Diſpenſe, & je crois qu'il en écrit lui même au *Pape*, dans la même Vûë que *la Reine* a voulu que je fiſſe cette Lettre, pour témoigner auſſi ſon Deſir, comme je l'ai indiqué ci-devant.

Quand on me parla de cette Diſpenſe, je repondis qu'il ſeroit très-difficile de l'obtenir, à Cauſe des mauvaiſes Conjonctures du tems preſent, & de la Qualité

Francia, *per minor Importanza di questa*, *come il Signor* Cavalier Scura *lo dira piu difusamente à* Voi Signoria Illustrissima.

lité de la Matiere dont il s'agissoit; mais on me dit qu'on avoit accordé autrefois de pareilles Graces à la *France*, pour des Sujets de moindre Importance que celui dont il est Question, comme Monsieur le *Chevalier Scure* le dira plus amplement à *Vôtre Eminence*.

Di Blois, *alli* 13. *di Marzo.*
1563.

De *Blois*, le 13. de Mars.
1563.

*PROSPERO DI S*ta*. CROCE.*   PROSPER DE S*te*. CROIX.

MEMOIRE SECRET

Ecrit en Chifre, *& joint à la Lettre precedente.*

Qvi adesso si ha grandissima Opinione, causata per le Predittioni da Astrologi, che questi Figlioli della Regina, non siano per vivere: & questo fa desiderar al Cardinal di Borbone di maritarsi, & alla Regina piace permetterlo.

Io non ho possuto parlare con questi Astrologi, *ma il piu presto che potro ne parlaro, & scrivero à* Voi Signoria Illustrissima *qualche Cosa di piu; in tanto essendo il Caso di questa Qualita, penso che saria Tempo di conceder quel Matrimonio.*

ON est maintenant ici dans une forte Opinion que les Enfans de la *Reine* ne vivront pas, à Cause que les *Astrologues* predisent leur Mort : c'est pourquoi le *Cardinal* de *Bourbon* desire de se marier, & la *Reine* y consent par le même Motif.

Je n'ai point encore pû parler à ces *Astrologues*, mais je leur demanderai leurs Sentimens le plû-tôt qu'il me sera possible, & en informerai plus amplement Vôtre *Eminence*; cependant il me semble que le Cas dont il s'agit, étant de la nature que je l'ai representé, il seroit bon en ce Tems de permettre qu'on fit ce Mariage.

Quanto alla Alienatione delli Beni delle Chiese , *vedo questo Regno in Termine che dificilemente puo far il Necessario senza quella Subventione extraordinaria , essendo senza Denari , & governatosi di Sorte che non trova piu Credito , & gli Popoli cossi Afflitti & Mal-Contenti che non possono farli buoni Offitii ne socorrerlo.*

Il Re Cattolico *non slarga la Mano , come questi vorriano , & gli Inimici sono Diligentissimi , & molto agiutati & favoriti.*

Le Cose dell' Accordo per molto che si tengano per concluse , & che il Cavaliere Scura *medemo mi habbia detto che si agiustaranno ; ma che poi ce si trovera Mezzo n si osservaranno le Promesse.*

Io non posso credere che Costoro, che sono molto Astuti, non pensino ancor loro di posser esser Ingannati : tuttavia staremo à vedere qual potra esse questo Successo.

Certo è che questo Regno sta hoggi in Termine che non pensò che si possa far tutto Ugonotto *, se non con Longhezza di tempo , & molto*

Pour ce qui est de la Vente des Biens des *Eglises*, je vois ce Roiaume dans une si mauvaise Situation, qu'il est très-difficile qu'il puisse faire ce qui est Necessaire, sans avoir cette Subvention extraordinaire, puisqu'il est sans Argent, & gouverné de telle Sorte qu'il a perdu tout son Credit, & que les Peuples y sont si Affligés & si Mecontens, qu'ils ne peuvent pas lui rendre de bons Services, ni le secourir.

Le *Roi d'Espagne* ne fait point aussi des Liberalités comme les *Catoliques* voudroient, & les Ennemis, qui sont très-Diligens, reçoivent beaucoup de Secours & de Faveurs.

Quoi qu'on tienne les Affaires de l'Accommodement sur le Point de leur derniere Conclusion, & que le Chevalier *Scure* m'ait dit lui-même qu'on les doit terminer ; mais que *si on trouve le Moien de violer ensuite les Promesses de cet Accord, on ne les tiendra point.*

Je ne puis pas croire que ces Gens là, qui sont très-Rusés, ne s'imaginent de leur Côté qu'ils peuvent être *trompés* : nous verrons néanmoins quel Succès ce Dessein produira.

Il est certain que ce Roiaume est maintenant dans une Situation, où je ne vois pas qu'il puisse devenir tout *Huguenot*,

to *Artificio*: *in tanto il Signore Dio ci provedera.*

La Casa di Guisa *vi è talmente interessata per la proximita del Sangue effuso, che non doveria dormire, se bene è morto il suo Capo*; *ma quelli che restano della loro Banda sono piu Amati per Rispetto del* Duca Morto, *che per loro stessi.*

Di Blois *alli* 13. *di Marzo.*
1563.

PROSPERO DI Sta. CROCE.

si ce n'est avec beaucoup d'Artifice, & par une longue Revolution de Tems : cependant *Dieu* y pourvoira.

Les Decendans de *Guise* y sont tellement interessés, par la Proximité qu'ils ont avec le *Duc* dont le Sang vient d'être repandu, qu'ils ne devroient pas s'endormir comme ils font depuis que leur Chef est mort; mais ceux qui restent dans leur Parti ne sont pas tant aimés par leur Merite Personnel qu'en Consideration du *Duc* qu'ils ont perdu.

De *Blois* le 13. de Mars.
1563.

PROSPER DE Ste. CROIX.

TRENTE-SEPTIÉME LETTRE

Du Cardinal de Ste. Croix, *au Cardinal* Borromée.

Dopo che io scrissi à Voi Signoria Illustrissima *ultimamente, il giorno seguente* il Principe *di* Condé *venne, & allogio in una* Abbatia *lontano da* Orleans *un Miglio, donde il Di doppo fu condutto in una Insola fu il Fiume di* Loire, *& parimente vi venne Monsu il* Conestabile.

Depuis la derniere Lettre que j'écrivis à Vôtre Eminence, le *Prince* de *Condé* vint le jour suivant, & logea dans une *Abbaie* qui est à demi Lieüe d'Orleans, de laquelle il fut conduit le lendemain dans une Isle sur la Riviere de *Loire*, où Monsieur *le Conétable* se rendit aussi.

Parlarono infieme per tre o quattro hore, & doppo ritornarono Monsù il Conestabile *dentro* Orleans, *& il* Principe *di* Condé *all'* Abbatia, *dove era una grossa Guardia di* Suizzeri : *& questo fu Domenica.*

Il Lunedi ritornarono al medemo Loco; ma nel partir presero diverso Camino, perche Monsù il Conestabile *se ne venne nel Campo nostro, & il* Principe *di* Condé *entrò in* Orleans, *l'uno & l'altro sotto Pretexto di posser meglio trattar la Pace, & sotto la Fede di ritornar ogni uno al Luogo suo, in Caso che non seguisse, & tutto con Saputa della* Regina.

Ogni Di poi sono stati à conferire, non solamente loro; ma vi è intervenuta la Regina *con altri Signori, & la Fama è che la* Pace *sia conclusa, se ben non si publicano le Conditioni.*

In tanto l'Ammiraglio dopo haver preso Caen *si è impadronito di* Baieux, *di* Honfleur *& molte altre Terre di* Normandia, *& dicesi che le ha vendute, o trattato di venderle à gl'* Inglesi.

In-

Ils conférerent ensemble pendant trois ou quatre heures, ensuite de quoi Monsieur le *Conétable* revint dans *Orleans*, & le *Prince* de *Condé* s'en alla Dimanche dernier à la dite *Abbaie*, où il y avoit une grosse Garde de *Suisses*.

Lundi ils s'assemblerent derechef dans le même Lieu ; mais ils se retirèrent par des Routes differentes, car Monsieur le *Conétable* se rendit dans nôtre Camp, & le *Prince* de *Condé* entra dans *Orleans*, sous Pretexte de pouvoir tous deux mieux travailler à la Paix, & sous Promesse de retourner l'un & l'autre dans les Lieux où ils avoient été conduits Prisoniers, *la Reine* sachant toutes leurs Demarches.

Depuis ce tems là ils ont été tous les jours en Conference, non seulement en Particulier, & avec *Sa Majesté*, mais aussi avec plusieurs Ministres d'Etat, ce qui donne Lieu à faire courir le Bruit que la Paix est resoluë, quoi qu'on n'en publie pas encore les Conventions.

Cependant *l'Amiral*, après avoir pris *Caen*, s'est rendu Maître de *Baieux*, de *Honfleur*, & de plusieurs autres Villes de *Normandie*, lesquelles on dit qu'il a vendües, ou promis de vendre aux *Anglois*.

J'ai

DE LA RELIGION REFORME'E EN FRANCE.

Intendo che ha mandato un Huomo alla Corte, per difculparfi che lui non ha, in Modo alcuno, faputo la Confpiratione circa la Morte del Duca di Guifa, di Felice Memoria, fe bene l'Affaffino dice apertamente di haverlo fatto per Ordine fuo.

Quefto Affaffino è ftato mandato à Parigi, dove fe gli fa il Proceffo, & di la fi fapera la Verita del tuto.

Fin hora s'intende che lui dice d'effer ftato una altra Volta, doi Mefi fa, per far l'Effetto; ma che Monfu di Guifa l'accarezzo tanto, che fi penti, & torno dentro di Orleans, dove Beza gli predico tanto che quefto era Servitio del Signore Dio, & faria Gloria fua Immortale, che fi rifolvi à farlo.

Ben che fugiffe & haveffe tempo à falvarfi, per piu di vinti quattro hore, & fempre caminaffe, con un buon Cavallo, comprato Cento cinquanta Scudi à quefto Effetto, fu Volonta del Signore Dio che mai non fi difcoftaffe del Campo piu di tre ò quattro Leghe.

J'ai apris qu'il a envoié un Exprés à la Cour pour y faire entendre qu'il n'a fçú, en aucune Maniere, la Confpiration touchant la Mort du *Duc* de *Guife*, d'heureufe Memoire, quoi que celui qui l'a affafiné dife ouvertement qu'il l'a fait par fon Ordre.

Cet Affaffin a été envoié à *Paris*, où l'on lui fait fon Procès, & on faura de là tout ce qui concerne la Verité de cette Action.

Le Bruit qu'on en fait courir jufqu'à prefent eft, qu'il fit quelques Demarches, il y a deux mois, pour executer le même Deffein; mais que Monfieur de *Guife* lui fit tant de Careffes qu'il fe repentit, & vint derechef à *Orleans*, où *Beze* lui remontra fi fortement que cela tendoit au Service de *Dieu*, & lui procureroit à lui-même une Gloire Immortelle, qu'il refolut de le faire.

Ce fut néanmoins la Volonté de *Dieu* que ce Meurtrier, aiant pris la Fuite, ne s'éloigna jamais plus de trois ou quatre Lieües du Camp, quoiqu'il eût le tems de fe fauver, & qu'il n'eût point ceffé de marcher pendant vint quatre heures, fur un bon Cheval qu'il avoit acheté, & paié Cent cinquante Ecus, pour cet Effet.

Nel Campo è giunto Monsù di Brisac con Monsù di Bordillon, & adesso vi è Monsù il Conestabile che commanda.

Io doppo haver fatta Riverenza alla Regina, me ne venni à Clery, dove trovai quel bel Tempio della Beata Virgine, ch'era de i piu magnifici di Francia, & di molta Divotione, quasi tutto buttato per Terra d'elli Ugonotti, & il Corpo del Ré Luigi Undecimo, che vi era sepulto, l'hanno dissotterrato & brusato in Piazza, con tante altre Crudelita, cossi verso i Morti, come contra i Vivi, che moveva le Lagrime a ogni uno che le sentiva racontare.

Dicono che nel Castello di Caen l'Ammiraglio vi habbia trovato gran Quantita di Robba & di Denari, per che tutta la Normandia vi haveva portato il meglio, pensando che quel Loco fosse securo.

Non si sa se il Marchese del Beuf, Fratello del Cardinale di Lorena, che vi era dentro, sia fugito o restato Prigionero.

La detta Fortezza si resè all' Ammiraglio con certe Conditioni,

Monsieur de *Brisac* est arrivé au Camp, avec Monsieur de *Bourdillon*, & il y a maintenant Monsieur le *Conétable* qui commande l'Armée.

Après avoir pris Congé de *la Reine* je suis venu à *Clery*, où j'ai trouvé cette belle Eglise dediée à la *Bienheureuse Vierge*, qui étoit une des plus magnifiques de toute la *France*, & où il y avoit une grande Devotion, presque toute ruinée par les *Huguenots*, lesquels ont deterré, & brulé dans une Place, le Corps du *Roi Louis Unziéme* qui étoit enseveli dans cette même Eglise de *Clery*, où ils ont exercé tant d'autres Cruautés contre les Vivans & les Morts, qu'elles faisoient verser des Larmes à tous ceux qui en entendoient le Recit.

On dit que *l'Amiral* a trouvé beaucoup d'Argent & d'autres Choses dans le Chateau de *Caen*, par ce que tous ceux de la *Normandie* y avoient porté leurs meilleurs Effets, s'imaginant qu'ils seroient en Seureté dans cette Forteresse.

On ne sçait point si le *Marechal Del-beuf*, Frere du Cardinal de *Lorraine*, qui étoit dans ce Lieu, en est sorti, ou s'il y est resté Prisonier.

Cette Citadelle se rendit à *l'Amiral*, sous de certaines Conditions,

DE LA RELIGION REFORMÉE EN FRANCE. 223

tioni, lequali non sono state osservate.

Io son ritornato qui, perche la Regina mi disse che io lo facessi, doppo haver domandato à Sua Majestà se li piaceva che io restassi al Campo.

Di Blois, alli 22. di Marzo. 1563.

PROSPERO DI Sta. CROCE.

tions, qui n'ont point été observées.

Je suis revenu ici, parce que *la Reine* me l'ordonna, après que j'eus demandé à *Sa Majesté* s'il lui plaisoit que je restasse au Camp.

De *Blois*, le 22. de Mars. 1563.

PROSPER DE S^{te}. CROIX.

MEMOIRE SECRET.

Ecrit en **Chifre**, *& joint à la Lettre precedente.*

Ancora che qui si tengha la Pace per fatta, & che hoggi sia partito di quà il Cancelliere, *per andare à sigillare & stabilir tutto, io credo che la Regina sarà ingannata questa Volta come le altre, & che Costoro non voranno perdere l'Occasione che hano dell' Aiuto delli* Inglesi *& di Germani.*

Massime essendosi impadroniti di una Parte della Normandia, *& havendo fin qui usati Termini in questo Regno, che non sò come possano piu confidare di dover trovar Perdono.*

Tutto questo Trattato, per mio credere non servira ad altro che alla

Quoique la Paix soit tenüe pour faite, & que le *Chancelier* soit parti aujourdhui pour aller séeler & ratifier tout ce qui a été conclu, je crois que *la Reine* sera trompée cette fois comme elle l'a été ci-devant, & que ces Gens là ne voudront pas perdre l'Occasion qu'ils ont de se prévaloir du Secours des *Anglois* & des *Allemans*.

Sur tout puisqu'ils se sont déja rendus Maîtres d'une Partie de la *Normandie*, & qu'ils ont agi, dans ce Roiaume, d'une telle Maniere que je ne sai pas comment ils peuvent se confier d'y devoir trouver Grace.

Ce Traité qui vient d'être fait, ne servira, selon tout ce
que

alla Liberatione del Principe *di* Condé , *il quale in ogni Caſo vorrà reſtar in Libertà , & parimente al* Coneſtabile *non doverà diſpiacere ; maſſime che eſſendo morto* Navarra *&* Guiſa *, lui ſarà quel che governarà tutto.*

Queſto pero è mio Giuditio , il quale hà in contrario , che la Regina *vuol la Pace in ogni Modo , & che il Regno è molto ſtracco & eſauſto , & oltra quel che domandano* gl'Ingleſi *, i* Germani *vogliono haver* Metz *,* Verdun *, & altre Terre che hanno mandato à domandare , ſi che ci ſono molti Travagli che fanno credere che ſi debano accordare in qualche Modo.*

Io intendendo queſto Rumore , quando fui al Campo , ne parlai à Sua Maieſtà *, laquale moſtrò di eſſer riſoluta di non conceder ne* Prediche *, ne* Sacramenti *alli* Ugonotti *; ma à me pare impoſſibile che coſtoro accettino la Pace ſenza haver la Libertà di fare tutti gli Eſercitii della loro Religione.*

Il Duca *di* Lorena *ſcrive che erano vicini al ſuo Stato , Mille du-*

que j'en prevois , qu'à la Delivrance du *Prince* de *Condé,* qui voudra joüir en tout Cas de ſa Liberté , & *le Conétable* ne ſera pas fâché de cet Accommodement , puiſque *Navarre & Guiſe* étant morts , lui ſeul gouvernera tout.

Cela n'eſt pourtant fondé que ſur mon Sentiment Particulier , contre lequel on peut dire que *la Reine* veut abſolument la Paix , quoi qu'il en puiſſe arriver , & que ce Roiaume eſt beaucoup fatigué & épuiſé, ſans compter qu'outre ce que *les Anglois* demandent , *les Allemans* veulent avoir *Metz , Verdun ,* & pluſieurs autres Villes qu'ils ont envoié demander : c'eſt pourquoi tous ces grands Embarras, dont on y eſt tourmenté , donnent Lieu de croire qu'il faudra les leur accorder en quelque Maniere.

Aiant entendu courir ce Bruit, quand j'étois au Camp , j'en parlai à *Sa Majeſté,* qui me fit connoître qu'elle étoit reſoluë de n'accorder point aux *Huguenots* la Liberté de Prêcher , ni d'adminiſtrer les Sacremens ; mais il me paroit du tout impoſſible qu'ils acceptent la Paix , ſans qu'il leur ſoit permis de faire tous les Exercices de leur Religion.

Le *Duc* de *Lorraine* écrit qu'il y a , ſur les Confins de ſes

DE LA RELIGION REFORME'E EN FRANCE.

ducento Cavalli Alemani, per venire in Favore delli Ugonotti, alli quali lui non denegaria il Passo.

S'intende parimente che si faceva Levata di Fantaria dal Canto di quà, & che si sono mandati à levar di nuovo quattro Mille Suizzeri & altre tanto di Guasconi, & che si sollecitano molto le Compagnie d'Huomini d'Arme, fatte nuovamente.

Venendo di Anvers in quà Vinti-cinque Mille Scudi di quelli che la Signoria di Venetia dava à questa Corona, fecero incontro d'alcuni Cavalli Inimici che gli rubarono, & si ha Nuova che doi di loro sono Prigioneri in Valentiana, uno de i quali è il Genero dal Maestro della Porta del Rè Christianissimo.

Di Blois alli 22. di Marzo. 1563.

PROSPERO DI Sta. CROCE.

ses Etats, douze Cents Cavaliers *Alemans*, qui viennent pour secourir les *Huguenots*, & qu'il ne leur refuseroit pas le Passage.

On apprend aussi qu'il se fait des Levées d'Infanterie dans ces Quartiers, & qu'on a donné des Commissions pour faire encore venir quatre Mille *Suisses*, & autant de *Gascons*, & qu'on travaille beaucoup à mettre sur Pié les nouvelles Compagnies des Gens-d'Armes qu'on a resolû d'augmenter.

Un Convoi *d'Anvers*, aportant ici vint-cinq Mille Ecus, que la Republique de *Venize* donnoit à cette Couronne, fut rencontré par quelques Cavaliers des Ennemis, qui les enleverent: & on a reçû Avis que deux de ceux qui faisoient conduire cet Argent, sont retenus Prisonniers à *Valenciennes*, l'un desquels est le Gendre du Capitaine des Gardes de la Porte du Roi *Très-Chrétien*.

De *Blois* le 22. de Mars. 1563.

PROSPER DE Ste. CROIX.

F f   TREN-

TRENTE-HUITIEME LETTRE

Du Cardinal de S.te Croix, au Cardinal Borromée.

MOnsignore l'Illustrissimo Legato *ritiene ancora di quà* l'Abbate Montemerlo, *per vedere il Fine di questo Accordo, & che la Regina sia intrata in Or-*leans. *Si aspetta parimente che il* Parlamento *di* Parigi *approvi quel medemo Accordo, & perche ci ha fatto qualche Difficolta, vi è andato Monsu di* Bourbone, *con Monsu di* Monpensiero, *per persuaderli come si stima che faranno.* *In tanto con questa Commodita aggiungero molte Nuove Importanti nel Cifra seguente.* *Di* Blois *alli* 28. *di Marzo.* 1563. PROSPERO DI S.ta CROCE.	MOnsieur l'Eminentissime *Légat* retient encore ici *l'Abbé* de *Montemerle*, pour voir la Fin de cet Accord, & attendre que *la Reine* soit entrée dans *Orleans*. On attend aussi que le Parlement de *Paris* aprouve le même Accord, & parce qu'il a fait quelques Difficultés là-dessus, Monsieur de *Bourbon* y est allé, avec Monsieur de *Monpensier* afin de les lever, comme on croit qu'ils le feront en persuadant à ces Senateurs de le ratifier. Cependant je profiterai de cette Occasion pour ajoûter plusieurs Nouvelles très-Importantes dans le Memoire suivant écrit en Chifre. De *Blois* le 28. de Mars. 1563 PROSPER DE S.te CROIX.

M E-

MEMOIRE SECRET

Ecrit en Chifre, & joint à la Lettre precedente.

SE la Regina *caminara come dice*, & *come conviene, non è Dubio che si potranno meglio castigar* Costoro, *dopo che saranno disarmati & disuniti; & che il farli perder Credito con* Inglesi, & *con* Alemani *viene à proposito.*

Adesso Sua Majesta *non ha ne* Navarra *del qual tema, ne altro che odii tanto che per non haverlo Grande la facesse trascorrere: si che se vorra in poche hore quietara tutto; ma se fosse il contrario, veggo questo Regno senza Huomini Principali.*

Il Conestabile *è vecchio & è solo, & quando fosse agiutato da altri contra* Costoro, *si vede che hanno usato fin qui tal Modo, che si ha da temere che ne usino di simili; pero bisognaria pensar* quid agendum, *prima che il Male piglia piu Campo.*

SI *la Reine* se conduit d'une Maniere conforme à ce qu'elle dit, & selon qu'il est convenable, on pourra sans doute beaucoup mieux châtier *ces Gens la* quand ils seront desarmés & dispersés, outre qu'il est fort expedient de les decrediter auprès des *Anglois*, & des *Allemans*.

Sa Majesté n'a plus maintenant *Navarre*, qui lui donnoit des Sujets de Crainte, ni aucun autre Personnage contre lequel elle porte sa Haine si Loin, que de s'écarter de son But, pour éviter qu'il ne devienne trop Puissant ; c'est pourquoi elle pacifiera toutes Choses, en peu d'heures, quand il lui plaira ; mais s'il arrive autrement je ne vois pas qu'il y ait dans ce Roiaume des Gens capables de le bien diriger.

Le *Conètable* est non seulement Decrepit, mais Seul, & quand il seroit aidé par quelques uns, contre *le Parti des Ennemis*, on voit que jusqu'à present ils en ont agi d'une telle Maniere qu'il y a Sujet de craindre qu'ils en usent de même à l'avenir ; c'est pourquoi il faudroit

L'Opinione di molti, anzi Universale, è che questo Accordo non possa durare, & che frà tre Mesi, o quattro, faremo à peggiori Termini, per quanto ci sono occorsi molti Rubbamenti, & Amazzamenti, che gl'Interessati non vorranno cossi facilmente tolerare, & perdonare.

Oltra che due Religioni in un Regno, sono sempre Semente di Discordia & Seditioni: & Parigi, Tolosa, & la magior Parte del Regno, l'intende cossi male, che non par che possa star questa Concordia fatta adesso.

La Borgogna ha mandato dir che loro non vogliono Prediche, ne che gli Ugonotti ritornino in quel Paese, & che quando loro pretarono Homaggio al Ré, Sua Majesta gli promise conservarli nella sua Religione, che quando pensi di far altrimente, loro non assicurano Sua Majesta che quella Provincia non sia per cambiar di Padrone: & essendo alli Confini della Fiandra, s'intende bene quel

droit penser à ce qu'on doit faire avant que le Mal deviene plus grand.

Le Sentiment de plusieurs, & même de tout le Monde, est, que cet Accord qu'on vient de faire ne sauroit durer, & que dans trois ou quatre Mois nous ferons en plus mauvais Etat qu'auparavant, attendu que s'étant fait beaucoup de Saccagemens & de Meurtres, les Interessés ne voudront pas facilement les pardonner, ni en abolir la Memoire, sans qu'on leur en fasse des Reparations.

Outre que *deux Religions* dans un même Roiaume, sont toujours la Semence de quelque Discorde & Sedition: étant d'ailleurs très-évident que ceux de *Paris*, de *Toulouse* & de la plûpart des autres Villes de ce Roiaume, prennent les Choses d'un si mauvais Côté, qu'il ne semble pas que ce nouvel Accommodement puisse avoir son Efet.

Ceux de la *Bourgogne* ont envoié dire qu'ils ne veulent point de *Predications*, ni que les *Huguenots* retournent dans ce Pais-là, & que lorsqu'ils rendirent leurs Hommages au *Roi*, *Sa Majesté* leur promit de les maintenir dans *leur Religion*, que s'il pense de faire quelque Chose au contraire, ils n'assûrent plus *Sa Majesté* que cette Province ne changera pas de Maitre:
&

quel che vogliono dire, & si crede che qualche altra Provincia usarà di simil Linguaggio.

Il Conestabile mostra che la Necessità habbia constretto la Corte à far cossi; ma che appresso si provederà, & parla fra Denti, in Modo che par che habbia altro in Mente, che non vuol dire.

Dicendoli io che par che questo Accordo sia fatto per metter Tempo in mezzo, fin che il Ré sia in Età, & intanto instruirlo in questa Nuova Religioni, mi rispose in questo ci va la Vita & i Beni di tutti noi altri, credete voi che non ci pensiamo.

Assicurandomi molto, & dicendomi, che io lo scrivessi à Sua Santita, per Parte sua, che le Cose passaranno bene, che il Ré si instruirà bene, & finalmente castigarà chi è stato Causa della Ruina del suo Regno: che lui non pensa ad altro, ne hormai gli resta altro à fare che di servir Dio, & Sua Santita, in quel che potrà.

& attendu qu'elle est sur les Confins de la Flandre, on entend fort bien ce qu'ils veulent dire, & on croit même que quelques autres Provinces tiendront le même Langage.

Le Conétable fait voir que la Nécessité a obligé la Cour de signer cet Accord tel qu'il est ; mais qu'on y remediera dans la Suite, & il ne parle qu'a demimot, en telle sorte qu'il semble avoir d'autres Pensées qu'il ne veut pas expliquer.

Lui aiant dit moi-même que ces Conventions paroissent n'avoir été faites que pour avoir le Tems d'instruire le Roi dans la Nouvelle Religion, en attendant qu'il soit hors de l'Age de Minorité, il me repondit qu'il s'agissoit en cela des Biens, & de la Vie, de tous les François, & que par consequent je devois croire qu'on n'avoit pas cette Pensée.

C'est de quoi il m'assûra fortement, en me disant que je l'écrivisse de sa Part à Sa Sainteté, que je lui fisse entendre qu'on donneroit une bonne Education au Roi, que tout iroit bien, parce qu'on chatieroit un jour ceux qui avoient causé la Ruine de ses États : que pour lui il ne pense uniquement, & n'a desormais autre Chose à faire qu'à servir Dieu, & le Pape, en tout ce qu'il pourra.

Non dice questo, ne per Offitii, ne per Beneficii che voglia, perche non mira al suo Interesse proprio, & non ha altro Remordimente maggiore di Conscientia, di quel che ha domandato al Papa in Favore del Cardinale di Schiastiglione, volendosi mostrar ben intentionato per la Religione Cattolica *all'avenire.*

Con l'Occasione che io parlai al Cancelliere, *gli dissi ancora del* Concilio di Trento, *lei mi rispose che haveva vedute tutte le Lettere, che non ne scrivano la minima Parola, del che si maravigliava, & discorrendo mi disse che tutto il Male di questo Regno veniva da loro medesimi, & della Vita de i* Pretti, *molto Sregolata, i quali non vogliono esser Riformati, & principalmente quelli del* Concilio, *& poi nelle loro Lettere* rejiciunt Culpam in Papam.

Io sò che sono loro che non vogliono esser Riformati, *& hanno mandati di quà certi Articoli che hanno parimente mandati à* Roma, *circa gli quali io vi posso dir che*

Il ne dit point cela dans la Vûë d'obtenir des Charges, ou des Benefices, par ce qu'il ne cherche pas ses Intérêts propres, témoignant au contraire qu'il n'a point de plus grand Remord de Conscience, que celui d'avoir demandé quelques Faveurs, à *Sa Sainteté*, pour le *Cardinal de Chastillon*, & qu'à l'avenir il veut faire paroitre les bonnes Intentions qu'il a pour *la Religion Catolique.*

En profitant de cette même Occasion que j'avois de parler au *Chancelier*, je lui demandai aussi ce qu'il pensoit du *Concile de Trente*, sur quoi il me repondit qu'il avoit vû toutes les Lettres qui avoient été envoiées de ces Quartiers-là, & qu'il étoit fort surpris de ce qu'elles n'en disoient pas la moindre Chose, à quoi il ajoûta, dans la suite de son Discours, que tout le Mal de ce Roiaume venoit des *François* mêmes, & de la *Vie* fort *dereglée* des *Ecclesiastiques*, qui ne veulent point qu'on les *Reforme*, & principalement ceux du *Concile* qui tâchent d'en rejetter toutes les Fautes sur le *Pape*, dans leurs Lettres.

Je sai que ce sont eux-mêmes qui ne veulent point se *reformer*, & qu'ils ont envoié certains Articles ici, & pareillement à R*ome*, touchant lesquels je puis bien

DE LA RELIGION REFORME'E EN FRANCE.

che se Sua Santita li accordasse, conformamente alle loro Petitioni, sariano i piu Mal-contenti del Mondo; ma no le hanno fatte ad altro Fine che per haver Occasione di mostrar di quà, che il Papa è quello che non vuole, mentre che sono loro che non vogliono quella Riformatione del Clero.

Mi ha parimente detto, nel medemo suo Discorso, che questo Regno non deve cercar, ne voler, che l'Autorita del Papa sia in Cosa alcuna, diminuta; ma che desidera bene che le Cose della Chiesa vadino per un altro Verso.

Doppo questo venne à dirmi che adesso un Terzo delli Beneficii della Francia sono in questo Termine; che uno che ha Moglia domanda una Abbatia alla Regina, & poi ne piglia Possessione sopra la Testa, ò in Nome di un Prettazzolo, & lo nutrice in Casa, & dandoli un Scudo il Mese, tira lei il resto delle Entrate del Beneficio Ecclesiastico.

Se pur fosse per Speranza di darlo ad un Figliolo, saria manco Male; ma che lui ne sa molti che

bien assûrer que si *le Pape* les aprouvoit, d'une Maniere conforme à leurs Demandes, ils en feroient les plus Mecontens de tous les Hommes, attendu qu'ils ne les ont faites, qu'à Dessein d'avoir Occasion de persuader à ceux de ce Roiaume, que c'est *le Pape* qui ne veut point la *Reforme* du *Clergé*, pendant qu'ils la rejettent eux mêmes.

Il m'a pareillement dit, dans le même Discours, que ce Roiaume ne doit pas desirer, ni demander, que l'Autorité du *Pape* soit diminuée, en aucune Chose; mais qu'il souhaite néanmoins beaucoup que tout ce qui concerne *l'Eglise* soit mieux reglé qu'il ne l'est maintenant.

Après cela, il me fit entendre que la troisiéme Partie des *Benefices* de *France*, sont presentement conferés d'une Maniere si pleine d'Abus, que des *Gens Mariés* demandent des *Abbaies* à *la Reine*, & puis s'en mettent en Possession sous le Caractere, ou le Nom emprunté de quelque pauvre petit *Clerc*, qu'ils nourrissent dans leur Maison, en lui donnant un Ecu chaque Mois, pendant qu'ils jouissent de tout le surplus des Rentes de ces Benefices Ecclesiastiques.

S'ils faisoient cela dans l'Esperance de les resigner à quelques uns de leurs Enfans, le Mal ne seroit

che godano i Frutti dell' Abbatie *essendo usorati, senza niun altro Pretesto che di magnar' quelli Frutti: & che hoc sit passim: che lui ha detto alla* Regina *, ma che come Donna non ci sa provedere.*

Io gli dissi poi che il Bene di questa Corona importa queste due Cose, cioè, che l'Autorità di Sua Santita *sia conservata, & che si faccia una buona* Riforma, *secondo il Desiderio di* Sua Beatitudine *, poi che non si vede che fin adesso questo Regno habbia voglia di venir all'Essecutione di una buona* Riforma, *& che bisognando io andaria da* Sua Santità*, per haverne il Stabilimento, & con questo proveder al Bene della* Chiesa Gallicana *, & terminar tutte le Dispute delli* Ugonotti.

Monsù il Conestabile *mi disse che ne faria la Proposta a i suoi Amici; ma che non ne sperava alcuna buona Risolutione, perche lui non lo potteva fare senza dirlo alla* Regina*, & che lei essendo* Donna*, vorria parlarne al Suo Consilio, nel quale sono* Cardinali, Prelati, *& molti Signori* Secolari*, che per sè, ò per suoi, volendo* Abbatie*, subito diranno che io sono* Heretico*; pur mi promise di tratarne, & di darmene Ris-*

seroit pas si grand qu'il est ; mais il m'a declaré qu'il en connoît plusieurs qui reçoivent tout ce qui provient des *Abbaies*, quoiqu'ils soient mariés, sans aucun autre Pretexte que celui d'en manger les Fruits : que cela se fait par-tout, & qu'il l'a dit à la *Reine* ; mais qu'étant une Femme, elle ne sait pas y remedier.

Je lui dis ensuite que le Bonheur de ce Roiaume depend de ces deux Choses, à savoir, que l'Autorité du *Pape* soit conservée, & qu'on fasse une bonne *Reforme*, selon le Desir de *Sa Sainteté*, puisqu'il est manifeste que jusqu'à present les *François* n'ont point voulu la faire d'une Maniere Eficace ; mais qu'en Cas de Besoin je m'en irois trouver le *Pape*, afin d'en avoir un Règlement convenable, pour établir un bon Ordre dans *l'Eglise Gallicane*, & terminer toutes les Disputes des *Huguenots*.

Monsieur *le Conétable* me dit qu'il en feroit la Proposition à ses Amis ; mais qu'il n'en esperoit aucune bonne Resolution, par ce qu'il ne pouvoit rien faire pour cela, sans le communiquer à *la Reine*, qui étant une Femme voudroit en parler à son Conseil, dans lequel sont les *Cardinaux*, les *Prelats* & plusieurs Ministres d'Etat *Seculiers*, qui voulant des *Abbaies* pour eux, ou pour ceux de leurs Familles, di-

Risposta, replicandomi che tutto il Male viene di loro medemi.

Ho pregato l'Ambasciadore *di* Fiorenza, *che si trova quà, che in Conformita di quel che ho detto, facci Ressentimento con* la Regina, *che havendo* il Duca *dati molti* Denari *perche si stabilisse* la Religione, *in questo Regno, hora si vede haver mandati questi* Denari *senza Frutto alcuno : mi ha detto di farlo, massimè che resta à sborsar* Vinti Mille Scudi, *che desidera salvare per questa Via.*

Ancora che la Regina *scriva al* Concilio *tutto, credo che stara nel* Cardinale *di* Lorreno, *il quale con la Morte del suo Fratello havera manco Spiriti, & credo io che terra più Conto della Satisfattione di* Sua Santita, *che di quà.*

diront aussi-tôt que *le Conétable* est un *Heretique*; mais nonobstant tout cela il me promit de faire mettre ce Projet en Deliberation, & de m'en donner la Reponse, sur quoi il me dit encore une fois, que tout le Mal vient d'eux-mêmes.

J'ai prié l'Ambassadeur de *Florence*, qui est maintenant ici, de vouloir se conformer à ce que je viens de dire, lorsqu'il parlera à *la Reine*, & de lui declarer, pour cet Efet, que le *Duc* de *Toscane* n'est pas content de voir que les grosses Sommes d'Argent qu'il avoit données, pour établir *la Religion* dans ce Roiaume, n'ont produit aucun bon Efet; il m'a dit qu'il lui en témoignera son Ressentiment, d'autant plus volontiers, qu'il souhaite de faire valoir ce Pretexte pour épargner Vint-Mille Ecus, qui restent encore à debourser.

Quoique *la Reine* écrive à tous les Peres du *Concile* de *Trente*, je crois que le Succès de tout ce qu'elle souhaite dependra du *Cardinal* de *Lorraine*, qui ne poursuivra pas si vigoureusement ses Demandes, à Cause de la Mort de son Frere; c'est pourquoi mon Sentiment est qu'il pensera beaucoup plus à donner Satisfaction à *Sa Sainteté*, qu'à la Cour de *France*.

Si tiene che non sia per venire, come che è Huomo molto timido, & per tanto saria bene accarezzarlo, & il saper negotiar con Sua Signoria Illustrissima, in questo Tempo, importara molto.

Poi che gli Francesi in Concilio si sono cossi bene uniti con i Prelati Spagnoli, ho pensato che se Sua Santita nella Dispensa che domanda il Cardinale di Borbone, volesse intendere il parer del Concilio, & se non di tutti, di una trentina di Prelati, de i quali ne fossero dieci Spagnoli, dieci Francesi, & dieci Italiani, credo che i Francesi voranno quel che vuole il Ré & il Cardinale di Borbone : I Spagnoli penso che saranno contrarii, & come questo sia, i Francesi si mutineranno, & con questa Natione basta ogni minimo Principio per discordar tutto. Questo sia detto per Avertimento.

Delle Cose di quà bisogna veder

On tient pour certain qu'il ne viendra point ici, attendu qu'il est d'un Naturel fort Timide ; c'est pourquoi on feroit bien de le caresser, puisque les Negociations qu'on pourra faire avec *Son Eminence*, dans cette Conjoncture, seront de très-grande Importance, si on sait les menager avec Discretion.

Puisque *les François* se sont si bien unis avec *les Prelats Espagnols*, dans le *Concile*, je me suis imaginé que si *le Pape* vouloit demander le Sentiment de ceux qui y sont, touchant la Dispense que *le Cardinal* de *Bourbon* souhaite d'avoir, ou que si on ne les consultoit pas tous, on en fit au moins opiner une Trentaine, dont il y en eût dix *Espagnols*, dix *François*, & dix *Italiens*, il arriveroit, selon ce que j'en puis prévoir, que *les François* se determineroient en Faveur du Roi & du *Cardinal* de *Bourbon*, & que *les Espagnols* seroient d'un Sentiment contraire, & cela étant les *François* se mutineroient, par ce qu'il ne leur faut que le moindre Sujet de Contestation pour brouiller toutes Choses, & les mettre en Division avec les autres. Je ne dis cela que pour donner un Avis dont on pourra se prevaloir, en Cas de Besoin.

On ne sauroit former un Jugement

DE LA RELIGION REFORME'E EN FRANCE.

der un poco piu Lume per farne Giuditio certo: tutto consista nella Regina, *laquale per pensarne il peggio, quando volesse introdure quella* Nuova Religione, *credo che havera gran Rispetto alla Scontentessa de i* Cattolici *del Regno, & al Pericolo nel qual si metteria.*

E Opinione, per Cosa ch'abbia detta il Principe di Condé, *che* gl'Inglesi *non restituiranno* Alba di Gratia, *laquale è importantissima à questo Regno, onde sara la Guerra accesa con* Inglesi, *il che saria à mio Giuditio molto à proposito, cossi perche terria occupata tutta questa Gente, come perche havendo del Male da* Inglesi, *non potriano amar ne chi sentisse con loro, ne chi l'havesse introdotti nel Regno.*

In Caso che sia altrimente, cioè, che gl'Inglesi *restituiscano quella Fortezza, si puo temer che Costoro non si leghino con loro, & con* gl'Alemani, *& poi si ridano di tutti quelli che li potessero venir contra, & in quel Caso faccino il peggio che si potra.*

ment certain des Afaires de ce Païs, sans y voir un peu plus clair, attendu que tout depend de la Conduite de *la Reine*, qui nonobstant tout ce qu'elle pourroit faire de plus mauvais, en voulant introduire cette *Nouvelle Religion*, aura toûjours à mon Avis quelque Retenûë, pour ne pas s'exposer au Danger qu'il y auroit de mecontenter les *Catoliques* de ce Roiaume.

On ne croit pas que *les Anglois* rendent *le Havre de Grace*, nonobstant toutes les Esperances que *le Prince de Condé* en a données, c'est pourquoi cette Place, étant de très-grande Importance pour ce Roiaume, servira de Motif pour leur declarer la Guerre, qui seroit à mon Avis fort utile, tant par ce qu'elle tiendroit *les François* occupés, que par ce que soufrant du Mal des *Anglois*, ils ne pourroient pas les aimer, non plus que leurs adherens, ni ceux qui les auroient introduits dans ce Roiaume.

S'il arrive autrement, c'est-à-dire, en Cas que *les Anglois* rendent cette Forteresse, on a Lieu de craindre que ceux de ce Païs ne se liguent avec eux, & avec les *Allemans*, pour braver ensuite tous ceux qui entreprendroient de les attaquer, & pour faire alors du pis qu'ils pourroient.

Di Gg 2 *L'Am-*

Di questo ultimo teme molto l'Ambasciador di Spagna. Quel di Venetia crede che se i Principi Italiani facessero Ressentimento à Sua Santita delli Accidenti che temono di quelli della Nuova Religione, serviria à far pensar molto di quà, & dubitar di non haverli contro, in Caso che la Regina & quelli del suo Consilio, pigliassero mal Camino, atteso che vedendo una Unione in parlar tutti di un medemo Tenore, faria forsi fare delle buone Risolutioni.

Cosi piaccia al Signore Dio che tutto possa succedere, in Favore della Vera Religione.

Di Blois, alli 28. di Marzo. 1563.

PROSPERO DI Sta. CROCE.

L'Ambassadeur d'Espagne est dans une très-grande Apprehension que cela n'arrive. Celui de Venise croit que si les Princes d'Italie faisoient connoître au Pape les Malheurs, qu'ils craignent de la Part de ceux de la Nouvelle Religion, cette Demarche donneroit beaucoup à penser aux François, & serviroit à les faire douter que ces Princes ne leur fussent contraires, si la Reine, & ceux de son Conseil, prenoient une mauvaise Route, attendu que voyant les Italiens unis par ce même Discours, on feroit peut-être determiner cette Cour à prendre quelque bonne Resolution.

Dieu vüeille que tout puisse reüssir en Faveur de la Veritable Religion.

De Blois, le 28. de Mars. 1563.

PROSPER DE S^{te}. CROIX.

TRENTE-NEUVIEME LETTRE

*Du Cardinal de S*ᵗᵉ. *Croix, au Cardinal Borromée.*

Doppo che io ho scritto à Voi Signoria Illustrissima, *fu fatto intender* all'Ammiraglio *che non venisse alla Corte armato*, & non ostante questo, non hier l'altro, vi veniva accompagnato di cinque Cento Cavalli.

Con che la Regina *fece approssimar la sua Fantaria di* Suizzeri *che ha*, & mando il Principe di Condé *incontro al detto Ammiraglio*, per dirli che non venisse in modo alcuno.

Cossi lui torno à Casa sua, & mando Andelot *suo Fratello, con trenta, o quaranta Cavalli, il quale sta adesso ordinariamente in Corte, & in Conseglio, dove hanno deliberato d'andar all'Espugnatione di* Alba di Gratia, *con cinque o sei* Mille Fanti Alemani, & tre Mille Suizzeri, *giunti à qualche Fantaria* Francese, *che richiamano di* Mets, *dove par che non temano piu la Guerra, come facevano prima.*

Di Lione *non si ha ancora Nuova che sia redotto all'Obedienza di* Sua Majesta, *se bene si spera: tuttavia recusavano ultima-*

Depuis que j'ai écrit à *Vôtre Eminence*, on fit avertir *l'Amiral* de ne venir point à la Cour avec des Gens armés, & nonobstant cette Defense, il s'en aprochoit avant hier, accompagné de cinq Cens Cavaliers.

A l'Occasion de quoi *la Reine* fit aller au devant de lui l'Infanterie des *Suisses* qu'elle a, & envoia *le Prince* de *Condé* à sa Rencontre, pour lui dire qu'il n'y vint en aucune Maniere.

Sur cet Avis il s'en retourna chés lui, & envoia son Frere *Andelot*, avec trente, ou quarante Cavaliers, & il fait maintenant sa Residence ordinaire à la Cour, & assiste au Conseil de *la Reine*, dans lequel on a resolu d'aller faire le Siege du *Havre de Grace*, avec cinq ou six Mille Soldats *Allemans*, & trois Mille *Suisses*, joints à quelque Infanterie *Françoise*, qu'on fait venir de *Mets*, où il semble que la Guerre n'est plus tant à craindre qu'elle l'a été ci-devant.

On n'a point encore de Nouvelles que la Ville de *Lion* soit soumise à l'Obeïssance de *Sa Majesté*, quoi qu'on l'espere : néan-

timamente di haver *Monsù di Nemours* per *Governatore* : parmi che se gli dara Ville-viglia : che è quanto posso dir adesso a Voi Signoria Illustrissima.

néanmoins on a refusé dernierement d'y avoir Monsieur de *Nemours* pour *Gouverneur*, & il me semble qu'on est sur le point d'y envoier, en cette même Qualité, Monsieur de *Ville-Viglie*. C'est tout ce que je puis dire maintenant à Vôtre *Eminence*.

Di Parigi, alli 15. di Maggio. 1563.

De Paris, le 15. de Mai. 1563.

PROSPERO DI Sᵗᵃ. CROCE.

PROSPER DE Sᵗᵉ. CROIX.

MEMOIRE SECRET

Ecrit en Chifre, & joint à la Lettre precedente.

GLi Ugonotti *pensavano di posser governare* la Regina *à Modo loro*, & concedevano in far la *Pace piu facilmente, con questa Speranza*; ma doppo che hanno veduto che la Regina *vuol governare, & non esser governata*, volevano in certo Modo impadronirsi della Corte, facendoci venire molti de i Suoi, sotto Specie di Negotiationi.

LEs *Huguenots* croioient de pouvoir gouverner *la Reine* à leur Fantaisie, & consentoient plus facilement à faire *la Paix*, dans cette Esperance ; mais depuis qu'ils ont vû que *Sa Majesté* veut commander elle-même, sans être Maitrisée, ils ont tâché de s'emparer en quelque Maniere de l'Autorité de la Cour, en y faisant venir beaucoup de Gens de leur Parti, sous Pretexte de quelques Negociations.

L'Ammiraglio *ci veniva ancora lui*, & il Dissegno *non era di far Forza, o Violenza alcuna;* ma desser cossi grossi che parte con Pratiche, parte con il Timor che have-

L'Amiral y venoit aussi lui-même, & le Dessein n'étoit pas d'y faire aucune Chose par Force, ou Violence; mais d'y avoir un Parti si nombreux qu'il pût inti-

DE LA RELIGION REFORMÉE EN FRANCE.

haveriano havuto i Cattolici *di tanti altri, foſſero Padroni, & con queſto voltar il* Rè *alla loro Opinione.*

Queſto era il lor Fine, ſenza il quale conoſcono di eſſer perduiti; ma la Regina *auvedutaſi di queſto, & riſoluta di commandare, ha fatto mettere tre Inſegne di* Suizzeri *nella Baſſa-Corte di* San Germano, *& fattone approſſimare da tre Mille altri, con un buon Numero di Cavallaria.*

Parmi che s'intenda molto bene con il Parlamento di Parigi, & voglia che il Rè ſia dechiarato Maggiore, ſubito che ſara entrato nel quarto-decimo Anno, il che ſara fra duoi Meſi.

*Il qual Rè ſi vede abborrer grandemente gl'*Ugonotti, *& non puo farli buona Accoglienza, per molto che la Regina lo perſuade à diſſimulare, atteſo che vede che quella Parte prevale adeſſo, quanto alli Affari di Corte; & per tanto ne tienne il* Coneſtabile *abſente, doppo la Morte del* Duca di Guiſa, *non volendo che ſi alzi, anzi tiene tutti i ſui Miniſtri di Stato, & i Corteggiani il piu baſſo cho è poſſibile, il che da Luogo di ſperare che le Coſe an-*

intimider les *Catoliques*, ou les gagner par des Cabales Secretes, & par ce Moien, faire entrer *le Roi* dans les Sentimens de ces *Huguenots*.

Voila quel étoit leur But, ſans lequel ils connoiſſent bien qu'ils ſont perdus; mais *la Reine* s'étant aperçûë de cela, & étant reſoluë de commander, a fait mettre trois Compagnies de *Suiſſes* dans la Baſſe-Cour du Palais de *Saint Germain*, & donné Ordre à trois Mille autres de s'en aprocher, avec un grand Nombre de Cavalerie.

Il me ſemble que *Sa Majeſté* agit fort bien de Concert avec le Parlement de *Paris*, & qu'elle veut que *le Roi* ſoit declaré Majeur, d'abord qu'il aura atteint la quatorziéme Année de ſon Age, ce qui ſera dans deux Mois.

Ce jeune *Roi* fait paroitre qu'il a une très grande Averſion pour les *Huguenots*, & il ne peut ſe reſoudre à leur faire un bon Accûeil, quoique *la Reine* lui perſuade beaucoup de diſſimuler, attendu qu'elle voit que ce Parti eſt maintenant le plus fort, pour ce qui concerne les Afaires de la Cour; c'eſt pourquoi elle en tient *le Conétable* éloigné, depuis la Mort du *Duc* de *Guiſe*, ne voulant pas qu'il s'élève, mais au contraire elle abaiſſe tous ſes Mini-

andaranno bene, con la Gratia del Signore Dio.

Di Parigi, alli 15. di Maggio. 1563.

PROSPERO DI Sta. CROCE.

Ministres d'Etat, & ses Courtisans, le plus qu'il lui est possible, ce qui donne Lieu d'esperer que les Choses iront bien, moienant l'Assistance de *Dieu*.

De Paris, le 15. de Mai. 1563.

PROSPER DE Sto. CROIX.

QUARANTIEME LETTRE

Du Cardinal de Ste. Croix, *au Cardinal* Borromée.

HO ricevute le Lettere di Monsu di Fermo, del decimo quarto del presente, scritte di Avignone, *dove mi dice che non solo non si è fatto Provisione alle Cose di là; ma che hanno fatto Prigioniero il Corriere del Signor Legato, & tolto-li tutte le Scritture, con i cinque* Mille Franchi di Denari *che mi portava.*

Puo pensar Voi Signoria Illustrissima *come io mi trovo con questo Accidente, per il quale, fra poche hore, andarò à trovare* Sua Majesta, *che sta lontano di quà dieci Leghe, verso* Normandia, *per darli Aviso del Seguito, & per procurarne il Remedio.*

Il

J'Ai reçû les Lettres de Monsieur de *Fermo*, du quatorziéme de ce Mois, écrites d'*Avignon*, dans lesquelles il me dit que bien loin d'avoir pourvû aux Afaires de ce Païs-là, on y a mis en Prison le Courier de Monsieur *le Legat*, après lui avoir enlevé tous ses Papiers, & les cinq Mille Livres de l'Argent qu'il m'aportoit.

Vôtre Eminence peut se figurer en quel Etat je me trouve reduit par cet Accident, au Sujet duquel je m'en irai, dans peu d'heures, trouver *la Reine*, qui est à dix Lieües d'ici, du côté de *Normandie*, pour lui donner Avis de ce qui est arrivé, & pour la suplier d'y remedier.

Mon-

Il Signor Cornelio Fiefco, *il quale fu mandato in quelle Parti, di* Sua Majefta Chriftianiffima, *è andato per parlar con il* Conte *di* Tenda, *& farlo venire in* Avignione, *per rimediar à quelli Tumulti tanto periculofi; ma fin che non venga Rifpota del fuo Negotiato, della Riufcita del quale dubito molto, mi par che* la Regina *non ci fara altra Provifione.*

In tanto non mancaro di far quanto potro, & di dar Avifo à Voi Signoria Illuftriffima *delle Cofe Importante, circa lequali impiegaro tutto il mio Saper, per haverne piena Nottitia, comme vederete per il* Cifra *alligato alla prefente.*

Di Parigi *alli* 27. *di Guigno.*
1563.

PROSPERO DI Sta. *CROCE.*

Monfieur *Corneille Fiefco*, qui fut envoié dans ces Quartiers-là, par *Sa Majefté Très-Chrétienne*, y eft allé pour parler au *Comte de Tende*, & le faire venir dans *Avignon*, afin d'apaifer ces Troubles fi dangereux ; mais il me femble que *la Reine* n'y aportera point d'autre Remede, jufqu'à ce qu'il vienne quelque Reponfe de cette Negotiation, dont la Réuffite me paroit beaucoup douteufe.

Cependant je ne manquerai pas de faire tout ce qui me fera poffible, & de donner Avis à *Vôtre Eminence* des Afaires Importantes, au Sujet defquelles j'emploierai toute mon Induftrie, pour en avoir une parfaite Connoiffance, comme vous le verrés par le Memoire en *Chifre*, joint à cette Lettre.

De *Paris* le 27. de Juin.
1563.

PROSPER DE S^{te}. CROIX.

MEMOIRE SECRET

Ecrit en **Chifre***, & joint à la Lettre precedente.*

Bisogna presuponere, per Massima Infaillibile, che la Regina odia Lorreno quanto huomo che viva: & dicono che ne habbia gran Causa, & fra le altre perche al Tempo del Ré Francesco Secundo, la Regina di Scotia un giorno gli disse che non sarebbe mai altro che Figlia di un Mercante: & questo si stima che fosse detto à Soggestione di Lorreno.

Sua Majesta non si lo puo scordare; ma non ha tanto Animo che si risolva à scuoprirsi del tutto.

Certo è che la prima Causa di mandarlo al Concilio di Trento, fu per levarselo d'inanzi: & hora ve lo tiene piu per la medema Causa, che perche pensi di riceverne Servitio; & per tanto credo io che sara difficile che Sua Majesta lo richiami.

Il Conestabile l'odia al Pari, & ha piu Animo, tal che saria di Opinione che si richiamasse: & di questa

IL faut suposer pour une Maxime Infaillible, que *la Reine* hait *le Cardinal* de *Lorraine* autant qu'aucun autre Homme vivant: & on dit qu'elle en a beaucoup de Sujet, & entre autres par ce que du Tems du *Roi François Second*, *la Reine d'Ecosse* lui dit un jour *qu'elle ne seroit jamais autre Chose que la Fille d'un Marchand*: & on tient que cela fut dit par la Suggestion de ce *Cardinal*.

Sa Majesté ne peut pas l'oublier; mais elle n'a pas assés de Courage pour se resoudre d'en témoigner ouvertement son Ressentiment.

Il est certain que le premier Motif qui la fit resoudre d'envoier Monsieur de *Lorraine* au *Concile* de *Trente*, fut celui de se l'ôter de devant les Yeux: & maintenant elle le fait rester là pour le même Sujet, plûtôt que dans la pensée d'en recevoir quelque Service; c'est pourquoi je crois qu'il sera difficile que *Sa Majesté* le rapelle.

Le Conêtable ne le hait pas moins, quoi que par une plus grande Generosité il soit d'Avis qu'on

DE LA RELIGION REFORMÉE EN FRANCE.

questa medema Opinione è Monsu della la Rocca-Sur-Yon, che l'odia piu ancora delli supradetti.

Il Cancelliere se ben l'ama, non lo vuole di quà; ma io credo che la Regina prevalera nella sua Risolutione, la quale in Somma vuol andar con ogni Quiete, & Dissimulatione, fin che il Re suo Figliolo sia in Eta, come quella ancora che conosce molto bene i Francesi, & sa che ancora che si odino molto, non-dimeno si reuniranno per i loro Interessi Particolari.

Di modo ché vedendo questa Strada difficile, ho detto alla Regina che per non interromper in parte la buona Intelligenza ch'è tra Sua Santita & la Majesta Sua, io la supplicavo che di quà tratassimo quel che voleva, perche io lo potesse significar à Sua Santita, laquale avvisaria fin dove volesse giungere il parer suo, con che Sua Majesta saperia il certo, & non potria esser ingannata, & Sua Santita intenderia parimente tutto fidelmente: Sua Majesta mi disse che ci pensaria, & ne parlaria al suo Consilio, & mi daria Risposta.

Questo

qu'on le fasse venir ici, & Monsieur de la Roche-Sur-Yon qui a beaucoup plus d'Aversion pour lui que tous les autres, est aussi du même Sentiment.

Le Chancelier qui a de l'Afection pour lui, ne le veut pas néanmoins en ce Païs; mais je crois que la Resolution de la Reine sera suivie preferablement à toutes les autres, puisqu'elle veut absolument déguiser sa Conduite, & agir en toutes Choses d'une Maniere Paisible, jusqu'à ce que le Roi son Fils ait l'Age necessaire pour gouverner, attendu aussi qu'elle connoit fort bien l'Humeur des François, & sait qu'encore qu'ils se haïssent beaucoup, ils se réuniront néanmoins pour leurs Intérêts Particuliers.

C'est pourquoi voiant qu'il est difficile de les contenter, j'ai dit à la Reine que pour ne pas alterer en quelque Chose la bonne Intelligence qu'elle a avec Sa Sainteté, je la supliois de conferer ici avec moi, touchant ce qu'elle souhaite, afin que je le puisse communiquer au Pape, qui se determinera là-dessus, touchant ce qu'il voudra accorder, & que par ce Moien Sa Majesté saura ses veritables Sentimens sur chaque Article, sans risquer d'être trompée, & Sa Sainteté connoitra aussi tout ce qu'elle desire, par les fideles Relations
que

Questo l'ho fatto perche come Lorreno *l'intendera si ammuttinera, & sara facil Cosa che si sdegni affatto, oltre che per questa Via si sapera la Verita del tutto.*

Havevo pensato ancora di pregar Sua Majesta *di mandarlo à* Roma, *perche s'intendesse con* Sua Santita, *& à questo credo che* Sua Majesta *si risolveria volontieri; ma non l'ho voluto proporre fin che mi habbia datto Risposta circa la mia altra Domanda.*

Qui le Cose sono maneggiate da Persone che non hanno l'Esperienza che ha il Conestabile, *con il quale il negotiar è molto difficile, perche ogni Cosa gli fà Ombra, & lo fà proceder avertitamente; ma perche gli altri del Consilio di* Sua Majesta *non l'intendano cossi bene come lui, non possono cavarsi presto fuori di questo Maneggio.*

Voi Signoria Illustrissima *potra*

que je lui en ferai : *Sa Majesté* me dit qu'elle y penseroit, & qu'après en avoir parlé à son Conseil, elle m'en donneroit la Reponse.

J'ai fait cela par ce que d'abord que *Lorraine* en sera informé, il se mettra à la Traverse, & agira facilement par Depit contre *les François*, de Sorte que par ce Moien on saura la Verité de tout.

Il m'étoit venu dans la Pensée de prier aussi *Sa Majesté* de l'envoier à *Rome*, pour y agir de Concert avec *Sa Sainteté*, & je crois que *la Reine* s'y resoudroit volontiers ; mais je n'ai pas voulu lui faire cette Proposition, jusqu'à ce qu'elle m'ait donné Reponse touchant mes autres Demandes.

Les Afaires d'Etat sont ici entre les Mains de certaines Personnes qui n'ont pas autant d'Experience qu'en a *le Conétable*, avec lequel il est très-difficile d'entrer en Negociation, parce que toutes Choses lui donnent de l'Ombrage, & le font agir avec beaucoup de Retenuë ; c'est pourquoi les autres Ministres du Conseil de *Sa Majesté*, n'aiant pas autant de Penetration & d'Adresse que lui, ne peuvent pas se tirer, aussi-tôt qu'ils voudroient, des Embarras de ce Manege.

Vôtre *Eminence* pourra voir s'il

tra pensare se, con mandar di quà i Capitoli dati al Concilio di Trento d'a Francesi, & avisarmi di tutto, o di parte di quel che Sua Santita volesse fare, gli pareria che s'incaminasse questo Negotio, & fosse per seguirne il Fine che si desidera: cioè che Sua Santita *intenda la Verita del tutto*, & à Lorreno *sia diminuta l'Autorita*.

Importara molto ancora intender il Negotio tra Sua Signoria Illustrissima & Ferrara, *del che si potra regolar di quà, dove non bisogna assicurarsi molto che siano per far gran Cose, ne per darne la Speranza; ma continuar la Pratica il piu che si puo.*

Par mi che Lorreno, *prima che partisse facesse sotto-scrivere, da* Sua Majesta, & *da tutti questi Signori del Consilio suo, che non l'impediriano nelle Cose che trattaria di là, ne vi si mescolariano, il che fa che di quà vanno tanto ritenuti.*

Di Parigi alli 27. di Guigno.
1563.
PROSPERO DI Sta. CROCE.

s'il seroit expedient d'envoier ici les Articles des Demandes qui ont été faites au *Concile de Trente* par *les François*, & s'il y a Aparence qu'en me donnant Avis de tout, ou d'une Partie de ce que *le Pape* voudra leur accorder, les Afaires dont il s'agit puissent prendre un bon Train, & produire l'Efet qu'on souhaite: à savoir que *Sa Sainteté* soit informée du Veritable Etat de toutes Choses, & que l'Autorité du Cardinal de *Lorraine* soit diminuée.

Il sera aussi fort Important de savoir quel aura été le Succès de la Negotiation de cet *Eminent Prelat* avec *Ferrare*, pour regler sur cela les Mesures qu'on doit prendre en ce Païs, où il n'y a pas Lieu de s'assûrer qu'on entreprenne de Grandes Choses, ni qu'on en donne des Esperances, mais seulement qu'on y fasse durer les Intrigues, aussi long-tems qu'il sera possible.

Il me semble que *Lorraine* fit signer un Ecrit, avant que d'aller à *Trente*, par lequel *Sa Majesté* & tous ceux de son Conseil, lui promirent de ne mettre aucun Obstacle aux Afaires qu'il y traiteroit, & de ne s'en mêler point, voila pourquoi ils agissent ici avec tant de Moderation sur cela.

De *Paris* le 27. de Juin.
1563.
PROSPER DE Ste. CROIX.

QUARANTE-UNIÉME LETTRE

Du Cardinal de Ste Croix, au Cardinal Borromée.

POi che ci è Nova che la Strada per Lione è aperta, & che di gia si celebra la Messa in quella Citta, la presente sara per comminciar ad inviar le Lettere per l'Ordinario, come si faceva prima che venissero gli Tumulti della Guerra.

Vi diro di piu che la Regina, havendo ogni di maggior Speranza di posser ricuperar Alba di Gratia, se ne vuol andar à quella Volta per farne l'Espugnatione, mentre che il Principe di Condé sta male di Febre in Schastiglione.

Non s'intende che sia seguito Cosa di Momento in Orleans, & nel resto qui passaria tutto molto quietamente se non tormentassero il Clero, con la Vendita de i Beni Ecclesiastici, nella quale caminano inanzi il piu che possono, & par pur che si vada scoprendo qualche Compratore, se ben fin adesso non ne compariscono molti.

PUisqu'on a des Nouvelles que la Route de *Lion* est libre, & qu'on celebre déja *la Messe* dans cette Ville-là, j'ai fait cette Depêche pour commencer d'envoier mes Lettres par le Courrier ordinaire, qui suivoit cette même Route, avant que les Troubles de la Guerre fussent survenus.

Je vous dirai de plus que *la Reine* aiant tous les jours plus grande Esperance de pouvoir reprendre *le Havre de Grace*, veut aller dans ce Quartier-là, pour en faire le Siége, pendant que *le Prince de Condé* est retenu à *Chastillon*, par une Maladie que lui cause la Fievre.

On n'entend point dire qu'il soit arrivé aucune Chose d'importance à *Orleans*, & quand au reste, on vivroit fort tranquilement ici, sur tout ce qui concerne les Afaires Publiques, si *le Clergé* n'y étoit pas tourmenté par la Vente des *Biens Ecclesiastiques*, à laquelle on procede tous les jours du mieux qu'il est possible, & il semble qu'à force de Recherches on trouve quelques Achetteurs, quoique jusqu'à present il en paroisse fort peu.

La Regina *promette ogni di piu, che finita questa Guerra, & liberata di questa Cura, attendera con piu Diligentia alle Cose della* Religione, *intorno alle quali mostra ogni di meglior Animo, & il Ré suo Figliolo tale, che per molto che sia persuaso per Sua Majesta à dissimulare, non puo farlo in Modo alcuno, quando gli parlano della* Nuova Religione.

Gli Ugonotti *non comparifcono molto adesso, ne all'Impresa di* Alba di Gratia *, ne alla Corte, & alcuni l'attribuifcono alla Vergogna d'haver fatta una Piaga in questo Regno cossi difficile à curare: altri dicono con piu di Fundamento, che questo procede della pocca Voglia che hanno di combattere contro* la Regina d'Inghilterra.

Pero il Vescovo *di* Valenza *vi è capitato, doi o tre giorni sono, & ho intefo che* la Regina *gli diceva alla Mensa, dove pradeva con* Sua Majesta, *che hormai era divenuto tale che ne i* Cattolici *lo volevano dal Canto loro, ne gli* Ugonotti *fe ne fidavano.*

Questa

La *Reine* promet tous les jours, par de nouvelles Assûrances, que lorsque la Guerre sera finie, & qu'elle sera delivrée des Embarras qu'elle lui cause, elle s'apliquera avec plus de Soin aux Afaires de *la Religion*, pour lesquelles elle témoigne de plus en plus sa bonne Volonté, & *le Roi* son Fils en fait tant paroitre, qu'il ne veut dissimuler en aucune Maniere l'Aversion qu'il a pour la *Nouvelle Religion*, quand on lui en parle, quoique *la Reine* fasse tout ce qu'elle peut pour lui persuader de cacher ses Sentimens.

Les Huguenots ne paroissent pas beaucoup maintenant dans l'Entreprise du *Havre de Grace*, ni à la Cour, & quelques uns disent que c'est par ce qu'ils sont honteux d'avoir fait une Plaie à ce Roiaume si difficile à guerir; mais il y en a d'autres qui l'attribuent, avec plus de Fondement, au peu de Volonté qu'ils ont de combattre contre *la Reine d'Angleterre*.

Neanmoins *l'Evêque* de *Valence* y est arrivé, depuis deux ou trois jours, & j'ai entendu que *la Reine* lui disoit à la Table, où il dinoit avec *Sa Majesté*, qu'il étoit maintenant dans une si mauvaise Cathegorie que *les Catoliques* ne le vouloient plus parmi eux, & que *les Huguenots* ne se fioient point à lui.

On

Questa Città ch'era la Sede principale delli Ugonotti, *si può dir che hoggi sia cosi* Cattolica *come nessun'altra, gia che* Sua Majestà *havendo comandato che lassino rientrarci gli* Ugonotti, *quasi tutta la Città andò, non hier l'altro, à supplicar* Sua Majestà *che si ricordasse ch'essendo venuta la Persona sua medema, à domandar di entrar in questa Terra, non l'havevano voluta ricevere, anzi gli havevano tirate delle Cannonate.*

Dissero ancora che Sua Majestà *haveva possuto vedere quattro Insegne d'*Inglesi *dentro di questa Terra, & ch'erano ridotti da questa Gente a dette Terra di Frontiera, per il che bisognava che ne havessero ancor maggior Cura dell'ordinario, per conservarla alla* Majestà Sua, *vedendo quante Spese conveniva fare, & in quanti Travagli erano hoggi, per le Buone Opere delli* Ugonotti.

Et qui vennero à racontare che il Principe di Condé, *doppo la Pace conclusa, haveva fatto predicar nel Palazzo di* Sua Majestà, *contro la Forma dell'Edito, & parlò due hore continue il* Predicatore, *alla Presentia di* Sua Ma-

On peut dire que cette Ville, qui étoit le principal Siege des *Huguenots*, est aujourdhui remplie d'aussi bons *Catoliques* qu'il y en ait dans aucune autre, puisque *Sa Majesté* aiant ordonné qu'on y laissât revenir *les Huguenots*, presque tous les Habitans allerent, avant hier, suplier *Sa Majesté* de se souvenir qu'étant venüe elle même demander l'Entrée dans cette Ville, on ne se contenta pas de la lui refuser, mais qu'on la repoussa en lui tirant des Coups de Canon.

Ils lui dirent, outre cela, que *Sa Majesté* avoit pû y voir quatre Compagnies *d'Anglois*, & que ces Gens là aiant reduit leur Ville dans un Etat où elle étoit devenüe une Place Frontiere, il étoit necessaire qu'ils en eussent un plus grand Soin qu'à l'ordinaire, pour la conserver à *Sa Majesté*, voiant combien de Depences ils avoient Besoin de faire, & tout ce qu'il leur faloit souffrir, en ce tems ici, pour les Bons Exploits des *Huguenots*.

Et sur cela ils se mirent à lui representer, que depuis la Conclusion de la Paix, *le Prince de Condé* avoit fait *prêcher* dans le Palais de *Sa Majesté*, contre les Clauses de l'Edit, & que ce Sermon fait en sa Presence, & de-

DE LA RELIGION REFORMÉE EN FRANCE.

Majestà, & quasi di tutti i Signori della Corte.

Addendo che poteva ricordarsi Sua Majestà, che il Principe di Condé medemo, sentendosi punger acramente di quel Predicatore, si levo, & prego Sua Majesta di far castigare quel Huomo si Audace, che haveva havuto l'Ardire di parlar cossi presuntuosamente contro un Principe del suo Sangue : con che fu messo in Prigione quel Predicatore, donde fu poi relassato poche hore doppo, con Licenza del Ré medemo, & della Regina.

Hanno pero deliberato nel Consilio delle loro Majestà, che per Quiete del Regno, gli Ugonotti rentrino in questa Citta di Orleans, senza Arme, & il Marescial di Bordiglione è qui per questo Efetto.

Molti sono gia intrati nelle loro Case, & alcuni di loro vanno alla Messa, & si mostrano pentiti delli loro Errori passati; ma la Citta non lassa per questo di far buonissime Guardie, in tal Modo che se qualche d'uno di costoro si movera Punto, sara molto ben castigato.

devant presque tous les Seigneurs de sa Cour, ne dura pas moins de deux heures continuelles.

Ajoutant que Sa Majesté pouvoit se ressouvenir, que le Prince de Condé aiant entendu que ce Predicateur invectivoit fortement contre lui-même, se leva & pria Sa Majesté de faire châtier ce Personnage si Audacieux, qui avoit eû la Hardiesse de parler avec tant de Presomption contre un Prince de son Sang, sur quoi ce Predicateur fut mis dans une Prison, de laquelle on le tira quelques heures après, du Consentement du Roi même, & avec la Permission de Sa Majesté.

On a neanmoins resolu, dans le Conseil de Leurs Majestés, que pour avoir la Paix dans ce Roiaume, les Huguenots retourneront dans la Ville d'Orleans, sans Armes, & le Marechal de Bourdillon est ici pour cet Efet.

Il y en a déja beaucoup qui sont entrés dans leurs Maisons, & quelques uns d'entr'eux vont à la Messe, & font paroître qu'ils se repentent de leurs Fautes passées; mais on ne laisse pas pour cela de faire une si bonne Garde dans la Ville, que si quelcun d'eux fait le moindre

La Regina *a fatto questa Risolutione, circa il loro Regresso, perche giudica esser meglio di separarli, in questo Modo, che di lassarli in Termine, che oltra la Natura, & Voglia loro, la Disperatione, & il non saper dove andare, gli facesse rouinar un'altra Volta.*

Di Roano *alli* 17. *di Juglio.*
1563.

PROSPERO DI Sta. CROCE.

dre Mouvement irregulier, il sera chatié très-severement.

C'est *la Reine* qui a pris cette Resolution touchant leur Retour, par ce qu'elle juge qu'il est beaucoup mieux de les separer de cette Maniere, que de les reduire au Desespoir, en les laissant dans un Etat, où ne sachant que devenir, leurs Inclinations naturelles, & leurs Desirs, pourroient les faire ruiner une seconde fois.

De *Roüen* le 17. de Juillet.
1563.

PROSPER DE S^{te}. CROIX.

QUARANTE-DEUXIÉME LETTRE

Du Cardinal de S^{te}. Croix, au Cardinal Borromée.

HO *ricevute le Lettere di Voi Signoria Illustrissima dal sexto Juglio, questa Mattina, in Tempo che io stavo per darli Aviso della buona Nova che havemo di* Alba di Gratia ; *ma rispondendo prima alle dettè Lettere circa l'Articolo della Precedentia, che ha causate tante Dispute nel Concilio di* Trento, *à me par che questa Majesta, si come da Principio fu molto malcontenta d'alcuni Avisi che hebbe di là, cossi dopo*

J'Ai reçû les Lettres de *Vôtre Eminence*, du sixiéme de Juillet, ce Matin, dans le tems que j'étois sur le Point de vous donner Avis des bonnes Nouvelles que nous avons du *Havre de Grace*; mais pour repondre, en premier Lieu, au Contenu de ces Lettres, touchant la Prééseance qui a causé tant de Disputes dans *le Concile de Trente*, il me semble que *Sa Majesté* très Chrétienne, qui fut d'abord fort Me-

dopo *sia sodisfatta della Risolutione che vi è stata presa circa il sedere.*

Quanto al dar della Pace, & Incenso, io non so come la Majestà Sua l'intenderà; ma con la prima Occasione cercarò destramente di saperlo, & ne darò Aviso à Voi *Signoria Illustrissima, alla quale rendo infinite Gratie della bona Nova che mi dà, della Concordia che si è fatta intorno al* Decreto *della* Residentia, *& il Dogma del* Sacramento del l'Ordine. *Piaccia à Dio di condur questa Santa Opera à quel Fine che si desidera.*

Hier Sera quelli di Alba di Gratia, *essendo fortamente battuti da nostri Cannoni, si risero, salve le Persone & Robbe portate* d'Inghilterra.

Quella Reduttione è un grandissimo Acquisto per questo Regno, essendo quella Piazza fortissima, & di molta Consequenza, & havendo con questo Occasione di prevalersi di Calais, *perche pretendono di non esser piu tenuti à farne la Restitutione, atteso che gl'*Inglesi *hanno mosse le Arme, & contravenuto alla Capitulatione della Pace fatta ultimamente.*

Mecontente de quelques Avis qu'elle reçût de là, se trouve maintenant satisfaite de la Resolution qu'on y a prise touchant la Seance des Ambassadeurs.

Pour ce qui est de la Maniere de presenter le Baiser de Paix, & de faire les Encensemens, je ne sai pas quel Sentiment *Sa Majesté* en aura; mais je tâcherai de le decouvrir adroitement, aussi-tôt que l'Occasion s'en presentera, & en donnerai Avis à *Vôtre Eminence*, laquelle je remercie infiniment de la bonne Nouvelle qu'elle me donne, touchant l'Accord qui s'est fait, au Sujet du Decret de *la Residence*, & du Dogme qui concerne *le Sacrement de l'Ordre*. Dieu vueille conduire ce Saint Ouvrage au But qu'on desire.

Hier au Soir ceux du *Havre de Grace*, étant fortement battus par nôtre Artillerie, se rendirent tous, excepté les Personnes & les Munitions qu'on avoit fait venir *d'Angleterre*.

La Reduction de cette Ville est une très-grande Conquête pour ce Roiaume, attendu que c'est une Place très-forte & de grande Importance, & par le Moien de laquelle on a Occasion de se prevaloir de *Calais*, attendu qu'on pretend de n'être plus obligé d'en faire la Restitution, par ce que *les Anglois* ont pris les Armes, & contrevenu à la Capitu-

Non voglio laſſar di dire à Voi Signoria Illuſtriſſima, *che* l'Ammiraglio *haveva ſcritto alla* Regina, *queſti dì paſſati, accio che non faceſſe quella Impreſa, dicendoli che morebbero molti Signori del* Rè, *che non ſi haveria quella Fortezza, & che ſi rendeva poche Gratitudini alla* Regina d'Inghilterra, *laquale, con il Mezo di quella Terra, haveva liberata la* Francia da Tiranni, *volendo dir di tutti quelli della Caſa di* Guiſa.

Et per che Sua Majeſta *m'ha ſempre detto che finita queſta Impreſa, voltaria totalmente l'Animo à raſſetar le Coſe della* Religione, *in queſto Regno, & che per queſta Cauſa ſi voleva incaminar verſo* Lione, *voglio ſperare che la* Majeſta Sua, *per acquiſtar ancora molta maggior Gloria, ridurra tutto ſotto la debita Forma di vivere in queſto Regno, perche altrimente havera ogni giorno nova Guerra & nuovi Garbughi, per le Coſe della* Religione.

Di Roano, *al* 1. *d'Agoſto.* 1563.

PROSPERO DI S.ta *CROCE.*

pitulation de la Paix qui fut ſignée dernierement.

Je me crois obligé de dire à *Vôtre Eminence*, que *l'Amiral* avoit écrit ces jours paſſés à *la Reine*, pour la détourner de faire cette Entrepriſe, lui diſant que pluſieurs Illuſtres Perſonnes de la Cour du R*oi* periroient devant cette Forrereſſe, ſans qu'il fut poſſible de la prendre, & qu'en l'attaquant on ſe rendroit Ingrat envers *la Reine d'Angleterre*, qui, par le Moien de cette Place, avoit delivré *la France* de l'Oppreſſion des *Tirans*, voulant dire de tous ceux de la Maiſon de *Guiſe*.

Et par ce que *la Reine* m'a toûjours dit que d'abord après avoir fini cette Entrepriſe, elle s'apliqueroit entierement à retablir les Afaires de *la Religion*, dans ce Roiaume, & que pour cet Efet elle vouloit aller du côté de *Lion*, j'eſpere que *Sa Majeſté*, pour s'aquerir un plus grand Honneur, obligera tous ſes Sujets à vivre comme ils doivent dans ſes Etats, à Defaut de quoi elle verra tous les jours de nouveaux Deſordres, qui lui attireront la Guerre, pour les Afaires de *la Religion*.

De Roüen, le 1. d'Août. 1563.

PROSPER DE S.te CROIX.

DE LA RELIGION REFORME'E EN FRANCE.

QUARANTE-TROISIÉME LETTRE

Du Cardinal de S^{te}. Croix, au Cardinal Borromée.

Oppo le ultime Nuove che io scrissi à Voi Signoria Illustrissima, *quelli della Casa de* Guisa *sono partiti di Corte*, & i Schiastiglioni *che dovevano partire ancora loro, sono restati qui, se bene si dice che partiranno presto*.

Io non ho mancato di dir piu volte alla Regina, *quanto à me pareva prejudiciabile all'Intentione che la* Majesta Sua *ha, il tenerli qui appresso di lei*; ma mi ha risposto che gli par piu securo il tenerli in Corte, *che di lassarli alle Case loro, dove fanno ogni di* Nuovi Conventicoli, & mille Trame, *donde si puol inferire che la Majesta Sua non pensa in altro*, & *non ha altro Fine, che di tener questo Regno quieto, fin che il suo Figlio sia in Eta di governarlo*.

Teme infinitamente che nascano Nuovi Tumulti, *sapendo che i* Schiastiglioni *tengono piu vive che mai le Pratiche in* Allemagna, & *forsi in* Inghilterra, & *per tanto, come Dona, non pensa di poter pigliar miglior Provisione che di temporeggiare*.

Nel

Depuis les dernieres Nouvelles dont je fis Part à *Vôtre Eminence*, ceux de la Maison de *Guise* se sont retirés de la Cour, & les *Chastillons* qui en devoient aussi sortir y sont restés, quoi qu'on dise qu'ils en partiront bien-tôt.

Je n'ai pas manqué de dire plusieurs fois à *la Reine*, combien il me paroissoit prejudiciable à l'Intention de *Sa Majesté* qu'elle les souffrit auprès d'elle; mais elle m'a repondu qu'il lui semble plus Sûr de les tenir à la Cour, que de les laisser aller chès eux, où ils feroient tous les jours de *Nouvelles Assemblées*, & mille *Trames*, d'où l'on peut inferer que *Sa Majesté* ne pense à autre Chose, & ne fait aboutir ses Demarches qu'à conserver ce Roiaume en Paix, jusqu'à ce que son Fils soit en Age de le gouverner.

Elle craint beaucoup qu'il ne survienne de Nouveaux Troubles, sachant que les *Chastillons* fomentent plus que jamais, en *Allemagne*, & peut être aussi en *Angleterre*, les Intrigues propres à exciter la Guerre; c'est pourquoi elle ne juge pas qu'u-

ne

Nel resto le Cose passano assai quietamente in questo Regno, & massimè nella Città di Lione, *dove è venuto un Gentil-huomo, che mi ha detto che il giorno di Natale furone nelle Chiese di quella Città piu Persone alla Communione quest' Anno, che habbiano fatto molti à dietro, prima che venisse quella Nuova Heresia.*

La Morte del Capitan Ciani, *della quale* Voi Signoria Illustrissima *è stata avisata, si attribuisce totalmente à i* Schiastiglioni; *ma vi è un* Insegna *della Compagnia dell'* Ammiraglio, *che ha scritto di esser stato lui l'Interfettore, perche questo* Ciani *haveva ammazzato un suo Fratello in* Corsica.

Come che sia, se bene questo Fatto ha impaurito molti, ha ancora concitato molto Odio verso i Schiastiglioni, *& fatta nascere l'Opinione nelli Animi di tutto il Popolo, che questa* Religione *delli* Ugonotti *sia piena di Crudelta; ma la Regina volendo sapere la Verita di tutto, ha promessa grandissima Ricompensa a quelli che potranno far Prigionnero quel Interfettore, contra il quale è molto sdegnata.*

Non

Quant au reste, on vit assés tranquillement dans ce Roiaume, & principalement à *Lion*, d'où il est venu un Gentil-homme qui m'a dit que le jour de *Noël*, il y avoit cette Année beaucoup plus de Personnes à la Communion, dans les Eglises de cette Ville là, qu'il n'y en a eu durant plusieurs Années avant que cette *Nouvelle Religion* parut.

La Mort du Capitaine *Chiani*, dont *Vôtre Eminence* a reçû Avis, est entierement attribuée aux *Chastillons*; mais il y a un *Enseigne* de la Compagnie de *l'Amiral*, qui a écrit que c'est lui-même qui l'a tué, par ce que ce *Chiani* avoit fait mourir un de ses Freres, dans *l'Isle* de *Corse*.

Quoi qu'il en soit, & nonobstant que plusieurs soient épouvantés de cette Action, elle a pourtant aussi excité beaucoup d'Aversion contre les *Chastillons*, & fait naître, dans l'Esprit de tout le Peuple, l'Opinion que cette *Religion* des *Huguenots* est pleine de Cruauté; mais *la Reine* voulant savoir la Verité de tout, a promis une grande Recompense à ceux qui pourront faire Prisonier cet Assassin, contre lequel elle est fort indignée.

Je

DE LA RELIGION REFORME'E EN FRANCE. 255

Non mi occorrano altre Nuove per adesso, se non che mi scrissero questi giorni passati di Orleans, *che molti di quelli che havevano in Odio la* Religione Cattolica, *ritornano à farne Publica Professione, in quella Citta.*

Je n'ai pas d'autres Nouvelles à present, si ce n'est qu'on m'a écrit ces jours passés *d'Orleans,* que plusieurs de ceux qui avoient conçû de la Haine contre *la Religion Catolique*, retournent dans cette Ville, pour y en faire une Profession Publique.

Di Parigi, *alli 10. di Genaro.*
1564.

De *Paris*, le 10. de Janvier.
1564.

PROSPERO DI Sta. CROCE.

PROSPER DE S^{te}. CROIX.

QUARANTE-QUATRIEME LETTRE

Du Cardinal de S^{te}. Croix, *au Cardinal* Borromée.

IL decimo del presente, scrissi à Voi Signoria Illustrissima, *& doppo non ho mancato di fare ogni buon Offitio intorno à quel che mi fu ricommandato per il Servitio di* Sua Santita; *ma di quà si desidera tanto che le Negotiationi, per lequali e andanto à* Trento *il Signore* Visconti, *venghano à Perfettione, che non si pensa ad altro, & non si danno Orecchie ad altro; & per tanto non si puo metter in Campo altro Ragionamento fin che non viene qualche Riposta di là.*

LE dixiéme de ce Mois j'écrivis à *Vôtre Eminence*, & depuis ce tems là je n'ai pas manqué de faire tout ce qui m'a été possible, touchant ce qui me fut recommandé, pour le Service du *Pape*; mais on a un si grand Desir ici que les Negociations, pour lesquelles Monsieur *Visconti* est allé à *Trente*, réussissent parfaitement, qu'on ne pense, & ne prete l'Oreille à aucune autre Chose; c'est pourquoi, on ne peut mettre aucune autre Question sur le Tapis, jusqu'à ce qu'il vienne quelque Reponse de ce Païs-là.

Gia   *Gre-*

Gia cominciano ad arrivare Granata, Calagorra, & altri Evescovi Spagnoli, che vanno al Concilio, *de i quali sono stati alcuni à visitare Monsù* Illustrissimo *di* Borbone, *& trovando nella medema Camera il Principe di* Condé, *l'hanno parimente visitato, & hanno ricevuta la miglior Cera del mondo, offerendoli il Principe i suoi Servitii & facendoli ogni Honore, il che fa che di quà si tiene per sècuro che un giorno si ravvedera, & tornara ad* Gremium Ecclesiae Romanae.

Seci fosse pari Speranza de i Schastiglioni, sariano molto piu inanzi, con tutto che si lassino parlare, & si ascoltino di buona Voglia in Corte, & per tanto non si mancara del Canto mio ogni Diligenza possibile, per Beneficio non solo delle Anime loro, ma di tanti altri, che con l'Essempio loro ritornariano al suo Dovere.

Io ho inteso di molti che dicono di conoscer il Vero, & che l'abbracciariano sempre che gli paresse posserlo fare senza essere reputati poco Fideli, o piu presto Traditori alli loro Signori: stimando piu di esser chiamati Fideli

Grenade, Calagora, & les autres *Evêques Espagnols* qui vont au *Concile,* commencent d'arriver, & il y en a quelques uns qui sont allés rendre Visite à Monsieur *le Cardinal* de *Bourbon,* & qui aiant trouvé *le Prince* de *Condé* dans la même Chambre, sont pareillement allés chés lui, où ils ont reçû le meilleur Accüeil du monde, ce *Prince* leur aiant ofert ses Services, & rendu toute sorte d'Honneurs, ce qui fait qu'on tient ici pour certain qu'il se ravisera un jour, & entrera derechef dans le Sein de *l'Eglise* Romaine.

S'il y avoit autant d'Esperance que les *Schastillons* changeassent de Sentimens, ils seroient beaucoup plus avancés qu'ils ne le sont, quoiqu'on les laisse parler, & qu'on les écoute volontiers à la Cour; c'est pourquoi je ne manquerai pas de faire, de mon côté, toute la Diligence possible pour ce qui pourra contribuer non seulement au Salut de leur Ame, mais aussi à celui de tant d'autres qui suivroient leur Exemple pour retourner à leur Devoir.

J'en ai connû plusieurs qui avouent qu'ils connoissent la Verité, & qui ne feroient pas dificulté de la suivre, s'ils pouvoient en trouver le Moien, sans être tenus pour peu Fideles, ou plûtôt pour Perfides à leurs

DE LA RELIGION REFORME'E EN FRANCE.

deli à lor *Signore temporale*, che à quel del *Cielo*, che gli ha datto il vivere & tutto quel che hanno.

La *Paſſata di* Grammont *in* Inghilterra *da di quà molta Geloſia, & per il Volgo corre il Rumore che ſara Guerra, pero tutto il Timore che molti ne hanno mi par ſenza Fondamento, gia che* la Regina *abhorrendola in eſtremo ne levara ſempre l'Occaſioni.*

Mi hanno detto queſta mattina che l'Ambaſciadore *del* Ré Cattolico *è ſtato à dir alla Regina, che il* Ré *ſuo non intende che* la Regina d'Inghilterra *ſia caſſata dalle ſue Raggioni di* Calais, *& che per queſto è ſtato mandato Monſù di* Lanſac.

Io cercaro di ſaperne bene tutte le Circonſtantie, eſſendo Coſa di tanta Importanza che moveria per certo l'Arme tra quelle due Corone.

Di Parigi, alli 15. di Genaro.
1564.

PROSPERO DI Sta. CROCE.

leurs Maîtres, preferant l'Honneur qu'ils ont d'être Fideles à leurs Seigneurs Temporels, à celui de leur *Roi Celeſte*, qui leur a donné la Vie, & tout ce qu'ils ont.

Le Voiage de Monſieur de *Grammont* en *Angleterre* cauſe beaucoup de Jalouſie en ce Païs-ci, & le Peuple fait courir le Bruit qu'il y aura quelque Guerre; mais toute la Crainte que pluſieurs en ont, me paroit ſans Fondement, attendu que la Reine en évitera toûjours les Occaſions, à Cauſe de l'extrême Averſion qu'elle en a.

On m'a dit ce matin que l'Ambaſſadeur du *Roi d'Eſpagne* eſt allé dire à *la Reine*, que ce *Monarque* ne pretend pas que *la Reine d'Angleterre* ſoit fruſtrée des Pretentions qu'elle a ſur *Calais*, & que Monſieur de *Lanſac* a été envoié pour cela.

Je tâcherai d'en ſavoir toutes les Circonſtances bien au juſte, puiſque c'eſt une Afaire de ſi grande Importance, qu'elle ne manqueroit pas de faire armer ces deux Couronnes, l'une contre l'autre.

De Paris, le 15. de Janvier.
1564.

PROSPER DE Ste. CROIX.

QUARANTE-CINQUIEME LETTRE

Du Cardinal de S^{te}. Croix, *au Cardinal* Borromée.

SOno stati chiamati alcuni Presidenti *di questo Parlamento*, con l'Avocato Generale, & il Procuratore *del* Ré *alla Corte, per trattare sopra l'Osservatione del* Concilio *di* Trento : *& ben che andassero risoluti che non se ci dovesse mettere Difficolta alcuna*, *in approvarlo*, *essendo stati fin heri in Disputa*, *hanno determinato il contrario*, *volendo che adesso non si faccia Risolutione alcuna sopra di cio.*

Le Raggioni che hanno allegate, *sono state perche fin hora non è comparso qui il* Concilio *in Forma Authentica*, *& perche non sanno ancora se* Sua Santita *l'habbia comprobato, in tutto, o in parte, & questa mi par che sia stata la potissima.*

Alcuni hanno detto che non conviene approbar quel Concilio, *nel quale, tanto o quanto, sia stato prejudicato, ò voluto prejudicare, alla Precedentia del* Ré Christianissimo *con il* Ré Cattolico.

Altri hanno considerato che il Concilio *medemo rimette certi Ar-*

QUelques Presidens de ce Parlement ont été apellés à la Cour, avec *l'Avocat General*, & le Procureur du *Roi*, pour traiter de ce qui concerne l'Observation du *Concile de Trente* : & quoi qu'ils y fussent allés, dans la Resolution de ne devoir mettre aucun Obstacle à son Approbation, aiant disputé sur cela jusques à hier, ils ont determiné le contraire, ne voulant pas qu'il se fasse maintenant aucune Conclusion là-dessus.

Les Raisons qu'ils en ont alleguées sont que ce *Concile* n'a point paru, jusqu'à present, en Forme Autentique dans ce Roiaume, & qu'on ne sait pas encore si *le Pape* l'a ratifié entierement, ou en Partie: & il me semble que cette Raison a été la principale de toutes.

Quelques uns ont dit qu'il n'est pas convenable d'approuver ce *Concile*, dans lequel on a prejudicié, ou voulu derroger en quelque Chose, à la Préséance du *Roi Très-Chrétien*, en Faveur de celui *d'Espagne*.

D'autres ont consideré que ce *Concile* renvoie lui même certains

Articoli, come quello della Communione sub utraque Specie, *all'Arbitrio di* Sua Santita, *& che per tanto era bene di intender quel che* Sua Beatitudine *risolvera intorno à cio, prima che di fare altra Determinatione, con che sono partiti di Corte, & tornati à* Parigi.

Monsu Illustrissimo *di* Lorrena *ha fatto tutto quello che ha possuto, per farlo osservare, & ha havute Parole molto alte con il* Cancelliere, *dicendoli che non sapeva ancora di qual* Religione *fosse: & che pareva che non havesse altra se non di nuocere, quanto potesse, a Sua* Signoria Illustrissima *& a quelli di Casa sua, con che lo chiamo Ingrato, & Sconoscente de i Beneficii ricevuti da lui.*

Il Cancelliere *rispose, à quella ultima Parte, che con il suo Periculo pagaria sempre à sua* Signoria Illustrissima *l'Obligo che gli haveva; ma che non lo voleva pagare alle Spese dell'Honor & Commodo del* Ré.

La Regina *s'interpose molto per pacificarli, & dicono che* Lorrena *partira presto per* Rheims.

Dominica passata sua Signoria Il-

tains Articles, comme celui de *la Communion sous les Deux Especes*, à la Volonté arbitraire du Pape, & que par consequent il étoit bon de voir quelle Resolution *Sa Sainteté* prendra sur cela, avant que de se determiner en aucune Maniere, & ils sont partis de la Cour & retournés à *Paris* sans avoir decidé quoique ce soit.

Monsieur *le Cardinal de Lorraine* a fait tout ce qu'il a pû pour en procurer l'Observation, & a parlé d'un Ton fort haut, & d'une Maniere très-forte au Chancelier, lui disant qu'il ne savoit pas encore de quelle *Religion* il étoit; & qu'il lui sembloit qu'il n'en avoit point d'autre que celle de nuire autant qu'il pouvoit à *Son Eminence*, & à ceux de sa Maison, surquoi il l'apella Ingrat & Meconnoissant des Bienfaits qu'il avoit reçûs de lui.

Le Chancelier répondit, à ces dernieres Paroles, qu'il s'acquiteroit toûjours, au Peril même de sa Vie, des obligations qu'il avoit à *Son Eminence*; mais qu'il ne vouloit pas le faire aux Depens de l'Honneur & du Bien du *Roi*.

La Reine s'emploia beaucoup pour les apaiser, & on dit que *Lorraine* partira bientôt pour aller à *Rheims*.

Dimanche dernier *Son Eminence*

Illustrissima *predico alla Sala di* Sua Majesta, *dove fù*, *oltra il Ré & la Regina*, *tutta la Corte*, *il Principe & la Principessa di* Condé, *con la Duchessa di* Ferrara, *& tratto delle* Imagini, *del* Santissimo Sacramento, *& del* Jejunio *molto dattamente & con* Pieta.

Ma ha riferito Monsù d'Alegre *che la Duchessa di* Ferrara *disse alla* Regina, *domandandoli quel che gli ne pareva, che haveva sentito di grande Blasfemie contro il* Signore Dio, *ma che se la* Majesta Sua *gli voleva far la Gratia di ascoltare un suo* Predicatore, *che gli faria sentire d'altre Cose che gli piaceriano, & che* Sua Majesta *rispose che amaria piu presto morire che di far questo.*

Alcuni di questi Signori che sono intervenuti in quella Consulta, m'hanno fatto intender che io non mi alteri per cio; ma che aspetta qualche Aviso di Roma, *& poi faccia l'Instantia che* Sua Santita *mi commandara, & ne sperano bene, tuttavia io non sò quelche me ne dire, & aspetto con gran Desiderio Lettere di* Voi Signoria Illustrissima, *gia che doppo quelle del otto di* Genaro *non mi sono capitate altre.*

nence precha dans la Sale de *Sa Majesté*, où se trouverent non seulement *le Roi & la Reine* avec toute leur Cour; mais aussi *le Prince & la Princesse de Condé*, avec *la Duchesse de Ferrare*, & ce Cardinal fit paroître beaucoup de Savoir & de Pieté dans son Sermon, touchant *le Culte des Images, le Sacrement de l'Eucharistie, & le Jeune*.

Mais Monsieur *d'Alegre* a raporté que *la Duchesse de Ferrare* dit à *la Reine*, lui demandant ce qu'elle en pensoit, qu'elle avoit entendu proferer de grands *Blasphemes* contre *Dieu*; mais que si *Sa Majesté* lui vouloit faire la Grace d'écouter un de ses *Predicateurs*, elle lui feroit entendre d'autres Choses qui lui plairoient, & que *Sa Majesté* répondit qu'elle aimeroit mieux mourir que de prêter l'Oreille à cela.

Quelques uns des Seigneurs qui se sont trouvés dans cette Conversation, m'ont donné à connoître que je ne devois pas m'inquieter de cela; mais attendre quelqu'Avis de *Rome*, pour faire ensuite les Instances que *le Pape* m'ordonnera, & ils esperent qu'elles réussiront; pour moi je ne sai qu'en dire, nonobstant tout cela, c'est pourquoi j'atens avec beaucoup d'impatience quelques Lettres de *Vôtre Eminence*, attendu que je n'en

DE LA RELIGION REFORME'E EN FRANCE. 261

Gl' Inglesi *hanno prese molte Nave* Francese, *& datto un grandissimo Danno à questo Regno, con che si fa giuditio che* Sua Majesta *non si potra discostar da questi Contorni.*

Il Signore Dom Francesco d'Alva, *ch' è qui in Loco di Monsu di* Xantone, *Ambasciadore di* Sua Majesta Cattolica, *si è offerto di agiutarmi nel Particolare del* Concilio di Trento, *come sia tornato di* Parigi, *dove è andato per seguir la Corte, conformamente all'Ordine che ne ha ricevuto: & ha inteso che la* Regina *si è molto doluta che habbia scritto à* Sua Santita, *che la* Majesta Sua *allevava il* Ré *nella Confessione di* Augusta, *& ne ha mostrato gran Ressentimento.*

Havendo fatto di nuovo Instantia, con Sua Majesta Christianissima, *per la Publicatione & Osservatione del* Concilio, *con significar alla* Majesta Sua *quel che il* Ré Cattolico *haveva fatto, sopra di cio, come n'hanno havuto* Aviso *dal* Nuntio di Spagna, *& con dolermi in certo Modo che* la Majesta Sua *si fosse lassata prevenire in un'Opera tanto pia & gloriosa.*

Sua Majesta *si maraviglio molto*

n'en ai point reçû depuis celles du huitiéme de Janvier.

Les *Anglois* ont pris beaucoup de Vaisseaux aux *François*, & causé un très-grand Prejudice à ce Roiaume, d'où l'on infere que *la Reine* ne pourra pas s'éloigner des Environs d'ici.

Le Seigneur Dom *François d'Albe*, qui est ici en Qualité d'Ambassadeur du *Roi d'Espagne*, à la Place de Monsieur de *Xanton*, a ofert de m'aider en ce qui concerne *le Concile de Trente*, quand il sera de Retour de *Paris*, où il est allé pour suivre la Cour, selon l'Ordre qu'il en a reçû : & j'ai apris que *la Reine* a fait de grandes Plaintes, de ce qu'il a écrit au *Pape* que *Sa Majesté* donnoit au *Roi* l'Education de ceux de la Confession d'*Ausbourg*, & qu'elle en a témoigné un grand Ressentiment.

Aiant fait de nouvelles Instances auprès de *Sa Majesté Très-Chrêtienne*, pour la Publication & l'Observation du *Concile*, en lui declarant ce que *le Roi d'Espagne* a fait pour ce Sujet, comme *le Nonce*, qui est en ce Païs-là, en a donné Avis, & aiant témoigné que j'avois quelque Deplaisir de ce que *Sa Majesté* s'étoit laissée prevenir dans une Oeuvre de Pieté si glorieuse.

Sa Majesté fut beaucoup surprise

molto di queste Parole, & venne quasi in Sospetto che io non havessi tal Commissione, perche mi disse che questo era ben Contrario à quel che gli haveva referito Villeroi, & scritto Monsu di Villapari suo Ambasciadore, i quali havevano auvisata Sua Majesta come la Santita Sua stava molto ben contenta del Proceder che si faceva di quà.

Agiungendo che haveva detto in Consistorio, che non si maravigliava se non publicavano di quà il Concilio, atteso che haveva stato fatto piu per la Spagna, che per la Francia, & che tardando tanto la Spagna à publicarlo, Sua Santita non trovava stranio se la Francia non si risolveva cossi presto, mostrando di esser sodisfatta della sua buona Voglia.

Di che Sua Majesta mi disse che haveva sentito gran Contentamento, & che questo Modo di fare l'obligaria à pensar tanto piu à quello che potesse sodisfare al Voler di Sua Santita, & qui si stese molto in dir che Sua Beatitudine procedeva verso questo Regno con Maniere di molta Sodisfattione, & che l'obligavano à corrispondere, & che cossi voleva fare, il piu presto che havesse possuto.

So-

prise de ces Paroles, & entra dans quelque Soubçon que je n'avois point une telle Commission, attendu qu'elle me dit que cela étoit fort contraire à la Relation que lui en avoit faite Monsieur de *Villeroi*, & à ce qu'en avoit écrit Monsieur de *Villapari* son *Ambassadeur*, dont elle avoit reçû des Avis, portant que *le Pape* étoit fort bien satisfait de la Maniere qu'on procedoit ici.

Ajoutant qu'il avoit dit, dans son Consistoire, qu'il ne s'étonoit point de ce qu'on ne publioit pas *le Concile* dans ce Païs, & que n'aiant pas tant été fait pour *la France* comme pour *l'Espagne*, *Sa Sainteté* ne trouvoit pas étrange que *les Espagnols* tardant si long-tems à le publier, *les François* ne resolussent pas incontinent de l'observer, & il temoigna qu'il étoit content de leur bonne Volonté.

Sa Majesté me dit que cela lui avoit donné beaucoup de Satisfaction, & que cette Maniere d'agir l'obligeroit à penser d'autant plus à ce qui pourroit contribuer à l'Acomplissement des Desirs de *Sa Sainteté*, & là-dessus elle s'étendit beaucoup à me dire que *le Pape* donnoit tant de Satisfaction à ce Roiaume par son Procedé, qu'elle se trouvoit obligée d'y correspondre, & qu'elle le feroit aussi-tôt qu'il lui seroit possible.

Sur

Sopra di che, se ben io replicai che hormai era Tempo di venirne alla Conclusione, & che la Santita Sua haveva questo Contentamento per la ferma Speranza che io gli havevo data, per Parola di Sua Majesta, che il Concilio si publicaria ben presto, non passò piu oltra che in assicurarmi che cossi si faria; ma che bisognava ancora temporeggiare un poco.

Nel Particolare della Residentia de i Prelati, *mi disse di haver dato di nuovo Ordine che residano, & che ha fatto sequestra li Frutti di quelli che non obediscono, con che pensava che non saria Persona che non lo facesse.*

Ritorno à replicar di una buona Riforma ch'è necessario di fare, della quale si come conosce la Necessita, cossi non sapeva dir il Particolare, per non esser sua Professione; ma che ne pigliaria Aviso da suoi Consiglieri, & ne parlaria con me, perche ne scrivessi à Sua Beatitudine, intendendo che tutto si faccia per la Mano della Santita Sua.

A che fu risposto, che veramente è piu che necessaria una Ri-

Sur quoi lui aiant répondu qu'il étoit tems d'en venir à l'Execution, sans aucun Delai, & que le Contentement que *le Pape* témoignoit. avoir reçû, venoit de la grande Espérance que je lui avois donnée, sur la Parole de *Sa Majesté*, que *le Concile* seroit bientôt publié, elle ne me dit plus rien, si ce n'est que je devois tenir pour certain que cela se feroit; mais qu'il faloit encore en diferer l'Execution pendant quelque tems.

Sur l'Article particulier de la Residence des *Prelats*, elle m'asfûra qu'elle avoit nouvellement ordonné qu'ils residassent, & qu'elle avoit fait saisir les Fruits de ceux qui n'obeïssoient pas, & que cela lui paroissoit suffisant pour les obliger tous à faire leur Devoir.

Elle me reïtera encore une autrefois qu'il étoit necessaire de faire une bonne *Reforme*, dont elle connoissoit le Besoin, sans en pouvoir dire les Particularités, attendu que ce n'étoit pas à elle d'en juger ; mais qu'elle en prendroit Avis de son Conseil, & s'en entretiendroit avec moi, afin que j'en écrivisse au *Pape* ; son Intention étant qu'on ne fasse rien, sur cette Matiere, que par l'Entremise de *Sa Sainteté*.

Je repondis à tout cela, que je ne disconvenois point qu'une

Riforma *in questo Regno, atteso che il viver che si usa hoggidì, e la poca Cura che si tiene delle* Chiese, *scandalisa molti; ma che facendo osservare il* Concilio, *la* Majesta Sua *haveria l'Intento.*

Io non mancaro, secondo il Commandamento di Voi Signoria Illustrissima, *di repigliar questo Proposito della Publicatione del* Concilio, *una & piu Volte; ma per quel che io credo, non si pigliara altra Risolutione sopra di cio, fin al Ritorno di* Sua Majesta *in* Parigi, *dove consultara il Parlamento, il quale ha fatto nascere molte Dificolta sopra quella Publicatione.*

Non mi occorre altro ad scrivere per adesso à Voi Signoria Illustrissima.

Di Melun, *alli* 25. *di Febraro*. 1564.

PROSPERO DI Sta. CROCE.

ne bonne *Reforme* ne fut absolument necessaire, dans ce Roiaume, attendu que plusieurs sont fort scandalisés de la Maniere dont on y vit aujourdui, & du peu de Soin qu'on a des *Eglises*; mais que *Sa Majesté* parviendroit au But qu'elle desire, si elle faisoit observer le Concile.

Je ne manquerai pas d'insister derechef, toutes les fois que l'Ocasion s'en presentera, & suivant l'Ordre que *Vôtre Eminence* m'en a donné, qu'on publie les Decrets de ce *Concile*; mais je ne crois pas néanmoins qu'on prenne aucune autre Resolution sur cela, jusqu'à ce que *la Reine* soit de Retour à *Paris*, où elle consultera le Parlement, qui a fait naître plusieurs Dificultés sur cette Publication.

Voila tout ce que je puis écrire maintenant à *Vôtre Eminence*.

De *Melun*, le 25. de Fevrier. 1564.

PROSPER DE Ste. CROIX.

QUARANTE-SIXIÉME LETTRE

Du Cardinal de S^{te}. Croix, au Cardinal Borromée.

Non dubito che Voi Signoria Illustrissima habbia molto Piacere di intender, per questa Lettera, che le Cose di questo Regno non pigliano quella cativa Strada che tutti credevano, & publicavano, gia che con la Gratia del Signore Dio, & la Prudentia della Regina Christianissima, tutti si vanno riducendo al debito Termine.

Et per tanto, si tien per fermo che, fra ben poco di tempo, non si nominaranno piu gli Ugonotti in Francia, nel che ogni uno conosce quanto si deve alla Prudentia & à i buoni Consilii di Voi Signoria Illustrissima.

L'Ambasciadore qui del Ré Cattolico è del tutto Contrario al passato, gia che in questo procede con Termini piu dolci, & piglia le Attioni d'ogni uno in buona Parte, & con questo si vede che si guadagna piu che non si faceva procedendo d'altra Maniera.

Per il restante, non posso ringratiar Voi Signoria Illustrissima

Je ne doute point que *Vôtre Eminence* ne reçoive un grand Plaisir d'aprendre, par cette Lettre, que les Afaires de ce Roiaume ne prennent pas ce mauvais Train que tout le Monde croioit & publioit, attendu que par la Grace de *Dieu*, & la Prudence de *la Reine Très-Chrétienne* chacun va maintenant au But qu'il doit aller.

C'est pourquoi on tient pour certain, que, dans peu de tems, on n'entendra plus parler des *Huguenots* en *France*, & chacun reconnoit, en cela, combien on est redevable à la Prudence, & aux bons Conseils de *Vôtre Eminence*.

L'Ambassadeur d'Espagne, qui reside ici, a maintenant des Sentimens entierement contraires à ceux qu'il avoit auparavant, attendu qu'il procede avec beaucoup plus de Douceur en ceci, qu'il prend en bonne Part les Actions d'un chacun, en quoi il paroit qu'on gagne beaucoup plus qu'en agissant d'une autre Maniere.

Quant au reste je ne saurois remercier *Vôtre Eminence* autant que

ma *quanto devo*, & *quanto desidero*, *per il buon Animo suo verso di me* : *ne voglio supplicarla à continuare*, *essendo certo che lo farà per la Benignità sua*, & *per la Perseverantia che suol tener nella Protettione che piglia de i suoi* ; *il che mi dà Speranza di ogni buon Successo*. *Cossi piaccia al Signore Dio favorir i suoi Dissegni*.

que je le dois, & que je le souhaite, de la bonne Volonté qu'elle a pour moi : & je ne veux pas la prier de continuer dans cette même Inclination, étant assuré qu'elle y sera toujours portée par son Naturel bien faisant, & par la Perseverance qu'elle fait paroître dans la Protection dont elle favorise ses Amis. C'est ce qui me donne l'Esperance de toute sorte de bons Succès, & je prie *Dieu* qu'il benisse vos Desseins.

Di Cialone *alli* 24. *Aprile*. 1564.

De *Châlons* le 24. d'Avril. 1564.

PROSPERO DI Sᵗᵃ. CROCE.

PROSPER DE Sᵗᵉ. CROIX.

QUARANTE-SEPTIÉME LETTRE

Du Cardinal de Sᵗᵉ. Croix, *au Cardinal* Borromée.

HO *inteso*, *per diverse Vie*, *che il Signor* Duca *di* Crussol, *Governatore del* Delphinato, & *Commandante in* Provenza & Linguadocia, *non haveva quel mal Animo*, *ne quella Ostinatione*, *circa la* Religione Cattolica, *che molti credevano*, & *per tanto havendo Speranza che si riduria*, & *che riconosceria il vero* & *buon Camino*, *ho cercata*, *dop-*

J'Ai entendu de plusieurs Endroits que Monsieur *le Duc* de *Crussol*, Gouverneur du *Dauphiné*, & Commandant en *Provence*, & dans le *Languedoc*, n'est pas si mal intentioné, ni si obstiné touchant la Religion Catolique que plusieurs l'ont crû ; c'est pourquoi aiant Esperance de le ramener, & de lui faire connoître le veritable & bon Chemin, j'ai cher-

doppo qualche tempo, la Commodità di trovarme in un Luogo dove potessimo conferire insieme.

Horà essendo in questa Città Monsù il Vescovo di Macone, il quale si adopera ogni dì a far di molte buone Opere, ha tramato secretamente à far che ci parlassimo in un Giardino, dove è stato presente à tutto il Raggionamento che fu tra Monsù di Crussol & me, il quale è stato in Sostantia che quel Duca si è molto doluto che sia stato constretto, tanto per Sdegno come per Necessità, di salvar la Vita, l'Honor & Stato suo voltandosi della Banda delli Ugonotti.

Qui mi venne lungamente à dir che, senza alcuna sua Colpa, all'hora Sua Santità l'haveva preso à perseguitar, & à far fare contro di lui Offitii gli piu Aspri del mondo, con che si era condotto à Termine che quando non havesse provisto à Casi suoi, haveria fatto male, per che quelli della Religione Cattolica, stimolati dal Papa, havevano tanto intrapreso sopra di lui, che non potteva piu stare in Corte sicuramente, & fu forzato à ritirarsi.

Oltre che confesso liberamente, che

cherché, depuis quelque tems l'Occasion de trouver un Lieu où nous pûssions conferer ensemble.

Et pour cet Efet, Monsieur l'Evêque de Macon, qui s'aplique tous les jours à faire plusieurs bonnes Oeuvres, a travaillé secretement à nous faire parler ensemble dans un Jardin, où il a été present à tout le Discours qui fut tenu entre Monsieur de Crussol & moi, lequel me dit en Substance qu'il étoit bien fâché de ce qu'on l'avoit contraint par Necessité, & contre son Inclination, à se jetter dans le Parti des Huguenots, pour sauver sa Vie, son Honneur & les Biens de sa Duché.

Il se mit à me dire sur cela, par un long Discours, que le Pape s'étoit attaché à le persecuter en ce tems là, & à susciter des Gens contre lui, qui le traiterent fort cruellement, quoi qu'il ne fût Coupable d'aucune chose, & le reduisirent dans une si grande Extremité qu'il auroit fait très-mal s'il n'avoit pas pourvû à ses Afaires, parce que ceux de la Religion Catolique, étant animés par le Pape, avoient fait de si grands Attentats contre lui, que ne pouvant plus demeurer à la Cour en Sûreté, il fut contraint de se retirer ailleurs.

Outre qu'il avoua franchement

che il vederſi oppugnarſi in queſto Modo, ſenza ſua Colpa, gli cauſò un tal Sdegno, che gli fece pigliar la Riſolutione d'accoſtarſi con altri che lo carezzavano, & ricercavano con molta Inſtantia, come quelli che conoſcevano bene di quanta Importanza foſſe la Perſona ſua.

Quanto alla Religione mi dice che veramente, & intrinſecamente, haveva ſempre tenuta la medema della quale haveva fatto Profeſſione doppo Trenta Anni, & nella quale voleva continuare fino alla Morte.

Che per tanto, con tutto che foſſe della Banda di Coſtoro, non haveva mai voluto far la lor Cena, ne andare alle loro Prediche, & che nelli ſuoi Regolamenti fatti in Scritto, non ſi trovara mai che habbia ſottoſcritto Coſa alcuna in Favore della loro Religione, come molti altri hanno fatto, ma per il Servitio del Ré, come credeva dover fare, & ſecondo la Neceſſita dove ſi ritrovava per la Defenſione di ſua Perſona.

Concludendo in ultimo, che mi haveva voluto dir tutto queſto, per Significatione dell' Animo ſuo, & per che io, in ogni Tempo & Loco, ne poteſſi render Teſtimonio,

ment qu'il fût tellement indigné de ſe voir perſecuté de cette Maniere, ſans aucun Sujet legitime, que cela lui fit prendre la Reſolution de ſe joindre avec ceux qui le caraiſſoient, & qui cherchoient de l'attirer par de fortes Sollicitations, attendu qu'ils connoiſſoient fort bien combien il étoit important de l'avoir dans leur Parti.

Pour ce qui eſt de la Religion, il me dit qu'il avoit toûjours conſervé interieurement la même dont il avoit fait Profeſſion depuis Trente Ans, & dans laquelle il vouloit perſeverer juſqu'à la Mort.

Que par conſequent il n'avoit jamais voulu faire la Cene avec les Huguenots, ni aller entendre leurs Sermons, quoi qu'il fut engagé dans leurs Intérêts, & qu'on ne trouveroit pas qu'il eût jamais ſigné aucune Choſe, en Faveur de leur Religion, dans leurs Reglemens, comme avoient fait pluſieurs autres; mais ſeulement pour le Service du Roi, comme il croioit le devoir faire, & ſelon la Neceſſité dans laquelle il ſe trouvoit de travailler à ſe mettre en Sûreté lui-même.

Concluant, en dernier Lieu, qu'il m'avoit voulu dire tout cela pour me decouvrir ce qu'il avoit dans le Cœur, & afin que j'en pûſſe rendre Temoignage en

nio, & per che ancora defiderava faper come doveva vivere, di qui inanzi, con i Ministri di Sua Santita *che sono per di quà*, defiderando parimente che Sua Beatitudine *mutasse Opinione circa il suo Particolare.*

A tutte queste Cose, piu longamente dette de Monsù di Cruffol, *io rispofi che non si trovaria mai che* Sua Santita *havesse fatti quelli mali Offitii contra di lei che pressupone, non solo in quel Tempo, cioè, prima che si fosse accostato alli* Ugonotti, *ma ancora dapoi.*

Che ancora che Sua Santita *l'havesse pottuto fare, con giusta Causa, io nondimeno non sapevo che havesse fatto Offitio alcuno che gli potesse prejudicare, & che poi che io non lo sapevo, potteva ben credere che non fosse stato fatto, si che il Fundamento per il quale si mosse, era stato falso, & che in cio haveva troppo creduto.*

Pur poi che le Cose passate non hanno piu Rimedio, che in ogni Caso ero piu contento che fosse per questo Verso, che perche sua Signoria si fosse mutata nell'Opinione della Religione, *come che queste*

en toutes sortes d'Ocasions, & par ce qu'il desiroit aussi de savoir comment il devoit se comporter à l'avenir avec les Ministres d'Etat du *Pape* qui sont dans ces Quartiers, souhaitant pareillement que *Sa Sainteté* change d'Opinion touchant ce qui le concerne en particulier.

Je repondis à tout cela, qui me fut deduit par Monsieur de *Cruffol*, d'une maniere beaucoup plus ample, qu'on ne trouveroit jamais que *le Pape* eût fait agir contre lui, pour lui prejudicier comme il le suposoit, non seulement en ce tems là, c'est-à-dire avant qu'il se fut ligué avec les *Huguenots* ; mais non pas même du depuis.

Que quoi que *Sa Sainteté* eût pû le faire par de bonnes Raisons, je ne savois pas qu'elle eût néanmoins fait aucune Chose qui pût lui nuire, & qu'il pouvoit bien en être convaincu, puisque cela n'étoit point venu à ma Connoissance, de sorte que ce qui l'avoit porté à faire ces Demarches extraordinaires n'avoit aucun Fondement, & qu'il avoit été trop Credule en cela.

Mais que ne pouvant pas éviter les Choses qui sont déja passées, quelqu'en puisse avoir été le Motif, j'aimois beaucoup mieux qu'il eut agi dans cette Vûë que d'avoir embrassé ce

queste Colpe passate siano per trovar piu facil Perdono & apresso il Signore Dio, & apresso Sua Santita, & tutto il Mondo, quando non ci sia Mutatione nella Religione.

Et poi che cossi era, persuasi sua Signoria che volesse scrivere à Sua Santita, le medeme Cose che haveva dette à me, cossi per assicurarne piu Sua Beatitudine, come perche con questo Modo provocaria piu Sua Santita ad usar verso di lui ogni Benignita.

Il detto Signore mi rispose che voleva credere che io non havessi fatto Offitio contro di lui, ma che non pottevo sapere quelli che havevano fatti gli altri, atteso che gli fu cossi rimostrato, & accertato, che lo credeva ò fosse vero, ò falso, basta che all'hora fu Occasione della sua Mutatione.

Che quanto al Resto pottevo ben conoscere, per quel che m'haveva detto, che non l'haveva fatto per dissimulare, perche oltre che non è sua Inclinatione, ne Offitio di Gentilhuomo, non desiderava Cosa alcuna da Sua Santita, altro che la Gratia sua, poi che essendo Signore in Francia Laico, & independente

Parti par un Changement de Religion, attendu que cette premiere Faute lui sera plus facilement pardonnée devant Dieu, & qu'il en sera plus excusable devant le Pape, & tout le Monde, que s'il avoit changé de Religion.

Et cela étant ainsi, je me mis à le persuader de vouloir écrire à Sa Sainteté les mêmes Choses qu'il m'avoit declarées, tant pour lui en donner de plus grandes Assûrances, que par ce qu'il obligeroit, par ce Moien, le Pape d'être beaucoup plus Indulgent envers lui.

Il me repondit qu'il vouloit bien croire que je ne lui avois point rendu de mauvais Ofice, mais que je ne pouvois pas savoir ce que les autres avoient fait contre lui, attendu qu'il en avoit été informé, & assûré d'une Maniere si positive, qu'il l'avoit crû, & que cela avoit donné lieu à son Changement, soit que ce Raport fut vrai ou faux en ce tems là.

Que je pouvois bien connoître, quant au Reste, par tout ce qu'il m'avoit dit, que son But n'étoit pas de dissimuler, par ce que cela est non seulement contraire à son Inclination, & au Devoir d'un Gentilhomme comme lui, mais aussi par ce qu'il ne desire pas d'obtenir aucune Chose du Pape,

si

dente della Sede Apoſtolica, *pottevo ben conoſcere che quel che mi diceva procedeva della Sincerità del ſuo Cuore.*

Et coſſi voleva che Monſu l'Eveſcovo di Macone, *& io, ne faceſſimo perpetuamente Teſtimonio, ma che di ſcriver à* Sua Santita, *prima che di haver in qualche Modo odorato l'Animo di* Sua Beatitudine, *& aſſicuratoſene, non lo voleva fare, perche* Sua Santita *haveria pottuto moſtrar le ſue Lettere, & con queſto ruinarlo di quà, con gli ſuoi Amici, & non acce̅tarlo poi dal Canto de i* Cattolici.

In oltra, che havendo il Stato che ha, non voleva metterſi in queſto Pericolo, deſiderando bene che di tutto queſto Ragionamento ſe ne daſſe Conto alla Maieſtà della Regina, *& promettendomi, ex nunc, che non ſolo non portaria mai piu l'Arme contra* Sua Santita; *ma che impediria tutti quelli che le portaſſero.*

Et quando non poteſſe impedirli altrimente, voleva & prometteva di pigliarle per Servitio di Sua Santita, *& la Defenſione delle Coſe ſue; riſervata però l'Obedientia & Fedelta che deve à*

ſi ce n'eſt ſes bonnes Graces, puiſqu'aiant une Seigneurie Laïque en *France*, qui eſt independante du *Siege Apoſtolique*, je pouvois bien connoître que ſes Diſcours procedoient de la Sincerité de ſon Cœur.

Qu'il ſouhaitoit, par conſequent, que Monſieur *l'Evêque de Maçon* & moi en rendiſſions un Temoignage perpetuel; mais qu'il ne vouloit pas écrire au *Pape* ſans avoir preſſenti quels étoient ſes Sentimens là-deſſus, & avant que d'en être aſſuré, par ce que *Sa Sainteté* auroit pû montrer ſes Lettres, & après l'avoir diſgratié par ce Moien, & detruit chèz ſes Amis, lui refuſer l'Entrée dans le Parti des *Catoliques*.

Qu'il ne vouloit pas non plus s'expoſer à ce Danger, à cauſe des Etats qu'il poſſede; mais qu'il ſouhaitoit qu'on informât *la Reine* de tout ce qui avoit été dit dans nôtre Conference, & qu'il me promettoit que, dès aujourdhui, non ſeulement il ne porteroit plus les Armes contre *Sa Sainteté*, mais qu'il en empêcheroit tous ceux qui les voudroient prendre.

Et que s'il ne pouvoit pas les obliger amiablement à demeurer en Repos, il promettoit de s'armer lui-même en Faveur du *Pape*, & pour le Maintien de ſes Intérêts, à

Con-

à Sua Majeſta Chriſtianiſſima, intendendo che ci ſia ſempre la ſua Sodisfattione.

Ben che io replicaſſi aſſicurandolo molto dell' Animo, & Benignita di Sua Santita, *& che* Sua Beatitudine *non faria mai queſto Atto di moſtrar la ſua Lettera, & che facendoli ſimil Demoſtratione non gli procuraria Ruina, ma piu preſto Beneficio & Avanzamento.*

Non paſſo piu oltra, che in dirmi, che io ſcriveſſi quel tanto che mi haveva detto, che poi apreſſo ſi paſſeria piu Innanzi: di che havendone poi dato conto à Sua Majeſta *l'ha ricevuto per gratiſſima Nuova, & deſidera che il medemo faceſſero tutti gli altri, & trovai che Monſu di* Cruſſol *gli haveva gia ſcritto, per farli le medeme Aperture.*

Con che, & con quel che io conobbi nel parlar con lui, voglio ſperar che queſto Signore, non ſolo laſſara la Strada che ha tenuta da certi Anni in quà; ma che vorra, con le buone Opere, avanzarſi tanto, che tutta la Chriſtianita, & particolarmente Sua Santita, *havera Cauſa di*

Condition que cela ne prejudicieroit point à l'Obeïſſance, & à la Fidelité, qu'il doit à *Sa Majeſté Très-Chrétienne*, pretendant d'agir toûjours à ſa plus grande Satisfaction.

Quoique je lui fiſſe une Replique pour l'aſſûrer des bonnes Diſpoſitions & de la Clemence du *Pape*, lui proteſtant qu'il ne ſeroit jamais ſi mal aviſé que de montrer ſa Lettre, & que bien loin de faire ſervir à ſa Ruine les Ouvertures qu'il lui donneroit, elles lui procureroient des Avantages & des Progrès.

Il ne me repondit aucune autre Choſe, ſi ce n'eſt, que j'écriviſſe préciſément ce qu'il m'avoit dit, & qu'on paſſeroit enſuite plus avant, c'eſt pourquoi en aiant donné Avis à *Sa Majeſté*, cette Nouvelle lui a fait un très-grand Plaiſir, & j'ai connû que Monſieur de *Cruſſol* lui avoit déja écrit ſur le même Sujet, & qu'elle ſouhaite que chacun en reçoive une pareille Satisfaction.

Tout cela, & ce que j'ai decouvert, en parlant avec lui, me fait eſperer que non ſeulement il abandonnera le Chemin qu'il a ſuivi depuis quelques Années; mais auſſi qu'il voudra ſe procurer de l'Avancement, en faiſant de ſi bons Exploits, que toute la Chrétienté, & le Pape en

di amarlo, di ſtimarlo & di procurarli ogni Bene.

L'Ambaſciadore d'Inghilterra mi convitò à prandere, con tutti gli altri Ambaſciadori, & mi diſſe che non era mai ſtata l'Uſanza che l'Ambaſciadori di quella Religione haveſſero voluto haver Comercio con quel di Sua Santita; ma che lui voleva tener un altro Stile.

Al che havendo io riſpoſtoli che queſto potrà dar Luogo à qualch' Unione, & Reduttione di quel Regno; mi diſſe che potria forſi eſſere come lo deſidera.

Dapoi io ho fatto il medemo, convitando tutti quelli medemi Ambaſciadori, & lui vi venne, & oltra di queſto, è poi venuto a viſitarme in particolare, & ben che io gli habbia tenuti i medeſimi Propoſiti, lui mi ha ſempre riſpoſto in generale, che quanto à ſe deſidera di vedere la Chriſtianita tutta Uniforme, & crede che la Regina ſua Padrona lo deſidera parimente; ma che di paſſare ad altre Particularità per queſto Fine, non lo faria ſenza Licenza, laquale io l'ho pregato che procuraſſe, & mi ha promeſſo di domandarla.

Ho

en particulier, aura Sujet de l'aimer, de l'eſtimer, & de lui procurer toutes Sortes de Biens.

L'Ambaſſadeur d'Angleterre m'a invité à dîner, avec tous les autres Ambaſſadeurs, & m'a dit que ce n'avoit jamais été la Coutume que les Ambaſſadeurs qui profeſſent la Religion Reformée comme lui, euſſent voulu avoir Commerce avec celui du Pape, mais que pour lui il avoit reſolu de ſuivre une autre Maxime.

A quoi lui aiant répondu que cela pourroit donner Lieu à quelqu'Union, & à retablir les Afaires de ce Roiaume, il me dit que peut-être cela y contribueroit comme il le ſouhaite.

Depuis ce tems là j'ai auſſi invité chés moi tous les mêmes Ambaſſadeurs, & lui s'y eſt auſſi rendu, & outre cela, il eſt venu me rendre une Viſite en Particulier, & quoi que je lui aye fait les mêmes Ouvertures, il m'a toûjours répondu en Termes Generaux, que pour lui il ſouhaite de voir une parfaite Uniformité dans tout ce qui concerne le Chriſtianiſme, & qu'il croit que la Reine ſa Souveraine le deſire pareillement; mais qu'il ne ſauroit entrer dans aucune autre Particularité pour cette Fin, ſans en avoir la Permiſſion, que je l'ai prié

M m   d'ob-

Ho scritto alla Regina tutto quel che Voi Signoria Illustrissima mi ha commandato, circa la Publicatione del Concilio di Trento, fatta dal Ré di Polonia, & circa quel che Sua Santita giudica necessario di fare in questa Occurrenza, per impedir la Ruina di questo Regno, nel quale non resta altro Rimedio ad operare che un Solo, cioè di levarne la Nuova Religione per mantenerci la Cattolica.

Al che tutto Sua Majesta mi ha risposto che, ne dal Ré di Polonia, ne da altri si lascia vincere nel desiderio dell'Osservatione del Concilio; ma che Sua Santita può conoscer che questo Regno sta di sorte che bisogna andarci con molta Discretione, & che per adesso non si possono fare Nuovi Editti, ma che si publicaranno il piu presto che si potrà.

Uno delli Ministri del Consilio Privato del Ré mi ha detto confidentemente, che la Regina gli ha ordinato di dare secretamente tutti gli Aiuti possibili à Sua Santita, per impedire che il Ré Cattolico non piglia l'Issola di Corsica, come si dice che vuol fare, nel qual Caso mi ha promesso che vederemo un bel Gioco,
vo-

d'obtenir, & il m'a promis de la demander.

J'ai écrit à *la Reine* tout ce que *Vôtre Eminence* m'a ordonné, touchant la Publication du Concile de *Trente*, faite par *le Roi de Pologne*, & ce que *le Pape* juge necessaire dans cette Occasion, pour empêcher la Ruine de *la France*, où il ne reste plus qu'un Seul Remede à employer, qui est d'abolir *la Nouvelle Religion*, pour y maintenir *la Catolique*.

Surquoi *Sa Majesté* m'a repondu que *le Roi de Pologne*, & les autres *Monarques*, ne desirent pas avec plus d'Ardeur qu'elle, l'Observation du *Concile*; mais que *le Pape* peut connoître que les Afaires de ce Roiaume sont dans une Situation qui oblige de les menager avec beaucoup de Discretion, & qu'on ne peut pas y faire maintenant de Nouveaux Edits, mais qu'on les publiera le plûtôt qu'il sera possible.

Un des Ministres du Conseil privé du *Roi* m'a dit en Confidence, que *la Reine* lui a commandé de donner secretement au *Pape* tous les Secours possibles, afin d'empêcher que *le Roi d'Espagne* ne prenne *l'Isle de Corse*, comme l'on dit qu'il veut le faire, & en ce Cas il m'a promis que nous verrons un
beau

volendo inferire che i Francesi si scopriranno.

Questo Aviso mi fa credere che quella Issola capitarà nelle Mani di Nostro Signore, atteso che la Regina non vuole che il Rè Cattolico se n'impatroniza, & essendo sicuro che dell'altra Parte il Re Cattolico non vorrà comportare che sia di Francia.

Di Avignone alli 12. di Ottobre.
1564.

PROSPERO DI Sta. CROCE.

beau Jeu, qui consistera en ce que les François s'oposeront ouvertement à cette Entreprise.

Cet Avis me donne Lieu de croire que cette Isle tombera entre les Mains du Pape, attendu que la Reine ne veut pas que le Roi d'Espagne se l'aproprie, & qu'il est certain, d'autre Part, que ce Monarque ne voudra pas souffrir qu'elle apartienne à la France.

D'Avignon le 12. d'Octobre.
1564.

PROSPER DE Ste. CROIX.

QUARANTE-HUITIEME LETTRE

Du Cardinal de Ste. Croix, au Cardinal Borromée.

Doppo che la Regina partì di Aix è stata continuamente in Viaggio, visitando alcuni Monasterii, & Lochi devoti, che sono per di quà, nel che si vede che la Maiestà sua si va tratenendo, di sorte che molti sono di Opinione che non sia fuori di Speranza di abbocarsi con il Rè Cattolico, & di vedere la Figliola sua la Regina di Spagna.

LA Reine a été continuellement en Voiage, depuis qu'elle est partie d'Aix, aiant visité quelques Monasteres, & autres Lieux de Devotion, qui sont dans cette Province, ce qui fait voir que Sa Majesté ne cherche qu'à gagner du tems, en telle sorte que plusieurs se figurent qu'elle espere encore de s'aboucher avec le Roi Catolique, & de voir la Reine d'Espagne sa Fille.

Qui havemo trovato questo Paëse molto dissimile delli altri, che havemo passati à dietro nella Provenza, essendo del tutto intiero nelle Cose della Religione, & principalmente questa Citta di Marsiglia, laquale non vuol sentir nominar gli Ugonotti, ne loro fin qui sono stati tanto harditi che vi siano voluti venire, se bene in Aix comparirono in gran Numero inanzi la Regina, per domandarli di poter fare le loro Prediche, conformamente à l'Edito.

All'hora gli fu risposto che in Tarascon, dove Sua Majesta andara fra qualche giorno, si resolvera questo Articolo; ma per quanto ho inteso, non se gli concedera la Faculta di Predicare, perche tutti i Cattolici di quel Paëse hanno rimostrato, alla Majesta sua, che non vogliono, con questo novo Accidente, dare Occasione che si radunano insieme, perche saria la total Ruina della Provenza.

Duoi di sono che la Regina facendo l'Entrata in questa Terra, fu rincontrata da un gran Numero di Giovani, che havevano tutti una Croce in mano, & cantavano un Motetto che diceva Signum Victoriæ tuæ, & con questi vi erano

Nous avons trouvé ce Païs ici bien diferent des autres, où nous avons passé dans *la Provence*, n'y étant survenu aucun Changement pour ce qui concerne *la Religion*, & principalement dans cette Ville de *Marseille*, dont les Habitans ne veulent point entendre parler des *Huguenots*, lesquels aussi n'ont jamais eu la Hardiesse d'y venir jusqu'à present, quoi-qu'il en ait comparu un grand Nombre à *Aix* devant *la Reine*, pour lui demander de pouvoir faire leurs *Predications* conformement à l'Edit.

On leur repondit alors que cet Article seroit resolu à *Tarascon*, où la Reine ira dans quelques jours; mais, suivant ce que j'en ai entendu dire, on ne leur acordera point la Liberté de precher, attendu que tous *les Catoliques* de ce Païs ont fait des Remonstrances à *Sa Majesté*, pour lui temoigner qu'ils ne veulent pas que ce Nouveau Privilege leur donne Ocasion de s'assembler dans un même Lieu, par ce que cela causeroit la Ruine totale de *la Provence*.

Il y a deux jours que *la Reine* faisant son Entrée dans cette Ville, un grand Nombre de jeunes Gens, qui portoient chacun une Croix à la Main, vinrent au devant d'elle, en chantant un Motet, par lequel ils disoient

DE LA RELIGION REFORME'E EN FRANCE.

erano quatro Huomini molto bene Armati.

Si è trattato in Aix con la Regina di restituir il Parlamento, il quale era stato cassato, per non haver obedito all'Edito della Pacificatione, ne voluto comportar gli Ugonotti; pero non se ci è fatto altro che di rimetter la Conclusione à Tarascone, e per quel che s'intende, saranno restituti; ecetto alcuni che sono notati di esser poco integri nell'amministrar la Giustitia.

Nel partir di Avignione Sua Majestà fece una Ordinanza, nel suo Conseglio Privato, che à mio Parere è la migliore che si potesse fare: questa è che, da hora inanzi, non si darà piu Offitio di Giudicatura nel Regno à Persona che fosse della Nova Religione; non parendo honesto, oltre tutte le altre Raggioni, che gli Officiali di Sua Majestà siano di altra Religione che della sua.

La Regina mi ha detto che i suoi Conseglieri volevano fare il medemo di tutti gli altri Offitii; ma che considerarono poi che haveriano posti gli Ugonotti in troppa

disoient que *ce Bois étoit l'Embleme de sa Victoire*, & il y avoit quatre Hommes bien armés qui les acompagnoient.

Quand *la Reine* étoit à *Aix*, on y confera avec elle, pour retablir le Parlement qui avoit été cassé, pour n'avoir pas obeï à *l'Edit* de *Pacification*, ni voulu tolerer *les Huguenots*; mais on n'a determiné aucune autre Chose là-dessus, que de renvoier la Conclusion qui s'en doit faire à *Tarascon*, & suivant ce qu'on en peut connoître les Membres de ce Parlement seront tous retablis, excepté quelques uns qui sont accusés de n'administrer pas équitablement la Justice.

La Reine fit, avant que de partir *d'Avignon*, une Ordonnance, qui est à mon Avis la meilleure qu'elle pouvoit emploier, afin que deformais on ne donne plus, dans son Roiaume, des Charges de Judicature à aucune Personne de la *Nouvelle Religion*, attendu qu'outre toutes les autres Raisons qu'elle en peut avoir, il ne semble pas convenable que les Oficiers de *Sa Majesté* soient d'une autre *Religion* que de la sienne.

La Reine m'a dit que ses Conseillers vouloient faire le même Reglement pour toutes les autres Charges; mais qu'ils en avoient été detournés par la Consideration

pa gran Disperatione, della quale saria poi caufato qualche Travaglio, però che di mano in mano fi andara facendo.

Si rallegro parimente con me, vedendo che le Cofe pigliavano tuttavia, con la Gratia del Signore Dio, miglior Camino, & promettendomi di avanzarfi ogni di tanto, che ne vengha alla Perfettione, con dir efpreffamente che il Mondo conofcera quanto fi foffe ingannato, nel cattivo Giuditio che haveva qualche volta fatto dell' Animo della Majefta Sua.

L' Ambafciadore di Inghilterra mi ha di nuovo convitato à definar feco, & io me ne fono fcufato, per che era con me il Precettore del Rè, il quale havendo intefo l' Invito, & la mia Rifpofta, mi diffe che gli pareva che io faceffe male.

Agiungendo che come non era da ricercar, coffi non era da refiutar l' Amicitia di quel Ambaffadore : fapendo ch'era ftato detto alla Regina Chriftianiffima che di tutti gli Heretici di Inghilterra, la piu facile à ridurfi era la

tion que cette Defenfe auroit jetté les Hugenots dans un trop grand Defefpoir, qui auroit pû exciter quelques Troubles, mais qu'ils travailleront neanmoins à les exclure peu à peu de tous leurs Emplois.

Sa Majefté me témoigna beaucoup de Joie de ce qu'elle voioit que, par la Grace de Dieu, les Afaires de ce Roiaume prenoient tous les jours un meilleur Train, & elle me promit qu'elle ne cefferoit point de faire toûjours de nouvelles Demarches, jufqu'à ce qu'elle les ait conduit à leur Perfection, en me difant expreffément que le Monde connoîtra combien il s'eft trompé dans les mauvais Jugemens qu'il a fait quelquefois des Intentions de Sa Majefté.

L' Ambaffadeur d' Angleterre m'a invité de nouveau à diner avec lui, & je me fuis excufé d'y aller, par ce que j'étois retenu par la Compagnie du Precepteur du Roi, qui aiant entendu la Reponce que je faifois à cette Invitation, me dit qu'il lui fembloit que je faifois mal de ne par y acquiefcer.

Ajoutant que s'il étoit convenable de ne pas rechercher l'Amitié de cet Ambaffadeur, il l'étoit auffi de ne pas la rejetter, fachant qu'on avoit dit à la Reine très-Chrétienne que de tous les Heretiques d' Angleterre il n'y en

DE LA RELIGION REFORME'E EN FRANCE.

la Regina, laquale trovandosi molto allontanata delle sue Pretentioni, per la Perdita che ha fatta di Alba di Gratia, & per la poca Intelligentia che ha con il Rè Cattolico, saria facil Cosa che havesse comesso al suo Ambasciadore che non si mostrasse Inimico di Persona.

Io mi scusai con dir che non mi sentivo bene, & che fra duoi, o tre giorni, invitaro lui à prander con me, per non perder l'Ocasione che si potesse haver di far nascer qualche Frutto.

Il Presidente di Birago fece l'altro giorno un gran Ressentimento con me, che ci sono in corte delle Persone che scrivono molte Falsità à certi Prencipi, che non sanno quel che si dicono: concludendo ch'era stato scritto à Sua Santità che lui era Ugonotto, & che il Papa l'haveva detto à l'Ambasciadore di Francia, in Proposito che lui restavà Governatore della Citta di Lione.

Al che rispose, quel che era vero, che io non sapevo di cio Cosa alcuna, ne havevo scritto tal Cosa di lui à Roma, perche non havevo tal Opinione di sua Signoria.

en avoit point de plus facile à convertir que Sa Majesté Britannique, laquelle étant beaucoup éloignée de ses Pretentions, par la Perte qu'elle avoit faite du Havre de Grace, & par le peu d'Acord qu'il y a entr'elle & le Roi d'Espagne, il est facile de conjecturer qu'elle peut avoir donné Commission à son Ambassadeur de ne se montrer Ennemi d'aucune Personne.

Je m'excusai en disant que je ne me trouvois pas bien disposé, mais que dans deux ou trois jours j'inviterai cet Ambassadeur à dîner chès moi, pour ne perdre pas l'Ocasion qu'on pourroit avoir de faire naitre quelque Fruit.

Le President de Birague me fit l'autre jour de grandes Plaintes, de ce qu'il y a des Gens à la Cour qui écrivent beaucoup de Faussetés à de certains Princes, qui sont très-mal informés de ce qu'ils disent : concluant qu'on avoit écrit au Pape qu'il étoit Huguenot, & que Sa Sainteté l'avoit dit à l'Ambassadeur de France, à l'Ocasion de ce que ce President restoit Gouverneur de la Ville de Lion.

Je lui répondis sur cela que je n'en savois pas la moindre Chose, comme il est vrai, & que je n'avois rien écrit de pareil à Rome touchant sa Religion, par ce que j'ai de meilleurs

Ho

leurs Sentimens de sa Personne.

Ho distribuiti tutti i Volumi del Concilio *di* Trento *che mi sono stati mandanti* d'Italia *, havendo datto l'ultimo al Vescovo di questa Citta di* Marsiglia *, & ho inteso che quelli che sono stampati in* Lorreno *si vendono publicamente à* Parigi *, & che se ne fa una Editione molto ben corretta à* Lione *, della quale io non mancaro di far proveder tutti i Librari di questo Regno, accio che ognuno possa comprarne facilmente, & senza Dilatione alcuna.*

J'ai distribué tous les Exemplaires du *Concile* de *Trente* qui m'ont été envoiés *d'Italie*, aiant donné le dernier à l'Evêque de cette Ville de *Marseille*, & on m'a averti que ceux qui ont été imprimés dans *la Lorraine* se vendent publiquement à *Paris*, & qu'on en fait aussi une Edition bien correcte à *Lion*, de laquelle je ne manquerai pas de faire pourvoir tous les Libraires de ce Roiaume, afin que chacun en puisse achetter facilement, & sans aucun Delai.

Di Marsiglia *alli* 8. *di Novemb.* 1564.

De *Marseille* le 8. de Novembre. 1564.

PROSPERO DI S.ta CROCE.

PROSPER DE S.te CROIX.

༺༻༺༻༺༻༺༻༺༻༺༻༺༻༺༻༺༻༺༻༺༻༺༻༺༻༺༻

QUARANTE-NEUVIÉME LETTRE

Du Cardinal de S.te. Croix *, au* Pape.

NOn credo che mi sia imputato per *Arrogantia*, se doppo essere stato vinti-nove *Anni* Auditor di Rota, & Nuntio *della* Santa Sede Apostolica, *verso molti* Prencipi *della* Christianita, ardisco di supplicar hoggedi Vostra Bea-

JE ne crois pas qu'il me soit imputé pour Arrogance, si, après avoir été vint-neuf Ans *Auditeur de la Rotte*, & *Nonce du Saint Siege Apostolique*, à la Cour de plusieurs *Princes* de la *Chrétienté*, je prends aujourdhui la Hardiesse

Beatitudine, *che honorando delli altri suoi Servitori di questa* Nunciatura, *si degni di far questo Honore à me, & dar questa Consolatione à tutti i miei Parenti che io, insieme con gli altri, possa participar alla Gratia, & Benignita della* Santita Vostra, *& haver questo Testimonio del Giudicio che la* Santita Sua *fa di me.*

Et poi che, senza altro Mezzo, piacque à Vostra Santita *chiamarmi al Servitio suo particolare, supplico* Vostra Beatitudine *che ella medema voglia esser l'Intercessore mio appresso di se estessa, per ottener questa Gratia, della quale gli ne restaro obligatissimo, & pregaro sempre il Signore Dio per la Prosperita & il felice Stato della* Santita Sua, *alla quale baccio humilmente i Piedi.*

Di Tolosa *alli 20. di Febraro.*
1565.

diesse de suplier *Vôtre Sainteté* qu'en faisant l'Honneur à quelqu'autre de ses Serviteurs de lui donner cette *Nonciature*, elle daigne de me faire celui de pouvoir participer à ses Graces & à sa Clemence, avec tous ceux qui sont auprès de *Sa Sainteté*, & de donner cette Consolation à mes Parens, en m'acordant ce Temoignage du Jugement qu'elle fait de moi.

Et puis qu'il a plû à *Vôtre Sainteté* de m'apeller à son Service particulier, sans l'Entremise d'aucune Personne, je la suplie de vouloir être mon Intercesseur auprès d'elle-même, pour m'obtenir cette Grace, dont je lui serai très-obligé, & je prierai toûjours *Dieu* pour la Prosperité, & la Conservation de l'heureux Etat de *Vôtre Sainteté*, à laquelle je baise très-humblement les Pieds.

De *Toulouse* le 20. de Fevrier.
1565.

PROSPERO DI Sta. CROCE. PROSPER DE Ste. CROIX.

Cette Lettre étoit adressée au Pape Pie V.

CINQUANTIÉME LETTRE

Du Cardinal de S^{te}. Croix, *au Cardinal* Borromée.

Redo che à queſt'hora ſarà per Strada qualche Nuntio, deſtinato da Sua Santita per occupar il mio Luogo in queſto Regno; ma quando non foſſe, & che io poſſa cavarmi di quà ſenza Diſguſto di Sua Beatitudine, io non poſſo dire à Voi Signoria Illuſtriſſima, *quanto mi ſaria caro di tornarmene in* Italia.

Oltra di che, ſono ridutto alla Neceſſita di farlo, havendo conſumato gia tutto il mio havere, & il credito ancora, con un Viaggio perpetuo di ſei Anni, con tanta Varieta di Occupationi & Travagli, per i Diſordini che ſono ſtati in queſta Corte, nella quale ſe ne ritrovano ancora molti, che non ſono per finire di molto Tempo.

Supplico Voi Signoria Illuſtriſſima *che ſi degni di agiutarmi in queſto, & pigliar la Protettione mia, ſopra di che io non repreſentaro piu difuſamente molte altre Coſe che mi premano infinitamente, per che io ſpero che ſia gia fatta la Riſolutione circa la mia Partenza.*

Quan-

JE crois que le Nonce que le Pape a deſtiné pour venir ici à ma Place, eſt maintenant en Chemin; mais quoi qu'il ne fût pas encore parti, je ne ſaurois exprimer à *Vôtre Eminence*, combien j'aurois de plaiſir de m'en retourner en *Italie*, s'il étoit poſſible que je me tiraſſe de ce Roiaume, ſans que *Sa Sainteté* en fut mécontente.

Je ſuis, outre cela, reduit à la Neceſſité de le faire, aiant déja conſumé tout ce que j'avois, & épuiſé mon Credit par les Fraix d'un Voiage continuel de ſix Années, pendant leſquelles j'ai eu tant de Fatigues, & d'Ocupations diferentes, à Cauſe des Deſordres qui ont été dans cette Cour, où il y en a encore beaucoup, qui ne finiront pas de long-tems.

Je ſuplie *Vôtre Eminence* de vouloir m'aider en ceci, & de me favoriſer de ſa Protection, attendu qu'il y a pluſieurs autres Choſes d'une très-grande Importance pour moi, qui m'obligent d'aller en *Italie*; mais je ne vous en ferai pas une plus longue Deduction, par ce que

j'eſ-

DE LA RELIGION REFORME'E EN FRANCE.

Quando io penso che doppo tante mie Fatighe, & Servitii fatti à tanti Papi, non ho altro che Cifamo *in* Candia*, io devo pensare à ritornare nella Corte di* Roma*, dove spero di impetrare qualche altro Beneficio, in un Luogo dove mi possa honorevolamente ritirare in ogni Caso, & vivere piu tranquillemente che non ho fatto fin adesso: & con questa Speranza facio Fine con la presente, & non scrivero piu à* Voi Signoria Illustrissima *circa* la Religione*, & le altre Cose di questo Regno* Mezzo-Ugonotto.

Quand je considere qu'après avoir pris tant de Peines, & rendu plusieurs Services à divers *Papes*, je n'ai point d'autre Benefice que celui de *Chisame* en *Candie*, je dois penser à retourner à la Cour de *Rome*, où j'espere d'obtenir quelqu'autre Benefice, dans un Lieu où je puisse me retirer honorablement, en Cas de Besoin, & vivre plus tranquilement que je n'ai fait jusqu'à present, & dans cette Esperance je finis cette Lettre; & je n'écrirai plus à *Vôtre Eminence* touchant *la Religion,* & les autres Afaires de ce Roiaume *Demi-Huguenot.*

Della Rocella *alli* 16. *di Settemb.* 1565.

De la *Rochelle* le 16. de Sept. 1565.

PROSPERO DI Sta*. CROCE.*

PROSPER DE S^{te}. CROIX.

REMARQUE.
Touchant le Cardinal de *Sainte-Croix*.

Prosper de Sainte Croix, Evêque *d'Albe*, étoit de *Rome*, & Fils *d'Antoine de Sainte Croix*, Ami des *Medicis* Grands Ducs de *Toscane*, qui ont le Privilege d'avoir toûjours un *Cardinal* de leur Famille. Il apprit la Jurisprudence à *Padouë*, & fut pourvû à 22. Ans d'une Charge *d'Avocat Consistorial*, par le *Pape Clement VII*. puis d'un Office *d'Auditeur de Rote*, & enfin de *l'Evêché* de *Chisame* en *Candie*, que le *Pape Paul III*. lui donna. Dans la suite on le connût propre pour *les Négociations & les Afaires d'Etat*, & on l'envoia *Nonce* en *Allemagne*, en *Portugal*, en *Espagne*, & enfin en *France*, où il s'aquit tant de Reputation que *la Reine Catherine de Medicis* le fit nommer à l'Archêveché *d'Arles*, & lui procura le Chapeau de Cardinal du *Pape Pie IV*. l'An 1565. en Recompense des bons Services qu'il lui avoit rendus, pendant tout le tems qu'il fut *Nonce* en *France*, comme on le peut voir dans les *Cinquante Lettres ci-dessus*, qu'il écrivit toutes de sa propre Main. Elles sont en Original dans la Bibliotheque du *Vatican*, où l'on a colationé la Copie que le Sieur *Aymon* en donne ici. *Sainte Croix* n'étoit pas encore *Cardinal*, dans le tems qu'il faisoit les importantes Négociations dont il y est parlé; mais on les a Intitulées du *Nom* de *Cardinal de Sainte Croix*, par ce que cet *Eminent Prelat* est plus connû dans l'Histoire sous ce *Titre* là, que sous celui *d'Evêque de Chisame* qu'il possedoit pendant sa Nonciature en *France*, où aiant travaillé depuis l'An 1561. jusqu'en 1565. pour le Maintien des Intérêts de la *Religion Romaine*, & obtenu une Place dans le Conseil de *Sa Majesté Très-Chrêtienne*, il ne retourna à *Rome* que sous le Pontificat de *Pie V*. de qui il reçût *le Chapeau rouge*, & *l'Evêché d'Albe*. Après la Mort de ce Pontife il assista au Conclave, où l'on fit l'Election de *Gregoire XIII*. & douze Ans après dans celui où se fit celle de *Sixte V*. à laquelle il contribua beaucoup, avec *le Cardinal Altaëmps*, qui étoit Chef de la Faction des Cardinaux, de *Pie IV*. & il paroit dans l'Histoire de ce Conclave, que *Sainte Croix* y repondit plus hardiment, & plus solidement que tous les autres Cardinaux, à une des plus grandes Dificultés qui s'y rencontrerent pour l'Election du *Pape*, & qu'on l'auroit elevé lui même au *Souverain Pontificat*, si deux des principaux Chefs des Factions n'avoient pas craint d'avoir l'Affront de l'en voir exclurre, nonobstant qu'il eût beaucoup d'Erudition & de Merite, par ce qu'il étoit porté à la Vangeance, & avoit un Esprit si hardi & si entreprenant, qu'il donnoit par cette Conduite de la Jalousie, non seulement aux Couronnes *d'Espagne* & de *France*, dont il feignoit de prendre le Parti, tour à tour, mais encore à *ses Parens* & aux *Cardinaux Romains*, qui lui étoient contraires, pendant que ceux des autres Nations le favorisoient. Il mourut le 2. Octobre de l'An 1589. âgé de 76. Ans. Son Corps fut enterré à *Sainte Marie Majeure*, où l'on voit son Tombeau de Marbre, avec une Epitaphe que lui fit dresser *Marcel de Sainte Croix* son Neveu.

LETTRE
DE
CATHERINE DE MEDICIS, REINE DE FRANCE,

A Monsieur de Renes, *son Ambassadeur auprès de* l'Empereur. *Dans laquelle on voit le Resultat de* trois conferences *des* Prelats de France *avec les* Ministres Reformés, *touchant la* Confession de Foi *de ces derniers, qui fut presentée au* Coloque de Poissi, & *les bons* Temoignages *que cette Reine leur rend, en se plaignant de la Conduite de ses propres* Prelats, & *du peu d'Esperance que ceux du* Concile de Trente *lui donnoient de faire une bonne Reforme, qu'elle connoissoit être fort necessaire dans* l'Eglise Romaine.

REMARQUE

On a suivi *l'Ortographe* du propre *Original* de la susdite *Lettre*, qui sera mis en *Depot*, par le Sieur *Aymon*, dans la *Bibliotheque* de *Leide*, où chacun le pourra confronter avec cette Edition.

MONSIEUR de *Renes*. Par ma Depêche du 14. du Moys dernier vous aurez bien particulierement & minutement entendu ce qui s'estoit passé jusques à cette heure là en la *premiere assemblée* de *Poissi*, en laquelle *les Ministres* avoient été ouyz en leur Remonstrance, & sur *la Confession de leur Foi* qu'ilz presenterent par même Moyen. Sur quoi j'esperoys vous faire entendre peu de jours après ce qui y auroit été respondu de la Part de nos *Prelatz* & *Docteurs*; mais y aiant mon Cousin *le Cardinal* de *Lorraine* fait une fort prudente & Catolique Reponce, il n'a été possible de la retirer de lui jusques à present, que si-tôt qu'il l'a eu mise en Lumiere j'ai bien voulu vous en envoier une Copie pour la veoir, & en faire telle Part à *l'Empe-*

reur mon bon Frere que verrez bon être, eſtimant qu'il ne prendra à peu de Plaiſir de veoir ce qu'elle contient.

Depuis ladite Reſponce faite, deſirant comme vous pouvez bien penſer que j'en ai prou d'Ocaſion, de veoir quelque Union & Concordance en tant de Diverſitez d'Opinions qui regnent pour le jourdhui en *la Religion*, & qui troublent le Repoz de ce Roiaulme, je trouvé bon que noſdits *Prelatz* & *Evêques* entraſſent en quelque *Colloque gracieux* avec leſdits *Miniſtres* ſur les Articles de leur dite *Confeſſion de Foi*; mais aiant veu que de deux *Communications* qu'ils avoient faites à deux divers jours, l'on n'avoit raporté que Confuſion de Diſputes ſur Diſputes nourries de Diſſencions & Diſcordes beaucoup plus que d'Union, & recognoiſſant d'aultre part que noſdits *Prelatz* & *Docteurs* ſe diſpoſoient pour ne venir plus en tel *Colloque* & Conference, je m'adviſé de faire eſſaier ſi par cinq ou ſix d'entre eux, des plus recommandez de ſçavoir & Doctrine, l'on pourroit perſuader leſdits *Miniſtres* à ce que nous deſirions d'eux pour les ramener à *l'Union* de nôtre *Egliſe*, & les faire convenir avec nous en une même Doctrine, à quoi leſdits *Deputés* auroient travaillé quelques jours; & non comme il ſembloit ſans Eſperance d'en veoir quelque Utilité; mais m'étant aperçûe que ce Moien la ne plaiſoit pas au Surplus de noſdits *Prelatz* & *Docteurs*, pour ce que je n'ai jamais voullu faire faire Choſe qui ne leur feut génerallement agreable, je ne me mis pas en Peine de faire autrement pourſuivre cette derniere Voie, & remis le tout à ce que ceux en adviſeroient pour le mieux, lequels finablement ſans être entrez en autre *Conference* avec leſdits *Miniſtres* me ſont venus preſenter les *Canons* des Choſes par eux deliberées & decretées en leur *Aſſemblé de Poiſſi*, ou ils ont touché fort Catholiquement en beaucoup de Choſes ce qui apartient à la *Reformation* des *Meurs* des Miniſtres de *l'Egliſe*; mais quant à ce qui touche leur *Grandeur* & la *Pluralité* de leurs *Benefices*, je laiſſe à vous & aux autres qui verront leurs dits *Canons*, avec plus de Jugement que je ne puis avoir en tels Afaires, de juger comme ils l'ont paſſé legerement.

Il eſt vrai que je ne nierai pas que je ne voie bien que en tout ce qu'ils propoſent il n'y a riens qui puiſſe pourvoir aux *Troubles* que ſuſcite en ce Roiaulme la *Diſſention* & *Diverſité de la Religion*, qui eſt bien à mon grand Regret, *& quant tout eſt dit contre l'Eſperance que aucuns d'eux m'en avoient donnée*, & ce que j'eſperois

de

DE LA RELIGION REFORME'E EN FRANCE. 287
de Fruit d'une si *notable & grande Compagnie*, & de ce qu'ils montroient avoir de *Zele Droit & Saint* à une si *Nécessaire Provision*.

Et pour ce, Monsieur *de Renes*, que durant le temps que ces Choses se sont traitées, il y a eu de nos *Subjets* de la *Nouvelle Religion* qui se sont ingerez, pour l'Incommodité de Liver où nous entrons, de se saisir de quelques *Eglises* pour faire leurs *Prieres*, & principallement à *Tours*, *Bloys* & *Orleans*, encores que *au premier Mandement que je leur ai envoié faire ils n'aient fait Faute de se retirer & departir desdites Eglises*, je suis après à resoudre & établir par l'Advis de tous *les Princes du Sang* & Gens du *Conseil* du *Roi*, Monsieur mon Fils, un si bon Ordre pour empêcher à l'advenir telles *Innovations & Entreprises*, & faire rendre au *Roi* mondit Sieur mon Fils, l'entiere Obeissance qui lui est deüe, que je ne puis, étant les Volontez d'un chacun si unanimes & accordantes en c'est Afaire, que en esperer une bien grande Satisfaction & Contantement, aiant consideré que quant cela sera bien ordonné & observé en ce Roiaulme, nous pourrons avec moins de Peril & plus de Repos attendre ce que nous aportera de *Fruit* le prochain *Concille General*, encores que jusques ici il s'y soit cogneu si peu d'*Advancement que je ne sçai que m'en promettre asseurément*, & attends ce que vous me ferez sçavoir du Temps que devront partir *les Prelats & Ambassadeurs* que y doibt envoier *l'Empereur* mon bon Frere, pour sur cela resoudre le Partement des miens, suivant ce que je vous en ay escript parci-devant.

J'ai reçu vos Depêches des 26. Août, 2. & 18. Septembre, qui m'ont apris ce qui s'est ofert en tous ces temps la au Lieu où vous êtes digne que je sasche, & mêmes quant au Partement dudit *Empereur* pour son Voiage de *Boheme*, où je faits compte que vous vous serez acheminé si tôt que vôtre Santé le vous aura permis : car quant à vôtre Argent il y a été pourvû dès le commencement dudit Moys de Septembre, & fût mis dès lors ès mains de *Gondy* pour le vous faire tenir incontinant. Vous continuerez à me mander tout ce qui s'ofrira de quelque Importance durant ledit Voiage, & je vois prier *Dieu*, Monsieur *de Renes* qu'il vous ait en sa Sainte Garde. Escript à *Saint Germain* en *Laye* le 18. jour d'Octobre 1561. Signé *CATERINE*.

Et plus bas, *Bourdin*.

L'Adresse étoit, *A Monsieur l'Evêque de* Renes, Conseiller du
Roi,

Roi, Monsieur mon Fils, *Maître des Requeftes de fon Hoftel & fon* Ambaffadeur *près* l'Empereur.

AVIS

Cette Lettre s'eft trouvée, en Original, *parmi les Ecrits du Cabinet de Monfieur le Marquis de* Caftelnau *Sieur de* Mauviffiere, *qui étoit Oncle Maternel de Monfieur de* Renes, *& qui eut beaucoup de Part dans les Afaires d'Etat de* François II. *& de* Charles IX. *qu'il negocia en* France, *où il étoit Chevalier de l'Ordre & Confeiller de ces Monarques, & en* Angleterre *où il fut leur Ambaffadeur. C'eft lui qui a laiffé les Memoires que Monfieur* le Laboureur *a fait imprimer* in Folio, *& c'eft auffi de cette même Source que le* Sieur Aymon *a tiré beaucoup de* Pieces Anecdotes *très importantes qu'il donnera un jour au Public.*

TABLE
DE
TOUS LES SYNODES NATIONAUX
DES
EGLISES REFORMEES DE FRANCE,

Suivant les Années de leur Convocation, & l'Ordre selon lequel ils se trouvent dans les deux Tomes suivans.

TOME PREMIER.

				Page	jusqu'à
1. de Paris.	Le I.	tenu à *Paris*, le 25. Mai,	1559.	P. 1.	jusq. 12.
	Le II.	tenu à *Poictiers*, le 10. Mars,	1560.	P. 13.	jusq. 22.
	Le III.	tenu à *Orleans*, le 25. Avril,	1562.	P. 23.	jusq. 33.
	Le IV.	tenu à *Lion*, le 10. Août,	1563.	P. 33.	jusq. 57.
2. de Paris.	Le V.	tenu à *Paris*, le 25. Decembre,	1565.	P. 58.	jusq. 71.
	Le VI.	tenu à *Vertueil*, le 1. Septembre,	1567.	P. 72.	jusq. 97.
1. de la Ro-chelle.	Le VII.	tenu à *la Rochelle*, le 2. Août,	1571.	P. 98.	jusq. 111.
	Le VIII.	tenu à *Nimes*, le 6. Mai,	1572.	P. 112.	jusq. 125.
	Le IX.	tenu à *Ste. Foi*, le 2. Fevrier,	1578.	P. 126.	jusq. 137.
	Le X.	tenu à *Figeac*, le 2. Août,	1579.	P. 138.	jusq. 145.
2. de la Ro-chelle.	Le XI.	tenu à *la Rochelle*, le 28. Juin,	1581.	P. 146.	jusq. 154.
	Le XII.	tenu à *Vitré*, le 15. Mai,	1583.	P. 155.	jusq. 172.
	Le XIII.	tenu à *Montauban*, le 15. Juin,	1594.	P. 173.	jusq. 193.
1. de Vitré.	Le XIV.	tenu à *Saumur*, le 3. Juin,	1596.	P. 194.	jusq. 212.
	Le XV.	tenu à *Montpellier*, le 25. Mai,	1598.	P. 213.	jusq. 222.
	Le XVI.	tenu à *Gergeau*, le 9. Mai,	1601.	P. 223.	jusq. 254.
	Le XVII.	tenu à *Gap*, le 1. Octobre,	1603.	P. 255.	jusq. 295.
3. de la Ro-chelle.	Le XVIII.	tenu à *la Rochelle*, le 1. Mars,	1607.	P. 296.	jusq. 352.
	Le XIX.	tenu à *Saint Maixant*, le 25. Mai,	1609.	P. 353.	jusq. 394.
	Le XX.	tenu à *Privas*, le 24. Mai,	1612.	P. 395.	jusq. 464.

Tome I.   Oo   TO-

TOME SECOND.

	Le XXI. tenu à *Tonneins*, depuis le 1. Mai jusqu'au 3. Juin,	1614. - P.	1. jusq. 77.
2. de Vitré.	Le XXII. tenu à *Vitré* depuis le 18. Mai, jusqu'au 18. Juin.	1617. - P.	78. jusq. 137.
	Le XXIII. tenu à *Alais*, depuis le 1. Octobre, jusqu'au 2. Decembre,	1620. - P.	138. jusq. 232.
1. de Charenton.	Le XXIV. tenu à *Charenton*, depuis le 1. Sept. jusqu'au 1. Oct.	1623. - P.	232. jusq. 324.
	Le XXV. tenu à *Castres*, depuis le 16. Sept. jusqu'au 15. Nov.	1626. - P.	325. jusq. 425.
2. de Charenton.	Le XXVI. tenu à *Charenton*, depuis le 1. Sept. jusqu'au 10. Oct.	1631. - P.	426. jusq. 526.
	Le XXVII. tenu à *Alençon*, depuis le 27. Mai, jusqu'au 9. Juillet.	1637. - P.	527. jusq. 619.
3. de Charenton.	Le XXVIII. tenu à *Charenton*, depuis le 26. Decembre, jusqu'au 26. Janvier,	1645. - P.	620. jusq. 706.
	Le XXIX. tenu à *Loudun*, depuis le 30. Novembre 1659. jusqu'au 10. Janvier de l'An,	1660. - P.	707. jusq. 813.

Fin de la Table des Synodes Nationaux.

CATA

CATALOGUE

De tous les *Pasteurs*, & de toutes les *Eglises Reformées* de *France*, & du *Bearn*, tel qu'il fut aporté au XXVII. Synode National desdites Eglises, tenu dans la Ville d'*Alençon*, l'Année 1637. lequel n'a été suivi que de deux autres Synodes Nationaux, qui n'ont point dressé d'autre Catalogue que celui-ci, dans lequel on trouve les Noms de 647. Pasteurs, & ceux de 807. Eglises, divisées en XVI. Provinces, & en LXII. Coloques.

PREMIERE PROVINCE.

Il y avoit dans la Province du *Berri*, d'*Orleans*, du *Blaisois*, du *Nivernois*, & de la *Haute Marche*, les Pasteurs & les Eglises qui suivent.

I.

Dans le Coloque de *Sancerre*.

PASTEURS.	EGLISES.	PASTEURS.	EGLISES.
1. Etienne de Monsanglard,	Corbigni. 1	14. Jean Alix,	Marchenoir. 15
2. Daniel Jamet,	Gien sur Loire. 2	15. Isaac Garnier,	Basoches. 16
3. Jean Guerin,	Châtillon sur Loin. 3	16. Jerôme Belon,	Chamerol, } 17
4. Paul Allard,	Sancerre. 4	17. Louis Tuissard,	Bouderoi, }
5. Jean Tabi,	La Charité. 5	18. Daniel Jurieu,	Mer. 18
6. Aimé Piat,	Chatillon sur Loire. 6	19. Cyrus du Moulin,	Châteaudun. 19
7. Elie Semele,	Grinon & Escarpille. 7	20. Philippe de la Pierre,	l'un & l'autre destitués
8. Paul Guez,	Snilli & Aubigni. 8	21. Abel de l'Argent,	d'Eglises.
9. Isaac Badaud,	sans Eglise.		
Vacantes {	La Selle, 9. & Dolot. 10.		

III.

Dans le Coloque du *Berri* & du *Bourbonnois*.

II.

Dans le Coloque du *Blaisois*.

PASTEURS.	EGLISES.
10. Nicolas Vignier,	Blois. 11
11. Paul Tétard,	Orleans. 12
12. Jacques Durand,	Romorantin. 13
13. Jacob Brun,	Danjeau. 14

PASTEURS.	EGLISES.
22. Louis Scoffier,	Belet. 20
23. René Bedé,	Issoudun. 21
24. Elie Pejusy,	Argenton. 22
25. Jean Bonneau,	Aubusson. 23

SE-

CATALOGUE DE TOUS LES PASTEURS

PASTEURS.   EGLISES.

SECONDE PROVINCE.

Qui étoit celle de *Bretagne*, où il n'y avoit qu'un feul Coloque, compofé des Eglifes & des Pafteurs ci-après nommés.

26. Bertrant Avignon, Seigneur de Souvigni, Pafteur de l'Eglife de *Hennes*. 24
27. Daniel Sauve, *Vielle-Vigne*. 25
28. Pierre de la Place, *Sion*. 26
29. Pierre Bouchereau, Seign. de la *Maneffe*, *Nantes*. 27
30. David de la Place, *La Muffare*. 28
31. André Levier, Seigneur de *Beauchamps*, *Blain*. 29
32. Priuil, Miniftre de *RocheBernard*. 30
33. & 34. Pretére, & Pierre Joftain, *Vitré*. 31
35. Routel, Miniftre de *Ploer*. 32
36. de la Haye, Vacante *Triguier*. 33 fans Eglife,

TROSIEME PROVINCE.

Dans laquelle étoit comprife, la *Xaintonge*, l'*Angoumois*, l'*Aunix*, & les *Ifles*.

I.

Dans le Coloque d'*Aunix* il y avoit,

37. Jerôme Colomnies & } Minift. de la
38. Philippe Vincent, } *Rochelle*. 34
  Vacantes. *Surgere & Ciré*. 35
39. Jean Flanc, *Angoulins Pont de la*
40. Jean Jagaut, *Pierre & Aitré*. 36
41. Jean Salbert. Seigneur de *Villers*, } *Rochefort, St. Laurnus & Florrus*. 37

PASTEURS.   EGLISES.

42. Daniel Chavet, *Marais*. 38
43. Samuel de la Forêt, *Maze*. 39
44. Samuel de la *Bournivet & Daump*, Ferre, 40 & 41.
45. Ifaac Coutaut, } *Sales, Tarai, & la Jarrie* 42. 43. & 44

I I.

Le Coloque de *St. Jean d'Angeli*, avoit,

46. Japhet du Vigier } tous deux Miniftres de *Saint Jean*
47. Jean du Croi } *d'Angeli*. 45
48. Abraham Joier, *TonnaiCharante*. 46
49. Pierre Charron, *TonnaiBoutonnai* 47
50. René Cheteau, *Subize*. 48
51. Guillaume Rivet Seigneur de *Chamvernon*, *Taillebourg*. 49
52. Thomas Guiot, *Moife*. 50
53. Sebaftien Baudouin. *St. Savignan*. 51
54. Pierre Menavan, *Fontenai Labatu*. 52
55. Jacques Morin, } *Tors Fresneau & Mata*. 53

I I I.

Le Coloque des *Ifles*, avoit,

56. Pierre Richer, Seigneur de *Vandelincourt*, } *Marents*.
57. & Antoine Chardavoin, Miniftres de } 54
58. Claude Herauld, *Cozes*. 55
59. Jean Perreau, *Saujon*. 56
60. Jean du Menil, *St. Juft*. 57
61. Antoine Bugnon, *St. J. d'Angeli*. 58
62. Jean Papin, *La Tremblade*. 59
63. Olivier le Cercler, Seigneur de la *Monerie*, } *Arnot*. 60
64. Jacques de la Fontaine, *Royan*. 61
65. Jean Gruelle, *Mefchors*. 62
66. Elie Conftans le Jeune, *Morné* 63

Sau-

ET DES EGLISES REFORME'ES DE FRANCE.

Pasteurs.	Eeglises.	Pasteurs.	Eglises.
Saujon, & *St. Lierre*, 64. *Saint Denis*, 65. & le *Château d'Oleron*, 66. étoient interdites dans ce Coloque.		86. Samuel Lagarie,	*Cognac.* 84
		87. Etienne Trixeiul,	*Villefaignan.* 85
		88. Jean Comarc,	{ *Vertueil, Ruffet & Château Renauld.* 86
		Elie Conſtans, au Nombre 66. maintenant à	*Bourg & Charante.* 87

IV.

Le Coloque de *Xaintonge*.

67. Theophile Rosselet	} Paſteurs de
68. & Jean Druet,	} *Xaintes.* 67
69. Jean Conſtans, l'Aîné,	*Lons.* 68
70. Elie Prioleau, Seigneur de la *Viennerie*,	*Jonzael.* 69
71. Jean Hamilton, le Pere,	{ *Montandre, Fontaines, & Ozillac.* 70
72. Jean Hamilton, le Fils,	
73. Jacques Gautier,	*Archiac.* 71
74. Pier. Bonniot, *Fou & St. Germain* 72
75. Jean Marcon,	*Baigne* 73
76. Jean Baduel,	*Mizabeau.* 74
77. Pierre Chaze,	*St. Severin.* 75
78. Louis Auboujeneau,	{ *Monlieu & Monhuion.* 76
79. David Belot,	*Chalais & la Roche* 77
80. Franç. Majou,	*Clanbois & Claſſac* 78
81. Lazare Cazaux,	*Barbezieux.* 79

89. Antoine Carrier, *Legonzat & Lignieres.* 88
90. Iſaac Marchant, *La Rochebeaucourt.* 89
91. Jean Paſcard, ſans Egliſe, *Sales.* 90
Egliſes interdites, *Mortagne,* 91 & *Lonzac* 92
Egliſes deſtituées de Paſteurs, *Gemouzac* 93. *Rieux* 94. *Niel* 95. *Hevert aux Beteries* 96. & *St. Aulai.* 97

QUATRIEME PROVINCE.

C'étoit celle de *Bourgogne* contenant,

I.

Le Coloque de *Gex*.

92. Jean Tapé, *Chalais & Sarconnai.* 98
93. Jacques Clerc, le Pere, *Ceſſi* 99
94. Jacques Clerc, le Fils, *Colonges.* 100
95. Jacques Gautier, *Gex.* 101.
96. Dupré, *Vivonne.* 102
97. François Perreaud, { *St. Hoine & Fargues.* 103
98. Pierre Deſpreaux, *Croſſet.* 104.
99. Joſeph Prevôt, *Ornez.* 105.
100. David Paget, *Verſoi.* 106

V.

Le Coloque d'*Angoumois*.

82. Jean Ferrand,	{ *St. Claude & Champagne Mouton.* 80
83. Iſaac Clauve,	{ *La Rochefaucaud. & Lindois.* 81
84. Iſaac Patui,	{ *St. Meſme, Jarnac & Charante.* 82
85 Abraham Hiver,	{ *Angoulême & Montignac.* 83

II.

Le Coloque de *Dijon*.

101. Joſeph Mauvin, *Arnai le Duc.* 107
102. Iſaac Durand, *Iſſurtille.* 108
103. Gedeon Guionnet, *Châtillon ſur Seine.* 109
Vacan-

Pasteurs.	Eglises.	Pasteurs.	Eglises.
Vacantes. {	St. Jean de Laune. 110	120. Jean Chauvet,	
	Dijon. 111	121. Philippe Codur,	
104. Pier. Bolenat,	Avalon & Vaux. 112	122. Samuel Petit,	Pasteurs de Ni-
105. Jean Comperat,	Negons. 113	123. Claude Rosselet	mes. 129
106. Pierre Heliot,	Baulne. 114	&	
		124. Josué Darnieu,	

III.

Le Coloque de Châlons.

		125. Justamen,	Masillargues. 130
		126. François Durand,	Galargues. 131
107 Amedée Bons,	Châlons. 115	127. Quintin Rennoi	
108. Jean Viridet,	Parai. 116	&	Clavisson. 132
109. Noel Angeli,	Martingues. 117	128. Abraham de Lare,	
110. Pierre Jai-	Pont des Vaux &	129. Tobie Roux,	St. Laurens. 133
mot,	Belleville. 118	130. Sigillori,	Aimargues. 134
Vacantes. {	Moulins. 119	131. André Basnage,	Bernis. 135
	Bourbon. 120	132. Tibaut,	Aubars. 136
111. Heliodore	Bussi & Cla-	133. Allegre,	Nayet. 137
du Noyer,	gni. 121	134. Fournier,	Cheronsac. 138
112. Geofroi	Authun & Con-	135. Brun,	Vauvert. 139
Brunier,	ches. 122.	136. Gautier,	Sommieres. 140
		137. Saurin,	Aimargues. 141
		138. Lichicres,	Vergescet. 142

IV.

Le Coloque de Lion.

		139. Davin,	Beauvoisin. 143
		140. Bertrand,	Bussignarques. 144

II.

Le Coloque d'Usez.

113. Esaie Bailli &			
114. Alexandre Rous,	Lion. 123		
115. Senebriet,		141. Ralli, l'ainé	Brajac. 145
116. François Renaud, Sei-	Mâcon,	142. Arnaud,	Fons. 146
gneur de Mispillac,	124	143. Noguyer	
117. Jacob Textor,	Bouage. 125	&	Pasteurs à Usez. 147
118. Jean Marcombes,	Pons de voiles. 126	144. Manuel,	
Vacante.	Puillac. 127	145. Du Cros,	Blansac. 148
		146. Ravanel,	St. Genis. 149

CINQUIEME PROVINCE.

Contenant le Bas Languedoc.

		147. Bonnier,	Lussan. 150
		148. Chabaud,	Boiscoiran. 151
		149. Meinier Castanier,	Navacelles. 152
		150. Paul Cheiron,	Genouillac. 153

I.

Le Coloque de Nîmes.

		151. Ponnier,	Les Vaux. 154
		152. Desmarets,	Chambourrigand. 155
		153. Ralli, le Jeune,	Mouteran 156
119. Jean Bansil-	Aigues Mor-	154. Le Sage,	Ambroise. 157
lon,	tes. 128	155. Thomas,	St. Jean de Marneiola 158

156. Pier-

ET DES EGLISES REFORME'ES DE FRANCE. 295

PASTEURS.	EGLISES.	PASTEURS.	EGLISES.
156. Pierre Serres,	St. Bagnols. 159	178. Jacques Clemenceau, le Pere,	Poictiers. 181
157. Ancet,	Saint Monfond, & St. Quentin 160	179. Jacques Cottibi,	
158. Jean Sobier, déchargé...		180. Isaac Chabrol,	Touars. 182
		181. Daniel Pui, &	
		182. Jean Carré,	Châtelheraud. 183

III.

Le Coloque de Montpellier.

183. Daniel Jaillard, Seigneur de Rosefleur, Aubanie & Sauſe. 184
184. Pierre Vinard, Montfermier. 185
185. André Gourderi, Montreuil, & Bonnin. 186

159. Vedrines,
160. Moiſe Baux, } Miniſtres de
161. Jean Gigord, } Montpellier. 162
162. Carſenal,
163. Jean de Croi, Bezieres. 163
164. Pucis, Pinan. 164
165. Begon, Clermont. 165
166. Atgé, Lunel. 166
167. Preud-homme, Courvon 167
168. Lavit, Bezarieux. 168
169. Second, Montagnac. 169
170. Rouze, Malquiel. 170
Egliſes vacantes, { Lelache & Vendaman. 171
Gignac. 172
Pouſſan. 173
Forenzac. 174
171. Moiſe Rouſſel, Paſteur deſchargé

II.

Le Coloque du Moien Poictou.

186. Chauſſepied, Champdenis. 187
187. Jean de la Blancherie, Mougon 188
188. Jean Chalmot, Chefboutonne & Saveilles. 189
189. Jean le Chantre, Melle. 190
190. Jacques Cognac, Niort. 191
191. Jonas Chaſgneau & St. Maixant 192
192. Samuel le Blanc,
193. Jean Vatable, Iſſoudun. 193
194. Nicolas Chaſgneau Aunai & Chize. 194.
195. Theophile Leſniere, Marſillac & Aigre. 195
196. Jacques Chalmot, Seigneur de Tiel, Saint Gelais & Chevreux 196
197. Jacques Artuis, Seigneur de Villefaiſon, La Motte & St. Eraye. 197

SIXIEME PROVINCE.

Contenant le Poictou.

I.

Coloque du Haut Languedoc.

172. Jean Foran, Paſteur de Chavigni. 175.
173. Jacques Clemenceau, le Cadet, Courteilles. 176.
174. Jean Maſſon, Civrai. 177
175. Iſaac du Soul, Luſignan. 178
176. Iſaac de Siville, Condé. 179
177. Nicolas Bellin, Parthenai. 180

III.

Le Coloque du Bas Poictou.

198. Jean Greſlant, La Chaume & les Sables. 198.
199. Joſué d'Artois, St. Hilaire & Fouſſai. 199
200. An-

Pasteurs.	Eglises.	Pasteurs.	Eglises.
200. Anne Savonnet,	*La Joduiniere, Mouilleron, & Basange.* 200	**SEPTIEME PROVINCE.**	
201. Thomas Jonson,	*Sezai, & le Breuilbarret.* 201	Contenant la *Touraine*, l'*Anjou* & le *Maine*.	
202. Josias Olivier,	*Chantonnai, & Puibelliard.* 202	Le Coloque de *Touraine*.	
103. Louis Rocaer, Seign. de la Barigniere,	*La Chatagnerai.* 203	215. Matthieu Cottier & 216. Jean Foran,	Pasteurs de *Tours.* 221
204. René des Closses Seigneur de la *Touche*	*Mooschamp.* 204	217. Jean Roger & 218. Pierre Fleuri	*Prejulli.* 222
205. Gabriel Bouquet,	*La Chaise & Bournezeaux.* 205	219. Pierre de Coudre,	*Châtillon sur l'Indre.* 223
206. Jean de la Place, le Pere,	*Saint Fulgent.* 206	220. Isaac le Pelletier,	*Vendôme.* 224
207. Jacques Prunier,	*Bouzange, & Bompere.* 207	221. Franç. de la Galere,	*Montoire.* 225
208. Jacques Renconnet,	*Talmont.* 208	222. Jacques de Vacheure, Seign. de la *Lasse*,	*l'Isle Bouchard.* 226
209. Isaac Vergnon,	*Mareuil & Versoi.* 209		
Vacantes,	*St. Heremine, & la Chapelle.* 210	I I.	
		Le Coloque d'*Anjou*.	
210. Charles Chauve, Seigneur de Longchamp,	*Montagne, la Forêt, & Perigne.* 211	223. Etienne le Blois,	*Angers.* 227
	Vacante, *Vendore.* 212	224. Jacques Brisac, seigneur de *Loges*, &	*Loudun.*
211. Charles Mallet,	*St. Geles sur Vieres & la Ganache.* 213	225. Daniel Coupé, tous deux à .	228
212. Elie Bouchereau,	*Fontenai le Comte.* 214	226.	
213. Pierre Cognart,	*Leguire & St. Benoit.* 215	227. Moïse Amiraud, 228. Josué de la Place, 229. Isaac d'Huisseau,	*Saumur & Bourgneil.* 229
Vacantes,	*Belleville & Essenai* 216. *Lusson.* 217. *Coulonge.* 218. *les Reaux.* 219. *Penet & le Vigean.* 220	230. Pierre Lassiere, 231. Jean Pineau, Seigneur de la *Quantinage*,	*Mirebeau.* 230 *Bouge.* 231
214. Jean Bonnard, autrefois Pasteur mais maintenant sans Eglise.		I I I.	
		Le Coloque du *Maine*.	
		232. Jean Vigneux,	*Mans & Ardenai.* 232
		233. Abel	

ET DES EGLISES REFORME'ES DE FRANCE.

Pasteurs.	Eglises.	Pasteurs.	Eglises.
233. Abel Amiraud, Seign. de *Beaufoudun*	St. *Agnan* & *Mimbrai*. 233	NEUVIEME PROVINCE.	
234. Abel Barbier,	Pringe & Gallerande. 234	Contenant les Eglises du *Bearn*.	
235. René Alin,	Belesine. 235		
236. Aimé Tricot,	*Château du Loir*. 236	I.	
237. Rouveau,	Lassei. 237	Le Coloque de *Sauveterre*.	
Vacantes,	{ Château Gontier. 238	252. Jean Capdeville,	Sauveterre. 264
	Craon. 239	253. Philippe Beque,	} Sallieres. 265
	La Barre. 240	254. Jean Lesterneau,	
	Pouligni. 241	255. Simon Faget,	Caresse. 266

HUITIEME PROVINCE.
Contenant le *Vivarez*, le *Forez* & le *Velai*.

		256. Jacques Majendu, le Fils,	La Bastide. 267
238. Alexandre de Venai,	Annonai. 242	257. Jean Estandeau,	Orai & ses Anexes. 268
239. Antoine Faucheur,	Chambon & St. Voi. 243	258. Raimond Toulouse,	Sainte Gladie. 269
240. Antoine la Motte	Chalancon. 244	259. Benjamin Bourgade,	Aranjuson. 270
241. Blane,	Vernoux. 245	260. Pierre Sabbattier,	Charles. 271
242. Pierre Picorre,	Bausse. 246	261. Pierre Guelmin,	St. Palais. 272
243. Marcellin Jardin,	Desaignes. 247	262. Bustenobis,	Mauleon en Soulé.
244. Laurens,	Vabance & Soion. 248	Vacantes,	Andans & ses Anexes 273. 74
245. Simeon d'Hostie,	St. Fortunat. 249		
246. Paul Aurat,	Privas. 250	II.	
247. Pierre Marchat,	Gluraz. 251	Le Coloque d'*Orthez*.	
248. Reboulet,	Tournon proche Privas. 252	263. Antoine Vipsalie,	Orthez. 275
	{ Le Poussin & St. Auban. 253	364. Bernard de Majendu, le Pere,	Maloé. 276
249. Pierre Guezé,		265. La Fitte,	Logor. 277
250. Bourset,	Bais & le Bois. 254	266. Samuel Remi,	Pardies. 278
251. David Chanat,	Lagorce & Vallon. 255	267. Disserottes,	Gouzé. 279
		268. Minvielle,	Artez. 280
Luccon Pasteur dechargé.		269. La Pouble,	Castillon. 281
	{ Le Choilost. 256	270. Martin,	Castetins. 282
	Aubenas & Vales. 257	271. Jean Carsursin,	Bercug. 283
	Touche & Metas. 258	272. Tartan,	Belloc. 284
Vacantes,	Villeneuve. 259	273. Codelougne,	Ste. Suzanne. 285
	Mirabel & St. Pons. 260	274. Capelle,	Castenai. 286
	De Berg. 261	275. Coûture,	Ville Segure. 287
	Bonlieu. 262. & Saint Etienne en Forêtz. 263		

Tome I.

Pasteurs.	Eglises.	Pasteurs.	Eglises.
		298. Jacques de la Pujade,	Garlin. 308
III.		299. Pierre Rival,	Noyer. 309
Le Coloque de *Pau*.		300. David Abadie,	*Mouvans & Courbes.* 310
276. Jean d'Abadie, &		DIXIEME PROVINCE.	
277. Jean de la Fitte,	*Paux.* 288.	Contenant les Eglises de *Provence*.	
278. Vidal	*Lexar.* 289.		
279. Etienne Fabas,	*Morlas.* 290	I.	
280. Palobe,	*La Seube.* 291		
281. Gruyer,	*Cescau.* 292	Seul Coloque.	
		301. Paul Maurice,	*Aiguies.* 311
IV.		302. Pierre Maurice,	*Lormarin.* 312
Le Coloque d'*Oleron*.		303. André Bernard,	*Merindol.* 313
		304. Jacques Baillé,	*La Costé* 314
282. Casse Bonne, &		305. Jacques Récent,	*Velaux.* 315
283. Casse Major,	*Oleron.* 293	306. Antoine de Crosse,	*Cabrieres & la Motte.* 316
284. André Majendu, le Fils,	*Navarreins.* 294	307. Paul Godemar,	*Riés.* 317
285. La Tourette,	*Castelnau.* 295	308. Jean Bernard,	*Auluc.* 318
286. Chandieu,	*Mouveins.* 296	309. Pierre Chalier,	*Sené.* 319
287. Bedora,	*Vielle.* 297	310. André Genoyer,	*Manosque.* 320
288. La Placette,	*Aradit & Valée de Sau.* 298	Vacantes, {	*Gordes.* 321 *Joucas & Muette.* 322 *La Charge Curbau.* 323
289. Jean d'Abadie,	*Aspe.* 299		
290. Eusebe Barrubieres,	*Barretons Vallé.* 300	ONZIEME PROVINCE.	
V.		Contenant les Eglises des *Sevenes*.	
Le Coloque de *Nai*.		I.	
291. Cabanes,	*Nai.* 301	Le Coloque d'*Anduze*.	
292. Jean Salfranquer,	*Arros.* 302		
293. Clavel,	*Nostin.* 303	311. Jean Soleil, &	
294. La Placette,	*Pontac.* 304	312. Arnaud,	*Anduze.* 324
295. Cassore,	*Assa.* 305		
296. Theophile Brun,	*Asson.* 306	313. Jean Bong,	*St. Jean de Gardonnengue.* 325
		314. Paul Paul,	*Generasques.* 326
VI.		315. Antoine Imbert,	*Meclet.* 327
Le Coloque de *Vibil*.		316. Jean Reboutier,	*La Sale.* 328
297. Jean de la Garrique,	*Lambeis.* 307	317. Daniel Guerin,	*Sadorgnes.* 329
		318. Lau-	

ET DES EGLISES REFORME'ES DE FRANCE

PASTEURS.	EGLISES	PASTEURS.	EGLISES.
318. Laurens Aimard,	Lezan. 330	351. Guissart,	Ste. Croix. 361
319. Guy Chavanon,	Le Dignan..331	352. Barba,	St. André Valborgne. 362
320. N. Robert,	Vezenobres. 332	353. Pelet de la Carniere,	St. Julien. 363
321. N. Bouton,	Alais. 333	354. De la Bastide,	Saumane. 364
322. Jean Poussac,	St. Paul. 334	355. Simon de Villars,	St. Hilaire. 365
		356. Tubert,	Le Pomdoux. 366

II.

Le Coloque de *Sauve*.

357. Repasseau,			Forac. 367
358. Roux,			Marnejoles. 368
359. Rouvre,			Cassegnas. 369
323. Louis Guischart,	Sauve. 335	360. Jacques du Mas,	Vebron. 370
324. Louis Couraud,	Lueissoe. 336	361. Guion,	Brenoux. 371
325. Guissart,	Combas. 337	362. Du Mas,	Aumegnet. 372
326. Daniel Lorand,	Duford. 338	363. Abraham de Saint Loup,	Saint Marcel. 373
327. Esaïe Lorand,	Concairal. 339		
328. Josephe Pougade,	St. Hippolite 340	364. Des Essars, *dechargé à cause de son grand Age*.	
329. Lelat,	Monoblet. 341		
330. Henri Lacombe,	La Cadiere. 342		

DOUZIEME PROVINCE.

Qui étoit celle de la *Basse Guienne* contenant.

I.

Le Coloque du *Bas Agenois*.

331. Du Bruët,	Granges. 343		
332. Samul Blanc,	Samene. 344		
333. Tubere,	Mandagourt. 345		
334. Jean Surville,	Le Vignan. 346		
335. Moïse Lacombe,	St. Laurens, & Montdardier. 347	365. Daniel Ferrand, & 366 Goyon,	Bourdeaux. 374
336. Jean Nouis,	Aulas. 348		
337. Guillaume,	Auze. 349		
338. Jacques Berlier,	Bren. 350	367. Mizaubin & 368. Constantin, 369. De Monceau,	Ste. Foi. 375
339. Pierre de Dieu,	Aumassas. 351		
340. Villaret,	Valarogues. 352		
341. Antoine Vincent,	Meirnez. 353		
342. François du Mas, & 343. la Coste,	L'un & l'autre *sans Eglise*.	370. Bessotis,	Coutras. 376
		371. Denis,	Moncard. 377
		372. Ricatier,	Duras. 378
		Vacantes. {	Poujols & Rosan. 379
			Castets. 380
			Langon. 381
			Gironde. 382

III.

Le Coloque de *St. Germain*.

344. Graigner,	St Germain. 354		
345. Jean Barzan,	St Etienne. 355		
346. Pascal,	St. Roman. 356	373. Cartier, *Villeneuve & Theobon.* 383
347. Henri Guischard,	Le Collet. 357	374. Bordieu,	La Sauverai. 384
348. Pontier,	Castagnols 358	375. Privas,	Castillon. 385
349. Paul Ivon,	*le Pont Montreuil.* 359	376. Pinet,	Miramont. 386
350. Sauvage,	Bapre. 360	377. Renaud,	Casselmoron 387

Pasteurs.	Eglises.	Pasteurs.	Eglises.
378. Abraham Darnazaé,	Genzac. 388	405. Vanquelin,	Pujols. 414
379. Augier,	Pellegrue. 389	406. Mathurin,	Castelsagarat. 415
380. Galay,	Libourne. 390	407. La Barre,	Castelmoron. 416
381. Planteau,	Faussignac. 391	408. Maures,	Castelgrate, Combe & Montault. 417
		409. Textas,	Puimirol. 418
		410. Jarlan,	Gevaudan. 419

II.

Le Coloque du *Condomois*.

382. Vignier, }
& } Nerac. 392
383. Aaron Tinel, }
384. D'aubus, Montagnac. 393
385. La Livoire, Cannubin & Meillan. 394
386. Boutet, Coulonges, Le Mas d'Agenois Viefensejac & Montreal. 395
387. Sauvage, Laberdat & Tranquerolle. 396
388. Du Luc, Casteljaloux. 397
389. La Guchai, Monheur. 398
390. Du Luc, Puch & Gontant. 399
391. D'Artigues, Montrabaux. 400
392. Duffau, Glanne. 401
393. La Fitte, Solon, Hastingues, les Landes, & Chalosse. 402

III.

Le Coloque du *Haut Agenois*.

394. Jean Alba, Agen. 403
395. Abel Denis, Grateloup. 404
396. Eraste de la Cave, Lasepede. 405
397. D'aubos, le Jeune, Monpron, & Lustrat, 406
398. Persi, Montflanquin. 407
399. Bernardin du Hauf, Tonneins. 408
400. Betoul, Tonneins. 409
401. Brinhol, Lamparade. 410
402. Sallettes, Gontaut, & Saint Barthelemi. 411
403. Dozé, Tournon. 412
404. Jean Costebadie, Clerac. 413

IV.

Le Coloque du *Perigord*.

411. Pineau, }
412. Beaujardin, } Bergerac. 420
413. Berceau, }
414. Eimer, Monpassier, Suirac & Barbignieres, 421
415. Beréau, le Jeune, La Mongie, Issigiac & Ponpoit. 422
416. Potet. Eymet. 423
417. Du Pui, La Force. 424
418. Freron, Benac. 425
419. Touton, La Linde. 426
420. Pages, Monbazillac & Pilles. 427
421. La Tané, Mussidan 428
422. Melan, Parriere. 429
423. Boutin, Langerei & Cleraux. 430
424. Chauveton }
& } Sigoules. 431
425. Peron, }
426. Barthe, le Jeune, Lisle. 432
427. Baisse Laned, Milleville & Bugol. 433
428. Borduc, Montignac & la Tagnac. 434

V.

Le Coloque du *Limousin*.

429. Pierre Huton, Turennes. 435
430. Barte l'Ainé, Limoges & Rochecouart. 436

Bar-

ET DES EGLISES REFORME'ES DE FRANCE.

PASTEURS.	EGLISES.	PASTEURS.	EGLISES.
431. Barthe le Cadet,	Froignac, Châteauneuf. &	453. Michel Janvier,	Beaurepaire. 456
432. Claude,	Beaulieu. 437	454. Daniel Maillefaud,	Saint Marcellin. 457
		455. Pierre Murat,	Romans. 458
		456. Isaac d'Herrieu, &	Pont en Royans. &
		457. Jean Imbert,	Beaumont. 469

TREZIEME PROVINCE.

Qui étoit celle du *Dauphiné*, contenant,

I.

Le Coloque du *Gapensois*.

433. Samuel Charles, *Gap.* 438
434. Hugues Rollin, *Veines.* 439
435. Charles Desneau de la Croix, *Orpiere,* 440
436. André Serre, *Scoie.* 441
437. Benjamin Sausé, *Laraignac.* 442
438. Marc Felix, *Rosan.* 443
439. Josué Riper, *Valprunier.* 444
440. David Pissart, *St. Bonnet.* 445
441. Jean Bonnet, *Tallard* 446

II.

Le Coloque du *Diois*.

442. Jean Aimin,
443. David Eustache, } *Die.* 447
444. Etienne le Blanc,
445. Jean Manuel, *Pontaix.* 448
446. Jean Gros, *Châtillon.* 449
447. Jacques Matthieu, *Beurieres.* 450
448. Jean Cherubin, *Beaufort.* 451
449. Raphaël Gabet, *La Motte.* 452
450. Benjamin Vacher, *Quint & Faillant.* 453

III.

Le Coloque de *Viennois*.

451. Jean Cuchet, *Château-Double.* 454
452. Pierre Pissart, *Larbon* 455

IV.

Le Coloque de *Valle Luson*.

458. Samuel Clement, *Roure.* 460
459. Samuel Pascal, *Mantoules.* 461
460. David Jourdain, *Fenestrelles,* 462
461. Pierre Savrin, *Oulx.* 463
462. David Pastor, *Pragella.* 464
463. Philibert de Joux, *Chaumont.* 465
454. Thomas Comte, *Pasteur dechargé.*

V.

Le Coloque de *Gresivaudan*.

465. Denis Bouterove, & } *Grenoble.* 466
466. François Murat, }
467. David Millefaut, *St. Jean d'Horis.* 467
468. Isaac Ferrand, *La Mure.* 468
469. David Gontier, *Corps.* 469
470. Abraham Jourdain, *Terrasses.* 470
471. Jean Rudelle, *Mont-de-Lent.* 471
472. Bartelemi Durand, *Clavan.* 472
473. Simeon Cony, *Besses.* 473
474. Jean Terasson, *Misoën.* 474

Vacantes. { *Vif.* 475 & *Barraux.* 476

Jean d'Espagne, *Pasteur dechargé.*

| Pasteurs. | Eglises. | Pasteurs. | Eglises. |

IV.

Le Coloque de *Valentinois*.

475. Adrien Chamler
    & } *Montlimar*. 477
476. Greguts,
477. Paul Guion,   *Dieu le Fit*. 478
478. Jean de la Faye,   *Lauriol*. 479
479. Gervais Alexis,   *Livron* 480
480. Jean de Gilliers, *Bordeaux*. 481
481. Alexander Dizé,   *Crest*. 482
482. Jean Cordel,   *Manas*. 483
483. Sebastien Gray.   *Vesq*. 484

VII.

Le Coloque des *Baronies*.

484. Jacques Penichon,
    Seign. de *Chambrun*, & } *Orange*. 485
485. David Silvius,
486. Salmon Fauvré   *Nions*. 486
487. Isaac Chaltier, *Ste. Euphemie*. 487
488. Gabriel Boulle,   *Vinsobres*. 488
489. Jacques Piolet,   *Condorcet*. 489
490. Jacques Bouvier,   *Saint Paul trois Châteaux*. 490
491. François Valaneon, *Toillignac* 491
492. Gaspar Martin,   *Courtezan*. 492
493. George Mauguis,   *Tulette*. &
    Vacante. *Monbrun*. 493.

VIII.

Le Coloque de l'*Ambrunois*

494. Jacques Bailli,   *Ambrun*. 494
495. Daniel Bec,   *Mellines*. 495
496. Pierre Bouvat,   *Arvien*. 496
497. Jean Giraud,   *Abries*. 497
498. Daniel Sarret,   *Guillestre* 498
499. Salomon Jollifier, *Fressigniere*. 499
    Vacante, *Château Dauphin*. 500

QUATORZIEME PROVINCE.

Qui étoit celle de la *Normandie*, contenant,

I.

Le Coloque de *Rouën*.

500. David de Caux, { *Ponteau de Mer*, *Quillebeuf*, *Bois-Roger*, *Honfleur* & *Pont l'Evéque*, 501
501. Jean Maximilien de Langle,
502. David Primrose ; } *Rouën*. 502
    &
503. Luc Jence,
504. Pierre le Tellier, *Evreux*. 503
505. Jean le Marchant, *Gisors*. 504

II.

Le Coloque de *Caux*.

506. Abdias de Mondenis,
507. Pierre Laquel,
    & } *Dieppe* 505
508. Louis de Forquinbergue,
509. Jacques la Rey,   *Bosebec*. 506
510. Jean de la Motte, *Jaitot*. 507
511. David Guelode,   *Fescamp*. 508
512. Jean Baudouïn,   *Le Havre de Grace*. 509
513. David Hebert,   { *Baqueville*, *Lislebeuf*, & *Liveroy*. 510

III.

Le Coloque de *Caën*.

514. Pierre Bayeux,   *Bussi*. 511
515. Marc Maurice,   *Véez*. 512
516. Etienne le Sage,   *St. Vast*. 513

Jean

ET DES EGLISES REFORME'ES DE FRANCE.

PASTEURS.	EGLISES
517. Jean de Belle-Hache, Sr. de Beaumont,	
518. Jean Bridon, &	Caën. 514
519. Samuel Bachart,	
520. Jean Popin,	Fevrieres, Coulombieres, & les Essars. 515
521. Antoine Basnage,	Bayeux. 516
522. Pierre Basnage, son Fils non pourvû.	

IV.
Le Coloque de *Constantin*.

523. Benjamin Basnage,	Sainte Mere Eglise. 517
524. Antoine Philippommeau, &	Pont-Oison, &
525. Charles Giorn,	Dusé. 518
526. Joachim le Moine,	Gavré & Cerisi. 519
527. Isaac de Vehemes,	Chefrenos. 520
528. Luc Pavoquet,	Fontenai & Chassanai. 521
529. Michel Caru,	St. Loo. 522
530. Jacques Lobier,	Groussi. 523
531. Daniel le Bourgeois,	La Hay du Pui. 524

V.
Le Coloque d'*Alençon*.

532. Paul Baudart,	Mongouert. 525
533. Louis Heraut, &	Alençon. 526
534. Matthieu Bochart,	
535. Etienne le Prevôt, Sr. du *Buisson*,	Courtaumur, l'Aigle & Sées. 527
536. Etienne le Foience,	Croissi, & Fontaine Meinils. 528

PASTEURS.	EGLISES.

VI.
Le Coloque de *Falaise*.

537. Pierre Baudrin,	Moulins & Mesnier. 529
538. Noel Gasset,	St. Silvain, & St. Pierre sur la Dine. 530
539. Jean Blanchard	Vires & Condé. 531
540. Jacques Tinard,	Le Forêt. 532
541. Benjamin du Clos,	Falaise & la Motte. 533
Pierre Morin, Seigneur de *Launai*, Pasteur dechargé.	

QUINZIEME PROVINCE.
Qui étoit celle du *Haut Languedoc* & de la *Basse Guienne*, contenant,

I.
Le Coloque du *Bas Querci*.

542. Le Voyer.	Senenerie & Cajare. 534
543. LaRoche,	Cardaillac & Figeac. 535
544. Candris,	La Tronquirre. 536
545. Bonnefons,	St. Serre & Issenac. 537

II.
Le Coloque du *Haut Querci*.

546. Pierre Beraud,	
547. Pierre Olier,	
548. Pierre Charles,	Montauban.
549. Timothée de Long,	538
550. Antoine Garissoles,	
551. Le Grand,	Caussade. 539
552. Verdier,	Negrepelisse. 540
553. Cruniel,	Bourniquel. 541
554. Moinier,	St. Lehofaire. 542

Abel

304 CATALOGUE DE TOUS LES PASTEURS

Pasteurs.	Eglises.
555. Abel Richeteau,	Menfac. 543
556. Bardon,	St. Anteins. 544
557. Marc-Montaine,	Albras. 545
558. Reinault,	Rearville. 546
559. Bourdin,	Verlac. 547

III.

Le Coloque d'*Albigeois*.

560. Pierre Sauris,	
561. Paul Charles,	Caftres. 548
562. Jofias Daneau,	
563. Pier. Com-belaffe,	Realment, Vene, La Ferbelaffe, & Lombeis. 549
564. Jean Balarand,	La Hangle. 550
565. Jean Etienne Balarand,	La Canve. 551
566 Natanael Nadal,	Caftelnau, & Sableirolles. 552
567. Jean Graffet,	Viaine, Gigomes, & la Capelle. 553
	Vacante, Deferoux. 554
568. Joseph Graffet,	Jenaux. 555
569. David Vignier,	Briofte, & St. Paul de la Miatte. 556
570. Tercife Grau,	Bouquecourt, Monpiniere, & la Beffiere. 557
571. François Regail,	Cafe St. Gafte & Plaifance. 558
572. Jacob Audibert,	Vabres & Ferrieres. 559
573. Etienne Caries,	Braffac & Aubais. 560
574. Jean Maillebron,	La Cabarede & la Baftide. 561
575. Pierre Bafchet,	Montredon. 562
576. Raifart,	Paulin & Teillet. 563
577. Honore Ligonnier,	La Voute. 564
578. Philippe Notonnier,	La Croiffette. 565
Vacante,	Efperance & Berlatte. 566

Pasteurs.	Eglises.

IV.

Le Coloque d'*Armagnac*.

579. Matthieu de Tiffier,	Mauvefin. 567
580. Etienne Rigault,	Lifle Jourdain. 568
581. Jean Tournon,	Pui Cafquettes, & fes Anexes, 569
582. Ifaac du Mas,	Mafgravier, & Lectoure. 570

V.

Le Coloque du *Rouergue*.

583. Ifaac du Tiel, &	Milhaud, Creffel, & Senerat. 571
584. Pierre Bonnefons,	
585. Jean Gerard,	Sainte Afrique & Vicquion. 572
586. Samuel de Jacques	St. Baulife, St. Paul Cormis, & St. Felix. 573
587. Philippe Marroules,	Peaux & Pont de Montrodets, Montagnac & Brufque. 574
588. Pierre Marroules,	St. Rome de Tarn, Auriac les Bibais, Roquetaillade, & Cernon. 575
589. Balthazar, St. Jean du Brueil, Mont-Jacque, mejean & Deurbie. 576
Antoine Remirol, Pafteur decharge.

VI.

Le Coloque de *L'Auragais*.

| 590. Pierre Epinaffe, | St. Amant, Villemage, & Villemoiridre. 577 |

Moi-

ET DES EGLISES REFORME'ES DE FRANCE 305

PASTEURS.	EGLISES	PASTEURS.	EGLISES.
591. Moïse Baux,	Mazamet, Hautpoul, & Pont de Lart. 579	608. Etienne le Blanc, Sieur de Beaulieu,	Senlis. 593
592. Abel Vialla,	Anfillou, Aiguefonde, Saint Abby & Cancellare. 580	609. Jean Perreau,	Maux. 594
		610. Pierre du Prat,	Liefi. 595
		611. Isaac de Nagentel,	Château Thierri & Sarponai. 596
593. Jean Bonnefons,	Pui-Laurens, & Pechandier. 581	612. Ferdinand de Pied,	Fontainebleau. 597
594. Paul Gaillard,	Rouvelle & Palleville. 582	613. David Blondel,	Rouffi. 598
595. Pierre Cazail,	Goreze & Maffaquel. 583	614. Jean Miqueau,	Toquin & Galandes. 599
596. Philippe Laraysse,	Carmagni. 584	615. Pierre Belot,	Amain, Villiers, & Clage. 600
Vacantes,	St. Paul & Daunnate. 585	616. Jean le Sueur,	La Ferté sur Jouaire. 601

VII.

Le Coloque de *Foix*.

597. Jean Ollier,	Mas d'Azil, Gauré, & la Bour. 586		
198. Jean Morsallan,	Chamebade. 587		
599. Joseph de la Fontaine,	Carlut & Savarat. 588		
600. Paul Gaufides,	Mazé & Caumont. 589		
601. Laurens Rival,	Saverdun. 590		
602. Charles Bourdin,	La Bastide, Leireau, Betats, & Limozac. 591		

II.

Le Coloque de *Picardie*.

617. Jean Baptiste,			
618. Pierre Cartier,	} Calais. 601		
619. Baquet,			
620. François Becade,			
621. Ezechiel de Avois,	Boulonois 602
622. Pierre Poinet,	Amiens. 603
623. Daniel Boucheres,	Cifemont. 604
624. Claude le Vineux,	Chauni, & Couffi. 605
625. Jean Mestayer,	St. Quentin. 606
626. Paul Georges,	Laon. 607
627. Pierre Lambour,	Laval & Gerci. 608
628. Jean Nicolay,	Compiegne. 609

SEIZIE'ME PROVINCE.

Qui étoit celle de l'*Isle de France*, contenant,

I.

Le Coloque de *Paris*.

603. Michel le Faucheur,	
604. Jean Mestrezat,	
605. Edme Aubertin,	} Paris. 592
606. Jean Daillé,	
607. Charles Drelincourt,	

Tome I.

III.

Le Coloque de *Champagne*.

629. Benjamin Augenet	Vini en Champenois. 610
630. Simon Gascher,	Châlons. 611
631. Benjamin Maffin,	Espance. 612
632. Jean Paquet,	Netancour. 613
633. Honoré de Candemer,	

Qq Jean

Pasteurs.	Eglises.	Pasteurs.	Eglises.
634. Jean Rainet,	Langres. 614	642. Louis Foulé,	Laon & Faviers. 622
635. Samuel de la Cloche,	Aichatelnai. 615	643. Philippe Falbergue,	Chartres & Joinvilliers. 623
636. Abraham Jacquelot,	Sezame. 616	644. Benjamin Tricotel,	Mantes & Auvergne. 624
637. Sigibert Alfée,	St. Mars. 617	645. Maurice de Lauberat,	Le Plessis & la Joroille. 625
638. Aaron Blondel,	Jinecour. 618	646. Dablon de Montigni,	
639. Isaac Juigné,	Vassy. 619	647. Jacques Couronne,	Autun. 626
640. Jean Carré,	Heiz le Mauron. 620		

IV.

Le Coloque du *Païs Chartrain*.

641. Louis de Forquembergue,   *Houdan.* 621

Fin du Catalogue *des* Pasteurs *& des* Eglises Reformées *de* France *& du* Bearn.

Ce Catalogue est le dernier qui a été produit dans les Synodes Nationaux des susdites *Eglises Reformées*, dont le Nombre étoit de six Cens, vint-six, & celui des *Pasteurs*, de six Cens, quarante-un, comme il paroit par les Chifres qui sont dans chaque Ligne dudit Catalogue, où il y a Cent quatre-vints *Eglises* Anexes qui n'ont pas été tirées en Ligne de Compte, c'est pourquoi le Nombre total des *Eglises Reformées* de *France*, étoit de huit Cens & six, dans le tems que celui des *Pasteurs* n'étoit que de six Cens, quarante-un, d'où il resulte qu'il y avoit Cent, soixante-cinq Eglises qui étoient destituées de Pasteurs quand ce Catalogue fut dressé.

PRE-

PREMIER SYNODE
NATIONAL
DES
EGLISES REFORMÉES
DE FRANCE

Tenu à *Paris* le 25. jour du Mois de Mai,
L'an M. D. LIX.

Sous le Regne de HENRI II. Roi de France.

Monsieur François Morel *dit de* Collonges, *alors Ministre & Pasteur de l'Eglise de Paris, Elû pour y presider, & pour en dresser les Statuts & les Reglemens, faits par les Ministres & Pasteurs de* St. Lo, de Normandie, de Dieppe, d'Angers, d'Orleans, de Tours, de Poitiers, de Xaintes, de Marennes, de Chastelheraud, *&* de St. Jean d'Angeli.

MATIERES GENERALES.

Article I.

Aucune Eglise ne pourra pretendre primauté, ni domination, sur l'autre : ni pareillement les Ministres d'une Eglise les uns sur les autres, ni les Anciens, ou Diacres, les uns sur les autres.

II.

En chaque Synode il sera élû, d'un commun accord, un President, pour faire avertir des jours & lieux auxquels on s'assemblera, & des sessions du Colloque. Item pour recüeillir les voix, & déclarer le plus grand nombre, sur lequel il prononcera toutes les Conclusions. Item pour faire qu'un chacun parle en son rang & sans confusion, & pour imposer silence à ceux qui seront trop âpres & contentieux, & pour les faire sortir s'ils ne veulent acquiescer, afin de deliberer sur les censures qu'on trouvera bon de leur faire. Il presidera à toutes les Deliberations & fera les remontrances, & les réponses à tous ceux qui demanderont

Tome I. A con-

conseil, ou qui envoyeront des Lettres aux Deputez du Synode, suivant en tout l'avis d'icelui; & il sera lui-même sujet aux Censures.

III.

La Charge du Président expirera à la fin du Colloque; & il sera en la liberté du Concile suivant, d'élire celui-là même, ou un autre.

IV.

Les Ministres, qui viendront au Concile general, pourront amener un ou deux Anciens, ou Diacres, pour le plus, élûs par ceux de leur Consistoire, qui auront voix audit Synode. Quant aux Diacres, ou Anciens, du lieu où ledit Synode sera assemblé, ils pourront assister & proposer en leur ordre: toutefois, pour éviter la confusion, il n'y en aura que deux qui auront voix, & nul ne se départira de l'Assemblée sans congé.

V.

Les Conciles generaux s'assembleront selon la necessité des Eglises, & on y fera une Censure amiable & fraternelle à tous ceux qui y assisteront; après laquelle on celebrera la Cene, pour témoigner l'Union, non pas seulement entre les seuls Ministres & Anciens desdits Synodes, mais en general avec toute l'Eglise.

VI.

Les Ministres, & un Ancien ou Diacre, pour le moins, de chaque Eglise, s'assembleront en chaque Province une fois l'an, pour le moins, & choisiront le tems & le lieu qui leur seront commodes, pour le faire.

VII.

Un Ministre ne doit pas être maintenant élû par un seul Ministre avec son Consistoire, mais par deux ou trois Ministres & leurs Consistoires, ou par le Synode Provincial, ou par un Colloque qui s'assemblera, autant qu'il sera possible, dans les lieux où il y a des Eglises dressées, & les Deputés qui y viendront seront presentés au peuple pour y être reçûs; & s'il y a des oppositions ce sera au Consistoire d'en juger; mais si le consentement de part & d'autre est refusé, le tout sera rapporté au Synode Provincial, qui connoitra tant de la justification du Ministre que de sa reception, si le Consistoire ou la plûpart du peuple y consent.

VIII.

Les Ministres ne seront envoyez des autres Eglises sans Lettres authentiques, ou sans avoir des témoignages suffisans des lieux d'où ils seront envoyez: Et si n'étant point envoyez, ils se presentent pour être reçûs, ils ne le pourront être, sans qu'il apparoisse dûement comment ils se seront gouvernez, & pour quelles causes ils auront laissé leur Eglise, & s'il y a opposition, on fera comme il a été dit ci-dessus.

IX.

Ceux qui seront élûs signeront la Confession de foi entre nous, tant dans les Eglises, où ils seront élûs, que dans les autres où ils seront envoiez; & leur Élection sera confirmée par les Prieres & l'Imposition des mains des Ministres; toutefois sans aucune superstition.

X.

Ceux qui s'ingéreront au Ministere dans les lieux où quelque Ministre de la Parole de Dieu seroit déja établi seront suffisamment avertis de s'en desister, & au cas qu'ils n'en veuillent rien faire ils seront declarés Schismatiques: & quant à ceux qui les suivront, on leur fera le même Avertissement; & s'ils sont contumaces & obstinés, ils seront aussi declarés Schismatiques.

XI.

S'il arrive que des peuples entre lesquels le Ministere de la parole ne seroit point établi, aient élû quelque Pasteur, les Eglises voisines les solliciteront amiablement & instamment de conferer avec elles, & les exhorteront à signer la Confession de Foi, & l'Ordre de la Discipline arrêtée parmi nous. Et au cas qu'ils ne voulussent ratifier ladite Confession, trois, ou quatre Ministres des Eglises voisines s'assembleront avec leurs Anciens, pour les declarer Schismatiques, & les fidéles seront avertis de se garder de tels personnages. Mais s'ils refusoient seulement de se soumettre à la Discipline arrêtée entre nous, ils ne pourront, en ce cas, être reputés Schismatiques, jusqu'à ce qu'il en soit ordonné par le Concile Provincial.

XII.

Le Ministre d'une Eglise ne pourra prêcher dans une autre, sans le consentement du Ministre qui en est en possession: Toutefois, en son absence, le Consistoire lui en pourra donner l'autorité. Et si le troupeau étoit dissipé par persecution, ou autre trouble; il tâchera d'assembler les Diacres & Anciens; ce que ne pouvant faire, il pourra néanmoins prêcher pour réünir le troupeau.

XIII.

Celui qui aura consenti d'être élû au Ministere, recevra la Charge qui lui sera denoncée: Et à son refus il sera sollicité par des exhortations convenables: toutefois on ne le pourra contraindre en aucune autre maniere.

XIV.

Les Ministres qui ne pourront exercer leur Charge dans les lieux, où ils auront été ordonnez, s'ils sont envoiés ailleurs, par l'avis de l'Eglise, & n'y veulent pas aller, ils diront leurs causes de refus au Consistoire, & là il sera jugé si elles sont raisonnables ou recevables: Que si elles ne le sont pas, & s'ils persistent à ne vouloir accepter ladite Charge; en ce cas le Synode Provincial en ordonnera.

XV.

Celui qui se seroit ingeré au Ministere de la Parole, quoi qu'il fut approuvé de son Peuple, ne pourra être approuvé des Ministres voisins ou autres, s'il y a quelque different sur son approbation dans quelque autre Eglise: Mais avant que de passer outre, le Synode Provincial s'assemblera le plûtôt qu'il sera possible pour en decider, à defaut de quoi un Colloque composé de six Ministres pour le moins, pourra decider de ce different.

XVI.

Ceux qui sont une fois élûs au Ministere, doivent sçavoir qu'ils sont élûs pour être Ministres toute leur vie. Quant à ceux qui sont envoiés pour quelque tems, & auxquels on auroit fait promesse de demission pour certaines causes, il sera avisé de pourvoir l'Eglise où ils sont, afin qu'ils fassent leurs affaires; Mais si les Eglises ne pouvoient pourvoir au troupeau si ce n'est par eux, il ne leur sera point permis d'abandonner l'Eglise, pour laquelle Jesus Christ est mort.

XVII.
Quand un Ministre sera tellement persecuté, qu'il ne pourra, sans grand danger, exercer sa Charge dans l'Eglise où il auroit été ordonné, il se pourra faire donner quelque autre Eglise pour un tems; de l'avis & du consentement des deux Eglises: Et si les Ministres ne veulent pas obéir aux jugemens des Eglises, leur cause sera rapportée au prochain Synode Provincial, où il se pourra aussi faire changer pour d'autres causes qui y seront proposées & jugées.

XVIII.
Nul Pasteur ne pourra laisser son troupeau sans le congé de son Consistoire, ou sans l'approbation des Eglises voisines de son departement. Toutefois il sera bon en ce cas d'avertir les Eglises de secourir leurs Pasteurs & de subvenir à leurs necessitez, & si le secours necessaire leur étoit refusé après qu'ils en auront fait la demande, il leur sera permis en ce cas de s'unir à une autre Eglise.

XIX.
Les nouveaux introduits en l'Eglise, & specialement les Moines & les Prêtres, ne pourront être élûs au Ministere sans une longue & diligente inquisition & approbation faite de leur vie & de leur demeure.

XX.
D'autant qu'il n'est licite ni expedient d'aller entendre les Sermons des Predicateurs Papistes ou autres, qui seroient introduits sans une legitime vocation, dans les lieux où il n'y a point de Ministere de la parole dressé, les vrais Pasteurs doivent empêcher, autant qu'il leur sera possible, ceux de leur troupeau d'y aller.

XXI.
Les Ministres qui enseigneront une mauvaise Doctrine, & qui après avoir été suffisamment avertis, ne s'en desisteront pas, & ceux qui n'obéiront pas aux saintes ordonnances & admonitions prises de la parole de Dieu, qui leur seront faites par le Consistoire, & ceux qui seront de vie scandaleuse, à sçavoir ceux qui meritent d'être punis par le Magistrat, ou excommuniés par l'Eglise: Ceux aussi qui seront entierement incapables de faire leur Charge, doivent être deposés, excepté ceux qui par vieillesse, maladie, ou quelqu'autre inconvenient seront rendus incapables d'exercer leur Charge, sans avoir perdu leur honneur, & ils seront recommandés à leurs Eglises pour les faire entretenir, & il sera pourvû de quelques autres qui occuperont leur Charge.

XXII.
Les vices scandaleux & punissables par le Magistrat, comme meurtre & sodo-

sodomie, crime de leze Majesté & autres qui rejailliront au grand deshonneur & scandale de l'Eglise, encore qu'ils eussent été commis par quelqu'un, non seulement avant son élection, mais du tems même de son ignorance, meritent que le Ministre qui en est coupable soit deposé : les autres vices non scandaleux seront remis à la prudence & au jugement du Synode Provincial.

XXIII.

Si un Ministre est convaincu de crimes énormes & notoires, il sera promptement deposé par le Consistoire, aiant appellé deux ou trois Pasteurs non suspects. Et au cas que le Ministre delinquant se plaignit du témoignage rendu contre lui comme d'une calomnie, ses griefs seront rapportés au Synode Provincial. S'il a prêché ou expliqué quelque doctrine heretique, il sera promptement suspendu par le Consistoire de deux ou trois Ministres capables d'en juger, en attendant que le Synode Provincial en ait jugé definitivement. Quant aux causes de la deposition, elles ne seront point declarées au peuple, si la necessité ne le requiert, de laquelle le Consistoire jugera.

XXIV.

Les Anciens & Diacres sont le Senat de l'Eglise, auquel doivent presider les Ministres de la parole. L'Ofice des Anciens sera de faire assembler le peuple, de rapporter les scandales au Consistoire, & autres choses semblables, selon qu'il y aura dans chaque Eglise des formulaires couchez par écrit, selon la coûtume des lieux & des tems.

XXV.

L'Ofice des Anciens, comme nous en usons à present, n'est pas perpetuel. Quant aux Diacres, leur charge sera de recueillir & distribuer, par l'avis du Consistoire, les deniers des pauvres, des prisonniers & malades : de les visiter, & d'aller par les maisons catechiser ; & au cas qu'il s'en trouve quelqu'un propre, & qui promette de se dedier & consacrer perpetuellement au service de Dieu & au Ministere, alors il pourra être élû par le Consistoire pour catechiser en public, selon le formulaire reçû en l'Eglise, & cela pour les éprouver, sans qu'ils puissent administrer les Sacremens.

XXVI.

L'Ofice des autres Diacres n'est pas de catechiser en public ; & leur Charge n'est point perpetuelle : de laquelle toutefois ni eux ni leurs Anciens ne se pourront departir sans le congé de l'Eglise.

XXVII.

Dans les lieux où l'ordre de l'Eglise n'est point encore dressé, tant les Diacres que les Anciens seront élûs par la voix commune du peuple avec leur Pasteur : mais dans ceux où la discipline seroit déja dressée, ce sera au Senat de l'Eglise, avec leur Ministre de les élire ; après quoi on leur lira les obligations de leur Charge, & ils signeront la Confession de Foi arrêtée entre nous ; puis ils seront presentés au peuple, & s'il y a opposition, la cause sera debatuë & vuidée au Consistoire, & s'ils ne se pouvoient accorder, elle sera renvoiée au Synode Provincial.

XXVIII.

Les Diacres & les Anciens seront déposés pour les mêmes causes que les Ministres de la parole, en leur qualité, & aiant été condamnés par le Consistoire, s'ils en appellent, ils seront suspendus jusqu'à ce qu'il en soit ordonné par le Synode Provincial.

XXIX.

Les Ministres ni autres personnes de l'Eglise ne pourront faire imprimer aucun Livre composé par eux, ou par autrui touchant la Religion, ni en publier sur d'autres matieres, sans les communiquer à deux ou trois Ministres de la parole, non suspects.

XXX.

Les heretiques, les contentieux, les contempteurs de Dieu, les rebelles contre le Consistoire, les traitres contre l'Eglise; Item ceux qui sont atteints & convaincus de crime digne de punition corporelle, ceux qui apportent un grand scandale à toute l'Eglise, seront du tout excommuniés & retranchés non seulement des Sacremens, mais aussi de toute l'Assemblée. Quant aux autres delinquans, ce sera à la prudence de l'Eglise de connoitre ceux qui doivent être admis à la parole, après avoir été privés des Sacremens.

XXXI.

Ceux qui auront été excommuniés pour Héresie, ou mépris de Dieu, pour schisme, trahison contre l'Eglise, rebellion à icelle, & pour d'autres vices grandement scandaleux à toute l'Eglise; seront declarés au peuple pour excommuniés, avec les causes de leur excommunication. Quant à ceux qui auroient été excommuniés pour de plus legeres causes, ce sera à la prudence de l'Eglise d'aviser si elle les devra manifester au peuple, ou non, jusqu'à ce qu'autrement en soit defini par le Concile general.

XXXII.

Ceux qui auront été excommuniés viendront au Consistoire demander d'être réconciliés à l'Eglise, laquelle jugera alors de leur penitence; & s'ils ont été publiquement declarés excommuniés, ils feront aussi penitence publique: S'ils n'ont été publiquement excommuniés, ils la feront seulement devant le Consistoire.

XXXIII.

En tems de grande persécution, de guerre, peste, famine, & autre generale affliction, quand on voudra élire des Ministres de la parole, & quand il sera question d'entrer au Synode, on pourra denoncer des prieres publiques & extraordinaires, avec jeunes, toutefois sans scrupule, ou superstition.

XXXIV.

Les mariages seront proposés au Consistoire, où sera apporté le Contract de mariage passé par les Notaires publics, ou des attestations suffisantes dans les lieux, où il n'y auroit point de Notaires; ou bien ceux qui ne voudroient montrer leurs Contracts, apporteront quelque attestation suffisante dressée par des Notaires ou autrement, & seront proclamés les Bans par trois Dimanches, ou quinze jours, là où il y aura vocation ordinaire; & aux autres

NATIONAL DE FRANCE.

tres lieux quand l'exhortation, ou les prieres publiques se pourront faire, pourvû qu'elles soient continuées l'espace de quinze jours, après lequel tems se pourront faire les épousailles en l'Assemblée. Et cet ordre ne sera violé, sinon pour de grandes causes, desquelles le Consistoire connoîtra.

XXXV.

Tant les Bâtèmes que les Mariages seront enregitrés & gardés soigneusement dans l'Eglise, avec les noms des peres & meres & des parrains des enfans bâtisés.

XXXVI.

Touchant les consanguinités & les affinités des fidéles, ils ne pourront contracter mariage avec aucune personne, dont il pourroit arriver quelque grand scandale, duquel l'Eglise prendra connoissance, pour en juger.

XXXVII.

Les fidéles qui auront leurs parties convaincuës de paillardise, seront exhortés de se réunir avec elles : & s'ils ne le veulent pas faire, on leur declarera la liberté qu'ils ont selon la parole de Dieu. Mais les Eglises ne dissoudront point les mariages, afin de n'entreprendre rien sur l'autorité du Magistrat.

XXXVIII.

Nul ne pourra contracter mariage sans le consentement de ses peres & meres. Toutefois quand ils auroient des peres & meres si déraisonnables, que de ne vouloir pas consentir à une chose si sainte & profitable ; ce sera au Consistoire d'y aviser.

XXXIX.

Aucune Eglise ne pourra faire des choses de grande consequence, où l'interêt & le dommage des autres Eglises pourroit se rencontrer, sans l'avis du Synode Provincial, s'il est possible de l'assembler : Et si l'affaire pressoit, elle convoquera & aura l'avis & le consentement des autres Eglises de la Province, du moins par des Lettres.

XL.

Ces articles qui sont contenus ici touchant la Discipline, ne sont tellement arrêtez entre nous, que si l'utilité de l'Eglise le requiert, ils ne puissent être changés. Mais il ne sera pas au pouvoir d'un particulier de le faire, sans l'avis & le consentement du Concile General.

REMARQUE.

Ces Quarante petits Articles, sont les premiers qui furent dressées pour servir de fondement à la Discipline Ecclesiastique des Eglises Reformées de France, dans le tems de leur naissance ; mais dans la suite, cette Discipline a été reglée peu-à-peu selon les differens besoins de plusieurs Eglises & composée de Quatorze Chapitres ou Sections, contenant deux cent vingt deux Articles plus étendus que le premiers, comme on le verra dans les Synodes suivans.

FAITS

PREMIER SYNODE

FAITS SPECIAUX

Proposés & decidés au susdit Synode National de Paris, les jour & an que dessus.

ARTICLE I.

Sur la Question proposée par le Ministre de *Dieppe*, il fut dit que ceux qui auroient eu dispense des Curés & des Vicaires de la Papauté, où bon leur sembleroit, ne seroient épousés dans l'Eglise de Dieu, sinon en confessant leur faute devant la Compagnie : En laquelle ils seront épousés. Et pour témoignage de leur repentance, les Ministres de la parole feront toute instance à ce que la dispense soit aussi rompuë. Toutefois il est remis à la prudence de l'Eglise où telles choses arriveront, de juger si cela se doit faire dans l'Assemblée publique des fidéles, ou seulement dans le Consistoire.

II.

Sur ce qu'avoit proposé le Ministre d'*Angers*, il fut dit que celui qui auroit fiancé une fille lors qu'il étoit encore Papiste, étant venu depuis à la connoissance de Dieu; encore que ladite fille ne veüille se marier en l'Eglise de Dieu; néanmoins il n'est pas quitte de sa promesse. C'est pourquoi il la doit solliciter à ce faire; mais si elle n'y veut pas consentir, il se doit contenir jusqu'à ce que le lien soit rompu, ou par mariage, ou par paillardise de ladite fille promise. Le même avis a été donné par Mr. *Jean Calvin*.

III.

Le Ministre de *Chatelerant* mit en avant qu'un Papiste avoit trouvé mauvaise l'huile, les crachats, & les autres ceremonies ajoutées au Bâtême des Papistes; en consequence de quoi il se seroit adressé à lui, requerant qu'il bâtisât son enfant; le cas proposé est, s'il le doit recevoir? En cette question, pource qu'il faloit debattre si les enfans des Papistes doivent être reçûs en l'Eglise de Dieu; après plusieurs raisons deduites de part & d'autre, la decision en fut remise à une plus grande Assemblée.

IV.

Sur le recit du Ministre de *Poitiers* il fut dit, que quant à *Lavau* qui fait des schismes & dogmatise, enseignant & écrivant dès long-tems pour établir des Heresies manifestes, les freres l'appelleront au prochain Synode Provincial, s'ils le trouvent bon, ou confereront avec lui. Que s'il étoit trouvé obstiné, ses Heresies étant diligenment & fidélement recueillies seront apportées au Concile Provincial, pour les y condanner, & pour y être pourvû selon la parole de Dieu : Dès à present toutefois le peuple sera averti de se garder d'une telle peste.

V.

Touchant ce que le frere de *Poitiers* a soutenu, à celui qui disoit que l'Heretique ne devoit être puni comme Heretique, mais comme perturbateur de l'ordre l'ordre politique, s'il n'y avoit autre faute que celle-là, il sera exhorté de ne point troubler l'Eglise lui-même, & de se moderer sur cela avec reverence & crainte de Dieu: Mais pour cela il ne doit pas être retranché de la Cene. Toutefois pour les circonstances qui ont été jointes à cela, & entre autres, parce qu'il s'est élevé orgueilleusement contre le Synode, & qu'il a injurié & calomnié les Ministres avec tout le Consistoire, l'appellant le Conducteur des aveugles, & que nonobstant les remontrances à lui faites de ne frequenter un certain Heretique schismatique, néanmoins il a toujours été à sa compagnie; Pour ces causes, nous donnons conseil qu'un tel homme soit retranché de la compagnie des fidéles.

VI.

Comme les Ministres de *Poictiers* avoient demandé, s'il seroit bon de faire promettre par serment à ceux qu'on introduit dans l'Eglise, de ne réveler ce qui concerne leurs freres, & de plus, si étant prisonniers & aiant fait serment de dire verité par devant le Magistrat, à sçavoir, si au prejudice de leur premier serment ils doivent declarer leurs freres. Quant au premier, il fut dit qu'au regard de la circonstance des lieux ils pourroient exiger tels sermens, pour obvier à la legereté & malice de quelques-uns, qui sans cela pourroient mettre par leur imprudence & malice la Compagnie en danger. Touchant la seconde question, étant très-certain que la fin du serment est de glorifier Dieu, & d'entretenir la charité: il s'ensuit que le serment ne nous oblige pas à faire, ou à dire aucune chose qui y soit contraire. Néanmoins il seroit meilleur qu'ils protestassent au commencement de ne dire aucune chose qui revint au deshonneur de Dieu, ou qui fût dommageable au prochain.

VII.

Sur la demande qu'on fait, s'il est necessaire qu'il y ait une Assemblée pour bâtiser les enfans, ou si cela se peut faire sans Assemblée, comme en une famille où il y a peu de personnes. *Réponse.* Où il y a Eglise dressée publiquement ils seront bâtisez en l'Assemblée publique: & où elle n'est pas publique, & les parens par infirmité craignent le delai de les faire bâtiser dans l'Assemblée; les Ministres aviseront prudemment combien ils doivent leur complaire. Néanmoins il doit toujours y avoir une forme d'Eglise avec exhortation & prieres. Mais dans les lieux où il n'y auroit aucune Eglise, & où il ne se pourroit assembler plusieurs personnes, nous sommes d'avis que le Ministre ne doit point faire de difficulté de bâtiser l'enfant du fidéle à lui presenté, avec prieres & exhortation.

VIII.

Les freres de *St. Jean d'Angely*, aiant proposé, s'il étoit licite aux fidéles de faire écrire le nom de leurs enfans dans les Regîtres des Prêtres Papistes: Nous leur avons répondu, que puis que c'étoit une Ordonnance faite par le Roi concernant la Police, les Ministres & le Consistoire auront égard à la fin & intention de celui qui fait une telle chose, & l'avertiront de prendre bien garde que par ce moyen il ne donne à entendre qu'il soit encore Papiste.

PREMIER SYNODE

IX.

Il a été conclu de répondre sur ce que le Ministre de *St. Jean d'Angely* a proposé, s'il étoit licite à un homme de prendre à ferme les revenus Ecclésiastiques des Curés & des Moines; qu'il n'est licite à un homme fidéle de s'entremêler d'une chose, où il y ait idolatrie conjointe, comme de ce qu'on appelle la patenne, ou le dessus de l'Eglise, ni de faire dire des Messes, ou les Offices des Vigiles, ni de contribuer à nourrir les Moines, qui ne sont ordonnés qu'à faire cela; mais pour ce qui est de tenir des prairies, des Censes, ou Châtelenies, pour rendre le revenu de cela aux Ecclésiastiques, entant qu'ils en sont Seigneurs temporels, nous le laissons à la liberté de ceux qui le voudront faire.

X.

Surquoi aussi fut resolu que ce n'étoit pas une chose illicite en soi, d'exercer les Jurisdictions Civiles ou Procurations sous lesdits Ecclesiastiques, lorsqu'elles ne concerneront en aucune maniere ce qu'ils appellent la Spiritualité.

XI.

Item il a été proposé par le même frere de *St. Jean d'Angely*, à sçavoir s'il seroit licite de deposer des Anciens incapables, qui avoient été élûs du tems que l'Eglise ne faisoit que de commencer à naitre, pour en élire d'autres qui seroient plus capables. Item s'il seroit licite de recevoir un Banquier à l'Ofice d'Ancien. Nous avons répondu quant au premier article. Que si les Anciens sont tellement incapables qu'ils ne puissent exercer leur Charge, selon la determination qui en a été faite par deux Articles de nôtre Discipline, ils doivent être deposés; mais que s'ils pouvoient satisfaire en quelque sorte à leur Charge, ils ne pourront aucunement être deposés sans leur consentement. Quant aux Banquiers, s'ils se mêlent des dépêches Diaboliques, des dispenses & autres telles abominations Papales, ils ne seront non seulement reçûs en aucunes Charges de l'Eglise, mais ils seront même excommuniés, si après avoir été avertis, ils ne s'en desistent.

XII.

Le frere *d'Orleans* a proposé un cas, touchant une femme qui aiant resolu de servir à Dieu en pure conscience, ne veut point consentir que son mari temporiseur, commette aucune idolatrie; & parce qu'il craint qu'il ne lui arrive & à sa femme aussi, quelque inconvenient, il lui donne congé & la sollicite même de se retirer dans un païs de liberté, lui est-il licite de suivre ce conseil? Nous répondons que pendant qu'il sera possible à la femme de subsister avec son mari, elle ne doit point s'en éloigner, pour fuïr beaucoup d'inconveniens qui adviendroient de son absence: mais que si elle ne peut vivre sans éminent danger de sa personne, elle doit suivre ce conseil de nôtre Seigneur, *Si on vous persecute en une Ville, fuiés en une autre*, & solliciter cependant son mari de faire son devoir envers elle.

XIII.

Le frere de *Mareines* a proposé, touchant les Pirates & autres gens qui ont emploié leurs talens ou charges au prejudice d'autrui, avant que d'être reçûs

reçûs en nôtre Campagnie, à fçavoir s'ils doivent être admis à la Cene. A quoi il a été répondu, que non feulement ceux-là, mais auffi tous ceux qui detiennent le bien d'autrui injuftement en quelque forte que ce foit, font tenus de le reftituer à ceux à qui il appartient, s'il eft poffible: à quoi le Miniftre & le Confiftoire prendront garde, & confiderant auffi leur repentance & gemiffement, ils pourront les admettre à la Cene, après leur avoir fait des exhortations pour les porter à la charité.

XIV.

XIV. Le même frere demanda auffi s'il eft licite d'aller acheter quelque chofe des Pirates? A quoi il fut répondu que fi la marchandife & le vin fe vendent publiquement, & comme par permiffion du Magiftrat l'approuvant, il en peut acheter en faine confcience: mais que fi cela fe vend en cachette, il favoriferoit en cela ces Pirates.

XV.

Ceux qui fe fervent des Excommunications Papales fe polluent, comme il a été répondu au frere de *Xaintes* qui a propofé ce cas.

XVI.

Sur la demande du frere de *Saint Lo*, il fut dit qu'encore que les Prêtres ufurpent injuftement les dîmes pour raifon de leur adminiftration, néanmoins elles doivent être païées, eu égard au commandement du Roi, comme des chofes indifferentes, & pour éviter fedition & fcandale.

XVII.

A la feconde demande dudit frere, il fut répondu que le pere & la mere étant excommuniés, leur enfant ne fera point reçu au bâtême jufqu'à ce que lefdits pere & mere, ou l'un d'eux fe foit reconcilié à l'Eglife, fi ce n'eft que le grand pere ou la grand mere dudit enfant le prefentaffent; auquel cas il fera reçu, d'autant qu'il eft leur fang & iffu d'eux.

XVIII.

Il propofa auffi ce fait. L'Eglife de *St. Lo* avoit été enfeignée, & tenoit qu'affiftant au banquet des nopces faites en la Papauté, encore qu'il ne s'y fit aucune idolatrie, à laquelle du moins on confentit; cependant pour la feule confideration de ce qu'elles étoient contractées en la Papauté, & que plufieurs s'y enyvroient, ceux de *St. Lo* juroient, en recevant la Cene, qu'ils ne fe trouveroient point à ces banquets; mais aiant depuis trouvé & découvert que cela n'étoit pas vrai; ils demandoient s'ils étoient délivrés de ce ferment, comme fait fous un faux rapport & mal entendu. A quoi nous leur répondons qu'ils font déchargés de ce ferment.

XIX.

Il propofa de plus le fait fuivant. Un homme de *St. Lo* n'aiant rien fçû de la mauvaife conduite d'une femme, l'époufa, & cinq mois après elle enfanta, à raifon de quoi il la voulut delaiffer: toutefois les parens de la femme lui aiant donné à entendre que cela pouvoit être arrivé fans qu'elle fe fut proftituée, il la reprit, & demeura avec elle l'efpace d'un an; pendant lequel la femme fe feroit bien gouvernée, au moins ne doutoit-il point du contraire: Mais le mari quelque tems après ennuié, peut-être, de fa femme, se sepára d'elle, & dit qu'il avoit été abusé des parens susdits; néanmoins, par sa confession propre, il a eu depuis compagnie avec elle; On demande comment on doit proceder contre lui, vû qu'il ne veut reprendre sadite femme, ni ouïr les remontrances du Consistoire? Il fut dit qu'on lui fera encore de nouvelles remontrances, & que s'il n'y defere pas, il sera rejetté de la Compagnie de nos Eglises.

XX.

La femme qui ne veut ou qui differe de se conjoindre avec son mari infecté de maladie contagieuse, ne doit pas être rejettée de la Cene: néanmoins elle sera exhortée de faire, quant au reste, tout ce qu'une femme doit à son mari, auquel on representera aussi qu'il ne doit pas exposer sa femme à un pareil danger.

XXI.

Sur ce qu'avoit proposé le Ministre de *Tours*, il fut dit que les femmes des infidéles ne seroient point rejettées des Stes. compagnies, si elles y pouvoient venir sans danger de la Compagnie.

XXII.

Sur une autre Proposition dudit Ministre il fut dit, que le mari qui a une femme infidéle n'est pas néanmoins excusable, si son enfant est presenté au bâtême des Papistes, si ce n'est en cas qu'il l'ait empêché de tout son pouvoir, à defaut de quoi il ne sera point reçu à la Cene.

XXIII.

Ni les Evêques, ni les Oficiaux, ni les Archidiacres tels qu'ils sont à present, n'ont de droit, aucune Juridiction Civile ou Ecclesiastique : C'est pourquoi il n'est pas licite à aucun fidéle d'appeller aucune personne en jugement par devant eux ni de leur répondre, sans faire protestation de ne les tenir pour Juges touchant ce qui appartient à la conscience : Mais quant aux Causes Civiles, d'autant qu'on nous contraint quelquefois d'aller par devant eux pour obtenir nôtre droit, lequel autrement ne pourroit être obtenu, nous nous y addressons comme pour obtenir quelque faveur d'un brigand. Toutefois il seroit à desirer qu'un chacun s'en abstînt entierement.

XXIV.

Ceux qui voudront faire proclamer leurs annonces dans le Papisme le pourront faire : d'autant que c'est une chose purement politique.

XXV.

Touchant ceux qui accompagnent leurs Maîtres entrant dans les Temples des Papistes, encore qu'ils n'y flechissent jamais le genoüil, néanmoins pour les scandales qui en peuvent arriver aux infirmes, ils sont à reprendre. Quant aux exemples qu'ils alleguent ordinairement de *Naaman* & du Duc de *Saxe*, lors qu'ils rendront un témoignage public, à l'exemple de ceux-là, de ne vouloir se polluer, ni consentir aux idolatries qui se commettent dans les Temples où ils entrent souvent, ils seront supportables. Fait à Paris le 28. Mai, l'an 1559. & signé par

FRANÇOIS MOREL, élû Moderateur pour & au nom de tous les Deputez à ce Synode.

Fin du premier Synode.

SECOND SYNODE
NATIONAL
DES
EGLISES REFORMÉES
DE FRANCE

Tenu à *Poictiers* le 10. de Mars 1560. avant Pâques,

La premiere année du Regne de CHARLES IX. Roi de France.

Monsieur le Bailleur *élû pour y presider*, & *Monsieur* Roland *pour Secretaire*.

EXTRAIT D'UN MEMOIRE

Qui devoit être presenté aux Etats de *France*, dressé par les Deputés du Synode National de *Poictiers* l'an 1560.

Lors que les Etats de France seront assemblés, on representera au Roi, à la Reine Mere & aux Princes du Sang, qu'il n'est pas en leur pouvoir de satisfaire aux demandes faites par le Roi de Navarre à Orleans, jusqu'à ce qu'il y ait un Conseil établi selon les Loix pour Sa Majesté: parce qu'autrement il n'y auroit point de seureté pour l'execution des ordres du Roi, ni des Contrats que Sa Majesté pourroit passer avec ses Sujets, ou que les Sujets mêmes pourroient passer entr'eux, comme il a été fait de tout tems, & par ceux de la derniere Assemblée, qui declarerent que nul ne pouvoit être Conseiller privé de Sa Majesté, ni dans son Conseil d'Etat, pour aucune de ses affaires, à moins qu'ils n'eussent été établis & approuvés selon les Loix Parce que le pouvoir de ceux qui composent lesdits Etats étant fini à la mort du feu Roi, tellement qu'après ils ne representent qu'un Comité, & qu'ils ne peuvent être regardés comme des Conseillers dont la Commission est irrevocable, de même que celle des Conseillers aux Cours Souveraines & autres qui en sont revêtus avec la juridiction ordinaire: & à present le Roi étant mineur & ne les aiant pas établis dans son Conseil ; ce que pareillement la Reine Mere ne peut pas faire. C'est pourquoi nul autre que les Etats

II. SYNODE NATIONAL

Etats du Roiaume ne peuvent indiquer aux Princes du Sang les perſonnes qu'ils jugent capables d'être Conſeillers d'Etat: Et qu'en cela leſdits Etats n'ont pas le moindre deſſein de révoquer la Puiſſance & l'Autorité de Leurs Alteſſes les Princes du Sang; mais qu'ils deſirent ſeulement qu'il leur plaiſe de prendre leur avis pour l'établiſſement des perſonnes dignes, gens de qualité & de probité qui ſe chargeront, comme Conſeillers privés, du maniement des affaires de ce Roiaume, qui leur ſeront recommandées, & ſeront élûs d'entre la Nobleſſe & les Meſſieurs de Juſtice. Et leſdits Etats n'ont aucun deſſein de propoſer ni de répondre à aucune choſe, juſqu'à ce que ledit Conſeil ſoit établi de cette maniere, par la ſage prudence de Leurs Alteſſes les Princes du Sang, & qu'il ſoit confirmé ſelon les Loix. Et ils proteſtent de la nullité de leur Pouvoir, ſi on attend ou ordonne quelque autre choſe par qui que ce ſoit, & appelleront d'iceux à l'Aſſemblée prochaine des Etats, leſquels ſeront convoqués ſelon les Loix, & de plus ils requierent que le Seigneur Grand Chancelier ſurnommé de l'Hôpital, ceſſe de faire les Actes de ſon Oſice de Chancelier, parce qu'il n'a pas été nommé & recommandé par les Etats, ni élû en ſa Charge par Leurs Alteſſes les Princes du Sang.

OBSERVATIONS,
CORRECTIONS ET ADDITIONS

Qui doivent être faites au ſujet de la *Diſcipline de l'Egliſe*, couchée & compriſe dans les Actes du premier Synode National des Egliſes Reformées de France, tenu à *Poictiers* le 10. Mars 1560.

ARTICLE I.

ON ajoutera à l'Article troiſiême de la *Diſcipline* de nôtre Egliſe, qui commence par ces paroles: (*Chaque Miniſtre viendra aux Synodes Provinciaux, ou Nationaux, accompagné d'un Ancien, ou d'un Diacre de ſon Egliſe, & pas d'avantage; leſquels auront tous leur voix dans ces Synodes.*) Ce qui ſuit, comme il a été ordonné: *Que les Miniſtres qui viennent au Synode National, pourront amener avec eux un ou deux Anciens, ou Diacres, mais pas d'avantage, choiſis par leur Conſiſtoire, qui donneront leur voix dans ledit Synode: & que les Anciens & Doyens, ou autres de cette Egliſe où l'Aſſemblée ſe tiendra, pourront être preſens aux diſputes, & qu'il leur ſera permis de dire leur ſentiment, & de raiſonner ſelon leur rang, ſur les Queſtions debatuës; mais qu'il ſera licite ſeulement à deux de chaque Egliſe de donner leur ſufrage, pour éviter la confuſion; & que pas un Député ne pourra s'en aller du Synode ſans en avoir obtenu la permiſſion du Moderateur.*

Art. II.

Au cinquiéme Article où il y a: *Les Miniſtres, un de chaque Egliſe tout au moins, accompagné d'un Ancien ou Diacre, pourront s'aſſembler, du moins une fois*

fois l'année, dans chaque Province: on ajoutera, *Et ils choisiront le tems & l'endroit les plus commodes pour leurs Assemblées.*

Art. III.

Le sixième Article sera changé & corrigé de cette maniere: *Pas un Ministre ne pourra être élû par un Ministre seulement de son Consistoire, mais par deux ou trois Ministres avec le Consistoire de l'Eglise vacante; ou si faire se peut, par le Synode Provincial, ou par le Colloque, lequel sera convoqué, s'il est possible, dans les lieux où il y a des Consistoires déja établis, auquel le Ministre qui devra être ordonné s'adressera; & lequel sera presenté au Peuple, pour en être accepté: mais si quelqu'un s'oppose à son admission, le Consistoire sera juge en cela; & si les Parties ne conviennent pas, le tout sera remis au Synode Provincial, lequel prendra connoissance tant de la justification du Ministre que de sa reception, pourvû que le Consistoire & la plus forte partie du Peuple l'aprouve, & y consente.*

Art. IV.

On ajoutera ceci à la fin du douzième Article: *Sinon dans les lieux où le Colloque est composé au moins de six Ministres, auquel cas le Colloque peut prendre connoissance de ce Ministre qui se veut mettre en possession par des voies non legitimes.*

Art. V.

Et parce qu'il n'est pas expedient que nos Peuples aillent entendre des Predicateurs Papistes, ou autres qui ne sont pas appellés pour prêcher l'Evangile dans les Eglises où il y a un Ministre établi; c'est pourquoi tous les Pasteurs doivent empêcher, autant qu'il leur sera possible, que les Peuples n'assistent à leurs Predications.

Art. VI.

Et à l'article seizième qui commence ainsi: *Celui qui enseigne une mauvaise Doctrine, & étant averti ne veut pas discontinuer;* on ajoutera: *Et ceux qui desobéiront aux Divins Conseils de la sainte Parole de Dieu, qui leur seront donnés par le Consistoire.*

Art. VII.

Les Articles vint-deux & vint-trois du dit Synode National de Paris, parlant des Anciens, & des Diacres, & de leur Ofice, étoient expliqués de cette maniere: *L'Ofice des Anciens, tel qu'il est à present parmi nous, n'est pas perpetuel. Et l'Ofice du Diacre est de recueillir & distribuer l'argent aux Pauvres, aux Prisonniers, aux Malades, & de les visiter dans leur afflction, & d'aller de maison en maison catechiser les Familles: & si quelqu'un de ces Diacres est jugé capable, & qu'il promette de se dévoüer toute sa vie au service de Dieu dans le Ministere de l'Evangile, alors il pourra être choisi par le Pasteur, & par le Consistoire, pour faire le Catechisme en Public, selon la forme reçüe dans nos Eglises; & cela pour les exercer seulement, sans leur donner aucun pouvoir d'administrer les saints Sacremens.*

Art. VIII.

Il fut dit sur l'Article vint-quatrième, que l'Ofice des Doiens & Diacres n'étoit pas de catechiser en public, & que leur Ofice n'étoit pas perpetuel; & que néanmoins ni l'un ni l'autre ne pouvoit le quitter sans en avoir obtenu permission de l'Eglise.

II. SYNODE NATIONAL
Art. IX.

A l'endroit où le trente-troisième Article commence par ces paroles: *Les Mariages seront proposés*, après ces mots *Notaire Public*, on ajoutera, *ou une Attestation sufisante dans les lieux où il n'y a pas de Notaire Public*.

FAITS GENERAUX

Contenant les nouveaux Articles ajoutés à la Discipline de l'Eglise, dressée l'an 1559. dans le premier Synode de Paris.

Article I.

IL a été conclu que dès à present, à la fin de chaque Synode, on donnera pouvoir à certaine Eglise d'assembler dedans l'an un Synode General de toutes les Provinces, auquel se trouveront un Ministre & un Ancien ou Diacre, pour le moins, de chaque Province; étant en la liberté des autres Ministres d'y venir, si bon leur semble, avec le congé de leurs Eglises. Le Synode Provincial pourra decider, sans appel, de toutes choses Ecclesiastiques, reservant les points qu'il jugera être necessaires pour envoier au Concile Universel de toutes les Eglises du Roiaume, & des autres Nations qui s'y voudront trouver; la Convocation duquel est remise à la discretion du Concile general, quand la necessité le requerra.

II.

Item, tous Consistoires seront avertis par les Ministres, de défendre soigneusement toutes Danses, Mommeries, tours de Gibeciere & Comedies.

III.

Item, celui qui est denoncé hérétique ou schismatique, sera aussi declaré tel aux autres Eglises, afin qu'on s'en donne de garde.

IV.

Le Docteur d'une Eglise ne doit point administrer les Sacremens, si ce n'est qu'il soit élû pour Ministre aussi bien que pour Docteur.

V.

On établira des Candidats qui proposeront la parole de Dieu dans chaque Eglise, selon que la commodité des lieux le permettra; & leur Texte, pour faire leur Essai, sera pris de quelques endroits de la sainte Ecriture qui conviendront au tems & aux conjonctures presentes.

VI.

Tout ce que les Synodes Provinciaux ordonneront touchant les Coureurs, qui s'ingerent eux-mêmes dans les Eglises, sera de telle force & vertu, quant à la suspension, comme si le Concile general l'avoit ordonné.

VII.

Il a été resolu, qu'il n'y aura qu'un Consistoire dans chaque Eglise, composé de Ministres, de Diacres & d'Anciens, exerçans leur Charge, lequel

lequel pourra appeller pour son Conseil tels que bon lui semblera, quand l'affaire le requerra.

VIII.

Tous les Consistoires des Eglises seront avertis de s'aquiter mieux à l'avenir de leur devoir envers leurs Pasteurs, en subvenant à leur necessité & à celle de leur Famille; parce que la negligence de ce devoir a causé des scandales jusques dans les païs même des étrangers, à cause de l'ingratitude & de la méconnoissance, dont plusieurs ont usé en cet endroit: & lors que les Eglises ne s'aquiteront pas de ce devoir après en avoir été averties, il sera permis aux Pasteurs de s'éloigner de ces Eglises, & de s'engager au service de quelqu'autre.

IX.

On ne portera aux Conciles Generaux que les questions, qui n'auront pû être vuidées par les Conciles Provinciaux, & les matieres qui concerneront toutes les Eglises en général.

X.

Quand il y aura des contentions, ou debats, sur les articles de Foi, de Doctrine, ou d'Hérésie, qui ne se pourront vuider par les disputes des Ministres dans les Conciles Generaux ou Provinciaux; les Diacres & les Anciens seront choisis pour reduire leurs voix à pareil nombre que celles des Ministres. Quant aux autres faits & réglemens de police, toutes les voix seront recueillies pour les decider, encore que celles des Diacres & des surveillans surpassent en nombre celles des Ministres.

XI.

Au commencement d'une Eglise on peut élire des surveillans qui communiquent encore aux idolatres, pourvû qu'ils promettent de n'y retourner jamais.

XII.

Il suffit à un Ministre nouvellement élû qu'il donne son témoignage à ceux du Consistoire du lieu, où il est envoié, lequel témoignage doit être soigneusement gardé.

XIII.

La Regle de celui qui commence de prêcher en public est, de sçavoir premierement le nombre de ceux qui veulent s'assujettir à sa Discipline, & qu'il doit reconnoitre pour ses brebis, afin de ne recevoir pas un chacun à la Cene pele-mêle & sans discernement, mais après avoir fait diligemment veiller sur leur conduite.

XIV.

Toutes violences & paroles injurieuses contre les Papistes, & même contre les Chapelains, Prêtres & Moines seront non seulement empêchées, mais aussi reprimées autant qu'il sera possible.

XV.

L'Eglise d'Orleans est deputée pour assembler le Concile General prochain, dans un an ou environ, & pour faire sçavoir trois mois auparavant à toutes les Eglises le lieu & le jour de sa tenuë, & les questions les plus dificiles,

ficiles, qui y doivent être traitées ; & pour cet effet les autres Eglises lui envoieront les difficultés, qu'elles souhaiteront être prévûës.

FAITS PARTICULIERS
DUDIT SYNODE.

Article I.

Sur la question proposée par le frere de *Poictiers*, si le prisonnier qui a fait abnegation devant le Juge & son Greffier, doit faire penitence publique? *Réponce.* L'abnegation, faite devant le Magistrat, qui est personne publique, doit être reparée en public.

II.

Si les promesses de mariage pures & simples faites par paroles de futur peuvent être dissoutes par le consentement des parties? *Réponse.* Telles promesses, soit par paroles de present ou de futur, se doivent inviolablement garder : car quoi que par ces paroles de futur, l'execution soit diferée, cela ne fait pas que les parties soient moins tenuës & obligées devant Dieu de les accomplir.

III.

Item, on a répondu que les enfans des peres & meres Papistes ne doivent pas être reçûs au Bâtême des Eglises Reformées, encore qu'ils soient presentés par un Parrain fidéle. Si le pere, ou si la mere, (quand il n'y a point de pere,) ne cedent leur autorité au Parrain, en lui donnant & conferant tout leur droit, avec promesse qu'ils souffriront que leur enfant soit instruit en la vraie Religion.

IV.

Item, sur la demande qui a été faite, si on doit suspendre de la Cene ceux dont la repentance est de telle nature qu'elle paroit exterieurement? On a jugé que cela doit être remis au Consistoire pour en ordonner selon la gravité du fait.

V.

Item, sur la Question, s'il est licite à un Moine, qui est sorti de son Convent, de se servir de la Dispense du Pape pour rentrer en possession de ses biens? On répond que le Moine a très-mal fait d'obtenir une telle Dispense, & qu'il feroit encore plus mal de s'en aider, pour joüir de ses biens si iniquement.

VI.

Item, On a decerné que celui qui fait profession de danser, doit être excommunié, après qu'il aura été plusieurs fois averti sans fruit, & principalement à cause de sa pertinacité & rebellion.

VII. *Item,*

VII.

Item, sur la Question comment il faut se gouverner envers ceux, qui aiant été long-tems Membres de l'Eglise ne veulent point recevoir la Cene, de peur d'être obligés de renoncer à toutes idolatries? On répond qu'après diverses admonitions ils doivent être retranchés du Corps de l'Eglise.

VIII.

Item, sur ce qu'on desire de sçavoir s'il est licite d'administrer le Batême extraordinairement lors qu'il y a apparence que l'enfant ne peut vivre que fort peu de tems. Il a été répondu que dans les lieux, où il y a Prédication ordinaire, on doit garder l'ordre accoûtumé, & que dans les lieux où les Predications ne se font point régulièrement, c'est à la discretion des Ministres de s'accommoder à l'infirmité des parens, en se donnant bien garde de les entretenir dans la superstition.

IX.

Item, sur la Question, s'il est licite d'épouser la sœur de sa femme défunte quand même il y a des enfans du premier mariage? On répond qu'il n'est point licite ni expedient, & qu'on doit sur tout se donner bien garde que de tels Mariages ne se fassent point dans l'Eglise.

X.

Item, on demande si la femme qu'un Prêtre tient pour concubine & qui proteste que c'est son mari, sur ce que le Prêtre lui declare en secret qu'il la tient pour sa femme, le niant toûjours en la presence des témoins, doit être retranchée de l'Eglise? *Réponce.* Elle doit faire toute diligence pour sommer ledit Prêtre, à ce que tel mariage soit accompli & beni dans l'Eglise, & au cas que le Prêtre le refuse; elle se doit separer de lui, pour être reçuë dans l'Eglise après qu'on aura connu sa repentance.

XI.

On demande aussi comment on doit se comporter quand un enfant aura été bâtisé par un particulier? *Réponce.* Il faut ôter par plusieurs Predications le scandale qui en pourroit venir & imprimer dans les cœurs des fidéles qu'un tel batême n'est d'aucune valeur. C'est pourquoi il faut introduire cet enfant dans l'Eglise de Dieu par le vrai bâtême.

XII.

Touchant la question, s'il est licite d'élire pour surveillant dans une Eglise déja dressée une personne qui s'est souillée par l'idolatrie, après avoir été reçuë dans la communion des fidéles. On répond que si la faute est recente il ne faut point faire une telle élection.

XIII.

Item, sur le doute proposé, si un Curé ou Evêque peut donner la Cene; vû que le Bâtême administré par lui n'est point réiteré. On répond qu'il y a de la différence, vû que celui qui reçoit la Cene, est grand & âgé pour rejetter ce qu'il y a d'impur en son Ministere; ce que ne peut faire le petit enfant au bâteme. C'est pourquoi il n'est point du tout licite de recevoir la Cene d'un tel homme.

II. SYNODE NATIONAL

XIV.

On répond aussi touchant ceux qui ont été bâtisés par un Moine, que le bâtême administré par celui qui n'a ni commission, ni vocation, est du tout nul, & qu'attendu que les Moines n'ont aucune vocation ni des Eglises Reformées, ni d'ailleurs, il faut rebâtiser ceux qui auront été bâtisés par des Moines, si ce n'est qu'ils fussent reçûs du peuple pour prêcher l'Evangile, auquel cas il y a apparence de vocation.

XV.

Item, on demande si un Ministre doit tant deferer à un Consistoire que de s'abstenir d'aller prêcher ailleurs, quand il le pourra faire sans aucun dommage de son Eglise? *Réponce*. Il doit prendre garde à ce qui est expedient pour la gloire de Dieu & s'y appliquer; entretenant néanmoins son Consistoire en paix, tant qu'il pourra.

XVI.

Pour ce qui est du cas qu'on propose à cette Assemblée, pour sçavoir s'il est licite aux fidéles de déferer ceux, qui étant Membres de nos Eglises ont commis quelque crime punissable par les Loix? Nous répondons que pour les vices scandaleux & dommageables à l'Eglise, les fidéles doivent tenir la main pour proceder contre les impenitens & ceux qui perseverent en leur mal: mais que pour ceux qui auront failli une fois seulement & qui ne continueront pas, une correction Ecclesiastique suffira.

XVII.

On demande si les Curés & Beneficiers rangés à nôtre Eglise peuvent prendre le revenu de leurs Benefices, en faisant faire le service dont ces Benefices sont chargés. *Réponse*. Cela n'est point licite.

XVIII.

Sur la Question, si on peut administrer le pain de la Cene à celui qui ne boit point de vin? Nous répondons qu'oüi, moiennant qu'il fasse tel effort qu'il pourra, & une protestation de sa bonne volonté pour en boire s'il lui étoit possible.

XIX.

Un homme aiant fait promesse de mariage à une fille, par quelque dépit & mécontentement des parens de ladite fille, s'absente pendant trois ans entiers du païs où elle demeure, & y retournant au bout de ce tems, il la trouve mariée, surquoi on demande s'il est tenu de faire instance pour l'épouser, ou s'il se peut marier avec quelqu'autre sans le demander à celle-là? On répond que s'il appert au Consistoire qu'elle se soit mariée legerement & sans avoir une juste & suffisante occasion de presumer que son mari étoit mort, d'autant que sans cela elle a violé la foi qu'elle lui avoit promise, en se mariant avec un autre, il n'est pas tenu de la redemander. Mais il suffira qu'il demande au Magistrat, qu'il le declare être en sa liberté. Mais si par de faux rapports elle a eu occasion de penser qu'il fut mort, attendu qu'elle n'a point eu la volonté de paillarder ni de rompre sa foi promise; il doit la demander & faire instance pour l'avoir.

XX.

À la Question si un Juge peut exercer le Ministere avec sa judicature? On répond que cela peut être supporté pour un tems, mais non pas approuvé: parce que si le Ministre veut conserver tout son honneur, il se doit entierement demettre de sa judicature.

XXI.

Les Avocats fidéles ne doivent jamais postuler ni plaider devant les Officiaux; sinon pour les cas dont on peut legitimement poursuivre son droit devant eux.

XXII.

Un Curé aiant vendu sa Cure, & n'aiant point touché les deniers de cette vente, ne pourra être reçû à la Cene, qu'en protestant de ne prendre ni recevoir les dits deniers: Et pour la faute qu'il a commise d'avoir vendu la dite Cure, il fera penitence devant le Consistoire.

XXIII.

Un Ancien étant accusé de paillardise, laquelle il ne confesse pas, quoi qu'il n'y ait aucune preuve suffisante, toutefois le bruit en est grand, & la fille proteste qu'il est vrai, & qu'il l'a connuë, & qu'elle en a un enfant; on demande comment on y doit proceder? *Réponce.* Il sera suspendu de son Office, & la connoissance du fait sera rapportée au Synode Provincial, auquel appartient le jugement de cet appel.

XXIV.

Un homme aiant fait promesse de mariage à la cousine germaine de sa femme défunte, l'a connuë avant que de l'épouser & en a eu un enfant. Aujourd'hui il demande d'être épousé & reçû dans l'Eglise. *Réponce* D'autant que le mariage des cousines germaines n'est pas défendu par la parole de Dieu, mais seulement par le Magistrat, il a été resolu qu'ils se separeront pour quelque tems, & reconnoitront leur faute publiquement dans l'Eglise: Et alors le Ministre leur faisant une reprimande sur ce fait, declarera qu'on ne doit jamais en agir de la sorte, & après cela il les épousera.

XXV.

Item, à la demande si les femmes peuvent presenter les enfans au Bâtême? Nous répondons qu'il ne faut pas faire une coutume de cela, mais qu'il n'y a rien qui empêche que pour des considerations particulieres on ne les puisse quelquefois admettre.

XXVI.

Il a été resolu que les Eglises seront averties d'envoier aux frais communs de chaque Province un homme qui soit à la suite de la Cour, pour solliciter les affaires des Eglises de cette Province: Tous lesquels solliciteurs confereront ensemble, afin d'être trouvés conformes en leurs Requêtes & poursuites; Et qu'ils porteront avec eux la Confession de Foi, & donneront avis du moien de la presenter au Roi avec une Requête de toutes les Eglises: sans qu'ils puissent néanmoins prendre aucune superiorité les uns sur les autres. De plus chacun d'eux sera averti par la Province qui l'envoie avec ses Memoires & Instructions de ne les point outrepasser en des choses d'importance,

tance, sans en avoir premierement fait la communication à ladite Province, & en cas de grande & urgente necessité, il en prendra l'avis des Ministres qui seront alors en Cour & de l'Eglise plus prochaine; néanmoins ils n'auront pas le pouvoir de commander à aucune Eglise; mais seulement d'envoier leurs avis aux Provinces, & ailleurs quand il sera necessaire, & lesdites Provinces auront tel égard pour ces avis qu'elles jugeront être expedient & necessaire pour y pourvoir avec toute diligence.

XXVII.

Si un Ancien a fait une Collecte pour donner à des Prêtres ou autres qui pourront dire des Messes pour les morts, doit-il être déposé de son Ofice? Nous répondons qu'on doit l'oüir en premier lieu dans le Consistoire avant que l'on procede à sa déposition.

XXVIII.

On demanda si on pourroit prêcher la Parole de Dieu sans l'autorité d'un Magistrat? Surquoi on a répondu qu'on devoit sur tout avoir égard au tems & à la tranquillité du Public, & prevenir les seditions & les tumultes.

XXIX.

Les Eglises de Paris, d'Orleans, & de Roüen sont deputées par le present Synode, pour protester contre le Concile Papiste qui se tient presentement à *Trente*, & de nullité de toutes ses Decisions & Decrets, & leur protestation se fera ou par un Livre imprimé, ou par des remontrances de bouche au Roi, ou par telle autre voie qu'elles trouveront convenable.

XXX.

Il est maintenant decreté que lors que les Deputés des Provinces iront à la Cour, ils porteront avec eux nôtre Confession de Foi, & qu'ils consulteront ensemble comment ils la presenteront au Roi, de même que sur les demandes de nos Eglises; c'est pourquoi ils s'adresseront aux Seigneurs qu'ils jugeront être disposés à les favoriser, & qui sont portés pour nôtre Religion.

XXXI.

Parce que plusieurs personnes sollicitent ce Synode National de vouloir accorder des Pasteurs aux Assemblées qui les ont envoiés; on répond que pour le present on est entierement hors d'état de les satisfaire; mais qu'on leur conseille d'avoir un grand soin de bien faire élever la jeunesse, & qu'elle aprenne les Langues & les Sciences Divines, afin que dans la suite ils puissent être emploiés au saint Ministere.

XXXII.

Si celui qui a une antipatie contre le vin peut être admis à communier à la Table du Seigneur, sous l'espece du pain seulement? Oüi, il le peut, pourvû qu'il fasse ses efforts pour boire de la Coupe; mais si la répugnance qu'il a de boire du vin est invincible il en fera une protestation. Fait à Poictiers le 10. Mars l'an 1560. & signé à l'Original par

Mr. LE BAILLEUR, Moderateur.
Mr. ROLAND, Scribe.

Fin du Second Synode National.

TROISIÉME SYNODE
NATIONAL
DES
EGLISES REFORMÉES
DE FRANCE

Tenu à *Orleans* le 25. Avril 1562. après Pâques,
L'An II. du Regne de CHARLES IX. Roi de France.

Antoine de Chandieu, *Ministre de l'Eglise de* Paris *âgé de* 23. *ans élû pour y presider.* Robert le Masson, *dit de la* Fontaine, *Ministre de ladite Eglise d'*Orleans, & Pierre Sevin, *Diacres de l'Eglise de* Paris, *élûs pour Scribes.*

FAITS GENERAUX.

ARTICLE I.

Es Ministres & les Anciens convoqués & assemblés à Orleans pour le Concile General de France, suivant la determination du dernier Concile General tenu à Poictiers, sont d'avis que la presente Assemblée doit avoir le NOM & L'AUTORITÉ de Concile General des Deputés de ce Roiaume, nonobstant l'absence de plusieurs desdits Deputés, qui seront suffisamment avertis des choses decidées & resoluës en ce Concile, avec les raisons qui, nonobstant leur absence, ont contraint lesdits Deputés de passer plus outre, comme elles seront plus amplement déclarées au Concile General : Et pareillement les raisons de l'absence de ceux qui manquent ici, seront entenduës avec leurs remontrances, s'ils en ont quelques-unes à faire sur les Décisions du present Concile.

II.

On suppliera les Princes & autres Seigneurs à la suite de la Cour qui ont ou voudront avoir quelque Eglise dressée en leurs maisons, de prendre leurs Ministres des Eglises dûëment Reformées, avec suffisante asseurance de leur legitime Election ; lesquels en premier lieu signeront la Confession de
Foi

Foi des Eglises de ce Roiaume, & la Discipline Ecclesiastique. Et afin que la Discipline de l'Evangile aît plus de succès, qu'il plaise auxdits Seigneurs & Princes de faire dresser chacun un Consistoire composé de Ministres & d'autres gens de bien les plus aprouvés de leur famille: par lequel Consistoire les scandales & les vices seront reprimés, & l'ordre de la Discipline entretenu. De plus les Ministres se trouveront aux Conciles Provinciaux autant qu'il leur sera possible, le Concile aiant ordonné pour cet effet que la Province où sera convoqué le Synode, sera tenuë de les y appeller; & notamment lesdits Deputés ou partie d'iceux se trouveront pour les autres aux Conciles Generaux, accompagnés de surveillans qui puissent informer lesdits Conciles Generaux ou Provinciaux de leur vie & conversation. Et au cas qu'il y ait plusieurs maisons desdits Princes & Seigneurs, ils seront avertis que nul d'eux ne pourra pretendre domination ni préeminence sur les autres, suivant l'article de la Discipline Ecclesiastique concernant ce fait. Et lors que les Princes & Seigneurs feront séjour en leurs maisons voisines des lieux où il y aura quelque Eglise dressée, qu'il leur plaise, afin d'obvier à toute division, de joindre l'Eglise de leur famille avec celle dudit lieu, pour n'en faire qu'une même Eglise.

III.

Lors que l'on celebrera la sainte Cene à la fin de chaque Synode, suivant le quatrième Article de nôtre Discipline Ecclesiastique dans les Actes du premier Synode National: ce Sacrement ne sera pas seulement administré en particulier aux Ministres & Anciens deputés à ce Synode, mais en public, & à toute l'Eglise, dans laquelle on sera assemblé.

IV.

S'il arrive que quelque Evêque ou Curé veüille aspirer au Ministere de l'Evangile, il n'y pourra être élû que premierement il ne se soit rendu Membre de l'Eglise, renonçant à tous les Benefices & autres droits dependans de l'Eglise Romaine; & faisant protestation de la reconnoissance de ses fautes passées selon qu'il sera avisé par le Consistoire. Et après une longue experience & preuve de sa repentance & bonne conversation, il pourra être élû au Ministere de l'Evangile selon l'ordre contenu en la Discipline Ecclesiastique.

V.

Les Ministres ne seront point élûs sans leur assigner quelque troupeau. Et s'ils s'en absentent pour quelque tems avec congé, ils retourneront, d'abord qu'il sera expiré, en la puissance de l'Eglise de laquelle ils sont partis. Et au cas qu'ils ne fussent reçûs de l'Eglise, à laquelle ils auront été envoiés, il leur sera libre de retourner en l'Eglise dont ils seront partis, ou d'attendre la determination du Synode Provincial, pendant lequel tems ils ne pourront prêcher que par l'avis de deux ou trois Ministres du voisinage, ce qui aura aussi lieu envers ceux qui s'absenteront de leurs Eglises, sans neanmoins être envoiés ailleurs. Et cela afin que les Ministres ne soient point vagabonds, & qu'ils ne puissent s'ingerer de leur propre autorité où bon leur sembleroit. Ils ne pourront aussi quitter leur Eglise ni s'attacher à

une

une autre, fans le confentement du Synode Provincial de l'Eglife, où ils ont été envoiés.

VI.

Les Miniftres préfideront alternativement en leur Confiftoire, afin que nul ne pretende fuperiorité, ou préeminence fur fon compagnon.

VII.

La Difcipline des Provinces, pour le regard des Synodes Provinciaux, demeurera en fon premier état. Et au cas que lefdites Provinces aient un trop grand nombre d'Eglifes, elles feront divifées par l'avis des Synodes Provinciaux, lefquels auront foin d'unir les Eglifes qui fe plaindront d'être incommodées, ou de les joindre à une autre Province, qui leur fera plus commode, leur donnant des Lettres pour ce fujet addreffées à la Province, à laquelle ces Eglifes feront envoyées pour s'y faire incorporer. Et quant aux Eglifes dreffées depuis les derniers Conciles Provinciaux, & autres qui feront par ci-après à dreffer, elles feront tenuës de fe ranger fous la Province de l'Eglife qui leur fera plus prochaine.

VIII.

Les fideles feront exhortés de ne commettre aucun fcandale en travaillant pendant les jours chomables. Et quant aux Aliances apelées fpirituelles, le Concile eftime qu'elles ne font comprifes, ni entenduës par les mots de confanguinité & affinité contenus en l'Edit du mois de Janvier dernier paffé: Néanmoins il eft d'avis que les Deputés des Eglifes, à la premiere commodité qui fe prefentera, tâchent d'obtenir une Déclaration du Roy tant pour ce fait, que pour le regard des autres.

IX.

Touchant le réglement des mariages diffouts par Adultere; les Eglifes ne pourront marier les parties finon avec la condition qui s'enfuit: Quant à la partie offenfée & qui n'a point failli, elle fera tenuë de pourfuivre par jugement & devant le Magiftrat, la partie qui l'a offenfée; jufqu'à ce que par une fentence definitive elle foit dûement convaincuë : De laquelle fentence ladite partie fera apparoir la teneur au Confiftoire, demandant congé & permiffion de fe remarier : lequel Confiftoire, les parties étant appellées, procedera à ladite permiffion. Et pour le regard de la partie qui a offenfé, elle ne pourra être reçuë à fe marier devant que fa partie ne le foit; fi ce n'eft qu'après un long-tems elle declare qu'elle ne fe veut pas marier : Et alors l'Eglife pourra proceder au mariage de ladite partie qui auroit offenfé, après qu'elle aura fait une penitence publique telle que le Confiftoire lui ordonnera. Et cela jufques à ce que les Eglifes aient une plus grande liberté. Le femblable fera obfervé en cas qu'il advînt qu'après les promeffes de mariage faites, la fiancée fe trouvât avoir paillardé avant les dites promeffes & que cela n'eût été connû à celui qui lui avoit promis mariage.

X.

Ceux qui auront habité enfemble avant que d'être legitimement & folennellement epoufés, demandant de l'être, feront penitence, ou devant le Confiftoire ou publiquement, felon qu'il trouvera bon de l'ordonner. Et il sera ensuite procedé à la celebration dudit mariage en y observant toutes les solemnités requises, excepté pour le regard de ceux qui auront habité ensemble pendant le tems de leur ignorance sans mépris ni consentement de l'ordre Ecclesiastique. Item, tous ceux qui auront habité ensemble lors qu'il n'y avoit point d'Eglise dressée dans les lieux de leur demeure, seront seulement apellés au Consistoire, afin que leur mariage y soit ratifié.

XI.

Les Eglises ne pourront conseiller d'achéter aucune Charge de judicature, d'autant que c'est une chose prohibée & defendue par l'ordonnance du Roi.

XII.

Les Eglises avertiront les fideles tant hommes que femmes, d'avoir la modestie en recommandation, singulierement pour ce qui concerne les habits, afin de rétrancher toutes les superfluités & d'abolir tous les excès qui se commettent ordinairement : Néanmoins les dites Eglises ne feront aucune ordonnance touchant les choses qui appartiennent aux Magistrats, mais au contraire elles feront soigneusement observer les ordonnances du Roy faites sur cela. Et ne pourront lesdites Eglises excommunier, pour le sujet des habits, ceux qui en porteront d'une façon ordinaire & accoutumée en ce Royaume.

XIII.

Les fideles ne pourront en bonne conscience obtenir aucuns Benefices ni partie du revenu d'iceux, au cas que par ce moyen ils adherassent à quelque espece d'idolatrie, ou la favorisassent en quelque façon que ce soit.

XIV.

Touchant certains Ministres, qu'on dit être deputés en quelques sinodes Provinciaux pour visiter les Eglises ; le Conseil est d'avis que l'ordre qu'on a mis en usage ci-devant, est suffisant pour avoir connoissance des scandales qui pourroient survenir aux dites Eglises : lequel ordre ledit Concile ratifie & approuve, ensemble condamne cette maniere de nouvelle charge & dignité, l'estimant être de dangereuse consequence.

XV.

Les Ministres ne feront aucunes priéres à l'enterrement des morts, pour obvier à toute superstition.

XVI.

Les articles de la Discipline seront lûs aux Consistoires des Eglises Reformées, pour le moins au tems qu'on célébrera la Cene de N.S.J.C.

XVII.

Les Eglises condamneront les usures & toutes sortes de concussions autant qu'il leur sera possible, & toutefois ne condamneront point ceux qui recevront quelque mediocre profit de leur argent, selon l'ordonnance du Roy & les regles de la charité.

XVIII.

Les Prêtres, Moînes & autres Ecclesiastiques de l'Eglise Romaine, avant que de faire la Cene, feront apparoir de leur repentance au consistoire, Et lorsqu'il sera nécessaire pour quelques considerations particulieres, devant toute l'assemblée ; dequoi le Consistoire jugera.

XIX. Les

XIX.
Les fideles ne pourront obtenir, ni faire jetter des monitoires, ni fulminer des excommunications de l'Eglise Romaine, ni obtenir dispense de serment de l'Official, ou d'autre de ladite Eglise. Et où il y aura de la tromperie, le serment ne pourra empêcher la recision du contrat.

XX.
Les Imprimeurs, Libraires, Peintres & en general tous les fidelles, notamment tous ceux qui auront charge en l'Eglise, seront avertis de ne faire aucune chose de leur art, office ou emploi, qui dépende des superstitions de l'Eglise Romaine, ou qui les favorise. Et quant aux faits particuliers, & ensemble à la correction qui y écherroit, ce sera au Consistoire d'en juger.

XXI.
Touchant les noms qui sont imposés aux enfans, les Ministres rejetteront ceux qui restent du vieux Paganisme; & pareillement n'imposeront aux enfans les noms attribués à Dieu dans l'Ecriture Sainte, ni pareillement les noms d'office, comme *Baptiste*, *Archange*. Et au reste ils avertiront les Peres & les Parrains de choisir les noms approuvés dans l'Ecriture, tant que faire se pourra.

XXII.
Quoi qu'une Eglise, qui auroit licentié un Ministre pour un certain tems le puisse redemander, quand le terme est expiré, néanmoins elle aura égard à la necessité de l'Eglise, à laquelle ledit Ministre aura été envoyé, & en ordonnera comme la gloire de Dieu, & l'édification de l'Eglise le requerront.

XXIII.
Les Eglises ne marieront personne sans en avoir ample connoissance, & bon témoignage.

XXIV.
Quant aux Diacres, qui ont acoutumé de Catechiser publiquement, après avoir oüi & vû les inconveniens qui en sont arrivés & qui en pourront arriver ci-après: Le Concile a remis l'entiere decision de ce fait au Concile general prochain venant; Et cependant il exhorte les Eglises, où cette coutume n'est pas introduite, de s'en abstenir: Et quant aux autres ou ladite coutume a lieu, elles seront pareillement exhortées de faire en sorte que lesdits Diacres, capables pour cela, se fassent agreger au Ministere le plûtôt qu'il sera possible.

XXV.
Les fideles pourront être adjurés par les fideles de dire verité, d'autant que cela ne derroge nullement à l'authorité du Magistrat.

XXVI.
Les Eglises, où il y aura des imprimeurs & des libraires, les avertiront soigneusement de n'imprimer aucuns livres concernant la Religion, ou la Discipline de l'Eglise, sans les avoir auparavant communiqués au Consistoire, pour éviter les inconveniens qui en sont arrivés. Et quant auxdits Libraires & contreporteurs de ne vendre aucuns livres scandaleux: & pareillement

ment d'être raisonnables en la vente de leurs livres, se contentant d'un gain raisonnable. Signé,

CHANDIEU, dit de la ROCHE, Moderateur.
LE MASSON, dit de la FONTAINE, Secretaire.

FAITS PARTICULERS
Proposés & decidés au susdit Synode National d'Orleans.

ARTICLE I.

Quant à *Jaques le Fevre*, le Synode aiant entendu & consideré la procedure faite contre lui, son excommunication & sa condemnation de faire penitence publique, par la determination du Sinode Provincial tenu dernierement à *Gyen*, la façon dont a usé ledit le *Fevre*, voulant faire penitence publique & ce qui s'en est ensuivi; le tout entendu, tant par le rapport des freres que par sa confession propre, le Concile est d'avis que ledit *Jacques le Fevre* n'a pas bien & dûement fait la confession publique, qui lui avoit été enjointe, ne donnant aucun témoignage de sa repentance; Et qu'à cette cause l'excommunication prononcée contre lui demeurera entiere & en sa vigueur: Et partant le Concile l'a declaré & declare incapable d'entrer en aucune Eglise, jusqu'à ce que premiérement il fasse penitence publique dans l'Eglise de *Bourges*, en laquelle penitence sera contenue la Confession des faits narrés en l'article dudit Concile de *Gyen*, touchant ce fait, & en outre il sera ajoûté, qu'il s'est montré, par ses repliques & murmures, refractaire & desobeissant à l'ordonnance de l'Eglise, & lors qu'il apparoîtra de sa repentance, il sera reçû à la communion des sacremens.

II.

Quant au fait d'un nommé *Daniel de Brosser*, se disant Ministre de l'Eglise de *Melun*, après avoir ouï les griefs proposés contre lui par le Deputé de l'Eglise de *Paris* s'opposant à son Election, fondé tant sur la mauvaise vie menée autrefois par ledit *Daniel*, que sur les troubles & schismes suscités par lui, notament en l'Eglise de *Melun*, & sa vie mauvaise & débordée, par laquelle il avoit donné occasion à des accusations de crimes enormes, proposés contre lui, & desquels il ne s'est point purgé devant le Concile, les preuves touchant ce que dessus étant mises par écrit, lûes & diligenment considerées, & après avoir entendu plusieurs de nos freres Ministres de la parole de Dieu, nous rapportant la doctrine publiée par icelui *Daniel*, & sa vie & conversation, Le Concile est d'avis que l'opposition faite par l'Eglise de *Paris*, est bonne & valable, & que son Election pretenduë faite par l'Eglise de *Melun* est nulle, sans vertu ni effet. Et en outre ledit Concile a declaré ledit *Daniel* incapable du Ministere de l'Evangile, jusqu'à ce qu'il fasse appparoir de son innocence devant un Concile General des Eglises de ce

Roiaume. Et de plus ledit Concile l'a excommunié de l'Eglise jusques à ce qu'il fasse apparoir de sa repentance par une confession publique, laquelle il fera dans l'Eglise de *Melun*, qu'il a troublée par son schisme, au cas qu'il y retourne; ou dans l'Eglise, où il voudra se ranger à l'avenir, laquelle aiant bonne approbation de sa repentance le pourra recevoir à la Communion des Sacremens de l'Eglise. Et au cas que ledit *Daniel* méprisant la presente determination de ce Concile, se veüille ci-après ingerer à faire des troubles & divisions dans l'Eglise, ledit Concile enjoint à l'Eglise où sera ledit *Daniel*, de se formaliser contre lui; & pour ce regard l'Eglise de Paris sera tenuë de fournir à ladite Province les preuves qu'elle a, ou qu'elle pourra avoir pardevers elle, contre ledit *Daniel*, pour y proceder comme elle avisera bon de le faire pour le repos de l'Eglise.

III.

Sur le fait proposé par le Ministre de *Paris*; le Concile est d'avis que le Mariage qu'on pretend avoir été rompu par l'Affinité spirituelle, demeure ferme & en son entier: & que par consequent le Mariage intervenu du depuis est nul; & les seconds mariés excommuniés pour être adulteres, jusqu'à ce qu'ils fassent penitence publique, par laquelle il apparoisse dûement de leur repentance.

IV.

Sur ce que le frere Ministre de *Varenne* en *Picardie* a la coutume de faire la Cene tous les mois; le Concile est d'avis qu'il soit averti, par le frere de *Montmeja*, au nom dudit Concile, de suivre la coûtume des autres, afin que toutes les Eglises marchent d'un même pied.

V.

Les Eglises seront averties de se donner de garde d'un nommé *Frideric Thierry*, jadis Augustin; comme aussi d'un nommé *Normande-Couvears*.

VI.

Le Concile est d'avis que le Ministre étant pourvû d'une Eglise, ne peut exercer ordinairement sa Charge dans une autre, ni en recevoir le salaire, suivant la Réponce que nous faisons à la demande d'un de nos freres de *Bretagne*.

VII.

Quant au Livre intitulé, *Traité de la Discipline & Police Chrêtienne*, composé & publié par *Jean Moreli*; le Concile est d'avis, quant aux points concernant la Discipline de l'Eglise (par lesquels il pretend condanner & renverser l'ordre accoutumé des Eglises, & fondé sur la Parole de Dieu) que ledit Livre contient une mauvaise Doctrine & tendante à la dissipation & confusion de l'Eglise: C'est pourquoi ledit Concile exhorte tous les fidéles de se donner de garde de la susdite Doctrine.

VIII.

Sur la remontrance faite par l'Eglise de *Poictiers* touchant l'appel interjetté par le peuple de la ville de *Loudun*, de la Sentence du Concile Provincial de *Poictou* tenu à *Niort*, concernant le fait de *Mathurin Sibelleau*, ledit appel signifié à l'Eglise de *Poictiers* de la part dudit peuple de *Loudun*:

vûës & considerées les sentences tant du Concile Provincial tenu à *Partenay* que du Concile de *Niort*; le présent Concile renvoie & a renvoié la connoissance de cette cause au Synode Provincial de *Touraine* prochain, pour en juger définitivement sous l'autorité de ce Concile; & cela quoi qu'étant dûement avertis, ils fussent absens par leur contumace; & cependant a ordonné que tant ledit *Sibilleau*, que tout ledit peuple de *Loudun* obéiront à la Sentence dudit Concile tenu à *Niort*: & pour cet effet l'Eglise de *Poictiers* est chargée de leur signifier la présente Sentence, & l'Eglise de *Tours* de les convoquer audit Synode Provincial.

IX.

Sur la Requête présentée par Demoiselle *Marguerite de Vouye* touchant le Mariage pretendu avoir été contracté entre Noble *Guillaume de Seillons*, & ladite Suppliante: Le Concile a approuvé & approuve la Sentence donnée par ledit Synode Provincial de *Touraine au Mans*, au mois d'Octobre dernier, par lequel ledit Mariage a été déclaré incestueux, à cause que ledit de *Seillons* avoit auparavant épousé la sœur de la Suppliante, à laquelle il enjoint d'acquiescer & de se tenir à ladite Sentence pour la suivre avec le repos & tranquilité de sa conscience, & en outre ledit Concile l'exhorte de se retirer par devers son Eglise, pour y faire telle reconnoissance de sa faute que le Consistoire avisera être bon.

X.

Ouïe la remontrance faite de la part du frere Deputé de la Province de *Poictou*, touchant *Pierre Boulay*, s'étant ingeré au Ministere dans l'Eglise de *Niort*: Le Concile ratifie & approuve la determination du Synode Provincial tenu à *Niort*, par lequel ledit *Boulay* est declaré incapable & insuffisant d'être élû au Ministere de l'Evangile: & ce jusqu'à ce qu'il fasse apparoir de sa suffisance devant le Synode Provincial de *Poictou*: Et outre cela le present Concile a ordonné que cet avis sera signifié tant audit *Boulay* qu'à ceux qui le suivent, par nos freres, la *Forest* & de *Chiray*, lesquels aiant fait leur rapport audit Concile de *Poictou* prochain venant de l'obéissance ou rebellion dudit *Boulay* & de ceux qui le suivent, on y pourvoira definitivement selon la Discipline Ecclesiastique. Et quant au frere de la *Fayolle*, le Concile remet à la discretion dudit Synode prochain venant, qu'il sorte dudit *Niort*, s'il est expedient pour la commune édification de l'Eglise.

XI.

L'article de la Discipline touchant les élections demeurera en son entier. Et quant à Maître *Jean Vibier*, le Concile a ordonné qu'il doit signer la Confession de Foi, & les articles de la Discipline: Et en outre que défense lui doit être faite d'enseigner aucune Doctrine contraire dans ses leçons, afin qu'il n'y ait pas de la division dans l'Eglise: Et au cas qu'il refusât d'acquiescer à l'avis du Concile, il est renvoié au Consistoire de cette Ville qui doit y pourvoir selon la Discipline Ecclesiastique.

XII.

Sur la question proposée par le frere *d'Orleans*, le Concile a remis & remet en la liberté des Consistoires, d'aviser & juger quelles personnes pourront assister fter à l'examen de la doctrine de ceux qu'on veut élire au Ministere, comme les Consistoires le trouveront être propre pour l'édification de ceux qui voudront y assister, sans que néanmoins ils puissent permettre à d'autres qu'à ceux qui sont desdits Consistoires, d'examiner ceux qui seront à élire.

XIII.

Le Concile est d'avis qu'il n'est pas bon de publier en Chaire les articles de la Discipline; mais qu'ils seront donnés à ceux qui les voudront avoir, & qui les demanderont au Consistoire.

XIV.

Sur les Lettres envoiées au Concile General des Eglises de France assemblé à *Orleans*, de la part de *Maurice Joelevi*, veües les plaintes contenuës dans lesdites Lettres, tant contre *David Veran*, Ministre de *Bauge*, que contre plusieurs autres du Consistoire de ladite Eglise; attendu l'absence des parties, ledit Concile les renvoie audit Synode Provincial de *Berry* prochain venant, pour là être procedé contre ledit *Veran* & autres du Consistoire, ainsi que de raison. Et cependant aiant consideré les paroles outrageuses contenuës dans lesdites Lettres, & la contumace dudit *Joelevi*, dedaignant venir audit Concile après y avoir été legitimement appelé, & les menaces contenuës en sa réponse, ouïs sur cela quelques-uns de nos freres faisant rapport de ses continuelles rebellions contre le Consistoire de ladite Eglise, depuis six mois, ou environ, le Concile a enjoint au Consistoire d'appeler ledit *Joelevi* & de lui faire une bonne remontrance des choses ci-dessus; & en cas qu'il les méprise par sa rébellion accoutumée, de le déposer sans aucun délai de sa Charge de Diacre, & ensemble le retrancher de l'Eglise & le declarer publiquement excommunié, jusqu'à ce qu'il apparoisse suffisamment de sa repentance. Signé,

CHANDIEU Seigneur de la ROCHE, President du Concile.
LE MASSON Seigneur de la FONTAINE, Scribe.

Fin du Troisième Synode.

QUA-

IV. SYNODE NATIONAL
QUATRIÉME SYNODE
NATIONAL
DES
EGLISES REFORMÉES
DE FRANCE

Tenu à *Lion* le 10. Août 1563.

L'An III. du Regne de CHARLES IX. Roi de France.

Monsieur Pierre Viret, *alors Ministre de l'Eglise de* Lion, *élû pour Moderateur & pour Sécrétaire.*

* * *

OBSERVATIONS,
ADDITIONS ET ANNOTATIONS,

Faites sur la Discipline de l'Eglise par les Deputés au Synode de Lion *l'an* 1563.

ARTICLE I.

N lira les Canons de la Discipline de nôtre Eglise à l'Ouverture de tous les Synodes Nationaux & Provinciaux. Et à l'avenir les Synodes Nationaux envoieront aux Synodes Provinciaux les Articles & Canons qu'ils dresseront pour le Gouvernement de leurs Provinces respectivement, & de toutes les Eglises de leur District.

II.

Les Canons des trois précédens Synodes Nationaux tenus à *Paris*, *Poitiers* & *Orleans*, seront reduits en un corps : & cet ordre sera constamment observé à la fin de chaque Synode National.

III.

Toutes les Sentences d'Excommunication confirmées par le Synode Provincial seront stables & valides à l'avenir.

IV.

On ne publiera aucun Article de la Discipline, sinon ceux qui auront été composés d'un consentement unanime de tous les Deputés.

V.

Les Deputés des Provinces ne partiront pas du Synode National, sans porter avec eux les Resolutions & Décrets du Synode, signées & attestées par le Moderateur & le Scribe.

Des Consistoires.

VI.

Quoi qu'il fût assez convenable qu'on appellât à l'Assemblée du Consistoire, lors qu'il s'agit de quelques importantes affaires de l'Eglise, les Personnes qui en ont été Membres & qui peuvent donner des conseils salutaires, encore qu'ils ne soient pas actuellement en Office dans le Consistoire; cependant il ne doit y avoir aucune autre Assemblée, ou forme de Conseil, en ce qui regarde les affaires de l'Eglise, sinon le Corps du Consistoire, lequel a été choisi & établi par l'Eglise, à cette fin, qui exerce un Ofice Public, ce que les autres ne font pas.

VII.

Un homme de la Magistrature peut être Membre du Consistoire, pourvû que Son Ofice public n'en soit pas interrompu, & que cela ne prejudicie en rien à l'Eglise.

VIII.

Les Professeurs en Theologie pourront être reçûs Membres du Consistoire, & Deputés aux Synodes.

IX.

Il sera permis aux Consistoires de recevoir comme Membres de son Corps le Pere & son Fils, & pareillement deux Freres en un même tems, à moins qu'il n'y ait quelqu'autre empêchement, dont le Synode Provincial prendra connoissance.

X.

Quoi que le Corps du Consistoire puisse aviser & avertir les Personnes qui sont en different, de terminer leurs querelles & leurs Procès; cependant le Consistoire ne sera jamais Juge ou Arbitre entre des personnes qui sont en dispute touchant des matieres de Religion ou d'Etat: Mais si quelque Membre, non du Consistoire mais de l'Eglise, étoit emploié, comme Arbitre, dans ces sortes de debats; alors les Membres du Consistoire pourroient l'aider en particulier de leurs avis; mais toûjours comme hommes privés.

Touchant les Censures.

XI.

Si un Oficier de nos Eglises Reformées a commis quelqu'acte d'idolâtrie, dans un tems de persecution, il sera déposé de son Ofice; & avant qu'il soit admis

admis à la Table du Seigneur, il en fera une satisfaction publique. Et pour ce qui est des particuliers qui seront tombés dans la même faute, ils subiront telle penitence que le Consistoire jugera à propos. Et on se comportera envers les uns & les autres avec la moderation Chrêtienne selon nôtre Discipline.

XII.

Lors que les Ministres scandaliseront le monde en épousant des femmes qui font honte à leur Ministere; les Freres du Synode sont tous d'avis que les Consistoires procéderont contre les Délinquans, d'une manière qui puisse prévenir tous les scandales dans la suite.

Des Ministres.

XIII.

Les Ministres, quoi qu'établis dans une Eglise, peuvent être prêtés à d'autres Eglises, pendant quelque tems, pour les instruire & les consoler. Et lors que nos Proposans seront apellés au Ministére, on les établira dans une Eglise particuliere, pour y rester toûjours; cependant les Synodes auront le pouvoir de changer les Ministres d'un lieu en un autre, pour de certains égards & raisons, pourvû que les Eglises y consentent, selon nôtre Discipline.

XIV.

On doit inserer ici le cinquiéme Canon du Synode National d'*Orleans*: sçavoir, *les Ministres ne quitteront pas leurs Eglises, pour se joindre à une autre sans l'autorité du Synode Provincial, ou le consentement des Ministres du voisinage, ou de l'Eglise où ils étoient établis.*

XV.

Lors que l'on voudra élire un Ministre, non seulement le Consistoire de cette Eglise, mais aussi les Ministres du voisinage, avec le Colloque procederont à cette élection.

Du Batême.

XVI.

Les Ministres avertiront les Troupeaux de se tenir dans la modestie & la révérence, lors qu'on administrera les Sacremens du Bâtême & de la Ste. Cene.

XVII.

Une femme seule ne pourra pas être admise pour presenter un enfant au Bâtême.

XVIII.

Une personne qui a atteint l'âge de discretion, & n'a pas encore été bâtisée, si elle demande d'être reçûë dans l'Eglise de Dieu par ce premier Sacrement, elle ne sera pas bâtisée jusqu'à ce qu'elle ait fait une confession publique de sa Foi, & qu'elle ait donné des marques qu'elle a une connoissance competente des Articles de nôtre Religion Chrêtienne.

Du Mariage.

XIX.

Les Miniftres ne peuvent ni ne doivent marier des Papiftes, jufqu'à ce qu'ils aient renoncé à leur Religion, à leur fuperftition, & à la Meffe, & qu'ils faffent profeffion de nôtre Foi, quand même le mari feroit de la Religion Reformée.

XX.

Les Eglifes feront averties de ne marier jamais ceux qui ne feront pas de leur Diftrict, fans une Atteftation de l'Eglife à laquelle ils apartiennent.

XXI.

Les Bans feront publiés deux Dimanches dans les endroits où l'on prêche une fois la femaine; & aux autres Places, on le fera à l'heure de l'exhortation, & des Prieres communes; & cela trois fois dans la quinzaine. Il peut être permis, mais il n'eft pas neceffaire, de publier les Bans de Mariages dans les Eglifes Papiftes.

XXII.

Le jugement du Synode eft qu'un homme qui aura quitté fa femme pour caufe de Lépre, & qui en aura époufé une autre, fa premiére étant encore vivante; le fecond Mariage eft nul devant Dieu; & qu'ainfi il ne pourra être admis à la Table du Seigneur qu'il ne fe foit feparé de fa feconde femme, & qu'il n'ait reparé, par une fatisfaction publique, le fcandale qu'il aura caufé à l'Eglife.

FAITS GENERAUX.

Article I.

ON obfervera fort foigneufement les Edits du Roi, & les Regles de la charité touchant l'interêt de l'argent.

II.

Lors qu'il y aura des Coureurs, Hérétiques, & Schifmatiques, on en avertira les Eglifes, afin qu'elles s'en donnent de garde.

III.

Les Eglifes feront informées qu'il n'apartient qu'aux Miniftres de prefenter la coupe, les jours de Communion, s'ils peuvent le faire, pour prevenir toutes fâcheufes confequences.

IV.

En interpretant les articles des Synodes précédens, on ne fera aucun Batéme que dans les Affemblées Eccléfiaftiques & publiques.

V.

Perfonne ne fera cité par devant le Confiftoire fans raifon & occafion fuffifante.

IV. SYNODE NATIONAL

VI.
A l'avenir toutes Sentences d'excommunication confirmées par le Synode Provincial demeureront fermes & sans apel.

VII.
Les Corps des Consistoires ne seront point choisis pour arbitres, mais bien les particuliers en leur nom privé seulement.

VIII.
On ne divulguera aucuns autres articles de Discipline Ecclesiastique que ceux qui sont resolus par l'avis commun de toutes les Eglises.

IX.
Au commencement des Synodes, tant Provinciaux que Nationaux, on lira tous les articles de la Discipline; & à l'avenir les Synodes Provinciaux envoieront à l'Assemblée générale les articles par eux arrêtés, tant ceux qui concernent le reglement de la Province, que la Generalité des autres Eglises.

X.
Il demeurera en la liberté des Consistoires d'admettre le Pere, le fils, ou les deux freres en un même Consistoire, si ce n'est qu'il y eût quelque empêchement, duquel le Synode Provincial connoitra.

XI.
Après avoir vû un Livre imprimé & intitulé *La declaration du Mystere & secret de Dieu*, demontré par deux figures; *Item*, un autre Livre écrit à la main, intitulé, *Le Miroir de l'Antechrist*; l'Assemblée declare lesdits Livres être pleins de blasphémes, héresies, propos de vanité & scandaleux, avertissant les fidéles de s'en donner de garde. Et quant à l'Auteur, il est declaré indigne du Ministere & de toute autre Charge Ecclesiastique; & les Livres ont été mis entre les mains des Ministres de la Classe de *Nismes*, pour les faire reconnoitre à celui qu'on soupçonne en être l'Auteur, afin qu'il soit deposé de toute Charge, s'il en a quelcune dans l'Eglise, ou autrement proceder contre lui comme de raison.

ROLE DES COUREURS.

XII.

Les nommés *Marmande*:
Jacques de Vernueuil en Normandie:
Berian ci-devant Augustin:
Christofle de la Place:
Loüis Budet:
Un Cordelier qui delaissa le froc, en la maison de Monsieur de la *Meriniere*:
La Motte:
Guillaume Touceau:
Guillaume Cottereau:

Pierre Boulay, de Niort:
Mathurin Beloui:
Simeon Regent de Sugeres:
Jean de la Tournepié:
Jean Guerin:
Jacques Pines:
Loüis Matou:
Pierre le Brun:
Calix Baliste, autrefois Sécretaire du Cardinal d'*Armagnac*:
Rovaut, autrefois Cordelier chez l'Evêque

vêque de *Saint Pons* : l'efprit prophetique :
Jacques de Calans, fe vantant d'avoir *Jerôme Bolfec* :

FAITS PARTICULIERS.

ARTICLE I.

Jacques *Pines* eft declaré indigne du Miniftere, en confirmation de la fentence du Synode de *Niort*, d'autant qu'il n'eft pas irreprehenfible, mais chargé de plufieurs crimes, dont il ne s'eft pas purgé, mais au contraire il s'eft ingeré au Miniftere fans vocation, & a depuis continué, contre les remontrances & promeffes par lui faites au Concile General de *Poictiers* ; il eft de plus obligé de fe reconcilier avec les Eglifes de *Geneve* & de *Laufane*. Et quant au frere de *Rafai* il fera exhorté par Lettres de continuer fon Miniftere en renonçant aux Procès, aux chicanes & autres occupations qui le détournent de fa Charge : & en cas qu'il foit rébelle on le depofera entierement, & il fera même retranché du corps de l'Eglife. Et quant à l'Eglife de *Talmont*, elle fera avertie de vivre en union avec les autres Eglifes.

I I.

Sur les remontrances faites, par les Etats du *Languedoc*, il a été refolu ce qui s'enfuit. 1°. Sur le 1. & 2 article, touchant les Miniftres, on envoiera des Lettres au Synode Provincial du *Languedoc*, pour exhorter les Miniftres de la Province d'avoir l'œil les uns fur les autres : & d'autres Lettres feront écrites aux Etats, leur remontrant que pour n'avoir pû entendre ni par Lettres, ni par aucune declaration probable de leur Deputé, quels font ceux qui font accufés de negligence, on en écrit en général au Synode Provincial du *Languedoc* : Et fur le 2. & 4. article dans les Lettres aux freres du *Languedoc*, il fera inferé, qu'ils tâchent d'avancer le regne de Dieu le plus qu'ils pourront, non feulement en leurs Eglifes, mais auffi ailleurs, quand il leur fera poffible fans incommoder leur Troupeau : & par les Lettres adreffées aux Etats, il leur fera remontré que l'Ofice des Miniftres eft de fe regler eux & leurs Troupeaux felon la parole de Dieu & la Difcipline Ecclefiaftique, & que c'eft aux Magiftrats qu'il appartient de veiller fur tous les Etats, & même fur les autres. afin qu'ils cheminent droitement en leurs vocations ; que là où les Miniftres manqueront, ils les faffent avertir felon l'ordre de la Difcipline ; Les Claffes & Synodes n'entendant point du tout comprendre en ceci les fautes puniffables par les Loix, defquelles la connoiffance appartient au Magiftrat. Pour les 5. 6. 7. & 8. articles, les Lettres adreffées aux Miniftres du *Languedoc*, les informeront que pour les injures privées, domeftiques, & legeres, il fuffiroit de faire donner des avis particuliers par quelques-uns du Confiftoire. Et quant aux fautes publiques qui font fcandaleufes & grièves, à caufe des circonftances, l'on pourra apeler les delinquans au Confiftoire, pour y proceder felon la circonftance ce du fait: Et quant aux procès, ils feront avertis de ne point apeler au Confiftoire ceux qui plaident, fi ce n'eft qu'outre leurs procès ils euffent commis quelque autre faute fcandaleufe; & néanmoins ils pourront exhorter par tous moiens les plaideurs à s'accorder par compromis ou autrement. Et par les Lettres adreffées aux Etats il leur fera remontré, que nonobftant qu'après la depofition de Droit un crime foit apelé public, lors qu'il merite punition exemplaire, toutefois nous apelons public ce qui caufe fcandale ou donne mauvais exemple, pour être parvenu à la connoiffance de tous, ou de plufieurs; & cependant cela n'empêche pas que les fautes publiques ne foient confiderées felon leurs circonftances, pour procéder aux cenfures & corrections. Touchant les 9. 10. & 11. articles, par lefquels les Etats demandent qu'obéïffance foit renduë aux Magiftrats, & principalement qu'ils foient apelés aux Confiftoires, Claffes & Synodes communiqués aux parties, ils fe font trouvés d'accord là-deffus. Sur les 12. & 13. articles on répond, que pour ce qui appartient à la Police civile, les Magiftrats en peuvent faire leurs Ordonnances, & que tous font tenus d'y obéir: & pour ce qui appartient au fait de l'Eglife, les Miniftres & Synodes drefferont le réglement de leur Eglife; & s'il fe trouve quelque caufe commune, comme par exemple, quand il feroit queftion de favoir quel nombre de Miniftres on doit tenir dans une Ville, ils conféreront enfemble pour en ordonner felon l'avis commun. Finalement on répond au 14. article, qu'il fe pourra faire un changement de Miniftres pour certaines caufes, qui feront propofées aux Synodes Provinciaux, comme porte l'article 17. de la Difcipline.

III.

Les freres de *Normandie* requerant que l'article 19. du Synode Général de *Paris* foit corrigé, où il eft touché de n'admettre les Bénéficiers & autres femblables au Miniftere, fi ce n'eft après un long examen de leur doctrine, & de leur vie: La prefente affemblée a été d'avis que ledit Article demeure en fon entier, & foit diligemment obfervé.

IV.

Ceux qui tiendront quelques biens Ecclefiaftiques fans fe plonger dans aucune Idolatrie, & qui fe metront en devoir d'en extirper toute fuperftition, ou de faire que pour le moins il ne s'y en commette point de leur confentement, laiffant pour cet effet une proteftation par écrit de renoncer à tout droit qu'ils pourroient avoir reçû du Pape, & moienant auffi que ces biens foient notoirement emploiés à des ufages bons & legitimes, tandis que le Roi leur permetra d'en jouir avec liberté de confcience, ils ne feront point rejettez de la Cene.

V.

Etant propofé fi les fideles au-deffus de 10. ans feront admis à répondre au Catechifme; le fait a été remis aux Confiftoires, lefquels auront égard à ce qui eft bien feant & propre à l'édification.

VI.

Sur le fait propofé par l'Eglife d'*Iffoudun*, à fçavoir s'il feroit bon, outre le Confiftoire, d'avoir un Confeil pour vuider les affaires de l'Eglife; après un diligent examen : Le Synode est d'avis que les Consistoires doivent-decider de toutes les affaires de l'Eglise, sans avoir, pour cet égard, un conseil ordinaire composé d'autres personnages que de ceux qui sont en charge dans l'Eglise.

VII.

Quant à la question proposée par les freres de *Nimes* touchant les prieres du soir & du matin ; Les freres sont d'avis que cela soit remis à la prudence & avis des Synodes Provinciaux. Et sur ce qui a été proposé par les freres de *Normandie*, si quelque Magistrat peut être appelé en charge au Consistoire ; La Compagnie est d'avis qu'il se peut faire, moiennant que l'exercice de l'un n'empêche l'exercice de l'autre.

VIII.

Touchant les interêts, on est d'avis qu'il faut se comporter en tout & par tout selon les Edits du Roi, & que sur cela il faut avoir egard à la charité.

IX.

Sur ce que propose le Ministre de *Normandie*, si on peut prendre pour femme la Cousine remuée de germain ; Le Synode est d'avis de ne donner point scandale par les mariages ; Le scandale donc étant ôté cela se peut faire.

X.

Les freres sont d'avis que le second mariage contracté par celui qui auroit laissé sa premiere femme pour cause de ladrerie, est nul : C'est pourquoi il ne peut être reçu à la Cene sans se separer de la derniere femme & reparer le scandale qu'il a donné.

XI.

Il est licite, mais non pas necessaire, de publier les anonces de mariage au temple des Papistes.

XII.

Sur ce qui avoit été proposé : Si un Ministre peut révéler au Magistrat les crimes, qui lui auroient été declarés secretement, par celui qui demanderoit conseil, ou consolation ; on est d'avis que cela soit remis à la conscience du Ministre, lequel aura égard prudemment à toutes les circonstances.

XIII.

Touchant les Ministres qui donnent scandale en contractant de mariages trop inegaux ; Les freres sont d'avis que les Consistoires procedent tellement par censures contre ceux qui auront failli en cet endroit, que la racine soit coupée à tels scandales.

XIV.

Sur la demande faite par le frere de *Castres*, si la promesse de mariage faite par une fille, du consentement de ses parens & dans le tems de son enfance, aiant renoncé à la dite promesse avant que d'avoir atteint l'age de douze ans, se peut dissoudre ; on est d'avis que telles promesses sont nulles.

XV.

Etant proposé si les Ministres doivent épouser celles qui sont purement papistes ; On est d'avis qu'il ne se peut faire, si elles ne font protestation notoire de renoncer à la messe.

IV. SYNODE NATIONAL

XXVI.

Les Gentils-hommes & autres, qui tiennent des benefices sous le nom de quelques prêtres, dans les lieux où l'idolatrie n'est point encore repurgée, seront soigneusement avertis de s'en abstenir dans quelque tems: Et si enfin ils n'obeïssent point à cet avertissement, ils seront retranchés de la Cene.

XXVII.

Sur ce que proposent les freres de *Nimes*, si un Ministre en saine conscience, peut quitter son Eglise, quand sa femme ne le veut pas suivre après qu'il a fait son devoir? Toutes les circonstances étant considerées, il a été conclu qu'il doit prendre soin de convertir sa femme, que cependant il demeurera en liberté, sauf à reprendre sa charge quand il aura rangé sa femme à son devoir.

XXVIII.

Sur le fait proposé par le frere de *Xaintes*, à sçavoir si un homme qui aiant fait penitence publique pour de grieves fautes qu'il auroit commises, y seroit neanmoins retombé plusieurs fois, doit être excommunié de l'Eglise: On est d'avis qu'attendu qu'il n'a point vraiement écouté l'Eglise, on peut proceder contre lui jusqu'à l'excommunication.

XIX.

Sur la demande si on peut faire promesse de mariage devant un Prêtre à la requête d'une mere qui veut que sa fille soit fiancée par un Prêtre, d'autant qu'elle s'imagine que la presence du Prêtre est necessaire afin que les fiancailles soient estimées legitimes; On est d'avis que cela ne se doit point faire.

XX.

Un jeune homme fait promesse de mariage à une fille, avec cette condition inserée dans le contract, qu'il promet mariage si la fille consent de l'épouser dans l'Eglise reformée; la fille promet & consent pour un tems, mais voiant ensuite les inconveniens qui en proviennent elle ne veut plus consentir à cela & dit qu'elle ne veut point de ce jeune homme; on demande s'il est delivré de sa promesse. *Reponse.* Le jeune homme fera son devoir pour la solliciter avec toute diligence; & il sera à la prudence du Consistoire de juger des diligences qu'il aura faites, & proceder à la declaration de nullité de mariage si besoin est.

XXI.

On a été d'avis, que ceux qui ont charge dans les Eglises Réformées, & qui ont idolatré dans le tems de persecution, seront demis de leur charge; & avant que d'être admis à la Cene ils feront penitence publique. Et quant aux particuliers, ils feront aussi une penitence telle qu'elle leur sera ordonnée par le Consistoire, le tout avec une moderation conforme à la Discipline Ecclesiastique.

XXII.

Sur la question proposée s'il suffit que la paillardise d'un homme soit prouvée par sa paillarde, & par le témoignage d'un homme notable, qui deposeroit avoir oui la paillarde deposer le forfait, & par celui de quelques domestiques

mestiques qui témoignent leur frequentation ? Il a été donné conseil qu'on exhorteroit au Consistoire ledit accusé de dire la verité, lui confrontant les témoins & la paillarde, & examinant toutes les circonstances, & au cas qu'il persistât à nier le fait, il sera neanmoins suspendu de la Cene, & celui qui témoigne contre lui sera reputé homme de bien & sans reproche.

XXIII.

Les Eglises seront adverties de ne célébrer plus les mariages des personnes étrangéres du lieu où le mariage se fera, sans une bonne attestation de l'Eglise, de laquelle ils sont.

XXIV.

Quant à une fille sauvage, & qui n'est pas née ni instruite dans le Christianisme, il a été deliberé qu'on ne la batisera pas, avant qu'elle soit instruite dans la religion Chrétienne, & qu'il en apparoisse par sa confession de Foi.

XXV.

En la province de *Berry*, quand outre les assemblées des Synodes provinciaux, on s'assemblera expressément pour deliberer sur des affaires extraordinaires selon que la necessité s'en presentera, cela se fera selon la volonté commune de tous les Consistoires, & non par forme d'aucun commandement, afin de ne contrevenir à l'article de la Discipline, qui porte qu'une Eglise n'entreprenne rien sur l'autre.

XXVI.

Quant à ce qu'a proposé le frere Ministre de *Meniers*, d'un Gentil-homme qui a fait baptiser son enfant par un Prêtre, qui exerçoit encore, selon la coutume, sa vocation, il a été resolu qu'il ne falloit point rebatiser les enfans qui auront reçu un pareil Bâtême.

XXVII.

Sur ce que le frere Ministre de *Châteauneuf* de *Mazaune* a proposé, pour sçavoir s'il pouvoit, en bonne conscience, prêter son nom à un autre, qui sous icelui vouloit jouir des fruits d'un certain benefice ; il a été deliberé qu'il ne le peut faire en aucune maniere.

XXVIII.

Sur ce que le Ministre de *Neuchâtel* en Normandie, a de soi-même quitté le Ministere, à la persuasion de sa femme, comme il a protesté devant son colloque : il a été conclu que les freres Ministres dudit Colloque de *Dieppe* le censureront & y mettront tel ordre qu'ils jugeront convenable.

XXIX.

Sur une demande, s'il est seulement defendu par les loix dépouser la femme de son frere defunct : il a été repondu que de tels mariages sont même prohibés par la parole de Dieu : quoique sous la loi de *Moïse* il fût ordonné que quand le frere étoit mort sans enfans, que le frere du defunct susciteroit lignée à son frere decedé, neanmoins une telle loi ordonnée pour le peuple d'Israel, étoit temporelle & politique, regardant seulement la conservation des lignées dudit peuple.

IV. SYNODE NATIONAL

XXX.

Quant à celui qui aiant renoncé à ses benefices demande Conseil sur ce qu'il doit faire des titres, lettres & autres écrits concernant les terres & les révenus de son dit benefice, il a été deliberé qu'il s'en déchargera par justice & selon l'ordonnance du Magistrat, & pour ce qui est des Lettres de Collation, il les déchirera.

XXXI.

Sur la demande faite de la part d'une demoiselle, qui desire de savoir si elle peut demander ses interêts à un certain Gentil-homme qui lui a fait promesse de mariage par paroles de present, toutes les solemnités accoutumées ayant été observées, lequel neanmoins refuse maintenant d'accomplir ledit mariage, alleguant qu'il y a inegalité de biens & diversité de religion, & que pour ces causes il ne pourroit compatir avec elle ? Il a été répondu qu'avant que d'insister sur cet article qui n'est qu'accidentel, elle doit faire cesser, s'il lui est possible, l'interruption de son mariage, & emploier tous les moiens legitimes pour obliger son épousé à l'accomplir selon la promesse qu'il en a fait publiquement.

XXXII.

Sur la Question proposée, à sçavoir s'il est expedient que dans un lieu où l'on prêche la parole de Dieu publiquement, à son de cloche, les hommes & les femmes s'y assemblent à certaines heures dans une chambre particuliere, pour y lire la parole de Dieu, & repondre sur chaque mot, ou verset, aux demandes faites par un Ministre, de telle sorte que les femmes & les hommes sans aucune distinction interprétent le sens des auteurs sacrés ; il a été répondu que cela est de mauvaise & dangereuse consequence, & que le Ministre du *Croisil* s'y est justement opposé. C'est pourquoi les Eglises seront averties de n'introduire point une telle coutume.

XXXIII.

Ceux de *Caën* envoiant des Proposans ça & l'a prêcher de telle sorte qu'il en est arrivé des scandales, pour y avoir envoié des gens de mauvaise vie, contre ce qui avoit été arrêté à *Rouen* ; leurs raisons sont que, par le Concile de *Poitiers*, il étoit permis aux Diacres de Catechiser ; & qu'ils ne pouvoient pas imposer d'abord les mains à ces gens là, parce qu'ils étoient encore Neophites. Comme aussi parce qu'ils les envoient dans des lieux qui n'ont pas dequoi entretenir un Ministre. On demande si en cela ils ont fait quelque chose de reprehensible ? *Réponse*. Au Concile de *Poitiers* il a bien été permis aux Diacres de Catechiser, quand ils seroient entierement resolus de servir à Dieu dans le Ministére de l'Evangile ; cependant à cause de la diversité des opinions sur cette demande, le jugement definitif en fut renvoié à ce present Synode. Mais attendu qu'on ne parle point dans ce Decret là, des Propositions, ou Sermons, & qu'il leur fût même défendu auparavant, dans le Synode Provincial de *Rouan*, de continuer leurs Prêches, ils seront fortement censurés.

XXXIV.

Le Ministre de *Caën* importuna tellement une fille, qu'elle lui fit promesse

messe de mariage, & promettoit de l'épouser avec cette condition expresse, qu'elle ne le feroit que lorsqu'il ne se diroit plus aucune Messe dans la ville de *Caën* : Sur cela le Ministre lui donna quelques bagues, & maintenant il demande que le mariage soit parachevé : mais la fille ne veut point y consentir, & dit que ce Ministre la contrainte par menaces de faire ladite promesse, & lui-même le confesse. Le Synode Provincial de *Caën* aiant declaré que cette promesse étoit nulle, d'autant qu'elle avoit été faite par contrainte, & qu'il en seroit arrivé un grand scandale; ce Ministre s'est contenté pour un tems de la sentence dudit Synode, & a repris ses bagues. Mais à present il dit que sa conscience le tourmente de ce qu'il se sent lié & engagé par cette promesse, & il appelle au present Synode du jugement qui la cassée. Sur quoi ce Synode aiant examiné les causes & motifs du dit Appel est d'avis que ce Ministre là soit averti qu'il doit se rendre obeïssant à la volonté du Synode Provincial de *Caën*, laquelle on trouve raisonnable ; Et il sera enjoint au Synode Provincial de *Caën* de s'informer de sa vocation, de sa vie, & particulierement des moiens qu'il a emploiés pour obtenir cette promesse prétenduë, & d'en prendre connoissance pour le suspendre, ou deposer, s'il est expedient & necessaire.

XXXV.

Un Gentil-homme trouble l'Eglise, & veut que sa femme aille à la Cene après lui, devant tout le reste des hommes : & quoiqu'il ait été ordonné par le Synode de *Caën*, qu'il suivroit la coutume des autres Eglises, où les femmes vont en bon ordre après les hommes, néanmoins il ne veut point s'y conformer. On est d'avis que cette Compagnie lui ecrira, pour l'avertir de se comporter avec plus d'humilité.

XXXVI.

On demande si ces paroles, *vous n'aurés rien qui vous manque de moi ni de mon bien*, faites en parlant de mariage, emportent promesse de mariage ? *Réponse.* On est d'avis que non.

XXXVII.

Un Ministre du *Limosin*, qui s'étoit bien comporté dans toutes ses actions, aiant été menacé par nos ennemis, a écrit à la Reine Mere, qu'il n'avoit jamais consenti à la prise d'armes, quoiqu'il ait donné son consentement & contribué pour cela. Il lui a pareillement écrit qu'il promettoit de ne point prêcher jusqu'à ce que le Roi le lui eût permis, pourveu qu'on lui promît de le laisser vivre dans sa maison en seureté & sans lui géner la conscience. Quelque tems après aiant reconnû sa faute, il en fit publiquement une confession volontaire devant tout le peuple, sans en être sollicité par qui que ce soit. Il a vêcu d'une maniere très-édifiante depuis ce tems-la, & donné plusieurs temoignages d'une grande repentance, nous aiant même confessé sa faute un jour que nous célebrions la Cene, en présence de tous les Ministres du pais, & de tous les fideles qui s'en retournerent bien édifiés. Il s'est aussi abstenu long-tems de sa charge. Le peuple desire qu'il en fasse maintenant l'excercice : doit-on le lui permettre ? *Réponse.* On est d'avis qu'il soit rétabli, moiennant qu'il écrive au Ministre *Becus* qu'il a fait apostasier, & qu'il lui fasse connoître sa repentance & sa conversion, si le Consistoire & les Ministres voisins le trouvent bon, & il le fera aussi savoir à la Reine s'il est possible. Et s'il arrive que le scandale qu'il a donné à son Eglise ne soit pas levé, ce sera à la prudence du Synode Provincial du *Limosin*, de le changer de lieu.

XXXVIII.

Ceux du *Vivarets* proposant, si on peut en bonne conscience, donner la Cene à une Abbesse qui auroit quitté l'idolatrie, & neanmoins retiendroit le revenu de son Abbaie, ne l'emploiant point à un bon usage? *Réponse.* On ne peut lui donner la Cene.

XXXIX.

Sur le fait d'un Ministre qu'on trouve ignorant & qui a été reçu au Ministere sans examen; On demande comment il faut agir envers lui, attendu qu'il est demandé par plusieurs Eglises. *Réponse.* On est d'avis qu'il aille étudier quelque tems.

XL.

Peut-on faire un mariage dans la maison d'une personne qui est accablée d'une maladie qui l'empêche de marcher. *Réponse.* Cela n'est point licite, d'autant qui si elle ne peut aller à l'Eglise, elle peut s'y faire porter.

XLI.

Un jeune homme fait promesse de mariage à une fille, & proteste devant ses parens & même plusieurs fois qu'il ne la prendroit pas en mariage, si elle n'étoit Vierge. Eux lui donnant toûjours asseurance de sa virginité, & la fille le maintenant aussi; depuis il se trouve que huit ans auparavant elle avoit eu un enfant; il demande s'il est délivré de sa promesse, parce qu'il dit avoir été trompé? *Réponse.* Pourvû qu'il apparoisse de la paillardise, & qu'il ne l'a point sçû auparavant, on est d'avis qu'il est libre, suivant l'article déja décidé.

XLII.

Un Abbé en *Limosin* fait publique profession de Docteur, le peuple l'entend volontiers; cependant il nourrit des Moines, va à la Messe & ne se range point à notre Eglise; on demande s'il est permis au peuple de l'écouter, & si les Ministres qui l'ont exhorté de faire des Leçons, ont bien fait; & même ceux qui assistent à ses Leçons, qu'il fait en françois. *Réponse.* On est d'avis que les Ministres, qui ont assisté à ses leçons, ou exhorté le peuple d'y assister, & lui-même de lire & enseigner (entre lesquels est un nommé *Prevost*) doivent être fortement censurés; que le peuple doit être averti, selon les articles de la Discipline, de se contenter de ses Pasteurs & Ministres, l'Abbé prié de ne faire plus de telles leçons, & de s'assujettir à l'ordre de l'Eglise de Dieu, & d'attendre que Dieu l'ait appellé à une telle charge.

XLIII.

Monsieur *Pelot* propose qu'un mariage a été contracté entre une jeune fille d'âge competent avec un fils de l'âge de 13. ans, le consentement des parties, & de leurs parens étant donné, & les annonces faites dans l'Eglise, sur le poinct que le Ministre vouloit épouser les parties, la fille y a comparu sans se vouloir lever & tenir debout, faisant néanmoins sa promesse de mariage futur; ensuite de quoi sur les instances qu'on lui fit de l'accomplir elle fut épousée dans l'Eglise & coucha avec son Epoux, sans en avoir pourtant eu connoissance conjugale: mais aiant d'abord après changé d'avis, & s'étant séparée de son Mari, elle nie d'être tenuë de le reconnoître pour tel, soutenant que le mariage est nul; sur quoi elle requiert d'être séparée, & le Mari de son coté y consentiroit aussi volontiers, si cela se pouvoit faire en bonne conscience. *Réponse.* On a declaré que c'est un vrai mariage, qui est indissoluble, & que les parties doivent être exhortées, au nom de Dieu, de se comporter comme vrais mariez, & que le Sieur du *Verget* & le consistoire de Montelimar, où est la mere, empêchant ledit mariage, seront avertis de faire leur devoir.

XLIV.

Il a été proposé par M. *Vais* qu'il y a promesse de mariage faite entre deux parties à *Marvereux*, la fille étant d'âge competant, les promesses ratifiées & confirmées pour la derniere fois, & par le contract passé par main de Notaires, la fille refuse d'accomplir le mariage, disant avoir été contrainte par ses parens à faire ladite promesse; néanmoins il appert du contraire par le témoignage des parens mêmes. Elle allegue de plus que sa partie avoit l'alaine puante. Le mariage est déclaré indissoluble.

XLV.

Un homme aiant contracté mariage avec une fille du consentement des parens, fait d'autres promesses à une autre fille, & en passe un contract, dont il se répand bien-tôt après, & persiste dans sa premiere promesse, devant le Consistoire du lieu, & le Magistrat, aiant été consulté répond que la premiere promesse tiendra. Neanmoins publiant les annonces, le pere de la derniere s'y oppose; on demande si on pourra passer outre, à la benediction du mariage, nonobstant ladite opposition? Il a été conclu que puis que le pere de la derniere fille ne s'oppose que pour l'interêt & l'argent qu'il en pretend, on ne laissera pas de passer outre.

XLVI.

Il a été proposé par Mr. de *l'Etang*, si un Ministre qui a été Curé, & qui n'a d'autre bien ni revenu que celui qui appartenoit à sa Cure, qui peut valoir environ six cens écus, lequel revenu il ne peut exiger qu'en faisant contraindre ses debiteurs par le Magistrat qui ne les condamnera pas au dit paiement, s'il n'en fait la demande au nom & en qualité de Curé, à sçavoir, s'il lui est permis de ce faire? On répond que non.

XLVII.

Un Abbé parvenu à la Connoissance de l'Evangile, aiant abatu les Idoles, brulé ses Titres, pourveu aux besoins de ses Moines, sans qu'il ait permis depuis six ans qu'il se soit chanté Messe dans son Abbaye, ne fait aucun exercice du service de l'Eglise Romaine, mais au contraire s'est toûjours montré fidele, & a porté les armes pour maintenir l'Evangile. On demande s'il doit être réçû à la Cene? *Réponse.* Oüi.

XLVIII.

On demande si un homme peut épouser sa Cousine-germaine, ou celle qui est dans un degré plus éloigné? L'opinion du Synode est, que l'on doit avoir grand soin d'éviter le scandale; que cependant tels Mariages n'étant pas défendus par la Loi de Dieu, on ne doit pas les empêcher.

XLIX.

Un homme qui, du consentement de sa fiancée & du pere de la fiancée, a habité avec elle avant le Mariage, cet homme etant ensuite accusé de fornication par de faux témoins, & condamné pour avoir fait de la fausse monnoie, & pendu en effigie: il demande que son mariage soit célébré dans l'Eglise. Les Freres du present Synode sont de cette opinion, que moiennant qu'il se soumette à faire une satisfaction publique de sa fornication, & autres crimes, on peut le marier, & l'admettre à la Table du Seigneur.

L.

Et parce que ceux de l'Eglise de la *Rochelle* ont demandé Monsieur *Oded du Nort* pour être leur Ministre: on leur a répondu, qu'il les serviroit jusqu'à la séance du Synode Provincial de *Gascogne*, lequel proprement peut disposer de lui: & que ladite Eglise de la *Rochelle* s'adressera au Synode pour en obtenir le consentement. Et si elle ne peut l'obtenir, ils pourront redemander l'argent qu'ils ont paié pour sa rançon.

LI.

Les Freres de *Paris* sont priés de faire en sorte que Monsieur de *la Forêt* puisse être envoié à *Bourges*, au lieu de Monsieur de *St. Germain*: & cet article sera communiqué aux Freres de *Génève* & à leur Eglise. Et ils seront priés d'écrire à l'Eglise de *Paris*, sur ce sujet, afin que Monsieur de *St. Germain* puisse être Ministre dans la maison de Monsieur de *la Rochefoucaud*.

LII.

Nôtre Frere de *St. Ferriol* apartient de droit à l'Eglise de *Montignac*: cependant cette Eglise est priée d'accepter nôtre Frere *Bordier* que l'on lui envoie maintenant, afin que l'Eglise de *Châteauneuf* ne soit pas destituée de Pasteur. Et au cas que cela soit accordé, Monsieur de *St. Ferriol* remboursera à ladite Eglise de *Montignac* les frais qu'elle a fait pour l'obtenir, quand elle n'avoit point de Ministre.

LIII.

Parce que l'Eglise de *Die* en *Dauphiné* a demandé que l'on lui envoiât Monsieur *Figon*, en cas qu'il fût en liberté: à quoi nos Freres les Sieurs *Tempeste* & *Moranges* ont consenti: l'Assemblée remet cette affaire au Consistoire de *Lion*, qui en agira comme il le jugera à propos.

LIV.

Monsieur *Matthieu d'Anche* s'offrant volontairement pour être Professeur en Théologie, a été refusé, jusqu'à ce qu'il ait produit ses Attestations, & Témoignages des Eglises où il a vécu, & particulierement de *Génève*, où il dit avoir demeuré fort long-tems. Et en cas qu'il refuse de le faire, les Ministres sont obligés d'empêcher qu'il ne soit Professeur dans leurs Eglises.

LV. Mon-

L V.

Monsieur *Vaissé* raporta, comme il avoit été envoié pour servir l'Eglise de *Ville-Franche*, qui est à présent dispersée par les ennemis de l'Evangile; & comme dans le tems de la persécution il s'étoit retiré vers le Seigneur de *Pieure*, en attendant le rétablissement de son Eglise : surquoi on demanda ce qu'il faloit qu'il fit ? Quelques-uns furent d'avis qu'il resteroit avec le Seigneur de *Pieure*, & que l'Eglise de *Ville-Franche* seroit pourvûë d'un autre Ministre. Mais la plus grande partie jugerent qu'à la premiere invitation qui lui seroit faite de la part de son Eglise, il y retourneroit, en cas qu'il pût rester avec eux en sûreté, sans cependant discontinuer l'exercice de son Ministére dans la maison dudit Seigneur de *Pieure*, lequel sera aidé d'un autre que le Colloque lui donnera aussi-tôt qu'il sera rapellé à *Ville-Franche*.

L V I.

Le Sieur *Damian Joubert* se plaignant que son Eglise de *Dombes* n'a pas soin de l'entretenir ; l'Eglise d'*Issoire*, après avoir examiné l'affaire, & trouvé qu'il étoit vrai, a ordonné qu'il seroit declaré libre du service de ladite Eglise de *Dombes*.

L V I I.

Les Freres de l'Eglise d'*Aubusson* consentirent que Monsieur *du Pont* leur Ministre seroit Pasteur de l'Eglise de *Creven*, mais à cette condition, qu'aussi-tôt que l'Eglise d'*Aubusson* seroit retablie, celle de *Creven* leur en fourniroit un autre. Cet accord mutuel fut aprouvé.

L V I I I.

Cette Assemblée a accordé à la Province de *Berry* le Privilége d'assembler dans un an le Synode National prochain, & d'en avertir toutes les Provinces trois mois auparavant, comme aussi du lieu où on s'assemblera.

MEMOIRE dressé pour le service de l'Eglise.

Article I.

Les Eglises seront averties de faire un recueil fidéle de tout ce qui est arrivé de plus remarquable par la Providence Divine, aux lieux de leur ressort, & d'en envoier les Relations à nos révérends Freres de *Génève*, avec toute la diligence possible.

I I.

Monsieur de *Béze* sera prié de mettre par écrit en *Latin* & en *François* les Causes, & Protestations de Nullité, contre le Concile de *Trente* ; & il les envoiera aux Ministres qui sont à la Cour, afin qu'ils les presentent au Roi.

I I I.

Très-humble Requête sera présentée au Roi, pour le prier que nous ne soions pas empêchés dans nos Synodes lorsque nous serons assemblés, & qu'il nous soit permis de convoquer de telles Assemblées ; laquelle Requête néanmoins ne sera pas délivrée sans un ordre exprès des premiers Seigneurs qui sont à la Cour, & qui professent la Religion Réformée.

IV. Les

IV. SYNODE NATIONAL

I.V.

Les Articles des trois premiers Synodes Nationaux seront compilés en un Corps, auxquels on ajoûtera ceux de ce présent Synode; & l'Eglise de *Lion* en délivrera des Copies.

V.

Nos Fréres de l'Eglise de *Génève* seront priés de nous écrire leur sentiment touchant quelques Points principaux de la Discipline de l'Eglise, comme aussi touchant les Elections des Officiers de l'Eglise, & sa sentence d'Excommunication, & d'en envoier des Copies à l'Eglise de *Lion*, qui a ordre de les distribuer dans les Provinces de ce Roiaume, afin que les Députés puissent venir au prochain Synode National, bien instruits sur ces articles; & en même tems toutes les Eglises sont requises de se conformer à ces Canons de nôtre Discipline Ecclesiastique, qui ont déja été composés pour eux dans les Decrets de nos trois premiers Synodes Nationaux.

VI.

Les Provinces seront averties d'envoier leurs Procureurs à la Cour, qui seront chargés de solliciter les affaires de leur Province; & ils ne feront rien que par l'instruction de leurs principaux, & n'entreprendront aucune affaire d'importance, sans la participation de leur Province, & ils prendront les mesures dont ils conviendront entr'eux & avec les Ministres qui pourront en ce tems-là être à la Cour.

VII.

Si les Provinces l'aprouvent elles seront divisées de cette maniere.

DISTINCTION *des Provinces de France.*

1. L'Ile de *France, Picardie, Brie,* & *Champagne.*
2. *Bourgogne, Lionnois, Forêt,* & *Auvergne.*
3. *Dauphiné, Languedoc,* & *Provence.*
4. *Poictou,* & *Xaintonge.*
5. *Gascogne, Limousin,* & *Agenois.*
6. *Bretagne, Touraine, Anjou,* & le *Maine.*
7. *Normandie.*
8. *Berry, Orleans,* & la Comté de *Chartres.*

VIII.

Les Canons décrétés dans cette Assemblée seront communiqués à nos Freres les Pasteurs de Génève, lesquels, après s'en être servis, les rendront à l'Eglise de *Lion*, & les envoieront au premier Synode Provincial, pour être distribués par iceux à toutes les autres Provinces de ce Roiaume.

IX.

Les Eglises seront averties d'un Livre publié depuis peu, qui a pour Titre, *Conseil à la pauvre France*; dont *Castalio* passe pour l'Auteur. C'est une Piéce très-dangereuse, c'est pourquoi on doit s'en donner de garde.

X.

Ils refuteront aussi un petit écrit ajouté au Catechisme, qui est intitulé,

Les

TENU A LION.

Les Demandes, que font les Ministres de Génève à ceux qui veulent recevoir la Cene.

ROLE des Ministres déposés, & vagabonds.

1. *Marmande*, qui étoit dans le Ministére proche de *Chartres*.
2. *Jacques de Verneuil*, ou *Berneil*, emploié en *Normandie*.
3. *Beaujean, Beraud*, ou *Bergard*, parce qu'il passoit sous tous ces noms, il étoit de l'Ordre des *Augustins* & Prieur de leur Convent de *Poitiers*.
4. *Christophle de la Place*.
5. *Loüis Tudet*.
6. Un gros & grand Pitaud de l'Ordre des *Cordeliers*, qui quitta son froc dans la maison de Monsieur *de la Martiniére*, on l'apelle *la Motte*.
7. *Guillaume Tortereau de Foussay*.
8. *Guillaume Coistereau*, ou *Bretereau du Bois*.
9. *Pierre Vrede*, ou *Boulay de Niort*, Apostat.
10. *Maturin Pennin*, ou *Pellin*, ou *Pilin*, parce qu'on l'apeloit de ces noms-là.
11. *Simeon*, Régent du Collége de *Surgeres*.
12. *Jean de la Tourniere*.
13. *Jean Guerin*.
14. *Jean Pinus*.
15. *Loüis Matthieu*, ou *Maton*.
16. *Pierre le Brun*.
17. *Calliste Baptiste*, il avoit été Moine à *Toulouse*, & Sécrétaire du Cardinal d'*Armagnac*.
18. *Roberti*, ci-devant Cordelier, demeurant dans la maison de l'Evêque de *St. Pons*.
19. *Hermes de la Faye*, il étoit Jacobin.
20. *Jacques Courtain de Calaux*, qui faisoit l'inspiré, & disoit être doüé de l'esprit de Prophetie.
21. *François Porcelin*, Italien.
22. *Jerôme Bolsac*, un infame menteur & Apostat.
23. *Matthieu d'Anche*.
24. *Jerôme Rolse*.

Tous ces Décrets furent faits dans le Synode National de *Lion*, tenu au mois d'Août 1563., & étoit ainsi signé dans l'Original,

VIRET, Moderateur.

IV. SYNODE NATIONAL
PIECES IMPORTANTES
Concernant ledit Synode.

TROIS REPONSES

Des Pasteurs & Professeurs de la Ville de Généve, & de quelques Ministres qui furent Deputés au Synode National tenu à Lion l'an 1563. & qui avoient reçû le pouvoir de faire les Réponses suivantes aux Questions qui leur avoient été faites.

La premiére Question étoit touchant le Mariage, savoir, *si les Parties qui s'étoient promises pouvoient être dégagées, par un consentement mutuel des Parties* ? Les Freres de *Généve* répondent :

Article I.

NOus ne pouvons juger autrement, sinon que le respect que l'on doit avoir pour le Mariage devroit empêcher les Parties, qui se sont données l'une à l'autre, de rompre cette foi sacrée : car puisque *Salomon* l'apelle l'Alliance de Dieu, elle n'est pas de la même nature que ces autres Conventions & Accords, qui dependent de la volonté des hommes : & nous ne pouvons pas croire autrement, sinon que telle étoit la volonté du Seigneur, lors qu'il dit, *Que l'homme ne sepáre pas ce que Dieu a conjoint*, quoi qu'ils n'eussent pas encore habité ensemble charnellement. C'est pourquoi la promesse est sacrée & doit être irrevocable : car Dieu aiant puni l'homme, qui avoit commis le péché de fornication avec sa Promise, comme si c'eût été le crime même d'adultére ; il nous est demontré par là que la fille étoit engagée comme si elle eût été mariée ; parce que l'adultére presuposoit le mariage.

II.

Et parce qu'on nous a allegué quelques inconveniens ; nous répondons que les mêmes se trouveront à l'égard de ceux qui sont en âge, comme de ceux qui sont mineurs : Car il arrive que souvent ils s'accordent très-mal ; & cependant il ne leur est pas permis de se séparer, parce que ni l'un ni l'autre n'est pas libre de le faire.

III.

L'opinion des gens de Justice n'a aucune force dans un pareil cas, parce qu'ils aprouvent le divorce entre le mari & la femme : ce qui est cependant directement oposé à la Loi de Dieu.

IV.

Et la Glose que l'on a mise sur ces paroles, *Pour être joints ensemble* ; *i. e.* d'avoir accompli le mariage, ne doit pas être admise : & on presse mal à propos le jugement de *St. Paul*, 1. *Cor.* 6. 16. Car lors que l'Apôtre dit que le Fornicateur n'est qu'un corps avec l'abandonnée, il se sert seulement d'une comparaison,

raison, de laquelle on ne peut pas tirer une juste definition. Car il est d'ailleurs certain que l'on ne peut pas proprement entendre cette Sentence de la fornication ; parce qu'il n'y a que le Mariage que Dieu ait honoré de ce Privilege, de faire que deux personnes, qui sont unis par le Sacrement de Mariage, ne soient plus qu'un en une même chair. Mais comme nous, disons, *St. Paul*, afin d'agraver le péché de la fornication, alegue ce passage de *Moïse*, pour conclurre *qu'un homme se separe de Jesus-Christ toutes les fois qu'il soüille son corps en se communiquant à une prostituée.*

V.

Et quoi que la fiancée soit en la puissance de ses parens, jusqu'à ce qu'ils l'aient remise à son mari ; cependant cela ne déroge en rien aux Droits du fiancé, & n'empêche nullement qu'il ne puisse forcer le pere de la fille à la lui donner s'il en faisoit difficulté.

VI.

Moïse ne fait aucune distinction entre le crime d'une femme mariée & celui de la fiancée, lors qu'elles commettent paillardise, *Deut.* 22. 22. 24. mais il les regarde toutes deux comme adultéres.

VII.

Les Loix ne disent pas aussi positivement que les promesses qui se font mutuellement entre les parties se puissent rompre : car quoi que le pere puisse mettre opposition au mariage, & tâcher de casser les promesses ; néanmoins il n'est pas permis aux parties de le faire.

VIII.

De plus, il y a une grande différence entre le consentement des Parties, & la connoissance de leur cause : car nous ne nions pas qu'un homme qui a été trompé ne puisse declarer la fourbe qu'on lui a voulu faire, & qu'on n'y doive remédier. Mais nous disons simplement que les Parties étant reciproquement obligées, ne peuvent pas se dégager, & qu'on ne peut pas leur permettre de se décharger l'une l'autre. Et c'est en ce point seulement que nous regardons les fiancés, de la même maniére que s'ils étoient mariés.

IX.

Il n'est pas dit, qu'à cause que le St. Apôtre ne dit pas precisément qu'un homme ne peut pas donner un Billet de divorce à sa fiancée, il peut néanmoins la décharger & la remettre en sa première liberté. Mais plûtôt nous pouvons dire que la Loi pour le fiancé & pour celui qui est marié est la même, parce qu'il y a autant de raison pour l'un que pour l'autre.

X.

De plus il y a encore une chose à observer, qui est que l'Apôtre ne traite pas cette matiére à dessein ; il ne fait que l'effleurer, & n'en parle que par occasion. D'ailleurs, il est certain qu'il souffroit la Polygamie dans les personnes publiques & particuliéres, parce qu'en ce tems-là il n'étoit pas possible d'y remédier, ce que l'on peut voir par les paroles du même Apôtre *St. Paul, Un Evêque ne doit pas être mari de deux femmes.*

XI.

Quoi que l'Eglise exige une Declaration publique du jour des Noces ; on ne peut pas inferer de-là que les Parties puiffent retracter leurs promeffes; l'Eglife ne le fait que pour prevenir quelques mauvaifes fuites, & les mariages clandeftins; ainfi les Parties ne font que ratifier leurs promeffes, dont ils prennent le Peuple à témoin.

XII.

Le Paffage du 22. du *Deuteronome* eft très-clair & très-formel, pour prouver que celle qui a donné fa foi à un homme eft fon Epoufe; tellement qu'il n'eft plus en fa puiffance de quitter fon mari. Nous favons auffi que *Tamar* aiant été refervée pour femme, pour le plus jeune des enfans de *Juda*, fut condamnée au feu comme une adultere, à caufe qu'elle s'étoit proftituée. Et une Veuve en *Ifraël* ne pouvoit pas fe marier hors de la famille de fon mari: fi elle n'avoit pas d'enfant de lui, elle étoit reputée femme du frere de fon mari. Et lors que *Jofeph* n'ofoit ni ne vouloit pas difamer la Ste. Vierge, il déclara que fi elle avoit proftitué fon corps, c'étoit un crime d'adultére. C'eft pourquoi les Parties doivent bien examiner ce qu'elles font lors qu'elles s'engagent; parce que de telles promeffes font des contracts dont on ne peut plus fe repentir: à moins qu'ils ne foient informés dans la fuite qu'il y auroit eu de l'erreur, ou de la tromperie, ou quelque méprife dans les Perfonnes.

REPONSE II.

La queftion étoit touchant les Confiftoires, favoir *Comment nous devons nous comporter envers les Delinquens qui font coupables de Crimes qui méritent une Punition Corporelle? Parceque fi vous les faites venir au Confiftoire, le Magiftrat qui y affifte fera informé de leurs Crimes.*

Les Freres de Génève *repondent.*

Article I.

IL eft fort difficile de fermer les yeux fur ceux qui fe délectent dans le Crime;parcequ'un inconvenient en améne un autre. C'eft un malheur que les Officiers du Roi,étant d'une Religion contraire à la nôtre,de pareilles Perfonnes foient établies par une Puiffance abfoluë, pour être préfens à nos Confiftoires: mais puis qu'il eft ainfi on ne peut pas y remedier. Nous fouhaiterions que ces Officiers neuffent pas tant de pouvoir; mais, s'ils ont un jufte fujet de punir les Delinquens, qu'ils fe faffent, puis que nous ne pouvons pas l'empêcher.

II.

Si on allégue que cela empêchera les pauvres Pécheurs de Confeffer librement & de reconnoître fincerement leurs Offences, & que nous ne pourrons pas les amener à la repentance;& que l'on remarquera beaucoup d'hipocrifie, d'oftentation, & de diffimulation dans nos Eglifes, on repond qu'il faut tolerer un mal que l'on ne peut guerir, jufqu'à ce que Dieu nous fourniffe un meilleur remede: cependant on peut trouver quelques moiens pour fauver

ver du peril les pauvres malheureux, qui sont cause du scandale. Que deux ou trois Membres du Consistoire leur fassent connoître leur crime en particulier; & quoiqu'ils pallient & dissimulent le fait, on peut se contenter d'en avoir usé de cette maniere avec eux : bref il faut, par toutes sortes de voies, tâcher que les ennemis de notre Eglise n'aient pas occasion de nous montrer leurs mauvaises inclinations, & les empêcher, autant qu'il se pourra, de faire à nos freres tout le mal qu'ils voudroient. Mais si le Crime étoit scandaleux, plûtôt que de le tolerer, il faut souffrir que l'on en fasse justice. Dans les endroits où les Magistrats sont des personnes pieuses & qui font une profession de notre Religion, on peut leur communiquer le fait, afin qu'ils punissent ceux qui ont mérité d'être punis par les loix; mais qu'ils le fassent toûjours avec la moderation qu'inspire la Religion Chrétienne. Ainsi le Consistoire sera exemt de blâme; & le Coupable ne lui sera pas la Confession de son Crime, mais au Magistrat.

REPONSE III.

Touchant le Batême. Voici le Contenu d'une Lettre, & les Reponses à la même Lettre, dans laquelle on vouloit prouver que le Batême administré par une personne privée étoit valide.

Les Freres de Généve *repondent.*

Article I.

NOus Ministres & Docteurs de l'Eglise de *Généve*, accompagnés de nos Freres, venus au Synode de *Lion*, nous étant assemblés au Nom du Seigneur, après avoir examiné ce cas de Conscience qui nous a été proposé, *si le Batême administré par une Personne privée, c'est-à-dire, qui n'a aucun office dans l'Eglise de Dieu, doit être réiteré ou non?* Nous déclarons que nôtre jugement unanime est, qu'un tel Batême ne s'acordant pas avec l'institution de nôtre Seigneur Jesus-Christ, est par consequent de nulle validité ou effet, & que l'Enfant doit être aporté à l'Eglise de Dieu, pour y être batisé : parceque séparer l'Administration des Sacremens de l'Office du Pasteur, c'est comme si on detachoit un sceau pour vouloir s'en servir sans la commission des Lettres Patentes aux quelles il étoit aposé, & en un pareil cas nous devons nous servir de la maxime de nôtre Seigneur, lorsqu'il dit, *que l'homme ne sépare pas ce que Dieu a conjoint.*

II.

Et parceque dans cette Lettre il y avoit des raisons du contraire, nous avons été priés par le Synode, d'y faire reponse par écrit; nous le ferons, quoique nous aions trouvé ces raisons très-foibles & fort absurdes.

III.

Le premier Argument de ce mechant Ecrivain étoit, *nous devons distinguer entre la vertu du Sacrement, laquelle Dieu seul peut accorder, & le signe exterieur dont l'homme est le Ministre.* Mais cette raison même apuïe notre sentiment; parceque Dieu nous a fait savoir par la bouche de son Fils, quelles sont les Personnes qui doivent administrer le Batême.

IV.

Sa seconde raison, qui dépend de la precedente, ne fait rien du tout à nôtre sujet : Car quoique Jesus-Christ batise seulement avec son esprit, il ne s'ensuivra nullement qu'il ne veuille pas que le Signe & la Figure soient anexées à sa grace.

V.

Et cette même reponse suffira pour réfuter son troisième Argument : car quand nous reformons une pareille irregularité, nous ne voulons pas restreindre la vertu de Dieu à un Element; Car nous soutenons qu'un tel Batême est faux & une profanation du Sacrement, puis que nous devons nous en tenir precisément à sa premiere institution. D'ailleurs un tel langage est fort impropre, nous ne réiterons pas le Batême, car le prétendu Batême est tout-à-fait contre le Precepte & nul : par exemple, si vous donniez de l'eau bourbeuse à boire à un Enfant, il ne seroit pas nécessaire que l'on lui donnât encore à boire immédiatement dessus cette méchante eau : mais si vous lui donnez une bouteille vuide à succer, comme il n'en tirera rien que du vent, il faudra que vous lui donniez à boire pour réparer vôtre méprise. De plus, ses expressions, d'*Aspersion*, ou *Immersion*, sont trop affectées, & il semble qu'il s'en serve pour persuader que le Batême est inutile : mais il seroit à la verité fort à souhaiter que l'on fut plus retenu lorsqu'on traite des Misteres si sérieux, Bref, ou le Batême n'est d'aucune utilité, ou bien il doit être regardé toûjours par raport à son institution, qui est d'être un sceau de la Rémission de nos Péchés.

VI.

Son quatrième Argument est tout-à-fait ridicule : Graces à Dieu nous savons que nôtre Lavement Spirituel est dans le sang de Jesus-Christ, & non dans l'eau du Batême. Et il pouvoit fort bien s'epargner la peine de citer tant de Passages de l'Ecriture, pour nous prouver ce dont pas un de nous n'a jamais douté : Car l'eau dans le Batême signifie le sang de Jesus-Christ, & les fruits que nous en retirons, produits en nous par le St. Esprit. Et quoique le Seigneur n'ait pas égard aux Personnes, & que la validité du Batême ne dépende pas de la dignité de celui qui l'administre; cependant il ne s'ensuit pas que nous ne nous en devions pas tenir au precepte par lequel il l'a institué. Et puisque la parole de Dieu est la Regle de nôtre devoir, que Jesus-Christ nous a laissée, pourquoi n'en pas faire de cas à l'égard du Batême?

VII.

Son cinquième Argument supose ce qu'on ne lui accordera jamais, savoir que le Batême administré, même, par un hérétique qui n'a nul Office dans l'Eglise, est cependant valide. Car cela étant ainsi, le Batême n'apartiendroit pas seulement à l'Eglise, mais aussi aux Turcs & aux Païens : tellement que de la maniere qu'il raisonne par ses Argumens, il fait passer cette Aspersion d'eau, pour un charme.

VIII. Son

VIII.

Son Principe dans son sixiême Argument est très mal apliqué; car quoique la vertu & la verité du Batême ne soit pas toûjours jointe avec le signe; cependant nous ne pouvons pas dire pour cela que l'on puisse laisser le Batême: nous confessons sincerement qu'un homme qui n'aura jamais participé à l'eau du Batême, pourra être Participant de la Grace promise dans le Batême; mais conclurrons nous delà que l'on puisse negliger le Batême? Dieu nous en préserve! Ce qu'il ajoute touchant la mauvaise Administration du Batême, & particulierement par raport à la forme & à la maniere de l'administrer selon l'Evangile, contient une double erreur. Car nous n'avons jamais Confessé que la pure action de verser de l'eau par celui qui n'auroit point de vocation dans l'Eglise de Dieu, fût un Batême, ou que la forme Evangelique se rencontrât où il n'y avoit pas de Ministre Evangelique.

IX.

Il propose son septiême Argument en termes un peu rudes, & qui font voir la malice de son esprit. Mais qu'il en tire les Consequences qu'il voudra: nous nions absolûment qu'en rapellant l'homme à l'observation de la premiere institution du Batême, nous voulions insinuer que l'on puisse rebatiser: nous regardons ce Batême pretendu comme un Fantôme, puisque nous soutenons que des personnes Privées ne peuvent pas administrer le Sacrement. Et quoique nous n'atachions pas la grace de Dieu aux mains d'un homme, neanmoins le Sacrement administré par un homme doit être anexé à sa qualité, autrement il faut fouler aux pieds l'Autorité de Jesus-Christ.

X.

Dans son huitiême Argument il corromp le texte de St. *Jean*, & en falsifie le sens; parceque la question n'est pas touchant le signe externe, mais elle regarde la vertu interne, qui est le vrai lavement spirituel.

XI.

La similitude qu'il presse dans son neuviême Raisonnement est nulle; car le Seigneur n'a pas avili ce sacrement, afin qu'il fût dispensé par toutes sortes de Personnes; mais il a commis des Personnes avec ses Ministres, pour en être les Dispensateurs.

XII.

La Comparaison de la Circoncision avec le Batême dans son dixiême Raisonnement pourroit être admise, pourveu que cette Circoncision n'eût été administrée que par les Prêtres: mais lorsque des particuliers versent l'eau, nous nions que ce soit cette forme de Batême laquelle a été instituée de Jesus-Christ. De plus que l'on remarque ceci en passant. Lorsque les *Israëlites* & *Edomites* se separent de l'Eglise, quoiqu'ils retinssent la Circoncision, ils ne firent que la profaner, & ce n'étoit qu'une pure illusion, car Dieu les regarda comme des peuples incirconcis.

XIII.

Il est fort loin du but dans son onziême raisonnement: car quoi que nous confessions que nous ne sommes régenérés qu'une fois, que nous ne renaissons qu'une fois spirituellement; cependant nous sommes obligés de dire que le Batême

tême imaginaire ne signifie ni ne séelle en aucune maniére nôtre renaissance.

XIV.

Pour ce qui est de son douzième Argument, nous savons très-bien que telle étoit l'opinion de St. *Augustin* dans ce Point; mais on ne doit pas l'aprouver en tout, ni suivre son sentiment en cela. Nous avoüons nous-mêmes que celui qui a été batisé ne doit pas être rebatisé; & nous ajoutons ceci aussi, que si un particulier qui n'a pas de vocation de Dieu, usurpoit de son propre mouvement cet Ofice, la cérémonie qu'il feroit du Batême ne feroit qu'une pure mocquerie, & par conséquent ne feroit d'aucune vertu. Et cette réponse peut servir pour le treizième Argument.

XV.

Dans son quatorzième Argument, il raporte un Passage de Mr. *Calvin*, par où il pretend faire voir qu'il se contredit; mais il corrompt le vrai sens de ses paroles; parce qu'en cet endroit il ne traite pas du Ministére, mais des vertus, & des mérites du Ministére: Car c'est comme s'il avoit dit que tous les vices du Ministre le plus débauché, ne pouvoient en rien prejudicier à la vertu du Sacrement de Batême.

XVI.

Nous nions son quinzième Argument, qui est, que la main, & le signe du Seigneur sera reconnû dans la cérémonie de verser de l'eau, faite par un homme qui n'en auroit pas la Commission.

XVII.

Ce que *Calvin* avoit dit par raport à son seizième Argument, sufisoit pour prouver la nullité d'un tel Batême : Le même *Calvin* declara que tel étoit son sentiment; & que c'étoit une folie d'aller persuader au monde qu'il ne vouloit pas que des Personnes qui avoient la Commission d'administrer les Sacremens, ne réiterassent pas les cérémonies du Batême qui auroient été faites par une femme.

XVIII.

Son dix-septième Argument est un pur Paralogisme; parce qu'il n'y distingue pas entre la remission des péchés accordée par Jesus-Christ, & le signe de cette remission, lequel il commit à ses Apôtres.

XIX.

Nous répondons à son dix-huitième Argument; Que le Batême des Papistes est fondé sur l'institution de Christ; car les Prêtres, quoi que depravés comme ils sont, & tout-à-fait corrompus, sont encore les Ministres ordinaires de cette Eglise, dans laquelle ils exercent une tirannie si cruelle.

XX.

Il n'est pas nécessaire de répondre à son dix-neuvième Argument, à moins que de répéter que ce mot *rebatiser* est mal emploïé; puisque nous avons toûjours dit que l'on ne devoit pas apeler Batême un faux Batême, & qui ne peut être apelé Batême que par raillerie.

XXI.

Son vintième Argument ne prouve rien; c'est pourquoi nous n'y répondrons pas. S'il se plaint de nôtre peu de ménagement en son endroit, dans nos répon-

réponses: qu'il se souvienne de ce ton décisif avec lequel il a établi ses dogmes, comme s'il avoit pris à tâche de nous oposer des superstitions & des abus; & principalement avec quelle témérité il a condanné St. *Ciprien*, & tout le Concile de *Cartage*. S'il avoit un peu mieux examiné les choses, peut-être auroit-il été plus modéré; mais parce que nous l'aimons, & que nous l'estimons, nous souhaiterions qu'il emploiât ses talens à des Questions plus utiles, & moins curieuses.

Touchant la Céne.

Sur la Question qui a été faite à nos Freres de *Génève*; *Si les Pasteurs seulement distribueroient le Pain & le Vin au Peuple, à la Table du Seigneur*: Ils ont répondu, qu'il seroit beaucoup mieux s'ils le faisoient, & qu'ils le pussent faire commodément en tous tems; mais que la chose paroissant impossible à présent, & encore plus impraticable pour l'avenir, si Dieu multiplioit le nombre des croïans, les Pasteurs étant si rares: qu'aussi les Diacres & les Anciens étant les bras & les mains des Ministres, il n'y avoit nul inconvenient qu'ils distribuassent les espéces Sacramentelles aux Peuples plus éloignés du Ministre, lors qu'il les auroit consacrées.

Fin de ces Réponses, & du Concile National de Lion.

Signé dans l'Original,

P. VIRET, Moderateur du Concile.

CINQUIÉME SYNODE NATIONAL DES EGLISES REFORMÉES DE FRANCE

Tenu à *Paris* le 25. jour du Mois de Decembre.
L'An M. D. LXV.

Sous le Regne de CHARLES IX. Roi de France.

Monsieur Nicolas des Galards, *Ministre d'*Orleans, *élû pour y presider*; *&* Loüis Capel, *Ministre à* Meaux, *&* Pierre le Clerc, *Ancien de l'Eglise de* Paris, *élûs pour Scribes.*

MATIERES GENERALES.

Article I.

Arce que l'Eglise de Dieu doit être conduite par une bonne & simple Discipline, & qu'on n'y en doit introduire aucune autre que celle qui est selon la Parole de Dieu; les Ministres & Anciens Députés des Provinces de ce Roiaume, & assemblés en son saint nom, pour la conference des afaires Ecclesiastiques, après avoir vû diligenment les Livres & autres Ecrits de Monsieur *Jean de Moreli* touchant la Police & Discipline de l'Eglise, & conferé sufisanment avec lui sur cela par les Ecritures saintes, ont condanné ses Livres & Ecrits, comme contenant de mauvaises & dangereuses opinions, par lesquelles il renverse la Discipline, conforme à la parole de Dieu, qui est aujourd'hui reçûë dans les Eglises Reformées de ce Roiaume; car en attribuant le Gouvernement de l'Eglise au Peuple, il veut introduire une nouvelle conduite tumultueuse & pleine de confusion populaire, dont il s'ensuivroit beaucoup de grands & scandaleux inconveniens, qui lui ont été remontrés, & il a été averti de se departir de telles choses: ce que ne voulant pas faire; & persistant à dire qu'il croit lesdites opinions fondées sur la Parole de Dieu, après l'avoir exhorté plusieurs fois de se soumettre & de consentir à l'ordre, qui est reçû & gardé dans nos Eglises, comme étant institué par nôtre Seigneur Jesus-Christ, & ses Apôtres, ainsi qu'il lui a été remontré par leurs saints Écrits, dans l'esperance qu'on a que Dieu lui fera la grace de reconnoitre la verité, d'autant que pour les choses qui concernent les principaux points & articles de nôtre foi, il n'a pas des sentimens qui soient differens de ceux de nos Eglises : la Compagnie des freres le suporte en charité, & est d'avis qu'il soit reçû en la paix & communion de l'Eglise, moienant que comme il l'a autrefois promis par écrit, il proteste encore maintenant de ratifier & signer de sa main lesdits Articles, & de vivre à l'avenir en paix, & s'assujettir à l'ordre de la Discipline établie dans les Eglises Reformées de ce Roiaume, sans publier en aucune maniere sesdites opinions, soit de bouche ou par écrit, ni rien qui soit contraire à ladite Discipline, ou au Traité, qui pourroit être fait & mis en lumiére dans la suite pour la confirmer. Pourvû aussi que selon qu'il a promis par le passé, & suivant la requisition de Messieurs de la Seigneurie & Eglise de *Génève*, à laquelle il n'a pas encore suffisanment satisfait, quoi qu'il ait promis de se reconcilier avec eux, comme il est aparu par ses Lettres missives, qu'il le fasse donc encore par d'autres Lettres, confessant & reconnoissant les avoir offensés, & leur en demandant pardon, sur ce qu'étant habitant de ladite ville il a publié & mis en lumiére son dit Livre, contre l'Ordonnance desdits Seigneurs, & sans leur en demander aucune permission, & de ce qu'étant apelé, tant par eux que par le Consistoire de l'Eglise pour en rendre raison, il n'a point comparu au jour qui lui étoit assigné. C'est pourquoi le Consistoire de l'Eglise, à laquelle il se voudra ranger, prendra connoissance & jugera si ledit Sieur *Moreli* satisfera à tout ce qu'on vient de lui ordonner, & pour le reconnoitre comme Membre de l'Eglise quand il aura bien accompli tout cela, & le recevoir dans la communion des fidéles, & en cas qu'il ne l'execute pas, proceder contre lui par des Censures Ecclesiastiques.

I I.

Parce que les fautes doivent être corrigées dans l'Eglise par la Parole de Dieu, & selon les regles de la charité, & qu'elles ne sont pas si griéves & si scandaleuses les unes que les autres ; mais les unes énormes, & les autres moindres, quelques-unes secrétes & les autres publiques ; il faut aussi selon leur qualité & grandeur, accommoder la Censure & la reprimande de telle sorte, que lors que les fautes secrétes, dont le pécheur se sera repenti & corrigé, par le moien des admonitions fraternelles, ne soient pas deferées au Consistoire, mais seulement celles qu'on n'aura pas pû corriger par le premier moien, ou bien qui seroient publiques, desquelles ledit Consistoire de l'Eglise où est le delinquant doit prendre connoissance pour proceder à la correction d'icelles par censure, pesant bien les faits avec toutes leurs circonstances, afin d'y apliquer, selon l'exigence du cas, la reprimande sévére & rigoureuse, ou bien moderée par l'esprit de douceur, ainsi qu'il sera expedient pour amener le pécheur à repentance, lequel pour cet effet pourra être, par l'autorité d'iceux privé de la Cene du Seigneur pour quelque tems, s'il en est besoin, afin de l'humilier davantage, ou pour l'excommunier & le retrantrancher entierement du Corps de l'Eglise, suivant l'ordre de la Discipline, s'il se montre rebelle aux saintes admonitions & aux censures, qui lui auront été faites, demeurant obstiné & du tout impenitent : mais parce que ce remede est le dernier & le plus rigoureux de tous, il ne le faut pratiquer qu'à l'extrêmité, après avoir essaié tous les autres moiens plus doux. Et d'autant que jusques ici on a fait en plusieurs lieux, un mauvais usage de cette Excommunication finale, ne l'aiant pas bien distinguée de la simple suspension, les Ministres & Anciens, en interpretant les mots d'Excommunication & de suspension, sont d'avis que nul ne doit être privé ni suspendu de la Céne par l'autorité privée d'un Pasteur, ou de quelque autre personne; mais seulement par l'avis du Consistoire, à la prudence duquel il apartient de connoître & de juger si la faute raportée & connuë, & dont le pécheur aura premiérement été averti d'une manière convenable, merite suspension; Et en cas que celui qui aura commis une telle faute soit privé quelque tems de la Cene, afin de l'humilier, & d'éprouver sa repentance : néanmoins si la faute n'est connuë que de peu de personnes, telle suspension, ni la cause d'icelle, ne sera point manifestée au Peuple; de peur de diffamer excessivement le pécheur, & de rendre sa faute plus notoire & plus scandaleuse qu'elle n'étoit. Il suffira aussi en ce cas qu'il reconnoisse sa faute au Consistoire, pour être admis à la Cene. Mais pour le regard de ceux qui auront été avertis plusieurs fois de leur faute, & se montreront desobéïssans au Consistoire, & pareillement ceux qui auront commis de grandes fautes, & aussi énormes que celles qui sont punissables par le Magistrat, ou qui causent un scandale public dans l'Eglise, quoi qu'on voie en eux quelque commencement de répentance, ils seront néanmoins suspendus de la Cene promtement; & ladite suspension denoncée au Peuple, afin de délivrer l'Eglise de tout blâme & reproche, & pour humilier d'autant plus les pécheurs en éprouvant leur repentance, & donner crainte aux autres; & après avoir examiné quelque tems leurs déportemens & connû leur repentance par de bons fruits & des témoignages sufisans, dont le Consistoire jugera, ils seront publiquement reconciliés à l'Eglise, & confesseront leur faute en témoignant leur repentance, afin de lever & reparer le scandale qu'ils avoient donné au Public; & après cela ils seront reçûs à la Cene. Que s'il arrive qu'après une longue attente & plusieurs avertissemens donnés par le Consistoire, aiant observé toutes les susdites formalités dans leurs procedures, & pratiqué tous les autres devoirs de la charité envers le pécheur, il demeure néanmoins obstiné & impenitent; il sera procedé contre lui par des avertissemens publics, faits par la bouche du Pasteur au nom de l'Eglise, declarant la faute du pécheur, & d'avoir fait tout ce qu'il a pû pour le corriger sans avoir rien profité, exhortant toute l'Eglise à prier Dieu pour lui, & emploiant divers autres moiens pour lui faire connoitre son péché, afin de prévénir la Sentence d'Excommunication, laquelle on ne doit executer qu'à regret, & de laquelle le Pasteur exposera, par la parole de Dieu, le vrai & legitime usage : afin d'avertir un chacun de se contenir en son devoir envers Dieu & son prochain, & pour faire aussi connoître que le dernier reméde

méde eſt emploié contre un tel pecheur, non ſeulement pour ſon ſalut particulier, mais auſſi pour la gloire de Dieu, pour l'honneur & le repos de l'Egliſe.

Ces denonciations & avertiſſemens ſe feront publiquement dans l'Egliſe par trois fois, les jours de Dimanche, ſans pourtant nommer le pecheur, afin de l'épargner en quelque maniére, vû d'ailleurs qu'il eſt déja connû du Peuple: & s'il ne ſe convertit point après tout cela, mais perſevere en ſon endurciſſement, il ſera nommé au quatriême Dimanche, & on prononcera en la preſence du Peuple l'Excommunication & le retranchement d'un tel homme, comme d'un Membre pourri & ſeparé du Corps de l'Egliſe par le Paſteur, en l'autorité de la Parole de Dieu, au nom & du conſentement de toute l'Egliſe. Ceux qui auront été ainſi excommuniés & retranchés ſeront privés de la communion de l'Egliſe & de tous les biens d'icelle; ſurquoi les fidéles ſeront avertis qu'ils doivent fuir de telles perſonnes & éviter entierement leur compagnie, afin qu'ils aient honte & ſoient humiliés & amenés à repentance, laquelle doit ſe manifeſter par de bons fruits & par les témoignages d'une veritable converſion, ſur leſquels le Conſiſtoire jugera s'ils doivent être réünis à l'Egliſe; & s'il le preſume ainſi, il les apellera, & les aiant vûs & oüis, s'il trouve leur converſion ſincére, ils ſeront publiquement denoncés au Peuple, par le Paſteur, afin que chacun ſoit excité à prier Dieu qui a touché leurs cœurs, & afin que toute l'Egliſe reconnoiſſe ſi leur repentance eſt vraie ou feinte: & en même tems ils ſeront preſentés à l'aſſemblée des fideles, pour reconnoître, confeſſer & deteſter leur faute & rebellion paſſée, & pour en demander pardon à Dieu & à l'Egliſe, & par ce moien ils ſeront reconciliés avec elle, par des prieres publiques, accompagnées d'actions de graces & de temoignages de joie.

III.

D'autant que ſelon l'exhortation de l'Apôtre dans la premiere Epitre aux *Cor. c.* 2. ceux qui ſe veulent approcher de la table de Nôtre S. J. C. pour participer à la Ste. Cene ſe doivent diligemment éprouver eux-mêmes, & que l'un des principaux points de cette épreuve eſt qu'un chacun ſente & connoiſſe s'il a bien renoncé à toutes choſes contraires au pur ſervice de Dieu, comme à l'idolatrie & à toutes les autres choſes qui en dependent, & qu'il ſemble que ceux qu'on appele beneficiers du Pape, ſelon leurs divers degrés, encore qu'ils reconnoiſſent & faſſent quelque profeſſion de la verité de l'Evangile, retenant neanmoins cette qualité, ou bien jouiſſant des fruits de leurs benefices en quelque ſorte que ce ſoit, ne s'aquittent pas entierement d'un tel devoir: On demande là deſſus en general s'ils doivent être reçûs à la Cene? Les freres ſont d'avis qu'il faut uſer en cela de diſcretion: Car à ceux d'entr'eux, qui ſe démettent du titre de leurs benefices, ſe reſervant neanmoins des penſions ſur iceux, dont ils jouiſſent, ou par proviſion de rente, ou par convention ſecrette, faite avec ceux qui en ſont inveſtis par leur reſignation, ou par quelque autre moien; on leur declarera, qu'ils ne peuvent uſer de ce trafic ſans offenſer Dieu, les uns parce que leur reſerve eſt fondée ſur quelque Indult du Pape, de l'autorité duquel ils ne peuvent ſe prevaloir s'ils ne l'avoûënt & reconnoissent pour leur superieur en tant qu'en eux est : Les autres, parce qu'ils se reservent un salaire du mal qu'ils ont procuré à un autre, & reçoivent tribut annuel de celui qu'ils ont, par ce moien, assujetti à des Constitutions pleines d'impieté & d'idolatrie ; en quoi faisant ils approuvent le mal qu'ils ont fait, & y connivent : c'est pourquoi ils seront avertis, selon la parole de Dieu, de n'approcher de la table du Seigneur & n'y seront point admis, pendant qu'ils adherent au Pape de cette sorte & participent directement au mal qui provient des Indults de Rome.

On doit beaucoup plus étroitement defendre la Cene à ceux qui s'aident d'un Nom supposé, ou qui empruntant celui d'un de leurs domestiques familiers, retiennent cependant le revenu entier des benefices, ou la plûpart d'iceux, en les troquant, & changeant par un trafic & commerce selon leur plaisir ; car c'est une dissimulation trop éloignée de la simplicité & verité, selon laquelle les Chrétiens doivent cheminer ; au lieu que ceux-ci cherchent à tromper l'Eglise & à pallier leurs fautes en emploiant les noms d'autrui pour executer ce qu'ils ne pourroient faire eux-mêmes, sans encourir les censures ecclesiastiques, & se rendre reprehensibles & blamables.

Quant à ceux qui sans changer de Nom, gardent le Titre de leur benefice avec la jouïssance de ses fruits, ils sont plus excusables, s'ils peuvent, en usant bien d'iceux, s'abstenir de participer aux superstitions qui y sont jointes. Neanmoins il seroit encore meilleur qu'ils s'en depouillassent entierement, & sur tout ceux qui portant le Nom d'Evêques, ou de Curés, sont empêchés par leur incapacité, ou par les circonstances du tems, d'en faire les vraies fonctions. Mais dans les lieux où cela est impossible, ils seront exhortés de témoigner, au moins par une vie bien réglée, & qui soit éloignée de toute idolatrie & scandale, & par une sincere & ouverte profession de la verité, devant tout le monde, qu'ils renoncent entierement au Pape, & ne retiennent rien de lui ; & que là où ils seront troublés dans la possession de leurs benefices, ils abandonneront plûtôt tout ce qu'ils en retirent que de se servir des Bulles & Provisions de Rome, lesquelles ils seroit même bon qu'ils missent au feu, pour montrer qu'ils ne prétendent pas de s'en servir jamais. Cependant ils doivent faire ensorte d'abolir, autant que la condition des lieux & des tems le pourra permettre, toutes les idolatries & superstitions par des voies legitimes, dans les lieux de leurs benefices, & les maisons qui en dependent, pour y établir le pur service de Dieu, par le Ministere de l'Evangile. Et là où ils ne pourront, en aucune maniere, empêcher l'exercice des choses qu'on a coutume d'y pratiquer, d'une maniere contraire à la pureté du service de Dieu, ils seront du moins ensorte que ni leur presence, ni leur consentement, ni leur nom, ni aucune chose de leur part, ne contribue à les approuver, ou authoriser; ni même que quelqu'un soit substitué par eux dans l'exercice de ces fonctions. Et quant aux revenus de leursdits benefices, qu'ils les emploient aux saints usages, pour lesquels ils ont été principalement laissés, à sçavoir pour la subvention des pauvres, & l'entretien du vrai service de Dieu, dressant des Colleges & nourrissant des Ecoliers qui étudient pour fournir les Eglises de Ministres, & qu'ils emploient

à ceà cela, ou à d'autres bons usages, du moins le tiers dudit revenu, selon les anciennes coutumes, dont ils doivent s'aquiter pour la décharge de leur Conscience : Et à ces conditions ils pourront être admis à la Cene, mais non pas autrement.

IV.

Pour obvier aux abus que plusieurs coureurs commettent, allant quêter, & mandier d'Eglise, en Eglise, avec des attestations des Ministres, dont ils se servent en tout tems, & dans chaque lieu, pour se faire donner la subvention des pauvres : La Compagnie est d'avis que les Ministres soient avertis de ne donner à l'avenir que très rarement de pareilles attestations, & de n'en faire jamais que pour ceux qu'ils connoîtront être gens de probité, craignans Dieu, & reduits dans une grande necessité, en specifiant dans les dites attestations le nom, la qualité & demeure de ceux auxquels ils les donneront, en y marquant aussi la charité qu'on leur aura faite, & la datte du jour qu'ils l'auront reçûë, dans le lieu de leur depart, declarant en même tems celui où ils vont; & pour quelles affaires, sur quoi les porteurs de ces attestations seront obligés de les faire verifier, ou renouveler par les Ministres de toutes les Eglises où ils passeront, lesquelles auront soin de specifier toûjours la valeur des aumones qu'ils leur feront, & en quel tems & dans quels lieux elles seront faites, jusqu'à ce qu'ils soient arrivés dans les endroits où ils voudront s'arrêter. C'est pourquoi toutes les Eglises seront averties, d'ici à la fin du mois prochain, de tout ce qui concerne le present Réglement, en consequence duquel tous les temoignages qui seront donnés à l'avenir dans une autre forme que celle qu'on vient de prescrire dans cet Article, seront estimés nuls, de telle sorte qu'on n'y aura aucun égard.

V.

Plusieurs personnes de mauvaise vie se mêlent avec les fideles dans les assemblées Chrétiennes qui se font pour entendre la parole de Dieu; dont le saint Nom est deshonoré par ces gens là, & l'Eglise grandement scandalisée : & parce qu'on ne peut pas se servir de la Discipline Ecclesiastique contr'eux, d'autant qu'ils ne veulent pas s'y soumettre, ni assujettir, ils seront avertis plusieurs fois en particulier de leurs fautes, & sollicités de se soumettre à l'ordre de l'Eglise, ce que ne voulant faire, & continuant en leur mauvaise vie; afin que leur fautes & scandales ne soient imputés à l'Eglise & ne tournent à son deshonneur, & que les ennemis de l'Evangile ne prennent occasion de la calomnier ; le Ministre declarera publiquement à l'assemblée des fideles, sans pourtant nommer personne, qu'on ne repute point ces sortes de gens pour vrais membres de l'Eglise; & les Anciens pour s'acquitter de leur charge, donneront aussi le même avis dans le quartier de leur demeure, en declarant à un chacun en particulier, que *tels* & *tels*, en les nommant, ne sont point du corps de l'Eglise.

La Compagnie trouve aussi bon & expedient, que le même ordre qui est observé dans quelqu'une de nos Eglises soit également mis en usage dans toutes les autres pour ce qui concerne les *Néophites* qui voudront être introduits dans nos assemblées; c'est que lors qu'ils voudront être reputés membres de nos Eglises, ils le fassent entendre à l'Ancien de leur quartier, qui s'informera de leur vie, & en fera rapport au Consistoire, selon le temoignage qu'il en aura eû, lequel étant bon, il pourra les amener à la fin du prêche, ou Catechisme, devant le Ministre, qui leur fera faire la protestation accoutumée de suivre la doctrine de l'Evangile qui leur sera enseignée, & de s'assujettir à l'ordre & Discipline de l'Eglise; & par ce moien ils seront estimés membres de l'Eglise, & exhortés de se trouver ordinairement au prêche & au catechisme, pour y être instruits en la foi, jusqu'à ce qu'ils soient trouvés capables de participer à la sainte Cene. Que si après avoir été instruits, ils different trop long-tems d'y assister, & si on connoit qu'ils s'en abtiennent par mépris, il sera procedé contre eux selon la Discipline: mais si c'est par infirmité, ils seront supportés pour quelque tems, jusqu'à ce qu'ils puissent en revenir. Quant à ceux qui ne se veulent point soumettre à l'ordre de l'Eglise, & neanmoins assistent aux instructions sans mener une vie mauvaise ni scandaleuse, ils seront exhortés & incités par tous les moiens convenables de s'y soumettre.

V I.

Sur la demande que font quelques Eglises, & particulierement ceux de *Sens*, qu'il leur soit permis d'établir un Conseil en leur ville composé de gens sages & experimentés, qui aient toûjours dans leur Eglise la charge d'Anciens ou de Conducteurs: alleguant qu'ils ont beaucoup d'ennemis, dont ils doivent se garder, & qu'il se presente tous les jours beaucoup d'affaires d'importance, auxquelles il leur faut pourvoir sans delai pour la conversation de l'Eglise: que leur Pasteur & Anciens ne demeurent pas dans la ville, & sont trop loin d'eux pour pourvoir au mécontentement que Monsieur *de la Croix* leur Pasteur leur donne, n'aiant pas voulu souffrir ni autoriser un tel Conseil: La Compagnie en suivant & interpretant l'article de nôtre Discipline sur ce fait, n'est aucunement d'avis qu'on établisse d'autre Conseil, à l'avenir, que celui qui a été composé de Ministres, d'Anciens & de Diacres: s'assûrant que Dieu benira toujours leurs labeurs, & le conseil de ceux qu'il aura ainsi appelés à la conduite de son Eglise, & qu'il se servira de leur simplicité aussi bien que de la prudence des sages du monde: outre qu'il sera toujours licite aux Pasteurs & Anciens, quand il se presentera quelque grande affaire très-difficile, d'appeler ceux, par le Conseil desquels ils pourront être aidés. Neanmoins la ditte Compagnie ne pretend point d'empêcher par cette resolution, que les particuliers ne puissent prendre Conseil les uns des autres, ou de plusieurs ensemble, pour deliberer sur les affaires qui se presentent, mais elle ne veut point en cela, autoriser aucune Compagnie, qui puisse être nommée le Conseil de l'Eglise separé ou different de celui du Consistoire.

V I I.

Parce que dans l'article 9. de la Discipline il est dit que pour la confirmation des Ministres on usera de l'imposition des mains, sans necessité toutefois; On demande si les Eglises qui n'ont point cette coutume doivent s'y assujettir pour la pratiquer à l'avenir? Nous repondons qu'attendu qu'il n'y a de
cela

cela ni commandement ni promesse, il n'est pas necessaire qu'on y oblige qui que ce soit. Neanmoins en tâchera de se conformer en cela, les uns aux autres, autant qu'il sera possible : parceque cet usage est de bonne édification, & conforme à la coutume des Apôtres, & à la pratique de l'ancienne Eglise.

VIII.

D'autant que le Conseil de l'Eglise est composé de Ministres, de Diacres & d'Anciens, on demande si on peut appeler des Proposans qui n'ont point de charge dans l'Eglise, pour assister au Consistoire, sans neanmoins y avoir leur voix, mais seulement pour les mieux façonner & les rendre plus propres à la conduite des affaires de l'Eglise quand Dieu les y appellera ? Il a été répondu qu'il n'y a point d'inconvenient, & que cela doit être laissé à la prudence & discretion des Pasteurs, qui pourront même demander leur avis pour éprouver leur capacité.

IX.

Parce que nous n'avons point de commandement du Seigneur de prendre des parrains & marreines pour presenter nos enfans au Batême, on n'en peut imposer aucune nécessité expresse à personne ; neanmoins parceque cette ancienne coutume a été introduite pour une bonne fin, à sçavoir pour rendre témoignage de la foi des parens, & du Batême de l'enfant, comme aussi pour se charger de son instruction, en cas que la mort lui ôte ses parens, & pour entretenir la societé des fideles par un nouveau lien d'amitié & d'alliance: Ceux qui ne la voudront pas suivre, & qui presenteront eux-mêmes leurs enfans, seront instanment exhortés de ne s'opiniatrer point en cela, mais de se soumettre à l'ordre ancien & accoutumé, qui est bon & profitable. Quant aux femmes, elles ne seront point reçûës à presenter leurs enfans, si elles ne sont accompagnées d'un parrain, & c'est ainsi que se doit entendre l'article 2. du Synode de *Lion*.

X.

Les Juges, Notaires, Secretaires & autres qui sont obligés, en vertu de leurs charges & ofices, de juger, signer & seeler les choses qui leur seront presentées ; ne seront pas répris pour avoir rendu des jugemens definitifs, reçû des testamens, passé des contrats & expedié des lettres pour des choses concernant l'idolatrie : Mais les Avocats, les Arbitres & tous ceux qui ont leurs charges libres, seront avertis qu'ils se doivent entierement abstenir de plaider & de travailler pour ce qui concerne les causes beneficiales, ou les autres matieres de pareille nature, ni pour celles qui en dependent.

XI.

Les Eglises (dans lesquelles, outre les predications ordinaires on a accoumé de faire des prieres publiques soir ou matin, en certains jours qu'on ne fait pas le prêche, ou bien le soir tous les jours) seront exhortées de se conformer en cela à celles qui n'ont point cette coutume ; afin d'éviter la superstition & la nonchalance qui pourroit s'en ensuivre, & pour prevenir le mepris qu'on fait très souvent, tant des predications, que des prieres qui doivent être faites dans les familles; outre que l'usage des prieres publiques & ex-

Tome I. I traor-

traordinaires, doit être refervé pour les tems de neceffité & d'afliction publique, comme un remede extraordinaire, de même que le jeune public, dont l'ufage doit être commun. C'eft pourquoi les Miniftres des Eglifes, qui ont cette coutume de faire des prieres publiques, avertiront le peuple des raifons pour lefquelles on ne doit plus les faire fi fouvent, afin d'ôter les fcandales & les murmures qu'on pourroit faire à caufe de l'abolition de ces exercices de pieté: & ils exhorteront foigneufement les Chefs de famille de faire ordinairement foir & matin les prieres dans leurs maifons.

XII.

Ceux qui viendront d'une Eglife, dans une autre, pour y être mariés, n'y feront pas reçûs fans une atteftation fuffifante de l'Eglife d'où ils partent: & leurs annonces fe feront dans les lieux où ils feront refidens & connûs.

XIII.

A caufe que plufieurs Eglifes, depuis qu'un Miniftre leur a été prêté, fe tiennent à cela, & ne font aucune diligence pour en recouvrer d'ailleurs, & ne veulent pas même permettre qu'il forte de là pour retourner à fon Eglife quand il en eft requis: en quoi il femble qu'elles fe veulent approprier, par préfcription, celui qui ne leur a été donné que par *interim*, d'où il eft arrivé & peut encore furvenir tous les jours de grands troubles dans les Eglifes; quoique les Confiftoires doivent être avertis de n'être pas tant attachés au bien particulier de leur Eglife, qu'ils n'aient auffi égard au bien commun des autres, de forte qu'en retirant & rappelant le Miniftre qu'ils auront prêté, ils ne doivent pas (s'il leur eft poffible) laiffer l'Eglife dépourvûë, mais y en envoyer un autre; neanmoins lorfque cela ne fe pourra pas faire, la Compagnie (pour obvier à tout ce que deffus, & auffi pour exciter la diligence des Eglifes qui n'ont des Miniftres que par emprunt, afin qu'elles faffent tout leur devoir pour en recouvrer qui leur foient propres) eft d'avis qu'en les avertiffant fix mois auparavant, fi le Miniftre, qui leur a été prêté, eft demandé par l'Eglife à laquelle il eft propre & obligé, il y retournera d'abord qu'il en fera requis, & obeïra à fon Confiftoire, fans que l'autorité du Synode intervienne là deffus.

XIV.

Il a été ordonné qu'a l'avenir pour le regard d'un Colloque ou Synode Provincial, on fe réglera felon les Gouvernemens, fans que l'un empiete fur l'autre. Mais s'il eft trop étendu, & s'il y a trop grand nombre de Miniftres, il fe pourra diftinguer en deux Provinces & en autant de Synodes.

XV.

Après que la Compagnie a entendu Mr. *Jean du Gaft*, retractant & abjurant les erreurs qu'il a autrefois maintenûës & foutenûës à *Poictiers*, touchant la Divinité & l'humanité de Jefus-Chrift, & auffi touchant la Divinité du S. Efprit, laquelle retractation bien claire & fpecifiée par un grand détail, il a auffi donnée par écrit, & aiant été examiné par quelques Deputés de la Compagnie, qui ont fait rapport qu'elle étoit bien ortodoxe

&

& dans tous les termes suffisans, qui semblent procéder d'un esprit bien determiné: il a été resolu qu'elle seroit envoiée à Mr. de *L'Estang* & aux autres Ministres des Eglises du *Poictou*, avec des lettres, afin qu'ils puissent voir si elle leur suffit, pour la reparation des scandales & des troubles qu'il a autrefois causés en ce pais là; & s'ils desirent qu'il aille lui-même en personne se reconcilier avec leurs Eglises; auquel cas ledit *Jean du Gast* sera exhorté d'y aller. Cependant les Ministres de *Picardie* seront avertis de ne proceder pas legerement à son élection, sans que les Eglises du *Poictou* ne soient auparavant satisfaites de lui.

XVI.

Pour les debats, qui surviennent tous les jours à cause des promesses de mariage, il a été ordonné qu'à l'avenir toutes les promesses clandestines, faites même entre des personnes majeures & qui jouissent de leurs droits, seront nulles, & qu'on doit tenir pour clandestines toutes celles, qui ne seront pas faites en presence de deux ou trois témoins; étant de plus bien convenable qu'elles se fassent, avec l'invocation du nom de Dieu, & que les parens soient appelés, s'il y en a dans le lieu où se feront les dites promesses.

XVII.

Les Eglises où est déja introduite la coutume de prononcer les jours de la Cene, ou tous les Dimanches, après la Confession des pechés, une Absolution generale, pourront continuer de le faire: mais dans les lieux où cette coutume n'est point en usage, le Synode leur donne conseil de ne rien innover, à cause des dangereuses consequences qui pourroient s'en ensuivre.

XVIII.

Quand un Ministre se plaindra de l'ingratitude de son Eglise, le Synode Provincial en jugera, aiant égard tant à la pauvreté de l'Eglise, qu'aux moiens & facultés des Ministres. Et là où il se trouvera une Eglise dont l'ingratitude sera trop grande, & depuis long-tems, il sera au pouvoir dudit Synode Provincial de le transferer & envoier ailleurs. Et là dessus toutes les Eglises seront averties de n'être pas si ingrattes envers leurs Pasteurs qu'elles le sont ordinairement, & de mieux estimer & reconnoître leurs saints labeurs, non pour enrichir les Ministres, mais pour leur donner une honnête subsistance & quelque contentement.

XIX.

Le Synode n'est pas d'avis que les enfans au dessous de l'âge de 12. ans soient admis à la Cene, & au dessus de cet âge ce sera à la discretion des Ministres de juger de ceux qui seront bien instruits pour y être reçus, ou non; Mais après qu'ils auront une fois été admis à la Cene, ils pourront aussi être reçus à presenter des enfans au Batême.

XX.

Sur la demande qu'on fait, si un homme peut épouser la sœur de celle qu'il auroit fiancée, attendu qu'en ce cas il semble qu'il y ait le même empêchement que celui qui se rencontre à l'égard de la sœur de celle qu'on auroit épousée; & avec laquelle le mariage auroit été consommé; puis que le

droit

droit de la fiancée semble être pareil à celui de la mariée? On répond qu'il y a dans ces deux faits une grande difference, d'autant que l'affinité n'est contractée que par la commixtion du sang. D'ailleurs on doit toujours prendre garde en ceci, de ne rien faire qui puisse scandaliser les infirmes, ou offenser les Magistrats.

XXI.

Lors qu'on fait des distributions de quelques sommes d'argent aux Anciens, afin qu'ils les donnent ensuite aux pauvres, il est bon qu'un ou deux Ministres s'y trouvent, autant que faire se pourra; mais sur tout à la reddition des comptes, à laquelle il est très-raisonnable qu'ils assistent, & qu'on y suive même la coûtume loüable des lieux, où le Peuple en est averti, afin qu'il soit en la liberté d'un chacun de s'y pouvoir trouver, tant pour la décharge de ceux qui les manient, comme aussi afin que connoissant eux-mêmes les necessités de l'Eglise & des pauvres, ils se portent d'autant plus volontiers à y contribuer par des charités de leur bien propre.

XXII.

Sur le fait des divorces pour la cause d'adultére, verifiée devant le Magistrat, les Consistoires pourront bien declarer à la partie innocente la liberté qu'elle a de se remarier selon la parole de Dieu: mais ils ne se trouveront point à l'execution du Contract, ni à la dissolution du mariage pour recevoir ladite partie dans son nouveau ménage, parce que cela apartient au Magistrat.

XXIII.

Pour ce qui concerne la Convocation des Synodes Nationaux, on est d'avis de garder à l'avenir l'ordre qui s'ensuit. 1. Selon la coûtume, il y aura une Eglise choisie, qui aura la charge d'assigner aux autres le jour & le lieu de ladite Convocation: & toutes les dificultés qui surviendront dans les Provinces, seront envoiées à cette Eglise, si elles sont telles qu'il soit besoin que le Synode National en decide, ladite Eglise le convoquera dans le tems prescrit, en un lieu commode qu'elle indiquera à chaque Province trois mois auparavant: & leur envoiera une Copie des dificultés, qu'elle aura reçûës de part & d'autre, afin qu'elles se preparent là-dessus. Et afin que ceux qui auront charge de ladite Convocation, sachent où adresser leurs Lettres, il sera bon qu'en chaque Province on choisisse une Eglise entre toutes les autres, qui recevra lesdites Lettres, & assemblera pendant lesdits trois mois le Synode Provincial, par lequel toutes les dificultés envoiées seront meurement examinées, & les raisons soigneusement écrites de part & d'autre, pour être envoiées au Synode National. Et parce qu'il est fort malaisé & même dangereux d'assembler un grand nombre de Ministres & d'Anciens dans le Synode National, on est d'avis que les freres assemblés dans chaque Synode Provincial éliront un ou deux Ministres d'entr'eux, & autant d'Anciens, des plus capables & mieux versés dans les affaires Ecclesiastiques, pour les envoier audit Synode National, auquel ils viendront au nom de toute leur Province, munis du Pouvoir, des Memoires, & de toutes les instructions nécessaires, pour terminer les dificultés qui auront été communiquées aux Ministres & aux Anciens deputés aux Synodes de chaque Province, & aux Conducteurs des Eglises particuliéres.

Les Provinces ne limiteront point le tems du retour de leurs Deputés; mais souffriront qu'ils demeurent audit Synode aussi long-tems qu'il sera necessaire: & lesdits Deputés y viendront & séjourneront aux fraix & dépens communs de toute leur Province. Et afin que le Synode National ne soit plus occupé des questions vuidées par les Synodes précedens, les Provinciaux seront avertis de lire soigneusement les Actes des Synodes passés, avant que de dresser leurs Memoires, & prendront aussi garde de ne rien envoyer qui ne soit commun & général à toutes les Eglises, ou qui ne merite la resolution dudit Synode National, & pour cet effet l'Eglise de *Poictiers*, qui a charge de faire la Convocation générale du prochain Synode National, en sera avertie, afin qu'elle puisse s'aquiter de son devoir en tout cela.

AVERTISSEMENS GENERAUX
AUX EGLISES REFORME'ES.

Article I.

Les Imprimeurs seront avertis, par toutes les Provinces, que dans les Pseaumes & Catechismes, où ils ajoûtent la Confession de Foi des Eglises de France, ils doivent mettre celle qui commence par ces paroles : *Nous croions*, &c. laquelle est adressée au Roi par une Epître Dedicatoire, & non pas l'autre qui commence, *Parce que le fondement de gloire*, &c. quoi qu'elles soient toutes deux assés conformes en doctrine. Le même avis doit aussi être donné aux Imprimeurs de *Génève*.

II.

Quoi que l'Ofice des Anciens, tel qu'il est en usage parmi nous aujourd'hui, ne soit pas perpetuel, ainsi qu'il est porté par l'article 25. de nôtre Discipline; néanmoins les Eglises seront averties de ne les changer point, si ce n'est pour des causes très-urgentes, dont le Consistoire prendra connoissance; afin que chaque Eglise soit gouvernée par des gens de bien, autant qu'il sera possible, & par ceux que l'experience a rendu bien versés dans les affaires qui la concernent.

III.

Les Ministres établis par les Edits du Roi, & tous les autres, seront avertis de ne recevoir à la Cene aucun des autres Eglises, qui n'aît un suffisant témoignage de son Pasteur, ou de quelques-uns de ses Anciens, autant que faire se pourra.

IV.

Les Ministres & Anciens, à qui Dieu a donné des talens pour écrire, seront avertis de ne le faire point d'une maniére ridicule ou injurieuse, mais avec modestie & d'une façon bien-séante à la Majesté de la parole de Dieu;

Et

Et de garder aussi cette même gravité & modestie dans leurs Prêches, selon le stile de l'Esprit de Dieu dans l'Ecriture Sainte.

V.

A cause du petit nombre de Ministres, qu'il y a aujourd'hui, & afin de pourvoir aussi à l'avenir au besoin des lieux où il en faudra établir, ou substituer; les Eglises seront averties, que celles qui en ont le moien, doivent principalement avoir soin d'entretenir des Ecoliers dans les Universités, qui soient rendus capables d'être un jour emploiés au saint Ministére.

VI.

Quoi qu'on ait accoûtumé dans la plûpart des Eglises, de ne célébrer la Ste. Cene que quatre fois l'an: néanmoins il seroit bon qu'elle se célébrât plus souvent, avec toute la révérence & devotion requise; parce qu'il est très-utile que le peuple fidéle soit exercé dans sa foi par l'usage frequent des Sacremens propres à l'affermir, comme aussi l'exemple de l'Eglise primitive nous sert de modéle & d'instruction pour cela.

VII.

Parce que les Ministres sont donnés aux Eglises de certains lieux, & non pas aux personnes des Seigneurs, encore que leur famille fût assés nombreuse pour faire une espéce de petite Eglise, ils seront toûjours avertis de ne les mener pas avec eux, lors qu'ils voiageront, ni avec leur famille, quand les lieux & les Eglises où ces Ministres sont établis resteront depourvûës pendant leur absence, & privées de toutes les fonctions qui doivent y être faites, sans interruption, par ces Ministres qui en sont les Pasteurs.

VIII.

Les Seigneurs & Gentilshommmes seront censurés selon la Discipline Ecclesiastique, si, après divers avertissemens, ils continuent d'entretenir dans leur maison des personnes scandaleuses & incorrigibles; & sur tout s'ils y souffrent des Prêtres chantant Messe & dogmatisant, pour debaucher leurs Domestiques; ou si, connoissant de telles personnes, ils en prennent & reçoivent à leur service.

IX.

Les Eglises seront averties de se donner de garde du Livre de Monsieur *Charles du Moulin*, intitulé, *Unio quatuor Evangelistarum*, parce qu'il contient plusieurs erreurs, & entr'autres, touchant les Limbes, le franc arbitre, le péché contre le Saint Esprit & la Cene, & specialement contre la vocation des Ministres de l'Eglise & l'ordre d'icelle, lequel il méprise, & confond entierement. Tous les fidéles seront aussi avertis de ne se trouver point aux exhortations dudit Sieur du *Moulin*, ni à la participation des Sacremens qu'il entreprend d'administrer contre l'ordre Ecclesiastique de nos Assemblées de pieté.

X.

Les Ministres exhorteront le Peuple de garder la modestie dans leurs habillemens: & eux-mêmes en cela, & tous autres, se donneront reciproquement un bon exemple, s'abstenant de tout embellissement mondain en leurs habits, & en ceux de leurs femmes & enfans.

XI.

Ceux qui auront des freres & sœurs, qui aiant quitté leur Monastére pour servir à Dieu en liberté de conscience, seront exhortés de les recevoir chez eux, & de leur donner la portion qui leur échoit de leurs biens paternels & maternels, & en cas de refus ils seront contraints par toutes les plus fortes censures de leur donner au moins la nourriture, ou quelque pension convenable, s'ils en ont le moien, puis qu'ils ne peuvent la refuser sans être tenus pour des gens sans affection naturelle.

Fin du cinquième Synode.

SIXIE'-

VI. SYNODE NATIONAL
SIXIÉME SYNODE NATIONAL
DES
EGLISES REFORMÉES
DE FRANCE.

Tenu à *Vertueil*, en *Angoumois*, durant les sept premiers jours du Mois de Septembre,

L'an M. D. LXVII.

Sous le Regne de CHARLES IX. Roi de France.

Monsieur de Lestre élû pour y présider, & pour en recüeillir les Actes.

AVERTISSEMENS GENERAUX,

Concernant la Discipline Ecclesiastique & divers autres sujets très-importans, reglés dans ce Synode, pour le Regime de toutes les Eglises Reformées qui en dependent.

Article I.

Les Deputés au dernier Synode National de *Paris*, aiant declaré à cette Assemblée qu'ils avoient donné ordre à nos Freres de l'Eglise de *Lion*, d'imprimer les Reglemens de nôtre *Discipline*, il s'en trouve un si grand nombre de differentes Copies, qu'on ne sçait pas celles qu'on doit adopter. C'est pourquoi les Eglises de *Paris*, d'*Orleans* & de *Meaux* sont priées de revoir & d'examiner tout ce qui a été dit à ce sujet, & de reduire ces *Canons* en ordre, pour en faire un Systême complet, dont ils délivreront des Copies à toutes les Provinces, dans l'espace de quatre mois: afin qu'après avoir choisi & aprouvé tout ce qu'elles y trouveront de meilleur, on le puisse faire imprimer avec le consentement unanime de toutes nos Eglises, par l'ordre d'un Synode National.

II. En

II.

En expliquant le second Article de ladite Discipline, sur ce Chef des *Ordres Particuliers*, il a été résolu que les Sculpteurs, Orfévres, Peintres, Brodeurs, Vitriers, Menuisiers, Charpentiers, Maçons & autres Artisans de nôtre Communion ne feront aucun Ouvrage qui aît du raport à l'*Idolatrie*, & que s'ils en font après avoir été avertis de ce Reglement, ils seront punis par des Censures Ecclesiastiques.

III.

Quoi que ce soit une chose en elle-même purement indifferente, d'assister aux Fêtes & Banquets célébrés par les Papistes à leurs Mariages, ou à la naissance de leurs enfans; cependant les fidéles seront avertis, de faire en cela ce qui sera le meilleur pour l'édification; & de bien péser en eux-mêmes s'ils sont assés forts pour s'abstenir des dissolutions & autres péchés, que l'on commet ordinairement dans ces sortes d'Assemblées, & aussi de les réprendre.

IV.

Ceux qui auront été demandés pour Ministres de l'Evangile au service de quelque Eglise particuliére, seront envoiés au Colloque ou Synode Provincial de l'endroit qui les demande, avec des témoignages de leur vie & doctrine: lequel Colloque, ou Synode les examinera, s'il le juge à propos, & donnera Commission à deux ou trois Ministres de les présenter aux Eglises qui souhaitent de les avoir pour Ministres; lesquelles les entendront deux ou trois fois, s'il est necessaire, afin qu'elles connoissent si elles pourront profiter de la parole qu'ils leur prêcheront. Cela étant fait, les Ministres, avec le Consistoire du lieu leur imposeront les mains, & les établiront dans leur Office Pastoral; en cas qu'il survint quelque difficulté touchant leur admission, ces Commissaires & le Consistoire en prendront connoissance, & les Eglises qui ont demandé ces Ministres sont obligées de paier les fraix de toute la Procedure.

V.

Diverses personnes, dans les endroits où la Parole de Dieu est regulierement prêchée, se plaignant de cet Article, qui regarde les Prieres publiques, disent qu'il est impossible que l'on puisse le pratiquer, & qu'il ne peut pas être observé sans une infinité d'inconveniens; cette Assemblée juge, que l'Article est fondé sur de bonnes & solides raisons. Cependant là où il ne peut pas être observé sans un aparent danger que les Eglises n'en souffrent un dommage considérable, on peut s'accommoder au tems & au lieu. Tous les Ministres seront néanmoins obligés de faire tout ce qui sera en eux, afin que cet Article soit observé.

VI.

Il n'y aura aucun changement fait dans le troisième Article du second Synode de *Paris*, touchant les Fermiers des Terres de l'Eglise. Et pour une meilleure intelligence de cet Article, cette presente Assemblée condamne toutes ces sortes d'amodiations, par lesquelles l'idolatrie peut être favorisée en quelque manière que ce puisse être; c'est pourquoi, si on remarque que quelqu'un se serve des *Quiddités*, & des subtilités pour se tirer d'affaires, en

Tome I. K *prenant*

prenant lesdites fermes, afin que par là il puisse éviter les Censures de l'Eglise, le Consistoire considerera prudenment les abus qui pourront s'y être commis.

VII.

D'autant que plusieurs Députés font quelque difficulté sur le dixiême Article, qui regarde les Juges, & Notaires Publics, nous remettons cette difficulté au prochain Synode National, pour y être meurement examinée, & les Freres dudit Synode diront leurs opinions & les raisons surquoi elles sont fondées. Jusqu'à ce tems-là, ledit Article restera dans toute sa force.

VIII.

Cette Assemblée juge, que le seiziême Article du second Synode de *Paris*, concernant les Mariages, & qui commence par ces paroles, *Que toutes Promesses*, &c. sera changé, & couché en ces termes. Le fidéle sera informé par les Ministres dans les Assemblées publiques de l'Eglise, de ne faire aucunes Promesses de Mariage, sinon en presence de ses Parens, Amis, Voisins, & autres personnes de bonne reputation ; & si quelqu'un fait le contraire, il sera censuré pour sa legereté & mépris de ce conseil charitable. Il seroit même convenable que lesdites promesses de Mariage se fissent avec des priéres solennelles à Dieu.

IX.

Nos freres aiant proposé un doute, savoir, si une personne, autre que le Ministre de l'Evangile, pouvoit delivrer la Coupe au Peuple, dans le Sacrement ? Ce Synode aiant dûëment pesé les raisons de part & d'autre, decide, que le quatorzième Article decreté au Concile de *Lion*, restera en son entier, qui est, que nul autre sinon le Ministre, ne delivrera la Coupe, s'il est possible.

X.

Sur le cas proposé, s'il pouvoit être permis à la Partie offensée de se remarier, après que l'adultére auroit été verifié par Sentence du Magistrat ? Cette Assemblée répond, que le neuvième Article du Synode d'*Orleans*, sous le Titre des Mariages, sera dans sa force, à moins qu'il n'y ait un danger aparent pour l'Eglise. Et tout ce qui est exprimé en d'autres termes, sera raié de l'article de la Discipline.

XI.

Aucuns fidéles, ou Ministres, ne seront mis au rang des Coureurs sans l'autorité du Synode National, que premierement les Eglises voisines n'aient procedé contr'eux selon l'ordre établi dans nôtre Discipline, & fait tout leur devoir pour les contenir ; & il sera fait un Rôle desdits Coureurs separé du Corps des autres articles des Synodes.

XII.

Dans les Eglises, où il y aura plusieurs Ministres, aucun d'iceux ne donnera témoignage des choses d'importance, sans l'avoir premierement communiqué aux autres Ministres ses Confreres.

XIII.

Les Anciens & Diacres peuvent assister aux propositions de la parole de Dieu,

Dieu, qui se font par les Candidats, & aux censures qu'en font les Ministres, & dire même, si bon leur semble, leur avis en pleine liberté.

XIV.

Ceux qui falsifieront, déguiseront, ou corrompront leur marchandise, suivant la coutume du païs, comme font en *Poittou* les tireurs de drap, seront avertis par le Consistoire, de n'user plus de telles tromperies : & s'ils ne s'en veulent pas desister ils seront sujets aux censures.

XV.

Les Pasteurs, auxquels on aura donné du temps pour aller étudier, s'adresseront au Colloque ou Synode, pour avoir congé de ce faire, sans lequel congé ils ne pourront s'absenter de leur Eglise, & principalement si elle demeuroit sans Ministre pendant leur absence.

XVI.

La connoissance du tems & de l'âge, qui rend les personnes capables de contracter mariage, appartient au Magistrat.

XVII.

En Expliquant l'article 2. de la Discipline Ecclesiastique au Titre des avertissemens faits pour les particuliers, il a été resolu que les Charpentiers, Massons, Vitriers & tous autres de quelque Profession qu'ils soient, s'abstiendront de faire les choses qui peuvent favoriser l'idolatrie : sous peine d'encourir les Censures dont ils sont menacés au second Article ci-dessus.

XVIII.

Quand il y aura une partie infidele, ou excommuniée, le mariage ne sera point reçû dans l'Eglise, si ce n'est que l'infidele fasse protestation de renoncer à toute idolatrie, pour vivre Chrétiennement dans l'Eglise de Dieu ; & l'excommunié fera pareillement un aveu sincere, & une réparation publique de ses fautes.

XIX.

Les Synodes Provinciaux se feront dans chaque Gouvernement, s'il y a un nombre suffisant de Ministres pour composer un Synode. Et si quelque Eglise se plaint d'être incommodée par ce moien, & qu'il y ait debat d'une Province contre l'autre, elles choisiront une troisiême Province pour en juger.

XX.

Dans les Assemblées publiques aucuns autres écrits ne seront lûs au peuple que l'Ecriture Sainte.

XXI.

La Compagnie n'est point d'avis qu'en administrant la Cene, on distribue le Pain à ceux qui ne voudront pas recevoir la Coupe.

XXII.

D'autant que la Compagnie a connû que certains particuliers de ce Roiaume parloient & opinoient contre la Discipline Ecclesiastique observée dans nos Eglises ; Les Députez étant enquis si leurs Eglises recevoient du trouble pour quelques Articles de ladite Discipline observée jusqu'à present dans nos Eglises de France, ont répondu qu'elles y consentoient & l'approuvoient, desirant qu'elle soit gardée inviolablement; Et que ceux qui voudront troubler cet ordre soient censurés : ce que les Provinces absentes, qui étoient peu en nombre, ont aussi declaré par leurs Lettres, témoignant qu'elles consentent à l'observation de tous les Reglemens que cette Discipline contient.

XXIII.

S'il arrive dans la suite quelque different entre deux Provinces touchant la réception de leurs Ministres, elles conviendront d'une troisième pour les accorder.

XXIV.

Tous les Ministres accusés d'avoir delaissé leur Eglise, & d'en être partis sans congé, seront tenus de comparoître au Synode du lieu dont ils seront partis, au premier mandement qui leur en sera fait, afin de s'en purger : à condition que s'ils sont trouvés innocens, les fraix de leur voiage seront répetés sur l'Eglise qui les aura accusé de désertion.

XXV.

Aucun Ministre, Diacre ou Ancien ne se doit tenir pour recusé, jusqu'à ce que le reste du Consistoire non recusé ait au prelable avisé & reconnu si les accusitions sont recevables.

XXVI.

Sur la question proposée, à sçavoir si on peut recevoir à la Cene un homme sourd & muet, qui par signes ou gestes & témoignages évidens montre autant qu'il peut sa Foi, sa pieté & religion ; on est d'avis qu'il pourra y être admis, lorsque par une longue experience de sa vie reguliere, l'Eglise pourra appercevoir qu'il aura la foi, & qu'il sera vraiement enseigné de Dieu.

XXVII.

Quand un homme sera infecté de lepre, si sa femme consent de cohabiter avec lui, elle le pourra faire demeurant aussi sequestrée. Que si elle n'y consent pas, on est d'avis qu'on ne la peut pas contraindre, attendu l'interet de la République, pourveu qu'en tout le reste elle ne manque point à ce qu'elle doit à son Mari.

XXVIII.

Les Anciens & Diacres, lorsqu'ils seront reçûs, signeront la Confession de Foi & la Discipline de l'Eglise, & protesteront publiquement de les garder.

XXIX.

Ces mots de l'article 29. au Titre des Ministres, où il y a *Ministres & autant que faire se pourra*, sera raié.

XXX.

Ce qui n'aura point été terminé au Consistoire, sera rapporté au Colloque, & de là au Synode, s'il en est besoin.

XXXI.

Quand les Gentils-hommes de nôtre Réligion auront quelques querelles &

& debats, ils seront exhortés de se soumettre à l'avis & à l'amiable convention & arbitrage de leurs parens & amis.

XXXII.

Ceux qui auront été mis au rang des Coureurs par l'avis du Synode National, ne pourront être effacés du rôle que par l'avis d'un autre Synode National.

XXXIII.

L'Eglise, au service de laquelle sera mort quelque Ministre, sera avertie d'avoir soin de l'entretien de la veuve & des enfans dudit Ministre : Et si la dite Eglise n'a pas le moien d'y subvenir, la Province en prendra le soin.

FAITS PARTICULERS.

Article I.

IL a été résolu que les Ministres, qui auront appellé devant cette Compagnie, étant présens, sortiront lors qu'on traittera de ce qui les concerne, si ce n'est que l'affaire dont il s'agira puisse causer quelque dommage à toute l'Eglise : & ceux aussi qui seront appellans ou appellés pour des crimes & malversations, ne seront reçûs dans ladite Assemblée que pour y être entendus sur la deduction de leurs raisons, ou prétentions.

II.

La Compagnie est d'avis que le Sieur de la *Rongeraye* a été par ci-devant bien à propos & légitimement mis au rang des Coureurs, & que l'on ne peut, ni doit lui nommer ceux qui l'ont accusé. Neanmoins vû le témoignage, que depuis ce tems là, l'Eglise de *Bergerac* nous rend de sa vie bien réglée, il a été résolu qu'il ne sera plus dans ce rôle diffamatoire, d'autant qu'il vient de protester maintenant, devant cette Assemblée, qu'il se contiendra à l'avenir, & qu'il vivra saintement selon la Loi de Dieu & les Régles de la Discipline Ecclesiastique.

III.

Sur le fait proposé par les freres de *Dauphiné*, touchant quelques Prêtres & Moines, qui aiant fait profession de notre Réligion, après s'être mariés avec toutes les formalités de nôtre Discipline, se sont ensuite revoltés contre nous en rentrant dans leurs Monasteres & y chantant la Messe publiquement : On demande si leur dit Mariage doit être tenu pour legitime & avoir encore sa vigueur? La Compagnie remet à en decider à la prochaine Conference du Synode General, afin que chacun se trouve prêt sur cette matiere : cependant elle conseille à leurs femmes de s'absenter de leur compagnie, attendu que dans l'état où les choses sont aujourd'hui en ce Roiaume, elles ne pourroient pas habiter avec eux avec tout l'honneur du mariage, ni comme une femme doit être avec son Mari.

VI. SYNODE NATIONAL
ROLE DES COUREURS.
Article I.

Hartier, se disant avoir été Conseiller à *Grenoble*, & demandant en Cour les deniers de son Office, est un homme de mediocre stature, aiant la barbe qui commence à grisonner, deposé du S. Ministre à *Usarche* par les freres du *Limousin*, à cause de plusieurs menteries, faussetés, falsifications de signatures, baisers impudiques, rebellions, & pour s'être ingeré de soi-même par tout où il a pû dans nos Eglises.

II.

Simeon Duplessis, surnommé Mr. *Pierre Gruel*, *Camelle Queneau*, & *Cagchemere* a été deposé à *du Bac* près de *Dreux*, convaincu d'Adultere, de s'être ingeré au Ministere, & chargé d'être complice des voleurs, lequel a été quelquefois à *Stanges*, & depuis à *Orange*. Il est de grande stature, breché de deux dents, & aiant la barbe jaune.

III.

Un nommé *Chevalier*, maintenant Vicaire de *Chassaux* près de *Jarnac*, âgé de 50. ans, ou environ, aiant un gros nez rouge, est un mercenaire & abuseur.

IV.

Etienne de Niot, dit *du Breüil*, se disant natif de *Talmont* sur *Jar* en *Poictou*, & aussi Ministre de la Classe de *Neuchâtel*, en Suisse, de quoi il monstre quelque témoignage, lequel néanmoins il a confessé être faux. C'est un homme de petite stature.

V.

Jean Clopet, autrefois surnommé l'*Enfant* & *Child*, est un malheureux Heretique & Partisan de la Messe; à cela près qu'il n'approuve pas les Prieres adressées aux Saints, ni celles qu'on fait pour les Morts: mais il soutient que les bons & les méchans ont le même Privilege de Communier au Corps de Christ. Il approuve aussi le Celibat, & prétend qu'on doit se tourner vers l'Orient quand on prie Dieu. Il soutient pareillement que *Calvin* sit très-mal d'écrire touchant la Predestination, & que les hommes peuvent observer parfaitement tous les Commandemens de Dieu. C'est un Ministre d'une petite stature, avec une barbe tirant sur le jaune, les yeux clairs & le visage basané, parlant d'une maniere un peu begaiante. Il est Savoyard de Nation, âgé de vint-cinq ans, & né dans la Comté de *Bresse*.

VI.

Les Eglises seront averties de ne pas recevoir aux Fonctions du S. Ministere un certain Espagnol que l'on nomme *Antoine de la Rodit Bellariva*, jusqu'à ce qu'il se soit auparavant justifié des crimes dont il est accusé par l'Eglise de *Loudun*.

VII.

Il a été ordonné que nos freres du voisinage de Monsieur *Silvestre* veilleront

veilleront sur sa conduite, pour découvrir si elle est conforme à la Discipline de nos Eglises ; & nos Freres de la Province de *Normandie* feront leur possible pour être bien informés des crimes dont il est accusé, & envoieront toutes les plaintes faites contre lui, aux Freres de ladite Province. Cependant il peut toûjours continuer les exercices de son Ministere.

VIII.

L'afaire du Sieur *Mathou* est remise aux habitans de *Jarnac*, & à nos Freres *du Moulin* & de *Saint Germain*.

IX.

Les Eglises doivent se donner de garde d'un nommé *Fontaine*, dit *du Gaut*, de Vellay en *Languedoc*, homme vieux, grisonnant, accusé de n'avoir aucune vocation du saint Ministere, qu'il exerce contre les statuts de la Discipline Ecclesiastique.

X.

Nos Freres seront avertis, dans toute les Provinces, qu'un Ministre nommé *Robert*, qui avoit ci-devant été mis au Role des Coureurs, en a été raié.

AVERTISSEMENS
SUR DIVERSES MATIERES.

Article I.

LEs Eglises seront averties de se conformer les unes aux autres en la célébration du jeûne, autant que faire se pourra.

II.

Les femmes desquelles les maris s'en seront allés dans les païs étrangers, & absentés fort long-temps pour quelque negoce ou autre chose, se pourvoiront pardevant leur Magistrat si elles desirent de se remarier.

III.

Les Ministres de la Parole de Dieu seront avertis de ne recevoir au mariage les veuves, avant le tems ordonné par les loix civiles.

IV.

Sur l'avertissement qui a été donné qu'en certaines Eglises il y a d'autres Conseils que le Consistoire, lesquels entreprennent de manier les choses Ecclesiastique ; La Compagnie est d'avis que l'article 6. du corps de la Discipline au Titre du Consistoire, approuvé unanimement des Synodes de *Poictou*, *Orleans*, *Lion*, & *Paris*, leur sera signifié, pour le leur faire observer étroitement, & qu'il sera procedé par Censures contre les délinquans.

V.

Ceux qui auront le moien d'aider & contribuer à l'entretien du Ministere de l'Evangile, seront exhortés & pressés, par de fortes instances, de faire leur devoir en cela, & s'ils y manquent on les fera comparoître devant le
Con-

VI. SYNODE NATIONAL

Consistoire qui les y contraindra par toutes sortes de moiens raisonnables.

VI.

Les Eglises seront averties que l'article 4. du 5. Synode National tenu à *Paris*, touchant les témoignages qui se donnent aux passans, doit être bien exactement observé, & que la datte du Jour & Année qu'ils seront expediez y doit être mise par écrit, sans aucune abreviation & non pas en Chiffre.

VII.

Les Synodes Provinciaux seront avertis, de faire observer étroitement l'Article du Synode d'*Orleans* touchant les Deputés en Cour.

VIII.

La Compagnie étant avertie, qu'en certaine Eglise, à cause du murmure de quelques-uns d'entre le peuple contre le Consistoire, disant qu'ils ne s'assujettiroient pas aux censures dudit Consistoire ; & que pour faire cesser ces murmures le même Consistoire auroit resolu de laisser l'élection d'un nouveau Consistoire à la voix du peuple, chose qu'elle a trouvé fort mauvaise & dangereuse, tous les Deputés ont resolu que cette Eglise là doit être avertie de se conformer aux autres sur cet Article de la Discipline, à sçavoir que les Anciens & les Diacres seront nommés par le Consistoire & ensuite presentés au peuple qui les doit recevoir comme ses legitimes Conducteurs.

IX.

Sur la plainte que nôtre frere Mr. *Jean de la Haize*, Diacre de l'Eglise de la *Rochelle*, a fait contre les freres Diacres de *Génève*, parce qu'ils l'ont nommé dans les avertissemens mis au commencement du livre de Mr. *Calvin* sur le *Deuteronome* : La Compagnie reconnoissant que ledit de la *Haize* n'a point mis la Préface aux Sermons dudit *Calvin* sur *Daniel* de son propre mouvement, mais par l'avis des freres les Ministres de la *Rochelle*, ni aussi pour ravir ce qui appartient aux autres, sous esperance de quelque gain, il a été resolu que les Synodes Provinciaux seront avertis de sa ditte innocence, & que les lettres en seront adressées aux freres de *Génève*, non seulement pour le décharger, mais aussi pour les prier que dans la premiere Edition qui se fera des Sermons de Mr. *Jean Calvin*, ils y rendent témoignage de l'innocence dudit Sieur de la *Haize*.

X.

Les Eglises seront averties de l'affliction & de l'extreme pauvreté des freres de l'Eglise de *Pamies*, afin qu'elles exercent leur charité envers eux, & les secourent dans leurs besoins.

XI.

Les Eglises de *Paris*, *Lion*, *Orleans* & autres seront averties de n'entreprendre pas de disposer des Ecoliers, qui sont au rang de nos Etudians, qu'avec le consentement de ceux qui les auront entretenus pendant le cours de leurs études.

TENU A VERTUEIL.

DECISIONS

DE PLUSIEURS CAS DE CONSIENCE

Et autres Points importants des Eglises Chrétiennes Réformées, par R. Mr. Jean Calvin, Pasteur & Professeur à Génève.

Ces Cas & leur Solution furent tous joints aux Canons du Synode National de *Vertueil* dans l'*Angoumois*, tenu les sept premiers jours de Septembre, de l'année 1567.

Question. I.

SI les enfans des Réformés peuvent légitimement retenir & posseder les Terres des Fondations, qui ont été faites dans l'intention que l'on en dit des Messes?

Réponse.

Quoi que ceux qui font de pareilles Fondations soient grossierement abusés ; cependant parce que ces Personnes là à qui ces Terres ont apartenu, les ont alliénées d'une maniere conforme aux Loix, leurs Héritiers & Successeurs en sont dépouillés & n'y peuvent prétendre aucun Droit : tellement qu'ils en doivent suporter la perte patienment ; à moins qu'il ne se fasse une bonne Reforme, & qu'apuiés par l'authorité publique, ils n'aient les moiens de faire valoir leur Droit.

Question. II.

Si un homme qui est forcé de quiter son Païs pour cause de Religion, peut aussi abandonner sa Femme?

Réponse.

Le Mari feroit beaucoup mieux de prendre sa Femme avec lui, si cela se pouvoit, plûtôt que de vivre séparé d'elle ; car par là il donneroit bon exemple aux autres, & il éviteroit les tentations auxquelles il seroit exposé, & préviendroit plusieurs inconveniens qui pourroient lui arriver. Et à moins qu'il n'y soit forcé par une necessité urgente, il ne doit pas l'abandonner. Par une necessité urgente, j'entends lorsque l'on ne peut pas servir Dieu avec sa conscience sauve. Et si la chose arrivoit, encore qu'il ne pût pas vivre en bon Chrétien, quoiqu'éloigné de sa femme, il lui est cependant permis de partir devant, & atendre qu'elle le suive ; & il doit la soliciter de l'aller trouver, pendant qu'il en sera éloigné.

Tome I.   L   Ques-

Question. III.

Si un Pére, fuiant de peur de tomber dans l'idolatrie, peut laisser ses Enfants derniére lui?

Réponse.

Si un Pére laissoit ses Enfants avec cette condition, qu'un Gouverneur les meneroit à l'idolatrie s'il vouloit, il seroit coupable de peché contre Dieu. Car nos enfans sont le Tresor particulier de Dieu, & une sainte Semence choisie, qu'on lui doit conserver avec tout le soin imaginable. C'est pourquoi un Pére devroit bien prendre garde de ne pas laisser ses enfans dans un lieu d'où il ne pourroit pas les retirer dans la suite, sans de très-grandes dificultés : mais qu'il en use en bon Pere & en homme consciencieux, & qu'il tâche de les emmener avec lui; ce sera aussi un vrai moien de faire suivre sa femme.

Question. IV.

Si un homme peut abandonner son Païs, lorsqu'il n'est pas persécuté?

Réponse.

Si un homme vivoit parmi les idolatres, & s'il se conservoit pur de leurs Abominations, nous ne le condamnerions pas, au contraire nous loucrions sa constance. Et nous ne voulons pas aussi imposer des Loix à ceux qui ont envie de sortir de leur Païs, comme s'il ne leur étoit pas permis ; ils peuvent avoir des raisons de le faire; Comme je supose qu'un homme ne se sentiroit pas assez fort pour resister à de rudes epreuves : ou s'il quitoit sa Partie par cette vûë là, de pouvoir servir Dieu plus librement dans des Païs étrangers, nous aprouverions son zele, bien loin de le condamner.

Question. V.

S'il est de nôtre devoir de reprendre les vices, & les discours criminels que nous entendons dans les mauvaises Compagnies?

Réponse.

Il ne peut y avoir aucune Régle établie, dans ce cas, de reprendre les vices & les discours impies, sinon, que nous ne devrions pas dissimuler nôtre ressentiment, lorsque l'occasion se presente de le témoigner ; car je supose que nous fussions en Compagnie avec des Personnes dont les entretiens seroient Criminels, nous ne sommes pas nécessairement obligés alors de leur

mar-

marquer nôtre indignation : Il y a des tems auxquels l'homme prudent peut garder le silence. Mais lorsque nous les rencontrons en particulier, & sans Témoins, nous pouvons faire comme le juste *Lot*, leur faire connoître combien nous sommes pénétrés de leurs vices,& que c'est avec un extrême déplaisir que nous sommes obligés de les reprendre. Neanmoins le meilleur parti que nous pourrions prendre,seroit de nous servir de ces moiens que Dieu nous présente de nous oposer au Crime, d'édifier nos Compagnies, & d'empecher que le Nom de Dieu ne soit blasphemé, ou que les Chrétiens, foibles, mais qui ont une bonne intention, ne soient seduits, faute d'être avertis à tems.

Question VI.

Si nous pouvons châtier, ou chasser de nôtre service un infidele, ou un Domestique Papiste ?

Réponse.

D'autant que les Saints Apôtres n'obligerent pas les Freres de leur tems à chasser leurs Domestiques, quoiqu'ils ne fussent pas meilleurs que des Esclaves, lorsqu'ils ne vouloient pas embrasser le Christianisme : C'est pourquoi dans nos jours on devroit observer ces deux choses. La *Premiere*, que les Maîtres ne prennent pas d'autres Domestiques que de ceux qui sont Protestants, si d'ailleurs ils croient en être bien servis ; & de les instruire,s'ils sont ignorants, afin qu'ils n'aient rien à se reprocher. La *Seconde*, qu'ils ne soufrent pas que le saint Nom de Dieu soit blasphémé dans leur Famille. Mais sur toutes choses, qu'ils ne preferent jamais leur avantage particulier à la gloire de Dieu.

Question VII.

Si un Gentil-homme Chrétien Réformé est obligé d'empecher que l'on ne commette aucun acte d'Idolatrie, dans la Chapelle de son Château ?

Réponse.

D'autant que nous sommes obligés de tolérer ce que nous ne pouvons pas empecher; & que l'Idolatrie est établie par l'Autorité publique, un Gentil-homme n'empechera pas aux Peuples d'entrer dans la Chapelle de son Château, pourveu qu'il ne donne aucun signe qu'il aprouve leur Culte.

Question VIII.

Si nous pouvons faire semblant d'executer un Testament dans lequel il n'y a que de l'abus qui est même Criminel, pour éloigner l' **Abus** *& la Superstition ?*

Réponse.

Encore bien qu'il n'y auroit point d'ofence à fruftrer l'intention Criminelle & abufive du Teftateur, en retenant les Revenus qu'il auroit ordonnés pour faire dire des Meffes ; Cependant cette feinte, & ce femblant fera toûjours mauvais, & un homme doit être condamné lors qu'il fait femblant de païer le *Culte* au *Démon*.

Queftion IX.

Si nous pouvons limiter, ou retenir les Donations, & charités leguées par le Teftateur ?

Réponfe.

Il ne nous eft pas défendu de donner une partie de nôtre bien pour l'emploier à des pieux ufages après nôtre mort, non plus que de le donner pendant nôtre vie; pourvû que nous ne le faffions pas par ambition & pour aquerir de la renommée: mais on ne peut pas dire qu'un homme eft defireux de gloire, lors qu'il oblige fon Héritier de faire du bien felon les moiens qu'il lui en laiffe, & comme il auroit fait lui-même s'il avoit vêcu plus longtems. D'aléguer, que le Teftateur n'avoit pas coûtume d'en faire pendant qu'il vivoit ; & de dire qu'il ne feroit pas permis de difpofer de fon propre bien, c'eft mettre un frein à la liberté de l'homme. Si l'Héritier n'eft pas content, malheur à lui.

Queftion X.

Si les Eglifes font obligées d'aprouver un Miniftre qui aura été examiné & aprouvé par des Perfonnes de jugement & d'experience ?

Réponfe.

Comme il eft permis à toutes les Eglifes d'éprouver les mœurs & la doctrine des Miniftres, avant qu'ils les acceptent; auffi on ne peut pas les établir fans leur confentement: néanmoins ils doivent fe confier & acquiefcer au jugement & à la capacité de ceux qui font commis pour les examiner, & qui en peuvent mieux juger.

Queftion XI.

Si un Pafteur peut abandonner fon Eglife, & l'Eglife fon Pafteur ?

Réponfe.

Un Pafteur ne peut pas de fon propre mouvement laiffer fon Troupeau ; mais

mais si son Eglise ne veut pas se servir de lui, il est libre, & peut la quitter en toute assurance, parce qu'il ne peut pas être Pasteur sans Troupeau, & qu'il ne peut pas exercer son Ofice contre leur volonté. Ou si l'Eglise trouvoit qu'elle ne profitât pas de ses Prêches, ou s'il étoit apellé par une autre Eglise qui auroit plus grand besoin d'un Pasteur, il peut, avec le consentement général de son Eglise, y aller, & la servir.

Question XII.

Si un Particulier peut exercer l'Ofice de Ministre dans sa propre Famille?

Réponse.

Un homme pieux étant le Chef, & le Maître de sa Famille, doit lui servir de guide, & l'instruire selon les talens & moiens qu'il en aura reçûs de Dieu, & s'aquiter des devoirs de Pasteur, en ce qui concerne la Doctrine, & inculquer de bons conseils à ses enfans & à tous ses Domestiques. Mais parce qu'aussi il n'est pas permis à toutes sortes de personnes indifféremment de prêcher la Parole & d'administrer les Sacremens, il est très-juste & raisonnable qu'un homme en premier lieu s'éprouve & s'examine lui-même, s'il est bien assuré qu'il est apelé de Dieu avant qu'il se charge d'un si pesant fardeau. Cependant chaque Famille particuliére doit être une petite Eglise de Jesus-Christ.

Question XIII.

S'il est licite de tenir une Place de Commandeur dans un Ordre de Chevalerie ou de Confrérie Papiste?

Réponse.

Le desir immoderé de profiter de tous les côtés, a fait que la conscience a passé par dessus plusieurs cas; comme celui-ci en particulier, dont il s'agit, savoir, s'il est licite de posseder une Place de Commandeur ou un Ofice dans quelques-uns des Ordres de Chevalerie ou de Confrérie Papiste? Sur quoi je répons, que parce qu'il y a une fondation de Messes annexée à de tels Ofices & Commanderies, & parce que ces dites Places ne sont pas à la Donation du Roi, mais établies sur les Membres de telles & telles Commanderies & Confraternités; & encore parce qu'ils prêtent un serment qui repugne à la vraie Religion Reformée, aucun de nos Fréres ne peut, la conscience sauve, tenir de telles places. Il y a encore un abus fort considérable, lequel, quand il seroit seul, sufiroit pour devoir les en empêcher; qui est qu'ils n'emploient pas les profits & les émolumens desdites Commanderies aux véritables usages pour lesquels ils étoient désignés; ainsi tous ces Commandeurs ne sont que des Voleurs & des Fripons.

Question XIV.

S'il est permis d'antidater un Contract?

Réponse.

Pourvû que le Contract ne renferme point de fausseté & de fourberie, & rien qui soit contraire à la Police, il n'est pas plus défendu aux particuliers d'antidater un Contract de Vente, dans lequel il n'y a pas de fraude, que de changer leurs Noms, ou de dater une Lettre de *Paris*, qui auroit été écrite à *Lion*. Et si on alégue que cela pourroit être un moien de tromper le Roi par raport à ses Gabeles & Impôts; je réponds, que cela ne fait rien à nôtre sujet; parce que la Question n'est pas touchant la détention du Tribut, mais il s'agit simplement des moiens d'éviter sans fraude une violente extorsion, & un Pillage Tirannique. Mais en cas que les Parties demanderoient le serment, je dis pour lors, que le Nom & l'honneur de Dieu doit aller devant toutes les richesses du Monde.

Question XV.

S'il est permis de mettre son argent à intérêt, & quand il est licite de le faire?

Réponse.

Je ne voudrois jamais conseiller à personne de mettre son argent à intérêt lors qu'il pourra l'emploier d'une autre manière. Cependant lors que les facultés d'une Personne consistent en argent contant, il peut fort bien contracter avec telle & telle Personne, & demander qu'à un tel terme il ait droit d'exiger un profit de l'argent qu'il aura prêté. Mais qu'il prenne garde aussi de ne pas faire des demandes exorbitantes, & d'en vouloir tirer un profit excessif, comme plusieurs ont de coûtume, & de ne pas molester la personne avec qui il aura contracté; & de ne porter aucun préjudice au bien public par son intérêt particulier. C'est pourquoi absolument parlant, je n'ose aprouver aucun Contract pour de l'argent mis à intérêt, que je ne sache premièrement, comment, en quels termes, sous quelles conditions, & avec quelles personnes le Contract en est passé.

STATUTS ET DECRETS

CONCERNANT LES MARIAGES,

Faits par l'autorité du Synode National de Vertueil, tenu l'an 1567,; mais dressés à la Requête des Peres dudit Synode, par R. M. Calvin, Ministre de la Parole de Dieu, Pasteur & Professeur dans l'Eglise & Université de Génève.

Ces Decrets furent mis avec la Réponse du R. M. Calvin aux quinze Cas de conscience susmentionnés, & le tout joint aux Actes dudit Synode.

PREMIER DECRET.

La Question est, *Quelles sont les Personnes qui ne peuvent pas se marier sans en avoir obtenu la permission ?*

Réponse.

ARTICLE I.

Toutes les jeunes personnes qui n'ont jamais été mariées, garçons ou filles, dont les parens sont encore en vie, ne peuvent pas disposer de leur personne, sans le consentement de leurs dits parens ; à moins qu'ils n'aient atteint l'âge requis par les Loix, savoir, le jeune homme celui de vint ans, & la fille celui de dix-huit : & alors leur devoir les oblige de leur demander eux-mêmes, ou par d'autres personnes, d'être mariés. Mais si leurs parens ne font pas de cas de leur demande, ils peuvent se marier sans leur autorité.

II.

Et on observera cette même Régle envers les Pupils & Orphelins, qui sont sous des Tuteurs, ou sous l'autorité des personnes auxquelles on les a confiés. Et les Meres, ou les Gardiens ne peuvent pas disposer de leurs enfans, ou pupils (commis à leur charge) pour le mariage, sans le conseil des parens desdits enfans ou pupils, s'ils en ont.

III.

Si deux jeunes personnes, sans consulter leurs parens, ou Gardiens, & de leur propre volonté, & témérairement, passoient un Contract de Mariage entr'elles, qu'elles en soient punies, & que ledit mariage, soit rompu à la Requête des parens, ou Gardiens.

IV.

Et en cas qu'elles aient été sollicitées à ce mariage par quelqu'un, soit homme ou femme, ceux qui auront fait la tromperie seront poursuivis par les parens, ou Gardiens desdits Pupils, & forcés de confesser leur crime devant la Justice, & d'en demander pardon au Juge, & ils seront obligés de jeûner trois jours de suite au pain & à l'eau, que l'on leur donnera en petite quantité.

V.

Et les Témoins qui auront été presens à ces mariages, seront punis, en les faisant jeûner un jour entier, sans prendre aucune nourriture.

VI.

Que des jeunes personnes, qui n'ont pas encore été mariées, ne fassent pas de promesses conditionnelles, & qu'il y ait toujours deux Témoins présens à ces promesses; autrement elles seront estimées nulles.

VII.

Si des personnes qui ont atteint l'âge requis par les Loix, comme il est marqué dans le premier Article, se marient sans le consentement de leurs parens, le Magistrat prendra connoissance du fait; & si les parens n'ont pas voulu s'en mêler, ou qu'ils aient montré trop de sévérité envers eux, & qu'ainsi les enfans en aient agi conformément aux Loix: les peres & meres seront tenus de leur donner leur Légitime, & de les établir tellement dans le Monde qu'ils puissent vivre comme s'ils leur avoient donné leur consentement.

VIII.

Que les parens ne forcent pas leurs enfans à se marier contre leur volonté. Et au cas qu'un garçon ou une fille ne voulût pas accepter le parti qui lui seroit présenté par son pere & sa mere, ils le doivent refuser avec toute la modestie & le respect que les enfans doivent à leurs parens, & ils ne doivent pas être punis pour le refus qu'ils en font. On doit observer la même Régle à l'égard des enfans qui sont sous Tutéle.

IX.

Que les parens, ou Gardiens, ne promettent pas leurs enfans, ou pupils, en mariage, jusqu'à ce qu'ils aient atteint l'âge auquel ils peuvent le ratifier. Néanmoins s'il arrivoit qu'un enfant eût refusé un parti de mariage que son pere lui auroit présenté, & qu'il s'alliât un peu après moins avantageusement pour lui, le pere ne sera pas obligé durant toute sa vie de donner aucune chose à ce fils qui lui aura désobéi.

SECOND DECRET.

On demande *quelles sont les Personnes qui ne peuvent pas se marier sans permission?*

Réponse.

ARTICLE I.

Ceux qui ont déja été mariés, hommes, ou femmes, auront une entiére liberté de se remarier, quoi que leurs parens soient encore en vie, pourvû qu'ils aient l'âge déclaré par le premier Article, ci-devant, *sçavoir*, si l'homme a vint ans, & la femme dix-huit; & qu'ils soient émancipés de l'autorité l'autorité de leurs parens, & qu'ils aient tenu mariage à part. Cependant il seroit toujours mieux que ces enfans prissent conseil de leurs parens lors qu'ils veulent passer à de secondes Nôces.

II.

On doit faire toutes les promesses de mariage d'une manière decente en la crainte de Dieu, sans dissolutions & débauches, & non comme si on s'assembloit plûtôt pour boire que pour autre chose; & les parties ne doivent pas se promettre l'une à l'autre légérement; mais il faut qu'ils considérent serieusement ce qu'ils veulent faire, & si quelqu'un agit autrement qu'il soit châtié. Et au cas que le Ministre declarât qu'il auroit été surpris, le mariage sera dissous.

III.

Si un homme faisoit venir une femme en Justice, alleguant qu'elle lui auroit promis la foi de mariage; à moins qu'il n'y eût deux personnes de probité & de crédit pour l'attester, on demandera le serment à la défenderesse.

TROISIEME DECRET.

On demande, *Pour quelles causes les Promesses de Mariage peuvent & doivent être rompuës?*

Réponse.

ARTICLE I.

Il y a deux cas dans lesquels les promesses de mariage peuvent être rompuës, quoi qu'elles soient faites par des personnes qui peuvent s'engager. Premiérement lors qu'il est évident que la partie n'est point vierge, qui disoit néanmoins avant le mariage être telle, comme on le croioit aussi. En second lieu, lors qu'il y a impuissance dans l'une des Parties.

QUATRIEME DECRET.

On demande, *Quel espace de tems il doit y avoir entre les Promesses de Mariage & l'accomplissement desdites Promesses?*

Réponse.

ARTICLE I.

On ne diferera pas l'accomplissement du mariage, plus de six semaines après les promesses. Et au cas que les Parties retardassent plus long-tems, ils seront apelés au Consistoire, pour y être avertis d'accomplir le mariage; & s'ils ne veulent pas suivre ces conseils, on les remettra au Magistrat, qui peut, s'il veut, les obliger à le célébrer.

II.

En cas que l'on mit opposition au mariage, le Ministre fera raport au Consistoire fiftoire des Parties qui y mettent empêchement, & requerra lesdites Parties de comparoitre à la première Assemblée du Consistoire : Pourtant il ne faut point admettre d'oposition, à moins que la partie oposante ne demeure dans le lieu, ou qu'il ne soit bien connu, ou qu'il n'amène avec lui une personne que l'on connoisse, de peur qu'une honnête fille ne soit ofensée en sa réputation.

III.

Mais si les Oposans ne paroissoient pas au jour assigné, alors on publiera les Bans, comme s'il n'y avoit point eu d'oposition, afin de prevenir, par là, & d'éviter toutes les fraudes qui pourroient se commettre en pareils cas.

IV.

On ne recevra aucun Etranger venant d'un Païs éloigné, pour être marié, à moins qu'il n'aporte avec lui de bons Certificats, ou des Lettres autentiques, ou qu'il n'ait un témoignage de gens de bien qui attestent qu'il n'a pas de femme.

CINQUIE'ME DECRET.

La Question suivante est, *touchant ce que l'on doit faire avant que de célébrer le Mariage ?*

Article I.

On publiera les Bans pendant trois Dimanches consécutifs, dans l'Eglise, avant que de solenniser le mariage ; & le premier Syndic donnera sa signature comme il connoit les Parties : tellement qu'après la publication du troisième Ban, le mariage sera célébré. Si une des Parties apartient à une autre Paroisse, elle aportera un Certificat de sa Paroisse.

II.

Ceux qui sont fiancés n'habiteront pas ensemble comme homme & femme, jusqu'à ce qu'ils aient été mariés solennellement dans l'Eglise, selon la manière qui est constanment pratiquée parmi les Chrêtiens. Si quelqu'un fait le contraire, il sera mis en prison l'espace de trois jours, & jeûnera au pain & à l'eau : après quoi il sera cité au Consistoire, où on le convaincra de son crime, afin qu'il en soit confus, & qu'il s'humilie devant Dieu.

SIXIE'ME DECRET.

Touchant la Célébration du Mariage.

Article I.

Ceux qui devront être mariés viendront modestement à l'Eglise le jour de leurs Nôces, sans Tambours, ou Instrumens de Musique ; & se comporteront d'une manière grave & décente à un Chrêtien ; & ils y doivent arriver pendant que la cloche acheve de tinter, afin que leur mariage soit béni solennellennellement avant le Prêche ; mais s'ils sont négligens, & qu'ils viennent trop tard, on les renvoiera sans les marier.

II.

Il sera licite de célébrer les mariages tous les jours de chaque semaine, en quelque tems que ce soit, même les jours ouvriers, au choix des parties, pourvû qu'il y ait Prêche ce jour-là ; & cela à neuf heures du matin. Il en faut excepter les jours de Communion, qui sont entiérement destinés à la pieté, & auxquels on doit être bien recueilli pour participer à la Table du Seigneur.

SEPTIE'ME DECRET.

Touchant la Demeure de l'homme & de sa femme.

ARTICLE I.

L'homme & la femme demeureront ensemble dans une même maison, aiant toutes choses en commun entr'eux. Et si l'un des deux s'en retire pour vivre separé, il sera apelé au Consistoire, où on lui fera connoitre son péché. Et s'il y a quelque different entr'eux, on les reconciliera, après quoi on les renvoiera en paix dans leur maison.

HUITIE'ME DECRET.

On demande, *Quels sont les degrés de Consanguinité qui empêchent le Mariage ?*

Réponse.

ARTICLE I.

On ne pourra pas contracter Mariage en ligne Directe ; c'est pourquoi un Pére ne pourra pas épouser sa Fille, ni la Mere son fils, ni aucun de ses Descendans ; parce que cela est contre la Modestie & la Picté naturelle, & expressément défendu par les Loix divines & humaines.

II.

Pareillement aussi un Oncle ne pourra pas épouser sa Niéce, ou sa petite Niéce, ni une Tante son Neveu, ou arriere Neveu ; parce qu'un Oncle représente le Pére, & la Tante la Mere.

III.

Un Frere ne peut pas se marier avec sa Sœur, soit qu'elle soit Sœur de Pére & de Mere, ou qu'elle ne le soit que d'un côté. Pour ce qui est des autres Dégrés, quoiqu'ils ne soient pas defendus par la loi de Dieu, ni par la loi Civile des *Romains* ; néanmoins parceque ces mariages n'ont pas été pratiqués depuis long-tems, & que nous devons éviter le scandale, & empêcher que les ignorans ne blasphement Dieu & sa Parole ; les Cousins *Germains* ne se marieront pas avec leurs Cousines *Germaines*, jusqu'à ce qu'on n'ait meilleure opinion, parmi nous, de ces mariages ; mais on n'empêchera pas de se marier dans d'autres Dégrés.

VI. SYNODE NATIONAL

NEUVIE'ME DECRET.

On demande, *quels sont ces Dégrés d'Afinité qui empêchent le Mariage ?*

Réponse.

ARTICLE I.

Un Pére n'épousera pas la Veuve de son Fils, ni une Femme ne se mariera pas avec le Veuf de sa Fille, ni dans les Dégrés qui en décendent en ligne directe.

II.

Semblablement aussi, un homme ne peut pas épouser la Fille de sa Femme, ou la petite Fille de sa Femme, ni aucune de la ligne qui en décend.

III.

Une Femme paillerement ne peut pas épouser le Fils de son Mari, ni son petit Fils &c. comme dans l'article ci-dessus.

IV.

Un homme aussi n'épousera pas la Veuve de son Neveu, ou de son petit Neveu.

V.

Un homme ne se mariera pas non plus avec la Veuve de son Frere, ni la Femme ne pourra prendre pour Mari celui qui a été l'Epoux de sa Sœur.

VI.

Un homme aiant commis Adultere avec la Femme de son Prochain, si cela vient à se découvrir, il n'épousera pas cette Adultere quand ils seroient tous deux veufs, à cause du scandale, & parceque de tels Mariages pourroient avoir de mauvaises Consequences.

DIXIE'ME DECRET.

La demande suivante est touchant *les Discordes & les Contestations qui sont entre les Personnes Mariées.*

Réponse.

ARTICLE I.

Au cas qu'un homme ne vécut pas en paix avec sa Femme, mais qu'il y eût toujours des jalousies & des querelles entr'eux, on apellera les parties au Consistoire, où on les avertira de vivre en bonne Union & Concorde, & avec un Amour mutuel; & on les reprendra l'un & l'autre de leur peché selon que le cas l'exigera.

II.

Si un homme maltraite sa Femme, s'il la frappe & lui fait des outrages, si outre cela on s'aperçoit qu'il méne une vie desordonnée, on le deferera au Ma-

Magiſtrat, que l'on ſupliera très-humblement d'interpoſer ſon autorité & de lui defendre très expreſſément de ne plus maltraiter ſa Femme, ſous peine d'en être puni s'il n'obeït pas.

ONZIE'ME DECRET.

On demande *pour quelles Cauſes on peut & on doit declarer nul un Mariage ?*

Réponſe.

ARTICLE I.

Au cas qu'une Femme ſe plaignit que ſon Mari ſeroit enſorcelé, ou qu'il ne ſeroit pas propre à la Génération, ſi le Mari le confeſſe, ou qu'étant viſité la choſe ſe trouveroit veritable, alors le Mariage ſera declaré nul, & la Femme ſera ſeparée de ſon Mari, & en pleine Liberté; & on defendra expreſſément à l'homme de n'en plus tromper d'autres.

II.

Si un homme faiſoit la même Plainte de ſa femme, qu'il ne pût pas habiter avec elle à cauſe de quelque défaut qui ſeroit en ſon Corps, & qu'elle ne voulût pas que l'on y mit remede; la choſe étant reconnuë, le Mariage ſera declaré nul.

DOUZIE'ME DECRET.

On demande *pour quelles Cauſes un Mariage peut & doit être diſſout ?*

Réponſe.

ARTICLE I.

Si un homme accuſe ſa femme d'Adultere, & qu'il le prouve par des raiſons évidentes, & que là deſſus il demande d'être ſeparé d'avec elle; on accordera le Divorce, & il lui ſera libre de ſe remarier à qui bon lui ſemblera. Neanmoins on l'exhortera de pardonner à ſa Femme, mais on ne l'en ſollicitera pas avec importunité, & on ne pourra l'obliger en aucune maniere de la garder.

II.

Quoi qu'anciennement les Privileges des Femmes, à l'égard du Divorce, ne fuſſent pas les mêmes que ceux des Maris; cependant parceque l'Apôtre témoigne que l'obligation eſt mutuelle & reciproque pour la Couche & pour la Table, & qu'en l'un & en l'autre la Femme a les mêmes droits que le Mari, & les mêmes Privileges; c'eſt pourquoi ſi un homme eſt convaincu d'adultere, & que ſa femme demande le Divorce elle ſera ſeparée d'avec lui; à moins que quelques Perſonnes pieuſes ne la perſuadent de lui pardonner, & de ſe reconcilier avec lui. Neanmoins ſi la Femme a commis Adultere par une faute aparente du Mari, ou l'homme par la faute de ſa Femme, tellement

lement qu'ils soient tous deux coupables; ou que par leur procedé on s'aperçoive qu'ils ont dessein de se séparer, on ne les écoutera pas dans la demande qu'ils en feront.   III.

Si un homme entreprend un long voiage, soit pour chercher du travail, pour negocier, ou pour quelques autres afaires, n'étant pas d'une vie dereglée, & qu'il ne se departe pas de l'affection qu'il doit porter à sa Femme; je supose qu'il seroit absent pendant un long-tems & que l'on ne sauroit pas ce qu'il seroit devenu, sinon qu'on auroit quelques Conjectures probables qu'il seroit mort: la Femme cependant ne pourra pas se rémarier, qu'après l'espace de dix ans expirés, à compter du jour de son départ; à moins qu'on n'ait des preuves certaines de sa mort; lesquelles étant produites dans une Cour de Justice, la Femme aura la permission de passer à de secondes noces. Et néanmoins nonobstant cette permission, qui lui aura été accordée au bout des dix Années, si on a quelques nouvelles ou quelques doutes que cet homme soit détenu Prisonnier en quelqu'endroit, ou que quelque incommodité l'empêcheroit de rétourner chez lui, sa Femme restera comme veuve & non mariée, jusqu'à ce qu'on ait d'autres éclaircissements.

IV.

Si un homme, par débauche, ou par une autre mauvaise inclination, abandonnoit le lieu de sa demeure; sa Femme fera une recherche diligente de l'endroit où il réside; & alors elle s'adressera au Magistrat pour lui demander un Ordre de le rapeller, ou pour le contraindre de revenir, ou du moins de lui notifier qu'au cas qu'il ne retourne pas dans sa Famille, l'on procedera contre lui en son absence. Cela étant fait, quoiqu'on ne voie pas d'aparence à le faire revenir, cependant on le poursuivra de la maniere qu'il a été menacé, & on fera trois Proclamations en trois Dimanches, (où durant six semaines en tout) lesquelles Proclamations seront aussi faites dans une Cour de Lieutenant, & notifiées à deux ou à trois de ses plus proches Parens, ou Amis, s'il en a; que s'il ne comparoît pas, sa femme pourra venir à la premiere tenuë du Consistoire pour demander separation, laquelle on lui accordera, en l'envoiant pour cet effet aux Messieurs de Ville, qui en pourront passer un Decret Juridique. Et cet Homme qui aura été rebelle d'une telle maniere, sera banni pour toûjours du Territoire de la République, mais s'il retourne, on tâchera de le reconcilier avec sa femme; & on fera ensorte qu'ils vivent dans une bonne Union en la crainte de Dieu.

V.

Si quelqu'un prend la coûtume de quitter sa Femme pour aller courir par le Païs, la seconde fois qu'il ira roder de cette maniere, à son retour il sera mis en prison, & on ne lui donnera que du pain & de l'eau pour sa nourriture; & on le ménacera de le punir séverement s'il fesoit encore de pareilles Courses. Et si la même chose lui arrive pour la troisiéme fois, on le traitera avec la derniere rigueur: que s'il ne reforme pas cette mauvaise inclination, & que l'on ne voie point d'amendement en lui, il sera permis à sa Femme de se soustraire du joug d'un malheureux, qui ne lui tient ni la Foi, ni la Compagnie qu'il lui avoit promise.

VI. Un

VI.

Un homme qui par Debauche, comme il a été dit, dans l'Article quatrième, abandonnera sa Femme, sans qu'elle lui en ait donné aucun sujet legitime, & que l'on sache par le témoignage des amis & voisins de ladite Femme, qu'il n'y a aucunement de sa faute; si cette pauvre Femme se plaint de son afliction & qu'elle cherche du soulagement, on l'avertira de s'informer très-soigneusement de son Mari, de ce qu'il est devenu, & où il est; & ses plus proches Parents ou Amis, s'il en a, seront apélés, pour savoir d'eux s'ils n'en ont point de nouvelles. Cependant sa Femme l'attendra encore un An; & si elle n'en aprend point de nouvelles, elle le recommandera à Dieu, & elle s'y recommandera aussi. Et l'Année étant expirée, elle s'adressera au Consistoire; & après avoir mûrement examiné la chose, si on voit qu'elle ait de bonnes raisons de se rémarier, on lui fera une Exhortation; ensuite dequoi on la renvoiera au Magistrat, qui prendra son serment, comme elle ne sait pas où son Mari est allé, ni ce qu'il est devenu: on fera prêter le même Serment à ses plus proches Parents, ou Amis, & alors on procedera à ces trois Proclamations, comme il a été dit au quatrième Article de ce douzième Decret, afin que ladite Femme ait la liberté de se rémarier; & en cas que l'absent revint, on le punira selon qu'il aura merité.

VII.

Si une Femme quitte son Mari pour aller vivre loin de lui, & que le Mari demande d'être séparé d'avec elle, & d'avoir la liberté d'en épouser une autre; on considerera premierement si elle est dans un lieu où l'on ne puisse pas lui faire des Sommations, ou lui notifier qu'elle ait à comparoître & repondre aux poursuites de son Mari, auquel on donnera des Lettres & Citations à ce sujet. Cela étant fait, les Proclamations publiées comme il a été ordonné ci-dessus, & ses plus proches Parens aïant été premierement apelés, & chargés de l'avertir de rétourner; si elle comparoit dans le terme, & que son Mari refuse de l'accepter, aïant quelque soubçon qu'elle se seroit abandonnée pendant son absence, comme c'est une chose scandaleuse qu'une Femme quitte ainsi son Mari; cependant on tâchera par toutes sortes de moïens de les réconcilier, & le Mari sera exhorté de pardonner à sa Femme: mais s'il refuse absolûment de la recevoir, alors on fera des informations sur les lieux qu'elle a frequenté, comment elle s'est comportée: & s'il n'y a aucune preuve, ni indice qu'elle se soit mal gouvernée, ou qu'elle ait violé la foi conjugale, alors le Mari sera obligé de la reprendre, & de se reconcilier avec elle. Mais s'il y a quelques aparences & quelques soubçons bien fondés qu'elle se soit abandonnée, comme si elle avoit été trouvée dans de mauvaises Compagnies, & qu'elle tint des propos qui ne conviennent pas dans la bouche d'une honnête Femme, alors on acordera au Mari ce qu'il demande, comme il est très raisonnable. Et au cas qu'elle ne comparoisse pas au tems fixé, on procedera contr'elle de la même maniere qu'il a été dit dans les Articles quatrième, cinquième & sixième, à l'égard du Mari délinquant.

VIII.

Si un homme aiant fait & juré promesse de Mariage à une fille, ou à une femme, s'en va demeurer dans un autre Païs, & que la Fille, ou la Femme en porte ses plaintes, demandant d'être déchargée de sa Promesse, à cause de l'infidelité de celui qui lui avoit promis la Foi : qu'on s'informe pour quel sujet il a quitté sa demeure s'il est permis, s'il la fait du consentement de sa partie, qui est maintenant plaignante, ou si ce n'a pas été par Debauche, ou qu'il n'ait pas d'envie d'accomplir le Mariage; s'il se trouve qu'il n'ait pas eu de raison sufisante d'en user de cette maniere & qu'il l'ait fait par une mauvaise intention; on s'informera en quel lieu il s'est retiré, & comment on le pourra sommer de retourner dans un certain tems & de tenir la Promesse qu'il a faite à sa partie : & si après avoir été ajourné il ne comparoit point; pour lors que l'on fasse les Proclamations, par trois Dimanches (quinze jours entre chaque proclamation) & s'il ne se présente pas au jour assigné ; la Fille ou la Femme sera déclarée libre, & séparée d'avec lui, & le délinquant sera banni, à cause de son infidelité. S'il comparoit, on l'obligera d'acomplir le Mariage sur le champ. Mais si on ne peut pas découvrir en quel endroit il s'est retiré, & que la Fille, ou la Femme, & les Parents, ou Amis de l'absent jurent qu'ils ne savent pas où il est ; on fera les mêmes Proclamations comme s'il lui avoit été notifié; que la Femme ou la Fille est déchargée, quitte, & libre de ses promesses. Mais s'il avoit eu un juste sujet de s'absenter, & qu'il en eût donné avis à la partie, que la Femme, ou la Fille fasse toute la diligence possible, conjointement avec ses Parents, afin de le faire révenir : & s'il ne rétourne pas dans l'Année, alors on fera les Proclamations, comme il a été dit auparavant dans l'Article quatriéme.

IX.

Et on en usera de la même maniere envers la Fille ou la Femme qui sera dans le même Cas que l'Homme ; excepté toûjours que l'Homme ne sera obligé d'attendre l'Année entiere, quoique la Femme lui eût donné avis & qu'elle l'eut fait avec son Consentement, à moins qu'il ne lui eût donné Permission de rester un plus long espace de tems.

X.

Si une Fille étant engagée par promesses de Mariage, selon les formes ordinaires, est transportée hors du Territoire de la Republique, afin qu'elle n'accomplisse pas le Mariage; qu'on fasse une recherche très-exacte si quelque Personne de la ville n'a pas aidé à faire ce Rapt, afin de l'obliger de la répresenter, sous telles peines qu'on jugera à propos. Et si elle est sous Tutelle, ou Gardiens, on leur enjoindra de faire toute leur diligence afin qu'elle se retrouve.

XI.

Si une Femme mariée abandonne son Mari, & que celui-ci ne s'en mette pas en peine, & qu'il n'en fasse pas ses plaintes; ou si une Femme étant ainsi abandonnée de son Mari le dissimule, & qu'ensuite cela soit decouvert ; on les apellera tous deux au Consistoire pour aprendre comment la chose s'est passée

passée, afin de prevenir les scandales, & que l'on ne souffre point de supercherie, ou qui pis est, que l'on n'y ferme pas les yeux; mais on emploiera tous les moiens les plus eficaces pour prevenir ces Divorces volontaires, que les hommes & les femmes se voudroient donner la liberté de faire de leur propre mouvement, & par un consentement mutuel, sans l'autorité du Magistrat. Cependant la femme sera obligée de suivre son Mari, à la Requête qu'il lui en fera, quand & où il lui plaira d'aller s'établir, soit qu'il le fasse de son propre choix, ou que quelque necessité l'y oblige, pourveu que l'homme ne soit pas une Personne débauchée qui la voudroit mener par caprice dans quelque Païs fort étrange & inconnu; mais s'il ne s'éloigne pas considerablement, & qu'il le fasse en partie par mieux vaquer à sa Profession, sa femme sera obligée de le suivre par tout où il voudra la mener,

XII.

Toutes les Matiéres Matrimoniales qui regardent l'union des Personnes, doivent être premierement expediées au Consistoire, mais non pas les afaires qui regardent l'Etat, & les Douaires. Et dans toutes les Transactions on s'accommodera toûjours à l'amiable & d'une maniere sincere, au nom & en la crainte de Dieu. Mais s'il étoit besoin de recourir à quelque Juge, qu'on s'adresse aux Magistrats qui prononceront une Sentence finale, après avoir été bien informés, de la part du Consistoire, de tout ce qui concerne les diferens qu'ils doivent terminer par leur Jugement definitif.

Fait & conclu à Vertueil le 7. du Mois de Septembre l'an 1567. & Signé au nom de tous les Députés par

Mr. DE LESTRE Moderateur de ce Synode.

Fin du VI. Synode.

SEPTIÉME SYNODE NATIONAL DES EGLISES REFORMÉES DE FRANCE

Tenu à la *Rochelle* le 2. d'*Avril* & les 9. jours suivans,

L'AN DE GRACE M. D. LXXI.

Et l'onzième Année du Regne de CHARLES IX. Roi de France.

Dans lequel Synode Theodore de Beze, *Ministre de l'Eglise de* Généve, *fut élû pour* Modérateur, *&* Nicolas de Galars *avec* Jean *de la* Rocheraye *choisis pour* Scribes.

MATIERES GENERALES.

ARTICLE I.

Arce que les bons Réglemens de la *Discipline Ecclesiastique* viennent de la pureté de la *Doctrine* bien établie, & soigneusement conservée dans l'Eglise ; il a été resolu de commencer par la *Confession de Foi*, des Eglises Reformées de *France*.

II.

D'autant que nôtre *Confession de Foi* est imprimée de differentes maniéres, le Synode declare que celle-là est la véritable *Confession de Foi* de nos Eglises Reformées de *France*, qui commence par ces paroles, *Nous croions qu'il n'y a qu'un seul Dieu* : laquelle *Confession* a été dressée au premier Synode National tenu à *Paris* le 25. Mai de l'An 1559.

III.

Surquoi Monsieur *Theodore de Beze* a donné avis qu'il y a des Hérétiques dans la *Transilvanie* & la *Pologne* qui sement des erreurs contre la verité de la Nature Divine & de la Nature Humaine, toutes deux unies en la personne de *Jesus-Christ*: & qu'ils nient cette vérité, pour renouveller les faux dogmes de la plûpart des anciens Héréfiarques, & fpecialement ceux de *Samofatenus*, *Arrius*, *Photinus*, *Neftorius*, *Eutiches* & autres, entre lefquels on doit auffi ranger *Mahomet* le plus redoutable de tous les *Antitrinitaires*. Cet avis a été trouvé de fi grande importance par tous ceux qui font affemblés dans ce Synode, qu'ils proteftent avoir en horreur ces abominables Héréfies, & déclarent unanimement qu'ils deteftent toutes les erreurs fur lefquelles plufieurs faux Docteurs voudroient les établir : & en confequence de cela tous les Pafteurs, Anciens, Diacres, & généralement tous les fidéles font exhortés par ce Synode d'empêcher que ces Héréfies ne s'introduifent en aucune maniére dans les Eglifes Reformées de *France*.

IV.

Le Miniftre de *Normandie* a pareillement averti cette Affemblée des erreurs du Sieur *Lozain*; furquoi il a été refolu que Meffieurs de *Chandieu* & de *l'Eftang* éxamineront la doctrine dudit *Lozain*, pour en faire le raport : cependant on a declaré qu'on la rejette & detefte, & que les Evêques d'*Angleterre* feront avertis du tranfport des Livres des fufdits Hérétiques, qui fe fait en leur païs, afin qu'ils y en défendent la lecture, s'ils ne peuvent pas en empêcher l'entrée ni la vente dans leurs Diocéfes.

V.

Le 29. Article de la *Confeffion de Foi*, & les autres concernant la *Difcipline de l'Eglife*, aiant été lûs & propofés, le Miniftre de *Bourdeaux* a donné avis qu'un Medecin foutient que le Magiftrat eft le Chef de l'Eglife, & que ce que les Miniftres entreprennent n'eft que tirannie, & qu'il a donné un Ecrit contenant fes raifons, figné de fa main. Surquoi il a été dit que l'Affemblée ratifie le fufdit Article, & que nôtre *Confeffion* rejette l'erreur dudit Medecin, & de tous autres qui veulent abolir la Difcipline de l'Eglife, en la confondant avec le Gouvernement Civil & Politique des Magiftrats, & qu'elle condamne auffi toutes les erreurs qui procedent de cette fauffe opinion.

VI.

De plus ladite Affemblée a chargé Monfieur de *Beze* de faire une Réponfe qui impugne lefdits Articles, contraires à nôtre *Confeffion*, touchant le Gouvernement & la Difcipline de l'Eglife, & de refuter auffi ce Medecin nommé par ledit frere de *Bourdeaux*, lequel fournira à Monfieur de *Beze* tout ce qui a été écrit fur cette matiére pour faire ladite Réponfe, laquelle il communiquera aux freres de *Généve*.

VII.

Sur le 36. Article de ladite *Confeffion* au lieu d'*Unité*, il faut mettre *Union*. Sur quoi il a été remontré par les Deputés de *l'Ifle de France* & de *Berry*, qu'il feroit befoin d'expliquer lefdits articles en ce qu'ils parlent de *la participation à la Subftance de Jefus-Chrift en la Cene*; mais après une affés longue conference, il a été refolu que le Synode aprouvant nôtre *Confeffion*, rejette l'opinion de ceux qui ne veulent pas recevoir le mot de *Subftance* contenu audit Article : par lequel mot ledit Synode n'entend aucune conjonction, ni mêlange, ni changement, ni tranfmutation de quoi que ce foit d'une façon charnelle & groffiére qui ait du raport à la matiere des corps; mais une conjonction vraie, très-étroite, & d'une façon fpirituelle, par laquelle *Jefus-Chrift* lui-même eft tellement fait nôtre, & nous fiens, qu'il n'y a aucune conjonction de corps, ni naturelle, ni artificiele, qui foit fi étroite; laquelle néanmoins n'aboutit point à faire que fa *Subftance*, ou fa *Perfonne* jointe avec nos *perfonnes*, en compofe quelque *troifiême*; mais feulement à faire que fa *vertu*, & ce qui eft en lui de *falutaire* pour les hommes, nous foit, par ce moien, plus étroitement donné & communiqué. C'eft pourquoi nous ne fommes pas du fentiment de ceux qui difent que nous participons *feulement* à fes *merites*, & aux *dons* qu'il nous communique *par fon Efprit*, fans que lui-même *foit fait nôtre*: mais au contraire nous adorons ce *grand Myftere furnaturel & incomprehenfible de l'operation réelle & très-efficace de* Jefus-Chrift *en nous*, comme l'Apôtre *St. Paul* le témoigne dans fon Epître aux *Ephefiens*. Nous croions donc pour cet effet que nous fommes faits participans *du Corps* de Jefus-Chrift *livré* pour nous, & de *fon fang repandu* pour nous, & que nous fommes *chair de fa chair, & os de fes os*, en le recevant & tous fes dons avec lui, par *Foi* engendrée en nous par l'éficace & la vertu incompréhenfible du Saint Efprit: Et nous entendons ainfi ces paffages de l'Evangile: *Celui qui mange la chair & qui boit le fang de* Jefus *a la Vie éternelle*, Jefus Chrift *eft le fep & nous fommes les farmens*, & *qu'il nous faut demeurer en lui, afin de porter du fruit*, *que nous fommes membres de fon corps*: & que *tout ainfi que nous tirons nôtre mort du premier* Adam, *en tant que nous participons à fa Nature, ainfi faut-il que nous participions* vraiement *au fecond* Adam, *afin d'en tirer nôtre vie.* C'eft pourquoi tous les Pafteurs & généralement tous les fidéles feront exhortés de ne donner aucun lieu aux opinions contraires à ce que deffus, qui eft très-expreffément fondé fur la Parole de Dieu.

VIII.

Finalement après que la lecture de la *Confeffion de foi* a été achevée, on a refolu que, fans y rien ajouter, *trois Copies* en feront faites en *Parchemin*, dont l'une fera gardée en cette Ville de la *Rochelle*, l'autre en *Bearn*, la troifiême à *Généve*, & qu'elles feront toutes trois fignées par les Miniftres & Anciens de ce Roiaume, au nom de toutes les Eglifes; comme auffi qu'on fupliera la *Reine de Navarre* & Meffieurs les *Princes de Navarre* & *de Condé*, & les autres Seigneurs, de les figner.

Du Mardi 3. du dit Mois.

Lecture a été faite de la *Difcipline* fur le

TITRE DES MINISTRES.

Article I.
Il fera ajouté fur la fin du 1. Article, *le plus diligenment que faire fe pourra.*

II. Sur

II.

Sur le 4. il sera ajouté, *pour le tems où nous sommes*, auquel il sera ajouté le 9. Article de *Vertueil*.

III.

Sur le 5. il sera ajouté, *le Coloque sera apellé, & au défaut d'icelui trois ou quatre Ministres.*

IV.

Sur le 8. il sera ajouté, *Toutefois l'imposition des mains ne sera pas de necessité, comme si c'étoit une chose essentielle au Ministére, quoi que l'usage en soit saint & bon.*

Le Formulaire de l'Imposition des mains a été dressé par Monsieur de Chandieu *comme s'ensuit.*

Le Ministre qui presente au peuple celui qui a été élû au Ministére, traite briévement de l'institution & excellence de cette Charge, alleguant les témoignages de l'Ecriture qui sont convenables pour cela, comme *Eph.* 4. 10. 16. & *St. Jean* 20. 22. 2. - *Cor.* 5. 15. 1. - *Cor.* 4. 1. & autres semblables: exhortant un chacun d'y prendre bien garde; afin que tant le Ministre, que le peuple fassent bien leur devoir.

Le Ministre s'acquittera d'autant plus diligenment de sa Charge, qu'il la connoîtra precieuse & excellente devant Dieu; & les peuples recevront avec toute sorte de respect la Parole de Dieu, qui leur sera annoncée par celui qui leur sera envoié. Puis on lira devant tous les assistans ce qui est écrit, 1. à *Tim.* 3. & 1. à *Tit.* où l'Apôtre enseigne quelles doivent être les qualités du Ministre. Et afin que Dieu fasse la grace à celui qui est élû de se bien & fidélement acquiter de sa Charge, le Ministre qui lui impose les mains sur la tête, prie Dieu, que comme il l'a consacré à son service, il le remplisse aussi des graces de son Esprit, & benisse son saint Ministére & tous ses travaux pour l'édification de son Eglise, pour le salut de celui qui est élû, & pour l'augmentation du Regne de *Jesus-Christ*, en tout ce qui concerne la plus grande gloire de Dieu.

V.

Sur le 9. il sera ajouté: *Et la Discipline Ecclesiastique, & la Confession de Foi sera souscrite par le Ministre élû.*

VI.

Sur le 10. & 11. qui doivent être joints ensemble & éclaircis après ces mots, *Pour être Ministres toute leur vie*, il sera ajouté, *S'ils ne sont déchargés par de bonnes & justes causes, & ce par le Synode Provincial. Et quant aux deserteurs du Ministére, ils seront finalement excommuniés par le Synode Provincial, s'ils ne se repentent. Item,* après ces mots. *Et quant à ceux qui sont encore en quelque Eglise,* il sera ajouté, *pour un tems.*

VII.

Sur le 12. qui étoit le 13. on fera cette correction, *Aucun Ministre se disant être delaissé de son Eglise, ou persecuté, ne pourra être reçû par une autre*

VII. SYNODE NATIONAL

Eglise, *s'il ne fait apparoir au Synode ou Colloque*, *comment il se sera conduit*, *& le tout sera remis a la discretion du Colloque ou du Synode.*

VIII.

Sur le 14., *Ceux qui s'ingerent au Ministére dans les Provinces.* On mettra *dans les lieux*, & on éfacera *dans les Provinces.*

IX.

Sur le 17. après ces mots, *on d'attendre la determination*, au lieu qu'il y a *du Concile*, on mettra *du Colloque*, ou *du Synode Provincial*. Et au lieu de *envoiés*, il y aura *prêtés*.

X.

Sur le 18. il sera ajoûté, *avec le gré & consentement dudit Ministre.*

XI.

Sur le 22. on ajoûtera: *Et on envoiera toutes les Lettres & les Avertissemens à une Eglise & non pas à une Province.*

XII.

Sur le 27. au lieu de ces mots, *après les sollicitations faites*: on mettra, *trois mois après que les sollicitations auront été faites.* Et après ces mots, *il leur sera permis de s'allier à une autre Eglise*, on ajoûtera, *par l'avis du Colloque, ou du Synode Provincial, lequel aura égard tant à la pauvreté qu'à la faculté du Ministre. Et en cas de necessité trop urgente, ledit Colloque ou Synode pourra abreger ledit terme de trois mois, & il ne sera pas permis de proceder contre les ingrats par des Censures, ni par des Excommunications.*

Du Mercredi 4. dudit Mois.

ARTICLE I.

Sur l'article 11. *des Ministres*, ce qui étoit remis à la volonté de Messieurs les Princes, sera exprimé par ces mots: *Généraux*, *Provinciaux & Nationaux.* Et à la fin on ajoûtera, *Comme il sera trouvé bon par une Conference amiable des Ministres de part & d'autre, pour suivre ce qui sera le plus expedient.* Et cet Article a été aprouvé par la Reine de *Navarre*, & par les Princes de *Navarre* & de *Condé*, & par Messieurs le *Comte Loüis* & le *Grand Amiral* de *France.*

II.

Sur le 30. on ajoûtera, *Et les Provinces seront averties l'une par l'autre de la déposition des Ministres, afin que les déposés ne soient pas reçus dans les autres Eglises.*

III.

Sur le 32. après ces mots, *du tems de son ignorance*, il sera ajoûté, *Et cela au cas que ledit Ministre donne plus de scandale à l'Eglise, que d'édification, de quoi les Synodes prendront connoissance & jugeront.*

IV.

Sur le 38. Monsieur de *Beze* a proposé, suivant la commission qui lui en fût donnée par les freres de *Génève*, qu'on choisit quelques personnes capables d'écrire contre tant d'Auteurs qui publient des Livres contre nôtre Doctrine,

trine, & que lesdits Ecrits soient imprimés, avec, ou sans le nom des Auteurs, comme le Synode en jugera, ce qui a été trouvé bon ; comme aussi que les Eglises qui auront des Livres imprimés contre nôtre Doctrine, seront tenuës de les envoier auxdits Deputés.

V.

Article Nouveau, qui doit être ajoûté aux précedens, sous le *Titre des Ministres*.

Defenses seront faites à tous les Ministres d'exercer la Medecine, ni aucun Art, ou Métier qui puisse prejudicier à l'honneur, ou au devoir de leur vocation.

VI.

Autre Article nouvellement dressé sous le même Titre. Les Ministres qui auront quelques biens de leur famille, pourront néanmoins prendre quelques gages des Eglises. Et tous seront exhortés d'en user selon que la necessité de l'Eglise & la charité le requerront.

VII.

DES ANCIENS ET DIACRES.

Sur l'Article 1. Mr. *Viret*, Député de la *Brye*, a remontré que les Anciens & Peuple de *Meaux*, ne se contentent pas de cet Article, disant qu'il leur ôte la liberté de l'Election des Consistoires : sur quoi il a été resolu que puisqu'on a déja examiné plusieurs fois leur prétendu grief, & qu'ils ont même reçû de très amples instructions sur cette matiere, par des Lettres fondées très-expressément sur la Parole de Dieu, qui leur furent adressées par le Synode de la *Ferté* sur *Loire* ; cette Compagnie les exhortera dérechef par quelque lettre de se soûmettre aux Régles de la *Discipline Ecclesiastique* reçuë dans nos Eglises de *France* ; & que s'ils veulent encore, après cela, qu'on entende leurs plaintes, ou qu'on les instruise de nouveau, ils s'adresseront pour cela au Synode de leur Province.

VIII.

Sur le 2. on ajoûtera sur la fin, *& lesdits Anciens seront avertis de ne rapporter pas les fautes au Consistoire sans quelque grande raison, ni contre les regles de la Charité prescrites dans la Parole de Dieu.* Monsr. le Grand *Amiral* a aussi proposé sur cet Article de ne nommer pas au Consistoire les personnes dont on fera la premiere fois quelque mauvais raport, ni même jusqu'à ce qu'il ait été résolu de les y faire comparoître, surquoi on a défendu de nommer aucun des accusés sur le premier raport de leurs accusateurs, si ce n'est que le Consistoire le juge nécessaire pour des causes raisonnables.

IX.

Sur le 3. on ajoûtera vers la fin *s'ils y sont propres, & au defaut du Ministre, lors qu'il lui arrivera quelque empêchement.*

VII. SYNODE NATIONAL

Du jeudi 5. dudit Mois. Continuation du Titre des Anciens & des Diacres.

X.

Sur l'Article 3. il fera ajoûté, *aucunes autres perfonnes que les Diacres ne doivent diftribuer les déniers des pauvres, ni en difpofer en faveur de qui que ce foit.*

XI.

Cet Article dreffé de nouveau fera ajoûté aux précedens. *Les Anciens & Diacres peuvent affifter aux Propofitions de la parole de Dieu, qui fe font par les Miniftres ou Candidats à des heures extraordinaires, & avoir la liberté de donner leurs avis fur les Cenfures que les Pafteurs en feront, fans que lefdits Anciens ou Diacres s'emancipent de vouloir décider de la Doctrine de ces Prédicateurs.*

TITRE DES CONSISTOIRES.

XII.

Sur l'Article 4. on mettra, *les Miniftres & Anciens font le Confiftoire, auquel les Miniftres doivent prefider, & les Diacres peuvent y affifter quand le Confiftoire le trouvera bon.*

XIII.

Sur le 7. après ces mots, *pour éprouver leur Capacité*, on ajoûtera : *Ce qui ne fe fera qu'avec grande prudence & difcretion, fous promeffe de ne rien révéler.*

XIV.

Sur le 8. il fera ajoûté à la fin, *& s'il y a d'autres Confeils, ils feront ôtés.*

XV.

Sur le 9. après ces mots, *mais fur tout en la reddition des comptes*, on ajoûtera : *de laquelle auffi le peuple fera averti.*

XVI.

Sur le 10. on mettra cet éclairciffement : *s'il arrive des conteftations fur quelque point de Doctrine, & que le Confiftoire ne puiffe pas les terminer, on affemblera d'abord un Colloque ; où les Anciens pourront être préfens avec les Profeffeurs en Theologie pour en dire leur avis ; mais la décifion appartiendra feulement aux Miniftres & aux Profeffeurs en Theologie.*

XVII.

Sur le 12. au lieu *d'adjurés pour dire le vrai*, il y aura *exhortés & fommés au nom de Dieu de dire la verité.*

XVIII.

Sur le 16. après ces mots ; *Propofition de la Parole de Dieu*, on ajoûtera : *entre les Ecoliers.*

TITRE DES DELINQUANS, ET DES CENSURES QUI DOIVENT ETRE FAITES SUR LES DELITS.

XIX.

Sur la question faite, à sçavoir si l'on doit expedier quelques Actes pour l'execution des Censures? Il a été repondu, qu'il n'en faut point donner pour ce qui concerne les disputes de Conscience : mais que pour les Actes Publics qui regardent les afaires Civiles, il n'appartient qu'aux Magistrats d'en porter leur jugement, & sur tout pour les Délits ou afaires criminelles.

XX.

Sur le 1. Article après ces mots, *& si pour tout cela ils ne se convertissent pas, mais perseverent en leur endurcissement & obstination*, il sera ajouté *au 4. dimanche le scandaleux sera excommunié, selon ce formulaire, ou autre semblable dressé par le Consistoire. Nous lui déclarons, & à tous ceux qui sont ici, que nous ne le connoissons plus pour membre de l'Eglise, & que nous le retranchons d'icelle, au Nom, & en l'autorité de Nôtre Seigneur* Jesus-Christ.

XXI.

Sur le 3. après ces paroles : *lors qu'ils auront persisté* : il sera ajouté *sans attendre l'avis du Synode National*.

TITRE DES SYNODES PROVINCIAUX.

XXII.

Sur l'Article premier, au lieu *d'une fois l'an*, il sera inseré : *Deux fois, pour le moins, chaque année*.

XXIII.

Sur le 2. après la premiere periode, il sera ajouté : *& lesdits Ministres & Anciens feront apparoir de leur envoi*.

XXIV.

Sur le 6. cet Article du Synode de Vertueil il sera ajouté, *s'il y a quelque different entre deux Synodes, ils conviendront d'un troisième pour s'accorder*.

TITRE DU BATEME.

XXV.

Sur l'Article 2. après ces mots, *quitte & cede aux parties son droit*, il sera ajouté, *quant à l'instruction*. Et un peu auparavant on mettra : *si le Pere & la Mere y consentent & le requierent*. Du 2. & 3. Article il en sera fait un, en mettant les Papistes & les excommuniés tous ensemble.

XXVI.

Sur le 4. après ces mots ; *sera abregé & coupé* on ajoutera, *sera du tout nul*.

VII. SYNODE NATIONAL

Du Vendredi 16. *dudit Mois.*

XXVII.

Sur l'article 6. le mot *d'Alliance* fera ôté, & il fuffira de dire ainfi : *Entretenir la Societé des fideles par conjonction d'amitié.* Et au lieu *d'opiniâtre*, il fera mis *contentieux*.

XXVIII.

Sur le 8. au lieu de ces mots, *le Mari encore qu'il eût une femme infidele fera inexcufable*, on mettra : *encore que le Mari foit dans la veritable Religion s'il a une femme de Religion contraire, il n'eft pas excufable.*

XXIX.

Sur le 9. après ces mots, *les Miniftres rejetteront* on ajoutera *autant qu'il fera expedient.*

XXX.

Cet Article fera ajouté, *les Confiftoires auront l'œil fur ceux qui gardent leurs enfans trop long tems fans les faire bâtifer.*

TITRE DE LA CENE.

XXXI.

Cet Article fera ajouté, *les Beneficiers qui portent le Nom & le Titre de leurs Bénéfices, & ceux qui fe mêlent d'Idolatrie en leurs Benefices, ne feront point reçûs à la Cene : Mais ceux qui jouiffent de ces Benefices par le don du Roi, & font une profeffion ouverte & un exercice public de la Religion Réformée, pourront être reçus à la Cene, & feront exhortés d'employer à de bons ufages les révenus de leurs Benefices.*

XXXII.

Sur le 6. Article apres ces mots, *& en faifant tel effort qu'ils pourront* il fera ajouté, *& aprocheront même la Coupe vers leur bouche, tant qu'ils pourront, pour éviter tout fcandale.*

XXXIII.

Sur le 10. il fera ajouté à la fin, *C'eft pourquoi les Synodes Nationaux y pourvoiront, comme le bien de l'Eglife le requerra.*

TITRE DES MARIAGES.

XXXIV.

Sur l'Article premier, il fera ajouté, *Que toutes perfonnes de quelque âge qu'elles foient, encore qu'elles aient été mariées, qui n'auront pas fait cet honneur à leurs Peres & Meres de les avertir de leur Mariage, en feront réprimandées au Confiftoire.*

XXXV.

Sur le 3. après ces mots, *touchant les confanguinités & affinités, les fideles ne pourront contracter Mariage avec perfonne, dont il pourroit arriver quelque*

XXXVI.

Sur le 7. il sera ajouté, *& si les parties veulent solenniser leur Mariage dans un autre lieu, que là où les annonces auront été faites, elles en prendront une attestation sufisante, qui pour cet effet, doit être signée par le Ministre & les Anciens de l'Eglise où elles auront été publiées.*

XXXVII.

Sur la fin de cet Article, on ajoutera celui-ci ; *Quand à ceux qui seront suspendus de la Cene on pourra les épouser nonobstant la dite suspension, toutefois avec connoissance de cause.*

XXXVIII.

Sur le même Titre on ajoutera encore cet autre Article. *Les fideles seront avertis que pour prevenir quantité de dificultés qui surviennent sur les promesses de Mariage, ils feront desormais lesdites promesses purement & simplement, & comme l'on dit, par promesse de present. Et les Consistoires ne pourront en recevoir aucunes autres, pour les publier dans l'Eglise : lesdites parties seront tenuës d'accomplir entierement ces promesses suivant la Parole de Dieu.*

XXXIX.

Sur le 19. au lieu de, *seront avertis* on mettra : *pourront être avertis.* Et à la fin il sera ajouté, *Neanmoins si un tel cas arrivoit à ceux qui ont charge dans l'Eglise, ils ne pourront pas l'exercer en reprenant leurs femmes.*

XL.

Sur le 20. après ces mots, *lequel lui fera entendre la liberté qu'elle a par la Parole de Dieu,* il sera mis, *& neanmoins pour éviter les dificultés, on donne conseil aux Ministres de ce Roiaume de ne remarier jamais les parties, auxquelles il est libre de ce pourvoir ailleurs.* Et après ces mots, *& pour le regard de la partie qui a offensé,* tout le reste sera ainsi abregé, *avec une grande & meure deliberation, & après une sentence définitive, comme dessus, sa liberté lui sera déclarée, & le Consistoire pourra proceder au Mariage.*

XLI.

Sur le 4. Article des faits particuliers du Synode de Vertueil renvoiés à ce Synode, il a été résolu que les femmes des Prêtres & des Moines mariés, & puis revoltés, seront conseillées de ne converser point avec eux, de peur de charger leur mariage d'oprobre & d'infamie, quoi qu'il ne soit pas dissout : mais elles sont apellées au Celibat.

Du Samedi 7. dudit Mois.

XLII.

Il sera ajouté au Titre des Mariages cet article de *Vertueil*, à sçavoir *les annonces des Femmes Veuves ne seront pas faites qu'il n'y ait quatre mois & demi passés, après la mort de leur premier Mari, pour éviter tout le scandale & le mal qui en pourroit arriver.*

XLIII.

Item celui-ci, *il est bon pour l'édification de l'Eglise de ne solenniser pas le Mariage*

riage les jours de la Cene. Et cet ordre ne sera point violé sans une grande necessité, dont le Consistoire prendra connoissance & jugera.

XLIV.

Item celui-ci : *On ne solennisera point de Mariage les jours de jeunes publics.*

TITRE DES REGLEMENS PARTICULIERS.
XLV.

Sur l'Article 1. après *Terres dépendantes de Chateaux*, on ajoutera ce mot. *Et-Titres*

XLVI.

Sur le 3. il sera ajouté, *les Juges ne seront pas repris de juger les causes concernant les Ecclesiastiques selon l'execution de l'Edit du Roi. Les Arbitres ne s'entremêleront aucunement des matieres qui se raportent directement, ou indirectement à l'Idolatrie. Les Avocats seront avertis de ne postuler, ni donner aucun Conseil touchant les causes notoirement Beneficiales : mais ils pourront neanmoins prendre soin des causes qui regardent l'execution dudit Edit.*

XLVII.

Sur le 4. *la Reine de Navarre* a demandé Conseil, si elle peut en conscience rétenir ou établir des Oficiers Catholiques Romains, à faute d'autres, & si elle en peut aussi laisser parmi ses Domestiques ? Sur quoi Sa Majesté a été suppliée de bien regarder de prés à ceux qui seront ses Oficiers Domestiques, & de se servir le plus qu'elle pourra de gens de nôtre Réligion, & craignans Dieu. Quant aux Papistes qui sont paisibles & de bonne vie, qu'il lui plaise de faire ensorte qu'ils soient bien instruits. Et quant aux traîtres qui l'ont abandonnée dans sa necessité, & exercé de grandes cruautés pendant ces troubles, qu'elle ne les reçoive jamais dans l'exercice d'aucune charge publique ; ni à sa Cour, non plus que parmi ses Domestiques.

XLVIII.

Sur le 10. après, *Freres & Sœurs*, on mettra, *& autres parens*. La fin sera ainsi couchée, *ils seront exhortés de les assister & de pourvoir à leurs besoins selon le droit d'humanité & de parentage.*

XLIX.

Sur le 10. après, *freres & sœurs* on mettra, *& autres parens*. La fin sera ainsi couchée, *ils seront exhortés de les assister & de pourvoir à leurs besoins selon le droit d'humanité & de parentage.*

TITRE DES REGLEMENS POUR LES LIVRES QUI SE COMPOSENT.
L.

Sur l'Article 2. le Colloque de *Beauvoisin* est chargé de recevoir les Livres de toutes parts du Roiaume, auquel tous les autres Ministres adresseront les Livres des Aversaires auxquels on doit répondre. Et pour cet efet on a nommé Mrs. de *Santés*, de *Chandieu*, de *Lestre*, des *Bordes*, *Hulbrac*, *Despina*, *Duncan*, *Daniel Toussaint*, de *Changi*, de *Villiers*, de *St. Paul Merlin*. Lesdits Livres seront adressés de toutes les Provinces au susdit de *l'Estre*, & il sera resolu audit Colloque de *Beauvoisin*, par qui des susdits Ministres

tres chaque Réponse devra être faite, & de tous les autres moiens convenables pour cela.

LI.

Sur le 4. on ajoutera à la fin, *Et ils seront exhortés d'être raisonnables en la vente de leurs livres, se contentant d'un gain honnête.*

LII.

Sur le 13. on fera cette abreviation. *Aucune autre Confession de Foi ne sera imprimée, ni mise au jour, par nos libraires, que celle qui commence. Nous croions* &c. laquelle a été lûë dans ce Synode, parceque c'est la nôtre, qui fût dressée au Synode de Paris le 19. *Mai* 1559.

LIII.

Sur le 15. Article au sujet des *Ventes*, il a été conseillé à la *Reine de Navarre* de ne vendre pas ses Ofices, & principalement ceux de Judicature, ni de les donner sur la Nomination d'autrui, sans connoître bien la capacité, la prudence & les autres talens de ceux qui en doivent être gratifiés.

LIV.

Sur le 17. au lieu de ces mots, *Les Ordonnances du Roi seront observées*: on mettra *ils exhorteront d'observer.*

LV.

On ajoutera l'Article suivant à la fin de tous les precedens : à sçavoir. *Les jeux defendus par l'Edit Roi, & tous ceux où il y aura de l'Avarice, du scandale, ou quelque trop grande attache & perte de tems, ne doivent point être tolerés, & ceux qui les frequenteront en doivent être repris & censurés par le Consistoire, selon les circonstances, plus ou moins agravantes.*

FAITS PARTICULERS.

ARTICLE I.

Sur la question proposée, touchant la demande des Eglises du *Lionois*, comment on doit proceder aux censures de ceux qui se sont revoltés pendant les troubles? S. *Augustin* dit d'une Eglise, où il y avoit une grande quantité d'ivrognes, *qu'il valoit mieux avoir une Eglise vicieuse, que de n'en avoir point.* Sur quoi il semble qu'il faut plus prendre garde à la qualité, & à l'état des personnes, qu'à la griéveté de leurs fautes. Car il y en a qui ont griévément failli, & qui se repentent sincerement : d'autres qui ont failli plus legerement, ou point du tout en apparence, & qui n'ont pas grand zele pour se ranger à l'Eglise ni pour la retablir. C'est pourquoi il faut bien péser les circonstances, & avoir sur tout égard à ceux qui réviennent de leur égarement, pour s'unir au troupeau de la veritable Eglise, dont les brêches sont réparées par leur rétour.

II.

Quant à ceux qui se disent Papistes, & qui se sont separés de nos Eglises, tant à cause de l'Edit du Roi, que sous pretexte qu'il n'y avoit aucune édification,

fication, à laquelle doit tendre tout ce qui se fait dans l'Eglise ; il semble à quelques-uns qu'attendu que nous ne devons pas juger ceux qui sont de dehors, on doit laisser telles personnes, & se contenter que le Seigneur en juge. Nous trouvons qu'il seroit bon de declarer au peuple (après avoir attendu quelque tems, & fait tout ce qui est nécessaire pour lui donner à connoitre ces pervers) qu'ils ne sont plus des nôtres, & qu'on doit prier Dieu pour eux, afin que s'ils apartiennent à l'Eglise, sa Divine Providence les y ramene : autrement que nous devons loüer Dieu de ce qu'il nous a délivré de telles gens : Et pour cet éfet déclarer qu'ils ne nous apartiendront plus, & que nous les laissons au jugement de Dieu.

Du Dimanche 8. dudit Mois.
III.

Sur la demande qu'ont fait plusieurs Deputés touchant la Censure de ceux qui ont abandonné la Religion : Il a été resolu que pour ceux qui se sont departis de la Doctrine de l'Evangile pendant les troubles, & qui sont maintenant touchés au vif de leur revolte, ils seront consolés & exhortés au Consistoire, où l'on examinera la qualité de leurs fautes, & ce qui doit être observé pour les reconcilier à l'Eglise ; & que pour ce qui est des obstinés, on declarera en général que ceux qui se sont departis d'avec nous, & qui vivent dans la Communion des Idolatres, ne sont plus de nôtre Corps, ni des nôtres ; afin que les fautes qu'ils feront ne nous soient pas imputées. Et on ne passera pas plus outre, dans les lieux, où il y aura aparence de quelque danger pour nos Eglises ? Et finalement la Compagnie est d'avis que le tout soit remis à la prudence des Consistoires, qui auront égard à l'édification & au bien de tous les fidéles.

Du Mardi 10. dudit Mois.
IV.

Sur ce qui a été proposé par le frere Monsieur de *Beze* touchant le frere *Mercure* ; la Compagnie est d'avis que le prochain Synode prendra connoissance des causes de sa deposition, & comment il a été rétabli au Ministére, & quelles sont les calomnies dont on prétend qu'il a noirci l'Eglise de *Généve*.

V.

Sur le fait proposé par l'Ancien de *Taillebourg*, il a été dit que le Ministre dudit lieu doit solenniser le Mariage dont il s'agit, & censurer celui qui a obtenu dispense du Pape touchant la consanguinité qui se trouvoit entre lui & sa fiancée.

Du Mercredi 11. dudit mois.
VI.

Sur le conseil demandé par le frere *Guillemot* Deputé de *Poiétou* ; la Compagnie est d'avis que le Magistrat sera le premier saisi de la connoissance de tous les crimes, & que le Consistoire attendra que le fait soit verifié par ledit Magistrat, pour faire ensuite au delinquant telle Censure qu'il appartiendra,

dra, si ce n'est que les circonstances fussent telles qu'on ne pût attendre si long-tems.

VII.

Le Synode étant averti qu'il y a quelques Eglises en *Languedoc*, qui agissent d'une maniére contraire à nôtre Discipline, pour l'Election des Anciens, pour l'envoi & le prêt des Ministres, recüeillant les voix du peuple, l'une après l'autre; ledit Synode rejette & improuve cette façon de faire, exhortant lesdites Eglises de se conformer à l'Ordre accoûtumé entre nous, suivant l'Article de la Discipline sur cela, & à faute de ce, lesdites Eglises seront censurées.

VIII.

Il faut ajouter à la Discipline cet Article. *Que les* Ministres & Anciens étant deposés pour des crimes qui meritent une peine capitale, ou qui portent note d'infamie, ne pourront être retablis en leurs Charges, quelque reparation qu'ils fassent; & quant aux autres fautes plus legéres, après la satisfaction necessaire, ils pourront être retablis par le Synode Provincial, à condition qu'ils iront servir dans une autre Province, mais non pas *autrement*.

ROLE DES APOSTATS ET DES COUREURS.
IX.

En lisant les Noms des *Coureurs* on a raié *Pierre Boulan*, *La Ternerie*, *Roberti*, *Torterau*, & on a ajouté au Catalogue des Synodes précédens:

1. *Paul de Hay.*
2. *Jean Bourgniet.*
3. *Pierre Taivaiot*, Lorrain.
4. *La Breüile*, de Luslon.
5. *Paul Lardi*, Albigeois denoncé par Monsieur de *Beze*, comme un personnage très-dangereux à toutes les Eglises.
6. *Moüillon.*
7. *Rousseau.*
8. *Jean Hjervignol*, Bourguignon.
9. *Claude Eloxius*, portant témoignage de feu Mr. *Melanthon*, quoi que deposé par une Classe de *Montpelier*.

Fait à la *Rochelle* le 11. du Mois d'Avril, l'An 1571. & signé au Nom de tous les Deputés par

THEODORE DE BEZE, Moderateur.
NICOLAS DES GALARS,
ET } Scribes.
JEAN DE LA ROGERAYE,

Ceux qui suivent étoient aussi presens à ce Synode, à savoir,
JEANE, par la Grace de Dieu *Reine de Navarre.*
HENRI, très-Haut & très-Puissant *Prince de Navarre.*
HENRI DE BOURBON, très-Haut & très-Puissant *Prince de Condé.*
LOUIS très-Illustre *Comte de Nassau.*
GASPAR, *Comte de Colligni*, Grand Amiral de *France*, & plusieurs autres Seigneurs.

Fin du Septiéme Synode.

VIII. SYNODE NATIONAL
HUITIÉME SYNODE NATIONAL DES EGLISES REFORMÉES DE FRANCE.

Tenu à *Nimes* le 6. jour du Mois de Mai, L'AN DE GRACE M. D. LXXII.
Et la 12. Année du Regne de CHARLES IX. Roi de France.
Dans lequel Synode Jean de la Place *fut élû pour Moderateur & pour Sécrétaire.*

OBSERVATIONS,
SUR
LA CONFESSION DE FOI,
SUR
LA DISCIPLINE ECCLESIASTIQUE,
ET SUR
LES DECRETS DU DERNIER SYNODE NATIONAL DE LA ROCHELLE.

Article I.

Il a été resolu d'un consentement unanime que le septième Article de la *Discipline* restera dans toute sa force.

II.

Au lieu de ces paroles que l'on a extrait des Actes du Synode National de la *Rochelle* tenu l'An 1571. nous rejettons l'opinion de ceux qui ne veulent pas recevoir ce mot *Substance*, on mettra, *sans prejudicier aux Eglises de dehors, qui ont des raisons pour ne se servir pas de ce mot* Substance, *Nous retenons ce mot*

mot Substance *dans le sens exprimé par ledit Article.* Et vers la fin, au lieu de ces mots, que nous puissions avoir vie de lui, on inserera, *Afin que par la Communication Mistique & Spirituelle avec lui, nous puissions avoir la veritable Vie Eternelle*: car la sainte Cene a été principalement ordonnée pour communiquer avec lui; quoi que le même *Jesus* nous soit ofert en Substance & en Dons au Ministére de sa Parole & du Batême, & que les fidéles le reçoivent aussi par ces differens moiens.

III.

Il a été resolu que le neuviême Article touchant le Batême resteroit dans toute sa force. Et les Ministres de la Province seront avertis d'avoir un peu plus de condescendance, & de ne pas faire naître tant de dificultés sur des Questions purement de Nom.

IV.

Il a aussi été resolu que l'on ne feroit aucun changement dans le quatriéme Article touchant la Cene du Seigneur.

V.

Les Eglises du *Poictou*, sur la lecture du Canon touchant les Delinquans, demanderent, de quelle manière on se comporteroit envers ceux, lesquels s'étant revoltés dans le tems de la persecution, avoient été censurés par l'Eglise, & loin de pouvoir être ramenés étoient devenus ses ennemis & persecuteurs, tellement que si on les nommoit dans une Congregation publique à dessein de les excommunier, ils en deviendroient plus enragés & lui porteroient un très-grand préjudice, comme on en a vû plusieurs experiences? Sur cet avis le Synode répond que les Excommunications sont ordonnées pour ceux qui sont Membres de l'Eglise, & non pour ceux qui en sont separés; qu'on n'avoit en vûë que de l'édifier, & non pas de la détruire, afin que les personnes qui en seroient retranchées par l'Excommunication, fussent humiliées & confuses à cause de leur offense, & de crainte que quelques brebis galeuses n'infectassent le reste du Troupeau, lesquelles on tâcheroit de ramener à leur devoir; & que les autres, épouvantés par l'exemple que l'on feroit de ceux qui meneroient une vie dereglée, fussent preservés de la contagion. De plus, que ce n'étoit pas proprement une Excommunication que de nommer les Apostats par leur Nom dans l'Eglise, parce qu'ils en ont déja abandonné la Communion; mais qu'il faloit simplement declarer que leur Rebellion est une Apostasie, afin que les Eglises s'en donnassent de garde, & qu'on les évitât, comme des personnes incorrigibles. Cependant on tâchera par toutes sortes de moiens de les reduire, & on fera des priéres ardentes à Dieu, s'il y a encore quelque esperance d'une conversion, qu'il ait pitié d'eux, & qu'il lui plaise de leur inspirer des sentimens de repentance. Et si ces malheureux, au lieu de s'humilier, & de se repentir, s'endurcissent dans leur crime, & que devenant plus furieux ils forment quelque mauvais dessein, & conspirent contre la Religion, ou contre leur Pasteur, particulierement en aprenant que leur Nom doit être declaré dans une Assemblée publique; il seroit beaucoup mieux de ne les pas nommer, puis que ce n'est qu'une simple formalité, & que d'ailleurs nous pouvons trouver d'autres moiens

moiens plus aifés & plus fûrs pour parvenir à nôtre but, en faifant connoître ces malheureux defefperés au Peuple ; & en leur en donnant de l'averfion, afin qu'ils évitent leur compagnie : ce que les Anciens & Diacres pourront faire aifément en allant dans leurs differens Quartiers en avertir les fidéles, afin que perfonne n'en pretende caufe d'ignorance. Et ceux qui nonobſtant toutes les admonitions qui leur auront été faites, entretiendront quelque Commerce avec ces opiniâtres & rebelles, feront cenfurés, felon les Canons de nôtre Difcipline. Et les Miniſtres, comme auſſi les Eglifes, font avertis d'ufer de toute la moderation poſſible dans ces fortes de procedures ; parce qu'on ne fe fert des Cenfures de l'Eglife & des Canons de la Difcipline, que pour l'édification & non pour la deſtruction, comme dit St. Auguſtin, *Que l'on ne doit pas prendre une Medecine qui nuit plus qu'elle ne profite.* Et à caufe que dans les Faits particuliers il fe rencontre pluſieurs circonſtances, touchant lefquelles on ne peut pas établir de Loix fpéciales, il faudra agir avec beaucoup de retenuë par une mûre délibération. C'eſt pourquoi nous remettons le tout à la prudence & à la fageſſe du Confiſtoire.

V I.

On ajoûtera au vint-huitième Article, touchant les Miniſtres ces paroles, *Cependant il feroit expedient qu'ils tiraſſent quelque Salaire, à caufe des confequences, & que cela ne portât pas préjudice à d'autres.*

V I I.

Le feizième Article qui regarde les Miniſtres commencera de cette maniére : *Le Miniſtre qui fe fera intrus, &c.*

V I I I.

Après ces mots dans le trente-quatrième Article, touchant les Miniſtres, *Qui a prêché une Doctrine érronée* : on ajoutera, *Et qui la défend avec opiniâtreté.*

I X.

Dans le premier Article des Synodes Provinciaux, au lieu de ces mots, *Tout au moins* ; on mettra, *Autant qu'il fera poſſible.*

X.

Au premier Article des Synodes Nationaux, après ces mots, *Dans un an*, on ajoutera, *s'il eſt poſſible.*

X I.

On mettra avant le Titre des Synodes Provinciaux, *Titres & Articles des Colloques*, & le premier Article fera celui-ci : *Les Eglifes qui font voifines s'aſſembleront en Colloque quatre fois l'année, s'il eſt poſſible, & chaque Miniſtre y viendra accompagné d'un Ancien ; & ils n'expliqueront pas feulement à leur tour des Paſſages de la Sainte Ecriture ; mais ils tâcheront auſſi d'ajuſter pluſieurs dificultés naiſſantes qui troublent leurs Eglifes :* parce qu'il eſt ainſi ordonné par la Difcipline, & de pourvoir généralement à tout ce qu'ils jugeront expedient pour la neceſſité & la confervation de leurs Eglifes.

X I I.

Le fecond Article touchant les Anciens fera étendu de cette manière, favoir après ces paroles, *L'Ofice des Anciens eſt de convoquer le Peuple en une*

Assemblée publique; Adition, *Et en général de veiller, mais très-particuliérement sur l'Eglise.* Et après ces paroles, *De faire raport des scandales*, on ajoutera, *& de juger & decider conjointement avec le Ministre.* Et après ces mots, *Et autres pareilles matieres*, on ajoutera, *Qui regardent l'Ordre, la Préservation, & le Gouvernement de l'Eglise.*

XIII.

On ajoutera à la fin du Titre des Synodes Nationaux, les Articles suivans: *Afin que les Actes des Articles des Synodes puissent être conservés, & qu'ils puissent servir dans les tems à venir pour décider les Controverses, resoudre les Cas qui seront proposés aux Synodes; lesdits Articles touchant les choses passées & celles qui arriveront; & aussi ce qui regarde les Synodes, de même que les Articles de nôtre Discipline, avec la Confession de Foi de nos Eglises Reformées, seront tous deposés entre les mains des Deputés de la Province qui aura le pouvoir de convoquer le Synode National, suivant lesquels ils seront chargés de les aporter avec eux à la premiére Assemblée.*

XIV.

On fera cette Adition à la fin du vint-deuxième Article des Mariages: *Et la femme fiancée aura la même liberté que son fiancé, en cas que ledit fiancé ait commis fornication après lesdites Promesses.*

XV.

L'Article touchant les Professeurs en Théologie sera étendu en cette maniére; *Les Professeurs en Théologie seront choisis par le Synode, ou Colloque, après qu'on aura des preuves sufisantes de leur probité & capacité. Et ils seront avertis qu'ils sont destinés pour servir les Colloques & Synodes, pendant toute leur vie, & pour être emploiés aux Commissions desdits Synodes ou Colloques, à l'autorité desquels ils obéiront. Deplus, ils signeront nôtre Confession de Foi, & la Discipline de nôtre Eglise. Et s'il survient des dificultés dans quelques Points de Doctrine, ils seront apelés, s'ils sont sur les lieux, pour assister à leur décision. Le Régent aussi fera la même souscription.*

XVI.

On fera cette Adition sur la Clause du cinquième Article touchant les Anciens: *Et les Professeurs en Théologie, legitimement & dûement apelés à leur Ofice.*

XVII.

Le quatrième Article touchant les Consistoires sera couché en ces termes: *Les Ministres de la Parole de Dieu, conjointement avec les Anciens, constituent le Consistoire de l'Eglise, auquel le Ministre doit présider; & les Diacres peuvent & devroient être presens au Consistoire de l'Eglise, afin qu'ils puissent la servir par leurs avis, comme nous les avons emploiés jusqu'ici, avec succès au Gouvernement des Eglises, & qu'ils ont été apelés à l'Ofice d'Anciens. Et à l'avenir les Diacres conjointement avec les Pasteurs & Anciens, auront la conduite des Eglises.*

XVIII.

L'Article suivant sera placé immediatement après le dixième *Article des Consistoires.* *Si un ou plusieurs du Peuple excite quelque trouble, & que par là* là il rompe l'union des Eglises sur quelque point de Doctrine, ou de Discipline, ou sur la Forme de Catechiser, ou touchant l'Administration des Sacrements, ou les Prieres publiques, & la Celebration du Mariage, & que les Admonitions qu'on leur aura faites en particulier ne produisent aucun effet sur eux : aussi-tôt le Consistoire de cette Eglise fera son possible pour appaiser le tout sans faire aucun éclat, & avec beaucoup de douceur, en les corrigeant selon la Parole de Dieu. Et en cas que les Perturbateurs n'acquiesçassent pas à ce qu'ils en auront déterminé ; le Consistoire requerra le Colloque de s'assembler en un certain lieu & tems qu'ils jugeront le plus convenable, aiant auparavant defendu en termes exprès à ces Brouillons, d'aler répandre ailleurs leurs opinions, jusqu'à l'Assemblée du dit Colloque, & qu'au cas qu'ils contreviennent à ce Mandement, on en agira envers eux comme envers des Schismatiques. Cependant il leur sera permis d'avoir des Conférences avec les Pasteurs, & les Anciens, s'ils ne sont pas sufisanment instruits. Mais si ces Perturbateurs refusent d'obéir à ce commandement, alors ils seront censurés comme des Personnes rebelles, selon la Discipline. Et le Colloque étant assemblé, on procedera contr'eux de la maniere qu'il a été dit ci-dessus ; & s'ils entendent raison, & qu'ils se soumettent à la Discipline après que l'on aura réfuté leurs Erreurs, le tout sera enrégîtré : mais s'ils s'obstinnent encore, le Synode Provincial sera prié de s'assembler en un tel tems & lieu que ledit Colloque jugera le plus convenable, leur aiant reiteré les mêmes defenses, comme nous venons de dire : Et le Synode étant ainsi assemblé, on examinera l'afaire avec une mûre délibération; on aura égard aux lieux, aux tems, & aux Personnes, & on consultera s'il ne seroit pas plus expédient d'avoir une autre Conference avec eux, & en public, en présence de tout le Peuple, & s'il sera permis à un chacun des Assistans de dire son opinion ; auxquels cependant on ne se raporteroit pas touchant la decision des Controverses, (quand on leur permettroit de parler) mais aux Députés du Synode, selon les Regles de notre Discipline. Et si ceux qui soutiennent ces sentimens erronés, refusent de se conformer avec nous, on les renvoiera au Synode National ordinaire, après leur avoir encore fait les mêmes defenses qu'auparavant ; ou s'il y en a un en ce tems là assemblé extraordinairement, on leur donnera une entiere liberté d'y parler & d'exposer leurs sentimens. Et on y décidera finalement & absolument la Controverse; & s'ils ne veulent pas se soumettre aux decisions du Synode National ni renoncer à leurs Erreurs, on les retranchera du Corps de l'Eglise avec l'Epée de l'Excommunication.

,, Un Pasteur ou un Ancien qui trouble l'union de l'Eglise, en faisant
,, naître des disputes touchant quelques points de Doctrine, ou de la Dis-
,, cipline, auxquels il auroit souscrit, ou touchant la Forme de Catechiser,
,, d'Administrer les Sacrements, de faire des Prieres publiques, ou la Celebra-
,, tion du Mariage, & qu'il ne voulût pas se conformer aux Determinations
,, du Colloque, sera suspendu de son Ofice, & le Synode Provincial ou
,, National procedera finalement contre lui.

XIX. Le

XIX.

Le quatrième Article qui regarde les Ministres sera dressé en ces termes : „ Un Ministre ne pourra pas être choisi par un autre Ministre, seulement „ avec le Consistoire, mais par deux ou trois Ministres apellez audit Con- „ sistoire, ou par le Colloque, si on en tient un en ce tems là, ou par le Sy- „ node Provincial. Après quoi on le recommandera au Peuple, qui l'en- „ tendra deux ou trois semaines de suite, ou plus long-tems, si on le ju- „ ge à propos, afin qu'ils puissent le connoitre & qu'ils jugent de sa Meto- „ de d'enseigner. On informera aussi expressément la Congregation, que si „ aucun d'eux peut alleguer quelque juste raison, qui empecheroit que le „ Ministre que l'on aura apellé ne fût choisi, ladite Congregation écoutera „ patienment & recevra toutes les Opositions que l'on fera à sa Réception. „ Et s'il arrive quelque Contestation d'une part ou d'autre; l'Election sera sus- „ pendue, & on se raportera du tout au Synode Provincial, qui prendra „ connoissance tant de la justification, que de la réception dudit Minis- „ tre, lequel, quoi qu'il soit justifié par ledit Sydode, ne sera pas cependant „ établi sur le Peuple malgré eux, ou sans le Consentement de la plus gran- „ de partie d'entr'eux ; mais le silence du peuple sera pris pour un acqui- „ escement. Finalement, ledit Pasteur sera présenté au peuple, & on l'or- „ donnera en lui imposant les mains. Et si quelques Ministres sont appellés „ par des Eglises particulieres pour être emploiés à leur service, on les en- „ voiera avec des témoignages Autentiques de leurs Mœurs & Doctrine au „ Colloque ou Synode de la Province dont dependent les Eglises qui deman- „ dent ces Ministres : & le Synode les entendra prémierement : & en cas „ que les Ministres qui auront ainsi été envoiés n'aient jamais exercé aupa- „ vant l'Ofice de Pasteur, on les examinera, & on députera ensuite trois ou „ quatre Ministres, pour les nommer & les presenter aux Eglises pour les- „ quelles ils sont destinés, qui enfin les recevront après les avoir entendu „ prêcher. Mais si le Peuple s'y opose, toute l'afaire sera terminée selon qu'il „ a été reglé auparavant, de même que les fraix des Eglises qui demandent „ les Ministres.

XX.

A la fin de cet Article touchant l'excommunication, sous le Titre des De- linquans, on ajoutera ces mots : „ Et pendant le tems de la Publication, „ comme durant ladite Excommunication, & la Reconciliation, il sera per- „ mis à ceux du Peuple qui n'ont jamais consenti, d'en donner part au Con- „ sistoire, (ils ont une entiere liberté de le faire;) & le Consistoire deli- „ berera la dessus, au lieu que le silence des autres sera pris pour un Consen- „ tement. Et si on marquoit du mécontentement, & que l'on y mit opo- „ sition, on ne procedera pas à l'Excommunication sans en avoir auparavant „ donné part au Colloque; cependant ladite suspension restera dans sa for- „ ce entiere & dans son premier état.

XXI.

Au premier Article des Reglemens particuliers, on fera cette Addition *& de nourrir des Moines.*

XXII.

Au vintfeptiême Article, touchant les Miniftres après ces mots : *D'abreger ce Terme de trois mois*; on fera cette Adition, "Et ledit Colloque delibe-
„ rera comment il en faudra ufer avec ces ingrats, péfant toujours mûre-
„ ment toutes les Circonftances, & fur tout aiant toujours devant les yeux
„ la gloire de Dieu, l'Edification des Eglifes & l'honneur du Miniftere. Et tout ce qui refte de cet Article fera raïé.

XXIII.

Après le dixhuitième Article, touchant les Confiftoires, on ajoutera ce qui fuit : " Dans les endroits, où l'Exercice de la Religion Réformée n'eft
„ pas établi, les Fideles feront exhortés par les Colloques voifins de fe choi-
„ fir eux-mêmes des Anciens & des Diacres, & d'obferver la Difcipline de
„ l'Eglife : & le Colloque leur marquera à quelle Eglife ils feront annexés,
„ tant pour la commodité des Miniftres; que pour celle des Peuples, &
„ cela fe fera par un Confentement unanime de tous, ou de la plus gran-
„ de partie d'entr'eux. Et les Fideles qui feront ainfi annexés à une certai-
„ ne Eglife ne s'en départiront pas, fans avoir auparavant confulté le Col-
„ loque.

XXIV.

Le feizième Article touchant les Miniftres, fera dreffé en cette maniere :
„ On accorde aux Synodes Provinciaux, l'autorité de changer les Miniftres,
„ pour certaines caufes, les Eglifes aiant premierement été entenduës & aiant
„ bien pefé leurs raifons. Mais en cas qu'il y furvint quelque difficulté, la
„ caufe fera finalement decidée par le Synode National, & les Minif-
„ tres refteront où ils étoient jufqu'à ce que la fentence foit renduë.

XXV.

On fera cette Adition à la fin du 22. Article des Synodes Provinciaux : *Et lefdits Députés viendront aux frais communs de leurs Eglifes.*

XXVI.

On ajoutera cette claufe au fixième Article du Batême : *& après qu'ils ont fait Profeffion de la Religion.*

XXVII.

Et dans le troifième Article des Delinquans, après ces mots, *comme auffi la fentence de Sufpenfion fera prononcée*; on fera cette Addition : *fans faire aucune mention du Nom.*

XXVIII.

On fera cette Addition au feptième article des Anciens ; *& on les exhortera diligemment de continuer leur Ofice auffi long-tems qu'il fe pourra, à caufe que les frequens changemens portent beaucoup de prejudice aux Eglifes.*

XXIX.

On fera cette Adition à la fin du dixhuitième Article touchant les Particuliers : " Il ne fera pas permis aux Fideles d'affifter aux fpectacles profanes,
„ comme aux Danfes de Theatre, aux Comedies, Tragedies, ou Farces,
„ foit qu'on les reprefente en public, ou en particulier; parce qu'ils ont été
„ defendus de tous tems par les Eglifes de Dieu, comme des amufemens
„ illi-

,, illicites & qui corrompent les bonnes mœurs, particulierement lorsque la
,, Sainte Ecriture y eſt profanée. Mais ſi le College juge convenable pour
,, exercer la jeuneſſe de repreſenter des hiſtoires qui ne ſoient pas contenuës dans
,, la Sainte Ecriture, (laquelle ne nous a pas été donnée pour nous ſervir de
,, Paſſetems, mais pour être prêchée, & pour nôtre Converſion & Con-
,, ſolation;) pourvû que cela ſe faſſe rarement, & par l'avis du Col-
,, loque, qui en fournira le ſujet, ces repreſentations ſeront tolérées.

XXX.

La quinzième Province ſera diviſée en deux; *Foreſt*, *Auvergne & la Marche* en feront une; la *Bourgogne*, le *Lionnois*, & le *Beaujolois* une autre &
Orange ſera jointe à la Province du *Dauphiné*.

XXXI.

La clauſe ſuivante ſera ajoutée à la fin du huitième article des Mariages:
*Après lequel tems le Mariage ſera beni publiquement dans l'Egliſe, ſelon la Pa-
role de Dieu.*

MATIERES GENERALES.

Article I.

ON a propoſé ce cas touchant les Anciens, à ſavoir, s'ils doivent être
preſentés à toute l'Egliſe & en face de toute l'Aſſemblée, & ſi on doit
avertir les peuples de leur devoir envers eux; ou s'ils doivent être preſentés
au Conſiſtoire ſeulement? Le Synode jugeant que cette matiere eſt purement indifferente la laiſſe à la diſpoſition des Egliſes.

II.

On a demandé de plus ſi le Colloque n'avoit pas le même droit de redemander un Miniſtre, comme ſon Egliſe? Sur quoi on a répondu negative-
ment, en conſequence de ce qui a été determiné par le dernier Synode
National.

III.

On a demandé, touchant les Mariages, ſi les Docteurs & Profeſſeurs en
Theologie n'étoient pas obligés par le dixième Canon de nôtre Diſcipline de
repudier leurs Femmes, ſi elles ſont coupables d'Adultere, ou autrement être
dépouillés de leur dignité de Profeſſeurs dans nos Ecoles & nos Egliſes? Sur
quoi il a été repondu : que les Canons ne devoient s'entendre que pour les
Paſteurs, & non pour les Profeſſeurs, & que la parité n'eſt pas la même pour
les uns que pour les autres. Les Miniſtres étant des Oficiers publics dans
toute l'Egliſe, doivent être en exemple de Sainteté à tous les peuples, tant
par raport à leurs propres perſonnes, comme dans leur Famille, & que pour
ces mêmes raiſons ils ne devoient pas garder une femme Adultere, ce qui ſeroit un grand ſcandale pour toute l'Egliſe. De plus les Profeſſeurs en Theologie ne ſont pas établis pour réprendre & pour corriger, comme les Miniſtres

nistres ; tellement que s'il leur plaît, ils peuvent diſſimuler la mauvaiſe conduite de leurs Femmes, nonobſtant qu'elles aient commis Adultere, & continuer toujours d'enſeigner.

IV.

Cet avis fut donné aux Députés du *Poiĉton*, ſavoir, que ceux qui, pendant la Guerre, s'étoient revoltés de la Profeſſion de l'Evangile, s'ils n'avoient pas d'Ofice dans l'Egliſe, n'en feroient point de reparation publique, ni le Magiſtrat même ; mais ſeulement dans le Conſiſtoire, & cela encore ſans les nommer, & ſans qu'ils ſe tiniſſent debout. Mais que pour les autres qui étoient Oficiers publics de l'Egliſe, ils feroient une ſatisfaction Publique ; & repareroient devant toute l'Egliſe, le ſcandale qu'ils auroient donné par leur chûte, ſans uſer d'une plus grande ſeverité envers eux, & qu'on en uſeroit toujours avec toute la douceur Chrêtienne, & qu'on les admettroit à la Paix & à la Communion de l'Egliſe.

V.

Eſt-il neceſſaire que l'on liſe la Confeſſion de Foi, avant le Prêche ; & les jours qu'on celebre la Sainte Cene, avant que l'on s'aproche de la Table pour Communier ? Nous repondons que la choſe étant purement indifferente on n'en fera aucun Canon, & qu'on en laiſſera la diſpoſition aux Egliſes.

VI.

Ce mot *Sénat* de l'Egliſe, ſera changé en celui de *Conſiſtoire*.

VII.

En cas que les Enfans des Fideles contractent Mariage avec d'autres d'une Religion contraire, contre la volonté de leurs Parens, les Parens ne leur aloüeront aucun Doûaire par acte public, ni ne feront rien par où ils pourroient conſentir, ou aprouver de tels Mariages.

VIII.

Le cas ſuivant a été propoſé, ſavoir, ſi les Parties qui ſe feroient promiſes reciproquement la Foi de Mariage par paroles *de preſent*, & que l'une des parties fût infectée de Lépre cauſant une puanteur qui ſeroit inſuportable, & dont la maladie ſeroit incurable ; on demande ſi la partie malade pourroit obliger l'autre à acomplir le Mariage ? Surquoi on fait la reponſe ſuivante : qu'en cas que l'une des parties n'eût pas été informée de ladite Maladie, on ne pourroit pas l'obliger d'acomplir ſes Promeſſes ; parce que là où il y a erreur & tromperie, il n'y a pas de conſentement ; & par conſequent on ne peut l'y contraindre. Et en cela on doit avoir égard à deux choſes, premierement au Bien public, & en ſecond lieu, à l'intereſt particulier des Perſonnes : Au bien Public, parce qu'on doit prendre un ſoin très-particulier que de pareils maux ne ſe multiplient point, & que leur Contagion ne ſe repande pas en ſe communiquant avec le ſang. Et quand il n'y auroit aucun intereſt public dans un pareil cas, il eſt de la prudence & de la charité d'empecher que des perſonnes qui ont mal commencé ne finiſſent encore plus mal ; Et d'ailleurs quelle malheureuſe vie méneroient des perſonnes dont l'une auroit perpetuellement en horreur celle avec qui elle feroit jointe, & l'autre qui en feroit toujours haïe?

IX.

Un homme qui a abusé la Sœur de sa Femme défunte, peut-il l'épouser? Non: parceque cet Acouplement est Incestueux; & l'un & l'autre doivent être Censurés très-severement; néanmoins l'homme peut se marier à une autre, & la fille abusée aussi.

X.

Si un homme a épousé une femme de sa propre Eglise, & qu'il n'y aît aucun Temoin, ni aucune évidence qu'il soit marié, il sera apellé au Consistoire pour prouver son Mariage; & en cas qu'il ne puisse le prouver, parce qu'il s'est marié pendant les Guerres Civiles, le Consistoire considerera prudemment de quelle maniere il faudra le censurer; si ce sera publiquement, ou seulement en particulier dans le Consistoire, pour l'édification des Eglises.

XI.

On demande si les Docteurs en Theologie peuvent être créés & admis à leurs Dignités & Ofices par des Docteurs en Droit, assistés d'un Ministre de la Parole de Dieu dans l'Université d'*Orange*, ou dans quelqu'autre endroit? On repond, que les Avocats & les Medecins peuvent être reçus de cette maniere, mais non pas les Theologiens; Car nôtre Eglise a expressément pourveu a de pareils abus.

XII.

Comment les Consistoires doivent-ils se comporter touchant les Bans du Mariage, lors que ceux de la Religion *Romaine* y aportent des opositions, & ne veulent pas comparoître devant le Consistoire, mais devant le Magistrat Civil? Nous repondons que si le Magistrat Civil veut prendre connoissance du fait, le Consistoire ne procedera pas davantage contre eux, de peur que le Magistrat ne prenne occasion de se plaindre que le Consistoire veut se mêler de ce qui regarde le Civil, & empiéter sur son autorité. Et on pourra tenir la même conduite dans ce Cas particulier qui regarde Monsieur *Ciprian*.

XIII.

Si quelques-uns de nos freres, dans le Ministere, ont quelques Rélations des Faits ou Evenements memorables, qui regardent l'Histoire & l'Etat de l'Eglise de Dieu dans ces derniers tems, on les priera de les envoier aux Pasteurs de l'Eglise de *Lion*, qui les reduiront en bon ordre, & les rendront puplics.

XIV.

Un Pere voiant son Fils assassiné, compose avec les Meurtriers pour une certaine somme: on demande comment on agira avec ce Pere? Nous repondons que le Pere est obligé de porter ses Plaintes, & de poursuivre le Meurtrier dans une Cour de Justice. Mais en cas qu'il ne puisse pas le faire, & que le Meurtrier & lui aient acordé la chose à l'avantage de celui-ci; le Consistoire l'avertira prudemment & aura égard aux Circonstances.

VIII. SYNODE NATIONAL

XV.

On demande si les Commanderies & Chevaleries des Ordres de Saint *Jean de Jerusalem* peuvent être contées entre les Benefices ; & si ces Chevaliers peuvent être empechés d'aprocher de la Table du Seigneur ? Nous repondons, que s'ils tiennent leurs Benefices & Commanderies du Roi, & sans aucun mélange de Superstition ou d'Idolatrie, on pourra soufrir qu'ils s'en aprochent. Mais que s'ils les possedent d'une maniere qui sente l'idolatrie ou la superstition, soit qu'ils les tiennent du Roi ou du Pape, on ne les y admetra pas, parce qu'il y a Coulpe dans le cas ; & aussi parce que si on les recevoit à la Communion avec nous, ce seroit par-là reconnoître ouvertement la Tirannie du Pape, qui n'a aucun droit ni autorité dans ces Matieres, mais bien le Roi & Prince seulement, qui sont depouillés de leurs justes Droits, Privileges & Autorité, par ces usurpations des Pontifes Romains.

MATIERES PARTICULIERES.

ARTICLE I.

IL a été maintenant arrêté que la Province de *Normandie* pourra être divisée en deux Provinces, en cas que les Députés de toutes ses Eglises ne puissent pas s'assembler dans une seule, & que tous les Ministres viendront dans l'une ou dans l'autre Province, accompagnés de leurs Anciens, selon le Canon de nôtre Discipline, & non pas des Députés des Colloques.

II.

A l'égard du Sr. *Cozain*, sur la lecture des Lettres qui nous ont été écrites par nos Freres les Ministres *Anglois*, il a été ordonné que l'on mettroit entre les mains de Monsieur *Beze* les deux livres écrits par ledit *Cozain* & dédiés à quelque membre particulier de l'Eglise de *Bourdeaux*, & aportés à ce présent Synode par Monsieur de la *Saule*, & que ledit Monsieur *Beze* les examinera & fera le raport de ce qui y est contenu, & que l'on fera aussi réponse à nos freres d'*Angleterre* sur la teneur de leur dite Lettre & sur la matiere des livres dont il s'agit.

III.

Les Deputés de *l'Isle de France* ont demandé notre avis touchant ces Points de la Discipline de l'Eglise maintenant débatus par Monsieur *Ramus*, du *Rosier*, *Bergeron*, & quelques autres. Sur quoi il a été ordonné, que Monsieur de *Chambrun* liroit dans cette Assemblée l'abregé fait par nos Freres de *l'Isle de France*, & l'extrait de la Reponse de *Morellius* au livre de la Confirmation de la Discipline, envoié par eux à ce Synode, avec le livre dudit *Morellius*, qui est la Reponce à ce Livre *de la Confirmation de la Discipline*, pour decider des Points & Arguments qui sont contenus dans le livre dudit *Morellius*, & de ceux de *Ramus* & du *Rosier*, lesquels seront delivrés à Monsieur *Cappel*, pour être examinés, par lui. Et en cas que l'on y trouve quelques

ques autres Argumens, outre ceux qui ont déja été pefés par *Morellius*, on y fera reponse. Meſſieurs de *Beze*, de *Roche-Chandieu* & de *Beaulieu* font choiſis pour y repliquer. Et pour ce qui eſt des Deciſions & des Decrets, ils ne pourront être faits que par les Provinces. Cependant il fera permis aux Aſſiſtans de s'y opoſer, s'ils le trouvent à propos; & on tiendra les portes du Synode ouvertes pour ce ſujet, afin qu'il ſoit libre à un chacun d'y entrer, & on n'impoſera ſilence à perſonne pour cette fois ſeulement, ſans que cela tire à conſequence.

IV.

Mais cette afaire aiant été bien examinée, & long-tems debatuë, après avoir recueilli les ſufrages, comme il avoit été ordonné dans le Canon ſuſmentionné, on forma un Décret portant, que la Diſcipline de nôtre Egliſe reſteroit à l'avenir comme elle avoit toûjours été pratiquée & obſervée juſqu'aujourd'hui, ſans qu'on y fît le moindre changement ou innovation, comme étant fondée ſur la parole de Dieu. Et pour ce qui eſt des Propoſitions que Meſſieurs *Ramus*, *Morellius*, *Bergeron*, & autres, ont avancées, 1. Touchant la Deciſion des Points de Doctrine. 2. Touchant l'Election & Depoſition des Miniſtres. 3. Touchant l'Excommunication hors de l'Egliſe, & la Reconciliation, & Reception à l'Egliſe. 4. Touchant les Propheties; pas une de ces Propoſitions ne ſera reçûë parmi nous, parcequ'elles ne ſont pas fondées ſur la parole de Dieu, & qu'elles ſont d'une conſequence très-dangereuſe pour l'Egliſe, comme il a été verifié & prouvé en préſence de ce Synode, où l'on examina & diſcuta fort exactement tout ce qui étoit contenu dans les livres de *Ramus*, *Morellius*, & du *Roſier*; ſur quoi les Députés des Provinces declarerent d'un conſentement unanime, qu'ils avoient mûrement conſideré & examiné tous les points de Diſcipline controverſés par ces Meſſieurs ci-devant nommés, & que tel étoit leur ſentiment. Et Monſieur de la *Roche-Chandieu* fut autoriſé pour réduire & dreſſer par écrit toutes les Reponſes & les Reſolutions faites par cette Aſſemblée, touchant ces Matieres, & pour les communiquer au Colloque de *Lion*, afin qu'elles fuſſent imprimées, & publiées. Au reſte on écrira ces Reponſes & Reſolutions du Synode avec toute la Moderation poſſible, & ſans nommer perſonne.

V.

Les Députés au Colloque de *Limmigni* ſeront avertis de faire ſuprimer tous les Memoires de leur Synode, & qu'ils ne peuvent faire aucun Canon de leur Chef, mais qu'ils doivent ſe regler ſur ceux de nôtre Diſcipline.

VI.

Monſieur *Berauld*, & ſes Collegues dans l'Egliſe de *Montauban* feront chargés de retirer de Monſieur *Comerard* de *Thoulouſe*, l'Hiſtoire des *Albigeois*, écrite en leur Langue, & Monſieur d'*Acier* la traduira en *François*, enſuite il la communiquera au Colloque, ſuivant les Canons de nôtre Diſcipline, & la fera imprimer: pour cet effet cette Aſſemblée envoiera des Lettres audit Sieur de *Comerard* & d'*Acier*.

VIII. SYNODE NATIONAL

VII.

Le *Païs Meſſin*, & la ville de *Metz* ſera jointe à la Province de *Champagne*, ſuivante le Canon particulier de nôtre Diſcipline, de quoi ledit *Païs* & *Ville* ſeront avertis de la part du Synode.

VIII.

Le Seigneur Admiral de *Chatillon* aiant écrit une Lettre à ce Synode, les Egliſes ont été averties de leur devoir envers le Roi, & qu'on feroit reponſe audit Seigneur de *Chatillon*, ſur ce ſujet.

IX.

Il fut arreté à la pluralité des voix, mais ſans prejudicier en aucune maniere à la liberté de Monſieur de *Sauls*, ni lui diſputer la Juſtice de ſa cauſe, que l'on écriroit une Lettre aux Magiſtrats de *Génève*, pour les rémercier de leur amitié & bienveillance dont ils étoient portés envers les Egliſes de *France*, & pour les prier de continuer toûjours leurs ſoins envers toutes en General, & d'avoir un égard particulier pour celles de *Bearn*; & on accorda Monſieur de *Sauls*, pour un an de plus, à la Reine de *Navarre*, & on écrira à ſa Majeſté, & à ſon Alteſſe le Prince ſon Fils.

X.

Les Egliſes ſeront exhortées d'aſſiſter de leurs charités, les pauvres Membres de la Comté & Egliſe d'*Orange* qui ſont dans une extrême pauvreté; n'y aiant pas moins de douze cens Familles de ces Réfugiés dans la ſeule province de *Dauphiné*.

XI.

Auparavant que Monſieur *Jean* le *Gagneur* ſoit reçû Paſteur dans quelqu'une de nos Egliſes, il donnera des preuves d'une repentance ſincere, & de ſa reconciliation avec l'Egliſe de *Génève*: & nous voulons encore que l'on l'éprouve pendant long-tems, & qu'il donne de veritables marques comme il ſe repent.

XII.

Touchant la Cenſure de *Ramus*, de *Morellius* & de leurs Compagnons, il fût arrêté à la pluralité des Voix, que l'on écriroit des Lettres au Nom & par autorité de cette Aſſemblée aux dits *Ramus*, *Morellius*, *Bergeron*, & du *Roſier*, pour leur donner à entendre, à chacun en particulier ce qui avoit été conclu contre leurs livres, ſelon la ſainte parole de Dieu; & que l'on écriroit au Synode Provincial de *l'Iſle de France* de ſommer leſdits Meſſieurs au Colloque de *Beauvoiſin*, & de leur remontrer leurs Ofenſes; mais cependant d'en uſer toûjours à leur égard avec toute la Civilité & la douceur Chrétienne: & en cas qu'ils vouluſſent rejetter leurs bons Conſeils & Avertiſſements, on procedera contr'eux, comme contre des Rebelles & Schiſmatiques ſelon les Canons de nôtre Diſcipline.

XIII.

A l'égard de l'afaire de *Cozin* dont nous avons parlé un peu plus haut, Monſieur de *Sauls* ſera prié par l'Aſſemblée, de faire reponſe à nos Freres *Anglois*, & de leur envoier le livre de *Cozin*, ci-devant mentionné, & les remarques que l'on a faites deſſus.

XIV. On

XIV.

On a ordonné à Monsieur de *Béze* de faire reponse au Nom du Synode, aux Lettres de nos Freres de *Zurich*, & de leur faire part de nos Décrets.

XV.

La Province de *Berry* est chargée de convoquer le Synode National suivant, dans deux ans, ou plûtôt, si la necessité le requiert.

ROLE DES VAGABONDS.

Qui cherchent de toutes parts les occasions de pouvoir exercer le saint Ministere, quoi qu'ils soient déposés.

1. *Beaugiot.*
2. *Arbaud.*
3. *Jean Garaulois*, nommé autrefois *Baremboin.*
4. *Denis Lambert.*
5. *Simon Savin*, ou *Savigneau*, se faisant apeller Mr. *de la Marche.*
6. Mr. *Pierre Gravade*, qui passe aussi sous d'autres noms.
7. *Cambriol.*
8. *Fambélard.*
9. *Vinabrion.*
10. *Brénerol*, qui prend aussi divers noms.

Tous les Articles ci-dessus, furent décretés & verifiés, dans le Synode National tenu à *Nimes*, le 8. Mai 1572. par les Deputés de toutes les Provinces Ecclesiastiques des Eglises Réformées du Roiaume de France, & signés dans l'Original au Nom de tous.

Par Monsieur JEAN DE LA PLACE, Moderateur, & Secretaire dudit Synode.

Fin du VIII. Synode.

IX. SYNODE NATIONAL
NEUVIEME SYNODE
NATIONAL
DES
EGLISES REFORMÉES
DE FRANCE

Tenu à *Sainte Foi*, depuis le 2. jusqu'au 14. de *Fevrier*,
L'AN M. D. LXXVIII.

Sous le Regne de HENRI III. Roi de France & de Pologne

On choisit Monsieur Pierre Merlin *pour Moderateur de ce Synode & Monsieur* François Loyseau *avec Monsieur* Guillaume de la Iaille *pour Secretaires*

Le très Noble & très Illustre Seigneur HENRI DE LA TOUR, depuis DUC de *Boüillon*, Maréchal de *France*, Vicomte de *Turenne*, Comte de *Mont-fort*, Baron de *Montague* &c. Lieutenant Général dans la Province de *Guienne* fût present audit Synode de la part de Sa *Majesté* LE ROI DE NAVARRE.

Les Juges, *les* Magistrats, *& les* Consuls *de Sainte* Foi *y assisterent aussi.*

MATIERES GENERALES.

ARTICLE I.

Aucune Province ne pourra prétendre d'avoir quelque Supériorité, ou Préeminence, sur les autres, ni en general, ni en particulier.

II.

Les Deputés des Provinces seront chargés d'avertir & d'exhorter leurs dites Provinces à faire instruire la jeunesse, & de penser à tous les moiens qu'elles pourront trouver pour dresser des Ecoles, où la dite Jeunesse puisse être élevée & renduë propre

pre à servir un jour l'Eglise de Dieu, par l'exercice du saint Ministere.
III.
Les Synodes & Coloques feront toute sorte de diligence pour bien observer & pratiquer l'Article 10. du Titre des Ministres, touchant les Deserteurs qui abandonnent legerement leurs Eglises & Troupeaux.
IV.
Les Synodes & Coloques procéderont par toutes sortes de Censures contre les ingrats envers leurs Pasteurs, suivant l'Article 27. de la Discipline sur le Titre des Ministres.
V.
Les Synodes, en chaque Province, feront un Mémoire des Veuves & des enfans des Ministres, qui sont morts au service de leurs Eglises, afin qu'on les entretienne aux dépens communs desdites Eglises de chaque Province, autant que la necessité le requerra.
VI.
Le Synode du *Haut Languedoc* deputera deux ou trois de ceux qu'il estimera les plus propres & les plus capables, pour répondre aux Ecrits qui se publient tous les jours par nos Averfaires; & ces Députés feront avertis, qu'en faisant ces refutations, ils doivent observer l'Article de nôtre Discipline qui concerne cette matiére.
VII.
Les Eglises feront averties de remettre en usage le Catechisme, & les Ministres de l'enseigner & expofer succintement, par des Demandes & des Réponses simples & familiéres: s'accommodant à la capacité & rudesse du peuple, sans entrer en de longs discours fur des lieux communs. Et les Eglises où ledit ordre de Catechisme n'est pas observé, feront exhortées de le remettre en pratique, de telle sorte que les Ministres catechiseront eux-mêmes leur Troupeau, une ou deux fois chaque année, en exhortant un chacun de s'y trouver & de l'aprendre soigneusement. Pour ce qui est de la maniére d'expliquer l'Ecriture Sainte, lesdits Ministres feront exhortés d'expofer & d'interpreter le plus de Texte qu'ils pourront, fuiant toute oftentation & longue digression, & sans alleguer une multitude de passages entassés les uns sur les autres, ni propofer diverses expositions, n'alleguant que bien sobrement les Ecrits des anciens Docteurs, & beaucoup moins les Histoires & autres Ouvrages profanes, afin de laisser à l'Ecriture toute son Autorité.
VIII.
Aucune reconnoissance publique ne se fera, sans exprimer la faute & le péché commis par celui qui fera ladite reconnoissance.
IX.
On n'élira plus à l'avenir (d'autant qu'on s'en peut passer) pour Anciens, ni pour Diacres de l'Eglise ceux qui ont des femmes contraires à la vraie Religion; puis que l'Apôtre Saint *Paul* l'improuve; néanmoins afin que l'Eglise ne soit privée du service & travail de plusieurs bons personnages, qui à cause de leur ignorance passée ont leurs femmes d'une Religion contraire à la nôtre, ils feront tolérés dans ce tems où l'on en a besoin, pour-

vû qu'ils fassent paroitre qu'ils n'oublient rien pour bien instruire leurs femmes, & qu'ils les sollicitent de se ranger à l'Eglise.

X.

Les Ministres & les Anciens ne donneront aucune Attestation sans exprimer le lieu du depart, & le chemin que veulent tenir ceux qui les obtiennent, à defaut de quoi lesdites Attestations seront dechirées, & ceux qui les auront baillées censurés dans les prochains Synodes, ou Coloques.

XI.

Vû la calamité des tems, & les afflictions qui menacent l'Eglise, avec les vices & corruptions qui naissent & augmentent de plus en plus au milieu de nous, ce présent Synode publie un Jeûne universel, pour humilier le Peuple devant Dieu, par toutes les Eglises de ce Roiaume, en un même jour, qui sera le Mardi 25. de Mars prochain, & le Dimanche suivant on administrera la Ste. Cene par toutes les Eglises, s'il est possible.

XII.

Suivant l'Article 2. de la Discipline, au Titre du Consistoire touchant les Prieres publiques qui se font en divers lieux; les Eglises où telles Prières se font ordinairement, seront exhortées de se conformer aux autres qui n'ont pas une telle coûtume, suivant ledit Article. Et les Ministres exhorteront aussi les particuliers de faire les Priéres soir & matin dans chaque maison & famille.

XIII.

Les Eglises qui refuseront à leurs Ministres les moiens de se trouver aux Coloques & Synodes, seront averties de faire leur devoir pour cela: & en cas qu'elles y manquent, & que lesdits Ministres soient contraints d'y aller à leurs dépens, après avoir été deux ou trois fois averties, elles seront privées de leurs Ministres si elles ne font pas leur devoir: & les frais que lesdits Ministres auront fait leur seront remboursés par les Eglises auxquelles ils seront envoiés. Pareillement lesdits Coloques rétabliront les exercices des Propositions de la Parole de Dieu, comme on le faisoit ci-devant avec beaucoup de fruit & d'édification: Et cela pour connoître si chacun fait son devoir pour se bien exercer à l'étude de l'Ecriture Sainte, & quelle est la methode & la capacité de ceux qui l'expliquent dans leurs Sermons publics.

XIV.

Les femmes étant reçûës Marraines, se chargeront de l'instruction des enfans comme les Parrains, & seront exhortées par les Ministres d'accomplir les promesses qu'elles font dans ces occasions.

XV.

Sur ce qui a été remontré, qu'en plusieurs lieux, dans l'administration de la Cene, les Ministres prononcent de certaines paroles adressées à chacun de ceux à qui ils distribuent le Pain & le Vin: la Compagnie est d'avis, que pour ne rien innover à present sur ce que les Eglises ont accoutumé d'observer, sans prejudice de l'Evangile, la chose demeurera en la liberté des Ministres, de quoi les Provinces seront averties, pour en venir preparées au prochain Synode National.

TENU A SAINTE FOI.
XVI.

Sa Majesté sera supliée d'aprouver les Mariages, qui ont été faits durant les derniéres guerres; suivant le précédent Edit. contre les Loix de l'Eglise Romaine, en ce qui concerne les consanguinités & affinités.

CAS DE CONSCIENCE.
XVII.

Sur la Question proposée, si quelqu'un peut épouser la Tante de sa femme défunte? Il a été répondu qu'un tel Mariage est incestueux & du tout illicite. C'est pourquoi s'il y a quelque Eglise qui en ait fait de cette nature elle sera censurée.

XVIII.

Sur la Question proposée, à sçavoir, si une femme aiant fiancé un homme par paroles de present, & avec toutes les solennités requises, lequel depuis auroit commis un crime, pour lequel il auroit été condanné aux Galéres perpetuelles, desquelles étant échapé, il demanderoit & sommeroit ladite fiancée de l'épouser, suivant sa promesse, & sadite fiancée le refuseroit, demandant d'etre declarée libre de sa dite promesse? La Compagnie est d'avis que d'autant que le Mariage est une Alliance mixte, les Parties s'adresseront au Magistrat, selon la Sentence duquel l'Eglise se gouvernera.

XIX.

Quoi que ce soit une chose indifferente de tenir à ferme le temporel des Bénéfices, néanmoins les Ministres seront avertis de ne s'entremêler pas beaucoup de tels trafics, à cause des mauvaises & dangereuses consequences, dont les Consistoires & Coloques jugeront prudemment.

ADDITION AUX MATIERES GENERALES.

XX.

Ceux qui mettent la main à la plume pour écrire les Histoires de l'Ecriture Sainte en Vers, seront avertis de n'y mêler pas des Fables Poëtiques, & de n'attribuer pas à Dieu les noms des fausses Divinités, & de n'ajoûter ni retrancher aucune chose de l'Ecriture, mais de s'en tenir aux propres termes du Texte Sacré.

XXI.

L'Article touchant les ajustemens & les habits dissolus, tant des hommes que des femmes, sera gardé le plus diligemment & étroitement que faire se pourra, & les uns & les autres seront avertis de garder la modestie, tant aux cheveux, qu'en toutes les autres choses qui scandalisent le prochain, lorsqu'on y cherche trop d'affectation & d'ornemens.

XXII.

Aucun Ministre ne pourra exercer la Médecine avec le Saint Ministére: mais il pourra néanmoins donner conseil & assister par charité les malades de son Eglise & des lieux circonvoisins, sans se détourner de sa Charge, ni en tirer

tirer du gain, si ce n'est en tems de trouble & de persécution, lors qu'il ne pourroit pas exercer sa charge dans son Eglise.

XXIII.

Les peres & meres seront exhortés de prendre soigneusement garde à l'instruction de leurs enfans qui sont la semence & la pepiniére de l'Eglise, & tous ceux qui les envoient aux Ecoles des Prêtres, des Jesuites & des Nonains, seront fortement censurés; & même les Gentilshommes & autres personnes de qualité qui mettent leurs enfans pour être Pages, ou Domestiques des grands Seigneurs & autres personnes de quelque Religion contraire à la nôtre.

XXIV.

Ceux qui auront commis des crimes ou forfaits énormes, comme Parricides & Incestes, doivent être promtement suspendus de la Cene, & leur suspension déclarée au peuple.

XXV.

Une Eglise où il y auroit quelque different entr'elle & son Pasteur, étant avertie sufisanment, par deux fois, du jour & du lieu du Coloque ou du Synode, & refusant de s'y trouver, ledit Coloque ou Synode, pourra passer outre, & decider du diférent nonobstant l'absence de l'une des parties.

XXVI.

Les Eglises & les particuliers seront avertis de ne se séparer jamais, pour quelque persécution que ce soit, de l'union de l'Eglise, ni des Membres de son Corps, pour se procurer une paix ou liberté à part, & s'il y en a qui le fassent, on les censurera selon que les Synodes, ou Coloques, le jugeront expédient.

XXVII.

Ceux qui apellent des Synodes Provinciaux aux Nationaux seront tenus d'y comparoître, ou d'y envoier leurs Mémoires avec des Instructions sufisantes: faute de quoi la Sentence du Synode Provincial sera confirmée: & la même chose s'observera & pratiquera touchant les Apellations des Consistoires aux Coloques, & des Coloques aux Synodes Provinciaux.

XXVIII.

Les Ministres seront tenus de se trouver à leurs Coloques & Synodes Provinciaux, ou d'y envoier leurs Mémoires & Excuses légitimes, à défaut de quoi lesdits Coloques & Synodes pourront juger définitivement de leurs causes & disposer de leurs personnes.

XXIX.

La Province du *Haut Languedoc* est chargée de convoquer le prochain Synode National, au commencement du mois de Mai 1579. Surquoi elle a été priée, que si Dieu donne plus de liberté à nos Eglises, elle aura soin de choisir un lieu commode pour toutes les autres Provinces éloignées; à quoi les Députés dudit *Languedoc* ont promis d'avoir égard.

Article XXX.

Qui doit être ajoûté à la Discipline Ecclesiastique.

Le quatrième Canon, dans le Chapitre de la célébration de la Cene du Seigneur, sera exprimé de la maniére suivante; " Les Personnes bénéfi-
„ ciées, qui portent le Nom & Titre de leur Bénéfice, & qui participent
„ directement ou indirectement à l'idolatrie, & perçoivent immédiatement
„ de leurs propres mains, ou mediatement par d'autres, les revenus de leurs
„ Bénéfices, ne seront pas reçus à communier avec nous à la Table du Sei-
„ gneur; mais ceux qui ont reçû ces Bénéfices du Roi, ou que le Roi to-
„ lere seulement dans la possession de ces Bénéfices, & font profession
„ exemplaire de la vraie Religion, & qui la protegent visiblement, auront
„ le même privilége que les autres Membres de l'Eglise de s'asseoir avec nous,
„ & de participer à la Communion: seulement ils seront exhortés d'em-
„ ploier à des usages pieux les Revenus desdits Bénéfices. Et on laissera aux Coloques & aux Consistoires le soin de faire de pareilles exhortations.

PROJET DE REUNION

Entre toutes les Eglises Reformées & Protestantes du Monde Chrêtien.

Article I.

Sur la lecture des Instructions & Mémoires produits dans la derniere Assemblée de plusieurs Députés de différentes fameuses Eglises Reformées, des Roiaumes & Provinces qui étoient à *Francfort*, & qui y avoient été invités par le Sérénissime Prince Electeur *Jean Casimir*, Prince *Palatin* & Duc de *Baviere*, dans laquelle on avoit proposé plusieurs moiens très-expediens, & des remédes très-propres & très-efficaces pour unir étroitement toutes les Eglises Reformées du Monde Chrêtien, & aussi pour étouffer & terminer tous les differens & contestations que nos Ennemis font naître parmi eux, & pour empêcher quelques Théologiens fanatiques & bigots de condanner, comme ils ont menacé & protesté de vouloir condanner & *anathématiser* la plus grande & la plus saine partie des Eglises Reformées qui sont éloignées; Afin donc d'obvier à cela & de prevenir un dessein si imprudent & si mauvais; lesdits Députés, après avoir consulté & mûrement deliberé entr'eux, avoient resolu & étoient convenus d'un consentement unanime d'adresser une Requête à leurs TRES ILLUSTRES ALTESSES LES PRINCES DE L'EMPIRE, qui adherent à la *Confession d'Ausbourg*. De plus ils avoient donné Commission expresse de dresser une Confession de Foi uniforme; qui seroit prise & regardée comme la Confession Générale & commune

mune de tous les Proteſtans, & d'en envoier des Copies dans les Roiaumes & Provinces où ces Egliſes étoient aſſemblées, pour être examinée & aprouvée par elles. Et ils étoient auſſi convenus du tems & du lieu où les Députés de ces Roiaumes pourroient être convoqués; & ils avoient invité particulierement les Egliſes de ce Roiaume d'y envoier quelques perſonnes prudentes & experimentées & aprouvées par leur pieté & integrité, avec un Pleinpouvoir & autorité de toutes les Egliſes, pour traiter, convenir, & décider de tous les points de doctrine & autres matieres concernant l'Union, la Paix, & la Conſervation des Egliſes & du vrai Culte de Dieu.

Le premier Synode National des Egliſes Reformées de ce Roiaume, beniſſant Dieu d'avoir inſpiré de ſi bons mouvemens & des deſſeins ſi pieux & ſi excellens, & aplaudiſſant aux ſoins, à la diligence & aux bons conſeils de ces dignes Députés de l'Aſſemblée ci-deſſus mentionnée, & aprouvant les expediens & remédes preſcrits par eux; ordonne que ſi la Copie de ladite Confeſſion leur eſt envoiée à tems, elle ſera examinée dans chacun de nos Synodes Provinciaux, ou dans quelqu'autre endroit, & de la maniere qui conviendra mieux pour la commodité de nos Provinces; & en même tems on a établi quatre Miniſtres les mieux verſés dans les Afaires Eccleſiaſtiques pour s'y apliquer, ſavoir, Monſieur *Antoine de Chandieu*, Monſieur *Jean d'Eſtre*, Miniſtres de la parole de Dieu dans l'Egliſe de *Paris*, & Monſieur *Pierre Merlin* Miniſtre de l'Egliſe de *Vitré* en *Bretagne*, & Monſieur *Gabert* ci-devant Miniſtre de l'Egliſe *Françoiſe à Francfort*. Et ils ſont expreſſément chargés de s'aſſembler au jour préfix dans le lieu aſſigné, avec leurs Lettres de Deputation, & avec une pleine & ample Commiſſion de tous les Miniſtres & Anciens Députés par les Provinces de ce Roiaume; & le trèsIlluſtre Seigneur le *Vicomte* de *Turenne* les y acompagnera, afin qu'ils puiſſent faire toutes choſes ſuivant leurs Inſtructions.

Mais en cas que les Provinces n'euſſent ni l'occaſion propre, ni la commodité d'examiner ladite Confeſſion dans leurs Synodes reſpectifs; nous laiſſons aux plus judicieux & prudens de s'accorder & de venir à une concluſion de toutes ces matieres qui ſeront debatuës entr'elles, ſoit qu'elles ſoient points de Doctrine, ou quelques autres points qui aient du raport à la paix, à l'union, au bien public, & au bonheur des Egliſes.

I I.

Ces mêmes Commiſſaires Députés (comme dans l'Article dernier) à la Conference en *Allemagne*, ſont chargés d'examiner le Traité de Monſieur de *Chandieu*, intitulé, *La Confirmation de la Diſcipline des Egliſes Françoiſes*, & d'y donner leur Aprobation en y ſouſcrivant de leur propre main, & de le dédier avec une Préface à l'Egliſe, & d'en hâter la publication, avec toute la diligence qu'ils pourront.

I I I.

Monſieur *Ernard* aiant rendu comte de ſa Commiſſion à cette Aſſemblée, comme il en avoit été chargé au mois de *Juin* de l'année derniere 1577. par diverſes Egliſes, produiſit & lût les Actes, & fit une ample relation de ce qui s'étoit paſſé & tranſigé dans la derniere Aſſemblée Synodale à *Francfort,*

fort, en *Allemagne*, le dernier de *Septembre* de l'année 1577., où étoient assemblés les Deputés des Eglises Reformées du Chriſtianiſme, & à laquelle il avoit affiſté auſſi comme Deputé de nos Egliſes; cette Aſſemblée fut fort ſatisfaite de la conduite dudit Sieur *Esnard*, dans toute ſa Negociation, l'accepta, l'aprouva, & le dechargea des Inſtructions; & des Blancs ſignés à lui donnés touchant ſa Commiſſion, qui furent invalidés & annulés comme étant devenus entiérement inutiles pour l'avenir; & toutes les Copies deſdites Commiſſions & Inſtructions qu'il s'étoit obligé d'obſerver & de ſuivre, y aiant fouſcrit & apoſé ſon Seau, furent pareillement revoquées & caſſées; afin qu'il en pût être entierement déchargé & quitte, ſans qu'on pût enſuite lui faire rendre compte de ſa Commiſſion, ni l'obliger de parler jamais plus à qui que ce ſoit d'aucune choſe concernant cette matiere.

Donné à *Sainte Foi* ce 13. Février 1577.

APELS ET MATIERES PARTICULIERES.

Article I.

Concernant les premiers Apels dont il ait été fait mention dans les Synodes Nationaux des Egliſes Reformées de France.

SOn Alteſſe le *Prince de Condé* apella du Conſiſtoire de la *Rochelle*, à cauſe que ledit Conſiſtoire l'avoit diſſuadé de communier à la Table du Seigneur, parce qu'on avoit fait une Priſe en Mer par ſes ordres, après la publication du dernier *Edit de Pacification*, lequel avoit été aprouvé par ledit Prince, qui fit la Réponſe ſuivante au ſuſdit Conſiſtoire, à ſavoir,

,, Que ladite Priſe avoit été faite avant que les quarante jours de la Publi-
,, cation de la Paix fuſſent expirés, & qu'on l'avoit faite ſur les Ennemis
,, jurés du *Roi de Navarre* & les ſiens auſſi. Et que la choſe étant purement
,, une affaire d'Etat, le Conſiſtoire ne devoit pas s'en mêler. Auquel le
,, *Conſiſtoire répondit*; " Que toute l'Egliſe & la Ville de la *Rochelle* en
,, étoient fort ſcandaliſées, parce qu'on les regardoit comme infracteurs &
,, violateurs de la Paix publique du Roiaume, & qu'on leur reprochoit de
,, pareilles priſes, comme s'ils étoient Receleurs de Pirates & de Brigan-
,, ges; & que de leur côté ils ne pouvoient pas prevoir autre choſe, ſinon
,, que la colére de Dieu tomberoit ſur eux s'ils ne s'opoſoient pas à des ac-
,, tions ſi illicites, & que de pareilles façons d'agir ne pouvoient proceder
,, que des perſonnes qui abuſent du Nom & de l'Autorité de Son *Alteſſe*.
,, Tellement que leur devoir & leur conſcience les obligeoit, vû l'Office
,, qu'ils avoient dans l'Egliſe, de tâcher par toutes ſortes de bons moiens
,, d'éteindre le feu naiſſant d'un tel ſcandale; & qu'ils ſuplioient très-hum-
,, blement Son *Alteſſe le Prince* de prendre de bonne part leurs exhortations;
,, puis qu'ils ne lui donnoient ces avertiſſemens que pour l'affection qu'ils lui
,, por-

„ portoient, & qu'ils le prioient encore d'emploier son Autorité en
„ ce qui regarde *l'Edit de Pacification*, & de faire en sorte que la Paix qui
„ avoit été jurée par lui, fût observée & maintenuë.

Cette Assemblée aiant mûrement considéré les raisons de part & d'autre, loüe & aprouve le zéle de l'Eglise & du Consistoire de la *Rochelle*, particulierement en ce que s'oposant courageusement aux vices scandaleux, ils n'ont rien fait en cela qui passât les bornes de leur devoir, parce qu'ils sont apuiés de la parole de Dieu, laquelle doit être la regle de toutes nos actions, selon lesquelles elles seront aprouvées, ou condannées, nous souvenant que Dieu maudit celui qui offensera le plus petit, & que nous devons obéïr à sa parole, si nous voulons avoir communion avec *Jesus-Christ*. Cependant cette Assemblée souhaiteroit que le Consistoire eût suspendu & differé son jugement dans une affaire de si grande importance, & qu'il n'eût pas tant precipité la chose, afin de ne donner pas lieu aux soupçons & animosités. Et à l'égard de *Son Altesse le Prince*, cette Assemblée le suplie de ne pas interpreter mal les remontrances qui lui ont été faites, lesquelles étoient justes & necessaires, & fondées sur la parole de Dieu: c'est pourquoi nous prions Son *Altesse* de vouloir éloigner l'occasion dudit scandale, & recevoir de bonne part les avertissemens de l'Eglise, comme aussi de se reconcilier avec elle; & il en sera particulierement prié par nos freres Messieurs *Merlin*, *Bouguet*, de *la Tour*, & St. *Martin* qui sont chargés par cette Assemblée d'informer Son *Altesse* de la Requête que nous lui adressons, & au Consistoire, & que nous n'avons pas d'autre vûë ni dessein, que la parfaite union de nos Membres, afin qu'ils servent Dieu en sainteté & en justice, ne donnant aucun sujet d'ofense à ceux qui sont, ou qui ne sont pas avec nous ; cela étant fait, nous decretons que Son *Altesse* ledit *Prince* sera reçû à la Communion avec nous, à la Table du Seigneur.

Donné à Ste. Foi la grande, le 14. jour de Février 1578., *& étoit signé* François Loyseau, *Secretaire dudit Synode*.

II.

Son Excellence de *Duc* de *Rohan* demandant par Lettres que cette Assemblée lui veuille acorder Monsieur de *Claville*, Ministre de la parole de Dieu à *Loudun*, pour être Pasteur de l'Eglise dans sa Maison & Famille, ou du moins de pouvoir la desservir pendant quatre mois chaque année, & que Monsieur St. *Fulgent* puisse faire sa residence à *Montchamp*. Les Ministres des Eglises étant alors absens, on jugea à propos de renvoier cette affaire aux Synodes Provinciaux, auxquels ces Eglises apartiennent, afin qu'ils en jugent, & que son Excellence le *Duc* de *Rohan* soit gratifié dans ses demandes, par lesdits Synodes.

III.

Monsieur de *Spina*, Ministre de l'Evangile, sera envoié pour être à l'Eglise d'*Angers*, à condition que les Eglises de *Paris* & de *Saumur* auront toujours les mêmes Droits sur lui. Et en cas qu'à cause de la difficulté des tems il ne puisse pas subsister à *Angers*, le Colloque voisin de cette ville prendra soin de son entretien, & pourvoira aux choses qui lui seront necessaires ; ils
pour-

pourront aussi lui prêter quelque chose, selon qu'ils le jugeront à propos pour la gloire de Dieu.

IV.

On prêtera Monsieur du *Ligne* à l'Eglise d'*Agen*, encore pour six mois, pendant lequel tems la Province d'*Anjou* se fera un devoir de le recommander, & on lui donnera une Eglise où il exercera son Ministere & où il fera des provisions pour sa subsistance. Et au cas que lesdits Synodes Provinciaux ne le rapellassent pas dans le tems marqué, il sera pleinement établi dans l'Eglise d'*Agen*.

V.

Jean *Bonniot* ou *Bouquier* se faisant apeller *Gaultier*, exerçant le Ministere à présent à St. *Bouchard*, proche de *Ste Foi*, pour s'être intrus témerairement lui même dans le Ministere, & sans y être apellé, pour avoir contrefait plusieurs Lettres, rogné l'argent du Roi, & pour avoir fondu les rognûres en lingots, qu'il a vendus à diferens Orfevres de la ville de *Sedan*, pour lequel crime le Magistrat lui a infligé une punition Corporelle dans la dite ville, comme il n'a pû le nier devant cette Assemblée, pour ces causes donc ledit *Bonniot*, ou *Bouquier* est deposé du sacré Ministere, comme en étant incapable & tout-à-fait indigne, & son Nom restera dans le Rôle des *Vagabonds*, quoi qu'il fasse une pœnitence publique dans ladite Eglise de St. *Bouchard*. Néanmoins à cause de son extrême pauvreté, & eu égard à sa Famille qui est nombreuse, nous lui permettons de tenir Ecole, & d'instruire la Jeunesse, mais avec cette restriction, que les Ministres des lieux où il fera sa demeure, veilleront de près sur sa conduite.

VI.

Monsieur de la *Faille* porta un Apel à l'Eglise de *Saujon*, se plaignant du tort qui lui avoit été fait par le Synode Provincial de *Xaintonge*, tenu à *Saujon*, lequel l'avoit établi Pasteur de ladite Eglise de *Saujon*, sans obliger cette Eglise de lui rembourser les frais qu'il avoit été obligé de faire en y allant. Cette Assemblée ordonne que le Colloque ou Synode de cette Province là, censurera cette dite Eglise & Monsieur *Roian* le Ministre, pour s'être mêlés mal à propos d'une afaire qui ne les regardoit aucunement.

VII.

Monsieur *Bouquet* écrira au Colloque d'*Aunix*, afin que Monsieur *Baron* soit rendu à l'Eglise de *La Guerche*, dans la Province d'*Anjou* pour y exercer son Ministere, attendu que plusieurs instances lui en ont été faites par ladite Eglise.

VIII.

Le Synode de l'*Isle de France* fera une recherche très-exacte de la Vie, des Ecrits, des Mœurs & entretiens de Monsieur *Gibbore*, quelque fois Ministre de *Dieppe*; on peut fort bien se servir de ce terme en son endroit, à cause qu'il est presque toujours absent de son Eglise.

IX.

Parceque Monsieur *Bernard Giraud* a été rapellé plusieurs fois par son Eglise de *Marcéoil* en *Poittou*, & par le Synode du *Poittou*, & n'a pas voulu obéïr aux Sommations qui lui ont été faites, & en premier lieu auſſi parce qu'il a quitté ſon Egliſe, il ſera cenſuré ſuivant les Canons de nôtre Diſcipline: Le Colloque d'*Aunix* ſera ſemblablement cenſuré pour l'avoir admis parmi ſes Deputés ſans aucunes Lettres de Décharge, & par cette raiſon la preſente Aſſemblée l'ôte à la dite Egliſe d'*Aunix* pour le placer ailleurs.

X.

Cette Aſſemblée pourvoira particulierement à ſa ſubſiſtance. Mais en même tems l'Egliſe de *Poittiers* ſera ſeverement cenſurée, pour avoir manqué à ſon devoir & en avoir uſé d'une maniere ſi indigne avec tant d'ingratitude envers ce Reverend homme de Dieu, qui étoit un de leurs prémiers & plus anciens Paſteurs, & qui a poſé les Fondemens de leur Egliſe Floriſſante. Et ladite Egliſe ſera ſommée au premier Synode, de lui donner une entiere ſatisfaction, & de lui païer tous les Arrereges qui lui ſont dûs, & de l'aſſiſter dans ſa vieilleſſe.

X I.

La Province d'*Anjou* ſera obligée de pourvoir à la ſûreté de Monſieur *Daniel*, Miniſtre de l'Evangile de Jeſus-Chriſt, qui leur fût autre fois envoié, & qui leur eſt à préſent rédemandée par la préſente Aſſemblée: & l'Egliſe qui l'appellera à ſon ſervice ſera tenüé de lui païer tous les frais qu'il a été obligé de faire pendant la derniere perſecution.

X I I.

Monſieur *Daniel* exercera ſon Miniſtére dans la Maiſon & Cour de ſon *Alteſſe* le *Prince* de *Condé*; mais ſeulement pendant quelques mois de l'Année; leſquels étant expirés il pourra être rapellé par ſa propre Egliſe, & Province. Et l'Egliſe de *Bergérac* prêtera auſſi Monſieur de *Borda* audit Prince, pour l'eſpace de quatre mois de plus, de la même Année : ce que l'on continuera, juſqu'à ce qu'on prenne d'autres meſures. Et Monſieur *Martin* ſera Miniſtre ordinaire de la Maiſon & Famille ordinaire de ſon *Alteſſe*.

X I I I.

Monſieur de *Maleſcot*, qui étoit le premier Miniſtre de l'Egliſe de *Montague*, dans le Comté de *Perche* ſera ſommé par la Province du *Poittou*, à laquelle il apartient, de retourner à la dite Province ſuivant les Canons de nôtre Diſcipline, ſans cependant que cela porte aucun prejudice à l'Egliſe de *Montague*: Et la dite Province de *Poittou* eſt chargée de recevoir les informations de la Province de *l'Iſle de France* touchant la conduite du dit *Maleſcot*, de même que touchant ſes écrits, ſa methode, & ſa maniere de Prêcher.

X I V.

Les Fréres de l'Egliſe *Françoiſe* de *Londres*, dans le Roiaume d'*Angleterre*, envoierent des Lettres à cette Aſſemblée, demandant que Meſſieurs de *Villiers*, Miniſtre de l'Egliſe de *Rouën*, & de *La Fontaine*, Miniſtre de l'Egliſe d'*Orléans*, puſſent leur être octroiés pour Paſteurs. Leur Requête fût interinée : & ces dignes Miniſtres de l'Evangile fûrent prêtés à la dite Egliſe, juſqu'à ce que leur propre Troupeau qui étoit diſperſé, pût être raſſemblé

blé; après quoi ils continueroient, & seroient rétablis dans leur Eglise, comme auparavant.

XVI.

En consequence de l'examen des Ecrits de Mr. *Antoine Fregeville* de la ville de *Réalmont*, cette Assemblée les jugea tout-à-fait indignes que l'on y fît réponse, parcequ'ils étoient tous remplis d'Erreurs, de Mensonges & de Calomnies; & de plus on ratifia la sentence qui avoit été renduë contre lui par le Synode Provincial : & au lieu qu'il étoit seulement suspendu de la Table du Seigneur, on ordonna que ladite suspension seroit notifiée publiquement à toute l'Eglise : & qu'au cas qu'il continuât de repandre ses Erreurs & Folies, soit par Paroles, ou par Ecrits, il seroit retranché du Corps de toute l'Eglise, par le Glaive de l'Excommunication, comme un insigne Perturbateur du Repos & de l'Union de l'Eglise.

XVII.

Monsieur *Giraud* est envoié à la ville de *Mas*, en *Agénois* pour exercer son Ministére dans l'Eglise de *Calonges*, qui est maintenant anexée à celle du *Mas*, en *Agénois*.

ROLE

Des Ministres auxquels on avoit assigné des Eglises, & desquels on avoit disposé dans ce present Synode.

1. Monsieur *Christian* est envoié à la ville de *Sancerre* dans la *Viconté* de *Turenne*. 2. Monsieur *Quesnel* à *Lectoure* 3. Monsieur *Chaffepied* à *Sainte Foi*. Néanmoins son Eglise peut le r'apeller à la fin de l'Année. 4. Monsieur de la *Vallée* à *Abbeville* en Agénois. 5. Monsieur *Giraud* à la ville du *Mas*, en Agénois. 6. Monsieur du *Puy* à *Le-Laigne*, à *Bas de Fon* & à leurs Anexes. 7. Monsieur *Anisse* à Saint *Aulaye*.

Ce present Synode National finit le quatorziême jour de *Fevrier* de l'An de Nôtre Seigneur *J. Christ.* 1578. Et étoit signé dans l'Original.

PIERRE MERLIN, Moderateur.
FRANÇOIS LOYSEAU Secretaire.
GUILLAUME DE LA JAILLE, Secretaire.

Fin du neuvième Synode.

X. SYNODE NATIONAL

DIXIÉME SYNODE NATIONAL DES EGLISES RÉFORMÉES DE FRANCE.

Tenu à *Figeac* dans le *Querci*, le 2. Août.
L'An M. D. LXXIX.

Sous le Regne de HENRI III. Roi de France & de Pologne.

Monsieur de la Faye *Ministre de l'Eglise de* Paris *fût élû pour recüeillir les voix dans ce Synode, & pour en être le* Modérateur. *On lui donna Monsieur* Coüet *pour* Ajoint *& Monsieur* François *de la* Noüaille *pour* Sécrétaire

LES NOMS DES DEPUTE'S

De chaque Province où il y avoit des Eglises Réformées en France.

Article I.

IL a comparu audit Synode pour la Province de *Champagne* Monsieur *Ténault*, Ministre de l'Eglise de *Récourt*, suivant les Lettres de Députation du 28. Mai 1579.

II.

Pour la Province de *Xaintonge*, Monsieur *Cochis* Pasteur de l'Eglise de *Jonsac* & *Guy-Tillevil*, Ecuyer Sieur de la Couture de l'Eglise de *Saint-For* suivant sa Députation du 27. Juillet 1579.

III.

Pour *l'Isle de France*, Mr. de la *Maison Neuve*, Pasteur de l'Eglise de *Paris*, suivant sa Deputation du 20. Juin, de la même Année.

IV. Pour

TENU A FIGEAC.

IV.
Pour la *Bourgogne*, Mr. *Coüet*, Ministre de l'Eglise de *Villarnou*, & Mr. de *Chateauvert* Ancien de l'Eglise d'*Ergonne*, suivant leur Deputation du 15. Mai de ladite Année.

V.
Pour la *Gascogne* & *Périgort*, Mr. *Tripolet*, Ministre de la *Motte*, Mr. *François de la Nouaille* Ancien de *Gensac*.

VI.
Pour la *Bretagne*, Mr. de *Grec*, Ministre de *Mortais*

VII.
Pour l'*Anjou*, *Loudunois* & *Touraine*, Mr. de *Clairville*, Ministre de *Loudun*, suivant sa commission du 26. Juin, 1579.

VIII.
Pour la *Normandie* Mr. *Picheron*, Ministre du *Ponteau de Mer*.

IX.
Pour le Haut *Languedoc* & la Haute *Guienne* Mr. de *Loisse*, Ministre de *Figeac*, & Mr. *Roussel*, Ministre de *Masamet*.

X.
Pour le Bas *Languedoc*, Mr. *Teraud*, Ministre de *Térieux*.

XI.
Pour l'*Angoumois*, Mr. de la *Billotiere*, Ministre d'*Audreverre*.

XII.
Pour le *Poictou*, Mr. *Cahier*, Ministre de *Poictiers*, & Mr. de S *Ruhe*, Ancien de *Niort*.

XIII.
Pour la *Porvence*, M. *Claude de Pensilles*, Ancien de *Lorculguier*.

XIV.
Pour le Païs Souverain de *Bearn*, Mr. de la *Pierre*, Ministre de *Navarain*, aiant sa Députation confirmée & authorisée par Lettres du *Roi de Navarre* du 30. Juillet 1579.

XV.
La *Picardie* s'est excusée par Lettres du 2. Juin 1579.

XVI.
Pour les Eglises de *Berry*, de *Beausse* & autres voisines, *Jean Minier* natif d'*Orleans* leur Deputé.

XVII.
Le *Dauphiné* s'est excusé par Lettres du 3. Juillet 1579.

XVIII.
Ceux du *Vivarés* ont été absens, sans en faire aucune Excuse.

XIX.
Ceux d'*Auvergne* & du *Bourbonnois*, semblablement absens, sans Excuse.

XX.
Le très Noble *Anhtoine de Puramelle*, Sieur de *Ste. Colombe Viguier* de la Ville de *Figeac*, a aussi assisté à ce present Synode National, auquel ont été faits les Décrets suivans.

X. SYNODE NATIONAL

MATIERES GENERALES.

Article I.

COmme ainsi soit que les principales occasions de l'institution du Mariage soient pour avoir Lignée & pour fuir la Paillardise, le Mariage d'un homme notoirement Eunuque ne pourra pas être solemnisé dans l'Eglise Réformée.

II.

Aucun ne pourra épouser la Tante de sa femme, un tel Mariage étant incestueux. Et quand même le Magistrat permettroit ce Mariage, il ne sera pas néanmoins beni dans l'Eglise; à quoi les Pasteurs prendront bien garde.

III.

Ceux qui ont abandonné la profession de la Religion Réformée pour adherer à l'Idolatrie, s'ils persistent en leur Apostasie, après qu'on aura tâché de les ramener au troupeau, seront publiquement denoncés Apostats.

IV.

En imposant des Noms aux Enfans, il faut d'une part s'accommoder à la necessité presente, & de l'autre éviter la superstition & le scandale : parce que cet usage, comme tous les autres, doit servir à l'édification de l'Eglise. De façon que là où les Peres ou Parrains requerront que leurs noms, ou autres soient donnés aux enfans qu'ils presentent, ils pourront être reçûs; pourveu que ce ne soient pas des noms prohibés à la fin de l'Article 9 de notre Discipline, comme sont les noms de Dieu, ceux des Anges, & aussi tous ceux qui sont notoirement ridicules.

V.

Les Rois, les Princes & grands Seigneurs, & même tous ceux qui possederont des biens Ecclesiastiques, comme les Synodes Provinciaux, les Colloques & les Eglises opulentes seront supliées & exhortées d'employer quelque portion de leurs dits biens & revenus, pour faire étudier en Theologie des Ecoliers deja avancés aux bonnes lettres, pour les consacrer ensuite au Ministere. Et pour cet efet on leur écrira au nom de cette Compagnie.

VI.

Le Synode National se tiendra chaque année une fois, & les Provinciaux aussi, mais les Coloques s'assembleront deux fois, & dans les Provinces qui en auront le moien plus souvent s'il est necessaire. Les Pasteurs viendront toujours accompagnés chacun d'un Ancien dans ces Assemblées Ecclesiastiques. Que si on les envoie seuls, on n'aura point d'égard à leurs Memoires, ni pareillement à ceux des Anciens, s'ils y viennent seuls.

VII.

Les Pasteurs exhorteront diligemment les Parains & Maraines de bien peser & considerer les promesses qu'ils font à la celebration des Batêmes, & les Peres & Meres de choisir des Parains & Maraines bien instruits de la Religion,

gion, & de bonne vie, autant que faire se pourra : & par le moien desquels il y aît apparence que lesdits enfans puissent être sufisamment instruits & bien élevés en cas de besoin.

VIII.

Toutes fautes reconnuës & reparées seront ôtées des Livres des Consistoires, à la reserve de celles qui étant accompagnées de rebellion, auront été censurées & punies par la suspension de la Cene, ou par l'Excommunication.

IX.

Les Consistoires ne donneront aucuns témoignages aux Magistrats par actes, ni autrement. Et les particuliers du Consistoire ne reveleront à personne les Confessions des repentans, qui auront volontairement, ou par soumission aux rémonstrances qui leur seront faites, confessé & reconnû leurs fautes, si ce n'est que le Consistoire trouve bon qu'on les déclare pour quelques raisons très importantes.

X.

D'autant qu'il y a des personnes qui font dificulté de prendre la Coupe de la Cene avec les malades qui viennent Communier dans nos Assemblées ; les Pasteurs & Anciens seront avertis d'y pourvoir prudenment & avec bon ordre.

XI.

Une Femme épousée à un Mari, Prêtre ou Moine, qui l'abandonne pour retourner dans sa premiere Profession, ne se pourra remarier que son premier Mariage ne soit dissout, par le jugement du Magistrat, auquel seul on laissera la Décision d'un tel Divorce.

XII.

Il demeurera en la liberté des Pasteurs, lors qu'on administre la Cene, de se servir des paroles acoutumées, la chose étant indifferente, pourveu qu'on le fasse avec édification.

XIII

Quand aux Benefices, dont quelques-uns sont pourvûs, ou par les Patronages des Seigneurs à qui la nomination appartient, ou par l'entremise des Evêques ; les fidelès seront avertis de n'en recevoir aucun de ceux qu'on leur voudroit donner sous des conditions tacites, ou expresses, de quelque Service, ou Culte, qui aît du raport à l'Idolatrie.

XIV.

Quand aux fermiers des biens temporels, comme sont les dixmes & revenus appartenant aux Ecclesiastiques, on suivra l'Article 19. du dernier Synode National de *Ste. Foi*, qui leur defend de s'en entremêler que le moins qu'ils pourront, à cause de plusieurs abus & inconveniens qui en naissent ordinairement, lesquels néanmoins cessant, il ne peut être defendu à ceux de la Religion de prendre de telles fermes. C'est pourquoi les Consistoires des Eglises jugeront des cas particuliers qui concerneront cette matiere.

XV.

Les Peres faisant profession de la Religion Reformée, dont les enfans idolatres, & de contraire Religion, se voudront marier avec des femmes idolatres, seront avertis de s'emploier, autant qu'il leur sera possible, à les détourner de tels mariages; & sur tout lors que lesdits enfans ne seront pas émancipés, les peres emploieront leur puissance paternelle pour les en empêcher. Que s'ils ne peuvent gagner cela sur eux, ils déclareront, quand on passera le Contract de Mariage, qu'ils protestent d'avoir en horreur l'idolatrie, à laquelle leurs enfans se veulent de plus en plus prostituer; & après cela ils pourront consentir aux promesses & conditions concernant les choses civiles & temporelles dudit Mariage, en faisant toujours aparoir qu'ils ont fait leur devoir pour empêcher de tels mariages.

XVI.

Les Consistoires seront avertis d'user prudenment, & le plus rarement que faire se pourra, des reconnoissances publiques, & seulement pour les grandes fautes commises en effet, & connues de la plus grande partie de l'Eglise, devant laquelle elles seront confessées.

XVII.

Les Livres de la Bible, soit Canoniques ou Apocryphes, ne seront point emploiés en Comédies ou Tragédies par aucune representation des Histoires Tragiques, ou des autres choses qu'ils contiennent.

XVIII.

Les Eglises particulieres ne pourront faire aucunes Ordonnances qui ne soient conformes en substance aux Articles Generaux de la Discipline Ecclesiastique.

XIX.

Une Eglise ne pourra pretendre droit sur un Ministre, en vertu d'une promesse particuliere faite par lui, sans l'autorité du Coloque ou Synode Provincial.

XX.

Ce Synode declare, sans prejudice de ce qui s'est fait par le passé, que si à l'avenir le Ministre d'une Province étant destitué d'Eglise, & son Coloque n'en aiant aucune pour lui donner, il le pourra prêter à l'Eglise qui le demandera, encore qu'elle soit hors de sa Province, jusqu'au prochain Synode de ladite Province. Et si ce Synode-là ne le peut pas employer dans sa dite Province, il demeurera attaché à l'Eglise à laquelle il aura été prêté, s'il y consent & l'Eglise aussi.

XXI.

Au premier Article de la Discipline touchant les Anciens & Diacres, après ces mots, *On lira ce qui concerne leur Charge*, il faut ajouter, *Et on fera des priéres très-expresses pour eux*.

XXII.

En l'Article premier des delinquans, après ces mots, *les retrenchant au Nom & par l'Autorité de Nôtre Seigneur Jesus-Christ*, il sera ajouté, *Et de son Eglise*.

XXIII. Pour

TENU A FIGEAC.

XXIII.

Pour le regard de ceux de la Religion, qui de leur propre autorité joüissent des Dixmes, que les Eglises avoient coûtume de lever, il leur sera denoncé qu'ils aient à les employer entierement à de bons usages, comme à l'entretien du Ministere, & pour la subvention, les necessités & l'instruction des Ecoliers qui sont la Pepiniere de l'Eglise, & non pas à leur profit particulier, sur peine d'être censurés & même suspendus de la Cene, s'ils ne veulent pas suivre cet avis, qui est saint, juste & raisonnable.

XXIV.

L'Article touchant la Sepulture des morts, qui défend d'y faire des exhortations & des priéres, sera observé; & ceux qui y contreviendront, seront censurés.

XXV.

Pour le regard des danses, les Ministres & Consistoires seront avertis qu'ils aient à observer, autant étroitement qu'ils pourront, l'Article 20. des Avertissemens pour les reglemens des particuliers, lequel défend les danses, distinguant prudemment ceux qui continueront d'être rebelles à cette sainte exhortation, & ceux qui montreront par leur amandement & retenuë d'avoir profité des avertissemens qu'on leur aura fait de ne point danser.

XXVI.

Ceux qui sont suspendus de la Cene, ne pourront, en qualité de Parains, presenter des enfans au Batême pendant que ladite Suspension durera.

XXVII.

Les Provinces demeureront en l'état qu'elles sont maintenant pour le Departement des Synodes, sans y rien changer: & on les exhorte, chacune en particulier, d'assigner, pour les lieux de leurs Assemblées, les plus commodes qu'il leur sera possible de trouver dans leur District.

XXVIII.

Les Eglises, qui en chantant les Pseaumes dans l'Assemblée, font lire tout haut les Versets avant que de chanter, seront averties de s'abstenir d'une telle façon de faire qui n'est point convenable, celles qui ont accoutumé d'en user seront censurées.

XXIX.

Pour corriger l'irréverence très-manifeste de plusieurs personnes, qui en assistant aux Priéres Publiques, ou domestiques, ne découvrent point leur tête, & ne flechissent pas les genoux, ce qui marque plutôt leur orgueil que leur humilité, & donne beaucoup de scandale; leurs Pasteurs, Anciens & Chefs de famille seront avertis de veiller soigneusement, à ce que durant les susdites priéres un chacun, sans exception, ni égard pour aucune personne, donne des témoignages de l'humilité de son cœur, par les susdites marques, lors qu'il n'y aura point d'empêchement par quelque maladie ou autre infirmité, dont nous laissons le jugement à leur conscience propre.

XXX.

En executant la Discipline Ecclesiastique, on s'abstiendra à l'avenir, autant que faire se pourra, tant des formalités que des termes dont on se sert

ordi

ordinairement dans les Jurifdictions Civiles. Et d'autant que plufieurs, afin d'éviter la Cenfure de leurs fautes, apellent toujours d'une des Affemblées Ecclefiaftiques à l'autre, & même jufqu'au Synode National, qui eft par ce moien plus occupé à vuider ces affaires-là qu'à toute autre chofe : la Compagnie eft d'avis qu'à l'avenir tout ce qui eft du reffort d'une Province, foit jugé definitivement, & fans Apel, par le Synode Provincial d'icelle, hormis ce qui concerne les fufpenfions & les dépofitions tant des Miniftres que des Anciens & Diacres, & le changement des Miniftres d'une Province à une autre, & auffi ce qui concerne la Doctrine : toutes lefquelles chofes pourront être examinées & réglées provifionnellement, de degré en degré, jufqu'au Synode National, qui en jugera définitivement, fans qu'on en puiffe interjetter aucun autre Apel.

XXXI.

La coûtume qui s'eft introduite dans quelques Eglifes Reformées de faire une Enquête & Cenfure Publique des fautes, devant l'Affemblée Générale de tout le peuple, & en prefence tant des hommes que des femmes, avant que de faire la Cene, eft condannée par la Parole de Dieu : c'eft pourquoi les Eglifes qui font cela feront exhortées de s'en abftenir, & de fe contenter de fuivre, en fait de Cenfure, l'ordre porté par la Difcipline Générale des Eglifes Françoifes : & celles qui feront autrement feront cenfurées.

XXXII.

Pour remédier à l'ingratitude de plufieurs Eglifes, qui donnent occafion de leur ôter leurs Pafteurs pour les envoier fervir ailleurs : la Compagnie eft d'avis que les Eglifes doivent paier trois mois par avance chaque quartier de la Penfion annuelle qu'elles leur ont promis, & que fi elles ne le font pas, & que trois mois fe paffent, fans que le Pafteur ait rien reçû de fon quartier, nonobftant qu'il en ait fouvent fait plainte au Confiftoire, & aux plus apparens de l'Eglife; en ce cas le Pafteur pourra fe retirer de fadite Eglife, en apellant dans fon dit Confiftoire les Pafteurs du voifinage de fon Eglife, devant lefquels il declarera les caufes de fon départ : afin que par ce moien il foit exemt de toute calomnie. Et après cette formalité, ledit Pafteur, qui aura été traité avec une telle ingratitude, ne fera pas tenu d'attendre l'avis d'aucun Coloque ou Synode, fi ce n'eft en cas que l'une defdites Affemblées fut convoquée dans le même Mois, pendant lequel il fe voudroit retirer. Et ladite Eglife ingrate ne fera pourvûë d'aucun autre Miniftre, jufqu'à ce qu'elle ait pleinement fatisfait à tout ce qu'elle pourroit devoir à fon dit Pafteur; lequel cependant fe fouviendra toujours de ne s'obliger pas à l'Eglife d'une autre Province, que le jugement d'un Synode de la fienne n'y foit intervenu.

XXXIII.

Quant aux Cenfures que meritent les ingrats de chaque Eglife, elles leur feront faites par leur propre Confiftoire, fuivant la Difcipline Ecclefiaftique.

XXXIV.

L'Article 11. du Chapitre premier des Mariages fera éclairci comme s'enfuit,

T.ENU A FIGEAC.

fuit, *Quand il y aura une des parties de contraire Réligion, le Mariage ne fera pas reçû dans l'Eglife Réformée, fi la partie qui profeffe la Réligion Réformée n'eft pas fuffifanment inftruite pour pouvoir protefter publiquement, & en bonne confcience, qu'elle renonce à toute Idolatrie & fuperftition, & qu'elle veut, moienant la grace de Dieu, continuer le refte de fes jours en la pureté de fon fervice: & le Confiftoire de l'Eglife où fe fera ladite proteftation, éxaminera fi la capacité de la Perfonne qui la fait eft telle qu'elle doit être.*

XXXV.

Toutes les Provinces feront averties qu'un Miniftre nommé *Germain* a été demis de fon Miniftere, & declaré Coureur par de bonnes & juftes confiderations, & cela par le Synode Provincial d'*Orleans* & *Berry*, fauf audit *Germain* de propofer fes juftifications au Synode National, fi bon lui femble.

XXXVI.

Le prochain Synode National fera convoqué par la Province d'*Anjou*, dans un An ou environ, & ladite Province fera tenûë de faire avertir les autres, trois Mois auparavant, afin qu'elles puiffent s'y trouver.

XXXVII.

La Confeffion de Foi prefentée par les Eglifes des Païs-Bas, tant *Flamandes* que *Wallonnes*, a été approuvée par ce Synode, & tous les Députez des Provinces de *France* ont promis, au Nom de leurs Eglifes, d'y foufcrire quand befoin fera. Et il a été réfolu par cette Compagnie de rechercher & procurer tous les moiens propres & convenables pour réunir tous les fideles des Confeffions particulieres des Nations Proteftantes en une feule Confeffion commune, laquelle puiffe enfuite être approuvée par toutes lefdites Nations, & felon les avis & réfolutions de la Conférence qui a été faite ci-devant pour ce fujet à *Neuftad*, au Mois de Septembre l'an 1570. Donné à *Figeac* le 8. Août 1579. & figné au Nom de tous les Députés.

Par Monfieur JEAN DE LA FAYE, Moderateur.
Par Monfieur COUET, Ajoint.
Par Monfieur DE LA NOÜAILLE. Scribe.

Fin du dixiéme Synode.

XI. SYNODE NATIONAL
ONZIÉME SYNODE
NATIONAL
DES
EGLISES REFORMÉES
DE FRANCE.

Tenu à la *Rochelle*, le 28. du Mois de Juin,

L'AN M. D. LXXXI.

Sous le Regne de HENRI III. Roi de France & de Pologne

Dans lequel Synode furent élûs Monsieur de Nort, Ministre de la Rochelle, pour Moderateur ; Monsieur de la Plante Ministre de Pringay, pour Ajoint, Monsieur de Lestang-Godion, Ministre de Cove, pour Sécrétaire ; & Monsieur de Chauveston, Seigneur de Beauvois, & Ministre de St. Martin, aussi pour Sécrétaire.

LES NOMS DES DEPUTE'S
Qui ont assisté à ce Synode, tant Pasteurs qu'Anciens, envoiés de la part des Provinces suivantes.

ARTICLE I.

Pour la Province d'*Anjou*, la *Touraine*, le *Maine*, le *Perche*, le *Vandomois* & *Loudunois*, Monsieur de la *Plante*, Ministre du Saint Evangile dans l'Eglise de *Pringay*, & Monsieur *Mathurin Péju*, l'un des Anciens de la même Eglise.

II.

Pour la Province du *Poictou*, Monsieur *Alexandre de l'Estang Gogion*, Ministre dans l'Eglise de *Cove*, ou *Conve* ; & Monsieur *de Faux*, Ministre à *Châtel-heraud*, accompagné de Monsieur *Colin*, Docteur en Medecine, & Ancien de l'Eglise de *Fontena*.

III. Pour

TENU A LA ROCHELLE.

III.

Pour l'*Isle de France*, Monsieur *de Beau-lieu*, Ministre de la Parole de Dieu dans l'Eglise de *Senlis*, n'aiant aucun Ancien avec lui.

IV.

Pour la Province de *Normandie*, Monsieur de *La Four*, Ministre de l'Evangile, & Pasteur de l'Eglise de Jesus-Christ dans la ville de *Rouën*. Il vint au Synode, sans Ancien avec lui.

V.

Pour la *Xaintonge*, Monsieur *Des Monstier*, Ministre de la Sainte Parole de Dieu dans la ville de *St. Jean d'Angeli*, accompagné du Sieur *Pabout* Ancien de l'Eglise de *Pons*.

VI.

Pour la Province du Haut *Languedoc*, & de la Haute *Guienne*, Monsieur *Michel Berand*, Ministre de l'Evangile dans l'Eglise de *Montauban*, acompagné de Monsieur *Bais*, Ancien de la dite Eglise.

VII.

Pour la Province de *Perigord*, *Gascogne* & *Limousin*, Monsieur *Berjat*, ou *Débordat*, Ministre de l'Evangile dans l'Eglise de *Bergerac*, & *Janiçon Dedon*, Ancien de l'Eglise de *Duras*.

VIII.

Pour la Province de *Brétagne*, Monsieur *Nicolas Bernier*, Ministre du Saint Evangile de Christ dans l'Eglise de *Vitré*, accompagné de Monsieur de *Roussiere*, Ancien de l'Eglise de *Vielle Vigne*.

IX.

Pour la Province d'*Angoumois*, Monsieur *la Croix*, Ministre de la Parole de Dieu dans l'Eglise de *Jarnac*, sans Ancien.

X.

Pour la Province de *Champagne*, Monsieur *Capel*, Ministre de la Sainte Parole de Dieu dans l'Eglise de *Sedan*, & Monsieur *Pasquier*, Ancien de l'Eglise de *Troye en Champagne*.

XI.

Les Députés des Provinces de *Bourgogne*, & *Berry* étoient absens, mais ils écrivirent des Lettres d'excuse.

XII.

Pour la Province du *Languedoc*, Monsieur *Brunier*, Ministre de l'Eglise d'*Usez*, acompagné de Monsieur *Fortin*, Ancien.

XIII.

Les Députés des Provinces du *Dauphiné*, de *Provence*, *Forest*, & *Auvergne*, étoient tous absens dont on s'étonna fort, & même ils n'eurent pas la Civilité d'en faire aucune excuse par Lettres à cette Assémblée Nationale de la part de leurs Synodes respectifs.

XIV.

La priére étant finie, Monsieur de *Nort* Ministre de l'Evangile dans l'Eglise de la *Rochelle*, fut élû pour Moderateur; & Mr. de la *Plante*, Ministre de l'Eglise de *Pringay*, fut choisi pour Assesseur: & Monsieur de *Lestang-Godion*,

dion, Miniſtre de *Cove*, en *Poiƈtou* ; & Monſieur de *Chauveton*, Seigneur de *Beauvois*, & Miniſtre de l'Egliſe de St. *Martin* dans l'*Iſle* de *Ré* furent pareillement faits Secretaires, par Election.

MATIERES GENERALES.

Article I.

IL a été proteſté par tous les Députés, au nom des Egliſes de leurs Provinces, qu'ils perſeverent en l'union de la Doƈtrine contenuë dans la Confeſſion de Foi qui fut ci-devant approuvée & ſouſcrite dans le Synode National tenu en cette ville l'an 1571. laquelle aiant été maintenant exhibée aux Deputés de la preſente Aſſemblée, chacun la reconnû, en déclarant que perſonne de leurs Egliſes ne réjette ni combat les Dogmes de ladite Confeſſion de Foi, dont ils ont loüé Dieu tous enſemble.

II.

On a fait la leƈture des Réglemens de la Diſcipline Eccleſiaſtique, comme il a été réſolu d'en faire la Réviſion dans tous les Synodes Nationaux, & on a dit ſur le 4. Article, concernant les Miniſtres, qu'il demeurera en ſon entier, ſi ce n'eſt qu'au lieu de trois ou quatre Miniſtres, par leſquels la Préſentation d'un nouveau Miniſtre devoit ſe faire, ſelon qu'il avoit été ſtatué ci-devant, on a maintenant reſolu qu'elle pourra être faite par un ſeul.

III.

On a pareillement trouvé bon de mettre à la marge du 5. Article qu'il n'a été dreſſé que pour le tems auquel il n'y auroit aucunes Egliſes établies dans quelques Provinces, & non pas pour le tems preſent auquel il y en a, par la grace de Dieu, quelques-unes dans chaque Province de ce Roiaume.

IV.

L'article 22. du Synode de *Ste. Foi*, touchant les Miniſtres qui exercent la Medecine, aiant été lû, fût approuvé, comme fondé ſur la Parole de Dieu. Et d'autant que la Compagnie a été avertie que quelques Miniſtres s'emploient beaucoup plus à l'exercice de la Medecine qu'à leur Charge, il a été enjoint aux Députez de la Province, où ils ſont, de les exhorter à ſe conformer audit Article, ſelon leur devoir, & que s'ils y manquent leur Colloque & Synode precéderont contre eux ſelon l'Ordre de la Diſcipline.

V.

Les Princes & Seigneurs ſeront avertis de pratiquer l'Article de la Diſcipline qui les oblige d'envoier leurs Miniſtres aux Synodes Nationaux.

VI.

En confirmant l'Article 12. de la Diſcipline & le 21. & 23. de *Figeac* ; la Compagnie a été d'avis que les Paſteurs aiant obtenu legitimement congé de leurs Egliſes, ſi le Colloque ou le Synode des Provinces où ils ſervoient, ne les pourvoient pas de quelques autres Egliſes dans un mois après qu'ils auront

auront obtenu leurdit congé, ils se pourront pourvoir ailleurs & hors de leurs dites Provinces, si Dieu leur en donne le moien, selon l'Ordre de la Discipline Ecclesiastique.

VII.

En approuvant l'Article 15. de la Discipline, sur le Titre des Ministres, on est d'avis que ces mots, *composé de six pour le moins*, soient ôtés.

VIII.

On ajoutera, pour éclarcissement du même Article 15. *Qui se sera ingeré dans une Eglise, encore qu'il fût élû du peuple*, & non pas *de son peuple*.

IX.

Au 16. Article, où il y a *ses raisons* on mettra, *& les raisons bien examinées*.

X.

Au Titre des Professeurs, il sera ajouté *Regens & Maîtres d'Ecole*.

XI.

Il est licite aux Anciens de faire les Prieres Publiques en l'absence des Pasteurs les jours ordinaires, si le Consistoire les choisit pour cela.

XII.

Dans l'Article 6. des Anciens & Diacres, où il est dit que *les Anciens ne prétendront aucune primauté*, on ajoutera, *soit touchant les Nominations, soit pour le service, ou touchant l'ordre de dire leurs avis, ni pour les autres choses qui dépendent de leurs charges*.

XIII.

L'Article 7. des Anciens & des Diacres sera diligenment observé.

XIV.

Les Ministres & Anciens feront garder par tout fort exactement l'Article 2. du Titre du Consistoire.

XV.

Il a été resolu sur l'Article 3. du Consistoire, parlant des témoignages qu'on donne aux passans, que pour de bonnes raisons, ils ne seront rompus à l'avenir, ni rétenus, jusqu'à ce qu'ils soient parvenus aux lieux où ils pretendront d'aller, mais que lors qu'ils y seront arrivés, ces premiers témoignages seront déchirés & qu'on leur en fera de nouveaux s'ils partent de là, lesquels on ne donnera que le plus rarement qu'il sera possible, d'autant que plusieurs en abusent.

XVI.

A la fin de l'Article 10. de *Figeac* on ajoutera, *si ce n'est par l'avis du Consistoire*.

XVII.

On suppliera bien humblement, pour l'entretien des pauvres Ecoliers & Proposans qui aspirent au St. Ministere, *le Roi de Navarre*, Monsieur *le Prince*, & les autres *Seigneurs* qui sont de nôtre Réligion, de faire leur devoir en cela, & les Particuliers seront aussi exhortés d'y contribuer dans toutes les Eglises, afin que chaque Colloque entretienne du moins un Proposant & même d'avantage, s'il est possible, en mettant à part le cinquième denier des aumônes pour l'entretien desdits Proposans.

XI. SYNODE NATIONAL
XVIII.

Pour l'execution de l'Article 18. du Confiftoire touchant le recüeil des Actes memorables, il a été refolu que chaque Coloque deputera un Miniftre, auquel toutes les Eglifes qui en dependent envoieront leurs Memoires, touchant ce qui s'eft paffé depuis les premiers troubles, afin de le communiquer aux Synodes Provinciaux & de là aux Nationaux.

XIX.

Les fideles qui ont accoutumé d'aller ouir la Parole de Dieu dans une Eglife, & recevoir les facremens dans une autre, feront cenfurés & obligés de fe ranger & joindre au troupeau de quelque Eglife particuliere.

XX.

On ajoutera au premier Article des Délinquans après ces mots, *ni la caufe d'icelle*, ce mot *ni pareillement la reftitution* & on éfacera ces mots, *de peur de les difamer*.

XXI.

Sur le 3. Article de *Figeac*, parce qu'on a demandé l'éclairciffement dudit Article, on a été d'avis d'y ajouter fur la fin, que pour le regard de ceux qui fe feront revoltés depuis long-tems, l'excommunication ou la denonciation qu'on en doit faire eft remife à la prudence du Confiftoire. Mais quant à ceux qui fe feront nouvellement revoltés, il fera procedé contre eux felon la teneur dudit Article, fi ce n'eft que le Confiftoire jugeât qu'il pût arriver quelque grand & notable danger à l'Eglife, par une telle dénonciation, auquel cas on ne fera rien que par l'avis du Synode de la Province ou cela pourroit arriver.

XXII.

Ceux qui après être tombés en Idolatrie dans une Eglife, viendront demeurer dans une autre, où leur faute ne fera pas connûë, n'en feront la reconnoiffance que devant le Confiftoire feulement, mais à condition que s'ils retournent dans l'Eglife où ils auront donné ce fcandale, ils feront tenus d'y reconnoître publiquement leur faute.

XXIII.

Les reconnoiffances publiques ne fe feront qu'en perfonne, & par ceux la même qui auront publiquement failli, le pécheur rendant ouvertement temoignage de fa repentance.

XXIV.

Les paillardifes commifes & connuës publiquement, feront auffi reconnûës publiquement, par ceux qui en feront trouvés coupables.

XXV.

Dans l'Article 17. du Synode de *Figeac* on raiera ce mot, *la plus grande partie* & on mettra feulement, *connûs d'une grande partie*.

XXVI.

L'un & l'autre Article tant du Synode de *Figeac*, que de l'Ancienne Difcipline, demeureront tels qu'ils font touchant les tems des Colloques & Synodes Provinciaux, parce qu'il eft laiffé à la liberté d'un chacun d'en faire comme il pourra.

XXVII. Com-

TENU A LA ROCHELLE.

XXVII.
Comme c'est de l'Autorité des Synodes Nationaux que dependent les Provinciaux, les Coloques doivent auſſi être ſoumis aux Synodes Provinciaux & les Conſiſtoires aux Coloques.

XXVIII.
Le Synode National des Egliſes Réformées de ce Roiaume aſſemblé en cette ville de la *Rochelle* ſous l'Autorité des Edits du *Roi*, aiant vû un certain Livre intitulé *l'Hiſtoire de France*, imprimé en cette dite ville, ſur les plaintes qui en étoient faites de pluſieurs endroits de ce Roiaume, & aiant examiné les Procédures faites par le Conſiſtoire de cette Egliſe ſur ledit Livre; a trouvé qu'en beaucoup d'endroits il parle très-mal & ſans reſpect des matieres ſacrées de la Religion, & qu'il contient pluſieurs choſes vaines, profanes, plaines de fauſſetés & de calomnies, au prejudice de la verité de Dieu, au deſavantage & deshonneur de la Sainte Doctrine de la Réligion Réformée, & qu'il difame pluſieurs gens de bien, vivans & morts: C'eſt pourquoi ledit Synode a jugé que toutes les Egliſes en doivent être averties, afin de s'en donner de garde & de ſupprimer ce Livre autant qu'il leur ſera poſſible, & par le même jugement il a declaré l'Auteur dudit Livre, s'il eſt du rang des Miniſtres, indigne d'être reçû à la Communion des Saints, ou admis à la participation des Sacremens, juſqu'à ce qu'il ait reconnû ſa faute, & reparé, par des moiens convenables, le ſcandale qu'il a donné aux Egliſes.

XXIX.
Aiant pareillement vû & examiné un autre Livre Latin, ſur la Geneſe, d'un nommé *Jacques Broccard* Piémontois, auſſi imprimé en cette ville, ce Synode l'a declaré & declare rempli de profanations de l'Ecriture Sainte, d'impiétés & d'erreurs très-pernicieuſes, & principalement en matiere de Revelations & de Propheties. C'eſt pourquoi il exhorte tous les fideles de s'en bien donner de garde.

XXX.
Sur l'Article des Synodes Provinciaux, il a été arrêté que tous les Miniſtres ſe trouveront dans leurs Synodes Provinciaux, ou qu'ils s'excuſeront par Lettres, s'ils ne s'y peuvent pas trouver, deſquelles excuſes les freres aſſiſtans jugeront.

XXXI.
L'Article 3. des Synodes Nationaux demeurera, en ſon entier, mais pour le bien des Egliſes on y ajoutera qu'à l'avenir on y envoira autant qu'il ſera poſſible, deux Miniſtres & deux Anciens de chaque Province.

XXXII.
A cauſe des Danſes & autres diſſolutions, auxquelles on s'attache de plus en plus dans tous les lieux où nous avons des Egliſes, il a été ordonné que les Conſiſtoires ſeront exhortés au nom de Dieu de bien pratiquer l'Article 20. des Reglemens particuliers, & le 26. de *Figeac*, & d'en faire la lecture publiquement & par l'autorité de cette Compagnie; & les Coloques & Synodes ſont auſſi chargés de cenſurer les Conſiſtoires, qui n'auront pas

fait, ou qui manqueront à l'avenir de faire leur devoir sur cela.

XXXIII.

Tous ceux qui tiendront des Benefices par le moien des Bulles du Pape, ou par Achat, ou par quelques autres moiens illicites, & tous ceux qui pratiqueront ou entretiendront l'Idolatrie directement, ou indirectement, soit eux-mêmes, soit en la personne d'autrui ne seront point admis à la Cene.

XXXIV.

Quant aux Patronages, Fermes & Rentes des Benefices, les choses demeureront selon les Anciens Articles de la Discipline. Cependant chacun rapportera au Synode de sa Province, les dificultés qu'on fera ou proposera sur ces matieres, pour en venir bien instruits au Synode National. Et quant aux demandes faites de la part du *Languedoc* de la *Gascogne* & du *Perigort*, qu'il leur soit permis pour le bien de leurs Eglises de censurer tels Fermiers, la chose est remise à la prudence de leurs Synodes Provinciaux.

XXXV.

A l'avenir, pour éviter les dissipations des Eglises, ceux qui seront élus pour conduire l'action des Coloques s'informeront des Anciens de chaque Eglise, de l'entretien qu'ils donnent à leur Ministre, & de la diligence qu'ils font de leur paier ce qui leur est ordonné, afin qu'il y soit pourvû comme il faut, par l'autorité desdits Coloques.

XXXVI.

Le 33. Article du Synode de *Figeac* doit être corrigé par le retranchement de cette clause, *les plus aparens*.

XXXVII.

Les Synodes & Coloques auront soin de limiter l'étendue des lieux où chaque Ministre pourra exercer son Ministere.

XXXVIII.

Les Ministres qui appartiennent aux Eglises de France, & demeurent néanmoins hors de ce Roiaume, seront rappellés par le Synode de leur Province.

XXXIX.

A cause du grand mépris de la Religon, qu'on void même dans les saintes Assemblées, où plusieurs ne daignent pas de chanter les Psaumes, ni d'apporter les livres de Prières & de Psalmodie, on avertira publiquement dans toutes les Eglises un chacun de s'en pourvoir, & ceux qui, par mépris, négligeront d'en avoir, & de les chanter, seront sujets aux censures, & on avertira aussi les Imprimeurs de la Religion, de ne séparer point les Prieres ni les Catechismes, d'avec les Psaumes.

XL.

En éclaircissant l'Article 17 pour le Reglement des particuliers touchant les habits; la Compagnie Synodale a declaré, qu'on ne doit pas mettre au rang des habits ordinaires & accoutumés, ceux qui ont quelques marques notoires d'impudicité, de dissolution ou de nouveauté trop fastueuse & indecente, comme sont les Fards, Phislures, Houpes, Lardoires, Guiquerolets, Seins ouverts, Vertugadins & autres choses semblables, desquelles tant hom-

hommes que femmes abufent dans leurs parûres. C'eft pourquoi les Confiftoires feront leur poffible pour reprimer de telles diffolutions, en cenfurant les rebelles & en les puniffant même par l'Excommunication, s'ils n'abandonnent pas tout ce qui eft contraire à la Modeftie , & à la fimplicité Chrétienne.

XLI.

Pour ce qui eft de l'Article 14. du Titre des Mariages, la Compagnie n'a pas jugé qu'il fut contraire à l'Article 34. des Etats de *Blois*, qui ne parle que des Notaires. C'eft pourquoi leur laiffant fuivre l'Ordonnance du Roi, rien n'empêche qu'on ne puiffe les fiancer dans l'Eglife par paroles de prefent.

XLII.

Toutes ufures exceffives & fcandaleufes feront abfolument defendus & abolies.

XLIII.

Après ces mots, *des fuperftitions de l'Eglife Romaine* dans l'Article 2. des Reglemens, on ajoutera *les Imprimeurs & Libraires feront exhortés de ne vendre aucuns Livres fcandaleux* " qui favorifent l'Idolatrie, l'Impudicité & les ,, autres vices, ou qui puiffent corrompre les bonnes Mœurs.

XLIV.

Sur la Queftion propofée, s'il eft licite à un homme d'époufer la veuve du frere de fa femme ? On eft d'avis qu'outre ce que plufieurs en ont jugé, il y a une Afinité occulte entre de telles parties, d'autant que l'homme & la femme ne font réputés qu'un même Corps, & que, par confequent l'honnêteté & la bienfeance ne permettent pas qu'on faffe un tel Mariage.

XLV.

Il n'eft pas licite de demander au Pape les Difpenfes de Mariages fur les empêchemens prefens ou futurs, parce qu'en ce faifant on reconnoit fa Puiffance Tirannique : Mais on peut bien s'adreffer au Roi pour obtenir la Difpenfe des Degrés qui font maintenant defendus par les Reglemens de la Police, & qui ne font pas refervés par aucune Loi Divine.

XLVI.

Les Fideles feront exhortés, tant dans les Prêches, qu'en particulier, de ne laiffer pas long-tems leurs enfans fans les faire bâtifer, s'il n'y a quelque grande neceffité, ou des importantes raifons pour cela.

XLVII.

On n'affiftera point aux Noces & Feftins de ceux qui fe revoltent de la Religion Réformée pour époufer des Papiftes. Mais pour ceux qui fe feront révoltés long-tems avant que de penfer au Mariage, ou qui auront toujours été Papiftes, il demeurera en la prudence des fideles de confiderer ce qui fera expedient, en prenant bien garde, s'ils y affiftent, de n'aprouver en aucune maniere le mal, ni les autres chofes indecentes qui s'y font ordinairement.

XLVIII.

Les Miniftres & les Fideles ne publieront à l'avenir aucuns de leurs Ecrits imprimés ou autrement fur les matieres de Religion, de Politique, de Confeils ou autres chofes de quelque importance, fans la permiffion expreffe & l'aprobation du Coloque de leurs Eglifes.

Tome I.   V   XLIX. A la

XI. SYNODE NATIONAL &c.

XLIX.

A la fin du 16. Article du Synode de *Figeac* on ajoutera ces mots, *& lesdits Peres* "feront aparoir qu'ils ont été diligens & soigneux à faire leur devoir ,, pour empêcher de *tels mariages*.

L.

La Province de *Bretagne* est nommée pour convoquer le Synode National prochain, & pour cet effet elle envoiera trois mois auparavant ses Avertissemens à toutes les Provinces & aux Ministres de *Bearn*, comme aussi à ceux de *Metz*, de *Sedan* & autres Ministres des Princes.

ROLE DES APOSTATS ET DES COUREURS.

1. De *Launoy*, ci-devant Ministre de la Province de *l'Isle de France*.
2. *Panetier*, ci-devant Ministre en *Picardie*.
3. *Toussain Gibou*, qui a abandonné le St Ministere.
4. *Quinet*, Ministre de *Grénoble* deposé au Coloque d'*Usez*.

Ces Décrets furent signés à la *Rochelle* le 29. du Mois de Juin l'An 1581. pour & au nom de tous les Députés dudit Synode par

Monsieur de Nort, Moderateur.
Monsieur de la Plante, Ajoint.
Monsieur de Lestang.
&
Monsieur de Chaveton. } Scribes.

Fin du onzième Synode.

DOUZIE-

DOUZIÉME SYNODE
NATIONAL
DES
EGLISES REFORMÉES
DE FRANCE.

Tenu à *Vitré* en *Bretagne*, le 15. du Mois de Mai.
L'an M. D. LXXXIII.
Sous le Regne de HENRI III. Roi de France & de Pologne.

Dans lequel Synode on choisit Monsieur Pierre Merlin *pour Moderateur, Monsieur* Mathieu Virelle *pour Ajoint, & Messieurs* René Pineau *&* Jerôme Farreau, *pour Scribes.*

LES NOMS DES MINISTRES
ET DES ANCIENS,
qui furent Deputés *à ce Synode par les* Provinces *suivantes.*

ARTICLE I.

LE lundi 15. Mai 1583. le XII. Synode National de France fut assemblé dans la ville de *Vitré*, au Château du Sieur de *Laval*, par les Freres de la Province de *Bretagne*, suivant l'ordre qu'ils en avoient reçû dans le dernier Synode National de la *Rochelle*, & pour cet effet les Députés de *l'Isle de France*, du Païs *Chartrain* de *Brie* & *Picardie* ont comparu dans cette Assemblée à savoir *Mathieu Viral*, Ministre de l'Eglise de *Marches* en la ditte *Isle de France*, & Monsieur *Claude de Hames* Ancien de l'Eglise d'*Amiens*.

II.
Pour la *Champagne* & le Païs *Messin*, on a reçû des Lettres de Monsieur

Fleuret, Ministre *Depernay* qui est demeuré malade en chemin, duquel l'excuse a été trouvée bonne, mais non pas celle de la dite Province, attendu qu'elle n'a point envoié d'Ancien avec ledit Sieur *Fleuret*.

III.
Pour la *Normandie* Monsieur *Guillaume de Fougeray*, Ministre à *Barqueville*, & Monsieur *Jean de la Marre*, Ancien de l'Eglise de *Trimere*.

IV.
Pour la *Bretagne*, Monsieur *Pierre Merlin* Ministre dans la Maison du Sieur *de Laval*, & Monsieur *Mathurin de l'Hommeau* Ministre de l'Eglise de *Remes*, & Monsieur *Guillaume le Maide* Ancien de l'Eglise de *Vitré*.

V.
Pour *Orleans* & *Berry*, *Jean Sauvage* Ministre de l'Eglise de *Mer* sur *Loire*, & *Christofle Bourgoin*, Ancien de l'Eglise de *Chandun*.

VI.
Pour *Anjou*, *Touraine*, le *Maine*, *Vandomois*, *Loudunois* & le *Bas Perche*, *Jean Malsouffre* Ministre de *Chateaugontier*, & *René Pineau* Ministre de l'Eglise de *Caën*, & *Mathurin Peju* Ancien de l'Eglise d'*Angers*.

VII.
Pour le *Haut* & *Bas Poictou*, *Nicolas Goré* Ministre de l'Eglise de *Fontenay le Conte*, & *Pierre Guiteau* Ancien de l'Eglise de *Chaftellerant*.

VIII.
Pour *Xaintonge* & *Aunix*, *André Mazier*, Ministre de l'Eglise de *Theray* en *Aunix*, & *Jerôme Taureau*, Ancien de la *Rochelle*.

IX.
Pour l'*Angoumois*, Mr. *Gui du Pont* Ministre de l'Eglise de *Verteuil*, sans Ancien.

X.
Ceux de *Gascogne*, *Perigord* & *Limousin*, furent absens, s'excusant de n'avoir pas été avertis à tems, ni eû le loisir de recueillir l'argent necessaire pour les frais de leur voiage.

XI.
Ceux du *Haut* & *Bas Vivarez* & du *Velay*, ont été absens sans en faire aucune excuse.

XII.
Pour le *Bas Languedoc*, sçavoir pour *Nimes*, *Montpellier*, & *Ufés* jusqu'à *Besiers*, & *Gevaudan* inclusivement, *Jean de Serres* Ministre de *Nimes*, & *André d'Anguilonnet* Ancien de l'Eglise de *Nimes*.

XIII.
Pour le reste du *Haut Languedoc* & *Haute Guienne*, *Jean Gardesi* Ministre de l'Eglise de *S. Anthoine* en *Rovergue*, & *Amand le Gros* Ancien de l'Eglise de *Castres*.

XIV.
Le *Bourbonnois*, la *Basse Auvergne*, le *Lionnois*, & *Forest*, la *Marche* & *Beaujolois*, n'ont envoié aucuns Deputés, ni des Lettres d'excuse.

XV
La *Provence* a fait des excuses sur l'absence de ses Deputés, qui n'ont pas été reçuës.

XVI.
Le *Dauphiné* & *Orange*, se sont legitimement excusés par leurs Lettres, de n'avoir fait aucune Deputation.

XVII.
Les Deputés des Eglises du *Païs-Bas*, ont aussi comparu dans ce Synode avec les témoignages de leur envoi; à savoir *Michel Forest*, Ministre de l'Eglise Françoise de *Malines*; le Docteur *Jean Bolvis*, Ministre de l'Eglise de *Gand*; *Jean Haren* Ministre de l'Eglise de *Bruges* : tous lesquels Deputés ont travaillé de concert à dresser les Statuts & les Décrets des Articles suivans.

MATIERES GENERALES.

Article I.

Sur la Réquête des Freres du *Païs-Bas*, par laquelle ils demandent qu'on regle d'un commun acord tout ce qui est le plus convenable & le plus expedient, afin que les Deputés de la part de leurs *Eglises* se puissent trouver à l'avenir dans nos Synodes Generaux, & les nôtres aux leurs. La Compagnie dès à present a ordonné que chaque fois que lesdits Synodes des *Païs Bas* se tiendront, deux Provinces de ce Roiaume seront chargées d'y envoier leurs Deputés, à savoir deux Ministres & un Ancien chacune, qui seront nommés & choisis par les Provinces de ce Roiaume, qui auront charge de les y envoier, aux frais communs de toutes les Eglises; & pour cet efet on a maintenant ordonné aux Provinces de l'*Isle de France* & de *Normandie* de nommer ceux qui doivent aller pour la premiere fois, assister de nôtre part au Synode National des dits *Païs-Bas*. Et pour ce qui est de la *Confession* & des Statuts de la *Discipline*, que lesdits freres ont apporté des Eglises de leur Païs : La Compagnie après avoir rendu graces à Dieu, du bon accord & de l'union qu'elles ont en l'un & l'autre Point avec les Eglises de ce Roiaume, a trouvé bon de les signer, aiant requis lesdits freres Deputez, de vouloir faire reciproquement la même chose touchant la Confession de Foi & la Discipline Ecclesiastique des Eglises Réformées de ce Roiaume. Ce qu'ils ont fait suivant leur Commission, pour preuve & témoignage de la conformité mutuelle qui se trouve tant en ce qui concerne la Doctrine, que le bon Ordre, par toutes les Eglises de l'une & de l'autre part.

II.

Comme la Compagnie a entendu avec bien du regret le mauvais état de la plupart des Eglises des Païs-Bas, en ce qu'elles sont troublées par beaucoup de Sectes & d'Heresies, telles que sont celles des *Georgistes*, des *Anabâtistes*, des *Libertins* & autres Heretiques falsificateurs de la Parole de Dieu; contre lesquels lesdits Eglises ne peuvent pas encore emploier les remedes qui seroient à desirer : Aussi d'autre part cette Compagnie a été fort rejouie, d'avoir apris le soin & la diligence qu'elles emploient à refuter tous ceux qui contreviennent à la pure Doctrine, ou au bon ordre de la Discipline, les priant affectueusement de vouloir toujours s'apliquer à la refutation & à la condannation de telles choses ; comme de sa part aussi, elle les rejette & condanne, selon qu'elle croit l'avoir sufisamment témoigné, en ce qu'elle a souscrit d'un commun accord & signé leur Confession de Foi & les Réglemens de leur Discipline Ecclesiastique.

III.

Et parceque cette sainte Union & concorde qui est maintenant entre toutes les Eglises de France, & celles desdits Païs-Bas, semble necessairement requerir qu'elles s'entraident & favorisent : La Compagnie a trouvé bon que lesdites Eglises, tant de ce Roiaume que des Païs-Bas, s'assisteront reciproquement de Ministres & autres choses, selon les necessités & les moiens qu'elles en auront.

IV.

Il a été resolu que pour éviter tout debat & contention, un chacun sera cottisé par l'Eglise dans laquelle il se range pour l'exercice de la Religion, afin que tous contribuent aux frais tant ordinaires qu'extraordinaires, sans avoir égard à la distinction des Provinces.

V.

On demande s'il est permis à un homme duquel la femme est devenue lepreuse, de se remarier à une autre ? La Compagnie a été d'avis, que, suivant la Sentence de *Jesus-Christ*, il n'est pas licite de se remarier à une autre femme du vivant de la premiere, sinon pour la seule cause d'Adultere, & que celui qui demande de se pouvoir remarier pour un autre grief ne le peut pas faire. C'est pourquoi il doit être exhorté de prier Dieu & de se contenir pendant que sa femme vivra, & de lui donner toute l'assistance qu'il lui sera possible.

VI.

La pratique de l'Article 33. du premier Chapitre de la Discipline, sera soigneusement recommandée dans toutes les Eglises de chaque Province. L'Article dont il s'agit commence ainsi. *En chaque Eglise on dressera des Memoires* &c.

VII.

Sur la Question faite par les Deputés de *Xaintonge*, à savoir si pour le regard des enfans nés hors du mariage, même en Adultere & Inceste, on usera de la forme des priéres acoutumées, *Engendrés de Pere & de Mere que tu as apellés en ton Eglise ?* La Compagnie est d'avis qu'on n'en doit pas faire dificulté, d'autant que le Nom de Pere & de Mere comprend non seulement les plus proches qui ont engendré, mais aussi les Ancestres jusqu'à mille Degrez : aiant aussi égard qu'encore qu'il y ait de la faute des parens, ils ne laissent pas d'être compris generalement dans l'Alliance.

VIII. L'Ar-

VIII.

L'Article 4. des Mariages, qui dit que *les promesses faites par paroles de present, sont indissolubles*, demeurera : C'est pourquoi quand l'une des parties ainsi fiancée ne se voudroit pas joindre à l'autre pour quelque dégout ou mécontentement qu'elle pourroit avoir, elle sera pressée de le faire par toutes Censures Ecclesiastiques, jusqu'à l'Excommunication, si ce n'est que la partie offensante n'eût pas encore participé à la Ste. Cene, auquel cas après toutes les exhortations qu'on lui aura faites au Consistoire, & après que son endurcissement aura été notifié au Peuple dans l'Eglise, pendant trois jours de Dimanche consecutifs, il suffira qu'au quatrième, on declare publiquement à l'Assemblée de l'Eglise qu'une telle Personne n'est plus reputée comme l'un de ses membres. Et après que cette Denontiation aura été faite, si la Partie coupable demeure obstinée, la partie innocente sera renvoiée au Magistrat, pour être mise en liberté, ce qu'aiant obtenu de lui, elle pourra être mariée par l'Eglise, à qui bon lui semblera, pourveu que cela se fasse chrétiennement. Et quant à la Partie coupable & obstinée, elle ne pourra point être reçûë à la Cene, & il ne lui sera pas non plus permis de se marier avec un autre qu'après une longue épreuve de sa repentance, & une deûë satisfaction.

IX.

Sur la Question si on doit enregitrer dans le Cayer des Batêmes les enfans des Peres & Meres qui les ont mis au monde par une conjonction illicite ? Il a été répondu qu'oüi, si ce n'est ceux qui seront nés d'Inceste, afin d'éteindre la mémoire d'un crime si énorme, auquel cas il sufira de nommer la Mere avec celui qui presente l'enfant. Et pour ce qui est des autres illegitimes, on fera mention qu'ils sont nés hors du Mariage.

X.

Un Pere pourra être present au Batême de son enfant, encore qu'il soit suspendu de la Cene.

XI.

Ceux qui auront commis une volerie, meurtre, ou quelque autre signalée méchanceté punissable par le Magistrat, ne seront point reçûs dans l'Eglise, qui pourroit encourir du blâme pour leur avoir servi de retraite.

XII.

Quand il vient à la connoissance du Consistoire, par l'un de ses Membres, quelque crime énorme, & meritant la mort exemplaire de celui qui aura commis ledit crime, & qui n'a pas pû être apellé au Consistoire, & ne s'est pas découvert lui-même pour demander conseil : On demande si on le déclarera au Magistrat ? La Compagnie a été d'avis que le Consistoire ne le denoncera point, si ce n'est au Magistrat fidéle, & seulement par maniere d'avertissement, & non pas comme Délateur.

XIII.

Pour éviter le mépris que la plûpart font du Batême en sortant de l'Assemblée, ou s'y portant irrévérenment, lors qu'on l'administre, il a été resolu, qu'il seroit bon desormais de l'administrer devant le dernier chant du

Pseaume, ou pour le moins devant la derniére Bénédiction : & que le Peuple sera soigneusement averti de porter la même révérence à l'administration, tant du Batême que de la Cene ; vû que *Jesus-Christ*, & tous ses bénéfices nous sont offerts, en l'un & en l'autre Sacrement.

XIV.

Les Gentilshommes & autres qui auront droit de Patronage, ne seront pas contraints de quitter leur droit, mais s'ils en tirent quelque profit, on les exhortera de l'emploier à de bons usages, comme à l'entretien de l'Eglise, des Coloques & des Pauvres.

XV.

Desormais l'Eglise en laquelle le Synode National sera assigné aura soin de prendre si bien ses mesures, après ladite assignation, que la Sainte Cene du Seigneur se puisse célébrer à la fin de chaque Synode, pour témoignage d'une sainte union entre toutes les Eglises de ce Roiaume.

XVI.

Touchant la Question proposée par les Députés d'*Anjou*, s'il est licite d'accompagner une Epouse de l'Eglise Papiste jusqu'au Temple ? On a dit que cela ne se doit faire que le plus rarement qu'il sera possible, & pourvû qu'il n'y ait dans cette Compagnie ni dissolution, ni violons, ni aucunes autres choses qui tendent à la vanité & au debordement accoutumé. Et on a ordonné que la même chose se doit observer touchant les Convois des Funérailles de ceux de l'Eglise Romaine jusqu'au sepulchre, à savoir qu'il n'est pas licite d'y assister, s'il y a quelque espece d'idolatrie ou de superstition.

XVII.

Quant à la Question proposée par les Députés du *Haut Languedoc*, si on doit souffrir qu'une femme fidéle, mariée avec un homme de Religion contraire, soit habillée autrement que la modestie Chrêtienne ne le permet ; quand son mari le lui commande, & qu'à faute de lui obéïr elle s'attireroit des reproches & romproit la bonne union qu'elle doit conserver avec lui ? La Compagnie a été d'avis qu'elle soit tolerée pour éviter tous ces inconveniens, hormis les jours de la Cene, & quand elle presentera quelque enfant au Batême : car ces jours-là elle doit s'habiller modestement, pour témoigner son humilité & sa modestie Chrêtienne.

XVIII.

Quant à ce que le frere Deputé du *Bas Languedoc* a proposé, qu'il y a de certaines gens de nôtre Religion, qui étant censurés selon l'ordre de la Discipline, obtiennent du Magistrat défense de ne passer pas plus outre sur cela. La Compagnie a été d'avis qu'il faut declarer à celui qui sera de pareilles défenses qu'il n'a pas le droit de rendre ce jugement, & que s'il le veut executer on en apellera à la Chambre de l'Edit : & que cependant on ne laissera pas de continuer l'execution de la Censure commencée : & que si les Ministres étoient inquietés pour cela, on est d'avis que tout le Corps du Consistoire prenne leur défense en main. La Compagnie declare aussi que cet avis servira de réponse à ce que les freres d'*Anjou* ont proposé touchant

quel-

quelques Magistrats qui veulent les contraindre de leur bailler les faits contestés & resolus au Consistoire.

XIX.

L'Eglise où le Synode National aura été assemblé, sera chargée d'envoier tous les Actes dudit Synode à la Province qui aura charge d'assembler l'autre prochain Synode.

XX.

Il a été resolu qu'on fera un Cachet, pour sceler les Lettres d'importance qui seront envoiées au Nom dudit Synode National, & que ce Cachet sera envoié à la Province où se doit tenir ledit Synode.

XXI.

La Compagnie considerant le grand nombre de calamités dont nous sommes menacés, comme sont la Guerre, la Peste, la Famine, la Revolte de plusieurs, le peu de zéle & de Reformation de la plûpart de ceux qui n'abandonnent pas nôtre Communion, a été d'avis d'ordonner un Jeûne qui sera generalement célébré par tout le Roiaume de France, un jour de la derniere semaine de Juillet selon la commodité des Eglises.

XXII.

La pratique du 28 Article du 5. Chapitre de la Discipline est remise à la prudence des Consistoires.

XXIII.

Quant à la Question proposée par les Deputés de *l'Isle de France*, comment il faut proceder contre ceux qui sont ingrats envers leurs Ministres, & ceux qui doivent contribuer aux frais Ecclesiastiques? La Compagnie a été d'avis, qu'aiant égard aux blâmes & calomnies que l'Eglise pourroit s'attirer en cela, ils seront seulement avertis & exhortés de faire leur devoir envers leurs Pasteurs, & en cas de besoin qu'on tâchera de les y porter, en leur faisant de vives remontrances sur cette obligation, devant les principaux Chefs de famille, sans qu'on puisse néanmoins leur interdire les Sacremens pour le seul refus de ces contributions.

XXIV.

Sur la Question proposée par les freres Deputés d'*Anjou*, si un Ministre Deputé par un Synode Provincial pour aller au Synode ou Coloque d'une autre Province, pour quelques afaires communes, y doit avoir sa voix deliberative? La Compagnie est d'avis qu'oüi, non seulement pour le sujet de sa Deputation, mais aussi sur les autres matieres durant toute l'Action, à la reserve de ce qui pourroit concerner ses intérêts particuliers.

XXV.

Quant à la Question proposée par les Deputés de *Poitou*, s'il est expedient que les Ministres aillent visiter les malades pestiferés? La Compagnie a remis cela à la prudence des Consistoires. Estimant néanmoins que cela ne doit pas être fait sans une très-urgente necessité, puis qu'on exposeroit à un grand danger toute une Eglise pour quelques particuliers: si ce n'est que le Ministre puisse consoler ces malades en leur parlant de loin, sans risquer d'en être infecté. C'est pourquoi on est d'avis que le Ministre voiant aprocher

cher un tel danger doit exhorter à la patience tout son Troupeau, & le consoler dans ses Predications ordinaires, en prenant quelque texte qui soit propre & convenable pour cet effet.

XXVI.

Les Articles de la Discipline, concernant les Reglemens du Peuple, seront lûs publiquement, après que les Synodes auront fait un Extrait de ceux dont ils jugeront que la connoissance est necessaire au Public. Et ladite lecture en sera faite dans l'Eglise au jour & heure que le Consistoire jugera plus commode.

CORRECTIONS ET ADDITIONS

Faites par le même Synode sur plusieurs Articles du Corps de la Discipline Ecclesiastique.

ARTICLE I.

AU Chapitre premier, Article 4. Sect. 2. après ces mots, *Le tout sera raporté*, on ajoutera, *au Coloque ou Synode*.

Audit Chapitre à la fin du 7. Article au lieu de dire, *suivant le Formulaire qui en a été dressé*, on mettra, *le Formulaire de l'Imposition des mains ordinairement observé pour l'Election des Ministres*.

Le 13. Article dudit Chapitre sera mis après le 3. Article des Coloques.

L'Article 21. dudit Chapitre a été tout raié, & on a mis à sa place celui-ci.

„ Les Princes & Seigneurs qui voudront demander des Ministres à une
„ Eglise, pour servir quelque tems dans la leur, auront la discretion de n'en
„ exiger pas de celles où il n'y en aura qu'un seul, & ils ne doivent pas non
„ plus en prendre sans le consentement & la permission tant de l'Eglise que
„ du Coloque dont ils dependent.

L'Article 23. dudit Chapitre a été tout raié.

L'Article 26. dudit Chapitre a été changé de la maniere suivante: *Le Ministre qui se sera ingeré dans une Eglise par le seul consentement du Peuple, ne sera point aprouvé des Ministres voisins, ni des autres, jusques à ce que le Coloque, ou le Synode de la Province où il sera, ait jugé de son Instalation.*

Le 31. Article dudit Chapitre sera tout raié.

Au bout de l'Article 33. dudit Chapitre il faut ajouter, *aux Coloques*, *si les Eglises sont d'un même Coloque*.

Audit Chapitre l'Article 34. doit être entierement changé de cette sorte:
„ Les Ministres pourront être prêtés, (s'ils veulent) par leur Consistoire,
„ selon que l'édification de l'Eglise le requerra: mais ce prêt ne se fera que
„ par l'avis de deux ou trois Ministres: ou même du Coloque, si c'est pour
„ un terme plus long que six mois.

TENU A VITRE'.

Audit Chapitre les Articles 36. & 45. seront entiérement raiés.

Audit Chapitre dans l'Article 55. sur la fin au lieu de ce mot, *le Consistoire jugera*, il faut qu'il y aît, *ceux qui auront jugé de la Déposition connoîtront*.

Audit Chapitre l'Article 56. sera ainsi couché, *Les Synodes Nationaux seront avertis par les Provinciaux de ceux qui seront déposés, afin de ne les recevoir pas*.

Audit Chapitre dans l'Article 57. où il y a *Synodes Nationaux*, il faut *Synodes Provinciaux*. Et dans l'Article 59. après *Coureurs*, il faut ajouter *Apostats*. Et à la fin dudit Article il faut mettre, *dont la Liste sera portée des Synodes Provinciaux aux Nationaux*.

II.

Au Chapitre second Article 4. après ces mots, *pour être emploiés au Ministére*, il faut ajouter, *préférant les enfans des pauvres Ministres s'ils sont propres aux Lettres, dont les Coloques auront soin d'examiner le génie & les talens*.

III.

Au Chapitre troisième dans l'Article 6. il faut mettre, *La décision de la Doctrine est principalement reservée aux Ministres & Pasteurs*.

Au Chapitre V. les Articles 20. 24. & 29. doivent être raiés.

La pratique du 26. Article qui commence, *Toutes les fautes*; est remise à la prudence des Consistoires.

IV.

Au Chapitre VIII. Article 6. après *l'un des Pasteurs pour y présider*, il faut ajouter, *avec un ou deux Scribes*.

Dans l'Article 12. il faut ajouter sur la fin, *Et là où quelque Province sera ingrate, le Deputé d'icelle le raportera au Synode National afin d'y pourvoir*.

V.

Au Chapitre IX. dans l'Article 6. il faut ajouter : *Ecclesiastiques*.

Dans l'Article 8. après ces mots *amples Mémoires*, il faut ajouter, *avec des excuses legitimes de leur absence*.

Dans l'Article 11. sur la fin il faut ajouter, *laquelle sera avertie de s'y preparer*.

VI.

Au Chapitre X. Article 3. il faut ajouter à la fin ces mots, *autant que faire se pourra selon la commodité des tems & des lieux*.

Dans l'article 5. il faut ajouter, *Et on avertira ceux qui accompagnent les Corps de se comporter avec modestie durant le Convoi, meditant sur l'objet qui se presente, tant ce qui concerne la misere & la briéveté de cette vie, que l'esperance de l'immortalité bien heureuse*.

A la fin de ce 10. Chapitre il faut mettre, ,, Parce que le deuil ne consi- ,, ste pas en habit, mais en componction de cœur, les fidéles seront avertis ,, de s'y comporter en toute modestie, rejettant toute ambition, hypocrisie ,, & superstition.

VII.

Au Chapitre XI. article 2. après ces mots, *attribués à Dieu dans l'Ecriture*, il faut ajouter, *comme Emmanuel & autres*.

VIII.

Au Chapitre XIII. article 7. au lieu de ces mots, *les Synodes estiment*, il faut mettre, *les Synodes déclarent*.

Dans les Articles 8. & 9. il faut inferer celui-ci, *Le fiancé ne pourra épouser la Mere de la fiancée defunte.*

Dans les Articles 10. & 11. il faut mettre, *Aucun ne pourra épouser, après le decès de sa femme, celle avec laquelle il auroit commis Adultére, du vivant de sadite femme, si ce n'est après l'examen & la deliberation qui en aura été faite par le Consistoire.*

Dans l'Article 12. après ces mots, *solennellement mariés*, il faut ajouter, *soit que leur faute vienne à être connuë devant ou après le Mariage bénit.* Et en raier ces mots, *s'il demande de l'être.*

Dans ce même Article il faut mettre, *cela arrivant devant le Mariage, il sera procedé audit Mariage.*

Dans les Articles 22. & 23. il faut inferer ceci: *Pour éviter les inconveniens qui arrivent quand on difere trop la Bénédiction des Mariages, c'est pourquoi les Parties, & ceux qui ont quelque pouvoir sur elles, seront avertis de ne diferer pas, s'il est possible, plus de six semaines ladite Bénédiction.*

IX.

Au Chapitre XIV. dans la derniére Distinction de l'Article premier il faut ôter ce mot, *beaucoup.*

Dans l'Article 4. il faut ajouter: *si ce n'est en cas que ce fût pour en ôter le Prêche, & pour y établir la Messe.*

Dans l'Article 5. à la fin, il faut ajouter ce mot, *susdit.*

Dans l'Article 19. il faut ajouter, *excessives & scandaleuses.*

Dans l'Article 21. sur la fin, il faut ôter le mot, *Excommunication*, & y mettre, *Suspension de la Cene.*

Dans les Articles 24. & 28. il faut inferer celui-ci. „ Les Jureurs & Blas-
„ phemateurs du Nom de Dieu ne seront point tolerés dans l'Eglise, mais
„ au contraire, on les avertira sérieusement, que s'ils ne se corrigent pas, il
„ sera procedé contre eux par toutes les Censures Ecclesiastiques, selon la
„ prudence des Consistoires.

MATIERES PARTICULIERES.

ARTICLE I.

D'Autant que Monsieur de *Toursillant*, Ministre deposé, nous a requis très humblement de le retablir dans son Ministére: cette Assemblée aiant specieusement consideré le crime dont il a été accusé & convaincu par devant le Magistrat, & qu'il conserve encore son vieux panchant pour le même vice, de telle sorte que dans sa Requête qu'il nous adresse il se justifie plûtôt que d'en marquer une vraie contrition & repentance, comme on

peut

peut le voir clairement ſi on veut examiner ſes Lettres avec attention: La preſente Aſſemblée ordonne qu'il ne ſera pas remis dans l'exercice du Miniſtére du St. Evangile.

II.

Nos Freres les Deputés de *Normandie* ont demandé nôtre ſentiment touchant ce Cas ſi dificile: Une Veuve dans l'Egliſe de N. s'étoit promiſe en Mariage par paroles de *Præſenti*, & avoit été dûèment informée par les Miniſtres de l'Egliſe à laquelle elle apartenoit, de l'importance de ces Promeſſes; cependant quelque tems après elle fit rompre ſes Promeſſes, par une Sentence de l'Oficial, plaidant pour elle, & diſant qu'elle étoit ignorante de ces paroles, de *Præſenti* & *Futuro*. Elle ſe maria enſuite à un autre, ſuivant les Cérémonies de l'Egliſe Romaine, n'aiant aucun égard aux remontrances des Miniſtres, ou de la perſonne à qui elle avoit été promiſe. Cette Aſſemblée juge que les premiéres promeſſes en elles-mêmes, & de droit ſont indiſſolubles; & que par conſequent le Mariage qu'elle a contracté en dernier lieu eſt nul. Tellement que celui auquel elle s'étoit promiſe la premiere fois devoit declarer qu'il repudioit ladite femme, parce qu'elle avoit violé la foi qu'elle lui avoit promiſe, & l'avoit donnée à un autre. Et après cette declaration, ſi les Parties delinquantes retournent à leur devoir ſelon nôtre Diſcipline, le Conſiſtoire pourra aprouver & confirmer ce ſecond Mariage, d'autant plus qu'il eſt né un enfant dudit Mariage, qui a été batiſé dans nôtre Egliſe, le Pere aiant confié l'éducation dudit enfant au Parrain qui l'a preſenté.

III.

Les diferens ſurvenus touchant les Promeſſes de Mariage entre Monſieur *Jean Heriſſon*, & *Marie*, fille de Monſieur *Moutier*, Miniſtre d'*Orbec*, ſont renvoiés au Coloque de *Beauvoiſin*, où ils ſeront finalement terminés. Et parce que nos Freres de *Feugerai* & de *Paris* entendent bien les matieres de fait qui ont raport à ces diferens, ils y ſeront preſens. Ce Synode n'aiant voulu rendre aucun jugement ſur cette afaire, à cauſe que les Parties n'ont jamais été ſommées, & qu'elles n'ont pas comparu devant ce preſent Synode, & à cauſe de pluſieurs autres circonſtances particulieres qui ont raport à cette afaire, dqi meritent une plus longue & plus exacte diſcuſſion, que le tems, qui eſt fini uour nôtre Seſſion, ne le pourroit permettre.

IV.

Pour ce qui eſt de la matiere propoſée par nos Freres les Deputés de l'*Angoumois*, comment on en doit uſer avec l'Egliſe d'*Angoulême*, laquelle pour avoir refuſé l'entretien à ſon Paſteur, a été privée, de même que tous les Chefs de Famille, de leur Miniſtre, & de la Communion de la Table du Seigneur, par la ſeule Autorité de leur Synode Provincial, juſqu'à ce qu'ils aient donné une entiere ſatisfaction à leur Miniſtre: Il eſt decreté par l'autorité de cette Aſſemblée que toute l'afaire ſera renvoiée au Synode de *Xaintonge*, qui ſommera dûèment les deux Parties d'y comparoître, & les aiant ouïes prononcera une Sentence definitive, & terminera tous ces diferens.

V.

Nôtre Frere le Deputé de *Picardie*, demandant avis fur cette dificulté: Une Femme refufe d'habiter avec fon Mari, aleguant qu'il a été Moine (quoi qu'elle le fçût fort bien long-tems auparavant qu'elle fût mariée avec lui) & dit par raillerie, lors qu'on l'exhorte de fe remettre avec fon Mari, *Qu'il faut qu'ils foient mariés*, comme s'ils ne l'avoient jamais été. Le jugement du Synode eft, que l'on procedera contr'elle avec toutes les Cenfures de l'Eglife, pour avoir ainfi abandonné fon Mari; & on confeille au Mari que, s'il le juge à propos, il la faffe comparoitre devant le Magiftrat.

V I.

Maitre *Julien de Sande* Apoftat, lequel aiant été dépofé autrefois du Saint Miniftére s'eft depuis revolté contre la veritable Religion, & fe plonge dans les débauches & dans l'idolatrie, refufant de prêter l'oreille aux confeils falutaires, & aux Ordres de fon Confiftoire, & a auffi entraîné un de fes Neveux dans l'Apoftafie: Surquoi cette Affemblée ordonne, que ladite Sentence d'Excommunication foit publiée contre lui dans nos Eglifes, & fans diferer plus long-tems.

V I I.

Ce Synode aiant apris la revolte & l'Apoftafie d'un nommé *Croffe*, autrefois Miniftre dans la Province de *Normandie*; & qu'il s'eft entierement adonné à l'idolatrie, y perfiftant avec obftination: Comme auffi la defection d'un certain St. *Martin*, qui étoit Miniftre du Saint Evangile dans la même Province: Le Synode remet ces matieres de fait qui concernent ces deux Revoltés, à leur propre Synode Provincial, auquel nous donnons un plein pouvoir de proceder contr'eux, felon qu'il fera trouvé plus expedient pour le bien & l'édification de l'Eglife.

V I I I.

Le Deputé du *Haut Languedoc* aiant formé une plainte contre le Coloque d'*Armagnac*, à caufe qu'il s'étoit feparé de la Province du *Haut Languedoc*, pour fe joindre à celle du *Condomois*, pour en faire une Province entiere, feparée des autres: Cette Affemblée ordonna qu'on remontreroit au Coloque d'*Armagnac* qu'en fe feparant ainfi ils agiffent au contraire de la Diftinction établie par les precedens Synodes Nationaux, & qu'ils doivent retourner à leur premier état, & compofer derechef, comme ils faifoient auparavant, un Synode avec celui du *Haut Languedoc*: & cet ordre fera obfervé jufqu'à l'Affemblée du Synode National prochain, auquel le Coloque d'*Armagnac* fera fommé d'exhiber les raifons de leur feparation. Et fi après une ferieufe deliberation, on trouve que cette diftinction foit neceffaire, on l'aprouvera & on la confirmera.

I X.

Monfieur le *Sage*, Miniftre de *Mimbre* dans le *Maine*, étant redemandé par la Province de *Normandie*; cette Affemblée a diferé le jugement de cette afaire jufqu'au Synode National prochain; parce que la Province d'*Anjou* n'a pas été avertie des dificultés propofées par les Deputés de *Normandie*; comme auffi parce qu'il faut donner avis audit le *Sage* de tenir fes Réponfes prêtes.

X.

La Remontrance du Deputé d'*Angoumois* aiant été ouïe, fur l'Apel que nôtre Frere de la *Croix*, Miniftre de *Tarnac*, fait de leur Synode; lequel défendoit audit de la *Croix* d'exercer la Medecine & de faire les fonctions de fon Miniftére en même tems ; & aiant aufli ouï les raifons deduites par ledit de la *Croix*, touchant l'exercice de la Medecine qu'il demande lui être accordé, aleguant fon habilité & le bien que le Public en retire, à caufe auffi qu'il a une nombreufe famille qu'il ne pouvoit pas entretenir avec les Revenus de fon Eglife : Ce Synode ratifie la Sentence rendüe contre lui, felon nôtre Difcipline, par fon propre Synode Provincial. Et les Meffieurs du Confiftoire de *Jarnac* procureront un Medecin à leur Ville qui y refidera : & ledit la *Croix* fera averti de s'attacher entierement à fon Miniftére ; & pour ce qui eft de la Medecine, qu'il fe conforme aux articles de nôtre Difcipline.

XI.

On a acordé à Madame de la *Blanchardaie* la permiffion d'avoir un Miniftre dans fa Maifon (*Le Bois du Maine*) qui y établit le vrai Culte, & l'exercice de la veritable Religion, pourvû que le Coloque voifin agreât ledit Miniftre ; & nôtre Frere du *Frefne* continuera auffi fes Fonctions dans l'Eglife de *Lacay* ; & en cas quil ne fe puiffe pas faire à caufe du dit établiffement, le Coloque, ou le Synode Provincial lui procurera une autre Eglife.

XII.

Toutes les Eglifes font priées de tâcher de decouvrir en quel endroit Monfieur *Du Croy*, autrefois Miniftre de *Perigueux*, fait fa refidence à prefent ; & s'il exerce le Miniftere ou non, & la Province dans laquelle il fait fa demeure, fera priée de le rendre à fon Eglife propre.

XIII.

Parceque ceux du *Haut Languedoc* ont permis à quelques-uns de leurs Membres, d'afermer des Dixmes, & autres biens Ecclefiaftiques, à ces Conditions qu'ils en retireroient une certaine fomme d'argent : Cette Affemblée ordonne qu'à l'avenir on n'ufera plus d'une maniere fi indigne de traiter, mais que lefdits Fermiers feront exhortés de donner, comme ils le doivent, une fomme confiderable de leur profit, pour l'entretien des Eglifes pauvres, auxquelles les Revenus étoient originairement deftinés.

XIV.

La prefente Affemblée donne fon Aprobation à cet excellent Ouvrage de nôtre Frere Monfieur *Salnar*, Miniftre dans l'Eglife de *Caftres*, intitulé *Harmonia Confeffionum* ; comme étant d'un ufage très-neceffaire dans ces derniers tems ; jugeant auffi qu'on en tireroit un grand fervice s'il étoit mis en Langue vulgaire ; c'eft pourquoi la Province du *Haut Languedoc* eft chargée par ce Synode, de le faire tranflater, & de mettre à la tête dudit Livre une Lettre de Recommandation, au Nom de toute la Province.

XV.

L'Eglife de *Vitré* demandant nôtre avis fur ce cas : Si des témoins doivent être confrontés, lors qu'ils depofent un Crime commis par le Delinquant qui nie avec obftination & même avec ferment la propre Matiere du Fait ? Cette te Assemblée juge que pour éviter toutes les ocasions de Querelles qui pourroient probablement naître de pareilles Confrontations, les Témoins ne seront pas confrontés, à moins qu'ils n'en soient d'acord eux-mêmes & qu'ils n'y consentent, ou à moins qu'il ne s'agisse d'un cas où il faille nécessairement se servir des censures les plus rigoureuses, dont on ne peut pas user aussi jusqu'à ce que les Delinquans aient été duëment convaincus, ce qui ne se peut, à moins qu'ils ne confessent eux-mêmes leur Crime, ou que les Témoins ne le leur soutiennent constanment en face.

XVI.

L'Article touchant nôtre Catechisme restera dans sa force entiere: jusqu'au Synode National prochain, auquel les Provinces viendront bien instruites sur cette matiere, puisque nous devons les consulter si on peut garder le Catechisme de Mr *Calvin*, ou un plus petit, qui consiste dans le Symbole des Apôtres, l'Oraison Dominicale & les dix Commandemens de Dieu, qui seront pris pour la Regle de nôtre Catechisme?

XVII.

Les Deputés du *Poiêtou* proposerent ce Cas: Un certain Mariage avoit été dissout par l'Autorité de l'Oficial, pour cause d'Impuissance dans le Mari. Quelque tems après la Femme s'étant publiquement remariée dans l'Eglise, il arriva aussi que le Mari se remaria, mais dans l'Eglise *Romaine*; Etant ensuite touché de repentance, il demanda d'être reçu à la Paix & Communion de nôtre Eglise? Cette Assemblée trouve bon qu'avant sa réadmission, sa Femme soit interrogée si elle est bien satisfaite de lui, afin que par là on connoisse, s'il n'a pas abusé du Commandement de Dieu par raport au Mariage, parce qu'il avoit été jugé Impuissant; & s'il se trouve coupable, il faudra diferer sa Reception jusqu'à ce que nous aïons des preuves assûrées de sa Repentance. Mais si la chose est autrement, lors qu'il aura reparé, selon nôtre Discipline, la faute qu'il a commise, pour s'être marié dans l'Eglise *Romaine*, il sera rétabli à la Paix & Communion de l'Eglise. Cependant cette Assemblée juge que le Consistoire doit être censuré, non seulement de ce qu'il ne s'est pas servi de son Authorité, en empêchant la Femme de recourir à l'Oficial, aussi-tôt que son Mariage avoit été solennisé, pour obtenir immediatement après, d'être separée; mais aussi pour n'avoir pas persisté à faire des remonstrances au Mari, afin qu'il ne consentit pas si facilement & si promptement qu'il a fait, à la Dissolution dudit Mariage; parce qu'une telle separation ne devoit pas se faire auparavant que l'on n'eût rendu trois Sentences Ecclesiastiques, succeflivement, comme il est même usité dans l'Eglise Romaine.

XVIII.

Claude Marchand, autrefois Ministre dans l'Eglise de *Beauriers* & *Civray*, dans la Province de *Bérri*, aiant été acusé & condanné d'Adultere devant cette Assemblée, Nous le deposons de son Ministere, comme une Personne scandaleuse, & qui en est tout-à-fait indigne. De plus, nous ordonnons que cette Deposition sera publiée sur les lieux où il a exercé son Ministére; mais sans faire mention de la Femme; on declarera seulement

en

en general, que c'est pour un grand crime & scandale des plus criants. Finalement il ne sera admis, en aucun lieu de sa Résidence au Sacrement de la sainte Céne, avant que d'avoir fait une Penitence publique pour réparer un scandale si notoire, laquelle Penitence lui sera imposée par l'Eglise, qui ne doit pas specifier en particulier le Crime dont il est coupable. Et le Consistoire de l'Eglise de *La Roche-posé* sera censurée pour l'avoir mis en Charge parmi eux, avant qu'ils eussent de bonnes Atestations touchant sa Vie & ses Mœurs.

XIX.

Plusieurs Gentils-Hommes d'*Angoumois*, se plaignant par leurs Deputés, que dans les endroits où il n'y a qu'un Prêche par semaine, leurs Ministres refusoient de venir prêcher chés eux pendant la semaine, & même d'y Bâtiser les Enfants, à moins qu'on ne les aportât à l'heure marquée pour les Exercices de Pieté : Cette Assemblée resolut, que pour faire cesser de pareilles plaintes à l'avenir, le Consistoire marqueroit un jour au milieu de la semaine, pour une Assemblée extraordinaire, qui pourvoira aux Devoirs imprevûs.

XX.

Les Eglises seront informées, que par le neuvième Article des Traités Sécrets, le Roi a promis de dispenser des Degrés de Consanguinité, & d'Afinité entre les Personnes de la Religion Réformée ; tellement que nous ne sommes pas obligés d'avoir recours aux Dispenses du Pape ; C'est pourquoi dans de pareils Cas, elles doivent s'adresser elles mêmes à sa Majesté, par nos Agens qui sont à la Cour.

XXI.

Nôtre Frere le Deputé du *Poictou* proposa ce Cas : Une Personne aiant quitté son Benefice, recevoit néanmoins une Pension du Curé qui jouissoit dudit Benefice. Cette Assemblée jugea, qu'il faloit l'avertir qu'il abandonnât la dite Pension, ou qu'il l'emploiât toute entiere à des Usages Pieux.

XXII.

Sur la demande que le Deputé d'*Anjou* a faite que l'Eglise de *La Gravelle* pût être Membre de la dite Province, parce qu'elle est renfermée dans ses Limites : Cette Assemblée jugea qu'à cause que nôtre Frere Mr. *Cherpon* avoit été poussé aux Etudes par les Liberalités du Seigneur de *La Val*, & que la plus-part des Membres de cette Eglise sont *Bretons*, nétant éloignée de la *Bretagne* que d'une petite lieuë, & particulierement à cause que les Ministres ne sont pas en grand nombre, pour ces raisons la dite Eglise seroit censée apartenir à la Province de *Bretagne* ; mais pendant le tems seulement que Monsieur *Cherpon* seroit Ministre de la dite Eglise.

XXIII

Notre Frere Monsieur *Mary*, Ministre de l'Eglise de *Norwick* en Angleterre, mais demeurant à present en *Normandie*, sera obligé de retourner à son Eglise, sur les Sommations qu'elle lui en fera : néanmoins, à cause des grands succès de son Ministére dans ces quartiers, son Eglise sera priée de diferer son rapel, pour quelque tems.

XII. SYNODE NATIONAL

XXIV.

Monsieur de *Feugeray*, Pasteur dans l'Eglise de *Rouën*, aiant informé cette Assemblée de l'importance de cette Eglise, & de la necessité qu'il y avoit d'y mettre d'habiles Ministres ; ne pouvant pas à present les aider en cela, nous conseillons à la Province de *Normandie* d'examiner si parmi leurs Coloques il n'y auroit pas deux Eglises si proches l'une de l'autre, qu'un seul Ministre pût les servir, n'en faisant qu'une des deux, afin qu'on en épargnât un pour l'Eglise de *Rouën*. On fera le même dans la *Xaintonge*, afin d'en avoir encore un pour l'Eglise de *Xaintes*.

XXV.

Cette Assemblée prie la Province de *Bretagne* de prêter Monsieur de la *Melluniere* à l'Eglise de *Vitré*, & en même tems d'en mettre un autre à sa place dans l'Eglise de *Cuisit*, où il est à present.

XXVI.

Le Seigneur *du Plessis* se presenta à cette Assemblée au Nom du *Roi* de *Navarre*, proposant de la part de Sa Majesté, qui étoit en ce tems là de l'autre côté de la *Loire*, que l'on lui envoiât des Députés, gens de Qualité & bien entendus dans les afaires, qui pûssent demeurer auprès de *Sa Majesté*, pour l'informer du veritable Etat des Eglises, & auxquels il pût aussi communiquer tout ce qui seroit de plus important pour le bien & la conservation desdites Eglises. Sur quoi l'Assemblée conseilla que l'on exhorteroit toutes les Provinces de satisfaire aux Demandes de *Sa Majesté*, & de nommer à ce sujet deux ou trois Députés, que l'on lui depêcheroit au Nom des Eglises, ce qui devoit être executé sur le champ, & que pour cet efet *l'Isle de France* devoit avoir soin que cela se fit sans aucun délai.

XXVII.

Sur la Proposition que l'on fit de s'accorder avec les Eglises d'*Allemagne*, & de travailler à une Union : Cette Assemblée trouva bon que l'on priât Monsieur de *Chandieu* d'entreprendre un Voiage en *Allemagne* pour ce sujet; & qu'au cas que Monsieur de *Chandieu* aleguât de justes excuses pour se dispenser de cet emploi, on prieroit Monsieur de *Seire* de vouloir s'en charger.

XXVIII.

Monsieur *Salnar* est suplié d'écrire au Nom & par l'Autorité de ce Synode, aux Princes & aux Theologiens d'*Allemagne*, & il conferera avec le Seigneur *du Plessis* touchant le sujet de ces Lettres, lesquelles seront envoiées à Monsieur de *Chandieu*, pour être presentées par lui.

XXIX.

Monsieur de *Chassincour* est prié par cette Assemblée, de continuer son Ofice à la Cour ; & les Eglises sont obligées de s'aquiter de leurs devoirs envers lui; de quoi nos Freres de *l'Isle de France* lui donneront avis.

XXX.

Le Deputé du *Bas-Languedoc* demandant que nôtre Frere *Vilette*, Ministre de l'Eglise de *la Sala* en pût être changé, & placé à *Montpellier*, à cause du grand service qu'il y pourroit rendre, & que la dite Eglise de *la Sala* fût pourvûë d'un autre Miniſtre ; L'Aſſemblée laiſſe la deciſion de cette afaire au Synode Provincial, lequel après avoir mûrement déliberé ſur toutes les Circonſtances, en diſpoſera ſelon qu'il le jugera neceſſaire.

XXXI.

Monſieur *Laurance Bouchart*, autrefois Miniſtre de *Privas* dans le *Bas Languedoc*, aiant été depoſé pour avoir commis des crimes ſcandaleux, & aiant apellé de la ſentence renduë contre lui, à cette Aſſemblée : Après avoir bien examiné les Cauſes de ſa Depoſition, & toutes les Procedures qu'on avoit faites contre lui ; la preſente Aſſemblée jugea qu'il ne pourroit pas être retabli dans ſon Miniſtere, quand même il donneroit des marques d'une vraie repentance.

XXXII.

Les Deputés de la Province de *Berry* propoſerent le Cas ſuivant. Un homme a épouſé en ſeconde Nôces la Niéce de ſa Femme, & quelques Années après ledit Mariage, il a embraſſé nôtre Religion, & participé avec nous à la Table du Seigneur, & a eu pluſieurs enfans de ſa derniere Femme, ſavoir ſi ce Mariage peut être toleré ? L'Aſſemblée repondit que ſelon le quatorzième Verſet du dixhuitième Chapitre du *Levitique*, un tel Mariage étoit inceſtueux, & qu'à cauſe de cela il ne pouvoit être toleré en aucune maniere, & que telles Perſonnes devoient ſe ſeparer, de peur d'atirer ſur elles l'indignation de Dieu. Et parceque ces Perſonnes ont commis ce peché lorſqu'elles étoient encore dans l'ignorance, nous les avertiſſons de le confeſſer en particulier au Conſiſtoire, qui les conſeillera & les aidera par des Remontrances tirées de la Parole de Dieu.

XXXIII.

Pluſieurs s'étant plaints de la Cenſure faite par le dernier Synode de la *Rochelle*, ſur l'*Expoſition* du Livre de la *Genéze*, par *Brocard*, auquel Synode elle fût condannée d'impieté, parceque la ſainte Parole de Dieu y eſt profanée, & les choſes interpretées trop à la Lettre : Quoique quelques-uns vouluſſent excuſer l'Auteur, à cauſe qu'il convient avec nous ſur tous les Articles de nôtre Foi ; cette Aſſemblée confirme néanmoins la Cenſure faite par ledit Synode, jugeant qu'une Doctrine eſt non ſeulement impie lors qu'elle eſt contraire aux Articles de notre Foi, mais que toute Doctrine eſt auſſi impie quand elle corromp, en quelque choſe que ce ſoit, le veritable ſens des Ecritures Canoniques, parce qu'elles ſont la Baſe de toute la Doctrine Chrétienne, laquelle cet Auteur renverſe dans ſon Expoſition. Cependant pour donner quelque ſatisfaction à ceux qui ſe plaignent de la Cenſure que l'on a faite du Livre dudit *Brocard*, on peut bien faire une Liſte des Erreurs les plus groſſieres, qu'on tirera de cette Expoſition, leſquelles on communiquera à d'habiles Theologiens, pour être examinées.

XXXIV.

Monſieur de *Belle Fleur*, appellant de la Sentence renduë contre lui, dans le Synode du *Haut Languedoc*, par laquelle ſon *Traité* contre *la Diſcipline* de nos Egliſes a été condanné ; cette Aſſemblée aiant leû ledit *Traité*, & les *Repon-*

ſes que l'on y a faites, confirme la Sentence renduë contre ledit *Belle Fleur*: à qui cependant on envoiera une Lettre de la part de cette Aſſemblée, & on lui communiquera la *Reponſe* de nôtre Frere Monſieur *Bérauld*, à laquelle s'il ne veut pas aquieſcer, le Coloque ou le Synode prochain le denoncera Schiſmatique.

XXXV.

Le Deputé du *Haut Languedoc* raporta l'Afaire d'*Arias*, & de *Bourgade*, leſquels ſe plaignent d'avoir été trop ſeverement cenſurés par leurs Paſteurs *Bérauld* & *Gironuin*. Sur quoi le Synode jugea que la Province ſeroit informée qu'elle a un plein pouvoir d'en juger, & qu'elle doit en decider en dernier reſſort, & que les Cenſures du Conſiſtoire de *Montauban*, & de la Province de la *Rochelle*, à l'égard deſdits *Arias*, & *Bourgade*, reſteroient dans leur force; & que ſi les Plaignans ne ſont pas contens, & qu'ils ne ſe comportent pas modeſtement & paiſiblement, comme ils doivent le faire: le Coloque du *Bas Querci* avec deux autres Miniſtres du Coloque voiſin, jugeront du fait, ſans Apel, au Nom, & par l'Autorité du Synode.

XXXVI.

La Province du *Bas Languedoc* eſt chargée par cette Aſſemblée de convoquer le prochain Synode, & de marquer le tems & le lieu auquel on s'aſſemblera.

Tout ce que deſſus fut ſigné à l'Original le 16. Mai 1583. par

Monſieur PIERRE MERLIN Moderateur.
&
Monſieur René PINEAU. Scribe.

Fin du doziême Synode.

TREZIE-

TREZIÉME SYNODE
NATIONAL
DES
EGLISES REFORMÉES
DE FRANCE.

Tenu à *Montauban*, depuis le 15. jufqu'au 28. de Juin, L'AN M. D. XCIV.

Sous le Regne de HENRI IV. Roi de France & de Navarre.

Monfieur Michel Berauld *fût le Moderateur de ce Synode, Monfieur* Jean Baptifte Rotan *lui fut donné pour Ajoint, & Meffieurs* Jean Gardefi *&* Jaques Thomas *pour Scribes.*

LES NOMS DES MINISTRES
ET DES ANCIENS

Qui furent Deputés audit Synode par les Provinces fuivantes.

ARTICLE I.

Our le *Haut Languedoc* & la *Haute Guienne*, Mr. *Michel Berauld*, Miniftre de l'Eglife de *Montauban*; *Jean Gardefi*, Miniftre de l'Eglife *St. Antoine*; & *Bernard Sonis*, Miniftre de l'Eglife de *Litoure*; & Mr. *Autoine Roller*, Ancien de l'Eglife de *Figeac*; & *Jaques Thomas*, Ancien de l'Eglife de *Montauban*; & *Jean Bertran*, Ancien de l'Eglife de *Renet*.

II.

Pour *Xaintonge*, *Onix* & *Angoumois*, Mr. *Jean Batifte Rotan*, Pafteur & Docteur dans l'Églife de la *Rochelle*; & *Germain Chauveton*, Miniftre de l'Eglife de *l'Ifle de Ré*, aiant été élû extraordinairement par le Coloque d'*Aunis*, pour fe trouver en la prefente Affemblée, & l'avis dudit Coloque a été aprouvé par le Synode, & *Elie Telineau*, Ancien de l'Eglife de *St. Jean d'Angely*.

III. Pour

XIII. SYNODE NATIONAL

III.

Pour la *Baſſe Guienne*, *Gaſcogne*, *Perigort* & *Limouſin*, Mr. *Jean Lumbert*, Miniſtre de l'Egliſe de *Ste. Foi*; & de *Beaupuy*, Ancien de l'Egliſe de *Thouars*.

IV.

Pour le *Poictou*, Mr. *François l'Oyſeau*, Miniſtre de l'Egliſe de *Thouars*; & le Sieur de la *Cheuvetiere*, Ancien de l'Egliſe de *Luſſon*: Leſquels ſont auſſi comparus pour la *Bretagne* avec Procuration de ladite Province.

Pour le *Berry*, *Orleans*, *Dunois* & *Nivernois*, Mr. *Jean Berger*, Miniſtre de l'Egliſe de *Chateaudun*, ſans Ancien, dont ces Provinces ont fait leurs excuſes recevables, néanmoins elles feront exhortées de s'évertuer pour faire mieux à l'avenir.

V.

Pour le *Bas Languedoc*, Mr. *Guillaume André de Villote*, Miniſtre de l'Egliſe de *Vallerangue*; & *Jean Chaillars*, Ancien de l'Egliſe de *Nimes*.

VI.

Pour le País d'*Anjou*, *Touraine*, *le Maine*, & *Vandomois*, Mr. *Felix du Trouchay*, Miniſtre de l'Egliſe de *Beufort* en *Vallée*; & *Pierre Cognet* dit *de la Plante*, Ancien de l'Egliſe de *Saumur*.

VII.

Pour la *Provence* aucun ne s'eſt preſenté, mais les Réfugiés de ladite Province s'étant excuſés par les Deputés du *Bas Languedoc* & par des Lettres, on a été d'avis qu'on leur écrira pour les conſoler.

VIII.

Ceux du *Vivarés* & du *Vellai* abſens & ſans excuſe, ſeront cenſurés & avertis par le même moien d'envoier leurs Députés à l'Aſſemblée Generale de *Sainte Foi*.

IX.

Ceux du *Dauphiné* abſens, ſeront griévement cenſurés, nonobſtant leurs excuſes, pour n'avoir fait aucune Deputation.

X.

Ceux de *l'Iſle de France*, *Picardie* & *Champagne*, ſeront pareillement cenſurés, nonobſtant leurs excuſes.

XI.

Ceux de *Normandie* n'ont point auſſi comparu, mais ont envoié des Lettres d'excuſe, de quoi ils ſeront fortement cenſurés.

XII.

Ceux du *Lionnois* & *Baſſe Auvergne* ſe ſont excuſés par des Lettres, contenant des raiſons qui ont été trouvées recevables.

XIII.

Ceux de *Bourgogne* abſens & ſans Lettres d'excuſe ſeront cenſurés.

XIV.

On a élû pour moderer l'action du preſent Synode, à la pluralité des voix, Mr. *Michel Berauld*, & pour Ajoint *Jean Batiſte Rotan*, & pour recueillir les Actes, *Jean Gardeſi* & *Jaques Thomas*.

XV.

Il a été arrêté que la Cene sera celebrée dans cette Eglise, avant le départ de l'Assemblée, pour témoignage de notre Union, tant en la Doctrine qu'en la Discipline Ecclesiastique.

OBSERVATIONS
SUR LA CONFESSION DE FOI
Dont on fit la Lecture à l'ouverture de cette Assemblée.

Article I.

Sur le premier Article on avertira les Imprimeurs de mettre *invisible*, au lieu d'*invincible*, attendu que le mot tiré du Passage, qui est cotté, le porte ainsi.

II.

Sur l'article 18. on corrigera ce mot, *paisiblement*, pour y remettre *paisibles* selon l'Original, parce que l'un a une signification plus étenduë que l'autre.

III.

Sur l'article 26. au lieu du mot d'*Unité*, il faut mettre *Union*, comme plus propre à proposer l'antithese de ceux qui se retirent à part & se contentent de devotions particulieres.

IV.

Sur l'article 28. on ajoutera suivant quelques Exemplaires le mot de *Vertu* après celui d'*éficace*, pour un plus grand éclaircissement, à l'imitation de l'Apôtre qui met ces deux mots ensemble, sur la fin du 3. Chapitre de l'Epitre aux Ephesiens.

V.

Sur l'article 38. les Imprimeurs seront avertis de n'oublier plus, sur la fin, ces mots de l'ordonnance du Seigneur, *Prenés, mangés & beuvés-en tous*.

VI.

Pour reprimer ceux qui improuvent ce mot de *Substance* dans la Confession de Foi & dans le Formulaire de la Cene, on declarera aux Eglises que le present Synode a ratifié ce qui en a été resolu par les Synodes, tant de la *Rochelle*, que de *Nimes*.

VII.

La susdite Confession aiant été lûë article par article, a été confirmée & aprouvée par tous les Deputés de ce Synode, au nom de toutes les Eglises Reformées.

XIII. SYNODE NATIONAL

OBSERVATIONS
SUR LA DISCIPLINE ECCLESIASTIQUE.

Article I.

ON ajoutera à la fin du 2. Article du Chapitre 1. ce qui suit, " Et on ne leur imposera pas les mains, non plus qu'aux inconnus, si ce n'est dans un Synode Provincial.

II.

Sur la fin du 18. Article il faut ajouter ce qui suit, " Comme aussi tous ceux qui s'occupent tellement à l'instruction de la jeunesse, que cela les peut empêcher de vaquer à leurs principales Charges.

III.

Après l'Article 21. il faut ajouter ce qui suit, " Les Consistoires des maisons des Princes & Seigneurs seront separés du Consistoire des Eglises où ils resident ordinairement, si ce n'est qu'il s'agisse d'une afaire commune à l'un & l'autre Consistoire, ou qu'il fût question de quelque grand scandale notoire à toute l'Eglise, & donné par quelqu'un en la maison dudit Prince ou Seigneur, & dans les autres occurrences où les deux Consistoires trouveront bon de se joindre ensemble.

IV.

Dans le 3. Chapitre Article 1. après ces mots, *Aux prieres très-expresses*, on ajoutera, " Et leur Nomination sera faite audit Consistoire à haute voix. Et après ces mots, *Et s'il n'y a point d'oposition*, il faut ajouter, " Le troisième Dimanche ils seront reçûs publiquement en se tenant debout devant la Chaire, pendant qu'on fera des prieres solennelles pour eux.

V.

A la fin de l'Article 1. du Chapitre 5. on ajoutera ces mots, " Comme aussi dans toutes les Assemblées Ecclesiastiques.

VI.

A la fin de l'Article 16. il faut ajouter ce qui suit: " Et en cas d'Apel, ledit Apel sera publié dans l'Eglise, sans nommer la personne, ni declarer la Censure ordonnée par le Consistoire.

VII.

Dans l'Article 21. au lieu de ces mots, *connuës publiquement*, on mettra, *Notoires*.

VIII.

Il faut ajouter ces mots sur la fin de l'Article 27. " Il sera néanmoins à la discretion des Consistoires d'en user autrement, s'ils le jugent expedient, pour l'édification des Eglises.

IX.

Il faut ajouter à l'article 28. ce qui suit: " On procedera par Censures Ecclesiastiques jusqu'à l'Excommunication contre ceux qui, se disant de la Religion,

„ ligion, apelleront les Pasteurs & Anciens, ou tout le Consistoire en Corps,
„ pardevant les Magistrats, pour leur faire rendre témoignage contre les delin-
„ quans, qui auront confessé leur faute devant eux.

X.

Sur l'Article dernier du Chapitre 6. il faut ajouter à la fin, ” Et au cas que
„ les Eglises particulieres ne veuillent pas contribuer aux frais qu'il convient de
„ faire pour se trouver aux Assemblées Ecclesiastiques, & pour les autres choses
„ qui concernent le bien des Eglises, elles seront privées du Ministere, com-
„ me rompant l'union, qui doit être entre nous pour nôtre commune conser-
„ vation : & après avoir été dûement sommées dans un certain tems, qui leur
„ sera marqué, on défendra pareillement aux Ministres d'y exercer le Mini-
„ stere, sur peine d'être declarés schismatiques.

XI.

Sur le 2. Article au Chapitre 8. il faut ajouter après le mot de *Memoires*, ces
mots : ” signés par un Pasteur & Ancien.

XII.

Dans l'Article 10. on ajoutera, ” Et d'une Eglise à l'autre.

XIII.

Sur la fin de l'Article 3. du Chapitre 9. il faut ajouter ces mots, ” Signés par
„ le Moderateur & Scribe du Synode Provincial.

XIV.

Dans l'Article dernier, il faut ajouter après ces mots, *tant Ministres qu'Anciens*, ” De cela seulement qui est arrivé devant l'action.

XV.

Sur la fin de l'Article 2. du Chapitre 10. il faut ajouter ces mots, ” Comme
„ aussi ceux qui ne se découvrent pas tandis qu'on chante les Pseaumes, tant au
„ commencement qu'à la fin du Prêche, ni même durant l'Administration des
„ Sacremens, tant que faire se pourra.

XVI.

Au Chapitre 11. sur la fin de l'Article 4. il faut ajouter ces mots, ” Les en-
„ fans aussi de ceux qu'on apelle Bohemes, Sarrasins, ou Egiptiens, pourront
„ être reçus au Batême, aux conditions que dessus, & pourvû qu'il n'y ait au-
„ cune presomption qu'ils eussent déja été batisés, & après de serieuses remon-
„ trances aux parreins, de faire en sorte qu'ils puissent se bien acquiter de l'obli-
„ gation & des promesses qu'ils font à l'Eglise.

XVII.

Après le 7. Article il faut mettre le suivant: ” Aucun Parrein venant d'une
„ autre Eglise, ne sera admis à presenter un enfant au Batême sans aporter un
„ témoignage de son Eglise.

XVIII.

Au 15. Article il faut ajouter ce qui s'ensuit, ” Et quand on presentera les
„ enfans au Batême, les peres ou parreins seront tenus d'aporter un Billet dans
„ lequel soient contenus le Nom de l'enfant, ceux de ses pere & mere, de ses
„ parrein & marraine, comme aussi le jour de sa naissance.

XIII. SYNODE NATIONAL

XIX.

Sur l'Article 23. du 13. Chapitre on ajoutera, ,, & cela par le Ministere des ,, Pasteurs & non d'autres.

XX.

L'Article 3. du Chapitre 14. sera mis devant le 21. du même Chapitre, & couché dans la forme qui s'ensuit. ,, Les Jureurs qui par colere & legereté pre- ,, nent le Nom de Dieu en vain, & tous ceux qui déchirent la Majesté du Sei- ,, gneur, seront griévement censurés, & si après une ou deux admonitions ,, ils ne s'en desistent pas, on les suspendra de la Cene ; & les Blasphemateurs, ,, Outrageurs, Renieurs & autres semblables ne seront aucunement tolerés ,, dans l'Eglise, au contraire on les censurera d'abord jusqu'à les suspendre de la sainte Cene, & s'ils continuent ils seront publiquement excommuniés.

XXI.

,, Il a été resolu qu'au retour des Deputés dans leurs Provinces, les susdits Ar- ticles y seront lûs devant tout le peuple, & dans toutes les Eglises.

XXII.

Les Articles de la Discipline aiant été lûs & examinés l'un après l'autre, ont été tous ratifiés & aprouvés par le commun avis des Deputés des Provinces, au Nom de toutes les Eglises, selon la forme dans laquelle ils ont été conçûs, tant par les Synodes precedens, que par celui-ci, lequel declare, que les endroits corrigés par ceux qui y ont travaillé de sa part, seront suivis desormais, tant pour le Nombre des Articles, que pour les Termes dans lesquels ils sont couchés, & le rang qu'ils tiennent : afin que ceux qui voudront faire maintenant & à l'avenir des Copies de nôtre Discipline, suivent exactement lesdits Formu- laires contenus dans l'Exemplaire de ce Synode.

MATIERES GENERALES.

Article I.

ON choisira dans chaque Province des personnes propres pour répondre aux Ecrits des Aversaires, sans néanmoins ôter la liberté aux autres Freres d'y emploier les dons & les talens que Dieu leur aura communiqués ; le tout aux frais de la Province, où ladite Réponse sera faite. Et quant à ceux qui s'in- gerent de faire imprimer des Livres, sans les avoir auparavant communiqués aux Coloques ou Synodes, suivant la Discipline, ils seront griévement censu- rés & leurs Ecrits suprimés.

II.

On fera diligemment garder dans tous les Coloques l'Article de la Discipline concernant l'entretien des Ecoliers, qui aspirent au Ministere. Et les Syno- des Provinciaux en feront le raport, & en rendront comte au Synode Natio- nal, afin qu'il aparoisse de la maniere que chacun y aura satisfait. Mais d'au- tant que les expediens contenus audit Article ne sont pas susisans, & que les

biens

biens des Eglises sont très-modiques, on remet le tout à l'Assemblée de *Sainte Foi*.

III.

La liberté demeurera à l'Eglise de rendre toujours plus parfaite la Traduction de la Sainte Bible : & nos Eglises, à l'exemple de la Primitive, sont exhortées de recevoir la derniere Traduction qui en a été faite par les Pasteurs & Professeurs de l'Eglise de *Geneve*, & de la lire en public tant que faire se pourra.

IV.

On remerciera aussi maintenant par des Lettres, Monsieur *Rotan* & lesdits Freres de *Geneve*, de ce qu'ils ont si heureusement travaillé pour un Ouvrage si excellent, à la requête de nos Eglises : & ils seront encore priés de vouloir augmenter leurs Annotations, pour l'éclaircissement des lieux obscurs qui restent encore dans leur Traduction de ladite Bible.

V.

Les Pasteurs seront aussi exhortés, en chaque Province, de recueillir tous ces Passages, pour en faire leur raport au prochain Synode National, qui jugera de ceux qui meritent d'être éclaircis.

VI.

Sur la Proposition faite par les Deputés de *Xaintonge*, suivant la resolution prise au Synode de *Vitré*, si l'on doit changer le Formulaire du Catechisme de Monsieur *Calvin*? Il a été resolu qu'on le retiendra, & qu'il ne sera pas permis auxdits Ministres d'en exposer un autre : mais qu'on fera cette Exposition par des Demandes & par des Réponses familieres. Et quant aux Catechismes Generaux, qu'on fait ordinairement devant la Cene, ils doivent servir à instruire tout le peuple, sans exception, selon l'ordre que chaque Eglise trouvera plus expedient.

VII.

Sur la Question proposée par les Deputés d'*Anjou* & de *Touraine*; la Compagnie n'a point trouvé bon de dresser un Formulaire exprès de Prieres, pour l'Imposition des mains aux Pasteurs. Neanmoins l'Article touchant la dite Imposition sera diligemment observé.

VIII.

On ne changera rien dans l'Article 17. dudit Chapitre de la Discipline, & neanmoins pour obvier aux abus qui pourroient être commis, ou par les Pasteurs, ou par les Eglises ; les Coloques pourront deputer deux ou trois Ministres qui se transporteront sur les lieux pour y remedier, & si les Coloques entiers y manquent, les Synodes Provinciaux y pourvoiront.

IX.

Quand il y aura des plaintes d'un Ministre contre son Eglise, à cause d'ingratitude, & que là dessus l'Eglise chargera son Pasteur, ou le Pasteur son Eglise, on n'aura point d'égard aux dites plaintes, si ce n'est pour quelque Cas énorme, à raison duquel on dût suspendre ou deposer le Pasteur, sur quoi le Synode Provincial rendra son jugement : neanmoins on ne laissera pas de remedierdier à cette ingratitude, & les Eglises seront censurées d'avoir si long tems dissimulé ce qui devoit être promptement remontré, attendu que l'ingratitude des particuliers se montre plus grande que jamais, envers les Pasteurs, touchant leur entretien, ce qui menace les Eglises d'une totale dissipation : voila pourquoi il a été resolu que les Ingrats qui auront contrevenu à plusieurs admonitions, qui leur auront été faites au Consistoire, seront privés des Sacremens, par ledit Consistoire, qui procedera contr'eux selon toute la rigueur des censures Ecclesiastiques.

X.

Les Coloques sont exhortés d'observer diligenment le 38. Article du Chapitre 1. de la Discipline.

XI.

Les Coloques & Synodes travailleront sans relâche à faire resider les Pasteurs dans leurs Eglises, autant qu'il sera possible.

XII.

Les Eglises seront averties de donner ordre aux Lecteurs & aux Diacres de ne lire plus en public les Livres Apocriphes, mais seulement les Canoniques.

XIII.

Quant il y aura dans une Eglise quelque somme notable de deniers pour les pauvres, que l'urgente necessité n'obligera pas d'emploier pour leur subvention, les Diacres, par l'avis du Consistoire, pourront en faire quelque pret à des gens solvables, pour faire valoir cet argent à la plus grande utilité des pauvres, en suivant l'ordonnance du Roi, & les regles de la Charité dans ces occasions : à la charge néanmoins qu'on le puisse retirer promptement, en cas de necessité.

XIV.

L'Article 3. du Chapitre 5. de nôtre Discipline demeurera en son entier, touchant les formalités & les solemnités accoutumées en la prestation du Serment exigé par le Magistrat.

XV.

Sur la Proposition faite par les Deputés de *Xaintonge*, touchant la Denonciation des Apostats qui leur paroit dificile à pratiquer dans l'Eglise : Il a été resolu que l'Article 9. du Chapitre 5. de la Discipline demeurera en son entier, & que les Consistoires seront exhortés de l'observer exactement avec prudence & discretion.

XVI.

Tous les Ministres seront exhortés de prier Dieu publiquement pour la conservation, la prosperité & la conversion du *Roi*. Quand ils se trouveront à la Cour & auront accès auprès de Sa *Majesté*, ils feront ensorte de lui remontrer vivement son devoir en tout ce qui concerne son salut. C'est à cela que sont specialement obligés les Pasteurs qui resident ordinairement en Cour, & aux environs, auxquels la presente Assemblée en écrira.

XVII.

On envoiera pareillement au Nom du Synode des Lettres de congratulation à *Madame*, pour fa perseverance; à laquelle on l'exhortera de plus en plus, par les mêmes Lettres.

XVIII.

Sur la Propofition faite par les Deputés de *Xaintonge*, fi on fe doit contenter que dans les reconnoiffances publiques, le pécheur donne des témoignages de fa repentance, fans que fa faute foit fpecifiée? La Compagnie a refolu qu'on ne changera rien pour ce fait dans l'Article 22. du Chapitre 5. de la Difcipline: mais qu'on s'y conformera au plus près qu'il fera poffible, & que toutes les Provinces feront averties de venir bien preparées fur cette matiere au prochain Synode National.

XIX.

Sur ce que plufieurs veulent contraindre les Confiftoires de depofer, pardevant le Magiftrat, des chofes propofées au Confiftoire, on en dreffera un Memoire pour l'Affemblée de *Ste. Foi*, qui doit prendre cela fort à cœur, & tâcher d'obtenir de Sa *Majefté* la confervation de la Liberté defdits Confiftoires.

XX.

On ne changera rien au Formulaire des Prieres publiques, ni à celui de l'adminiftration des Sacremens: le tout aiant été bien & faintement dreffé, en termes clairs, & pris la plupart de la Parole de Dieu.

XXI.

Toutes les Provinces feront cenfurées, pour le peu de foin qu'elles ont eu de faire un Recüeil des chofes Memorables qui font arrivées dans ce Roiaume; c'eft pourquoi il a été enjoint derechef à tous leurs Deputés d'en avertir, à leur retour, leurs Coloques, afin qu'ils s'acquittent de ce devoir, & faffent une Relation de ces matieres au prochain Synode National.

XXII

On dreffera un Memoire contenant les plaintes quon doit propofer à l'Affemblée de *Ste. Foi*, contre ceux de l'*Ifle de France*, & autres qui ont demandé la Verification de l'Edit de l'an 1577. au Nom de nos Eglifes, contre la derniere Refolution de l'Affemblée tenuë à *Mantes*

XXIII.

Les Eglifes qui n'auront pas fait leur devoir pour paier la fomme dont elles furent cottifées, tant pour l'Affemblée derniere tenuë à *Mantes*, que pour celle qui fe doit tenir à *Ste. Foi*, feront fommées encore une fois par les Deputés de leurs Provinces, de paier incontinent leur cote-part: & à faute de ce faire, elles feront privées de tous les exercices du faint Miniftere, d'abord après le retour de leurs Deputés, & la Prédication fera auffi interdite à leurs Miniftres de même que toutes les autres fonctions de leur charge.

XXIV.

L'Union faite dans l'Affemblée de *Mantes*, fera jurée par toutes les Eglifes, en corps de Ville, ou au Temple, felon qu'il fera trouvé plus convenable.

XXV.

Sur la Propofition faite par les Deputés du *Haut Languedoc*, fi entre les

Propositions que les Ministres doivent faire devant les Coloques, il seroit bon qu'il y eût des Disputes sur la Theologie entre lesdits Ministres, durant une Seance dans chaque Coloque ? Il a été resolu que les Deputés des Provinces viendront preparés sur cela au prochain Synode, qui resoudra si on en doit faire une Loi Générale.

XXVI.

Sur la Proposition faite par les Deputés de *Xaintonge*, touchant les Lettres qu'on écrit d'une Eglise à une autre, & aussi d'un Coloque ou d'un Synode à un autre, sur les afaires communes des Eglises, il a été resolu qu'aucunes Lettres ne feront foi, qu'elles ne soient signées d'un Pasteur & d'un Ancien conjoinctement, ou de deux Anciens dans les lieux où il n'y aura point de Pasteurs, & qu'elles seront adressées au Consistoire ou aux Pasteurs, pour les communiquer prudenment à leur Consistoire, ou à quelques-uns des Anciens, selon l'occurence des afaires.

XXVII.

Les Eglises qui ne feront pas leur devoir pour donner à leurs Pasteurs le moien de se trouver à leurs Coloques, ou Synodes, seront privées de leurs Ministres la seconde fois qu'elles y auront manqué; & les Ministres seront aussi suspendus de leur Ministere s'ils y manquent deux fois de suite, sans en avoir une legitime excuse, de laquelle les Coloques ou les Synodes jugeront.

XXVIII.

Toutes les Eglises sont exhortées de faire soigneusement observer les Articles 5. & 6. du Chapitre 10. de la Discipline, & particulierement celles du *Bas Languedoc*, où l'on commet plusieurs abus contre les susdits Articles, à l'exacte observation desquels les Eglises de ladite Province seront exhortées.

XXIX.

On ne laissera pas de Bâtiser les Enfans, encore que les Peres & Parreins les apportent trop tard, pourveu que l'Assemblée de l'Eglise ne soit pas entierement finie, parce que les enfans ne doivent pas porter l'iniquité des Peres, lesquels de même que les Parreins seront aigrement censurés de leur paresse & du mepris de la Predication, à laquelle ils n'ont pas daigné assister.

XXX.

Toutes les Eglises observeront inviolablement l'Article du Synode de *Vitré*, touchant l'administration du Batême, devant le dernier Chant du Pseaume, ou pour le moins devant la Bénédiction.

XXXI.

On ne recevra point les presentations des enfans par Procureur, si ce n'est pour le regard des Rois, ou Princes, qui à cause de leurs grandes occupations ne se peuvent pas toujours trouver sur les lieux quand le Batême s'administre. Et quant à ceux de la Religion qui presentent quelques enfans dans l'Eglise Romaine, par l'entremise de Procureurs, ils seront aprement censurés comme fauteurs de l'Idolâtrie.

XXXII.

Les Ministres seront exhortés de ne faire plus dificulté de donner aux enfans qu'ils batiseront les Noms qui ne se trouveront pas dans l'Ecriture Sainte, pourveu qu'ils ne contiennent rien d'indecent.

XXXIII.

Ceux qui tiennent des Benefices par Collation Roiale, & sans charge d'Ames, seront exhortés d'emploier une bonne partie de leurs revenus à de bons & legitimes usages, comme à l'entretien du vrai service de Dieu & des Pauvres: autrement il sera procedé contr'eux jusques à la privation de la Cene.

XXXIV.

L'Article 9. du Chapitre 12. de la Discipline, touchant l'administration de la Coupe à la *Ste. Cene*, demeurera en son entier.

XXXV.

Les Anciens des Eglises participeront à la Cene avec les Pasteurs au commencement de l'action, & le reste du peuple selon l'ordre que les Consistoires jugeront être expedient pour l'édification de l'Eglise.

XXXVI.

Quand quelqu'un ne pourra pas obtenir de son Pere la permission de se marier, il aura recours au Magistrat, & s'il lui accorde par une sentence ce que le Pere lui avoit refusé, les Pasteurs beniront un tel mariage, s'ils en sont requis; pourveu qu'il n'y ait aucun Apel de ladite Sentence.

XXXVII.

Sur la Proposition faite par les Deputés de *Berri* & d'*Orleans*, le Synode a jugé que les Eglises auront à denoncer à ceux qui disent en secret qu'ils sont de la Religion Réformée, & toute fois n'en font pas une profession ouverte, qu'ils doivent être tenus pour des infideles, jusqu'à ce qu'ils aient publiquement renoncé au Papisme.

XXXVIII.

Sur la Proposition faite par les Deputés de *Xaintonge*, touchant les inconveniens qui surviennent en quelques Eglises, au sujet des promesses de Mariage faites par parole de present, & qu'il seroit bon de les concevoir par paroles de futur, suivant l'Ordonnance de *Blois*; Il a été resolu d'en remetre la decision au prochain Synode National, où les Deputés de toutes les Provinces viendront preparées sur cela.

XXXIX.

Le 12. Article du Chapitre 13. de notre Discipline est remis au prochain Synode, avant la tenuë duquel Mrs. de *Beze* & *Bereau* seront priés de rediger par écrit les raisons qui doivent être examinées sur cette matiere, par ledit Synode.

XL.

Attendu le Fleau dont plusieurs sont affligés dans nos Eglises par les Nouëurs d'Eiguillettes, les Pasteurs, pour y pourvoir, remontreront vivement dans leurs Predications que la cause de ce malheur vient de l'infidelité des uns, & de l'infirmité de Foi des autres, & que de tels Charmes sont detestables: comme aussi la conduite de ceux qui recourent aux Ministres de Satan pour se faire délier, le remede qu'ils cherchent étant pire que le mal qu'ils souffrent; auquel on ne doit remedier que par des jeunes & oraisons & par un amandement de vie : On ajoutera aussi au Formulaire de l'Excommunication, qu'on prononce publiquement avant la Cene, après le mot d'Idolatrie, *Tous Sorciers, Charmeurs & Enchanteurs :* Comme aussi pour une autre raison on ajoutera après le mot de Mutins, *Meurtriers*.

XLI.

Veu que les Notaires, en plusieurs Eglises, vaquent le Dimanche à passer des Contracts & tiennent leurs Etudes ouvertes pour dresser des Actes, à quoi plusieurs d'entre le peuple sont occupés, au lieu de sanctifier le jour du repos, il a été resolu que lesdits Notaires ne passeront aucuns Contracts le Dimanche, si ce n'est pour les Mariages, Testamens & Accords de diferens Procés, concernant des choses qui ne peuvent pas être diferées : auxquels Cas d'une necessité absolüe on pourra charitablement passer de tels Contracts audit jour, pourveu qu'on le fasse hors du tems des Exercices de la Religion, & sans ouvrir les Boutiques, tant que faire se pourra.

XLII.

On ne changera rien au premier Article du 14. Chapitre de la Discipline : mais on tâchera d'obvier aux abus qu'on y commet.

Sur la Proposition faite par les Deputés de *Gascogne*, s'il est licite de prendre en nouveaux Fiefs les biens & Domaines des Ecclesiastiques Romains, à la charge de porter l'argent de la Rente aux Convents & aux autres Domiciles desdits Ecclesiastiques ? Il a été conclu qu'il n'y a point d'inconvenient, pourveu que ce ne soit pas une Rente des choses qui concernent l'Idolatrie, comme de porter de l'Encens, de la Cire, de faire des Cierges & autres choses semblables.

XLIII.

L'Article 2. du Chapitre 14. demeurera en son entier touchant les Patronnages : mais ceux qui seront Patrons Laïques pourroient néanmoins faire des Protestations pour la conservation de leurs droits & emolumens, se fondant sur ce que la Collation des Bénéfices de leur Patronage est contraire à la Religion, contre laquelle ils ne sont tenus de faire aucune chose, ainsi que portent les Edits de Pacification, & on proposera ce fait à l'Assemblée de *Ste. Foi*.

XLIV.

L'Article 16. dudit Chapitre demeurera en son entier, pourveu qu'on efface ce mot de *Houppes*, dont l'usage est presentement aboli. On usera aussi d'une plus grande rigueur contre les Femmes & Filles qui se fardent & portent le Sein ouvert ; & quant aux autres, on supportera tout ce qu'on pourra pour l'édification, & on se contentera d'une simple Suspension des Sacremens, afin de les porter à suivre les regles de la Modestie Chrétienne.

XLV.

Sur la Proposition faite par les Deputés de *Xaintonge*, touchant l'Abregé de la Discipline, qu'on avoit projetté de dresser, pour la commodité des
Egli-

Eglises; il a été resolu qu'on n'en dressera point; attendu que les Articles n'en sont pas trop longs.

XLVI.

Monsieur de *Beze* sera prié, au nom de la Compagnie, de traduire en Rime Françoise les Cantiques de la Bible, pour les chanter dans l'Eglise avec les Pseaumes.

XLVII.

Sur la Proposition faite par les Deputez de *Xaintonge*, il a été arrêté qu'on fera dans tous les Consistoires un Registre, tant de ceux qui seront reçûs dans l'Eglise, lesquels declareront s'ils savent écrire, ou lire, que de ceux qui viendront à deceder.

XLVIII.

Sur une autre Proposition desdits Deputés, il a été resolu que les Réfugiés d'une Eglise à l'autre, contribueront pour l'entretien de leurs Anciens & Pasteurs, s'ils ne se sont pas retirés dans l'intention d'abandonner leurs Domiciles; & s'il arrive qu'ils soient resolus de s'établir ailleurs, on ne trouve pas raisonnable qu'ils soient contrains à cette Contribution.

XLIX.

Sur une autre Proposition desdits Deputés touchant les Proposans, qui aiant été entretenus quelque tems par les Eglises, en aspirant au St. Ministere, n'auroient pû y être apellés, ou bien aiant changé de resolution auroient abandonné leurs Etudes: il a été resolu que s'il arrive qu'ils ne soient pas emploiés au Ministere par leur faute, ou manque de bonne volonté ils seront tenus de restituer auxdites Eglises ce qu'elles auront fourni pour les faire étudier, s'ils en ont le moien.

L.

Le present Synode remercie Monsieur *Beraud*, Monsieur *Rotan*, & les autres Pasteurs de tout ce qu'ils ont fait pour maintenir la verité dans la Conference tenûë à *Mantes*, avec le Sieur *du Perron*, & autres Theologiens de l'Eglise Romaine: & il aprouve aussi entierement la conduite qu'ils y ont tenûë, & ratifie les ofres qu'ils ont faites de continuer ladite Conference, sous le bon plaisir & le commandement de Sa Majesté: & pour cet efet ledit Synode a nommé vingt-un Pasteurs, entre lesquels on en choisira douze pour entrer en Conference avec ceux de l'Eglise Romaine, afin que les Provinces en étant averties, & les agréant, ils se tiennent prêts, pour ladite Conference. Et au cas que lesdites Provinces vouluscent en choisir quelques autres au lieu de ceux que le Synode a nommés, elles le feront promptement & en donneront avis auxdits Sieurs *Beraud* & *Rotan*.

Les Pasteurs qui ont été nommés, sont

Monsr. Rotan } pour ceux { *Xaintonge.*
Monsr. Covet } de   { *Bourgogne.*
Monsr. Chamier}   { *Dauphiné.*

Messieurs.
Paccard		Xaintonge.
Gigord		Bas Languedoc.
Cazenaut		Bearn.
Molans		Gascogne.
De Beaulieu		L'Isle de France.
Aigues		Touraine.
Daneau		Haut Languedoc.
Ricottier le fils	pour ceux de	Gascogne.
Constant		Lionnois.
Baron		Angleterre.
De Faye		Geneve.
Lestang Gaudion		Poictou.
Chambrisé		Bretagne.
La Noue		Anjou.
Beraud & Gardesi		Haute Guienne.
De la Bauserie		Normandie.
Junius		Leyde.

L I.

Sur l'Avis demandé par la Province du *Bas Languedoc*, touchant les Ministres, qui aiant été deposés, auroient ensuite vécu honnêtement & sans donner aucun scandale, pendant long-tems, depuis leur Deposition ; s'il est licite de les employer à prêcher & à administrer les Sacremens, (après qu'ils auront été retablis dans le Ministere,) dans la même Province en laquelle ils auroient été deposés ? On a trouvé qu'il n'est pas expedient, veu même que cela est contraire à la Discipline.

L I I.

Sur une autre Proposition faite par ledit Deputés : les Eglises sont averties de n'innover rien dans l'observation des Fêtes annuelles, comme celle de Noël & autres.

L I I I.

La Compagnie aiant veu la Reponse de nôtre Frere Mr. *Daneau*, à la premiere partie des Ecrits de *Bellarmin*, a jugé qu'elle est digne d'être mise en lumiere : Ce qui sera notifié par Lettres audit Frere. Il sera aussi prié de declarer dans sa Preface qu'il a entrepris de repondre brievement, parce qu'il y en a qui ont déja repondu fort amplement là-dessus.

L I V.

Sur la Proposition faite par nôtre Frere Monsieur de *Serres* touchant des Lettres écrites au present Synode, par lesquelles on demande que quelques doctes personnages soient deputés pour voir le Recueil des Livres des anciens Docteurs qu'il a commencé de faire, pour prouver que nôtre Religion est ancienne & Catholique, & celle du Papisme nouvelle & particuliere ; le Synode a ordonné que ledit Sieur de *Serres* fera faire trois Copies de son Recueil, dont l'une sera envoyée au *Bas Languedoc* pour la faire tenir ensuite à ceux du *Haut Languedoc*, de la *Haute Guienne*, & de la *Gascogne* : l'autre en *Xaintonge*, pour la faire tenir en *Poictou*, & de là aux Eglises de la *Loire*; & la troisième pour être envoiée à nos Freres de *Geneve*, afin de leur donner avis de l'impression dudit Livre : & cependant ledit Sieur de *Serres* ne doit pas, suivant nôtre Discipline, faire imprimer ni publier aucune chose dudit Recueil.

L. V.

Sur l'Avertissement donné au Synode, que plusieurs déniers pour nos afaires publiques ont été recueillis par des Eglises qui n'en ont rendu aucun comte : Le Synode a declaré & resolu que tous ceux qui ont manié les deniers des Collectes faites par lesdites Eglises, seront tenus d'en venir rendre comte au prochain Synode National, quelque accord qui puisse intervenir entre les contables & les Eglises particulieres ; & la Province du *Bas Languedoc* avertira Monsieur de *Serres* & *Jean Pierre Pusera* d'y venir aussi rendre comte, & porter le Reliquat de ce qu'ils doivent, deux mois après la signification qui leur en sera faite devant les six Ministres & six Anciens, ou autres experts en matiere de comtes que le Synode du *Bas Languedoc* deputera. Et lesdits comtes se rendront dans la Ville de *Montpellier*. Et à faute de ce faire ledit Sieur de *Serres* sera suspendu de son Ministere, & ledit *Pusera* des Sacremens, & tous deux assignés au prochain Synode National.

LVI.

Sur la Proposition faite par les Deputés du *Haut Languedoc*, si les pécheurs aiant commis quelques crimes dont ils ont été punis par sentence du Magistrat, jusqu'à notte d'infamie, doivent être censurés par l'Eglise & obligés de faire une reconnoissance publique de leur faute ? Il a été répondu que non : attendu que ce sont des choses distinctes que la Jurisdiction Civile du Magistrat, & la Connoissance Ecclesiastique des Consistoires ; celle-ci se raportant à la connoissance interieure de l'Ame, & celle-là aux choses exterieures du Corps tant seulement.

LVII.

Sur l'avis qu'on a demandé de la part de plusieurs Provinces, touchant ceux qui apellent en Duël, ou bien qui étant apellés auroient tué leurs Antagonistes, & depuis en auroient obtenu grace du Prince, ou en auroient été absous dans le Fore Civil. Il a été resolu que de telles personnes seront censurées & punies par la suspension de la sainte Cene, qui leur sera promtement publiée, & au cas qu'ils veüillent être reçûs à la Paix de l'Eglise, ils feront une reconnoissance publique de leur faute.

APELLATIONS.

Article I.

Sur l'Apel de l'Eglise de la *Rochelle*, touchant le refus qui lui a été fait par la Province de *Poictou*, de la personne de Monsieur *Esuard*, que ladite Eglise pretendoit lui avoir été donnée par le Synode National tenu l'an 1581.

Il a été jugé qu'attendu qu'elle n'a pas produit l'article dudit Synode touchant ce fait, que ledit Sieur *Esnard* demeurera en ladite Province de *Poitou*; laquelle sera censurée d'avoir emploié des mots de Pratique dans son Acte.

I I.

Sur l'Apel du Coloque d'*Angoumois*, & de l'Eglise de Saint *Mesme* pour le jugement rendu par le Synode de *Xaintonge*; la Compagnie a confirmé en tout & par tout ce qui a été arrêté par ledit Synode, lequel est chargé de censurer, au Nom de cette Assemblée, Monsieur de *Bergemont* & tous ses adherens, de ce qu'ils ont interjetté leur Apel sans aucun fondement ni raison.

I I I.

Sur l'Apel de l'Eglise de *Cognac*, & de Mr. de *Bergemont* du Jugement rendu par le Synode de *Xaintonge* tenu à *Pons*; il a été decidé que ledit Sieur de *Bergemont* apartiendra à l'Eglise de *Ségensac*, pour servir néanmoins à celle de *Cognac* alternativement; à la charge que ladite Eglise de *Ségensac* satisfera ledit Sieur de *Bergemont* de tous les arrérages dans six mois prefix, à comter du premier jour de Juillet. Que si l'Eglise de *Cognac* refuse de consentir à cette condition, ledit Sieur de *Bergemont* apartiendra à l'Eglise de *Ségensac* seulement; & s'il arrive aussi que ladite Eglise de *Ségensac* manque à son devoir & à la charge qui lui est imposée, ledit Sieur de *Bergemont* sera mis en liberté, pour être donné cependant à une autre Eglise qu'à celle de *Cognac*.

I V.

Sur l'Apel interjetté par Messieurs *Casaux* & le Consistoire de *Mauvaisin* de l'Avis donné par le Synode Provincial de la *Haute Guienne*; après avoir entendu les remontrances faites au nom de Messieurs de *Fontenai* & de l'Eglise de *Castillon*, le Synode National a confirmé l'Acte du Synode Provincial tenu à *Leitoure* cette presente année: Et au cas que ladite Eglise de *Castillon* n'efectue pas entierement le susdit Article, ledit *Casaux* est mis en liberté pour servir l'Eglise de *Mauvaisin*.

V.

Sur les Apellations interjettées par Mr. *Piermont*, Ministre du saint Evangile d'une part, & par Messieurs les Consuls & Anciens de l'Eglise de *Montauban* d'autre, de l'Ordonnance du Synode du *Haut Languedoc*, touchant le terme donné audit Sieur *Piermont*, pour vaquer à ses afaires domestiques & particulieres, hors de ladite Ville de *Montauban*: le Synode National a confirmé l'avis dudit Synode Provincial, quant au terme d'un an octroié audit Sieur de *Piermont* pour vaquer à ses afaires, à comter du jour de son depart: Et pour témoignage de l'afection qu'il porte à son Eglise, il est exhorté de laisser sa famille en cette Ville, ou du moins en cette Province: comme aussi ladite Eglise, pour assûrance qu'elle veut faire son devoir pour assister ledit Sieur *Piermont* son Pasteur, est exhortée de lui continuer le paiement de ses gages, durant son absence. Et afin de pourvoir à sa Charge, ledit Sieur *Piermont* & le Coloque de son Eglise tâcheront, d'un commun accord, de trouver un Pasteur, qui suplée aux exercices du saint Ministere necessaires dans cette Eglise, pendant l'absence dudit Sieur *Piermont*.

VI. Sur

TENU A MONTAUBAN.

VI.

Sur l'Apel interjetté par les Eglises de *Montauban* & de *Viennois* sur ce que par lesdits Synodes du *Haut Languedoc*, tenus à *Montauban* & *Litoure*, Mr. de *Castel-Franc* Ministre, auroit été donné à l'Eglise de *Pealmont*, & sur le droit que *l'Isle de France* pretend avoir sur ledit Sieur de *Castel-Franc* : Les Deputés desdites Eglises aiant été oüis & la Lettre du Pere dudit Sieur de *Castel-Franc* lûë, le Synode a declaré que la Province de *l'Isle de France* n'a aucun droit sur ledit *Castel-Franc*. Et quant audit Apel, ledit Sieur *Castel* est accordé à l'Eglise de *Monredon*, à celle de *Viennois* & de *Prealmont* conjointement, & par moitié durant six mois ; pendant lesquels, suivant l'intention de ce Synode, ladite Eglise de *Prealmont* se pourvoira d'un autre Pasteur ; autrement il sera procedé contr'elle par telles Censures que le Coloque jugera necessaires. Mais s'il arrivoit cependant que ladite Eglise de *Prealmont* eût besoin d'être assistée par ledit Sieur de *Castel-Franc*, il est exhorté de l'aider en tout ce qui lui sera possible.

VII.

Sur l'Apel interjetté par l'Eglise de *Montpellier* sur ce que par les Provinces du *Bas Languedoc*, Monsieur *Villette* auroit été donné à *Villerangue* ; oüi ledit Sieur *Villette*, le Synode a confirmé le jugement desdits Synodes Provinciaux, & declaré que ladite Eglise de *Montpellier* n'a aucun droit sur ledit Sieur *Villette*.

MATIERES PARTICULIERES.

ARTICLE I.

SUr la Proposition faite par les Deputés de la Province de *Gascogne*, *Perigort* & *Limousin*, à ce que les Eglises & Coloques de *Condomois* & *Landers* demeurent joints au Synode Provincial d'*Agenois*, *Perigort* & *Limousin* : ouïes les remontrances des Deputés de la *Haute Guienne* ; & particulierement le Pasteur de *Leitoure* au nom du Coloque d'*Armagnac*, il a été resolu que les deux Synodes de la *Haute Guienne* & *Gascogne* demeureront en l'état qu'ils sont à present ; sauf neanmoins à y pourvoir autrement à l'avenir si la necessité le requiert, & à remontrer au premier Synode National que les Eglises d'*Armagnac* qui sont separées, soient rejointes au Coloque dudit *Armagnac*.

II.

Les Eglises d'*Angoumois* seront jointes au Synode Provincial de *Xaintonge*, & même pour y tenir le rang d'un sixiême Coloque, suivant le consentement desdites Eglises.

III.

On répondra à l'Eglise de *Bergerac*, pour la censurer vivement de la Lettre qu'elle a écrite à la presente Compagnie, dans laquelle elle declare ne se vouloir pas soumettre à l'Article 4. du 10. Chapitre de la Discipline.

IV. Ceux

XIII. SYNODE NATIONAL

IV.

Ceux de *l'Isle de France* seront vivement censurés de ce qu'ils ont proposé à cette Compagnie s'il seroit bon d'agir politiquement contre le Pape avec ceux de la Religion Romaine de ce Roiaume, pour maintenir les Libertés de l'Eglise Gallicane. Il sera écrit auxdits Sieurs que leur Proposition a été jugée indigne d'être mise en deliberation. Ils seront censurés tant de ce qu'ils demandent des Juges competens de l'une & de l'autre Religion pour decider les points qui sont en controverse, que de ce qu'ils requierent qu'on ne tienne pas des Synodes Provinciaux & Nationaux sans de grandes raisons, & que ce soit rarement.

V.

Sur la plainte de l'Eglise d'*Aimet*, touchant l'absence de Mr. *Balleran* son Pasteur, qu'elle dit être retourné dans l'Eglise de *Castres*, sans avoir legitimement obtenu son congé; après avoir ouï les remontrances des Deputés de la Province de *Gascogne*, comme aussi ledit Sieur *Balleran*; & après avoir vû la Requête de l'Ancien Deputé presentée par la Ville & Eglise de *Castres*, & l'Acte du Congé donné audit *Balleran*, par ceux de l'Eglise d'*Aimet*, signé de ceux de la même Eglise, qui ont écrit à ceux de la Ville de *Castres*, & dont quelques-uns ont après signé la revocation dudit Congé; le Synode National a établi ledit *Balleran* dans l'Eglise de *Castres*, pour y servir comme Pasteur propre; à la Charge que ladite Eglise d'*Aimet* sera pourvûë, dans six mois, ou plûtôt, si faire se peut, d'un autre Pasteur, par le Coloque de *Perigort*, ou le Synode de *Gascogne*, aux fraix de ladite Eglise de *Castres*, suivant les ofres faites par le Sieur *Bisseil* leur Deputé; & à condition que les Magistrats dudit *Castres* feront cesser toutes poursuites contre les Sieurs de la *Garrier* & de la *Grange*, touchant la deposition de *Gaspar Olose*, selon l'Avis du Coloque d'*Albigeois*, & du Synode Provincial tenu à *Montauban*. Que si le susdit Avis touchant les Sieurs de la *Garrier* & de la *Grange* n'est pas entierement efectué, le Synode National a declaré que ceux de ladite Eglise de *Castres* y aportant des obstacles, seront censurables jusques à la suspension de la Cene, & indignes que ledit *Balleran* leur soit donné pour Pasteur. C'est pourquoi on charge le Coloque d'*Albigeois*, assemblé en un autre lieu que dans la Ville de *Castres*, de pourvoir à ce que le present Arrêt sorte son plein efet, & que ledit *Balleran* soit en ce cas donné à une autre Eglise qu'à celle de *Castres*.

VI.

Sur la plainte faite par la Province de la *Haute Guienne*, contre Mr. *Gravier* & *Vieillebans*, à cause de leur malversation & vie scandaleuse; il a été ordonné que les Ministres du *Haut Quercy* auront charge d'avertir lesdits *Gravier* & *Vieillebans* de se trouver, dans deux mois pour tout delai, en cette Ville de *Montauban*, où les Ministres du *Haut Quercy* aportant un sufisant Témoignage de l'Avertissement qui aura été donné auxdits Sieurs, ensemble l'information des faits qui concernent leur mauvaise vie, lesdits Ministres avec ceux de cette Ville, & autres de ce Coloque, par l'Autorité du Synode National procederont à la Deposition, ou suspension desdits Sieurs, s'il est necessaire; & si on trouve que les accusations soient dûement averées, & cas avenant qu'ils ne compa-

comparoissent pas, ils seront suspendus, & leur suspension declarée aux Eglises.

VII.

Sur l'Avis que demande la Province de *Touraine*, celle d'*Anjou* & le *Maine*, touchant la personne de Mr. de *Bloy*, Ministre de *St. Agnan*; Il a été resolu que ledit Sieur de *Bloy* demeurera à ladite Eglise, pourveu que dans 6. mois elle efectue entierement ce qu'elle lui a promis touchant son entretien : Et à faute de ce faire, il sera donné à l'Eglise de *Pruilli*, suivant l'Avis du Synode Provincial tenu à *Saumur*.

VIII.

Sur la Remontrance faite par l'Eglise de *Bruniquet*, que Mr. de la *Fond* leur Pasteur auroit été mis en liberté par les Pasteurs de leur Province, & commis & deputés par le present Synode pour en juger, sans que ladite Eglise ait été pourvûe d'un autre Pasteur; de maniere que par ce moien elle en demeure destituée ; La Compagnie ordonne que ledit sieur de la *Fond* servira ladite Eglise, jusqu'à ce qu'elle soit pourvûe d'un autre Ministre, à quoi le Coloque du *Bas Quercy* s'emploiera, & ledit Sieur de la *Fond* sera promptement paié du passé, & ladite Eglise pourvoira à ses necessités pour l'avenir : & à faute de ce faire, ledit Sieur de la *Fond* aura la liberté de s'établir ailleurs.

IX.

Sur la Proposition faite par les Deputés du *Bas Languedoc* ; La Compagnie a trouvé bon que le Frere Mr. *Boult* demeure afecté à *Coudognan* & *Vergesat*, jusqu'à ce que ces Eglises aient le moien de se pourvoir de Pasteur.

X.

Sur les plaintes faites au Nom de la Province de *Xaintonge* contre Mrs. *Lesperny* & *Cayer* ; La Compagnie a trouvé bon que ladite Province de *Xaintonge* écrive au Synode de *Bearn*, pour le regard du Sr. *Lesperny* qui depend dudit Synode ; & quant au Sr. *Cayer*, qu'il lui sera écrit, au nom de cette Assemblée, qu'il ait à se trouver au Synode de ladite Province de *Xaintonge*, laquelle est chargée de l'entendre & de juger de ce fait, par l'autorité du present Synode.

XI.

La presente Assemblée, à la requisition de Messieurs de la Ville & Eglise de la *Rochelle*, & de toute la Province de *Xaintonge*, considerant l'importance de ladite Eglise, & le fruit que le Ministere de notre Frere Mr. *Rotan* a aporté, non seulement à la Province, mais aussi à toute la France, a resolu d'écrire très-afectueusement, tant à la Seigneurie qu'à l'Eglise de *Geneve*, à laquelle ledit Frere appartient, qu'il leur plaise de l'accorder à ladite Province.

XII.

Sur l'avis que demande la Province du *Bas Languedoc*, touchant Mr. *Jean Corneille*, Il a été resolu qu'elle seroit fortement censurée d'avoir si long-tems caché ses Erreurs, & gardé le silence touchant sa mauvaise conduite, & particulierement de ce que les Magistrats & l'Eglise d'*Orange*, ont si instamment solicité & requis, qu'il fut rétabli au Ministere : à raison de quoi le Synode

node confirme la Depofition dudit *Corneille*; & lui impofe un filence perpetuel fur cette demande; voulant auffi que le Magiftrat & le Confiftoire d'Orange foient cenfurés de lui avoir fait faire les Prieres publiques durant fa Sufpenfion, & qu'ils foient avertis du danger qu'il y a d'employer ledit *Corneille* à l'Inftruction de la Jeuneffe.

XIII.

On écrira des Lettres rigoureufes & circulaires au Coloque du *Haut Languedoc* & à Meffieurs de *Moncaffin*, que s'ils ne fatisfont pas Monfr. *Lambert*, pour le remburfement des fraix faits pour la pourfuite des Provifions obtenuës du Roi pour l'entretien des Pafteurs; la prefente Compagnie procedera contr'eux en cas de refus, & même contre Mr. de *Moncaffin*, comme aiant repondu dudit paiement, ainfi qu'il en appert par l'Acte du Synode Provincial, tenu dans cette ville de *Montauban* l'An 1594. fi avant la fin de cette Affemblée ils n'ont pas fatisfait à tout cela, comme on leur en écrit.

XIV.

De plus il a été refolu que fi, vers la fin du prefent Synode, on n'a aucune Reponfe du Coloque de la *Haute Auvergne*, fuivant l'Avis qu'on leur en a donné ci-deffus, les Sieurs *Villette* & *Chafveau*, retournant dans leur Province du *Bas Languedoc* interdiront l'Exercice du Miniftere aux Eglifes dudit Coloque, & particulierement à Monfieur de *Moncaffin*; pour n'avoir accompli fa promeffe.

XV.

Sur la Remonftrance faite par Mr. *Guillaume Benoit*, qu'il a tâché d'avancer fon fils, *Marc Antoine*, à l'Etude des faintes Lettres, afin qu'étant emploié au Miniftere, il en pût recevoir de la confolation, & que neanmoins à fon infcû, & fans fon confentement, ledit *Marc Antoine* fon fils a été emploié au Miniftere pour l'Eglife de *Marvejoles*, dans la Province du *Bas Languedoc* : Après avoir oüi ce que les Deputés ont voulu aleguer, & tout ce qui a été remontré de la part dudit *Marc Antoine*, qui n'a accepté le Miniftere audit *Marvejoles*, que pour un tems & fous condition que fondit Pere en fût content : le Synode a accordé ledit *Marc Antoine* à l'Eglife de *Villemur* unie au Coloque du *Bas Quercy*, pour lui fervir de Pafteur propre, à condition. toutefois qu'il fervira ladite Eglife de *Marvejoles* l'efpace de trois mois, dans lequel tems le Coloque de *Gevodan*, & la Province du *Bas Languedoc*, tâcheront de pourvoir ladite Eglife de *Marvejoles* de Pafteur; laquelle eft chargée de paier audit *Marc Antoine Benoit*, dans 6. femaines après qu'il fera de retour en icelle, tant les arrerages qu'elle lui doit, que le Quartier courant, & à faute de ce faire ledit *Benoit* eft en liberté de s'en venir incontinent fervir fon Eglife de *Villemur*, & cela par l'avis & l'aprobation de fon Coloque, fuivant la Difcipline Ecclefiaftique.

ROLE

TENU A MONTAUBAN.

ROLE DES COUREURS.

1. *Isaac* & *Moïse Brochards*, qui vont semant pour tout leur fausse Doctrine.
2. *Costa*, ou la *Coste*, du Païs de *Bearn*, qui va prêcher çà & là sans Vocation. Il est de moienne taille, & a la Barbe noire, & le visage bazané, c'est un Menteur, Afronteur & Larron.
3. On a chargé Mrs *Villette* & *Chaillan*, Deputés du *Bas Languedoc*, de s'enquerir promptement de Mr. *Ducros*, ci-devant Ministre à *Perigueux*, qui aiant quitté son Ministere exerce la Medecine : & de *Vincent Cordatus*, âgé de soixante ans, qui est un homme de grosse stature.

MINISTRES DEPOSE'S.

1. Dans la Province du *Haut Languedoc* & *Haute Guienne*, Mr. *Bernard Vaisse* pour avoir prêché une mauvaise Doctrine.
2. Mr. *Gaspard Olaza* Espagnol, pour avoir semé plusieurs Heresies, & suscité des troubles & des seditions dans l'Eglise de *Castres*.
3. Dans la *Gascogne*, Mr. *Pierre Preampon*, se faisant autrement nommer du *Mont* ou *Demont*.
4. Mr. *Jacques* de *Casaux* de *Normandie*.
5. Maitre *Gabriel Roul*, autrefois la *Sale*, de *Coucher* en *Rouergue*.
6. Sur la division arrivée à *Ste. Foi* à cause de *Raoul*, on a chargé les Ministres de cette Compagnie, qui se doivent trouver à l'Assemblée de *Ste. Foi* d'en decider definitivement, par l'autorité du present Synode, attendu la dissipation & la necessité des Eglises de la *Loire*.

AVERTISSEMENT.

La Province d'*Anjou* est chargée de convoquer le Synode National prochain, dans la ville de *Saumur* au mois de Mai de l'An 1596. d'autant que la Province du *Bas Languedoc*, à laquelle cette Convocation a été accordée par le dernier Synode National tenu à *Vitré*, s'est demise de son droit, pour la commodité des autres Provinces, il a eté resolu qu'aiant égard à ce que dessus, le prochain Synode sera prié d'ordonner que le Synode qu'on tiendra après celui dudit *Saumur*, soit convoqué en ladite Province du *Bas Languedoc*.

Tous les susdits Decrets ont été ratifiés à *Montauban* le 28. Juin de l'An 1594. & signés au Nom de tous les Deputés audits Synode par

Monsieur BERAUD. Moderateur.
Monsieur GARDESI
    &   } Scribes.
Monsieur ROTAN

XIV. SYNODE NATIONAL

QUATORZIÉME SYNODE
NATIONAL
DES
EGLISES REFORMÉES
DE FRANCE.

Tenu à *Saumur* depuis le 3. jusqu'au 16. de Juin.
L'An M. D. XCVI.

Sous le Regne de HENRI IV. dit le *Grand*.

Monsieur de la Touche *fut choisi pour* Moderateur *de ce Synode,* *Monsieur* Pacard *pour* Ajoint, *& Messieurs* Vincent *&* Chalmont *pour* Scribes.

LES NOMS DES MINISTRES
ET DES ANCIENS,

Qui furent Deputés *audit Synode, par les* Provinces *suivantes.*

ARTICLE I.

Pour la Province de *Bretagne* Mr. *Pierre Merlin*, Ministre de l'Eglise & Maison de Madame de la *Val* à *Vitré*, & Mr. du *Londoran* Ancien de ladite Eglise.

II.

Pour le *Haut Languedoc* & la *Haute Guienne* Mr. *Jean Bátiste Rotan* subdelegué pour Mr. *Balaraud*, qui avoit été Deputé par le Synode Provincial tenu à *Figeac*, l'An 1596. mais qui à cause de sa maladie n'aiant pû se trouver à cette Assemblée, ledit Sr. *Rotan* y a été reçû en cette qualité sans consequence; sur quoi les Provinces sont averties que leurs Deputés ne doivent pas en subdeleguer d'autres en leur place.

III. Pour

TENU A SAUMUR.

III.

Pour *Xaintonge*, *Onix* & *Angoumois*, Mr. *Georges Pacard* Miniftre de l'Eglife de la *Roche-Foucaud*; Mr. *Pierre Conftantin* Miniftre de l'Eglife de *St. Surrin*; & Mr. *Jean Calmont* Ancien de l'Eglife de la *Rochelle*.

IV.

Pour la Province de *Poiƈtou* Mr. *Dominique de Loffe*, dit la *Touche* Miniftre de l'Eglife de *Mouchans* & de *St. Fulgent*; & *François Oyfeau* Miniftre de l'Eglife qui eft dans la Maifon de Mr. de la *Tremouille*; & de *Fontaine*, Ancien de l'Eglife de *Melle*.

V.

Pour la *Gafcogne*, *Perigort* & *Limoufin* Mr. de *St. Hilaire*, Pafteur à *Nerac* fans Ancien; Mr. de *Chaftelet* excufé fur fa maladie, à l'occafion de laquelle on remontrera à ladite Province qu'en ce cas, il en falloit fubftituer un autre, & deputer un ou deux Anciens.

VI.

Pour le *Berry*, *Orleans*, *Blois* & *Dunois*, Mr. *Jean Vian* Miniftere de l'Eglife de *Dangeau*; & *Adam Dorival* Miniftre de *Sancerre*, & Mr. *Gilles Dallibert* demeurant à *Blois*.

VII.

Pour le *Dauphiné*, *Provence* & la *Principauté d'Orange*, Mr. *Daniel Chamier* Miniftre de l'Eglife de *Montelimar*, & *Jean de Serres* Miniftre de l'Eglife d'*Orange*, pour Ajoint Monfieur *Val* fon Ancien de l'Eglife de *Grenoble*.

VIII.

Pour l'*Ifle de France*, *Champagne*, *Brie* & *Picardie*, Monfieur *Pierre Viriot* Pafteur de l'Eglife de *Châlons* en *Champagne*, l'Ancien nommé par le Coloque ne s'étant pas trouvé.

IX.

Pour le *Bas Languedoc* Mr. *Laurens Brunier*, Miniftre de l'Eglife d'*Ufez*, & *Theodore de Cambis* Ecuyer & Baron de *Fons*, Ancien.

Pour la *Normandie* Mr. *Gillis Gautier*, dit *la Bauferie*, Miniftre de l'Eglife de *Caën*; & Monfieur *Robert de Berroy*, Ancien de l'Eglife de *Rouën*.

X.

Pour le *Lionois*, *Foreft* & *Beaujolois*, Meffire *Louis Turquet* Ancien de l'Eglife de *Lion*.

XI.

Pour l'*Anjou*, *Touraine*, *Vendomois* & le *Maine*, Mr. *Fœlix du Trouchay*, dit la *Noue*, Miniftre de l'Eglife de *Beaufort*, & Mr. *François Grelite*, dit *Macefer* Miniftre de l'Eglife de *Saumur*; & *Brian*, *Niotte*, & *Pierre Coignet*, dit *la Plante*, Anciens de l'Eglife de *Saumur*.

XII.

La Province du *Haut* & Bas *Languedoc*, n'aiant envoié aucuns Deputés à cette Affemblée, doit en être cenfurée par Meffieurs *Chamier* & *Brunier* qui pour cet effet fe trouveront au premier Synode qui fe tiendra dans laditte Province.

XIII. Le

XIV. SYNODE NATIONAL

XIII.

Le *Bourbonnois* & l'*Auvergne* seront pareillement censurés de n'avoir fait aucune Deputation.

XIV.

Monsieur de *Serres* est chargé d'écrire aux Eglises de *Provence* pour les consoler dans leur Affliction.

XV.

Les Deputés de la Province de *Bourgogne* étant absens, nous les excusons, d'autant qu'il n'y a qu'une Eglise dressée maintenant dans cette Province.

XVI.

Election a été faite de Mr. de la *Touche* pour moderer l'Action de ce Synode, & Monsieur *Paçard*, nommé pour Ajoint; comme aussi Messieurs *Vincent* & *Chalmont*, pour en recueillir les voix & dresser les Actes.

XVII.

La Compagnie a ordonné que la Sainte Cene sera célébrée dans cette Eglise le 16. Juin pour la cloture de ce Synode.

AVIS
SUR LA CONFESSION DE FOI

Article I.

LA *Confession de Foi* aiant été lûë, tous les Deputés & Assistans l'ont approuvée & ont juré de ne s'en departir jamais.

II.

On avertira derechef les Imprimeurs de mettre dans l'Article 26. *Union* au lieu *d'Unité*, & d'ajouter à la fin de l'Article 38. ces mots de l'Institution, *Prenés, Mangés*, & ceux-ci, *Beuvés en tous*; suivant les resolutions prises au Synode National de *Montauban* de l'An 1594.

CORRECTIONS ET ADDITIONS
SUR LA DICIPLINE ECCLESIASTIQUE.

Article I.

LEs Eglises sont averties de bien pratiquer les Articles 8. 11. & 12. du Chap. 1. & principalement le 12. suivant le Decret du Synode de *Montauban* sur cette Matiere.

II. L'Ar-

TENU A SAUMUR.

II.
L'Article dudit Chapitre qui commence *parce qui*, fera ôté du Corps de la Difcipline.

III.
Le 1. Article du 3. Chapitre des Anciens fera étroitement obfervé, & *Principalement* l'Article 6. du Chapitre 3. demeurera tel qu'il eft.

IV.
Les Provinces feront exhortées d'entretenir le plus grand nombre de Propofans qu'il leur fera poffible, & les Princes, les Seigneurs, & Gentils-hommes, les Communautez & tous ceux à qui Dieu a donné des biens en emploieront une partie pour l'entretien defdits Propofans, & particulierement ceux qui jouiffent de quelque Benefice Ecclefiaftique.

V.
Sur le Chapitre des Ecoliers & Propofans il a été trouvé expedient d'avertir les Provinces de s'efforcer d'établir chacune un *Colege*, & toutes enfemble au moins deux *Academies* : & pour cet effet les lieux tant des *Coleges* que des *Academies* feront choifis dès à prefent par les Provinces. Le prefent Synode a jugé cette ville de *Saumur* propre à y dreffer un *Colege*, & quand Dieu en donnera le moien une *Academie*, fur quoi nous avons prié Monfr. le Gouverneur de ce Lieu de continuer la bonne volonté qu'il a témoignée pour cela, & chacun de cette Compagnie eft prié d'y exhorter ceux de fa Province.

VI.
Le 8. Article du Chapitre des Anciens & Diacres, demeurera à la difcretion des Confiftoires, pour les changer felon qu'ils le verront être expedient.

VII.
L'Article qui recommande la Lecture de la Difcipline dans les Confiftoires fera mieux obfervé qu'il ne l'a été jufqu'à prefent.

VIII.
Sur l'Article 22. du Chapitre 5. il a été refolu que dans les Reconnoiffances publiques, on ne fera pas fpecifier les Crimes où il y aura peine de mort ou notte d'Infamie.

IX.
Le dernier Article du Chapitre 5. fera obfervé, & on donnera avis aux Provinces d'y tenir la main.

X.
Sur l'Article 5. & dernier du Chapitre 6. les Provinces de *Guienne*, *Xaintonge* & *Normandie*, aiant requis par leurs Deputés que ledit Article foit moderé, comme trop rigoureux : Il a été trouvé bon qu'après ces mots, *continués* & *entretenus* on mettra auffi, ,, Et au cas que quelques Eglifes, ou ,, perfonnes particulieres ne veulent pas contribuer aux fraix qu'il convient ,, faire, pour fe trouver aux Affemblées Ecclefiaftiques, elles feront grie- ,, vement cenfurées, comme rompant la fainte Union qui doit fervir pour ,, nôtre confervation. Les Miniftres auffi qui ne tiendront pas la main à ce ,, que deffus, feront grievement *cenfurés*

XI. Sur

X I.

Sur le 1. Article du Chapitre 8. On a ordonné que les Eglises qui ont plusieurs Pasteurs en envoieront alternativement au Synode Provincial le plus grand nombre qu'elles pourront.

X I I.

L'Article 12. dudit Chapitre sera observé étroitement : mais sur l'Article dernier du Chapitre touchant les Provinces, les Deputés de *Champagne* aiant remontré que l'Eglise de *Chalons* est seule en *Champagne*, il a été ordonné que ladite Eglise sera jointe à la Province de l'*Isle de France* & de *Picardie* pour le tems present.

X I I I.

La Province de *Bretagne* qui n'a aussi qu'une Eglise sera jointe à celle de *Normandie*.

X I V.

Sur l'Article 7. dudit Chapitre, le Deputé du *Haut Languedoc* aiant demandé que les autres Ministres non Deputés aient voix deliberative aux Synodes Nationaux, hormis pour ce qui les concerne, il a été resolu que cet Article sera observé sans y rien changer.

X V.

Sur l'Article du Chapitre 10. le Deputé de *Normandie* aiant proposé suivant les Memoires du Coloque de *Constantin*, qu'il soit fait quelques remontrances aux Enterremens : la Compagnie a resolu que ledit Article demeurera sans y rien changer.

X V I.

Sur l'Article 5. du Chapitre 11. touchant le Batême des enfans qu'on appelle *Bohemes* : Il a été resolu que ledit Article demeurera, en y ajoûtant ces mots *& outre cela le Parrein se chargera de la nourriture & de l'instruction de leurs enfans.*

X V I I.

Sur l'Article 6. du Chapitre 11. Il a été conclu que l'Article demeureroit, à savoir : ,, Que dans les Eglises où il y a un Exercice public de nô- ,, tre Religion, on ne batisera qu'aux heures ordinaires, & que dans celles ,, qui n'ont pas de tels exercices, on le fera selon qu'il y en aura occasion : ,, mais toujours avec une forme de Predication. Que si quelque frere infirme presse de faire batiser son enfant avant la Predication, les Pasteurs feront ce qui sera le plus édifiant, en avertissant le Peuple du but qu'ils se proposent.

X V I I I.

Les Eglises qui ne font des Exercices qu'un jour de la semaine, seront exhortées d'en faire plus souvent.

X I X.

Sur l'Article 8. du Chapitre 11. on exhorte les Peres de choisir des Parreins qui soient propres à accomplir les promesses qu'ils font.

X X.

Sur l'Article 13. du Chapitre 11. les Deputés du *Poiêtou* demandant si on
peut

peut imposer deux noms à un enfant ? On leur a repondu qu'il est indifferent, mais qu'on doit exhorter les Peres de se tenir à la simplicité.

XXI.

Sur l'Article 5. du Chapitre 13. Il a été ordonné que les Promesses de Mariage se feront par paroles de futur, suivant l'Ordonnance du Roi, & qu'elles seront néanmoins indissolubles, s'il ne survient quelque legitime empêchement, sur quoi ledit Article sera reformé.

XXII.

Sur les Articles 6. & 7. du Chapitre 13. touchant les degrés de Consanguinité que la Loi de Dieu ne defend point, & dont on peut obtenir la Dispence du Roi, selon les Articles secrets, à savoir du troisième & quatrième Degré seulement ; les Pasteurs procederont à benir de tels Mariages sans requerir de voir ladite Dispense, & sans s'informer s'il y a une telle Consanguinité entre les Parties ou une Permission de les épouser, pourveu qu'il n'intervienne aucune Oposition.

XXIII.

Sur l'Article 12. du Chapitre 13. Il a été resolu que l'Article demeure, en ôtant ces mots, "outre cela il y a une Afinité occulte entre lesdites Parties, d'autant que l'homme & la femme ne sont reputés qu'un seul & même Corps.

XXIV.

Dans le 13. Article du Chapitre 13. il faut ôter ces mots, *sinon avec connoissance de Cause & meure deliberation du Consistoire.*

XXV.

L'Article 22. du Chapitre 3. a été remis aux Provinces pour en venir préparées au prochain Synode National, & y decider s'il ne seroit pas expedient, auparavant que de benir les Mariages des Veûves, qu'elles demeurassent plus long tems en viduïté.

XXVI.

L'Article 23. du Chapitre 13. demeurera, & l'Article 2. du Chapitre 14. demeurera aussi ; & ce qu'on y a ajouté au Synode de *Montauban* sera aussi pratiqué.

XXVII.

Dans l'Article 2. du Chapitre 14. on retranchera ces mots, *neanmoins ceux là ne seront point condannés* &c. jusqu'à la fin. Et au lieu d'iceux on mettra, *& ils se regleront tous selon l'Ordonnance du Roi, & la charité.*

XXVIII.

L'Article 24. du Chapitre dernier, qui est de la venalité des Ofices, sera raié, & ôté du Corps de la Discipline.

XXIX.

Les susdits Articles de la Discipline aiant été lûs & examinés par les Deputés de toutes les Provinces, ont été confirmés & approuvés d'un commun consentement.

XIV. SYNODE NATIONAL
MATIERES GENERALES.

Article I.

LE Deputé de Champagne avertira l'Eglise de *Paris* de se garder d'un certain Ministre qui veut faire un mêlange de deux Religions.

I I.

Sur la Proposition faite par Mr. *Merlin*, touchant le Formulaire du Catechisme reçû dans nos Eglises, savoir s'il doit être exposé publiquement, ainsi qu'il l'a été jusqu'à present? On a resolu de n'y rien changer, & néanmoins les Deputés des Provinces sont chargés de raporter à leurs Synodes ce fait, pour en venir preparés au prochain Synode National.

I I I.

Les Disputes & Propositions Latines, requises par quelques Provinces, ont été jugées propres aux Ecoles & Academies, & non pas aux Coloques.

I V.

Sur la Proposition des Deputés du *Haut Languedoc*, s'il est licite d'accompagner les Papistes jusqu'aux Portes de leurs Temples, & dans les Convois des Mariages & Batêmes? Il a été resolu que non, & que de tels cas meritent Censure.

V.

L'Article du Synode National de *Montauban*, touchant le prêt des deniers apartenans aux pauvres, sera raié.

V I.

L'Article dudit Synode touchant l'Union de *Mantes*, sera observé, s'il est possible.

V I I.

L'Article 29. des Actes dudit Synode sera inseré dans le Corps de la Discipline, avec l'Article 39. dudit Synode touchant les Presentations par Procureurs, dont on a resolu que la premiere partie sera raiée, & que l'autre demeurera.

V I I I.

L'Article 31. dudit Synode doit être observé par toutes les Eglises.

I X.

Il a été remis au prochain Synode National de resoudre, si le Chant des Cantiques nouvellement mis en Rime par Mr. de *Beze*, sera introduit dans l'Eglise, surquoi les Provinces y viendront prêtes.

X.

L'Article dudit Synode, contenant qu'on enregîtrera les Noms de ceux qui seront nouvellement reçûs dans l'Eglise, sera observé. Et on ajoutera à ce qui est dit des Signatures, *autant qu'il sera possible.*

X I.

L'Article de la Nomination des Pasteurs faite audit Synode a été aprouvé en raiant Mr. *Baron*, & mettant Mr. de *Serres* au lieu de Mr. *Chamier*, suivant

vant l'Avis de fa Province; néanmoins on laisse à la discretion des Provinces de faire les Nominations, si bon leur semble.

XII.

Sur ce qui a été remontré par le Deputé du *Bas Languedoc*, touchant l'Article dudit Synode qui défend toutes les innovations en l'observation des Fêtes Annuelles; la Compagnie a été d'avis que dans les lieux où l'on est contraint de chomer les Fêtes, il est licite aux Pasteurs de faire ces jours-là quelques Exhortations selon qu'il sera reglé par les Consistoires, & de prendre pour le jour de la Celebration de la Cene des Textes de l'Ecriture Sainte, tels que bon leur semblera pour l'édification de l'Eglise.

XIII.

L'Article qui concerne ceux qui s'apellent en Duël, sera observé très-exactement, & mis dans le Corps de la Discipline.

XIV.

On entretiendra l'Union des Eglises de ce Roiaume avec celles des Païs-Bas, & on leur écrira de la part du Synode à cette fin par Mr. *Rotan*, en leur témoignant le desir que nous avons d'entretenir cette Union par tous les moiens convenables, & pour recevoir leurs Lettres, & en envoier les Réponses, & même pour deputer, s'il est necessaire, quelqu'un de nos Freres à leur Synode National, la Compagnie nomme la Province de *Normandie*, qui fera instruire son Deputé par ceux qui auront été aux Assemblées Ecclesiastiques.

XV.

Les Eglises seront averties de ne point recevoir à la participation de la Cene, les habitans des lieux où il n'y a aucun exercice public de la vraie Religion, sans une Attestation de leurs Anciens.

XVI.

La Province de *Normandie* aiant demandé avis sur l'omission au Formulaire du Mariage: Nous avons ordonné que les Imprimeurs seront avertis de remettre ces mots, *Puis qu'il n'y a personne.*

XVII.

Les Lettres du *Roi* nôtre *Sire*, écrites à cette Assemblée, presentées par Mr. de *Serres*, du 14. de Mai dernier, ont été lûës, portant assûrance de la bonne affection de Sa *Majesté* à nous maintenir son Edit de l'an 1557., vû aussi les Lettres de Créance dudit Sieur de *Serres*, & celles qui nous ont été envoiées par Monsieur le *Conétable* le 18. Mai dernier portant une pareille assûrance; il a été resolu qu'on répondra de nôtre part à Sa *Majesté*, pour la remercier très-humblement, & la suplier de nous faire sentir les efets de sa bonne volonté: & qu'on écrira pareillement à Monsieur le *Connétable.*

XVIII.

Mr. *Dorival* écrira à l'Eglise de *Geneve*, pour faire avertir leurs Libraires d'une fraude qu'ils commettent en aportant en ces Quartiers, & vendant des Pseaumes & des Nouveaux Testamens de la vieille Impression, avec un Titre nouveau dont la datte est fausse & suposée. Ledit Sieur *Dorival* remerciera

merciera de nôtre part Mr. de *Beze* pour ses Sermons de la Passion, qu'il a dediés aux Pasteurs des Eglises de ce Roiaume.

XIX.

Sur la Proposition faite par Mr. *Dorival*, s'il est bien-séant aux Pasteurs de se trouver, comme Deputés, aux Assemblées, où se traitent les afaires concernant la conservation des Eglises ? On a été d'avis, qu'attendu la necessité du tems, ils y peuvent assister.

XX.

Sur la Proposition faite par les Deputés d'*Orleans* touchant les Contrats de Mariage, pour savoir s'il est necessaire de les voir avant que de publier les Annonces, vû qu'en leur Province le Contract ne se passe que la veille des Nôces ? La Compagnie a declaré qu'il sufira de voir les Articles signés des parties principales, ou l'Attestation du Notaire.

XXI.

Sur la Proposition de la Province de *Gascogne*, à savoir si dans la Reception de ceux qui font profession publique de vouloir suivre nôtre Religion, on doit specifier en termes exprès le renoncement à la Messe ? Il a été répondu que cela est absolument necessaire.

XXII.

Sur la Proposition de la même Province, qui desire de savoir si les Consuls, les Baillifs & les Magistrats qui font profession de la Religion Réformée doivent être presens aux Coloques & aux Synodes Provinciaux assemblés dans les lieux de leur ressort ? Il a été répondu qu'ils n'ont aucun droit d'y assister, mais que si on connoit leur pieté, telle qu'ils puissent servir à la Compagnie, il est en la liberté des Synodes de les y apeller quand ils trouveront bon de les consulter.

XXIII.

Sur la Proposition du Deputé de ladite Province, qui a demandé si les Magistrats ou Juges de la Religion doivent accorder aux Papistes de rendre témoignage en jurant sur le Crucifix, l'Autel, la Custode, les Reliques & autres choses qui servent à l'Idolatrie ? La Compagnie a declaré que le Juge Fidele ne doit recevoir ni permettre aucun tel Serment, mais exhorter les parties de jurer par le vrai Dieu ; que si elles ne veulent pas le faire, ou si elles insistent à jurer autrement, & d'une maniere conforme aux Ordonnances du Roi, le Juge Fidele les peut recevoir.

XXIV.

Sur la Proposition que fait la Province de *Xaintonge* que les Bibles Françoises soient imprimées à la *Rochelle* par le Sieur *Haultin*, qui promet de les fournir à un prix raisonnable, & beaucoup moindre que celles de *Geneve*, qui sont très-rares & fort cheres : Il a été conclu qu'il sera permis audit *Haultin* de les imprimer, & qu'on l'exhortera de bien veiller à la Correction qu'il en doit faire.

XXV.

Sur la Proposition faite par le Deputé de *l'Isle de France*, comment il faut se comporter envers ceux qui ont contracté Mariage dans les Degrés défendus

dus par la Parole de Dieu, soit avec, ou sans Dispense, & qui ont été épousés à la Messe, & néanmoins demandent d'être reçûs à repentance ? Il a été decidé qu'on ne doit point les recevoir à la paix de l'Eglise qu'ils ne soient separés.

XXVI.

Sur la Demande que fait le *Bas Languedoc*, qu'aucun Pasteur n'expose *l'Apocalipse* sans l'Avis de son Coloque ; Il a été resolu qu'une telle Exposition ne s'entreprendra jamais sans l'Avis & Conseil du Coloque ou du Synode Provincial.

XXVII.

Sur une autre Demande de la même Province, pour savoir quelle Censure on fera à ceux qui marient leurs enfans à des Papistes ? Il a été resolu qu'eux & leurs enfans seront privés de la sainte Cene, & reconnoitront leur faute publiquement.

XXVIII.

A la Requête de la Province du *Haut Languedoc*, toutes les Provinces, qui auront des moiens, sont exhortées de dresser des Bibliotheques publiques, pour servir aux Ministres & Proposans de leurs Eglises.

XXIX.

Les Eglises sont exhortées d'observer étroitement, en toutes choses, l'Union, qui a été faite à *Mantes* par les Deputés des Eglises de ce Roiaume, & elles seront informées par nos Deputés combien elle leur est utile & necessaire : c'est pourquoi les Eglises qui ne voudront pas se conformer à ladite Union seront fortement censurées.

XXX.

L'Eglise de *Paris* est exhortée de faire un Recueil de tous les Passages falsifiés & retranchés par ceux de l'Eglise Romaine, tant des saints Livres Canoniques, que des Anciens Docteurs. Les Provinces sont aussi chargées d'y envoier ceux qu'elles auront observés, afin qu'un tel Ouvrage soit bientôt mis en lumiere.

XXXI.

Sur la Demande faite par le Deputé de *Berry*, s'il est licite de benir le Mariage entre les Cousins Germains : Le Roi aiant donné sa permission secrete là-dessus par le moien des Magistrats, Il a été dit qu'il est licite.

XXXII.

Sur la Proposition faite par Mr. du *Plessis*, qu'il seroit expedient qu'il y eût quelques Pasteurs dans l'Armée du Roi, pour l'entretien desquels les Gouverneurs & autres Oficiers ou Commissaires, faisant profession de la Religion, seroient exhortés de contribuer : La Compagnie a resolu que les Provinces, en commençant par *l'Isle de France* & la *Normandie*, suivant l'ordre qui est dans l'Article dernier du Chapitre de la Discipline, feront choix de deux de leurs Pasteurs, pour les envoier à ladite Armée, & que chacun d'eux y restera six Mois, lesquels étant expirés, les autres Provinces, suivant l'Ordre ci-dessus, en envoieront deux autres, & ainsi consecutivement

& pour cet efet Messieurs les Gouverneurs & Oficiers de la Religion seront exhortés de contribuer à l'entretien desdits Ministres.

XXXIII.

Les Lettres de Messieurs de l'Assemblée de *Loudun*, renduës à cette Compagnie par Mr. de *Vulson*, aiant été lûës, & après avoir examiné la Commission & les Propositions dudit *Vulson*; l'Ordre établi entre nos Eglises, tant pour l'entretien de l'Union, qui est entr'elles, que pour parvenir à une bonne Paix, a été aprouvé, & on a trouvé qu'il est necessaire que toutes les Eglises s'y soûmettent & l'observent exactement, du moins jusqu'à ce qu'il ait plû au *Roi* de nous acorder la liberté d'exercer nôtre Religion par un bon Edit, qui soit accepté & aprouvé par lesdites Eglises. Et pour cet efet nous exhortons, tant les Synodes Provinciaux & les Coloques, que tous les Pasteurs, de tenir bien la main à l'entiere observation de ladite Union & dudit Ordre.

Ceux de la Religion qui ont des diferens ou Procès, tant Civils que Criminels, seront serieusement avertis, par leurs Pasteurs, de tâcher de s'accommoder par des Arbitres de la Religion sans plaider.

APELLATIONS.

Article I.

Sur l'Apel du Deputé de *Dangeau*, demandant Mr. *Viau*, qui avoit été licentié par quelques Coloques, & envoié à l'Eglise de *Marchenoir*, par le Synode de la Province; les Deputés des deux Eglises, & ledit Sieur *Viau* aiant dit leurs raisons, la Compagnie a jugé qu'il apartient à l'Eglise de *Dangeau*; c'est pourquoi au retour d'ici il ira faire quelque Exhortation dans ladite Eglise de *Dangeau*, puis retournera à *Marchenoir*, où il restera un Mois, pendant lequel l'Eglise de *Dangeau* lui paiera ce qu'elle lui doit de reste, à faute de quoi il demeurera audit *Marchenoir*; & s'il est satisfait & retourne à *Dangeau*, il y sera paié de Quartier en Quartier: & si ladite Eglise ne fait pas son devoir pour lui paier sa Pension comme on vient de l'ordonner, & qu'elle y manque pendant trois mois, l'Article dudit Synode Provincial tiendra, & ledit Sieur *Viau* apartiendra à l'Eglise de *Marchenoir*.

II.

Sur l'Apel interjetté par l'Eglise de *Fecans*, touchant la personne de Mr. Lazare Robert, que le Synode Provincial de *Normandie* avoit assigné, par prêt, à l'Eglise de *Pontorson*; il a été ordonné que ledit Sieur *Lazare* demeurera dans ladite Eglise de *Fecans*, à la charge qu'elle pourvoira à son entretien.

III.

Sur l'Apel du Sieur d'*Angeli*, interjetté par l'Avis du Synode Provincial de *Xaintonge*, par lequel Mr. *Damours* étoit envoié à l'Eglise de *Barbezieux*, les Lettres & Memoires du Confiftoire, & autres, aiant été lûës, on a jugé que le Synode de *Xaintonge* avoit eu de juftes raifons, pour difpofer ainfi de Mr. *Damours:* mais fur la reception d'une Requête de *Madame* à cette Compagnie, demandant que ledit Sieur *Damours* ferve dans fa Maifon: la Compagnie a ordonné que ladite Eglife de la Maifon de *Madame* joüira du Miniftere dudit Sieur *Damours,* lequel faifant fon fejour ordinaire dans l'Eglife de *St. Jean,* ladite Eglife fera exhortée de fecourir celle de *Barbefieux,* & à faute de cela, le Synode Provincial y pourvoira. Mr. *Turquet,* Deputé pour l'Eglife de *Lion,* a protefté fur ce qui fera ordonné touchant Mr. *Damours,* que rien ne foit fait au prejudice du Droit que l'Eglife de *Lion* a fur ledit Sieur *Damours.*

IV.

Sur l'Apel interjetté par l'Eglife de *Marianges* du Decret fait par le Synode Provincial du *Languedoc,* qui a donné Mr. *Moiner* à l'Eglife de *Nimes,* laquelle demande qu'on ait égard à elle, pour lui laiffer ledit Sieur *Moiner:* La Compagnie a jugé que ladite Eglife de *Marianges* ne comparoiffant point pour maintenir fon Apel, l'Article du Synode de *Languedoc* tiendra.

V.

Sur l'Apel interjetté par l'Eglife d'*Aimet,* de l'Arrêt du Synode National de *Montauban,* qui a ajugé la perfonne de Mr. *Belaraut* à l'Eglife de *Caftres,* le Deputé d'*Aimet* requerant que ledit Arrêt foit revoqué, & le Sieur *Belaraut* rendu à fon Eglife d'*Aimet,* pour les raifons qu'il a aleguées: Oüi auffi Mr *Rotan,* parlant pour l'Eglife de *Caftres,* nous avons jugé que Mr. *Belaraut* apartient de Droit à l'Eglife d'*Aimet,* qui pourra demander qu'il la vienne fervir dans trois mois, à conter d'aujourd'hui 14. Juin, & à faute d'obéir, l'exercice du Miniftere lui eft interdit.

VI.

Sur l'Apel interjetté par Mr. *Simeon l'Hermite,* dit *Dupuis,* depofé du faint Miniftere par le Coloque de *Fontenai,* tenu à *Ste. Hermine,* au mois de Mars dernier, aiant entendu & examiné les caufes & les motifs de fon Apel, & les raifons pour lefquelles ledit Coloque l'a depofé, à favoir parce qu'il foutenoit que la Nature Humaine de nôtre Seigneur *Jefus-Chrift* avoit été detruite par fa Mort; La Compagnie a nommé Meffieurs *Merlin, Rotan, de Serres,* & Mr. *du Pleffis* pour conferer avec ledit *Dupuis,* & lui faire reconnoitre fon Erreur; lefquels aiant raporté à cette Compagnie que ledit *Dupuis* recevoit & aprouvoit nôtre Confeffion de Foi, & qu'il reconnoiffoit avoir failli & été en Erreur par l'Opinion ci-deffus; comme ledit *Dupuis* l'a auffi confeffé devant cette Affemblée, à laquelle il a maintenant declaré qu'il croit que l'Humanité de nôtre Seigneur *Jefus-Chrift* a toujours été conjointe avec la Divinité durant fa vie, & même durant que fon Corps fut au Sepulchre; abjurant toute Erreur contraire, & aiant donné fa fignature pour cela: Les Deputés de la Province du *Poitou* aiant été oüis fur le tout, cette Compagnie a trouvé que la Procedure dudit Coloque eft jufte: mais aiant égard à l'Abjuration faite par ledit *Dupuis,* & au defir qu'il a témoigné de vouloir fervir l'Eglife & fe comporter modeftement, la Compagnie l'a retabli

bli dans la Charge du saint Ministere, à condition néanmoins qu'il demeurera encore trois mois sans en exercer les fonctions: lesquels expirés, il pourra servir l'Eglise qui le demandera, & dans laquelle il sera établi par le Jugement du Coloque de ladite Eglise, moienant que ledit Sieur *Dupuis* fasse voir à tous sa bonne conduite, par un Témoignage Authentique de l'Eglise où il aura fait sa residence pendant les susdits trois mois de sa Suspension.

MATIERES PARTICULIERES.

ARTICLE I.

LEs Theses d'*Antoine* de *Lescaille* aiant été presentées à la Compagnie, & examinées diligenment, elle declare qu'elles contiennent plusieurs Points de Doctrine erronée, & contraire à l'Analogie de la Foi, specialement sur la matiere de la Justification. A raison de quoi ledit *Lescaille* aiant été interrogé s'il vouloit recevoir Instruction sur ce Point, qu'on jugeoit contraire à la Confession de Foi des Eglises Reformées de ce Roiaume ; a declaré qu'il ne se vouloit point soumettre au jugement de ce Synode, ni recevoir ses Instructions, mais seulement demander qu'on aprouve ses Theses, ou qu'on les rejette, surquoi le Frere Mr. *Rotan* aiant été Deputé pour en conferer avec lui, en presence de Mr. le Gouverneur de ce lieu, & de deux Anciens; nonobstant qu'il ait été reduit à ne savoir que dire, il a neanmoins opiniatrement perseveré en son Erreur. C'est pourquoi la Compagnie lui aiant gravement remontré son opiniatreté & ses fausses opinions, a ordonné que cette Procedure sera inserée dans les Actes de ce Synode, afin que les Eglises Reformées de ce Roiaume soient averties de se garder de la fausse Doctrine dudit *Lescaille*, qui est aussi condannée par les Eglises de *Suisse*, & qu'on écrira à Mr. *de Beze*, & à l'Eglise Françoise établie à *Basle* ce qui a été Decreté sur cette Matiere.

II.

Sur ce que les Deputés de *l'Isle de France* & de *Normandie* ont remontré n'avoir poursuivi la verification de l'Edit de 1577. que pour leur interêt particulier : la Compagnie s'en est tenuë satisfaite.

III.

Sur ce que Monsr. de *Serres* a remontré touchant l'impression de son *Harmonie*, qu'il lui est impossible d'en faire trois Copies, suivant ce qui lui avoit été remontré par le Synode de *Montauban* : La Compagnie consent volontiers que son Ouvrage soit imprimé à *Geneve*, ou à la *Rochelle*, ou ailleurs, après qu'il l'aura communiqué aux Pasteurs & Deputés de la Province, où se fera ladite Impression.

IV.

La censure portée par l'Article 59. du Synode de *Montauban* contre Mr. *Bergemont*, sera raiée, attendu qu'il a satisfait à la Province.

V. Le

V.

Le Fait de Mr *de Cros*, ci-devant Ministre de *Perigueux*, sera examiné par le Synode de *Dauphiné*.

VI.

Sur La Lettre de Mr. de *Vilrave*, se plaignant de sa Deposition au Coloque de *Quercy*, faite par l'Autorité du Synode National de *Montauban*, & requerant que cette Compagnie depute quelqu'un pour entendre sa justification : Il a été resolu que sa Cause sera remise au Synode Provincial de *Gascogne*.

VII.

Sur les Lettres de l'Eglise Françoise de *Londres*, requerant que Mr. de la *Fontaine* soit laissé à ladite Eglise établie en *Angleterre*; aiant aussi vû les Lettres dudit sieur de la *Fontaine* tendantes à même fin, & après avoir oui Monsieur *Dorival* Deputé de la Province d'*Orleans*, qui a requis qu'en cas que Mr. de la *Fontaine* soit laissé à *Londres*, Mr. du *Moulin* soit donné à perpetuité à l'Eglise d'*Orleans* : cette Compagnie aiant aussi entendu le Deputé de l'*Isle de France* consent que Mr. de la *Fontaine* soit laissé à *Londres*, sauf à retenir le droit que les Eglises Françoises ont sur lui, & que Mr. du *Moulin* soit établi dans celle d'*Orleans* pour toûjours.

VIII.

Sur les Lettres des Freres Pasteurs de l'Eglise de *Mets*, qui s'excusent de ne pouvoir envoier ici leurs Deputés, & demandent Conseil touchant les Habits dissolus, on a resolu que Mr. de *Serres* leur écrira, qu'ils fassent leur devoir pour venir aux Synodes de ce Roiaume, & qu'ils se conforment à l'Article de nôtre Discipline touchant les Habits sans chercher des excuses : Ce qui servira aussi aux Provinces de *Gascogne* & d'*Orleans*, qui avoient demandé l'amplification de cet Article.

IX.

Sur les Lettres des Pasteurs de *Sedan*, s'excusant de ne pouvoir envoier personne ici, & demandant Conseil touchant les Mariages avec les Nouveaux rangés à l'Eglise, pour savoir s'il faut attendre qu'ils aient reçû la Cene avant qu'on bénisse leur Mariage, & demandant pour Pasteur Mr. *Capel du Tilloy*, & requerrant être assistés d'une Colecte, dans leur extrême necessité : Il a été resolu que pour le premier Article ils doivent suivre les Reglemens de nôtre Discipline qui ne sont pas trop rigoureux. Pour le second ils sont renvoiés au Synode Provincial de *Champagne*. Pour le troisième on fera tout ce qui sera possible en exhortant les Provinces de leur faire la charité, & l'argent de ladite Colecte sera envoié à Mr. du *Menillet*, & à Mr. la *Gourmandiere*, Anciens de l'Eglise de *Paris*.

X.

Sur la Rémontrance faite par Mr. du *Plessis* Gouverneur de cette ville, d'exhorter les Seigneurs qui vont à l'Armée, de mener des Ministres : demandant aussi pour Mr. de la *Noüe*, qu'il lui en soit donné un par cette Assemblée : Il a été repondu que cette Remontrance sera faite aux Seigneurs qui vont ou qui sont à l'Armée ; & pour le regard de Mr. de la *Noüe* en écri-

écrivant à ceux de *Sedan*, on les priera de lui prêter un de leurs Pasteurs, propre à cette Charge, à defaut de quoi l'*Isle de France* tâchera d'y pourvoir.

XI.

Monsieur *Mançois* est accordé à l'Eglise de *Pontoise*, suivant la demande qu'en a fait Monsieur de la *Banserie*.

XII.

Pour ce qui est de Mr. le Baron de *Courtomer*, aiant été demandé par Mr. de la *Banserie* de lui donner quelque Pasteur pour l'Eglise de *Courtomer*, on a trouvé bon de prier ceux de l'Eglise de *Paris* de l'en pourvoir s'il est possible.

XIII.

Monsieur *Gabriel Raoul* ci-devant Ministre, requerrant par Lettres d'être retabli dans son Ministere, la Compagnie a jugé que la Deposition dudit *Raoul* doit demeurer : & que cela lui sera écrit par Mr. de St. *Hilaire*.

XIV.

Sur les Plaintes faites par nôtre Frere Mr. de *Serres*, touchant ce que le Synode National tenu à *Montauban*, a ordonné à son sujet : la Compagnie l'aiant entendu fort long-tems, le Deputé du *Languedoc* a trouvé que les deniers dont il est question, ne sont point Ecclesiastiques, mais Roiaux ; & au reste, puisqu'il n'a point fait paroître les Quittances necessaires pour la Reddition de son Comte, la Compagnie a ordonné qu'il en fasse la production dans le terme qui lui sera prescrit par le Comissaire que le Roi a nommé; & qu'après qu'il aura rendu entierement lesdits comtes, les Pasteurs & Anciens nommés, à savoir Mr. de la *Noüe* & de *Macefer* Ministres, & Mrs. *Niotte* & de *l'Estang*, Anciens, verront les Quitances de sesdits Comtes rendus, & donneront Avis de l'examen qu'ils en auront fait, aux Deputés du Synode National prochain, qui doit s'assembler à *Montpellier*.

XV.

A la Requête de Mr. *Turquet* Deputé de l'Eglise de *Lion*, on écrira à ladite Eglise, pour l'exhorter à retablir quelque ordre pour sa conduite, & sur tout un Consistoire.

XVI.

Les Lettres de Mr. *Merlin*, *Rouleau*, & des autres Pasteurs & Anciens du Coloque d'*Onix*, & celles de Messieurs du Presidial de la *Rochelle* aiant été lûës, on a trouvé qu'ils demandent que Mr. *Rotan* soit retenu à la *Rochelle*, contre ce qu'en a ordonné le Synode Provincial de *Xaintonge*; sur quoi après avoir oüi Mr. *Chalmont* Ancien, qui a dit n'avoir point de charge de contester l'Ordonnance dudit Synode Provincial; après avoir aussi entendu ledit *Rotan*, qui s'est soumis au jugement de cette Compagnie; Il a été arrêté que dès-à-present Mr. *Rotan* sera Pasteur de l'Eglise de *Castres*, suivant l'Article dudit Synode Provincial.

XVII.

Sur la Plainte, tant des Ministres que des Anciens & Diacres de l'Eglise de la *Rochelle*, on a deputé Mrs. de la *Touche* & *Oyseau* Pasteurs, & Messieurs des *Fontaines* & *la Plante* Anciens, pour se transporter sur les lieux, & executer par l'Autorité de cette Assemblée la Resolution qu'elle a prise sur ce fait.

XVIII.

Les Lettres de Madame de *La Val* & de Mr. le Comte de *La Val* son fils, presentées par Mr. *Tilenus*, aiant été lûës, pour assûrer la Compagnie de leur bonne affection pour le service de Dieu, on a resolu de leur faire Reponse, & ledit Sr. *Tilenus* a été exhorté de bien instruire ledit Comte, & remercié de la peine qu'il a prise de maintenir la verité par ses Ecrits.

XIX.

A la Requête des Eglises du *Haut Languedoc* on écrira à Mr. de la *Force*, Gouverneur du païs de *Bearn*, & à Messieurs de la Cour du Parlement de *Pau*, qu'ils empêchent par toutes sortes de moiens que la Messe ne soit remise en *Bearn*, & on exhortera aussi les Eglises de ce Païs-là d'envoier quelques Deputés aux Synodes Nationaux de *France*, pour témoigner l'Union de nos Eglises.

XX.

Sur les Lettres de Mr. *Parent*, à present Ministre de l'Eglise de *Jarsac*, demandant son Congé de l'Eglise de *Bayeux*, de la Province de *Normandie*, & de toutes les autres Provinces où il ne trouvera pas de l'emploi, & se plaignant que le jugement rendu en sa faveur par le Synode de cette Province là, n'avoit jamais été executé, on a resolu que le prochain Synode de ladite Province de *Normandie* le pourvoira d'une Eglise, ou lui donnera sa Liberté.

XXI.

Sur les Propositions faites par les Deputés de *l'Isle de France*, touchant Mr. *Pierre Cayer* Apostat, si on le doit excommunier, & si on doit nommer quelqu'un pour répondre à ses Ecrits, & outre cela, si on doit prier Mr. de la *Planche* d'envoier les Ecrits, qu'il a dudit *Cayer*, à l'Eglise de *Paris* ? Il a été ordonné que son Apostasie sera declarée dans la Maison & l'Eglise de *Madame*, & dans l'Eglise de *Paris* ; & on charge en particulier Mr. de *Serres* de repondre aux Ecrits dudit *Cayer*, & Mr. *Clemenceau* de prier Monsieur de la *Planche* de remettre lesdits Ecrits entre les mains de l'Eglise de *Paris*.

XXII.

Sur la Requête presentée au Nom de Mr. de *Lessart*, Ministre, demeurant à *Loudun* : La Compagnie aiant veu la Sentence du Coloque tenu à *Nogeant*, par laquelle il est ordonné que les Eglises de *Vandôme* & *Montoire* déchargeront ledit Sr. de *Lessart* de la somme de 50. Ecus, pour laquelle il est obligé envers Mr. *Tord* : Il est enjoint aux dites Eglises de faire ce qui leur est ordonné par ladite sentence : & en cas qu'il leur soit impossible, les Eglises de la Province aideront à décharger ledit Sr. de *Lessart* de laditte somme & Madame de *Tord* sera priée de patienter.

XXIII.

Sur la Proposition des Anciens de l'Eglise de *Saumur* requerant que Mr. de de *Lespine* soit exhorté, veu son indisposition, de se reposer, offrant de lui continuer son entretien comme ils ont fait jusqu'à present : Il a été résolu qu'il sera prié de se reposer, attendu que l'honneur du Ministere lui demeurera, & que l'Eglise lui continuera son entretien, comme il en sera informé de nôtre part & de celle de son Eglise par les Sieurs *Chamier* & *Dorival*.

XXIV.

Sur les Lettres de Mr. du *Fresne*, Ministre de l'Eglise de *Cussay*, se plaignant fort d'icelle, & requerrant d'en être delivré : Nous avons entendu les Deputés de son Eglise, & l'avons renvoié au Synode Provincial, que nous exhortons de remedier aux desordres qui sont en ladite Eglise.

XXV.

Sur les Lettres de Mr. *Bergam* ci-devant Ministre, requerant d'être rétabli au Ministere : il a été resolu, qu'il sera exhorté de s'employer à la profession des Langues.

XXVI.

Sur la Proposition faite par les Deputés du *Dauphiné*, requerant que le Synode Provincial tenu à *Die*, soit confirmé, en ce qu'il a établi dans le saint Ministere Mr. *Mercure* dit de *Salave*, après avoir reconnû sa repentance, & le fruit qu'il peut faire, comme on le voit maintenant par experience dans l'Eglise de *Valence* : La Compagnie a ratifié ledit Jugement, à condition qu'il ne sera point tiré à consequence.

XXVII.

Sur la Proposition du Deputé de *Gascogne*, requerant pour l'Eglise de *Bergerac*, qu'elle soit pourvûë d'un Pasteur ; cette Compagnie a ordonné que la Province sera chargée d'y pourvoir.

XXVIII.

La Province de *Gascogne* demandant Avis comme elle se doit comporter envers *Gaspar Olixo*, ci-devant Ministre, lequel requiert d'être reçû à la Communion ? La Compagnie a ordonné que l'Eglise où il fera sa demeure, l'exhortera de s'arrêter en un lieu, & lui prescrira un tems de preuve assés long, après lequel il se representera au prochain Synode National, qui jugera de sa conduite & de ce qui concerne son retablissement.

XXIX.

Sur la Proposition du même Deputé, touchant la personne de *Beaupoil* ; son afaire est renvoiée au Synode National prochain.

XXX.

Sur la Requête presentée par l'Eglise de *Bostebec*, afin que Mr. *Despoir* lui soit restitué, comme étant son Pasteur, ou qu'il lui en soit donné un autre, ou que la somme de 400. Livres qu'elle a employée à son entretien, depuis son depart de ladite Eglise, lui soit renduë ; Il a été resolu que Mr *Rosan*, comme Deputé du *Haut Languedoc*, fera tenir Copie de ladite Requête audit Sr. *Despoir*, afin que dans deux mois il en envoie sa Reponse par la voie de *Paris*, & on donne charge à la Province du *Haut Languedoc* de s'informer dans son prochain Synode ; & savoir dudit Sr. *Despoir*, si les cho-

choses contenuës en ladite Requête, sont veritables, & en ce cas de lui enjoindre de satisfaire au plûtôt à l'une des conditions proposées dans ladite Requête ; de quoi ladite Province sera tenûë de rendre raison au prochain Synode National.

XXXI.

Sur ce qui a été proposé par le *Bas Languedoc*, touchant Monsieur *Beraud* Ministre, le jugement du Synode National de *Montauban* sera observé.

XXXII.

Sur la Proposition faite par les Deputés de la Province de *Poictou*, requerant par Mr. *Vatable*, que l'Eglise de *Lucec* en *Normandie*, où il a ci-devant servi, soit exhortée de lui paier ce qu'elle lui doit de reste ; La Compagnie a donné charge aux Deputés de *Normandie*, suivant les Memoires dudit Sr. *Vatable*, qui leur ont été donnés, de procurer qu'il soit satisfait.

XXXIII.

Les Memoires de ceux de *Limoges*, presentés par les Deputés de *Gascogne*, sont renvoiés à l'Assemblée de *Loudun*. Et quant à la Proposition contenûë dans lesdits Memoires touchant ceux qui contractent Mariage avec ceux d'une Religion contraire, elle est vuidée par la Discipline, qui defend de benir de tels Mariages, si les Parties ne se rangent pas à la veritable Religion.

ROLE DES MINISTRES DEPOSE'S.

1. *Pierre Cayer* dans *l'Isle de France*.
2. *Vieillebanc* en *Languedoc*.
3. *Pierre le Roi*, dit *Boüillan*, en *Normandie*.
4. *Gaudefroy de Neri*, en *Dauphiné*.
5. *Jean Corneille*, de la Province de *Gascogne*.

AVERTISSEMENT.

Les Provinces sont averties de se garder d'un pernicieux Coureur Heretique, nommé *Antoine de Lescaille*, qui va par tout semant ses erreurs par des Discours & par des Livres.

REMARQUE.

Sur quelques autres Ministres Apostats & Perfides.

On ne sauroit passer Monsieur Rotan, dont il est parlé dans les Articles 16. & 30. ci-devant, sans faire une Remarque, que l'on peut lire tout au long dans Monsieur d'Aubigné, Hist. Univ. Liv. 4. Chap. 11. & Liv. 5. Chap. 2.

„ Lui & un nommé *Marlas*, qui se revolta ensuite avec de *Serres*, *Cayers*,
„ & de *Vaux* Ministres, ne trouvant pas assés d'avantage & d'agrandissement

„ parmi les Eglises Reformées de *France* projetterent pour leur propre avan-
„ cement, la Reunion des deux Religions, Protestante, & Papiste. Ils
„ Communiquerent leur dessein au Seigneur de *Sancy* (qui se fit Papiste
„ quelque tems après) à du *Fay*, Petit Fils du Chancelier l'*Hôpital*; à *Benoit*?
„ Curé de St. *Eustache*; à *Perron* Evêque d'*Evreux*; à *Chaveau*, & à *Beran-*
„ *gé* Religieux de l'Ordre de St. *Dominique*, & à l'Archevêque de *Bourges*:
„ *Rotan*, s'en va lui même, comme un Deputé, avec quelques autres trouver
„ le *Roi* qui étoit à *Mantes* l'Année 1595. où il lui promit que dans une Dis-
„ pute Publique il trahiroit la Cause des Reformés pour favoriser ceux de
„ la Communion de Rome. Mais lors qu'on en fut venu au fait, soit que
„ par vanité, ou remords de Conscience, il ne voulût pas ceder, il se retira,
„ pretextant une Maladie. Monsieur *Beraud*, Pasteur de l'Eglise de *Montau-*
„ *ban*, entra en Lice à la place de *Rotan*, & soutint fortement la Verité, tou-
„ chant la sufisance des saintes Ecritures. Monsieur de *Vaux*, qui s'étoit re-
„ tiré avec un Billet de deux mille cinq cent Livres, & deux autres d'une
„ somme moins considerable, tomba dans une telle épouvante & fût si tour-
„ menté dans sa Conscience, qu'il n'eut de repos ni nuit ni jour, jusqu'à ce
„ qu'il eût découvert toute l'Intrigue de leur Prevarication à plusieurs Per-
„ sonnes de Qualité, & cela avec de grands Cris & Gemissemens; cependant
„ on l'assûra que Dieu auroit pitié de sa pauvre Ame, nonobstant l'énormité
„ de son Crime, & qu'il mourroit bien-tôt, comme il fit en éfet le Diman-
„ che ensuite; Car aiant préché ce jour là, & soupé avec ses amis, il prit
„ solennement congé d'eux, après quoi menant sa Femme dans une cham-
„ bre à part, il prononça ce verset du Pseaume Cinquante & un

    Je sai aussi que tu aimes de fait
    Vraie équité dedans la Conscience
    Ce que n'ai eu, moi à qui tu as fait.
    Voir les secrets de ta grand sapience

„ & il mourut immediatement après.

 Monsieur d'*Aubigné* raporte comme le Sr. de *Vaux* s'en ouvrit à lui avec quantité de soupirs, & qu'après avoir confessé son Crime detestable il lui delivra les trois Billets; lesquels il rendit à ceux à qui ils apartenoient, après la mort des susdits Apostats.

   A V I S *Du susdit Synode National.*

La Province du *Bas Languedoc* a charge d'assigner le prochain Synode National dans la ville de *Montpellier*, au mois de Mai de l'An 1598.

 Tous ces Decrets & Reglemens furent signés dans la ville de *Saumur* le 16. Juin 1596. au nom des Ministres & Anciens Deputés audit Synode, par

   Monsieur Dominique de Losse, Moderateur;
     & par
   Monsieur Vincent, Scribe dudit Synode.

  Fin du quatorzième Synode.

QUINZIÉME SYNODE
NATIONAL
DES
EGLISES REFORMÉES
DE FRANCE.

Tenu à *Montpellier*, depuis le 26. jusqu'au 30. de Mai,

L'AN DE GRACE M. D. XCVIII.

Sous le Regne de HENRI IV. dit le *Grand*.

Dans lequel Synode Monsieur Beraud, *Pasteur à* Montauban, *fût choisi pour* Moderateur; *Monsieur de* Montigni, *Pasteur de l'Eglise de* Paris, *pour Ajoint; Monsieur* Macefer, *Ministre de* Saumur; *& Monsieur* Cartaut, *Ancien de l'Eglise de* Paris, *pour Scribes.*

LES NOMS DES MINISTRES
ET DES ANCIENS

Qui furent Deputés audit Synode par les Provinces suivantes.

ARTICLE I.

Our les Eglises de *France*, *Picardie* & *Champagne*, Monsieur *François de Lauberan de Montigni*, Ministre de l'Eglise de Paris; *Moïse Cartaut*, Ancien de ladite Eglise.

II.

Pour les Provinces d'*Orleans*, *Blaisois* & *Dunois*, Mr. *Michel le Noir*, Ministre de l'Eglise de *Chastillon* sur *Loire*; & *Isaïe Fleurant*, Ancien de l'Eglise d'*Orleans*.

III.

Pour le *Dauphiné* & la Principauté d'*Orange*, Mr. *André Caille*, Ministre à *Grenoble*; & Monsieur *Guillaume Valier*, Ministre de l'Eglise *Dem.* Monsieur

Dd 3

XV. SYNODE NATIONAL

sieur *Soba Jule*, Ministre de l'Eglise d'*Orange*, avec *Fœlix*, Ancien de l'Eglise de *Montelimar*.

IV.

Pour la *Normandie* & *Bretagne*, Mr. *Claude Picheron*, Ministre de l'Eglise de *Ponteau de Mer*, sans Ancien.

V.

Pour le *Haut Languedoc* & la *Haute Guienne*, Monsieur *Michel Beraud*, Ministre à *Montauban*; *Jean Batiste Rotan*, Ministre à *Castres*; Messieurs *Gabriel Franconis* & *Jean* de *Lissindre*, Anciens de l'Eglise de *Pamiers*.

VI.

Pour le *Bas Languedoc*, Mr. *Christille de Bergeac*, dit de *Guasques*, Ministre de *Vigau*; & *Jean de Gigor*, Ministre de *Montpellier*; avec *Jean de Boiers* & *Daniel Bruant*.

VII.

Pour le *Vivarés*, Mr. *Antoine Merces*, Ministre de l'Eglise de *Chateauneuf* & *Charenton*; & *Jean Valeton*, Ministre de *Privas*, sans Ancien.

VIII.

Pour la *Basse Guienne*, Mr. *Moïse de Ricotier*, Ministre de *Clerac*; & pour Ancien, Mr. *Siqueron du Faix*, Avocat du Roi à *Castel-Jaloux*.

IX.

Pour *Xaintonge*, *Onix* & *Angoumois*, Mr. *Fremont du Vigier*, Ministre de l'Eglise de *St. Jean*; & pour Ancien, *Michel Texier*.

X.

Pour le *Poictou*, Mr. *Jonas Chesneau*, Ministre de *St. Maixent*; & Mr. *Jean Renon*, Ecuier & Sieur de la *Braconniere*, Ancien de l'Eglise du *Poire* & de *Belle Ville*.

XI.

Pour *Anjou*, *Touraine* & le *Maine*, Mr. *François Greliere* dit *Macefer*, Ministre de *Saumur* sans Ancien.

XII.

Pour la Province de *Provence*, *Baltasar de Ville-Neuve*, Ecuier Sieur de *Dordonne*, Syndic des Eglises en *Provence*.

Pour le regard des Provinces du *Lionnois*, *Bourgogne* & *Forez*, il ne s'est presenté personne.

XIII.

Après l'invocation du Nom de Dieu on a élû pour Moderateur Monsieur *Beraud*, pour Ajoint Mr. de *Montigni*, & Messieurs *Macefer* & *Cartaut* pour Scribes.

XIV.

La Compagnie aprouvant la subrogation faite de la personne du Sieur le *Noir* par le Sieur du *Moulin*, Deputé à cette Assemblée pour la Province d'*Orleans* & *Berry*, fondée sur son indisposition, & faite par l'avis de quelques Eglises de ladite Province, & par les Deputés de *Normandie* & de *l'Isle de France*; a ordonné que desormais les Provinces nommeront trois ou quatre

tre Deputés, afin que si quelqu'un est malade, ou legitimement empêché, les autres puissent se trouver au Synode National.

XV.

Les Provinces de *Normandie*, d'*Anjou* & du *Vivarés*, ont aussi été censurées de ce qu'elles n'ont pas fait accompagner leurs Pasteurs d'Anciens : mais aiant égard à la grande dissipation des Eglises de *Provence*, la Compagnie a été d'avis que leur Deputé soit reçû, quoi qu'il n'ait aucunes Lettres de Créance, si ce n'est qu'il sera exclus des deliberations pour les Cas ou afaires concernant les diferens interêts des Provinces.

AVIS SUR LA CONFESSION DE FOI.

LEs Articles de la *Confession de Foi* aiant été lûs, ont été derechef aprouvés par le commun consentement de l'Assemblée.

Les Imprimeurs sont avertis de ne mettre aucun autre Titre à la *Confession de Foi* que l'ordinaire, & de n'y ajoûter plus, *revûë & aprouvée en tels ou tels Synodes*.

OBSERVATIONS
SUR LA DISCIPLINE ECCLESIASTIQUE.

Article I.

SUr la lecture du 2. Article du Chapitre des Ministres, la Compagnie a été d'avis qu'au lieu de ces mots, *En un Synode Provincial*, on mettra, *par l'Avis des Synodes Provinciaux ou Nationaux*.

II.

Les Eglises sont exhortées d'observer soigneusement les Articles 4, 5, 11, 12. & 15. dudit Chapitre, avec le Formulaire de l'Imposition des mains, & celles qui y contreviendront seront censurées.

III.

La fin de l'Article 13. parlant de l'Impression des Livres sera ôtée, d'autant qu'elle est comprise dans l'Article 15. des Reglemens particuliers.

IV.

Les Eglises de *l'Isle de France* demandant l'éclaircissement de l'Article 41. du Chapitre 1., la Compagnie est d'avis qu'il faut mettre de la diference entre l'ingratitude & l'impuissance, & que là où il aparoitra de l'ingratitude d'une Eglise l'Article sera observé & non pas autrement.

V.

Et pour tenir la main à l'execution de l'Article 48. des Chapitres 1. & 13.

de celui des Synodes, la Compagnie a enjoint aux Synodes Provinciaux d'aporter aux Nationaux des témoignages comment ils auront fait envers les Pasteurs, qui à raison de leur indisposition ne peuvent pas exercer leur Charge; semblablement envers les Veûves & Orphelins de ceux qui sont decedés: afin que si l'Eglise, le Coloque, ou la Province n'avoient pas le moien d'y subvenir, il y fût pourvû par ledit Synode National.

VI.

Dans l'Article 46. du même Chapitre après ces mots, *grands & petits*, il faut ajouter, *de quelque qualité ou condition qu'ils soient.*

VII.

Et pour faciliter l'execution du Chapitre 4. Article 4. & empêcher les fautes que l'on y pourroit faire, la Compagnie a enjoint aux Diacres d'aporter à chaque Coloque ou Synode un comte des deniers des pauvres; afin de voir si la cinquième partie de ladite Recepte a été defalquée pour l'entretien des Proposans.

VIII.

Sur le Chapitre 4. Article 2. au lieu de ces mots, *il est bon*, il faut mettre, *il est requis*.

IX.

Pour empêcher les desordres qui surviennent à cause des Attestations qu'on donne aux pauvres, la Compagnie est d'avis que chaque Eglise nourrisse les siens; & s'il arrive que quelques-uns fussent contraints de voiager pour leurs afaires, les Ministres examineront soigneusement dans leurs Consistoires, si les causes en sont justes: & en ce cas leur donneront des Lettres pour l'Eglise voisine, en y specifiant leur âge, poil, stature, & le lieu où ils vont, la cause de leur voiage, & l'assistance qui leur aura été donnée, & les Ministres auxquels ils s'adresseront retiendront ces Lettres & leur en donneront d'autres pour la prochaine Eglise, & toutes les Attestations données par cidevant seront lacerées.

X.

Dans l'Article 16. du Chapitre 5. après ces mots; *Et qui aporteront grand scandale à toute l'Eglise*, on ajoutera, *Item ceux qui contre les remontrances à eux faites, se marient dans la Papauté* : " les Peres & Meres qui y marient ,, leurs enfans, & ceux qui les y portent batiser, ou en presentent d'autres ,, au Batême.

XI.

Sur la Demande faite par l'Eglise de *Castres*, s'il est licite de donner par Extrait, un ou plusieurs Articles de nôtre Discipline, au Magistrat Fidele ou Infidele, pour lui servir dans sa Charge? La Compagnie est d'avis qu'on le peut faire, & même lui communiquer tout le Corps de la Discipline, s'il le requeroit, attendu qu'il n'y a rien qui ne serve à l'édification.

XII.

Aiant égard à la necessité presente des Eglises, & jusques à ce que Dieu leur ait donné plus de moiens, la Compagnie a ordonné que les Synodes Nationaux ne se tiendront que de trois ans en trois ans, si ce n'est en cas de necessité,

cessité, comme d'Heresie ou Schisme, dont la Province qui sera chargée d'assembler le Synode prendra connoissance, à condition que les autres Provinces y envoieront le nombre de Pasteurs & d'Anciens porté par l'Article sur ce sujet, à defaut de quoi elles n'auront pas voix deliberative audit Synode.

XIII.

En exposant l'Article 5. du Chapitre 10. touchant les Sepultures, il est enjoint aux Pasteurs, d'empêcher qu'aucunes aumones publiques ne se fassent à l'enterrement de ceux qui sont decedés, pour obvier aux inconveniens qui en pourroient naître.

XIV.

L'Article du Synode de *Saumur*, touchant l'administration du Batême avant le deuxième chant du Pseaume, sera inseré au Chapitre 11. de la Discipline.

XV.

Après avoir lû & soigneusement examiné les Memoires envoiés des Provinces, touchant l'Article 5. du Chapitre 13. sur la forme en laquelle les Promesses de Mariage doivent être reçûes : la Compagnie a été d'avis que tant l'Article de la Discipline que celui du dernier Synode de *Saumur*, seront corrigés, étant laissé à la liberté & à la prudence des Eglises d'user de paroles de present, ou de futur.

En exposant l'Article 20 du même Chapitre, sur la Question proposée par le Coloque de *Foix*, touchant celui qui a fiancé la veûve de celui qui auroit épousé sa Sœur en premieres Noces ; le Synode a jugé que ce Mariage n'est point incestueux, ni compris audit Chapitre, attendu que l'Afinité cesse par la mort, & ne va pas au delà des personnes conjointes par ledit Mariage.

XVI.

Sur la Question proposée en consequence de l'Article 2. du Chapitre 13. s'il est licite de donner Attestation à ceux qui se veulent marier hors de leurs Eglises pour éviter les sortileges & les noûemens d'Eguillettes ? Le Synode est d'avis que cela ne doit pas leur être permis, & qu'on les exhortera de ne donner pas lieu à de telles choses qui procedent d'incredulité ou d'infirmité. C'est pourquoi tous les Fideles sont avertis de se munir de la Parole de Dieu contre cela, pour surmonter par des Prieres ces illusions, & d'avoir plus de respect, d'attention & de confiance pour la Benediction de leur Mariage, que de coûtume.

XVII.

Sur l'Article 1. du Chapitre 13. touchant le Mariage des Veûves, la Compagnie ordonne, qu'elles ne pourront contracter Mariage que sept mois & demi après la mort de leurs Maris.

XVIII.

Sur l'Examen du 21. Article du même Chapitre, l'Eglise recuëillie en la Maison de *Madame*, demandant avis comme elle se doit conduire touchant le Mariage de *Madame* avec Monsieur le Prince de *Lorraine* attendu que jusqu'ici elle n'a pû l'empêcher, quoiqu'elle y ait emploié l'Autorité du du Synode Provincial & celle de plusieurs personnes notables, tant du Roiaume que hors d'icelui ? Le Synode aprouvant cette conduite a declaré que ledit Mariage n'est point licite, & qu'il ne doit pas être celebré dans nos Eglises : c'est pourquoi on lui en donnera avis, & cependant il est enjoint à tous les Ministres d'observer ledit Article 21. sous peine d'être suspendus, & même privés du Ministere. Sur quoi il a été trouvé bon par cette Compagnie que la clause de *suspension* & de *degradation* soit ajoutée audit Article de notre Discipline.

XIX.

Sur la Question proposée dans l'Examen de l'Article des Incestes, si une Fille mariée en bas âge, par ses Parens, avec celui qui auroit épousé sa Tante auparavant, de laquelle il auroit eu des enfans : ce Mariage étant fait avec Dispense du Pape, & laditte Fille venant à connoître la veritable Religion, & son Mari restant dans le Papisme & aiant des enfans de cette personne là : on demande si elle doit être reçûë dans nôtre Communion ? La Compagnie mettant de la diference entre la *Consanguinité* & l'*Afinité*, & aiant égard au tems de la Celebration dudit Mariage, & à la Dispense tenuë pour Loi dans ce Roiaume, dont le Mari de Religion contraire se peut prevaloir, est d'avis que, sans Aprobation dudit Mariage, cette Femme soit admise à la Communion de nos Sacremens, en declarant au Peuple toutes les exceptions de cet Article, qui doit être sans consequence pour d'autres cas.

XX.

Sur l'Article des Reconnoissances des scandales il a été proposé par la Province du *Haut Languedoc*, si un Magistrat aiant condamné un homme atteint & convaincu de quelque Crime, lequel néanmoins il nie constamment, doit être admis à la Paix de l'Eglise sans reconnoissance dudit Crime ? Le Synode a jugé qu'il faloit premierement examiner la Vie passée du condamné, celle des accusateurs, des témoins, & des Juges, puis rechercher toutes les preuves qu'on pourra trouver, outre celles du Magistrat : & que si après ces diligences & tout ce qu'on lui objectera il persiste à nier les faits en question, il peut être reconcilié à l'Eglise, après qu'on aura declaré au Peuple, en sa presence, qu'on le remet au Jugement de Dieu & à celui de sa Conscience.

XXI.

Au commencement du Chapitre 21. dudit Titre, au lieu de ces mots, *ceux qui auront habité*, il faut mettre *ceux qui étant fiancés auront habité ensemble*

XXII.

Sur la Question s'il est licite d'acquerir des Terres sous conditions d'entretenir le Service du Papisme ? Le Synode est d'avis que l'on mette de la diference entre ceux qui acquierent sous condition de paier de tels droits à un Evêque, Abbé ; ou Curé, & ceux qui stipulent en termes exprès de faire dire la Messe, ceux là n'étant pas censurables, mais que l'on doit declarer à ceux-ci qu'ils ne peuvent en bonne conscience ni acquerir, ni posseder des Terres, ou autres biens, à cette derniere condition.

XXIII.

Les Procureurs & Avocats de la Religion ne pourront requerir des Monitoires pour leurs Parties, attendu que cela depend de leur volonté, mais les Juges en pourront ordonner, d'autant qu'ils sont des personnes publiques qui doivent juger selon les Loix.

XXIV.

Quoi que les Fideles doivent desirer de tout leur cœur, pour la gloire de Dieu & pour le repos de l'Etat, la Reunion de tous les subjects de ce Roiaume en une même Religion : toutesfois d'autant qu'à raison de nos pechés, cela est plûtôt à desirer, qu'à esperer, & que sous ce pretexte plusieurs malintentionés font semblant d'unir & mêler les deux Religions, les Pasteurs avertiront soigneusement leurs troupeaux de ne leur prêter aucunement l'oreille, n'y pouvant avoir aucune Communion entre le Temple de Dieu & celui des Idoles : joint que de telles gens ne tâchent que de seduire les esprits trop credules, pour leur faire quitter ensuite la profession du saint Evangile; C'est pourquoi tous ceux qui entreprendront une pareille Reconciliation, soit par leurs Discours, ou par leurs Ecrits, seront censurés d'une maniere très severe.

XXV.

L'Assemblée, après avoir fait la lecture des Lettres de l'Eglise de *Geneve*, & pesé les raisons qu'elles contiennent, & les ofres que ladite Eglise fait à cette Assemblée, declare que l'on ne fera aucun changement dans la Liturgie de nos Eglises, dans le Chant des Psaumes, ni dans le Formulaire de nos Catechismes : & pour ce qui est des Cantiques de la Bible qui ont été mis en Rime par Monsieur de *Beze*, à la requisition de plusieurs Synodes, on les chantera dans les Familles pour exercer les Peuples, & les disposer à s'en servir publiquement dans nos Eglises; mais cette Ordonnance n'aura lieu que jusqu'au Synode National prochain.

XXVI.

La fin de l'Article du 13. Chapitre des Ministres sera ôtée, d'autant qu'elle est comprise dans l'Article 15. des reglemens particuliers.

XXVII.

Sur la Plainte de diverses Provinces touchant la licence que se donnent les Imprimeurs de mettre toutes sortes de Livres en lumiere, les Ministres des Eglises où il y a Imprimerie, sont averties de ne permettre pas qu'aucun Livre soit imprimé, qu'il n'ait auparavant été examiné & aprouvé.

XXVIII.

Dans l'Article 24. du Chapitre 14. des Bateleurs, on ajoutera les *joueurs de passe-passe, de tours de soupplesse, de Gobelets, & de Marionnettes*; surquoi les Magistrats seront exhortés de ne les point souffrir, d'autant que cela entretient une vaine curiosité, qui cause de la depense & fait perdre beaucoup de tems.

XXIX.

Les Lotteries autorisées par les Magistrats pour le soulagement des Mineurs, des Creanciers ou Marchands ne seront pas condannées, mais les autres

tres qui ne sont pas de cette qualité, comme celle qu'on apelle Roüe de Fortune, sont defenduës.

XXX.

Il n'est pas permis aux Fideles d'assister aux banquets qui se font lorsque les Prêtres chantent leur premiere Messe.

XXXI.

Attendu que la Paillardise apporte notte d'infamie, principalement aux femmes; le Synode en exposant l'Article 22. du Chapitre 5. a été d'avis que la reconnoissance de celles qui auront commis un tel scandale, sera remise à la prudence des Consistoires.

APPELLATIONS.

ARTICLE I.

L'Apel de l'Eglise de la *Rochelle* du Synode d'*Anjou*, touchant l'obligation pretendue sur la personne de Monsieur de *la Noüe*, comme aussi celle de *Château Gontier* aiant la même pretention sur lui ont été mises à neant.

II.

Sur l'Apel fait par les Coloques du *Haut Roüergue*, de ce que les Synodes Provinciaux de *Figeac* & de *Castres* avoient arrêté que les Synodes Provinciaux cesseroient presentement, & qu'on ne tiendroit que les Coloques d'*Albigeois*, d'*Orangois*, & du *Bas Querci*: La Compagnie a ordonné que la Discipline Ecclesiastique soit executée sur ce point à l'avenir, & que pour cet efet le prochain Synode Provincial sera tenu à *Millart*, de telle sorte que si lesdits Coloques n'y envoient pas leurs Deputés, & dans les autres Synodes Provinciaux qui se tiendront ensuite, ces Coloques là seront privés de leurs droits.

III.

L'Apel de Mr. *Croiset* du Synode de *Guienne* est mis à neant, tant pour être contre la Discipline, que parce que ledit *Croiset* n'a point comparu devant nous. La Compagnie a declaré l'Apel de l'Eglise de *Mas de Verdun* bon, & ordonné que ladite Eglise demeurera jointe au Coloque de *Montauban*.

IV.

Aiant égard au peu d'assistance que reçoit Mr. *Quintin* de son Eglise, & au service qu'il y rend depuis long-tems: Le Synode lui permet d'instruire la jeunesse, confirmant par ce moien le jugement du Synode du *Bas Languedoc*.

V.

Le diférént du Synode du *Haut Languedoc* & de la *Basse Guienne*, pour l'Eglise de *Loyrac*, & autres du *Bas Armagnac*, est renvoié au prochain Synode National pour en decider.

VI.

Monsieur *Gallois* retournera dans l'Eglise de *Bergerac*, à condition qu'elle lui paiera ce qui lui est dû dans trois mois, & par ce moien le jugement de son Synode Provincial sera executé.

VII.

L'Apel du Synode du *Haut Poitou*, touchant le droit pretendu sur la personne de Mr. *Esnard*, est mis à neant, attendu même que l'Ancien de l'Eglise de *Vigeau* s'est desisté de son Apel, c'est pourquoi cette Assemblée ordonne qu'il demeurera à l'Eglise de *Fontenay*.

VIII.

Sur l'Apel des Anciens de l'Eglise de *Montpellier* du Synode Provincial, pour ne leur avoir pas fait demander leur avis sur le sermon de Mr. *Peral* leur Proposant : Le Synode a declaré que les Anciens ne peuvent interjetter aucun Apel sans l'avoir communiqué à leur Pasteur au Consistoire, dans lequel on doit recueillir les voix, pour juger de la forme des sermons ou Propositions : mais le jugement & les decisions qui concernent la Doctrine n'apartiennent qu'aux Ministres & aux Pasteurs, suivant la Discipline.

IX.

Sur l'Apel interjetté par ceux de *Florensac* du Synode du *Bas Languedoc* : La Compagnie est d'avis, que le Sr. de *Crouy* Ministre, apartient en proprieté à l'Eglise de *Florensac*; mais attendu la necessité de l'Eglise de *Beziers*, il a été ordonné qu'il servira alternativement les deux susdites Eglises, jusqu'à ce que le Synode de la Province lui ait donné un Ajoint.

MATIERES GENERALES.

Article I.

Attendu la varieté des Exemplaires de la Discipline de nos Eglises, les Corrections & Additions des Synodes de *Montauban*, de *Saumur* & de celui-ci, pour la mettre en bon ordre, & la coucher en termes clairs & significatifs, le Synode a Deputé deux Pasteurs de chaque Province pour y travailler, dont voici la Liste.

LES NOMS DES DEPUTE'S

qui doivent examiner la Discipline Ecclesiastique.

Monsieur de *Beaulieu* & Monsr. de *Montigny*, pour *l'Isle de France*;

Mrs. *Picherou* & *Cartaut*, pour la *Normandie*,

Mrs. *Dorival* & *Fontaine*, pour *Orleans*.

Mrs. *Marinet* & *St. Hilaire*, pour la *Basse Guienne*.

Mrs. *Gardesi* & *Olivier*, pour le *Haut Languedoc*.

Mrs. *Valeton* & *Ducros*, pour le *Vivarés*.

Mrs.

Mrs. *Gasques* & *Villette*, pour le *Bas Languedoc*.
Mrs. *Dumont* & *Merlin*, pour *Xaintonge*.
Mrs. *Desaigues* & *Macefer*, pour *l'Anjou*.
Mrs. *Chamier* & *Viret*, pour le *Dauphiné*.
Mrs. *Esuard* & *Moreau*, pour le *Poitou*.

Lesquels après y avoir travaillé communiqueront ce qu'ils auront fait à leur Synode, pour en venir prêts au National, afin d'y mettre la derniere main.

II.

Sur la Plainte des Eglises de *Geneve*, *Berne*, *Basle*, du *Palatinat* & autres, touchant plusieurs Ecrits mis en lumiere, sous pretexte de la Reunion des Chrétiens en une même Doctrine, au prejudice de la Verité de Dieu, & entr'autres d'un Ouvrage intitulé, *Apparatus ad Fidem Catholicam*, & d'un autre avec cette Inscription, *Avis pour la Paix de l'Eglise & du Roiaume de France* ; le Synode après avoir lû & examiné lesdits Ecrits, & entendu l'Avis du Coloque de *Nimes*, assisté des Deputés d'un autre Coloque de la même Province, ensemble les Censures des Eglises nommées pour en faire l'Examen, les a condannés, comme contenant plusieurs Propositions erronées, à savoir que la verité de la Doctrine a toûjours demeuré en son entier entre tous ceux qui se disent Chrétiens, que ceux de l'Eglise Romaine ont les mêmes Articles de Foi, les mêmes Commandemens de Dieu, les mêmes Formulaires de Prieres, le Batême & les mêmes moiens que nous pour parvenir au salut, & que par consequent ils ont la vraie Eglise ; que la Dispute n'est que de mots, & non pas de choses, & que les Anciens Conciles & les Ecrits des Peres doivent être les Juges de nos diferens, & que de plus ces mêmes Auteurs citent les Canons de *Gratian* sous le nom de l'Eglise Catholique, nous imputant les Schismes & les Guerres survenues en ce Roiaume, & plusieurs autres choses de cette nature : Il est enjoint à toutes les Eglises de s'en donner de garde. Et pour ce qui est d'un certain Manuscrit intitulé, *Elenchus Novæ Doctrinæ*, Les Coloques de *Montpellier* & de *Nimes* sont tenus de le voir, & n'y trouvant rien qui soit contraire à la Doctrine reçûë, ils le pourront faire imprimer avec une Preface.

III.

Sur la Question proposée, si un Prince Souverain peut en certaines occasions avoir des égards pour remettre, changer, ou diferer la peine des Crimes dignes de mort ? La Compagnie estime, qu'attendu que par le Benefice de *Christ* nous ne sommes plus astreints aux Loix Politiques de *Moïse*, les peines sont maintenant arbitraires, & que suivant les Exemples que nous en avons dans l'Ecriture, le Souverain peut faire telles graces qu'il veut, & principalement quand elles contribuent au bien public.

IV.

Sur la question s'il est licite à un ami particulier, de quelque qualité ou condition qu'il soit, fut-il Ministre de l'Evangile, d'interceder pour un parent, ou ami auprès du Souverain, afin que grace lui soit faite ? Le Synode est d'avis que par la decision de la Question precedente, celle-ci est jugée. Car s'il est

est permis au Souverain de la donner il ne doit pas être illicite au sujet de la demander, pourvû que ce soit par des moiens legitimes.

V.

Celui qui aura mutilé quelqu'un de telle sorte qu'il ne puisse plus gagner sa vie, sera exhorté & pressé par les Censures Ecclesiastiques de lui donner quelque pension, encore qu'il n'y ait pas été condanné par le Magistrat, d'autant qu'il ne peut pas mieux exprimer sa repentance que par cet Acte de charité.

VI.

Les promesses de Mariage faites entre des personnes nubiles par l'autorité de leurs Tuteurs & Curateurs & par paroles de present, sont indissolubles.

VII.

Il n'est pas de la bienseance des Chrétiens que les fiancés demeurent ensemble en un même logis; pendant qu'ils ne sont pas épousés.

VIII.

L'obligation des Parreins & Marreines portée par le Formulaire du Batême, emporte non seulement l'instruction des enfans en la pieté, mais aussi de leur procurer la subsistance & le moien de vivre en cas de necessité.

IX.

Les Eglises qui ont entretenu des Ecoliers & se servent aujourd'hui de leur Ministere, en les traitant indignement, & ne leur donnant pas une si bonne Pension qu'aux autres Ministres seront censurées, & si elles sont refractaires, le Coloque ou Synode pourra licentier ceux qui seront ainsi maltraités & les pourvoir d'autres Eglises selon la Discipline.

X.

Les Deputés du Synode National seront tenus, un mois après leur retour, d'en donner avis aux Coloques de leurs Provinces, afin qu'ils envoient querir, aux depens desdits Coloques, les copies des Actes Synodaux qui les peuvent concerner.

XI.

Quand une Province desirera quelque notable changement sur les Articles de la Discipline, elle en donnera avis à celle qui est chargée d'assembler le Synode National, afin que par elle toutes les autres en étant averties puissent venir preparées sur cela audit Synode, ne pretendant pas néanmoins d'obliger par ce moien ledit Synode National de suivre le jugement des Eglises particulieres.

XII.

Messieurs *Chamier* & *Brunier* aiant aporté des Lettres de l'Assemblée de nos Freres tenuë à *Chastelleraud*, avec l'*Edit* que le *Roi* nous a accordé, & nous aiant fait entendre que, faute d'une bonne Union & intelligence, nous n'avions pas obtenu tout ce qui nous étoit necessaire pour la liberté de nôtre Religion, le jugement de nos Causes, & la sûreté de nos vies : Le Synode aiant connû ce defaut a protesté de vouloir étroitement, & mieux que ci-devant, observer l'Union jurée & signée à *Mantes*, tant pour suivre toutes les Clauses de l'Edit accordé, que pour les autres choses necessaires pour nôtre Religion, & legitime confervation, fous l'obéïffance du *Roi*, & de tenir la main à faire obferver la même chofe à toutes les Provinces, & proceder par Cenfures Ecclefiaftiques contre ceux qui feront refraétaires aux remontrances qui leur en feront faites.

XIII.

On exhortera les Gouverneurs à faire leur poffible, afin que l'*Edit* du *Roi* ne foit pas executé dans aucun lieu de l'étenduë de leur *Gouvernement*, qu'il n'ait été executé auparavant dans les lieux qui ne fuivent pas la Religion Reformée.

XIV.

Les Provinces feront auffi exhortées de recevoir & garder l'Ordre qui leur fera envoié par l'Affemblée de *Chaftelleraud*, & de paier les fraix des Deputés, s'ils font contraints de faire quelque fejour pour pourfuivre l'execution de l'Edit, en cas que le *Roi* n'y pourvoie pas.

EXTRAIT DES ACTES

DE L'ASSEMBLE'E GENERALE MELE'E

Des Eglifes Reformées de France, *tenüe à* Chaftelleraud, *& aprouvée par leur Synode National tenu à* Montpellier *le 16. de Mai de l'an* 1598.

REGLES

Que l'on doit obferver à l'égard de ceux qui ont reçû des *Provifions* du *Roi* pour le *Gouvernement* des *Villes d'Otage* qui nous ont été données pour nôtre fûreté.

Les Affemblées Provinciales qui feront convoquées au retour des Deputés qui font à prefent à *Chaftelleraud*, choifiront de chaque Coloque des Perfonnes capables, & à qui on puiffe fe fier d'entre la *Nobleffe* & *des Villes* (qui pourront cependant être changées ou confirmées par chaque Synode Provincial, ou Affemblée Generale, fi on le juge neceffaire) pour être prefentes aux Coloques, lors que le Gentilhomme qui aura reçû le *Brevet* du *Roi* pour être *Gouverneur* d'une *Place* de *Garantie*, demandera une *Atteftation*.

Et en cas que la Perfonne qui a cette *Commiffion*, foit Membre du Coloque dans lequel eft le *Gouvernement* vacant; lors que le Coloque s'affemblera pour figner ladite *Atteftation*, il invitera tous ceux qui auront été nommés par le Synode Provincial, ou Affemblée, afin qu'ils puiffent confulter enfemble s'ils doivent donner cette *Atteftation*, ou en cas du contraire en informer Sa *Majefté*. Si le tems de la Séance generale eft proche, le Synode diferera jufqu'à ce qu'il fache le jugement de l'Affemblée, au fujet de cette *Atteftation*.

Mais fi la Perfonne qui a ces *Provifions*, eft d'une autre Province que le Coloque

loque de celui dans lequel la Place est située ; celui qui est chargé de convoquer le Coloque auquel la Place de *sûreté* apartient, prendra un tems sufisant pour informer l'Assemblée, ou Province, dans laquelle est le *Gouvernement vacant*, (mais à leurs propres fraix) de la Qualité, Famille, Religion & Mœurs de celui qui vient prendre *Possession* du *Gouvernement*; & s'il y a Assemblée en ce tems-là, elle en donnera part au Coloque dans lequel est le *Gouvernement*, & l'informera du lieu de la demeure de celui qui a le *Brevet* dudit *Gouvernement*.

Et lors qu'ils lui donneront leur *Attestation*, ils lui feront signer l'*Edit* de *Mantes*, comme il a été ordonné dans de pareils cas.

FORME D'ATESTATION

Dont on étoit convenu dans l'Assemblée Generale, que les Coloques ou Synodes devoient donner à ceux qui étoient nommés par le Roi *aux* Gouvernemens *des* Places de Garantie *&* de Sûreté.

„ Nous Ministres & Anciens conjointement avec le Coloque de la Province
„ de *N*. Certifions à *Sa Majesté*, que *Monsieur N*. de *N*. s'est adressé à nous,
„ desirant nôtre *Attestation* comme il fait *Profession sincere* de la *Religion Refor-*
„ *mée*, étant nommé par *Sa Majesté* au *Gouvernement* de *N*. vacant depuis peu
„ par la mort de Monsieur *N*. C'est pourquoi nous atestons & certifions que
„ ledit Monsieur *N*. fait actuellement *Profession* de la *Religion Reformée*, com-
„ munie aux Saints Sacremens avec nous, vivant religieusement comme un
„ homme qui craint Dieu, & qui s'aquite avec une bonne conscience des de-
„ voirs de sadite *Profession*. Pour lesquelles raisons nous lui donnons ce present
„ *Certificat*, qui lui sera, comme nous esperons, de telle utilité qu'il le desire.
„ Fait, &c.

DISTRIBUTION

DE LA SOMME DE QUARANTE-TROIS MILLE TROIS CENS ECUS

Des Deniers Roiaux, octroiés pour l'entretien des Eglises Reformées de France.

Article I.

LA Compagnie procedant à la distribution des 43. mille & 300. Ecus & un tiers, octroiés par le *Roi*, pour l'entretien de nos Eglises, a ordonné que 3333. Ecus ⅓ seront emploiés pour l'entretien de deux *Universités*, dont l'une sera à *Saumur*, & l'autre à *Montauban*; à chacune desquelles elle a assigné 1111. Ecus 6. s. 8. d. Et pour aider à dresser les *Academies* de *Montpellier* & de *Nimes*, on a accordé pour *Montpellier* 500. Ecus & le reste pour *Nimes*.

XV. SYNODE NATIONAL

Et pour le regard des 40000. Ecus qui restent ils seront distribués entre les Eglises tant dressées, qu'à dresser, dont les Roles aiant été faits, il s'en est trouvé 760. dans les Provinces suivantes.

ROLE TOTAL

DES EGLISES REFORME'ES DE FRANCE.

Dressé l'an du Salut 1598.

Dans *l'Isle de France, Picardie, Champagne, & Brye*, 88.
En *Normandie* 59.
Bretagne 14.
Bourgogne 11.
Lionnois 4.
Forés 2.
Dauphiné & Provence 94.

Vivarés 35.
Bas Languedoc 116.
Haut Languedoc 96.
Guienne 83.
Poictou 50.
Xaintonge 51.
Anjou 21.
Orleans 39.

Qui font en tout 763., pour chacune desquelles il y a 52. Ecus, 37. sols, 6. Deniers, & par consequent la Portion de *l'Isle de France* monte à la somme de 4632. Ecus, 14. s. 8. d.

Celle du *Haut Languedoc* 5652. Ecus, 12. s. 8. d.

Celle du *Poictou* 2632. Ecus, 14. s. 8. d.

Celle d'*Anjou* 1105. Ecus, 15. s. 9. d.

Celle de la *Basse Guienne* 4363. Ecus, 1. s. 3. d.

Celle de *Bourgogne* 578. Ecus, 5. s. 11. d.

Celle du *Lionnois* 211. Ecus, 11. s. 6. d.

Celle de *Forés* 105. Ecus, 15. s. 10. d.

Celle du *Dauphiné & Provence* 4948. Ecus, 2. s. 3. d.

Celle de *Normandie* 3105. Ecus, 15. s. 9. d.

Celle de *Bretagne* 740. Ecus, 10. s. 8. d.

Celle de *Xaintonge* 2684. Ecus, 12. s. 9. d.

Celle d'*Orleans* 2053. Ecus, 18. s. 1. d.

I I.

Toutes les susdites Provinces sont tenuës d'envoier les comptes des deniers fournis aux Pasteurs qui auront actuellement servi les Eglises de leur departement, au Synode National prochain, à commencer du jour qu'ils auront actuellement servi, & lesdits comptes seront accompagnés des Quitances ou Reçûs des Ministres qui auront touché l'argent, & le restant de ce qui ne leur aura pas été donné sera distribué à qui de Droit, par l'avis du Synode.

I I I.

On doit aussi mettre au rang desdits Ministres pensionnés ceux qui par vieillesse, ou autre indisposition, ne pourront pas exercer leur Charge. Et quant aux Proposans, aux Veuves & aux Orphelins des Ministres, on remet à la conscience & prudence de chaque Province d'en entretenir un tel

nom-

nombre qu'elle voudra, & sur le pied qu'elle jugera expedient, lesquels aussi seront couchés sur lesdits comptes, & leurs Acquits signés d'eux & aportés audit Synode National. Les Universités feront aussi voir audit Synode tout ce qu'elles auront fait pour leur Etablissement, & en rendront compte.

IV.

Lesdites Provinces nommeront les Receveurs, & l'Assemblée de *Chastellerand* est priée de les avertir de ce qui se fera fait par leur poursuite & direction, & ce Reglement aura lieu jusqu'au prochain Synode National, de la Convocation duquel la Province de *Normandie* demeure chargée, pour l'assigner dans trois ans, au commencement du mois de Juin, & le Synode National suivant sera tenu en *Dauphiné*.

V.

L'on écrira aux Ministres François, qui sont hors du Roiaume, pour les preparer à venir, quand ils en seront requis par leurs Eglises, & lors qu'elles leur en donneront le moien.

VI.

Pour le regard de ceux qui, à cause des troubles, sont partis sans obtenir congé du Synode de leur Province, la Compagnie a jugé qu'ils y doivent retourner comme apartenant de Droit à leurs premieres Eglises. En consequence de cet Article, Mr. de *Montigny* a prié Mr. *Damours* de retourner en sa Province.

VII.

Les Prieres extraordinaires, établies dans quelques Eglises à raison de la Persecution, cesseront aussi-tôt que l'*Edit* du *Roi* aura été publié, & toutes nos Eglises seront exhortées de se souvenir dans leurs Prieres de celles des Païs-Bas, qui sont aussi persecutées & destituées de Pasteurs en beaucoup de lieux.

MATIERES PARTICULIERES.

Article I.

ON écrira aux Eglises des Païs-Bas pour leur témoigner le regret que la Compagnie a de ce que leurs Deputés ne se sont pas trouvés à ce Synode, & pour les prier de nous avertir du tems & lieu auquel le leur s'assemblera, attendu que la Province de *Normandie* est chargée d'y envoier des Deputés de nôtre part.

II.

Monsr. *Chesneau* écrira à Mr. de la *Planche*, pour le prier de mettre entre les mains de l'Eglise de *Paris*, tous les papiers qui apartiennent au Sieur *Cayer*, & Mr. *Hesperien* s'informera de ceux que ledit *Cayer* avoit en *Bearn*, & s'ils se trouvent il les fera tenir à ladite Eglise.

XV. SYNODE NATIONAL

III.

Mr. *Beraud* est chargé de répondre aux Ecrits de du *Perron*, & Mr. de *Montigny* à ceux de *Cayer*; & pour les autres Livres publiés contre nous, on suivra le Reglement de nôtre Discipline pour les refuter, & les fraix de l'Impression seront pris sur les deniers octroiés par le *Roi*, & donnés aux Auteurs qui aporteront des Atestations de leur Coloque, touchant les Ouvrages auxquels ils auront travaillé utilement.

IV.

La Province de *Normandie* est exhortée de faire en sorte que par sa mediation l'Eglise de *Luneray* satisfasse à ce qu'elle doit à Mr. *Vatable* ci-devant son Pasteur, autrement elle sera censurée selon la Discipline.

V.

Après avoir examiné le diferent de l'Eglise de *Bodeber* avec Mr. *Durdes*, dit *Despoir*, & pesé toutes les circonstances, l'Assemblée a jugé qu'il apartient de Droit à ladite Eglise, attendu l'assistance qu'il en a reçu pendant environ quatre ans, lors même qu'il étoit privé de ses biens dans un Païs étranger, & que le terme porté par la Discipline n'étoit pas encore expiré : néanmoins aiant égard à son âge, à sa grande famille & à ses commodités, qu'il ne peut laisser sans grande perte, joint qu'il s'est soumis volontairement à suivre sa Vocation, la Compagnie a declaré qu'il demeureroit à *Pamiers*, à condition que dans six mois la Province fourniroit un Pasteur à ladite Eglise, & que celle de *Pamiers* paiera la moitié des fraix de son voiage ; laquelle aussi est censurée d'avoir extorqué dudit *Durdes* une Obligation de 50. Ecus pour les fraix de son voiage, en cas qu'il n'y demeurât pas.

VI.

Monsieur du *Franc* requerant d'être rétabli au Ministere ; on lui a declaré qu'attendu la gravité & le nombre de ses fautes qui meritent punition corporelle & notte d'Infamie, & le peu de marques qu'il a données de sa repentance & conversion devant cette Compagnie, il ne pouvoit pas être retabli ; c'est pourquoi il est exhorté de se desister d'une telle demande, & de penser à quelqu'autre Emploi qu'à celui du saint Ministere.

VII.

Madame requerrant que le Sr. de la *Touche* soit donné à l'Eglise recueillie en sa Maison pour y servir 4. mois de l'Année ; la Compagnie le lui a accordé jusqu'au Synode National prochain, & a fait assûrer par des Lettres à *Madame* qu'à l'avenir les Synodes pourvoiront sa maison de Ministres capables de la bien servir, & quand à Mr. de *Frangray*, si sa santé permet de prêcher plus long-tems, il le fera selon l'avis de sa Province, & tant lui que les autres qui y serviront, ne prendront aucune autre qualité que celle de Pasteurs & Ministres.

VIII.

Le Synode aiant veu les Lettres des Echevins & de quelques particuliers du Presidial de la *Rochelle*, qui demandent que le Sr. *Rotan* leur soit restitué, a jugé que l'on n'y devoit avoir aucun égard, attendu que ceux qui ont la conduite de ladite Eglise, & que le Maire ni ceux de la Maison de Ville, n'en font

font aucune mention dans leurs Lettres ; c'est pourquoi afin d'assoupir leurs differens, Mrs. *du Moustier* & de *Chesneau* sont Deputés pour les exhorter à la paix, & à rendre les Papiers & Écrits de part & d'autre pour les rompre & dechirer.

IX.
On écrira à Mr. *Covet*, qui est presentement à *Basle*, pour le prier de venir servir l'Eglise de la *Rochelle*.

X.
Il sera pareillement écrit à Mr. *Chassegrain*, pour l'avertir que, sans besoin, & mal à propos il a écrit à du *Perron* avec trop d'afection, de vanité & de flateries, c'est pourquoi il lui fera une autre Reponse à loisir & mieux digerée, laquelle il communiquera au Synode de *Dauphiné*, auquel il est exhorté de se soumettre.

XI.
Le Synode aiant examiné Mr. *Perol*, n'a pas jugé qu'il fût encore capable d'être emploié au Ministere, c'est pourquoi on l'a exhorté de lire l'Ecriture sainte & les Ouvrages des bons Auteurs, qui ont écrit en ces derniers tems, sur quoi on a aussi donné charge au Synode de la Province, où il se retirera, de l'examiner derechef d'ici à quelque tems, pour voir s'il sera capable d'être emploié.

XII.
Monsieur *Jean Salid*, a été renvoié au Coloque d'*Agenois*, où au Synode de la *Basse Guienne*, qui pourra proceder à son Election.

XIII.
Messieurs *Tollosain* & *Villemur* sont renvoiés à leur Coloque, pour être emploiés au service de l'Eglise, quand ils en seront jugés capables.

XIV.
Monsieur *Rousset*, Pasteur de l'Eglise de *Mazamir*, requerant d'être échangé pour quelqu'autre Ministre du *Bas Languedoc* à cause de sa vieillesse ; la Compagnie a donné charge au Synode du *Bas Languedoc* de travailler à cet échange par l'avis toutefois de son Eglise, & du Synode du *Haut Languedoc*.

XV.
Sur les remontrances faites de la part de Mr. *Falquet*, cette Compagnie, après avoir oüi les Ministres de *Dauphiné*, l'exhorte, de même que les Eglises de *Provence* & du *Bas Languedoc*, de subvenir à la necessité dudit Sr. *Falquet*, attendu qu'il a heureusement servi nos Eglises.

XVI.
Sur la plainte faite par Mr. *Caillé*, de l'ingratitude de l'Eglise de *Grenoble* envers lui, veu l'Ordonnance du Synode Provincial, par laquelle il est mis en liberté, si dans trois mois il n'est pas remboursé de ce qui lui est dû ; la Compagnie a ordonné qu'il seroit écrit tant à ladite Eglise qu'à Mr. de *Lesdiguieres* pour l'exhorter d'y pourvoir, à faute de quoi le Synode Provincial lui donnera une autre Eglise.

XVII.

On écrira auſſi à Mr. de *Leſdiguieres*, pour lui faire rendre les dix-ſept-mille Ecus que la Province du *Bas Languedoc* envoioit à *Geneve*, pour un Fonds dont les Rentes doivent ſervir à l'entretien des Propoſans, n'étant pas raiſonnable qu'il l'approprie à ſes uſages, quelque don qu'il pretende lui en avoir été fait par le *Roi*, & en cas que nos Lettres jointes aux Remontrances qui lui ſeront faites par le Sr. *Caillé* ne le faſſent pas reſoudre à ſe deſſaiſir de ladite ſomme, il ſera pourſuivi par le Synode qui ſe tiendra à *Caſtres*, & on procedera auſſi en même tems, & ſelon l'Article du Synode de *Montauban*, contre tous ceux qui ont manié les deniers des Egliſes, & n'en ont pas rendu compte.

XVIII.

La Compagnie, après avoir oüi Mrs. *Julien* & *Preſident*, les a exhortés & priés de tenir la main à ce que l'Egliſe d'*Orange* ſoit en paix; & donne charge aux Srs. de *Montigny*, *Picheron* & le *Noir*, de ſe transporter ſur les lieux, pour y diſpoſer les Srs. de *Blaſcons* & les habitans de ladite ville.

XIX.

Les Coloques du *Bas Languedoc* contribueront aux fraix, que l'Egliſe de *Bedarride* a fait pour les negociations communes.

XX.

Le Coloque de *Sauveterre* en *Bearn*, ſera prié par des Lettres que Mr. *Beraud* écrira, d'avoir pour agreable que le Sr. du *Prat* continuë ſon Miniſtere dans l'Egliſe de *l'Iſle* en *Gevodan*, & d'ordonner que ledit Sr. du *Prat* demeure au ſervice de ladite Egliſe.

XXI.

Sur la Requête preſentée par l'Egliſe de *Blois*, qui demande que Mr. de la *Noue* lui ſoit donné purement & ſimplement; La Compagnie aiant oüi les Deputés d'*Anjou*, a jugé qu'il apartient à ladite Province d'*Anjou*, & ordonne qu'il ſera prêté à ladite Egliſe de *Blois* pour 6. mois, à commencer du premier jour de Juin, durant lequel tems elle fera ſon poſſible pour engager à ſon ſervice Monſieur *Bede* qui eſt preſentement à *Heidelberg*, auquel la Compagnie écrira pour ce ſujet.

XXII.

L'Egliſe de *Pamiers* demandant Avis comment elle doit ſe conduire envers un homme qui a fiancé la Couſine Germaine de ſa Femme decedée? Le Synode lui conſeille de s'adreſſer au *Roi* pour en obtenir la Diſpenſe neceſſaire.

XXIII.

Sur la plainte faite par ceux d'*Aubenas*, diſant que leur Ville n'a pas été compriſe entre celles de *Senſerre*; la Compagnie a ordonné qu'il en ſeroit écrit au *Roi*, pour le ſupplier, qu'aiant égard au repos & à la tranquilité de ladite ville & de toute la Province, il lui plaiſe de commander qu'elle demeure en l'état où elle eſt maintenant.

XXIV.

Les Provinces du *Bas Languedoc* & du *Dauphiné*, fecourront les Eglifes de *Provence*, en attendant qu'elles aient le moien de fe pourvoir de Pafteurs.

XXV.

La Compagnie, après avoir examiné toutes les procedures de Mr. *Vais*, & les Articles des Synodes Provinciaux concernant fa Depofition du Miniftere, & après avoir auffi entendu les Miniftres & Anciens de fa Province, & fait une trés-exacte perquifition de la conduite dudit Sr. *Vais*, qu'elle trouve fort reguliere depuis qu'il a été depofé, l'a retabli dans fa charge, & enjoint au Coloque de *Vigean* de lui affigner une Eglife.

XXVI.

L'Affemblée, après avoir apris les diferens furvenus entre Mr. *Jarri* & *Voifin*, Miniftres de l'Eglife de *Milhau*, a ordonné que pour la paix & l'édification de ladite Eglife ils n'y exerceront plus leur Charge jufqu'au prochain Synode National, & prie Mr. *Brunier* de s'y acheminer au plûtôt, & après lui Mr. *de Gafques*, afin d'échanger ledit Sieur *Voifin* avec Mr. *Remiral*, Miniftre de l'Eglife de *S. Affriq*, permettant au Sieur *Jarri* de s'établir dans l'Eglife de *Pamiers*, ou de *Meriers*, à fa volonté.

XXVII.

La Compagnie aiant vû l'Article du Synode de *Montauban*, par lequel Mr. *Baleran* eft donné pour Miniftre à l'Eglife de *Caftres*, vû auffi l'Article du Synode de *Saumur*, qui porte que ledit *Baleran* retournera dans l'Eglife d'*Aymet*, on a entendu les Deputés defdites Eglifes, & aiant égard à l'importance de celle de *Caftres*, il a été ordonné que ledit Sr. *Baleran* demeurera Pafteur propre de ladite Eglife de *Caftres*, laquelle fuivant fa Convention paiera, dans 6. mois, à ladite Eglife d'*Aymet*, la fomme de cent Ecus pour les fraix qu'elle a fait en cherchant un autre Pafteur.

XXVIII.

Sur la Requête, par laquelle l'Eglife de *Montpellier* demande que Monfr. *Rotan* lui foit donné ; La Compagnie a ordonné qu'il demeurera au fervice de l'Eglife de *Caftres*, jufqu'au prochain Synode Provincial, lequel en pourra difpofer pour l'édification de l'Eglife ; en aiant égard à la fanté dudit Sr. *Rotan*.

XXIX.

L'Eglife de *Caftres* aiant requis que Mr. *Saillins* lui foit donné, la Compagnie a renvoié tant ladite Eglife que ledit Miniftre au Synode de leur Province. Mr. *Julien* retirera les Memoires & les Ecrits qui font entre les mains des Heritiers de feu Mr. *de Serres*, pour les voir, & les aporter au prochain Synode de la Province.

XXX.

Monfieur l'Avocat General de la Chambre de *Caftres*, aiant affuré la Compagnie, que ladite Chambre, faifant Profeffion de la Religion Reformée, a toujours une fidele & fincere affection pour maintenir les Droits de nos Eglifes, en a été remercié, & en fa perfonne tout le Corps de ladite Chambre, dont chacun des Membres est exhorté, par cette Assemblée, de bien tenir la main à tout ce qui peut contribuer au bien desdites Eglises, pour la conservation desquelles ladite Chambre est établie.

XXXI.

Il est permis aux Eglises de *Cormis*, & de S. *Jean de Bruel*, de se joindre au Coloque de *Vigean*, puis que c'est leur plus grande commodité.

XXXII.

Ceux de l'Eglise de *Nions* en *Dauphiné* demandant d'être pourvûs d'un Pasteur, Mr. de *Gas* leur a été acordé jusqu'au prochain Synode du *Vivarés*.

XXXIII.

La Compagnie aiant oüi les Deputés de l'Eglise de *Loudun* & de *Pamiers*, touchant la vocation de Mr. *Froger*, a jugé qu'il apartenoit à l'Eglise de *Loudun*, laquelle rendra à l'Eglise de *Pamiers* cinquante Ecus qu'elle a fourni pour acheter des Livres audit Mr. *Froger*, & paiera les fraix du voiage qu'il a fait pour venir à ce Synode.

XXXIV.

La Compagnie n'aiant pas le moien de donner maintenant un Pasteur à l'Eglise de *Bourdeaux*, qui lui soit propre, & voiant la consequence du retablissement de ladite Eglise, a ordonné que les Coloques d'*Albert*, du *Haut* & *Bas Agenois* & de *Perigord*, y pourvoiront tour à tour, chacun 4. mois, & y envoieront en premier lieu Mr. *Renaut*.

XXXV.

On écrira à Mr. l'Ambassadeur d'*Angleterre*, & à Mr. de la *Fontaine* Ministre de l'Eglise Françoise de *Londres*, pour les avertir des Ecrits injurieux publiés contre nos Eglises par *Suteliffe* & *Savavia*, afin qu'ils obtiennent de la *Reine*, que de tels Ecrits ne soient pas rendus publics en *Angleterre*.

XXXVI.

La Compagnie a exhorté la Province du *Languedoc* de fournir aux fraix d'un Procès Criminel pendant en la Chambre de *Castres*, sur l'Injustice faite aux Srs. *Arnaulds*, par le Presidial de *Ville-franche* en *Rouergue*.

XXXVII.

Comme c'est le devoir de ceux qui gouvernent l'Eglise de procurer par toutes sortes de moiens le profit des Pauvres ; cette Assemblée ordonne que lors qu'il y aura une somme considerable d'argent apartenant au Consistoire entre les mains des Diacres, ceux-ci pourront en toute assûrance le mettre à Interêt, afin que s'il survient une plus grande necessité, les Pauvres en puissent tirer de plus grands secours.

Fait & decreté au Synode National de *Montpellier* le 30. de Mai l'An 1598. & signé au nom de tous les Deputés par

Monsieur FRANÇOIS BERAUD Moderateur.
Monsieur FRANÇOIS DE MONTIGNY Ajoint.

Et Messieurs { GRELIERE MACEFER & MOISE CARTAUD } Scribes.

Fin du quinziême Synode.

233

SEIZIÉME SYNODE
NATIONAL
DES
EGLISES REFORMÉES
DE FRANCE.

Tenu à *Gergeau* depuis le 9. jusqu'au 25. de Mai.

L'An M. DC. I.

Sous le Regne de HENRI IV. Roi de France & de Navarre.

Monsieur George Pacard *fut Moderateur de ce Synode*, *Monsieur* Lievin de Beaulieu *lui fut donné pour Ajoint*, *& Messieurs* Daniel Chamier *&* Josias Mercier *pour* Scribes.

LES NOMS DES MINISTRES
ET DES ANCIENS,

Qui furent Deputés *audit Synode*, *par les* Provinces *suivantes*.

ARTICLE I.

Our la Province de l'*Isle de France*, la *Picardie*, & *Champagne*, les Srs. *Antoine* de la *Faye*, Ministre de l'Eglise de *Paris*, & *Jean Lievin*, dit de *Beaulieu* Ministre de l'Eglise d'*Avergne* au *Vexin* le François, avec les Srs *Josias Mercier*, Sr. des *Bordes*, Ancien de l'Eglise de *Paris*, & *Pierre* de *Navelet* Sr. de *Doches*, Ancien de l'Eglise de *Vitri*.

I I.

Pour la Province d'*Orleans*, le *Berry*, *Blaisois* & *Nivernois*, les Sieurs *Adam* d'*Aurival*, Ministre de l'Eglise de *Sancerre*, & *Joachin du Moulin*, Ministre de l'Eglise d'*Orleans*, avec les Sieurs *Claude Melan*, Ancien de ladite Eglise d'*Orleans*, & *Samuel Chambaran*, Ancien de l'Eglise de *Romorentin*.

III. Pour

Tome I.   Gg

III.

Pour la Province de *Normandie*, les Srs. *René Bouchard* Ministre de l'Eglise de *Rouen*, & *Jean Eude* Ministre de l'Eglise de *Bayeux*, avec les Srs. *Jacques* du *Hamel* Sr. du *Parc*, Ancien de l'Eglise d'*Alançon*, & *Guillaume de Maintru* de *Boslebec*. Et pour la Province de *Bretagne*, unie presentement avec la *Normandie*, le Sr. *Jean Parent* Sr. de *Preau* Ministre de l'Eglise de *Vitré* comparut dans cette Assemblée le 19. de Mai.

IV.

Pour la Province de *Dauphiné*, & la Principauté d'*Orange*, les Srs. *Daniel Chamier*, Ministre de l'Eglise de *Montelimar*, & *Jean Perrin* Ministre de l'Eglise de *St. Bonnet*, avec les Srs *Marc Deurre*, Ancien de *Courtaison*, & *François* de la *Courbe*, Ancien de *St. Marcelin*.

V.

Pour la Province du *Bas Languedoc*, les Srs. *Jean Gigord*, Pasteur de *Montpellier*, & *Simeon Codur* Ministre d'*Usés*, avec le Sr. *Isaac Chirou* Ancien de *Nimes*.

VI.

Pour la *Basse Guienne*, les Srs. *Jean Nedon*, dit de *Mont Barron* Pasteur d'*Issac*, & *Jeremie Bançons*, Pasteur de *Tonnins*, avec le Sieur *Christophle Forton*, Ancien de *Bourdeaux*.

VII.

Pour le *Poictou*, les Srs. *Jaques Clemenceau*, Pasteur de *Poitiers*, & *André Rivet*, Pasteur de *Touars*, avec le Sr. *Isaac Verron* Ancien de *Poictiers*.

VIII.

Pour le *Haut* & *Bas Vivarés*, le Sr. *Jean Valeton* Pasteur de *Privas*, & le Sr. *Daniel Alison*, Ancien de *Salevas*.

IX.

Pour *Xaintonge*, *Angoumois* & *Onix*, les Srs. *George Pacard*, Ministre de la *Rochefoucaud*, & *Laurens Pollot*, Ministre de *Jonsac*, avec le Sr. *Pierre Bernard*, Sr. de *Jauresac*, Ancien de *Cognac*.

X.

Pour *Anjou*, *Touraine* & le *Maine*, les Srs. *François Greliere*; dit *de Macefer*, Ministre de *Saumur*, & *Abel Bedé*, Ministre de *Loudun*, avec le Sr. *Jean Doucher*, Ancien d'*Angers*.

XI.

Pour la *Provence*, le Sr. *Pierre Chalier*, Pasteur de *Seines*, & le Sr. *Honoré Brignole*, Ancien de *Brignole*.

XII.

Pour la Province de *Bourgogne*, le *Forez*, & *Beaujolois*, les Srs. *Colinet*, de *Paré*, le *Moineau*, & *Antoine Brocard*, Ancien de l'Eglise de *Dijon*, & President de la Chambre des Comtes de *Dijon*.

XIII.

Pour le *Lionnois*, le Sieur *Louis Turquet*, Ancien de l'Eglise de *Lion*.

XIV.

Pour la Province du *Haut Languedoc* & la *Haute Guienne*, sont arrivés le
10.

10. jour de Mai, les Srs. *Michel Beraud*, Ministre de l'Eglise de *Montauban*, & *Jean Gardesi*, Ministre de l'Eglise de *Villemur*, avec les Srs. *Jean de Lupes*, Sr. de *Maravat*, Ancien de *Puycasquay*, & *Henri le Venier* Lieutenant particulier en la Senechassée d'*Armagnac*, Ancien de *Lectoure*.

De plus ont aussi comparu le Sr. *Eusebe Gantois*, Ministre de l'Eglise de *Sedan*, & *Antoine* de *Dalincour*, Ancien de ladite Eglise.

Dudit 9. Jour de Mai 1601.

Après l'Invocation du Nom de Dieu on a choisi pour conduire l'Action Monsieur *George Pacard* Pasteur de la *Rouchefoucault*, & pour Ajoint le Sr. de *Beaulieu*, Pasteur d'*Averne* au *Vexin* le François; & pour Scribes les Srs. *Daniel Chamier*, Pasteur de *Montelimar*, & *Josias Mercier* Sieur des *Bordes*, Ancien de l'Eglise de *Paris*.

EXAMEN.

DE LA CONFESSION DE FOI.

Article I.

EN procedant à la Lecture de la *Confession de Foi*, on a trouvé que le *Titre* de l'Epitre aux *Hebreux* a été changé dans les dernieres Bibles de *Geneve*: sur quoi on a resolu d'en écrire aux Pasteurs de l'Eglise de *Geneve*, & de leur parler aussi de quelques *Annotations* mises à la marge du *Texte Sacré* dans la derniere Edition de ladite Bible.

II.

Après la Lecture de ladite *Confession de Foi*, les Pasteurs & Anciens ont protesté de vivre & de mourir dans la Profession de la Doctrine qu'elle contient; aiant aussi declaré que c'est la même que celle qui est enseignée dans toutes les Eglises Reformées de leurs Provinces.

III.

Monsieur *Chamier* aiant representé que les Jesuites, & plusieurs Docteurs de l'Eglise Romaine, deguisent nôtre Doctrine parmi les Peuples, & la defigurent par beaucoup de calomnies qu'on pourroit facilement detruire, par une Apologie qui fût imprimée, & jointe à ladite *Confession*, comme on l'a fait en *Angleterre* & en *Allemagne*: La Compagnie trouvant que ce dessein est fort bon, exhorte tous ceux qui pourront y travailler, de mettre par écrit ce qu'ils jugeront devoir entrer dans cet Ouvrage, pour l'apporter au Synode National prochain.

XVI. SYNODE NATIONAL

REVISION

DE LA DISCIPLINE ECCLESIASTIQUE.

Article I.

EN procedant à la Lecture de la *Discipline*, on a trouvé bon d'ajouter au premier Article, sur la matiere de la *Doctrine*, cette clause, *s'ils sont propres à enseigner*.

II.

Dans l'Article 3. au lieu de ces mots, *du tems de leur ignorance*, mettés ceux-ci *le tems passé*.

III.

Le 4. Article sera couché de la maniere suivante; "Le Ministre de l'E-
„ vangile sera élû par le Coloque, & quand il sera possible par le Synode
„ Provincial, & en tems de persecution, ou autre grande calamité, par 2.
„ ou 3. Ministres avec le Consistoire.

IV.

Dans le même Article au lieu de *ladite Election demeurera suspenduë*, il faut mettre, *la reception sera diferée*.

V.

A la fin dudit Article, on doit ajouter, *comme aussi le Pasteur contre sa volonté à l'Eglise*.

VI.

Dans le 5. Article il faut mettre, *pour être emploiés au S. Ministere*.

VII.

Dans le 8. Article, il faut ajouter, *la maniere de l'Imposition des mains sera observée ordinairement en recevant les Ministres*.

VIII.

Les Synodes Provinciaux, les Coloques & les Consistoires seront chargés de tenir la main à faire observer étroitement l'Article 12. en toutes ses parties, & même jusqu'à la suspension du Ministere : & on y ajoutera, "Que
„ les Ministres ne traitent pas la Doctrine en forme de dispute scholasti-
„ que, qu'ils se gardent du mélange des Langues, & qu'ils prennent pour
„ Texte un Chapitre de l'Ecriture Sainte dont ils expliqueront tous les ver-
„ sets, l'un après l'autre, sans changer tous les jours de matiere, à quoi les
„ Synodes Provinciaux, les Coloques & les Consistoires tiendront la main.

IX.

Dans l'Article 18. après ces mots, *la Medecine*, il faut ajouter *deux fois, ni la Jurisprudence*, & à la fin dudit Article *à quoi les Synodes Provinciaux, les Coloques & les Consistoires tiendront la main, même jusqu'à la suspension des Ministres*.

X.

Dans l'Article 43. après ces mots *grands ou petits*, il faut ajouter, *de quelle qualité ou condition qu'ils soient*.

XI.

Dans l'Article 44. où il y a, *Comme ceux qui feront convaincus d'Herefie*, il faut ôter le *comme*.

XII.

Dans le fecond Chapitre il faut ôter de l'Article 2. ces mots *& même ceux qui poffedent des revenus Ecclefiaftiques*.

XIII.

Pour l'execution de ce qui eft contenu à la fin dudit Article, on a ordonné aux Pafteurs d'avertir leur troupeau, que la cinquième partie de l'argent qui fe donne pour les Pauvres, fe retiendra deformais pour l'entretien des Propofans.

XIV.

Dans l'Article 5. fur la fin on ajoutera, *auxquelles affifteront les Pafteurs, tant pour y prefider que pour dreffer lefdits Propofans*.

XV.

Les Eglifes Opulentes, & les grands Seigneurs font exhortés de dreffer des Bibliotheques, pour la commodité des Miniftres & des Propofans.

Dans le Chapitre 3. Article 5. on doit ajouter à la fin, *& fuivant le Formulaire ordinaire*

XVI.

Dans l'Article 6. après le mot, *ordinaire*, ajoutés, *ou par les Ecoliers Propofans*.

Dans le 4. Chapitre il faut ajouter au premier Article, *felon le Reglement qu'en aura fait le Confiftoire*.

XVII.

Dans le 5. Chapitre à la fin de l'Article 15. au lieu de *Peine*, mettés, *Cenfure*.

XVIII.

Dans l'Article 16. il faut ôter ces mots, *& en cas d'Apel, ledit Apel fera notifié à l'Eglife fans nommer la perfonne, ni declarer la Cenfure ordonnée par le Confiftoire*.

XIX.

Dans l'Article 20. fur la fin, on ajoutera, *quand même il auroit été puni par le Magiftrat*.

XX.

Dans l'Article 31. on mettra, *de l'Adminiftration des Sacremens, & du Mariage & des Prieres Publiques*.

XXI.

Dans le Chapitre 6 on ajoutera cet Article pour le 4. " Les difputes de
" la Religion avec les Averfaires feront reglées en telle forte que les nôtres
" ne feront point Agreffeurs : & s'ils font engagés en difputes verbales, ils
" ne parleront que fuivant la Regle de l'Ecriture Ste. & n'emploieront point
" les Ecrits des Anciens Docteurs pour le jugement & la decifion de la Doctrine. Ils n'entreront jamais en Difpute reglée que par des Ecrits ref-
" pectifs donnés & fignés de part & d'autre. Et pour ce qui eft des Difpu-
" tes

,, tes Publiques ils n'y entreront que par l'Avis de leur Confistoire, & ce-
,, lui de quelque nombre de Pasteurs, qui, pour cet effet, seront choisis
,, par les Coloques & les Synodes Provinciaux. Ils n'entreront point aussi
,, en aucune Dispute, ou Conference Generale, sans l'Avis de toutes les
,, Eglises assemblées au Synode National, sous peine aux Ministres, qui y
,, entreront autrement, d'être declarés Apostats & traités comme violateurs
,, des Loix fondamentales de nos Eglises.

XXII.

Sur la fin du 7. Chapitre, on mettra ce qui suit pour le 6. Article. "Les
,, Censures des Pasteurs & Anciens se feront à la fin de chaque Coloque.

XXIII.

Dans le Chapitre 8. on doit ajouter au second Article, *que les Eglises qui ont plusieurs Pasteurs les y envoieront alternativement.*

XXIV.

Au 4. Article, on doit mettre, *seront privées de leur Ministere.*

XXV.

Au 6. il sera mis, *des jours, heures, & lieux.* Item *sera écrit.* Item recueillir *les voix d'un chacun en particulier.* Et à la fin ajouter *les Moderateurs des Coloques s'y conduiront de même.*

XXVI.

Au 7. il sera mis, *auront voix comme les Pasteurs.*
L'Article 8. sera raié, & remis au Chapitre suivant, où l'on ôtera le mot de *Provinciaux,* & on ajoutera le mot de *Confession de Foi.*

XXVII.

Dans le 10. Article, on mettra *le changement des Pasteurs d'une Province à l'autre, & d'une Eglise à l'autre, & des Eglises d'un Coloque à l'autre.*

XXVIII.

Sur la Lecture du Département des Provinces, après la declaration du Sr. *Gantois,* Pasteur de *Sedan,* assisté de son Ancien, il a été arrêté que les Eglises de la Souveraineté de *Sedan* & de *Rancourt,* se joindront à l'avenir au Synode de *l'Isle de France, Picardie, & Champagne,* & seront du Coloque de *Champagne.*

XXIX.

Sur la demande des Provinces d'*Orleans* & de *Berry,* voulant que le *Bourbonnois* soit joint à leur Province; & ceux de *Berry* & du *Lionnois,* soutenant le contraire: Il a été ordonné que lesdites Provinces aporteront les Memoires & Avis de ceux du *Bourbonnois,* au prochain Synode National, pour y faire regler ce Departement.

XXX.

Au Chapitre 9. à la fin de l'Article 3. on ajoutera, " Et afin qu'ils n'y man-
,, quent point, les Synodes Provinciaux nommeront 3. ou 4. Pasteurs & au-
,, tant d'Anciens, afin que si les premiers nommés sont empêchés de faire le
,, voiage, il y en ait qui puissent y venir en leur place.

XXXI.

Après l'Article 6. on ajoutera celui-ci, " Au commencement des Synodes
,, Na-

,, Nationaux on lira tous les Articles de la Confession de Foi & de la Discipline.

XXXII.

Au Chapitre 10. vers la fin de l'Article 4. au lieu de, *elles soient abolies*, on mettra *ôtées*.

XXXIII.

Au Chapitre 11. Article 5. on ajoûtera: ,, Et pourvû que les Parreins & les ,, Marraines se chargent de leur nourriture, pourvû aussi qu'il n'y ait presom- ,, tion, &c.

XXXIV.

Dans le Chapitre 12. l'Article 3. sera ainsi conçû, ,, Les Prêtres, les Moi- ,, nes & autres Ecclesiastiques de l'Eglise Romaine ne seront pas admis à la ,, sainte Cene qu'ils n'aient fait reconnoissance publique de leur Vie & Pro- ,, fession passée, &c.

XXXV.

L'Article 4. sera couché en ces termes; ,, Les Beneficiers qui portent le ,, Nom & le Titre de leurs Benefices, & ceux qui se mêlent de l'Idolatrie di- ,, rectement ou indirectement, soit qu'ils joüissent de leurs Benefices eux-mê- ,, mes, ou par les mains d'autrui, ne seront point admis à la Cene. Le reste de cet Article sera raié.

XXXVI.

Au Chapitre 13. l'Article 5. sera conçû en ces mots: ,, Il est laissé à la pru- ,, dence des Eglises de se servir des paroles de *present* ou de *futur* dans les Pro- ,, messes de Mariage: néanmoins de telles Promesses, soit de present ou de ,, futur, seront indissolubles, s'il n'y arrive quelque legitime empêche- ,, ment. On mettra après cet Article celui qui commence, *Touchant les Con- sanguinités*.

XXXVII.

L'Article 8. sera couché en ces termes: ,, Les Afinités apellées spirituelles ,, ne sont pas comprises sous le nom des Consanguinités & des Afinités dont il ,, est parlé dans l'Edit du *Roi*, & elles ne peuvent pas empêcher de contracter ,, Mariage.

XXXVIII.

Dans le 20. Article on mettra, ,, Les Promesses de Mariage ne seront point ,, reçûës, ni publiées dans l'Eglise, &c. après cela il faut mettre, ,, qu'il re- ,, nonce à toute Idolatrie & Superstition, & specialement à la Messe.

XXXIX.

Au Chapitre 14. il faut ajoûter le premier Article en ces mots, ,, Aucun ne ,, sera reçû à la Communion de l'Eglise qu'il n'ait premierement renoncé à tou- ,, te Superstition & Idolatrie de l'Eglise Romaine.

Dans l'Article 5. à la fin on raiera ces mots, *sinon en cas que ce fût pour ôter le Prêche & établir la Messe*.

XL.

Dans l'Article 14. il faut mettre, ,, Et ceux qui les envoient aux Ecoles des ,, Prêtres, Moines, Jesuites ou Nonnains, seront poursuivis par toutes les ,, Cen-

,, Censures Ecclesiastiques. Ceux qui mettent leurs enfans, &c. seront aussi
,, censurés.

Dans l'Article 26. on ôtera ces mots, *Poinçons*, *Houppes* & *Vertugadins*, comme il a été arrêté aux Synodes precedens.

XLI.

Dans l'Article 28. on raiera ces mots, *ou de planter des Mays*.

XLII.

Attendu les grands inconveniens qu'on a remontré être survenus en beaucoup d'endroits pour les Blanques établies en divers lieux de ce Roiaume, il sera mis au bout de l'Article 30. " Les Blanques aussi ne pouvant être aprouvées, soit
,, qu'elles soient établies par les Magistrats ou autrement, les Magistrats fideles
,, sont exhortés à tenir la main, &c.

XLIII.

Dans le même Article on ajoûtera aussi, *Impudicité & perte de tems*.

Dans l'Article 33. on mettra, *Ceux qui apellent, ou font apeller en Duël*.

XLIV.

Il est remis à la liberté & prudence des Consistoires de proceder contre les particuliers ingrats envers leurs Pasteurs, ou par les contraintes qui nous sont permises par *Sa Majesté*, ou par des obligations particulieres, ou par des Censures Ecclesiastiques, même jusqu'à la suspension de la Cene, après de grandes & publiques remontrances & solicitations, ou autres moiens que les Consistoires trouveront bon d'emploier.

XLV.

Les Pasteurs & les Anciens des Provinces, Deputés en cette Compagnie, ont juré & protesté au nom de leurs Provinces de faire observer, autant qu'il leur sera possible, la Discipline de nos Eglises suivant toutes les Modifications de ce present Synode.

APELLATIONS.

Article I.

Sur l'Apel interjetté par le Consistoire, & la Ville de *St. Jean d'Angeli*, de l'Ordonnance du Synode de *Xaintonge*, dans laquelle on a declaré que Mr. *Damours* n'apartenant point à l'Eglise de *St. Jean*, serviroit l'Eglise de *Chastelleraud* jusqu'au Synode National prochain; Cette Compagnie a trouvé que ladite Ordonnance est équitable, & l'Apel de ceux de *St. Jean d'Angeli* mal fondé : & sur la plainte dudit Sieur *Damours* touchant les termes qui se trouvent dans le Decret de *Xaintonge*, & dans les Lettres écrites audit Synode : la Compagnie a jugé que ledit Sieur *Damours* a été vrai & legitime Pasteur de ladite Eglise de *St. Jean* pour le tems qu'il y a servi, comme ledit Synode de *Xaintonge* l'a toujours declaré.

TENU A GERGEAU.

II.

Sur la demande de l'Eglise de *Lion* & de celle de *Paris*, soutenant que ledit Sieur *Damours* leur est obligé: après avoir entendu & pesé les raisons de part & d'autre, la Compagnie a trouvé que ledit Sieur *Damours* n'est obligé ni à l'une ni à l'autre, & qu'il est en sa liberté de se faire pourvoir d'une autre Eglise par le Synode.

III.

Et sur cela l'Eglise de *Chastelleraud* aiant demandé ledit Sieur *Damours*, & l'Eglise de *St. Jean* faisant instance au contraire, ledit Sieur *Damours*, pour terminer ce diferent, a declaré qu'il s'en remettoit entierement à la disposition de la Compagnie; surquoi il a été resolu qu'il seroit donné à ladite Eglise de *Chastelleraud*.

IV.

Sur l'Apel du Consistoire du *Havre de Grace*, se plaignant de ce que le Synode de *Normandie* a ordonné que ceux dudit *Havre* ne pourroient se pourvoir de Pasteur, qu'en retenant le Frere de la *Motte Muys*, Pasteur de *Criqueton*, qui depuis quelques années les a servi en unissant les deux susdites Eglises & les deux Pasteurs, & faisant bourse commune pour leur entretien: Vû la demande de ceux de *Criqueton*, soûtenant que le Sieur de la *Motte Muys* leur a été envoié, & ofrant de continuer son entretien: Il est ordonné que ledit Sieur de la *Motte* demeurera à ladite Eglise de *Criqueton*; & on permet à ceux du *Havre* de se pourvoir d'un autre Pasteur dans six mois; pendant lesquels ledit Sieur de la *Motte* continuera sa demeure dans la Ville de *Harfleur*, & servira les deux susdites Eglises. Et quant à l'Union de l'Eglise de *Bainvillier*, elle sera reglée par le Coloque de *Caux*. Cependant l'Eglise du *Havre* est exhortée de reconnoitre ledit Frere de la *Motte* comme elle doit, & de continuer son entretien durant ledit tems comme auparavant.

V.

L'Apel de Mr. *Jerôme Mercier*, du Synode de *France*, *Picardie* & *Champagne*, est declaré non recevable, attendu qu'il n'a point comparu devant cette Compagnie; & le reglement fait par l'Eglise de *Paris*, & confirmé par ledit Synode Provincial, touchant l'exercice de la Religion au lieu ordonné par *Sa Majesté*, est autorisé & ratifié par cette Compagnie.

VI.

La Sentence du Synode de la *Basse Guienne*, touchant les personnes de Mrs. *Chauveton* & *Baduel* est confirmée, & attendu l'importance de l'afaire, il est ordonné que le premier des deux qui demandera d'être rétabli dans l'Eglise de *Bergerac* sera entierement deposé.

VII.

L'Apel de l'Eglise de *Nerac*, pour le fait de Mr. *Regnaut*, est declaré nul, & la Sentence de la *Basse Guienne* confirmée, & le reglement concernant ledit Sieur *Regnaut* pour l'avenir, est remis audit Synode de la *Basse Guienne*.

VIII.

Depuis ledit Sieur *Regnaut* a été donné purement & simplement à ladite Eglise de *Bourdeaux*.

Tome I.   H h   IX. L'Apel

IX.

L'Apel de l'Eglife de la *Chaume*, du Synode Provincial de *Poictou*, eft declaré non recevable, attendu que le diferent eft de la qualité de ceux qui fe doivent terminer dans le Synode de fa Province, felon les Statuts de nôtre Difcipline.

X.

L'Apel du Coloque de *Poictiers* de l'Ordonnance du Synode de *Poictou* eft declaré bon, & on ordonne que le Sr. *Moneftier* pourvû des Eglifes de *Sançay*, *Montrœil*, *Bonnin* & l'*Atille*, s'unira au Coloque de *Poictiers*.

XI.

Sur l'Apel de Mr. de la *Milliere* de l'Ordonnance du Synode de *Poictou*, qui a donné le Sieur *Faure* à l'Eglife de *Vigent* : La Compagnie a aprouvé l'Ordonnance dudit Synode, & la Province eft exhortée de pourvoir l'Eglife dudit Sieur de la *Milliere* le plûtôt que faire fe pourra.

XII.

Le Jugement du Synode du *Bas Languedoc*, dont l'Eglife de *Macillargue* & celle de *Nages* étoient apellantes, eft aprouvé ; & on écrira audit Synode qu'il travaille à pourvoir bien-tôt ladite Eglife de *Macillargue* de perfonnes capables.

XIII.

Sur l'Apel interjetté par l'Eglife de *Nimes* du Jugement du Synode du *Bas Languedoc*, qui a donné le Sieur *Terond* à l'Eglife de *St. Martin*, il eft ordonné que fi dans un an l'Eglife de *Nimes* n'emploie pas ledit *Terond* dans fon Coloque, il demeurera à ladite Eglife de *St. Martin*, laquelle cependant ne fera pourvûë d'aucun autre Pafteur, fi ce n'eft que ledit Sieur *Terond* fût rapellé & pourvû par ceux de *Nimes*.

XIV.

Sur l'Apel defdits Sieurs de *Nimes* du Synode de *Dauphiné*, touchant la perfonne de Mr. *Chamier*, qu'ils ont demandé pour être Profeffeur en Théologie dans leur Univerfité, la Compagnie eft d'avis que ledit Sieur *Chamier* ne peut être ôté à l'Eglife de *Montelimar* fans le confentement exprès tant de ladite Eglife que de la Province.

XV.

L'Apel des Anciens de l'Eglife de *Chaftillon fur Loing*, touchant les Cenfures du Synode d'*Orleans* & de *Berry*, eft declaré non recevable, & ils feront derechef cenfurés par Lettres.

XVI.

L'Ordonnance du Synode de *Dauphiné*, pour la perfonne de Mr. *Fœlix*, dont l'Eglife de *Nions* étoit apellante, eft confirmée.

XVII.

Sur l'Apel de l'Eglife de *Coignac*, de l'Ordonnance du Synode de *Xaintonge*, pour le regard du Sieur de la *Nuffe*, la Compagnie a trouvé que ledit Sieur apartient de droit à ladite Eglife de *Coignac*: mais aiant égard à l'accord fait entr'eux, elle ordonne que ledit Sieur de la *Nuffe* fera le voiage aux fraix de l'Eglife de *Nerac* pour revenir fervir un an ladite Eglife de *Coignac*: dans lequel tems ceux de *Nerac* feront en forte de pourvoir ladite Eglife de *Coignac*

d'un

d'un Pasteur, au contentement du Coloque, & s'ils ne le font pas dans ledit tems, il demeurera propre à ladite Eglise de *Coignac*.

XVIII.

Sur l'Apel de Mr. *Bourguignon*, du Synode de *l'Isle de France*, lui enjoignant de se retirer en leur Province; aiant égard aux grands services que ledit Sieur *Bourguignon* a rendus à l'Eglise de Dieu, & attendu ses incommodités, cette Compagnie l'a donné purement & simplement à l'Eglise de *Mer*.

XIX.

Sur l'Apel du Pere de Mr. *Olivier* du Synode du *Haut Languedoc*: Il est ordonné que ledit Sieur *Olivier* demeurera à l'Eglise de *Leytoure*, & on l'écrira à son Pere.

XX.

Sur l'Apel de l'Eglise du *Pont de Vesle* du Synode de *Bourgogne*, il a été trouvé que Mr. *Chassegrain* apartient à l'Eglise de *Dijon*: mais eu égard à l'importance de ladite Eglise de *Pont de Vesle*, ledit Sieur *Chassegrain* y servira quatre mois, durant lesquels ladite Eglise se pourvoira. Et pour ce qui concerne Mr. *Manessieu*, il a été renvoié à la Province pour en ordonner.

XXI.

Sur l'Apel de Mr. *Claude Joubert* de l'Ordonnance du Synode de *Bourgogne*, la Compagnie a aprouvé l'Ordonnance dudit Synode, & remis à la liberté des Eglises de faire les Prieres publiques, & la Predication, les jours des Fêtes solennelles de l'Eglise Romaine.

XXII.

Sur l'Apel de l'Eglise de *Rommorantin* du Synode d'*Orleans* & de *Berry*, il est ordonné que Mr. *Chartier* demeurera à ladite Eglise, si elle lui paie dans 4. mois tout ce qui lui est dû du passé, autrement après ledit tems il est ajugé à l'Eglise d'*Aubusson*.

XXIII.

Sur l'Apel de Mr. *Girard*, ci-devant Ministre de *Mauvoisin*, & celui du Consistoire de *Montauban* se plaignant du *Haut Languedoc*: encore que la Compagnie n'ait pas trouvé ledit *Girard* convaincu de toutes les fautes contenuës dans la sentence dudit Synode, elle a néanmoins trouvé qu'il y avoit assés de raisons pour confirmer ladite sentence, touchant la Suspension dudit *Girard*, & la Censure du Coloque de *Puy-Casquay*; & quant à la Reprimande du Consistoire de *Montauban*, elle a jugé que ceux qui ont fait prêcher ledit *Girard* dans cette Ville-là depuis sa Suspension, sont censurables. C'est pourquoi le present Synode ordonne que ledit Sieur *Girard* sera placé ailleurs, & lui défend de prêcher audit *Mauvoisin*, sur peine de Deposition, & le remet à la Provision dudit Coloque: Et en attendant que ladite Eglise de *Mauvoisin* soit pourvûë, celle de *Montauban* est chargée de la faire servir par ses Pasteurs ou autres, jusqu'au prochain Synode de ladite Province.

XXIV.

Depuis ce Decret, la Compagnie a donné ledit Sieur *Girard* à la Province du *Haut Languedoc*, pour le pourvoir de l'Eglise de *Caïac* en *Quercy*

XVI. SYNODE NATIONAL

XXV.

Sur l'Apel de Mr. *Dufaur*, Gouverneur de *Gergeau*, du Synode d'*Orleans* & de *Berry* : La Compagnie a ordonné que Mr. du *Moulin*, comme apartenant à l'Eglise d'*Orleans*, ira faire sa demeure à ladite Eglise d'*Orleans*. Mais en consideration de l'assistance que ceux d'*Orleans* ont reçûë de la Ville de *Gergeau*, les deniers de l'Octroi de *Sa Majesté*, qui seront departis pour l'Eglise d'*Orleans*, seront emploiés pour subvenir à l'entretien du Ministre de *Gergeau*, jusqu'au prochain Synode National.

XXVI.

Sur l'Apel de Mr. *Bergemont*, la Compagnie a jugé qu'il y avoit lieu de grieve Censure, mais non pas de Suspension : C'est pourquoi le Coloque d'*Aubris* sera censuré, & ledit Sieur de *Bergemont* retabli, & on lui assignera une Eglise, au prochain Synode de *Xaintonge*.

XXVII.

Le Diferent d'entre le Coloque d'*Aunis* & les autres Coloques de *Xaintonge*, est renvoié au prochain Synode de *Poiétou*, pour en juger definitivement.

XXVIII.

Sur l'Apel de l'Eglise de la *Rochelle*, du Synode de *Xaintonge*, attendu que ladite Eglise n'a pas besoin presentement du Ministere de Mr. *Petit*, & qu'il est emploié dans la Province, on écrira aux Freres de la *Rochelle* pour les prier de ceder audit Sieur *Petit*, & à l'Eglise de *Barbesieux* le Droit qu'ils ont sur lui, & les deniers qu'ils ont deboursés pour son entretien, dont ledit Sieur *Petit* & ladite Eglise de *Barbesieux* les remercieront.

XXIX.

La Compagnie a confirmé ce qui a été arrêté au Synode de *Xaintonge*, pour le regard de Mr. *Rossignol*.

XXX.

Le Diferent des Synodes de *Xaintonge* & de *Poiétou* pour les Eglises de *Montignac*, *Marcillac* & *Villefagnan*, est renvoié à l'Eglise de *Loudun*, pour en juger dans trois mois, en y apellant les Deputés de *Saumur*.

XXXI.

La Compagnie en faisant Droit sur l'Apel du Synode de la *Basse Guienne*, est d'avis que les Fermiers des Dixmes des Ecclesiastiques, qui ne commettent aucune Idolatrie, ne doivent pas être exclus de la sainte Cene ; surquoi ledit Synode est censuré pour avoir excedé les Ordres de la Discipline.

MATIERES GENERALES.

Article I.

IL a été resolu que ceux qui seront chargés par le Synode National de répondre aux Ecrits des Aversaires, seront remboursés des frais qu'ils feront pour l'impression, sur le general des Deniers octroiés par *Sa Majesté* aux Eglises de ce

Roiaume. Mais pour ceux qui en font chargés par quelque Province, elle sera tenûë de pourvoir à leur remboursement : & en consequence de cela, on ordonne à la Province du *Haut Languedoc* & de la *Haute Guienne*, de rembourser à Monsieur *Sonis* les fraix qu'il a fait pour l'impression de ses Livres contre les Conciles.

II.

A cause des abus qui se sont trouvés dans les Atestations données pour l'Evocation des Procès, il est enjoint aux fideles de prendre des Atestations dans leurs Eglises, autant qu'il sera possible, & defendu aux Pasteurs des Lieux & des Eglises où les Chambres de l'Edit sont établies d'en donner aux étrangers, s'ils ne sont pas connûs d'eux mêmes, ou de leurs Anciens.

III.

Les Ministres & Anciens ne se tiendront point recusés, que les recusations ne soient jugées admissibles par le Consistoire.

IV.

Il n'a pas été trouvé bon d'introduire la coûtume de quelques Eglises étrangeres, qui envoient les Ecoliers Proposans prêcher quelques mois dans les Villages avant que de leur imposer les mains.

V.

Il a été resolu qu'en imposant les mains aux Ministres, on ne les envoiera plus pour un an dans une certaine Eglise, mais que la forme prescrite par la Discipline sera desormais étroitement observée.

VI.

On laisse à la liberté des Eglises, de faire trouver les Pasteurs aux Fiançailles & aux Promesses de Mariage.

VII.

Il a été resolu que le Pain & la Coupe ne se doivent distribuer dans la Ste. Cene que par les mains des Pasteurs & des Anciens, qui les donneront eux mêmes de leurs propres mains à chacun des fideles.

VIII.

Les Synodes Provinciaux sont exhortés d'avoir soin de pourvoir aux besoins des pauvres Veûves & des enfans des Ministres decedés au service de leurs Provinces.

IX.

On est d'avis qu'on ne peut pas, pour quelque faute que ce soit, refuser aux fideles de presenter des enfans au batême, jusqu'à ce qu'ils aient été suspendus des Sacremens, par le jugement du Consistoire.

X.

Sur la lecture des Lettres de Madame la Duchesse de *Bar*, Sœur du *Roi*, demandant d'être pourvûë de Pasteurs pour sa Maison, il a été resolu que l'Eglise de ladite Dame sera secourûë, depuis le premier jour de Juillet prochain jusqu'au premier jour d'Octobre suivant, par la Province de *Normandie* : & depuis ledit premier jour d'Octobre jusqu'au premier jour d'Avril suivant, par l'Eglise de *Sedan*, & depuis ledit jour d'Avril 1602 par les Provinces qui donneront tour à tour un Pasteur, lequel y servira six mois pour cha-

chacune, felon l'ordre des Provinces ci-deffous couché; à favoir le *Bas Languedoc*, *Orleans*, *Dauphiné*, *Anjou*, le *Haut Languedoc*, le *Poiêtou*, la *Baffe Guienne*, *Xaintonge*, le *Vivarés*, & la *Bourgogne*; fi ladite Eglife n'eft pas pourvûë avant ce tems là de deux ou trois Pafteurs qui lui foient particulierement afectés, comme ladite Dame fera exhortée par Lettres d'y pourvoir, & de convertir à l'entretien de certain nombre de Propofans, les deniers qu'elle emploie pour les Ecoliers en *Bearn*; & afin que ladite Eglife ne fe trouve pas depourvûë, lefdites Provinces feront tenûës de nommer deux Pafteurs, afin que fi l'un étoit retenu par quelque legitime empêchement, l'autre y aille fervir en fa place.

XI.

Sur les Lettres des Miniftres des Eglifes des *Païs Bas*; La Compagnie a ordonné que la Province de *Normandie* continuera de leur donner Avis de la Convocation & tenûë de nos Synodes Nationaux.

XII.

On écrira à Mr. de la *Fontaine* pour le prier de continuer à faire tout ce qu'il pourra pour l'acord de *Sutlivius* & *Saravia* avec nos Eglifes.

XIII.

Il a été refolu que deformais la Province qui aura la charge de convoquer le Synode National, aura auffi l'autorité d'indiquer le Jeûne General à toutes les Provinces, quand elle jugera qu'il en fera befoin.

XIV.

On écrira aux Pafteurs & Docteurs de l'Univerfité de *Leyde*, pour les prier de n'impofer pas les mains aux Ecoliers François Propofans, qui font dans leur Univerfité, mais de les envoier en France pour y recevoir l'impofition des mains dans les Eglifes qui leur feront données.

XV.

Le Livre intitulé, *Elenchus Novæ Doctrinæ*, eft renvoié au Synode de *Dauphiné* pour le voir, & pour le faire imprimer, avec une Preface, s'il trouve qu'il foit Orthodoxe.

XVI.

L'Eglife de *Paris* eft chargée de recevoir trois Livres: l'un intitulé, *Apparatus ad Fidem Orthodoxam*; l'autre, *Avis pour la Paix de l'Eglife & du Roiaume de France*; le troifième, *Vœu pour la France*, & d'examiner foigneufement fi les Propofitions qui en ont été extraites y font contenûës: & s'il y en a quelqu'une qui n'y foit point contenuë, la raier des Actes du Synode de *Montpellier*, & avertir les Provinces par l'Autorité de cette Compagnie de la raier auffi de leurs Caiers.

MATIE-

TENU A GERGEAU.

MATIERES PARTICULIERES.

Article I.

LE Diferent des Synodes du *Haut Languedoc*, & de la *Baſſe Guienne*, touchant les Egliſes de *Nerac*, *Leyrac*, & autres du *Bas Armagnac*, qui avoit été renvoié à cette Compagnie, par le dernier Synode de *Montpellier*, n'aiant pû être vuidé preſentement, parce que les Deputés de la *Baſſe Guienne* n'en ſont pas venus inſtruits; a été renvoié au premier Synode Provincial de *Xaintonge*, pour en decider definitivement par l'Autorité de cette Compagnie, & ledit Synode de la *Baſſe Guienne* ſera cenſuré pour n'en avoir pas envoié un Memoire inſtructif.

II.

La Province de *Normandie* aiant repreſenté l'extrême pauvreté de l'Egliſe de *Luneré*, qui la met entierement hors d'état de païer les arrerages qu'elle doit au Sieur *Vatable*, ladite Province eſt exhortée de faire ſon devoir, du mieux qu'il lui ſera poſſible, pour le contentement dudit Sieur *Vatable*.

III.

Ce qui avoit été arrêté pour la Perſonne de Mr. *Deſpoir*, au Synode de *Montpellier*, n'aiant pas encore été executé, la Compagnie a ordonné que la Province du *Haut Languedoc*, & l'Egliſe de *Pamiers*, l'executeront dans ſix Mois pour tout delai; & à faute de ce faire, il eſt enjoint audit Sr. *Deſpoir* de retourner à l'Egliſe de *Bolebec* : depuis laquelle Ordonnance les Deputés du *Haut Languedoc* ſe ſont accordés avec ceux de *Normandie* pour rembourſer tous les frais que l'Egliſe de *Bolebec* fera pour le recouvrement d'un Paſteur : à ſavoir la moitié par l'Egliſe de *Pamiers*, & l'autre moitié par ladite Province du *Haut Languedoc*, ou de leur entretenir un Propoſant à *Montauban* l'eſpace de deux ans, ou de leur donner pour cet efet la ſomme de cent Ecus.

IV.

La demande de Mr. *Caille* eſt renvoiée au Synode de *Dauphiné*, qui eſt autoriſé pour y pourvoir.

V.

On écrira derechef à Mr. de *Leſdiguieres* pour les dix-ſept mille Ecus des Egliſes du *Bas Languedoc*, & l'Article du Synode de *Montpellier* qui porte que ladite ſomme avoit été levée pour lentretien des Propoſans, ſera corrigé.

VI.

Suivant l'Article dudit Synode de *Montpellier*, les Egliſes de *Cornus* & de *St. Jean du Breuil* ſe joindront au Coloque du *Vigean*, & le Synode du *Bas Languedoc* doit y tenir la main.

VII.

Sur la Demande de l'Egliſe de *Lion*, qui témoigne avoir beſoin d'un Paſteur;

steur; la Province de *Dauphiné*, aiant des Ministres qui apartiennent à ladite Eglise de *Lion*, est chargée, par cette Compagnie, de lui en fournir un, & sur tout Monsieur *Chamier*, s'il lui est possible, pour quelques mois.

VIII.

La Traduction Françoise de l'*Harmonie des Confessions de Foi*, de Feu Mr. *Salvart*, est renvoiée au Synode du *Haut Languedoc*, pour la voir & juger s'il sera expedient de la publier : à condition de ne la mettre au jour qu'en faisant traduire en même tems les Notes de Mr. *Goulart* sur ladite *Harmonie*, pour imprimer le tout ensemble.

IX.

La Province de l'*Isle de France* aiant demandé Mrs. de l'*Estang* & de la *Vallée*, qui sont en *Poictou*, est renvoiée à poursuivre ses droits au prochain Synode de *Poictou*.

X.

La Compagnie en jugeant que Mr. *Pellart* apartient de droit à la Province de l'*Isle de France*, ordonne que l'Eglise de *Marans*, dans laquelle il sert, donnera dans 4. mois un Proposant à l'*Isle de France*, qui soit à son gré, autrement après ce tems là, ledit Sr. *Pellart* retournera dans ladite Province.

XI.

Sur la Question proposée par le Deputé de *Bretagne*, la Compagnie a jugé que les Seigneurs & Gentilshommes qui ont des Chapelles & des Eglises où se dit la Messe, ne peuvent pas en bonne conscience faire retablir lesdites Chapelles & Eglises, quoiqu'ils ne puissent pas garder le Dommaine qui y est annexé, qu'en les retablissant.

XII.

Les Eglises sont averties de dresser un Catalogue des Ecclesiastiques de l'Eglise Romaine qui ont embrassé depuis le Synode National & qui embrassent encore tous les jours la Religion Reformée, & de l'envoier à l'Eglise de *Montauban*.

XIII.

L'Eglise de *Jonsac* est exhortée de se conformer aux autres Eglises, pour la defence des Chapeaux de fleurs qu'on porte aux épousailles.

XIV.

Les Eglises du *Languedoc* sont priées de s'oposer à ces nouveautés que l'on a introduites à l'enterrement des Morts, & particulierement à celle-ci, qui est que les Filles sont portées en Terre par d'autres Filles qui sont ornées de Guirlandes & de Fleurs.

XV.

Sur la Requête des Fideles d'*Auvergne* il a été arrêté que la *Basse Auvergne* sera assistée par le *Bas Languedoc*, & la *Haute Auvergne* par le *Haut Languedoc*, tant de Pasteurs que de la distribution des Deniers du *Roi*.

XVI.

L'Eglise de *Viellevigne* demandée par la Province de *Bretagne* demeurera unie au Synode de *Poictou* jusqu'au prochain Synode National.

TENU A GERGEAU.

XVII.
Il est laissé à la liberté du Sr. du *Jarry* de demeurer dans l'Eglise de *Merves*, où il est maintenant, ou d'aller servir celle de *Mauvoisin*.

XVIII.
La demande de Maître *Lazare Robert*, Ministre de *Gavre* & de *Briqueville*, est renvoiée au Synode de *Normandie*.

XIX.
Monsieur *Eube* demeurera propre à l'Eglise de *Bayeux*, où il est presentement.

XX.
Les Provinces du *Bas Languedoc* & du *Dauphiné* sont exhortées de continuer à secourir de leurs Pasteurs les pauvres Eglises de *Provence*.

XXI.
On écrira aux Consuls de *Montpellier*, pour les prier de faire cesser les Outrages qu'on fait aux Familles qui depuis cent ans & plus se sont retirées des quartiers d'*Espagne* dans leur ville, & de les recevoir même dans les Charges de la ville, s'il n'y a pas des Statuts exprès qui le defendent : & cela pour conserver la Paix & l'Union entre tous ceux de l'Eglise : comme ils y ont été exhortés par le dernier Synode de *Montpellier*.

XXII.
La Compagnie aiant reçû les Lettres de Monsieur *Casaubon* a resolu de lui faire Reponse, pour lui témoigner la joie qu'on a eûe de sa Constance pour la Religion, & pour l'exhorter à perseverer toûjours de même.

XXIII.
Aiant sçû par le Raport de Mr. *Colinet*, Deputé de *Bourgogne*, la maniere édifiante avec laquelle Monsr. *Chassegrain*, s'aquite de sa Charge, pour le service de Dieu & l'avancement de son Regne, & comme il a bien profité de l'avertissement qui lui fut donné par ledit Synode de *Montpellier*, cette Compagnie a été fort satisfaite dudit Sieur *Chassegrain*, & l'exhorte de continuer.

XXIV.
En faisant Réponse à la Lettre de Mr. du *Plessis*, on lui donnera avis d'envoier son Livre à *Geneve*, à cause de la commodité des Bibliotheques, & on en écrira aux Freres de *Geneve*, pour leur en recommander l'Examen & la Verification des Passages.

XXV.
On écrira derechef à l'Eglise de *Mets*, pour la prier de se joindre à la Province de l'*Isle de France*, de *Picardie* & de *Champagne*.

XXVI.
Attendu les grands services que Mr. *Berger*, Ministre de l'Eglise de *Châteaudun*, a rendu à l'Eglise de Dieu, & l'affliction qu'il a, & qui le rend digne de compassion ; on a resolu que ladite Eglise de *Châteaudun* sera pourvûë d'un Pasteur, par le Synode de la *Province*, & qu'alors ledit Sr. *Berger*, en sera dechargé, & nonobstant cela entretenu par la Contribution des Provinces, dont celle d'*Orleans* & celle de *Berry* paieront le tiers.

XVI. SYNODE NATIONAL

XXVII.

La Compagnie n'a pas trouvé raisonnable la Demande de l'Eglise de *Bourdeaux*, requerant que le Sieur *Primerose* lui fût donné pour Pasteur, attendu qu'il ne peut pas être ôté à l'Eglise de *Mirambeau*, à laquelle il apartient.

XXVIII.

La Compagnie a trouvé bon, en faisant Reponse aux Lettres de Mr. le Maréchal de *Bouillon*, à celle de Mr. de la *Tremouille*, & de Messieurs les Deputés de l'Assemblée de *Saumur*, écrites en faveur de Mr. *Pallot*, de leur remontrer qu'on ne sauroit donner l'argent des Eglises qui est specialement destiné pour l'entretien du Ministere, c'est pourquoi on les supliera de le secourir par quelqu'autre moien.

XXIX.

Sur le Fait proposée dans les Lettres des Freres du Coloque de *Beausse*, touchant le Mariage incestueux qui a été ratifié par le Coloque de *Montpellier*; la Compagnie est d'avis que pour beaucoup de considerations, le jugement dudit Synode doit tenir, pourvû qu'il aparoisse que dans le tems que ledit Mariage fut contracté la Femme n'avoit point encore atteint l'âge de 25. ans, & qu'elle étoit en Puissance de Pere & de Mere : ce qui sera verifié au prochain Synode de *l'Isle de France*, auquel les parties sont renvoiées pour cet efet ; & lesdits Freres de *Beausse* seront censurés pour avoir parlé de l'Ordonnance dudit Synode de *Montpellier* avec moins de respect qu'ils en doivent.

XXX.

La Demande que fait Mr. *Vaisse* d'être envoié dans la Province du *Haut Languedoc*, à cause de l'indisposition de sa Femme, est renvoiée au Synode du *Bas Languedoc*, pour en deliberer, avec toute la charité & la consideration requise.

XXXI.

On écrira à Monsr. *Covet*, pour le prier de se representer devant cette Compagnie avant qu'elle soit separée.

XXXII.

Les Deputés de l'Assemblée de *Saumur*, aiant fait entendre que Sa *Majesté* leur avoit commandé de se separer, la Compagnie resolut de deputer les Srs. *Chamier* & de *Maravat*, vers sadite *Majesté*, pour la suplier qu'elle eût pour agreable la continuation de ladite Assemblée : mais à leur retour aiant declaré que l'intention de Sa *Majesté* étoit, qu'on obeit sans delai au commandement qu'elle avoit fait de separer ladite Assemblée, & qu'elle permettoit à tous ceux qui voudroient porter leurs Plaintes & leurs Requêtes pardevant Elle d'avoir un ou deux Deputés à sa Cour, & que pour les nommer, sadite *Majesté* leur permettoit de s'assembler : Il a été resolu de suplier sa *Majesté* de trouver bon que ladite Assemblée se fasse à *Ste. Foi* le 15. jour d'Octobre prochain, à laquelle les Provinces envoieront des Deputés, chargés des Memoires des Eglises de leur Departement.

XXXIII.

Les Lettres des Seigneurs de la Ville & des Pasteurs de l'Eglise de *Geneve*, aiant été presentées par Mr. de *Sevilli*, la Compagnie a chargé ses Deputés en Cour, de recommander lesdites Eglises de *Geneve*, & celles des environs à sa *Majesté*, comme ils le trouveront à propos.

XXXIV.

Les Provinces en faisant, dans leurs Synodes Provinciaux, le Departement des Deniers de l'Octroi du *Roi*, qui doivent leur être assignés, dresseront des Ecoles & des Coloques, & entretiendront par ce moien, autant qu'il leur sera possible, ceux qui sont déja établis dans leur Detroit. Et pour ce qui est des Universités, on s'en tiendra au Departement qui en a été fait au Synode de *Montpellier* pour celle de ladite ville, & pour celles de *Saumur*, de *Montauban*, & de *Nimes*, outre lequel Departement on donnera tous les ans cinq-cens Ecus pour l'avancement de celle de *Sedan*, qui est fort commode aux Provinces voisines. Le Coloque de *Querci* est chargé de prendre garde que celle de *Montauban* soit pourvûë de bons Professeurs, qui fassent leur devoir, & les autres Coloques sont pareillement chargés de tenir la main à tout ce qui concerne l'utilité de leurs Universités.

XXXV.

Chaque Province sera tenûë d'envoier à l'Assemblée de *Ste. Foi* un Deputé, pour le moins, & lesdites Provinces sont autorisées d'avancer la tenûë de leurs Synodes ou Coloques, & d'y apeller les Gentilshommes & les Communautés pour nommer lesdits Deputés.

XXXVI.

L'Eglise de *Paris* est chargée de faire diligence pour retirer de la Cour le *Brevet* que Sa *Majesté* a promis de faire expedier pour convoquer ladite Assemblée, & les Lettres de Commandement qu'elle doit envoier à Mr. le Maréchal d'*Ornano*.

XXXVII.

La Compagnie n'aiant point de Réponse de Mr. *Covet*, parce qu'il ne s'est pas trouvé à *Paris*, & Mr. *Colinet* Deputé de la Province de *Bourgogne* declarant qu'il n'avoit pas charge expresse de le demander, mais qu'apartenant à ladite Province, il ne peut pas en être ôté sans qu'elle y consente, on a conseillé aux Parties de s'accorder amiablement, & selon les regles de la Charité; & pour cet efet le present Synode autorise les poursuites que ladite Eglise de *Paris* fait pour avoir ledit Sieur *Covet*, à condition qu'elle contentera ladite Province de *Bourgogne*

XXXVIII.

La Compagnie est d'avis qu'un Coloque composé de trois Pasteurs peut faire tous les Actes d'un Coloque legitime, & proceder même jusqu'à la Suspension des Ministres.

XXXIX.

Le Diferent des Coloques de *Puycasquay* & du *Bas Quercy*, pour l'Eglise du *Mas de Verdun*, est renvoié au prochain Synode du *Haut Languedoc*, pour en juger definitivement.

XL. Afin

XL.

Afin que les Univerſités ne ſoient pas contraintes de donner congé à leurs Profeſſeurs, faute d'entretien, la Compagnie a été d'avis qu'on les paie preferablement à toutes les Egliſes, tant pour le paſſé que pour l'avenir, en leur donnant chaque année ce qui leur ſera dû pour leur cotte-part, ſans l'avancer une année pour l'autre : & pour empêcher qu'il n'y ait de la fraude, on obſervera exactement ce qui fut arrêté au Synode de *Montpellier*, à ſavoir que les Egliſes & les Univerſités aporteront, au prochain Synode National, les comptes de tout ce qu'elles auront touché, avec les Quittances des Paſteurs & Profeſſeurs qui les deſſervent actuellement.

XLI.

La Compagnie a declaré que les Deniers octroiés par *Sa Majeſté* ſont donnés à la décharge des Egliſes pour l'entretien du Miniſtere, nonobſtant lequel Reglement le Departement s'en fera deſormais par tête, de ſorte que pluſieurs Egliſes ſervies par un ſeul Paſteur ne ſeront contées que pour une Egliſe, & une ſeule Egliſe qui aura pluſieurs Paſteurs recevra autant de Portions dans la Diſtribution qu'elle aura de Paſteurs.

XLII.

Les Egliſes opulentes & riches, ſont exhortées d'avoir égard à celles qui ſont pauvres, quand elles recevront leur paiement des Deniers du *Roi*, qui leur ſeront diſtribuées dans les Synodes de leurs Provinces.

DISTRIBUTION GENERALE

De la Somme de 39500. Ecus.

EN procedant à la nouvelle Diſtribution des Deniers de l'Octroi de *Sa Majeſté*, aiant diſtrait les ſommes aſſignées aux Academies de *Saumur*, *Montauban*, *Nimes* & *Montpellier*, par le Synode dudit *Montpellier*, & la ſomme de 500. Ecus pour celle de *Sedan*, le reſte montant à la ſomme de 39500. Ecus, ſera diſtribué, à ſavoir aux Provinces d'*Anjou*, *Touraine*, *Maine*, *Vandomois*, *Loudunois* & *Perche*, pour 28. Egliſes, la ſomme de 1468. Ecus, 45. ſ. 4. d.

A la *Normandie*, pour 51. Egliſes, 2675. Ecus, 14. ſ.
A *l'Iſle de France*, *Champagne* & *Picardie*, pour 68. Egliſes, 3566. Ecus, 58. ſ. 8. d.
Au *Bas Languedoc* & *Baſſe Auvergne*, pour 116. Egliſes, 6084. Ecus, 13. ſ. 8. d.
A *Orleans*, *Berry*, *Blaiſois*, *Nivernois*, *Bourbonnois*, pour 40. Egliſes, 2098. Ecus, 13. ſ. 4. d.
Au *Dauphiné* & *Orange*, pour 96. Egliſes, 4826. Ecus, 52. ſ. 8. d.
Au *Haut Languedoc*, *Haute Guienne* & *Haute Auvergne*, pour 95. Egliſes, 4983. Ecus, 16. ſ. 8. d.
Au *Vivarés* & *Vellay*, pour 30. Egliſes, 1573. Ecus, 40. ſ.

A la *Bourgogne*, *Lionnois*, *Forés*, *Beaujolois*,
Maconnois & *Bresse*, pour 28. Eglises,   1468. Ecus,   45. f. 4. d.
Au *Haut* & *Bas Poittou*, pour 50. Eglises,   2622. Ecus,   46. f. 8. d.
A la *Provence*, pour 20. Eglises,   1049. Ecus,   16. f. 8. d.
A la *Bretagne*, pour 15. Eglises,   786. Ecus,   40. f.
A la *Basse Guienne*, pour 70. Eglises,   7671. Ecus,   53. f. 4. d.
A *Xaintonge*, *Aunix* & *Angoumois*, pour
50. Eglises,   2622. Ecus,   46. f. 8. d.

Cela fait en tout le nombre de 753. Eglises ou Pasteurs, chacun desquels recevra, suivant la Repartition ci-dessus, la somme de 52. Ecus, 27. sols 4. deniers.

ADDITION AUX MATIERES GENERALES.

Article I.

Sur les Lettres du Gouverneur, du Maire, & du Consistoire de *St. Jean d'Angeli*, se plaignant de ce que Mr. *Damours* leur a été ôté, & envoié à *Chastellerand*, la Compagnie a resolu que ce qui a été ordonné pour le fait dudit Sieur *Damours* tiendra; & on a chargé Mrs. *Gardesi*, *Bancons*, & *Forton*, de passer audit *St. Jean*, où, après avoir fait entendre l'intention de la Compagnie auxdits Sieurs Gouverneur, Maire & Consistoire, ils défendront à Mr. *Damours* de prêcher audit *St. Jean*; & en cas que la Ville de *St. Jean* traite indignement le Sieur de la *Viennerie*, le Synode de *Xaintonge* est chargé de pourvoir à sa Personne.

II.

Le Sieur *Pallot* commis à la Recepte generale des Deniers de *Sa Majesté*, ne s'étant point presenté devant cette Compagnie, selon qu'il en avoit été prié & comme il l'avoit promis, afin d'informer la Compagnie de ce qui s'est passé pour la Recepte & l'emploi desdits Deniers; cette Compagnie a chargé les Sieurs *Chamier*, *Rivet*, *Maravat*, le *Venier*, *Perrin*, la *Combe* & *Deurre*, de voir ledit *Pallot* de la part de la même Compagnie, & le presser de faire son devoir: & l'Eglise de *Paris* de faire le reste des poursuites contre ledit *Pallot*, suivant l'instruction qui lui en sera donnée.

III.

La Province du *Dauphiné* est chargée de convoquer le prochain Synode National, dans trois ans, sauf à le convoquer plûtôt si ladite Province juge qu'il soit necessaire, pour quelques afaires extraordinaires.

IV.

Sur l'Article de l'entretien de Mr. *Berger*, ci-dessus nommé, il a été resolu qu'au lieu de la Contribution des Provinces arrêtée ci-devant, la Province d'*Orleans* lui donnera la Portion de deux Ministres, sur les deniers de l'Octroi de *Sa Majesté*, & que cette somme lui sera alouée dans les comptes qu'elle rendra au prochain Synode National.

V.

Sur la Plainte de ceux du *Vivarés*, touchant les Taxes qui leur ont été imposées par les Provinces du *Haut & Bas Languedoc*, pour les frais des choses traitées sans les y apeller : la Compagnie est d'avis que ce qui a été fait par le passé tiendra, & qu'à l'avenir les Deniers de l'Octroi de *Sa Majesté*, qui sont Deniers Ecclesiastiques, ne doivent être emploiés à aucune autre chose qu'à l'entretien des Pasteurs, & que les Provinces doivent sur tout prendre garde à ne rien usurper les unes sur les autres.

VI.

Ledit Sieur *Pallot* aiant envoié à cette Compagnie, quand elle étoit sur le point de se separer, la somme de trois mille Ecus en argent comptant, la Distribution en a été faite aux Provinces & aux Universités, qui en ont reçû chacune au prorata de ce qui leur est dû de reste pour les Années 1598, 1599. & 1600., suivant les Memoires des comptes envoiés par ledit Sieur *Pallot* pour chaque Province, sans prejudice du compte dudit Sieur *Pallot*, & sans aprouver l'état qu'il en a dressé.

ROLE DES MINISTRES DEPOSE'S ET VAGABONDS.

UN nommé *Rochempré*, qui prend aussi les Noms d'*Abraham Cheron*, de *Pierre de la Roche* & d'*Assay*, qui s'est ingeré au Ministere en *Normandie*. C'est un Homme de moienne Stature, qui a la Voix pleureuse, & le Poil chatein.
Un autre nommé *Mussidan*, autrement *Jean Bourdelles*, deposé en *Vivarés*.
Un troisième nommé des *Hameux*, declaré vagabond par le Synode d'*Anjou*.
Fait à *Gergeau* le 25. Mai 1601. & signé par

Monsieur GEORGE PACARD, Moderateur.
Monsieur LIEVIN DE BEAU-LIEU, Ajoint.
Messieurs { DANIEL CHAMIER & JOSIAS MERCIER } Scribes.

Fin du seizième Synode.

DIX-

DIX-SEPTIÉME SYNODE
NATIONAL
DES
EGLISES REFORMÉES
DE FRANCE.

Tenu à *Gap*, depuis le 1. jusqu'au 23. d'Octobre,

L'An M. DC. III.

Sous le Regne de HENRI IV. dit le *Grand*.

Dans lequel Synode Monsieur Daniel Chamier, *Pasteur de l'Eglise de* Montelimar, *fût choisi pour* Moderateur; *Monsieur* Jeremie Ferrier, *Professeur en Théologie à* Nimes, *pour* Ajoint; *Monsieur* Nicolas Vignier, *Pasteur de l'Eglise de* Blois, *& Monsieur* Daniel Roy, *Ancien de l'Eglise de* Xaintes, *pour* Scribes.

LES NOMS DES MINISTRES
ET DES ANCIENS

Qui furent Deputés audit Synode par les Provinces suivantes.

Article I.

Our *l'Isle de France*, la *Picardie* & la *Champagne*, les Sieurs Pierre du Moulin, Ministre de l'Eglise de *Paris*; & *Gedeon* Petau Sieur de *Maulette*, Ancien de l'Eglise de *Houdan*.

II.

Pour la Province de *Bretagne*, le Sieur *François Oyseau*, Ministre de l'Eglise de *Nantes*.

III.

Pour la Province d'*Orleans*, le *Blaisois*, *Berry* & *Nivernois*, les Sieurs *Nicolas Vignier*,

XVII. SYNODE NATIONAL

Vignier, Miniſtre de l'Egliſe de *Blois*; & *Samuel Chambaran*, Miniſtre de l'Egliſe de *Beaugency*, *Lorge* & *Marchenoir*.

IV.

Pour la Province d'*Anjou*, la *Touraine* & le *Maine*, les Srs. *Jean Fleuri*, Miniſtre de l'Egliſe de *Baugé*; & *Pierre de la Primaudaye*, Sr. de *Barrée*, Ancien de l'Egliſe du Château du *Loir*.

V.

Pour la Province du *Haut* & *Bas Poiƚtou*, les Srs. *Jean Bounaut*, Miniſtre de l'Egliſe de *Luſſon*; *Jean Chauſſepied*, Miniſtre de l'Egliſe de *Nort*; & *René* de *Cumont* Sr. de *Fiefbrun*, Ancien de l'Egliſe de *Lanſay*.

VI.

Pour la Province de *Xaintonge*, l'*Angoumois* & *Aunix*, les Sieurs *Samuel Loumeau*, Miniſtre de l'Egliſe de la *Rochelle*; & *Artus de Partenay*, Sieur de *Genouillé*, & *Gueray*, Ancien de l'Egliſe de *Tonnebouton*, & *Daniel Roi*, Ancien de l'Egliſe de *Xaintes*.

VII.

Pour la Province de la *Baſſe Guienne*, le *Perigort*, & *Limouſin*, les Sieurs *Antoine Renaut*, Miniſtre de l'Egliſe de *Bourdeaux*; *Pierre Heſperin* Miniſtre de l'Egliſe de *Ste. Foi*; *Jacques de Brunet* Sieur de la *Garde*, Ancien de l'Egliſe de *Tonnix*; & *Pierre du Caſſé*, Ancien de l'Egliſe de *Bazas*.

VIII.

Pour la Province du *Haut* & *Bas Vivarés* & *Vellay*, les Sieurs *Pierre de Vabat*, Miniſtre de l'Egliſe de *Vulon* la *Gorge*, & *Saulnas*; *Jean de la Faye* Miniſtre de l'Egliſe d'*Aubenas*, & *Jacques Olivier* Ancien de l'Egliſe de *Villeneuve* de *Bern*.

IX.

Pour la Province du *Bas Languedoc*, les Srs. *Jeremie Ferier*, Miniſtre & Profeſſeur en Theologie dans l'Egliſe de *Nimes*; *Eſaie Baille* Miniſtre de l'Egliſe d'*Anduze*; *Jean Bariac* Sr. de *Gaſques*, Ancien de l'Egliſe de St. *Martin*, & *Jean d'Aguerre* Ancien de l'Egliſe de *Sauve*.

X.

Pour la Province du *Haut Languedoc*, & *Haute Guienne*, les Srs. *Bernard Sonis*, Miniſtre & Profeſſeur dans l'Egliſe de *Montauban*; *Jean Joſſion* Miniſtre de l'Egliſe de *Caſtres*; & *George du Bourg* Sieur de *Clermont*, Ancien de l'Egliſe de *Leniordan*; & *Daniel de Beluſſon* Ancien de l'Egliſe de *Villemur*.

XI.

Pour la Province de *Bourgogne*, le *Lionnois*, & *Forés*, la *Breſſe* & le *Beaujolois*, les Srs. *Pierre Colinet*, Miniſtre de l'Egliſe de *Paray*; *Samuel de Truchet* Ancien de l'Egliſe de *Bourg*; & *Job Bonnot* Ancien de l'Egliſe de *Chalons*.

XII.

Pour la *Provence*, les Srs. de *Croſes* Miniſtre de l'Egliſe de *Cabrieres*; & *Pierre* de *Villeneuve* Sr. d'*Eſpinouſe*, Ancien de l'Egliſe d'*Eſpinouſe*.

XIII.

Pour le *Dauphiné* & la Principauté d'*Orange*, les Srs. *Glaude Perron* Ministre de l'Eglise de *Pragelas* ; *Daniel Chamier* Ministre de l'Eglise de *Montelimar*; *Jacob Archimard*, Ancien de ladite Eglise : & *Jacob Videl*, Ministre de l'Eglise de *Briançon*.

XIV.

Messieurs de *St. Germain* & des *Bordes* Députés Generaux des Eglises, ont aussi comparu devant cette Compagnie, selon la charge qu'ils en avoient de l'Assemblée de *Ste. Foi*; comme aussi le Sr. *Joseph* des *Fontaines*, Député par ladite Assemblée de *Ste. Foi.*, pour voir les Comptes dudit Sieur *Pallot*.

Le Sr. *Gerault* Ministre de l'Eglise de *Lignebœuf*, Deputé pour la Province de *Normandie*, s'étant excusé par Lettres de ce qu'il ne s'est pas trouvé à cette Assemblée, ladite Province de *Normandie* sera censurée par des Lettres de cette Compagnie touchant l'Absence du susdit Deputé.

XV.

Après l'Invocation du Nom de Dieu on a élû le Sr. *Chamier*, pour diriger cette Assemblée, & le Sr. *Ferrier* pour Ajoint, & les Srs. *Vignier* & *Roi* pour Scribes.

XVI.

Les Provinces qui n'ont point envoié le nombre des Pasteurs & des Anciens reglé par la Discipline, sont excusées pour cette fois, mais à l'avenir elles se doivent toutes conformer à ce qui en fut ordonné à *Montpellier*, autrement elles n'auront point de voix deliberative.

XVII.

Le pouvoir donné aux Deputés de la Province de *Bretagne* pardevant des Notaires & Temoins, sera valable pour cette fois, à condition qu'on n'emploiera plus à l'avenir une telle Formalité, mais des Lettres d'envoi, signées par les Moderateurs & les Scribes du Synode Provincial.

EXAMEN
DE LA CONFESSION DE FOI.

Article I.

La Province qui sera chargée de convoquer le Synode National, aura aussi la charge d'y representer l'Original de la *Confession de Foi*, lequel pour cet efet sera dressé & signé par cette Compagnie, & envoié à ladite Province.

II.

La Compagnie exposant les 18. 20. & 22. Articles de ladite *Confession de Foi*, touchant nôtre Justification devant Dieu, detette tout ce qui se propose aujourd'hui de contraire auxdits Articles, & particulierement l'erreur de ceux

ceux qui nient que la Justice Active, & l'Obeïssance parfaite, par laquelle nôtre Seigneur *Jesus-Christ* a accompli la Loi, nous soit imputée à Justice. C'est pourquoi les Synodes Provinciaux, les Coloques, & les Consistoires auront l'œil sur ceux qui seront imbus de telles Erreurs, soit Pasteurs ou autres, pour leur imposer silence par l'autorité de cette Compagnie, & même pour deposer ceux qui aiant des Charges dans l'Eglise, persisteront opiniâtrement dans leurs sentimens erronés.

III.

On écrira à Mr. *Piscator*, pour le prier de ne troubler plus les Eglises par la diversité & la nouveauté de ses Opinions.

IV.

Cette Compagnie exhortera aussi par quelques Lettres les Universités d'*Angleterre*, d'*Ecosse*, de *Sedan*, de *Geneve*, de *Heidelberg*, de *Basle* & de *Sigen*, autrement *Herborne* où ledit *Piscator* enseigne, de se joindre à nous pour faire cette Censure. Cependant les Srs. *Ferier* & *Sonis* se prepareront pour repondre audit Sr. *Piscator*, afin que leur refutation soit confirmée par le Synode National prochain, en cas qu'il persiste dans ses opinions. Et cet Article sera lû & très-soigneusement observé dans tous les Synodes Provinciaux.

V.

Les Eglises seront priées d'examiner dans leurs Synodes Provinciaux, en quels termes l'Article 25. de la *Confession de Foi* doit être couché, pour en aporter leurs Minutes au prochain Synode National : d'autant qu'aiant à exprimer ce que nous croions touchant l'*Eglise Catholique*, dont il est fait mention dans le Symbole, & qu'il n'y a rien dans ladite *Confession* qui se puisse prendre que pour l'*Eglise Militante* & *Visible* : Les Eglises examineront aussi le 29. Article, & verront s'il est bon d'ajouter le mot de *Pure*, à celui de *Vraie* EGLISE, qui est dans ledit Article, & en general elles viendront toutes bien preparées sur ce qui concerne la Question de l'*Eglise*.

VI.

L'Article touchant l'*Antechrist* sera inseré dans la *Confession de Foi*, pour être le 31. en ces mots, " & puis que l'Evêque de Rome s'étant dressé
„ une Monarchie dans la Chrêtienté, en s'attribuant une Domination sur tou-
„ tes les Eglises & les Pasteurs, s'est élevé jusqu'à se nommer Dieu, à
„ vouloir être adoré, à se vanter d'avoir toute Puissance au Ciel & en
„ Terre, à disposer de toutes choses Ecclesiastiques, à decider des Arti-
„ cles de Foi, à autoriser & interpreter à son plaisir les Ecritures, à faire
„ trafic des Ames, à dispenser des vœux & sermens, à ordonner de nou-
„ veaux services de Dieu : Et pour le regard de la Police, à fouler aux
„ pieds l'Autorité legitime des Magistrats, en ôtant, donnant, & changeant
„ les Roiaumes : Nous croions & maintenons que c'est proprement
„ l'*Antechrist*, & le *Fils de Perdition*, predit dans la Parole de Dieu, sous
„ l'Emblême de la Paillarde vertuë d'Ecarlate, assise sur les sept montagnes
„ de la Grande Cité, qui avoit son Regne sur les Rois de la Terre; & nous
„ nous attendons que le Seigneur le deconsistant par l'Esprit de sa Bouche,

„ le detruise finalement par la clarté de son avancement, comme il l'a pro-
„ mis, & déja commencé de le faire.

VII.

Sur l'Article 31. aiant agité une Question pour savoir s'il est expedient que lors qu'on vient à traitter de la *Vocation* de nos premiers Pasteurs, on fonde l'*Autorité* qu'ils ont eûë de reformer Eglise, sur la *Vocation* qu'ils avoient tirée de l'Eglise Romaine ? La Compagnie a jugé qu'il la faut simplement raporter selon l'Article 1. à la *Vocation Extraordinaire*, par laquelle Dieu les a poussés interieurement à ce Ministere, & non pas à ce qui leur restoit de la Vocation ordinaire & corrompue du Papisme.

VIII.

Dans le 32. Article le mot de *Surintendant*, ne se prend point pour aucune superiorité des Pasteurs les uns sur les autres, mais il se dit en general de tous ceux qui ont quelque Charge dans l'Eglise.

IX.

Les mots de *Substance*, & de *Nourrir*, demeureront au 36. Article suivant ce qui en a été resolu aux Synodes Nationaux de la *Rochelle*, l'an 1571. & de *Nimes* l'an 1572.

X.

La *Confession de Foi* aiant été lûë, a été jurée & signée de tous les Deputés au nom de leurs Provinces, avec promesses solennelles d'y perseverer; en protestant que c'est la même Doctrine qui est enseignée dans leurs Eglises.

XI.

Les Provinces sont exhortées de lire desormais ladite *Confession de Foi* avec la *Discipline*, à l'entrée des Synodes Provinciaux, tant que faire se pourra. Et Monsieur *Chamier*, a été chargé de dresser une *Apologie* de ladite *Confession*, pour la presenter au prochain Synode National.

REVISION
DE LA DISCIPLINE ECCLESIASTIQUE.

Article I.

Sur l'Article 4. du Chapitre 1. la Province de *l'Isle de France* sera exhortée d'observer soigneusement cet Article pour l'Election & la Reception des Pasteurs, comme aussi de leur imposer publiquement les mains, en la presence du peuple, & non pas dans les Consistoires, ou Coloques ; & cette exhortation sera commune à toutes les Provinces.

II.

Sur l'Article 7. du même Chapitre, les Eglises suivront une même Forme dans l'Imposition des mains aux Pasteurs, à la reception de laquelle celui qui se préfentera pour être reçû, fera à genoux : & ladite Impofition des mains, fe fera le jour du Dimanche, ou un autre jour d'Affemblée folennelle. On condanne auffi la coutume de ceux qui font monter dans la Chaire celui auquel les mains n'ont pas été impofées ; & pareillement celle des Eglifes où l'Impofition des mains fe fait par un autre que celui qui a prêché.

III.

L'Article 18. fera foigneufement obfervé, & pour cet efet on aura dans tous les Synodes Provinciaux, dans les Coloques & les Confiftoires une *Copie* de la *Confeffion de Foi* & de la *Difcipline Ecclefiaftique*.

IV.

Sur l'Article 11. du même Chapitre, il eft toujours enjoint à tous les Synodes Provinciaux, aux Coloques & Confiftoires, fur peine de très-grieve Cenfure, de prendre garde à ceux, qui en s'éloignant des Expofitions conformes à la parole de Dieu, fe laiffent emporter à celles des Peres, ou Scholaftiques, s'étendant en Allegoires, entremêlées de Difcours Philofophiques, & produifant les Paffages des Peres dans la Chaire, & à ceux qui en tems de Carême, ou femblables occafions, prennent les mêmes Textes des Predicateurs du Papifme.

V.

L'Article 12. touchant la Forme de Catechifer tiendra, felon qu'il fe pratique dans la plûpart des Eglifes : & ceux qui au lieu de ce Formulaire, propofent un Texte de l'Ecriture Ste. pour y accommoder le Catechifme, font exhortés de ne rien innover, mais de fe conformer à l'Ordre commun.

VI.

On laiffe à la difcretion des Pafteurs & des Confiftoires d'examiner aux Catechifmes Generaux, qui fe font devant la Celebration de la Cene, en public, ou en particulier, un chacun des affiftans, felon l'utilité qu'on jugera en pouvoir tirer.

VII.

L'Article 3. du Chapitre 2. fera couché en ces mots, ,, Les Docteurs &
,, Profeffeurs en Theologie feront choifis par le Synode de la Province où
,, font les Academies, & examinés, tant par les Leçons qu'ils feront fur le
,, Vieux & Nouveau Teftament, fuivant les Expreffions Autentiques du
,, Textes Hebreu & Grec (qui leur fera donné) que par les Difputes ou
,, Thefes qu'ils foutiendront pendant quelques jours, & s'ils font trouvés
,, capables & qu'ils ne foient point Pafteurs, la main d'affociation leur fera
,, donnée, après qu'ils auront promis de s'aquitter fidelement & deligen-
,, ment de leur Charge, & d'expliquer l'Ecriture en toute pureté felon
,, l'Analogie de la Foi, & la Confeffion de nos Eglifes, laquelle ils figne-
,, ront.

VIII.

Sur le Chapitre 2. Article 4. Les Synodes Provinciaux difpoferont du cinquième Denier des Pauvres, pour l'emploier en faveur des Propofans entretenus par la Province en general.

IX. Sur

IX.

Sur le Chapitre 3. Article 1. La coutume qui s'observe dans quelques Eglises d'imposer les mains aux Anciens sera abolie.

X.

Sur le 4. Chapitre Article 4. Les Provinces sont exhortées d'observer très-exactement cet Article en toutes ses parties, & les Ministres, les Diacres & les Anciens qui y contreviennent seront grievement censurez par les Synodes Provinciaux, ou par les Coloques.

XI.

Dans le Chapitre 5. on retranchera de l'Article 27. ces mots qui sont sur la fin, *si ce n'est par l'Avis des Consistoires*.

L'article 29. du Chapitre 5. sera ainsi couché, "Quant aux Crimes qui "auront été declarés aux Ministres, par ceux qui demanderont Conseil, ou "Consolation ; Il est defendu auxdits Ministres de les reveler au Magis-"trat, de peur d'attirer du blâme sur le Ministere, & d'empêcher les Pe-"cheurs de venir faire une libre Confession de leurs fautes.

XII.

Sur le 3. Article du Chapitre 7. Les Freres de *Bourgogne* aiant demandé si les Propositions des Pasteurs, qui se font dans les Coloques, doivent être faites en Forme Scholastique ou Populaire ? La Compagnie juge que de telles Propositions étant instituées pour éprouver & connoître si les Pasteurs peuvent travailler utilement à l'Instruction de leurs Peuples, elles doivent tenir plûtôt de la Forme Scholastique que de la Populaire : C'est-à-dire, rouler beaucoup plus sur l'explication de la Doctrine la plus solide & dificile que sur des minuties de quelques Points de Morale Commune & Populaire. Quant aux Explications que de certains Pasteurs font après leur Proposition, on pourra les leur laisser faire autant que l'édification de l'Eglise le permettra. Mais quoi qu'il en soit, l'Article dont il s'agit doit toûjours être fort soigneusement observé par tous les Coloques.

XIII.

Sur le 15. Article du 8. Chapitre, Les Freres de *Bourgogne* se pourvoiront d'un nombre de Pasteurs convenable pour faire un Synode Provincial, à defaut dequoi le Synode National prochain ordonnera à qu'elle Province ils se joindront.

XIV.

L'Eglise de *Metz* sera exhortée par des Lettres de cette Compagnie de se joindre à l'un des Synodes Provinciaux de ce Roiaume.

XV.

Attendu la Declaration des Eglises de *Nivernois*, *Bourbonnois* & de la *Marche*, presentée par les Freres de *Berri* : il est ordonné que lesdites Eglises demeureront jointes au Synode de *Berri*.

XVI.

Les Pasteurs & les Consistoires des Eglises du Bailliage de *Gex*, sont exhortés de se conformer, en tout & par tout, à la Discipline des Eglises de *France* ; & afin qu'ils y puissent être plus accoutumés, il a été jugé convenable qu'ils soient incorporés au Synode de *Bourgogne* jusqu'au prochain Synode National, où il en sera derechef parlé.

XVII.

Dans l'Article 3. du Chapitre 9. ces mots, *tant que faire se pourra*, seront raiés.

XVIII.

La fin de l'Article 7. sera aussi raiée, depuis ces mots, *les Provinces en aiant été averties auparavant.*

XIX.

Sur l'Article 11. Monsieur *Oyseau* s'est chargé de faire recherche, si les Actes & Papiers des Synodes Nationaux precedens, sont à *Vitré*, & Monsieur *Ferrier* s'ils sont en *Languedoc*, pour donner ordre qu'ils soient mis entre les mains de la Province qui sera nommée pour la Convocation du prochain Synode National : laquelle cependant fera son devoir pour soliciter lesdits Ministres de faire cette recherche.

XX.

Dans le Chapitre 10. Article 1. Le mot *commune*, après celui de *Pieté*, sera raié.

XXI,

Dans l'Article 2. les mots, *tant que faire se pourra*, seront raiés, & toutes les Eglises exhortées à l'étroite observation de cet Article

XXII.

Sur l'Article 4. attendu les inconveniens que quelques uns des Freres ont declaré pouvoir arriver sur le contenu dudit Article : La Compagnie voiant que cette continuation des Prieres instituées devant les troubles, cause, en quelques lieux, du mépris pour les Exhortations ordinaires, & donne lieu à quelques superstitions, rendant aussi les particuliers negligens aux prieres Domestiques ; Tous les Pasteurs sont exhortés de disposer peu à peu leur Troupeau à l'observation de cet Article, laissant cependant à la prudence des Consistoires de faire pour cela tout ce qu'ils jugeront être plus propre à l'édification de leurs Troupeaux.

XXIII.

Sur le 10. Article du Chapitre 10. il a été Demandé par les Freres du *Bas Languedoc*, si les Pasteurs doivent aller aux Enterremens ? sur quoi la Compagnie declare qu'en consideration de l'état de nos Eglises & de la Forme de nos Sepultures, il doit être remis au Jugement & à la discretion du Pasteur de s'y trouver, ou non.

XXIV.

L'Article 46. du Chapitre 11. demeurera tel qu'il est, selon les resolutions des Synodes Nationaux de *Poictiers* & de *Saumur*; & pour ce qui est de prêcher dans les Maisons des Gentils-hommes pour y batiser des enfans, on se conduira en cela selon qu'il sera plus expedient pour l'édification de l'Eglise.

XXV.

Pour le mot d'*Infirmité*, il s'entend des Peres & Meres des Enfans, & non pas des Enfans mêmes.

XXVI. Dans

TENU A GAP.

XXVI.

Dans l'Article 10. du Chapitre 11. au lieu de ces mots, *il sera bon*, on mettra, *Il faut*.

Sur le Chapitre 12. Article 5. Les Eglises sont averties d'observer étroitement ce qu'on y a reglé.

XXVII.

Sur le Chapitre 13. Article 5. on usera de toutes les Censures que les Consistoires jugeront devoir être emploiées contre ceux qui violent les promesses de Mariage, soit qu'elles soient conceuës par *Paroles de Futur*, soit qu'elles soient faites par *Paroles de Present*.

XXVIII.

Dans l'Article 25. du Chapitre 13. il faut ajouter au mot de *ratifié*, celui de, *beni*.

XXIX.

Au Chapitre 14. Article 1. après ce mot, *prealablement*, il faut ajouter, *publiquement*.

XXX.

La *Discipline Ecclesiastique* aiant été lûe, fut aprouvée par tous les Deputés au nom des Provinces, avec des Protestations Solemnelles de l'observer & faire observer très-exactement, en tous ses Points, dans toutes les Eglises Reformées desdites Provinces du Roiaume de *France*.

OBSERVATIONS

SUR LE SYNODE NATIONAL DE GERGEAU,

ET SUR DIVERSES AUTRES MATIERES.

ARTICLE I.

SUr la Proposition faite de la part de la ville de *St. Jean d'Angeli*, qui demande que le Sr. *Damours* lui soit rendu pour Pasteur, attendu le grand besoin qu'elle en a: La Compagnie en confirmant le Jugement du Synode de *Gergeau*, trouve bon que ledit Sieur *Damours* reste à *Châtelleraut*, & charge la Province de *Xaintonge* de pourvoir au plûtôt ladite Eglise de *St. Jean d'Angeli*, d'un Pasteur qui lui soit propre.

II.

Sur la Demande du Frere *Bargemont*, requerrant par Lettres que la Censure qui lui doit être faite par ordre du Synode de *Gergeau*, soit raiée des Actes dudit Synode: la Compagnie desirant de voir plus clairement quelle est la Justification dudit Sr. de *Bargemont*, l'a renvoié au prochain Synode, qui se tiendra dans la Province de *Poictou*; afin que ces raisons étant deduites & examinées audit Synode National, on puisse proceder à la rature de ladite Censure, s'il paroit qu'il ne soit pas coupable.

XVII. SYNODE NATIONAL

III.

Sur le Diferent des cinq Coloques de *Xaintonge*, & de celui d'*Aunis* : la Compagnie trouve qu'il eſt raiſonnable que le Coloque d'*Aunis* porte le quart des fraix de la Province de *Xaintonge*, nonobſtant ce qui en avoit été ordonné autrement par le Synode de *Poiƈtou*.

IV.

L'Apel interjetté par l'Egliſe de *Vannes*, de l'Ordonnance du Synode de *Bourgogne*, rendûë en faveur de Mr. *Maniſſier*, eſt mis à neant, attendu que ladite Egliſe de *Vannes* n'a fait comparoître aucun Deputé pour ſoutenir ſon Apel, devant cette Aſſemblée.

V.

La Queſtion propoſée de la part de Mr. *Claude Joubart*, touchant l'obſervation des Fêtes mentionnées dans les Apellations du Synode de *Gergeau*, ſera miſe avec les Faits particuliers dudit Synode, puiſque ledit *Joubart* a proteſté de n'avoir interjetté aucun Apel contre la Province de *Bourgogne*.

VI.

Sur la Remontrance de l'Egliſe d'*Orleans* ſe plaignant d'être leſée par l'Ordonnance du Synode de *Gergeau*, qui retient en faveur de ſon Egliſe les Deniers de l'octroi du *Roi*, leſquels devoient apartenir à l'Egliſe d'*Orleans* juſqu'au prochain Synode : La Compagnie n'a pas trouvé bon de changer l'Ordondonnance dudit Synode de *Gergeau* ; & quant à l'avenir, le Synode de la Province y pourvoira comme il ſera de raiſon.

VII.

Sur le Diferent des Synodes de *Xaintonge* & de *Poiƈtou*, touchant les Egliſes de *Montignac*, *Marcillac*, & *Villefagnan* ; les Egliſes de *Montignac* & de *Marcillac* ſont anexées à la Province de *Poiƈtou* ; & quant à celle de *Villefagnan*, on remet à ſon option de ſe joindre à la Province qu'elle voudra choiſir, de laquelle il ne lui ſera pas enſuite permis de ſe ſeparer : c'eſt pourquoi ce Reglement ſera notifié au prochain Synode de l'une & de l'autre Province, laiſſant cependant au Synode de *Xaintonge* le droit qu'il a ſur la perſonne du Sr. *Eraut*, maintenant Paſteur de *Marcillac*.

VIII.

On écrira à Mrs. les Paſteurs & Profeſſeurs de l'Egliſe de *Geneve*, pour les prier de n'envoier pas les Ecoliers Propoſans aux Villages, & adminiſtrer les Sacremens, devant qu'ils aient reçû l'Impoſition des mains, & ſur tout les Ecoliers qui doivent un jour être emploiés dans ce Roiaume : attendu que cela eſt contraire à la Diſcipline de nos Egliſes, à la Pratique de l'ancien Chriſtianiſme, & attendu auſſi que nous en avons déja ſenti quelques inconveniens.

IX.

Ceux qui aiant eu la Charge de Diacres dans les Terres de Meſſieurs de *Berne*, ou ailleurs, viendront en *France* pour y exercer le St. Miniſtere, n'aiant pas été dûement examinés auparavant, ni ordonnés par l'Impoſition des mains : ou bien qui n'aiant pas été Paſteurs d'un certain Troupeau auront neanmoins prêché ailleurs, & adminiſtré les Sacremens, comme il ſe pratique

que dans quelques Eglises étrangeres, seront obligés nonobstant tout cela, de subir un nouvel Examen, & de se faire recevoir de la même façon que ceux qui n'ont point encore exercé le Ministere. Quant à ceux qui aiant été dûement examinés, & qui après avoir reçû la main d'Association des Eglises étrangeres, auront été donnés pour Pasteurs à un certain Troupeau, ils seront admis & reçûs dans les Synodes Provinciaux selon la Forme portée par nôtre Discipline.

X.

L'Eglise de *Paris* est censurée de n'avoir pas reçû le Livre intitulé, *Apparatus ad Fidem Catholicam*, ni les autres, dont elle étoit chargée par le Synode de *Gergeau*. La Province qui convoquera le Synode National prochain est nommée pour examiner lesdits Livres.

X I.

Sur les diferents du Synode du *Haut Languedoc* & de la *Basse Guienne*, touchant les Eglises de *Montignac*, *Leyrac* & autres, renvoiés du Synode de *Xaintonge* à la Decision de cette Compagnie, elle a derechef autorisé le Synode de *Xaintonge* pour executer l'Article du Synode National de *Gergeau*: & à cette fin la Province de *Xaintonge* aura soin de donner Avis auxdites Provinces de la tenûë du prochain Synode.

X I I.

La Province de *Normandie* contentera le Sr. *Vatable*, selon l'Ordonnance dudit Synode de *Gergeau*, dont rien n'a été executé.

X I I I.

Sur la lecture de l'Article du Synode de *Gergeau* par lequel il est ordonné qu'on écrira à Monsr. de *Lesdiguieres* pour les 17000. & tant d'Ecus des Eglises du *Bas Languedoc*, il a été trouvé bon que tant l'Article du Synode de *Montpellier* concernant ce fait, que celui de *Gergeau* seront raiés, laissant cependant aux Deputés de la Province du *Bas Languedoc* d'en voir les Quittances.

X I V.

Sur le Diferent des Synodes du *Bas* & *Haut Languedoc*, touchant les Eglises de *Cormies* & *St. Jean de Breul*, l'Article du Synode de *Gergeau* est confirmé, & ceux là censurés qui n'ont pas executé l'Ordonnance dudit Synode, dont les Deputés de l'une & l'autre Province avertiront lesdites Eglises, afin qu'elles se trouvent aux Synodes Provinciaux & aux Coloques de la Province du *Bas Languedoc*.

X V.

Jean Mussidan, dit *Borderes*, s'étant presenté devant cette Compagnie, pour demander que son Nom soit raié du Role des Vagabonds, dans lequel il a été mis par le Synode de *Gergeau*, & aiant requis de faire quelque sermon sur la Parole de Dieu pour être ensuite retabli au St. Ministere; la Compagnie aiant oüi divers raports des Freres, touchant ledit *Mussidan*, l'a exhorté de quitter l'esperance de pouvoir rentrer dans cette Charge; pour laquelle son incapacité fait assés connoître que Dieu ne se veut pas servir de lui: neanmoins pour lui donner quelque consolation, la Province dans laquelle il se retirera

retirera est exhortée de l'assister chairitablement, & de l'emploier à l'instruction de la Jeunesse.

XVI.

La Compagnie voulant charitablement pourvoir à l'entretien du Sr. *Berger*, selon la même affection qui lui fut temoignée par le Synode de *Gergeau*, aiant entendu la pitoiable condition dudit Sr. par les Deputés de la Province d'*Orleans* & de *Berri*; il a été ordonné qu'outre les deux Portions des deniers de l'Octroi de *Sa Majesté*, qui lui sont accordées par la distribution faite à *Gergeau*, deux autres Portions seront assignées à la Province de *Berri*, pour l'assistance dudit Sieur *Berger*.

XVII.

Sur le bon témoignage que les Pasteurs & Professeurs de l'Eglise de *Geneve* rendent du Livre de Mr. du *Plessis*, selon la priere qui leur sut faite par le Synode de *Gergeau*, de le lire & examiner ; La Compagnie remerciant ledit Sr. *Duplessis* du zele & de l'affection qu'il a pour la defense de la Verité, juge que le Livre dudit Sr. du *Plessis* peut être mis en lumiere avec éperance d'un grand fruit.

XVIII.

Sur le Diferent des Provinces du *Vivarez* & du *Haut* & *Bas Languedoc*, touchant les deniers levés par les Provinces du *Haut* & *Bas Languedoc*, le Jugement dudit Synode de *Gergeau* tiendra, attendu que les Freres du *Vivarez* ne produisent rien de nouveau contre ce Reglement, lequel aura aussi lieu pour les 3000. Ecus levés par lesdites Provinces avant la tenuë dudit Synode de *Gergeau*.

XIX.

Monsieur *Gabriel Raoul*, s'étant presenté devant cette Compagnie pour la suplier de le retablir au *S. Ministere*, duquel il a été deposé, par le Synode Provincial de la *Basse Guienne*, tenu à *Aimet*, la Sentence duquel a été confirmée par les Pasteurs Assemblés à *Ste. Foi*, par l'Autorité du Synode National de *Montauban*, tenu l'An 1594. Aprés que ledit *Raoul*, a été paisiblement oüi sur ce qu'il a voulu proposer, & aiant reconnû par les Articles, tant dudit Synode d'*Aimet*, que par les Procedures desdits Pasteurs assemblés à *Ste. Foi*, les Crimes énormes dont ledit *Raoul* a été convaincu : veû aussi les Temoignages de divers Coloques, Eglises & bons Personnages, qui le declarent du tout indigne du St. Ministere ; comme aussi la confirmation de sa Deposition, inferée dans le Synode National de *Saumur* : La Compagnie confirmant le Jugement de tant de Synodes precedents, declare ledit *Raoul* du tout indigne d'être jamais retabli au St. Ministere, lui conseillant de s'humilier devant Dieu, par une serieuse repentance de ses fautes, & de vivre desormais Saintement & Chrêtiennement par une vie privée dans l'Eglise de Dieu, en exerçant sa Profession de Medecin ; & cependant tous les Papiers qui concernent la Deposition dudit *Raoul*, & les Témoignages particuliers qui lui ont été donnés par divers Pasteurs, resteront dans l'Eglise de *Ste. Foi*, qui les representera toutes les fois qu'il en sera de besoin : & quand au Témoignage qu'il a demandé à cette Compagnie, on ne lui en peut donner aucun autre que celui qui eſt porté par cet Acte. On remet à la Province dans laquelle il ſe retirera, de voir quel profit il aura fait des avertiſſemens qui lui ont été donnés, & qu'elle ſera ſa conduite, pour lui en rendre le Témoignage qu'elle jugera convenable pour le faire reconnoître membre de l'Egliſe.

APPELLATIONS.

ARTICLE I.

Sur l'Apel interjetté par l'Egliſe de *Xaintes*, du Jugement rendu par le Synode de *Xaintonge*, touchant la perſonne du Sieur *Primeroſe*, donné pour Paſteur à l'Egliſe de *Bourdeaux*, les Srs. *Renaut*, Paſteur de l'Egliſe de *Bourdeaux*, & *Roi*, Ancien de l'Egliſe de *Xaintes*, aiant été ouis, & ledit Sr. *Roi* aiant declaré qu'il ſe deſiſtoit dudit Apel, au nom de ladite Egliſe de *Xaintes*, moiennant qu'elle ſoit pourvûë d'un autre Paſteur par celle de *Bourdeaux*, ou par la Province, ou bien aſſiſtée de l'un de ceux de la *Rochelle*, au moins par proviſion; La Compagnie a confirmé la Vocation dudit Sr. *Primeroſe*, dans l'Egliſe de *Bourdeaux*, en improuvant neanmoins les Procedures faites tant de la part dudit Sr. *Primeroſe*, que de l'Egliſe de *Bourdeaux*, laquelle ſera tenûë de ſatisfaire à la promeſſe qu'elle a faite de donner un Propoſant, prêt à être admis au St. Miniſtere dans la Province de *Xaintonge* : étant auſſi enjoint à ladite Province de pourvoir au plûtôt l'Egliſe de *Xaintes* d'un Paſteur, outre celui qui y exerce le Miniſtere, attendu l'importance de ladite Egliſe.

II.

Sur l'Apel interjetté par les habians d'*Elbœuf* du Decret du Synode de *Normandie*, ordonnant qu'ils s'uniroient à l'Egliſe de *Beauranger*; La Compagnie permet auxdits habitans d'*Elbœuf* de ſe joindre à l'Aſſemblée de *Quevilli*, moiennant qu'ils continuent leur contribution pour l'Egliſe de *Beauranger*, afin que leur ſeparation ou demembrement ne cauſe pas la diſſipation de ladite Egliſe.

III.

Sur l'Apel de l'Egliſe de *Poictiers* de l'Ordonnance du Synode de *Poictou*, ſur le retabliſſement du Sr de la *Dugie* dans la Charge d'Ancien ; La Compagnie juge que ladite Egliſe de *Poictiers* a eu raiſon d'apeller dudit Synode, lequel ſera cenſuré, pour avoir rendu un jugement contraire à toute la Diſcipline pour le retabliſſement dudit Sr. de la *Dugie*, nonobſtant ſes fautes ſpecifiées dans l'Article dudit Synode.

IV.

L'Apel des Anciens du Coloque de *Nimes* de la Sentence du Synode du *Bas Languedoc*, par laquelle 150. ₶. de la liberalité du *Roi*, ont été adjugées

gées au Sr. *Falgerolles*, en considération des diverses charges qu'il a, est mis à néant, & la Sentence dudit Synode confirmée.

V.

Sur l'Apel de Mr. *Sonis* de l'Ordonnance du Synode du *Haut Languedoc*, declarant que ledit Sr. *Sonis*, n'étant pas Pasteur ordinaire de l'Eglise de *Montauban*, ne doit pas participer aux Deniers du *Roi*; La Compagnie censurant la Province du *Haut Languedoc*, pour avoir derogé au Reglement fait à *Gergeau*, par lequel 4. Pasteurs sont attribués à l'Eglise de *Montauban*, a confirmé ledit Reglement, & declaré que ledit Sr. *Sonis* doit avoir la même part des Deniers du susdit Departement que les autres Pasteurs qui servent actuellement nos Eglises.

VI.

Sur l'Apel de Mr. *Beraud* de l'Ordonnance du Synode du *Haut Languedoc*, portant que lors qu'il s'agit de partager les Deniers de l'Octroi du *Roi*, dans les Coloques & les Synodes, le nombre des Pasteurs & des Anciens y doit être égal; La Compagnie a jugé que ledit Sr. *Beraud* a eu raison d'en faire remontrance à cette Compagnie, & que l'Ordre Ancien de nos Synodes & Coloques s'observera selon la Discipline, sans faire aucun autre Reglement particulier, afin d'éviter tous les pretextes de division qui se pourroient glisser dans l'Eglise par cette innovation: exhortant toujours les Pasteurs de faire paroître, en tel cas, qu'ils sont éloignés de toute avarice, & qu'ils ont plus d'égard au bien public qu'à leur utilité particuliere.

VII.

Sur l'Apel du Sr. *Beraud* de l'Ordonnance du Consistoire de *Montauban*, confirmée par le Synode du *Haut Languedoc*, portant que les Ministres ne pourront pas apeller aux Consistoires les Ministres des autres Eglises, pour deliberer des afaires, sans l'avis & consentement du Consistoire: Ledit Apel étant mis à néant, la Compagnie confirme l'Ordonnance dudit Synode en ce qui concerne les Consistoires ordinaires: permettant cependant aux Pasteurs de donner quelque Avis en particulier, quand ils en seront requis, & de prendre Conseil de tels de leurs Freres qu'il leur semblera bon, sans assembler le Consistoire.

VIII.

Sur l'Apel de *Paul la Ville*, d'un Decret du Synode du *Vivarez*, portant qu'il sera procedé contre lui jusqu'à l'Excommunication, s'il ne retire pas son Fils du Colege des Jesuites de *Tournon*: La Compagnie aprouvant la Censure du Synode du *Vivarez* contre ledit *la Ville*, lui defend de renvoier son Fils à *Tournon*; voulant neanmoins, qu'en cas que ledit *la Ville* obeïsse à cette Ordonnance, il soit retabli dans sa Charge, & que toutes les Censures commencées contre lui cessent.

IX.

Sur l'Apel de Mr. *Laurens Brunier*, contre *Simeon Codur*, ci-devant Pasteur de l'Eglise d'*Usez*, la Sentence du Synode du *Bas Languedoc*, portant que ledit *Codur*, à cause des fautes specifiées dans l'Article dudit Synode, est suspendu du St. Ministere pour un an, au bout duquel il se pourvoira de quelque Eglife dans une autre Province, avec Ateftation dudit Synode, & ledit *Brunier* étant auffi fufpendu du St. Miniftere pour trois mois, au bout defquels le Coloque de *Nimes* lui doit affigner une Eglife qui fera hors de l'étenduë du Coloque d'*Ufez* ; Duquel Apel lefdits *Brunier* & *Codur* s'étant defiftés, l'ont neanmoins relevé depuis quelque tems, en y faifant intervenir Demoifelle *Marguerite de Biais*, & *Suzanne de Salel*, Femme dudit *Brunier*, fe plaignant que ledit Synode du *Bas Languedoc* n'a rien ordonné pour la reparation de fon honneur, bleffé, comme elle pretend, par ledit *Codur* ; La Compagnie aiant fait la Lecture tant des Actes dudit Synode du *Bas Languedoc*, que des autres Procedures faites par lefdits *Brunier* & *Codur*, l'un contre l'autre, & examiné les Accufations de ladite Demoifelle *Salel* contre ledit *Codur*, & les Reponfes dudit *Codur* fur tous les Points dont il eft accufé par ledit *Brunier* & fa Femme ; aiant preffé la Confcience de l'un & de l'autre pour les obliger de donner gloire à Dieu par une fincere declaration de la Verité : La Compagnie a premierement jugé la Province du *Bas Languedoc* cenfurable, pour s'être departie tumultuairement du Synode, & y avoir emploié des Procedures contraires à la Difcipline, aiant même produit ici des Actes qui n'étoient point fignés par le Moderateur ni par le Secretaire dudit Sydode, comme ils doivent l'être, mais dreffés hors de l'Affemblée; Et pour ce qui eft dudit *Codur*, quoiqu'il fût très-facile de le convaincre par des preuves demonftratives, de toutes les chofes dont il a été accufé ; neanmoins la Compagnie a jugé qu'il y avoit affés de raifon, pour confirmer ; comme elle confirme, en tout & par tout, la Sentence dudit Synode du *Bas Languedoc* touchant la Sufpention dudit *Codur* ; & fon Exclufion de la Province du *Bas Languedoc* ; comme auffi elle confirme ce qui concerne la Sufpenfion dudit *Brunier* pour 3. mois, attendu l'excès d'animofité qu'il a fait paroître dans la pourfuite dudit *Codur* ; renvoiant neanmoins ledit *Brunier* au Coloque d'*Ufez* pour y être emploié, fi bon lui femble, dès-à-prefent : mais à caufe des divifions qu'il y a maintenant dans la ditte ville d'*Ufez*, ledit *Brunier* n'y exercera pas les fonctions de fon Miniftere jufqu'au prochain Synode National, par lequel il pourra être rendu à ladite Eglife, fi elle le demande. Et afin de reparer l'honneur de ladite Demoifelle *Suzanne Salel*, Femme dudit *Brunier*, ofenfée par les paroles avancées impudemment contre elle par ledit *Codur*, il eft enjoint audit *Codur* de reconnoître fa faute devant cette Compagnie, & d'en demander pardon audit *Brunier*, en declarant qu'il reconnoit ladite Demoifelle pour Femme de bien & d'honneur, qu'il eft marri d'avoir dit des chofes qui pouvoient y prejudicier. & tourner au fcandale de l'Eglife. Ledit *Codur* fera cette Proteftation, non feulement devant cette Compagnie, mais auffi dans le Confiftoire d'*Ufés*, où il donnera la même fatisfaction à ladite Demoifelle *Suzanne Salel*, Femme dudit *Brunier*, lui demandant pardon, en prefence de tous les Anciens, & de tous les Diacres, & de la Demoifelle *Marguerite de Brafis*, acompagnée de dix ou douze perfonnes, telles que ledit *Brunier* & fa Femme voudront choifir. Et après cela toutes les pourfuites faites devant le Magiftrat, tant directes, qu'indirectes cefferont de part & d'autre, à peine à celui qui contreviendra à cette

Ordonnance, d'être d'abord entierement deposé du saint Ministere; à quoi lesdits *Brunier* & *Codur* aiant acquiescé, & ledit *Codur* aiant fait une reconnoissance à Mr. *Laurens Brunier* selon la Forme prescrite ci-dessus, ils ont été reconciliés ensemble, & se sont fraternellement donnés la main. Et pour achever cette reconciliation dans l'Eglise d'*Usés*, cette Compagnie a chargé Mrs. *Sonis* & *Hesperien* de passer à leur retour dans ladite ville pour affermir cette Paix. Quant aux Papiers & Procedures concernant ce fait, les Parties s'en dessaisiront en les delivrant à Mr. *Chamier*, qui les gardera, pour ne donner plus à l'avenir aucun sujet à de nouvelles Contestations.

X.

Sur l'Apel de l'Eglise de *Puylaurens* & de Mr. *Voisin*, touchant le Decret du Synode du *Haut Languedoc*, ordonnant que ledit Sr. *Voisin* sera derechef soumis au Coloque du *Haut Querci*, pour servir l'Eglise de *St. Ceré*, & celles de *Glenay* & *Calvinet*: la Compagnie met ledit Apel à neant, & confirme l'Ordonnance dudit Synode du *Haut Languedoc*, à condition que lesdites Eglises de *St. Ceré*, de *Glenay* & *Calvinet* satisferont dans trois mois aux fraix de l'Eglise de *Puylaurens*, en consideration dudit Sr. *Voisin*.

XI.

Sur l'Apel des Eglises du Coloque d'*Albigeois* se plaignant de ce que le Synode du *Haut Languedoc* a joint les Eglises de *Mazamet* & de *St. Amant* au Coloque de *Loragais*, qui étoient auparavant anexées au Coloque d'*Albigeois*: La Compagnie remet au choix de l'Eglise de *Mazamet* de s'unir au Coloque de *Loragais*, dont elle a fait Option, & quant à l'Eglise de *St. Amant* elle declarera au prochain Synode Provincial à quel Coloque elle voudra se joindre.

XII.

Sur l'Apel de Mr. de *Clermont* pour l'Eglise de *Pringay*, se plaignant de ce que le Synode d'*Anjou* & de *Touraine* ont donné Mr. le *Bloy* à l'Eglise d'*Angers*, nonobstant le droit que ledit Sr. de *Clermont* pretend avoir sur la personne dudit Sr. le *Bloy*, pour l'avoir entretenu dans les Ecoles; attendu l'importance de ladite Eglise d'*Angers*, la Compagnie a confirmé la Vocation dudit Sr. le *Bloy* dans ladite Eglise d'*Angers*, selon le jugement dudit Synode d'*Anjou*, à condition que l'Eglise de *Pingeray* sera pourvûë par l'Eglise d'*Angers* de la personne du Sr. *Duchez*, lors qu'il sera de retour d'*Angleterre*, ou d'un autre Pasteur au plûtôt que faire se pourra.

XIII.

Sur l'Apel de l'Eglise de *Montelimar*, touchant la Resolution du Synode de *Dauphiné* pour l'établissement d'un Colege dans la ville de *Die*, la Compagnie a declaré que le Synode Provincial du *Dauphiné*, a pû juger definitivement de cette matiere.

XIV.

Sur l'Apel des Eglises de la Principauté d'*Orange*, interjetté contre la Province du *Dauphiné*, pour les trois portions des Deniers de l'Octroi du *Roi* attribuées aux Eglises de ladite Province d'*Orange*, par le Synode de *Gergeau*: La Compagnie a ordonné que selon la Distribution faite audit *Gergeau*, lesdites

dites Eglises de la Province d'*Orange*, recevront trois portions des Deniers assignés à la Province du *Dauphiné*, sans participer à d'autres fraix qu'à ceux qui pourront avoir été faits jusqu'à present pour le recouvrement desdits Deniers; mais pour ce qui concerne la Recepte de l'avenir, il y sera pourvû par la nouvelle Distribution des susdits Deniers, qui se fera dans cette Compagnie.

X V.

Sur l'Apel des Anciens de l'Eglise de *Leytoures* & de *Brignole*, interjetté contre le Synode de *Provence*, parce qu'il a ordonné que la Depense faite par Mr. *Balixte* soit demandée aux susdites Eglises, & qu'elles paient ce qui concerne le Reglement particulier : La Compagnie juge raisonnable que les fraix desdits voiages se prennent sur le general de la Province; mais que ceux qui ont été faits pour les expeditions concernant les interêts particuliers desdites Eglises, se prennent sur elles mêmes.

X V I.

L'Apel interjetté par *Joseph Pallot* de la sentence du Synode du *Haut Languedoc*, est renvoié à la premiere Assemblée synodale de ladite Province qui en pourra juger definitivement.

X V I I.

La Plainte de Monsr. *Desparlay*, Vice-Senechal du *Haut Languedoc*, sera portée au *Roi*, par nos Deputés; & on le prie de se desister cependant de ses poursuites contre les Magistrats de la ville de *Leytoure*.

MATIERES GENERALES.

ARTICLE I.

LA Requête presentée par les Freres du *Marquisat de Saluses*, exilés de leurs Maisons pour la Profession de la Verité, aiant été lûë, nous avons jugé raisonnable que les Eglises dudit *Marquisat* soient maintenuës & confirmées dans l'Union de la Doctrine & de la Discipline qu'elles ont eu jusqu'à present avec les Eglises de ce Roiaume. Et pour cet efet on suppliera très-humblement Sa *Majesté* de les vouloir recommander au *Duc de Savoye*, afin que la Liberté qui leur a été accordée par tous ses Edits, leur soit conservée. On a aussi resolu d'écrire de la part de cette Compagnie au *Duc de Savoye*, & à Monsr. de *Lesdiguieres*, sur ce sujet, & d'exhorter cependant lesdites Eglises des *Valées* de s'entretenir ensemble par une Ste. Union, comme elles ont fait avant ces troubles.

I I.

Tous les Pasteurs étant obligés de veiller sur leurs Troupeaux, il est enjoint à tous ceux qui demeurent hors de leurs Eglises, de s'y retirer dans trois mois après l'avertissement qui leur en sera fait, à peine de Suspention de leur Ministere; C'est pourquoi les Deputés de cette Compagnie en donneront

neront Avis à toutes les Eglises de leurs Provinces, incontinent après leur retour, afin que leurs Synodes & Coloques y tiennent la main.

III.

Attendu les inconveniens qui arrivent ordinairement dans cette Assemblée, par le moien de ceux qui y viennent sans aucune Deputation, ni Commission ; on a resolu que pour éviter desormais ces inconveniens, les Pasteurs, les Anciens, & tous ceux qui n'auront pas été Deputés par les Synodes Provinciaux n'auront point seance dans les Synodes Generaux, & ne pourront y assister, ou y être introduits que par le commun Avis & le consentement de tous les Deputés de la Compagnie, lors qu'il y aura quelque necessité très-urgente pour cela, & à condition qu'ils se retireront d'abord que les Deputés le jugeront à propos.

IV.

Sur la plainte des Pasteurs & Professeurs de *Geneve,* touchant l'Impression des Bibles qui se fait à la *Rochelle* ; La Compagnie aiant fait la Lecture de l'Article du Synode de *Saumur*, par lequel l'Impression desdites Bibles a été permise à feu *Jerôme Haultin,* attendu aussi que ladite Impression est déja fort avancée, & que nous avons de tous côtés des Plaintes de la rareté des Exemplaires des Bibles imprimées à *Geneve*, & de leur cherté, comme aussi du mauvais Papier & des mechans Caracteres qu'on y emploie, ce qui se void particulierement dans la derniere Edition in 4. Il a été resolu d'écrire ausdits Freres de *Geneve* qu'ils ne trouvent pas mauvais qu'on continuë l'Impression desdites Bibles à la *Rochelle*, comme toutes les Eglises de ce Roiaume le requierent : & cependant on exhorte les Freres de la *Rochelle* d'en hâter l'Impression, & de donner ordre qu'elles soient mises à un Prix raisonnable dans leur vente : & finalement on charge aussi ledit Sr. de *Haultin* d'y ajouter un bon Indice.

V.

Sur la Remontrance faite à cette Compagnie, que plusieurs, tant Pasteurs, que particuliers de nos Eglises, sont inquietés, parce qu'ils nomment le Pape *Antechrist*, soit en public, soit dans les Conferences privées : La Compagnie aiant protesté que c'est la Croiance & la Confession commune de nous tous, que le Pape est l'*Antechrist*, & que c'est un des principaux Fondemens de nôtre separation d'avec l'Eglise Romaine, tiré de l'Ecriture Sainte, confirmé par nos Predecesseurs, seellé par le Sang de plusieurs Martirs ; tous les Fideles, tant Pasteurs qu'autres, seront exhortés de perseverer constanment dans cette Profession, & d'en faire une libre & sainte Confession. Et pour cet efet ledit Article sera inseré dans nôtre *Confession de Foi*, & les Deputés Generaux de nos Eglises, qui se tiennent auprès du *Roi*, sont chargés de suplier *Sa Majesté* de ne permettre point que ses Oficiers des Cours Souveraines, ou autres derogent en ceci à la Liberté qu'Elle nous donne de faire une libre Confession de ce que nous croions, par les fâcheries qu'ils donnent à plusieurs pour ce sujet. Et ceux qui sont maintenant poursuivis ou molestés pour cela, ou qui le seront à l'avenir, doivent être garantis & secourus par toutes voies convenables, selon l'étroite Union qui est entre nous.

nous. C'est pourquoi il en sera écrit à Messieurs des Chambres Mi-parties, pour les exhorter à maintenir cet Article de nôtre Confession commune.

VI.

Sur la Question des Freres de *Xaintonge*, s'il est licite à un particulier de s'aproprier un Lieu de Sepulture, élevé sur des Piliers, ou d'autres Ornemens; & s'il doit être permis aux Seigneurs & autres personnes de Qualité, de faire mettre leurs Armoiries sur le Frontispice des Eglises & dans les Temples que nous construisons? La Compagnie juge que pour les Sepultures, chacun se doit tenir à la simplicité de l'ancien Christianisme, sans s'aproprier rien de particulier, mais en témoignant nôtre Communion avec les Saints en la mort, aussi bien que nous la desirons en la bienheureuse Resurrection. Quant aux Temples, l'on y observera aussi la même modestie & simplicité, laissant cependant aux Coloques & Consistoires le jugement des faits particuliers.

VII.

Sur la Question generale, si dans les Procedures qui se font en Justice par-devant les juges de Religion contraire, les fideles peuvent user du mot de Religion *Pretenduë* Reformée? La Compagnie trouve bon d'en faire quelque Remontrance au *Roi*, pour le supplier de ne permettre pas que nous soions forcés, en cet endroit, de dire ou de faire aucune chose qui soit contre nôtre Conscience, exhortant cependant les Fideles de s'abstenir de ce mot de *Pretenduë*, qui est contraire à la sincerité & franchise d'une libre Confession.

VIII.

Les Atestations qui se donneront aux Officiers des Chambres Mi-parties, seront de même forme que celles des Gouverneurs, inserées dans le Synode de *Montpellier*, qui est telle, Nous Ministres & Anciens assemblés au Coloque de N. de la Province de N. sur ce que le Sr. de N. s'est adressé à Nous, requerant notre Atestation de la bonne Profession qu'il fait de la Religion Reformée, sur l'Election, que *Sa Majesté* a faite de sa Personne, pour être pourvû par icelle du Gouvernement de N. Atestons & certifions à *Sa Majesté* que ledit Sr. fait actuelle Profession de ladite Religion, participant aux Saints Sacremens, vivant Religieusement en homme de bien, & faisant toutes les fonctions convenables à la susdite Profession; dont nous lui rendons ce témoignage, pour lui servir à ce que de raison, fait &c.

IX.

Sur la Demande que font Messieurs *Perron* & *Videl*, qu'on tire de la masse des Deniers communs de l'Octroi de *Sa Majesté* la somme de six mille Ecus, pour la Fondation d'une Academie à *Die*, attendu entre autres raisons, les protestations faites par les Deputés de ladite Ville de *Die*, qui ne demandent aucune partie desdits Deniers, & la Charge que les Eglises ont déja des autres Academies, outre la necessité desdites Eglises: La Compagnie a jugé ne pouvoir rien Octroier à la Ville de *Die*, par dessus la Demande de ses Deputés.

X.

Sur la Demande des Freres de l'Eglise de *Die*, requerant que Mr. *Chamier*

mier leur soit octroié, pour être Professeur en Theologie dans l'Academie qu'ils prétendent établir ; La Compagnie confirme l'Article du Synode de *Gergeau*, portant que ledit Sieur *Chamier* ne peut être ôté de ladite Eglise de *Montelimar*, sans un exprès consentement de ladite Eglise & de la Province.

X I.

Sur la Proposition des Freres du *Dauphiné*, qui desirent qu'on cherche le moien d'entrer en Conference & Union avec les Eglises d'*Allemagne* (qu'on apelle *Lutheriennes*) pour ôter le Schisme qui est entre elles & nous : La Compagnie souhaitant de voir l'efet d'une si louable Ouverture, écrira tant aux Universités Orthodoxes d'*Allemagne*, d'*Angleterre*, d'*Ecosse*, de *Geneve* & de *Sedan*; qu'à Messieurs de *Gourdon* & de la *Fontaine* en *Angleterre*, pour les prier de travailler avec nous, à l'établissement de cette Union, en disposant même les Princes à y emploier leur Autorité, & pour cet efet à s'unir plus étroitement avec nous par la Confession d'une même Doctrine.

X I I.

Sur la Question si le Batême des Enfans conferé par un Proposant qui n'a point de legitime Vocation est valable ? La Compagnie juge qu'il faut soigneusement ôter le scandale que le Peuple en pourra recevoir, mais qu'un tel Batême étant de nulle valeur, l'Enfant doit être introduit dans l'Eglise de Dieu par le vrai Batême, selon la Decision du Synode de *Poitiers*.

X I I I.

Sur la Question s'il est licite de prêter Serment au Magistrat, en mettant la Main sur la Bible ? La Compagnie jugeant qu'une telle Ceremonie est de dangereuse consequence, declare qu'on ne doit point la suivre, mais se contenter de lever la Main.

X I V.

Sur la Proposition de la Province de la *Basse Guienne* ; si on doit introduire des Disputes de Theologie entre les Pasteurs dans les Coloques & Synodes ? La Compagnie suivant l'Ordonnance du Synode de *Saumur*, renvoie de telles Disputes aux Ecoles & en juge l'usage très-dangereux entre les Pasteurs.

X V.

Ceux des Freres qui auront remarqué quelque chose de censurable dans les Ecrits des Ministres, en avertiront les Synodes Provinciaux, qui se convoquent d'abord après la tenüe de cette Assemblée Nationale.

X V I.

Chaque Province sera obligée d'entretenir un certain nombre d'Ecoliers qu'elle nommera dans le tems qu'on lui fera la Distribution des Deniers Octroiés par le *Roi* ; & ces Ecoliers là seront obligés d'aller étudier dans les Universités de ce Roiaume, ou ailleurs, au choix des Provinces qui les entretiendront; & lesdits Ecoliers ne seront point reçûs au *St. Ministere* dans leur Province, sans y aporter de bons & suffisans Temoignages de leurs Mœurs & de leur Doctrine, signés par les Pasteurs & Professeurs des Academies où ils auront étudié.

XVII. Mes-

XVII.

Messieurs *Souis*, *Beraud*, *Giraud*, *Ferrier* & *Chamier*, sont nommés pour dresser un Reglement pour les Academies & les Ecoles, lequel sera presenté au Synode National prochain. Et cependant afin de confirmer celui qui a été dressé à l'Academie de *Montauban*, les Pasteurs, qui passeront par ladite Ville de *Montauban* au sortir d'ici, exhorteront Mrs. les Consuls d'icelle, de la part de cette Compagnie, d'y tenir la main, avec les Pasteurs & les Professeurs de l'Academie.

XVIII.

Lors que la Place de quelque Professeur vient à vaquer dans une Academie, les Professeurs & les Pasteurs avec le Consistoire peuvent nommer quelqu'un, par provision, qui fasse les Leçons, en attendant que le Synode de la Province choisisse un autre Professeur.

XIX.

L'Article de la derniere Assemblée de *Ste. Foi*, concernant les Resignations des Oficiers des Chambres, sera exactement observé par toutes les Provinces, lesquelles sont aussi exhortées d'observer au plus près que faire se pourra, le Reglement qui a été dressé pour elles, dans ladite Assemblée, touchant la Conduite generale des Afaires Ecclesiastiques.

XX.

La Compagnie a ordonné que la somme de neuf mille Livres, pour laquelle Monsr. de *St. Germain*, a été mis sur le petit Etat des Années 1602. & 1603. lui sera entierement paiée par le Sr. *Pallot*, s'il ne l'a pas encore reçûë, quoiqu'il ne lui fût adjugé que six mille Livres par l'Assemblée de *Ste. Foi*; & que la somme de quatre mille cinq cens Livres qui fut accordée par ladite Assemblée à Mr. *Desbordes*, lui soit entierement paiée par ledit *Pallot*, pour chacune desdites Années, encore qu'en l'Année 1602 il n'aît point été couché sur l'Etat, & qu'en l'An 1603. il n'y soit couché que pour douze cens Livres; bien entendu que lesdites Sommes leur seront paiées par preference, sur tous les Deniers des Eglises destinés tant pour les Pasteurs que pour les Garnisons, sans aucune deduction pour les nonvaleurs & taxes dudit *Pallot* : Comme aussi la somme de deux mille Livres par An, acordée au Sr. des *Fontaines* pour ses frais de la poursuite des comptes dudit *Pallot*, pour chacune desdites Années 1602. & 1603. lesquelles deux milles Livres seront aussi paiées par preference sur les Deniers desdites Eglises & sur les Apointemens des susdites Garnisons.

XXI.

Sur le Diferent touchant la Deputation de Mr. du *Bourg*, en Cour, par les Provinces de la *Basse Guienne* & du *Haut Languedoc* : Les Provinces qui ont envoié ledit Sr. du *Bourg*, ou qui se sont jointes avec lui, comme celles de *Normandie* & de *l'Isle de France*, & particulierement l'Eglise de *Paris*; seront forrement censurées, pour avoir derogé par ce moien aux Reglemens de *Ste. Foi*, & introduit au milieu de nous une prejudiciable semence de Division. C'est pourquoi ledit Sieur du *Bourg* sera averti de prendre garde aux grands desordres qu'il a pû causer dans nos Eglises par ces Procedures : Et pour éviter desormais tous ces troubles contraires à nôtre Union, toutes les Provinces sont averties de ne donner plus jamais à l'avenir l'Autorité à une seule Eglise ou Personne, de disposer des choses qui peuvent concerner les interêts generaux de toutes les Eglises sans en avoir fait la communication à toutes les Provinces.

XXII.

Messieurs de *St. Germain* & *Desbordes*, Deputés Generaux en Cour, seront remerciés de la fidelité & diligence qu'ils ont fait paroître dans l'execution de leurs Charges : Comme aussi le Sr. des *Fontaines* de ce qu'il a fait les poursuites de la Reddition des Comptes du Sr. *Pallot*, suivant la commission qui lui en fût donnée par l'Assemblée de *Ste. Foi*.

XXIII.

Les Academies aporteront leurs Comptes au prochain Synode National, avec les Pieces justificatives d'iceux, depuis le Synode de *Montpellier*.

XXIV.

Les Academies sont exhortées de dresser, autant qu'il leur sera possible, chacune une Bibliotheque Commune, & particulierement d'avoir la Grande Bible d'*Anvers* en plusieurs Langues.

XXV.

Nos Freres d'*Anjou*, aiant demandé que Monsieur *Renaud* pût être établi Professeur en Theologie dans l'Université de *Saumur* : l'Assemblée le leur acorde, pourveu que lui-même & son Eglise de *Bourdeaux* y consentent.

XXVI.

Quelques diferens étant survenus entre les Provinces du *Dauphiné* & celle de *Provence*, touchant les Comptes de l'Argent qui avoit été emploié par les Deputés qui s'étoient assemblés au Synode de *Saumur*, de la part de ces Provinces ; l'Assemblée pria très-instanment lesdits Deputés de s'accommoder entr'eux, avant que d'en partir ; & pour cet efet elle chargea Monsieur l'*Homeau* & Mr. de *Grenoville* de prendre connoissance du Diferent, & d'en faire leur raport ; ce qui aiant été executé de la part desdits Messieurs, & le Synode aiant oüi les Raisons de part & d'autre ; l'Assemblée ordonna que pour mettre fin à ces Disputes qui avoient duré déja trop long-tems, les Deputés du *Dauphiné* rendroient à la Province du *Languedoc*, la septième partie de la Somme qui avoit été reçuë efectivement par eux durant les Années 1598., 1599. & 1600. & la septième partie des Assignations qui sont encore à paier, deduisant seulement sur le tout, la somme de deux cents Ecus qui restent entre leurs mains, laquelle on leur acorde pour les dedomager de leurs frais & autres pretensions quelles qu'elles soient.

XXVII.

Considerant de quelle importance est l'Université de *Sedan*, les grands services qu'elle a rendus, & qu'elle rend continuellement à une grande partie de nos Églises, cette Assemblée ordonne qu'outre la somme de cinq cents Ecus qui lui a été assignée par le Synode de *Gergeau*, qui est une Portion de l'Argent que nous avons de la bonté du *Roi*, on lui donnera trois cents Ecus de plus.

TENU A GAP.

XXVIII.

Les Provinces sont priées de considerer, avant l'ouverture du Synode National prochain, si ce mot *Damnation*, atribué à nôtre Seigneur *Jesus-Christ*, dans la dixième Section de nôtre Cathechisme, doit être gardé, ou si on le changera.

XXIX.

Monsieur des *Fontaines* a laissé les Comptes Originaux de Monsieur *Pallot* entre les mains de nos Deputés Generaux, qui sont chargés d'en tirer une Copie, & de l'envoier à la *Rochelle*, avec les autres Papiers, pour y être conservés dans les Archives.

XXX.

On a ordonné à la Province de *Xaintonge* de convoquer le Synode suivant, à la *Rochelle*, au mois de Mai, de l'Année 1605. à moins qu'il n'arrivât qu'en ce tems là on tiendroit quelqu'autre Assemblée Generale.

XXXI.

L'Assemblée procedant à une nouvelle Election de Deputés Generaux, selon le Reglement fait dans l'Assemblée de *Ste. Foi*, n'en choisit que deux entre tous ceux qui avoient été recommandés par les Deputés des Provinces, savoir, le Sieur de *St. Germain*, & le Sieur des *Bordes*, ordonnant qu'ils seroient continués dans leur Ofice, à cause qu'ils étoient en estime, & que toutes les Provinces en General, & les Eglises en particulier avoient temoigné être fort satisfaites de leur Administration precedente ; lesquels aiant accepté leur Ofice, jurerent l'Union prescrite à *Mantes*, & promirent solennellement de s'aquiter fidelement des devoirs auxquels leur Commission les obligeoit.

XXXII.

Après avoir bien consideré l'Etat present des Universités & des Eglises, la somme de quarante cinq mille Ecus que l'on a reçu cette Année de la bonté du *Roi*, fut distribuée de la maniere suivante, après qu'on eut reglé les Comptes de Mrs. *Pallot* & du *Candal*, concernant ladite somme de quarante cinq mille Ecus.

RESOLUTIONS

CONCERNANT LES COMPTES DE Mrs. PALLOT ET DU CANDAL.

Voici ce qui fut acordé à Monsieur Pallot, *& à Monsieur* du Candal.

Article I.

CEtte Assemblée a resolu que Monsieur *Pallot* prendra ses Assignations sur les Années 1598., 1599. & 1600. afin que par ce moien là il puisse être remboursé de l'Argent qu'il a avancé devant lesdites années, & ne soit plus obligé d'avancer Somme sur Somme, comme il avoit été ordonné par les Commissaires.

I I.

Cette Assemblée n'a pas jugé que l'on dût donner audit Monsieur *Pallot* aucun interêt pour l'Argent qu'il dit avoir avancé, & n'a pas non plus trouvé à propos qu'on lui acordât cette preference qu'il demande, d'être remboursé du plus clair & du premier Argent qui reste dû pour les Années 1598., 1599., 1600, 1601. & 1602. pour des avances qu'il a faites embrouillées, & en gros.

I I I.

Cette Assemblée remet audit *Pallot* la somme de 1599. Livres qu'il a paié dans l'Année 1599. en vertu d'un Ordre qu'il avoit reçû de l'Assemblée de *Saumur*, à Condition qu'il se rembourseroit de l'Argent restant des Années 1598,, 1599. & 1600. qui apartenoit aux Ministres, & à nos Villes de sûreté ; deduisant de cet Argent les Portions du *Haut Languedoc*, & de la *Basse Guienne*, à moins qu'il n'aimât mieux le retirer des Parties mêmes, comme il avoit été ordonné par les Commissaires.

I V.

Cette Assemblée ne peut pas acorder, ni se defaire des 2000. Livres paiées aux Deputés de l'Assemblée à *Saumur*, dans l'Année 1601. pour cette demi année, dans laquelle ils n'ont point fait de service ; & ne peut pas non plus donner sur les années 1601., 1602., & 1603. la somme de 1800. Livres qui avoit été assignée à Monsieur de *Parabelle*, sur le restant des années 1598., 1699. & 1600.

V.

On ne peut pas non plus acorder presentement audit *Pallot* sur les Revenus liquidés des Années 1601. & 1602. une restitution de ces Portions qui ont été raiées de ses Comptes, parce qu'il tient encore le dernier Quartier entre ses mains pour se rembourser lui-même ; ni en particulier pour les Portions dont cette Assemblée lui a autrefois acordé le premier paiement.

V I.

Cependant nonobstant l'Ordre du Conseil qui regle les Taxes dudit *Pallot*, à 1200. Livres pour les années 1601., 1602. & 1603. cette Assemblée consent qu'on lui donne pour les années, 1601. & 1602. un sol par Livre, pour l'Argent qu'il a déja paié, pourvû que six jours après son arrivée à *Lion* il paie aux Eglises les Arrerages qui leur sont dûs, des deux premiers Quartiers des années 1598., 1599., 1600., 1601. & 1602. & à chacune des Provinces en particulier leur Contingent de 4847. Livres qu'il leur doit sur le troisiême Quartier de l'année 1601. & des 5528. Livres lesquelles il doit paier sur le troisiême Quartier de l'année 1602. comme aussi ce qu'il nous doit pour lui avoir remboursé cinq Liards par Livre pour le mechant Argent des années precedentes, selon que les Comptes seront reglés incessanment entre les Provinces & ledit *Pallot*, en presence de Monsieur des *Fontaines* ; avec cette Condition expresse, que si ledit *Pallot* ne paie pas ladite somme à *Lion* dans le tems marqué, les Eglises ne seront pas tenuës de lui paier le Sol par Livre, mais seulement deux Deniers & demi (ce qui n'est pas un Liard par Livre) selon l'Ordre ci-devant mentionné. Et pour ce qui est

des

TENU A GAP.

des sommes qui restent du troisième & du quatrième Quartier des années 1601. & 1602. ledit *Pallot* en fera le paiement selon les Conventions qui ont été faites entre lui & cette Assemblée, ne comprenant dans cette Resolution ni la Province du *Haut Languedoc*, ni celle de la *Basse Guienne*.

DISTRIBUTION

DE LA SOMME DE 45000. ECUS.

Pour les Academies & pour les Eglises Reformées de France.

POUR LES ACADEMIES.

Saumur.	1101. Ecus 6. s. 8. d.	*Nimes.*	611. Ecus 6. s. 8. d.
Montauban.	1111. Ecus 6. s 8. d.	*Sedan.*	800. Ecus 0. s. 0. d.
Montpellier.	500. Ecus 0. s. 0. d.	Somme totale.	4123. Ecus. 20. s. 0. d.

POUR LES EGLISES.

L'Isle de France 62. Portions, pour 46. Pasteurs actuellement emploiés à savoir 4. pour *Sedan*, 10. Eglises à pourvoir, dont il y en a 3. pour le Coloque de *Champagne* & 6. Proposans, dont il y en a un pour le Coloque de *Champagne*. 3748. Ecus 7. s. 6. d.

La Normandie 45. Portions, sur lesquelles elle assistera les Eglises à pourvoir & entretiendra des Proposans selon le nombre de ses Coloques. 2720. Ecus 23. s. 10. d.

Orleans & *Berri* 36. Portions, pour 27. Pasteurs, actuellement servans, 6. Eglises depourvûës & trois Proposans. 2176. Ecus 19. s. 7. d.

Touraine & *Anjou* 27. Portions, pour 20. Pasteurs, 4. Eglises à pourvoir & trois Proposans. 1632. Ecus 14. s. 9. d.

Bretagne 15. Portions, pour 7. Pasteurs, 4. Eglises à pourvoir & 4. Proposans. 906. Ecus 48. s. 4. d.

Le *Haut* & *Bas Poictou* 50. Portions, pour 39. Pasteurs, 8. Eglises à pourvoir & 3. Proposans. 3222. Ecus 40. s. 10. d.

Xaintonge, *Aunis* & *Angoumois* 60. Portions, pour 48. Pasteurs 6. Eglises à pourvoir & 6. Proposans. 3627. Ecus 13. s. 0. d.

Basse Guienne, 60. Portions, pour 49. Pasteurs, 6. Eglises à pourvoir & 5. Proposans. 3627. Ecus 13. s. 0. d.

Haut & *Bas Vivarez* & *Velay*, 28. Portions, pour 19. Pasteurs, comprenant ce qui est ordonné pour l'Eglise d'*Aubenas*, 6. Eglises à pourvoir, & 3. Proposans. 1692. Ecus 42. s. 1. d.

XVII. SYNODE NATIONAL

Bas Languedoc, 100. Portions, pour 84. Pasteurs 6. Eglises à pourvoir, 4. Pasteurs pour la *Basse Auvergne* & 6. Proposans 6045. Ecus 21. s. 11. d.

Le *Haut Languedoc*, 80. Portions, pour 64. Pasteurs 6. Eglises à pourvoir, 4. Pasteurs pour la *Haute Auvergne*, & 6. Proposans. 4836. Ecus 17. s. 11. d.

Bourgogne 26. Portions, pour 13. Pasteurs contant *Lion* pour un, 4. Pasteurs pour le Coloque de *Gex*, 6. Eglises à pourvoir & 3. Proposans. 1571. Ecus 47. s. 8. d.

Provence, 16. Portions, pour 7. Pasteurs 7. Eglises à pourvoir & 2. Proposans. 967. Ecus 15. s. 6. d.

Dauphiné, 70. Portions, pour 59. Pasteurs, dont il y en a 3. pour *Orange*, 4. Eglises à pourvoir & 8. Proposans. 4292. Ecus 12. s. 9. d.

AVERTISSEMENS

AUX EGLISES ET AUX DEPUTE'S GENERAUX.

Toutes les susdites Provinces sont chargées d'aporter au prochain Synode National les comptes de la Distribution des susdits Deniers, qui leur sont accordés tant pour les Pasteurs que pour les Eglises à pourvoir, & les Proposans qu'elles doivent entretenir, afin qu'elles restituent les Deniers qu'elles n'auront pas emploié aux usages pour lesquels ils leur sont accordés.

Et toutes ces Sommes seront paiées par ledit Sieur du *Candal*, à ces Universités, aux Termes fixés, avant toute autre paiement.

Et ce qui reste de surplus des trois Quartiers, sera également paié à chaque Province selon le Compte dressé ci-dessus en trois Portions égales, au Terme fixé, lui octroïant le Sol par Livre.

Ce qui restera dû aux Provinces de *l'Isle de France*, *Normandie*, *Anjou*, *Poictou*, *Haute* & *Basse Guienne*, sera paiée aux Consistoires de *Paris*, *Rouen*, *Orleans*, & *Poictiers* : & pour le *Haut Languedoc* & la *Guienne*, on le paiera à Monsieur *J. Barbon*; & ce qui sera dû à la Province de *Bourgogne*, à Mr. *Jean le Gras*, Marchand dans la ville de *Lion*.

Et s'il arrivoit par hazard que Messieurs nos Deputés Generaux ne reçûssent pas, ou le tout, ou une partie de leurs Apointemens Assignés, suivant ce qui a été acordé, il est maintenant arrêté que pour leur faire bon ce qui leur manquera, on en prendra la moitié sur la somme totale de 135000. Livres qui doivent être paiées aux Provinces dans les trois Quartiers que l'on deduira de chaque Province; en acordant un Sol par Livre au Sieur du *Candal*; & l'autre moitié sera prise dessus les Sommes assignées par *Sa Majesté* pour le paiement des Garnisons. On en envoiera un Ordre audit Sr. du *Candal*, & nos Deputés Generaux seront paiés avant toutes autres personnes.

On

On en usera de même à l'égard des autres Paiemens durant l'Année 1605. & cette Regle sera observée jusqu'à L'Assemblée du Synode National prochain.

Les Provinces sont chargées de rechercher les Memoires & les Actes de tout ce qui est arrivé de plus memorable depuis cinquante Ans, & de les faire tenir à Monsieur *d'Aubigny* en *Poictou*, lequel écrit l'Histoire de ce tems.

MATIERES PARTICULIERES.

Article I.

Sur la Demande de la Province de *Berri*, requerant que le Synode de *Bourgogne* soit chargé de censurer le Sr. *Textor* par l'Autorité de cette Compagnie, à cause qu'il est sorti de l'Eglise de *Lorges* sans avoir congé de ladite Eglise, ni de sa Province : Attendu que ledit Sr. *Textor* n'a envoié aucuns Memoires à cette Compagnie, le tout est renvoié au prochain Synode de *l'Isle de France* pour en decider.

II.

La Plainte du Coloque de *Niort*, contre les autres Coloques du *Poictou*, pour paier le tiers des frais de cette Province là, est renvoié au jugement de la Province de *Xaintonge*.

III.

Sur la Demande de l'Eglise de *Mauvesin*, requerant qu'il soit permis au Sr. *Girard* de prêcher audit *Mauvesin* lors qu'il y viendra ; la Compagnie confirmant l'Ordonnance du Synode de *Gergeau*, defend audit Sr. *Gerard* de prêcher audit *Mauvesin*.

IV.

Sur la Plainte qu'a fait Mr du *Bourg*, de ce que le Sr. *Forton* a repandu en plusieurs endroits quelque sinistre bruit, comme s'il se vouloit revolter de la Profession de nôtre Religion, & particulierement de ce qu'il l'a declaré à Messieurs *Renaud* & *Loumeau* : la Compagnie tenant le bruit pour faux, & s'assûrant de la fidelité & constance dudit Sieur du *Bourg*, renvoie la connoissance de ce Fait au Consistoire de l'Eglise de *Bourdeaux*, pour y pourvoir.

V.

L'Eglise de *Champagne* sera jointe au Coloque du *Bas Quercy*, à la requisition du Vicomte *de Pauli* & de ladite Eglise.

VI.

Les Eglises du *Dauphiné* sont chargés de donner Avis aux autres Provinces, lors qu'il sera besoin d'assister les pauvres Refugés du Marquisat de *Saluces* & des Valées de *Piemont*, & de *Savoye*.

VII.

Les Provinces d'*Anjou*, du *Poictou*, & de *Normandie*, assisteront alternativement l'Eglise de *Renes*, d'un Pasteur, jusqu'à ce qu'il se presente le moien

moien de lui en donner un ordinaire : & pour cet efet le Coloque du *Bas Poitlou* commencera, *l'Anjou* fuivra, & puis la *Normandie*.

VIII.
Le petit Livre de feu Mr. la *Vallée*, contenant l'Hiftoire d'un Demoniaque, fera lû & examiné par le Synode de *Xaintonge*, pour être imprimé, s'il juge qu'il foit expedient.

IX.
Le prochain Synode Provincial du *Dauphiné* eft chargé de pourvoir à ce qui concerne la Cotifation de l'Eglife de *Montelimart* pour le Coloque de *Die*, attendu que ladite Eglife de *Montelimart* pretend d'être lefée par ladite Cotifation.

X.
Sur la Demande des Pafteurs & Anciens de l'Eglife de *Bergerac*, requerant que Mr. *Beraud* le Fils continuë fon Miniftere au milieu d'eux, vû le confentement de Mr. *Beraud* le Pere, témoigné par Lettres : la Compagnie confirme la Vocation dudit *Beraud* pour exercer le Miniftere dans l'Eglife de *Bergerac*, auffi long tems que le Pere dudit Sr. *Beraud* fe pourra paffer du fecours & de l'affiftance qu'il peut requerir de lui dans fa vieilleffe.

XI.
Le Miniftere de Mr. *Hefperien* dans l'Eglife de *Ste. Foi*, eft confirmé; & pour cet efet il en fera écrit au Pere dudit *Hefperien*.

XII.
La Compagnie aprouve l'établiffement qui a été fait, dans le Baillage de *Gex*, d'un Confiftoire qu'on apelle *Supreme*, lequel juge les Caufes Matrimoniales, fuivant de très-bons Reglemens qui ne doivent point être changés.

XIII.
Les Eglifes du Baillage de *Gex* auront part à la Diftribution des Deniers de l'Octroi du *Roi*, jufqu'au prochain Synode National. Cependant les Pafteurs accoutumeront peu à peu le Peuple à quelque contribution pour les fraix de l'Eglife.

XIV.
Les Deputés de *l'Ifle de France* prefenteront au prochain Synode de leur Province les Lettres de Mr. du *Perche*, & les Memoires qu'il a adreffés à cette Compagnie, pour lui faire droit, fur ce que ledit Sr. du *Perche* pretend lui être dû par ladite Province de *l'Ifle de France* : & pour cet efet il fera averti par l'Eglife de *Paris*, du tems de la Convocation dudit Synode.

XV.
Sur la Lettre de l'Eglife de *Venterol*, il fera écrit en fa faveur, au nom de cette Compagnie, à Meffieurs les Commiffaires du *Dauphiné*, touchant l'execution de l'Edit pour confirmer le Rang affigné à ladite Ville de *Venterol*, pour le premier Lieu du Baillage des Montagnes du *Dauphiné*, fuivant les Reglemens du Synode tenu à *Grenoble* l'An 1602. comme auffi le Rang de la Ville de *Briançon* pour le fecond Lieu dudit Baillage.

XVI. Sur

XVI.

Sur la Lettre des Freres de la Valée de *Barcelonne*, demandant qu'elle conduite ils doivent tenir maintenant qu'ils font en danger d'être privés, par le Duc de *Savoie*, du libre Exercice de la vraie Religion qu'ils profeſſent? La Compagnie voulant leur donner toute la Conſolation poſſible, les exhorte de perſeverer conſtanment dans ladite Profeſſion avec ceux des autres Valées du Piemont, leur promettant les mêmes ſecours de Charité, en cas qu'ils ſoient moleſtés ou exilés, qu'à ceux qui ſont unis avec nous par une même Doctrine & Diſcipline.

XVII.

Les Lettres de l'Egliſe d'*Iſſoire* aiant été lûës, la Compagnie a trouvé bon que nos Deputés Generaux en Cour travaillent pour l'établiſſement de la Religion audit *Iſſoire*, & dans les autres Lieux où elle doit être ſelon l'Edit de Sa *Majeſté* : Et pour ce qui eſt des Paſteurs que ladite Egliſe d'*Iſſoire*, & les autres de la *Baſſe Auvergne* demandent, les Coloques de *St. Germain* & d'*Anduſe* au *Bas Languedoc*, ſeront tenus de leur en fournir : & afin qu'ils puiſſent être aidés pour cet établiſſement, ils auront quatre Portions des Deniers de l'Octroi du *Roi*, ſur la Somme qui eſt donnée au *Bas Languedoc*, & pour cet efet leſdits Coloques de *St. Germain* & d'*Anduſe*, s'aſſembleront dans un mois après de la part de ceux de cette Compagnie, afin de travailler à la Nomination des Paſteurs qui devront ſecourir leſdites Egliſes de la *Baſſe Auvergne*, leſquelles cependant tâcheront de ſe fournir de Paſteurs le plûtôt qu'elles pourront. On aura les mêmes égards pour la *Haute Auvergne*, afin qu'elle ſoit aſſiſtée par la Province du *Haut Languedoc*.

XVIII.

Les pauvres Revoltés du Marquiſat de *Saluces* aiant demandé Conſeil comment ils ſe doivent gouverner dans leur faute ; la Compagnie les a exhortés par Lettres de ſortir des Lieux où ils ſont contraints de participer à l'Idolatrie, & de ſe joindre à leurs Freres exilés, afin de porter la Croix de Chriſt avec eux.

XIX.

Les Memoires de Mrs. les Deputés en Cour ſeront chargés de l'Afaire des Egliſes des Valées du *Haut Dauphiné*, afin qu'ils travaillent à leur procurer tout le ſoulagement qu'il leur ſera poſſible.

XX.

Sur la Plainte de Mr. *Claude Joubart*, habitant de *Geneve*, contre la Province de *Bourgogne*, parcequ'elle a cenſuré, dans les Actes Publics de ſon dernier Synode, le Sr. *David Peager*, Miniſtre dans le Baillage de *Gex*. Veu l'Article du Coloque de *Gex*, par lequel ledit *Peager* eſt juſtifié des fautes qui lui étoient imputées, & les Ateſtations tant de Mrs. de *Geneve*, que du Sr. *Polanus* Docteur en Theologie dans l'Univerſité de *Bâle*, faiſant preuve de la bonne Vie & Conduite dudit *Peager* : La Compagnie a ordonné que le Jugement de ladite Province de *Bourgogne* aiant été par trop precipité, & donné à l'Abſence dudit *Peager*. l'Article dreſſé contre lui, ſera raié, la Province ſera cenſurée, & ledit *Peager* retabli en ſon honneur.

XXI. Mon-

XXI.

Monsr. des *Bordes* est chargé de l'Affaire qui concerne la Ville de *St. Ambroise*, tant pour en écrire aux Consuls de ladite Ville, que pour examiner ce qu'on pourra faire pour eux.

XXII.

Sur la Proposition qui a été faite de pourvoir de Pasteurs l'Eglise qui est dans la Maison de *Madame* Sœur du *Roi* : La Compagnie aiant apris du Sr. du *Moulin*, que l'Eglise de *Metz* assiste ladite Eglise de deux Pasteurs, dont chacun sert un Quartier : Et que ledit Sr. du *Moulin* sert le 3. Quartier, commençant le 1 jour de Mai, ce qui fait que l'Eglise de *Paris* se sent trop chargée ; On a jugé que l'Eglise de *Rouen*, aiant presentement trois Pasteurs, surportera facilement une partie de cette Charge, & pour cet efet ladite Compagnie a ordonné que les Sieurs du *Moulin* & de la *Riviere* serviront alternativement l'Eglise de *Madame* jusques au prochain Synode National, & que le Sr. de la *Riviere* commencera l'année prochaine 1604. & le Sieur du *Moulin* l'année suivante.

XXIII.

Le Synode du *Haut Languedoc* est chargé de poursuivre Mr. *Houlier* pour l'obliger de se representer dans la Province du *Vivarez*, pour prendre Congé & de son Eglise & de ladite Province, sans lequel il en est sorti contre les Regles de la Discipline.

XXIV.

Messieurs *Sonis*, *Jossion*, *Chauffepied*, du *Bourg* & de la *Garde*, sont chargés de passer par la Ville d'*Orange* en se retirant dans leurs Provinces, pour appaiser les troubles suscités en ladite Ville & dans son Eglise : les Lettres de laquelle aiant été lûës, comme aussi celles de Mr. de *Blaçons* ; la Compagnie ratifiant l'Union de ladite Eglise avec celles de ce Roiaume, charge les Deputés Generaux de s'emploier aux afaires de ladite Eglise, en tout ce qui sera necessaire : & pour cet efet on leur écrira qu'ils travaillent à la mettre en sûreté.

XXV.

L'Eglise de *Beaune* fera Droit à Mr. *Caillé* de la somme de 560. Livres qu'il pretend lui être dûës en vertu de l'Ordonnance du Synode tenu à *Dijon*, l'An 1572. à quoi ledit Synode de *Bourgogne* tiendra la main.

XXVI.

Sur ce que le Sieur de la *Faye* a representé l'extrême pauvreté de l'Eglise d'*Aubenas*, parce qu'on lui a ôté depuis deux ans, tous les moiens qu'elle avoit pour entretenir un Pasteur : la Compagnie a ordonné que ledit Sieur de la *Faye* prendra la somme de cent Ecus sol, par preference, sur les premiers & plus clairs deniers de la Province du *Vivarez*, qui se recevront, tant de la presente année que des restes des années passées, attendu que ladite Province du *Vivarez* a reçû douze Portions par dessus le nombre des Pasteurs qui servent actuellement dans ladite Province : & pour l'avenir ledit Sr. de la *Faye* touchera trois Portions sur les deniers attribués à ladite Province, par preference, & sans paier aucuns frais, taxes ni nonvaleurs : &

pour cet efet la Province du *Vivarez* aura deux Portions par deſſus le nombre qu'elle a de Paſteurs actuellement à ſon ſervice.

XXVII.

Sur ce que le Sieur *Gantois*, Miniſtre Deputé des Egliſes de *Sedan*, s'eſt plaint de ce que le Synode de *l'Iſle de France*, *Picardie* & *Champagne* a retranché l'Apointement de quatre Paſteurs, qui leur fut aſſigné par le Synode de *Gergeau*, & ſur ce qu'il a auſſi remontré qu'il eſt très-incommode auxdits Paſteurs de ſe trouver au Synode de *l'Iſle de France*, qui ſe tient ordinairement près de *Paris*, à cauſe des grands fraix & de la longueur des Chemins ; la Compagnie a ordonné que pour le paſſé, leſdites Parties regleront leurs Comptes ſuivant le Departement de quatre Paſteurs, fait à *Gergeau* ; & qu'à l'avenir ladite Egliſe de *Sedan* demeurant unie audit Synode, comme elle l'a été par l'Ordonnance du Synode de *Gergeau*, elle ſera excuſée de ſe trouver aux Aſſemblées Synodales de ladite Province, pourveu qu'elle ſe joigne aux Aſſemblées du Coloque de *Champagne*, & que s'il y a des Apellations dudit Coloque elle les envoie par les Deputés audit Coloque qui ſe trouveront au Synode Provincial : Enjoignant audit Coloque de *Champagne* de donner à l'Egliſe de *Sedan* ſa Côte-part des Deniers qui ſeront adjugés audit Coloque dans la Diſtribution, ſuivant ce qui en fut arrêté audit *Gergeau* : le tout juſqu'au Synode National prochain.

XXVIII.

Le Livre de Mr. *Ferrier*, intitulé *Hypotheſes Theologicæ* ſera revû par lui même & communiqué aux Freres de *Geneve*, avant que d'être imprimé pour la ſeconde fois.

XXIX.

Les Deniers qui reſtent à l'Egliſe de *Saumur*, ſur la ſomme deſtinée pour l'entretien de l'Academie qui y eſt établie, ſeront emploiés à l'Achât & Conſtruction d'un Edifice propre pour les exercices de ladite Academie, attendu le peu de moiens de ladite Egliſe.

XXX.

La Province de *l'Iſle de France* s'étant plainte, que ſur la ſomme totale des Deniers qui lui ſont octroies par le Departement fait à *Gergeau*, on en retranche cinq cens Ecus qui ſont particulierement emploiés à l'entretien de deux Paſteurs de ladite Province ; La Compagnie jugeant qu'il eſt de dangereuſe conſequence que quelques Paſteurs ſoient ainſi preferés aux autres, enjoint à ladite Province de *l'Iſle de France* d'y avoir égard, & defend auxdits Paſteurs, ſous peine de très-forte Cenſure, de tirer le paiement de leur Penſion par une autre voie que celle de l'Ordonnance des autres Egliſes ; neanmoins afin de ſoulager & accommoder leſdits Paſteurs, on a reſolu d'accorder encore deux Portions à *l'Iſle de France*, outre celles qui lui ſont adjugées pour les Paſteurs actuellement à ſon ſervice.

XXXI.

La Province du *Vivarez* donnera preſentement cent Ecus à la Province du *Bas Languedoc* ſur les 372. Ecus qu'elle pretend lui être dûs par ladite Province du *Vivarez*, laquelle rendra Compte à ladite Province du *Bas Languedos*, *doc*, au prochain Synode Provincial dudit *Bas Languedoc*, sous peine à ladite Province du *Vivarez* d'être tenuë de paier la Somme entiere de 372. Ecus, en vertu du premier Decret qui sera confirmé & jugé par defaut.

XXXII.

La plainte du Sr. *Hesparnez.*, Vice-Seneschal en la *Haute Guienne*, sera presentée à *Sa Majesté* par nos Deputés Generaux, avec les autres plaintes: Et cependant on exhorte ledit Sr. *Vice-Seneschal* de se desister du Procès qu'il a avec les Magistrats de la ville de *Leytoure*, qui professent la Religion Reformée.

XXXIII.

Sur la Requête de la Ville de *Lion* pour être pourvuë d'un Pasteur qui soit propre à suporter le Fardeau d'une si importante Eglise, la Compagnie a ordonné que Mr. *Baisle* s'y transportera, pour y exercer le St. Ministere jusqu'au prochain Synode National.

XXXIV.

Les Griefs proposés par la Province de *Berri*, touchant les Eglises qui donnent de très-modiques Pensions à leurs Pasteurs, & s'atribuent tous les deniers de la Liberalité du *Roi* comme aussi tout ce qui concerne le mécontentement des Eglises pauvres, qui se trouvent lesées, parce qu'on leur fait paier autant de Fraix qu'à toutes les autres de leur Province; & enfin ce qui a été representé touchant l'Assistance des Eglises Naissantes est remis aux Provinces, qui doivent y pourvoir en toute charité, dans leurs Synodes particuliers, chacune en ce qui concernera les Eglises de son Ressort.

XXXV.

Les Provinces sont chargées de rechercher les Memoires & Actes de tout ce qui est arrivé de plus memorable depuis cinquante Ans; & de les envoier à Mr. *Daubigny* en *Poittou*; lequel écrit l'Histoire de ce tems.

Ces Actes ont été ainsi dressés au Synode National tenu à *Gap* le 23. Jour d'Octobre 1603.

ROLE

ROLE DE TOUTES LES EGLISES

Qui sont pourvûës de Pasteurs & de celles qui le doivent être dans le prochain Synode National de la Rochelle, à peine aux Provinces de restituer les Deniers qui leur sont octroiés par le Departement: & aussi des Noms des Pasteurs, & du nombre des Proposans, qui doivent être entretenus par les Provinces, fait à Gap le 23. jour d'Octobre 1603.

L'ISLE DE FRANCE.

EGLISES.	PASTEURS.
Paris, Mrs.	de Montigny.
	de Lauberan.
	de la Faye.
	du Moulin.
	Covet.
	Durand.
Le Plessis,	du Bois.
Claye,	Duronde.
Mantes,	Chorin.
Averne	Beaulieu.
Fontainebleau,	Soulas.
Toquin,	Duval.
Meaux,	Choquet.
Bisu,	Conevailles.
Fere & Artenay,	Marlette.
Senlis,	Beaulieu & le Blanc.

PICARDIE.

Clermont,	de la Touche le Jeune.
Le Villy,	Richard.
Laon,	Morel.
Guise,	De Vanes.
Compiegne,	de la Touche l'Ainé.
St. Quentin,	Richer.
Oistmont,	Blanchard.
Estaplis,	de Beaume le Fils.
Bologne,	N
Calais,	Tellier.
La Ferté au Vidame,	du Bois.

BEAUSSE.

Houdan,	Biolet.

EGLISES.	PASTEURS.
Baviulle,	Gravelle.
Anjou, au Perche,	Couronné.
Moulons,	Rougissant.
Ay,	Brisbar.

CHAMPAGNE.

Vou,	Gastine.
Châlons,	Viriot.
	de Beaumont.
Vitri le François,	Toland.
Helmauru,	Cousin.
Vassy,	Chevilette.
Netancourt,	Chandomere.
Espances,	de Beauvoir, le Pere.
S. Marc,	Carré.
Sedan,	Fournelle.
	du Tilly.
	Gantois.
Raucourt,	Canelle.
	Du Buisson dechargé.

Auxquels Pasteurs ont été ajoutées deux Portions, tellement qu'en tout il y a 46. Pasteurs, y comprenant les 4. de Sedan. 10. Eglises à pourvoir, dont 3. sont pour le Coloque de Champagne, & 6. Proposans, dont l'un sera pour ledit Coloque de Champagne.

BRETAGNE.

Vieillevigne,	Fergusson.
Nantes,	Oyseau.
Croisi,	de la Porte.
Sion,	de la Place.
Rennes,	Fautrard.
Vitré,	

XVII. SYNODE NATIONAL

Eglises.	Pasteurs.	Eglises.	Pasteurs.
Vitré,	Parant.	Rochechouart,	Fourgeaud.
Dinan.	Palloroy.	Le Boucheron,	Joubert.
		Marsillac,	Pacard le Fils.

ORLEANS ET BERRI.

Orleans,	du Moulin, le Pere.
Sancerre,	Dorival.
Gian, { La Fontaine. Pinette.	
Châtillon sur Loin,	Melet.
Châtillon sur Loire,	Le Noir.
Blois,	Vignier.
Boisgenci,	de Chambaran.
Espinuille,	Giraud.
Aubusson,	Vermer.
Argenton,	de Rieux.
Mer,	Bourguignon.
Châteaudun,	Simson.
Gergeau,	Boucher.
Poizon & Sens,	Chartier.
Romorantin,	Brun.
La Chastre.	Gravier.
Gynville & l'Umeau,	de la Roche doigne.
S. Leonard,	de Monsanglat.
Chirac,	Jurieu
S. Amand,	Jamet.
Issoudun,	Beauval.

Monsieur Berger deschargé lequel recevra 4. Portions.

POICTOU.

Coloque du Haut Poictou.

Poictiers,	Clemenceau.
Chastelleraud,	Damours.
Thouars,	Rivet.
Partenay,	Manceau.
Lusignan,	Metayer.
Sanzay,	Monastier.
Couche, { de l'Estang. Civille.	
Civray,	la Roche Crosé.
Le Vignan,	Faure.
La Tremouille,	Brun
Chauvigni,	Forent.

Coloque du milieu Poictou, apellé le Coloque de Niort & de St. Maixent.

Niort, { de la Blanchere, le Pere. Chauffepied.	
S. Maixent,	Chesneau.
Chandenier,	Guillemard.
Mougon,	de la Blanchere, Fils Aîné.
Melle,	Fossa.
S. Gelais,	de la Blanchere, & Plecadet.
Aunay,	de Lestang.
Issoudun,	de la Vallée.
Chefboutonne, Olivier, revolté depuis peu, & ensuite Mr. Chalmot de Niort.	
Benet, & St. Maxire,	Tevenot.

Coloque du Bas Poictou.

Fontenay,	de la Vallade.
Lusson,	Bonnault.
La Cheze de Viconte,	N.
S. Benoit,	Textor.
Telmont,	Maziere.
Olonne,	Vatable.
S. Gille Survice,	de Ville Saison.
Le Poiré,	de Bonvouloir.
Mouchant,	de la Touche.
Chantaunay,	Tireau.
Marvil,	Marchant.
Ste. Hermine,	Papin.
Mouilleron,	Berny.
Pousauge,	Moreau.
Vaudore,	Champagnois.
La Châtagneraye,	Tompson.
Collonge les Reaux,	Dantonet.

En tout 42. Pasteurs, 6. Eglises à pourvoir, & 3. Proposans.

XAIN.

| ÉGLISES. | PASTEURS. | ÉGLISES. | PASTEURS. |

XAINTONGE, AUNIS ET ANGOUMOIS.

Coloque de S. Jean d'Angely.

S. Jean d'Angely,	du Montier.
Taillebourg,	Rivet Puisné.
S. Savinien,	Ales.
Tonne Charente,	Jouaneau.
Tonneboutonne,	de la Viennerie.
Foré & Mata,	Rousseau.

Coloque des Isles.

S. Pierre d'Oleron,	de la Croix.
Royan,	de Chauves.
Monac,	le Cocq.
Arvert & la Tremblade,	Rossignol.
Marennes,	Boisseul.
Savion,	Bonnet le Fils.
S. Jean d'Angle,	Berger.
Soubize,	Chevalier.
Mozé,	Bavian.
S. Just.	Thoulouse.

Coloque d'Aunis.

La Rochelle,	{ du Mons. Merlin. Loumeau. Colommiers. de la Chapelliere. de Montmartin. }
S. Martin de Rhé,	{ de Beauvais. Fautras. }
Ars & Rhé,	Chavet.
La Flotte en Rhé,	Daniel.
Marans ;	Pillart.
Bourneuf,	le Febvre.
Surgeres,	Tagault.
Nieuil,	Guibert.
Moze ;	de la Cave.

Coloque de Xaintes.

Xaintes,	Bonnet le Pere.
Pons,	Sondet.
Archiac,	Menauceau.
Plassac,	Calberg.
Montagnes,	Châtagnier.
Gensac,	Gabart.
Rioux,	Marion.
Costes,	du Perche.

Coloque d'Angoumois.

S. Claude & Sindore,	Picard le Pere.
La Rochefoucaud,	Jesog.
La Roche Beaumont	Potard.
Jarnac,	Picard le Fils.
Cognac,	Bargemond.
Vertueïl,	Collodon.

Coloque de Jonsac.

Jonsac,	Pollot.
Barbesieux,	Petit.
Baigne & Chaux,	Boidieral.
La Roche Chalais,	Belot.

En tout 48. Pasteurs. 6. Eglises à pourvoir, & 6. Proposans.

BASSE GUIENNE.

Coloque du Haut Agenois.

Thonins,	{ de Monjous. de Bançons. }
Clairac,	{ Ricottier, le Pere. Ricottier, le Fils. }
Castel Maujon,	Bonsty.
Puts,	Mermet le Fils.
Montflanquin,	Ferron, le Pere.
Tournon,	Ferron, le Fils.
Monthart,	Scillade.
Seirac,	Silinus le Fils.
La Parade,	Ferran.

Eglises.	Pasteurs.	Eglises.	Pasteurs.
Gratteloup,	*Vidouse.*	Muffidan.	*Ecoffier.*
Puimirol,	*La Fajolle.*	La Force,	*du Puy.*
		Pomport,	*Regnac.*
		Limoges,	*Mars.*
		Turaine,	*Roi.*
		Argental,	*de la Faye.*

Coloque du Bas Agenois.

Bourdeaux, { *Renaud.* / *Primerose.*
Lisbourne, *de la Valade.*
Caftillon, *Baduel.*
Ste. Foi, { *Hesperian.* / *Bessoly.*
Anché, *d'Anglade.*
Sansay, *Masence.*
Pajola, *Lami.*
Miremont, *Zamet.*
Bazac, *Gaudon.*
Vellines, *Vaffar.*
Duras, *Penot.*

En tout 49. Pasteurs 6. Eglises à pourvoir, & 5. Proposans.

HAUT ET BAS VIVAREZ AVEC LE VELAI.

Valon Eoles la Gorge,	*La Bat.*
Aubenas,	*de la Faye.*
Mairas jensac,	*Imbert.*
Villeneuve de Ber,	*de la Motte.*
Antonnas,	*de Salvay.*
Boulieu,	*Quinçon.*
Desaigues,	*Tremblet*
S. Apolinart de Glarars,	*Faucher.*
Sauroy,	*Anauld.*
S. Sauveur,	*de Cros.*
Privas,	*Valleton.*
Tournon de Privas,	*Reboulet.*
S Vincent.	*Liset.*
Pouffin de Baye,	*Carate.*
Chalançon,	*Mercier.*
Cheilar,	*Dauphin.*

Coloque de Condomois.

Nerac, { *Marmet le Pere.* / *Masparraut.* / *de la Mine.*
Mozion, *Luiter.*
Casteljaloux, *du Luc.*
Caumont, *Vieilvans.*
La Bastide, *Sillujus, le Pere.*
Le Mont de Marsan, *de la Palogue.*
Coze, *Mellet.*
Viffezansac, *Guinier.*
Tartas, *Pouriot.*
Sos, *Dumier.*

Mr. Pierre Raillet dechargé du Miniftere, en tout 17. Pasteurs, outre lesquels sont accordées deux Portions pour l'Eglise d'*Aubenas*. 6. Eglises à pourvoir, 3. Proposans.

Coloque de Perigort.

Bergerac, { *Pineau.* / *Bereau, le Fils.*
Issigeac, *de Montbaron.*
Montpasier, *de Boffoly.*
Aunet, *de la Salette.*
Berbiquieres, *Dalbier.*
Sausignac, *de Roches.*
Lonquiez, *Chaveton.*
Limeuil, *Blamont.*

Coloque d'Usez.

Usez,	*Cry.*
Bagnols,	*Thomas.*
S. Ambroise,	*Petit.*
Levans,	*Lion.*
Bergac,	*Galois.*
Genouillac,	*Maignan.*
S. Gemits,	*Railly.*
Luffan,	*Texier.*
	Bon-

EGLISES.	PASTEURS.	EGLISES.	PASTEURS.
Boncourran,	Arbault.	Vauvert,	Jaumy.
Blanſay,	Bouton.	Marſillagues,	Inſtamond.
Montarene,	Arnaud.	Aiguemortes,	Banſillon.
Montfrain,	Villaret.	Sommieres,	Chauvet.
		S. Laurens,	Tuſſau, le Fils.
		Auvargnes,	Sillon.
		Calviſon,	Renvoy.

Coloque de Montpellier.

		Vergneſes,	le Boutet.
Montpellier, {	Rudavel. Gigord. Perol.	Nages, Bernys,	le Bout. Venturin.
		S. Gilles,	Mercator.
Lunel,	Prudhome.		
Maugue,	Torthon.		
Pignan,	Moncaſſin.	### Coloque de Sauve.	
Berdams,	Roſſel.		
S. André,	Sebaſtien.	Sauve,	Lazare.
Ginac,	Niſole.	Le Vignan,	Gaſques.
Beſiers,	de la Paut.	Aulas,	Paquier.
Florenſac,	Remirail.	Ganges,	Brunier.
Montagnac,	Serres.	Valleranges,	Villette.
Pouſſan,	Maſſemerain.	Meireus,	Jarri.
		Sumenne,	Albrahac.
		S. Laurens,	Nicolas.

Coloque de St. Germain.

		Montardie,	Jumi.
S Germain,	de la Faye.	La Planquette,	Falgerolles.
Val franceſque,	Aiguion.	Monoblée,	Pepin.
Bar,	Biail.	Le Rei,	Roger.
Pont de Montuert,	Cailleteau.	Quiſay,	Sebaſtien.
S. André de Valbergue,	de la Baſtide.	Durfort,	Laurens.
S. Eſtienne,	Mauvais	Pompaignan,	Nervais.
Sauvemons,	Paul	Cornas,	Guillaume Net.
Maveges,	Touſſaints	Sijau,	Fully.
Florac,	Ricaud.		
S. Marcel,	Freſſol.	### Coloque d'Anduſe.	
Le Coulet,	Diaque.		
S. Privat,	Suiſſart.		
Caſtelgirol,	Galician.	Anduſe, {	Baille. Courault.

Coloque de Nimes.

		La Salle,	Robert.
		Vezonobre,	Paulet.
Nimes, {	Momier. Ferrier. Suffren.	Toirac, Sondoigues, Alés,	Quantin. Marion. Horlet.
		Melet,	Bajet.
Galargues,	Claverelles.	Lezeau,	N.
Aubaix,	de Marizy.	S. Jean,	Fille.
Clarenſac,	Tuſſan.		Generar-

EGLISES.	PASTEURS.	EGLISES.	PASTEUR.
Generargues,	Barne.	Brusque Murasson,	Remural.
Cournas,	Matthieu.		

En tous 84. Pasteurs. 6. Eglises à pourvoir, 4. pour la *Basse Auvergne*. & 6. Proposans.

LE HAUT LANGUEDOC ET LA HAUTE GUIENNE.

Coloque d'Albigeois.

Castres,	{ Duodet. Baleran. Possion.	
Reaulmont,		Raffin.
Lombes,		Severac.
Lalaure,		Salemand.
Vianne,		Mirammond.
Angles,		Cazaux.
Vabre,		Assier.
Bassac,		des Aiges.
S. Amant,		Beranger.
Pourdelac,		Moulieres.
Rocquecourbe,		Bourgeaut.
Castelnau,		Molfrion.
Bistexte,		Faure.
Venés,		Castelfranc.

Coloque de Lauragais.

Puilaurens,	{ Voisin. la Curne.	
Cuq,		Voisin, le Frere.
Le Mont S. Puelles,		Aubriol.
S. Paul,		Villemur.
Mazamet,		Rosset.
Carmant,		Candomerc.
Venel,		Lespinasse.

Coloque de Rouergue.

Milheau,	{ du Teil. Jolly.	
S. Rome de Tac,		Jolly, le Frere.
S. Affrique,		Bentoux.

Coloque de Foix.

Pamies,	Forger.
Les Bordes,	du Puy.
Foix,	Oliere.
Mos,	Roger.
Mazeres,	Ologarax.
Caumont,	Juandun.
Saverdun,	du Puy, le jeune.
La Bastide,	Bourgade.
Camerade,	Austry.

Coloque d'Armagnac.

Lestoure,	Sauvec.
Mauvoisin,	Gardesi.
Pingasque,	Momin.
Lisle Jourdan,	du Prat.
Le Mas de Verdun,	Constans.

HAUT ET BAS QUERCY.

Carovillin,	Falgneres.
Semiras & Sombieres,	la Font.
Montauban,	{ Beraud. Tenans. Sonis. Benoist.
Negreplice,	Girard.
Caussade,	le Grand.
Vergliac,	Galiaste.
S. Antonin,	Tholosan.
Villemur.	Forgeau.
Bromgner,	Tremblet.
Albias,	Charles.
Maussac,	Richard.
Compagnac,	Vaisse.
S. Naufary,	Bricheleau.

Ministres dechargés. Mrs. Nadet, Tayaus, Grave, Causse, Goudon.

En tout 60. Pasteurs. 6. Eglises à pourvoir, & 6. Proposans.

BOUR-

TENU A GAP.

EGLISES.	PASTEURS.	EGLISES.	PASTEURS.
		La Brole,	de Chanferan
BOURGOGNE.		Merindol,	Ricard.
		Cabrieres,	de Crose.
Coloque de Lion.		Scyves,	Chalier.
		Manosq,	Codur.
Lion,	de Brunes.	Le Luc,	Toussain.
Bourgargental.	le Faucheur.		
Beaujoloy,	Comnin.	**DAUPHINE'.**	
Clugni,	Ricard.		
Rondevelle,	de Corme.	*Coloque de Vandusson.*	
Coloque de Chalons.		Pragelas,	Perron.
		Uceaux,	Perrot.
Chalons,	le Blanc.	Feneftrelles,	Lanselme, Jordan,
Couches,	Textor.	Mantoules,	Guerin.
Buzy,	Pigneau.	Villaret,	Anastase.
Parey,	Coslinet.	Meau,	Daniel Monin.
		Le Cordouet,	Josué Ripert.
Coloque de Dijon.		*Coloque d'Ambrun.*	
Vavre,	Chaffegrain.		
Isulisle,	Gauffan.	Ambrun,	Mathieu.
Arnele Duc,	Eliol.	Seffimeres,	André Repiret.
Avalon,	Alagonne.	Guilleftre en vars,	Pafcal.
		Arvieu & Chiftcux,	Jourdin.
Coloque de Gex.		Queiras,	N.
		Moulines,	Gilles.
Sefly,	Moria.	Abries & Aquil,	Gerot, le fils.
Gex,	Molan.		
Torier,	Quinçon.	*Coloque de Gapensois.*	
Ornex,	Prevost.		
Divonne,	Grillet.	Gap,	Barbier.
Chalais,	Jappé.	Veines,	Faugier.
Coulonge,	Gros.	Serres,	Martinet.
Versoy,	des Preaux.	Orpiere,	Javel.
Farges,	Perrer.	Cors,	Etienne.
Savonnes,	Aubery.	Vaudromene,	Arbreau.
Crosel,	Perial.		

On a accordé à la *Bourgogne* pour 13. Pafteurs, contant *Lion* pour un, quatre pour le Coloque de *Gex*. 6. Eglifes à pourvoir & 3. Propofans.

Coloque de Grefivodan.

Grenoble,	{ Caillé, Creffon.	
La Mure,		Vulson.
Momis,		Fabry.
S. Jean d'Arbon,		Guerrier.
Greminy,		Magnet.
		Oysan,

PROVENCE.

Leurmarin, de la Planche.

EGLISES.	PASTEURS.	EGLISES.	PASTEURS.
Oyſan,	*Eſpagnet.*	_ Paſteurs dechargés.	
Aumonneſtier,	*Eireu.*	Mr. *de Malet.*	
Dolermont,	*Jap.*	En tout 59. Paſteurs, 4. Egliſes à Pourvoir, & 8. Propoſans.	

Coloque de Die.

Die, { *Vallier. Appas.*
Saillans, *Barbier, le Pere.*
Chatillon, *Ferrault.*
Quenit, *Joſué Barbier.*
La Mothe Chalençon, *Richard.*
Beaufort, *Vacher.*

Coloque des Baronnies.

Nions, *Perrin.*
Vinſobres, *S. Perſol.*
Le Buits. *Petit.*
Talignan, *Maugies.*
S. Sauveur, *du Gas.*
Orange, { *Rouſſel. Maurice.*
Courtaiſan, *de la Veſne.*
S. Paul 3. Chateaux, { *Felix. Olivier.*

Coloque de Valentenois.

Montelimar, { *Chamier. Canter.*
Lurron & Covel, *Vinay.*
Valence, *Mercure.*
Creſt & Hure, *Sagués.*
Bourdeaux, *Gillier.*
Dieu le feit, *Girard.*
Chateauneuf de Mazeme, *Dauphin.*
Veze & Bonnieres, *Jay.*

Coloque de Viennois.

S. Marcelin, *Bouquin.*
Romans, *Agar.*
Pont de Rouan. *Denis Eyrieu.*
Beaurepaire, *Durand.*

ANJOU, TOURAINE, ET MAINE.

Coloque de Tours.

Tours, { *des Aigues. Coupé.*
Leches & Chatillon, *Grenon.*
Previlli, *Roger.*
Chinon & l'Iſle Bouchar, *Perillau.*
Vendôme, *Solomeau.*
Mondoubleau, *Didier.*

Coloque d'Anjou.

Angers, *le Bloy.*
Saumur, *Bouchereau.*
Baugé, *Fleury.*
Loudun, { *de Clereville. Bedé.*
Chouppes, *Gourdry.*
Craon & Landelles, *Bernard.*

Coloque du Maine.

Le Mans, *Vigneu.*
Belefme, *Norman.*
Laſſay, *N.*
Château du Loir, *N.*
Mr. de Leſſar Miniſtre dechargé.
En tout 20. Paſteurs, & 4. Propoſans.

NORMANDIE.

Rouen, { *Guill. de Feugray. René Bouchard. Samuel de Leſcherpiere.*
Ponteau de Mer, *Claude Picheron.*
Aux Quartiers adjoints, *Noël Druet.*
Du Pons l'Evêque, *Jaques de Label.*

EGLISES.	PASTEURS.	EGLISES.	PASTEURS.
		De Ste. Mere Eglise	
		& Carenton,	Benjamin Basnage.
Coloque de Caux.		Pontorson,	Pierre Paris.
Dieppe,	Math. Cartaut, Antoine de Licques, mors durant le Syn.	Fontenay & Duché, Philipponneau dit la Fleur.	Anthoine.
De Honfleur,	Pierre de la Motte.	De la Haye du Piné,	François Moisant.
Fescam,	Abdias Denis.	De Gance,	Lazare Robert.
Bacqueville & Lindebœuf,	Antoine Guerould.	De Castigné;	Olivier Lurchier.
Boslebec,	Christofle de Heris.	**Coloque d'Alençon.**	
Coloque de Caen.		Alençon,	Jean Boudier.
		Mongoubert,	David de la Nove.
		De Crossi,	Estienne de Prevost.
Caen,	Gilles Gautier. Claude Parent. Jean Bouvier.	De Sées;	Cleophas Gallet.
Mineville,	Samuel Bayeux.	**Coloque de Falaise, Vitré & Condé.**	
Dessars,	Pierre Tirel.		
Tremerg,	Jean Quesnel		
		Falaise,	Pierre le Saux.
Coloque de Constantin.		Condé sur Noreau,	Pierre Bosquet.
		Vitré,	Nouel Toupy.
S. Lo,	Matthieu de la Faye. Le Tollier de la Vanque. Moyse Cartaut.	S. Aubin,	Gilles de Chemin.
		Dathis,	Pierre Mourin.
		Daqueville,	Pierre Baudien.
Duchefrené,	Jean Brandouin.		

Tous les Articles, les Decrets, & Canons ci-dessus furent dressés dans le 17. Synode qui fut tenu à *Gap*, lequel finit le 23. du Mois d'Octobre de l'An 1603. & étoit signé dans l'Original.

DANIEL CHAMIER, Moderateur.
JEREMIE FERRIER, Ajoint.
NICOLAS VIGNIER
&
DANIEL ROY. } Scribes.

Fin du dixseptiéme Synode.

DIX-HUITIÈME SYNODE NATIONAL DES EGLISES REFORMÉES DE FRANCE.

Tenu à la *Rochelle* depuis le premier jour du mois de Mars jusqu'au 12. d'Avril.

L'an M. DC. VII.

Sous le Regne de HENRI IV. Roi de France, dit le *Grand*.

Monsieur Michel Beraud, *Pasteur & Professeur dans l'Eglise de* Montauban *fut le* Moderateur *de ce Synode: Monsieur* Jaques Merlin *lui fut donné pour* Ajoint, *& Messieurs* André Rivet, *Pasteur de l'Eglise de* Touhars, *&* Daniel Roi, *Ancien de l'Eglise de* Xaintes, *pour* Scribes.

LES NOMS DES MINISTRES ET DES ANCIENS,

Qui furent Deputés *audit Synode, par les* Provinces *suivantes.*

Article I.

Our la Province de *Xaintonge*, d'*Aunis* & *Angoumois*, Mr. *George Pacard*, Pasteur de l'Eglise de la *Rochefaucaut*, & Mr. *Jaques Merlin*, l'un des Pasteurs de l'Eglise de la *Rochelle*, avec les Srs. *Artus* de *Partenay*, Seigneur de *Jenouille*, Ancien de *Tonnayboutonne*, & Monsieur *Daniel Roy*, Ancien de l'Eglise de *Xaintes*, avec des Lettres de leur Deputation.

II

Pour la Province du *Bas Languedoc*, Mr. *Christofle* de *Bariac*, Sr. de *Gasques*,

ques, Pasteur de l'Eglise du *Vignan*; & Mr. *Jean Gigord*, Pasteur & Professeur dans l'Eglise de *Montpellier* : avec les Srs. *Tristan* de *Bruëis*, Sr. de *St. Chapte*, Ancien de l'Eglise de *Nimes*, & *Etienne* du *Bergier*, Ancien de l'Eglise de *Montpellier*, Maître ordinaire de la Chambre des Comptes du *Languedoc*, avec Lettres & pouvoir de ladite Province.

III.

Pour les Provinces d'*Orleans*, *Berry*, *Blaisois*, *Nivernois* &c. Monsieur *Joachim* du *Moulin*, Pasteur de l'Eglise d'*Orleans*, & Mr. *Nicolas Vigier*, Pasteur de l'Eglise de *Blois* : avec les Srs. *Daniel* de St. *Quentin*, Seigneur Baron de *Blet*, Ancien de l'Eglise de *St Amand*, & *Michel* de *Launay* Sieur de *Filaines*, Ancien de l'Eglise de *Blois*, avec des Lettres de Deputation.

IV.

Pour la Province de l'*Isle de France*, la *Champagne* & *Brie*, Monsr. *François* de l'*Auberan*, dit de *Montigny*, Pasteur de l'Eglise de *Paris*, & Mr. *Thobie Yoland*, Pasteur de l'Eglise de *Vitry le François*, & *Paul* de *Chartres*, Sieur du *Plessis Charville*, Ancien de l'Eglise de *Chartres*, avec des Lettres de Deputation.

V.

Pour la Province de la *Basse Guienne*, le *Perigord* & *Limousin*, Mr. *Paul Baduel*, Pasteur de l'Eglise de *Castillon*, & Mr. *Gilbert Primerose*, Pasteur de l'Eglise de *Bourdeaux*, avec *Jean* du *Puy* Sr. de *Cases*, Ancien de l'Eglise de *Castillon*, & Mr. *Etienne* de *Manial*, Ancien de l'Eglise de *Bourdeaux*, sans Lettres de Deputation.

VI.

Pour les Provinces d'*Anjou*, *Touraine*, *Maine* &c. Mr. *Abel Bedé* Pasteur de l'Eglise de *Loudun*, & Mr. *Pierre Salomeau*, Pasteur de l'Eglise de *Vendôme*, avec *Jaques* de *Ridoüet*, Ecuyer Seigneur de *Sançay*, Ancien de l'Eglise de *Baugé*; & *Bartelemy* de *Burges*, Ancien de l'Eglise de *Loudun* avec des Lettres de Deputation.

VII.

Pour la Province du *Haut Languedoc* & de la *Haute Guienne* Mr. *Michel Berand*, Pasteur & Professeur dans l'Eglise de *Montauban*, & Mr. *Daniel Raffin*, Pasteur de l'Eglise de *Realmont*, avec *Jean Periot*, Ancien de l'Eglise de *Montauban*, & *Pierre Philippin*, Ancien de St. *Antonin*, sans Lettres de Deputation.

VIII.

Pour le *Haut* & *Bas Vivarez* Mr. *Jean Valeton*, Pasteur de l'Eglise de *Privas*, & Mr. *Christophle Gamon*, Ancien de l'Eglise d'*Annonay*, avec des Lettres d'excuse, pour n'avoir pas envoié le nombre de Deputés prescrit par les Articles des Synodes precedens; lesquelles n'ont pas été jugés admissibles : c'est pourquoi on a censuré ladite Province, de laquelle neanmoins les Duputés ont été admis pour cette fois, sans consequence pour l'avenir, avec declaration à ladite Province, qui si elle n'envoie pas desormais le nombre de quatre Deputés, ils n'auront point de voix deliberative suivant la Resolution qui en a été prise au Synode National de *Gap*.

Tome I.   Pp   IX. Pour

IX.

Pour la *Provence* Mr. *Daniel Chamforan*, Pasteur de l'Eglise de la *Coste*, & *Pierre Texier*, Ancien de l'Eglise de *Lormarin*, avec des Lettres d'excuse de ce qu'ils n'ont pas pû envoier le nombre des Deputés susmentionné, lesquels attendu le petit nombre des Pasteurs de ladite Province, ont été admis pour cette fois seulement, leur aiant ordonné d'en envoier 4. à l'avenir, ou de se joindre à une autre Province.

X.

Pour la Province du *Haut* & *Bas Poictou*, Mr. *Jaques Clemenceau*, Pasteur de l'Eglise de *Poictiers*; & Mr. *André Rivet*, Pasteur de l'Eglise de *Touars*: avec *Samuel Maurlerc*, Sr. de *Marconnay*, Ancien de l'Eglise de *Poiré* & *Beleville*, & Mr. *Joseph des Fontaines*, Ancien de l'Eglise de *Melle*, sans Lettres de Deputation.

XI.

Pour la Province du *Dauphiné*, Mr. *Jean Paul Perrin*, Pasteur de l'Eglise de *Nyons*, & Mr. *Jean Vulson*, Sieur de la *Coulombiere*, Pasteur de l'Eglise de la *Mure*, avec *Charles de Vese* Sr. de *Cons*, Ancien de l'Eglise de *Dieu le fit*, & Seigneur *Du lieu*: & *François* de la *Combe*, Ancien de l'Eglise de St. *Marcelin*, sans Lettres de Deputation.

XII.

Pour les Provinces de *Bourgogne*, *Lionnois*, *Forez*, & *Beaujolois*, Monsr. *Esaie Baille*, Pasteur de l'Eglise de *Lion*, & Mr. *David* le *Protay*, Pasteur de l'Eglise de *Gex*, avec *Jean de Jaucourt*, Seigneur de *Villarnou*, Ancien de l'Eglise d'*Avalon*, & Monsieur *Claude Catherine*, Ancien de l'Eglise de *Dijon*, & Conseiller au Parlement de *Bourgogne* avec des Lettres de Deputation.

XIII.

Pour la Province de *Normandie*, Mr. *Antoine Guerout*, Pasteur de l'Eglise de l'*Indebeuf*, & Monsr. *Jean Boudret*, dit de la *Buissonniere*, Pasteur de l'Eglise d'*Alençon*, & Mr. *Samuel de Lescherpiere*, Pasteur de l'Eglise de *Rouen*, avec *Nicolas le Fevre*, Ancien de l'Eglise de *Caen* avec des Lettres pour lesquelles on a censuré, tant le Synode de ladite Province, pour avoir remis la Nomination desdits Deputés aux Coloques, que le Coloque de la *Haute Normandie*, pour n'avoir pas observé l'egalité du nombre des Pasteurs & Anciens, suivant la Discipline, & neanmoins leurs quatre Deputés ont été admis dans ce Synode.

XIV.

Pour la Province de *Bretagne*, Mr. *René de Losse*, dit de la *Touche*, Pasteur de l'Eglise de *Blain*, & Mr. *Pierre de la Place*, Pasteur de l'Eglise de *Syon*, avec *Louis d'Avaugour*, Seigneur du *Bois de Cargroy*, Ancien de l'Eglise de *Nantes*, & *Elie de Goulene* Seigneur de l'*Audoniniere*, Ancien de l'Eglise de *Vieille-Vigne*, avec des Lettres de Deputation.

XV.

Il s'est aussi presenté Mr. *Isaac Balderan*, Pasteur de l'Eglise de *Lescar*, & principal du Colege dudit Lieu, envoié par les Eglises de ce Païs-là;

pour

pour aſſiſter & avoir voix deliberative dans cette Compagnie ; laquelle l'a admis : Mais leſdites Egliſes ſont exhortées de joindre à l'avenir un autre Paſteur ou Ancien avec leurs Deputés, pour ſe trouver à nos Synodes Nationaux.

XVI.

Monſieur *Jaques Capel* Paſteur, & le Sr. de *Berry* Ancien de l'Egliſe de *Sedan*, Deputés des Egliſes de la Souveraineté pour ſe trouver en cette Compagnie, n'y ont pas été admis, comme faiſant une Province à part, d'autant qu'ils ſont joints au Coloque de *Champagne* : Mais il leur ſera neanmoins permis d'aſſiſter à l'Aſſemblée, lors qu'on y traitera ce qui concerne la Doctrine & la Diſcipline en general, & d'y propoſer en leur rang ce qui concernera leurs Egliſes en particulier & leur Academie.

XVII.

Après l'Invocation du Nom de Dieu la Compagnie procedant à la Nomination des *Moderateur*, *Ajoint* & *Secretaires*, les Deputés du Corps de Ville de la *Rochelle* ſe ſont preſentés, demandant que leurs ſuffrages fuſſent reçûs pour ladite Nomination, comme faiſant une Province entre les autres de ce Roiaume, & d'autant que ladite Nomination ne concerne pas la Doctrine, ni la Diſcipline des Egliſes, mais leur Conſervation commune : Sur quoi aiant été jugé que la Compagnie eſt purement Eccleſiaſtique, & qu'il eſt encore incertain ſi elle traitera de quelques Afaires d'une autre Nature, on n'a pas été d'Avis que les ſuſdits Moderateur, Ajoint & Secretaires fuſſent Elûs par d'autres Perſonnes que par des Eccleſiaſtiques : mais on a pourtant accordé auxdits Deputés d'avoir entrée & ſéance dans ladite Aſſemblée, pour y opiner & donner leur voix ſuivant le reglement de *Chaſtelleraud*, ſi on trouve bon d'y traiter des Matieres qui ne ſoient pas Eccleſiaſtiques.

XVIII.

On a élû pour moderer l'Action le Sieur *Beraud*, & pour Ajoint le Sieur *Merlin*, & pour recüillir & dreſſer les Actes les Srs. *Rivet* & *Roi*.

XIX.

Parmi les Lettres de Deputation celles de quelques Provinces s'étant trouvées n'avoir point la Clauſe qui promet la ſoumiſſion à tous les Decrets, & l'Aprobation des choſes qui ſeront arrêtées & reſolûes, elles ont été averties de ne l'obmettre plus à l'avenir, d'autant qu'elle eſt très-neceſſaire pour la validité des Concluſions de telles Aſſemblées ; c'eſt de quoi les Freres du *Bearn* feront particulierement avertis.

XX.

Sur l'Inſtance de pluſieurs Paſteurs & Anciens de Diverſes Egliſes, leſquels n'étant point Deputés, deſiroient d'aſſiſter à l'Aſſemblée, pour voir & entendre tout ce qui s'y paſſeroit : la Compagnie conſiderant leur grand nombre qui croiſſoit exceſſivement, & eût attiré de la confuſion & d'autres mauvaiſes conſequences, ſi tous y euſſent été admis indiferemment en toutes choſes, n'a pas été d'avis de donner entrée à d'autres qu'aux Deputés, ſi ce n'eſt lors qu'on traitera des choſes qui concernent la Doctrine, & la Diſcipline en general ; ce qui ſervira de Reglement pour l'avenir. Et tous ceux

la même qui viendront au Synode de leur propre mouvement sans avoir aucunes afaires particulieres & necessaires à y proposer, ne seront point reçûs dans l'Assemblée, s'ils n'aportent quelque Atestation du congé de leurs Eglises, avec l'imitation du tems qu'on leur aura permis de s'en absenter.

XXI.

Parce que plusieurs, dès l'Ouverture de l'Assemblée, importunent toute la Compagnie, & troublent l'Ordre des Afaires, pressant les leurs particulieres avec impatience, à cause des fraix qu'ils font par un trop long séjour ; Les Eglises seront averties qu'à l'avenir on ne procedera aux Apellations qu'au septiéme jour après la Convocation du Synode, afin que ceux qui y sont interessés ne se precipitent pas trop, & qu'ils aient le loisir de se presenter à propos.

XXII.

Les Reponses de Monsieur *l'Electeur Palatin* faites aux Lettres du Synode de *Gap*, par lesquelles il étoit prié de travailler à l'Union des Eglises, aiant été lûës, comme aussi celles du *Senat Ecclesiastique* du *Palatinat*, de *l'Université* de *Heidelberg*, du Synode Provincial de *Hollande* & de *Zelande*, & du Païs de *Hanau*, de la *Classe* de *Lausanne*, *Morges*, *Yverdun*, &c. au *Canton* de *Berne*, & de l'Eglise de *Geneve*: La Compagnie y aiant trouvé toutes sortes de Temoignages d'une Sainte Afection pour la recherche & le desir de ce Bien Commun, & en particulier une *Approbation entiere* de la *Confession de Foi* des Eglises de ce Roiaume, a rendu graces à Dieu de ce qu'il nous a déja élargi un tel Bien, concevant une bonne Esperance qu'en le continuant il touchera aussi l'Esprit de ceux qui sont encor à present en Discordre. C'est pourquoi tous sont exhortés de solliciter cette Union par de très-humbles Prieres.

XXIII.

On a aussi lû les Lettres de Monsieur *Regnaut*, Pasteur de l'Eglise de *Bourdeaux*, qui avoit été chargé de celles du Synode de *Gap*, en allant en *Allemagne* pour ses afaires particulieres ; où les aiant rendûës chacune à son Adresse, parce qu'une telle negociation lui a causé de l'incommodité, & qu'à son retour il a eu Ordre de faire un Voiage à la Cour à ses propres depens : aiant aussi fait quelques fraix pour l'Impression de la *Confession de Foi*: La Compagnie lui a accordé la somme de soixante dix Ecus pour son remboursement, & le remercie de ce qu'il a rendu fidelement lesdites Lettres, conferé avec Monsr. *Piscator*, & rapporté sa Reponse.

REVISION
DE LA CONFESSION DE FOI.

Article I.

Sur l'Article dixiéme, où il est dit que toute la Lignée d'*Adam* est infectée du peché Originel, les Pasteurs de *Lausanne* aiant demandé par leurs Lettres qu'on fasse une Exception de *Jesus-Christ* : elle n'a pas été trouvée necessaire, parce qu'elle se trouve expresse en un autre Article de la même *Confession*, & qu'elle s'entend en cet endroit par toutes personnes, & d'ailleurs parce que l'Ecriture parle ainsi en propres termes.

II.

Sur ce que le Synode de *Gap* avoit chargé les Provinces de peser en quels termes l'Article 25. de la *Confession de Foi* doit être couché, pour en venir pretes à ce present Synode, & y juger si on doit faire mention de *l'Eglise Universelle* de laquelle il est parlé dans le *Symbole* : Comme aussi s'il est expedient d'ajoûter à l'Article 29. le mot de *Pure*, à celui de *Vraie* Eglise, & en general que toutes s'apretassent sur ce qui concerne la *Question de l'Eglise* : Les Provinces aiant été oüies sur cela, par leurs Deputés, il a été resolu d'un commun consentement de ne rien diminuer, ni ajoûter auxdits Articles, & de ne pas toucher de nouveau à la *Matiere de l'Eglise*.

III.

Il a été arrêté qu'il ne seroit rien ajoûté à l'Article 18. de la même *Confession*, où il est parlé de nôtre Justification, attendu qu'il est couché en termes exprès de l'Ecriture, & selon la Frase ordinaire d'icelle ; l'Eclaircissement & Amplification qu'on en pourroit desirer se pouvant faire par ceux qui ont charge d'enseigner.

IV.

Sur les Lettres écrites par le Docteur *Jean Piscator*, Professeur de l'Academie de *Herbon*, repondant à celles qui lui avoient été écrites par le Synode de *Gap*, & rendant raison de sa Doctrine touchant la Justification par la seule Obeïssance de *Christ* en sa Mort & Passion, imputée à Justice aux Croians, & non pas par l'Obeïssance de sa vie; la Compagnie n'aprouvant pas la Division des Causes si étroitement unies dans ce grand efet de la Grace de Dieu, & ne trouvant pas que les Raisons & les Citations emploiées dans lesdites Lettres soient concluantes, pource qu'il pretend de prouver, a ordonné que tous les Pasteurs des Eglises de ce Roiaume se tiendront à la même Forme de Doctrine qui a été enseignée jusques ici dans lesdites Eglises, purement & conformement à l'Ecriture Sainte : à savoir que toute l'Obeïssance de *Christ* en sa Vie & en sa Mort nous est imputée pour l'entiere remission de nos pechés, & pour nôtre entiere & parfaite Justification, comme n'étant qu'une seule & même Obeïssance, dont l'acceptation que nous en faisons, par la Foi, nous en rend participans à vie Eternelle. C'est pourquoi il a été résolu qu'on repondroit à la Lettre dudit *Piscator*, en lui proposant cette Sainte Doctrine avec ses principaux fondemens, sans contestation & avec une telle douceur qu'elle reponde à la modestie reconnuë dans les Lettres dudit *Piscator* qui sont sans aigreur : laissant à Dieu à lui reveler, quand il lui plaira, ce qu'il y a de defectueux dans sa Doctrine, & l'assûrant pour ce qui concerne la Penitence, que l'éclaircissement qu'il en a mis dans ses Lettres a donné du contentement à toute la Compagnie.

V.

Sur Les Lettres écrites par Mr. *Fælix Huguet*, Pasteur, accompagnées de deux Copies du Livre qu'il a composé en Latin, touchant la Matiere de la Justification, lequel Livre il a déja fait imprimer à *Geneve*, sans l'aveu des Pasteurs du lieu, & sans l'Aprobation des Pasteurs de la Province du *Dauphiné*, dans laquelle il reside : Après que quelques-uns des Freres Pasteurs, qui avoient été chargés de voir ledit Livre, ont eu fait leur Raport, tant sur son Style que sur sa Matiere, la Compagnie a jugé ledit *Huguet* grandement censurable, tant pour avoir entrepris, sans aucune Charge, d'écrire au Nom du Synode sur des choses qui concernoient toutes les Eglises, & de répondre publiquement à un Ecrit qui n'étoit pas encore publié, que pour l'avoir mis en lumiere, contre les Regles de la Discipline Ecclesiastique ; C'est pourquoi la Compagnie ordonne que ledit Livre sera suprimé, & Messieurs de *Geneve* remerciés d'en avoir déja arrêté le debit, & priés de l'abolir entierement à l'avenir. On a aussi trouvé bon que dans la Lettre qui sera écrite au Docteur *Piscator*, on lui fasse entendre que ce Livre n'a point été écrit avec Charge ni Consentement des Eglises, mais entrepris par un particulier sans aucun aveu du Public.

VI.

La Lettre écrite par Mr. *Sonis*, Pasteur & Professeur de l'Eglise & Colege de *Montauban*, au Nom de cette Assemblée, pour Réponse à celle de *Piscator*, aiant été lûë & trouvée Orthodoxe, il a été conclu que ledit Sieur *Sonis* seroit remercié de son Travail & de sa Diligence : & néanmoins pour le bien de la Paix & Concorde on a trouvé bon de la retenir, & de prier ledit Sieur *Sonis* de suspendre la Publication de son Traité de la Justification, jusqu'à un certain tems, auquel on pourra voir les douces Procedures commencées, duquel tems le prochain Synode National jugera.

VII.

Mr. *Regnault*, Pasteur de l'Eglise de *Bourdeaux*, aiant envoié Copie des Lettres qui lui ont été écrites par Mr. le Comte *Jean de Nassau*, dans lesquelles il témoigne le desir qu'il a d'entretenir la Paix & l'Union des Eglises, & promet sur tout d'empêcher que le Fait qui concerne le Professeur *Piscator*, n'éclatte davantage, pourvû qu'on ne le provoque pas d'ailleurs ; il a été résolu qu'il seroit écrit de la part de cette Assemblée audit Seigneur Prince, tant pour le remercier de sa sainte affection, & le suplier d'en continuer les efets, en procurant cette Union tant desirée, & en empêchant toutes les Aigreurs & les Disputes vetilleuses de la part de ses Sujets : que pour l'assûrer aussi de la part des Eglises de ce Roiaume qu'il ne sera permis à personne d'irriter ledit *Piscator*

par

par des Ecrits publics, & lui declarer que si quelqu'un l'a ci-devant entrepris, cela s'est fait sans aucune charge; & que cette Compagnie aiant desavoué & censuré tous les Auteurs de ces Ecrits, en previendra les mauvais efets à l'avenir.

VIII.

Les Imprimeurs seront derechef avertis, suivant l'Ordonnance des Synodes de *Montauban* & de *Saumur*, de mettre le mot *Union*, au lieu d'*Unité* dans le 26. Article de nôtre *Confession*: & les Pasteurs des Eglises où il y a Imprimerie sont chargés d'y prendre garde, lors qu'il s'y en fera quelques nouvelles Editions.

IX.

L'Article touchant l'*Antechrist* inseré au Synode de *Gap*, pour être le 31. de nôtre *Confession* de *Foi*, aiant été lû en son rang, pesé & examiné, a été aprouvé & loüé d'un commun consentement en sa Forme & Substance, comme très-veritable & conforme à ce qui a été predit dans l'Ecriture, & que nous voions en nos jours clairement accompli. C'est pourquoi il a été resolu qu'il demeureroit en son lieu, & que desormais il sera imprimé dans les Exemplaires qui seront mis de nouveau sous la Presse.

X.

Le mot, *Surintendant*, demeurera dans l'Article 33. selon l'Interpretation du Synode de *Gap*.

XI.

Sur ce que les Pasteurs des Classes de *Lausanne*, de *Morges* &c. remontrent dans leurs Lettres qu'il seroit bon d'ajoûter à la fin du 33. Article après le mot *Apartenances*, cette Restriction, *en tant qu'elles sont fondées sur la Parole de Dieu*: La Compagnie a trouvé que cela seroit superflu, attendu que les mots qui precedent expriment sufisanment la susdite Restriction, puis qu'ils portent expressément, que *lors qu'il s'agit de l'Excommunication nous devons suivre ce que nôtre Seigneur nous a declaré.*

XII.

Sur ce qui a été remontré qu'il seroit bon de faire dans le 32. Article une mention plus expresse de l'Union que nous avons les uns avec les autres, selon qu'elle nous est representée dans la sainte Cene: Il n'a pas été trouvé necessaire d'y rien ajoûter, parce que la conjonction des Membres avec leur Chef, dont il y est fait mention, exprime par une consequence necessaire, la Communion des Membres les uns avec les autres.

XIII.

Il est enjoint aux Consistoires des Eglises où il y a des Imprimeries, d'avoir soin à l'avenir que les Imprimeurs n'oublient plus de mettre dans le 39. Article ces mots de l'Institution du Seigneur, *Prenés*, *mangés*, &c. *beuvés-en tous*, &c. selon ce qui en fut ordonné au Synode de *Saumur*.

XIV.

La Dificulté proposée par la Province du *Haut Languedoc* sur ce mot, *Lieutenant*, n'a pas été jugée sufisante pour empêcher que ledit mot ne demeure dans l'Article 39., puis qu'elle n'a aucune signification contraire à ce que l'E-
criture

criture attribuë aux Magistrats, étant équivalente à d'autres mots qui se trouvent leur être attribués dans la Parole de Dieu.

X V.

La Confession de Foi aiant été lûë mot à mot, & de point en point, a été aprouvée d'un commun accord & ratifiée par tous les Deputés presens, qui ont promis & juré de vivre & de mourir dans cette Foi : Et de s'en tenir particulierement à ce qui a été determiné selon les Ecritures, que nous sommes justifiés devant Dieu par l'Imputation de l'Obeïssance que nôtre Seigneur *Jesus-Christ* a rendûë à Dieu son Pere durant sa Vie & en sa Mort: C'est pourquoi les Deputés des Provinces demanderont au Nom du Synode l'Aprobation de cette Doctrine à tous les Pasteurs des Provinces qui les ont envoiés.

REVISION

DE LA DISCIPLINE ECCLESIASTIQUE.

Article I.

Sur le Chapitre 1. Article 2. après ces mots, *de leur Doctrine*, on ajoutera, ,, aprouvée par l'espace de deux Ans, pour le moins, depuis leur Conver-,, sion & confirmée par de bons témoignages des Lieux où ils auront demeuré.

I I.

Sur l'Article 4. l'alternative, *deux ou trois*, sera ôtée, & on ne fera mention que de *trois seulement*.

I I I.

Aucune Eglise n'entreprendra à l'avenir, quelque solicitation qui lui en puisse être faite, d'examiner les Pasteurs, ni d'imposer les mains à ceux qui doivent servir hors de la France, mais chacune se conformera pour cet efet à la Discipline, & aux Reglemens des Synodes Nationaux precedens.

I V.

Dans l'Article 41. après ces mots, *il sera avisé*, il faut ajouter, ,, sans qu'il ,, puisse durant ce tems administrer les Sacremens, afin &c.

V.

L'Article du Synode de *Gap* sera étroitement gardé en ce qui concerne l'onziéme Chapitre de la Discipline, & pour le bien pratiquer à l'avenir dans les Censures qui seront faites par les Consistoires, Coloques & Synodes, on s'informera diligenment de la maniere & façon de prêcher de chaque Pasteur, & on obligera par Serment ceux qui en seront enquis de dire la verité de ce qu'ils en sauront; & afin qu'ils puissent mieux répondre sur chaque Point, on lira ledit Article de la Discipline.

V I.

En lisant le 19. Article, la Compagnie a ordonné qu'on écrira aux Seigneurs de ce Roiaume qui font profession de la Religion Reformée, pour les exhorter

d'avoir

d'avoir soin de mener un Pasteur avec eux, lors qu'ils iront en Cour, & quand ils feront quelques voiages.

VII.

La Compagnie, pour expliquer ces mots du 28. Article, où il y a *les Eglises ouïes*, declare que cela marque *le Consistoire & les Principaux du Peuple*, & que par ces autres mots où il y a *pour de certaines Considerations*, elle n'entend pas celles qui precedent, mais generalement tout ce qui pourra survenir.

VIII.

Sur l'Article 33. où il est parlé du Consentement des Eglises & des Pasteurs, quand il s'agit du prêt des Ministres hors de leur Province, il a été jugé que nonobstant toute Apellation, le Coloque pourra prêter un Pasteur pour trois mois, & le Synode Provincial pour six.

IX.

Les moiens de pourvoir à l'ingratitude de ceux qui refusent la Subvention dûë aux Pasteurs ordonnés par les Synodes de *Gergeau* & de *Gap*, sont remis à la prudence des Consistoires pour en user discretement & charitablement.

X.

A la fin de l'Article 48. on ajoutera ces mots, " & toute Sentence de Suspension, pour quelque Cause que ce soit, tiendra, nonobstant l'Apel jusqu'au jugement definitif.

XI.

Sur le Chapitre 3. Article 1. La Coutume qui s'est trouvée dans quelques Eglises, où les Anciens qui sortent de charge nomment ceux qui doivent l'exercer après eux, a été improuvée. C'est pourquoi on ordonne que la nomination s'en fera par les voix de tout le Consistoire, selon la Discipline.

XII.

Sur l'Article 4. du Chapitre 4. Les Synodes Provinciaux sont avertis de s'enquerir diligemment des Pasteurs & Anciens qui donnent des Temoignages contre la forme prescrite, afin de les censurer, & les Pasteurs qui desormais voudront donner quelques Atestations aux Artisans & autres Personnes, qui ne les demandent que pour être reconnûs comme membres de l'Eglise, specifieront qu'ils ont promis de ne s'en servir en aucun lieu pour mendier, ni pour courir d'Eglise en Eglise, & que s'ils en abusent lesdits Pasteurs entendent qu'elles seront tenûës pour nulles, & lacerées.

XIII.

Les Eglises desquelles quelques membres sont prisonniers à *Paris* où ailleurs, pour Cause de Religion, sont exhortées de les secourir & de leur envoier charitablement une partie de l'argent des Aumônes.

XIV.

A la fin de l'Article 4. du Chapitre 5. on ajoutera, " sans que l'on puisse
" neanmoins traiter des Afaires Ecclesiastiques autre part que dans les Lieux
" où le Consistoire s'assemble ordinairement.

XV.

Sur l'Article 9. Les Consistoires entiers ne pourront être recusés, ni l'un des Pasteurs ou des Anciens, quand le Consistoire ne jugera pas les Causes de Recusation valables nonobstant l'Apel.

XVI.

Sur l'Article 20. Ceux qui auront été mariés par un Prêtre, ne pourront pas être dispensés de reconnoitre publiquement leur faute devant les Consistoires, de quelque qualité & condition qu'ils soient.

XVII.

Dans le 7. Article du Chapitre 8. après ces mots, *il sera élû*, on doit ajouter, *à basse voix*.

XVIII.

En lisant le Departement des Provinces, il a été trouvé bon, que celles qui sont grandes & où il a un grand nombre de Pasteurs, examinent s'il leur sera commode de se partager en deux, pour venir preparées sur cela au Synode National prochain.

XIX.

Sur l'Article 3. du Chapitre 9. on a laissé à la liberté des Provinces d'envoier une autrefois au Synode National les mêmes Deputés qui auront assisté de leur part au Synode National precedent, si elles jugent que cela leur soit utile ou necessaire.

XX.

Ce qui avoit été raié du 7. Article du 9. Chapitre au Synode de *Gap*, à savoir cette Clause, "(les Provinces en aiant été averties auparavant par celle qui à la charge d'assembler le Synode;) y sera remis avec cette condition à la fin, *tant que faire se pourra*.

XXI.

Sur l'Article 3 du Chapitre 10. Il est permis aux Eglises particulieres de celebrer le Jeune, en prenant Avis des Eglises voisines; & cela pour de grandes & urgentes necessités, desquelles elles rendront raison à leur Coloque & au Synode Provincial.

XXII.

Dans l'Article 11. du Chapitre 13. après ces mots *avec la Niece*, on ajoutera *ou arriere-Niece*.

XXIII.

Dans l'Article 11. du Chapitre 13. après ces mots *Atestation suffisante*, il faut ajouter *des Promesses*.

XXIV.

Dans l'Article 15. du Chapitre 14. on ajoutera ces mots," & en cas que la "chose presse, il faut recourir aux Academies, ou aux Pasteurs voisins.

XXV.

La Discipline Ecclesiastique aiant été lûë & aprouvée par tous les Deputés, ils en ont juré l'Observation, & promis de la faire pratiquer soigneusement dans leurs Eglises, & publier dans leurs Provinces.

TENU A LA ROCHELLE.

OBSERVATIONS
SUR LE SYNODE NATIONAL DE GAP.

Article I.

L'Exhortation faite par le Synode National de *Gap*, de lire la Confession & la Discipline dans les Synodes Provinciaux ne s'entend qu'autant qu'il sera possible de le faire.

II.

La Compagnie a jugé qu'il n'est pas besoin de faire presentement une Apologie de la *Confession de Foi* de nos Eglises.

III.

Dans l'Article dudit Synode sur le 31. de la Discipline, où il est parlé de la Vocation des premiers Pasteurs des Eglises Reformées, ces mots, *& d'enseigner*, qui se trouvent dans quelques Exemplaires, seront raiés, & au lieu de *simplement* on mettra *principalement*: & cette derniere clause, *& non à ce peu de Vocation ordinaire & corrompuë qui leur restoit*, sera ainsi lûë *plûtôt qu'à ce peu de Vocation ordinaire qui leur restoit*.

IV.

Les Freres de *Normandie* se conformeront aux autres Eglises, pour la Reception des Anciens & des Diacres, au plûtôt que faire se pourra.

V.

Les Eglises du Baillage de *Gex* demeureront jointes au Synode Provincial de *Bourgogne*.

VI.

Dans la Lettre qu'on écrira aux Freres de l'Eglise de *Geneve*, ils seront derechef priés de n'envoier pas les Ecoliers Proposans prêcher dans les Villages, & administrer les Sacremens, devant qu'ils aient été dûement admis au S. Ministere. On les exhortera aussi de prendre soigneusement garde à la conduite des Etudians en Theologie, afin que dans le tems qu'ils demanderont un Temoignage, on ne le leur accorde que sur une connoissance certaine de leur bonne Conduite & de leurs Talens, sur tout quand il sera question de ceux qui sortent des Convens, auxquels cette Compagnie aiant limité le terme de deux ans devant qu'ils soient admis au S. Ministere, lesdits Freres de *Geneve* en seront avertis, afin qu'ils retiennent ceux qui se voudront trop hâter. Il a été aussi trouvé bon de les prier qu'ils fassent ce qui leur sera possible, avec les Magistrats & le Peuple, afin qu'ils se conforment aux autres Eglises dans l'usage du Pain Levé pour la Ste Cene du Seigneur, suivant l'exemple recent des Eglises de *Berne*.

VII.

Le mot *Damnation*, modifié & expliqué comme il est dans la 10. Section du Catechisme, demeurera sans Changement.

VIII. Sui-

VIII.

Suivant l'Article de *Gap*, L'Eglife de *Sedan* fera jointe au Synode de *l'Ifle de France*, & au Coloque de *Champagne*, & fe trouvera par fes Deputés auxdits Coloque & Synode, moienant quoi elle recevra auffi les quatre Portions qui lui avoient été affignées à *Gergeau*.

IX.

Le Miniftere de Monfieur *Baille*, octroyé par ledit Synode à l'Eglife de *Lion* jufqu'à cette heure, aiant été très-fructueux & de grande édification dans ladite Eglife, la Compagnie le Confirme pour Pafteur ordinaire de la même Eglife, fans que la Province du *Bas Languedoc* puiffe pretendre aucun droit fur lui à l'avenir.

X.

La Compagnie a jugé les Academies de *Montauban*, *Nimes*, *Montpellier* & *Sedan* très-cenfurables, pour avoir manqué d'aporter à ce Synode les Comptes des Deniers qu'elles ont reçu pour l'entretien des Profeffeurs & Regens, fuivant l'Ordonnance du Synode de *Gap* : & afin qu'elles en foient plus foigneufes à l'avenir, on retiendra cinq cens Livres des Deniers de l'Academie de *Montauban*, entre les mains du Receveur General, & deux cens cinquante Livres de ceux des Academies de *Nimes*, de *Montpellier* & de *Sedan*, pour le Compte de chacune : & fi elles manquent de rendre leurs Comptes à l'avenir, on leur retranchera cinq cens Ecus de leurs Portions ; mais fi elles les rendent fidelement, les Deniers qu'on leur retient maintenant leur feront reftitués. Au refte les Synodes Provinciaux font chargés de rendre en confcience temoignage aux Synodes Nationaux du devoir que font les Profeffeurs & Regens des Academies qui font dans leurs Provinces ; & de prendre bien garde à la forme des Aquits & des Pieces juftificatives des fufdits Comptes, pour envoier le tout aux Synodes Nationaux par les Deputés de leurs Provinces.

MATIERES GENERALES.

Article I.

IL a été ordonné que deformais les Actes particulieres qui concercent les Apellations, les Cenfures & chofes femblables, ne feront delivrez, qu'à ceux qui y auront interêt.

II.

La Compagnie a declaré que l'Article de *Montpellier* ne permettant pas de donner Atteftation à ceux qui, par crainte de fortilege, veulent folennifer leur Mariage en d'autres Eglifes que celles auxquelles ils fe rangent ordinairement, demeurera, comme n'étant pas contraire à celui de la Difcipline, qui concerne les Atteftations fur le Chapitre des Mariages.

III. Atten-

III.

Attendu l'extrême necessité des pauvres Freres du Marquisat de *Saluces* bannis & persecutés pour la vraie Religion, selon qu'il nous a été representé par *Charles Garnier* & *Constans Vivian* leurs Deputés: La Compagnie exhorte toutes les Provinces de leur aider par des Aumones extraordinaires: étant remis à chaque Synode Provincial de juger des moiens plus propres & convenables pour faire la Colecte dans les Eglises particulieres, & par ce qu'il y a déja des Deniers recueillis pour cet efet dans quelques Eglises, on a ordonné qu'ils leur seront envoiés, & ne pourront être divertis à d'autres usages. Et afin que nos Freres soient tenus pour François Naturalisés, nos Deputés qui seront envoiés en Cour auront charge expresse d'en poursuivre la Declaration du *Roi*.

IV.

Les Deputés des Provinces seront tenus à l'avenir d'aporter aux Synodes Nationaux l'Etat des Pasteurs de leurs Provinces, & des Eglises & Proposans, avec la notte des Portions qui leur sont attribuées dans la Distribution qui se fait tous les ans par le Receveur de la Province: ensemble les témoignages des Universités dans lesquelles lesdits Proposans étudient, autant que faire se pourra.

V.

Les Proposans pourront être admis aux Synodes Nationaux, lors qu'on y traitera de la Doctrine & de la Discipline en general, s'ils ont un bon témoignage. Quant aux autres personnes qui ne sont pas Ecclesiastiques, de quelque condition qu'elles soient, il n'a pas été jugé expedient de les y admettre, à cause des consequences qui en resulteroient.

VI.

S'il arrive quelque Debat dans les Academies où il est question de la Vocation des Professeurs, & des Regens, & si l'une des Parties contendantes se pourvoit hors des Assemblées Ecclesiastiques, elle sera poursuivie selon toutes les Censures Ecclesiastiques, jusques à l'Excommunication en cas de rebellion: Et si un tel Personnage a quelque Emploi dans nos Afaires, la Compagnie ordonne qu'il soit cassé aux Gages, & declaré indigne de toute Charge Academique.

VII.

Pour obvier deformais à la mauvaise coûtume qui se glisse parmi les Eglises, & qui cause beaucoup d'embarras aux Synodes Nationaux par la Lecture & l'Examen d'une infinité d'Actes faits par devant les Juges Seculiers, qui introduiroient à la fin une espece de chicane indigne de telles Compagnies; Il est défendu très-expressément d'emploier à l'avenir de telles Procedures, & enjoint à tous de se tenir dans la simplicité convenable à de telles matieres, sous peine, à ceux qui y contreviendront, de n'être point ouïs dans leurs Propositions.

VIII.

S'il arrive que quelqu'un se sente lesé par le Synode Provincial touchant les afaires pecuniaires, dans lesquelles le Synode auroit interêt: il demandera son renvoi

renvoi à la Province voisine, laquelle en pourra juger definitivement sans renvoier de telles causes aux Synodes Nationaux.

IX.

Lors que le Jeûne public se celebrera dans les Eglises de *France*, les Eglises du *Bearn* seront averties du tems & des Causes dudit Jeûne, par la Province de la *Basse Guienne*, & lesdites Eglises seront comprises dans toutes les choses qui dependent de nôtre Union, & même en ce qui concerne les Plaintes & les Requêtes qui seront adressées à *Sa Majesté*, par le moien de nos Deputés Generaux.

X.

Sur la Proposition faite par Mr. *Baldran*, Deputé du *Bearn*, que les Eglises de *Soule* & de *Bigorre*, étant du Territoire de *France*, ont néanmoins jusqu'à present été jointes aux Eglises du *Bearn*, d'où elles ont reçû tous les Pasteurs & les moiens qui leur ont été fournis: ledit Deputé demande qu'elles soient mises au rang de celles qui tirent leur portion des Deniers du *Roi*, en remettant à la liberté des Eglises de ce Roiaume de les unir & soumettre à un autre Synode qu'à celui du *Bearn*, selon ce qui sera trouvé expedient: La Compagnie a ordonné que dès à present deux Portions desdits Deniers seront ajugées aux deux dites Eglises, dans le Departement de la Province de la *Basse Guienne*; & quant à leur union à quelqu'un des Synodes Provinciaux de *France*, elles declareront au Synode Provincial du *Bearn* ce qui leur sera plus commode & plus utile pour leur édification, & donneront leurs Memoires pour être presentés au prochain Synode National.

XI.

Pour obvier aux contestations qui surviennent entre les Eglises, à l'occasion des Pasteurs qui ne s'obligent à les servir que pour quelque tems, en se reservant le Droit pretendu de s'en retirer quand il leur plait; les Provinces sont exhortées de garder inviolablement l'Article 9. du Chapitre de la Discipline, & de ne recevoir aucun Pasteur, sans lui assigner un certain Troupeau auquel il demeurera propre.

XII.

Quand il survient quelque Diferent entre plusieurs Parties dans une Eglise, ou qu'elle a des contestations avec une autre, cette Eglise-là ni ces Parties ne pourront deformais envoier aux Synodes Nationaux ou Provinciaux plus de deux Deputés de chaque côté: & on n'en recevra pas à l'avenir un plus grand nombre dans lesdites Assemblées.

XIII.

Si quelqu'un faisant Profession de la Religion Reformée épouse une Femme de Religion contraire, il sera non seulement exclus des Afaires purement Ecclesiastiques, mais aussi des Commissions qui seront données à tems pour les Afaires des Eglises, comme sont celles des Syndics & des Procureurs. Et celui qui seroit déja reçû dans ces Charges & emploié à ces Afaires-là, venant à tomber dans une telle faute sera deposé de son Ofice & exclus de tous lesdits Emplois Ecclesiastiques.

XIV. Les

XIV.

Les Pasteurs des Eglises où il y a des Academies seront exhortés de faire, aux heures extraordinaires & par l'avis du Conseil Academique, quelques Leçons en Théologie, pour se rendre capables de remplir les Charges de Professeur en cas de besoin.

XV.

Ceux qui aiant été Moines, ou Prêtres, & depuis après avoir fait Profession de la Verité, sont retournés à leur Vomissement, & qui aiant derechef abjuré les Erreurs du Papisme, demandent d'être admis à faire des Propositions pour aspirer au saint Ministere, ne pourront être reçûs à aucun exercice de la sainte Theologie, qu'ils n'aient témoigné leur Repentance pendant une dixaine d'années, au bout desquelles ils ne seront pas néanmoins reçûs au saint Ministere que par l'avis du Synode National.

XVI.

Les Moines qui sortent du Papisme ne seront pas reçûs à nôtre Communion qu'ils ne soient trouvés initiés dans les Rudimens de la Religion Reformée, & ils seront renvoiés par les Eglises auxquelles ils s'adresseront aux Provinces d'où ils sont natifs, avec Atestation de ce à quoi on les aura jugés propres.

XVII.

Les Consistoires ne pourront pas delivrer leurs Actes aux Parties après qu'elles auront été mises d'accord, quoi qu'elles les demandent.

XVIII.

Sur la Question proposée par les Deputés du *Bas Languedoc*; Si on doit bâtiser ceux qui après avoir long-tems fait profession de la Religion Reformée, & qui étant déja fort âgés, se trouvent n'avoir reçû d'autre Bâteme que des Sages Femmes : La Compagnie a jugé qu'ils le doivent recevoir dans nos Eglises, selon l'Institution du Seigneur, par le Ministere de ceux qui ont une legitime Vocation, le premier Bâteme étant du tout nul.

XIX.

Sur la Demande, quelle doit être la Censure de ceux qui vivent dans un Mariage incestueux, quoi qu'ils aient Dispense du Pape? La Compagnie ordonne que l'Article 21. des Matieres Generales du Synode de *Saumur* sera observé, jugeant que de telles Personnes ne doivent pas être reçûes à la Paix de l'Eglise qu'elles ne soient separées.

XX.

Les Femmes de ceux qui sont absens pour Crime, ne peuvent pas contracter Mariage en bonne conscience avec d'autres, pendant que leurs Maris seront vivans.

XXI.

La Compagnie, suivant les Avis des Synodes precedens de *Lion* & de *Vitré*, declare nuls les Mariages de ceux qui en auront contracté avec d'autres du vivant de leurs Parties, quoi qu'elles soient sequestrées pour cause de Lepre.

XXII.

Tous les Imprimeurs seront avertis qu'en imprimant le Formulaire du Bâteme me, ils doivent y exprimer la Sentence de *St. Paul* 1. *Cor.* 7. où il dit en propres termes, *que les Enfans des Fideles sont Saints.*

XXIII.

Les Atestations qui se donnent pour les Gouvernemens & Lieutenances des Villes de sûreté, ne pourront desormais être octroiées par le Coloque du Lieu où le nommé fait sa Residence, sans que quelques-uns des autres Coloques de la même Province y soient apellés : ni même sans ouir ceux des Villes qui y ont interêt, si les nommés sont de la même Province. La même chose s'observera pour les Atestations demandées par ceux qui veulent entrer aux Etats des Chambres de l'Edict.

XXIV.

Les Ecoliers en Theologie, & specialement ceux qui seront entretenus aux dépens des Provinces, & des Eglises particulieres, feront le cours de leurs Etudes dans les Academies dressées en ce Roiaume, entre lesquelles sont comprises celles du *Bearn*, de *Sedan* & de *Geneve*; & il ne leur sera pas permis d'aller aux Academies étrangeres sans permission des Synodes Provinciaux, qui leur prescriront les Lieux & le Tems de leur demeure.

XXV.

Oüi le Rapport de Monsieur *Chamier*, le Livre intitulé *Elenchus Novæ Doctrinæ*, sera suprimé.

XXVI.

Sur la Proposition des Deputés du *Bas Languedoc*, demandant s'il seroit bon de changer quelque chose dans la Section 52. du Catechisme, touchant ce qui concerne nôtre Communion avec *Jesus-Christ* par la Predication de l'Evangile, & par le Batême & par la *Ste. Cene* ? La Compagnie n'a point jugé qu'on y dût rien ajoûter ni diminuer, attendu qu'il est couché d'une maniere qui exprime clairement les divers degrés de la Foi par laquelle nous recevons *Jesus-Christ.*

XXVII.

Sur la Proposition de la Province de la *Basse Guienne*, demandant que dans la derniere Section du Catechisme, ce qui est dit de *Judas* reçu par le Seigneur à la *Ste. Cene*, soit changé : La Compagnie jugeant cette Proposition problematique, & voiant aussi qu'elle ne concerne pas une matiere de Foi, n'a pas trouvé bon de la changer ; attendu même que la principale Doctrine, à laquelle cet exemple se raporte, est universelement tenûë pour veritable, & que c'est sur elle que les Interprêtes du Catechisme doivent principalement insister.

XXVIII.

La Province d'*Anjou* aiant presenté, par le Sr. de *Burges*, l'un de ses Deputés, les Comptes des Deniers qui lui ont été adjugés par le Synode de *Montpellier*, pour l'établissement & l'entretien d'une Academie dans la Ville de *Saumur*, & les aiant reçûs des Srs. *Pallot* & *Dusandal*, depuis le tems dudit Octroi jusqu'au dernier jour de Decembre dernier : La Compagnie a commis pour examiner, clorre & arreter lesdits Comptes, le Sr. *Vignier* Pasteur, avec *des Fontaines*, *Texier*, & le *Fevre* Anciens : & après l'examen

&

TENU A LA ROCHELLE. 313

& le raport qu'ils en ont fait, il s'est trouvé que Mr. *Philippes Pinaut*, Receveur desdits Deniers, est redevable de la somme de quatre mille, deux cens, quatre vints, douze Livres, quinse sols, huit deniers, pour le Reliquat desdits Comptes, lesquels ont finalement été agrées, aprouvés, & ratifiés par ladite Compagnie, qui en consequence de cela ordonne que ladite somme de 4292. Ecus, 15. s. 8. d. demeurera entre les mains dudit *Pinaut*, pour être emploiée à l'entretien de ladite Academie, & non ailleurs, ainsi qu'il sera ci-après ordonné : & en ce faisant ledit Receveur & ladite Province demeureront quittes & dechargés desdits Deniers, aiant remis les Originaux des Comptes susdits au Consistoire de la Ville de la *Rochelle*, & les Copies avec les Pieces Justificatives entre les mains dudit *Pinaut*, du consentement des Deputés de ladite Province.

XXIX.

Sur la Proposition faite par la Province de *Xaintonge*, qu'il seroit necessaire de faire une Reponce complette aux Ouvrages de *Bellarmin* : La Compagnie a chargé les Deputés du *Dauphiné* d'exhorter Monsieur *Chamier* à continuer ce qu'il a commencé sur ce sujet.

XXX.

On choisira dans chaque Province une Eglise, dans laquelle seront gardés les originaux des Synodes de la même Province, pour y avoir recours quand on en aura besoin.

XXXI.

Les Professeurs en Theologie des Academies de ce Roiaume sont exhortés de mesurer tellement leurs Leçons des Lieux communs, qu'en trois ans pour le plus, ils les aient entierement expliqués.

XXXII.

Sur la Demande de la Province d'*Orleans* & de *Berri*, qui souhaitent qu'on limite un tems égal aux Proposans qui se presentent dans les Synodes & les Coloques, pour y venir prêts sur leurs Propositions : La Compagnie a jugé qu'il sera plus expedient de laisser cela comme auparavant à la liberté & prudence desdites Assemblées.

XXXIII.

A la Requisition de la même Province, les Eglises qui en auront le moien, sont exhortées de dresser des Bibliotheques pour l'usage de leurs Pasteurs.

XXXIV.

Monsieur *Perrin* est exhorté de continuer son travail pour achever la veritable Histoire des *Albigeois* & des *Vaudois* : & pour lui aider, tous ceux qui ont des Memoires, ou de leur Doctrine & Discipline, ou de leurs Persecutions, sont chargés de les lui envoier au plûtot que faire se pourra.

XXXV.

Ceux entre les mains de qui tombera un Ecrit touchant un certain Demoniaque gueri à *Soure* sont avertis de le suprimer.

XXXVI.

Sur la Question proposée par les Deputés du *Haut Languedoc* & de la *Haute* te *Guienne* ; comment on se doit gouverner envers ceux qui étant acusés de Crimes, sont absous par le Magistrat, en cas qu'il se trouve de nouveaux Temoignages contr'eux & que le scandale continuë ? La Compagnie a remis cela à la Prudence des Consistoires, lesquels se comporteront selon les circonstances ; & auront un grand soin de ne mettre en danger la Vie ou l'Honneur des deferés.

XXXVII.

Sur la Proposition des Deputés de *Normandie*, requerant que les Noms propres Hebreux du Vieux Testament, soient adoucis dans la derniere Edition de la Bible, où ils ont été mis, & qu'ils soient prononcés comme dans les Anciennes Editions : La Compagnie a été d'avis qu'ils demeurent comme ils sont, & que rien ne soit changé pour cela dans les nouvelles Editions qui s'en feront.

XXXVIII.

Sur la Question proposée par Monsr. *Beraud*, si un Ancien de l'Eglise accusé de Crime enorme est justifié par le Juge Subalterne, sa Partie en appellant à un Tribunal Superieur, peut exercer sa Charge dans l'Eglise pendant l'Apel ? La Compagnie a jugé qu'il s'en doit abstenir jusqu'à Sentence definitive.

XXXIX.

Les Provinces sont exhortées d'avoir égard aux Eglises pauvres pour les soulager par la Distribution des Deniers de l'Octroi du Roi.

XL.

Les Deputés Generaux seront chargés de poursuivre non seulement les Afaires Generales, mais aussi les Particulieres de chaque Eglise, sur tout lors qu'il s'agira de leur Etablissement ou Conservation selon l'Edit de Sa *Majesté* : & les Provinces de chercher soigneusement les moiens d'établir des Eglises, & de se joindre avec elles dans les poursuites necessaires pour cet efet.

XLI.

Sur la Lecture de l'Article du Synode de *Gap*, touchant les Censures qu'on doit faire à ceux qui rompent les Promesses de Mariage sans une juste cause ; on a representé quelques dificultés qui se rencontrent en divers lieux sur ce subjet, lesquelles étant examinées, la Compagnie a jugé que ni les particuliers ni les Consistoires n'ont pas l'Autorité de rompre de telles Promesses : c'est pourquoi on les renvoiera au Jugement & Ordonnance legitime des Magistrats, en procedant par toutes sortes de Corrections Ecclesiastiques, contre ceux qui ne se rangeront pas à leur devoir.

XLII.

Sur ce que Sa *Majesté*, depuis la Resolution prise ci-dessus touchant l'*Antechrist*, & l'Impression de l'Article de la Confession qui s'en est ensuivie, nous a fait entendre par les Deputés qui lui avoient été envoiés, & depuis par Monsieur de *Montmartin*, que la Publication dudit Article lui seroit desagreable : La Compagnie a ordonné que l'Impression en sera sursise, moienant que Personne ne soit molesté & tiré en justice pour la Confession de cette Doctrine préchée & soutenuë verbalement ou par Ecrit : & que Sa *Majesté* sera supliée d'empêcher qu'aucun ne soit inquieté pour l'Impression déja faite, ou pour se trouver saisi de quelques-uns des Exemplaires qui en sont sortis.

XLIII.

Sur la Proposition faite par les Deputés du *Haut Languedoc* touchant les Deniers qui ont été reçûs par ceux qui furent Deputés à l'Assemblée de *Châtellerant* tenûe l'An 1603: qui leur ont été donnés pour les fraix de leur Voiage & sejour, tant par les Eglises, que depuis par la Liberalité du *Roi*: La Compagnie a ordonné que ceux qui auront reçû & retenu lesdits Deniers, & n'en auront pas rendu Compte à leurs Provinces, & retiré de bonnes & valables Decharges, seront tenus de le faire, à faute de quoi on les poursuivra par toutes les Censures Ecclesiastiques & autres voies legitimes, si les Provinces le requierent.

XLIV.

Les Etudians ne seront pas desormais reçûs par les Provinces, pour être entretenus aux Ecoles, des Deniers procedans de la Liberalité du *Roi*, qu'ils n'aient achevé leurs études en Humanité, fait leurs Cours en Philosophie, & qu'ils ne se soient obligés, ou aient donné de bons Repondans pour la Restitution de la Somme qu'ils recevront, au cas que par leur faute, ils ne servent pas au Ministere.

XLV.

Sur la Proposition faite qu'il seroit expedient que les Academies fussent reglées pour leur Nombre, que plusieurs trouvent trop grand, & pour le nombre des Membres de chacune d'icelles, tels que sont les Professeurs & Regens, & en general pour la Somme qui leur doit être attribuée, de laquelle celle de *Saumur* demandoit Augmentation: La Compagnie ne pouvant pas maintenant examiner à fond, ni resoudre commodément touts ces Points, a chargé les Provinces de venir pretes sur chacun d'iceux au prochain Synode National. Et afin qu'on puisse y pourvoir plus commodément & avantageusement pour soulager les Eglises Pauvres, ceux qui ont le moien d'entretenir des Coleges aporteront un Etat de ce qu'ils peuvent faire sans le secours du Public, & ainsi on jugera quelle Augmentation sera convenable pour rendre les Academies completes. Les Provinces voisines des Academies déja dressées sont aussi averties de veiller sur icelles, pour informer le prochain Synode des bons succès qu'on y verra, touchant le Devoir d'un chacun & des Defauts qui s'y trouvent: Et cependant on n'a pas été d'avis d'augmenter la Portion de l'Academie de *Saumur* jusqu'audit Synode National prochain.

XLVI.

Sur l'Instance de plusieurs Deputés des Provinces, demandant l'établissement de quelque Coloque, pour donner à la Jeunesse les Principes des bonnes Lettres avant que de les envoier aux Grandes Academies: La Compagnie a accordé à toutes les Provinces, où il n'y a pas des Academies dressées, la somme de Cent Ecus pour chacune, laquelle sera emploiée à dresser de petites Ecoles: Et les Provinces sont chargées de rendre Compte au prochain Synode National de l'emploi defdits Deniers.

XLVII.

Monfieur *Vignier* eft prié de mettre la main à la plume pour traitter amplement la Matiere de *l'Antechrift*, & d'aporter, ou envoier fon Ouvrage au prochain Synode National.

XLVIII.

La Charge d'affembler le prochain Synode National dans deux Ans, eft donnée à la Province de *Bourgogne* : Et au cas que ladite Province ne le puiffe pas faire commodément & fûrement, le Droit de l'affembler eft deferé à la Province du *Poiɛtou*. Les deux ans limités pour ladite Convocation doivent commencer au premier jour de Mai prochain venant.

ROLE DES MINISTRES APOSTATS

ET DE CEUX QUI ONT ETE' DEPOSE'S.

1. A Xaintonge le Sieur *Conftantin*, qui eft de Stature plus aprochante de la petite que de la grande; c'eft un Perfonnage qui a la Peau du Vifage de couleur olivâtre, les yeux affés gros, & un peu de Barbe rouffe, âgé d'environ 40. ans, & Depofé pour divers crimes.

2. Dans la Province d'*Anjou*, Theophile Blevet, dit de la *Combe*, aiant la Stature affés haute, de Poil noir, portant une Barbe à floquets, & baiffant les Paupieres des yeux quand il parle. C'eft un Perfonnage d'environ 39. ans, qui a été Depofé pour fes Malverfations.

3. Dans la Province du *Poiɛtou*, Baptifte des *Touches*, âgé d'environ 60. ans, de moienne Stature, aiant la Barbe noire, melée de gris, & la Face de couleur olivâtre, homme ignorant des bonnes Lettres, depofé pour avoir preché & foutenu des Dogmes erronés & fcandaleux.

4. Dans la même Province, *Olivier Enguerrand*, Apoftat, âgé d'environ 30. ans, de moienne Stature, le Vifage affés plein, & fans Barbe.

5. Dans la Province de *Normandie*, *Jacques de Lobel*, dit du *Val*, Apoftat, natif de *St. Lo*, ci-devant Pafteur de l'Eglife du Baillage de *Gifors*. C'eft un Perfonnage de haute Stature, de Poil fort brun, maigre de Vifage, âgé d'environ 45 ou 50. ans.

6. Dans la Province du *Bas Languedoc*, *Jean de Plantavil*, dit la *Paufe*, autrefois Pafteur de *Befiers*, & maintenant Apoftat, âgé d'environ 27. ou 28. ans. Il a le Vifage plein, & la Vûe fort baffe.

TENU A LA ROCHELLE.

APPELLATIONS.

Article I.

Les Deputés de la Ville d'*Uſez* s'étant preſentés, à ſavoir d'une part le Sr. de la *Rouviere* Docteur és Droits, muni d'un Pouvoir du Conſeil ordinaire de laditte Ville, pour relever l'Apel interjetté par quelques-uns des Conſuls & habitans d'icelle, tant du Coloque d'*Uſez* que du Synode de la Province du *Bas Languedoc*, tenu à St. *Hipolite*, par leſquels le Sr. *Laurens Brunier*, Paſteur, avoit été rétabli dans l'Egliſe d'*Uſez*, contre le deſir des oppoſans. Et de l'autre part les Srs. *Brunier*, Paſteur ſuſdit, & *Jonas*, Docteur és droits, munis d'un ample Pouvoir, tant de l'Aſſemblée de *Ville*, deſavouant celui du Sr. de la *Rouviere*, que du Conſiſtoire dudit Lieu : quoique le Pouvoir des premiers deſavoué par le ſecond eût pû être conteſté, neanmoins pour la conſequence & importance de l'Afaire, l'Aſſemblée paſſant pardeſſus la Formalité, a donné audience aux uns & aux autres, pour regler le Fait principal. Sur quoi auſſi ont été ouïs les Deputés de la Province du *Bas Languedoc*, repondant ſur ce qu'ils ont retabli ledit Sr. *Brunier* dans l'Egliſe d'*Uſez*, & le Sr. *Codur* dans ladite Province, nonobſtant la Sentence du Synode de *Gap*, excluant l'un de la Ville d'*Uſez*, juſqu'à la preſente Aſſemblée ; & l'autre de la Province du *Bas Languedoc*. Aiant auſſi entendu le Sr. de la *Rouviere*, parlant pour les Apellans, & propoſant ſes Objections, tant contre l'Ordonnance du Synode Provincial que contre la Perſonne du Sr. *Brunier*, oüi ledit *Brunier* en ſes Juſtifications, & les Deputés du Conſiſtoire d'*Uſez*, envoiés avec lui pour rendre témoignage du Deſir de ſon Egliſe & de l'Edification qu'elle reçoit par le Miniſtere dudit Sr. *Brunier* : la Lecture de la Lettre écrite par l'Egliſe de *Beziers*, aiant auſſi été faite, & après avoir entendu qu'elle a envoié exprès pour demander inſtamment la Confirmation du Miniſtere du Sr. *Codur* dans ladite Egliſe, & pour repreſenter le fruit qui en eſt provenu, depuis qu'il y en fait l'exercice : Le tout étant bien peſé & conſideré, la Compagnie n'a pas trouvé bonne la Procedure du Synode Provincial du *Bas Languedoc*, d'autant qu'il a paſſé par-deſſus l'Ordonnance du National, pour l'introduction dudit Sr. *Brunier* à *Uſez*, & dudit Sr. *Codur* dans ladite Province ; c'eſt pourquoi elle a jugé ledit Synode très cenſurable, pour avoir, par une telle contravention, fait ouverture à une très-mauvaiſe Conſequence qui s'en enſuivroit, ſi les Synodes Provinciaux, ne ſe tenoient pas aux Reſolutions des Nationaux. Ledit *Brunier* a auſſi été trouvé reprehenſible, pour avoir preté l'oreille aux moiens de ſon Retabliſſement, recherchés par d'autres, mais propoſés par lui même, au Synode Provincial, contre l'Ordonnance du National. Ledit Sr. *Codur* eſt pareillement cenſurable de ce qu'il a recherché d'entrer dans la Province d'où il étoit exclus, attendu qu'il ne devoit pas même en accepter les ofres. Et quand à l'Egliſe d'*Uſez*, elle ne peut diſconvenir qu'elle n'ait montré une trop grande impatience, en ce qu'elle n'a pas attendu le tems limité par le Synode National pour demander son Pasteur ; Les Appellans ne sont pas trouvés sans faute, en ce qu'ils ont montré trop d'animosité dans leurs Procedures, contre un homme à qui ils ne pouvoient objecter que des choses legeres : & on trouve d'ailleurs beaucoup plus reprehensibles ceux d'entr'eux qui au commencement aiant poursuivi son Retablissement detruisent à present leur Ouvrage : Mais puisque Dieu a tiré du Bien de ce Mal, & qu'il l'a fait servir pour l'édification & l'afermissement des deux Eglises susmentionnées ; il a été trouvé bon d'accorder, dès-à-present, le Ministere de Mr. *Brunier* à l'Eglise d'*Usez*, auquel la Province est chargée par laditte Compagnie de donner un Coadjuteur, le plûtôt que faire se pourra. Et quand à Mr. *Codur* elle l'a aussi accordé à l'Eglise de *Beziers* pour en être desormais le Pasteur ordinaire. Et les Parties susdites ont été reconciliées, à savoir les Srs. *Brunier*, de *Jonas* & de la *Rouviere*, qui ont promis de travailler à la Reconciliation des Absens : & pour y reussir plus facilement on a aussi chargé les Srs. *Baille*, & *Perrin*, de la *Colombiere*, & *Valeton* de passer par *Usez*, en retournant dans leurs Eglises, afin de pacifier tous les Diferens survenus entre les Parties opposées, & le Sr. *Codur* est chargé de les y accompagner, pour tâcher de tout son pouvoir d'amener à la Paix ses amis & alliés, à quoi aussi tous les Apellans seront exhortés par une Lettre qui leur sera écritte de la part de cette Assemblée.

II.

Sur l'Apel du Consistoire & de la plus grande partie des Eglises de *Tonneins-Dessus*, du jugement du Synode Provincial tenu à *Nerac*, par lequel Mr. *François Monioux*, Pasteur de ladite Eglise, en a été decharge & donné à l'Eglise de *Bazaz* & à ses annexes, auquel Jugement ledit Sieur *Monioux* avoit acquiescé ; ladite Eglise remontrant qu'elle n'a point été oüie, desavoüant celui qui avoit été envoié par quelques Jurats dudit Lieu, & n'aprouvant pas le silence de son Ancien ; la Compagnie a jugé que ledit Synode a trop precipité le Congé dudit Sieur de *Monioux*, en le lui donnant sans oüir plus amplement son Eglise : c'est pourquoi on a ordonné qu'il demeurera, comme ci-devant, Pasteur de ladite Eglise, qui lui donnera son Entretien necessaire. Et cependant les Procedures tant de ceux qui ont procuré ce Congé que du Sieur de *Monioux*, ont été improuvées, & les susdits Deputés en ont été censurés, avec ledit Sieur de *Monioux* present : Et on a aussi improuvé les Syndicats particuliers & les Chicaneries dont ils se sont servis par leurs Actes faits par des Notaires & des Juges Seculiers, & tous ensemble ont été exhortés à une sainte Reconciliation, à laquelle les presens ont acquiescé, en se donnant la main, avec promesse d'être Mediateurs envers les absens, pour les amener à la Paix, à laquelle travailleront aussi les Pasteurs du *Bas Languedoc* qui passeront par là, à leur retour. Pour ce qui regarde la Paroisse d'*Unet* ci-devant unie à celle de *Tonneins-Dessus*, elle s'y joindra encore comme devant : Et en cas qu'il s'y trouve de la dificulté, le Synode Provincial prochain est chargé d'y pourvoir pour l'Autorité de cette Compagnie : & lors que ladite Paroisse y aura consenti, l'Eglise d'*Unet* prendra garde à la conduite de son Pasteur, & pourvoira à sa sûreté lors qu'il ira & viendra pour y exercer son Ministere. Quant'au fait particulier de *Jean Carrere*, se plaignant d'avoir été deposé de sa Charge d'Ancien sans aucune raison, les susdits Deputés sont chargés de l'entendre sur le Lieu, & de lui faire Droit, en jugeant definitivement sa Cause, par l'Autorité de ce Synode, lequel ordonne qu'on fera aussi les mêmes démarches pour le Diacre qui fait une semblable Plainte. Il a aussi été ordonné que ladite Ville & ladite Eglise donneront ensemble vingt Ecus aux Sieurs *Fazas* & *Carrere*, pour recompense de leurs Fraix qui ont été modifiés à ladite Somme.

III.

Sur l'Apel de l'Eglise d'*Angoulême* & de Monsieur *Hog*, Pasteur d'icelle, se plaignant de ce que le Synode de *Xaintonge* a condamné ladite Eglise à paier aux Heritiers de feu Monsieur *Mauget*, qui a été son Pasteur, la somme de six cens douze livres: & de ce qu'il a ordonné que ladite somme seroit levée sur la Portion des Deniers de l'Octroi du *Roi* apartenante à ladite Eglise; la Campagnie a jugé que ledit Sieur *Hog* a bien apellé, & que ces Deniers ne peuvent être divertis ailleurs, ni ôtés aux Pasteurs qui servent actuellement: & ainsi qu'il a été mal jugé par le Synode. Et pour ce qui concerne l'Eglise d'*Angoulême*, & les Heritiers de feu Monsieur *Mauget*, attendu le pauvre état de ladite Eglise, & les doutes de cette Afaire, on a ajugé aux dits Heritiers la somme de trois cens livres, & ordonné qu'elle sera païée par la Province de *Xaintonge*, d'*Aunis* & d'*Angoulême*, des Deniers qui sont entre les mains du Receveur, provenus du quatrième quartier des années 1604. & 1605.

IV.

Sur l'Apel de l'Eglise de *Saugeon*, du Synode dernier de *Xaintonge*, tenu audit Lieu, par lequel ladite Eglise étoit obligée d'accorder tous les ans douze Preches à la Parroisse de *Medis*, & une fois l'an la Celebration de la Ste. Cene, en recevant de ladite Paroisse la somme de cent Livres pour la contribution des gages du Pasteur: ceux de *Saugeon* declarant qu'ils sont assés riches pour suporter la Charge de son entretien, sans l'aide de ladite Paroisse: La Compagnie a ordonné que ceux de *Medis*, se joignant à l'Eglise de *Saugeon* pour l'exercice ordinaire, seront visités quelque fois par Mr. *Bonnet*, à sa commodité, sans obligation de tems; Si ceux de la Paroisse de *Medis* n'aiment mieux s'unir à *Mesche*, ou à quelqu'autre Eglise, ou bien avoir un Pasteur à eux, ce qui est laissé à leur Liberté; auquel cas ceux de *Saugeon* demeureront quittes envers eux, & eux envers ceux de *Saugeon* respectivement, sans pretendre aucune chose les uns sur les autres.

V.

Sur l'Apel de Monsr. *Vaisse*, Pasteur de l'Eglise de *Campagnac*, de l'Ordonnance du Synode du *Haut Languedoc* & de la *Haute Guienne*, tenu à *Realmont*, par laquelle ladite Eglise de *Campagnac* est jointe au Coloque du *Bas Querci*, en se pourvoiant d'un autre Pasteur, ou si elle veut retenir ledit Sr. *Vaisse*, est réunie au Coloque d'*Albegeois*, sans prejudice à ladite Eglise de contester ses droits devant cette Assemblée. Oüi sur cela Monsr. *Benoist*, Deputé du Coloque du *Bas Querci* (en laquelle qualité son envoi a été aprouvé) sans qu'il fut obligé de demander congé à l'Eglise de *Montauban*:

XVIII. SYNODE NATIONAL

La Compagnie a confirmé le Jugement du Synode Provincial : jugeant qu'il n'eſt pas expedient que Monſr. *Vaiſſe* ſoit reuni au Coloque du *Bas Querci*, a ordonné qu'il demeurera dans l'Egliſe de *Campagnac* ; laquelle ſera jointe au Coloque d'*Albigeois*, auquel il eſt enjoint de ſupporter ledit Sr. de *Vaiſſe*, s'il ne peut pas ſe trouver ſi frequenment audit Coloque, ſur tout quand les Lieux ſeront éloignés.

VI.

Sur l'Apel de Monſr. *Tenans*, Paſteur de l'Egliſe de *Montauban*, & Recteur dans l'Academie, ſe plaignant de l'Ordonnance du Synode de la *Haute Guienne*, lequel envoiant des Paſteurs commis extraordinairement, pour l'Examen de deux Competiteurs qui aſpirent à être Profeſſeurs de la Langue Grecque, avoit chargé l'Academie des Fraix de leur Voiage & ſejour, & ôté audit Recteur ſa Voix pour le jugement de la Capacité des Competiteurs : Il a été jugé que le Docteur a bien apellé pour le premier Point, étant raiſonnable que les Fraix tombent ſur ceux qui, par leurs Contentions, attirent d'autres Juges que les Ordinaires : Et quand à l'autre Chef, le Recteur ne pourra être privé de ſa Voix, ſi ce n'eſt qu'il y ait de juſtes cauſes de Recuſation, deſquelles les autres prendront connoiſſance pour en decider.

VII.

Sur l'Apel interjetté par l'Egliſe de *Benet*, & de *S. Maxire*, de l'Ordonnance du Coloque de *St. Maixent*, confirmée par le Synode Provincial du *Poiſtou*, par laquelle les Familles, qui depuis l'établiſſement de ladite Egliſe de *St. Maxire* s'étoient ſeparées de l'Egliſe de *Champdenier*, y ont été renvoiées : l'Afaire a été remiſe au Synode de la Province pour y aviſer derechef, & après avoir mûrement examiné la Commodité ou Incommodité deſdites Egliſes, en juger definitivement, pourvoiant à l'une ſans prejudice de l'autre.

VIII.

L'Apel du Coloque du *Bas Poiſtou* de l'Ordonnance du Synode de ſa Province, par lequel l'Egliſe de *Maillezais* avoit été jointe à l'Egliſe de *Benet* pour un tems, eſt mis à neant : & l'Ordonnance dudit Synode ſera obſervée pendant qu'il le trouvera expedient pour l'Edification deſdites Egliſes.

IX.

Sur l'Apel interjetté par l'Ancien de l'Egliſe de *Marans*, de ce que le Synode de *Xaintonge* tenu à *Saugeon*, a prêté le Sr. de *Violette*, l'un des Paſteurs dudit *Marans*, à l'Egliſe de *St. Jean d'Angle*, pour un An, à la fin duquel il retourneroit à ladite Egliſe de *Marans*, de laquelle Mr. *Pillart* ſe retireroit : Aiant entendu ſur cela quelques-uns des Principaux Habitans dudit *Marans* qui ofrent d'entretenir les deux Paſteurs, ſans que le reſte du Peuple qui deſiroit le depart dudit Sr. *Pillart*, en ſoit ſurchargé pardeſſus la Taxe ordinaire & volontaire : La Compagnie louant le Zele de ceux-ci, & trouvant leur Ofre raiſonnable, & blâmant au contraire l'Ingratitude des autres, qui ont voulu chaſſer leur Ancien Paſteur, a ordonné que les deux Paſteurs demeureront dans ladite Egliſe, laquelle leur fournira la Penſion accor-

TENU A LA ROCHELLE.

accordée à un chacun d'eux, avec égalité, sans en laisser un en arrerage, en paiant l'autre entierement: à faute de quoi s'il faut que l'un des deux soit prêté, ou ôté, il a été jugé qu'il sera plus raisonnable que ce soit le Sr. de la *Violette*, lequel demeurera encore trois mois dans l'Eglise de *St. Jean d'Angles*, outre l'année accordée par le Synode Provincial, à la fin desquels il retournera audit *Marans*.

X.

L'Apel du Sieur *Bontoux*, Ministre de l'Eglise de *St. Afrique* du Synode Provincial du *Haut Languedoc*, & de la *Basse Guienne*, par lequel il étoit suspendu pour un mois, pour s'en être allé de l'Assemblée de la Province contre l'expresse Defense qu'elle lui en fit, est mis à neant. Et son Coloque censuré pour s'être joint à son Apel.

XI.

L'Ordonnance du Synode du *Haut Languedoc*, & de la *Basse Guienne*, executée par Monsr. *Raffin*, dans la Ville de *Millau*, pour la Communion des Anciens de l'Eglise, en la Celebration de la *Ste. Cene*, devant le Juge & les Consuls, conforme aux Determinations des precedens Synodes Nationaux, a été aprouvée & ratifiée, & l'Apel desdits Magistrats mis à neant; sur lequel aussi ils n'ont point fait d'instance.

XII.

Le Jugement du Synode Provincial de la *Basse Guienne*, retablissant Monsieur *Regnault* dans l'Eglise de *Bourdeaux*, est confirmé par la presente Assemblée, attendu aussi que ceux qui en étoient apellans y ont acquiescé.

XIII.

Sur l'Apel de Monsieur des *Fontaines*, du Synode Provincial du *Poiëtou*, tenu à *Chastelleraut*, par lequel il avoit été jugé que ledit Sr. avoit été suffisamment remboursé par les Eglises de la Province, de ce qu'elles lui pouvoient devoir, pour être allé de leur part à l'Assemblée Generale de *Saumur*, l'an 1596. & pour d'autres frais qu'il pretendoit pour d'autres Voiages: Le renvoiant pour le suplus de ce qu'il demandoit à Messieurs les Gouverneurs, pour lesquels il étoit aussi Deputé, & qui tirent les deux tiers des Deniers de l'Octroi du *Roi*: La Compagnie a jugé qu'il étoit suffisamment satisfait par lesdites Eglises du *Poiëtou*, lesquelles neanmoins sont averties d'exhorter Messieurs les Gouverneurs de faire leur devoir pour satisfaire ledit Sieur des *Fontaines*.

XIV.

L'Apel de l'Eglise de *Nages* & de ses Annexes, sur ce qui est dû au feu Sr. *Terond* leur Pasteur, est renvoié au Synode de la Province du *Bas Languedoc*, laquelle pourra en rendre un Jugement definitif.

XV.

Theophile Blevet, dit de la *Combe*, autre fois Pasteur de l'Eglise de *Lassay* au *Maine*, la *Motte* & *Rouelle* en *Normandie*, aiant acquiescé par un écrit bien reconnu & signé de sa main, au Jugement de Deposition rendu contre lui par les Deputés du Synode d'*Anjou*, de *Touraine* & du *Maine*, duquel il

Tome I.   S s   avoit

avoit apellé : La Compagnie confirme laditte Sentence, & declare ledit *Blevet* Depofé du Saint Miniftere, de quoi toutes les Provinces feront averties.

XVI.

Sur l'Apel de l'Eglife de *Montelimar*, de la Refolution prife au Synode du *Dauphiné*, de demander encore inftanment Monfieur *Chauvet* pour être Profeffeur à *Die*: La Compagnie a confirmé ce qui en fut determiné à *Gergean* & à *Gap*, laiffant à ladite Eglife fon Pafteur, & le Pafteur à fon Eglife, cenfurant ladite Province d'avoir infifté fur cette Afaire après la Determination de deux Synodes Nationaux.

XVII.

Sur l'Apel de l'Eglife de *Lion* du Synode de *Bourgogne*, qui la vouloit obliger de paier le cinquième Denier pour l'entretien des Propofans, nonobftant les raifons & les referves de ladite Eglife : La Compagnie confiderant les grandes charges de ladite Eglife, la laiffée en fa Liberté, l'exhortant neanmoins de bien pefer ce qui eft expedient en charité & bonne confcience.

XVIII.

Sur l'Apel du Seigneur de *Rochefort* & des habitans dudit Lieu, faifant Profeffion de la Religion Reformée, de l'adjudication faite par le Synode de *Xaintonge*, tenu à *St. Jean d'Angeli*, du Miniftere du Sr. *Chevalier* à l'Eglife de *Soubife* : les uns & les autres aiant été oüis, & les Conventions faites & confirmées une feconde fois entre les Parties, étant lûës : La Compagnie a Confirmé le Miniftere dudit Sr. *Chevalier* dans l'Eglife de *Soubife*, de laquelle il demeurera Pafteur : & ceux de *Rochefort* font mis en Liberté de s'accommoder avec l'Eglife de *Soubife*, aux conditions portées par le fecond Accord fait au Confiftoire de ladite Eglife, ou de fe joindre avec celle de *Tonnai*, & a cenfuré tant ledit Sr. *Chevalier* que le Confiftoire, d'avoir ufé de trop grande rigueur envers ceux de *Rochefort*, leur refufant la Cene, & le Batême à leurs enfans.

XIX.

Sur le Diferent des Eglifes de *Barbezieux* & de *Xaintes*, pour le Miniftere de Mr. *Petit*, lequel pretendant avoir été dechargé de l'Eglife de *Barbezieux*, par le Coloque de *Jonzac*, tenu à *Pons*, où il lui fut permis, à caufe de l'Ingratitude de ladite Eglife, de la quitter en cas qu'elle ne lui paiât pas fes Arrerages au bout de deux mois : le Jugement du Coloque aiant été confirmé par le Synode de *Xaintonge*, après lequel ledit Sr. *Petit* n'aiant pas été entierement paié de fes dits Arrerages, étant allé à *Xaintes* (où il étoit preté pour un mois, par le fufdit Synode) il auroit contracté avec l'Eglife dudit Lieu, de quoi celle de *Barbefieux* s'étant plainte dans l'Affemblée mixte tenüe depuis ce tems là, à *St. Jean d'Angeli*, il auroit été ordonné que ledit Sr. *Petit* retourneroit audit *Barbefieux*, & que l'Eglife conteroit avec lui, au Coloque ; de quoi le Sr. *Roi*, Ancien de l'Eglife de *Xaintes*, s'étant porté pour Apellant, ledit Synode lui auroit déclaré qu'il pouvoit juger definitivement de ce Fait, felon la Difcipline ; à quoi ledit Sr. *Petit* ne s'eft

point

point opofé, lequel neanmoins aiant été depuis apellé au Coloque qui étoit chargé d'examiner ſes Comptes, il n'y a point comparu: c'eſt pourquoi ledit Coloque lui a enjoint de retourner à ſon Egliſe, ſous peine de Suſpenſion, de quoi il s'eſt rendu Apellant, & a continué depuis l'exercice de ſon Miniſtere dans l'Egliſe de *Xaintes*, nonobſtant l'exhortation que le Coloque de *Xaintes* lui faiſoit d'obeïr, juſqu'au dernier Synode de ſa Province, tenu à *Saugeon*, d'où l'Afaire aiant été renvoiée à cette Compagnie il a été ordonné qu'il demeureroit en attendant dans l'Egliſe de *Xaintes*, de quoi l'Ancien de *Barbeſieux* s'eſt rendu Apellant. Sur tout cela il a été jugé que quoique l'Egliſe de *Barbeſieux* fût ingrate, ce que la Compagnie a bien reconnû, neanmoins la Liberté pretenduë dudit Sr. *Petit* n'aiant été que conditionelle, ledit Sr. *Petit* n'en pouvoit pas jouïr comme il a fait. Et quand même elle eût été abſolûë, il ne devoit pas s'en prevaloir pour s'engager à une autre Egliſe, ſans apeller le Coloque & en prendre ſon temoignage & celui de l'Egliſe à laquelle il étoit attaché: & pour cette cauſe ledit Sr. *Petit* a été fortement cenſuré, avec denonciation que s'il lui arrive jamais une choſe ſemblable, il ſera depoſé du St. Miniſtere: comme auſſi l'Egliſe de *Xaintes* a été jugée très-cenſurable d'avoir uſé de Pratiques entierement illegitimes, pour jouïr du Miniſtere dudit Sr. *Petit*, & celle de *Barbeſieux* pour l'avoir ſi mal traitté. C'eſt pourquoi tous ceux là, ſe trouvant blâmables & reprehenſibles, ledit Sr. *Petit* a été ôté aux deux dites Egliſes, & mis ſur le Role de la Diſtribution pour être pourvû d'Egliſe par la preſente Aſſemblée, avant qu'elle finiſſe, jugeant que les deux dites Egliſes ſont indignes, l'une du bien qu'elle a perdu par ſa faute, & l'autre du bien qu'elle a recherché contre les voies juſtes & conformes à la Diſcipline Eccleſiaſtique. Et la Compagnie a mis à neant l'Apel dudit Sr. *Roi* de ladite Aſſemblée mixte, & celui dudit Sr. *Petit* du Coloque de *Jonzac*; & quand à l'Apel de l'Egliſe de *Barbeſieux* du dernier Arrêté du Synode de *Saugeon*, elle n'a pas trouvé que ſa Tolerance fut blâmable, attendu les circonſtances de ce qui s'étoit paſſé: Mais elle a cenſuré le dernier Coloque tenu à *Beaigne*, d'avoir produit ici des Actes, écrits & ſignés hors de l'Action, & ſur leſquels le Moderateur & les autres Paſteurs ne ſe trouvent pas d'accord. On a auſſi obligé l'Egliſe de *Barbeſieux* de compter avec ledit Sr. *Petit*, & de le païer d'ici au prochain Synode, ſous peine de n'être pourvûë d'aucun Paſteur à l'avenir.

X X.

L'Apel de l'Egliſe de *Mauſé* en *Aunis*, s'oppoſant à la Liberté du Sieur de la *Cave*, qui lui a été accordé par le Coloque d'*Aunis*, & confirmé par le Synode de *Saugeon*, dont la Sentence n'aiant pas été relevée, le preſent Synode en confirme la teneur, & reçoit l'Apel de l'Egliſe de *Jonzac*, pour le Demembrement de celle de *Clan*, ordonné par le même Synode, & celui de l'Egliſe de *Mirambeau* pour l'adjudication de Monſieur *Roſſignol* à l'Egliſe d'*Arvert*, & les opoſitions contraires n'aiant point été ſoutenuës ont été declarées nulles.

X X I.

L'Apel de Monſieur *Roſſel*, à preſent Miniſtre d'*Orange*, de l'Ordonnance
du

du Synode du *Bas Languedoc*, est renvoié au Synode du *Vivarez*, pour en juger par l'Autorité de cette Compagnie.

XXII.

Sur l'Apel de l'Eglise de *Mirambeau*, du Synode de *Xaintonge*, lui refusant une Portion des Deniers de l'Octroi du *Roi*, parce qu'elle n'est point pourvûë de Pasteur : La Compagnie a jugé, que le Synode a bien procedé, & que la susdite Eglise n'a pas eu raison d'en apeller: Mais ladite Province a été exhortée de donner audit Proposant la premiere place vacante de ceux qui sont entretenus au dépens du Public. Fait à la *Rochelle* le 12. Avril 1607. signé *Beraud* Moderateur de l'Action, *Merlin Ajoint*, *André Rivet* Secretaite du Synode, & *Daniel Roi* aussi Secretaire.

MATIERES PARTICULIERES.

Article I.

LEs Sieurs *Richard*, Pasteur de l'Eglise de *Meusac* & *Islemande Richeteau*, Pasteur de l'Eglise de *St. Leophari* & de *Charles*, Pasteur de l'Eglise d'*Albias* &c. Aiant representé, à savoir lesdits *Richard* & *Richeteau* verbalement, & Mr. *Charles* par son Fils Ministre de *Villemur*, les grandes dificultés qui se trouvent pour eux dans l'execution de l'Article du Synode de *Gap*, touchant la Residence des Pasteurs auprès de leur Troupeau, à cause desquelles le Synode Provincial du *Haut Languedoc*, avoit remis à cette Assemblée le Jugement difinitif de ce qui concerne la demeure des susdits Pasteurs dans la Ville de *Montauban* : Oüi sur cela Monsr. *Beraud*, Pasteur & Professeur audit *Montauban*, & la Lecture de plusieurs Actes produits de part & d'autre, les uns faisant foi de la commodité du logement, des Eglises desquelles les complaignans sont pourvûs, les autres du contraire : Le tout bien examiné & consideré, il a été ordonné que les Srs. *Richard* & *Richeteau* se retireront, pour habiter en un des Lieux les plus commodes de leurs Eglises, auxquelles il est enjoint de les pourvoir de Logis autant propres que faire se pourra, & de leur augmenter leurs Gages, dans un An au plus tard, lequel étant expiré, au cas que lesdites Eglises n'y pourvoient pas, elles seront privées de leurs Ministres, & eux suspendus de leurs Charges, au cas qu'ils refusent de resider sur les Lieux, ladite année étant expirée : Et on a censuré toutes les Parties de ce qu'elles ont produit plusieurs Atestations, Enquêtes & Actes semblables, faits pardevant des Notaires & des Juges Seculiers. Pour le regard de Monsr. *Charles* le Pere, la Compagnie considerant son Age, sa Charge & l'Assistance qu'il a promise à son Beau-pere, l'a dispensé de resider sur les Lieux, tant que l'Eglise lui voudra permettre de demeurer ailleurs. On a aussi defendu audits Srs. *Charles Richeteau* & *Richaud*, de se mêler en aucune maniere des Afaires de l'Eglise & Academie de *Montauban*, s'ils ne sont dûement apellés par le Consistoire ou Conseil Academique.

demique. Le Sr. *Charles* le Fils fera deformais fa demeure & refidence dans l'Eglife de *Villemur*. Et quant à ce qui concerne l'Eglife de *Puylaurens*, à laquelle il pretend avoir été donné abfolument, & à l'Eglife de *Villemur* par Prêt feulement : La Compagnie en a remis la connoiſſance & le Jugement au Synode Provincial du *Haut Languedoc* & de la *Haute Guienne*, en attendant lequel il fervira l'Eglife de *Villemur*.

II.

Sur l'Inſtance du Coloque de l'Eglife & Academie de *Montauban*; requerant que Monſr. *Beraud* leur foit rendu pour continuer fa charge au milieu d'eux : Oüis les Srs. *Berauds* Pere & Fils, & les Deputés de leur Province, enfemble Mr. *Bouchereau*, Paſteur de l'Eglife de *Saumur*, parlant pour l'Academie qui y eſt établie, à laquelle ledit Sr. *Beraud* s'étoit obligé pour un An : La Compagnie confiderant la neceſſité de ladite Academie de *Saumur* a ordonné que Mr. *Beraud* y demeurera encore pour un An, à commencer le quinziéme d'Avril prochain venant ; durant lequel tems, Monſr. *Berand* le Fils exercera fon Miniſtere pour fon Pere en tout ce qui fera neceſſaire, & ledit Sr. *Beraud* le Pere demeurera approprié à l'Eglife & Academie de *Montauban*, à laquelle il ne fera pas permis au Synode Provincial, au Coloque, ni à ladite Eglife de ſubſtituer aucun autre Miniſtre à fa place, foit pour exercer les Fonctions Paſtorales, foit pour enſeigner la Theologie, durant ledit tems de fon Prêt.

III.

Sur la Demande de l'Eglife de *St. Triers le Perche*, en *Limouſin*, qu'il plaife à la Compagnie de la pourvoir d'un Paſteur, pour prevenir fa ruine, & de la faire aſſiſter de quelques moiens pour lui donner des Gages fuffifans : La Compagnie confiderant que l'Eglife *d'Anjoux* eſt pourvûë par Prêt de la perfonne de Monſieur *Alix*, a enjoint au Synode de la Province de *Berry*, d'examiner Mr. *Salmont* Propoſant, & de lui impoſer les mains s'il eſt trouvé capable, pour être prêté à ladite Eglife de *St. Yriers*, pour deux ans, au cas que l'Eglife *d'Orleans*, ne foit point depourvûë, ou ladite Eglife *d'Anjoux* durant ledit tems, par mort ou longue maladie, des Paſteurs qui les fervent à prefent : Et ladite Eglife de *St. Yriers* fera miſe dès-à-prefent au Role des autres, pour tirer une Portion des Deniers de l'Octroi du *Roi*.

IV.

Sur la Demande des Anciens de *Villefagnan* & de *Saveille*, qu'on les pourvoie fans delai d'un Paſteur : la Charge eſt donnée au prochain Synode de *Xaintonge* d'en avoir foin & d'y donner ordre : Et cependant les Paſteurs voifins de *Xaintonge* & *d'Angoumois* viſiteront leſdites Egliſes.

V.

Le Sr. du *Bois* le Fils, s'étant preſenté devant cette Aſſemblée pour y produire fon Congé tant de l'Eglife de la *Ferté au Vidame* & de ſes Annexes, que de la Province de *l'Iſle de France*, *Champagne* &c. Vû les Actes des Coloques & Synodes deſdites Provinces, il a été jugé libre pour être pourvû ailleurs felon l'Ordre de la Diſcipline, quand cette Compagnie trouvera bon de lui aſſigner quelque Egliſe , & cependant il pourra continuer l'exercice de ſon Miniſtere dans l'Egliſe du Château de Madame de la Barre.

VI.

Sur les Diviſions des Paſteurs & Profeſſeurs de l'Egliſe, & de l'Ecole de *Montauban*, & particulierement ſur la Conteſtation arrivée entre Meſſieurs *Beraud* le Fils, & le Sr. *Duncan* premier Regent, Competiteurs de la Charge de Profeſſeur en Langue Grecque, & les mauvaiſes Procedures qui s'en ſont enſuivies, par leſquelles cette Cauſe a été portée à la Chambre de *Caſtres* par ledit Sr. *Duncan* & ſes adherens, & ôtée aux Coloques & aux Synodes : La Compagnie pour remedier aux maux paſſés & prevenir ceux qui pourroient ſuivre, a enjoint à ceux qui ſe ſont trouvés ici preſens de ſe reconcilier, ce qui a été fait ; & pour y porter auſſi les abſens, Meſſieurs de *Gaſques* & *Gigort*, & les Deputés du *Bas Languedoc*, paſſant à *Montauban*, au retour d'ici, ſont chargés d'y travailler par l'Autorité de ce Synode, lequel a ordonné que ledit Sr. *Beraud* le Fils, & le Sr. *Duncan*, s'abſtiendront de la pourſuitte de cet Emploi, & s'en tiendront à un jugement de quelques Arbitres pour le bien de la Paix : Et parcequ'il s'eſt trouvé dans un Article du Coloque tenu à *Bruniquet*, que ledit Sr. *Duncan* a été exhorté par ledit Coloque de pourſuivre ſon Apel à ladite Chambre : le Synode Provincial eſt chargé de cenſurer fortement ledit Coloque, ſi cet Article ſe trouve dans l'Original des Actes, qui pour cet efet y ſeront produits. Et Meſſieurs de *Gaſques* & *Gigort*, *S. Chapte*, *Pergier*, & le Maitre paſſant par *Caſtres* repreſenteront à Meſſieurs les Gens du *Roi*, faiſant Profeſſion de la Religion Reformée, combien il eſt prejudiciable aux Egliſes que les diferens des Academies ſe terminent à leur Cour, afin que ſelon leur Zele & Pieté, ils pourvoient au paſſé, & veillent à l'avenir, afin que rien ne ſe faſſe au prejudice de la Liberté des Egliſes.

VII.

Le Miniſtere du Sr. de la *Vallade* a été confirmé dans l'Egliſe de *Fontenay*, à laquelle il a été donné pour Paſteur afecté & approprié, ſans qu'à l'avenir la Province de *Guienne*, ou l'Egliſe de *Bergerac*, puiſſent pretendre aucun Droit de le demander, attendu même que les Deputés tant de ladite Province, que de ladite Egliſe n'ont eû aucune charge de le demander à cette Aſſemblée, c'eſt pourquoi les Conventions faites par le Pere dudit Sr. de la *Vallade* & lui avec l'Egliſe de *Fontenay* demeureront fermes, ſans que neanmoins la Compagnie en approuve la Forme. Pour ce qui eſt des Deniers qu'on pourroit pretendre lui avoir été fournis, au cas que le Coloque de *Perigord*, & ladite Egliſe de *Bergerac*, les voulût demander, le Synode de *Xaintonge* jugera definitivement, par l'Autorité de cette Compagnie, ſi elle doit le faire, & ſur qui elle doit avoir ſon recours.

VIII.

Sur la Demande des Egliſes de *Maringues* & de *Paillat*, en *Auvergne*, qu'il plaiſe au Synode de les pourvoir de Paſteur, & à cauſe de leur neceſſité, des moiens neceſſaires pour entretenir le Miniſtere au milieu d'eux :

Il a été enjoint au Synode du *Bas Languedoc*, de leur fournir un Pasteur pendant une année, s'ils le requierent à la premiere occasion. Et pour faciliter son entretien on leur donnera les deux tiers des six Portions, des Deniers de l'Octroi du *Roi*, ci-devant adjugées à la *Basse Auvergne*; afin que les susdites Eglises de *Maringues* & de *Paillat* en puissent tirer quatre, les autres deux demeurans à celle d'*Issoire*. Il a aussi été ordonné que le Synode du *Bas Languedoc*, pendant ledit An, choisira un Proposant de bonne esperance, pour être donné à ladite Eglise pour Pasteur ordinaire, à l'avenir.

IX.

Le Sr. *Primerose*, Pasteur de l'Eglise de *Bourdeaux*, aiant presenté les Lettres écrites à cette Assemblée par les Magistrats & Pasteurs de la Ville & Eglise d'*Edimbourg* en *Escosse*, & pareillement celles qui ont été écrites audit Sr. *Primerose*, par le *Roi* de la *Grande Bretagne*, tendantes à le rapeller pour exercer son Ministere dans sa Patrie, & principalement dans ladite Eglise d'*Edimbourg* : Aiant aussi fait connoitre qu'il a toujours reservé la Liberté de se retirer quand il seroit dûement apellé, sans s'être jamais obligé absolument, ou à ce Roiaume, ou à quelqu'une de nos Eglises de *France*, la Compagnie lui a declaré qu'elle ne peut, ni ne veut empêcher qu'il se prevale de la Liberté qui lui est acquise en bonne Conscience, l'exhortant neanmoins de bien peser toutes les circonstances de sa Vocation, & d'avoir égard à l'Eglise de *Bourdeaux*, dans laquelle son Ministere & sa Vie très-edifiante, aportent beaucoup de fruit : Sur quoi il a promis de n'abandonner point ladite Eglise qu'elle ne soit pourvûe d'un autre Pasteur.

X.

Sur le Reglement demandé par le Sr de la *Buissonniere*, pour le Droit de la Convocation du Synode Provincial de *Normandie*. La Compagnie a ordonné que chaque Coloque l'assemblera à son tour dans les Lieux les plus commodes; & a enjoint à ladite Province d'apeller auxdits Synodes un Pasteur & un Ancien de chaque Eglise; ne pouvant pas aprouver ce qui s'est fait par le passé dans ladite Province, contre la Discipline, en y apellant seulement les Deputés des Coloques, & elle a censuré ladite Province de l'avoir ainsi pratiqué, & a defendu à la *Haute Normandie* d'assembler deux Coloques en un, comme il a été pratiqué ci-devant.

XI.

Sur la Demande de l'Eglise de *Cornus* & de *St. Jean* du *Breuil*, d'être jointes au Coloque du *Rouergue*, & demembrée de celui de *Sauve* : La Compagnie aiant oüi Monsieur de *Gasques*, lequel n'y a point contredit, pour la Province du *Bas Languedoc*, leur a accordé leur demande, à la Charge que le Synode de la *Haute Guienne* veillera soigneusement sur lesdites Eglises.

XII.

Sur la Remontrance de l'Eglise de *Foix* & de *Tarascon*, qu'il leur est impossible d'entretenir leurs Pasteurs à l'avenir, à cause de la grande pauvreté des Habitans desdits Lieux : La Compagnie a ajouté à la Portion que lesdites Eglises tirent des Deniers de l'Octroi du *Roi*, deux autres Portions, &

prié Monsieur de *Montigni* d'exhorter Monsieur du *Matelet*, de prendre soin desdites Eglises & de les secourir dans leurs besoins.

XIII.

La Demande que fait l'Eglise du *Bourg Argental*, de rester unie à l'Eglise de *Poulieu* en *Vivarez*, a été interinée, sous la condition mentionnée dans l'Acte du Synode de la Province de *Bourgogne*, auquel ladite Eglise sera reunie quand elle aura le moien d'entretenir un Pasteur toute seule.

XIV.

Sur la Demande que font les Deputés de la *Basse Guienne*, que l'Ordonnance du Synode de ladite Province soit confirmée, par laquelle les Eglises de son Departement sont obligées de remettre les Deniers levés pour la Subvention des Pauvres du Marquisat de *Saluces*, entre les mains du Sieur *Bernardin*, Ancien de l'Eglise de *Tonnins*, pour le remboursement des quatre cens Ecus octroiés par le *Roi*, aux Deputés de l'Assemblée de *Chastele-raut*, qui se sont déja emploiés pour lesdits Freres dudit Marquisat : La Compagnie a confirmé & confirme ladite Ordonnance, dans l'execution de laquelle on aura égard au susdit remboursement, afin que chaque Eglise soit taxée selon ses Apointemens, & qu'il n'en soit levé sur sa Colecte, qu'au prorata de sa Taxe.

XV.

La *Faye* Aveugle, est recommandé à la Charité de l'Eglise de *Bourdeaux*, laquelle est exhortée de l'assister comme elle a fait par le passé.

XVI.

Sur la Plainte des Deputés de la Province de *Bourgogne*, du *Lionnois* & *Forez*, de ce que Mr. le *Faucheur*, exerçant à present son Ministere dans l'Eglise *d'Annonai* en *Vivarez*, est sorti de ladite Province sans en avoir eû dûement son Congé, demandant par consequent qu'il soit renvoié & adjugé à l'Eglise de *Dijon* : Oüis sur cela les Deputés du *Vivarez*, requerant la Confirmation de son Ministere audit Lieu *d'Annonai*, ceux de *l'Isle de France* le demandant pour l'Eglise de *Paris*, & ceux de *Sedan* pour l'Eglise dudit Lieu, & ceux du *Dauphiné* produisant une Convention faite entre ledit Sieur le *Faucheur* & l'Eglise de *Grenoble*, pour laquelle ils le demandent; La Compagnie ne pouvant pas approuver ladite Convention, trouvant aussi que la Province de *Bourgogne* a derogé à son Droit, lequel d'ailleurs n'étoit point absolu, & que les Eglises de *Paris* & de *Sedan* n'en ont aucun sur lui; usant de l'Autorité qu'elle a sur ledit Sr. le *Faucheur*, qui doit entierement dependre d'elle, en qualité de Pasteur, le donne à l'Eglise *d'Annonai*, pour y demeurer comme sur le Troupeau qui lui est assigné, sans que son Pere, ni lui, puissent pretendre à l'avenir aucun Droit pour lequel il puisse sortir de là, & être donné à une autre Eglise.

XVII.

Il est enjoint à Mr. *Hostier*, Pasteur de l'Eglise du *Mas d'Asins*, d'aller en *Vivarez*, pour y executer ce qui a été ordonné au Synode de *Gap*, reglant ses Comptes avec l'Eglise d'*Annonai* & la contentant. A quoi il satisfera dans six mois, sans aucun autre Delai.

XVIII. Sur

XVIII.

Sur la Demande de Monsr. *Baldran*, Deputé des Eglises du *Bearn*; que Monsr. *Hesperien* le Fils, Ministre de *Ste. Foi* soit rendu à leur Province, pour y servir une Eglise vaquante, oùi l'Ancien de l'Eglise de *Ste. Foi*, qui a presenté les Lettres de Monsieur *Hesperien* le Pere, écrites à leur Eglise, à laquelle il fait declaration de sa volonté sur la demeure de son dit Fils: La Compagnie n'a point trouvé que ledit Sr. *Hesperien* eût obligation auxdites Eglises du *Bearn*, qui puisse empêcher sa demeure à *St. Foi*, ce qui avoit été jugé par le Synode de *Gap*, est ratifié par le present, qui ordonne que ledit Sr. *Hesperien* demeure attaché au service de l'Eglise de *Ste. Foi*, laquelle ofre cependant aux Eglises du *Bearn* de les assister de Pasteurs en cas de necessité, comme aussi en pareil cas elle l'espere d'elle, selon la Sainte Union de nos Eglises les unes avec les autres.

XIX.

Le Sr. *Durdés* Pasteur de l'Eglise de *Pamiers*, aiant representé par son Fils l'Affliction qu'il a pleu à Dieu de lui envoier en lui ôtant la vûë corporelle, & en l'éprouvant par des incommodités domestiques qui lui ont été causées, tant par les Persecutions passées, que par des Maladies, ladite Eglise de *Pamiés* ne le pouvant pas sufisamment entretenir avec un autre Pasteur, il a été enjoint à la Province du *Haut Languedoc*, de le traiter charitablement dans la Distribution qu'elle fera des Deniers de la Liberalité du *Roi*, & de pourvoir à ses necessités.

XX.

Monsr. *Baduel*, Pasteur de l'Eglise de *Chastillon*, aiant representé son extrême Pauvreté, causée par la confiscation du bien de son Pere, pour cause de Religion, il a été ordonné qu'outre la Portion qu'il tire de son Eglise, il lui en sera donné une sur le general, & pour faire la troisième, il est enjoint à sa Province de lui en donner une de celles dont elle jouit, pour le soulager dans ses incommodités.

XXI.

Pour obvier aux Divisions qui pourroient naître dans l'Eglise de *Xaintes*, à cause des Charges Ecclesiastiques, la Compagnie a trouvé bon qu'aussi-tôt que ladite Eglise sera pourvûë de Pasteurs, le tiers du Consistoire soit changé, & le second tiers au bout de l'An, & le reste un An après; & la Nomination tant des deux tiers qui devront demeurer que de celui qui y entrera, soit faite à la pluralité des Voix de tout le Corps du Consistoire; laissant en Liberté ceux qui voudront être dechargés: lequel Reglement est conseillé à ladite Eglise, à la Requisition de la Province de *Xaintonge*, sans prejudice des autres: & ledit Reglement sera observé à l'avenir dans ladite Eglise.

XXII.

Les Freres du Bailliage de *Gex*, signeront la Discipline Ecclesiastique. Mais avant que d'y mettre leurs Signatures ils pourront faire des Reserves, à la fin de leur Exemplaire, sur quelques Articles dont l'observation leur est maintenant impossible dans l'état où ils sont.

XXIII.

Sur la Propofition faite par les Deputés du *Poictou*, touchant ceux qui aiant été mariés, & s'étant trouvés liés par des Sortileges fe font feparés & la Femme mariée depuis à un autre : en confequence de quoi le Mari auroit auffi époufé une autre Femme : on demande s'ils peuvent être admis à la Paix de l'Eglife ? La Compagnie a renvoié l'Afaire au Jugement de la Province, laquelle pourra examiner plus particulierement toutes les circonftances des fufdits Mariages.

XXIV.

Sur la Demande que fait l'Eglife de *Caftillon* d'être pourvûë par cette Compagnie du Miniftere de Mr. *Soulas*, Veû qu'il n'a point de Congé de la Province de *l'Ifle de France*, il n'a pas été jugé raifonnable de leur acorder leur Demande. Mais la Province d'*Orleans* eft chargée de pourvoir ladite Eglife le plus promptement & commodément que faire fe pourra.

XXV.

Sur la Queftion des Deputés du *Bas Languedoc*, fi un Coloque fe peut oppofer à la Donnation faite par le Synode Provincial à la Veûve d'un Pafteur, fous pretexte que ladite Veûve eft morte avant le tems du paiement de la Somme donnée : & fi la Mort doit faire revoquer cette Affiftance, lorfque les Heretiers de ladite Veûve font neceffiteux ? La Compagnie a jugé que non, & a cenfuré le Coloque qui a fait une telle Opofition.

XXVI.

L'Eglife de la *Rochelle* aiant recueilli huit cens Livres pour les Freres du Marquifat de *Saluces* : Il a été ordonné que lefdits Deniers feroient mis entre les mains des Deputés de la Province du *Dauphiné*, ce qui a été fait, & ladite Province rendra Compte au Synode National prochain de la Diftribution qui en aura été faite.

XXVII.

L'Eglife de *Bourdeaux* a mis entre les mains des Deputés de la Province du *Dauphiné*, les quatre cens Livres qu'elle a recueillies pour les Freres du Marquifat de *Saluces*, & la Province du *Dauphiné*, a été chargée de faire paroître au prochain Synode National comment en aura été faite la Diftribution.

XXVIII.

Sur ce que le Sr. *Pinault* a prefenté fes Comptes des Deniers reçûs, pour les Pafteurs de la Province d'*Anjou*, *Touraine*, *Maine*, &c. La Compagnie n'a pas jugé neceffaire de les examiner en particulier, fe contentant de ce que les Pafteurs & Anciens Deputés de ladite Province reprefenteront, touchant le nombre de leurs Miniftres & de leurs Propofans, fuivant ce qui en a été ordonné par toutes les Provinces.

XXIX.

Sur la Requifition de la Province de *Xaintonge*, que l'Eglife de *Bourdeaux* fût condamnée à executer la Promeffe qu'elle a fait à la Province de *Xaintonge*, de lui donner un Propofant au lieu de Monfieur *Primerofe* : La Compagnie jugeant que ladite Province a eu Droit de faire cette Demande,

TENU A LA ROCHELLE.

la exhortée neanmoins à le ceder à ladite Eglise, attendu qu'elle n'est point aſſûrée de la Continuation du Ministere dudit Sr. *Primerose*, qui a reçû son Congé de cette Compagnie.

XXX.

Le Decret du Synode de *Pons*, fait l'An 1606. touchant l'Union du Consistoire de la *Rochelle* à la Province de *Xaintonge*, pour toutes les Afaires Ecclesiastiques & Politiques, est confirmé par la presente Assemblée.

XXXI.

La Demande faite par l'Eglise de *Ruffec* d'être separée de l'Eglise de *Verteuil*, & couchée sur le Role des Eglises demembrées, est renvoiée au Synode Provincial pour en juger.

XXXII.

La Requête de la Veûve de feu Monſr. *Rouſpeau* est renvoiée au Synode de la Province de *Xaintonge*, à la Charité de laquelle elle est recommandée, & on donne pouvoir audit Synode d'obliger l'Eglise de *Pons*, par l'Autorité de cette Compagnie, de lui donner quelque chose.

XXXIII.

Sur la Demande de Monſr. de *Montigni*, requerant au nom de la Province de *l'Iſle de France*, que Mr. de la *Touche* le Fils ainé, rembourse ce qui lui a été fourni par l'Eglise de *Paris*, pour son entretien lorsqu'il étoit Ecolier à *Sedan*, ou qu'il soit renvoié à ladite Province pour y exercer son Ministere: La Compagnie a ordonné que les cent Livres qu'il a données à l'Eglise de *Cōmpienne*, lui seront alouées en deduction: Et pour le surplus on a chargé son Frere, Ministre dans la susdite Province, de faire regler ses Comptes au prochain Synode de ladite Province, pour voir tant ce qu'il pourroit devoir de reste, que ce qui lui pourroit être dû des Deniers de la Liberalité du *Roi*: après lequel Compte respectivement fait ceux qui seront reliquataires seront tenus de paier.

XXXIV.

Sur le Diferent de la Province de *Normandie*, & celle d'*Anjou*, de *Touraine*, & du *Maine*, pour l'Eglise de *Mongoubet*, composée de Bourgs & de Villages qui sont en partie du *Perche*; & en partie de *Normandie*, à cause de quoi les deux dites Provinces la demandent, l'une pour le Coloque d'*Alençon*, l'autre pour celui du *Maine*: La Compagnie aiant égard à la Conservation de ladite Eglise en son état present, auquel elle est pourvûe d'un Pasteur de la Province de *Normandie*, a ordonné qu'elle demeurera jointe au Coloque d'*Alençon*, jusqu'à ce que les quartiers de *Montgoubert* & d'*Albieres*, puissent entretenir un Pasteur pour eux seuls, auquel cas lesdites Eglises retourneront au Coloque du *Maine*.

XXXV.

Le Sr. de *Bonvouloir*, à present Pasteur de l'Eglise de *St. Jean d'Angeli*, aiant été congedié par la Province du *Poictou*, à condition qu'il restitueroit à l'Eglise du *Poiré* & de *Beleville*, la somme de quatre cent cinquante Livres, emploiée par ladite Eglise à son entretien aux Ecoles: La Compagnie, à la Requête des Deputés de la Province du *Poictou*, a ordonné que dans deux mois

mois ledit Sr. de *Bonvouloir* conviendra avec ladite Eglife de ce qu'il pretend lui être dû d'Arrerages, & d'ici à fix mois paiera entierement ce dont il fe trouvera reliquataire, à faute de quoi il retournera au pouvoir de la Province du *Poictou*, laquelle pourra difpofer de fon Miniftere.

XXXVI.

Les Deputés de *Provence*, demandant à la prefente Compagnie quelques Pafteurs pour en pourvoir leurs Eglifes deftituées, & ne s'en trouvant pas maintenant: La Compagnie a exhorté les Provinces du *Dauphiné* & du *Bas Languedoc* d'aider de leurs Pafteurs lefdites Eglifes, jufqu'à ce que Dieu les ait fournies du nombre qui leur eft neceffaire.

XXXVII.

A la Requête de Monfieur *Perrin*, il a été ordonné que les quartiers de *Sedron*, de *Saut*, & *Barret*, feront unis à l'Eglife de *Monbrun*, jufqu'à ce qu'ils puiffent avoir un Pafteur propre.

XXXVIII.

Les Lettres écrites par Monfr. *Durdes*, Pafteur de *Pamiers*, à Monfr. de *Beannai* Gentil-homme Normand, par lefquelles il appert que ledit Sr. *Durdes*, a reçû par Prêt dudit Gentil-homme certaine Somme, pendant qu'il étoit refugié à *Londres*, lui feront communiquées par les Deputés de la *Haute Guienne*, afin qu'il faffe paroître au prochain Coloque de *Foix*, quelles font fes exceptions, & au cas qu'il n'en ait pas de valables, il lui eft enjoint de contenter ledit Gentil-homme.

XXXIX.

Sur la Queftion propofée par les Deputés de la Province de *Normandie*, au nom de l'Eglife de *Caen*, fi on peut recevoir au Batême un Enfant né d'un Mariage que l'Eglife condamne, lorfque cet Enfant eft prefenté par des Parrains Fideles, qui en auroient déja prefenté d'autres iffus d'un pareil Mariage? On a jugé que la faute des Parens ne pouvant prejudicier aux Enfans, il n'y a point de dificulté qui les empêche d'être reçûs au Batême, quand ils font prefentés par les mêmes Parrains; mais l'Eglife doit neanmoins être avertie que s'eft fans Aprobation dudit Mariage.

XL.

Sur la Requifition faite par Monfr. de la *Buiffonniere*, au nom du Coloque de *Caen*, que le Miniftere de Mr. *Senéchal* foit mis au pouvoir dudit Coloque, nonobftant l'Octroi que le Synode de la Province en a fait à l'Eglife *d'Orbec*, contre l'intention du feu Sr. de *Laçon* qui a fait une Donation de laquelle il a été entretenu: La Compagnie aiant entendu la Lecture du Teftament dudit Sieur de *Laçon*, par lequel il ordonne que l'Eglife de *Caen*, aiant apellé celle de *Laçon* difpofera du Propofant entretenu des Deniers du Revenu de fon Don; a jugé que le Synode ne pouvoit pas envoier ledit Sr. *Senéchal* à *Orbec*, au prejudice de la volonté dudit Teftateur, contre l'avis defdites Eglifes, lefquelles neanmoins font priées de ne preffer pas le retour dudit Pafteur, avant que ladite Eglife *d'Orbec* ait le loifir de fe pourvoir d'un autre Miniftre.

XLI.

Le Sieur de la *Buiſſonniere* aiant repreſenté à la Compagnie, les inſolens & ſeditieux Placards d'un Capucin dans la ville *d'Alençon*, lequel n'a point voulu en aficher de contraires : La Compagnie louant la Prudence & la Modeſtie du Complaignant ofenſé par ledit Capucin, exhorte ledit Sr de la *Buiſſonniere* d'avoir toujours de la Moderation, & trouve bon qu'entre les Plaintes dont les Deputés Generaux ſeront chargés en Cour ; il ſoit fait mention du ſuſdit Libelle difammatoire.

XLII.

Sur la Propoſition faite par les Deputés de la Province de *Bretagne*, que Mr. *Oiſeau*, Paſteur, leur ſoit renvoié, comme s'étant retiré ſans avoir obtenu congé de ladite Province, & de ſon Egliſe de *Nantes* : après la Lecture de la Lettre dudit Sr. *Oiſeau*, & la deduction de ſes Raiſons faite par Mr. *Rivet* ſon Gendre : La Compagnie ne trouvant pas les Procedures dudit Sr. *Oiſeau* exemptes de blâme, lui a neanmoins permis de reſider & d'exercer ſon Miniſtere dans la Province du *Poictou*, où il fait à preſent ſa demeure, laquelle Province aſſiſtera pendant un An ladite Egliſe de *Nantes*, à ſavoir, durant ſix mois par le Miniſtere dudit Sr. *Rivet*, ou d'un autre pour lui, & les autres ſix mois par celui qu'elle choiſira, pendant lequel tems ledit *Oiſeau* ſervira les Egliſes deſquelles leſdits Paſteurs ſeront empruntés : Et durant ledit An l'Egliſe de *Nantes* paiera les Gages de ceux qui la ſerviront. & ledit Sr. *Oiſeau*, tirera ceux des Egliſes dans leſquelles il exercera ſon Miniſtere, & il demeurera en Liberté de ſe pourvoir d'Egliſe dans la Province du *Poictou*.

XLIII.

Sur la Demande faite par Mr. *Merlin*, ſi *Dorin* Sr. de *Grateloup*, peut être reconcilié à l'Egliſe, vivant dans le Mariage qu'il a contracté & conſommé, attendu qu'il a été aprouvé par la Chambre de *Nerac*, interinant les Lettres de la Diſpenſe du *Roi* : La Compagnie conſiderant cette Circonſtance avec pluſieurs autres qui ont été propoſées, a jugé que lui & ſa Femme pourront être reconciliés à l'Egliſe, après les Cenſures convenables à leurs fautes, avec Avertiſſement que c'eſt ſans Aprobation dudit Mariage.

XLIV.

Les Deputés de *Provence*, aiant requis que la Province du *Dauphiné* leur paiât le reſte de la ſeptiéme partie qui leur fût adjugée à *Gap*, des Deniers actuellement reçûs du Sr. *Pallot*, pour la Province du *Dauphiné*, pour les années 1598. 1599. & 1600. en deduiſant la ſomme de 2250. Liv. que leſdits Deputés de *Provence* ont reconnû avoir reçuë, en demandant les Interêts de la retenuë de leurs Deniers : La Compagnie aiant vû l'Etat des Paiemens faits par ledit Sieur *Pallot* à ladite Province du *Dauphiné*, ſigné & arrêté le 5. de Juin, 1601. & oüi le Sr. de la *Combe*, Deputé de ladite Province, qui a reconnû avoir actuellement reçû dudit *Pallot*, la ſomme de 2402. Liv. 16. ſ. 8. d. compris la ſomme de 1020. Liv. 11. d. que ledit *Pallot* lui a reſtituée depuis ledit Etat, pour la moitié de ſon Droit : requerant pour ceux du *Dauphiné* qu'on faſſe la deduction d'un ſol par Livre ſur la Recepte dudit Sr. de la Combe, outre ce qui ſe trouvera avoir été reçû par ceux de *Provence*, après lesdits 2250. Livres, Ladite Compagnie a ordonné que ceux du *Dauphiné* paieront à ceux de *Provence*, en Deniers ou Quittances valables, la Somme de six cens soixante & cinq Livres, neuf sols, un denier : Et en se faisant, lesdites Provinces demeureront reciproquement quittes de toutes leurs pretentions, & dudit reste des Deniers comptans, octroiés par le Synode de *Gap*, sans prejudice des Rescriptions qui y sont contenûes.

XLV.

La Compagnie a ordonné que la moitié de la somme de six cens soixante cinq Livres neuf sols, dûë par la Province du *Dauphiné* à celle de *Provence*, sera donnée aux cinq Pasteurs qui y étoient actuellement en service durant le tems que ladite Somme a été arreragée : Et que l'Eglise du *Luc* paiera sans delai à Monsieur *Magnan*, Pasteur, ce qu'elle lui doit pour le tems qu'il l'a servie. Quant à la Demande faite par la Province du *Dauphiné* à celle de *Provence*, pour les Frais d'un Voiage en Cour : La Compagnie en a debouté ladite Province du *Dauphiné*.

XLVI.

La Compagnie a ordonné que les six Portions attribuées aux six Pasteurs de la *Rochelle* seront retenûës par ladite Eglise, nonobstant l'arrêté contraire de le Province de *Xaintonge* : desquelles six Portions ladite Eglise sera tenûë d'entretenir un Professeur en Theologie selon la Promesse.

XLVII.

Quoique la Compagnie ait eu de très-bonnes raisons pour juger l'Eglise de *Xaintes* indigne du Ministere de Monsr. *Petit*, & lui d'y être emploié, voiant que les uns & les autres donnent maintenant des temoignes qu'ils ont un grand deplaisir de leur mauvaise conduite passée, elle donne de nouveau ledit Sr. *Petit* pour Pasteur à ladite Eglise, avec charge à la Province, au cas que par la faute de ladite Eglise, ou dudit Pasteur, les Divisions continuent, ou qu'il en arrive de nouvelles, de disposer de son Ministere comme elle le trouvera expedient pour le bien & l'Édification commune.

XLVIII.

La Compagnie procedant à la Distribution des Pasteurs qui se sont trouvés en Liberté, a accordé le Ministere du Sr. *Dubois* à l'Eglise de *Laval* au *Maine* ; avec laquelle il continuera de servir, (selon la Convention qui en sera faite entr'eux par l'avis du Synode de la Province) l'Eglise de la Maison de Madame de la *Barre* : & ladite Province est chargée d'avertir ledit Sr. *Dubois* de son Devoir.

XLIX.

La Province de *Xaintonge* est chargée de pourvoir au plûtôt l'Eglise de *Vertueil*, & de l'assister cependant par le moien des Pasteurs des Eglises voisines.

L.

Sur la Demande faite par Monsr. de *Montigni* au Nom de l'Eglise de *Paris* du Ministere de Monsr. *Ferrier* : La Compagnie aiant oüi les Deputés du *Bas Languedoc*, & consideré la Vocation dudit Sr. *Ferrier* dans l'Eglise de *Nimes*,

mes, a jugé qu'il ne devoit pas être ôté à ladite Eglise, & lui a enjoint de vaquer soigneusement à ses charges de Pasteur & de Professeur en Theologie. Sur quoi ledit Sr. de *Montigni* faisant derechef instance, pour obtenir à faute dudit Sr. *Ferrier*, les Srs. *Faucheur* & *Perol* : La Compagnie n'a pas jugé expedient de changer sa Resolution prise ci-devant sur le Ministere dudit Sr. *Faucheur*, ni d'en prendre une nouvelle sur celui de Monsieur *Perol*, attendu les Charges de Pasteur & de Professeur qu'il exerce dans l'Eglise & l'Academie de *Montpellier* : Et aiant enfin demandé Monsieur *Chauve*, la Compagnie n'en a pû disposer, parce qu'il apartient à l'Eglise de *Geneve*.

L I.

L'Eglise de la *Rochelle* aiant promis, à la Persuasion de cette Compagnie, d'entretenir le Sr. *Peris*, Proposant, & de l'exercer de plus en plus par l'espace de six mois : La Compagnie oblige l'Eglise qui en sera pourvûë, quand il sera trouvé capable du Ministere, de restituer à ladite Eglise de la *Rochelle*, tout ce qu'elle aura emploié à son Entretien, devant qu'elle puisse joüir de sondit Ministere.

L I I.

La Demande faite par Monsieur *Hog*, touchant certains Fraix qu'il pretend lui devoir être remboursés, pour s'être defendu en Justice contre les *Carmes* de la *Rochefoucaut*, est renvoiée à la Province de *Xaintonge* qui pourra y pourvoir.

L I I I.

Messieurs de *Montigni* & *Poupard*, aiant demandé très-instanment au Nom de l'Eglise de *Paris*, qu'on les pourvût du Ministere de Monsieur *Bedé*, au moins pour quelque tems : La Compagnie aiant oüi ledit Sieur *Bedé* & Monsieur *Bruges*, Ancien de ladite Eglise de *Loudun*, n'a pas jugé raisonnable de la priver, ni pour toujours, ni pour quelque tems, de son Pasteur.

L I V.

Il a été ordonné que les cent Ecus adjugés à la Province de *Xaintonge*, pour dresser une Ecole, seront emploiés à l'entretien de celle de la *Rochefoucaut*, & qu'une pareille somme sera donnée à la *Basse Guienne*, pour l'augmentation du Coloque de *Bergerac*.

L V.

La Portion reçuë par la Province du *Dauphiné*, sous le Nom de Monsieur *Mercure* Pasteur, appartiendra à toutes les Eglises qu'il sert, tant en *Vivarez*, qu'en *Dauphiné*.

L V I.

Les deux Portions adjugées à Mr. de la *Faie*, Pasteur de l'Eglise d'*Aubenas* par le Synode de *Gap*, outre celle de sa Province, lui sont continuées jusqu'au prochain Synode National.

L V I I.

Sur la Proposition faite par les Deputés de *l'Isle de France*, pour les cinq Cens Ecus qui ont été ci-devant tirés sur leur Departement, pour la Pension des deux

deux Pasteurs de *Mantes* & de *Fontainebleau* : La Compagnie considerant les Portions surnumeraires qui ont été attribuées à la susdite Province & à ses Annexes, n'a point trouvé qu'elles eussent sujet de se plaindre pour le passé : & pour l'avenir elle a octroié cinq Portions surnumeraires à ladite Province, pour subvenir auxdites Eglises de *Mantes* & de *Fontainebleau* : & lui a enjoint de faire que lesdits Pasteurs se rangent à l'Ordre desdites Eglises, & se contentent des Gages ordinaires que reçoivent les autres Pasteurs de ladite Province : & s'ils n'acquiescent pas à l'Autorité du Synode, elle y pourvoira par les voies de la Discipline.

LVIII.

Sur les Diferens de la Province du *Bas Languedoc* avec celle du *Vivarez*, touchant certaine Somme demandée pour des Voiages faits par *l'Aveu*, & pour le bien commun des deux susdites Provinces : La Compagnie, après avoir oüi toutes les Parties, a ordonné que la Province du *Vivarez* demeurera quitte envers l'autre, en lui paiant de ses premiers & plus clairs Deniers, par les mains du Sr. *Ducandal*, la Somme de trois cens Livres : & il est defendu aux Provinces de divertir ci après les Deniers de l'Octroi du *Roi*, à de telles Afaires, sans le consentement de ceux qui y ont Interêt, & sans une meure Deliberation.

Fait à la *Rochelle* le 12. d'Avril, 1607. & signé comme ci-dessus par les Sr. *Beraud*, *Merlin*, *Rivet* & *Roi*.

REGLEMENS
TOUCHANT LES LEGS TESTAMENTAIRES.

Article I.

Quoi que nous n'aions pas Intention de prescrire des Loix à ceux qui veulent faire du bien aux Eglises de Dieu, & qu'ils soient en toute Liberté de disposer de leur Charité, de la maniere que bon leur semblera, soit en faisant leurs Donations en Fonds, en Constitutions, ou en Argent contant, en faveur d'une certaine Eglise, Colege ou Hôpital, sous les Conditions & Sûretés qu'ils jugeront les plus convenables par raport à leurs propres Afaires; Cependant le Synode juge qu'il seroit à propos de conseiller les Personnes qui veulent faire des Legs Pieux, d'exercer leur Liberalité d'une maniere qui soit conforme à la Parole de Dieu, à l'Exemple des Chrétiens de la Primitive Eglise; & que les Charités soient bien asûrées, & fidelement distribuées selon l'Intention du Donateur.

II.

C'est pourquoi on persuadera auxdits Testateurs d'assigner leurs Donations sur de certaines Eglises, pour l'entretien des Pauvres, ou du Saint Ministere de cette Eglise, avec cette Clause qu'en cas d'interruption, soit par la Guerre ce ou autres calamités publiques, elles feront emploiées par l'Eglife la plus voifine, ou autrement, par le Confiftoire, le Coloque, ou le Synode Provincial, ou National, qui en difpoferont de la maniere qu'ils jugeront la plus convenable.

III.

Ceux qui demeurent dans les Villes de plus grande fureté feront leurs Dons en Argent contant s'il eft poffible; plûtôt que de donner des Fonds, afin de pouvoir mettre cet Argent à Interêt, & en percevoir une Rente annuelle des Communautés les plus proches des Chambres de la *Rochelle, Montauban, Montpellier* & *Nimes* : ou d'autres Maifons, dont les principaux Habitans font de la Religion Reformée, ou font les Afaires de la Ville : lefquels feront priés, par les Synodes Provinciaux, d'affigner lefdites Rentes fur les Revenus Publics les plus clairs, dont on paffera de bons Contracts entre les Deputés de cette Eglife (en faveur de laquelle la Donnation aura été faite) & les Maires, Magiftrats, Echevins, Bourgeois principaux, ou autres Perfonnes de marque defdites Villes, & les Confiftoires de ces endroits là feront prefens à ces Contrats, pour prendre garde que l'on n'y omette aucun de ces Articles, ou Conditions, qui peuvent contribuer à la Ratification & fureté des chofes ci-deffus, & le Confiftoire de cette Eglife à qui la Donnation aura été faite, ou fes Deputés, feront fort foigneux que le paiement defdites Rentes fe faffe regulierement en Lettres de Change, ou autrement, de telle maniere que la Province en foit à peu de fraix : & que la Somme foit divifée également aux Eglifes, à proportion, enforte qu'elles aient chacune ce qui leur apartiendra. Et les Synodes Provinciaux auront un foin particulier que l'intention du Donateur foit ponctuellement obfervée. C'eft pourquoi les Eglifes demanderont tous les Ans à leur Coloque, & les Coloques à leur Synode Provincial, un Compte exact & fidele des Donations qui auront été faites, Par qui & à quel ufage? Ils leurs demanderout auffi d'en montrer les Contracts, afin qu'ils foient enregitrés; & s'il y a une Somme confiderable en Argent, on l'aportera dans quelques-unes des Villes que nous avons nommées ci-deffus, pour être mife à la Banque fi on le juge à propos, pour le bien des Eglifes auxquelles elle aura été laiffée par Teftament.

IV.

Et parceque nous qui fommes en *France*, vivons fous diverfes Loix, & Coûtumes, & que le Stile & la Forme des Contrats eft fort diferente dans plufieurs Provinces; On a arrêté que dans chaque Province on ufera de la même Forme pour les Donations, & qu'on les fera paffer devant les Confiftoires, qui les communiqueront aux Notaires qui font Profeffion de la Religion Reformée, & à tels autres que l'on jugera convenable.

V.

La Forme fera conceuë en ces termes fuivans, excepté toujours qu'on pourra la changer, fi la neceffité le requiert.

VI.

,, Je donne & laiffe par Teftament, pour l'entretien du Miniftere de l'E- ,, van-

,, vangile dans l'Eglise de *N.* la Somme de *N.* laquelle
,, je veux que l'on mette en Rente, ou que l'on en achéte une Terre dans
,, la Dependance des Villes de la *Rochelle*, *Montauban*, ou *Montpellier*, &c.
,, & cela par l'Avis du Consistoire desdites Villes ; laquelle Rente, ou Re-
,, venu, sera paié tous les Ans regulierement, & delivré au Consistoire de
,, ladite Place, pour le meilleur entretien du Ministere, sans qu'elle puisse
,, jamais être emploiée à d'autres usages. Et si par hazard il arrivoit, (ce
,, que je prie Dieu de ne pas permettre) que le ministere de la Parole fût
,, interrompu dans cette Eglise, ou par la Guerre, ou par quelqu'autre Ca-
,, lamité Publique ; ma volonté est que pendant ladite Interruption, & jus-
,, qu'au retablissement de l'Exercice du Ministere, ladite Rente soit emploiée
,, pour l'entretien de l'Eglise la plus proche de ladite Place, ou autrement,
,, comme il sera trouvé le plus convenable par le Consistoire, le Coloque,
,, ou le Synode Provincial, ou National, des Eglises Reformées de ce Roiau-
,, me. Et je prie très-humblement & très-instanment lesdits Synodes de veil-
,, ler particulierement à ce que cet Argent ne soit pas diverti à d'autres usa-
,, ges qu'à ceux que je viens de marquer.

LES COMPTES DU Sr. DUCANDAL
ET LA DISTRIBUTION DES DENIERS DE L'OCTROI DU ROI.

ARTICLE I.

LEs Sieurs de *Grenoüilles*, *Berger*, des *Fontaines*, de *Burges*, le *Fevre*, de la *Combe*, & *Texier*, Commis pour examiner les Comptes du Sieur *Ducandal*, aiant représenté les dificultés qu'ils ont trouvées, mêmes en ce que ledit *Ducandal* ne raporte aucunes Quittances ni autres Pieces justificatives desdits Comptes : & aiant oüi sur cela ledit *Ducandal* qui a dit n'avoir pas aporté ses Aquits, parce qu'il ne croioit pas qu'aucune des Provinces revoquat en doute les Paiemens contenus dans ses Comptes : La Compagnie a ordonné que pour cette fois seulement, & sans tirer à consequence pour l'avenir, il sera procedé à la verification & Cloture desdits Comptes : Ce qui a été fait selon le Raport desdits Commissaires : par laquelle Cloture & Verification de Comptes, il s'est trouvé que ledit *Ducandal* est redevable de la Somme de cinquante cinq mille, six cens, trente neuf Livres, dix-neuf sols, & trois deniers, à cause des Ratures faites sur les Chapitres des Deniers rendus & non reçûs, de laquelle Somme ledit *Ducandal* poursuivra le Recouvrement pour paier tant les Commis, que les particuliers & les Eglises dans chaque Province, auxquelles il sera redevable & obligé de le paier en Deniers comptans l'onzième du mois d'Août prochain, ou de leur donner des Rescriptions suivant son Contrat & son Etat expedié à *Gap* : & il donnera quinze jours après les Quittances desdits Commis aux Deputés Generaux qui resideront en Cour ; & lesdits Deputés en aporteront une Copie düement colationée au prochain Synode National, s'il ne se tient pas plûtot une Af-
sem-

TENU A LA ROCHELLE.

semblée Politique : & l'Original du susdit Comte est demeuré dans les Archives du Consistoire de l'Eglise de la *Rochelle*.

II.

Lesdits Sieurs Deputés se feront aporter par le Sr. *Ducandal*, les Quittances & Pieces Justificatives de son Compte clos & arrêté dans cette Compagnie, & ensemble les Quittances de la Somme de cinquante cinq mille, six cens, trente neuf Livres, dix-neuf sols, trois deniers, dont il s'est trouvé redevable par la Cloture dudit Compte ; duquel on a laissé pour cet efet une Copie auxdits Deputés, pour faire les poursuites necessaires, en execution des Apostilles faites par la Cloture dudit Compte.

III.

La Promesse faite par ledit Sieur *Ducandal* aux Eglises, a été mise entre les mains de Monsieur *Merlin*, pour être gardée dans les Archives du Consistoire de la *Rochelle*, qui sera obligé d'en envoier une Copie colationée au prochain Synode National, par les mains du Deputé de la Province.

ETAT DE LA DISTRIBUTION

De la Somme de six vints, quinze mille Livres tournois, octroiée par le *Roi*, & delivrée tous les Ans au Receveur General des Eglises Reformées de ce Roiaume, Suivant lequel Etat Mr. *Isaac Ducandal* fera tant pour lui que pour le Sr. de *Vitsouze*, tous les Paiemens de ladite Somme aux Termes, & ainsi qu'il sera ci-après declaré, pour l'année presente, mil six cens sept, conformement à ce qui a été ci-devant traitté avec lui, audit Nom, par Messieurs les Deputés Generaux desdites Eglises, Assemblées au Synode National de *Gap*, l'An mille six cens trois.

Premierement pour les Universités.

IL sera paié à l'Université de *Montauban*, la Somme de trois mille, trois cens, trois Livres, six sols, huit deniers tournois.

A celle de *Saumur*, une pareille Somme de trois mille, trois cens, trente trois Livres, six sols, huit deniers tournois.

A celle de *Montpellier*, la Somme de quinze cens Livres tournois.

A celle de *Nimes*, la Somme de dix-huit cens, trente trois Livres, six sols, huit deniers tournois.

A celle de *Sedan*, la Somme de deux mille, quatre cens Livres tournois.

Somme totale. Douze Mille, quatre Cens Livres tournois.

XVIII. SYNODE NATIONAL

Pour les Deputés en Cour.

Aux Sieurs Deputés qui resideront en Cour, la Somme de seize cens, cinquante Livres tournois, faisant la moitié de trois mille, trois cens Livres: laquelle avec dix mille, deux cens Livres, pour laquelle ils sont couchés sur le petit Etat, fait treize mille, six cens Livres, qui leur sont ajugées tous les ans pour leurs Apointemens: l'autre moitié desdites trois mille, trois cens Livres, doit être retenûë sur le Paiement des Garnisons, pour être de même paiée auxdits Deputés.

Pour les Eglises & les Pasteurs.

Il sera paié à la Province de *Provence*, la Somme de deux mille, cent, quarante vints & une Livre, douze sols, pour dix-sept Eglises: en y comprenant trois cens Livres qui lui ont été ajugées de plus.

A la Province de *Bretagne*, la Somme de deux mille, quatre cens, trois Livres, pour dix-neuf Eglises: compris aussi trois cens Livres qui lui sont acordées de plus.

A la Province de *Bourgogne*, la Somme de quatre mille, sept cens, vint sept Livres, quatre sols, pour quarante Eglises: compris une pareille Somme de trois cens Livres de plus.

A la Province du *Vivarez*, la Somme de trois mille, trois cens, quatre-vints dix-neuf Livres, deux sols, pour vint-huit Eglises: compris aussi trois cens Livres de plus.

A la *Basse Guienne*, la Somme de huit mille, deux cens, soixante-neuf Livres, quatre sols, pour soixante douze Eglises: compris une pareille Somme de trois cens Livres de plus.

Au *Bas Languedoc*, la Somme de onze mille, huit cens, quarante trois Livres, dix sols, pour cent & sept Eglises.

A la Province du *Poictou*, la Somme de cinq mille, six cens, treize Livres, pour quarante huit Eglises: compris trois cens Livres de plus.

A l'*Isle de France*, *Picardie*, *Champagne* & *Beausse*, la Somme de sept mille, huit cens, vint sept Livres, dix sols, pour soixante huit Eglises: compris trois cens Livres qui lui ont aussi été données de plus.

A la Province de *Xaintonge*, la Somme de sept mille, neuf cens, trente sept Livres, six sols, pour soixante-neuf Eglises: compris trois cens Livres qui lui ont été données de plus.

A la Province d'*Anjou*, pour vint-neuf Eglises, la Somme de trois mille, deux cens, neuf Livres seize sols.

A la Province du *Haut Languedoc*, & de la *Haute Guienne*, pour quatre-vints quatorze Eglises, la Somme de dix mille, quatre cens, quatre Livres, dix sols.

Aux Provinces d'*Orleans* & de *Berri*, pour trente-six Eglises, la Somme me de quatre mille, deux cens, quatre-vints & quatre Livres, dix sols: compris trois cens Livres de plus.

A la Province du *Dauphiné*, la Somme de huit mille, neuf cens, trente-trois Livres, dix sols, pour soixante dix-huit Eglises : compris trois cens Livres de plus.

A la Province de *Normandie*, la Somme de six mille, cent soixante six Livres, six sols, pour cinquante-trois Eglises : compris une pareille Somme de trois cens Livres de plus.

Somme totale ; Huitante-sept Mille & deux Cens Livres, deux Sols. Toutes lesquelles susdites Sommes jointes avec celles des Comptes precedens, font la somme de Cent & un Mille, deux Cens & Cinquante Livres, à quoi montent les trois premieres Quartiers de ladite Somme de Six-Vints Quinze Mille Livres.

Laquelle dite Somme de Cent & un Mille, deux Cens, Cinquante Livres, ledit *Ducandal* paiera en trois égales Portions, tant aux Universités & aux Deputés, qu'aux Commis & aux Provinces ci-dessus specifiées, aux Termes & ainsi qu'il s'ensuit.

À SAVOIR.

Ce qui doit être donné aux Provinces de *l'Isle de France*, *Picardie*, *Champagne*, *Beausse*, *Normandie*, *Anjou*, *Orleans*, *Poictiers*, *Basse Guienne*, *Haut Languedoc*, *Haute Guienne*, & aux Universités qui sont dans lesdites Provinces, sera delivré aux Commis qui ont été, ou qui seront ci-après nommés.

Le premier Paiement se fera le premier jour de Juillet prochain. Le Second le quinzième jour d'Octobre suivant. Et le Troisiême à la fin du mois de Janvier de l'An Mille six Cens Huit. Les Paiements pour *l'Isle de France*, la *Picardie*, & *Champagne*, se feront dans la Ville de *Paris*. Pour la *Normandie* dans celle de *Rouen*. Pour *Orleans* & *Berri*, à *Orleans*. Pour le *Poictou*, à *Poictiers*. Pour la *Basse Guienne*, à *Bourdeaux*. Pour le *Haut Languedoc*, à *Montauban*. Et pour *Anjou*, dans la Ville de *Tours* de même que pour l'Université de *Saumur*.

Et ce qui sera dû pour la Part & Portion des Provinces de *Provence*, du *Bas Languedoc*, de la *Bretagne* & de *Xaintonge* sera aussi donné aux Commis qui ont été, ou qui seront pareillement nommés pour recevoir leur Contingent en trois Egales Portions, dont le premier Paiement se fera le dernier du mois de Juillet : Le Second à la fin d'Octobre suivant ; & le Troisiême à la fin de Fevrier de ladite année, Mille six Cens Huit. A savoir pour la *Provence* & le *Bas Languedoc* comme aussi pour les Universités de *Montpellier* & de *Nimes*, dans la Ville de *Montpellier*, pour la *Bretagne* à *Nantes* : & pour *Xaintonge*, dans la Ville de la *Rochelle*.

Et pour les Provinces de *Bourgogne*, *Dauphiné* & *Vivarez* entre les mains des Commis qu'elles ont nommé, ou qu'elles nommeront dans la Ville de *Lion*, aussi en trois Termes, dont les deux premiers se feront aux Paiemens des Foires d'Août & de la Toussaint de cette presente année : & le troisiéme au Paiement de la Foire des Rois suivant.

Lesdites Provinces assigneront dans chacune des susdites Villes, où lesdits Paiements se doivent faire, un Domicile auquel ledit Sr. *Ducandal* se pourra adresser, pour faire lesdits Paiemens.

QUARTIER D'OCTOBRE
Pour les Eglises & les Pasteurs.

IL sera paié par ledit Sr. *Ducandal*, des Deniers dudit Quartier, à la Province de *Provence* pour dix-sept Eglises, la Somme de sept cens cinquante-six Livres, dix-huit sols, six deniers.

A la Province de *Bretagne*, pour dix-neuf Eglises, la Somme de huit cens, quarante-six Livres.

A la Province de *Bourgogne*, pour quarante Eglise, la Somme de dix-sept cens, quatre vints & une Livre.

A la Province du *Vivarez*, pour vint-huit Eglises, la Somme de douze cens, quarante six Livres, quatorze sols.

A la Province de la *Basse Guienne*, pour soixante douze Eglises, la Somme de trois mille, deux cens, cinq Livres, seize sols, & cinq deniers.

Au *Bas Languedoc*, pour cent sept Eglises, la Somme de quatre mille, sept cens, soixante quatre Livres, trois sols, & six deniers.

A la Province du *Poictou*, pour quarante huit Eglises, la Somme de deux mille, cent trente sept Livres, quatre sols, & six deniers.

A *l'Isle de France*, *Picardie*, *Beausse* & *Champagne*, pour soixante huit Eglises, la Somme de trois mille, vint sept Livres, & quatorze sols.

A la Province de *Xaintonge*, pour soixante neuf Eglises, la Somme de trois mil, soixante douze Livres, quatre sols, dix deniers.

A la Province *d'Anjou*, pour vint neuf Eglises, la Somme de douze cens, quatre vint onze Livres, quatre sols, & six deniers.

Au *Haut Languedoc* & à la *Haute Guienne*, pour quatre vints quatorze Eglises, la somme de quatre mille, cent quatre vints cinq Livres, & sept sols.

Aux Provinces *d'Orleans* & *de Berri*, pour trente six Eglises, la Somme de seize cens, deux Livres, & dix-huit sols.

A la Province du *Dauphiné*, pour soixante dix-huit Eglises, la Somme de trois mille, quatre cens, soixante douze Livres, & dix-neuf sols.

A la Province de *Normandie*, pour cinquante trois Eglises, la Somme de deux mille, trois cens, cinquante neuf Livres, & dix-sept sols.

Somme Totale. Trente trois Mille, sept Cens, Cinquante Livres.

Laquelle Somme de trente trois mille, sept cens, cinquante Livres, qui font le montant du dernier Quartier de la susdite Somme de six vints quinze mille Livres, doit être paiée par le Sr. *Ducandal* aux susdites Provinces, en
delivrant

délivrant à chacune ce qui lui fera dû suivant l'Etat ci-deſſus, & au prorata de ce qu'il en pourra recouvrer d'ici au quinziéme d'Août, de l'année prochaine, faiſant leſdits Paiemens dans les Lieux, & entre les mains de ceux qui ſeront choiſis & nommés par leſdites Provinces. Et pour le ſurplus qui pourroit reſter à recouvrer après ledit quinziéme jour d'Août de l'année prochaine, ledit Sr. *Ducandal* s'en déchargera par des Reſcriptions qu'il donnera aux Provinces qui les voudront prendre, ſuivant l'Etat & le Departement qui en ſera fait avec nos Deputés Reſidens en Cour.

De toutes leſquelles ſuſdites Sommes, qui ſeront ainſi actuellement païées comptant, par ledit Sr. *Ducandal* il prendra & retiendra un ſol par Livre, qui lui a été accordé. Et pour le regard des Reſcriptions dudit dernier Quartier, il en gardera trois deniers par Livre, & fera tout ce que deſſus ſuivant les Clauſes du Traité qui a été fait avec lui par Meſſieurs du Synode National de *Gap*. Et le preſent Etat, dreſſé par cette Compagnie, lui ſervira de Regle, tant pour les Paiemens de cette année mille ſix cens ſept, que pour la prochaine mil ſix cens huit, & juſqu'au prochain Synode National, ainſi qu'il a été reſolu dans celui-ci, tenu à la *Rochelle* par les ſuſdits Deputés des Egliſes Reformées de *France*. le 12. jour d'Avril, Mille Six Cens Sept. Signé *Beraud* Moderateur: *Merlin* Ajoint: *André Rivet* & *Daniel Roi* Secretaires.

ACTES POLITIQUES

DES MATIERES TRAITE'ES DANS CE SYNODE NATIONAL

Pendant les douze premiers jours du Mois d'Avril, de l'An 1607. *ſuivant le* Brevet *du* Roi, *dont la* Copie *ſera miſe ci-après.*

AVIS.

MEſſieurs de la *Noue* & du *Cros*, Deputés par l'Aſſemblée de *Chaſtelerant*, pour reſider auprès de Sa *Majeſté*, s'étant preſentés dans cette Aſſemblée, y ont aporté un *Brevet* de ſadite *Majeſté*, dont la teneur s'enſuit.

BREVET DU ROI.

„ Aujourd'hui 29. Jour de Decembre 1606. Le Roi étant à *St. Germain*
„ en *Laie*, Sa *Majeſté* a accordé & permis que dans le Synode National qui
„ doit être tenu au mois de Mars prochain, dans la Ville de la *Rochelle*, par
„ ſes Sujets de la Religion Pretendüe Reformée, ils y puiſſent proceder à
„ la Nomination de leurs Deputés qu'elle leur a permis de tenir auprès de ſa
„ Perſonne Roiale, à condition que ladite Nomination ſera faite de ſix
„ d'entr'eux, deſquels Sa *Majeſtés* en choiſira deux, qui auront ladite Char-
„ ge

„ ge pendant trois ans entiers, à condition auſſi qu'après avoir fait ce Choix
„ dans ledit Synode National ; les Deputés qui s'y trouveront aſſemblés ne
„ pourront y traiter d'aucunes autres choſes que de celles qui concernent
„ la Diſcipline Eccleſiaſtique, ſelon qu'il eſt porté par les Edits, & les Pri-
„ vileges de ſadite *Majeſté*, ſur peine d'en être privés, s'ils y contrevien-
„ nent. Sadite *Majeſté*, m'aiant commandé d'expedier le preſent *Brevet*, le-
„ quel elle a voulu ſigner de ſa main, & fait contreſigner par moi Conſeiller
„ en ſon Conſeil d'Etat, & Secretaire de ſes Ordres.

Signé HENRI.
Et plus bas
FORGET.

DELIBERATION TOUCHANT LE SUSDIT BREVET.

Aiant été propoſé ſi Meſſieurs les Deputés du Corps de Ville de la *Rochelle* devoient être apellés pour deliberer ſur le ſuſdit *Brevet* : La Compagnie conſiderant qu'elle n'eſt aſſemblée qu'en qualité de Synode National, en laquelle qualité la Reponſe faite à l'Article 17. des Cahiers dernierement preſentés lui defend d'y admettre d'autres Perſonnes que les Miniſtres & les Anciens, ſous peine d'être privée de la Liberté de les convoquer à l'avenir, a été d'avis d'envoier quelques Paſteurs & Anciens repreſenter cette Dificulté à Monſieur le *Maire*, & autres du Conſeil de ladite Ville, pour en avoir leur Avis, & pour leur faire connoître pour quelle Cauſe on a differé de recevoir ceux qui ont été nommés & envoiés de leur Part. Sur quoi leur Reponſe aiant été qu'ils ne pretendent pas d'aſſiſter à d'autres choſes qu'à celles dont il eſt fait mention dans ledit *Brevet*, envoié par Sa *Majeſté*, leſquelles ſont miſes au rang des Politiques par l'Exception faite dans la Reponſe à l'Article 17. des derniers Cahiers preſentés, & de la Qualité de celles qui ſont attribuées dans la même Reponſe aux Aſſemblées Politiques : La Compagnie aiant entendu leurs Raiſons, & conſideré leurs Inſtances, les a admis pour deliberer enſemble ſur ce qui eſt propoſé dans ledit *Brevet*, à ſavoir les Srs. de *Romagné* & de *Mirande* Echevins, & de *Beaupreau Baillif*, & d'*Annix*, Maire de ladite Ville de la *Rochelle*.

RESOLUTION AU SUJET DU MEME BREVET.

Après avoir fait la Lecture du ſuſdit *Brevet*, la Compagnie conſiderant les Clauſes qu'il contient n'a point jugé qu'elle pût proceder à l'Election des nouveaux Deputés Generaux, ne ſe trouvant pas autoriſée, par ledit *Brevet*, à leur donner ſes Inſtructions, ni à decharger les Anciens Deputés qui ce ſont preſentés ici. C'eſt pourquoi afin d'être éclaircie ſur toutes ces Dificultés, elle a trouvé bon d'envoier vers Sa *Majeſté* quelques Deputés de ce Synode, pour lui repreſenter en toute humilité les Inconveniens dudit *Brevet*, & lui demander une plus ample Liberté pour traiter de toutes les Afaires

res qui concernent l'Execution de ses Edits, pour la Conservation des Eglises, & particulierement pour la Nomination desdits Deputés, & tout ce qui en depend, comme de savoir quel en doit être le Nombre & combien de tems ils doivent rester en Cour; & pour cet efet on a nommé & renvoié les Srs. *Gigord* Pasteur, & du *Bois* de *Cargrois*, Ancien, avec des Lettres pour Sa *Majesté*, & pour Messieurs de *Bouillon*, de *Suilli*, de *Sileri*, & du *Plessis*.

Les Srs. *Gigord* & de *Cargrois* étant de retour, ont aporté une Lettre de Sa *Majesté* de laquelle la teneur s'ensuit.

DE PAR LE ROI.

,, Chers & bien aimez, nous avons eu pour agreable la Deputation que
,, vous avés faite vers nous des Sieurs *Gigord* & de *Cargrois*, presens Por-
,, teurs, lesquels nous avons bien volontiers entendu sur ce qu'ils avoient à
,, nous representer de vôtre part, & reçû particulierement un grand con-
,, tentement de ce que nous avons vû par leurs Discours que vous avés bien
,, reconnu la Faveur & Grace particuliere que nous vous avons nouvelle-
,, ment faite, de vous avoir non seulement accordé la Permission de vous
,, assembler dans nôtre Ville de la *Rochelle*, pour votre Synode National;
,, Mais aussi de vous avoir par le même moien permis de faire la Nomination
,, des Deputés qui doivent succeder à ceux qui ont demeuré auprès de Nous
,, cette année derniere: & les raisons que nous avons eûës de ce faire, qui
,, ne tendent toutes qu'au soulagement de nos sujets de la Religion Pre-
,, tenduë Reformée, & a les relever de la peine & des Fraix extraordinaires qu'il
,, leur eût falu faire, si nous les avions obligé de proceder à cette Nomi-
,, nation d'une autre maniere. Pour le regard de la Dificulté que vos dits
,, Deputés nous ont dit que vous avés trouvée sur l'Interpretation du *Brevet*
,, que nous vous avons fait expedier pour ladite Permission, & l'éclaircisse-
,, ment que vous en desirés, pour vous garder d'y contrevenir, si vous
,, eussiés oüi sur cela les Deputés qui sont partis d'ici pour vous aller trou-
,, ver, ils vous pouvoient & devoient delivrer de cette incertitude. Car
,, nous leur avions declaré à leur Depart, que nous aurions pour agreable
,, qu'ils vous fissent entendre ce qui s'étoit passé sur les Afaires qui ont été
,, negociées ici, pendant le tems de leur Residence auprès de nous, & c'est
,, ce que nous confirmons encore par celle-ci: & vous declarons de plus que
,, si après les avoir ouis, vous avés à nous faire representer quelque chose
,, sur ce qui concerne l'Observation de nôtre *Edit*, qui est la *Loi*, par
,, laquelle nous voulons que tout ce qui pourroit survenir pour cela
,, soit reglé, & qu'elle soit si exactement observée qu'il ne lui puisse rien
,, être ajoûté ni diminué. C'est pourquoi nous trouvons bon que vous leur
,, donniés cette Commission, & qu'eux aussi l'acceptent pour cet efet. Quant
,, à ce qui concerne la Forme de ladite Nomination, tant pour le Nombre
,, des Deputés que pour le tems de la Residence qu'ils auront à faire auprès
,, de nous, étant une chose que nous avons bien exactement consideré &

Tome I. X x jugée

„ jugée être utile & neceſſaire, nous n'entendons pas qu'il y ſoit rien chan-
„ gé de ce qui eſt porté par ledit *Brevet*; & en cas que l'un des deux De-
„ putés que nous avons retenus vint à manquer durant le tems de ſon ſer-
„ vice, nous prendrons pour lui ſucceder pendant le reſte du tems de ſa
„ Charge, l'un de ceux qui auront été compris dans vôtre Preſentation;
„ & d'autant que nous avons chargé vos dits Deputés de vous faire plus am-
„ plement entendre de bouche les principales Raiſons de nos ſuſdites Inten-
„ tions & de notre Volonté, nous ne vous dirons pas maintenant ici autre
„ choſe, ſi ce n'eſt que vous nous trouverés toujours favorables & propices
„ dans vos juſtes Requêtes & Demandes, comme nous attendons auſſi de vous
„ la continuation de vôtre Fidelité & prompte Obeïſſance, en cherchant tou-
„ jours de nouvelles ocaſions de meriter celle de notre ancienne & bonne
„ Afection envers vous. Donné à *Paris* le 25. Jour de Mars 1607.
„ Signé HENRI, & plus bas FORGET, & au deſſus A nos chers & bien aimez
„ les Deputés au Synode National qui ſe tient par notre Permiſſion, dans
„ notre Ville de la *Rochelle*, par nos ſuſdits de la Religion Pretenduë Re-
„ formée.

MATIERES
CONCERNANT LES DEPUTE'S EN COUR.

ARTICLE I.

LA Compagnie avant que de proceder à une nouvelle Nomination de ſes Deputés, aiant oüi Meſſieurs de la *Nove* & du *Cros* ſur tout ce qui s'eſt paſſé durant le tems de leur Deputation, a aprouvé leur Negotiation, les a loués & remerciés de la peine qu'ils ont priſe, & les a dechargés de leur Comiſſion en Cour : de laquelle ils ont promis de mettre les Actes, les Memoires & Papiers neceſſaires, entre les mains de ceux qui ſeront nommés pour leur ſucceder.

II.

Le Sr. du *Cros*, l'un des Deputés Generaux, a preſenté à la Compagnie ſon Compte de la ſomme de dix-huit mille Livres, qu'il a reçû du Don & Octroi fait par le Roi pour les fraix des Deputés de la derniere Aſſemblée Generale, tenüe à *Chaltelleraut*, l'An 1605 : & enſemble toutes les Pieces juſtificatives dudit Compte, leſquelles ont été rendûës aux Deputés de chaque Province. A ſavoir pour *l'Iſle de France*, à Mr. de *Montigni* : Pour la *Normandie*, l'Aquit ſigné de Mr. de *Courtoumer*, à Mr. le *Fevre* : Pour la *Xaintonge*, à Mr. *Pacard* : Pour le *Haut Languedoc*, à Mr. *Raffin* : Pour le *Bas Languedoc*, à Monſr. *Gaſques* : Pour le *Berri*, à Mr. du *Moulin* : Pour le *Vivarez*, à Monſr. *Valeton* : Pour le Corps de Ville de la *Rochelle*, à Mr. de *Romagne* : Pour le *Poiétou*, à Mr. *Clemenceau* : Pour la *Provence*, à Mr. *Chanforan* : Pour la *Bretagne*, à Mr. du *Bois de Cargois* : Pour *Anjou*,
à Mr.

à Mr. *Bedé* : Pour la *Basse Guienne*, à Mr. *Primerose* : Pour le *Dauphiné*, à Mr. *Perrin* un Aquit de six cens Livres ; ledit Sr. du *Cros* aiant retenu la Somme d'autre six cens Livres, en qualité de Deputé de la Province à ladite Assemblée : Et pour la *Bourgogne*, à Monsieur *Baille* : de laquelle Somme de dix-huit mille Livres, ledit du *Cros* a été aquitté & dechargé.

III.

Sur la Question du Nombre des Deputés qui doivent être envoiés vers Sa *Majesté* ; & de la Charge qui leur doit être donnée : La Compagnie a resolu que d'autant que les Commissions de la plupart ne font mention que du Nombre de deux, ne pouvant exceder le Pouvoir qu'ils ont reçû de leurs Provinces, il n'en sera nommé que deux, qui seront chargés de representer à Sa *Majesté* qu'il est necessaire d'avoir un *Assemblée Generale Politique*, precedée d'une Provinciale de même nature, afin d'y deliberer sur la Limitation du Nombre de six, & sur le Terme de trois Ans : & en attendant qu'il plaise à Sa *Majesté* de l'octroier à leur suplication, elle sera très-humblement priée de recevoir lesdits deux Deputés, pour negotier toutes les Afaires, comme les precedens, lesquels dans un Mois après leur arrivée avertiront les Provinces de la volonté de Sa *Majesté* : Et parce qu'il est necessaire que lesdits Deputés partent promtement, ils seront pris d'entre ceux qui se sont trouvés, & qui ont eu voix deliberative dans cette Compagnie.

IV.

Les Deputés qui iront en Cour seront priés d'assister tous les Pasteurs étrangers qui seront emploiés dans les Eglises Françoises, pour leur obtenir des Lettres de naturalisation.

V.

Le Sieur *Ducandal* sera tenu de faire voir aux Deputés Generaux un Etat abregé de son Compte, avec toutes les Preuves justificatives de ce qu'il aura paié d'ici au quinzième du mois d'Août prochain.

VI.

D'autant que plusieurs Chicaneurs pour vexer leurs Parties, & leur causer de la Depense & de grands Fraix, évoquant leurs Causes, tant Civiles que Criminelles, pardevant d'autres Cours que les Chambres de l'Edit : nos Deputés sont chargés de le representer à Sa *Majesté*, & de favoriser en cela, tant les Corps des Eglises que les particuliers quand ils en seront requis.

VII.

Les Deputés qui ont été nommés dans cette Compagnie, pour aller en Cour, sont les Sieurs de *Villarnou* & de *Mirande*, lesquels representeront au *Roi* les Raisons dont on a fait mention ci-dessus, pour lesquelles cette Assemblée n'a pas pû se tenir aux Termes du *Brevet* de Sa *Majesté* : & au Cas qu'il lui plaise d'accepter lesdits Deputés, en attendant une Assemblée Generale, ils demeureront auprès d'Elle en qualité de Deputés Generaux de nos Eglises, & s'il ne plait pas à sadite *Majesté* d'accorder si tôt une Assemblée Generale, leur Charge ne sera que pour un An, durant lequel ils negocieront conjointement au Nom General de toutes les Eglises, tout ce qui con-

concernera leur bien commun, & les interêts particuliers de chaque Province & Eglife ; & ils prefenteront les Cahiers qu'ils drefferont fidelement fur les Memoires qui leur feront delivrés par cette Compagnie, en foliciteront la Reponfe, & fe gouverneront en tout fuivant le Reglement dreffé dans l'Affemblée de *Ste. Foi* pour lefdits Deputés, & fuivant les inftructions qui leur feront données : Et les Provinces font averties de s'adreffer à eux pour tout ce qui concerne leurs Eglifes, tant en general qu'en particulier, fans en faire aucune pourfuite par d'autres que par lefdis Deputés ; lefquels ont prété le Serment, pour entrer dans l'exercice de leur Charge le quinziême du prefent Mois.

VIII.

Mr. *Du Cros* aiant été chargé à *Chaftellerant*, des Cahiers & Memoires qu'on y dreffa, pour être prefentés à Sa *Majefté*, a rendu à cette Compagnie lefdits Cahiers en fept Pieces, concernant la Religion, la Juftice, les Finances & les Sûretés : comme auffi toutes les Pieces Juftificatives, produites dans le Grand Cahier, lefquelles ont été données aux Deputés des Provinces qui y avoient interêt. Il a auffi mis dans les Archives de la Maifon de Ville de la *Rochelle*, les *Brevets* concernant les Places de Sûreté que nous devons garder. Il a pareillement remis à cette Affemblée le dernier *Brevet* octroié pour la Decharge de nos Deputés, qui fe retirent de la Cour, & pour la Nomination de ceux qui y vont : & outre cela des Lettres Patentes pour l'Exemtion des Miniftres, avec l'Arrêt de la Verification qui en a été faite par la Cour des Aides à Paris, & les deux Cahiers dreffés fur les fufdits Memoires, prefentés au Confeil du *Roi*, avec les Lettres Patentes pour l'Execution des Reponfes que ledit Confeil y a faites. Defquelles Pieces, à favoir Memoires de *Chatelerant*, Lettres d'Exception, & Originaux defdits Cahiers & de leurs Reponfes, on a chargé Monfieur de *Mirande*, auquel tous ceux qui en auront befoin, s'adrefferont, & on a en même tems dechargé de toutes les fufdites Pieces le Sieur du *Cros*, qui remettra audit Sieur de *Mirande* les autres Pieces qu'il a à *Paris*, & principalement celles qui concernent les Afaires qui y reftent avec le Sr. *Pallot*, & il en recevra une Decharge, en les delivrant. Fait à la *Rochelle* le 12. d'Avril, 1607. Signé *Beraud*, Moderateur; *Merlin*, Ajoint ; *André Rivet* & *Daniel Roi*, Scribes.

LETTRE DE REMERCIMENT AU ROI.

SIRE,

LE retour de nos Deputés nous a fourni une ample Matiere de rendre graces à Dieu, pour le Recit qu'ils nous ont fait du bon acueil qu'ils ont reçû de vôtre *Majefté*, & de l'affûrance qu'il lui a plu de leur donner de la continuation de fon Afection à la Confervation de nos Eglifes, & au Maintien de la Liberté en laquelle nous vivons felon fes Edits. Nous recognoiffons qu'il eft de notre devoir de repondre à cette Paternelle Bonté par une
entie-

entiere Obeïssance aux Commandemens & volontés de Votre *Majesté*, selon Dieu. A quoi aiant toujours été très-disposés, nous ne pouvons que nous ne regretions infiniment qu'on Lui ait interpreté nos actions contre nos intentions, en ce qui lui a été representé sur l'Impression de notre Confession de Foi, avec l'Article de *l'Antechrist* : En quoi nous pouvons protester devant Dieu de n'avoir jamais eu dessein d'ofenser Vôtre *Majesté*, laquelle nous croions satisfaite par les Lettres qui Lui avoient été écrites par les Provinces, sur les premiers bruits qui en coururent : estimant que les raisons Vous en aiant été deduites, nous pouvions librement publier ce qui étoit de nôtre Creance universelle, afin que les Particuliers ne fussent plus, en leur privé Nom, molestés pour la Doctrine qui nous est à tous commune. Or maintenant aiant entendu, tant par nos dits Deputés, que par Monsieur de *Montmartin*, que vôtre *Majesté* auroit eû du Deplaisir de cela, le tenant pour prejudiciable au bien de ses Afaires, & au repos de son Etat, lequel nous voudrions conserver aux depens de nos propres vies, ne pouvant empêcher ce qui avoit déja été fait, nous suplions vôtre *Majesté* de se contenter de la Resolution que nous avons prise de surseoir l'Impression dudit Article, aussi long-tems que ceux qui nous y ont portés, par leurs violentes Procedures, nous laisseront dire, precher, & écrire, ce que nos Consciences nous obligent de croire, & que vôtre *Majesté* sait assés n'être pas nouvellement entré dans nos Esprits, La supliant très-humblement d'interposer son Autorité, afin qu'aucun ne soit inquieté pour ce qui s'en est imprimé, ni en general, pour la Profession de notre Foi, selon la Liberté qui nous en a été acordée par les Edits de Vôtre *Majesté*, dans les Termes desquels nous nous tiendrons soigneusement de notre Part, en attendant de Vôtre *Majesté* l'Augmentation de nos Libertés, quand sa Volonté & son bon Plaisir s'y porteront, & quand l'Etat de ses Afaires le permettra : sur quoi nous prierons Dieu de tout notre cœur qu'il lui plaise de multiplier ses Benedictions & de les repandre abondamment sur la Personne de Vôtre *Majesté* ; sur la *Reine* ; sur Monseigneur le *Dauphin* : & de vous donner une Roiale Prosperité, en inspirant dans l'Esprit de tous les Sujets de Vôtre *Majesté* autant de Respect, & d'Obeïssance pour Elle qu'il en a gravé dans les Cœurs.

SIRE

     Des très-humbles, très-obeïssans, &
     très-fideles Serviteurs, & Sujets de
     Vôtre Majesté, &c.

SECONDE LETTRE DU MEME SYNODE AU ROI.

SIRE,

S'Il eût plû à Vôtre *Majesté*, en interinant nos très-humbles Requêtes, de nous laisser dans les Termes du Pouvoir qui nous avoit été donné par les Provinces qui nous avoient delegués ici, nous nous serions retirés avec un grand contentement, duquel nous aurions rendu nos Eglises participantes, en leur faisant savoir, à nôtre arrivée, le Choix que cette Compagnie auroit fait de deux Personnes pour resider auprès de Vôtre *Majesté*, auxquelles lesdites Provinces auroient pû s'adresser, dans leurs Afaires les plus importantes : Mais puisqu'il lui a plû de nous imposer maintenant cette necessité d'en nommer six, & que nous n'étions pas munis d'un Pouvoir sufisant pour nous conformer en cela au Commandement de Vôtre *Majesté*, nos Provinces s'étant reposées sur la Parole de Monsr. le *Duc* de *Suilli*, qui nous avoit assûré que Vôtre *Majesté* ne tireroit point à Consequence ce qui se passa, pour quelques raisons particulieres, dans l'Assemblée de *Chatelleraut* : Nous avons été contraints de nous retirer en suspens, & dans l'incertitude de l'Ordre que nous devons suivre desormais pour presenter nos très-humbles Remontrances à Vôtre *Majesté*. Sur cette Dificulté nous avons neanmoins pris la hardiesse de depêcher vers Elle les Srs. de *Villarnou* & de *Mirande*, pour lui representer nos empêchemens, & l'assûrer que nous nous sommes éforcés, & avons essaié par toutes sortes de moiens possibles, de lui faire connoître, & même en ceci, nôtre soumission & Obeïssance : laquelle nous esperons que Vôtre *Majesté* trouvera toujours en toutes choses selon Dieu, tant dans nos Eglises en general, que parmi ceux qui les composent en particulier, comme Elle peut l'eprouver en cette Ocasion, s'il lui plait de nous octroier une *Assemblée Generale Politique*, & des *Particulieres de même Nature*, tant afin que nous y puissions pourvoir d'un commun consentement à nos Afaires Civiles, que pour éviter les mauvais soubçons qu'on pourroit former contre nos Synodes, s'ils disposent des choses qui sont hors des Bornes de la Doctrine & de la Discipline Ecclesiastique, pour le maintien desquelles ils ont été institués : Et cependant nous suplions en toute humilité Vôtre *Majesté* d'avoir pour agreable que nos deux susdits Deputés reçoivent en notre nom ses Commandemens, jusqu'à ce qu'elle nous ait octroié les Moiens requis pour en élire d'autres, ou pour les confirmer : nous accordant benignement ce nouveau temoignage de sa Bonté que ses Faveurs precedentes nous ont donné sujet d'attendre d'Elle, vû même qu'il est du bien de son Service qu'elle soit informée de ce qui se passe dans les Provinces, plûtôt par un ou deux de nous, que par les Deputés particuliers de chacune d'icelles. Nous les avons chargé d'avertir au plûtôt lesdites Provinces de la Volonté de Vôtre *Majesté*, pour s'y soumettre en toute humilité, nous promettant qu'elle sera favorable à nos Demandes ; & cependant nos Vœux & nos Prieres monteront devant Dieu, pour la Prosperité & la longue Vie de Vôtre *Majesté*, & celle de la *Reine*; pour celle de Monseigneur le *Dauphin* & de toute vôtre Roiale Posterité ; comme aussi pour la Conservation & Augmentation de Votre Etat & Couronne : pour l'Acroissement de toutes les Benedictions que sont obligés de souhaiter à Vôtre *Majesté*.

SIRE,

Les très-humbles, très-obeïssans & très fideles Sujets, &c.

TENU A LA ROCHELLE.

DEPARTEMENT

Fait au Synode National de la Rochelle pour chacune des Provinces suivantes.

XAintonge, 54. Pasteurs actuellement pourvûs, 9. Eglises à pourvoir; & 6 Proposans.

Bas Languedoc, 90. Pasteurs actuellement pourvûs, 5. Eglises à pourvoir, 6. Proposans, un Pasteur dechargé, & cinq partions pour la *Haute Auvergne*.

Orleans & *Berri*, 21. Pasteurs actuellement pourvûs, 9. Eglises à pourvoir, & 6. Proposans.

L'Isle de France, 48. Pasteurs, actuellement pourvûs, 7. Eglises à pourvoir, 6 Proposans, 2. Pasteurs dechargés, & 5. Portions pour *Mantes* & *Fontainebleau*.

Basse Guienne, avec les Eglises de *Soule* & *Hastingue*, 64. Pasteurs actuellement pourvûs, 4. Eglises à pourvoir, 5. Proposans & une Portion extraordinaire pour Monsr. *Baduel*.

Anjou, 19. Pasteurs actuellement pourvûs, 6. Eglises à pourvoir, 3. Proposans, & un Pasteur dechargé.

Haut Languedoc, & *Haute Guienne*, 70. Pasteurs actuellement pourvûs, 6. Eglises à pourvoir, 7. Proposans, 3. Portions pour *Foix* & *Tarascon*, & 4. pour la *Haute Auvergne*.

Poictou, 39. Pasteurs actuellement pourvûs, 5. Eglises à pourvoir, 3. Proposans, & un Pasteur dechargé.

Vivarez, 18. Pasteurs actuellement pourvûs, 5. Eglises à pourvoir, 3. Proposans, & pour Monsr. de la *Faie* Pasteur d'*Aubenas*, 2. Portions surnumeraires.

Provence, 7. Pasteurs actuellement pourvûs, 7. Eglises à pourvoir, & 3. Proposans.

Dauphiné, 61. Pasteurs actuellement pourvûs, 7. Eglises à pourvoir, 8. Proposans, & 2. Pasteurs dechargés.

Bourgogne, *Lionnois*, &c. comprises 12. Eglises du Baillage de *Gex*, vint-neuf Pasteurs actuellement pourvûs, 7. Eglises à pourvoir, & 4. Proposans.

Normandie, 38 Pasteurs actuellement pourvûs, 7. Eglises à pourvoir, 6. Proposans, & 2. Pasteurs dechargés.

Bretagne, 7. Pasteurs actuellement pourvûs, 7 Eglises à pourvoir, 4. Proposans, & un Pasteur dechargé.

Je soussigné Conseiller, Notaire & Secretaire du *Roi*, & Commis à la Recepte & Depense des Deniers que Sa *Majesté* accorde à ses Sujets de la Religien Reformée de ce Roiaume, confesse avoir promis, & promets à Messieurs les Deputés generaux des Eglises Reformées de *France*, presentement assem-

assemblés au Synode de cette Ville de la *Rochelle*, que quelque chose qui soit porté par l'Etat qu'ils m'ont aujourd'hui expedié, pour la Distribution de leurs Deniers, de ne prendre l'année courante, à commencer du premier jour de Janvier dernier, ni les années suivantes, aucun Droit de Sol par Livre, ni autre, de la Somme de Treize Mille, cinq Cens Livres qui doit être delivrée tous les Ans à Messieurs les Deputés Generaux qui resident en Cour, & de paier actuellement auxdits Srs. Deputés ladite Somme franche de tout, sans pretendre aucun Droit de Recette, ni de Taxe pour raison d'icelle, soit sur lesdits Sr. Deputés, ou sur lesdites Eglises, jusqu'à la Concurrence de la Moitié, dont lesdites Eglises pourroient être tenues, & je les en tiens quittes par la presente, leur promettant aussi qu'au cas qu'il se trouve des Nonvaleurs sur la Partie de dix Mille deux Cens Livres emploiée au petit Etat, à bon Compte de ladite Somme de Treize Mille cinq Cens Livres, de ne rien demander auxdites Eglises de leur Part desdites Nonvaleurs; mais de les leur ceder comme je le fais par la presente, moienant que lesdites Nonvaleurs ne surpassent pas la somme de six Cens, Trente sept Livres dix sols: faisant la moitié de la Somme de Douze Cens Soixante quinze Livres, à quoi revient la huitiéme partie de ladite Somme de dix Mille, deux Cens Livres : & je rendrai Compte auxdites Eglises à mes Fraix & Depens du Maniement de leurs dits Deniers, & leur en donnerai les Pieces Justificatives, ou un Extrait, dûement verifié pardevant les Deputés Generaux qui sont à la Cour, & j'aporterai lesdites Pieces au prochain Synode National, auquel je leur promets de me trouver pour cela, & de satisfaire à tout le contenu du present Acte stipulé dans la susdite Assemblée Synodale, avec Protestation de ne deroger en aucune maniere aux autres Conventions, & Reserves du Contract passé à *Gap*, avec le Sr. *Ducandal*, pardevant *Rostain* Notaire, le 23. Octobre 1603. Fait à la *Rochelle*, le douziéme jour d'Avril 1607.

Fin du dixhuitiéme Synode.

DIX-NEUVIÉME SYNODE
NATIONAL
DES
EGLISES REFORMÉES
DE FRANCE.

Tenu à *Saint Maixent* depuis le 25. Mai, jusqu'au 19. Juin.

L'AN M. DC. IX.

Sous le Regne de HENRI IV. Roi de France & de Navarre.

Monsieur Jaques Merlin, *Pasteur de l'Eglise de la* Rochelle, *fut le* Moderateur *de ce Synode :* Monsieur Jeremie Ferrier *lui fut donné pour* Ajoint; *&* Messieurs André Rivet, *Pasteur de l'Eglise de* Touars, *&* Gedeon Dupradel, *Ancien de l'Eglise de* Paris, *pour* Scribes.

LES NOMS DES MINISTRES
ET DES ANCIENS,

Qui furent Deputés audit Synode, *par les* Provinces *suivantes*.

ARTICLE I.

Pour la *Provence*, Monsieur *Pierre Chalier*, Pasteur de l'Eglise de *Seines*; & *Barthelemi Recent*, Pasteur de l'Eglise de *Merindol*, avec *Elie de Glandeves*, Sieur d'*Anjou*, Cadet de *Puimichel*, & Ancien de l'Eglise du *Lieu*, & *Pierre Texier*, Ancien de l'Eglise de *Lormarin*.

II.

Pour la Province du *Dauphiné*, Mr. *Jean Vulson*, Sieur de la *Coulombiere*, Pasteur de l'Eglise de la *Mure*, & *Jean Fœlix*, Pasteur de *Grenoble*, avec *Charles Martin*, Sr. de *Champoleon*, Ancien de ladite Egli-

XIX. SYNODE NATIONAL

se de *Grenoble*, & *François* de la *Combe*, Ancien de l'Eglise de *St. Marcellin*, nommés au dernier Synode de leur Province ; mais ledit Sr. de Champoleon n'aiant point comparu ; il s'est presenté Monsieur *Jacob Videl*, Ancien de l'Eglise de *Briançon*, qui avoit été nommé par le precedent Synode, & n'avoit point été averti du changement fait au dernier. Sur quoi la Compagnie a jugé ladite Province censurable, pour n'avoir pas averti de ce changement ledit Sr. *Videl*, lequel sur le bon temoignage qui lui a été rendu par les Deputés de ladite Province, a été admis pour avoir Voix deliberative, jusqu'à la venüe dudit Sieur de *Champoleon*, après laquelle il s'en retournera, & sera defraié de tout son Voiage, aux depens de ladite Province, & sur la Requête qu'il a presentée depuis, la Compagnie lui a laissé l'Option de demeurer, ou de se retirer.

III.

Pour la Province du *Vivarez* & le *Vellai*, Mr. *Daniel Richard*, Pasteur de l'Eglise du *Cheilar*, & *Jean de Rouvre*, Ancien de l'Eglise d'*Aubenas*, lesquels aiant representé les excuses mentionnées dans les Lettres de leur Province, sur ce qu'elle a continué de manquer à l'envoi du nombre de quatre Deputés : La Compagnie ne les a pas jugé admissibles. Mais sur la Promesse qu'ils ont faite au nom de ladite Province, de faire à l'avenir ce qui est de leur Devoir, après une Censure convenable à ladite Province, & la Privation de Voix Deliberative des deux susdits Deputés, pour trois jours, ils ont été admis, sous cette Condition, pour le reste du tems.

IV.

Pour la Province du *Bas Languedoc*, Mr. *Jeremie Ferrier*, Pasteur de l'Eglise de *Nimes*, & *Jean Chauvet*, Pasteur de l'Eglise de *Sommieres* : avec *Guillaume de Girard*, Sr. de *Moussac*, Ancien de l'Eglise de *Nimes*, & *Jean Jaques Ducros*, Sr. de la *Combe*, Ancien de l'Eglise de *Montpellier*.

V.

Pour la Province de la *Basse Guienne*, le *Perigord* & *Limousin*, Mr. *Jeremie Bançons*, Pasteur de l'Eglise de *Tonneins Dessous*, & *Isaac Silvius*, Pasteur de l'Eglise de *Leirac* : avec *Jean de Vertüeil*, Sr. de *Malleret*, Ancien de l'Eglise de *Bourdeaux*, & *Jacob Dumas*, Ancien de la mème Eglise.

VI.

Pour la Province de *Bourgogne*, & le Baillage de *Gex* Mrs. *Pierre Colinet*, Pasteur de l'Eglise de *Parai le Moineau*, & *Antoine le Blanc*, Pasteur de l'Eglise de *Lion* : avec *Jaques* de *Faucourt*, Sr. de *Rouvrai*, Ancien de l'Eglise de *Chastillon sur Seine*, & *Jean Gras*, Ancien de l'Eglise de *Lion*. Lesquels aiant été oüis sur les raisons qui les ont porté à transferer leur Droit d'assembler le Synode National, à la Province du *Poictou*, suivant l'Article du dernier de la *Rochelle*, elles ont été aprouvées; & sur leur Demande, que le Droit de l'assembler une autre fois leur demeurât, il leur a été repondu qu'on y auroit égard en tems & lieu, lors qu'ils presenteront un Lieu commode & sûr pour cela.

VII.

Pour la Province du *Haut Languedoc*, & de la *Haute Guienne*, Messieurs

TENU A SAINT MAIXENT.

Guillaume le Nautonier, Sr. de Castelfranc, Pasteur de l'Eglise de Venez, & Marc Antoine Benoist, Pasteur de l'Eglise de Montauban : avec George du Bourg, Ancien de l'Eglise de l'Isle Jourdan ; & Levi de Bariac, Sr. du Breüil, Ancien de l'Eglise de St Jean de Breuil. Le susdit Sr. du Bourg, s'est trouvé absent, sans excuse, c'est pourquoi sa Province en prendra connoissance.

VIII.

Pour la Province de Bretagne, Mr. David Richier, Pasteur de l'Eglise de Blain ; & André le Noir, Sr. de Beauchamp, Pasteur de l'Eglise de la Roche Bernard : avec Louis Davangourt, Sr. du Bois de Cargois, Ancien de l'Eglise de Nantes ; & Elie de Goulenes, Sieur de Landoviniere, Ancien de l'Eglise de Vieillevigne.

IX.

Pour la Province de Normandie, Mrs. Abdias Denis, Sieur de Mondenis, Pasteur de l'Eglise de Fecan ; & Benjamin Basnage, Pasteur de l'Eglise de Ste. Mere Eglise : avec Mr. Charles de Feugueret, Sr. de la Haie, Ancien de l'Eglise de Roüen, & Jean de la Roi, Sr. de Vaufouquet, Ancien de l'Eglise de Montvillier.

X.

Pour la Province de l'Isle de France, la Picardie, Champagne, & Beausse, Mr. Samuel Durand, Pasteur de l'Eglise de Paris, & Jean Baptiste Bugnet, Pasteur de l'Eglise de Compiegne : avec Gedeon de Serres Dupradel, Ancien de l'Eglise de Paris, & le Sr. Jaques de Bijannetti, Ancien de Blainville, lequel n'aiant comparu, ni envoié son Excuse, la Province qui l'a deputé s'informera des Raisons de son Absence, & en fera ses Remontrances au prochain Synode National.

XI.

Pour la Province d'Orleans, le Blaisois, Berri & Nivernois, Mrs. Etienne de Monsanglart, Pasteur de l'Eglise de Corbigni ; & Samuel de Chambaran, Pasteur de l'Eglise de Lorges, & Marchenoir : avec François Semelé, Ancien de l'Eglise de Corbigni, & Josias Perrinet, Ancien de l'Eglise de St. Amand.

XII.

Pour la Province d'Anjou, de Touraine, du Maine &c. Mrs. Samuel Bouchereau, Pasteur de l'Eglise de Saumur ; & Daniel Coupé, Pasteur de l'Eglise de Tours : avec Toussains Belot, Sieur du Leard, Ancien de l'Eglise de Baugé, avec lequel avoit été deputé, Barthelemi de Bourges, Ancien de l'Eglise de Loudun, lequel n'a comparu, ni envoié son Excuse, c'est pourquoi la Province y pourvoira.

XIII.

Pour la Province de Xaintonge, d'Onix & Angoumois, Mr. Jaques Merlin, Pasteur de l'Eglise de la Rochelle, & Paul Bonnet, Pasteur de l'Eglise de Saujon, avec Arthus de Parthenai, Sr. de Jenoüillé, Ancien de l'Eglise de Tonnai-boutonne ; & Pierre Baboiret, Ancien de l'Eglise de Saujon. Mais ledit Sr. de Jenoüillé, s'étant trouvé absent par maladie, Elie Glatinon, Ancien

cien de l'Eglife d'*Angoulême*, qui lui avoit été fubrogé, a comparu en fa Place, & ledit Sr. de *Jenouillé* étant venu depuis, l'autre s'eft retiré.

XIV.

Pour la Province du *Haut* & *Bas Poiêtou*, Mrs. *Jonas Chefneau*, Pafteur de l'Eglife de *Saint Maixent*; & *André Rivet*, Pafteur de l'Eglife de *Thouars* : avec *René* du *Cumont*, Sieur de *Fiefbrun*, Ancien de l'Eglife de *Sancai* ; & *Etienne Chenevert*, Sieur de la *Milletiere*, Ancien de l'Eglife de *Talmont*.

XV.

Il a auffi comparu dans la prefente Affemblée, le Sr. de *Mirande*, Deputé General des Eglifes Reformées de ce Roiaume, lequel y a été admis, felon les Reglemens precedens, qui donnent audit Deputé Seance & Voix Deliberative dans toutes nos Affemblées.

XVI.

S'étant auffi prefenté le Sr. *Dor*, l'un des Pafteurs de l'Eglife de *Sedan*, avec des Lettres, tant de Mr. le *Duc* de *Bouillon*, que des Pafteurs de la Principauté de *Sedan* & de *Raucourt*, par lefquelles ils demandent l'Admiffion dudit Sr. *Dor* dans cette Compagnie, pour y avoir fa Voix entre les autres Deputés : La Compagnie, fuivant ce qui leur avoit été répondu au precedent Synode, attendu que lefdites Eglifes font jointes au Coloque de *Champagne*, & au Synode de *l'Ifle de France*, n'a pas jugé à propos de lui accorder cette Demande; mais lui a feulement permis d'y affifter avec les autres Pafteurs, qui n'ont point de Charge, quand on traitera de ce qui concerne la Doctrine & la Difcipline : & il ne fera point entendu fur les chofes qu'il a d'ailleurs à propofer, que par la bouche des Pafteurs & Anciens Duputés de fa Province : Et lefdites Eglifes ont été cenfurées d'avoir fait Inftance fur cette Deputation Particuliere, après l'Ordonnance du dernier Synode National : Et on écrira à Monfieur le *Duc* de *Bouillon*, pour le fupplier de trouver bon que l'Ordre des Eglifes foit inviolablement obfervé, même en ce qui concerne celle de fa Souveraineté.

XVII.

Après l'Invocation du Nom de Dieu on a élû pour *Moderateur* de ce Synode, le Sieur *Merlin*, & le Sieur *Ferrier* pour fon Ajoint ; & pour en dreffer les Actes, le Sr. *Rivet* Pafteur, & le Sieur *Dupradel* Ancien.

XVIII.

Deformais les Provinces feront averties pour de grandes Confiderations, de retenir dans leurs Eglifes, par leur Autorité, les Pafteurs & les Anciens qui ne font point Deputés au Synode National, afin de prevenir toutes les Importunités de ceux qui s'y trouvent fans Charge.

OBSERVATIONS
SUR LA CONFESSON DE FOI REVUE
DANS CE SYNODE.

ARTICLE I.

SUr l'Article 14. Les Provinces sont exhortées de venir pretes au Synode Prochain, pour y resoudre s'il est expedient, d'ôter la mention & Expression particuliere des Heresies de *Servet*, & se contenter d'une Detestation Generale de ses Erreurs: attendu qu'elles semblent être presentement ensevelies. On a aussi chargé la Province de *Bourgogne* de conferer là-dessus avec les Pasteurs & Professeurs de *Geneve*.

II.

Le *Confession de Foi* aiant été lûë, mot à mot, avec Attention, & examinée de Point en Point, a été aprouvée, d'un commun Accord, & ratifiée par tous les Deputés; qui ont promis & juré devant Dieu, tant en leur Nom propre, qu'au Nom des Provinces qui les ont envoiés, de l'enseigner & garder inviolablement.

REVISION ET CORRECTION
DE LA DISCIPLINE ECCLESIASTIQUE.

ARTICLE I.

Sur l'Article 4. du 1. Chapitre aiant été proposé par les Deputés du *Bas Languedoc*, que la diversité qui se trouve en plusieurs Provinces, pour l'Election, l'Examen & l'Ordination des Pasteurs; fait naître beaucoup d'inconveniens, & cause en quelques lieux l'introduction de personnes mal propres: La Compagnie a jugé qu'il étoit necessaire d'en dresser un Reglement bien exprès, pour être observé exactement, & d'une même façon dans toutes les Provinces, lequel a été fait, & inseré dans la Discipline de la maniere qui s'ensuit.

II.

L'Article 4. du Chapitre 1. sera ainsi couché, & son commencement joint avec l'Article cinquième en ces termes. " Le Ministre de l'Evangile
„ (hors le tems des Persecutions durant lequel il pourra être élû par trois
„ Pasteurs, avec le Consistoire du Lieu, en cas de très-grande necessité)
„ ne pourra être admis à cette Sainte Charge que par le Synode Provincial,
„ ou par le Coloque, pourvû qu'il soit composé du nombre de sept Pasteurs pour le moins: Lequel nombre ne se trouvant pas dans quelque Co-
„ loque, il en apellera des voisins, jusqu'à la concurrence dudit nombre:

„ Et celui qui doit être élû sera presenté avec de bons & valables Temoigna-
„ ges, non seulement des Academies ou Eglises particulieres, mais aussi du
„ Coloque de l'Eglise où il aura le plus conversé. L'examen de celui qui
„ sera presenté, se fera premierement par des Propositions de la parole de
„ Dieu, sur les Textes qui lui seront donnés, l'une de ces Propositions en
„ François necessairement, & l'autre en Latin, si le Coloque, ou le Sy-
„ node le jugent expedient, pour chacune desquelles on lui accordera vint-
„ quatre heures de tems pour s'y preparer. S'il contente la Compagnie
„ par ces Propositions, on l'examinera sur un Chapitre du Nouveau Testa-
„ ment qui lui sera presenté, s'il a profité en la Langue Grecque jusqu'à la
„ pouvoir interpreter : Et pour la Langue Hebraique on verra s'il en sait au
„ moins jusqu'à se pouvoir servir des bons Livres, pour l'intelligence de
„ l'Ecriture : à quoi on ajoutera un Essai de son Industrie sur les endroits
„ les plus necessaires de la Philosophie, le tout en Charité, & sans affectation
„ de Questions épineuses, & inutiles. Finalement on tirera de lui une Con-
„ fession abregée & en Latin de sa Foi, sur laquelle on l'examinera par quel-
„ que Dispute : Et si après cet Examen il est jugé capable, la Compagnie
„ lui remontrant les Obligations de la Charge, à laquelle il est apellé, lui
„ declarera le Pouvoir qui lui est donné, au nom de *Jesus-Christ*, tant de
„ prêcher la Parole de Dieu, que d'administrer les Sacremens, après son en-
„ tiere Ordination dans l'Eglise où il est envoié : Et ensuite on deputera
„ deux Ministres pour le presenter au Peuple.

III.

L'Article 5. commencera par ces mots qui étoient dans le quatriême. "Celui
„ qui sera presenté proposera publiquement la Parole de Dieu pendant trois
„ Dimanches, sans pouvoir administrer les Sains Sacremens, tout le Peu-
„ ple l'entendant, afin qu'il puisse reconnoitre & sa maniere d'enseigner
„ &c. Et après ces mots de la fin, (*ni le Pasteur contre sa volonté à l'Eglise*)
on ajoutera ceux-ci, *Et le Diferent sera vuidé par l'Ordre que dessus, aux fraix
& depens de l'Eglise qui l'aura demandé.*

IV.

Dans l'Article 7. touchant la maniere d'imposer les mains, après ces mots,
afin de s'en bien & duëment aquitter, on doit ajouter le reste jusqu'à la fin
de cette maniere. "Qu'une Priere soit faite sur cela, dans laquelle ledit Pa-
„ steur inserera ces mots, ou autres semblables : qu'il te plaise ô Dieu or-
„ ner des Dons & Graces de ton Saint Esprit ce tien Serviteur, élû legiti-
„ mement selon l'Ordre établi en ton Eglise, le munissant abondamment
„ de tous les Dons necessaires pour se bien acquitter de sa Charge, pour la
„ Gloire de ton Saint Nom, pour l'Edification de ton Eglise, & le Salut
„ de celui qui t'est maintenant dedié & consacré par notre Ministere : Et
„ alors on lui mettra les mains sur la Tête, celui qui prie étant debout au bas
„ de la Chaire, & celui pour lequel il prie à genoux ; & après que la Priere
„ est finie, & le nouveau Pasteur relevé, les deux Deputés par le Synode, ou
„ Coloque, lui donneront devant tout le Peuple la main d'Association : & ce
„ Formulaire avec les susdits Reglemens seront unanimement observés par
„ toutes les Provinces. Sur

V.

Sur l'Article 11. Il est enjoint aux Provinces de raporter, en bonne Conscience, aux Synodes Nationaux, le devoir que font les Pasteurs de tenir la Forme des saines Paroles, dans la Predication de la Parole de Dieu.

VI.

Sur l'Article 17. Les Coloques & Synodes auront l'œil sur les Pasteurs qui s'emploient à la Chimie, pour les censurer grievement.

VII.

Sur l'Article 3. du Chapitre 7. Il a été resolu que desormais les Additions qui se font à la fin des Propositions dans les Coloques, seront omises, pour les inconveniens qui en naissent & qui surpassent de beaucoup le fruit qu'on en peut esperer : & quant aux Censures, qu'elles se feront par les Pasteurs en la presence des Anciens.

VIII.

Sur l'Article 7. du Chapitre 8. ces mots, *à basse Voix*, ajoutés par le Synode de la *Rochelle* demeureront : & il est enjoint aux Provinces qui font autrement, de suivre cet Ordre.

IX.

Sur l'Article 15. du Chapitre 8. dans la distribution des Provinces, celle de *l'Isle de France*, du *Pais Chartrain*, de *Brie*, *Picardie*, *Champagne*, & de la Souveraineté de *Sedan* : aiant requis qu'on aprouvât le Partage de ladite Province en deux Synodes : La Compagnie n'a pas jugé à propos de faire cette Separation, & leur a enjoint de demeurer conjointes, comme devant : nonobstant ce qu'ils en avoient arrêté dans leur Synode Provincial, & dans la seconde Instance des Deputés de ladite Province dans la presente Assemblée.

X.

Sur l'Article 6. du Chapitre 11. A la Question proposée par la Province du *Haut Languedoc*, s'il est licite, en cas de Maladie, de presenter l'Enfant qui est en évident peril de Mort, & de le batiser au jour des Prêches ordinaires devant que le Sermon soit commencé : Et si on peut administrer le Batême dans les Prieres Publiques & Ordinaires qui se font sans Predication ? Il a été repondu que les Pasteurs le pourront faire, sur l'Atestation que le Consistoire, ou quelques Anciens rendront de la Maladie : Et s'il arrive de nouvelles Dificultés sur la Pratique de cet Article, les Provinces sont exhortés d'en venir pretes au Synode National prochain.

XI.

Sur l'Article 12. du Chapitre 13. Toutes les Provinces sont exhortées de venir pretes, pour resoudre au prochain Synode National, si on doit changer quelque chose dans ledit Article.

XII.

Sur l'Article 20. du Chapitre 13. Aiant été demandé s'il seroit licite de relâcher quelque chose de la rigueur de cet Article, en faveur de quelque Grand qui voudront épouser une Papiste, laquelle consentiroit de recevoir la Benediction d'un Pasteur, pourveu qu'il ne voulut pas exiger d'elle la Profion de la Religion Reformée ? Il a été ordonné, qu'il fera exactement obfervé & également à l'égard de toutes Perfonnes, de quelque Qualité & Condition qu'elles foient.

XIII.

Sur le même Article, du Chapitre 13. au lieu de ces mots *pour pouvoir protefter en bonne Confcience*, on mettra ceux-ci, *& en bonne Confcience ait protefté publiquement dans l'Eglife du lieu où ladite Partie fera connuë, qu'elle renonce*. Et ce qui a été demandé par la Province du *Bas Languedoc*, que pour obvier à la legereté de plufieurs, on ne reçoive pas de telles Perfonnes devant qu'elles aient participé à la *St. Cene*: La Compagnie, fans rien changer à cet Article, a laiffé cela à la Prudence des Confiftoires.

XIV.

Sur l'Article 22. du même Chapitre. Il eft remis à la Prudence des Confiftoires de juger & ordonner du tems auquel un Homme pourra honnetement époufer une feconde Femme, après la Mort de la premiere.

XV.

Sur la Demande des Deputés du *Vivarez*, fur l'Article 13. du Chapitre 14. S'il ne feroit pas expedient de prefcrire le tems auquel on doit proceder jufqu'à l'Excommunication contre ceux qui envoient leurs enfans aux Ecoles des Jefuites ? La Compagnie a jugé que cela devoit être remis à la Prudence des Confiftoires.

XVI.

Dans l'Article 27. du Chapitre 4. Sur la Demande de la Province de *Xaintonge*: on n'a point été d'avis de remettre ces mots *planter des Mais*, neanmoins les Eglifes font chargées de proceder par toutes Cenfures, contre ceux qui le font par Superftition, ou avec des Debauches & Infolences.

XVII.

La Difcipline Ecclefiaftique aiant été lûë, a été aprouvée par tous les Deputés, avec les Remarques fufdites, lefquels Deputés ont promis & juré tant en leur Nom qu'en celui de leurs Provinces, d'en procurer de tout leur pouvoir l'Obfervation.

REMARQUES ET CORRECTIONS

Sur le Synode National de la Rochelle.

ARTICLE I.

L'Article premier des Faits Generaux, qui ne permet pas aux Deputés d'emporter les Actes des Apellations & des Matieres Particulieres, a été revoqué pour plufieurs Confiderations.

II.

Les Sieurs Deputés Generaux font derechef chargés de demander à Sa

Ma-

Majesté une Declaration pour la Naturalifation des pauvres Refugiés du Marquifat de *Saluces*.

III.

Les Excufes des Eglifes du *Bearn*, pour n'avoir pas envoié des Deputés à cette Compagnie ont été trouvées legitimes, & il a été ordonné qu'il leur feroit écrit pour les remercier, & pour les exhorter qu'ils ne recoivent point ceux des Provinces voifines, qui vont demander chés eux la Benediction de leurs Mariages fans des Atteftations de leurs Eglifes.

IV.

Sur la Propofition de la Province du *Poitou*, requerant la Compagnie de chercher quelque expedient pour empêcher l'Abus qui fe commet par les Moines fortis du Convent, courant çà & là d'Eglife en Eglife : il a été repondu qu'il n'y a pas de meilleur expedient que de bien obferver l'Acte du Synode de la *Rochelle*, qui les renvoie dans leurs Provinces : & on n'a pas trouvé bonne la Demande de la Province du *Berri*, qui voudroit établir un Fonds pour entretenir de telles Gens.

V.

On écrira au Sieur *Tilenus* fur ce qui concerne les Matieres propofées de fa part dans cette Compagnie.

VI.

Oüi le Raport des Deputés du *Dauphiné*, touchant les Ouvrages du Sr. *Chamier*, fur les Controverfes de ce tems : La Compagnie a loué fa Diligence, & eft d'avis qu'il acheve le Traité qu'il a commencé pour le donner au Public tout entier : lui promettant que le Synode National prochain aura égard à fes Fraix & Depens pour l'en recompenfer.

VII.

Sur les Lettres du Sieur *Perrin*, accompagnées de celle de la Province du *Dauphiné*, par lefquelles ils font la Deduction de ce que ledit Sr. *Perrin* a fait pour écrire l'Hiftoire des *Albigeois*, de laquelle il a marqué le Deffein & le But dans fa Lettre : La Compagnie en étant contente, l'exhorte de continuer fon travail, & pour lui aider à l'achever on a prié les Sieurs *Ferrier*, *Durand*, *Benoift*, de *Caftelfranc* & *Vignier*, de chercher tous les Memoires qu'ils pourront trouver pour les lui envoier ; afin qu'il le publie au plûtôt, & pour cet efet la Compagnie lui rembourfera fes Fraix, & le recompenfera de fes Peines.

VIII.

Les Enfans des Pafteurs qui ont peu de Moiens font exceptés de la rigueur de l'Article, portant que les Ecoliers ne feront pas entretenus des Deniers de la Liberalité du *Roi*, qu'ils n'aient achevé leurs Etudes en Humanité, & fait leur Cours en Philofophie ; c'eft pourquoi il a été remis à la Direction des Synodes & des Coloques de leur en faire part quand ils le trouveront neceffaire, fans prendre garde à l'Age ni à la Capacité defdits Enfans.

IX.

Le Sieur *Vignier* aiant prefenté *le Theatre de l'Antechrift*, qu'il a compofé, fuivant l'Ordre qui lui en avoit été donné par le Synode National ; Il a

Tome I. Zz été

été remercié de ses peines : & l'Academie de *Saumur* a été nommée pour l'examiner, après le Jugement de laquelle il le fera imprimer, sans taire son Nom.

X.

La Province du *Dauphiné* est dechargée par l'Autorité de cette Compagnie, des Deniers recueillis dans les Provinces, pour les pauvres Refugiés du Marquisat de *Saluces*, & les Deputés de ladite Province qui avoient été chargés au Synode de la *Rochelle* de quatre cens Livres, recueillies dans l'Eglise de *Bourdeaux*, & de huit cens dans celle de la *Rochelle*, en ont aussi été acquittés par la même Compagnie : On a aussi dechargé la susdite Province de la Somme de six cens, soixante & cinq Livres, neuf sols, un denier, paiée aux Eglises de *Provence*, selon l'arreté du Synode dernier.

X I.

Sur la Remontrance faite par les Deputés de *Xaintonge*, que la Censure faite par le present Synode National, au Consistoire de *Soubize*, & au Sr. *Chevalier*, Pasteur de ladite Eglise, étoit procedée d'une Accusation qui ne se trouve pas veritable, & que par consequent ils requeroient que ladite Censure fût raiée : Le tout a été renvoié au Synode de *Xaintonge*, pour oüir les Accusateurs & les Accusés, & pour juger de la Verité de la Chose, par l'Autorité de cette Compagnie, & rejetter ladite Censure sur les Accusateurs, s'ils se trouvent avoir fait un Faux Raport.

APPELLATIONS.

ARTICLE I.

Jaques de *Lobel* dit *Duval*, deposé du St. Ministere pour un Crime d'Adultere, qu'il a Confessé au Consistoire de l'Eglise de *Gisors*, en presence des Pasteurs & de quelques Anciens de l'Eglise de *Rouen*, dans le tems qu'il servoit ladite Eglise de *Gisors*, s'est presenté ici en apellant, tant de la premiere Sentence de sa Deposition faite audit Consistoire le 30. d'Octobre 1606. que de la Confirmation de ladite Sentence, ratifiée au Synode Provincial de *Normandie* le premier d'Avril 1609. La Compagnie aiant oüi tant de ledit *Daniel* que les Deputés de ladite Province, a jugé qu'il a été bien procedé, tant par ledit Consistoire que par ledit Synode, & mal apellé par ledit *Duval*, dont le Nom demeurera dans le Role des Ministres Deposés, sans esperance de pouvoir jamais être retabli dans une Charge si Sainte.

I I.

Sur l'Apel du Coloque de *Gex* d'une Ordonnance du Synode de *Bourgogne*, par laquelle le Changement du Ministere des Srs. *Grillet* & *Gaussant*, aiant été fait, entre les Eglises de *Divonne* au Baillage de *Gex*, & d'*Issurtille*, en *Bourgogne*, & arreté que l'Eglise d'*Issurtille* paicroit les Frais du Demenagement de Monsieur *Grillet*, & celle de *Divonne*, ou le Coloque de *Gex* les Fraix du Demenagement du Sr. *Gauſſant*, de quoi ledit Coloque s'eſt declaré Apellant : La Compagnie après avoir oüi pour ledit Coloque, le Sr. du *Pan*, ſon Deputé, & les Deputés de la Province de *Bourgogne*, a jugé que le Synode de *Bourgogne* a ſurchargé par ſon Ordonnance ledit Coloque & l'Egliſe : c'eſt pourquoi il eſt enjoint à ladite Province de paier conjointement avec ledit Coloque, les Fraix dont il s'agit, des Deniers communs de toute la Province.

III.

L'Apel du même Coloque, touchant la Taxe qui lui étoit impoſée pour les Fraix de l'Aſſemblée de *Chaſtelleraut*, eſt mis à neant : attendu que ledit Coloque a reçû ſa part des Deniers octroiés par le *Roi* à la Decharge des Provinces, pour les Fraix des Deputés de ladite Aſſemblée : Et il a été declaré au Sieur du *Pan*, Deputé dudit Coloque, du Conſentement de la Province de *Bourgogne*, que les Portions qui ſont octroiées aux Paſteurs du Baillage de *Gex*, doivent être emploiées au ſoulagement des Paſteurs, & à l'augmentation de leur Penſion : à la charge qu'ils ſe trouvent toujours trois, avec autant d'Anciens, au Synode Provincial, & qu'ils paieront leur part des Fraix qu'il conviendra de faire pour les Afaires Communes de la Province ; le tout ſur les Deniers qu'ils recevront de l'Octroi de Sa *Majeſté*, & la Compagnie confirme ce qui a été ordonné par le Synode Provincial touchant la Reſidence des Paſteurs dans leurs Egliſes, leſquelles auſſi ſeront tenues de les Loger.

IV.

Le Jugement du Synode de *Bourgogne* ordonnant que le Sieur le *Clerc* Paſteur, demeurera à l'Egliſe de *Gex*, a été confirmé : en telle ſorte que ledit Paſteur ne pourra pas ſervir les autres Egliſes, aux Solicitations des Particuliers, ſans un Congé de ſon Conſiſtoire, ou de trois Anciens : Et on a mis à néant l'Apel de quelques Paſteurs dudit Coloque, qui ont contredit à ce Decret.

V.

Sur ce que le Sieur *Touſſains*, Miniſtre de *Luc* en *Provence*, s'eſt preſenté ici, pretendant d'avoir une Deputation valable de ſa Province, quoi qu'elle ſe ſoit retractée, & qu'elle ait revoqué ladite Deputation, ledit Sieur *Touſſains* declarant qu'il s'eſt rendu Apellant de cette Retractation : La Compagnie l'aiant oüi, & les Deputés de ladite Province ; & connû qu'il avoit demandé la Décharge de ladite Deputation, & conſenti depuis à celle des autres Deputés, a declaré ſa Pretenſion nulle, & ſon Voiage mal entrepris, pour lequel elle ne lui a adjugé aucun Paiement, mais l'a cenſuré de ſes Procedures, & de la recherche afectée d'une Vocation de laquelle il s'étoit dechargé : & elle a exhorté ladite Province de tenir deſormais la main, à ce qu'il n'arrive plus de pareils troubles au ſujet de leurs Deputations par ambiguité ou autrement.

VI.

L'Apel du Conſiſtoire de *Châlons* ſur *Saone*, ſe plaignant de la Cenſure du Synode de *Bourgogne* ; pour le refus de la Benediction d'un Mariage, a été mis à néant, & la Procedure dudit Conſiſtoire jugée trop rigoureuſe, en ce qu'elle a refuſé de benir ledit Mariage.

XIX. SYNODE NATIONAL

VII.

Sur l'Apel de l'Eglise de *Dijon* de l'Adjudication du Ministere du Sieur *Chassegrain*, à *Châlons* sur *Saone*, sans que celle de *Dijon* puisse repeter les Deniers donnés à Monsieur *Chassegrain*, pendant sa demeure à *Geneve*, ou ailleurs, outre sa Pension : La Compagnie a jugé que ladite Province pouvoit disposer du Ministere dudit Sieur *Chassegrain*, attendu le long tems qu'il a demeuré sans être rapellé par ceux de *Dijon* & de *Vourne*, & qu'il n'est point tenu, en son particulier, à la Restitution des Deniers qui lui ont été fournis.

VIII.

Sur l'Apel de l'Eglise de *Châlons* sur *Saone*, de ce que le Sieur le *Blanc*, autrefois son Pasteur, & maintenant de celle de *Lion*, aiant pris son Congé au Coloque, qu'il fit assembler par ordre de ladite Eglise, sous Condition de restituer les Deniers qu'elle lui avoit fournis durant ses Etudes à *Geneve*, & ceux qu'elle lui avoit donnés pour avoir des Livres, & ce qu'il a reçû de ses Gages plus qu'il n'a servi : Le susdit Synode Provincial l'auroit néanmoins déchargé de tout Paiement, & a depuis accordé son Ministere à l'Eglise de *Lion* : la Compagnie aiant vû les Memoires de l'Eglise de *Châlons*, entendu leurs Raisons, & pareillement celles dudit Synode, & dudit Sieur le *Blanc*, a improuvé les Procedures de l'Eglise de *Châlons*, suprimé ses Memoires, qui renouvellent toutes les particularités des Consistoires precedens, celles des Coloques & des Synodes Provinciaux, a ordonné que tout ce qui s'est passé entr'elle & ledit Sieur le *Blanc* sera raié des Cahiers desdits Consistoires & Coloques ; & elle a aprouvé la Vocation du Sieur le *Blanc* dans l'Eglise de *Lion*, lequel restituera cinquante Ecus à l'Eglise de *Châlons*, sur les Frais de ses Etudes, & ce qu'il a reçu de plus qu'il n'a servi ; à quoi l'Eglise de *Lion* est exhortée d'avoir égard. Lesquelles sommes seront données à l'Eglise de *Dijon*, par l'Eglise de *Châlons*, en consideration des Deniers avancés par ladite Eglise de *Dijon*, pour ledit Sieur de *Chassegrain*, du Ministere duquel l'Eglise de *Châlons* jouit. Et de plus on prendra sur les Deniers de la Province de *Bourgogne*, cent Livres pour ajouter à la Somme ci-dessus au profit de l'Eglise de *Dijon*, à laquelle le Sieur le *Blanc* ne sera pas tenu de restituer la Somme de cent cinquante Livres qu'il en a reçû, pour le tems qu'il l'a desservie, avec l'Eglise de *Beaune*, suivant l'Ordre qui lui en fut donné par le Synode de sa Province. Il a de plus été ordonné que les Deniers qui doivent être restitués à l'Eglise de *Dijon* seront emploiés à l'Aquit desdites Eglises de *Dijon* & de *Beaune*, envers les Heritiers du Sieur *Paillard*, & que le surplus de ce qui lui est dû, lui sera paié par Portions égales des Deniers propres des deux susdites Eglises. Et quant à la Demande faite touchant un Changement de Bailliage, ce qui a été ordonné par le Synode Provincial tiendra, par provision seulement, & jusqu'à ce qu'on ait pû obtenir un autre lieu de Bailliage pour *Beaune*, qui soit separé de celui auquel elle est maintenant unie.

IX.

L'Apel de quelques Coloques du *Bas Languedoc* de la Resolution prise par leur Province, de demeurer unie, sans se separer en deux Synodes, a été mis à néant : & nonobstant leurs Raisons touchant la grande Dépense qu'ils font pour

TENU A SAINT MAIXENT.

pour s'aſſembler des Lieux fort éloignés, la Diſtribution inégale des Charges, & pluſieurs autres choſes repréſentées par les Deputés de ladite Province, il a été ordonné qu'ils demeureront en l'état qu'ils ſont, & que leur Province remediera, autant qu'il lui ſera poſſible, aux incommodités qui leur ont donné lieu à faire les ſuſdites Plaintes.

X.

Sur l'Apel des Sieurs de *Falgueroles* & *Paulet*, Paſteurs, & du Sieur *Gaſques*, Ancien, ſe plaignant du Jugement du Synode du *Bas Languedoc*, par lequel le *Viguier* du *Vigan* étoit declaré pouvoir aſſiſter dans l'Aſſemblée dudit Synode, pour y être inſtruit des Afaires, vû qu'auparavant il avoit voulu y entrer en qualité de Magiſtrat, contre l'Exemption qu'il a plû à *Sa Majeſté* d'accorder à nos Synodes & Coloques; la Compagnie a jugé que les ſuſdits ont eu raiſon d'en apeller, & a revoqué le Jugement dudit Synode, en declarant qu'il merite d'être cenſuré.

XI.

Sur l'Apel de l'Egliſe de *Sauves*, de l'Ordonnance du *Bas Languedoc*, portant que ladite Egliſe paieroit à la Veûve de feu Mr. *Lazare* de *Pedou*, l'année courante depuis le tems de ſa mort; ladite Egliſe n'aiant pas relevé l'Apel: La Compagnie a trouvé raiſonnable le Jugement du Synode Provincial, & declaré ledit Apel nul, & en conſequence de cela ordonné que les Deniers de l'année courante ſeront emploiés au profit de la Fille orpheline du Defunt.

XII.

Henri Dindault, ci-devant Miniſtre de l'Egliſe de *Nieuil*, en *Onix*, depoſé du ſaint Miniſtere, premierement par le Coloque d'*Onix*, & depuis par le Synode Provincial tenu à *Barbeſieux*, le tout confirmé par le dernier tenu à la *Rochelle*, par lequel il eſt declaré indigne de jamais exercer le ſaint Miniſtere, dont il s'eſt porté pour Apellant devant cette Compagnie, où il a comparu pour relever ſon Apel, en témoignant ſa Repentance, de pluſieurs grandes fautes connuës & confeſſées: & niant les autres Accuſations faites contre lui: demandant inſtanment la Revocation de la Sentence dudit Synode, & ſon Retabliſſement au ſaint Miniſtere: La Compagnie aiant entendu les Deputés de *Xaintonge*, ſur les Procedures faites contre lui dans leurs Aſſemblées, & vû les Lettres & Ecrits dudit *Dindault*, oüi la Confeſſion de ſes Ofenſes, examiné ſes Défenſes & Proteſtations, a confirmé le Jugement dudit Synode de *Xaintonge*, & l'a declaré indigne de jamais exercer le ſaint Miniſtere, l'exhortant à une vraie Repentance & Amandement de Vie, de quoi aiant donné pluſieurs témoignages, il a été admis à la ſainte Cene du Seigneur.

XIII.

Sur l'Apel de ceux de *Marchenoir* de ce qui a été ordonné au Synode Provincial de *St. Amand*, partageant la joüiſſance du Miniſtere du Sieur *Chambaran* entr'eux, & ceux de *Lorges*, à condition que ceux de *Lorges* paient la moitié des Fraix: La Compagnie ordonne que l'Article dudit Synode Provincial ſoit obſervé, tant par ceux de *Lorges*, que par ceux de *Marchenoir*: Et au cas que ceux de *Lorges* refuſent ladite Condition, les Prêches extraordinaires ſeront accordés à ceux de *Marchenoir*: Et cependant ledit Synode ſera averti de de mieux garder l'Article 10. du Chapitre 8. de la Discipline, qui donne le Jugement definitif de ces Matieres-là aux Synodes Provinciaux.

XIV.

Sur l'Apel du Sieur *Quinson*, Pasteur de l'Eglise de *Favieres*, de l'Ordonnance du Synode Provincial de *l'Isle de France*, tenu à *Charenton*, par laquelle le Sieur de *Bijannettes* avoit la Liberté de demeurer dans l'Eglise de *Blainville*, où il s'étoit engagé, nonobstant qu'il fut mieux à portée de servir celle de *Favieres* : Le Jugement du Synode de *l'Isle de France* est confirmé, & ledit Apel declaré nul, attendu que cette Matiere est de la nature de celles qui doivent être terminées aux Synodes Provinciaux ; mais on a néanmoins ordonné qu'à l'avenir il ne sera permis à aucun Ministre de s'engager au service de deux Eglises sans la permission du Coloque, ou du Synode Provincial qui en pesera les Raisons.

XV.

La Compagnie n'a point eu d'égard à l'Apel de la Province du *Bas Languedoc*, du Jugement de celle du *Vivarez*, pour le Fait du Sieur *Rossel*, attendu que selon le Decret du Synode National precedent, elle en pouvoit juger definitivement : Et d'autant que ce Diferent est survenu au sujet de la Convention particuliere dudit Sieur *Rossel*, avec l'Eglise de *Gignac*, pour recevoir, outre ses Gages ordinaires, ce qui proviendroit à ladite Eglise des Deniers de l'Octroi de *Sa Majesté* : La Compagnie a interdit desormais ces sortes de Compromis & de Pactes, & ordonné que les Pasteurs auront de certains Gages arrêtés avec leurs Eglises, au paiement desquels elles emploieront, à leur Decharge, les Deniers qu'elles recevront de l'Octroi du *Roi* : & les Pasteurs donneront des Acquits à leurs Eglises de ce qui leur en sera paié, en Deduction de ce qui leur aura été accordé pour chaque Quartier.

XVI.

Sur l'Apel du Sieur *Guibert*, Pasteur ; se plaignant du Jugement du Synode Provincial de *Xaintonge*, qui l'a donné à l'Eglise d'*Archiac* : La Compagnie aiant oüi les Deputés de ladite Province, & ledit Sieur *Guibert*, a declaré le Jugement de ladite Province équitable, & ordonné qu'il demeurera à ladite Eglise, jusqu'à ce que par l'Avis de la même Province, ou de son Coloque, il soit emploié ailleurs, si le besoin & la necessité le requierent, & ceux d'*Archiac* sont cependant exhortés d'avoir soin de son Entretien.

XVII.

Sur l'Apel du Coloque du *Maine*, de l'Ordonnance du Coloque de *Touraine*, Arbitre entre celui d'*Anjou* & celui du *Maine*, par lequel l'Eglise de *Pringeai* & de *Galerande* étoit unie au Coloque d'*Anjou* ; Les Raisons desdits Coloques étant deduites, la Compagnie a revoqué le susdit Jugement, & annexé ladite Eglise de *Pringeai* & de *Galerande*, au Coloque du *Maine*.

XVIII.

Sur le Diferent intervenu entre les Provinces de *l'Isle de France* & du *Berri*, procedant de ce que quelques Gentilshommes & autres, qui étoient autrefois Membres de l'Eglise de *Chartres*, se sont agregés depuis quelque tems avec ceux de l'Eglise de *Bazoches* & de *Genonville*, établie par le Coloque du *Blai-*
sois,

fois, comme leur étant plus proche & plus commode ; la Compagnie aiant entendu les Raisons des uns & des autres, & vû leurs Memoires, a laissé les susdits, tant Gentilshommes qu'autres, dans la liberté de rester unis avec ceux de l'Eglise de *Bazoches* & de *Genonville*.

XIX.

Sur l'Apel du Sieur *Beraud*, Pasteur & Professeur de l'Eglise de *Montauban*, & des Sieurs de *Nouhlant* & de *Vaures*, Deputés de ladite Eglise, au dernier Synode du *Haut Languedoc* & de la *Haute Guienne*, tenu à *Pamies* : ledit Sieur *Berand* se trouvant lezé de ce que le susdit Synode retablissant le Sieur *Benoist* dans la susdite Eglise, lui a refusé le Congé qu'il a demandé, lui ordonnant de se reconcilier avec ledit Sieur *Benoist*, pour vivre desormais ensemble en bonne Paix : Et lesdits de *Nouhlant* & de *Vaures*, de ce que ledit Sieur *Benoist* étoit renvoié à l'Eglise de *Montauban*, comme un de leurs propres Pasteurs : ledit Sieur *Berand*, & les Deputés de ladite Eglise aiant été entendus sur leurs Plaintes & Accusations, & ledit Sieur *Benoist* sur ses Défenses : aiant aussi vû plusieurs Actes & Lettres produites de part & d'autre : & oüi les Deputés de ladite Province, produisant les Actes sur lesquels ils ont jugé, & la Commission qu'ils ont eûe, en passant par *Montauban*, tant de ceux qui favorisent le Sieur *Berand*, que de ceux qui desirent la continuation du Ministere du Sieur *Benoist* : La Compagnie aiant trouvé dans toutes leurs Procedures plus de Passion que de Raison, a ordonné que le Sieur *Berand* sera presentement reconcilié avec le Sieur *Benoist*, & que ledit Sieur *Benoist* lui témoignera le desir qu'il a de vivre avec lui, à l'avenir, avec tout honneur & respect, & le priera d'oublier tout le passé : Et pour le surplus la Compagnie a entierement confirmé & ratifié l'Ordonnance du susdit Synode Provincial, mettant à néant l'Apel des susdits deux Deputés, & les exhortant aussi à la Reconciliation, & à procurer tous ensemble une Paix entiere dans ladite Eglise. A faute de quoi le Synode Provincial prochain est chargé, par l'autorité de cette Compagnie, de les en ôter tous deux, & de les emploier ailleurs dans la même Province, en pourvoiant à ladite Eglise par un autre moien. Et pour faire entendre le tout plus particulierement à ladite Eglise, les Sieurs *Bancons*, *Sylvius*, & de *Malleret* sont chargés de se transporter sur le Lieu, aux fraix de ladite Eglise. Quant à *Garrisoles* & *Cabos*, Proposans retenus par ladite Eglise de *Montauban*, suivant une Convention particuliere qui a donné sujet auxdits Deputés de prier cette Compagnie d'examiner lesdits Proposans, afin que s'ils sont trouvés capables elle les reçoive au saint Ministere, pour les emploier au soulagement des autres Pasteurs de ladite Eglise : Il a été ordonné que le Synode Provincial jugera tant de leur Capacité que de leur Installation dans ladite Eglise, à quoi cette Compagnie ne consentira point jusqu'à ce qu'elle voie le Ministere dudit Sieur *Benoist* confirmé par le Consentement commun : sous laquelle Condition il pourra accorder la Demande de ladite Eglise : Et en cas que le Synode ne s'assemblât pas de long-tems, le Coloque du *Bas Querci* en jugera conjointement, pour ôter tout ombrage, avec le Coloque d'*Armagnac*, & si par ce moien ils s'aperçoivent qu'on veuille exclurre le Sieur *Benoist*, ils ne pourront proceder à la Reception desdits Proposans, pour les installer dans l'Eglise de *Montauban*.

XX. Sur

XX.

Sur l'Apel de l'Académie de *Montauban*, du Refus qui lui a été fait par le dernier Synode tenu à *Pamies*, de la Perſonne du Sieur *Gardeſi*, pour exercer la Charge de Profeſſeur en Langue Grecque : La Compagnie a ordonné que le Synode, ou les deux Coloques qui examineront les Propoſans de l'Egliſe de *Montauban*, jugeront auſſi cette Afaire : & en cas qu'ils accordent ledit Sieur *Gardeſi* à ladite Académie, s'il y conſent, ils pourvoiront l'Egliſe de *Mauvezins*, de l'un des deux ſuſdits Propoſans, ou de quelque autre, ſelon ce qu'ils verront être plus expedient.

XXI.

L'Apel de la Maiſon de Ville de *Montauban*, pour les Conſeillers du Coloque, eſt renvoié à la prochaine Aſſemblée Politique de la Province.

XXII.

Les Sieurs *Bançons*, *Sylvius* & de *Malleret*, allant à *Montauban* pour y pourvoir aux Afaires de l'Egliſe dudit Lieu, ſont chargés de viſiter les Egliſes de *Meuſac*, *Iſlemande* & *Leophari*, & de voir leur état, & quels ſont leurs Moiens, afin de faire ſavoir au prochain Synode de la *Haute Guienne*, ſi les Sieurs *Richaud* & *Biſcheteau* pourront y avoir leur Subſiſtance, en cas qu'ils y aillent reſider ſelon l'Ordonnance du Synode National de la *Rochelle*.

XXIII.

Sur l'Apel du Sieur *Beraud* du Jugement du Synode Provincial du *Haut Languedoc*, & de la *Haute Guienne*, tant de ce qu'il a continué les Sieurs *Richaud* & *Biſcheteau* dans l'Intendance de l'Académie de *Montauban*, depuis l'Arrêté du precedent Synode National, que de l'Aprobation de la Coutume de Preſeance entre les Anciens, ſelon l'Ordre de leur Reception dans les Charges Civiles : La Compagnie en expoſant l'Article dudit Synode de la *Rochelle*, declare que ſon Intention n'a pas été d'introduire des Intendans Ordinaires outre ceux qui ſont du lieu, permettant ſeulement aux Conſiſtoires & Conſeils Academiques d'y en apeller extraordinairement dans les occaſions où ils le trouveront neceſſaire ; & que par conſequent ledit Synode n'aprouve pas cette Intendance établie par le Synode Provincial. Et quant à l'autre Point, il n'a pas été jugé convenable, que les Synodes Provinciaux faſſent des Regles de Préeminence : & on a cenſuré ladite Province d'en avoir fait un Article, remettant à la Prudence des Conſiſtoires de pourvoir aux Confuſions qui pourroient ſurvenir, & de rendre à un chacun ce qui lui apartient.

XXIV.

L'Apel de Meſſieurs *Raffin*, *Periot*, & *Philippi*, touchant leurs Fraix du precedent Synode National, eſt renvoié à la Province voiſine, pour en juger definitivement, ſelon le Reglement dudit Synode touchant les Afaires pecuniaires.

XXV.

Sur l'Apel du Coloque d'*Armagnac*, relevé par le Sieur *Beraud*, par lequel ledit Coloque ſe plaint de ce que la Province du *Haut Languedoc* & de la *Haute Guienne*, envoie des Deputés aux Synodes du *Bas Languedoc*, pour entretenir une Conformité ſur cela avec les autres Provinces voiſines de la *Baſſe Guienne*:

La

TENU A SAINT MAIXENT.

La Compagnie aprouvant la Resolution dudit Synode, censure le susdit Coloque de s'y être oposé, & met son Apel à néant.

XXVI.

Sur l'Apel de Mr. *Claude Maillard*, Docteur en Medecine, & ci-devant Ancien de l'Eglise d'*Orleans*, du Jugement du Synode de sa Province tenu à *Gien*, par lequel ledit *Maillard* est censuré, avec le Livre qu'il a publié contre le Sieur du *Moulin* son Pasteur, avec ordre que sa Censure sera declarée au peuple, sur quoi ledit *Maillard*, pretend qu'on ne devoit pas censurer sa Personne ni son Livre, mais seulement la Formalité de l'avoir fait imprimer, & que cette dite Censure, donnée par ledit Synode au Sieur du *Moulin*, devoit etre aussi publiée : Après avoir vû le Discours ci-devant imprimé & publié par ledit *Maillard*, & celui qu'il a envoié signé de sa main à cette Compagnie, avec plusieurs Actes produits de sa part pour preuve de ce qu'il soutient : aiant aussi entendu le Sr. du *Moulin* & examiné ses Reponses, avec la Demande qu'il fait aussi d'avoir la Liberté de sortir de ladite Eglise, & de la susdite Province, de laquelle il s'étoit déja retiré : cette Compagnie aiant pareillement oüi ceux qui ont été envoiés de la part de l'Eglise qui le demandoit : vû de même les Actes du Coloque tenu à *Beaugenci*, censurant le Consistoire d'*Orleans* pour n'avoir pas procedé contre *Isaie Fleureau* par Deposition de sa Charge, & Suspension publique de la Ste. Cene, qu'il vouloit être publiée nonobstant l'Apel ; & enfin l'Acte du Synode ci-dessus mentionné, avec ce qui s'est passé dans l'Execution qu'en ont fait les Deputés envoiés par ledit Synode : Le tout bien consideré ; la Compagnie a jugé que le susdit *Maillard*, n'a point eu de Raison d'apeller de la Sentence dudit Synode, attendu la grandeur de sa Faute, qu'elle condamne, tant en sa Substance qu'en ses Circonstances ; ordonnant qu'il ramasse tous les Exemplaires du Livre qu'il a distribué, pour les suprimer entierement : Et elle juge aussi que le Coloque ne devoit pas s'oposer à l'Apel du susdit *Esaie Fleureau* : Et quant audit Sr. du *Moulin*, la Compagnie aprouve le Jugement du Synode, & la Procedure des Pasteurs commis pour l'executer : & elle condamne la Retraite dudit Sr. du *Moulin* depuis que ladite Sentence a été renduë ; c'est pourquoi elle ordonne qu'il retournera dans l'Eglise d'*Orleans*, à laquelle il est enjoint de l'aimer, honorer & soulager. Et pour faire une bonne Reconciliation on a Deputé les Sieurs *Ferrier*, *Chauve*, de *Mondenis* & *Basnage*, Pasteur, avec le Sr. de *Fiefbrun*, & les autres Anciens qui sont avec les susdits Pasteurs, pour se transporter dans ladite Eglise d'*Orleans*, & là par l'Autorité de cette Compagnie, ordonner tout ce qui sera expedient pour ramolir les cœurs, reconcilier les parties, retablir heureusement le Ministere du Sr. du *Moulin* dans ladite Eglise, & pour y emploier contre les rebelles & contredisans toutes les Censures qu'ils jugeront être necessaires & convenables.

XXVII.

Sur le Renvoi fait au Jugement de cette Assemblée par le Synode Provincial du *Poictou*, touchant la derniere Censure de Mr *Fiacre Picard*, ci-devant Ministre de l'Eglise de *Chastelleraut*, lequel aiant été convaincu audit

XIX. SYNODE NATIONAL

Synode de plusieurs Fautes notables, auroit été suspendu de sa Charge jusqu'au present Synode, où il lui étoit enjoint de se presenter. Les Deputés de sa Province aiant rendu Raison du Jugement de leur Synode, produit les Accusations intentées contre ledit *Picard*, & les Preuves de plusieurs d'icelles, avec ses Lettres & ses Declarations : après avoir examiné les Defences dudit Sr. *Picard* & ce qu'il a avoué : la Compagnie a confirmé le Jugement de ladite Province du *Poiçtou* ; & pour humilier encore d'avantage ledit *Picard*, elle a ordonné que sa Suspension sera continuée pour un An, & jusqu'au prochain Synode Provincial de *Xaintonge*, auquel il comparoitra ; & s'il aporte des Atestations sufisantes de sa bonne Vie & Conduite aprouvée dans les Lieux où il aura demeuré, il sera retabli dans son Ministere, pour l'exercer hors de la Province du *Poiçtou* : Et sur la Demande qu'il a faite qu'on eût compassion de lui, pour l'assister de quelque chose : La Compagnie a accordé à la Province de *Xaintonge* une Portion surnumeraire pour lui être donnée.

XXVIII.

L'Apel de quelques Habitans de la Parroisse de *St. Sulpice* du Marquisat de *Roian*, lesquels furent incorporés avec ceux de l'Eglise dudit Lieu, par le Synode Provincial de *Xaintonge*, aiant été examiné sur les Raisons produites de part & d'autre : La Compagnie a laissé la Liberté auxdits Habitans de se joindre à l'Eglise de *Saugeon*, ou de *Roian* comme bon leur semblera, selon la proximité des lieux : Le même Decret servira pour le Village du *Petit Pont*, & pour la Maison des *Hurlins* auprès de la *Tremblade*, en confirmation du Jugement du Synode de *Xaintonge*, & l'Apel de l'Eglise d'*Arvert* est mis à neant.

XXIX.

L'Apel du Sieur *Maurice*, Pasteur de l'Eglise d'*Orange*, se plaignant que le Synode Provincial a trop épargné Mademoiselle d'*Aramont*, est declaré nul, & on a reconnû que le susdit Synode en pouvoit juger definitivement.

XXX.

Sur l'Apel de l'Eglise de *Vertüeil*, & de *Villefagnan*, de l'Ordonnance du Synode de *Xaintonge*, acordant le Ministere du Sr. *Peris*, à l'Eglise de *Pons*, pour un An, avec intention, selon la Declaration des Deputés de la Province, de le lui laisser pour toujours, si ceux de *Pons* s'en trouvent bien, lesquels l'ont demandé très instamment à cette Compagnie : Toutes les Parties aiant été oiiies, il a été ordonné que ledit Sr. *Peris* demeurera pour Pasteur propre & ordinaire dans l'Eglise de *Pons*, à Condition, & non autrement, que ladite Eglise paiera trois cens Livres à l'Eglise de *Vertüeil* & à ses Annexes, pour les Depenses qu'il leur a faites durant ses Etudes : Et lesdites Annexes demeureront unies & jointes à l'Eglise de *Vertüeil* comme devant, & le Sieur *Comard* Pasteur de ladite Eglise de *Vertüeil* fera le même Exercice à *Villefagnan* qu'avoit acoutumé d'y faire ledit Sieur *Peris*, auquel lesdites Eglises paieront ce qu'elles lui doivent de reste pour ses Gages.

XXXI. L'A-

XXXI.

L'Apel du Sr. *Voisin*, du Coloque de *Laurageois*, touchant la Nourriture de la Veûve du feu Sr. *Voisin* son Oncle, par l'Eglise de *Pui-Laurens*; est renvoié à la Province pour en juger.

XXXII.

L'Apel de *Samuel Gautier*, Sr. des *Aulnées*, du Synode Provincial de *Normandie* est declaré nul.

XXXIII.

Sur l'Apel de l'Eglise de *Pamies* de l'Ordonnance du Synode de la *Haute Guienne*, portant que ladite Eglise paieroit tous les ans quarante cinq Livres, à la Famille du feu Sr. *Frogier* son Pasteur, pour subvenir à la necessité dans laquelle elle se trouve reduite : La Compagnie aiant oüi, pour ladite Eglise, le Sr. de *Noühlan* : & les Deputés de ladite Province d'autre part, a remis à la prudence & charité de ladite Province de pourvoir aux moiens de cette Subvention, ou aux seuls Depens de ladite Eglise, ou en cas d'impuissance avec l'aide de ladite Province : laquelle verra s'il sera expedient de continuer cette Pension en l'état qu'elle est, ou de paier une certaine Somme pour une fois ou deux, qui serve de Fonds & de Capital pour ladite Pension.

XXXIV.

Sur l'Apel du Sr. *Welesh*, Ecossois, exerceant son Ministere dans la Province de *Xaintonge*, parceque ladite Province, au dernier Synode tenu à la *Rochelle*, a adjugé son Ministere à l'Eglise de *Jonzac*, jusqu'à ce que Dieu le rapelle en *Ecosse*, en quoi il se trouve lezé : La Compagnie après avoir oüi la Lecture de sa Lettre, & les Raisons qui ont été produites, tant pour lui que pour ladite Province, a trouvé que ledit Synode Provincial a bien jugé : c'est pourquoi elle ordonne qu'il servira ladite Eglise : & pour lui donner toute la Consolation & la Liberté qu'il peut desirer, elle enjoint au Coloque prochain de la Classe de *Jonzac*, ou au Synode, d'ordonner ce qui se trouvera le plus expedient, tant pour lui que pour ladite Eglise, & en cas qu'il ne se puisse pas resoudre à servir l'Eglise de *Jonzac*, on le pourvoira d'une autre Eglise dans ladite Province, telle qu'on jugera lui être propre, excepté l'Eglise de *Pons*, laquelle a été pourvûe par cette Compagnie : Et au reste il lui est enjoint de se conformer, tant en prêchant, qu'en exerceant la Discipline, à l'Ordre & Maniere accoutumée des Eglises de ce Roiaume.

XXXV.

Sur l'Apel de l'Eglise de *Foix* & de *Tarascon*, se plaignant de ce que le Synode du *Haut Languedoc*, & de la *Haute Guienne* a fait entrer en Fraix communs une partie des deux Portions surnumeraires qui lui étoient octroiées au precedent Synode National : Il a été decidé que ladite Eglise a bien apellé, & qu'il a été mal jugé par ledit Synode, auquel il est enjoint de restituer à ladite Eglise ce qui a été levé desdites Portions.

XXXVI.

L'Apel de l'Eglise de la *Mure* en *Dauphiné*, de l'Ordonnance du Synode de Provincial, étant pour des Afaires pecuniaires, a été renvoié à la Province voifine, felon le Reglement du Synode de la *Rochelle*.

XXXVII.

Sur l'Apel du Sieur *Beauvoifin* du Jugement du Synode Provincial du *Bas Languedoc*, fur les Diferens furvenus entre lui & le Sieur *Efaie Ferrier*, Pafteur dans ladite Province: aiant été repréfenté quel eft l'état de cette Afaire en general, & que ladite Province ne refufe pas d'y mettre ordre, mais que tout le Diferent ne roule que fur l'Abfence de l'une des Parties, caufé par la Procedure de l'autre: La Compagnie a jugé que l'Apel dudit Sieur de *Beauvoifin* n'eft pas bien fondé: c'eft pourquoi elle a renvoié le tout à la Province, & enjoint aux Parties de s'y prefenter: Et au Synode Provincial de procurer une bonne Reconciliation entre elles. Sur quoi tous les Memoires aportés par le Sieur de *Puimichel* Deputé-de *Provence*, lui ont été remis entre les mains, pour les rendre audit Sieur de *Beauvoifin*.

XXXVIII.

Sur l'Apel du Coloque des *Ifles* en *Xaintonge*, de l'Ordonnance du Synode Provincial, par laquelle ledit Coloque étoit blamé de la Cenfure trop rigoureufe de laquelle il avoit ufé contre le Pafteur de l'Eglife de *St. Juft*, pour n'avoir pas comparu au Coloque convoqué à *Soubize*, & le Sieur *Petit*, Deputé de la part dudit Synode, pour publier la fufdite Ordonnance dans l'Eglife de *St. Juft*: La Compagnie aiant oüi le Sieur *Merlin* pour le dit Synode, & le Sr. *Bonnet* pour le Coloque, a jugé que l'Eglife de *Soubize* a mal fait d'inferer une Claufe qu'elle ne devoit pas mettre dans fa Lettre de Convocation: Que le Coloque des *Ifles* a excedé, dans la Cenfure trop rigoureufe contre ledit Pafteur & fon Eglife; c'eft pourquoi elle a aprouvé le Jugement dudit Synode, contre le fufdit Coloque; mais en confideration de ce que la Publication n'en a pas été faite, il a été ordonné qu'elle feront omife, & que le Sr. *Petit* lira au Confiftoire de l'Eglife de *St. Juft* le prefent Article, pour reparer l'Honneur dudit Pafteur.

XXXIX.

L'Apel du Sieur *Bertrand Faugier*, ci-devant Pafteur à *Veines*, dans la Province du *Dauphiné*, de l'Ordonnance du Synode de ladite Province, par laquelle il a été depofé du Saint Miniftere, a été declaré nul, attendu que ledit *Faugier* n'a point comparu devant cette Compagnie.

MATIERES GENERALES.

Article I.

Aucune Eglife ne pourra chercher un Pafteur hors de la Province, dont elle depend, fans en avoir auparavant conferé avec les Coloques, ou avec les Synodes des Provinces auxquelles on trouvera bon de recourir quand elles auront des Miniftres fans Emploi.

TENU A SAINT MAIXENT.

II.

Les Provinces font exhortées de bien obferver le dixième Article du Chapitre 8. de la Difcipline, dans lequel on a fpecifié les Caufes dont on doit interjetter Apel aux Synodes Nationaux : & deformais ceux qui y viendront pour d'autres Caufes qui fe doivent terminer dans les Provinces, ne feront point 'oüis; c'eft pourquoi les Synodes Provinciaux en avertiront les Particuliers, qui apellent de leurs Ordonnances fans de juftes Raifons.

III.

Les Deputés des Provinces où font les Chambres Mi-parties, font chargés de la part de cette Compagnie de voir Meffieurs les Prefident & Confeillers defdites Chambres, faifant Profeffion de notre Religion, pour les exhorter de continuer leur bon Zele & Afection, tant pour le Bien general des Eglifes, que pour le bien particulier de ceux qui font obligés de chercher Juftice aux dites Chambres : & pour cet efet on leur en écrira.

IV.

Le Confiftoire de *Nerac* exhortera, de la part de cette Compagnie, les Sieurs Prefident & Confeillers faifant Profeffion de ladite Religion Reformée, dans la Chambre Mi-partie de *Guienne*, de prendre garde à ce qu'il ne s'y paffe rien contre les Edits & Articles acordés à ceux de ladite Religion, & que les particuliers de la même Religion ni reçoivent aucune Injuftice, à faute de quoi ledit Confiftoire, eft chargé de proceder par toutes les Cenfures Ecclefiftiques contre les Delinquans.

V.

Sur la Demande des Deputés du *Bas Languedoc*, comment on fe doit comporter, contre ceux qui pour favorifer leurs parens & amis Delinquans, contre lefquels les Confiftoires ont procedé par Cenfures Ecclefiaftiques, felon la Difcipline, fe bandent avec eux contre les Confiftoires, s'abftiennent des Prêches, & des Sacremens, & refufent les Contributions ordinaires ? Il a été ordonné qu'on procedera contr'eux par toutes les Cenfures Ecclefiaftiques, à quoi les Coloques & les Synodes Provinciaux tiendront la main.

VI.

Sur la Propofition faite par les Deputés de *l'Ifle de France*, de *Picardie*, &c. Les Provinces font chargées de proceder par toutes les Cenfures, & même par la Sufpenfion des Charges, contre ceux qui feront convaincus d'avoir brigué les Deputations aux Affemblées, foit Politiques, foit Ecclefiaftiques, auxquelles ceux qui fe trouveront de la part des Provinces, feront Serment de n'avoir pas été deputés par de telles Brigues, & de n'avoir pas donné leurs Voix pour deputer les autres par de telles Pratiques : & en quelque part que ce foit, ils ne favoriferont en aucune maniere, par leurs Suffrages, ceux qui auront demandé, ou recherché de telles Deputations, foit qu'ils les aient recherché, ou demandé pour eux mêmes, ou pour d'autres Perfonnes. Et en cas que *Sa Majefté* faffe quelque Liberalité pour defraier les Deputés aux Affemblées Generales, il a été ordonné que la Somme qu'il lui plaira d'octroier fera reçuë par le Commis à la Recepte Generale de nos

Eglifes, pour leur Profit commun, & qu'elles paieront leurs Deputés de la Depenfe qu'ils auront faite durant leur Voiage,

VII.

Il eft enjoint aux Provinces qui feront leurs Deputations aux Affemblées Nationales, tant Politiques qu'Ecclefiaftiques, d'exemter les Profeffeurs en Theologie des Affemblées Politiques, & des Deputations en Cour: Et quant aux Synodes Nationaux, on remet à la Prudence des Synodes Provinciaux de les y envoier quand ils le jugeront convenable, ou neceffaire.

VIII.

Teophile Blevet, dit la *Combe*, s'étant prefenté devant cette Compagnie, & demandant qu'il lui fut permis de rentrer au Miniftere, dont il avoit été depofé dans la Province d'*Anjou*, & duquel la Depofition a été confirmée par le dernier Synode National de la *Rochelle*: La Compagnie aiant examiné les Caufes de fa Depofition, & les Crimes enormes dont il eft convaincu, l'a declaré non feulement indigne de jamais afpirer au Saint Miniftere; mais auffi lui a defendu d'exercer aucune Pedagogie dans les Eglifes Reformées de ce Roiaume, & de fe prefenter deformais en aucune Affemblée Ecclefiaftique.

IX.

Sur la Remontrance des Deputés de *l'Ifle de France*, La Compagnie a ordonné que les Provinces qui ont introduit la Coutume de porter les Comptes des Deniers des Pauvres aux Coloques, ou Synodes Provinciaux, pour en emploier le Quint à l'entretien des Propofans, la continueront autant qu'il leur fera poffible; & s'il y a dans ces Provinces quelques Eglifes qui s'y opofent, il leur eft enjoint de fe conformer à la pluralité des Sufrages fur peine de privation du Miniftere: en confequence de quoi, aiant oüi les Deputés de la Province de *Bourgogne*, & vû les Inconveniens qui font arrivés de l'Exemption de l'Eglife de *Lion*, elle s'affujetira deformais à l'Ordre établi & reçû dans ladite Province.

X.

Il eft remis à la Prudence des Confiftoires de juger des Pauvres qui doivent être retenus dans chaque Eglife pour les y affifter, ou de ceux qui doivent être renvoiés dans les Lieux de leur Naiffance, ou premiere Refidence: fur quoi ils font exhortés de fe comporter en Charité, tant à l'égard des Pauvres que des Eglifes auxquelles on les renvoiera.

XI.

Sur la Queftion des Deputés de la *Baffe Guienne*, &c. La Compagnie a jugé qu'un Fidele peut recevoir en bonne Confcience la Subvention octroiée par *Sa Majefté* aux Pauvres qui ont été incommodés en portant les Armes pour fon Service, & qu'ils ne doivent pas être exclus des Saints Sacremens de nos Eglifes, nonobftant qu'ils y portent la Croix fur leurs Manteaux, puis qu'ils ne le font pas par Superftition, mais pour Marque de leur Condition & Emploi. Ils feront neanmoins exhortés de prendre bien garde, quand ils viendront dans nos Saintes Affemblées, de n'y donner aucun Scandale par cette forte d'Habit extraordinaire.

XII. Les

TENU A SAINT MAIXENT.

XII.

Les Pasteurs qui donneront des Atestations à ceux qui veulent être pourvûs de Gouvernemens, & de Lieutenances des Villes de Sûreté, ou des Etats des Chambres de l'Edict ; prendront diligemment garde à observer étroitement le 23. des Articles Generaux du Synode National de la *Rochelle* : Et ceux qui feront autrement seront suspendus de leurs Charges pour un An.

XIII.

Sur la Remontrance de quelques Provinces, qu'attendu le Mepris de la Parole de Dieu, les Blasphemes, les Debordemens & Dissolutions qui se trouvent en plusieurs Lieux, & en somme le Defaut de Foi & de Charité qui n'est que trop commun, & qui nous menace de l'Ire de Dieu, attirée par l'Impieté & l'injustice des hommes : il seroit à propos de celebrer un Jeune Public par toutes les Eglises de ce Roiaume, pour s'humilier extraordinairement devant Dieu, & prevenir ses Jugemens : La Compagnie a ordonné qu'il se celebrera par toutes lesdites Eglises le premier Jeudi de Novembre prochain, qui sera le cinquième dudit Mois.

XIV.

Afin que desormais toutes les Eglises de ce Roiaume se conforment les unes aux autres dans l'Administration de la *Ste. Cene*, sans aucune Diference qui puisse causer du Scrupule à ceux qui n'en savent pas bien discerner la Substance d'avec les Circonstances : Il est enjoint à tous les Pasteurs de garder la Simplicité ordinaire, & de s'abstenir de toutes façons nouvelles & particulieres : comme de lire l'Institution de la *Cene*, entre la Grande Priere Ordinaire, & celle qui est dressée sur le sujet de la *Cene*, laquelle doit suivre l'autre immediatement : De ne decouvrir pas le Pain & le Vin pendant la Lecture de l'Institution : La Coutume aussi de faire ranger le Peuple par Tablées, assis ou debout, au lieu de faire passer les Fideles les uns après les autres : Les Exhortations & Actions de Graces qui sont faites à chaque Table, devant que la Distribution se fasse aux suivans, & la Coutume de la Distribution de la Coupe par les Fideles les uns aux autres, contre le Reglement de la Discipline qui ne l'attribue qu'aux Pasteurs autant que faire se pourra, & aux Anciens à leur defaut, en la presence du Pasteur, pour le soulager dans une Eglise nombreuse ; C'est pourquoi les Synodes & les Coloques auront l'œil sur ceux qui feront autrement pour les ranger à leur Devoir par des Censures Convenables.

XV.

Les Syndicats, Pratiques, Monopoles & Recherches de Signatures, pour embraser les Divisions qui naissent dans quelques Eglises, seront soigneusement reprimées par les Coloques & Synodes, lesquels y emploieront des Censures convenables, selon leur Discretion & Prudence.

XVI.

Sur la Demande de la Province de *l'Isle de France*, &c. pour soulager dans la Distribution de nos Deniers les Eglises qui sont Pauvres. Aiant bien pesé les Inconveniens qui pourroient arriver si on faisoit un Reglement General : La Compagnie selon l'Ordonnance du precedent Synode de la *Rochelle,*

chelle, remet à la Prudence des Provinces d'en user charitablement & d'une maniere édifiante.

XVII.

Sur la Question proposée par les Deputés de *Xaintonge*, si on doit tenir pour un vrai Batême celui qui auroit été conferé à la Requête & en presence de toute l'Eglise, par un Ministre Deposé : La Compagnie a jugé que le Deposé étant apellant au Synode National, le Batême ne laisse pas d'être vallable avec les circonstances susdites, & que par consequent il ne doit pas être reïteré ; mais qu'on procedera neanmoins desormais jusqu'à l'Excommunication contre les Deputés qui entreprendront de telles choses.

XVIII.

Sur la Demande des Deputés du *Poictou*, comment on se doit comporter, si, dans la Publication des Annonces, il arrive quelque Oposition devant qu'elles soient entierement publiées ? La Compagnie a jugé que si l'Oposition est faite sans l'Autorité du Magistrat, les Consistoires peuvent passer outre à la Publication, mais non pas si l'Autorité du Magistrat y intervient pour l'empêcher, si ce n'est que le Magistrat defendit seulement la Celebration ou Benediction Nuptiale, & non pas la Publication des Annonces.

XIX.

Sur l'Avis donné à cette Compagnie, par les Deputés de *Xaintonge*, que l'Imprimeur de la *Rochelle* est disposé à imprimer la Bible de nouveau, & dans une Forme commode & portative, au bout de laquelle plusieurs desireroient qu'il y eût un Indice des Passages les plus propres pour confirmer la vraie Doctrine, & pour refuter le Mensonge : La Compagnie aiant jugé la Chose très-utile, a prié le Sieur *Merlin* d'y travailler, & il a promis de le faire.

XX.

Sur la Demande faite par les Deputés du *Poictou*, par quels Moiens on pourroit empêcher que les Eglises ne manquent plus d'envoier aux Synodes Provinciaux & aux Coloques, des Anciens avec leurs Ministres, comme il leur a déja été ordonné plusieurs fois : La Compagnie a jugé qu'on ne pouvoit pas faire sur cela un Reglement General ; c'est pourquoi elle a remis le tout à la Prudence des Provinces.

XXI.

A la Question proposée, comment se doit comporter le Pasteur à qui le Magistrat ordonne, & commande, d'exhorter publiquement ceux qui auront connû quelque Crime, ou Forfait, de le reveler ? Il a été repondu qu'il n'est point obligé à executer de pareils Ordres, non plus qu'à reveler ce qui se passe dans les Consistoires. En consequence de quoi tous les Pasteurs sont avertis de ne deferer pas à de tels Commandemens, & toutes les Eglises sont exhortées de proteger & maintenir ceux qui seront poursuivis en Justice pour de tels Refus.

XXII.

Sur la Proposition faite par la Province d'*Anjou*, qu'il seroit expedient de nommer quelques-uns, dans les Provinces, qui eussent Charge de se preparer

sur

sur toutes les Controverses, mais spicialement sur quelques-unes dans chaque Province : La Compagnie aprouvant cette Ouverture, a distribué les Controverses aux Provinces comme il s'ensuit. Au Poictou, *de Verbo Dei Scripto & non Scripto*. A la Xaintonge, *de Ecclesia & Consiliis*. A la Province d'Ajou, *de Christo, & Pontifice Antichristo*. A Orleans Berri, &c. *de Ministrorum Vocatione, Gradibus, & Clavium Potestate*. A l'Isle de France, *de Monachis, Clericis & Laïcis*. A la Provence, *de Limbo Patrum, Infantium & Purgatorio*. A la Normandie, *de Sanctorum Beatitudine, Invocatione, Reliquiis, Templis, Angelorum Hierarchiis, Cultu, Ministerio, &c*. Au Haut Languedoc, *de Sacramentis in Genere, & de Veris in Specie*. A la Basse Guienne, *de Sacrificio & Missa Potifica*. A la Bourgogne, *de quinque Falsis Sacramentis Pontificiorum, ubi & de Indulgentiis & Jubileo*. Au Bas Languedoc, *de Statu Primi Hominis, Peccato & Causa Peccati*. A la Bretagne, *de Peccato Originali, Lege, & Legis Impletione*. Au Vivarez, *de Libero Arbitrio & Prædestinatione*. Au Dauphiné, *de Justificatione, Bonis Operibus & Meritis, in Genere & in Specie*. Sur quoi les Provinces feront choix des Personnes qui sont capables de faire cet Examen, & les chargeront de s'apliquer à cette Etude, pour se trouver prêts, lors que le Besoin, ou l'Ocasion les engagera à disputer contre nos Aversaires sur ces Matieres.

XXIII.

Il n'est point permis aux Coloques, ni aux Synodes de s'assembler, par l'Autorité de qui que ce soit, qu'en suivant les Voies prescrites dans notre Discipline, ni aux Pasteurs particuliers de donner à part des Atestations à ceux qui ne sont pas de notre Religion, & qui les leur demanderont pour quelque Cause, & en quelque Ocasion que ce soit, sans l'Autorité des Synodes, ou des Coloques, à peine de Suspension de leur Ministere.

DES ACADEMIES ET COLEGES.

Article I.

Sur ce que les Deputés de l'Eglise de *Montauban*, chargés par le dernier Synode National de la *Rochelle*, de rendre un Fidele Compte des Deniers attribués à l'Academie de ladite Ville, n'ont pas donné à cette Compagnie du Contentement sur cela, s'étant trouvé dans leurs Comptes plusieurs defauts : La Compagnie les a renvoiés à la Province du *Haut Languedoc*, pour y presenter les Pieces Justificatives, & rapporter ledit Compte bien verifié au prochain Synode National. Et on a declaré qu'on n'entend point que les Gages des Regens Classiques entrent en Ligne de Compte, mais seulement ceux des Professeurs en Theologie, & aux Langues Hebraique & Grecque, avec ceux des deux Professeurs en Philosophie ; sur quoi on donnera Avis à ceux qui seront commis pour voir lesdits Comptes, de prendre

dre garde au tems de ceux qui auront actuellement servi, pour n'y faire pas entrer celui pendant lequel il y aura eu quelque Charge de Professeur vacante ; Ils veilleront aussi sur le Conseil extraordinaire de ladite Academie, pour juger de ce qu'il aura bien ou mal ordonné, lequel Conseil Academique sera composé seulement des Pasteurs & Anciens nommés par le Synode Provincial : Au reste il n'a point été trouvé raisonnable que les susdits Deputés de *Montauban* pretendent aucuns Deniers sur ladite Province, ou sur son Academie, pour leur Voiage fait en ce Lieu ; c'est pourquoi ladite Province ne sera pas tenüe de leur allouer aucune chose sur cette Demande.

I I.

Les Academies de *Nimes* & de *Montpellier*, n'aiant pas rendu leurs Comptes au Synode Provincial, ni devant cette Compagnie, nonobstant le Decret du Synode National precedent : elles ont été censurées, & leur Province aussi, pour ne leur avoir pas demandé lesdits Comptes ; c'est pourquoi il leur a été enjoint de porter leurs dits Comptes au Consistoire de *Lion*, où ils seront examinés en presence de deux Pasteurs voisins, & cela dans un Mois après la tenüe de leur Synode Provincial : Les mêmes Dificultés s'étant trouvées sur les Comptes de l'Academie de *Sedan*, elle a été chargée de les presenter en bonne Forme à sa Province, afin qu'elle les aporte & les fasse verifier au prochain Synode National : dans lesquels Comptes ledit Synode sera averti de ne comprendre pas le Professeur en Droit qui n'est point de l'Institution de nos Academies.

I I I.

En procedant au Reglement des Academies, selon le Renvoi fait à cette Compagnie par la precedente, tenüe à la *Rochelle*, il a été arrêté, que le nombre n'en pouvant pas être maintenant diminué sans de grands Inconveniens : celles qui sont sur l'Etat dudit Synode de la *Rochelle* demeureront, à savoir *Montauban*, *Saumur*, *Nimes*, *Montpellier* & *Sedan* : sauf à les regler pour le Nombre des Professeurs, & pour leurs Pensions, dont on a dressé l'Etat suivant. A *Montauban*, deux Professeurs en Theologie, desquels l'un étant Pasteur, n'aura que trois cens cinquante Livres, & l'autre sept cens Livres. Un Professeur en Hebreu, lequel étant Pasteur, tirera seulement deux cens Livres pour demi-Gages du Professeur en Hebreu. Un Professeur en Grec recevant quatre cens Livres. Deux Professeurs en Philosophie qui auront cens Livres chacun : Et en cas que ladite Academie soit pourvûe dans peu de tems, de Professeurs du tout Academiques, & non distraits ailleurs, auxquels elle soit tenüe de donner des Gages complets : le surplus leur sera rendu au prochain Synode National, si ladite Academie ne se trouve pas redevable dans ses Comptes, lesquels doivent être rendus pour le passé, selon l'Etat & la Qualité des Professeurs qui auront actuellement servi : Et en cas que la Ville de *Montauban* refuse d'entretenir le Colege composé d'un Principal & de sept Regens : on lui declare des à present que son Droit Academique sera devolu à la Ville de *Bergerac*, qui fait ofre d'un plus grand entretien. Les Academies de *Nimes* & de *Montpellier* recevront deux mille cinq cens Livres pour être partagés en deux Parties égales auxdites deux

Aca-

Academies, pour y entretenir dans chacune un Professeur en Theologie, & un en Hebreu. On distribuera cinq cens Ecus à *Sedan*, pour l'entretien d'un Professeur en Theologie, d'un en Hebreu, & d'un en Grec. A *Saumur*, on y entretiendra autant de Professeurs qu'à *Montauban* ; & en outre le petit Colege, composé de cinq Regens : & pour l'entretien de tout, selon l'Etat ci-dessus on a accordé la somme de quatre mille, cent nonante Livres, lesquelles seront données auxdites Academies, franches du sol par Livre, que le Sieur *Ducandal* a liberalement cedé à cette Compagnie, en promettant de n'en rien prendre à l'avenir : Et tout ce que dessus est ainsi arrêté par Provision jusqu'au prochain Synode National, auquel les Provinces sont derechef exhortées de venir prêtes sur cela.

IV.

Ceux de la Ville de *Bergerac* assistés des Deputés de leurs Provinces, representant qu'ils ont soigneusement travaillé à recueillir de quoi faire un Fonds pour entretenir une Academie, pour l'Instruction de la Jeunesse, afin qu'elle soit retenüe d'aller au Colege des Jesuites : La Compagnie loue leur Zele, & leur Diligence, & autorise leur Colege déja fondé, par leur Colecte & Menagement. Mais sur les Plaintes generales de toutes les Provinces, du trop grand nombre d'Academies, on ne peut pas permettre qu'on en établisse de nouvelles ; Le Colege de *Bergerac* étant d'ailleurs suffisant, tel qu'ils l'ont decrit, à rendre du tout inexcusables ceux qui envoient leurs enfans aux Jesuites, attendu que ledit Colege est pourvû de Regens aussi habiles que ceux des Aversaires, pour les belles Lettres & la Philosophie. La Province du *Dauphiné*, a été pareillement exhortée de se contenter de son propre Fonds pour les mêmes raisons, en y comprenant comme à *Bergerac* les cent Ecus attribués aux Provinces qui n'ont point d'Academies.

V.

Monsieur le *Duc* de *Suilly*, aiant fait entendre à cette Compagnie qu'il desire de dresser un Colege pour le bien des Eglises de ce Roiaume dans la Ville de *Gergeau*, jusqu'à ce qu'il ait accommodé celle de *Boisbelle* : La Compagnie louant son Dessein, consent que des Deniers octroiés aux Eglises de ce Roiaume par la Liberalité du *Roi*, on en leve tous les ans cinq cens Ecus, pour les emploier à cette Fondation, à la Charge que ce nouveau Colege suivra les Loix & les Regles des autres ci-devant établis.

VI.

Quoique les Academies de *Montauban*, *Nismes*, *Montpellier*, & *Sedan*, n'aient pas fait leur devoir pour rendre leurs Comptes, comme ils en avoient été chargés au Synode National precedent : neanmoins pour quelques Considerations, la Compagnie a permis qu'elles retirent des mains du Receveur General l'argent qui leur avoit été retenu par ledit Synode : à condition que si elles manquent à rendre lesdits Comptes dans le tems & les lieux qui leur ont été prescrits, elles decherront du Droit d'Academies.

VII.

Il est remis à la Prudence des Conseils Academiques de juger du tems auquel les Ecoliers doivent être admis à faire des Propositions, après la fin de leur Cours en Philosophie, sans s'astreindre à un certain tems limité, attendu la diversité des Esprits, & des Progrès des Etudians, dont lesdits Conseils jugeront : comme aussi s'il sera expedient que les Censures qui se font après les Propositions, se fassent en la Presence, ou en l'Absence de celui qui a Proposé, afin que le Raport lui en soit fait par le Moderateur.

VIII.

Il est enjoint aux Academies & Coloques, d'examiner exactement les Ecoliers Etudians en Philosophie après les deux ans de leur Cours, & defendu aux Recteurs & Professeurs de leur donner des Lettres de Maitrise, si on ne les trouve pas bien capables : & il est pareillement defendu aux Professeurs en Theologie de les recevoir entre leurs Disciples, autrement que sous cette même Condition.

IX.

Les Provinces auxquelles le dernier Synode National de la *Rochelle*, a octroié cent Ecus pour dresser des Ecoles, & qui n'ont pas aporté les Aquits de leurs Regens dans ce Synode, sont chargées de les aporter au suivant, sous peine de dechoir de leur Droit.

X.

Les Deputés de la Province d'*Anjou*, aiant fait presenter par le Sieur *Bouchereau*, l'un d'eux, les Comptes des Deniers emploiés pour l'entretien de l'Academie de *Saumur* : La Compagnie aiant fait voir & examiner lesdits Comptes, a ordonné que les cinq cens Livres emploiées pour faire dresser des Galeries au Temple de *Saumur*, pour la commodité des Professeurs & des Ecoliers, seront paiées par le Recceveur General des Eglises de ce Roiaume, en consideration de la Pauvreté de ladite Eglise de *Saumur*, & du bon Menagement, dont elle a usé pour l'emploi desdits Deniers. Et pour le surplus desdits Comptes, on a trouvé que les Oficiers, les Regens & plusieurs Professeurs de ladite Academie ont été paiés de leurs Gages, jusqu'au premier jour d'Avril dernier, & que les Sieurs de *Trochorege*, Professeur en Theologie, *Birgam*, Professeur en Hebreu, & des *Roches* Principal, sont paiés jusqu'au premier jour de Juillet prochain : Et ainsi tout deduit & precompté, Monsieur *Philippes Pinet*, Recceveur des Deniers de ladite Academie, est demeuré redevable de la Somme de mille, deux cens, trente Livres, neuf sols, deux deniers, qui seront emploiés à l'entretien de ladite Academie, ainsi qu'il sera ordonné ci-après : & les Pieces Justificatives dudit Compte sont demeurées entre les mains de la Province d'*Anjou* : & l'Original dudit Compte dans les Archives de la *Rochelle*.

TENU A SAINT MAIXENT.
MATIERES PARTICULIERES.

Article I.

Sur la Demande faite par les Srs. *Cerisier* Ancien, *Guerin* & du *Moustier* l'Ainé, envoié par l'Eglise de *Loudun*, que deux Pasteurs du Synode du *Poictou*, leur fussent accordés pour servir dans ladite Eglise: La Compagnie n'aprouvant pas toutes leurs recherches faites en divers Synodes, & principalement en celui du *Poictou*, les a renvoiés à leur Province, qui est chargée d'y pourvoir selon la Discipline; Sur quoi aiant remontré que le Sieur *Fleuri* étoit à present dechargé de son Eglise, dans leur Province, & qu'ils l'ont demandé : Il leur a été accordé pour demeurer à l'avenir dans ladite Eglise & en être le Pasteur.

II.

Le Diferent du Sieur *Constantin*, avec la Province de *Xaintonge*, pour certain Argent qu'il lui demande, est renvoié au Synode du *Poictou*, pour en juger definitivement.

III.

Sur la Demande de l'Eglise d'*Orleans*, d'être assistée de quelques Deniers, pour subvenir aux Fraix extraordinaires qu'elle a fait, à cause des Divisions qui y sont survenues : La Compagnie l'a renvoiée à sa Province, qui lui donnera satisfaction sur la Masse Commune de l'Argent qui lui est distribué.

IV.

La Province de la *Haute Guienne*, jugera si le Sieur *Girard* peut Prêcher dans l'Eglise de *Mauvesin*, y étant emploié par le Pasteur dudit Lieu, sans alterer la Paix de ladite Eglise, auquel cas il lui sera permis, & la Defense qui lui en a été faite par le Synode National de *Gergeau*, sera levée.

V.

Les Sieurs de *Castelfranc*, & *Benoist*, Pasteur, & le Sieur de *Barjac*, Ancien, sont chargés d'assûrer Messieurs de la Chambre de *Castres*, de la part de cette Compagnie, comme en étant dûement informée, par ceux qui étoient à *Gergeau*, que le Sr. *Ferrier*, Pasteur de l'Eglise de *Nimes*, n'y a dit, ni fait aucune chose au prejudice de l'honneur qui leur est dû, & pour une plus ample Confirmation de cela, on leur en écrira de la part de cette Compagnie.

VI.

L'Afaire d'*Ascanio Alion*, contre le Sieur *Cante*, est derechef renvoiée à la Province du *Dauphiné*, pour y pourvoir, en entendant ledit *Ascanio* sur les nouveaux Faits qu'il pretend de proposer : & la Compagnie a ordonné que le Sieur *Vide* lui delivrera douze Ecus des Deniers recueillis pour les Pauvres des Valées, & six Ecus à *Josué Paraud*, du Marquisat de *Saluces*.

XIX. SYNODE NATIONAL

VII.

Sur la double Plainte du Sieur *Roi*, ci-devant Ancien de l'Eglise de *Xaintes*, tant de ce que le Reglement fait au Synode National pour le changement des Anciens de ladite Eglise, n'a pas été entierement gardé, mais seulement en partie; que de l'Inexecution par lui pretenduë de l'Ordonnance du Synode Provincial de *Xaintonge*, sur la Satisfaction qui lui fut donnée, touchant le Refus qu'on fit à sa Femme de lui laisser presenter un Enfant au Batême: La Compagnie a jugé sur le premier Article, que le Consistoire de ladite Eglise est censurable, pour n'avoir fait qu'une partie de ce qui lui étoit ordonné, & qu'on lui enjoint maintenant de faire selon ledit Article: à faute de quoi le Synode est chargé de proceder contre ledit Consistoire par toutes les Censures Ecclesiastiques. Et pour le second Article, la Compagnie, du consentement des Deputés de ladite Province, & dudit Sieur *Roi*, l'a renvoié au Synode, ou aux Deputés des Coloques de *Xaintonge*, pour en juger definitivement, en vertu du Pouvoir qu'elle leur en donne.

VIII.

Le Sieur *Roches*, à present Pasteur de l'Eglise de la *Cheze* en *Poictou*, aiant representé sa grande Necessité, & fait des Plaintes, tant contre l'Eglise de *Garlonne*, que contre les autres Annexes en *Perigort*, qu'il dit lui être redevables, de quelques Deniers de l'Octroi du *Roi*, dont le Paiement étoit échû dans le tems du Congé qui lui fut accordé par le Coloque de *Perigort*: lesquels Deniers il dit lui être retenus par la Province de la *Basse Guienne*: La Compagnie aiant oüi les Deputés de ladite Province, & le Sieur *Charron* offrant de le faire paier des particuliers, ou en Argent, ou en Quittances: ledit Sieur *Roches* est conseillé d'accepter son offre: & au surplus il a été ordonné que dès à present le Sieur *Ducandal* lui paiera cent Livres, qui seront rabatuës à la Province de la *Basse Guienne*, & deduites par ledit Sieur *Roches*, si la Province de *Xaintonge*, à laquelle il est renvoié pour ce Fait, se trouve lui devoir les arrerages de deux années, de ce qui lui a été octroié des Deniers du *Roi*. Et quant à son Diferent contre l'Eglise de *Saveilles* pour ce qu'elle peut lui devoir: La Province du *Poictou* est chargée d'en juger, & de faire en sorte qu'il ait du contentement de cette part.

IX.

L'Eglise de *Marennes* aiant demandé qu'on lui octroiàt le Ministere du Sieur *Richer* congedié de l'Eglise qu'il servoit en *Champagne*: la Compagnie a permis audit Sieur *Richer* d'y prêcher, jusqu'à ce que le Sieur de la *Chabosselaie*, Pasteur de ladite Eglise, étant de retour, le Coloque des *Isles* juge de ce qui sera expedient pour le bien de ladite Eglise & pour la confirmation du Ministere dudit Sieur *Richer* dans ladite Eglise: & au cas qu'il n'y soit pas établi, il demeurera en sa premiere Liberté.

X.

L'Eglise de *Paris* aiant demandé, par les Sieurs *Durand* & *Dupradel*, que le Ministere du Sieur *Ferrier* lui fut accordé absolument, ou par Prêt: la Compagnie aiant oüi les Raisons tant de ceux de *Paris*, que des Deputés du *Languedoc* & de *Nimes*, a jugé ne pouvoir pas disposer, avec raison, du Ministere niftere dudit Sieur *Ferrier* : & néanmoins pefant l'importance & le befoin de l'Eglife de *Paris*, elle a prié l'Eglife de *Nîmes* de lui accorder ledit Sieur *Ferrier*, ou pour toujours, ou du moins pour un An, lors qu'elle en fera requife, d'une façon fpeciale, par ladite Eglife de *Paris*.

XI.

Sur les Lettres des Seigneurs de *Geneve* & des Pafteurs de l'Eglife dudit Lieu, par lefquelles pretendant avoir Droit fur les Sieurs *Chauve* & le *Faucheur*, ils demandent qu'ils leur foient renvoiés pour exercer leur Miniftere parmi eux : La Compagnie aiant oüi les Deputés des Provinces du *Bas Languedoc*, & du *Vivarez*, & aiant entendu qu'ils n'ont point d'autre obligation auxdits Seigneurs que celle d'être originaires de leur Païs, & que par cette même Raifon les Eglifes de *France* auroient aufli Droit fur le Miniftere de plufieurs Pafteurs qui ont fervi, & qui fervent encore actuellement à *Geneve*, n'a pas trouvé que ce Droit fût confiderable; c'eft pourquoi elle prie lefdits Seigneurs & les Pafteurs de ladite Eglife de *Geneve*, de ne pretendre pas à l'avenir aucun Droit fur les fufdits Pafteurs, reçûs legitimement dans ce Roiaume felon l'Ordre de nos Eglifes, par lequel les Pafteurs font appropriés à leurs Troupeaux dès le jour de leur Reception. Ce qui fera remontré par des Lettres, tant à la Seigneurie qu'à l'Eglife de *Geneve*.

XII.

Sur la Demande de l'Eglife de *Chaftelleraut*, qu'il plaife à la Compagnie de la pourvoir de Pafteur : Ne s'étant trouvé aucun Pafteur dans la Diftribution, pour leur être donné, il a été ordonné qu'elle fera affiftée, durant fix Mois, par les Pafteurs voifins du Coloque du *Haut Poiêlou*, & fpecialement par le Sieur *Clemenceau*, Pafteur de l'Eglife de *Poitiers*, pour le premier Mois, à commencer du premier de Juillet ; par le Sieur *Moneftier*, Pafteur de *Sançai* pour le fecond ; par le Sieur *Forent*, Pafteur de *Chauvigni*, pour le troifiéme ; par le Sieur *Meftaier*, Pafteur de *Lufignan*, pour le quatriême ; par le Sieur *Cuville*, Pafteur de *Coubé* pour le cinquiême ; & par le Sieur *Faure*, Pafteur du *Vigent* pour le fixiême Mois.

XIII.

Sur les Remontrances faites par les Eglifes de *Maringues* & de *Paillat*, d'une part, & par l'Eglife d'*Yffoire* d'autre, laquelle fe plaint de n'avoir pas été oüie, lors que deux Portions, de quatre qui lui avoient été données auparavant, lui furent ôtées au Synode National precedent, pour être données à ceux de *Maringues* & de *Paillat*; & de ce qu'elle n'a pas été pourvûë de Pafteur par ceux du *Bas Languedoc*, fi ce n'eft par Emprunt, & à grands Fraix : La Compagnie aiant oüi les Deputés du *Bas Languedoc*, a ordonné que l'Eglife de *Maringues* & de *Paillat*, fera deformais jointe à la Province de *Bourgogne*, dans la Diftribution de laquelle feront mifes quatre Portions attribuées aux dites Eglifes par le Synode National de la *Rochelle*: Et quant à l'Eglife d'*Yffoire*, elle demeurera jointe à la Province du *Bas Languedoc*, jufqu'au prochain Synode National : dans laquelle on lui donnera trois Portions des Deniers de l'Octroi du *Roi*: & les deux Provinces auxquelles lefdites Eglifes font renvoiées les pourvoiront de Pafteurs au plûtôt.

XIV. L'A-

XIV.

L'Afaire du Sieur *Druet*, Pasteur de l'Eglise du *Pont l'Evêque*, en *Normandie*, est renvoiée à sa Province, du Jugement de laquelle il n'apert point qu'il se soit porté pour Apellant.

XV.

La Requête de ceux de *Vertueil* sur le Jugement rendu par cette Compagnie, pour leur Union avec ceux de *Villefagnan*, pour joüir ensemble du Ministere du Sieur *Comar*, est renvoiée ou prochain Coloque d'*Angoumois*, lequel cette Compagnie autorise pour en juger definitivement.

XVI.

Le Sieur *Salmon* Pasteur, aiant été prêté pour deux ans à l'Eglise de *St. Yriers* le *Perche*, en *Limosin*, par le dernier Synode National, & étant redemandé par l'Eglise d'*Anjaux* dans le *Berri*, par laquelle il étoit entretenu : La Compagnie a ordonné que ledit Sieur *Salmon* retournera dans trois Mois à ladite Eglise de *Danjaux*, aux Frais de l'Eglise de *St. Yriers*, à laquelle le Synode Provincial de *Guienne* pourvoira de Pasteur, au plûtôt que faire se pourra.

XVII.

Sur la Requête presentée par quelques Gentilshommes & autres Chefs de Famille de l'Eglise de *Montagu*, joints avec les Deputés du *Poiêtou*, remontrant que ladite Eglise de *Montagu* est capable, sans celle de *Vieille-Vigne*, de soutenir les Frais de l'Entretien d'un Pasteur, & demandant qu'il lui fût accordé d'en avoir un, & de se réünir à la Province du *Poiêtou* : La Compagnie a ordonné que les deux Eglises de *Vieille-Vigne* & de *Montagu* demeureront jointes ensemble, & que le Pasteur y exercera alternativement son Ministere, & se trouvera aux Synodes Provinciaux de *Bretagne* : & qu'elles demeureront ainsi, jusqu'à ce que, d'un commun consentement, tant des deux Eglises que des deux Provinces, il en soit autrement ordonné, par l'Autorité d'un Synode National.

XVIII.

Sur les Lettres de l'Eglise de *Minerbois*, assemblée dans les Maisons des Sieurs de *Beaufort* & de *Paulignan*, demandant d'être jointe, par l'Autorité de cette Compagnie, à la Province du *Bas Languedoc*, & d'être secouruë des Deniers du Revenu General des Eglises, pour entretenir le Pasteur qui lui sera donné : La Compagnie aiant oüi les Deputés des deux Provinces du *Haut* & *Bas Languedoc*, a jugé que ladite Eglise doit être jointe au Synode du *Haut Languedoc*, auquel il est enjoint de la pourvoir d'un Pasteur : & dès à present on lui a assigné une Portion, comme aux autres Eglises de ladite Province, laquelle, à cause du grand Nombre & de la Commodité de ses Eglises, supléera de son propre Fonds à l'Eglise de *Minerbois*, ce qu'il faudra ajoûter tant à la Portion qu'à la Collecte qui se fera dans ladite Eglise, jusqu'à la concurrence necessaire pour l'Entretien du Pasteur qui lui sera donné.

XIX.

Aiant lû les Lettres du Sieur *Aubriot*, Pasteur de l'Eglise du *Mas Ste. Puëlle*, par lesquelles il represente sa Pauvreté & la Necessité de son Eglise, demandant deux ou trois Portions surnumeraires, pour subsister dans ladite Eglise :

se: La Compagnie a ordonné que la Province du *Haut Languedoc* ajoûtera à la Portion du Sieur *Aubriot* deux Portions prises sur l'Etat de ladite Province, sans Augmentation tirée de l'Etat General, attendu que deux Portions sont tirées sous le Nom de deux Pasteurs & Professeurs dans l'Academie de *Montauban*.

XX.

Les Deputés de *Provence* aiant proposé quelques Faits qu'on a jugé n'apartenir pas à cette Compagnie, ils ont été renvoiés à la prochaine Assemblée Politique.

XXI.

Les Deputés du *Dauphiné* aiant fait Plainte de ce que le Sieur *Scoffier*, qu'ils ont entretenu à *Geneve*, a été reçû Pasteur dans une Eglise du *Berri*, demandant qu'il fut renvoié en *Dauphiné* : L'Afaire a été renvoiée au Synode Provincial de *Bourgogne*, pour en juger definitivement, soit pour la Restitution des Deniers, soit pour enjoindre audit *Scoffier* de retourner dans ladite Province du *Dauphiné*.

XXII.

Sur la Contestation des Provinces du *Dauphiné* & du *Vivarez*, pour l'Eglise qui s'assemble à *Soyon*; il a été ordonné que le Sieur *Murat*, Pasteur de ladite Eglise, se trouvera aux Synodes du *Vivarez*, jusqu'à ce que l'Eglise de *Valence* soit pourvûë d'un Lieu propre dans la Province du *Dauphiné*, à laquelle le Sieur *Murat* apartient : & que la Portion donnée sous son Nom, demeurera à l'Eglise de *Soyon*, & que pendant que ledit Pasteur y servira, ladite Portion sera à la decharge des deux Eglises.

XXIII.

Sur la Plainte continuée par la Province de l'*Isle de France*, de ce que par le Commandement de Monsieur le *Duc de Suilli*, le Ministre de *Mantes* & celui de *Fontainebleau*, reçoivent cinq cens Ecus sur les Portions adjugées à ladite Province : La Compagnie ordonne que ledit Synode remontrera derechef ausdits Pasteurs ce qui est de leur Devoir, afin qu'ils s'y rangent, à defaut de quoi on procedera contr'eux par Censures : & cependant pour le soulagement desdites Eglises & de ladite Province, outre les deux Portions de l'ordinaire, sous le Nom des deux dits Pasteurs, & les cinq extraordinaires octroiées par le Synode National de la *Rochelle*, on a adjugé deux Portions de surplus à l'Etat de ladite Province, jusqu'au prochain Synode National.

XXIV.

La Pauvreté & la grande Charge de l'Eglise de *Marüeges*, à cause de ses Afflictions passées, aiant été representée : Outre les deux Portions des deux Pasteurs dudit Lieu, une troisième lui est extraordinairement accordée, jusqu'au prochain Synode National.

XXV.

Les deux Portions ci-devant accordées à l'Eglise d'*Aubenas* lui seront continuées, jusqu'au Synode National prochain.

XXVI.

Le Recüeil des Synodes Nationaux, presenté par le Sieur *Piotai*, pour être vû,

Tome I.   C c c

vû, & pour juger s'il feroit expedient d'en diftribuer des Copies avec Permiffion de cette Compagdie : Elle a aprouvé le Zele & l'Afection dudit Sieur *Piotai* : Mais elle n'a pas jugé à propos de diftribuer les Copies d'un tel Reciieil, à caufe des Inconveniens & des Confequences qui en pourroient naître ; c'eft pourquoi elle l'a exhorté de fe contenter que fon Travail ferve à fon Ufage particulier.

XXVII.

Sur le Diferent du *Haut* & *Bas Languedoc*, pour les Eglifes de *Cornus* & de *St. Jean du Breuil* : il a été dit que ceux du *Haut Languedoc* demanderont ce qu'ils croient leur être dû, des Portions des deux dites Eglifes, à la Province du *Bas Languedoc*., fur l'Etat de laquelle elles ont été couchées : & au cas qu'elle ne leur en faffe pas Raifon, la Province du *Vivarez* jugera definitivement du tout, par l'Autorité de cette Compagnie.

XXVIII.

La Province du *Haut Languedoc* eft exhortée d'avoir égard aux Fraix & Dépens du Sieur *Benoift*, Pafteur de *Montauban*, lefquels il a fait pour fe défendre contre les Procedures injuftes de nos Adverfaires.

XXIX.

Le Sieur *Benoift* a prefenté les Lettres du Sieur d'*Iflemande*, duquel l'Afaire a été recommandée au Sieur de *Mirande*, Deputé General, comme auffi l'Afaire du Sieur *Piloti*, propofée par les Deputés du *Bas Languedoc*.

XXX.

La Plainte de la Veûve du Feu Sieur *Quinfon*, pour les Arrerages qu'elle pretend lui être dûs par le Coloque de *Gex*, eft renvoiée à la Province de *Bourgogne* pour en juger definitivement.

XXXI.

L'Eglife de *Gien fur Loire*, étant deftituée de Pafteur, & s'étant adreffée à cette Compagnie, a demandé, tant par Lettres, que par le Sieur *Alix*, Deputé pour cet éfet, & autorifé par des Memoires & un Pouvoir, d'être pourvûe d'un Pafteur par nôtre Autorité : Surquoi aiant pefé & reconû le Befoin & la confequence de ladite Eglife, le Miniftere du Sieur *François Oifeau*, qui s'eft trouvé en Liberté, lui a été acordé : lequel aiant accepté cette Charge eft envoié à ladite Eglife, pour lui être fon propre Pafteur, & recommandé à fon Troupeau pour avoir foin de lui, comme d'un Fidele Serviteur de Dieu qui a heureufement fervi, & aporté de bons Témoignages des Lieux où il a été ci-devant & long-tems emploié avec fuccès.

XXXII.

Sur la Remontrance de l'Eglife de *Poitiers*, touchant le Prêt fait pour un Mois à l'Eglife de *Chaftelerant* du Miniftere du Sieur *Clemenceau* : La Compagnie y aiant égard a nommé en fon Lieu le Sieur de la *Roche Crozé*, Pafteur de l'Eglife de *Civrai*.

XXXIII.

La Plainte des Deputés du *Berri* faite au nom des deux Coloques, contre celui d'*Orleans*, fur l'Acord de l'Eglife d'*Orleans* & autres, avec le Sieur *Fleureau*, eft renvoiée à la Province de *Bourgogne* pour en juger definitivement.

XXXIV. Sur

XXXIV.

Sur le Diferent des Eglises de *Vitré* en *Bretagne*, & de *Lassai* au *Maine*, pour le Ministere du Sieur *Conseil*, ci-devant Pasteur de l'Eglise de *Puilaurens* dans *Lauragcois*: la Compagnie aiant ouï les Deputés des deux Provinces, & vû ce qui a été produit de part & d'autre, a censuré ledit Sieur *Conseil* pour ses Procedures dans l'une & l'autre Eglise, & l'Eglise de *Lassai* pour ses Pratiques contre ledit Sieur *Conseil* : & néanmoins jugeant que l'Eglise de *Vitré*, en vertu de la Promesse particuliere dudit Sieur *Conseil*, n'avoit aucun Droit sur lui, puis que ceux du *Haut Languedoc* l'ont transferé à la Province d'*Anjou*, le Ministere dudit Sieur *Conseil* est adjugé à ladite Province, pour l'employer à l'Eglise de *Lassai*.

XXXV.

Sur les Lettres écrites par Monsieur *Jaques Royer*, & le Livre qu'il a envoié à cette Compagnie, touchant la Controverse qu'il a agitée, premierement dans l'Eglise de *Geneve*, & depuis continuée dans celle de *Metz* : aiant vû les Lettres des Pasteurs de *Geneve*, sur ce Fait, & celles qui ont été écrites par le Consistoire de *Metz*, demandant Avis sur ce que les Anciens ont accoûtumé dans leur Eglise de presenter la Coupe, & de prononcer aux Peuples quelques Paroles, comme ce qui est écrit au Chapitre 11. de la 1. aux Corinthiens : *La Coupe de Benediction &c.* La Compagnie aiant déja pourvû depuis long-tems par l'Article de la Discipline (auquel elle ne change rien) aux Dificultés qui se pourroient presenter dans la distribution de la Coupe, ne peut pas aprouver la conduite dudit *Royer*, ni ses Procedures, non plus que la Publication de son Livre, & la Passion qu'on découvre dans ses Lettres ; c'est pourquoi elle a ordonné qu'on écrira à l'Eglise de *Metz*, afin qu'elle l'exhorte à la Paix & à la Charité Chrêtienne : & sur l'Avis que ladite Eglise a demandé, elle juge que les Pasteurs, dans les Eglises nombreuses où ils ne peuvent pas distribuer eux-mêmes la Coupe à tout le Peuple, doivent imposer le Silence aux Anciens qui la denonceront par leur Ordre, & parler seuls dans toute la Distribution des Signes Sacrés, afin qu'il paroisse clairement que l'Administration de ce Sacrement apartient à la seule Autorité de leur Ministere.

XXXVI.

Pour terminer le Diferent des Sieurs *Durdés* & de *Bauné*, la Compagnie reconnoissant que ledit *Durdés* est redevable des Sommes portées par ses Lettres, prie ledit Sieur de *Beauné* de se contenter de la Somme de cent Livres, qui lui sera paiée par la Province du *Haut Languedoc*, sur une des Portions attribuées audit Sieur *Durdés*.

XIX. SYNODE NATIONAL

ARTICLE PARTICULIER

CONCERNANT

LA CONVOCATION DU SYNODE NATIONAL PROCHAIN.

La Charge d'affembler le prochain Synode National eft donnée à la Province du *Vivarez*, qui le convoquera au Mois de Mai de l'An mille fix cens douze. Laiffant à la Prudence de ladite Province de choifir un Lieu convenable, & d'avertir toutes les Provinces du jour dudit Mois auquel on en fera l'Ouverture.

DES DENIERS ET FINANCES

Qu'on doit diftribuer aux Eglifes Reformées.

ARTICLE I.

LEs Deniers recüeillis pour les Pauvres du Marquifat de *Saluces*, ont été mis entre les mains du Sr. *Videl*, dans l'Affemblée Generale de *Gergeau*, à favoir par le Sr. *Chauffepied* de la Province de *Poiétou*, la Somme de quatorze cens, quarante & quatre Livres, huit fols, fix deniers, qui eft prefentement entre les mains des Deputés de la Province du *Dauphiné*. De la Province d'*Orleans* & de *Berri*, mille neuf Livres De *Bretagne*, fept cens, cinquante Livres, trois fols. De *Xaintonge*, mille, trente fix Livres. Toutes lefquelles Sommes feront delivrées au Confiftoire de l'Eglife de *Grenoble*, & diftribuées par l'Avis des Coloques nommés par le Synode de la Province du *Dauphiné* : auquel Synode le Compte de la Diftribution qui s'en fera, fera rendu, & apporté au Synode National prochain. On fera la même chofe des autres Deniers qui ont été reçûs, ci-devant, ou qui feront reçûs ci-après des autres Provinces qui ne font pas expreffément mentionnéees dans cet Acte.

II.

Meffieurs les Gouverneurs font priés par cette Compagnie, & feront exhortés par les Pafteurs des Eglifes auxquelles ils fe rangent, de fournir, fur les Deniers qui leur font attribués, leur part des Fraix & des Dépens faits pour les Afaires qui leur font communes avec les Eglifes : & particulierement de donner une partie du Sol par Livre des Deniers qui ont ci-devant été remis à Meffieurs les Deputés Generaux quittes dudit Sol : Enfemble leur part des Nonvaleurs des années 1604., 1605., & 1606., revenant le tout de leur part à la Somme de deux mille, deux cens, quatre-vints-fept Livres, & dix fols.

TENU A SAINT MAIXENT.

III.

Sur les Ofres qui ont été faites par les Sieurs *Dupradel*, *Rocheblave* & *Ricard*, pour la Commiſſion de la Recepte des Deniers octroiés par *Sa Majeſté*, aux Egliſes de ce Roiaume : La Compagnie aiant bien peſé toutes choſes, & oüi le Sieur *Ducandal*, établi par le Contract de *Gap* pour ladite Commiſſion, laquelle on a reconnû qu'il a fidelement exercée, n'a pas trouvé bon de changer maintenant ledit Sieur *Ducandal*; mais au contraire elle a confirmé ſa Commiſſion pour ladite Recepte : Et néanmoins leſdits Sieurs *Dupradel*, *Rocheblave* & *Ricard*, ont été remerciés de leur bonne Afection pour le bien de nos Egliſes.

IV.

Il a été reſolu que l'Ordre obſervé par le paſſé pour la Diſtribution des Deniers, ſelon le nombre des Paſteurs dans chaque Province, ſera ſuivi comme devant : ſauf à gratifier les pauvres Provinces dans le Denombrement de leurs Egliſes pour l'Augmentation des Portions qui leur ſont attribuées.

V.

On ne mettra deſormais que les Noms des Paſteurs qui ſervent actuellement, dans les Roles qui feront aportés aux Synodes Nationaux, par les Provinces, & on fera la Diſtribution des Portions ſelon l'Etat deſdits Roles; & on ne recevra que les Noms des Paſteurs actuellement emploiés, auxquels on ajoûtera ſeulement les Noms des Paſteurs dechargés, avec ceux des Etudians en Theologie, en y faiſant mention des Egliſes à pourvoir; & laiſſant aux Sydodes le ſoin d'avoir égard aux Neceſſités des pauvres Provinces, pour leur donner les Portions ſurnumeraires qu'ils jugeront leur être neceſſaires.

ROLE DES EGLISES

Tel qu'il a été dreſſé pour ſervir juſqu'au Synode National prochain.

I.

PORTIONS.

Xaintonge, 64. Paſteurs actuellement emploiés, 1. Portion pour le Sieur *Picard*, 6. Propoſans, en tout   71

II.

Anjou, 21. Paſteurs actuellement emploiés, 3. Egliſes à pourvoir, 3. Propoſans, en tout   27

III.

Haut Languedoc, 74. Paſteurs actuellement emploiés, 2. Portions pour *Foix*, 1. Portion pour *Jouarre*, 7. Propoſans, en tout   84

IV.

Orleans, 25. Paſteurs actuellement emploiés, 5. Egliſes à pourvoir, & ſix Propoſans, en tout   36

XIX. SYNODE NATIONAL

PORTIONS.

V.
Dauphiné, 64. Pasteurs actuellement emploiés, trois déchargés, 8. Eglises à pourvoir, 8. Proposans, en tout — 83

VI.
Normandie, 36. Pasteurs actuellement emploiés, 2. déchargés, 6. Eglises à pourvoir, 6. Proposans, & une Portion de plus, en tout — 51

VII.
Provence, 7. Pasteurs actuellement emploiés, 7. Eglises à pourvoir, 3. Proposans, 3. Portions de plus, le tout. — 20

VIII.
Bretagne, 8. Pasteurs actuellement emploiés, 6. Eglises à pourvoir, 4. Proposans, 2. Portions de plus, le tout. — 20

IX.
Bourgogne, 29. Pasteurs actuellement emploiés, 6 Eglises à pourvoir, 3. Proposans, 3. Portions de plus, 4. Portions pour *Maringues* & *Paillet*. — 46

X.
Vivarez, 23. Pasteurs actuellement emploiés, 5. Eglises à pourvoir, 3. Proposans, 1. Portion, pour l'Eglise de *Vanvrai*, 2. de plus pour l'Eglise d'*Aubenas*, le tout. — 34

XI.
Basse Guienne, 95. Pasteurs actuellement emploiés, 2. Portions pour le Sieur *Baduel*, 7. Eglises à pourvoir, 5. Proposans, le tout. — 73

XII.
Bas Languedoc, 65. Pasteurs actuellement emploiés, 6. Proposans, 3. Portions pour *Issoire*, une Surnumeraire pour *Marvege*, en tout. — 105

XIII.
Poictou, 41. Pasteurs actuellement emploiés, 4. Eglises à pourvoir, 3. Proposans, en tout. — 48

XIV.
L'Isle de France, &c. 47. Pasteurs actuellement emploiés, 2. dechargés, 2. Eglises à pourvoir, 7. Portions pour *Mantes* & *Fontainebleau*, 6. Proposans, en tout. — 64

Nombre total des Portions du Role ci-dessus. — 762

ETAT DE LA DISTRIBUTION

POUR LES TROIS PREMIERS QUARTIERS.

Pour les Academies.

Montauban,	2450. Liv.
Saumur.	4190. Liv.

Mont-

TENU A SAINT MAIXENT.

Montpellier,	1250. Liv.
Nimes,	1250. Liv.
Sedan,	1500. Liv.
Somme	10640 Liv.
Aux Deputés en Cour.	1650. Liv.

Aux Eglises & aux Pasteurs.

Provence,	2508. Liv. 18. f. 6. d.
Bretagne,	2508. Liv. 18. f. 6. d.
Bourgogne,	2380. Liv. 10. f. 6. d.
Vivarez,	4055. Liv. 3. f. 6. d.
Basse Guienne,	8362. Liv. 10. f. 6. d.
Bas Languedoc,	12596. Liv. 16. f. 0. d.
Poictou,	6601. Liv. 8. f. 6. d.
Xaintonge,	8141. Liv. 14. f. 0. d.
Anjou,	2982. Liv. 1. f. 6. d.
Haut Languedoc,	9277. Liv. 9. f. 6. d.
Orleans & Berri,	4276. Liv. 1. f. 6. d.
Et pour le Colege de Gergeau,	1506. Liv. 0. f. 0. d.
Dauphiné,	9467. Liv. 1. f. 0. d.
Normandie,	5932. Liv. 15. f. 0. d.
L'Isle de France,	7368. Liv. 11 f. 6. d.
Somme Totale.	88960. Liv. 0. f. 0. d.

Dans laquelle Somme sont compris les Cent Ecus pour chacune des Provinces, où il y a de petits Coleges, à savoir dans la *Provence*, *Bretagne*, *Bourgogne*, *Vivarez*, *Basse Guienne*, *Poictou*, *Xaintonge*, *Berri*, *Dauphiné*, *Normandie*, & *l'Isle de France*.

Quartier d'Octobre pour les Pasteurs.

Provence,	885. Liv. 16. f. 6. d.
Bretagne,	885. Liv. 16. f. 6. d.
Bourgogne,	2037. Liv. 8. f. 0. d.
Vivarez,	1505. Liv. 18. f. 0. d.
Basse Guienne,	3233. Liv. 5. f. 4. d.
Bas Languedoc,	4650 Liv. 11. f. 9. d.
Poictou,	2126. Liv. 0. f. 0. d.
Xaintonge,	3144. Liv. 14. f. 0. d.
Anjou,	1195. Liv. 17. f. 4. d.
Haute Guienne,	3720. Liv. 9. f. 4. d.
Orleans,	1594. Liv. 9. f. 9. d.
Dauphiné,	3677. Liv. 3. f. 6. d.
Normandie,	2258 Liv. 17. f. 0. d.
L'Isle de France, &c.	2834. Liv. 13. f. 0. d.
Somme Totale.	33750. Liv. 0. f. 0. d.

XIX. SYNODE NATIONAL

COMPTE
Des sommes qui furent données pour des Besoins Particuliers.

1. Aux Sieurs *Fertier*, de *Fiefbrun*, & *Malleret*, Deputés au *Roi*, par ce Synode, pour les defraier pendant leur Sejour, la Somme de 500. Livres.

2. On a donné par Charité à la Femme de *Theophile Bluet* 60. Livres.

3. A Monsieur *Perrin*, Ministre de l'Eglise de *Nions*, 150. Livres.

La Somme totale se montant à 710. Livres, outre le sol par Livre que l'on accordoit au Sieur *Ducandal*, & que l'on ordonna de rabâtre sur le Quartier d'Octobre qui devoit être paié dans les Provinces l'année derniere 1608.

4. Le Sieur *Ducandal*, est prié de mettre 250. Livres, (des cinq cens, dont nous avons parlé auparavant) sur le Compte des Gouverneurs, qui doivent paier la moitié des Fraix de nos Deputations à la Cour.

On ordonna à Monsieur *Rivet*, Pasteur de l'Eglise de *Tours*, d'aporter le Compte suivant des Universités, établies pour les Eglises Reformées de ce Roiaume, au Synode National prochain, en cas qu'il le lui demandât.

1. A l'Université de *Montauban*, la Somme de 3000. Livres, pour deux Professeurs en Theologie à 700. Liv. d'Apointement par année à chacun, 1400. Liv. pour deux Professeurs en Philosophie à 400. Livres d'Apointement l'année à chacun, 800. Liv. pour un Professeur en Langue Greque 400. Liv. l'année, & pour un Professeur en Hebreu, 400. Liv. Ce qui fait en tout 3000. Livres.

2. A l'Université de *Saumur*, la Somme de 4019. Liv. Pour deux Professeurs en Theologie à 700. Liv. d'Apointement l'année chacun, 1400. Liv. Pour deux Professeurs en Philosophie à 400. Livr. d'Apointement l'année, 800. Liv. Pour un Professeur en Grec 400. Liv. Pour un Professeur en Hebreu 400. Liv. Plus pour les Coleges erigés à *Saumur*, pour le premier Regent la Somme de 360. Liv. par an. Pour le second, 300. Liv. Pour le troisième, 200. Liv. Pour le quatrième, 180. Liv. Pour le cinquième 150. Liv. lesquelles Sommes se montent à 4019. Livres.

3. A l'Academie de *Nimes* & à celle de *Montpellier*, à chacune la Somme de 2500. Liv. savoir pour deux Professeurs en Theologie à 700. Liv. d'Apointement l'année chacun, 1400. Liv. Pour deux Professeurs en Hebreu à 400. Liv. l'année chacun, 800. De plus pour d'autres besoins des Academies 300. Liv. Toute la Somme se monte à 2500. Livres.

4. A l'Université de *Sedan*, la Somme de 1500. Liv. Pour un Professeur en Theologie à 700. Liv. de Gage. Pour un Professeur en Grec 400. Liv. Pour un Professeur en Hebreu, la même Somme de 400. Liv. par an, lesquelles Sommes jointes ensemble font la Somme de 1500 Livres.

5. Au Colege de *Gergeau* 1500. Livres.

La Somme totale des Apointemens des susdites Academies monte, 12519. Livres.

ROLE

TENU A SAINT MAIXENT.

ROLE DES MINISTRES DEPOSE'S.

1. Theophile Blevet, & Jaques de Lobel, desquels la Deposition a été confirmée, sans Esperance de Retablissement, sont decrits au Synode National de la Rochelle, à la fin des Matieres Generales, dans le Role des Apostats.

2. Henri Dindault, dont la Deposition est confirmée dans les Apellations ci-dessus, est âgé de 25. ou 26. Ans. Il est de moienne Stature, Pâle & Maigre, aiant la Vûe fort courte, & le Poil chatain.

3. Bertrand Faugier, ci-devant Pasteur à Veines, & Deposé en Dauphiné, est de petite Stature, gras & replet, de Poil noir & grisonnant, portant la Barbe fort longue & large; il a la Vûe un peu courte & est âgé d'environ cinquante cinq Ans.

4. Jaques Vidouse, Deposé dans la Basse Guienne, âgé d'environ trente cinq Ans, de moienne Stature. Il a le Visage pâle, le Poil chatain, la Barbe longue & large, & il cligne souvent les Yeux.

5. Le nommé Severac, natif de Castres en Albigeois, aiant été Pasteur de l'Eglise de Lombers, dans le Ressort du Coloque dudit Albigeois, s'est revolté, & persiste dans son Apostasie. Il est âgé d'environ trente cinq Ans, & a la Taille courte & grosse, le Poil noir, la Barbe assés raze, & il ride toujours le Frond quand il parle.

6. Jean Rostolan, natif du Bearn, se disant Proposant, de Stature assés haute, aiant le Visage maigre, les Yeux petits, les Sourcils fort épais & sans separation, le Poil noir, & fort peu de Barbe. Il est âgé d'environ vintquatre Ans, & parce qu'il ne cesse de courir d'une Eglise à l'autre, prêchant sans aucune Vocation, il a été mis au Rang des Vagabons par Decret du present Synode.

AVERTISSEMENT.

Cette Assemblée aiant long-tems attendu pour avoir des Nouvelles des Sieurs Ferrier, Fiefbrun, & Malleret, qu'elle avoit envoié auprès de Sa Majesté, en Qualité de Deputés pour les Afaires, dont on a fait Mention ci-devant, & desquelles on leur avoit commis le Maniment & remis la Conduite; mais voiant qu'ils ont passé le tems limité sans écrire aucune chose de leurs Negotiations, on a resolu de terminer le present Synode, & enjoint à tous les Membres qui le composoient de donner Ordre à nos susdits Deputés Generaux, par une Lettre qu'ils signeront tous, de poursuivre les Afaires pour lesquelles ils ont été deputés à la Cour, & de presenter leur Requête au Roi, comme aussi d'informer les Provinces de tout ce qu'ils auront fait au Sujet de leur Deputation, & de leur faire savoir qu'elles sont les Dispositions de toutes les Afaires qui nous concernent, afin que nous en aions Connoissance, & sur tout de celles qui regardent nos Eglises en Commun. Le Sieur Mirande, a été chargé de ladite Lettre Synodale, avec Ordre qu'à qu'à son arrivée à *Paris*, il avertira nos susdits Deputés, qu'aussi-tôt qu'ils auront parlé à Sa *Majesté*, leur Commission finira, & que le Lendemain même, sans autre Delai, ils retourneront chacun chés soi, & qu'ils rendront Compte à nos Deputés Generaux de leur long Retardement à la Cour, & des Raisons qui ont empêché qu'ils ne repondissent à ce que le present Synode attendoit d'eux, & pourquoi ils l'ont frustré de son Esperance.

Tout ce que dessus a été fait à *Saint Maixant* dans le Synode National des Eglises Reformées de *France*, commencé le 25. Mai, & fini le 19. de Juin l'An 1609.

L'Original en a été Signé au Nom de tous lesdits Deputés, par,

JAQUES MERLIN, Moderateur.
JEREMIE FERRIER, Ajoint.
&
ANDRE' RIVET
AVEC } Secretaires.
GEDEON DUPRADEL

Fin du dixneuviéme Synode.

VINT-

VINTIÉME SYNODE
NATIONAL
DES
EGLISES REFORMÉES
DE FRANCE.

Tenu à *Privas* depuis le 23. Mai, jusqu'au 4. Juillet.
L'an M. DC. XII.

Sous le Regne de LOUIS XIII. Roi de France, dit le *Juste*.

Monsieur Daniel Chamier, *Pasteur de l'Eglise de* Montelimar, *fut le* Moderateur *de ce Synode :* Monsieur Pierre du Moulin, *lui fut donné pour* Ajoint; *&* Messieurs Etienne de Monsanglard, Pasteur de l'Eglise de Corbigni, *avec* Etienne Manialal *Ancien de l'Eglise de* Bourdeaux *en furent* Secretaires.

LES NOMS DES MINISTRES
ET DES ANCIENS,

Qui-furent Deputés *audit Synode*, par les Provinces *suivantes*.

ARTICLE I.

Pour le *Vivarez.* Monsr. *Jean* de la *Faye*, Pasteur de l'Eglise d'*Aubenas* ; & Michel le *Faucheur*, Pasteur de l'Eglise d'*Annonai* ; Paul de *Chambaud*, Sr. de *St. Quentin*, Ancien de l'Eglise de *St. Fortunat* ; & *Isaac Gautier*, Avocat Ancien d'*Annonai*.

II.

Pour les Eglises de la Souveraineté du *Bearn*, Monsieur *Jean d'Abadie*, Pasteur de l'Eglise de *Nai* ; & *Raimond Thoulouse*, Pasteur de l'Eglise de *Ste. Gladie* ; & le Sr. *David* de *Brasselaye*, Ancien de l'Eglise de *Maslac* ; Mr. *David* de *Salies*, Sr. du *Hau* du *Roi* en *Navarre*, Ancien de l'Eglise de *Baigts*.

III.

Pour la *Provence*, Mr. *Jaques* de la *Planche*, Pasteur de l'Eglise de *Lormarin*, & *Pierre Huron*, Pasteur de l'Eglise de *Riez* ; & *Pierre* de *Villeneuve*, Sr. de *Spinouze*, Ancien de l'Eglise de *Riez* ; & *Jean Furandi*, Ancien de l'Eglise de *Manosques*.

IV.

Pour le *Dauphiné*, Mr. *Daniel Chamier*, Pasteur de l'Eglise de *Montelimar* ; & *Jean Paul Perrin*, Pasteur de l'Eglise de *Nions* ; & Mr. *Jean Dulien* Avocat, Ancien de l'Eglise de *Grenoble* ; & *François* de la *Combe*, Ancien de l'Eglise de *St. Marcelin*.

V.

Pour la *Bourgogne*, Monsieur *David* de *Piotai*, Pasteur de l'Eglise de *Gex* ; & Monsieur *Antoine* le *Blanc*, Pasteur de l'Eglise de *Lion* ; *Job Bourot* Avocat, Ancien de l'Eglise de *Châlons* ; & *Humbart* Avocat, Ancien de l'Eglise de *Buxi*.

VI.

Pour le *Berri*, *Orleans*, *Blaissois*, *Dunois* & *Nivernois*, Mr. *Etienne* de *Monsanglard*, Pasteur de l'Eglise de *Corbigni lez St. Leonard* ; & *Simeon Jurieu*, Pasteur de l'Eglise de *Châtillon* sur *Loin* ; & *Jerôme Goslot* Sieur de *l'Isle*, Ancien de l'Eglise d'*Orleans* ; & *Elie* du *Bois* Sr. de *Senecieres*, Ancien de l'Eglise de *Châteaudun*.

VII.

Pour le *Bas Languedoc*, Mr. *André* de la *Faye*, Pasteur de l'Eglise de *St. Germain* ; & *Pierre Roussel*, Pasteur de l'Eglise de *Bedarrieux* ; & *Pierre* de *Malmont* Avocat, Ancien de l'Eglise de *Nimes* ; & *Jean Bruni*, Sr. d'*Omisargues*, Ancien de l'Eglise d'*Alés*.

VIII.

Pour le *Haut Languedoc*, Mr. *Bernard* de *Sonnis*, Pasteur & Professeur en Theologie dans l'Academie de *Montauban* ; & *Hester Joli*, Pasteur de ladite Eglise ; & *Levi* de *Bariac*, Sieur du *Brueil*, Ancien de l'Eglise de *Saint Jean* du *Brueil* ; & *Jaques* du *Crox* Avocat, Ancien de l'Eglise de *Castres*.

IX.

Pour la *Basse Guienne*, Mr. *Moïse Ricotier*, Pasteur de l'Eglise de *Clerac* ; & Mr. *Moïse Ferrand*, Pasteur de l'Eglise de *Porade* ; & *Jean* de *Vertüeil* Sr. de *Maleret*, Ancien de l'Eglise de *Bourdeaux* ; & *Etienne Maniald* Avocat, Ancien de ladite Eglise.

X.

Pour *Xaintonge*, *Onix* & *Angoumois*, Mr. *Paul Bonnet*, Pasteur de l'Eglise de *Saujon* ; & *Samuel Petit*, Pasteur de l'Eglise de *Xaintes* ; & *Samuel* de *Campet*, Baron de *Sauvion*, Ancien de l'Eglise de *Sauvion* ; & *Elie* de *Glainon* Avocat, Ancien de l'Eglise d'*Angoulême*.

XI. Pour

TENU A PRIVAS.

XI.

Pour le *Poitou*, Mr. *Isaac* de *Cuville*, Pasteur de l'Eglise de *Cové*; & *George Thamson*, Pasteur de l'Eglise de *Chasteneraye*; & *Moïse Suzannet*, Sr. de la *Forest Breduriere*, Ancien de l'Eglise de *Marevet*; & *Pierre Conignac*, Ancien de l'Eglise de *Fontenai*.

XII.

Pour *Anjou*, *Touraine*, &c. Mr. *Pierre Perillau*, Pasteur de l'Eglise de *l'Islebouchard*; & Mr. *Jean Vigneu*, Pasteur de l'Eglise du *Mant*; & *Jaques l'Anfernat*, Sr. de *Villiers*, Ancien de l'Eglise d'*Ardenai*; & *Daniel Ferron*, Avocat, Ancien de l'Eglise de *Loudun*.

XIII.

Pour la *Bretagne*, Mr. *Jean Pereul*, dit du *Preau*, Pasteur de l'Eglise de *Vitré*; & *Bertrand d'Avignon*, dit de *Sauvigni*, Pasteur de l'Eglise de *Renes*; *Etienne le Maître*, Sr. de la *Renelaye*, Ancien de l'Eglise de la *Roche-Bernard*; & *Gaspart Usilt*, Sr. du *Coin*, Docteur en Medecine, Ancien de l'Eglise de la *Moussaye*.

XIV.

Pour la *Normandie*, Mr. *Moïse Cartaud*, Pasteur de l'Eglise de *Dieppe*; & *Jean Bouvier*, dit la *Fresnaye*, Pasteur de l'Eglise de *Caën*; & *Jean de Brasdefer*, Sr. de *Maneville*, Ancien de l'Eglise de *Fontaine*, *Grongnin*. *Paul du Vivier*, Ancien de l'Eglise de *Bayeux*, a été excusé de son Absence pour cause de Maladie.

XV.

Pour *l'Isle de France*, *Picardie*, & *Champagne*, Mr. *Pierre du Moulin*, Pasteur de l'Eglise de *Paris*; & *Jean Carré*, Pasteur d'*Espance*; & *Antoine de Cormon*, Sr. de *Villeneuve*, Ancien de l'Eglise de *Sesanne*; & *Elie Bigot*, Avocat, Ancien de l'Eglise de *Paris*.

XVI.

Il s'est aussi presenté dans cette Compagnie, le second jour de la tenuë dudit Synode, *Jaques de Jacourt*, Sr. de *Rouvrai*, Deputé General des Eglises Reformées de France auprés de leurs Majestés, qui a été admis pour avoir sa Voix Deliberative dans le Synode.

ELECTION DU MODERATEUR,

D'un Ajoint & de deux Secretaires.

Tous les susdits Pasteurs & Anciens, après l'Invocation du Nom de Dieu, ont élu pour Moderateur de l'Action le Sieur *Daniel Chamier*, & pour Ajoint le Sieur du *Moulin*; & pour dresser les Actes les Sieurs de *Monsanglard*, & *Maniald*.

XX. SYNODE NATIONAL
RESOLUTIONS PRELIMINAIRES.

ARTICLE I.

IL a été resolu, par la Compagnie, que dans les Synodes Nationaux (de peur qu'à l'Election des Moderateurs, il n'entre quelqu'un qui ait brigué sa Deputation) on lira desormais les Lettres d'Envoi des Deputés des Provinces, avant que de proceder à la Nomination des Moderateurs : & que le Pasteur du Lieu, où sera convoqué le Synode, prendra de chacun des Deputés le Serment s'ils ont brigué, ou s'ils savent quelcun de leurs Colegues qui ait cabalé pour avoir sa Deputation.

II.

Sur la Proposition des Deputés du *Bas Languedoc*, qui ont desiré qu'avant que de passer plus outre, la Compagnie examine s'il n'y a point quelcun entre les Deputés des Provinces, qui depuis son Election ait commis des Actions sufisantes pour l'exclurre de cette Assemblée ; on a trouvé bon de faire une telle Recherche, pour voir de quelle maniere il faudra proceder contre ceux qui seront dans ce Cas.

III.

Le Sieur de *Bariac* a été censuré de n'avoir pas adheré aux Conclusions prises à la Pluralité des Voix dans l'Assemblée de *Saumur*, & de s'être joint à ceux qui ont voulu faire valoir le petit Nombre par dessus la plus grande Partie, contre l'Ordre de toutes les Assemblées : de quoi ledit Sr. de *Bariac*, a temoigné d'être bien marri, protestant de ne se departir jamais à l'avenir, en aucune sorte, de la Generalité & pluralité des Voix.

ACTE DU SERMENT DE L'UNION
DES EGLISES REFORMÉES DE FRANCE,

Assemblées, par leurs Deputés, au Synode National de Privas : où ils ont tous signé ledit Acte ; les Jour & An que dessus ; & promis, avec Serment, de l'observer.

„ Nous soussignés Deputés des Eglises Reformées de *France*, assem-
„ blés en Synode National, dans la ville de *Privas* en *Vivarez*,
„ reconnoissant par l'Experience du passé, qu'il n'y a rien de si
„ necessaire pour entretenir la Paix, & maintenir l'Etablissement desdites
„ Eglises, qu'une Ste. Union & Concorde inviolable, tant dans la Doctri-
„ ne que dans la Discipline, & tout ce qui en depend. & que lesdites
„ Eglises ne peuvent pas subsister long-tems sans une étroite & bonne Con-
„ federation reciproque des unes avec les autres, mieux gardée & entrete-
„ nûe

,, nûe qu'elle ne l'a été jusqu'à prefent ; pour cette Raifon defirant d'ôter à
,, l'avenir toutes Semences de Divifion & tous fujets de Partialité entre lef-
,, dites Eglifes, & d'obvier à toutes les Impoftures, Calomnies, Menées
,, & Pratiques, par lefquelles plufieurs mal afectionnés à nôtre Religon tâ-
,, chent de les diffiper & ruiner (ce qui nous donne Sujet de rechercher
,, plus que jamais d'un Commun Accord & Confentement les Moiens de no-
,, tre jufte, legitime, & neceffaire Confervation dans la fufdite Union,
,, fous l'Obeïffance de notre Souverain *Roi*, & de la *Reine* Regente fa Me-
,, re) Nous avons, au Nom de toutes nos Eglifes, pour leur Bien Com-
,, mun, & pour le Service de leurs *Majeftés*, juré & protefté, jurons &
,, proteftons; (promettant de ratifier les mêmes Proteftations dans nos Pro-
,, vinces) de demeurer infeparablement unis dans la Confeffion de Foi des
,, Eglifes Reformées de ce Roiaume, lûe devant cette Compagnie, aprou-
,, vée & ratifiée de nous tous, qui avons juré tant en nôtre Nom, qu'en
,, celui des Eglifes des Provinces qui nous ont Deputés à cette Affemblée,
,, de vouloir vivre & mourir dans ladite Confeffion : proteftant auffi
,, aux mêmes Noms de garder inviolablement la Difcipline Eccleftiaftique
,, établie dans les Eglifes Reformées de ce Roiaume, & de fuivre l'Ordre
,, porté par nos Reglemens, tant pour la Conduite defdits Eglifes, que pour
,, la Correction des Mœurs : reconnoiffant qu'elle eft Conforme à la Paro-
,, le de Dieu, l'Empire duquel demeurant en fon entier ; Nous proteftons
,, & jurons de rendre toute Obeïffance & Fidelité à leurs fufdites *Majeftés* :
,, ne defirant autre chofe que de fervir notre Dieu en Liberté de Confcien-
,, ce, fous la Faveur de leurs Edits.

REVISION
DE LA CONFESSION DE FOI.

Article I.

SUr l'Article 14. où il eft fait Mention des Herefies de *Servet*, quelques-uns aiant defiré que cette Specification fut ôtée, d'autant que lefdites Herefies font comme enfevelies : & les Deputés des Provinces, fuivant l'Ordonnance du Synode National de *St. Maixent*, aiant rapporté les Avis de leurs Provinces fur ce Sujet, il a été trouvé bon de ne rien retrancher de cet Article, & de le laiffer en fon entier : afin d'entretenir parmi nous l'Union dans la Doctrine, & empêcher qu'aucunes Erreurs ne fe gliffent dans nos Eglifes ; c'eft pourquoi les Miniftres qui en font les Pafteurs, & les Propofans qu'on recevra au St. Miniftere figneront l'Article fuivant.

II.

,, Je fouffigné reçois, & aprouve tout le contenu de la Confeffion de
,, Foi, des Eglifes Reformées de ce Roiaume, promets d'y perfeverer
,, juf-

„ jufqu'à la fin, de ne rien croire ni enfeigner qui ne lui foit conforme: &
„ parceque quelques-uns conteftent fur le Sens du 18. Article, où il eft
„ parlé de notre Juftification; je declare & protefte devant Dieu que je l'en-
„ tends felon le Sens reçû dans nos Eglifes, aprouvé par les Synodes Natio-
„ naux, & conforme à la Parole de Dieu, qui eft que notre Seigneur Je-
„ fus-Chrift a été foumis à la Loi Morale & Ceremoniale, non feulement
„ pour nôtre Bien, mais auffi en notre Place : & que toute l'Obeïffance
„ qu'il a rendue à la Loi nous eft imputée, & que notre Juftification con-
„ fifte non feulement en la Remiffion des Pêchés, mais auffi en l'Imputa-
„ tion de fa Juftice Active : c'eft pourquoi m'affujetiffant à la Parole de
„ Dieu, je croi que le Fils de l'Homme eft venu pour fervir, & non pas
„ qu'il a fervi, parce qu'il eft venu; promettant de ne me departir jamais de
„ la Doctrine reçûë dans nos Eglifes, & de m'affujettir aux Reglemens de
„ nos Synodes Nationaux fur ce Sujet.

III.

L'Article precedent fera obfervé par toutes nos Provinces, & Defence eft faite aux Imprimeurs de ne plus imprimer la Confeffion de Foi, avec ce Titre, *Confeffion de Foi Revûë, & corrigée par le Synode National.*

IV.

La Lecture de la Confeffion de Foi, aiant éte entendûë, elle a été aprouvée par tous les Deputés, qui ont protefté de vouloir vivre & mourir en icelle, moiennant la Grace de Dieu : comme il fe void par l'Acte du Serment de l'Union.

OBSERVATIONS

SUR LA DISCIPLINE ECCLESIATIQUE.

ARTICLE I.

SUr la Propofition des Deputés de la Province de *Bourgogne*, demandant de n'être pas affujetis au Reglement de *St. Maixant*, qui ordonne que fept Pafteurs fe trouvent à l'Examen de celui qui eft apellé au St. Miniftere; & d'en être difpenfés, en Confideration de la grande Diftance des Lieux de leurs Eglifes, qui leur en rend l'Execution impoffible : attendu même que leurs Coloques n'ont la plupart que cinq Pafteurs : La Compagnie pour plufieurs Confiderations très-importantes, n'a point voulu changer ledit Article, étant d'avis que l'Examen foit plûtôt diféré jufqu'au Synode Provincial.

II.

Sur la Lecture du 18. Article du premier Chapitre, enjoignant aux Pafteurs d'exhorter leurs Peuples à garder la Modeftie dans leurs Habillemens & d'en montrer les premiers l'Exemple en leurs Perfonnes & Familles : plufieurs Plaintes aiant été faites que les Pafteurs mêmes, leurs Femmes &
En-

Enfans y contreviennent par leurs Habits mondains & trop éloignés de la Modeſtie : La Compagnie deſirant de remedier à un ſi notable Scandale donne Charge très-expreſſe à tous les Moderateurs des Coloques & Synodes Provinciaux , de corriger de tels Excés , par des Cenſures & des Reprimandes très-ſeveres : & elle ordonne que les Refractaires ſoient (par l'Autorité de cette Compagnie) ſuſpendus de leur Charge , juſqu'à ce qu'ils aient ôté le Scandale : Et afin d'y veiller de plus près , on permet à tous les Particuliers (ſuivant la Forme de la Diſcipline,) d'avertir leurs Conſiſtoires des Excès ſuſdits , & d'en demander la Correction , laquelle étant refuſée, ils pourront s'adreſſer aux Coloques pour en obtenir la Cenſure contre les Conſiſtoires , & contre ceux qu'ils ſupporteront dans leurs Defauts.

III.

Au 28. Article du Chapitre 5. on ajoutera ces mots , *ſi ce n'eſt en Cas de Crime de leze Majeſté*, ſuivant l'Intention des Synodes precedens.

IV.

Au 30. Article du même Chapitre , les mêmes mots que deſſus, *ſi ce n'eſt en &c.* ſeront ajoutés après ces mots *reveler au Magiſtrat*.

V.

Les Deputés de *l'Iſle de France* , aiant demandé l'Interpretation du 18. Article du Chapitre 5. touchant les Apellations des Suſpenſions Publiques, pour ſavoir ſi un Conſiſtoire aiant decerné une Suſpenſion Publique contre quelcun , & que le condamné en apelle, on peut proceder à la Suſpenſion nonobſtant l'Apel : La Compagnie a jugé que le Conſiſtoire ne peut paſſer outre , mais qu'il doit deferer à l'Apel , hormis pour les Fautes Publiques & connûës à toute l'Egliſe : Et cet Apel ſera jugé definitivement par le prochain Coloque ou Synode Provincial. On a fait une très-expreſſe Defenſe aux Provinces de pratiquer l'Article 33. du Chapitre 5.

VI.

En Conſequence du Synode National de la *Rochelle*, touchant les Obſervations ſur la Diſcipline de l'Article 9. du Chapitre 5, après ces mots , *Paſteurs & Anciens*, on ajoutera, " & les Conſiſtoires entiers ne pourront être re-
" cuſés, ni même plus de la moitié; mais les Recuſations faites contre les Par-
" ticuliers dudit Conſiſtoire, tant Paſteurs qu'Anciens, ſeront neanmoins vala-
" bles & admiſes par le Conſiſtoire, nonobſtant qu'il y ait un Apel interjet-
" té ſur l'Admiſſion , ou la Rejection de telles Recuſations.

VII.

A la Queſtion , ſi dans les Egliſes, où il n'y a qu'un Paſteur , lequel ſeroit recuſé , les Anciens peuvent juger du Diferent qui ſe preſentera : La Compagnie a repondu que les Anciens peuvent juger en l'Abſence du Paſteur, de tous les Diferens qui ſe preſenteront , & même de ceux qui concerneront la Suſpenſion de la Cene , excepté ce qui touchera la Doctrine , & l'Excommunication , deſquels deux Points les Anciens ne jugeront pas ſans le Paſteur.

XX. SYNODE NATIONAL

VIII.

Sur la Proposition des Députés du *Berri*, demandant comment on se Gouvernera envers ceux qui auront commis des Crimes, qui meritent des peines Capitales selon les Loix Civiles, & dont les Coupables repentans, ont neanmoins besoin d'être Consolés par la Participation aux Sacremens : La Compagnie juge que de tels Pecheurs, après avoir donné Satisfaction à l'Eglise, doivent être reçûs à la Table du Seigneur, quoiqu'ils ne puissent pas esperer de la part du Prince la Remission de leurs Crimes, attendu que l'une des Jurisdictions ne choque & ne detruit pas l'autre.

IX.

Sur la Dificulté proposée par quelques uns, si les Promesses de Mariage faites par Paroles de Futur sont autant indissolubles, que si elles étoient faites par Paroles de present ? La Compagnie a jugé qu'elles ne sont pas également indissolubles, y aiant autant de Diference entre les Paroles de present, & les Paroles de Futur, qu'il y en a entre promettre & donner : étant certain que les Fiancés peuvent être separés à cause de plusieurs Empêchemens qui ne peuvent pas rompre un Mariage consommé, & qui en peuvent rendre les Simples Promesses invalides, comme par Exemple si l'une des Parties change de Religion après avoir fait ses Promesses, ou s'il lui survient quelque Impuissance par des blessures, maladies, ou autres Accidens ; ce qui paroit par les Annonces, qui ordinairement se font après les Fiançailles, afin de recevoir les Opositions, lesquelles on ne fait pas contre les Mariages consommés, mais contre les Mariages promis & qui sont à faire. Et souvent même il arrive que l'une des parties Fiancées ne voulant pas acomplir ses Promesses se resoud plûtot à ne se marier jamais, dont il arriveroit que si les Fiancés étoient estimés liés par Paroles de present, la Partie innocente demeureroit sans se pouvoir marier à une autre : ce qui jetteroit sa Conscience dans un grand embarras, puis qu'une telle Personne ne pourroit pas être separée par l'Autorité du Magistrat, contre la Parole de Dieu, qui dit que l'Homme ne doit point separer ce que Dieu a conjoint : & il arriveroit aussi dans ce Cas, que l'Autorité du Magistrat ne pourroit pas nous obliger de tenir pour separés ceux que Dieu tient pour liés, par sa Parole. Il est vrai que les Fiancées sont apellées Femmes dans l'Ecriture ; mais ce n'est pas qu'elles le soient déja en éfet, mais parce que l'Ecriture parle fort souvent des choses qui doivent bien-tôt être, comme si elles étoient déja. Que si la Fiancée paillarde est aussi grievement punie par la Loi de *Moise*, que les Adulteres, il ne s'ensuit pas qu'elles soient Adulterées ; Car au Chapitre 20. du *Levitique*, & au 22. du *Deuteronome*, la Fille qui a paillardé dans la Maison de son Pere, est aussi punie de Mort. Pour ces Causes, & parce que les Loix du Roiaume ordonnent que les Promesses de Mariage se fassent par Paroles de Futur, la Compagnie a ordonné qu'on se conformera à la Coutume & Ordonnance du Roiaume, non seulement quant aux Mots, mais aussi quant au Sens ; Et que les Paroles de Futur ne seront point estimées lier les Parties aussi indissolublement que les Paroles de present. Pour cet éfet l'Article 5. du Chapitre des Mariages sera ainsi couché, " On usera desormais de

„ de Paroles de Futur pour les Promesses de Mariage dans les Fiançailles,
„ & lesdites Paroles ne seront pas estimées autant Indissolubles que les Pa-
„ roles de Presènt ; attendu que les Paroles de Presènt ne promettent point
„ le Mariage, mais le font en éfet. Neanmoins ces Promesses de Futur
„ ne se dissoudront pas sans de grandes & legitimes Causes : & pour cette
„ même Raison on condamne la Coutume de quelques Eglises, qui font
„ les Fiançailles par l'intervention & la Benediction du Ministre, avec Don
„ de Corps par Paroles de Presènt : Car la Compagnie estime que par de
„ telles Solennités, les Parties sont vraiement & actuellement mariées, &
„ que par là les Annonces deviennent inutiles, de même que la seconde
„ Benediction que ces Fiancés la viennent recevoir en un autre jour, dans
„ l'Eglise pour l'Acomplissement de leur Mariage. Cependant on ne trou-
„ ve pas mauvais que le Pasteur assiste aux Fiançailles, qu'il y fasse la
„ Priere, qu'il exhorte les Parties à la Concorde, à la Fidelité & à la
„ Crainte de Dieu, laissant les autres Formalités, qui ne servent qu'à
„ rendre indissoluble un Lien que souvent on est contraint de rompre, à
„ cause des Opositions qui se font aux Annonces, & pour d'autres Empêche-
„ mens qui surviennent ; C'est pourquoi les Eglises de *Rouen* & de *Diep-*
„ *pe*, qui font les Fiançailles au Temple, avec des Solennités semblables à
„ la Benediction du Mariage, sont exhortées de se desister de cette Coutu-
„ me, & de se conformer aux autres Eglises de leur Province & de ce
„ Roiaume.

X.

La Discipline Ecclesiastique aiant été lûe, elle a été aprouvée par tous les Deputés, qui ont promis de l'observer, & de la faire observer dans leurs Provinces : Et la Compagnie donne Charge au Sieur *Valeton*, Pasteur de cette Eglise, de faire une Copie tant de la Confession de la Foi, que de la Discipline Ecclesiastique, afin que ces deux Copies soient signées de tous les Deputés de cette Assemblée, & qu'elles soient incontinent après mises entre les mains des Deputés de la Province, qui aura Charge de convoquer le Synode National prochain.

OBSERATIONS

SUR DIVERSES MATIERS,

Du Synode National de Saint Maixent.

Article I.

Suivant la Resolution du Synode National de *St. Maixent*, on recommande expressément aux Provinces, sous peine de Censure, de veiller diligemment sur les Pasteurs qui ne préchent pas une Saine Doctrine, & qui usent

usent de façons de parler éloignées de la Simplicité de l'Ecriture, ou qui emploient des Sentences Latines, Grecques & Hebraiques, & mêlent trop des Histoires Profanes : & les Deputés des Provinces qui viendront au prochain Synode National, seront tenus de faire mention dans leurs Instructions & Memoires, du soin que leurs Provinces auront de cela.

II.

Le Sieur *Chamier*, aiant presenté ses Ecrits sur les Controverses de ce tems, suivant le Commandement qu'il en a eu des Synodes Nationaux precedens; La Compagnie l'a remercié de cet heureux Commencement, & l'a exhorté de parachever courageusement tous ses Ouvrages, & d'en mettre en Lumiere les trois premiers Tomes tout d'un coup : Et pour subvenir aux Fraix qu'il est obligé de faire pour cela, on lui a donné, pour le present, la Somme de deux mille Livres.

III.

Le Sieur *Perrin*, aiant aussi presenté son Livre de l'Histoire des *Albigeois*, & *Vaudois*, son dit Ecrit a été mis entre les mains de Mrs. les Pasteurs *Roussel*, de *Cuville*, de *Beau*, *Petit* & *Joli*, Pasteurs, afin qu'ils en fassent leur Raport devant cette Compagnie, laquelle a donné pour les Fraix faits par ledit Sr. *Perrin*, la Somme de trois cens Livres.

IV.

Les Provinces qui n'ont pas observé l'Article du susdit Synode, qui a defendu les Additions qui se font à la fin des Propositions dans les Coloques, sont exhortées de se conformer au Reglement dudit Article.

V.

Sur les Observations du même Synode, touchant les Actes du Synode precedent de la *Rochelle*, où il est parlé des *Moines* qui sortant de leurs Cloitres se rangent aux Eglises Reformées, aiant été remontré qu'il arrive beaucoup de Scandale des Declarations que font lesdits *Moines* : La Compagnie a jugé qu'il est expedient que les susdites Declarations ne se fassent qu'après une bonne Epreuve de leur Prudence & Capacité ; mais qu'on reçoive neanmoins les simples Abjurations qu'ils feront dans les Consistoires, ou en Public.

VI.

L'Article du même Synode National, faisant mention des Remontrances qu'on devoit faire à la Chambre de *Nerac*, sera raié.

VII.

On n'a rien voulu changer dans l'Article dudit Synode qui aprouve le Batême fait devant la Predication, & aux Prieres Publiques & Ordinaires, si ce n'est dans la Clause qui specifie que cela est licite quand il y a un evident peril de Mort, attesté par le Consistoire, ou par quelques Anciens : parce qu'il semble que cette Clause donne quelque Ouverture à l'Opinion de la necessité du Batême, mais le reste dudit Article tiendra jusqu'au Synode National prochain : pendant lequel tems les Provinces sont chargées de se preparer soigneusement sur cette Matiere, par les Deliberations qu'ils en feront dans les Consistoires, & les Synodes Provinciaux, & d'envoier par écrit

écrit leurs Avis fortifiés de Raisons, afin que le tout étant mûrement considéré audit Synode National, il en soit fait une Decision Finale, à la Pluralité des Voix recueillies de chacun des Deputés qui se trouveront audit Synode. Et pour faciliter l'Execution de ce que dessus ; Les Sieurs Sonnis, du *Moulin*, la *Faye*. & le *Faucheur*, ont eté nommés pour mettre par écrit les Raisons de part & d'autre, qui ont été exposées, & dont la Copie sera emportée avec les Actes de la presente Assemblée.

VIII.

Les Deputés du *Berri*, requerant qu'on empêche la Contrevention de l'Article de *St. Maixent* qui defend les Assemblées Politiques aux Professeurs en Theologie : La Compagnie est d'avis qu'on le fasse observer, en punissant de Suspension de leur Charge pour six mois, ceux qui accepteront de telles Deputations.

IX.

La Compagnie étant informée du peu d'Ordre qui se garde aux Synodes Provinciaux du *Haut* & *Bas Languedoc*, des Brigues, Cabales, & Syndicats, qui y sont ordinaires, & du Mepris qu'on y fait de la Discipline, ce qui cause plusieurs Scandales, a enjoint fort expressément à tous les Synodes Provinciaux, & specialement aux susdits de se comporter desormais autrement, sur Peine de proceder contre les Infracteurs de la Discipline avec toute rigueur, & principalement contre les Moderateurs des Assemblées, jusqu'à la Suspension de leurs Charges.

AVERTISSEMENT.

Avant que nous procedions aux Matieres Generales, nous produirons premierement les Lettres Patentes du Roi, touchant l'*Amnistié* qu'il accorde à ceux de nôtre Religion qui ont tenu des *Assemblées Politiques*, *Provinciales*, depuis le Synode National qui fut convoqué à *Saumur*, l'An 1596.

LETTRES D'AMNISTIE'

Pour ceux des Eglises Reformées de France, qui ont tenu des Assemblées Politiques en divers Lieux.

,, LOUIS par la Grace de Dieu Roi de *France* & de *Navarre*, à nos Amez
,, & Feaux, Conseillers, seans en nôtre Cour de Parlement & de l'Edit,
,, Salut. Lors que Dieu nous a apellé au Gouvernement de ce Roiaume, pour
,, porter la Couronne, & régir les Etats de nos Ancêtres, nous avons pris une
,, ferme Resolution de suivre cette Forme & Ordre dans le maniement des Afai-
,, res de l'Etat qui avoit été établi par le Defunt Roi nôtre très-honoré Sei-
,, gneur & Pere, que Dieu absolve ; croiant que nous ne pouvions pas mieux
,, asûrer le Roiaume qu'il nous avoit laissé, qu'en imitant son Exemple,
,, par

,, par lequel il l'avoit élevé de la plus profonde Desolation, au plus haut Point
,, de Gloire; En quoi nous avons réüffi fi heureufement, que pas un de nos
,, Sujets n'a eu la moindre occafion de fe plaindre de nous; parce que nous
,, avons pris des Mefures fi eficaces dans l'Adminiftration de nôtre Gouverne-
,, ment, que nous avons donné une Satisfaction Generale à toutes les Perfon-
,, nes que Dieu nous a affujetties, & particulierement à ceux de la Religion
,, Pretenduë Reformée : parce que nous avons non feulement répondu gra-
,, tieufement à toutes leurs Demandes, & à leurs Griefs qu'ils nous ont repre-
,, fentés fort au long; mais nous avons auffi envoié diverfes Perfonnes de Qua-
,, lité dans toutes les Provinces de ce Roiaume, avec des Commiffions & Auto-
,, rité de faire executer l'*Edit* de *Nantes* dans tous fes Articles, & Cas Parti-
,, culiers, afin qu'ils joüiffent des Privileges qui leur ont été accordés durant le
,, Regne de nôtre Défunt Seigneur & Pere, en telle forte que par ces Moiens
,, nous puffions leur ôter toute crainte d'être moleftés, ce qui leur a autrefois
,, fervi de pretexte pour convoquer leurs Affemblées Extraordinaires, fans nô-
,, tre Permiffion Royale. C'eft pourquoi fouhaitant paffionément de remedier
,, à ces maux, & de conferver cette Paix, Union, & Correfpondance qui eft
,, fi bien établie, & fi bien entretenuë par l'exacte Obfervation de l'Edit :
,, Nous, par l'Avis & Confentement, & en prefence de la Reine Regente nô-
,, tre très-honorée Dame & Mere, & des Princes de nôtre Sang, & des au-
,, tres Princes de nôtre Couronne, & étant bien affûré de la bonne Volonté en
,, general de nos dits Sujets, & de leur Zele & Fidelité à nôtre Service, &
,, dans le Deffein d'en ufer favorablement avec eux; nous avons remis & abo-
,, li, par une Grace fpeciale, de nôtre Plein Pouvoir & Autorité Roiale, com-
,, me nous remettons & aboliffons par ces Prefentes, leurs Ofenfes commifes par
,, ceux qui ont convoqué ces Affemblées, ou qui y ont affifté en Perfonne,
,, lefquelles on a tenuës en diverfes Provinces du Roiaume fans nôtre Permiff-
,, fion, comme auffi tout ce qui s'eft paffé avant cela, & ce qu'ils ont fait en
,, confequence defdites Affemblées : & nous voulons qu'ils en foient déchargés
,, & abfous; Nous défendons auffi à nôtre Procureur General & à fes Subfti-
,, tuts d'en faire aucune Recherche, ni de les pourfuivre pour ce fujet. Cepen-
,, dant afin d'empêcher dans la fuite les Convocations trop libres de telles Af-
,, femblées défenduës par les Edits, & Défenfes très-expreffes faites fur cela
,, par le Feu Roi nôtre très-honoré Seigneur & Pere; Nous voulons & ordon-
,, nons que nos dits Sujets y obéiffent; & conformement au 82. Article de
,, l'*Edit* de *Nantes*, & à l'Ordonnance du quinzième de Mars, de l'Année
,, 1606., comme auffi à la Réponfe faite le dix-neuvième Août de la même
,, Année, aux Lettres qui contenoient leurs Griefs, prefentées par les Deputés
,, Generaux de ladite Religion, dont les Extraits font attachés à ces Prefentes,
,, fous le Seau de nôtre Chancelerie; Nous avons défendu & défendons à tous
,, nos dits Sujets de la Religion de tenir à l'avenir aucune Congregation ou
,, Affemblée pour y traiter d'aucune Matiere, pour y difputer, ou pour s'y af-
,, fembler publiquement, fans en avoir reçû nôtre Permiffion Roiale, fur pei-
,, ne d'être punis comme Infracteurs de nos Edits, & Perturbateurs de la Paix
,, publique, néanmoins nous leur donnons pleine Liberté de tenir leurs Confi-
,, ftoires,

„ ſtoires, Coloques, & Synodes Nationaux & Provinciaux, de même qu'il
„ leur a été accordé autrefois, mais avec cette Condition qu'ils n'y admettront
„ point d'autres Perſonnes, ſinon des Miniſtres & des Anciens, pour traiter
„ de leur Doctrine, & de la Diſcipline de leurs Egliſes, ſur Peine d'être pri-
„ vés de leurs Privileges ; & ſi on tient de telles Aſſemblées, les Moderateurs
„ en ſeront reſponſables en leur propre Perſonne. Et nous commandons que
„ ces preſentes Lettres Patentes ſoient lûës & enregitrées, & que vous aiés ſoin
„ que nos dits Sujets joüiſſent des Graces que nous leur accordons par icelles,
„ & que vous preniés garde qu'elles ſoient exactement & ponctuellement
„ obſervées, dans toute l'étenduë de vôtre Juridiction, ſans permettre, ou
„ ſoufrir que l'on les tranſgreſſe en la moindre choſe. De plus nous com-
„ mandons & enjoignons à tous nos Gouverneurs & Lieutenans Generaux,
„ Gouverneurs Particuliers, & à leurs Lieutenans dans les Gouvernemens de
„ nos Provinces & Villes, de leur Juridiction, & aux Maires, Baillifs, Ma-
„ giſtrats, Echevins deſdites Villes, de faire en ſorte qu'elles ſoient obſervées
„ fort ſoigneuſement, Et au premier de nos Amés & Feaux Conſeillers, &
„ Maitre des Requêtes ordinaires de nôtre Maiſon, & aux Conſeillers dans nos
„ Cours de Parlement, dans ces Places, & autres Gens de Juſtice & Oficiers ; de
„ faire Information des Tranſgreſſions, ſi on contrevient à noſdites Ordonnan-
„ ces : & de nous en donner avis au plûtôt ; afin de proceder contre les Delin-
„ quans ; ſelon nos Loix, & la teneur de nos Edits & Ordonnances ; parce
„ que telle eſt nôtre Volonté & Plaiſir. Donné à *Paris* le vint-quatrième jour
„ d'Avril de l'Année de Grace, 1612., & de nôtre Regne le ſecond.

Signé,

LOUIS.

Et un peu plus bas par le Roi en ſon Conſeil.

DE LOMENIE.

Et cacheté de Sire jaune, le grand Seau pendant à un ſimple Fil.

DECLARATION

DU SYNODE DE PRIVAS

Au ſujet de la ſuſdite Amniſtié du Roi.

„ LEs Egliſes de ce Roiaume aſſemblées dans le Synode National de *Privas*,
„ aiant, comme c'eſt la coûtume, prêté le Serment de Fidelité & d'hum-
„ ble Obéiſſance aux Commandemens & Service de Leurs Majeſtés, & étant
„ informées, par divers Deputés des Provinces, que les Lettres Patentes du
„ Roi avoient été adreſſées aux Parlemens & Cours de l'Edit, contenant une
„ „ Abo-

„ Abolition & Pardon des pretenduës Fautes qu'ils avoient commises en con-
„ voquant des Assemblées particulieres en diverses Provinces, comme auſſi le
„ Pardon de ce qui leur a été imputé devant & après la tenuë desdites Assem-
„ blées ; lesdites Eglises ne pouvoient pas être insensibles à un Deshonneur de
„ cette Nature qu'on leur faisoit, & si contraire à leurs Intentions, & à cette
„ Fidelité qu'ils ont toûjours fait paroitre dans toutes les occasions, tant pour
„ le Service de Sa Majesté, que pour la Prosperité de son Gouvernement ; &
„ ils étoient penetrés d'un très-juste Resſentiment de se voir noircis d'un tel
„ Reproche au sujet desdites Assemblées Provinciales, que l'on a toûjours te-
„ nuës de la même maniere que du tems du Regne de *Henri le Grand*, de très
„ heureuse Memoire ; & depuis auſſi par un Privilege accordé auxdites Egli-
„ ses, dans une Lettre écrite par Sa Majesté, à l'Assemblée Generale de *Sau-*
„ *mur*, par laquelle ils reçûrent tous Commandement de partir pour leurs
„ Provinces, & de donner part à Leurs Principaux des bonnes Intentions de
„ Leurs Majestés. Surquoi ladite Assemblée Generale infera son Droit & Pri-
„ vilege de convoquer des Assemblées Particulieres, & aiant resolu de les te-
„ nir, elle ordonna que les Deputés de chaque Province aporteroient avec eux
„ leurs Cahiers pour être examinés, comme auſſi les Reflexions, & les Répon-
„ ses qu'on y avoit faites ; ce qui étoit bien connû aux Seigneurs du Conseil,
„ & ils ne le devoient pas trouver deraisonnable, parce que dans les mêmes In-
„ ſtructions qui avoient été données aux Commiſſaires, envoiés dans les Provin-
„ ces par Leurs Majestés, touchant l'Inexecution & Transgreſſion de l'Edit,
„ ils étoient commandés de retourner chez eux immediatement après, & ſans
„ delai, afin qu'ils puſſent être dans les Provinces avant la tenuë de ces Assem-
„ blées Particulieres : & c'est une Verité très-conſtante qu'elles étoient pour la
„ plûpart autoriſées par les Aſſignations des Lieutenans de Sa Majesté, ou par la
„ Conduite & Direction de quelques-uns des Presidens des Cours Soveraines,
„ & les Magistrats y étant toûjours prefens ; Les Oficiers du Roi, & autres Per-
„ ſonnes de Qualité, aiant un Ordre exprès de Leurs Majestés d'être sur le Lieu
„ & de prendre place avec eux ; ou autrement quelques-uns des Commiſſaires
„ envoiés par les Provinces y presidoient. Pas un desquels n'auroit voulu se
„ rendre coupable de Crime s'il y en avoit eu, comme on le pretend à present,
„ mais bien au contraire, loin que les Seigneurs du Conseil nous jugeaſſent
„ coupables, ils ont au contraire reçû nos Cahiers, nos Remontrances, & nos
„ très-humbles Requêtes, dreſſées dans les Assemblées, & y ont répondu
„ avec toute la Bonté imaginable : Tellement qu'ils ne les ont pas crû criminel-
„ les, & n'ont pas jugé qu'on eût besoin de Grace & de Pardon. Ces termes
„ navrent les Cœurs, & percent juſqu'à l'Ame de tous ceux qui font Profeſ-
„ ſion de la Religion Reformée dans ce Roiaume, parce qu'ils font concevoir
„ une idée encore plus noire d'un Crime qu'on leur impute, & que pour s'en
„ laver, ils ont dans toutes les occasions hazardé & leur Vie & leurs Biens.

„ Mais ils ont un autre grand sujet de Douleurs & d'Afflictions, qui est, que
„ par ces Lettres Patentes il semble que des Personnes mal intentionnées aient
„ Deſſein de ralumer les Flames, & de faire revivre les vieilles Haines & Ani-
„ mosités, de leurs Citoiens & Compatriotes, pour les perdre, lesquelles étoient
„ éteintes

,, éteintes & enfevelies depuis plufieurs années, & qu'ils cherchent de nou-
,, veaux Pretextes pour fournir à leurs Ennemis les plus inveterés, les moiens
,, de les oprimer & de les rendre odieux & execrables à toutes fortes de Perfon-
,, nes, aux Champs & à la Ville, dedans & dehors le Roiaume. De pareil-
,, les Confequences ne peuvent que leur aporter beaucoup de troubles, & ébran-
,, ler le repos & la Tranquillité du Gouvernement, & augmenter leur cha-
,, grin & leurs craintes, étant forcés d'adoucir l'amertume de leur Efprit en
,, témoignant avoir du reffentiment d'une fi grande indignité ; parce que c'eft
,, la Marque d'une Tache trop infame, puis qu'ils fe croient, comme en efet
,, ils font, les plus fideles Sujets que Leurs Majeftés aient, ou aient jamais eûs
,, dans leurs Etats.

,, Pour ces Caufes lefdites Eglifes, conformément à ces humbles Adreffes
,, faites au Confeil, par leurs Deputés Generaux, & conformement auffi à la
,, Requête prefentée à la Cour du Parlement de *Paris*, le 14. de Mai dernier,
,, declarent, comme elles ont fait, qu'elles n'ont jamais requis, ni demandé, ni
,, même tâché d'obtenir cette Grace ou Pardon : & qu'aucun de leur Corps n'eft
,, coupable de ces Crimes imaginaires qu'on leur impute ; qu'ils font tous prêts
,, en Corps & feparément de répondre pour leurs Actions, de les publier par tout
,, le Monde & de les montrer en plein jour, à la vûë de toutes fortes de Tour-
,, mens, plus aifés à endurer qu'une Tache fi honteufe d'Infamie, qui les rendroit
,, méprifables & odieux à la Pofterité, & qui les priveroit de l'Honneur qu'on
,, leur a toûjours attribué d'être bons François, aiant été eftimés des Etran-
,, gers, comme les plus Fideles Sujets de Sa Majefté, dans les tems les plus fâ-
,, cheux, & les plus affectionnés au Gouvernement, dans lequel ils ont toû-
,, jours été incorruptibles.

,, De plus, ils declarent qu'ils ne veulent pas fe prevaloir, ni fe fervir, en
,, aucune maniere defdites Lettres d'Amniftie & de Pardon, & que s'il y a eu
,, des Perfonnes qui les aient acceptées, ou qui aient confenti qu'on les accep-
,, tât, ils les defavoüent. Et quiconque les demandera, nous declarons qu'ils
,, agiront d'une maniere contraire & prejudiciable à la Sincerité de nos Inten-
,, tions, & à la Fidelité que nous avons toûjours fait connoitre. Ce que nous
,, publions encore une fois ; non pas pour en tirer de la Gloire, mais pour ren-
,, dre Témoignage de la Verité, & montrer que nous fommes prêts de hazar-
,, der nos Biens & nos Vies, pour nous aquitter des Devoirs, Services, &
,, Obeïffance que Leurs Majeftés peuvent attendre de nous, qui fommes leurs
,, très-humbles, très-fideles, & très-obeïffans Serviteurs, & Sujets.

De *Privas* dans le *Vivarez*, le premier de Juin 1612.

Signé,

CHAMIER, Moderateur.   MONSANGLAND, } Secretaires.
DU MOULIN, Ajoint.   MANIALD,

XX. SYNODE NATIONAL
APPELLATIONS.

ARTICLE I.

Sur l'Apel de l'Eglise d'*Orange*, se plaignant que ses Deputés ont été exclus de l'Assemblée Politique faite en *Dauphiné*; la Compagnie les renvoie à la premiere Assemblée Politique Generale pour y faire leurs Plaintes, si bon leur semble.

II.

Sur la Plainte qu'a fait le Sieur *Gautier*, pour l'Eglise d'*Annonai*, qui n'a pas été soulagée des Fraix qu'elle s'est trouvée obligée de faire pour avoir des Pasteurs à l'Absence du Sieur le *Faucheur*, leur Pasteur, Deputé à l'Assemblée de *Saumur*; La Compagnie juge que la Province du *Vivarez* doit soulager ladite Eglise d'*Annonai* de la Somme de cent Livres, en y comprenant les trente-six qui lui ont déja été données.

III.

Sur l'Apel de l'Eglise d'*Armagnac* de l'Ordonnance du Synode du *Bas Languedoc*, tenu à *Florac*, pour lui avoir donné le Sieur *Theron* pour Pasteur contre la Volonté de ceux de ladite Eglise: & ledit Sieur *Theron* aussi apellant de la Resolution du Synode de *Montpellier*, qui l'a ôté d'*Aiguemortes*; La Compagnie après avoir oüi les uns & les autres, & vû les Actes des Synodes Provinciaux, juge que la susdite Province a grandement failli contre sa Discipline par le Prêt dudit Sieur *Theron* fait à l'Eglise de *Florac*, en ôtant ledit Pasteur à l'Eglise d'*Aiguemortes*: & elle ordonne que le prochain Synode ou Coloque Provincial pourvoira ledit *Theron* d'une autre Eglise que celle d'*Aiguemortes*, laquelle cette Compagnie censure touchant les Procedures très-irregulieres qu'elle a faites pour empêcher le Retour dudit Sieur *Theron* à *Aiguemortes*, surquoi on censurera aussi particulierement l'Ancien *Benezet*, & ceux qui l'accompagnoient, à cause de la Poursuite qu'ils font, sans aucune Raison, pour chasser de leur Eglise ledit Sieur *Theron*, lequel aussi est très-censurable de la recherche des voies obliques, & des demarches irregulieres qu'il a faites, pour recevoir la Benediction de son Mariage, & pour éviter le Noüement de l'Eguillette: ce qui est une marque de sa Defiance & de son Incredulité, qui meritoit qu'on le suspendit du Ministere, non seulement lui, mais aussi le Sieur *Chambrun*, Pasteur de *Nimes*, qui a beni ledit Mariage. Mais la Compagnie se contente de la douce Censure que le Coloque lui a faite, esperant qu'elle lui profitera pour l'avenir, & en cas qu'il n'eût pas satisfait à ce que ledit Coloque lui a ordonné, il lui est enjoint d'y satisfaire sous peine de Suspension de son Ministere.

IV.

Les Plaintes des Deputés de l'Eglise d'*Aiguemortes* sur l'Article de l'Assemblée de *Saumur*, autorisant la Poursuite du Sieur de *Berticheres* par l'entremise des Sieurs Deputés Generaux; & lesdits Deputés d'*Aiguemortes* remontrant que ladite Assemblée a été surprise, & qu'il est impossible que l'Installation dudit Sieur de *Berticheres* soit agréée par ladite Eglise; la Compagnie n'a pas voulu decider cette Afaire, à cause du Jugement qu'en a rendu ladite Assemblée de *Saumur*, estimant qu'une autre Assemblée de même nature doit examiner son Jugement precedent, & prendre connoissance de tout ce qui peut être pro-

posé

posé de nouveau sur cela ; c'est pourquoi elle y renvoie lesdits Deputés complaignans, & charge les Sieurs Deputés Generaux en Cour, de donner ordre que l'Afaire y soit renvoiée & vuidée, sans qu'il se fasse aucune Innovation jusqu'à ce Jugement definitif.

V.

Les Sieurs *Benoist*, Pasteur de l'Eglise de *Montauban*, & de la *Vialle*, Lieutenant Criminel audit *Montauban*, s'étant presentés devant cette Assemblée pour chercher des Remedes aux Dissensions touchant le Ministere dudit Sieur *Benoist* dans ladite Eglise, la Compagnie a deputé les Sieurs *Perrin* & *Ferrand* Pasteurs, & les Sieurs de *Malleret*, *Glatinon*, & *Bouvet* Anciens, pour entendre les Parties, & pour chercher les Remedes, les Moiens & les Expediens convenables pour assoupir & terminer amiablement cette Afaire. Suivant le Raport desquels la Compagnie a declaré que de Droit le Sieur *Benoist* apartient à l'Eglise de *Montauban*, aiant déja été jugé ainsi par le Synode de *St. Maixent*, mais aiant néanmoins égard à l'Etat present de l'Eglise de *Montauban*, elle a jugé que ledit Sieur *Benoist* continuera de servir les Eglises de *Realville* & d'*Albias* jusqu'au prochain Synode de la Province, auquel si ledit Sieur *Benoist* n'est pas demandé par l'Eglise de *Montauban*, du Consentement General de ladite Eglise, suivant la Discipline, il est enjoint audit Synode Provincial de pourvoir ledit Sieur *Benoist* de quelque autre Eglise, dans laquelle il fera sa Residence ; le tout en conservant l'Honneur de son Ministere, d'autant que c'est pour des Motifs de Paix qu'il a été dechargé de son Eglise, & non pas pour avoir commis quelques Fautes.

VI.

L'Ancien de l'Eglise d'*Aulas* des *Sevenes*, s'étant plaint du Synode du *Bas Languedoc*, parce qu'il a donné à son Eglise le Sieur du *Jarri* pour Pasteur, nonobstant l'Oposition de ladite Eglise, faite par l'Ancien qui étoit audit Synode ; Ladite Province est censurée pour avoir contrevenu à la Discipline : & le premier Coloque qui se tiendra pourvoira l'Eglise d'*Aulas* d'un autre Pasteur, & le Sieur *Jarri* d'une autre Eglise, & ladite Province paiera les Fraix dudit Sieur *Jarri* arrêtés à la Somme de 200. Livres.

VII.

L'Acord de l'Eglise de *St. Antonin* & de *Versueil*, sur l'Apel interjetté, a été aprouvé par cette Compagnie, qui a aussi aprouvé le Ministere du Sieur *Guairi* dans l'Eglise de *St. Antonin*.

VIII.

Le Diferent de l'Eglise de *Lion* avec la Province de *Bourgogne*, aiant été representé devant cette Compagnie, par le Sieur *Baille*, Pasteur de ladite Eglise, & les Deputés de ladite Province, aiant demandé que ce qui a été reglé dans leur Synode, touchant le cinquième Denier des Pauvres, fût observé par ladite Eglise de *Lion* : La Compagnie leur a ordonné d'observer l'Article du Synode National de la *Rochelle* sur le même Sujet, comme aussi les autres Eglises de ladite Province.

IX.

Sur la Remontrance des Coloques de *St. Germain*, d'*Anduze* & de *Sauvé*, demandant d'être distraits du Synode du *Bas Languedoc*, pour faire desormais une Province à part : La Compagnie aiant consideré que les Synodes du *Bas Languedoc*, composés de cent Pasteurs & d'autant d'Anciens, sont embarrassés d'une maniere excessive, & que le grand nombre d'Afaires & de Personnes y cause beaucoup de Confusion ; On a jugé que ledit Demembrement étoit fort necessaire, mais sur tout pour les Assemblées Ecclesiastiques ; c'est pourquoi les six Coloques de ladite Province seront desormais divisés en deux Synodes Provinciaux, dont l'un sera composé des susdits Coloques de *St. Germain*, d'*Anduse*, & de *Sauvé*, & sera apellé le Synode de *Gevaudan*. Les autres trois Coloques de *Nimes*, *Montpellier* & *Usez* feront un autre Synode qui sera apellé le Synode du *Bas Languedocc*.

X.

Le Sieur *Gautier* s'étant porté pour Apellant, par des Lettres renduës à cette Assemblée, par le Capitaine *Pascal*, du Jugement rendu au Synode de *Bagnols*, pretendant qu'il n'a pas censuré assés fortement le Sieur *Bensillon* Pasteur d'*Aignemortes*, attendu ce qui paroissoit de ses fautes ; La Compagnie a jugé ledit Synode digne de Reprimande pour avoir trop doucement censuré ledit Sieur *Bensillon*, lequel pour ce sujet, & ensemble pour ce qui s'est passé devant cette Compagnie, où il a nié très-expressément ce qu'il a depuis avoüé, en donnant de bons Têmoignages de sa Repentance, est suspendu de son Ministere pour trois Mois seulement.

XI.

Sur l'Apel relevé au Nom de Monsieur le Maréchal de *Lesdiguieres*, Vicomte de *Villemur*, de l'Ordonnance du Synode Provincial tenu à *Revel*, qui suivant l'Arrêté d'un Coloque precedent ordonnoit que le Sieur *Charles*, Pasteur dudit *Villemur* y demeureroit, nonobstant l'Instance faite au contraire : La Compagnie après avoir oüi le Raport des Commissaires deputés pour examiner toutes leurs Productions, & entendu ledit Sieur *Charles*, avec le Sieur de *Bellusion*, Gouverneur dudit *Villemur*, envoié par ledit Seigneur *Maréchal*, adherant aussi audit Apel, a jugé ledit Sieur *Charles* censurable pour s'être trop mêlé d'Afaires Politiques, & rendu Porteur vers ledit Seigneur *Maréchal* d'un Cahier d'Acusations Difamatoires contre ledit Sieur *Bellusion*, & raporté des Memoires de la part dudit Seigneur *Maréchal* contraires à son Intention. De même aussi ledit Sieur *Bellusion* a été censuré, pour n'avoir pas formé ses Plaintes en premiere Instance devant le Consistoire, & ensuite au Coloque & au Synode Provincial suivant l'Ordre de la Discipline, & pour avoir soufert que sa Famille se soit separée du Corps de l'Eglise de *Villemur*, jusques à aller communier en d'autres Eglises : Et attendu le peu d'Esperance que ledit Sieur *Charles* puisse continuer, avec Repos, son Ministere dans ladite Eglise, elle sera pourvûë d'un autre Pasteur, par le prochain Synode de la Province, sans que, pour ce que dessus, son Ministere en demeure aucunement fletri, & il sera pourvû d'une autre Eglise commode. Et lesdites Parties ont été mutuellement reconciliées, avec Promesse d'assoupir la Memoire des choses passées, & de vivre desormais en Concorde fraternelle. Et ledit Sieur *Charles* s'étant plaint des Frais insuportables à son Eglise, il est enjoint à la Province d'y pourvoir charitablement.

XII.

L'Apel du Sieur *Isaac Boiteux*, Pasteur de l'Eglise de *Buxi* en *Bourgogne*, demandant d'être rendu à son Pere, Pasteur de l'Eglise de *Geneve*: auquel Apel le Pere même dudit Sieur *Boiteux* & les Pasteurs de ladite Eglise de *Geneve* joignent leur Requisition par Lettres, se fondant sur ce qu'il n'a été donné que par Prêt à ladite Province, laquelle au contraire soûtient que ledit Sieur *Boiteux* a promis, sans aucune reserve, de servir dans ladite Province; de quoi ne produisant aucune Preuve devant cette Compagnie, elle renvoie le tout à la Province du *Vivarez*, qui en jugera definitivement, par l'Autorité de cette Assemblée.

XIII.

L'Apel du Coloque du *Haut Poiktou*, se plaignant du Synode du *Poiktou*, tenu à *Thouars* de ce que l'Eglise de *Marsillac* a été demembrée dudit Coloque & unie au Coloque du milieu du *Poiktou*, étant examiné par cette Compagnie, elle a aprouvé le Jugement dudit Synode.

XIV.

Le Sieur *Perol* Pasteur de l'Eglise de *Montpellier*, se plaignant d'un Article du Synode du *Bas Languedoc*, portant que les Pasteurs de l'Eglise de *Montpellier*, veilleront sur ses Predications & Leçons, & les Deputés de ladite Province aiant protesté que l'intention du Synode n'a jamais été de faire ledit Article, & que la Rature de ce même Article, confirmée par le Synode suivant, tenu à *Florac*, le devoit contenter ; La Compagnie a jugé que cette Atestation des susdits Deputés doit sufire ; estimant qu'en consequence du bon Temoignage qui lui est rendu, cet Article a été nul, autant devant qu'après la Rature qui en a été faite ; c'est pourquoi ledit Sieur *Perol* est exhorté de reprendre la Charge de Professeur en Theologie de l'Aveu de sa Province, sans se décourager pour ce qui s'est passé.

XV.

Le Sieur *Soulas*, s'étant presenté devant cette Compagnie, & aiant été oüi sur la Plainte que fait *l'Isle de France* contre lui, pour avoir quitté son Eglise des *Bordes* sans congé, & en avoir été déja absent pendant dix-huit mois; La Compagnie en renvoie le Jugement definitif au Synode de la Province du *Berri*, où il se justifiera aussi de tous les autres Soupçons & Acusations, & on l'avertira du Lieu & du Tems de la Tenue dudit Synode, jusqu'auquel on juge expedient qu'il n'exerce point son Ministere.

XVI.

Après avoir entendu les Plaintes & les Acusations faites contre Monsieur *Jeremie Ferrier*, Pasteur de l'Eglise de *Nimes*, & ses Justifications & Reponses : La Compagnie laissant plusieurs Defauts qu'on lui a remontrés de vive Voix, sur les Points qu'elle a jugé dignes de Censure, l'a exhorté de donner Gloire à Dieu, par la Reconnoissance des Fautes qu'il a commises dans sa Charge de Pasteur & Professeur, & dans le Maniment de plusieurs autres Afaires, & principalement pour avoir quitté l'Eglise de *Paris* sans Congé, contre la Promesse qu'il avoit faite de la servir, comme aussi pour avoir beaucoup negligé sa Charge de Professeur en Theologie, n'aiant pû l'exercer tandis qu'il a fait divers Voiages en Cour & aux Assemblées Politiques, contre l'Ordonnance du Synode National de *St. Maixent* : n'aiant donné aucun Ordre à Personne de remplir sa Charge pendant son Absence. Semblablement pour s'être ingeré dans la Recepte & le Maniment des Deniers Academiques, dont il s'est trouvé avoir entre les mains plus qu'il ne lui étoit dû, la Somme de 3103. Liv. 5. s. 6. d. De même pour avoir consenti à la Publication des Lettres du Capitaine *Gautier*, qu'il devoit plûtôt suprimer que de s'en servir pour exciter des Querelles, qu'il n'a pû apaiser sans s'engager à deguiser plusieurs choses d'une Façon mal seante à son Ministere. Pour lesquelles Causes, & autres, il lui a été ordonné d'écrire des Lettres satisfactoires à ladite Eglise de *Paris*, & de se vuider les mains de la susdite Somme : Et de plus, afin d'obvier à tous les Ombrages, Noises, & Soupçons, on lui defend de se trouver dans les Assemblées Politiques & Generales, durant l'Espace de six Ans, & en lui conservant l'honneur de son Ministere, on ordonne qu'il l'exercera dans une autre Province, telle qu'il sera jugé plus convenable de lui assigner, pour la Gloire de Dieu & l'Edification de l'Eglise.

XVII.

Sur l'Apel interjetté par l'Eglise de la *Moussaye*, de l'Ordonnance du Synode de *Bretagne*, tenu à *Bleing*, le mois de Novembre dernier, par laquelle ladite Eglise est privée des Deniers que le Roi donne aux Eglises : La Compagnie reformant ladite Ordonnance, a arrêté que ladite Eglise jouira de sa Portion desdits Deniers, comme les autres Eglises de la même Province, & ce qui lui a été paié pour cet éfet sera mis dans les Comptes du Receveur de ladite Province, & le Sieur Baron de la *Moussaye*, sera loué du Zele qu'il temoigne avoir pour la Gloire de Dieu & pour le Retablissement des Eglises.

XVIII.

La Province de la *Basse Guienne*, doit tenir la main à l'Execution de l'Article de *St. Maixent*, par lequel il est ordonné que le Sieur *Salmon*, prêté pour deux ans à ladite Province, par le Synode National de la *Rochelle*, soit rendu à la Province du *Berri* : Et il est enjoint à ladite Province de la *Basse Guienne*, de rendre ledit Sr. *Salmon*, ou de faire que la Province du *Berri*, soit remboursée des Frais de l'Entretien dudit Sr. *Salmon* : Et, en cas d'Inexecution, le Receveur General retiendra trois Portions des Deniers Roiaux jusqu'à l'Execution dudit Article : Que si ledit *Salmon* n'obeït pas en retournant, ou en satisfaisant comme dessus; dès maintenant comme pour lors, il est declaré suspendu de son Ministere.

XIX.

L'Apel du Sieur *Maillard*, de l'Ordonnance du Synode Provincial du *Berri*, concernant le Sieur *Alix*, est mis à neant, attendu que l'Apel d'un homme sans Charge, contre une Assemblée, n'est pas digne de Consideration.

XX.

Sur l'Apel du Sieur de *Monsanglard*, Pasteur de l'Eglise de *Corbigni lez*

St. *Leonard*, de l'Ordonnance du Synode du *Berri*, tenu à *Châtillon* fur *Loire*; La Compagnie a renvoié le tout audit Synode, auquel il eft enjoint de pourvoir à ce que ledit Sieur de *Monfanglard* ait pour fon Entretien annuel la Somme de 500. Livres, en y comprenant le Louage de fa Maifon: Et fi fon Eglife ne peut pas y fubvenir à caufe de fa Pauvreté, ledit Synode fera la fufdite Somme des Deniers de l'Octroi de fa Majefté.

XXI.

L'Eglife de *S. Loo*, en *Normandie*, s'eftimant interreffée de ce que ceux de *Haute Ville*, allant faire leurs Exercices de Pieté dans l'Eglife du *Havre*, & contribuant pour l'Entretien des Pafteurs de ladite Eglife, avoient été dechargés de ladite Contribution par le Synode Provincial: La Compagnie a confirmé le Jugement dudit Synode.

XXII.

Le Sieur *Mazet*, l'un des Pafteurs de l'Eglife de *Metz*, aiant comparu devant cette Compagnie, lui a repréfenté les Divifions qui font furvenues dans fon Eglife, fur la Diftribution de la Coupe de la *Ste. Cene*, par la Main des Diacres, qui felon la Coûtume très ancienne de ladite Eglife difent, en prefentant la Coupe, *Cette Coupe eft la Communion du Sang de Chrift*, en obmettant ces Paroles *que nous beniffons*, fur quoi aiant vû les Lettres de ladite Eglife de *Metz*, les Raifons fur lefquelles elle fe fonde pour l'Obfervation de cette Coutume, toutes chofes aiant été bien pefées de part & d'autres, on a confirmé le Jugement rendu par le Synode National de *Saint Maixent*, qui porte que les Anciens & les Diacres, en Cas de Neceffité, pourront diftribuer la Coupe, mais fans parler, cela étant fondé fur l'Exemple de notre Seigneur J. C. lequel aiant parlé Seul, a neanmoins permis que les Apôtres fe donnaffent le Pain & la Coupe l'un à l'autre, & de main en main. Quant à ce retranchement des mots de l'Apôtre, *laquelle nous beniffons*: La Compagnie ne croit pas que ceux la doivent être emploiés à proferer les Paroles de l'Apôtre, qui ne peuvent pas les dire toutes entieres: ni que l'Exemple cité de *Geneve* puiffe fervir à l'Eglife de *Metz*, puis qu'à *Geneve* les Diacres ne parlent point, ni même les Miniftres en faifant cette Diftribution. Pour lefquelles Caufes, & pour infpirer un plus grand Refpect pour ce Saint Sacrement, ladite Eglife eft exhortée de fe conformer en cela, à l'Exemple de *Jefus-Chrift*, & à la Coutume de nos Eglifes, le tout par les Voies les plus douces qu'ils pourront, & fans faire aucune Violence.

XXIII.

Aiant été rapporté à cette Compagnie, comme le Confiftoire de l'Eglife d'*Orleans*, & particulierement un Ancien nommé *Mefmin*, aiant protefté de declarer au Magiftrat & au Procureur du *Roi*, ce qui s'y paffoit, s'eft oppofé à la Refolution du Synode Provincial tenu à *Blois*, qui a établi un Coloque General, fuivant les Decrets des Synodes Provinciaux precedens; Comme aussi le Sr. *Hervet*, Docteur en Medecine, a écrit un Libelle diffamatoire contre le Reglement de l'Aflemblée de *Saumur*, qui enjoint aux Provinces d'établir des Confeils, & contre les Deliberations du Synode tenu à *Blois* : La Compagnie improuvant & cenfurant toutes ces Procedures, comme contraires à la Difcipline & à l'Union de toutes nos Eglifes, a deputé les Srs. du *Moulin*, la *Frenaie*, & *Cartaut*, Pafteurs, avec les Sieurs *Bigot*, *Maneville*, & *Dubois* Anciens, qui pafferont à leur retour par *Orleans* ; & y affembleront le Confiftoire, & lui feront entendre l'Intention de cette Affemblée, qui eft, que lefdits Reglemens de *Saumur* foient fuivis comme étant convenables à l'Obeïffance dûë à Leurs Majeftés, & pratiqués du vivant du Feu Roi *Henri le Grand*, de Glorieufe Memoire, & on a donné aux fufdits Commiffaires tout pouvoir de juger definitivement & par l'Autorité, de cette Compagnie, de tous les Excès qui font arrivés, ou qui pourront arriver pendant le Sejour defdits Deputés audit *Orleans*, & de fufpendre, ou depofer, s'il eft neceffaire, tous ceux qu'ils trouveront coupables, & les Fraix du fejour defdits Deputés feront païés par ladite Province.

XXIV.

Monfieur *Jean* de *Vaffan*, Pafteur de l'Eglife du *Château* du *Loir*, acufé de plufieurs Crimes, & Sufpendu par les Commiffaires deputés du Synode de la Province d'*Anjou*, eft renvoïé au prochain Synode de la même Province, auquel s'il ne fe prefente pas pour fe juftifier, il eft dès-à-prefent declaré Depofé du Miniftere.

XXV.

Les Sieurs d'*Aiguillon* & *Barniers*, du Corps des Magiftrats de *Nimes*, avec *Arnaud Guirand*, fecond Conful, *Veftric Favier*, du Corps de la Maifon de Ville, & les Sieurs *Suffren* & *Chambrun*, Pafteurs de l'Eglife du dit *Nimes*, Deputés par le Confiftoire de ladite Eglife à cette Affemblée, pour la fuplier très-inftamment que le Sieur *Ferrier*, leur Pafteur, ne leur foit point ôté, felon la Refolution de cette Compagnie; mais qu'il foit rendu à leurs Prieres, & mis en Liberté de pouvoir affifter aux Affemblées Politiques s'il y eft Deputé ; après que lefdits Deputés de *Nimes*, enquis s'ils n'avoient rien à propofer de la part dudit Sieur *Ferrier*, ont repondu n'en avoir aucune Commiffion, la Compagnie aiant mûrement confideré les Remontrances & Supplications defdits Deputés, & loué leur Zele & bonne Affection envers ledit Sr. *Ferrier* ; leur a fait entendre que les mêmes Raifons qui ont donné lieu à cette Affemblée de conclurre que ledit Sr. *Ferrier* ferviroit hors de ladite Province, fubfiftant encore, elle ne peut pas fe departir de cette Refolution, qui n'a point été prife pour fletrir ni intereffer ladite Eglife de *Nimes*, laquelle lui étoit autant recommandée qu'aucune autre : efperant qu'elle fe foumetra à cette Refolution. Surquoi lefdits Deputés, & particulierement le Sieur d'*Aiguillon*, parlant le premier, fit plufieurs Inftances pleines de Paroles Injurieufes & de Menaces des Confufions qui naitroient dans l'Eglife de *Nimes*, & qu'au moins il en vouloit donner Avis, lequel fut fecondé des Propos du Sieur *Veftric Favier*, pleins d'Arrogance & de Menaces, avec Proteftation d'en apeller à un autre Synode, & que cependant ils garderoient ledit Sieur *Ferrier*, & qu'il continueroit fon Exercice dans *Nimes* & dans ladite Province : accufant l'Affemblée de s'être laiffée emporter à la Fouge des Paffions dans fon Jugement;

TENU A PRIVAS.

desquelles Paroles Injurieuses, la Compagnie voulant dresser un Acte, pour le faire signer auxdits Deputés, ou desavouer; ledit Sieur *Vestric*, étant derechef venu dans l'Assemblée, pour declarer qu'il soutenoit & confirmoit tout ce qu'il avoit dit & avancé, il en donna des Memoires signés, qui contenoient des Choses Fausses & Injurieuses, dont la Copie sera gardée, pour être presentée au prochain Synode National, s'il est necessaire.

XXVI.

Les Sieurs *Suffren* & *Chambrun*, sont fortement censurés pour s'être rendus Porteurs de plusieurs Memoires remplis de Calomnies & d'Injures contre cette Compagnie, laquelle leur a declaré qu'ils pouvoient, & devoient s'excuser de se joindre à cette Deputation, attendu même que par leur Depart de la Ville de *Nimes*, ils laissoient leur Eglise sans Pasteur, & leur Faute a été jugée si grande, & leur Mepris contre cette Compagnie si intolerable, qu'il meritoit une longue Suspension du Ministere; neanmoins en Consideration de l'Eglise de *Nimes*, & afin qu'elle ne soit pas destituée de Pasteur, la Compagnie leur a pardonné, & leur a enjoint très-expressément, qu'étant de retour à *Nimes*, ils tiennent la main à l'execution de l'Ordonnance de la Compagnie contre le Sr. *Ferrier*, & à empêcher tous les Troubles & Murmures, & à entretenir leur Eglise en Paix : Et en cas qu'après la Separation de cette Compagnie ils fassent le contraire de ce qui leur est commandé; le prochain Coloque de *Lion* est autorisé pour proceder contre eux & contre tous les autres Pasteurs & Anciens complices de la même Rebellion, jusqu'à la Suspension, & même jusqu'à la Deposition de leur Charge. Quant au Sr. *Ferrier*, la Compagnie lui assignera une Eglise hors de sa Province; ce qui lui sera signifié; après laquelle signification s'il continue de prêcher à *Nimes*, ou dans sa Province, il est declaré, dès maintenant, comme pour lors, Suspendu de son Ministere, jusqu'au prochain Synode National.

XXVII.

Sur l'Apel des Deputés de l'Eglise de *Valence*, se plaignant du Synode Provincial du *Vivarez*, tenu à *Annonai*, & du Synode du *Dauphiné*, tenu à *Veines*, qui leur avoient ôté le Sr. *Murat*, leur Pasteur : Leurs Memoires & les Actes desdits Synodes, & du Coloque de *Nimes*, aiant été lûs, & les uns & les autres ouïs sur tout ce qui s'est passé; Le Sr. *Murat*, est grievement censuré, pour avoir trop legerement prêté l'Oreille aux Recherches de l'Eglise de *Nimes*, & trop pressé, par des Moiens Deshonnêtes, l'Eglise de *Valence* pour avoir son Congé, sous Pretexte d'Atestation de sa bonne Conduite & Prudence. L'Eglise de *Nimes*, est aussi fort censurée de toutes ses Procedures; attendu même que, contre le Reglement Synodal de *St. Maixent*, sur le 1. Article des Matieres Generales, elle a recherché un Pasteur hors de sa Province, sans en avoir conferé avec son Coloque, ou Synode. On a aussi trouvé que le Synode du *Vivarez*, a contrevenu à la Discipline, en jugeant; sans aucun égard à l'Apel de l'Eglise de *Valence*, que ledit Sieur *Murat*, étoit en Liberté. Le Synode de la Province du *Dauphiné*, tenu à *Veines*, y a aussi contrevenu en se laissant surprendre par l'Acte presenté, & jugeant trop legerement fur cela, au lieu d'être plus retenu, comme le Coloque de *Nimes*, qui a renvoié le tout à cette Compagnie. Pour ces Caufes, aprés une meure Deliberation, elle enjoint audit Sr. *Murat* de retourner en fon Eglife de *Valence*, dans trois mois ; Et en cas de Contrevention il eft dès-à-prefent fufpendu de fon Miniftere.

XXVIII.

Monfieur *Efaie Ferier*, Miniftre de *St. Gilles*, dans le *Bas Languedoc*, a comparu devant cette Compagnie, pour y repondre aux Accufations intentées par le Sieur de *Beauvoifin*, apellant du Synode du *Vignan* & de *Bagnols*, pour l'Eclarciffement defquelles Accufations on leur a donné des Commiffaires qui les ont oüi & veu les Pieces Juftificatives, produites par le Sr. de *Beauvoifin*. Sur le Raport defquels, & fur les Confeffions dudit Sr. *Ferrier*, il fera fufpendu de fon Miniftere jufqu'au prochain Synode National. Et parce qu'entre fes Accufations il y en a qui n'ont pas pû être bien prouvées, à caufe des Procedures, pendantes à la Chambre de *Caftres*; La Compagnie en a chargé le Synode du *Vivarez*, devant lequel ledit Sieur *Ferrier* fe juftifiera. Lequel Synode envoiera ladite Juftification au prochain Synode National, afin que là il foit ou retabli, ou plus grievement cenfuré : & en cas qu'il ne fe puiffe pas juftifier, entre-ci & le prochain Synode National, il eft declaré dès maintenant, comme pour lors, depofé de fon Miniftere. Que fi par le Synode National il eft retabli dans fon Miniftere, il ne pourra pas être remis dans l'Eglife de *St. Gilles*, ni même dans fon Coloque : cependant on lui donnera jufqu'au prochain Synode National, une Portion Annuelle des Deniers Roiaux, pour fa Subvention.

XXIX.

La Province du *Bas Languedoc*, eft auffi fortement cenfurée pour avoir fi long-tems connivé à un fi grand Mal, & ne s'être pas éforcée comme elle pouvoit, à étouffer cet Scandale & à nettoier la Maifon de Dieu.

XXX.

Les Apellations du Sieur *Conin*, de l'Ordonnance du Synode de *Pßler le Moineau*, comme auffi celles du Sr. *Truchis*, n'aiant pas été envoiées à cette Compagnie, font declarées Defertes, & les Sentences des Synodes de la Province de *Bourgogne* ratifiées.

XXXI.

L'Apel de l'Eglife d'*Avallon*, de la Province de *Bourgogne*, n'aiant été relevé, eft nul.

XXXII.

Sur les Apellations du Coloque de *Gex*, tant du Synode de *Buxi*, que du *Pont de Velle*, cette Compagnie a ratifié le Jugement du Synode de *Bourgogne* ; aux Reglemens duquel Synode ledit Coloque eft exhorté de fe conformer à l'avenir.

XXXIII.

L'Eglife de *Manofques*, Apellante de l'Ordonnance du Synode de *Provence*, tenu à *Luc*, en Septembre 1610. & fe plaignant de ce que par ladite

dite Ordonnance l'Octroi Annuel de 60. Livres qui lui avoient été acordées par un Synode precedent, a été revoqué; La Compagnie a confirmé l'Article du Synode tenu à *Luc*, & neanmoins a recommandé l'Eglise de *Monosques*, à ladite Province.

XXXIV.

Sur l'Apel interjetté par quelques Eglises de la *Basse Guienne*, du Jugement de ladite Province, portant que les Eglises opulentes seroient privées de la Subvention des Deniers Roiaux, & leurs Portions emploiées au Soulagement des Eglises Indigentes, pour les aider à se maintenir ou redresser; & sur la Requisition des Députés de ladite Province, demandant la Confirmation du Jugement de leur Synode; La Compagnie laisse à la Liberté de ladite Province de suivre le susdit Expedient, ou les autres Ouvertures, qui ont été données auxdits Députés: recommandant très-expressément les Eglises qui sont Pauvres à la Charité de celles qui ont du Bien & des Commodités.

XXXV.

L'Ecrit du Sieur de la *Viennerie*, Pasteur de l'Eglise de *Tonne-boutonne*, en *Xaintonge*, qui a pour Titre *Commentaire sur le Canon de la Messe*, aiant été lû & examiné sur les Points Principaux, à savoir sur l'Invocation des Saints, la Justification, la Predestination & autres; on y a trouvé plusieurs Façons de parler, non seulement obscures, mais aussi plaines de Soupçon d'Erreur; c'est pourquoi il a été ordonné que suivant le Jugement du Synode Provincial de *Xaintonge*, dont il y avoit Apel, ledit Livre & Ecrit, sera supprimé: & à cette Occasion on exhorte la susdite Province de veiller sur les Predications dudit Sr. de la *Viennerie*.

XXXVI.

Sur le Diferent des Srs. *Loupiat* & *Gouse*, élûs pour être Anciens de l'Eglise de *Montauban*; La Compagnie a improuvé la Procedure dudit Sr. *Gouse*, comme plaine de Vanité, en ce qu'il insiste d'être preferé audit Sr. *Loupiat*, dans la Nomination qui se devoit faire par le Peuple. On a aussi blâmé l'Animosité dudit *Gouse*, suscitant des Acusateurs contre ledit *Loupiat*, lesquels n'ont pas pû verifier ce qu'ils alleguoient. Le Consistoire aussi est censuré de n'avoir pas fortement improuvé & rejetté lesdites Procedures, pour executer les Jugemens des Coloques & Synodes de la Province, intervenus sur ce Sujet. Et il est enjoint audit Consistoire de s'emploier à ce que ledit *Gouse*, & autres qu'il appartiendra, donnent une Satisfaction raisonnable audit Sr. *Loupiat*, pour reparer les Injures qu'il peut avoir reçues, & moienant cela, ledit *Loupiat* sera exhorté de faire cesser ses Poursuites en Justice, contre ledit *Gouse*; ce qui est remis en sa Liberté: Et ledit *Loupiat* sera reçû à la premiere Election des Anciens, suivant les Regles de la Discipline. Et quant audit *Gouse*, il n'est pas jugé, pour quelque-tems, admissible à la Charge d'Ancien.

XX. SYNODE NATIONAL
MATIERES GENERALES.

Article I.

La Compagnie aiant ouï la Lecture des Lettres Patentes de *Sa Majesté*, concernant l'Abolition & la Remission des Fautes Pretendües de ceux qui ont convoqué des Assemblées Politiques, depuis l'Assemblée de *Saumur*, &c. elle en a été fort étonnée, & pour y aporter quelque Remede, elle a jugé qu'il étoit absolument necessaire de faire unanimement une Declaration sur ce Sujet qui sera inserée ici, & promtement imprimée ; afin que par cette Publication l'Innocence de nos Eglises soit attestée, & connûe d'un chacun.

II.

Les Consistoires des Lieux où il y a des Imprimeurs sont exhortés de prendre garde aux Impressions des *Pseaumes*, afin que dans les Calandriers qu'on y aoûte, rien ne soit mis d'injurieux contre l'Honneur des Particuliers, & Mrs. les Pasteurs de l'Eglise de *Geneve*, sont priés de tenir la main à ce que leurs Imprimeurs ne contreviennent pas au present Article.

III.

Les Proposans entretenus dans leurs Provinces, ne pourront être reçûs au Ministere que par le Consentement de la Province qui les entretenoit : Et les Proposans entretenus par les Eglises Particulieres ne pourront pas aussi être reçûs au Ministere sans le Consentement desdites Eglises.

IV.

Sur la Demande que font les Deputés de la Province d'*Anjou*, combien de tems on doit éprouver ceux qui sortant du Papisme, se font agreger dans nos Eglises Reformées, pour être admis à la Charge d'Anciens, & de Diacres ; La Compagnie leur prescrit le même tems que pour être reçûs au Ministere, qui est l'Espace de deux ans.

V.

Pour plusieurs Considerations très-urgentes, tant des Dissolutions qui s'accroissent parmi nous, plus que jamais, que des honteuses Divisions qui naissent dans nos Eglises, & des Menaces des severes Jugemens de Dieu qui nous tallonnent d'une maniere très-evidente ; depuis le Decés de notre dernier *Roi* ; La Compagnie enjoint à toutes les Eglises de ce Roiaume de publier un Jeune extraordinaire, qui s'observera le premier Mercredi de Novembre prochain, lequel jour sera Sanctifié universellement par toutes nos Eglises.

VI.

Les Provinces sont exhortées de recüeillir soigneusement les Histoires des Pasteurs & autres Fideles, qui dans ces derniers tems, ont souffert pour les Verités enseignées par le Fils de Dieu : & ces Memoires là seront envoiés à *Geneve*, afin que ce Recüeil soit mis en Lumiere & joint au Livre de nos Martirs.

VII. Ce-

TENU A PRIVAS.

VII.

Celui qui aura été nommé Conseiller de la Province, & qui en Conséquence de cela voudra être reçû pour Ancien, ne sera neanmoins point admis à cette Charge, s'il n'y entre par les Formes qui sont prescrites dans notre Discipline.

VIII.

ACTE D'UNION ET DE PAIX.

Entre les Eglises Reformées de France.

LE Synode National des Eglises Reformées de ce Roiaume, désirant de pourvoir à la Paix & Union desdites Eglises, touché du Zele de la Maison de Dieu, & marri que *Satan* y ait jetté des Semences de Discorde, qui deshonnorent & affoiblissent lesdites Eglises, dont il pourroit encore naître quelque chose de plus Pernicieux à l'avenir : voulant par des Motifs de Charité, envers les Membres de notre Corps, pourvoir à la Concorde Fraternelle, qui doit être entre les Fideles : nous avons resolu de travailler fortement à la Paix, & à cimenter une bonne & Sainte Reunion, sous l'Obeïssance de *Leurs Majestés* ; Et après avoir renouvellé notre Serment de Fidelité envers Elles, la Compagnie a chargé les Sieurs du *Moulin* & *Durand*, Pasteurs, & le Sieur de *l'Isle Groslot*, Ancien d'*Orleans*, pour être joints aux Srs. Deputés Generaux en Cour, afin qu'ils travaillent tous ensemble à assoupir la Memoire des choses passées, & qu'ils soient, au Nom de toutes nos Eglises, les Mediateurs d'une bonne Paix, qui réunisse tous les Esprits irrités, & les diverses Opinions nées dans l'Assemblée de *Saumur*; declarant que le Desir General desdites Eglises est de reunir ensemble toutes les Volontés qui pourroient être alliennées, les unes des autres : le tout suivant les Moiens & les Avis qui leur ont été donnés par cette Assemblée : à quoi ils pourront ajoûter ce que leur Zele & leur Prudence leur suggerera : Et ils avertiront soigneusement, & Conjointement toutes les Provinces de ce qu'ils auront fait, & de ce que leur Entremise aura produit. Et pour cet efet on envoiera des Lettres de la part de cette Compagnie à Messieurs les Marechaux de *Bouillon*, & de *Lesdiguieres*, pour les exhorter & conjurer, au Nom de Dieu, de vouloir se joindre aux Instantes Remontrances desdites Eglises, par de très-humbles Supplications envers *Leurs Majestés*, & temoigner par des éfets leur Zele & Affection envers elles, en embrassant fortement, tant en General, qu'en particulier, ce qui peut servir à l'affermissement de leur Bien, Repos & Honeur : & en se joignant avec elles, pour obtenir une entiere Abolition des *Lettres d'Amnistie*, verifiées & publiées par les Parlemens, quoique lesdites Eglises n'aient rien fait ni demandé pour recevoir un pareil Traitement: insister sur les plus importantes & necessaires Demandes de leurs Cahiers, pour obtenir là dessus une Favorable Reponse : tenir la main à ce que desormais les Gratifications soient égales envers les uns & les autres ; Et que toute Marque de Division & de Discorde

corde soit ôtée, montrant par là, qu'en oubliant le passé, ils procurent indifferemment le bien de tous, & qu'ils veulent generalement, & en toutes sortes d'Ocasions, presentes & à venir, nous temoigner leur Zele, Soin, & Afection, selon qu'ils en seront requis par les Deputés Generaux desdites Eglises. Ils seront en outre exhortés par les susdites Lettres, qu'en donnant leurs Soins Particuliers au Bien Public, & oubliant tout ce qu'il pouroit y avoir eu d'Aigreur, causée par l'Animosité particuliere, qui n'a été que trop artificieusement fomentée, par les Aversaires de notre Religion, il plaise à ces Seigneurs de vouloir retablir une bonne Correspondance, & sincere Intelligence avec Messieurs les Ducs de *Rohan*, de *Suilli*, de *Soubize*, de la *Force*, du *Plessis*, & tous les autres qui peuvent avoir eu quelques Pretextes de Mesiance, ou de Discorde : afin que tous ensemble, unis en bonne Amitié, ils puissent d'autant plus utilement faire sentir les Efets de leur Reunion auxdites Eglises, pour le bien & le Repos de cet Etat, & pour l'Afermissement de l'Autorité de *Leurs Majestés*. On écrira aussi sur le même Sujet à Messieurs de *Châtillon* & de *Parabere*, lorsqu'on envoiera les susdites Lettres à Messieurs les Ducs de *Rohan*, de *Suilli*, & à Messieurs de *Soubize*, de la *Force*, & du *Plessis*, pour leur faire savoir la Priere & Supplication qui est faite, de la part desdites Eglises, auxdits Seigneurs Duc de *Bouillon* & de *Lesdiguieres*, en les exhortant que de leur part ils se depouillent aussi de toute Animosité, & qu'en oubliant tous leurs Ressentimens & Mecontentemens Particuliers, ils continuent de faire paroître, comme ils ont fait autrefois, leur Afection, & leur Zele pour le Bien & le Repos desdites Eglises, en retablissant une sincere Correspondance, & Union entre les uns & les autres, afin qu'étant ainsi fortement unis, par les Liens d'une parfaite Charité, ils travaillent conjointement à l'Avancement du Regne de *Jesus-Christ*. On écrira aussi à Madame de la *Tremoüille*, pour la supplier, de la part desdites Eglises, de continuer sa bonne Mediation, pour ladite Paix & Reunion, en la louant du Soin qu'elle prend de faire instruire & élever soigneusement Messieurs ses Enfans dans la Pieté & Crainte de Dieu, & en leur inspirant de l'Afection pour nos Eglises, ce qui nous fait esperer qu'ils seront un jour des Instrumens propres & utiles pour la Gloire & le Bien desdites Eglises. On protestera aussi generalement à un chacun, par lesdites Lettres, de la part desdites Eglises, que leur Intention & Resolution est de les cherir & honorer tous, selon leur Rang, Dignité & Merite, comme Membres de leurs Corps. Et lesdites Lettres leur seront rendües, à savoir celles de Messieurs de *Bouillon*, de *Lesdiguires*, de Châtillon & de Madame de la *Tremoüille*, par les Deputés Generaux ; Celles de Monsieur le Duc de *Rohan* & de Monsieur de *Soubize*, par les Sieurs Baron de *Saujon* & *Bonnet*, Deputés de la Province de *Xaintonge*, qui leur feront bien particulierement entendre, de la part de cette Compagnie, quels sont ses Sentimens & ses Desirs : en les exhortant de les aprouver, & d'y joindre les leurs ; desquels ils seront suppliés de s'ouvrir à eux, pour en donner incontinent Avis & Assurance aux susdits Deputés ; Celles de Monsieur de *Suilli*, seront rendües par le Sieur de *l'Isle Groslot*, Deputé de la Province ce du *Berri*. Celles de Monsieur du *Plessis*, par les Srs. *Périllau*, *Vignien* & *Ferron*, Députés de la Province d'*Anjou*. Celles de Monsieur de la *Force*, par les Sieurs de *Brassalaye* & du *Hau*, Députés du *Bearn*. Celles de Mr. de *Parabere*, par les Sieurs de *Cuville* & *Coignac*, Députés du *Poictou*, tous avec la même Charge que dessus. A quoi ils ajouteront ce que leur Zele & d'Exterité pourra leur suggerer pour le Bien & l'Acomplissement d'une si Sainte Entreprise. Au surplus cette Compagnie prie & exhorte, au Nom de Dieu, & autant que sa Gloire, nôtre propre Salut, le Bien & le Repos de l'Etat nous doit être en Recommandation, tout le Corps de nos Eglises en General, & conjure chaque Fidele en particulier, de depouiller toutes Animosités & couper Racine à toutes Dissentions, de peur de causer par quelques Divisions, la Dissipation des Eglises de ce Roiaume, plantées par le Sang de tant de Martirs, & defendues par la Concorde & le Zele de nos Peres, & d'ouvrir les yeux pour voir comme les Ennemis de nos dites Eglises se vantent & esperent qu'elles seront ruinées par nos Dissentions; c'est pourquoi nous devons très-soigneusement travailler à éviter ce Malheur, & prendre garde que nos Ennemis n'aient pas lieu de nous charger de cet Oprobre; & pour l'éviter cette Compagnie enjoint aux Pasteurs & Anciens de toutes les Eglises, de travailler incessamment à la Reunion des Membres de leurs Troupaux, de s'aider les uns les autres, pour une si Sainte Oeuvre, tant par des Exhortations Publiques que par des Remontrances Particulieres : Et en Cas de Mepris, & que quelqu'un par une Perversité d'Endurcissement, se montre Irreconciliable ; la Compagnie, par l'Autorité que Dieu donne aux Ministres de sa Parole, denonce à ceux qui seront tels le Jugement de Dieu, & veut qu'ils soient en Execration entre les Fideles, jusqu'à user contre les Refractaires de toutes les Censures, & deploier toute la Rigueur de la Discipline : de peur que le Saint Nom de Dieu ne soit blasphemé à cause de nous, & que nous ne soions coupables de la Froissure de l'Eglise. Apliquons nous donc plus que jamais, à étreindre parmi nous le Lien de Paix & d'Union Fraternelle, afin que l'Eglise de Dieu soit en bonne Odeur entre les Aversaires, & son Saint Nom beni & Glorifié entre les Hommes.

IX.

Et pour ce qui est de la Depense qu'on fera pour travailler à la susdite Reunion, la Compagnie en laisse la Charge à la Discretion des Srs. Deputés Generaux, qui s'adresseront au Sr. *Ducandal*, lequel a Ordre de paier tous les Fraix necessaires pour cela.

X.

Les Srs. Deputés Generaux en Cour sont chargés de faire Plainte de ce que les Deniers qu'il a plû à *Sa Majesté*, d'octroier pour l'Augmentation des Apointemens de nos Eglises, ne sont point en leur Disposition ; c'est pourquoi ils reitereront fortement les Instances & Poursuites precedentes, afin que celui qui sera chargé de faire la Recepte, tant des Deniers d'Augmentation, que des autres, depende desdites Eglises, qui les feront recevoir suivant les Brevets, par lesquels ils sont promis sans aucune Diminution & Nonvaleur, & par ce Moien elles seront dechargées du Paiement d'un Sol par Livre qui leur eſt retenu par les autres Receveurs, & elles pourront auſſi faire des Conventions plus avantageuſes pour elles, au Sujet de ladite Recepte, ſelon qu'elles en trouveront l'Ocaſion. Sur quoi leſdits Sieurs Deputés donneront Avis à toutes les Provinces de ce qu'ils auront fait.

XI.

Le Vendredi 22. Juin, le Sieur de *Rouvrai* aiant preſenté à cette Aſſemblée l'Original du *Brevet* de l'Augmentation de la Somme de 45000. Livres, qu'il a plû à *Sa Majeſté*, d'octroier à nos Egliſes ; La Compagnie a donné Charge audit Sr. de *Rouvrai*, d'en faire nos très-humbles Remercimens à *Leurs Majeſtés*, au Nom de ce Synode & de toutes nos Egliſes, qui par là ſe trouvent d'autant plus obligées de prier Dieu très-ardemment pour la Proſperité de *Leurs Majeſtés*, & l'Accroiſſement de leurs Etats. Et ledit *Brevet* dont la Copie eſt ci-deſſous, a été mis entre les mains du Sieur *Bonnet*, Paſteur-Deputé de *Xaintonge*, pour être mis dans les Archives de la *Rochelle*, de quoi il donnera expreſſément Avis, par Lettres, audit Sr. de *Rouvrai*.

COPIE D'UN BREVET DU ROI.

Pour un ſurcroit d'Apointement de quarante cinq mille Livres données annuellement aux Egliſes Reformées de France.

„ Aujourd'hui 1. jour d'Octobre de l'An 1611. Le *Roi* étant à *Paris*,
„ aſſiſté de la *Reine* Regente ſa Mere, bien informé des Conſidera-
„ tions par leſquelles le Feu *Roi* dernier decedé de Glorieuſe Memoire, au-
„ roit, par ſon *Brevet* du 3. Avril, 1598. octroié à ſes Sujets de la Religion
„ P. R. la Somme de *quarante mille Ecus* chaque année, pour les emploier
„ à certaines Afaires Secretes qui les concernent ; & quoi qu'à preſent Sa-
„ dite *Majeſté* ne ſoit point obligée par les *Articles Secrets* du dernier *Edit*
„ de *Pacification*, ni par le *Brevet* & les *Reponſes* des *Cahiers*, faites en Fa-
„ veur deſdits Sujets, d'acroître ni augmenter ladite Somme ; Neanmoins
„ deſirant de gratifier, autant qu'il lui ſera poſſible, & de traiter favorablement
„ leſdits Sujets, & de leur faire reſſentir les Efets de ſa Bienveillance, *Sa Ma-
„ jeſté*, de l'Avis de ladite *Reine* Regente, a de ſa Grace & pure Liberalité,
„ accorde à ceux de ladite Religion P. R. outre leſdits *quarante mille Ecus*,
„ la Somme de *quarante-cinq mille Livres* par An, par Forme de Gratifica-
„ tion, dont elle veut & ordonne que les Fonds en ſoit fait deſormais ſur
„ l'Etat General de ſes Finances, en Vertu du preſent *Brevet*, qu'elle a
„ pour cette Fin voulu Signer de ſa Propre Main, & être contreſigné par
„ Moi ſon Conſeiller en ſon Conſeil d'Etat, & Secretaire de ſes Com-
„ mandemens. Signé

LOUIS,

Et plus bas

PHILIPPEAUX.

TENU A PRIVAS.

XII.

La Compagnie donne un Plein-Pouvoir aux Sieurs Deputés Generaux, de passer un Contrat avec le Sieur *Ducandal*, sur la Recepte & Maniment des Deniers de l'Augmentation de quarante-cinq mille Livres, & s'il est possible ils feront un seul Contrat des deux Sommes, à savoir du premier Octroi & de la susdite Augmentation, & de leur Recepte ; en reservant le Droit de nos Eglises.

XIII.

Les mêmes Seigneurs Deputés Generaux sont chargés de s'oposer formellement à tous ceux qui poursuivront en Cour, pour obtenir quelque Subvention, au Detriment du Corps des Eglises Reformées de ce Roiaume, & contre l'Union qu'elles ont jurée, & il en sera donné Avis aux dites Eglises, afin que les Pasteurs particulierement, & les Consistoires fassent tout ce qu'ils pourront pour empêcher de telles Ouvertures & Entreprises qui sont scandaleuses, & qui menacent nos Eglises de grands Desordres.

XIV.

La Compagnie enjoint à tous les Consistoires des Lieux où il y a des Chambres de l'*Edit* établies & des Parlemens, de faire des Remontrances aux Conseillers qui font Profession de la Religion Reformée, de ce qu'ils n'ont pas assés vigoureusement resisté à la Verification & Enregîtrement des *Lettres d'Amnistie*, étant de leur Devoir de s'y oposer, & de demander Acte de leurs Opositions : & de plus les mêmes Consistoires sont exhortés de presenter aux dits Parlemens & Chambres de l'*Edit*, la *Declaration Generale* de cette Assemblée sur lesdites *Lettres d'Amnistie*.

XV.

La Compagnie a ordonné que ci-après les Provinces envoieront aux Synodes Nationaux le Role de leurs Pasteurs actuellement emploiés, & de leurs Proposans entretenus : signé par les Moderateurs & Scribes de leurs Synodes : autrement on n'aura aucun égard audit Role, quand il sera question de la Distribution des Deniers de l'Octroi de *Sa Majesté*.

XVI.

La Compagnie s'accommodant au tems, & aiant remarqué que toutes les Instances faites à *Leurs Majestés* par des Deputations Expresses & Extraordinaires de la part de ceux de la Religion, ont jusqu'ici, par quelque malheur, été mal reçûës, & si peu goûtées de *Leurs* dites *Majestés*, qu'elles ne leur ont produit aucun Fruit, a crû pour le present, se devoir tenir dans les Voies Ordinaires de faire leurs très-humbles Suplications & Remontrances par la Bouche des Deputés Generaux : esperant que la Bonté & Clemence du *Roi* & de la *Reine* Regente sa Mere, & l'Equité de Messieurs du Conseil, leur sera par ce Moien, (puis que l'autre leur a desagréé) sentir quelque Fruit. A cette Fin lesdits Deputés Généraux sont chargés (aiant rendu de très-humbles Remercimens à *Leurs Majestés* des Graces & Faveurs dont Elles ont usé envers leurs très-humbles & très-fideles Sujets de la Religion, & specialement des *quinze mille Ecus* d'Augmentation pour leurs Pasteurs) de les suplier très-humblement de vouloir les exemter de la Necessité qu'on veut leur imposer (avec plus de Severité que l'on n'avoit fait ci-devant, & même contre la Liberté de leurs Consciences, qui leur a été accordée) de se nommer de la Religion *Pretenduë Reformée :* aimant mieux subir toutes sortes de Suplices que d'être obligés de condanner leur Religion de leur propre Bouche. *Leurs Majestés* seront aussi supliées de vouloir accorder de Petites Ecoles par toutes les Villes & Lieux où il y a un grand nombre de Familles de la Religion, levant pour cet efet les Restrictions & Modifications faites par la Réponse de l'Article de ladite Demande, étant une chose necessairement attachée à la Liberté de leurs Consciences. Et d'autant que contre l'Espérance que les Eglises avoient conçuë de l'Envoi des Commissaires par les Provinces, cette Compagnie est assûrée de tous endroits que dans la plûpart des principales Demandes & Remontrances qui leur ont été faites, ils n'ont aporté que fort peu de Fruit, le tout aiant été renvoié au Conseil du *Roi*, & que veritablement on peut dire que la plûpart de leurs Procedures sont reduites à la Concession de quelques Cimetiéres, aiant même, en plusieurs endroits, deterioré nôtre Condition; lesdits Députés sont chargés d'en faire Plainte à *Leurs Majestés* & de très-humbles Suplications d'y remedier. Et pour cet efet, on leur donnera entre les mains les Mémoires des Provinces & des Eglises qui s'en plaignent, pour y aporter soigneusement du Remede, par tous les Moiens qu'ils estimeront propres & utiles : & ils insisteront aussi sur la Révocation des *Lettres d'Amnistie*, verifiées aux Cours de Parlement, en tous leurs Points. Et comme il importe que toutes les Provinces soient dûëment averties de ce que produira cette nouvelle Commission, de faire des Supplications de la part de cette Assemblée à *Leurs Majestés*, elle enjoint aux susdits Députés de faire savoir, au plûtôt qu'il leur sera possible, à toutes les Provinces, la Réponse qu'ils auront eu de *Leurs* dites *Majestés*.

XVII.

Les Sieurs *Bigot*, & de la *Combe*, ont été deputés par la Compagnie, pour faire la Poursuite contre le Sieur *Palot* pour le Recouvrement des Deniers qu'il doit aux Eglises, du Maniment qu'il en a eu, & dont il ne leur a pas rendu compte, & elle a pour cet efet passé Procuration auxdits Sieurs *Bigot*, & de la *Combe*, par laquelle elle leur donne Pouvoir d'accepter les Ofres des Partisans qui se presenteront, & de traiter avec eux au Nom de toutes les Provinces, leur permetant de ceder auxdits Partisans, des Sommes qui peuvent être dûës par ledit *Palot*, jusqu'au tiers, lesdits Partisans faisant bon les autres deux tiers, pour les rendre francs aux Eglises, s'ils n'en peuvent pas trouver une meilleure Condition. Et pour subvenir aux Frais qu'ils seront obligés de faire pour ladite Poursuite, elle leur a accordé la Somme de quinze cens Livres à chacun, par An, qui leur sera paiée par le Sieur *Ducandal*, de quartier en quartier, sur les Deniers qu'il doit paier aux Eglises, pour le quartier d'Octobre 1611. & les suivans, de quartier en quartier, à proportion de leur Sejour, avec Promesse que Dieu benissant leur Diligence, on recompensera leurs Peines. Lesdits Sieurs *Bigot* & de la *Combe* sont neanmoins chargés de prendre Avis & Conseil de Messieurs les Deputés Generaux, sans l'Aprobation desquels ils ne pourront accepter aucunes Ofres des Partisans, ni faire aucune chose concernant ladite Poursuite. Lesquels Sieurs
Depu-

Deputés mettront entre les mains defdits *Bigot* & de la *Combe* tous les Papiers neceffaires pour cela, & les avertiront aussi du tems qu'ils se pourront rendre à *Paris*, & pour cet efet elle a accordé audit Sieur de la *Combe*, pour son Voiage la Somme de 150. Livres, qui lui sera delivrée par ledit Sieur *Ducandal* sur ledit quartier, à bon Compte de la Somme de quinze cens Livres.

MATIERES PARTICULIERES.

Article I.

LE Sieur *Archinard* s'étant presenté devant cette Compagnie, avec des Lettres des Interessés du Comtat *Veneffain*, & de l'Archevêché d'*Avignon*, par des Lettres du Sieur de *St. Auban*, requerant sur la Resolution de leur Assemblée, faite à *Mondragon*, par l'Autorité de *Sa Majesté*, d'être reçûs à faire une Assemblée Provinciale, & aussi d'être assistés de quelque Subvention pour pouvoir faire assembler leurs Arbitres, dont ils ont convenu; la Compagnie agreant leur Union dans la Confession de Foi avec toutes les Eglises Reformées de ce Roiaume, a protesté de les embrasser dans cette Union comme Freres, auxquels elle voüe tout ce qui est de la Charité Chrêtienne, marrie de ne pouvoir pas dans cette Assemblée, qui n'est qu'Ecclesiastique, les demembrer pour une autre Province, d'autant que cela n'apartient qu'à une Assemblée Politique, à laquelle elle les renvoie, & au surplus elle ne peut les assister, pour le present, d'aucune Subvention proportionnée à leur Necessité, dans laquelle la Compagnie desireroit de leur faire connoitre sa bonne Volonté, dont les efets paroitront, en ce qui sera de son Pouvoir, dans les occasions qui s'en presenteront, & elle a recommandé très-afectueusement leurs Afaires en Cour, aux Sieurs Deputés Generaux residens auprès de *Leurs Majestés*.

II.

Sur la Requisition du Sieur de la *Vialle*, Lieutenant Criminel de *Montauban*, chargé de Lettres & Pouvoir pour demander le Sieur *Chamier*, Pasteur de *Montelimar*, afin qu'il soit donné à l'Academie de *Montauban*, aiant vû la Demande de Monsieur *du Plessis*, par le Sieur *Perillau*, pour l'Academie de *Saumur*, & entendu les Deputés de l'Eglise de *Montelimar*, & les Deputés de l'Eglise du *Dauphiné* s'oposant, avec des Lettres de Monsieur de *Gouvernet*, presentées par Monsieur de *Chambaud*, s'oposant aussi à la Requisition susdite, comme fondés sur leurs Interêts & sur les Decrets de trois Synodes Nationaux, qui ont jugé que ledit Sieur *Chamier* ne pouvoit pas être ôté de son Eglise: aiant aussi vû la Declaration dudit Sieur *Chamier*, qui a protesté de n'avoir aucune Volonté particuliere, & qu'il s'en raportera toûjours à ce que la Compagnie en ordonnera: Pour plusieurs Raisons considerables (nonobstant toutes les Opositions susdites) ledit Sieur *Chamier* a été a été mis dans la Diſtribution des Paſteurs & Profeſſeurs, & ladite Egliſe de *Montelimar* ſera pourvûë d'un autre Paſteur.

III.

Comme le Diferent ſe vuidoit entre l'Egliſe de *Nimes* & celle de *Valence*, ſur le ſujet du Sieur *Murat*, Paſteur repeté par l'Egliſe de *Valence*, ſur celle de *Nimes*, le Sieur de *Malmon*, Ancien de *Nimes* eſt intervenu, & s'eſt inſcrit en Faux contre l'Acte du Coloque de *Nimes*, produit avec la Signature du Sieur *Beuſillon*, lequel a affirmé, au contraire, que ledit Acte étoit Veritable, repreſentant, pour en faire la Verification, les Actes entiers dudit Coloque, mais ſans aucune Signature; la Compagnie ne pouvant pas juger de cette Pretenduë Fauſſeté, renvoie leſdits *Beuſillon* & *Malmont* au prochain Coloque de *Nimes*, pour y vuider ce Diferent, & enjoint audit Coloque, ſous Peine de Cenſure, de ſigner deſormais tous ſes Actes.

IV.

Le Sieur *Richaud*, Paſteur de *Moſac*, a preſenté à cette Compagnie des Lettres de ſon Pere, reduit en une extrème Vieilleſſe & Neceſſité, requerant que ſa Portion des Deniers de la Liberalité du *Roi* ſoient tranſportés au *Bas Languedoc*, où il deſire de ſe retirer, & de finir ſes jours. Sa Demande lui eſt octroiée, & on enjoint à la Province du *Haut Languedoc* de donner audit Sieur *Richaut*, par Preference, & ſans Diminution, ſa Portion telle qu'elle ſera reglée pour chacun des autres Paſteurs dans les Repartitions de cette Aſſemblée.

V.

Cette Compagnie aiant été avertie qu'il y a des Paſteurs dans la Province du *Haut Languedoc* qui ne reſident pas auprès de leurs Troupeaux, enjoint très-expreſſément à ladite Province de tenir la main à ce que tous les Paſteurs qui peuvent être logés auprès de leurs Egliſes y reſident, & de cenſurer les Deſobéiſſans, les Sieurs *Richeteau* & *Richaud* exceptés, ſuivant le Rapport fait à cette Compagnie par le Sieur *Maleret* Deputé du Synode National de *St. Maixent*, pour voir ſur les Lieux ceux qui ſeront dans le même Cas, ou qui auront d'autres Dificultés ſur le même ſujet.

VI.

Le Sieur du *Puis*, Paſteur de l'Egliſe de *St. Etienne* & de *St. Marcelin* en *Forez*, demandant au Nom de ſon Egliſe qu'elle ſoit demembrée de la Province de *Bourgogne* & unie à la Province du *Vivarez*, & en outre d'être aidée de deux Portions, & de quelque Somme de Deniers, pour relever ladite Egliſe de la Ruine qui la menace; La Compagnie conſent qu'elle ſoit ſeparée de la Province de *Bourgogne* & jointe à la Province du *Vivarez*, & lui accorde trois Portions annuelles pour ſubvenir à ſes beſoins, leſquelles lui ſeront données ſans Diminution, juſqu'au Synode National prochain.

VII.

Le Sieur *Mauſe*, Miniſtre, s'étant plaint dans cette Aſſemblée d'avoir été ſoupçonné dans l'Aſſemblée de *Saumur* d'être complice de quelques Brigues faites à *Montelimar*, contre le Sieur *Chamier*, & ledit Sieur *Chamier* aiant declaré qu'à ſon Retour de l'Aſſemblée ſuſdite, il n'a rien pû trouver de concluant pour convaincre ledit Sieur *Mauſe*; La Compagnie donne Acte audit

TENU A PRIVAS.

Sieur *Mause* de ladite Declaration pour lui servir en tout ce que de Raison. Aiant trouvé fort mauvaise la Procedure du Synode du *Dauphiné* qui l'a dechargé d'une Eglise, sans lui en donner une autre.

VIII.

Le Coloque d'*Usez* est chargé de faire aporter par le Consistoire de *Nimes* l'Original des Lettres du Capitaine *Gautier*, que le Sieur *Ferrier* a assûré être entre les Papiers dudit Consistoire, & pour cet efet la Copie que le Sieur de la *Faye* a renduë à cette Assemblée a été mise entre les mains du Sieur *Chamier*, qui a promis de faire lacerer cette Copie & l'Original, selon la Volonté de cette Assemblée.

IX.

La Somme de 200. Livres a été adjugée à *André Chamforent*, Fils du Sieur *Chamforent* Pasteur de l'Eglise du *Pouzin* sur la Province de *Provence*, pour l'Entretien que ladite Province étoit tenuë de fournir audit *Chamforent*, en qualité de Proposant, depuis le dernier Synode de la *Rochelle* jusqu'à celui de *St. Maixent*: comme aussi sur le Diferent entre la même Province & le même Sieur *Chamforent* demandant certains Arrerages des Deniers octroiés par *Sa Majesté*, & reçûs par le Sieur *Caillian*, sur la Portion assignée à l'Eglise de la *Coste*, pour l'année 1608.; La Compagnie a ordonné que la Province susdite paiera audit Sieur *Chamforent* la Somme de 42. Livres, tant pour ses Arrerages pretendus, que pour l'Eglise de *Mus*; sauf à ladite Eglise de la *Coste* de montrer l'Aquit dudit *Chamforent*, & à ladite Province de repeter sur la Portion de l'Eglise de *Mus*, comme annexée à celle de la *Coste*, la Somme de 60. Ecus, & les susdites Sommes, qui font ensemble 222. Livres, seront prises sur les Deniers apartenans à la Province de *Provence*.

X.

Le Sieur *Perrin*, sur le Raport qu'on a entendu de ceux qui ont vû son Travail sur l'Histoire des *Albigeois*, est exhorté, suivant l'Avis des Commissaires, d'en faire une Revision, & de le presenter ensuite au Synode du *Dauphiné*, afin que le voiant limé suivant l'Intention de cette Compagnie, il puisse être mis en Lumiére.

XI.

La Demande de *Gilbert Vernoi*, Imprimeur à *Bergerac*, touchant la Récompense pour l'impression de certains Livres, est renvoiée au Synode de la *Basse Guienne*, pour y être pourvû selon qu'il sera jugé être expedient par ledit Synode.

XII.

Les Deputés du *Poictou* aiant requis que la Province de *Normandie* satisfasse à la Promesse faite au Synode National tenu à *Gergeau*, en faveur du Sieur *Vatable* qui se trouve reduit dans une extrême Pauvreté, faute d'être paié de 100. Livres qui lui sont dûës par l'Eglise de l'*Uneraye*, le present Synode ordonne que ladite Province de *Normandie* contente ledit *Vatable*, en paiant la moitié de ce qui lui sera dû, & en prenant l'autre moitié sur l'Eglise de l'*Uneraye*, dans laquelle servoit ledit Sieur *Vatable*.

XIII.

Les Deputés de *Xaintonge*, redemandant à la Province du *Poiêtou* deux Eglises qu'ils difent avoir été demembrées de leur Province, font renvoiés à la même Province du *Poiêtou*, pour s'en plaindre, & s'ils ne font pas d'accord entr'eux, ils conviendront d'un Coloque, ou Synode voifin, qui en jugera definitivement.

XIV.

Les Deputés des Eglifes de la Souveraineté du *Bearn*, aiant, felon leurs Memoires, reprefenté à la Compagnie ce qu'ils defiroient; elle a declaré qu'elle n'aprouve pas qu'aucune Province empêche fes Etudians en Theologie d'aller étudier dans l'Academie d'*Orthez*, en *Bearn*, nonobftant les Recommandations faites par lefdits Deputés des Eglifes de *Bigorre*, de *Soule* & d'*Haftringues*. Et pour ce qui eft des Avis qu'ils demandent au 2. & 3. Article de leurs dits Memoires, il leur a été ordonné de fuivre ce qui en a été reglé dans la Difcipline Ecclefiaftique. Et pour le dernier Article de leurs dits Memoires, la Compagnie n'a pû leur donner aucune autre Réponfe, fi ce n'eft qu'en loüant leur Zele & bonne Volonté, on leur permet de n'envoier aux Synodes Nationaux que deux Deputés feulement, à favoir un Pafteur & un Ancien.

XV.

Le Sieur de *Beaunai* s'étant plaint, par Lettres, de ce que la Province du Haut Languedoc n'a pas fatisfait à l'Ordonnance du Synode National de St. *Maixent*, qui enjoint à ladite Province de lui faire paier la Somme de 100. Livres qui lui font dües par le Sieur d'*Urdez*, Pafteur dans ladite Province; la Compagnie a ordonné que lefdites 100. Livres feront retenuës entre les mains du Sieur *Ducandal*, ou de fon Commis, pour être données au Sieur *Cartan*, Pafteur de *Dieppe*, en *Normandie*, pour les rendre audit Sieur *Beaunai*.

XVI.

Le Sieur de *Champauhon* demandant, par Lettres, à cette Compagnie d'être rembourfé de certains Fraix de fon Voiage de *Saumur*, où étant retourné il a trouvé l'Aflemblée finie & retirée, laquelle lui avoit commandé de faire ledit Voiage: La Compagnie le renvoie à une autre Aflemblée Generale Politique.

XVII.

L'Excès étrange commis par le Sieur *Tremoulet*, dans l'Eglife de *Serres* en *Vivarez*, aiant été raporté à cette Compagnie, elle a autorifé le Coloque d'*Annonai*, pour s'aflembler au plûtôt afin d'examiner ce Fait, & d'en juger par l'Autorité de cette Compagnie: Et cependant le Pafteur aflemblera le Confiftoire du Lieu & y apellera ledit *Tremoulet*, & tous ceux qui trompent dans cet Scandale. Et en cas qu'ils ne paroiflent pas ils feront fufpendus de la Cene, promtement & publiquement.

XVIII.

L'extrême Neceffité de Monfieur *Guillaume Papin*, dechargé du Miniftere, nous aiant été remontrée depuis qu'il demeure en *Dauphiné*; la Compagnie lui affigne une Portion franche, qui fera tirée de la Province du *Vivarez*,

où

où il a exercé son Ministere, & donnée à la Province du *Dauphiné*, pour la lui delivrer.

XIX.

L'Eglise de *Montpellier* est censurée pour avoir recherché, par des Moiens peu convenables, & obliques, le Sieur *Faucheur* pour Pasteur, & l'Eglise d'*Annonai* est aussi censurée pour avoir fait un Pacte illicite, sur cela, avec l'Eglise de *Montpellier*.

XX.

Les Eglises du Bailliage de *Gex* aiant representé, par le Sieur du *Pauleur* Deputé, comme elles sont depossedées des Fonds Ecclesiastiques dont elles joüissoient auparavant, & que même les Temples de leur Exercice leur ont été ôtés, quelque Instance qu'elles aient fait; la Compagnie a donné charge aux Sieurs Deputés Generaux en Cour de faire toutes les Instances qu'ils pourront envers *Leurs Majestés*, afin que les 1200. Ecus octroiés aux susdites Eglises & pris sur les 45000. Livres de l'Augmentation octroiée de nouveau aux Eglises, soient paiés d'ailleurs, & que ladite Somme d'Augmentation demeure franche à la Generalité desdites Eglises; Et que pour ce qui concerne leurs Temples ôtés, on leur donne quelque Subvention pour en bâtir d'autres.

XXI.

Sur l'Avis donné par Messieurs les Deputés Generaux, que l'Eglise de *Bergerac* se departant de l'Union de nos Eglises, s'attribuë par des Voies injustes la Somme de 1500. Livres, sur les 45000. Livres pour l'Entretien de son College, au prejudice de toutes les Eglises, & particulierement de leur Province; la Compagnie les juge très censurables, & enjoint au Synode de ladite Province de la faire departir du *Brevet* qu'elle a obtenu au sujet que dessus : & en cas qu'elle n'obéisse pas, ledit Synode lui declarera, par l'Autorité de cette Compagnie, que ses Portions des Deniers Roiaux seront retenües entre les mains du Receveur de ladite Province, & que si les Pasteurs sont trouvés dans cette Desunion, ils seront suspendus de leurs Charges, & tous les autres Delinquans censurés comme Schismatiques & Ennemis de l'Union : & les Pasteurs & Anciens de ladite Eglise ne seront point reçûs dans les Synodes Provinciaux, ni dans les Nationaux, jusqu'à ce qu'elle se soit rangée à l'Ordre Commun, & qu'elle reçoive sesdites Portions par les Voies ordinaires.

Les Afaires des Eglises de la Souveraineté du *Bearn* sont expressément recommandées aux Sieurs Deputés Generaux en Cour.

XXII.

La Province du *Dauphiné* n'aiant pas aporté à cette Compagnie le Compte de la Distribution des Deniers destinés pour les Pauvres du Marquisat de *Saluces*, comme il lui étoit enjoint, en a été fortement censurée, & on lui a ordonné de n'y manquer plus à l'avenir.

XXIII.

La Compagnie ordonne de plus, sous Peine de Censure, que ledit Compte sera dressé & raporté au prochain Synode National, & en Consequence du même Compte le Sieur de la *Combe* aiant produit une Decharge que le Synode Provincial tenu à *Embrun*, le 17. Juin 1610., lui a donnée, signée par

Maurice conduisant l'Action, par *Chamier* Ajoint, par *Guion* & *Julien* Secretaires : Le susdit Sieur de la *Combe* est dechargé par la presente Assemblée des Sommes de 2759. Livres 11. Sols, qui lui avoient été delivrées au Synode National de *St. Maixent*, par les Provinces du *Berri* & de la *Bretagne*, envers lesquelles ledit Sieur de la *Combe* demeure quitte, aiant remis lesdites Sommes entre les mains de la Province du *Dauphiné*.

XXIV.

Sur la Dificulté qui étoit entre l'Eglise de *Sezanne* & le Sieur *Norman*, Pasteur de l'Eglise de *Belesme*, pour quelques Deniers que ledit Sieur *Norman* avoit reçûs au Nom de ladite Eglise de *Sezanne*, l'étant allé visiter dans l'Esperance de la servir de son Ministere, les Deputés de *l'Isle de France* & d'*Anjou* en demeurant d'accord ; La Compagnie confirmant ledit Accord, ordonne que ledit Sieur *Norman* rendra pour tout ce qu'il avoit touché 60. Livres à ladite Eglise, entre les mains de Monsieur de *Montigni*, Pasteur de l'Eglise de *Paris*, dans trois mois, pendant lesquels aussi ladite Eglise rendra les Livres & Hardes dudit *Norman*, & ainsi ils demeureront quittes respectivement les uns envers les autres.

XXV.

Les Deputés d'*Anjou* demandant d'être remboursés, par la Province de *Bretagne*, des Fraix & de l'Entretien qui a été fourni par l'Eglise de *Saumur*, à *Giles Trizonis*, ci-devant Moine, de la Province de *Bretagne*, & ladite Province soûtenant le contraire ; le tout a été renvoié à la Province de *Normandie*, pour en juger definitivement.

XXVI.

Le Sieur du *Moulin* aiant présenté à cette Compagnie un Livre Latin qu'il a composé, sur la Question de *Piscator*, touchant la Justification ; la Compagnie a ordonné que les Sieurs *Sonnis*, la *Fresnaye*, le *Faucheur* & *Bonnet* le lussent à part, pour en faire le Raport, lesquels en ont rendu un bon Témoignage, disant qu'il contient une Doctrine Orthodoxe & très-utile pour l'Edification de l'Eglise, dont la Compagnie a remercié ledit Sieur du *Moulin*, comme aussi de la Peine qu'il a prise dans la Conférence qu'il a euë à *Paris*, sur ce Point, pour la Défense de la Vérité ; mais pour éviter que la Réünion projettée par cette Compagnie ne soit retardée, on a été d'avis que la Publication des susdits Ecrits soit sursise jusqu'au Synode National prochain, pendant lequel tems ledit Sieur du *Moulin* envoiera à chaque Province une Copie de son Livre Latin, afin que cette Matiére étant plus soigneusement examinée, chaque Particulier en soit pleinement informé.

XXVII.

Le Diferent entre *l'Isle de France* & le Sieur de la *Touche*, Pasteur de l'Eglise de *Mouchamp* en *Poictou*, est renvoié au Synode prochain de la Province du *Berri*, qui en jugera definitivement, par l'Autorité de cette Compagnie.

XXVIII.

Sur la Lettre & Demande des Habitans & du Consistoire de la Ville de *Clerac*, le Sr. *Ricotier*, Pasteur, étant oüi sur ladite Demande ; La Compagnie

TENU A PRIVAS.

pagnie renvoie le tout à la prochaine Assemblée Politique Generale, pour y être pourvû conformement à la Resolution de la derniere Assemblée de *Saumur*.

XXIX.

Aiant vû les Lettres de l'Eglise de *Paris*, presentées par le Sieur *Bigot*, requerant instanment que le Sr. *Chauvé*, presentement Pasteur de l'Eglise de *Sommieres*, lui fut donné pour Pasteur: aiant aussi fait voir les Lettres que ledit Sr. *Chauvé* a écrites à ladite Eglise de *Paris*; La Compagnie a jugé ne pouvoir pas interiner la Requête de ladite Eglise de *Paris*, à cause de l'Oposition de la Province du *Bas Languedoc*, & de la Reponse dudit Sieur *Chauvé*.

XXX.

Les Fraix des Deputés du *Haut Languedoc*, pour leur Voiage, à cette Assemblée, se prendront sur les Portions des Deniers de l'Octroi de *Sa Majesté* assignés à ladite Province.

XXXI.

Il est enjoint, sous Peine de Suspension, au Sieur *Scoffier*, Pasteur de l'Eglise de la *Chastre*, en *Berri*, de contenter la Province du *Dauphiné*, touchant la Depense faite pour son Entretien lors qu'il étoit Ecolier.

XXXII.

La Province du *Berri*, s'étant trouvée redevable aux Eglises de la Somme de 1500. Livres, des Deniers du Colege de *Boisbelle*; La Compagnie lui en a quitté la moitié; Et pour le restant qui est la Somme de 750. Livres, elle a ordonné que ladite Province les restituera dans trois ans, en paiant un tiers de ladite Somme chaque année.

XXXIII.

Le Sieur *Chamier*, est ordonné pour Pasteur à l'Eglise de *Montauban*, & pour Professeur en Theologie dans l'Academie du même Lieu, à Condition que ladite Eglise & Academie, lui donneront satisfaction pour sa Pension; Et il se rendra audit *Montauban* dans trois mois, pendant lequel tems ses Gages de Professeur en Theologie, & sa Portion des Deniers Roiaux courront dès le premier jour du mois de Juillet.

XXXIV.

Le Sieur *Ferrier*, est donné pour Pasteur à l'Eglise de *Montelimar*, dans laquelle il se rendra au plus tard dans un Mois, & incontenent après la Signification du present Decret, il cessera de Prêcher dans l'Eglise de *Nimes*, sous les Peines portées ci-dessus.

XXXV.

On a pourvû l'Eglise d'*Annonai* du Sr. *Mause*, pour Pasteur, en lui recommandant de s'aquiter de son Devoir, & on recommande aussi la même chose à son Eglise: laquelle lui donnera contentement; & la Province du *Dauphiné*, donnera une Portion audit Sieur *Mause*, à Proportion du tems qu'il n'a rien reçû.

XX. SYNODE NATIONAL
DES ACADEMIES ET COLEGES

Article I.

L'Eglise de *Clermont* en *Beauvesin*, est censurée de n'avoir pas apporté le Compte de la Distribution des trois cens Livres octroiées au Colege établi audit *Clermont* : Et la Province de *l'Isle de France*, se fera donner ledit Compte pour le montrer au Synode du *Berri*, & si elle n'a pas bien emploié lesdits Deniers elles est, dès-à-present, declarée dechûe du Privilege d'avoir ledit Colege.

II.

La Province de *Guienne*, est censurée de n'avoir pas fait son Devoir pour faire rendre Compte à ceux de *Bergerac*, & il lui est enjoint de porter ledit Compte, pour le passé, au Synode du *Haut Languedoc* ; & si suivant le Commandement de cette Assemblée, ceux de *Bergerac*, se departent de leur Obtention des 1500. Livres, les 300. Livres ordinaires leur seront continuées pour leur Colege : autrement ladite Province ne pourra pretendre aucun Droit sur lesdites 300. Livres d'Augmentation.

III.

La *Provence*, est censurée de n'avoir pas apporté le Compte de l'Emploi des Deniers pour son Colege ; & elle est renvoiée au prochain Synode du *Dauphiné*, pour y presenter ledit Compte : Et ne le faisant pas elle est dès-à-present declarée dechûe du Droit dudit Colege.

IV.

La Province du *Poictou*, est aussi censurée de n'avoir pas apporté le Compte de son Colege, & renvoiée à la Province de *Xaintonge*, pour y porter ledit Compte ; & ne le faisant pas, elle est dès-à-present declarée dechûe de son Droit pour l'établissement dudit Colege, pour lequel on lui enjoint de marquer un Lieu propre pour le même Colege.

V.

Le Compte rendu par la Province du *Berri*, pour un Colege, est aprouvé.

VI.

De même le Compte rendu par la Province de *Xaintonge*, pour le sien, est aprouvé.

Le Compte de la Province de *Bourgogne*, pour son Colege, est renvoié à la même Province, pour y être examiné plus exactement.

VII.

La Province de *Bretagne*, rendra Compte des Deniers octroiés pour son Colege au Synode prochain d'*Anjou*, à faute de quoi elle est declarée dechûe du Droit dudit Colege, & il est defendu aux Pasteurs de ladite Province de toucher à l'argent de l'Octroi destiné aux Coleges.

VIII.

La Province de *Normandie*, est censurée pour n'avoir pas rendu le Compte te final de son Colege, & renvoiée au Synode prochain de *l'Isle de France*, pour y rendre ledit Compte, sous Peine de dechcoir du Droit de son Colege.

IX.

Les Consuls & Habitans de la Ville de *Privas*, en *Vivarez*, se plaignant de ce que le Synode tenu à *Aubenas*, leur a ôté le Colege qu'ils avoient entretenu pendant quelques années, suivant le Jugement du Synode Provincial, tenu à *Annonai* ; La Compagnie juge que ledit Colege doit demeurer audit *Privas*, avec la Subvention commune aux autres Coleges, & que lesdits Consuls y ajouteront, suivant leur Offre, 400. Livres, de leurs Deniers communs ; leur étant recommandé de faire bien leur Devoir pour l'Entretien dudit Colege, ainsi que les Comptes du passé leur ont été alloués.

X.

Tous les Comptes des Coleges redemandés, seront aportés au prochain Synode National, pour y être vûs & approuvés.

XI.

Il est remis à la Prudence des Provinces de dresser plusieurs Ecoles, si faire se peut, & même de soulager de quelques Portions les Ecoles qui sont déja dressées.

XII.

Toutes les Provinces auront des Coleges : excepté celles qui ont des Academies entretenues ; Neanmoins lesdites Provinces, outre leurs Academies, pourront établir des Coleges à leurs propres Fraix ; Et celle du *Bas Languedoc*, donnera au Coloque de *Beziers*, la Somme de 400. Livres, prises sur le Fonds de leurs Deniers Academiques, montant à deux mille six cens Livres.

XIII.

Sur la Requête des Provinces, demandant que leurs Coleges soient accrûs & mieux entretenus ; la Resolution a été prise que le nombre n'en sera pas augmenté, mais que chaque Province, qui a Droit de Colege, aura 400. Livres par An, pour sondit Colege, jusqu'au Synode National prochain.

XIV.

Depuis la Liquidation des Comptes des Academies de *Nimes* & de *Montpellier*, montant à 16800. Livres, les Deputés du *Bas Languedoc* aiant remontré à l'Assemblée que dans le Compte de l'Academie de *Nimes* il y avoit, en Reprises, la Somme de 1604. Liv. 18. s. 8. d. dûe par le Sieur *Palot*, du tems de sa Recepte, pour les années échûes jusqu'à l'An 1602. Et 720 Livres dans le Compte de l'Academie de *Montpellier* : suppliant la Compagnie de prendre en Paiement & de deduire, sur le Reliquat dudit Compte, lesdites Sommes, comme aussi d'alouër aux Sieurs *Ferrier* & *Gigord*, pour les années 1601. 2. 3. 4. la Somme de 1600. Livres, pour achever la Somme de six cens Livres, qui leur sont accordées par l'Ordonnance du Synode Provincial de *Montpellier*, tant pour l'avenir que pour le passé, & encore d'alouër sur le Reliquat dudit Compte, au Sr. *Gigord*, ses Gages des années

nées 1609. 10. & 11. qui n'ont pas été paiés audit Sr. *Gigord*, fous pretexte de quelque Abfence ; & de plus, de vouloir donner les Sommes raiées pour l'Impreffion de quelques Livres : La Compagnie a ordonné que fur le Reliquat defdits Comptes, on alouëra & deduira la Somme de 1600. Livres, auxdits Sieurs *Gigord* & *Ferrier*, pour les années fufdites, outre ce qui a été accordé pour leurs Gages, par les Commiffaires : Et pour les années mil fix cens 9. 10. 11. audit Sr. *Gigord*, nonobftant fon Abfence aleguée, la Somme de 1015. Livres, conformement à l'Etat de St. *Maixent* : & de plus lefdites Sommes dûes par le Sieur *Pelot*, en faifant voir par fon Compte qu'elles font dûes, & qu'elles n'ont pas été paiées, & que le furplus, montant à la Somme d'onze Mille Cent & neuf Livres, fera paié fur les Deniers dûs aux Eglifes de ladite Province, felon qu'il fera reglé dans la Diftribution, & pour les 751. Livres dûes aux Heritiers du feu Sieur *Molnier*, autrefois Profeffeur dans l'Academie de *Nimes*, comme il appert par le Refultat, & la Cloture du Compte de ladite Academie, elles feront paiées fur les Deniers qui peuvent être dûs à la Province du *Bas Languedoc*, par le Sr. *Ducandal*, ou par fon Commis, qui eft à prefent à *Privás*, fur les Reftes des années 1604 5. & 6. Et fi elles ne peuvent pas être entierement paiées, on leur en tiendra Compte fur les Deniers qui leur feront dûs ci-après.

X V.

Sur les Arrerages dûs aux Eglifes, pour les années 1604 5. & 6. montant à la Somme de 22575 Livres, La Compagnie a ordonné que la Dixiême Partie defdits Deniers fera donnée au Sieur *Vignier*, pour le Rembourfement de fes Fraix, & la Recompenfe de fes Travaux, au fujet de la Compofition & Impreffion du Livre intitulé, le *Theatre de L'Antechrift* ; & la Quarantième Partie des mêmes Deniers fufdits eft octroiée au Sr. *Cuper*, commis du Sr. *Ducandal* : & lefdites Portions feront paiées au Sol la Livre, à Proportion de ce qui fe touchera defdits Deniers, fi ledit Sr. *Vignier* n'aime mieux prendre 500. Livres fur le plus clair Revenu des Academies.

X V I.

On donnera fur les plus clairs Deniers des reftes des Sommes dûes aux Eglifes par le Sr. *Ducandal*, pour les années 1604. 5. & 6. la Somme de trois cens Livres au Sr. *Thomfon*, Pafteur de l'Eglife de la *Chaftaneraye*, pour le foulager des Fraix de l'Impreffion de fon Livre intitulé, la *Chaffe de la Bête Romaine* : comme auffi au Sr. *Sonis*, Profeffeur en Theologie dans l'Academie de *Montauban*, la Somme de 300. Livres, fur les Deniers de la même Nature en confideration de fes Travaux.

X V I I.

Sur la Remontrance des Deputés du *Bas Languedoc*, que ceux des *Sevenes*, & de *Gevaudan*, quoi que feparés d'avec eux, doivent paier la moitié des onze mille Livres, dont toute leur Province a été rendûe redevable au General des Eglifes, dans le tems qu'elle étoit jointe enfemble, & qu'elle ne compofoit pas deux Provinces : La Compagnie a ordonné que l'un & l'autre Synode donneront par egales Portions les fufdites Sommes : & que pour

pour ce qui eſt des Termes dudit Paiement, ils finiront dans trois Ans, en paiant un tiers de la Somme totale chaque année, & que pour cet éfet, ledit Compte ſera reglé au prochain Synode National.

XVIII.

Les 5245. Livres dûes par la Province du *Haut Languedoc*, à l'Occaſion de l'Academie de *Montauban*, ſelon la Cloture du Compte rendu & examiné dans cette Aſſemblée, ſe paieront en trois Termes, par égales Portions chaque année, à commencer depuis l'année preſente juſqu'à l'entier paiement, ſans que ladite Province ſoit empêchée d'avoir ſon Recours contre ceux qui ont manié leſdits Deniers.

XIX.

La Compagnie examinant le Nombre des Academies qui doivent être entretenues, a ordonné que juſqu'au Synode National prochain, les Academies de *Montauban*, de *Saumur*, de *Nimes*, & de *Montpellier* ſeront entretenues ſelon le Reglement qui en ſera fait ci-après : Et en cas qu'elles n'aportent pas leurs Comptes bien dreſſés audit Synode National, elles ſont dès-à-preſent raiées & caſſées.

XX.

En reglant le Nombre des Profeſſeurs des Academies de *Saumur* & de *Montauban* : La Compagnie veut qu'il y ait deux Profeſſeurs en Theologie qui faſſent toutes les Leçons neceſſaires, leſquels auront la Somme de 700. Livres chacun, & il leur ſera permis de ſervir au Miniſtere, ſelon qu'ils en auront le tems, en tirant de l'Egliſe qu'ils ſerviront, quelque Recompenſe dans laquelle on fera entrer la Portion de l'Octroi des Deniers Roiaux : Et pour le ſurplus des autres Profeſſeurs, on obſervera le Reglement de *St. Maixent*, excepté que les premiers Regens, capables d'enſeigner la Retorique, & de faire les Leçons d'Eloquence, auront 400. Livres de Gages, & pour cet éfet, on donnera Cent Livres à *Saumur*, par deſſus les 300. Livres qui étoient accordées au premier Regent dudit *Saumur*, Et 100. Livres à *Montauban*, par deſſus les Gages que ladite Ville donne au premier Regent.

XXI.

Et pour les Academies de *Nimes* & de *Montpellier*, on donnera à chacun des Profeſſeurs en Theologie, qui fera toutes les Leçons neceſſaires, la Somme de 700. Livres, qui font 1400. Livres pour les deux : & pour le Profeſſeur en Hebreu 400. Livres, qui ſont pour les deux 800. Livres, & pour le Colege de *Beziers*, les 400. Livres mentionnées ci-deſſus, qui font en tout 2600. Livres ; & ſi leſdits Deniers ne ſont pas emploiés ſelon l'intention de la Compagnie, ils ſeront rembourſés, pour entrer dans la Maſſe des Deniers communs.

XXII.

Quant aux Reglemens des Exercices Academiques & de la Conduite des Academies, la Compagnie enjoint aux Conſeils Academiques d'en dreſſer un Modele, chacun ſelon qu'il le jugera plus expedient, afin de l'aporter au prochain Synode National, où l'on fera ſur ces Memoires & Projets, un Reglement General.

XXIII.

L'Academie de *Montauban* demandant le Sr. *Gardes*, Pasteur de l'Eglise de *Mauvesin*, pour être donné à ladite Academie, pour Professeur en Langue Grecque, & les Fraix & Depens qu'ils feront pour chercher les autres Professeurs dont ils ont besoin : la Compagnie les renvoie à leur Province pour les entendre sur ladite Recherche, & particulierement l'Eglise de *Mauvesin* : Et pour les Fraix qu'ils demandent, ils ne peuvent pas leur être accordés.

XXIV.

Sur la Demande des Deputés du *Dauphiné*, requerant d'être aidés de quelque Subvention, pour supporter les Fraix de l'Entretien de l'Academie de *Die* : la Compagnie, pour les gratifier une seule fois, ordonne que ladite Province prendra sur les Deniers que doit la Province du *Bas Languedoc*, la Somme de trois mille Livres : & pour cet efet, elle pourra lever ladite Somme sur les Portions qui sont échûes à ladite Province du *Bas Languedoc*, & ladite Province du *Dauphiné* fera un Fonds de ladite Somme, & en emploiera le Revenu pour le soulagement de ladite Academie, sans pouvoir aliener le Principal, & elle ne manquera pas de rendre Compte du tout au prochain Synode National.

XXV.

Le Sieur *Ducandal* retiendra sur les Deniers qu'il aura à distribuer aux Provinces du *Bas* & *Haut Languedoc*, aux *Sevenes* & *Berri*, les Sommes dont elles se trouvent redevables par le Reliquat des Comptes des Academies & Coleges, à savoir sur les Provinces du *Bas Languedoc* & des *Sevenes* 11109. Livres : sur la Province du *Haut Languedoc* 5245. Livres : sur la Provinces du *Berri* 750. Livres, suivant les Termes prescrits auxdites Provinces ; pour être lesdites Sommes distribuées par ledit Sr. *Ducandal*, suivant les Ordonnances de cette Compagnie, à savoir sur les Deniers dûs par le *Haut Languedoc* 2000. Livres au Sr. *Chamier*, & sur les Deniers du *Bas Languedoc* 300 Livres, au Sieur *Perrin*, & lesdits Sieur *Chamier* & *Perrin* seront paiés des premiers Deniers retenus par le Sieur *Ducandal*, sur la premiere Année.

XXVI.

La Province d'*Anjou*, aiant presenté les Comptes des Deniers octroiés à l'Academie de *Saumur*, s'est trouvée Reliquataire de la Somme de 661. Livres, 8. s. laquelle Somme ladite Province fera entrer dans le Compte qu'elle rendra au prochain Synode National : Et on a ordonné que les Originaux desdits Comptes seront mis entre les mains des Deputés de la Province de *Xaintonge*, pour être portés aux Archives de la *Rochelle*.

XXVII.

Le Compte de l'Academie de *Montauban*, aiant été aporté au present Synode, avec les Dificultés qui s'y sont rencontrées, tant sur les années 1598. & 99. pendant lesquelles il n'y a point eu de Professeur dans ladite Academie, que sur les autres années suivantes, durant lesquelles une partie des Deniers destinés pour ladite Academie ont été emploiés à l'Entretien du Colege ge dudit Lieu, & même pris des Deniers reçûs desdites années 1598. & 99. Le present Synode a été d'avis d'employer tous les Deniers qui avoient été destinés pour les années 1601. & les suivantes, tant à l'Entretien de ladite Academie que dudit Colege, & a ordonné pour ce qui concerne lesdites années 1598. 99. & 600. que les Deniers qui avoient été emploiés l'année 1600. seront seulement accordés sans avoir égard à l'Emploi du surplus fait durant les années suivantes, & après avoir fait la Suputation de la Recepte que devoit faire ladite Academie, pour lesdites années 1598. 99. & 600. montant à 9265. Liv. 13. s. 4. d. & la Depense à 2245. Liv. 18. s. il s'est trouvé que ladite Academie étoit redevable de 8015. Liv. 13. s. 4. d. sur laquelle Somme deduisant 2599. Livres que ladite Academie devoit recevoir par les mains du Sieur *Pallot*, pour 3. Quartiers de l'année 1598. lesquels sont compris dans le Reliquat de la Somme qui doit être exigée par les Eglises sur ledit *Palot*; La Province du *Haut Languedoc* demeurera redevable de la Somme de 5416. Liv. 13. s. 4. qui sera paiée dans le Tems marqué ci-dessus.

XXVIII.

Sur l'Avis reçû par cette Compagnie qu'il y a de certaines Eglises dans la *Basse Guienne*, sur la Frontiere du *Bearn*, comme *Tortas*, *Mondemarsan*, *Eause*, *Bigorre*, *Soule* & autres, qui sont assistées des Pasteurs du *Bearn*, & qui neanmoins sont mises sur le Rôle des Eglises actuellement servies pour avoir les Portions ordonnées à chaque Pasteur de la *Basse Guienne*; La Compagnie n'approuve point que lesdites Eglises aient été mises sur ledit Rôle, & neanmoins elle les y laisse jusqu'au Synode National prochain : enjoignant à ladite Province de pourvoir au plûtot lesdites Eglises de Pasteurs qui resident sur les Lieux, qui servent actuellement & qui reçoivent leurs Portions : dont ladite Province rendra bon Compte, à defaut de quoi elle restituera toutes lesdites Portions.

XXIX.

Les douze Pasteurs du Païs & Bailliage de *Gex*, recevant pour le Degravement de la Privation des Fonds Ecclesiastiques dont ils jouïssoient auparavant, la Somme de 1200. Ecus, pris sur les Deniers de l'Augmentation : la Compagnie, n'aiant pas tant d'Egard à l'Interet particulier des autres Eglises, qu'aux Remontrances des Deputés de *Bourgogne*, a octroié auxdits Pasteurs du Païs de *Gex*, outre les susdits douze cens Ecus, la Somme de 600. Livres qu'ils se partageront également, à la Charge qu'ils obligeront leurs Peuples à contribuer, selon leur Pouvoir, aux Besoins Communs de toutes nos Eglises, & qu'ils envoieront lesdites Contributions au prochain Synode National, à defaut de quoi ils seront privés de toute Subvention.

XXX.

Il est enjoint à la Province de *Bourgogne* de pourvoir les Eglises de *Maringues* & de *Paillac* de deux Pasteurs, en leur donnant à chacune deux Portions franches, sur les trente-deux assignées à leur Province : & elle en rendra Compte au prochain Synode National.

XXXI.

Les deux Portions ci-devant octroiées à l'Eglise d'*Aubenas*, par les Synodes precedens, sont remises au Pouvoir de la Province du *Vivarez*, qui recevra en tout trente-sept Portions, en y comprenant les trois Portions accordées pour l'Eglise de *St. Etienne* en *Forez*.

XXXII.

La *Provence* a été chargée de donner un Pasteur à l'Eglise d'*Aix*, *Velaux* & *Marseille*, avec deux Portions franches, prises sur ses autres Portions : & de même une Portion franche au Sieur *Maurice*, Pasteur déchargé, & une autre Portion à l'Eglise de *Manosques*, en lui donnant aussi un Pasteur : de quoi les Deputés de *Provence* rendront Compte au prochain Synode National.

XXXIII.

On deduira au Sieur *Ducandal* ce qui provient du Tiers que le Sieur *Vitsouze* prend sur le Sol pour Livre, ledit Sieur de *Vitsouze* n'aiant pas voulu faire, pour sa Portion dudit Tiers des Deniers Academiques, ce que ledit Sieur *Ducandal* a fait de la sienne, & ainsi il tirera quatre Deniers par Livre sur les Apointemens des Academies.

XXXIV.

On a donné au Sieur *Tenant*, Pasteur & Professeur en la Langue Hebraïque à *Montauban* la Somme de cent Livres, outre les 200. accordées par le Synode de *St. Maixent*.

XXXV.

Le prochain Synode National se tiendra, Dieu aidant, dans la *Basse Guienne* d'ici à deux Ans, environ le Mois de Mai, sauf à le hâter, ou retarder, selon l'Avis des Sieurs Deputés Generaux & des Provinces voisines ; & on donne la Liberté aux Provinces de *Provence* & de *Bretagne* d'y envoier plus de deux Deputés : ce qui leur est accordé pour ledit Synode National seulement.

ETAT DES COMPTES DU SIEUR DUCANDAL,

Et de la Distribution de cent soixante-cinq mille Livres, octroiées aux Eglises Reformées de France, par le Roi.

Article I.

LEs Deputés des Eglises de chaque Province voulant ouïr les Comptes du Sieur *Ducandal*, & faire le Departement des Deniers octroiés par *Sa Majesté*, ont raporté avoir vû, par la Clôture du Compte rendu par ledit Sieur *Ducandal*, au Synode de *St. Maixent*, l'An 1609., qu'il étoit demeuré Reliquataire pour les Années 1604. 5. & 6. de la Somme de 40320. Liv. 10. s. 1. d. Pour le paiement de laquelle il a presenté un petit État des Sommes

qu'il

qu'il a païées, suivant l'Ordonnance dudit Synode, montant 10691. Liv. 5. f., & la Somme de 4766. Liv. 17. f. qu'il a entre fes mains, pour la diftribuer aux Eglifes, suivant le Departement dudit Synode de *St. Maixent*; aiant declaré n'avoir pû être païé de la Somme de 2287. Liv. 10. f. raiées fur ledit Compte, & mifes fur celui des Garnifons, ni de la Somme de 22575. Liv. 7. f. 1. d. qui eft encore dûë; à favoir par le Receveur General des Finances la Somme de 621. Liv. 19. f. 1. d., & pour les Années 1604. 1605. 4221. Liv., & par les Receveurs de *Limoges*, pour les Années 1604., 1605. & 1606. la Somme de 18353. Liv. 8. f., defquelles Sommes il ne fe charge point dans fon Compte, difant avoir fait aparoir de fes Diligences pour le Recouvrement defdites Sommes, auprès des Commiffaires nommés par le *Roi* pour la Liquidation de fes Comptes, lefquels n'aiant point été produits, les Sieurs de *Rouvrai* & de la *Milletiere*, Deputés Generaux, font priés d'en voir la Liquidation, & ledit Sieur *Ducandal* de faire la *Recepte* defdites Sommes dûës.

II.

Les mêmes Deputés ont auffi reprefenté que pour les Années 1607. & 1608. ledit Sieur *Ducandal* s'eft trouvé Reliquataire de la Somme de 38320. Liv. 15. f., pour le paiement de laquelle il a prefenté un Etat certifié par le Sieur de la *Milletiere*, montant à 33748 Liv. 15. f 5 d., & declaré avoir entre fes mains la Somme de 4477. Liv. 2. f. 7. d. pour diftribuer aux Eglifes, comme deffus.

III.

Ils ont de plus fait entendre à la Compagnie qu'ils ont vû & examiné le Compte qui leur a été prefenté par Monfieur *Sulpice Cupper*, Commis dudit Sieur *Ducandal*, pour les Années 1609. & 1610., & des trois Quartiers de 1611, montant la Somme de 371239 Liv. 19. f 4 d., dont il y a eu des Reliquats pour les Années 1610. & 1611. la Somme de 24955. Liv. 19. f. 11. d. dont il n'avoit pas produit les Quittances; & par confequent il doit de refte pour lefdites Années la Somme de 10. Liv. 8. d., & pour le dernier Quartier de l'Année 1611. la Somme de 33750. Livres qu'il doit paier fuivant l'Etat dudit Synode de *St. Maixent*. Sur laquelle Somme la Compagnie a ordonné qu'on levera la Somme de 3000 Livres accordées au Sieur *Bigot* & de la *Combe*; fuivant l'Article dreffé par leur Deputation, & 360. Livres pour leur Dépenfe faite au prefent Synode; c'eft pourquoi le Reliquat Total du fufdit Compte eft de la Somme de 30400. Livres 8. Deniers.

IV.

S'enfuit le Departement de la Somme de 4766. Livres provenant des reftes des Années 1604., 1605. & 1606. fuivant l'Etat de *St. Maixent*, dans lequel on ne doit point mettre les Provinces du *Haut Languedoc* & de la *Baffe Guienne*, parce qu'elles ont reçû leur Portion Contingente, ou en Argent comptant, ou en Refcriptions dudit Sieur *Ducandal*.

XX. SYNODE NATIONAL

Pour les Provinces suivantes,

Vivarez,		267. Liv. 15. f. 0. d.
Dauphiné,		653. Liv. 12. f. 6. d.
Provence,		157. Liv. 10. f. 0. d.
Bas Languedoc,		826. Liv. 17. f. 6. d.
Bourgogne,		362. Liv. 5. f. 0. d.
L'Isle de France,		504. Liv. 0. f. 0. d.
Berri,		283. Liv. 10. f. 0. d.
Poictou,		378. Liv. 0. f. 0. d.
Xaintonge,		559. Liv. 2. f. 6. d.
Normandie,		401. Liv. 12. f. 6. d.
Bretagne,		157. Liv. 10. f. 0. d.
Anjou,		212. Liv. 2. f. 6. d.

Autre Departement, suivant la Forme susdite de la Somme de 4477. *Livres* 3. f. 1. d. *provenant des Restes des Années* 1607. & 1608.

Dauphiné,		614. Liv. 4. f. 0. d.
Vivarez,		251. Liv. 12. f. 0. d.
Provence,		148. Liv. 0. f. 0. d.
Bas Languedoc,		777. Liv. 0. f. 0. d.
Bourgogne,		340. Liv. 8. f. 0. d.
L'Isle de France,		475. Liv. 12. f. 0. d.
Berri,		266. Liv. 8. f. 0. d.
Poictou,		355. Liv. 4. f. 0. d.
Xaintonge,		525. Liv. 8. f. 0. d.
Normandie,		377. Liv. 8. f. 0. d.
Bretagne,		148. Liv. 0. f. 0. d.
Anjou,		199. Liv. 16. f. 0. d.

Autre Departement, entre les Provinces, de la Somme de 30390. *Livres, restant du dernier Quartier de l'An* 1611. *suivant le Synode de St. Maixent, & autres Reglemens.*

Normandie,		2034. Liv. 6. f. 6. d.
Dauphiné,		3310. Liv. 5. f. 8. d.
Berri,		1435. Liv. 5. f. 9. d.
Haut Languedoc,		3350. Liv. 3. f. 4. d.
Anjou,		1076. Liv. 16. f. 10. d.
Xaintonge,		2831 Liv. 14. f. 2. d.
L'Isle de France,		2552. Liv. 10 f. 4. d.
Poictou,		1914. Liv. 8. f. 0. d.
Bas Languedoc & Sevenes,		4187. Liv. 14. f. 3. d.

TENU A PRIVAS.

Basse Guienne,		2911. Liv. 9. s. 2. d.
Vivarez,		1356. Liv. 0. s. 4. d.
Bourgogne,		1834. Liv. 12. s. 4. d.
Provence,		797. Liv. 13. s. 2. d.
Bretagne,		797. Liv. 13. s. 2. d.

Restent 10. Liv. 8. d. des Années 1609. & 1610. dont le Sieur *Ducandal* demeure chargé pour les paier.

Autre Departement entre toutes les Provinces, de la Somme de 180000. Livres octroiées par Sa Majesté aux Eglises, pour l'Année courante, & pour les autres à venir, selon l'Etat dressé au present Synode, qui servira jusqu'au prochain Synode National, suivant lequel ledit Sieur Ducandal, tant pour lui que pour le Sieur de Vitsouze, *fera le Paiement de ladite Somme aux termes ci-après specifiés.*

Distractions qui doivent être faites de ladite Somme de 165000. Liv.
Premierement il a été accordé par le Brevet inseré ci-dessus à l'Academie de

Sédan,	4000. Liv.
Aux Eglises du Bailliage de *Gex*,	3600. Liv.
Au Colege de *Bergerac*,	600. Liv.

Departement pour les Academies de

Montauban, à savoir	3000. Liv.
Pour deux Professeurs en Theologie,	1400. Liv.
Pour un Professeur en Hebreu, étant Pasteur,	300. Liv.
Pour un Professeur en Grec,	400. Liv.
Pour deux Professeurs en Philosophie,	800. Liv.
Pour le premier Regent,	100. Liv.

De

Saumur,	4290 Liv.
A deux Professeurs en Theologie,	1400. Liv.
A un Professeur en Hebreu,	400. Liv.
A un Professeur en Grec,	400. Liv.
A deux Professeurs en Philosophie,	800. Liv.
Au premier Regent,	460. Liv.
Au second,	300. Liv.
Au troisième,	200. Liv.
Au quatrième,	180. Liv.
Au cinquième,	150. Liv.

De

Nimes & Montpellier,	2600. Liv.
A deux Professeurs en Theologie,	1400. Liv.
A deux Professeurs en Hebreu,	800. Liv.

XX. SYNODE NATIONAL

Au Colege de Beziers, . . . 400. Liv.
Aux Députés Generaux, . . . 1650. Liv.

Faisant la moitié de 3300. Liv. accordées par les Synodes precedens, outre la Somme de 10200. Liv. sur le Petit Etat, l'autre Moitié desdites 3300. Liv. étant rejettée sur l'Etat des Garnisons, pour achever la Somme de 13500. Liv. accordées auxdits Deputés Generaux.

Par consequent il reste à distribuer au Profit desdites Eglises la Somme de . . . . . 160260. Liv.

Partagées suivant l'Etat dressé ci-après, à savoir,

L'Isle de France, pour 64. Portions & le Colege,	13457. Liv.	17. f.	4. d.
Normandie, pour 51. Portions & le Colege,	10805. Liv.	9. f.	9. d.
Bretagne, pour 20. Portions & le Colege,	4480. Liv.	11. f.	8. d.
Anjou, pour 28. Portions,	5712. Liv.	16. f.	4. d.
Poictou, pour 50. Portions & un Colege,	10601. Liv.	1. f.	2. d.
Xaintonge, pour 71. Portions & un Colege,	14086. Liv.	1. f.	5. d.
Berri, pour 36. Portions avec le Colege,	7745. Liv.	1. f.	0. d.
Bourgogne & Gex, pour 32. Portions & 600. Liv. accordées à ceux de Gex avec le Colege,	7528. Liv.	18. f.	8. d.
Dauphiné, pour 84. Portions & le Colege,	170538. Liv.	9. f.	0. d.
Vivarez, pour 36. Portions & un Colege,	7745. Liv.	1. f.	0. d.
Provence, pour 21. Portions & un Colege,	4684. Liv.	12. f.	0. d.
Bas Languedoc, pour 52. Portions,	10609. Liv.	10. f.	4. d.
Les Sevenes & Gevaudan, pour 53. Portions & un Colege,	11213. Liv.	10. f.	11. d.
Haut Languedoc, 81. Portions,	16526. Liv.	7. f.	3. d.
Basse Guienne, pour 80. Portions & un Colege,	16722. Liv.	6. f.	8. d.

Lesquelles Sommes ci-dessus, ledit Sieur *Ducandal* paiera chaque Quartier, tant aux Universités, Deputés, que Commis aux Provinces dans le Tems & les Termes suivans.

Ce qui revient aux Provinces de *l'Isle de France*, *Normandie*, *Anjou*, *Poictou*, *Basse Guienne*, *Haut Languedoc* & *Berri*, en y comprenant les Universités qui sont dans lesdites Provinces, sera donné aux Commis qui ont été, ou qui seront ci-après nommés.

Le 1. Paiement, au 1. jour de Juillet.
Le 2. au commencement d'Octobre prochain.
Le 3. à la fin du Mois de Janvier 1613.
Pour l'Isle de France, à *Paris*.
Pour la Normandie, à *Roüen*.
Pour le Berri, à *Orleans*.
Pour le Poictou, à *Poictiers*.
Pour la Basse Guienne, à *Bourdeaux*.
Pour le Haut Languedoc, à *Montauban*.
Pour Anjou, à *Tours*.

TENU A PRIVAS.

Pour le Bas Languedoc, les Sevenes, la Provence, la Bretagne & Xaintonge,

Le 1. Paiement se fera sur la fin du present Mois de Juillet.
Le 2 sur la fin d'Octobre suivant.
Le 3. sur la fin de Février 1613.

Pour { la Provence, du Bas Languedoc & des Sevenes, à *Montpellier*.
{ la Bretagne, à *Nantes*.
{ Xaintonge, à la *Rochelle*.

Pour les Provinces de Bourgogne, Dauphiné & Vivarez aux Commis qui sont, ou seront nommés par lesdites Provinces, dans la Ville de *Lion*; à savoir les deux premiers Paiemens aux Foires d'Août, & de la Toussaints de la presente Année, & le 3. à la Foire des Rois de l'An 1613.

Toutes lesdites Provinces nommeront & assigneront dans chacune des Villes susmentionnées, où lesdits Paiemens se doivent faire, un Domicile auquel le Sieur *Ducandal* se pourra adresser pour faire lesdits Paiemens, & aussi pour paier ce qu'il pourra recevoir à bon compte du dernier Quartier, qu'il delivrera à chacune desdites Provinces également par Concurrence au Sol la Livre le 15. d'Août de l'An 1613. dans les Lieux & entre les Mains des Personnes nommées par lesdites Provinces. Et pour le surplus qui restera à recevoir après le 15. d'Août de l'An 1613., il en fournira ses Rescriptions à chacune des Provinces qui les voudra prendre, suivant l'Etat qui en sera fait avec les Deputés Generaux residens en Cour. De toutes lesquelles susdites Sommes qui seront ainsi actuellement paiées par ledit Sieur *Ducandal*, il prendra & retiendra ce qui lui a été accordé : sauf pour les Academies, desquelles il ne retiendra que 4. Deniers pour Livre, qui est le Droit du Sieur de *Vitsouze*; & pour ce qui est des Rescriptions du dernier Quartier, trois Deniers seulement ; le tout selon & conformement au Traité fait avec lui par les Deputés de nos Eglises, au Synode National de *Gap*, & les autres Reglemens faits dans les Synodes suivans.

Et de plus la Compagnie enjoint audit Sieur *Ducandal* de ne rien distraire des Deniers de nos Eglises & Academies, quelque Ordonnance qu'il en reçoive d'ailleurs, sans l'Ordre exprès du Synode National, autrement on ne lui passera point dans la Reddition de ses Comptes ce qu'il aura paié sans ledit Ordre.

ROLE DES APOSTATS.

1. Josué *Guibert*, de Stature moienne, aiant le Poil de la Tête & la Barbe fort noire, les Yeux aussi noirs, le Visage long & fort decharné, la Peau bazanée, levant fort la Tête, riochant à l'abord des Personnes, hesitant en ses Discours familiers ; il a les Dents noires, & est fort mal propre en ses Vetemens ; il est sorti de *Xaintonge*, où il étoit Ministre dans l'Eglise d'*Archiac*.

2. Jaques *Crespes*, natif du *Puis* en *Velui*, âgé d'environ 26. ans, de Stature

ture basse, de Poil noir, morgne; aiant été accusé par un Papiste Maître d'Ecole d'avoir commis un crime très-énorme, lors qu'il étudioit au Colege des Jesuites, à *Carpentras*, il est retourné dans le Papisme, se disant aujourd'hui Aumonier de l'Evêque de *Valence*, & il étoit auparavant Ministre au *Crest* en *Dauphiné*. Fait à *Privas* en *Vivarez* le 4. de Juillet 1612.

CHAMIER conduisant l'Action. P. DU MOULIN Ajoint, & MONSANGLARD avec MANIALD élûs pour dresser les Actes.

DIFICULTE'S SUR LE BATEME.

Sur la Question proposée, si dans les Lieux où l'on fait des Prieres Publiques à certains Jours & Heures reglées, on peut ou doit batiser les Enfans devant, ou après lesdites Prieres? Et s'il n'est pas licite de les batiser sans Predication? Plusieurs des Freres ont été d'avis qu'il ne faloit pas refuser le Batême quand on fait lesdites Prieres publiques, & qu'on peut batiser sans Predication; mais plusieurs autres ont soûtenu le contraire, par les Raisons qu'on verra ci-après, lesquelles rendent la Question fort Problematique. Voici les Motifs qui portent les premiers à raisonner de la Maniere suivante.

RAISON I.

Nous avons l'Exemple du Batême de Nôtre Seigneur *Jesus-Christ*, batisé par *Jean Baptiste*, lequel n'y fit aucune Predication; & il est certain que *Jesus-Christ* n'en avoit aucun Besoin.

II.

Philippe au 8. des Actes Vers. 38. batise l'Eunuque de la Reine de *Candace*, après un Discours familier & une Instruction particuliere, sans Predication. L'Instruction qu'il lui donne est celle-là même qui est contenuë dans le Formulaire que nous lisons avant le Batême.

III.

De même aussi *Ananias*, au Chapitre 9. Vers. 18. des Actes batise *St. Paul* sans faire aucune Assemblée Ecclesiastique, & sans Predication, au Sens que le mot de Predication est pris aujourd'hui. La même chose se voit au sujet du Batême du Geolier & de la Famille dont il est parlé au Chapitre 16. des Actes. Vers. 33.

IV.

Ajoûtés l'Exemple de l'Eglise de l'Ancien Testament. Car alors la *Circoncision* tenoit le lieu de nôtre *Batême*, à laquelle on n'avoit pas accoûtumé de joindre une Predication; mais on voit au Chapitre 1. Vers. 59. de *St. Luc* que la Coûtume étoit que les Parens & les Voisins s'assembloient dans la Maison du Pere de l'Enfant pour le circoncire, & lui imposer un Nom. Il faut donc savoir pourquoi la Predication est aujourd'hui plus necessaire au Batême qu'elle ne l'étoit à la Circoncision, puisque ces deux Sacremens ont été donnés également pour être des Seaux de l'Aliance, & que la Parole doit aussi être jointe à l'Element tant en l'un qu'en l'autre, pour faire que ce soient des Sacremens.

V.

L'Ancienne Eglise Chrêtienne n'a pas non plus crû cette Necessité de Predication au Batême; car ç'a été une Erreur Ancienne que le Batême efface tous les Pechés passés, sans autre Satisfaction; mais pour les Pechés d'après le Batême les Evêques imposoient de grandes Satisfactions: De là est venuë la Coûtume de plusieurs Anciens de differer le Batême jusqu'à l'Extrêmité. Ainsi fut batisé l'Empereur *Constantin*, ainsi son Fils *Constantius*. Ainsi le jeune *Valentinian* diferant son Batême jusqu'à l'Extrêmité fut prevenu par la Mort, comme le témoigne *Ambroise*, dans l'Oraison Funebre sur sa Mort. Erreur qui prouve manifestement que l'Eglise d'alors ne croioit point qu'on ne pût pas batiser sans Predication.

VI.

Que si la Predication est necessaire au Batême, il faut que cette Necessité vienne, ou de ce que la Predication est de l'Essence du Batême, ou une Proprieté qui lui est Essentielle, ou de ce que Dieu l'a ainsi commandé. Or elle n'est point de l'Essence du Batême, d'autant qu'elle n'en est ni la Matiere, ni la Forme, ni le Genre, ni la Diference, & qu'elle n'entre point dans sa Definition. Elle n'est pas non plus une Proprieté Essentielle du Batême, autrement il faudroit dire que le Batême de *Jesus-Christ*, celui de *l'Eunuque*, celui de *St. Paul*, celui du *Geolier* & de tant d'Eglises qui batisent aujourd'hui sans Predication, n'auront point eu leurs Proprietés Essentielles, & par consequent n'ont point été de vrais Batêmes. La Predication aussi n'est pas non plus necessaire au Batême par le Commandement de Dieu, puis qu'il n'y en a pas un mot dans tout le Nouveau Testament. *Jesus-Christ* dit bien, allés prêchés & batisés: mais il ne dit pas, ne batisés point sans prêcher. Car si de ces mots il s'ensuit qu'on ne peut pas batiser sans prêcher, il s'ensuivra par la même Raison qu'on ne pourra pas prêcher sans batiser. Ainsi Dieu dit à *Jeremie* qu'il l'envoie afin d'arracher, de demolir, d'édifier & de planter. Mais de-là il ne s'ensuit pas qu'il fut obligé de demolir toutes les fois qu'il édificroit, ou d'édifier toutes les fois qu'il demoliroit; mais il devoit faire tantôt l'un & tantôt l'autre, selon les Occurrences, & quelquefois les deux ensemble. *St. Paul* dit bien au 5. des *Ephesiens* que *Jesus-Christ* a sanctifié l'Eglise, après l'avoir nettoiée par le Lavement d'Eau par la Parole, mais il ne dit pas que la Parole & l'Eau doivent toûjours être administrées à la même heure, autrement il ne faudroit jamais prêcher sans batiser. Joint que *St. Paul* par ce mot de *Parole* entend seulement la Doctrine de l'Evangile, laquelle se trouve toute entiere dans le Formulaire qui se lit pour le Batême. Il ne faut pas donc s'imaginer que toutes les fois qu'il est parlé de la Parole dans l'Ecriture, il saille aussi entendre une Predication dans l'Assemblée Ecclesiastique.

VII.

Sur tout prenons garde qu'en disant que la Predication est absolument necessaire au Batême, nous ne soions trouvés contredire, non seulement à tant d'Exemples de l'Ecriture, mais aussi à nous-mêmes. Car nous permettons bien qu'un Enfant pressé de Mal soit batifé avant la Predication, pourquoi ne le seroit-il pas aussi sans une Predication faite après le Batême, pour autoriser & rendre valide le Batême, ou pour faire qu'il ait plus d'Eficace, puis que ni les Parrains & Marreines, ni les Peuples n'y assistent point, & que l'Enfant est incontinent emporté? Pourquoi si le Parrain & la Marraine arrivent après que le Sermon est fini, ne laissons-nous pas de batifer l'Enfant, encore que ni l'Enfant, ni ceux qui le presentent, n'aient eu aucune part à la Predication? Pourquoi ne faisons-nous point de Dificulté de tenir pour valide le Batême des Papistes, lequel nous savons avoir été administré sans Predication.

VIII.

Alleguer la Coûtume sans Regle ni sans Exemple de la Parole de Dieu, est une chose mal seante dans la bouche de ceux qui font Profession expresse de rejetter toutes les Coûtumes introduites sans Commandement de Dieu. Et même si on prend garde aux Coûtumes, nous avons l'Exemple de l'Eglise Ancienne, dans laquelle on ne trouvera aucun Reglement qui établisse la Necessité de la Predication avec le Batême, mais la Pratique contraire, comme nous l'avons montré. Et quant aux Eglises de ce tems, nous avons les Eglises d'*Angleterre* & d'*Allemagne* qui ne s'assujettissent point à cette Coûtume, & on ne sauroit les y obliger sans un Commandement de la Parole de Dieu, ni les autres Eglises sans pecher contre les Regles de la Charité, & de la Moderation.

IX.

Finalement il faut éviter le Scandale de nos Peuples, qui se plaignent d'une Voix Generale que le Batême s'avilit & devient une Chose Indiferente dans nos Eglises, & que nous donnons sujet aux Aversaires de nous blâmer sur cela. Et en esfet, si dans une Eglise, où les Prieres Publiques se font ordinairement, un Pere presentoit son Enfant malade pour être batifé, & que le Pasteur le refusât, sous Pretexte, que ce sont des Prieres sans Predication, & que l'Enfant mourut peu après, ledit Pasteur ne seroit-il pas coupable d'avoir refusé le Seau de l'Aliance à un Enfant qu'on lui presente, & peché contre cette même Regle que nous avons inserée dans le Formulaire du Batême, *Laissés venir à moi les Petits Enfans, & ne les empêchés point, car à tels est le Roiaume des Cieux.* Là-dessus on voit par Experience les Parens se mutiner, & quelquefois se revolter: des Devots se scandaliser, & nos Aversaires prendre Occasion de nous rendre Odieux.

RAISONS CONTRAIRES AUX PRECEDENTES.

I.

D'Autre Part on propose des Raisons qui meritent aussi d'être pesées. On allegue *Jesus-Christ* disant *Allés & endoctrinés toutes Creatures &c. Matth.* 28. 19. Et *St. Paul Eph.* 5. disant que *Christ a nettoié l'Eglise par le La-*
vement

vement d'Eau, par la Parole. Paſſages examinés ci-deſſus, où nous avons montré qu'ils ne prouvent point qu'on ne puiſſe pas batiſer ſans Predication.

II.

On objecte que la Parole doit être jointe à l'Element, afin qu'il ſoit Sacrement, ce qui eſt veritable ; mais auſſi nous avons déja dit que tant l'Inſtitution du Batême que le Formulaire qui s'y lit, contient cette Parole, & un Sommaire de tout l'Evangile. Que ſi par la Parole ou Endoctrinement il faut entendre un Prêche, enſorte que le Batême donné après, ſoit le Sceau & le Sacrement de la Predication precedente, il faudra neceſſairement que ladite Predication traite du Batême & des Graces qui y ſont Ofertes : Et neanmoins il arrivera ſouvent qu'après une Predication, dans laquelle on n'aura parlé que de la Creation du Monde, ou de la Puiſſance de Dieu &c, on preſentera des Enfans au Batême, lequel certainement ne peut pas être le Sceau & le Sacrement d'une telle Predication : ſi ce n'eſt que nous voulions diſputer contre ce qu'il y a de plus évident.

III.

On ajoute que les Sacremens doivent être adminiſtrés dans les Aſſemblées Eccleſiaſtiques, & que ces Prieres Publiques, avec Chant de Pſeaumes ne ſont point Eccleſiaſtiques. A quoi nous repondons que, poſé le Cas que le Batême ſe doive donner dans une Aſſemblée Eccleſiaſtique (quoi que les Exemples du Batême de l'*Eunuque*, de *St. Paul* & du *Geolier* ſoient contraires) il eſt neanmoins vrai qu'on ne peut pas nier que l'Aſſemblée des Fideles dans un Lieu Sacré, convoquée pour prier Dieu, & pour chanter les Pſeaumes ne ſoit une Aſſemblée Eccleaſiſtique. S. *Luc* au 16. des Actes v. 13. parle d'un Lieu près du Fleuve où les Fideles de *Philippes* s'aſſembloient pour faire l'Oraiſon : qui doute que de telles Aſſemblées ne fuſſent pas Eccleſiaſtiques ? Car il n'eſt pas vraiſemblable que les *Philippiens* euſſent alors d'autres Aſſemblées. Cela même eſt confirmé par la Definition d'une Aſſemblée Eccleſiaſtique, à ſavoir que c'eſt une Multitude de Fideles convoqués pour une Action Eccleſiaſtique, & pour le Service Divin : laquelle Definition convient dans toutes ſes Parties aux Prieres Eccleſiaſtiques, qui ſe font ordinairement dans quelques Egliſes, ſans Predication.

IV.

Quelques-uns diſent que ſi le Batême ſe peut faire ſans Predication, on pourra dire la même choſe de la *Cene*. A quoi nous repondons que cela ne s'enſuit pas; car la Predication & l'Exhortation ſont neceſſaires, pour diſpoſer ceux qui veulent participer à la *Ste. Cene* : ce qui ne peut pas être dit des Enfans qu'on preſente au Batême : Secondement toute l'Egliſe eſt conviée à la *Cene* ; mais les Enfans ſont preſentés au Batême ſans y être apellés. C'eſt pourquoi la *Cene* ſe fait dans l'Aſſemblée Solennelle, mais le Batême ſe doit faire lors que des Particuliers preſentent les Enfans ſelon les Occaſions qu'ils en ont. D'où il s'enſuit que la *Cene* ſe faiſant dans une Aſſemblée Generale de tous les Fideles, ce ſeroit un grand mepris de ne leur faire aucune Exhortation, mais le Batême ſe peut donner tous les jours dans les Lieux où il y a Assemblée Ecclesiastique, quelque petite qu'elle soit. Joint que le mot de *Cene* signifie un Repas Commun, & emporte une Communion de tout le Corps de l'Eglise, ce qui requiert necessairement une Assemblée Solennelle & Generale de l'Eglise, ce qui ne peut être dit du Batême. Finalement nous avons au 20. des *Actes v.* 7. un Exemple de l'Apôtre *Saint Paul* joignant la Predication à la *Ste. Cene*, mais nous n'avons aucun Exemple de Predication ajoûtée au Batême, dans le Sens que nous prenons aujourd'hui le mot de Predication pour l'Exposition d'un Texte de l'Ecriture, par la Voix d'un Pasteur, dans l'Assemblée de l'Eglise.

V.

On nous Oppose aussi la Coûtume de l'Ancienne Eglise, qui étoit de remettre le Batême de toute l'Année au jour de la Paque, & à celui de la Pentecôte, durant lesquels on faisoit une Predication ; Exemple qui ne fait rien à ce propos ; car ici nous parlons du Batême des petits Enfans, auxquels la Predication ne peut donner aucune Instruction. Mais ceux qui venoient alors, en Troupe, se faire Batiser ès jours de la Paque & de la Pentecôte, étoient des Personnes déja avancées en Age, lesquelles on interrogeoit & instruisoit ; c'est pourquoi cette Instruction est apellée dans la 1. *Epit. de S. Pierre C.* 3. *V.* 21. *Temoignage d'une bonne Conscience* ; par lequel les Catecumènes étoient mis au Rang des Fideles, en recevant le Batême. On ne trouvera point qu'il y ait aucun Canon, ou Reglement Ancien, qui defende de batiser sans Predication, mais au contraire on peut produire plusieurs Canons des Anciens Conciles qui permettent de batiser en quel Tems & Lieu que ce soit, lors qu'il y en a une Ocasion importante. Et la Coutume de diferer le Batême jusqu'à la Mort, montre clairement qu'on ne croioit pas d'être obligé de recevoir, ou de donner le Batême après la Predication Ordinaire.

VI.

Finalement on nous objecte que ce seroit introduire la Necessité du Batême ; mais cette Crainte est sans sujet : car s'il faut batiser à toute Heure à la Requisition du premier venu, ou même si nous disions qu'il faut établir par tous des Prieres Ordinaires pour y pouvoir batiser, il y auroit quelque Aparence de craindre cet Inconvenient, mais sans imposer cette Loi de faire des Prieres Ordinaires, outre les Prêches, nous disons seulement que dans les Lieux où les Prieres sont établies, on ne peut pas refuser un Enfant presenté au Batême, sans une juste occasion de Scandale, & sans refuser le Seau de l'Aliance, lors qu'on le peut & doit donner. Joint que pendant que nous évitons de tomber dans l'Opinion de la Necessité du Batême, il faut prendre garde de ne pas tomber dans une autre Extremité, qui est le Mepris de ce Sacrement, par lequel on est aggregé dans l'Eglise Visible, & reçû dans l'Alliance de Grace, par le Seau de la Justice de la Foi ; c'est pourquoi nous ne faisons point de dificulté de dire que si le Batême n'est pas necessaire pour le Salut de l'Enfant, il est pourtant necessaire aux Peres & Meres de le demander pour leurs Enfans, & necessaire aux Pasteurs de l'administrer, selon cette Maxime des Scholastiques, qui disent qu'il y a des Choses, auxquelles

les on n'est pas obligé par une *Necessité de Moien*; mais par une *Necessité de Precepte*: car si le Batême n'est pas un *Moien Necessaire* pour obtenir le Salut, au moins est-il *Necessaire d'obeïr à Dieu*, qui veut qu'on l'administre.

RAISONS

Qui obligent de rejetter le Decret du Synode National de St. Maixent; tenu l'An 1609. par lequel il fut ordonné que le Batême seroit administré sans Predication, en Cas de Besoin, dans les Lieux où les Prieres Extraordinaires sont en Usage, & Publiques.

DEMANDE FAITE SUR L'ADMINISTRATION DU BATEME.

LA Question est, si on peut, ou si on doit batiser les Petits Enfans, en Cas de Necessité sans Predication, les jours de Prieres Extraordinaires ? Le Synode National de *St. Maixent*, a decidé que cela se doit faire; mais la plûpart des Provinces qui ont envoié leurs Deputés dans celui-ci, jugent neanmoins le contraire, pour les Raisons suivantes.

PREMIERE RAISON.

Que l'Article de *St. Maixent* n'est fondé ni sur l'Ecriture, ni sur la Pratique de l'Eglise Apostolique, ni sur l'Antiquité, ni sur la Discipline, ni enfin sur la Coutume.

II.

Au contraire l'Ecriture ordonne de prêcher avant que l'on batise: *allés, prechés & batisés*, Math. 28. 19. Mar. 16. v. 6. 16. notés qu'il n'est point dit *priés & batisés*, mais *endoctrinés, prechés*. Que si on dit que cela s'entend des Adultes, pourquoi non pas aussi bien des Petits Enfans, puis qu'il est question d'un Sacrement commun à toute Creature, soit Grande, soit Petite ?

III.

Aux *Eph*. c. 5. 6. 26. il est dit que *Jesus-Christ sanctifie & nettoie son Eglise par le Lavement d'Eau, par la Parole*. Sous le mot *Eglise*, sont compris les Petits Enfans de même que les Adultes, puisque tous doivent être nettoiés par le même Moien, à savoir par *l'Eau* & par la *Parole*.

IV.

Notés par la *Parole*. Cette *Parole* ne peut être que la Predication qui doit preceder le Batême: car de la raporter aux Paroles de l'Institution, ce seroit aller manifestement contre l'Intention de *St. Paul*; Et de fait *Calvin, Beze, & Zanchius*, expliquant ce Passage des *Eph*. disent que ce mot de *Parole* s'entend de la Predication, & non pas de l'Institution.

V.

Il est évident que les Instrumens dont Dieu se sert pour nettoier son Eglise, sont la *Parole* & les *Sacremens*; pourquoi dont les separer, puis que l'Ecriture les conjoint, tant dans ce Passage, que dans le precedent. Le même *Zanchius* dit expressément sur ce Passage, qu'il y est parlé du Batême des Petits Enfans, aussi bien que des Adultes.

VI.

Ensuite de quoi, nous disons que l'eau du Batême n'est pas un Sacrement sans la Parole prêchée, comme l'affirme ledit *Zanchius*, au même endroit, *Parag.* 4. se servant pour le prouver, de l'Autorité de *St. Augustin*, au Traitté 80. sur *St. Jean*, où il emploie ces Termes, *detrahe Verbum, & quid est Aqua, nisi Aqua? Accedit Verbum ad Elementum, & fit Sacramentum. Unde ista tanta Virtus Aquæ, ut Corpus tingat & Cor abluat, nisi faciente Verbo, non quia dicitur, sed quia creditur.*

VII.

Et afin que l'on ne pense pas que ce Docteur parle de la Parole de l'Institution, voici ce qu'il ajoute, *hoc est Verbum Fidei, quod Prædicamus, hoc Verbum Fidei tantum valet in Ecclesia Dei, ut mundet Infantem, quamvis nondum valentem Corde credere ad Justitiam, & Ore confiteri ad Salutem: totum hoc fit per Verbum de quo Dominus ait, jam vos mundi estis propter Verbum quod locutus sum vobis.* Tertulien au Traitté de la Resurrection de la Chair, dit *Caro humana non Lavatione, sed Responsione, Verbo sanctificatur*; attribuant plus à la Parole qu'au Lavement.

VIII.

Nous disons de plus que ce qui a été pratiqué par les Apôtres au Sujet du Batême, le doit être aussi par nous: Or est-il qu'il nous appert par l'Histoire des *Actes*, qu'ils n'ont jamais batisé sans Predication, comme *St. Philippe*, l'Eunuque *Act.* 8. 35. *St Pierre* prêche, & puis batise, *Act.* 10. 3. 47. *Paul* & *Silas* exhortent, & puis batisent, *Act.* 16. 31. 33. *Apollos* prêche & batise, *Act.* 19. 13. 3. 4. *Ananias* batise *Paul*, après l'avoir instruit, *Act.* 22. 12.

IX.

On repliquera que cela s'entend des Adultes, & non pas des Petits Enfans. Et quant cela seroit, il faudroit neanmoins encore montrer que les Apôtres ont batisé des Petits Enfans sans Predication; ce qui ne se trouvant point dans toute la Pratique de leur Tems, ni de leurs Successeurs, pourquoi faire maintenant le contraire? il n'y en a point de Sujet, ni de Raisons; au contraire, on peut recüeillir de leurs Ecrits qu'ils ne batisoient point les Petits Enfans sans Exhortation: car nous lisons qu'ils batisoient des Familles toutes entieres: qui doutera que dans un grand nombre de Familles il n'y eut aucun Petit Enfant? Il est certain qu'ils ne batisoient point ces Familles sans Predication, comme il se voit dans les *Act. C.* 16. *v.* 6. 8. 15. 16. & dans la 1. aux *Cor.* 1. 14.

X.

Il appert aussi par l'Histoire des *Act. c.* 3. que l'Exercice des Prieres Publi-

Publiques étoit pour lors en Ufage, & que les Apôtres s'y trouvoient, mais il n'eſt point dit qu'ils y batiſoient des Petits Enfans. Pourquoi donc le faire plûtôt aujourd'hui ? quelle Neceſſité y a-til de plus parmi nous qui ne fût parmi eux ?

XI.

Nous diſons outre cela que le Batême a ſuccedé à la Circoncifion, laquelle eſt appellé par *St. Paul*, le Seau de la Juſtice de Foi, *Rom.* 4. 6. 11. Ainſi dirons nous que le Batême eſt le Seau de notre Juſtice, & de la Remiſſion de tous nos Pechés, comme il l'eſt du Peché Originel des Petits Enfans : or eſt-il que le Seau doit toujours être conjoint avec la Lettre, c'eſt-à-dire avec la Parole prechée *Rom.* 10. 6. 8. Car comme les Seaux du *Roi* ne ſoit pas valables, ſi la Grace qu'il accorde n'eſt pas publiée par Ecrit, ou de vive Voix, ainſi le Batême n'eſt pas valable, ni recevable, ſans Parole; d'où il s'enſuit qu'il faut joindre la Predication au Betême.

XII.

Aux *Rom. c.* 6. 4. Le Batême eſt apellé le Seau de notre Regeneration : d'où il s'enſuit qu'il doit être joint avec la Lettre de notre Regeneration, qui n'eſt autre choſe que la Parole Prechée *Jaques Chap. v.* 18. & 1. *Pier. c.* 1. 23.

XIII.

Que ſi on veut que la Predication ne ſoit point neceſſaire au Batême, la Priere ne le ſera pas non plus, ni même le Formulaire du Batême : par conſequent on pourra batiſer ſans Priere & même ſans Formulaire. Car pourquoi impoſe-t-on plûtôt la Neceſſité de l'un que de l'autre ? Comme ſi la Priere Publique étoit plus que la Predication, ou que le Formulaire du Batême. Choſe abſurde & impie. Que ſi on peut adminiſtrer le Batême ſans Exhortation, le même ſe pourra faire de la *Ste. Cene*, en cas de Neceſſité.

XIV.

Nous diſons que le Decret de *St. Maixent* contrevient tout ouvertement à la Diſcipline, ſur le Chapitre du Batême, Article 6. par lequel il eſt enjoint aux Paſteurs de ne batiſer pas ſans Exhortation : Article qui eſt fondé ſur le Commandement exprès de *Jeſus-Chriſt*, & ſur la Pratique des Apôtres, comme il a été montré ci-deſſus.

XV.

Le même Decret combat la Sainte & Ancienne Coutume de toutes nos Egliſes, qui depuis le commencement de la Reformation ſe ſont arrêtées à cet Ancien Ordre. Pourquoi le changer maintenant puiſqu'il n'y a ni Erreur ni Hereſie en ſuivant le même Ordre ? A cette Nouveauté donc nous oppoſons cette Ancienne Coutume, ſelon l'Exemple du grand Apôtre *Saint Paul*, lequel s'oppoſant aux Dereglemens des hommes ; & aux Fautes des *Corinthiens*, allegoit la Coutume des Egliſes du Seigneur, & en fait Bouclier contre ceux qui la vouloient changer ou violer ; & en parle en cette ſorte, *S'il y a quelcun qui veuille être Contentieux, nous n'avons point une telle Coutume, ni auſſi les Egliſes de Dieu.*

XVI. L'E-

XVI.

L'Eglise Primitive le pratiquoit ainsi, comme il se peut voir dans la Bibliotheque des Peres, où nous trouvons que dans les Formulaires qui nous restent des Eglises d'*Alexandrie* & d'*Ethiopie*, on ordonnoit des Prieres, & la Lecture des Ecritures, avec des Explications & Aplications bien amples au Batême des Petits Enfans.

XVII.

On nous accordera que le Batême Exterieur n'est point cause du Salut de l'Enfant, & qu'il ne peut pas l'être, que ce n'est seulement que le Seau de l'Aliance de Dieu, laquelle le Batême ne confirme point : Et nous avons toujours crû & enseigné que la Privation du Signe n'est pas prejudiciable au Salut de l'Enfant, mais que le Mepris du Batême du côté des Peres & Meres est blâmable.

XVIII.

Au reste, *dato & non concesso*, que l'on puisse batiser sans Exhortations; nous disons qu'encore ne le faut-il pas faire, pour les Dangers & Inconveniens qui s'ensuivent 1. Le St. Batême sera beaucoup profané & meprisé si on vient à le celebrer dans les Prieres Ordinaires du Soir, & du Matin, auxquelles Prieres peu de gens se trouvent, & encore par Maniere d'Aquit. Au contraire le Batême est rendu très-honnorable par la Predication. 2. Le Synode National tenu à *Gap*, en 1603, ordonne que tous les Pasteurs soient soigneux de pratiquer le quatrième Article du Chapitre 10. de la Discipline, qui ordonne que les Prieres Publiques Journalieres cessent, & qu'elles n'aient plus Lieu sinon en tems de Persecution : Et cependant cette Nouveauté de baptiser les Enfans sans Predication, renverse tant la Discipline, que ladite Ordonnance du Synode de *Gap*, ce qui n'est point tolerable. 3. Une telle Nouveauté causera des Divisions & des Partialités, ou du moins des Plaintes & des Mecontentemens contre les Pasteurs, lesquels aiant plusieurs Eglises à servir, ne pourront établir cet Ordre de Prieres que dans celle où ils resideront, qui recevra tout cet Avantage, & les autres en seront privées, quoi qu'elles fournissent peut-être davantage pour son Entretien : Et là desfus les uns se plaindront contre les autres, qui diront, puis que vous jouïsfés du Benefice du Pasteur plus que nous, vous devés donc contribuer à son Entretien, & à Proportion du Service qu'il vous rend : Et de là naitront des Divisions & des Contestations dans les Eglises, & ces Contestations & Divisions causeront un Demembrement, & ce Demembrement une Ruine totale, & voilà quels seront les efets de cette Nouveauté. 4. On tombera infailliblement dans un très perilleux & très pernicieux Inconvenient, pour les autres jours auxquels se feront les Prieres Ordinaires, parce-qu'on jugera que selon le Besoin du Batême, elles seront autant Expedientes un jour que l'autre, & même à quelle Heure que ce soit jusqu'à la Nuit close ; Et on pourra alleguer sur cela que les Apôtres prêchoient bien & administroient les SS. Sacremens de Nuit ; Et il ne faut point douter que quand on aura une fois convenu qu'il n'y a point de Diference pour le tems de ces Exercices, comme on en prend le Chemin, on ne vienne aussi par la même

Raison apparente, à ôter la Diference du Lieu, en difant que ce n'eſt pas le Lieu qui ſanctifie le Batême: & que par conſequent on peut batifer en tout Lieu Privé ou Public. Et comme un Abime apelle un autre Abime, il eſt indubitable qu'à la ſuite du Tems on viendra à parler des Perſonnes qui doivent batifer, & qu'on dira qu'au defaut du Paſteur le Diacre peut batifer, & qu'on alleguera pour Preuve que le Batême ne reçoit pas ſa Vertu de celui qui batife au Nom de *Jeſus-Chriſt*, Auteur du Batême: & on dira & fera la même Choſe au Sujet du Mariage: car n'étant pas un Sacrement, il ne requiert pas, par conſequent, tant de Solennité que le Batême, & dans le Siecle où nous ſommes, on dira qu'à cauſe des Charmes & des frequentes Sorceleries, il y en a un grand Pretexte de le celebrer en Cachete, ſans Temoignage, & à la Hate. D'où il s'enſuit qu'il eſt de la derniere Importance de tenir bien ferme ſur toutes les Clauſes d'un ſi bon Ordre, pratiqué depuis un tems immemorial & avec Edification de l'Egliſe de Dieu, pour n'y laiſſer pas introduire la moindre aparence de Deſordre. 5. Attendu que dans pluſieurs Egliſes les Prieres ſe font par d'autres que par les Paſteurs, de telles Egliſes ne pourront pas obſerver l'Article de *Saint Maixent*, ſi ce n'eſt en établiſſant un dangereux Deſordre dans nos Egliſes, qui ſera de partager le Miniſtere des Saints Sacremens entre les Paſteurs & les Anciens. 6. Nous diſons que quand même il y auroit quelque Neceſſité de batifer les Enfans ſans Predication, il faudroit neanmoins s'en garder, pour ne donner pas occaſion à nos Averſaires de penſer & de parler mal de nous: Car ſans doute ils diroient auſſi-tôt que nous commençons de nous raviſer, & de nous approcher d'eux; Et les *Jeſuites* ne manqueroient pas auſſi d'en faire des Diſcours & par écrit, & de vive Voix, dans leurs Chaires, & cela cauſeroit du Scandale aux perſonnes mal-inſtruites.

XIX.

Quand donc il ſeroit vrai qu'on pourroit *bonâ Conſcientiâ* introduire ce nouvel Ordre, il s'en faut néanmoins garder, nous reſouvenant de ce que dit l'Apôtre 1. Cor. 11. 32. *que toutes choſes ne ſont pas expedientes, quoi qu'elles ſoient licites, & que toutes choſes n'édifient pas*: Or nous maintenons que le Batême ſans Predication eſt une des choſes qui ne peuvent pas édifier, & qui ne ſont point expedientes, attendu qu'il en arriveroit plus de Mal que de Bien, & qu'il ne ſerviroit qu'à confirmer nos Averſaires dans leur Erreur touchant la Neceſſité abſoluë du Batême, laquelle peu à peu ſeroit enfin crûë de tous les Peuples, & la croiant on nous obligeroit de batifer à toutes heures, autant de Nuit que de Jour, Et voilà le ſaint Batême qui ſeroit prophané comme dans le Papiſme. 7. Quelle Opinion, ou Croiance auroient une infinité de Peres, & de Meres dont les Enfans ſont morts ſans Batême, n'aiant pû attendre les jours ordinaires de la Predication, ſi aujourd'hui un Pere ou une Mere croit que ſi ſon Fils meurt ſans Batême il eſt perdu. Pourquoi pluſieurs qui ont eu des Enfans ſans être batiſés, ne diront-ils & ne croiront-ils pas que leurs Enfans ſoient perdus, & voilà quelles ſeront les funeſtes ſuites de cette Nouveauté. 8. Il faut de deux choſes l'une, ou que l'Enfant mourant ſans Batême ſoit perdu, ou bien que le Batême le ſauve: l'un & l'autre eſt faux; pourquoi donc impoſer fer la Necessité de batiser sans la Predication ? On répond que c'est seulement pour contenter les Peres qui se plaignent qu'on ne veut pas batiser leurs Enfans quand la Necessité presse. Nous disons qu'une telle Plainte ne nous doit pas porter à violer une Maxime si Ancienne, & établie depuis si long-tems, par tous nos Synodes Nationaux. Et cette Plainte sur quoi est-elle fondée ? Sur la Crainte qu'un Pere aura, que si on ne batise pas vite son Enfant, il sera perdu ; & on dit que c'est la Foiblesse des Peres qu'il faut suporter, ce Pretexte est aussi mal fondé que les suivans.

XX.

Nous demandons si ce même Pere nous importune de porter la *Cene* à ses Domestiques Malades, ou à lui-même, parce que le Seigneur a dit, *Si vous ne mangés la Chair du Fils de l'Homme*, &c. en *St. Jean* v. 25, Au lieu de donner lieu à cet Scrupule, & à cette Importunité, nous l'instruirons pour remedier à son Ignorance, & s'il s'obstinoit à nous importuner on lui refuseroit, tout à plat, sa Demande ; Pourquoi donc n'en devons-nous pas faire autant du Batême de son Enfant, le requerant hors du tems.

XXI.

On dit qu'il est commandé de batiser les Grands & les Petits. Il est vrai, mais avec Ordre & avec Edification, & comme on dit, *Servatis servandis*, id est, *Coram Cœtu Fidelium* ; *&, cum Verbi Prædicatione*. Il nous est bien commandé de prendre le Pain du Seigneur, de prendre la Coupe & d'en boire, est-ce à dire que nous le fassions sans Ordre & avec Profanation ? *St. Paul* reprenoit ce Desordre fort aigrement chés les *Corinthiens* : Or est-il que de batiser sans Predication est une horrible Confusion & Profanation : Nous devons donc nous y oposer & empêcher ce Desordre.

XXII.

La Discipline condanne tant & plus les Peres qui gardent long-tems les Enfans sans les faire batiser, à cause du Mépris qu'ils en font, & en introduisant cette Nouveauté, on donne lieu à un grand Mal : car un Pere dira, je garderai mon Enfant tant que je voudrai sans le faire batiser, & s'il lui arrive d'être en danger de Mort, je ferai incontinent sonner la Priere, & le ferai aussi-tôt batiser, & ainsi de Pasteurs que nous étions, nous deviendrions Curés de Village, & nôtre Ministere seroit entierement deshonoré.

XXIII.

Et parce qu'on fait Bouclier de cette pretenduë foiblesse des Peres, & qu'on veut introduire cette Nouveauté pour remedier à leurs Plaintes, nous disons que le Decret de *St. Maixent* ne pourvoit aucunement à ces Plaintes, ni à ces Foiblesses, parce que les mêmes Necessités se peuvent rencontrer fort souvent dans un autre Tems que celui des Prieres Ordinaires : Car il viendra un Pere qui demandera instamment que son Enfant, qui s'en va mourir, soit batisé : & peut-être que la Priere aura déja été faite, ou ne se fera pas encore de deux ou trois Heures ; cependant l'Enfant est aux Abois, alors il faudra avancer l'Heure de la Priere, ou en faire une autre ; ou l'Enfant mourra sans Batême. Voilà un Pere tourmenté pour croire que son Enfant est perdu. Et enfin on pourva venir là, qu'il faudra batiſer au Ventre des Meres, & principalement de celles qui ſont ſujettes à ſe bleſſer.

XXIV.

On allegue qu'un Pere reçoit une très-grande Conſolation quand ſon Enfant, qui s'en va mourir, eſt batiſé. Il eſt vrai; mais nous diſons qu'il ne faut pas faire du Mal afin qu'il en arrive du Bien: Or eſt-il que de batiſer ſans Predication eſt faire du Mal, pour les Raiſons ci-devant deduites: Il ne faut pas donc tranſgreſſer le Commandement de Dieu tout exprès, ſous Pretexte du Bien apellé Conſolation des Peres.

CONCLUSION.

NOus prions donc la Compagnie qu'aiant Egard à ces Raiſons, le Decret du Synode National de *St. Maixent* ſoit, non pas Reformé, comme le veulent quelques-uns; mais entierement aboli, avec Défenſe bien expreſſe à tous les Paſteurs de ne plus agiter cette Queſtion dans les Synodes Nationaux, ſous Peine, à ceux qui le voudront faire, d'être depoſés de leur Miniſtere: attendu qu'une telle Nouveauté ne peut que troubler nos Egliſes: Et que cependant il ſoit enjoint à chacun des Paſteurs de bien inſtruire leur Troupeau ſur cette Matiere, par des Textes de l'Ecriture qu'ils choiſiront, & que la preſente Reſolution ſoit couchée fort au long, portant en Termes exprès que l'on ſe tienne à l'Ancienne Coûtume; Et que cet Article ſoit lû publiquement dans toutes nos Egliſes.

REFUTATION DE LA DOCTRINE DE PISCATOR.

Jeſus-Chriſt Nôtre Seigneur en tant qu'Homme, s'eſt aſſujeti à la Loi Morale & Ceremoniale, non pas pour ſoi, mais pour nous & en nôtre place, non pas parce qu'il eſt Homme, mais parce qu'il eſt Mediateur.

PREMIER ARGUMENT.

SI *Jeſus-Chriſt* a obéi à la Loi pour ſoi-même, & n'a fait que ce qu'il étoit obligé de faire pour lui-même, il eſt évident qu'il ſera un Serviteur inutile par le Jugement qu'il en a rendu lui-même au Chapitre 17. de *St. Luc*, où il dit que ce Serviteur qui n'a fait que ce qu'il devoit faire, & à quoi il étoit obligé, eſt un Serviteur inutile. Car en quelque Sens que vous preniés ces Mots de Serviteur Inutile, c'eſt toûjours une Parole de Mépris, qui ne peut convenir à *Jeſus-Chriſt* ſans l'injurier.

II.

Les Ceremonies de la Loi étoient la plûpart des Confeſſions de Pechés: que ſi *Jeſus Chriſt* obéiſſoit à cette Loi pour ſoi-même, il faudra dire qu'il confeſſoit

soit ses propres Pechés : ce qui est une Impieté : Il faut donc dire que *Jesus-Christ* a voulu être Circoncis, observer les Fêtes, les Purifications, les Sacrifices, &c. non pas pour soi-même, mais pour nous, & qu'il confessoit non pas ses Pechés, mais les nôtres, & qu'il portoit ce Fardeau pour nous en décharger.

III.

Et comme *Jesus-Christ* est Mort, non pas parce qu'il est Homme, mais parce qu'il est Mediateur, portant nos Pechés (car aucun ne merite la Mort, parce qu'il est Homme, mais parce qu'il est Pecheur) Ainsi il s'est assujeti à la Loi, non pas parce qu'il est Homme, mais parce qu'il est Mediateur, satisfaisant pour nous à cette Clause de la Loi, *Fais ces choses-là & tu vivras*.

IV.

Si *Jesus-Christ* eut été sujet à la Loi pour soi-même, il eut donc été aussi sujet pour soi-même au cinquième Commandement, qui oblige aussi les Sujets à obéir à leurs Princes : Or *Jesus-Christ* au 17. de *St. Matth.* soûtient qu'il n'étoit point obligé de paier Tribut au Prince, attendu qu'il étoit Fils du Roi Souverain ; mais il dit qu'il le fait de peur de les scandaliser s'il ne le paioit pas.

V.

Jesus-Christ au 20. de *St. Matth.* dit qu'*il est venu pour servir, & pour se donner en Rançon pour plusieurs* : Ceux qui veulent que *Jesus-Christ* ait été obligé à l'Observation de la Loi pour soi-même, & à cause qu'il est Homme, renversent ce Passage : car *Jesus-Christ* dit qu'il est venu pour servir, & ceux-ci disent au contraire que *Jesus-Christ* a servi, parce qu'il est venu.

VI.

Jesus-Christ même, entant qu'il est Homme est Roi de l'Eglise, toute Puissance lui est donnée au Ciel & sur la Terre : Or celui qui est sujet à la Loi de l'Eglise pour soi-même, & y étant naturellement obligé, ne peut pas être Roi de l'Eglise : Celui qui est obligé par sa Condition, aux mêmes Fonctions & Services que les Serviteurs de la Maison, n'est pas le Maitre de la Maison.

VII.

Si *Jesus-Christ* a été sujet à la Loi non pas pour nous, ou en nôtre place, mais pour soi-même, à cause qu'il est Creature, il faudra necessairement que même aujourd'hui qu'il est dans sa Gloire, il soit encore sujet aux Commandemens de la Loi ; Et si aux Commandemens, donc aussi aux Défenses : car tout Commandement de bien faire, est une Défense de faire le contraire ; or ce seroit outrager *Jesus-Christ* de croire que maintenant dans sa Gloire le Pere lui fait Défense d'être Méchant, Profane & Idolatre : Et en efet *Piscator* & ses Adherans ne le nient pas, car ils disent que *Jesus-Christ* dans sa Gloire, est sujet aux Commandemens & aux Défenses de la Loi.

VIII.

Celui qui est par dessus la Loi, n'est point sujet à la Loi pour soi-même ; or *Jesus-Christ* non seulement entant que Dieu, mais aussi entant qu'Homme ; est par dessus la Loi & Maitre de la Loi : Donc *Jesus-Christ* n'est point sujet à la Loi pour soi-même. Or que *Jesus-Christ* même entant qu'Homme est par dessus

deſſus la Loi, *Jeſus-Chriſt* le dit lui-même au Chapitre 12. de *St Matth.*, où il declare que le Fils de l'Homme eſt le Maitre du Sabat; il n'eſt donc point ſujet au Commandement de l'Obſervation du Sabat. Lui-même au 5. de *St. Luc* dit, que le Fils de l'Homme a Puiſſance en Terre de pardonner les Pechés : Or nul ne peut diſpenſer des Peines impoſées par la Loi s'il n'eſt par deſſus la Loi. On répond que le Fils de l'Homme pardonne les Pechés, mais non pas entant qu'il eſt Fils de l'Homme, mais ſeulement entant que Dieu. A cela *Jeſus-Chriſt* répond au 5. de *St. Jean*, que le Pere a donné tout Jugement au Fils, entant qu'il eſt Fils de l'Homme, donc auſſi la Puiſſance de juger les Pechés. Il eſt bien vrai que la Puiſſance de remettre les Pechés eſt une Preuve de la Divinité de ſa Perſonne, mais cela n'empêche point que la Divinité ne communique cette Puiſſance à l'Humanité, puis qu'elle lui a communiqué la Dignité Roiale, laquelle ſeroit inutile ſans la Puiſſance de pardonner les Pechés, qui lui vient de la Divinité; mais cela n'empêche point qu'il n'ait le Pouvoir de les pardonner entant qu'Homme.

IX.

Toute la ſuite du Symbole des Apôtres montre, que Nôtre Seigneur *Jeſus-Chriſt* jugera les Vivans & les Morts entant qu'Homme : car il a été conçu du St. Eſprit, & il eſt né de la Vierge Marie entant qu'Homme, il a été crucifié, mort & enſeveli entant qu'Homme, il eſt reſuſcité, monté au Ciel, & aſſis à la Dextre de Dieu entant qu'Homme, & de là il viendra juger les Vivans & les Morts entant qu'Homme. Or nul ne peut être jugé que par celui qui a le Pouvoir de pardonner & de diſpenſer de la Loi, puis qu'il faut qu'il relâche les Peines impoſées par la Loi, & qu'il exempte les Elûs de cette Regle, *Maudit eſt celui qui ne perſevere pas dans les Paroles de cette Loi pour les faire.* Cependant en diſant que *Jeſus-Chriſt* comme Homme eſt par deſſus la Loi, nous n'entendons pas qu'il ſoit par deſſus la Volonté de Dieu, mais nous entendons qu'il peut diſpenſer des Peines portées par la Loi, & qu'il n'y eſt point ſujet pour ſoi-même, quoi qu'il s'y ſoit aſſujeti comme Mediateur.

X.

Cette même Doctrine ôte la Liberté à la Perſonne de *Jeſus-Chriſt*, & la met toute entiere en Servitude : car il eſt impoſſible qu'une Perſonne ſoit Libre pendant que l'une de ſes Natures eſt ſujette. Celui qui n'eſt attaché que par un Bras ne peut pas être Libre, & ſa Perſonne entiere eſt liée, d'autant que ſi une des deux Natures qui ſont unies inſeparablement eſt aſſujettie, il eſt impoſſible que l'autre ſoit libre, principalement où il s'agit d'une Sujection Eternelle, & qui dure à jamais, comme eſt cette Sujection à la Loi, à laquelle *Piſcator* & ſesAdherans veulent que *Jeſus-Chriſt* ſoit ſujet pour toûjours, & même dans ſa Gloire. Il n'en eſt pas ainſi de la Sujection à laquelle *Jeſus-Chriſt* s'eſt volontairement ſoûmis pour nous, en qualité de Mediateur, laquelle n'eſt qu'une Sujetion durant ſa Vie ſur la Terre, & par Diſpenſation. Un Maitre peut s'humilier pour un tems juſqu'à faire le Service de la Maiſon, ſans perdre pour cela ſa Maitriſe & ſa Liberté.

XI.

La Dignité de l'Union Perſonnelle de la Divinité avec l'Humanité eſt telle, que sans doute elle eût exemté l'Humanité de *Jesus-Christ* de la Sujetion à mourir, & à obéïr à la Loi, s'il ne s'y fût pas volontairement assûjetti. On sait que la Loi a été donnée aux Hommes qui sont simplement Hommes, mais non à un Homme Dieu : car la Loi a été faite pour les Personnes Humaines, & non pas pour les Divines.

XII.

1. Nous ne voulons pas dire que par cela il soit libre à *Jesus-Christ* de mentir, ou d'idolatrer, ou de transgresser la Loi, puis que cela même n'est pas libre au Pere Eternel ; mais nous disons qu'autre chose est d'être conforme à la Loi, autre chose de lui être sujet. Les Actions de *Jesus-Christ* sont conformes à la Loi, mais par Sainteté Naturelle & Immuable, procedant de l'Union Personnelle avec la Divinité. 2. Nous confessons aussi que l'Humanité de *Jesus-Christ* est sujete à sa Divinité, mais non pas par aucun Commandement de la Loi, mais par une Dependence Naturelle ; parce que c'est une même Personne ; Et par consequent il en est de même que du Corps qui est sujet à l'Ame, non pas par aucun Precepte de la Loi, mais par une Dependance Naturelle, parce que c'est une même Personne. 3. Nous reconnoissons aussi que les Impressions Naturelles de toute Equité & Justice sont dans l'Ame de *Jesus-Christ* : mais nous nions que cette Connoissance soit en lui une Loi qui l'assujettisse ; mais que c'est une Perfection & Ornement de cette sainte Ame, & non pas une Loi pour la retenir au Bien, ou pour l'assujetir, ni plus ni moins que le Roi à la connoissance du Devoir de ses Sujets, mais cette Connoissance ne lui est pas une Loi. Celui qui ne peut pas vouloir pecher, n'a point besoin de Loi pour être retenu dans son Devoir. Ces trois Observations doivent être soigneusement remarquées pour prevenir toutes les Calomnies & les mauvaises Interpretations.

XIII.

Sur toutes choses on doit considerer que ceux-là même qui disent que *Jesus Christ* a été sujet à la Loi, pour soi-même selon la Nature Humaine, avoüent qu'il est Roi de l'Eglise, mais ils ne reconnoissent pas qu'il soit Souverain Roi ; Car ils veulent qu'entant qu'il est Dieu, il soit Souverain Roi, par dessus la Loi ; mais ils veulent qu'entant qu'Homme il soit Roi Inferieur, & sujet à la Loi. Ainsi ils font en *Jesus-Christ* deux Rois, qui est aprocher du *Nestorianisme*. Nous savons bien qu'ils se couvrent des Exemples pris des Proprietés des deux Natures ds *Jesus-Christ* & de ses Actions, & disent que par la même Raison il y auroit en *Jesus-Christ* deux Rois, l'un Mort, & l'autre qui est la Vie même, l'un Circonscrit, & l'autre qui est par tout ; mais ces Exemples ne sont pas à Propos : car nous parlons ici des Charges de *Jesus-Christ*, & ils nous donnent des Exemples pris des Proprietés Naturelles, lesquelles sont Incommunicables d'une Nature à l'autre : ce qui n'est pas le même des Charges : car les Charges d'une Nature se communiquent à l'autre ; Les Charges de Roi, Sacrificateur & Prophete, conviennent à l'une & à l'autre Nature, mais être Mort, ou être Infini, ne convient qu'à une Nature, & non pas à l'autre. Ainsi un Homme est Mortel & Immortel selon ses diverses Natures, & neanmoins ce n'est qu'une Personne & un Roi : mais si nous disons qu'il est Roi Souverain par une de ses Natu-

res,

res, nous ferions non seulement deux Rois, mais aussi nous dirions une Fausseté, parce que toute Charge convient necessairement à la Personne entiere, & à chacune des Natures de sa Personne, & c'est en cela que consiste la Force de l'Argument ci-après.

Toute Charge qui convient à une Personne, convient necessairement à toutes ses Natures.

La Charge de Roi Souverain & de Maitre de la Loi, convient à la Personne de *Jesus-Christ*.

Donc la Charge de Roi Souverain, & de Maitre de la Loi, convient necessairement à toutes ses Natures.

Cela étant ainsi, il est Maitre de la Loi par sa Nature Humaine; & par consequent il n'est point sujet à la Loi dans sa Gloire.

XIV.

Puisque l'Apôtre, dans l'Epitre aux *Hebreux* apelle tant de fois *Jesus Christ* Souverain Sacrificateur, entant qu'il est Homme; pourquoi ne sera t-il pas aussi Souverain *Roi* entant qu'Homme, puis que la Raison en est la même, & que ce n'est qu'une même Personne, dans laquelle il n'y a qu'un Seul *Roi* Souverain, & un Seul Sacrificateur Souverain.

EXCOMMUNICATION ET DEPOSITION

DE MONSIEUR JEREMIE FERRIER,

Pasteur & Professeur de l'Eglise & Université de Nimes.

PRELIMINAIRES DU JUGEMENT DEFINITIF.

„ LA Compagnie tant des Pasteurs & Anciens Deputés par le Synode de
„ cette Province du *Bas Languedoc*, que des Pasteurs & Anciens de
„ l'Eglise Reformée de *Nimes*, après l'Invocation du Nom de Dieu, aiant
„ vû l'Ordonnance du Synode National tenu à *Privas*, contre Mr. *Jeremie Fer-*
„ *rier*, & l'Intimation de ladite Ordonnance, les Actes de Requisition faits
„ par l'Eglise de *Montelimar*, les Actes des Deliberations prises sur ce Su-
„ jet au dernier Synode du *Bas Languedoc*, tenu dans cette Ville de *Nimes*,
„ trois Ordonnances du Coloque du *Lionnois*, la Declaration faite & signée
„ par ledit *Ferrier*, devant le Consistoire de l'Eglise de *Paris*, par laquelle
„ il reconnoissoit la Faute qu'il a commise en parlant indignement du Syno-
„ de National, & promettoit de lui rendre, à l'avenir, Honneur, Res-
„ pet, & Obeïssance, & juroit de ne rechercher aucune autre Vocation
„ que celle du St. Ministere, si ce n'est que le Coloque du *Lionnois*, lui ôtat
„ tous Moiens de l'exercer. Les Actes de son Installation dans l'Ofice de
„ Conseiller en la Cour de Mr. le Senechal, & du Siege Presidial de *Nimes*,
„ aiant aussi été vûs par cette Compagnie, bien informée de l'Exercice qu'il „ faut

,, fait dudit Ofice, & confiderant les diverfes & frequentes Solicitations &
,, Admonitions qui ont été faites audit *Ferrier*, de comparoître pardevant
,, l'Aſſemblée des Paſteurs & Anciens, & ce qu'il a dit au Confiſtoire de
,, de cette Ville, & fes Reponfes de ne vouloir point obeïr, ni jamais plus
,, comparoître devant cette Compagnie ; toutes les Formalités qui fe doi-
,, vent obferver en pareil Cas, aiant été fufifamment gardées, on a refolu,
,, d'un Commun Accord, de paſſer outre, & de proceder au Jugement de
,, cette Afaire, fuivant les Ordonnances du Coloque du *Lionnois*, rendues
,, par l'Autorité du Synode National, & du Confentement de cette Provin-
,, ce. Aiant donc dûement & pleinement été informés des mauvais Com-
,, portemens dudit *Ferrier*, du Mepris audacieux qu'il fait de la Difcipline,
,, des Propos injurieux & infolens qu'il a prononcés contre les Aſſemblées
,, Ecclefiaftiques, de fon trop grand Attachement à ce prefent Siecle, du
,, Recours qu'il a eû à de mauvais & indignes Moiens, des Rebellions &
,, Defobeïſſances enormes, qu'il a commifes contre le St. Ordre inftitué de
,, Dieu, aiant auſſi apparu qu'il a entierement abandonné le Saint & Sa-
,, cré Miniftere, & qu'il a protefté avec Serment qu'il y renonçoit. Cette
,, Compagnie pefant la grandeur des Scandales, qu'il a donnés à toutes les
,, Eglifes de ce Roiaume, & jugeant neceſſaire d'obvier aux dangereufes &
,, pernicieufes Confequences, qui pourroient n'aitre de cet Exemple ; après
,, une meure, grande, & profonde Deliberation, a d'une même Voix dit,
,, conclu & ordonné, que ledit *Ferrier* doit être Forclos, de la Societé de
,, l'Eglife de *Chriſt*, Mais qu'avant que de prononcer la Sentence d'Excom-
,, munication, on procedera contre lui par des Admonitions Publiques, du-
,, rant trois Dimanches, en le nommant expreſſément, & en ajoutant des
,, Prieres, afin que Dieu lui donne l'Efprit de Repentance. Que fi durant
,, ce tems là il ne vient point à Converfion & Amendement, il fera, au 4.
,, Dimanche, retranché de la Communion de l'Eglife, fuivant la Difcipli-
,, ne ; Et on a donné charge aux Srs. *Bouton* & *Villaret* Paſteurs, & aux Srs.
,, *Baille* & *Fournier* Anciens, de lui fignifier la prefente Ordonnance. La
,, premiere Admonition fe fera par Mr. *Gigord*, la Seconde par Mr. *Brunier*,
,, la Troifiême par l'un des Paſteurs de cette Eglife. Mais fi ledit *Ferrier*
,, demeure Impenitent, tous les Paſteurs & Anciens, qui fe font trouvés
,, dans cette Compagnie, reviendront dans cette Ville, le 13. de Juillet
,, prochain, pour aſſiſter, le lendemain, à la Publication de l'Excom-
,, munication.

LES FAITS CENSURABLES.

,, Monfieur *Jeremie Ferrier*, ci-devant Miniftre de la Parole de Dieu, &
,, Profeſſeur en Theologie, aiant été jugé par ce Synode n'a point reconnû
,, la Benignité de Dieu, ni la Douceur & Clemence de fes Juges, il n'a
,, point vû ni fenti la grandeur de fes Fautes, lefquelles neanmoins Dieu
,, voioit, l'Eglife remarquoit, le Monde appercevoit. Quelques jours après
,, que fa Sentence fut prononcée, il fit femblant d'y acquiefcer, requerant
,, d'être

„ d'être pourveu d'une Eglise : ses Juges eûrent égard à sa Demande & y
„ pourvûrent à sa Commodité, mais la Suite, & l'Issue a clairement mon-
„ tré que son Procedé n'étoit qu'Hypocrisie, que Fraude & pure Moque-
„ rie, car au lieu de s'humilier, s'il s'est enorguilli, il a regimbé contre
„ l'Aiguillon, & a endurci son Cœur contre la Voix de Dieu, qui lui par-
„ loit, il a multiplié & accrû ses Pechés, cherchant des Aziles dans le Mon-
„ de pour sa Rebellion, & des Protecteurs pour ses Entreprises, suivant le
„ Train de ses Convoitises, aimant ce present Siecle, servant plûtôt aux
„ Richesses Iniques qu'à Dieu & à l'Eglise, & recourant à de mauvais &
„ indignes Moiens, il a rejetté la Correction, haï la Discipline, meprisé
„ tout bon Ordre, il a licentieusement invectivé contre les Assemblées Ec-
„ clesiastiques, & calomnieusement satirisé contre les Serviteurs de Dieu,
„ en General & en Particulier, en Public & en Secret, de Vive Voix &
„ par Ecrit. Il s'est jetté volontairement dans la Tentation, & dans les
„ Pieges des Demons. Il s'est seduit lui-même, & s'est efforcé d'en se-
„ duire Plusieurs. Il a, par ses mauvais Comportemens, scandalizé ceux de
„ de dedans, ceux de dehors, & essaié de nuire à l'Eglise, pour laquelle
„ le Seigneur *Jesus* a repandu son Sang. Il promit dans l'Eglise de *Paris*,
„ & qui plus est, il jura solemnellement devant Dieu qu'il ne penseroit
„ point à chercher une autre Vocation que celle du Saint Ministere, si le
„ Coloque du *Lionois* ne lui empêchoit pas d'en faire l'Exercice, & nean-
„ moins quand il a été apellé par ledit Coloque, bien intentionné pour lui,
„ il a refusé d'y comparoir, ne voulant point être jugé de Dieu, ni des
„ Hommes de Dieu ; Il s'est jetté dans une Contumasse & Rebellion Auda-
„ cieuse, Insolente, & Injurieuse ; Il s'est jetté, avec un manifeste & hor-
„ rible Parjure, dans un Abandon total du Sacré Ministere : aiant rejetté
„ les Exhortations & Invitations à Repentance, qui lui ont été faites con-
„ tinuellement, depuis un An entier, par diverses Compagnies Ecclesia-
„ stiques, en divers Lieux, & par Plusieurs bons Serviteurs de Dieu, qui
„ travailloient à sa Conversion, & à son Amandement ; Il a meprisé la
„ Longue Attente & Patience de Dieu, & de l'Eglise, & ne s'est point
„ soucié des Admonitions Publiques qui ont été emploiées pour le ramener
„ à son Devoir, suivant la Discipline ; Mais il s'est obstiné dans ses Pechés,
„ roidi dans ses Rebellions & Desobeïssances, & endurci dans son Impeni-
„ tence : Et ainsi, (ce que nous disons en pleurant & gemissant,) il a per-
„ du le Droit de la Cité & Famille de Dieu.

LA SENTENCE D'EXCOMMUNICATION FINALE.

„ Pour ces Causes, Nous Pasteurs & Anciens des Eglises Reformées
„ du *Bas Languedoc*, Deputés de cette Province, avec les Pasteurs & An-
„ ciens de cette Eglise, aiant Charge du Coloque du *Lionois*, Autorisé par
„ le Synode National de *Privas*, declarons que ledit Mr. *Jeremie Ferrier*
„ est un Homme Scandaleux, Incorrigible, Impenitent, Indisciplinable :
„ & comme tel, aprés avoir invoqué le Nom du *Dieu* Vivant & Vrai : Au
„ Nom,

,, Nom, & en la Puiſſance de Notre Seigneur *Jeſus-Chriſt*, par la Condui-
,, te du *Saint Eſprit*, & l'Autorité de *l'Egliſe*, Nous l'avons jetté & le jet-
,, tons hors de la Compagnie des Fideles, afin qu'il ſoit livré à *Satan*: Nous
,, l'avons retranché & le retranchons de la Communion des Saints, déclarant
,, qu'il ne doit plus être cenſé ni reputé pour Membre de *Jeſus-Chriſt*, ni
,, de ſon Egliſe; mais tenu comme un Païen & Peager, pour un Propha-
,, ne & Contempteur de *Dieu*; c'eſt pourquoi nous exhortons les Fideles
,, & leur enjoignons, au Nom de Notre *Maître*, de ne plus converſer avec
,, cet Enfant de *Belial*: mais de s'en éloigner & ſeparer, en attendant, ſi
,, en quelque Maniere, ce Jugement & cette Separation, à la Deſtruction
,, de ſa Chair, pourra ſauver ſon Ame, & lui donner de l'Eſroi pour cette
,, grande & redoutable Journée, en laquelle le *Seigneur* viendra avec les *Mil-*
,, *liers* de ſes *Saints*, pour rendre Jugement, & convaincre les Pecheurs de
,, tous leurs Crimes & Impietés, & tous les Mechans des Deſſeins Pernicieux
,, des Mauvaiſes Paroles, & des Oeuvres Abominables qu'ils auront com-
,, miſes contre *Dieu*, & contre ſon Egliſe, *Amen*.

,, Maudit eſt celui qui fait l'Oeuvre du *Seigneur* lâchement, *Amen*.

,, S'il y a quelcun qui n'aime point le *Seigneur Jeſus-Chriſt*, qu'il ſoit
,, *Anatheme*, *maranatha*, *Amen*.

,, Vien Seigneur *Jeſus*, vien, *Amen*.

F I N

Du Vintième Synode,
&
Du Premier Tome.

www.ingramcontent.com/pod-product-compliance
Lightning Source LLC
Chambersburg PA
CBHW061734300426
44115CB00009B/1209